大东亚战争全史

（上卷）

〔日〕服部卓四郎 / 著
张玉祥 / 等译
林鼎钦 / 等校

世界知识出版社

图书在版编目（CIP）数据

大东亚战争全史：全3册／（日）服部卓四郎著；张玉祥等译，林鼎钦等校．—北京：世界知识出版社，2016.9
ISBN 978-7-5012-5301-2

Ⅰ．①大… Ⅱ．①服…②张 Ⅲ．①侵略战争—战争史—日本—现代 Ⅳ．①E313.9

中国版本图书馆CIP数据核字（2016）第221308号

责任编辑	袁路明
责任出版	赵 玥
责任校对	马莉娜 张 琨
封面设计	小 月

书 名	**大东亚战争全史**（上卷） Dadongya Zhanzheng Quanshi (Shangjuan)
作 者	〔日〕服部卓四郎
译 者	张玉祥 等
校 订	林鼎钦 等
出版发行	世界知识出版社
地址邮编	北京市东城区干面胡同51号（100010）
网 址	www.ishizhi.cn
电 话	010-65265923（发行） 010-85119023（邮购）
经 销	新华书店
印 刷	河北新华第一印刷有限责任公司
开本印张	710×1000毫米 1/16 35½印张（上卷）
字 数	675千字（上卷）
图 片	全书大图22幅（1CD光盘）
版次印次	2016年10月第一版 2018年7月第二次印刷
标准书号	ISBN 978-7-5012-5301-2
定 价	268.00元（上中下卷精装）（含1CD光盘）

版权所有 侵权必究

"北京大学战争与战略研究丛书"编委会

主编： 梁守德　王缉思

编委会成员（按姓氏笔画排序）

于铁军　王缉思　王校轩　刘　华　李　晨
张　炜　张海滨　范士明　唐士其　袁路明
梁守德　徐弃郁　梅　然　寒天阳　董子峰
温金蓉　欧阳维

丛书序言

"兵者，国之大事，死生之地，存亡之道，不可不察也。"中国古代兵圣孙子在两千多年前就已经写下了这段发人深省的至理名言。以《孙子兵法》为代表的中国古代军事与战略研究是世界军事与战略研究中的璀璨明珠。现代军事战略发端于法国大革命与工业革命，在国际史学界，19世纪中叶以来的军事与战争史被定义为近现代军事史和战争史。近现代军事史与战争史与现实距离最近，其所能提供的历史经验和教训，不仅对于现实，而且将会对未来产生深刻的影响。中国在近现代的军事与战争实践经验是丰富的，也诞生了毛泽东等战略大师，其"人民战争"与"游击战"理论的影响远远超越了中国国界。

同时，中国的现代战争与战略研究，与一些发达国家相比还存在明显的差距。这主要是因为中国的现代战争与战略研究起步较晚，基础相对薄弱，并且相对缺乏机械化、海战和空战等现代战争经验。与古代战争和战略研究一脉相承的是，军事史与战争史是现代战略研究最重要的学科基础。拿破仑战争的实践催生了克劳塞维茨的《战争论》；通过梳理近现代的海战史，马汉总结出"海权论"；第一次世界大战的教训又推动各国战略理论家对于"空权"、"间接战略"、"坦克战"、"大纵深战役"等问题的理论研究。长期以来，因为投入相对有限，中国学界对于近现代战争史的研究，虽然通过军内和地方学者的努力，在中国人民解放军军史和战史、抗日战争史、解放战争史和抗美援朝战争史研究方面取得了丰富的成果，但还是缺乏深度和广度，不仅中国自身的战争经验尚未得到深刻的总结和有效的利用，而且对于自身所缺乏的国外战争经验的借鉴也相当有限。

国外现代军事史和战争史研究领域的优势，主要源于其对于军事与战争历史研究的高度重视，以及军民融合与综合研究的传统。早在一个世纪以前的1909年，牛津大学就已经设立了战争史讲席教授。首任讲席教授斯宾塞·维金森在就职演说中指出，既然牛津大学的学生是未来的治国人才，那就有必要让他们了解和掌握军事和战略问题，要实现这一目标，只有一种途径，就是开展对于军事史，尤其是近现代军事史和战争史的教学。除了学界，国外军界对于地方学者参与军事历史研究一直十分支持。在19世纪末期，英国皇家海军学院就聘请多名海军史学家前往任教，英国海军史学家和海军战略家科贝特甚至参与了一战前英国海军对德作战计划的制定。第二次世界大战结束以来，英国、美国军方也邀请了诸多历史学家参与了其官方战史、情报史的编撰，以及很多总结历史经验、为现实服务的研究课题。除了军界和学界的努力之外，发达国家很多民间的研究者，凭着兴趣与热情，利用开放的历史档案，撰写了大量高水平的军事历史著作，不仅填补了很多研究空白，而且增进了公众对于军事历史的真实了解。因此，国外军事史研究呈现出军界、学界与民间共同携手，宏观、中层、微观研究与普及教育打通，百花齐放、百家争鸣的格局，为军事战略研究打下了坚实的历史基础。

"自古知兵非好战"。要想更好地维持和平，必须更深入地研究战争与战略。北京大学国际安全与和平研究中心立足北京大学这一综合性大学的良好的学术环境，旨在以军民融合的方式，通过坚持不懈地推进军事史和战争史研究，为中国的战争与战略研究夯实基础。为此，我们编辑出版"北京大学战争与战略研究丛书"，希望凭借这一平台在两个方面聊尽绵薄之力：一是充分吸收和借鉴国外军事史以及战争与战略研究的优秀成果，二是努力推介国内学界对于近现代中外战争与战略的原创性研究成果。期盼学术界同行、同好共襄此举。需要指出的是，本丛书选择译著与论著的依据是其在战争与战略研究领域所具有的学术参考价值，并不表示编委会和出版社赞成其观点或证实其内容。

最后，衷心感谢世界知识出版社，以及丛书的作者和译者对于我们的鼎力支持。

北京大学战争与战略研究丛书编委会
2013年10月

2015年中文版

编者的话

　　为纪念中国人民抗日战争胜利暨世界反法西斯战争胜利70周年，世界知识出版社正式出版中文版《大东亚战争全史》（上中下卷）。

　　作者服部卓四郎（1901—1960），日本陆军军人，长期任职于日本陆军参谋本部，在太平洋战争期间曾两度出任日本大本营陆军部作战科长，自始至终参与并见证了1931—1945年日本发动侵略战争的全过程，战争结束时为陆军大佐。日本战败投降后，服部卓四郎于1946—1952年担任美军占领下的日本第一复员局史实调查部、资料整理部部长。他采访相关人员，整理战争档案、会议记录、机密战争日记，在西浦进、堀场一雄等原日本陆军同僚的协助下，于1953年撰成《大东亚战争全史》，由日本鳟书房分四册出版。1956年日本鳟书房将该书分八册再版。1965年日本原书房将此书合为一册出版，以后多次再版，并被纳入日本著名的"明治百年史丛书"。

　　关于该书的写作旨趣，作者在其遗稿《一点感想》中写道："当执笔写这部战争史时，心想竭力避免掺杂主观的表现，只限于叙述事实和经过，可是现在回头读起来，结果还是夹杂了若干主观成分。然而，我自以为这种主观并不是出于想替日本关于战争的立场和军事行动进行辩护，故意歪曲事实使战争合理化，或是想稍微减轻我们过去的责任等的意图。……我们体验了付出那么惨重代价的战争，而日本朝野却把责任全部推给军队，直到今天还采取回避探讨战争本质的态度。这样下去，日本果真能从下次的战争中摆脱战祸吗？果真能够建成文化国家吗？我们确信，只有在研究上始终把战争这个恶魔扭住不放，跟它针锋相对，才能有助于健康的日本的建设。"

　　从内容来看，全书简要追溯了明治维新以后日本政治经济发展的历史，记述了1931年"9·18"事变和日本侵略中国的战争；以原始档案资料为基础详细刻画了1941年12月8日珍珠港事件至1945年8月15日日本宣布无条件投降的"大东亚战争"全史，研判了战时各阶段国内外形势和各国关系，再现了日本天皇、内阁，以及大本营陆、海军部高层对战争的讨论、争议和指示，详解了每次战事行动的政略、战略部署和军事行动进程，探讨了幕后原因，总结了战争的经验教训和成败得失，全书脉络清晰，资料翔实，是有关第二次世界大战太平洋战场日本战争指导和军事行动的一部重要的、有代表性的著作。

该书出版后，受到有关各方的重视。美国、法国、意大利的战史研究部门相继将该书译为本国文字出版。1962年，美国著名军事史专家、达特默思学院教授路易斯·莫顿博士高度评价该书说："在所有日本方面的战争参加者和观察者所撰写的著作中，服部卓四郎的四卷本著作最为重要。……较之美国远东司令部所撰写的日本战史部分，该书更为逼真有力，几乎可以被当作是太平洋战争的一个原始资料来源。"

我们决定出版该书，主要是出于这部书在战争与战略研究领域所具有的史料和学术参考价值的考虑。编者和出版社当然不赞成作者从日本旧军人角度出发所阐述的一些观点和立场，但从另一方面来看，该书对于我们了解日本过去那段军国主义的历史和当前日本一部分人的历史观，都会有所帮助，相信读者自会明察。

需要说明的是，本次出版使用的是1984年商务印书馆的译稿。本次编校过程中进一步核查了相关历史，纠正了作者、译者和1984年商务印书馆版《大东亚战争全史》中的一些错误与疏漏，正文和图表制作也力求精良。但由于篇幅浩繁，难免仍存疏漏，敬请指正。

本次出版，编者联系到部分商务印书馆版《大东亚战争全史》一书的译校者，并与之签订了翻译校订合同。由于时间久远，还有部分译校者无法联系到。在此谨列出全部译校者姓名：张玉祥、赵宝库、禹硕基、赵启太、朱守仁、易显石、金明善、路甲印、刘伯彦、林鼎钦、张柯；还有白乃谦、李秀石、马列、张金、王秀华、孙世春、平献明、刘宽谟、郝桂荣和辽宁大学外语系77级毕业班同学。请译校者们看到本书后，能够与编者联系。联系地址：北京市东城区干面胡同51号世界知识出版社（邮编：100010）；联系人：李思进；电话：010-65265961；电子邮箱：36627505@qq.com。

对于各方的协助，编者在此一并表示感谢。

2015年8月

日本1953年版

序 一

  我国竭尽全力，浴血奋战，终于一败涂地的大东亚战争，距今已经八年。日本总算迎来了独立这一天，但其前途绝不能认为是平坦的。今天，决定日本前途的，实在是日本国民本身。历来我国研究战史，大多委诸军人之手。因此我认为，迄今似乎还缺少这样的工作，即广泛地通过各界有识之士，根据丰富的资料，从政略战略统一的角度来研究指导战争的问题，从中吸取教训。这可能也是招致今日厄运的一个原因。爱好和平的我国人民，必须不惜一切努力防止战祸的重演。

  战争结束后，有关这次战争的各种著述纷纷问世，并且似乎达到了各自的目的，但是，根据正确可靠的资料，研究贯穿战争始终的政略和战略的战争史，实以服部君的这部《大东亚战争全史》为嚆矢。这部著作广泛搜集和整理了这次庞大战争的概貌，根据一向没有公开过的秘密资料，将当时指导战争的真相公之于世，并且叙述了陆海军各方面作战的来龙去脉。我相信这本书实在是今天有识之士必读的权威著作，是值得推荐的。

  此书刊行后，人们势将进一步加深对这次战争的认识，对于战争指导、作战、军备及其他方面的是非评论，也会更加活跃起来。作者在战争期间曾两度出任大本营陆军部作战科长，为作战呕心沥血，战后犹埋头于战史研究工作。对作者来说，站在各方面人士的面前，接受他们根据正确的资料给予严正的批评，或许正是他平生的愿望。

宇垣一成[*]
于伊豆长冈松籁庄

---

[*] 宇垣一成（1868—1956年），日本大正至昭和时期的陆军大将。——编者

日本1953年版

序　二

　　战争结束已经八年，而对战争牺牲者的安置以及其他遗留下来的善后工作却仍然堆积如山。我认为，编写一部权威性的战争史也确属这类工作之一。

　　编写战史这类工作本来是国家的事业，战后应该立即动员一切力量，搜集和保存资料，对其加以解释和研究。这一方面是为了把它传给国民后代，另一方面则应把它作为借鉴，以免再次贻误国家的前途。

　　但是，固然也是由于种种情况，这件事至今没有实现，这实在是件憾事。正值此时，服部君根据大量的宝贵秘录和他当时的亲身体验与见闻，经过战后七年的钻研，将这部始终贯穿着政略和战略的战史公之于世。此事可谓得其人，得其时。在欣幸之余，不揣冒昧，愿将此书荐于海内贤达。

　　作者在本书中，尽量客观地记述了战争的全部过程，如实地阐明了战争的原委，使用的资料，恐怕也是至今最可信赖的。我相信，本书对于今后想以公正合理的观点来研究这次战争的人们来说，确实是一部难得的指导性著作。

　　今天，以朝鲜战乱为开端，远东的风云很难说是平静的。我想全体日本人民热爱和平的心情恐怕不会落于人后。正因为如此，当本书刊行之机，我殷切希望国民各界各阶层人士再一次以新的认识来探讨和考察这场民族一大悲剧的大东亚战争是怎样开始和怎样进行的。

野村吉三郎[*]

---

　　[*] 野村吉三郎（1877—1964年），日本昭和时期的海军大将。——编者

作者自序

自从这场旷古未有的大战遭到空前惨败以来，已经七年了。我们终于迎来了独立的新日本的新春。然而，新日本的前途果真是通往光明的平坦大道吗？如果在旧时代，或许说现在正是迫切期待伟大的哲人、政治家、科学家出世之秋。可是，当今的时代，不应该徒然坐等伟人的出现，每一个国民都必须成为爱国忧国之士，自己来正确考虑和确定国家的方向，并为此集结一切力量。我确信，新日本的兴亡安危将系于此。

历史是一个国家、一个民族从过去到现在，从现在通往将来的发展路程，不能否认，其中存在着深刻的因果关系。我们必须经常回顾过去，认识现在的处境，并且展望未来。这就是说，研究历史是一个真正的日本人掌握自己命运的必不可少的重要条件。据说拿破仑战争时期，菲希特[①]在窗前一面眺望心爱的祖国首都柏林惨遭法军铁蹄蹂躏的痛心情景，一面讲述了他的名著《告德意志人民》一书。据说这部书讲述了日耳曼的历史，呼吁要恢复真正的德国人的本色。想到这里，我不禁觉得有必要重新认识历史所具有的重要意义及其价值。

不知道是好事还是坏事，我在战争中竟两次出任大本营陆军部的作战科长。我固然是个微不足道的渺小存在，但毕竟是所谓处于战争旋涡中的一个人。不仅如此，战争结束后，我从中国大陆复员归来，马上又在复员厅史实部继续担任复员局的资料整理部长，工作了约六年之久。从昭和22年（1947年）起，我又兼任驻日盟军总部历史科的工作约五年左右，埋头于搜集、整理大东亚战争的资料和编写战史。在此期间，我对战争问题进行了深入的反

[①] 菲希特（J. G. Fichte, 1762—1814），德国著名哲学家、思想家，1805年普鲁士被拿破仑打败而缔结了和约，从此柏林被置于法军控制之下，1807年或1808年冬，他发表了《告德意志人民》一书。——译者

省和研讨。战争固然是人类历史上的悲剧，但在某种场合也可以说是命中注定的。

大东亚战争真正是日本的悲剧。阵亡约260万人，残废约15万人，再联想到比这多好几倍的死者家属，就更加令人悲痛欲绝。正因为如此，我决心抑制悲痛，以全副精力攻下这部战史。幸而在去年昭和27年（1952年）年底，我得以辞去一切公职，埋头于实现几年来没有完成的编写战史的悲壮心愿。

诚然，我个人也有应进行反省与感到惭愧之处，同时对个别问题我也不是没有一些批判意见的，但这部书不是我的回忆录，而且我也深深知道我并没有这种资格。我在执笔的时候，并没有受到我个人的过去一切的束缚，坚持以公正客观的态度来努力探索史实真相。因此，我不但没有回避记述那些显然属于错误和失败的史实，相反，还不惜占用不少篇幅去阐明被埋没在战败名下的各战场上我陆海军英勇奋战的事实真相。总的说来，是想使其具备综合政略和战略两方面内容，对政略和战略作全面的史实说明。也就是说，打算紧凑地写成包括战争指导、最高统帅、各方面的重要作战和战斗以及它们之间的有机联系的一部史书。

编写战史本来是一项艰巨的事业，不是我个人所能胜任的，幸亏得到各位同事、友人的全面合作和支援才勉强成书。特别是这些人当时都是主管各部门工作的，他们从大局观点出发，为我提供了秘藏的官方记录、机密日志、日记等从来没有公开过的珍贵材料。战争刚结束时，陆军曾发出烧毁官方文件的指令，建军以来的重要记录大都遭此厄运而佚失，后来，驻军[①]又有过没收官方文件的举动，所以在动笔之初曾预料会遇到很大的困难。然而，由于各位有心人士克服了当时的困难，挺身保存了文件，使之免于散失或焚毁的厄运。我因得到他们这种努力的成果，才能以御前会议、大本营政府联席会议和最高战争指导会议的官方记录和机密作战日志等为主，辅之以战争结束后我因职位所得知的陆海军当事者以及各界许多前辈熟人的口述笔记等，竭尽全力写成此书。这实在是我的最大喜悦。在此，我谨向有关各位致以衷心的敬意和感谢。

最后想随带说一句。拙著只不过是一部史略。因而有必要再作反复深刻研究，进一步全面细致地进行加工。今后，我还想积极努力完成这项工作，但是，很明显，我毕竟不能不自叹势单力薄，才疏学浅。所以，我不仅希望对拙著给予指正，并且殷切希望在各位读者的努力下，把战史的研究工作发

---

① 指美国占领军。——译者

展成为国家的事业。请回忆一下这个事实：在币原内阁时期，政府曾一度制订了计划，但由于驻军的指示，不得不中断了。只有依靠国家的努力，重新把思想、政治、军事、经济、文化和社会等各方面的材料广泛地、大规模地搜集起来，才能完成一部完整的战史。

当前，由于美苏两大阵营的对立，使人感到世界似乎已处于空前的第三次大战即将来临的紧张形势。日本当然终归不能独自生活于世外桃源。不论愿意与否，日本作为世界形势中的一环，必须选择自己的前进道路，确保祖国的安全，维护民族的生存，确立有利于世界和平的国策和国防方针等，这些都是不言而喻的。现在我之所以不顾可能受到众多的批判，敢于尽快发表此书，微衷不外在于，拙著尽管粗劣，只要切合时宜，并且反映了历史真实，那么，总还希望它在此时此刻会多少起到一点作用。

秋草已枯尽，严冬花无踪；
且待春日暖，满目又青新。

必须寄希望于未来，迎着曙光，奋勇前进。转祸为福，我是坚信不疑的。

服部卓四郎
昭和28年（1953年）2月于世田谷大原寓所

日本1965年版第五次再版

编者的话

昭和28年（1953年），鳟书房出版了4卷本的所谓《服部战史》。后来，昭和31年（1956年）又分为8册出版。到了昭和40年（1965年）8月15日，即纪念战争结束20周年的时候，原书房果断地将此书合为一册，刊行至今。

当然，在此期间，每次再版都做了必要的补充修改。这次在原书房第五次再版的时候，又订正了四处部队番号和部队长姓名，可以认为，在史实上已基本上没有谬误了。因此，原书房的这一版本，可以说是《大东亚战争全史》的定版了。

借此机会，我想列出当时在作者服部卓四郎（原陆军大佐，已故）周围，为完成这部战史，不辞辛劳，竭尽全力，甘当助手的各位人士的芳名。我相信，这样做既是为了各位读者，也是符合已故服部先生的心意的。

×[1] 西浦　进（原陆军大佐　34期[2] 毕业，现防卫厅战史室室长）
×堀场一雄（原陆军大佐　34期毕业）
秋山纹次郎（原陆军大佐　37期毕业，前空将[3]、空军幕僚副长[4]）
水町胜城（原陆军中佐　41期毕业，前空将）
稻叶正夫（原陆军中佐　42期毕业，现战史编纂官）
藤原岩市（原陆军中佐　43期毕业，前陆将[5]、第1师团长）
原　四郎（原陆军中佐　44期毕业，现战史编纂官）
田中兼五郎（原陆军中佐　45期毕业，现陆将、东部方面总监）

[1]　"×"表示已故。
[2]　士官学校的毕业期数，以下同。——译者
[3]　空将是二次大战后日本航空自卫队设立的一级军衔。——译者
[4]　参谋部副参谋长。——译者
[5]　陆将是二次大战后日本陆上自卫队设立的一级军衔。——译者

桥本正胜（原陆军中佐　45期毕业，现陆将，北部方面总监）
×山口二三（原陆军少佐　49期毕业，前空将补,[①]空军幕僚防卫部长）

稻叶正夫

昭和46年（1971年）6月1日

[①] 空将补是二次大战后日本航空自卫队设立的一级军衔，在空将和空佐之间。——译者

总目录

第一篇　开战的经过

第1章　历史的回顾 ... 3
第2章　第二届近卫内阁的登台和新国策的决定 ... 20
第3章　日德意三国条约的缔结 ... 33
第4章　解决中国事变的努力 ... 46
第5章　对南方施策的进展 ... 61
第6章　日美谈判的开始 ... 76
第7章　进驻法属印度支那南部 ... 96
第8章　德苏开战后的新国策 ... 107
第9章　决心不惜对美英荷一战 ... 123
第10章　决心对美英荷开战 ... 149
第11章　天皇决定开战 ... 172

第二篇　开　战

第12章　日本的统帅及战争领导机构 ... 191
第13章　战争计划的各项根本问题 ... 198
第14章　战争指导计划 ... 225
第15章　大本营作战计划 ... 241
第16章　开战时的日本陆海军 ... 254
第17章　战争爆发 ... 282
第18章　夏威夷作战——攻击珍珠港 ... 292

第三篇　进攻作战

第19章　南方进攻作战的发动......307
第20章　中国方面的作战......335
第21章　中南部太平洋方面的进攻作战......344
第22章　进攻南方作战的进展......351
第23章　进攻战结束后的战争指导......386
第24章　对外围要地的作战......406
第25章　美机袭击本土......415
第26章　中途岛的败战与阿留申的攻占......419
第27章　防卫态势的调整......431

第四篇　美军反攻的开始

第28章　以瓜达尔卡纳尔岛为中心的东南太平洋上的激战......443
第29章　国力的充实同作战的调整......472
第30章　对华政略战略的改变......493
第31章　自瓜达尔卡纳尔岛的撤退......509
第32章　适应形势发展的对德意施策......528

第五篇　南方重要地区的作战

第33章　加强东南太平洋方面的战备......547
第34章　加强西南方面的战备......561
第35章　加强太平洋孤岛的战备......577
第36章　阿图岛守军的全军覆没......582
第37章　敌军在东南方面反攻的加剧......590
第38章　大东亚政略的指导......603
第39章　形势发展后的对外施策......622

第六篇　绝对国防圈的作战

第40章　绝对国防圈的建立及其政略、战略 637
第41章　大本营根据新作战方针指导战争 672
第42章　国防圈前卫线的陆续崩溃 679
第43章　绝对国防圈纵深的加强 704
第44章　"阿"号作战计划 725
第45章　新几内亚西部作战 733
第46章　马里亚纳失守 756
第47章　东条内阁总辞职 769

第七篇　大陆方面的作战

第48章　英帕尔战役 789
第49章　云南及北缅战役 819
第50章　打通大陆战役 831

第八篇　菲律宾决战

第51章　小矶内阁的基本政策 851
第52章　小矶内阁的对外政策 885
第53章　小矶内阁的对内措施 897
第54章　捷号作战准备 908
第55章　菲律宾决战的略定和台湾（地区）海面的航空战 928
第56章　发动莱特决战 938
第57章　莱特湾海战 954
第58章　莱特决战 963

第九篇　日本本土决战

第59章　南北两国防圈地区被切断与"日满华"孤立化 985
第60章　大本营的新作战方针以及按此方针所做的作战准备 1004

第61章 中国与南方方面的作战情况……………………………………1027
第62章 战争指导上的各种问题……………………………………1067
第63章 硫黄岛战役……………………………………1074
第64章 冲绳战役……………………………………1079
第65章 大本营的本土决战准备……………………………………1092
第66章 主要方面的作战计划……………………………………1125
第67章 对苏作战准备……………………………………1143
第68章 本土的防空作战……………………………………1157

第十篇　结束战争的经过

第69章 铃木内阁的成立……………………………………1181
第70章 开展对苏工作……………………………………1196
第71章 调整国内体制，适应本土决战……………………………………1203
第72章 6月8日的基本政策……………………………………1211
第73章 天皇结束战争的意图……………………………………1226
第74章 波茨坦公告……………………………………1236
第75章 原子弹轰炸与苏联参战……………………………………1244
第76章 天皇对停战的决断——8月10日的御前会议……………………………………1248
第77章 天皇决定停战——8月14日的御前会议……………………………………1260

第十一篇　结束战争

第78章 停　战……………………………………1277
第79章 投　降……………………………………1298
第80章 对苏方面部队的停战……………………………………1307
第81章 驻外地部队的停战……………………………………1324
第82章 占领下的日本……………………………………1363

作者后记……………………………………1374

大东亚战争重要史实一览表……………………………………1376

上卷目录

第一篇　开战的经过

第1章　历史的回顾 3
第2章　第二届近卫内阁的登台和新国策的决定 20
第3章　日德意三国条约的缔结 33
第4章　解决中国事变的努力 46
第5章　对南方施策的进展 61
第6章　日美谈判的开始 76
第7章　进驻法属印度支那南部 96
第8章　德苏开战后的新国策 107
第9章　决心不惜对美英荷一战 123
第10章　决心对美英荷开战 149
第11章　天皇决定开战 172

第二篇　开　战

第12章　日本的统帅及战争领导机构 191
第13章　战争计划的各项根本问题 198
第14章　战争指导计划 225
第15章　大本营作战计划 241
第16章　开战时的日本陆海军 254
第17章　战争爆发 282
第18章　夏威夷作战——攻击珍珠港 292

第三篇　进攻作战

第19章　南方进攻作战的发动 307
第20章　中国方面的作战 335
第21章　中南部太平洋方面的进攻作战 344
第22章　进攻南方作战的进展 351
第23章　进攻战结束后的战争指导 386
第24章　对外围要地的作战 406
第25章　美机袭击本土 415
第26章　中途岛的败战与阿留申的攻占 419
第27章　防卫态势的调整 431

第四篇　美军反攻的开始

第28章　以瓜达尔卡纳尔岛为中心的东南太平洋上的激战 443
第29章　国力的充实同作战的调整 472
第30章　对华政略战略的改变 493
第31章　自瓜达尔卡纳尔岛的撤退 509
第32章　适应形势发展的对德意施策 528

第一篇
开战的经过

第1章

历史的回顾

昭和16年（1941年）12月8日清晨3点20分，即华盛顿时间12月7日下午1点20分，我机动航空部队长驱直入，毅然奇袭了珍珠港。这的确是海战史上空前的一次战略性奇袭。

上午7时，广播的临时新闻报道说，大本营陆海军部发表："本月8日黎明，帝国陆海军于西太平洋地区已和美英军进入战争状态。"

这样，便开始了对美、英、荷的战争。12月10日，大本营和政府在联席会议上决定，这次战争包括中国事变，[①] 统称为"大东亚战争"。

日本自昭和12年（1937年）7月以后，已在4年多的长时间内，同中国处于大规模战争状态，为什么又敢于以强大的美英等各国为对手进行战争呢？为了探讨这个问题的来龙去脉，有必要回顾一下明治维新以后日本所选择的道路。

明治大正时代

〔**明治维新——富国强兵**〕 日本通过明治维新，打破了持续300年之久的锁国政策下的世外桃源迷梦，从封建国家走上近代资本主义国家发展的道路。它既对欧美先进国家灿烂的物质文化瞠目而视，同时又对这些先进的帝国主义列强侵入东亚的锋利势头感到惊愕。也可以说，明治维新就是以欧美物质文明的东渐和欧美帝国主义列强侵入东亚这种外部刺激为契机的历史的产物。

这样一来，后进国日本的朝野人士便不约而同地把视线转向海外，把所谓富国强兵作为国策，力图建成一个能与列强为伍的国家。日本的国家主义乃至军国主义的倾向，实际上就是在明治维新和以后日本所处的客观形势中开始形成和发展起来的。

---

① 指1937年7月7日卢沟桥事变。——译者

〔日本与亚洲大陆〕 在这种形势下，面对着中国和俄国对朝鲜的侵略野心，日本无论如何是不能漠然视之的。这是因为从地理位置来看，朝鲜半岛宛如从亚洲大陆上伸出的一把匕首，对准日本列岛的侧腹。因此，在朝鲜半岛上有一个同日本保持政治军事紧密关系的稳定势力，是日本国防上所必需的重要条件。这是无需援引美国著名的战略家马汉[1]的远距离防御理论便可理解的。

正像在第一次和第二次世界大战中，美国都曾不得不援助英国同德国作战一样，日本也不得不援助韩国先后同中国、俄国作战，这就是日中、日俄两次战争。在日俄战争中，日本由于还有美、英的援助而获得了胜利，其结果，日本在满洲获得了若干权益。这些权益就是俄国从明治31年（1898年）以后在满洲所获得的那些利权，即关东州的租借权和南满铁路的所有权以及附带的驻兵权等。

明治维新使日本民族从锁国和封建制的桎梏下解放出来，尽管还不充分，但毕竟沐浴了近代资本主义的恩惠，使其天赋的生活能力旺盛起来，生产发展，人口增长。这些因素同民族性内在的向外发展的欲望相结合，便企图向海外，特别是向亚洲大陆寻求民族发展的出路。英国不在欧洲大陆上谋求建立自己的势力范围，却专门依靠大陆上列强间的势力均衡，在世界范围内广泛地掠夺殖民地，剥削文化落后的弱小民族。与此相反，苦于土地狭窄、物质贫乏、人口增多的日本，唯一的出路就是要和亚洲大陆保持紧密的联系，这是它为谋求生存绝对必要的。

明治43年（1910年），步入日韩合并阶段，朝鲜划归日本版图，日满的特殊紧密关系日益加深了。大凡领土接壤，就要产生特殊的紧密关系，这是很自然的道理，也是国际间所承认的惯例。大正6年（1917年）11月2日，美国在所谓石井·兰辛协定中曾经同意："美利坚合众国和日本国两国政府承认，国家间领土接近会产生特殊关系，因此合众国政府承认日本在中国有特殊利益，特别是在同日本属地毗连的地方。"[2]

日本在满洲，从南满铁路开始，对各种企业进行了投资，到满洲事变[3]爆发以前，其投资总额约达16.8亿日元。对满洲这种规模的经济开发，由于

---

[1] 马汉（Alfred Thayer Mahan, 1840—1914），美国军事评论家，主张海军战力是战争的决定性因素。对帝国主义各国的战略思想有较大影响。——译者
[2] 译文据《国际条约集》。——译者
[3] 指日本帝国主义侵略我国东北的九·一八事变。——译者

日本陆军驻扎在南满洲，治安得到了保障，与战乱频仍、兵匪猖獗的中国内地不同，进展异常显著。从朝鲜和中国内地迁入满洲的人数，出现每年突破100万人的盛况，明治40年（1907年），满洲人口约有1700万人，到事变爆发前竟达到了3300万人之多。

〔第一次世界大战后列强对日本的压迫〕 第一次世界大战期间，日本出于日英同盟的情谊，站在协约国一边同德国作战。然而，不幸的是，日本在战后从欧美各国所得到的报酬却是一系列压迫日本的政策。特别是由于培理提督率舰叩关导致日本开国以来，一直对日本保持不寻常的友好感情并毫不吝惜地给予支援的美国，这时却突然一反常态，充当了对日本施加压迫政策的急先锋。主张废除日英同盟，在华盛顿会议上限制海军主力舰的力量，废除石井·兰辛协定，限制根据九国条约规定的日本在满蒙的特殊权益以及美国制定排日的移民禁止法案，等等，都给日本的前途投下了阴影。不难看出，这些措施的目的都是要阻止日本的发展，特别是阻止日本向大陆的发展。

另外，在第一次世界大战后，作为战后必然的经济现象，在世界市场上引起了生产过剩，从而导致了国际贸易竞争尖锐化。后进资本主义国家日本，随着大战期间工业化的跃进，日益需要从海外进口物资和向海外开辟市场，因而也被卷进已经尖锐化了的国际贸易竞争中去。像日本这样物资、资金都不充裕的穷国，不得不靠廉价劳动力对外倾销来寻求悲惨的出路。可是，欧美各国为了对抗倾销，采取了相互间高筑关税壁垒的措施。日本逐渐从印度和南方市场等世界市场被排挤出去。

昭和4年（1929年）发生的世界经济危机，对日本经济也造成了沉重的打击，尤其农村渔村的贫困状况，更是惨不忍睹。而这次危机的结果，致使世界的关税战愈演愈烈，以英美为首，各国的保护产业政策日益加强，终于在昭和7年（1932年）的渥太华会议上，发展到结成大英帝国的所谓集团经济。

这样，终于堵塞了国际间劳动力、物资和资金的自由流动。凡尔赛和平会议上通过的民族自决主义，只有以正常的国际经济秩序为保障才能行得通。但是，如上所述，国际经济在被集团封锁的情况下，像日本这样人口过剩，资源贫乏，资金不足的国家，其生存就从根本上受到了威胁。

〔中国的排日运动——满洲事变的爆发〕 如上所述，日本在世界上从政治到经济都处于孤立地位。在这种形势下，中国标榜孙文三民主义的国民革命正在进行，同时，大战后民族自决和被压迫民族要求解放的思想在世界范围内风靡一时，中国收复国家权利的运动与这些运动相结合，便蓬勃发展起来，其排外运动的矛头主要指向了日本。这种排日政策也为中国提供了统一国家的手段。情况终于发展到叫喊要收复旅顺大连和南满铁路，中国的抵制日货运动弥漫全国，没有止境。尤其在满洲，竟发生了万宝山事件等迫害在满洲的朝鲜人以及残杀中村大尉的事件，局势的发展终于酿成满洲事变的爆发。

满洲事变

〔事变的发生、导火线和关东军〕 昭和6年（1931年）9月18日夜间，发生了柳条沟事件，即在奉天[①]北郊的柳条沟附近发生了炸毁南满铁路的事件。以此为导火线发展为武装冲突。关东军先发制人，进攻张学良部下的中国军队，于是，满洲事变爆发了。鉴于上述总的形势和当地日华两国人民之间那种一触即发的对立情绪，应该承认，这种武装冲突迟早必然要以某一事件为导火线而注定发生。

驻扎在关东州和满洲的日本陆军部队，在从建立到大东亚战争结束整个期间，都保持着关东军这个固有称呼，始终形成一个团结的力量。

事变爆发当时，关东军（军司令官本庄繁中将，参谋长三宅光治少将，高级参谋板垣征四郎大佐，作战主任参谋石原莞尔中佐）的基干部队，是平时编制的第2师团的主力和一个独立守备队，总兵力大约不过1万人。军司令官本庄繁中将的任务就是保卫关东州和保护南满铁路。事变发生时，保护当时整个满洲大约100多万日本侨民的生命财产，自然也是关东军必须考虑的重大问题。对此，在满洲的东北军有正规军26.8万人，非正规军18万人，总计44.8万人。这就是说：关东军仅有的大约1万人的薄弱兵力处于大约45万东北军的包围之中。

在当时一触即发的形势下，关东军的计划是，一旦有了情况，先发制人地进攻东北军，占领长春以南的南满铁路沿线地带，以打开战略上的不利局面，寻求出路。

9月18日夜间，在事件发生的同时，关东军不失时机地实行了上述既定计划。事变当初，日本政府和陆军中央部的态度当然是坚持防止事态扩大的方针，并指示关东军，军事行动必须遵循这一宗旨。

当时，中国正在进行国民革命，南京政府统一全中国的努力尚未见诸成

---

① 即现在的沈阳市。——译者

功。中国的实际情况是，一方面朝着统一的方向发展，另一方面分裂的势力依然存在。而且对中国内地来说，满洲在地理、历史和民族方面都有其特殊面性，这就很难把它看作是"中国完整的一部分"。

〔**国际联盟的介入和事变的扩大**〕 日本方面认为，为了解决事变，必须从根本上调整日华邦交，并且应由日华两国政府直接进行谈判。但是，由于中国方面的控诉、国际联盟插手干预纠纷，这就使事变的处理愈益复杂化，以至始终难以痛快迅速地加以解决。

尽管中央采取了不扩大的方针，而事件却逐步扩大下去，这主要是由于当地的实际情况和关东军的积极意图。对于关东军来说，有寻求自卫的要求和保护住在吉林、哈尔滨等地的日本侨民的生命财产问题。更重要的是，为了日本民族向大陆发展和东亚的安定，正想利用这个机会，从根本上解决多年来的悬案——满蒙问题。

这样一来，军事行动就逐渐扩大起来了。关东军于9月21日占领吉林，11月19日占领齐齐哈尔，昭和7年（1932年）1月3日占领锦州，2月5日占领了哈尔滨。1月末，事变终于蔓延到了上海，为了支援海军陆战队，竟然向上海派遣了陆军部队。这时，国内的形势是，民政党的若槻内阁于昭和6年（1931年）12月11日总辞职，政友会的犬养内阁成立，这就给处理事变带来了某些积极因素。

〔**满洲建国**〕 如前所述。由于中国和满洲的特殊情况以及国际联盟的介入，结果失去了由日华两国政府直接谈判解决事变的机会。在此期间，事态向着建立"满洲国"的方向发展下去。昭和7年（1932年）3月1日，"满洲国"宣告独立，并阐明了建国纲领，其内容是顺天安民、五族协和、王道乐土和国际友好。

在这个建立"满洲国"的运动中，幕后有关东军在指挥，这是事实。但是，从满洲本身的地理、历史和民族情况来看，存在着脱离中国本土而独立的条件，这是它的建国的前提。另外，当时中国还潜藏着各种政治暗流，其中，有民众对中国军阀政权暴政的反抗，有想从中国本土分离出来以摆脱争夺政权苦恼的民众保境安民运动，有蒙古族的独立运动，有清朝复辟派的脱离本土复辟运动，有各地政权、各级将领对张学良的不满情绪，等等。这些暗流酿成了独立的气氛，这也是事实。

此后，"满洲国"的建设稳步而顺利地进行。昭和7年（1932年）9月15日，日本政府承认了"满洲国"，同时签订了日满议定书。于是，确立了日满一体不可分的关系。

〔退出国际联盟〕 在此以前，国际联盟派出了调查团，这是由于日本代表向国际联盟理事会提议而实现的。日本希望国际联盟通过这个调查团到当地来调查，可能迅速而正确地认识中国和满洲的特殊情况，从而为公正解决日华纠纷作出贡献。然而，调查团经过大约半年的实地调查，结果向国际联盟提出了一份所谓李顿报告书。这份报告书是和日本的立场根本不相容的。在李顿报告书的结论中，竟提议要把满洲划为非武装地区由国际共管。昭和8年（1933年）2月24日，上述报告书以42比1通过，因此，日本不得不退出国际联盟。那时正是因昭和7年（1932年）的所谓五·一五事件，[①]政友会的犬养内阁倒台，以斋藤实海军大将为首相、内田康哉为外相组成了新内阁的时期。

根据日满议定书，陆军中央部赋予关东军负责保卫"满洲国"的新任务，同时力求充实关东军的兵力。

〔塘沽停战协定——战火平息〕 昭和7年（1932年）9月前后，"满洲国"内反满抗日军队的兵力约有21万，因此，整顿治安是"满洲国"的当务之急。关东军于昭和7年末，扫荡呼伦贝尔，进驻满洲里。昭和8年（1933年）3月，平定了热河省，从而消除了张学良政权扰乱"满洲国"治安的根源。上述平定热河省的作战，当然要越过长城线而波及华北地区。5月31日在塘沽，关东军同当地中国军队签订了停战协定，关东军撤回到"满洲国"境内。

由于有了这个塘沽协定，日华之间的战火平息了。此后，关东军便将兵力分散部署于"满洲国"全境，专负整顿治安任务，成了建设所谓王道乐土的基石。

〔日满不可分离的关系〕 "满洲国"是满、汉、蒙、日、鲜五个民族共存共荣的国家。日本人作为"满洲国"的人民，在法律上没有任何特权。日本人在"满洲国"任职的官吏即所谓日系文武官员，是由"满洲国"政府任命的，完全是"满洲国"的官吏，和日本政府没有任何行政上的联系。昭和12年（1937年）末，日本完全废除了治外法权，并且归还了满铁附属地的行政权。日系文武官员为把"满洲国"建设成现代国家，倾注了善意和热情。他们有时甚至采取在日本方面看来只知有"满洲国"而不知有日本国的态度。他们作为"满洲国"的官吏，在政治上和经济上同日本政府进行交涉时，甚至往往采取对立的态度而不是合作的态度。在满日本人坚决反对过去列强统治殖民地时所采取的那些政策，诸如挑拨不同民族互相对立、互相残杀的政

[①] 即昭和7年（1932年）5月15日，一些青年军官袭击首相官邸刺死犬养首相的事件。——译者

策，愚民政策以及限制人口繁殖等阴险毒辣的政策。

"满洲国"的国防，根据日满议定书，实际上全面依靠日本，驻满日本陆军的最高司令官即关东军司令官，同时也就是"满洲国"的国防军司令官。因此，关东军司令官可以从"满洲国"的国防和维持治安的角度出发，对"满洲国"政府提出他的要求或建议。这样，"满洲国"既是一个独立国家，同时又和日本结成了一体不可分的关系。

〔**日满共同防御的对象——苏联**〕 日满共同防御的对象，不用说是苏联。昭和7年（1932年），苏联提议缔结日苏互不侵犯条约，同时，向"满洲国"提出有偿转让中东铁路的要求。当时，苏联正在执行第一个五年计划，一心努力加强国内力量，尤其是国防力量，因而尽量避免和外界发生纠纷。从昭和7年（1932年）年底前后起，苏联开始增强远东兵力，并从昭和8年（1933年）年中左右起，开始在满苏国境全线修筑永久性工事。到了昭和9年（1934年），苏联远东的空军兵力已得到显著的充实和加强，特别是在南部滨海省方面增加重型轰炸机的情势不容忽视。昭和10年（1935年）3月，由于德国宣布重整军备，欧洲形势紧张起来。在这年年末召开的苏联共产党代表大会上，总参谋长图哈切夫斯基强调，必须确立对日、德两国东西两面同时独立作战的方针。特别值得注意的是，苏联由于完成了第一个五年计划，已经飞跃地加强了国防力量，并且正在继续拼命执行第二个五年计划。

本来，日本陆军建军以来的传统使命就是戒备北部边疆的忧患，关东军就是执行这一使命的先锋。满洲事变把日本对苏防线的前沿推进到满苏国境线，日本的战略态势从而得到了根本的改善，从此以后，日本陆军就全力以赴地加强对苏战备和日满联合防苏的国防体制。列宁曾经标榜："世界革命取决于东方。"这是人所共知的事实。它构成了对日本朝野的一个威胁。

〔**日德防共协定**〕 昭和11年（1936年）11月，日本缔结了日德防共协定。这个协定的根据是，日德两国在东西两面分别和苏联对峙，因而自然对共产主义威胁处于共同利害关系之下的这一事实。它是防御性的一般联合。不过，这个协定附有一个秘密的政治协议，即日德两国只要一方受到苏联攻击，另一方就不得采取方便苏联的行动。这就成了后来结成日德意轴心的开端。

根据加强对苏防务和建设现代独立国家的要求，扩建重要工业部门便成了当务之急。昭和12年（1937年）5月新设了企划厅，同年10月改为企划院，大力解决这个问题。昭和14年（1939年）1月制订昭和13年（1938年）到昭和16年（1941年）扩大生产能力的四年计划，溯自昭和13年（1938年）4月开始实施。另外，构成上述计划一环的"满洲国"产业开发五年计划，已从昭和12年（1937年）4月起着手实施。

〔防止赤化的堡垒〕 这样，满洲的各方面建设有了显著的进展。实际上满洲已不仅是日本，而且也是东亚乃至全世界防止苏联赤化的堡垒。试看满洲建国20年过后的今天，这一堡垒垮了，赤化的浪潮正在汹涌澎湃地冲击着东亚，甚至整个世界。

中国事变

〔悲剧的序幕〕 回过头来看，第一次世界大战后的中国大陆，是日中两国对抗斗争的焦点：日本要向大陆寻求民族发展的出路，中国则以列强的支援为背景，力图通过抗日，谋求民族的统一。其结果发展成了新"满洲国"的独立。日本在满洲建国的新形势下，希望恢复日中两国的友好关系。但是，这个历史的变革几经波折后，不幸发展成了中国事变。

〔国际经济的沉重压力〕 如前所述，第一次世界大战后，以英美为首的列强封锁世界经济的倾向，是促进日本向大陆发展的一个因素。这一倾向，从昭和7年（1932年）渥太华会议后开始日益加剧，终于像人们所说的那样，发展成所谓"富国"英美与"穷国"日德意的对立。这样一来，世界经济必然要从新的国际经济关系中寻求出路，其表现就是，德国主张"广域经济"，美国主张"协调的区域主义经济"等，日本因而也不得不走向结成日满集团经济的道路，特别是满洲事变以来国际形势的强大压力，要求日本确立国防国家体制，以及随之而来的扩大军需生产。上述扩充重要产业的四年计划，也是根据这个日满集团经济考虑制订的。

日本基于上述情况，希望改善日华之间的正常经济关系，但是在当时的形势下，要得到中国的响应是非常困难的。中国由于币制改革和通货膨胀等问题，经济上越来越加深对英美的依赖，而同日本的步调却背道而驰；另一方面，英美虽然日益加强对世界经济的垄断，但又强迫中国实行门户开放、机会均等的一般原则；而中国国内的排日运动仍然没有停息。这就促使日华之间的对立形势发展下去。

〔绥远事件〕 满洲事变以签订塘沽停战协定和日本承认"满洲国"为转折点而告一段落。当时，为了适应新形势，有必要调整日华两国的邦交。但因时机还不成熟，竟白白地拖延过去了。然而，"满洲国"同治安情况差的华北和内蒙接壤，这一事实势必要引起当地日华之间的局部纠纷。

解决上述纠纷，每次都只能由当地负责人双方缔结暂行协定来维持局面。昭和10年（1935年）6月10日的所谓梅津、何应钦协定，6月27日的所谓土肥原、秦德纯协定等就是如此。接着，同年年底，在华北成立了冀东防共自治政府和冀察政务委员会。事态这样发展加深了中国方面的疑虑，认为关东军已越过了长城线，对华北也怀有野心。这就使日华邦交的调整更加困难起来。

察哈尔、绥远、宁夏三省素称内蒙地区。在这一地区居住的蒙古人一向受着汉族的压迫，他们一有机会就想独立，建立一个蒙古人的蒙古。察哈尔省方面的蒙古人受到"满洲国"独立的刺激，以德王为中心，在百灵庙建立根据地，努力加强自治组织。昭和11年（1936年）11月，德王依靠关东军的支援，打出反共自治的口号，起兵和傅作义交战，结果一败涂地。这就是所谓绥远事件。这一事件使中国领导人增强了对关东军的不足恃感，同时中国方面还声称打败了关东军，致使中国的排日抗日气焰顿时高涨起来。

〔西安事变——国共合作——抗日民族战线〕　中国在签订塘沽停战协定后，一面对日表示消极合作态度，一面巧妙地利用国内正在蓬勃兴起的抗日运动，力图完成国家的统一。昭和10年（1935年），国民政府把共产党军队从江西根据地驱逐到西北边境；第二年，昭和11年（1936年）7月，同西南派达成妥协，把广东、广西两省纳入其统治之下。同年10月，山东省主席韩复榘声明绝对服从国民政府。同年11月，由于绥远事件的结果，绥远省也纳入国民政府统治之下。另外，国民政府在英国支援下，于昭和10年（1935年）11月，断然实行具有划时代意义的币制改革并取得了成功，大大地促进了中国的政治统一。

正当中国大致完成了政治统一的时候，于昭和11年（1936年）12月，突然发生了著名的西安事变。中国以西安事变为转折点，实现了实际上的国共合作，确立了全中国抗日民族战线。中国共产党早就提倡建立抗日民族战线，在"八一"宣言中公开声明："共产党将作为中国民族战线的一部分，同各党、各派、各军、各界合作抗日。"[①] 不屑说，这是根据共产国际的世界战略提出来的。西安事变后建立起来的国共合作和抗日民族战线，是从满洲事变向中国事变发展进程上的一个重大转折点。西安事变以后，即便是中国的独裁者蒋介石，为了维持其政治生命，也不能无视抗日排日的舆论。因此，中国领导阶层对日态度终于发生了实质上的重大转变。

---

① 八一宣言的摘录。——译者

〔**卢沟桥事件和中国驻屯军**〕 根据义和团事变详细议定书[①]的规定，日本陆军在华北平津地区驻有一部分兵力，这部分兵力称为中国驻屯军。构成中国事变开端的卢沟桥事件，是在上述形势下，由一部分中同驻屯军（军司令官田代皖一郎中将，参谋长桥木群少将）同当地中国军队之间无端发生的冲突事件。即昭和12年（1937年）7月7日夜间，正在北京郊区卢沟桥北面演习场演习的日本军队的一支小部队，受到当地中国军队的非法射击后应战而引起的。

当时日本第一次近卫内阁在昭和12年（1937年）6月4日刚刚成立，政党政治不得人心，加上满洲事变顺利成功和昭和11年（1936年）所谓二·二六事件以及军部大臣改为现役武官制等影响，军部尤其是陆军对政治的发言权越来越扩大起来。

〔**不扩大方针**〕 日本方面对于卢沟桥事件的态度，本来是不使局面扩大的方针。当地的中国驻屯军在7月8日清晨姑且确定了防止事件扩大并立即就地解决的方针。陆军中央部于8日清晨获悉事件发生后，在和政府意见完全一致的基础上也确定了防止事件扩大，作为局部地区问题，在最短时间内就地解决的方针。根据这一决定，参谋总长于8日下午6时42分电令中国驻屯军："为了防止事件扩大，应避免进一步行使武力。"

对日本方面来说，卢沟桥事件完全是一次突然发生的事件。当时，日本因正在致力于建设满洲，加强对苏战备，贯彻执行重要产业的扩充计划等，无暇他顾。在用兵上也完全没有进行日华全面战争的计划和准备。对日本来说，不扩大事件的方针，是严肃而有诚意的。

收拾局面的就地谈判，是在中国驻屯军和中国方面第29军代表之间进行的。日本方面的要求主要是有关保证今后不再发生纠纷的事项，回避了涉及政治的问题。经过忽冷忽热的一段谈判，到了18日，问题似乎大致得到解决。但后来却连续发生了25日的廊坊事件和26日的广安门事件，于是我方终于进入了诉诸武力的阶段。在此期间，陆军中央部为了准备应付局势的恶化，从满洲和朝鲜抽调一部分兵力以加强中国驻屯军，而中国军队也越发加紧向华北集中兵力。

7月27日，中国驻屯军为了自卫决定诉诸武力，陆军中央部和政府对此表示同意，并于28日再次对留驻国内的3个师团正式发布了动员令。但是，日本并没有放弃不使事变扩大的方针。也就是说，即使行使武力，其区域也

---

① 即辛丑条约。有关各国驻兵规定，见该约第九条。——译者

只限于平津地区，这样做的目的是为了打击一下中国抗日军队的敌对和不守信义的行为，以期促进事件的早日解决。

到7月末为止，中国驻屯军扫荡了平津地区的中国军队，战局自然告一段落。但随着中国中央军的大举北上，战局首先向察哈尔省东部、随后又向河北省中部发展，事变日益扩大了。随着局势的扩大，解决事变的设想也发展到主要意在设立缓冲地区来解决华北问题。

〔从华北事变发展成中国事变——变成全面问题〕 8月13日，战局终于扩大到了华中。日本军队在上海附近激战后，乘胜追击，12月13日攻占了中国首都南京。当初，政府称这次事变为"华北事变"，但随着战局向华中扩大，9月2日改称为"中国事变"。

这样，以卢沟桥事件为开端的日华局部地区的纠纷，由于日本不使局面扩大、就地解决的努力没有奏效，终于发展成日华之间的全面对抗。

于是，日本打算乘这个机会转祸为福，从根本上调整多年来一直成为悬案的日华邦交，即一方面根据现实情况来解决满洲问题；一方面结成"日满华"三国睦邻关系，以奠定东亚安定的基础，想以此达到结束事变的目标。就是说，日本的设想是，当战局从上海向南京方面发展的时候，才从局部解决问题转向全面解决问题的。

〔处理中国事变的根本方针〕 这时，通过德国驻华大使陶德曼的斡旋，曾为解决事变做出努力。陆军统帅部中占上风的意见是希望尽快解决事变，在条件上尽力克制，并对此寄予了很大希望。

这样，昭和13年（1938年）1月11日，在御前会议上决定了处理中国事变的根本方针。根据这一决定，重新确认了结束这次事变的宗旨和媾和谈判条件。这就是：要扫除以往的一切对立，在着眼于大局的基础上，重建"日满华"合作的新邦交。此外，还决定了中国方面对此做出同意或拒绝的答复时日本所应采取的态度。

然而，直到昭和13年（1938年）1月15日，中国方面也没有对日本提出的解决条件做出答复，第二天16日，政府不顾陆军统帅部的强烈反对，发表了"不以国民政府为对手"的声明。

这一声明的结果是，日本自己关闭了解决事变的大门，先去了早日解决事变的希望。这时，日本必须竭尽全力去加强国家实力，增强军备，改革国内体制，等等。于是，昭和13年（1938年）3月31日制订公布了具有划时代意义的战时法律——国家总动员法。另外，从昭和13年（1938年）度开始，着手制定了物资动员计划。该计划决定，按扩大生产能力，充实军需、丰富民需三项需要综合分配国力。大本营是在这之前，于昭和12年（1937年）12月20日设立的。这个大本营纯系统帅机关，调整有关解决事变的统帅同国务之间的问题则由大本营和政府的联席会议来处理。

攻陷南京以后，战局曾一度陷入停顿状态。昭和13年（1938年）6月，为了打通华北、华中之间的联系，进行了徐州会战。另外，为了尽最大努力结束事变，还断然发动了进攻武汉和广东的作战。10月下旬，占领了广东和武汉，国民提灯游行欢庆了这一胜利。

〔调整日中新关系的方针——近卫声明〕 和上述军事行动相配合，日本再一次展开了具有划时代意义的政略攻势，提出以国民政府为对手，争取实现日华全面和平。因此，有必要重新明确所谓战争的目的和日华新关系的全貌。于是，11月30日召开了御前会议，会上决定了《日中新关系调整方针》。这一方针内容的重点是，要结成"日满华"三国睦邻合作关系，以此作为安定东亚的枢纽，并建立共同防御北方的态势。

根据这一决定，为使中国方面彻底了解日本的真意，12月22日，日本发表了以睦邻友好、共同防御、经济合作三项原则为内容的有名的所谓"近卫声明"。在这以前，11月3日，政府借攻陷武汉的机会，发表了关于建设东亚新秩序的声明，在这个声明中，对原来不以国民政府为对手的方针明确表示出缓和的态度，为上述近卫声明埋下了伏笔。

近卫声明是随着事变的全面扩大，作为日华将来的基本课题，经过长期研究酝酿的结晶，它向中外表明了日本关于解决事变问题的真实意图和善良愿望。日本希望国民政府能以此为转机，选择日华全面和平的道路。

〔汪兆铭的出马和新中央政府的成立〕 果然，同日本已有默契的国民党副总裁汪兆铭首先脱离重庆，并于12月29日在法属印度支那河内发表和平建议，主张按照近卫声明的精神举行和平谈判。汪兆铭和蒋介石同是国民革命以来中国的大先知先觉者，他曾希望一旦首倡和平救国，天下便会纷纷响应，但是局势并没有像他希望那样发展。

这样一来，就使得为结束事变而采取的广东和武汉作战以及发表近卫声明等这些涉及政略和战略两方面的巨大努力，很难指望迅速取得全面效果。此后，尽管进行了百般的努力，而形势还是不得不逐渐转入了长期战争。就是说，把围绕汪兆铭的和平运动作为中国国内问题采取了静观其变的态度；至于在作战方面，则把武汉和广东地区看作战区，随时打击其周围的敌方野战军；其他地区则视为治安区，努力确保这些地区的稳定。另外，努力充实加强我方战斗力，同时对重庆继续实行封锁和空军进攻作战，以期摧毁重庆方面的战斗意志。

汪兆铭住在河内策划推广和平运动约有半年之久,昭和14年(1939年)5月8日转到上海。此后,日本方面同汪兆铭之间,根据前述《日中新关系调整方针》的精神,对解决事变的条件问题,坦率地进行了协商,昭和15年(1940年)3月30日,终于在南京成立了新中央政府。新中央政府成立以前,日本一直指望汪兆铭同蒋介石合作成功,实现日华全面和平,汪兆铭也抱有这种希望。然而,形势的发展终未如愿,只好采取由局部和平转向全面和平的方策,成立了汪兆铭一派的单独政府。因此,新政府仍然称为国民政府,主席一席空着,内定由林森担任,其他政府职位也设了许多空位,留有接纳重庆方面过来的余地。在新政府成立之前,昭和15年(1940年)1月16日,汪兆铭的对蒋通电有以下一段:

兆铭对于救国夙具决心,若先生始终坚持拒绝,则兆铭不能顾虑,势必先以全力寻求局部和平,而后再寻求达于全面和平之途;先生若能以国命民生为重,此际毅然决定大计,与日本停战讲和,根据近卫声明之原则,以求具体的实现,则兆铭及诸同志必与先生同心协力,以使全国和平从速实现。[①]

〔国内体制的强化〕 回头再看日本的国内情况。昭和13年(1938年)12月18日,在国内建立了处理对华政务的统辖机关兴亚院。第二年3月10日,设立了兴亚院联络部作为其驻外机构。昭和13年(1938年)12月24日,全面实施国家总动员法,加强了准战时体制。近卫声明发表后,第一届近卫内阁辞职。昭和14年(1939年)1月5日,平沼内阁继任。为了适应对华战局的扩大和事变长期化的各项要求,特别是为了早日解决事变,昭和14年(1939年)9月12日,建立了统率全部驻华陆军的中国派遣军总司令部,任命西尾寿造大将为首任总司令官,板垣征四郎中将为总参谋长。

各国对中国事变的动向

满洲事变和随之而来的"满洲国"独立这种东亚新情况,当然始终不会被英美等国所承认,它们是以维持现状为世界政策的根本的。英美等国利用国际联盟这个国际外交机构,对日本施加压力,并且一再通过政府高级官员的声明或抗议,极力牵制日本。例如著名的史汀生的对日恫吓声明,至今还是记忆犹新的。中国传统的所谓"远交近攻"、"以夷制夷"政策,更加助长

---

① 参阅《晨报》1940年1月7日电文。——译者

了他们的这种态度。

〔罗斯福的隔离政策宣言〕 随着满洲既成事实日趋稳定,英美等国压迫和牵制日本的情况一时有所缓和。但中国事变一爆发,这种情况又加剧了。昭和12年(1937年)10月5日,美国总统罗斯福在芝加哥发表演说,谈到中国事变和地中海潜艇问题,并追溯到满洲事变和意埃战争,[①]谴责日本和意大利是侵略国;同时说:"我们虽然正在采取措施,尽量减少卷入他国纠纷的危险,但是在这个国际信义和安全保障遭到破坏的无秩序的世界里,单纯采取漠不关心的超然态度是无法彻底保证安全的。"他的演说引起了轰动。这篇演说一般称为罗斯福总统的隔离宣言,它表明了美国的世界政策和对中国事变以及对日本的基本态度,成了美国后来对日政策的基础。第二天(6日),美国国务院发表声明,断然认定日本是九国条约和凯洛格非战公约的违反者。同一天,意大利首相墨索里尼表明坚决支持日本对华扩张,日本外务省也以情报部长发表谈话的形式,回击上述美国总统的演说。

英国虽然在事变开始的7月21日表明了不介入事变的态度,但是从根本上来说,它的对日态度是逐步强硬起来了。

〔九国条约会议〕 列强牵制日本的最初表现,是召开九国条约会议。即昭和12年(1937年)11月3日,英、美、法、苏等十几个国家,在布鲁塞尔召开了九国条约会议,企图干涉日华纠纷。主张由日华双方直接谈判来解决事变的日本,当然拒绝参加会议。德意两国也与日本采取同一步骤,没有参加会议,会议以空谈告终。意大利在会议开始后的11月6日就加入了日德防共协定。

在这之前,8月26日,发生了英国驻华大使许格生因遭日本飞机扫射而负伤的事件。另外,在12月12日,还发生了日本军炮轰美国炮舰巴纳号和英国军舰瓢虫号事件。这些事件虽然都以日本方面的道歉和赔偿损失而很快得到圆满解决,但却引起了这两国人民舆论的恶化。

日本研究了各方面的要求,决定把日华纠纷当作事变来处理,因此,直到大东亚战争开战以前,始终没有对中国行使交战权。但是日华之间存在着战争状态,却是无可争辩的事实,这一战争状态的存在,当然要使国际法的平时原则受到一定拘束,这也是不得已的。然而,英美等列强却不承认上述状况的存在,要求日本完全履行国际法的平时原则。日本曾一再说明,等待事变解决以后,当然要采取恢复第三国权益的方针,但英美等列强却对此持

---

① 指意大利侵略埃塞俄比亚的战争。——译者

怀疑态度，遇事便向日本提出抗议和谴责。在所谓事变这种不正常的状态下，争执问题不可避免地越积越多，在这个过程中，日本和英美之间的对立便越来越不好解决了。

另一方面，德国在昭和13年（1938年）2月20日发表声明，承认"满洲国"，5月23日决定撤回国民政府中的德国顾问。德国已在3月13日成功地完成了德奥合并，并且正在继续进行对捷克斯洛伐克的工作。到了9月1日，德军进驻捷克斯洛伐克，欧洲风云一时便紧急起来。

〔美英对日的经济压迫及援蒋政策〕 罗斯福总统在芝加哥发表上述隔离政策宣言以后，作为美国对日政策的强硬表示，实行了道义禁运。早在事变发生后不久，美国就下令禁止用政府船只向日本输送武器，到了昭和13年（1938年）7月1日，对日实行了所谓道义禁运。这是美英对日经济压迫的最初表现，此后美英逐渐加强其经济压迫，到了昭和16年（1941年）8月，终于发展成为全面禁运。

如前所述，日本借攻陷汉口之机，曾于昭和13年（1938年）11月3日发表了所谓建设东亚新秩序的声明。这个声明的要点是："国民政府如能放弃以前的指导政策，改变人事安排，真正走向更生，前来参加新秩序的建设，则决不加以拒绝。"一般认为这项声明主要表明了日本关于建设东亚新秩序的坚强决心，强烈地刺激了英美各国。

对此，美国立即作出反应，11月6日向日本提出建议。其内容无非是要求按照九国条约的精神，恪守对中国的门户开放、机会均等原则，和根据前面提到的平时原则，尊重美国的在华权益。日本外务省在11月18日对此作出答复，在其最后部分驳斥说："当兹东亚天地正出现新情况的时候，想以适合事变前的事态的观念和原则来原封不动地衡量现在和将来的事态，确信非但丝毫不能解决当前的问题，而且也无助于东亚持久和平的确立。"

从此以后，美英等国的援蒋反日政策实际上便具体化起来了。12月15日，美国提供了2500万美元，英国提供了1000万英镑的援蒋贷款；昭和14年（1939年）1月14日，英美法三国共同对日提议，不承认东亚新秩序；同月20日，国际联盟理事会通过了援蒋决议。

〔日英会谈——日美通商航海条约的废除〕 昭和14年4月到7月，因天津问题而举行的日英会谈，是围绕着中国事变的国际政局的一个插曲。4月9日夜里，天津英国租界发生了抗日共产分子对中国官员的恐怖事件，导致当地日军封锁了英国租界。天津英国租界本来就是抗日分子在华北破坏治安、扰乱经济的策源地。为了解决这一事件，从7月15日开始，有田外相同英国大使克莱琪在东京举行了会谈，同月22日，双方就原则问题达成了谅解。其备忘录的全文如下。

"英国政府确认在中国正在进行着大规模战斗的现状，并且承认，只要这种状况继续存在，驻华日军为了确保其安全和维持治安，应有特殊的要求；同时认为，日本有必要排除有害于日军而有利于中国方面的行为。英同政府应排除可能妨碍日军达到上述目的的一切行为和措施，并指示在华英国官宪和英国国民，使之确认上述政策。"

当时，欧洲形势告急，大有一触即发之势。因此，英国在东亚对日本不得不采取绥靖政策。但这决不意味着英国改变了对日本的基本政策，只是英国充当中国看门狗的地位由美国取而代之了。

自昭和14年（1939年）1月以来，基本上保持沉默的美国，7月26日，突然通知日本废除日美通商航海条约。这对日本真是个晴天霹雳，从此以后，美国的援蒋反日政策便越发露骨起来了。

〔日本的对苏态度和国境纠纷事件〕 中国事变发生以来，日本对苏态度一直贯彻保持北方绝对安宁的方针。但是，使日本国民以及日本陆军中央部心惊胆战的日苏纠纷，却在满苏国境地区发生了两次。那就是昭和13年（1938年）7月在国境东南部发生的张鼓峰事件和昭和14年（1939年）夏季在国境西部发生的诺门坎事件。对日本来说，这两起事件只不过是因为国境线不明确而造成的纯粹的国境纠纷，但它对正在处理中国事变的日本来说却是一个严重的威胁。张鼓峰事件当时，日本陆军正调动大部分兵力进行武汉作战，面对多达20几个师的远东苏军，日本在满兵力只不过6个师团。诺门坎事件当时，日本陆军正处于调整对华长期作战体制过程中，而对多达30个师的远东苏军，日本在满兵力只有8个师团。原来，日本处理中国事变之所以尽力采取不扩大方针，也就是因为需要对付北方苏联的威胁，在用兵上受到极大限制的缘故。

以上两起国境事件，不管苏联是否有意，都收到了很大的牵制日本的效果。在这之前，在事变刚刚发生的昭和12年（1937年）8月，苏联和中国签订中苏互不侵犯条约。不用说这是显示支持中国的姿态的。

如上所述，围绕着中国事变，日本和英美等国的对立在逐步加深；另一方面，这一期间，日本和德国加强合作的问题，便发展成为国策上的重要课题。

〔日德同盟谈判与平沼内阁〕 缔结日德同盟问题，在第一届近卫内阁时期就已成为悬案。近卫内阁看到上述近卫声明反应之后，本应进一步努力解决中国事变，但在声明发表后不久却辞职了，这使一般感到意外。继任的平沼内阁自然面临解决这个日德同盟的问题。

关于缔结同盟，日本的目的是，想凭此加强日本的国际地位，同时谋求北方的安全和孤立中国，从而促进事变的早日解决。当然，对日本来说，同盟是针对苏联一国的，并且目的在于防卫遭受攻击，即具有所谓防御同盟的性质，换言之，也就是加强防共协定。

但是，德国却主张将同盟的针对对象扩大到英国等国，于是双方发生了意见分歧。希望建立同盟的陆军，大致倾向于接受德国方面的主张，并在五相会议上反复讨论了数十次。这个五相会议是由首相、外相、藏相、陆相和海相组成，从昭和13年（1938年）6月以来为了迅速妥善决定处理事变对策以期万无一失而随时召开的。在五相会议上，关于这个同盟问题还有另外一个争论的焦点。那就是当同盟的一方受到第三国攻击时，关于参战问题，同盟的另一方是否要保有独立自主地加以考虑的余地的问题。

〔**欧洲形势的急转直下**〕 在这光阴荏苒，谈判迟迟不见进展之际，昭和14年（1939年）8月23日，德苏缔结了互不侵犯条约。这就使一切谈判全落空了。平沼内阁因德国的这一背信弃义行为失去了立脚点而辞职。8月30日，阿部内阁继任。

风云变幻的欧洲大陆，9月1日终于爆发了大战。世界动乱的趋势令人琢磨不透。日本想在世界形势突变的时候，集中精力结束中国事变，便确定不介入欧洲战争的方针，并于9月4日公布了这一决定。

第2章
第二届近卫内阁的登台和新国策的决定

日华不应该抗争而应该合作，这是先觉之士早就倡导的。不幸的是，中国事变同争取早日解决的努力相反，却变成了长期战争。大本营和政府的苦恼以及国民的焦虑心情逐渐达到难以掩饰的地步。欧洲大战的爆发，乍一看来好像是解决事变的大好机会，但实际上并没有立即导致局面的好转。汪兆铭单独政府的成立，结果使事变的形势更加复杂化，因而越发使人感到前途不容乐观。

在这种情况下，迫切希望出现一个强有力的领导者来转变内外形势和果断地处理时局，这种呼声在陆军以及一般人士中普遍地高涨起来了。

第二届近卫内阁的登台

〔日本的政治形势和欧洲战局的进展〕 一般认为阿部内阁是脆弱的。由于围绕新设贸易省问题工作做得很笨拙，以及全国性的粮食不足日益严重，它不仅失去了议会和社会舆论的支持，而且也失去了陆军的支持。这样，这届内阁便不得不以4个半月而夭折，于昭和15年（1940年）1月4日宣布总辞职。

希望后继内阁的首脑山枢密院议长近卫公再次出马的呼声很强烈，特别是陆军支持这么做；但由于近卫公坚决不干，没能实现，于是组阁的敕命便落到米内海军大将身上。

平定波兰之后，令人发怵地沉默了半年之久的德国，于昭和15年（1940年）4月9日，闪电般地占领了丹麦和挪威，继而又在5月10日调转矛头，向西开始了强大攻势。德军的攻势由于机械化兵团在空军密切支援下进行了果敢突击，很快便突破了法国主要防线——马其诺防线的北翼。所谓希特勒的闪电战，像怒涛一般席卷了荷兰、比利时和法国；迫使英国于5月29日从敦刻尔克撤退。6月10日，意大利参加对英法的战争；并发展到6月17日法国贝当政权迅速投降。

这样一来，君临七大海洋的大英帝国在新兴德国面前也仿佛陷于累卵之危了。5月10日，英国张伯伦内阁总辞职，轰动一时的英雄丘吉尔上台。尽管有敦克尔克的败退，但丘吉尔凭靠英国海军的健在，决心继续作战。正在这时，他呼吁："我们要战斗在多佛尔的前方！战斗在多佛尔！战斗在多佛尔的后方！"

〔**南方问题的抬头——有田声明**〕欧洲战局的急转直下，给法属印度支那、荷属东印度以及其他南方各地带来了政治地位上的巨大变化。这也关系到中国事变的处理问题，于是日本朝野上下便很自然地把注意力集中到了南方。特别是军队和政府方面，考虑到随着英法等的败退，德国势力势将迅速扩展到南方；因荷兰战败而产生的荷属东印度的归属问题；以及关于法属印度支那问题，德国势将对维希政府施加压力，等等，认为必须对此采取政策。

4月15日，有田外相发表声明说，战祸一旦扩展到荷属东印度，对于东亚的安定是不妥当的，这就暗示了日本对荷属东印度的关切态度。接着，5月11日，政府决定再向各国建议，维持并确保荷属东印度的现状。

对此，荷兰于4月18日发表声明，表示关于荷属东印度问题，不接受他国的保护，美英也强调维持荷属东印度现状。德国驻日大使鄂图于5月22日通知日本政府，表示德国无意干预荷属东印度。

〔**近卫新政治体制运动**〕在这以前，近卫公在任枢密院议长时就曾企图在日本建立新政治体制，并已暗中进行酝酿。

据战后出版的近卫公手记①所载，近卫公提倡新政治体制的真实意图是，要由自己来创建新的国民组织，以国民舆论为后盾压制军部。近卫公认为，自五·一五事件和二·二六事件②以来，原有政党已日趋衰落，只有建立一个扎根于全体国民之中、不同于原有政党的组织，并以这个组织所拥有的政治力量为背景组织政府，才能压制军部的专横，解决中国事变。而近卫公的这个意图，军部当然是无从得知的。

近卫公于6月24日辞去枢密院议长职务，着手推行新政治体制运动。7月7日，近卫公在轻井泽会见新闻记者，表达了自己的信念如下。③

"新政治体制的完成，时间上如果能赶上对中国事变的处理和当前外交问

---

① 近卫公手记：《凝视黑暗的日本》。
② 五·一五事件，见前注。二·二六事件，即昭和11年（1936年）2月26日，一些陆军军官率兵袭击首相官邸等，掀起叛乱的事件。——译者
③ 见昭和15年7月8日东京《韩日新闻》。

题的转变，当然是再好不过的，但须防止急于求成。（中略）就新体制和政党之间的关系来说，我完全没有无视原有政党来行事的想法。（中略）关于开展新体制运动，虽然有人说，为使这一运动顺利进行，需要一些行政权力，因而需要先组织内阁，但是我绝对没有那样想法。我想，即使多少有些不便，也要有耐性。但是，为了弥补这种不便，是否要取得政府的协助呢？对于这个问题，我认为政府方面现在对推行新体制应该主动给予协助（中略）。

"按我的想法，新政治体制包含的关系有：国民组织，和国民组织并行的议会，政府同统帅部之间的联系，以及政府内部的统一等。所以我没有使用新党这个词。新政治体制的中心是内阁，新政治体制的推动力是来自国民组织的政治力量，这种政治力量不是旧有概念的政党，而是既能进入政府，也能进入军队，能够进入一切组织的政治力量。"

近卫公是当时政界众望所归的人物。由他来建立新政治体制的这个倡议，果然蓬勃兴起，风靡政界。原有各政党纷纷主动解散，显示出都要集聚在近卫公旗帜下的趋势。与此同时，经济领域和思想领域的新体制运动也逐渐在社会上高唱起来。

陆军从一开始就积极支持这个新政治体制运动，希望出现一个强有力的近卫内阁来积极推进对内对外政策。近卫公在上述记者招待会上虽然说过，开展新政治体制运动并不一定要更换政权，但是为了强有力地开展这个运动，需要出现近卫内阁，这在客观上已是大势所趋了。

〔畑陆相的单独辞职〕 这时，陆军大臣畑俊六于7月16日单独提出辞呈，于是米内内阁被迫全体辞职。当时米内首相曾要求陆军推荐继任陆相的人选，但陆军根据陆军大臣，参谋总长和教育总监所谓三长官会议的意见，以提出继任陆军大臣人选有困难为借口予以拒绝。陆军的这种作法，一般认为这是以陆军大臣现役武官制为挡箭牌来干预政治，因而受到了社会舆论的攻击。

7月18日，天皇终于向近卫公下达了组阁命令。近卫公首先决定了陆、海、外三相的人选，接着便举行了四首脑会谈，试图就当前军事、外交政策的基本方针问题协调意见。7月22日完成组阁，至此深孚国民众望的第二届近卫内阁宣告成立。阁员名单如下：

    内阁总理大臣　近卫文麿
    外务大臣兼拓务大臣　松冈洋右
    内务大臣兼厚生大臣　安井英二
    大藏大臣　河田　烈　陆军大臣　东条英机

海军大臣　吉田善吾　司法大臣　风见　章
文部大臣　桥田邦彦　农林大臣　石黑忠笃
商工大臣　小林一三　递信大臣兼铁道大臣　村田省藏
无任所大臣兼企划院总裁　星野直树
内阁书记官长　富田健治

划时代的新政策

〔**日本的转机**〕　第二届近卫内阁组阁后，很快便采取了具有划时代意义的新政策。这就是内阁会议决定的《基本国策纲要》和大本营政府联席会议决定的《适应世界形势演变的时局处理纲要》。从中国事变走向大东亚战争的发展，实际上就是以采取这些新政策为转折点而大幅度地转变下去的。

〔**近卫首相以"拜受敕命"为题发表广播讲话**〕　7月23日，近卫首相以"拜受敕命"为题发表广播讲话，向全体国民表明了下述信念。人们可以从这篇讲话中看出当时采取新政策的背景。

"这次没有想到拜受敕命，担任国家总理，这对我来说，不胜惶恐之至，愿借此机会略陈所怀，向广大国民各位致意。

"众所周知，世界形势最近急转直下，显现出惊人的变化。旧的世界秩序首先从欧洲崩溃，眼下就要波及世界其他地方。不久前我之所以辞去枢密院议长职务，就是因为考虑到在世界发生这样重大变动的时候，我国必须谋求革新国内体制，而自己愿为此略尽绵薄。如果国内各种意见互相对立，彼此争执，就势必不能专心对外，以致左顾右盼坐失良机。

"回想起来，政党一向有两大弊病。第一是，在建党宗旨上采取自由主义、民主主义或社会主义，而三者根本的世界观、人生观就根本和我国国体不相容，这是今天必须迅速转变、彻底加以改正的。第二是，把结成党派的主要目的放在争夺政权上，这绝不是通过立法机构来辅弼皇国政治的做法。因此，必须革除上述两种弊端，恢复日本的本来面貌，上体天皇意旨，万众一心，真心实意地为皇国效劳。

"而且，问题绝不止于政党而已，所有文武、陆海、朝野、上下等各方面人士，都必须同心同德，忠实地遵照陛下的教诲辅弼皇国政治。这就是说，在这个新体制下，必须亿兆一心，体念天皇意旨，以便在这个世界形势发生历史性剧变的时刻，迅速妥善地解决国内外堆积如山的许多问题。而当我正在酝酿上述新体制的时候，突然拜受敕命组织内阁。因此，我必须首先谋求在政府内部实行这个新体制。幸而陆海军之间以及陆海军与外务省之间取得了完全一致，精诚全作，因此我确信，内阁在坚定的方针指引下，今后一定能克服任何困难，勇往直前地阔步迈进。

"现在关于方针略谈二、三。首先，在外交上，我认为必须始终站在帝国独立自主的立场上，走帝国独自的道路。虽然说是独自的道路，但它决不意味消极的自主外交。必须认识到，这不只是简单消极地应付世界局势的变化，而是要自己主动地指导世界的变化，依靠自己的力量建立世界新秩序。因此我认为，外交政策不要为目前的动向所左右，必须考虑到10年、20年甚至于50年以后，始终要自主地、积极地、建设性地向前推进。其次，在经济上，为了坚决推行上述外交国策，必须尽早摆脱依靠外国的状态，在这个意义上，帝国同满洲和中国的经济合作以及向南洋方面发展的必要性正在日益增加。当然，在今后的短暂期间内，还可能有物资不足、供求失调的现象。对此，政府将竭尽全力来确保国民的生活必需品。但是，这个问题的确是关系到一亿国民每个人的日常生活问题，因此，全体国民都必须抛去私心，一面积极致力增产，一面力行节约。但凡以奢侈逸乐为事而保持兴盛的国家，是从来没有过的。政府也准备尽量削减预算，扣除不急需的费用，节省不必要的开支。对于民间是要进行种种统治的，但并没有想压制个人的创造性，摧毁民间希望的意思。我的意思是，当此国内外的非常时局，必须指导全体国民，使之能够自告奋勇，心情舒畅，真诚地为皇国效劳。

"最后谈谈教育。外交也好，经济也好，都在适应形势，准备克服巨大困难，实行一大转变。在这种时候，唯有教育方面还墨守成规，那是不能允许的。不，当想到国家前途的时候，应该说，国策的成败，国运的消长，关键全在于教育。所谓培育皇国国民，我们不能停留在口头上或技巧上，而必须在其灵魂深处来实现它。历来的学问总是有一种玩弄抽象思维而不脚踏实地的弊病，对于这点必须进行深刻的反省。为了培养真正能够维护国体，担负国家重任的第二代国民，教育者本身必须具有尊重皇道的忠诚。政府打算在这样方针指导之下来革新教育。

"以上讲了我的想法的一部分。虽然只是一部分，但却是最重要的部分。当现在新内阁刚刚就任的时候，我把它讲出来，一则是希望得到各位国民的协助，二则也是为了勉励自己，当它付诸实施的时候，我愿竭诚辅弼皇国大政。"

〔基本国策纲要〕 7月26日内阁会议上决定的"基本国策纲要"内容如下。

基本国策纲要

目前，世界正面临一个历史性的大转折，以几个国家集团的形成和发展为基调，正在形成新的政治、经济和文化。皇国也面临有史以来的一场大考验。在这种形势下，如果想要真正遵循肇国的精神，完成皇国的国是，则把握世界历史发展的必然趋势，迅速从根本上刷新各方面的庶政，排除万难，向完成国防国家的体制迈进，实为当务之急。特制定基本国策大纲如下：

一、根本方针

皇国的国是是遵循八纮一宇的肇国精神，以确立世界和平为根本，首先以皇国为核心，建设以"日满华"坚强团结为基础的大东亚新秩序。为此，皇国自身必须迅速确立适应新形势的牢固的国家态势，倾注国家全力，为实现上述国是而迈进。

二、国防和外交

鉴于皇国内外的新形势，以发展国家总体力量的国防国家体制为基础，充实足以完成国是的军备。

皇国目前的外交，以建设大东亚新秩序为根本，首先将重心放在结束中国事变上，综观国际局势的变化，讲求建设性的、富于灵活性的策略，以期推进皇国的国运。

三、刷新国内体制

我国内政的当务之急，在于根据国体的本义，改革各项政务，确立国防国家体制的基础。为此，决心实现下列各项：

1. 革新教育，贯彻国体的本义，同时排除个人功利思想，确立以为国家服务的观念为第一义的国民道德，并振兴科学精神。

2. 确立强有力的新政治体制，以求国政的全面统一。

甲、以官民合作、各自按其职守为国家服务为基础，确立新的国民组织。

乙、改革议会制度，使与新政治体制相适应。

丙、确立官场新体制，在行政的运用上进行根本刷新，以力求统一，提高效率。

3. 以皇国为中心，以自主地建设"日满华"三国经济为基础，确立国防经济的根本。

甲、以"日满华"为一环，确立包括整个大东亚在内的皇国自给自足的经济政策。

乙、推行官民合作的计划经济，尤其是整顿一元化的统制机构，全面统制主要物资的生产、配给和消费。

丙、确立以发展综合经济力量为目标的长期计划，并加强对金融的统制。

丁、适应世界新形势，刷新贸易政策。

戊、确立国民生活必需物资，特别是主要粮食的自给方策。

己、发展重要工业，特别是划时代地发展重化学工业和机械工业。

庚、划时代地振兴科学，促进生产合理化。

辛、适应内外新形势，完善和扩充交通运输设施。

壬、确立国土开发计划，以期发展"日满华"综合的国家力量。

4. 确保推行国是的原动力，制定提高国民体质和增加人口的永久性方策，尤其制定稳定发展农业的根本方策。

5. 坚决纠正因推行国策而出现的国民负担不平衡现象，贯彻执行各种福利措施，同时，革新国民生活方式，确保适应忍苦十年、克服时艰的质朴刚健的国民生活水平。

上述《基本国策纲要》是以对内政策为重点而决定的国策，而与此互为表里的、以对外政策为重点的国策，则需要由政府和大本营之间协商决定。

〔**适应世界形势演变的时局处理纲要**〕 第二天，7月27日，在宫中召开了大本营、政府联席会议，决定了如下的《适应世界形势演变的时局处理纲要》。自从发表那个"不以国民政府为对手"的声明，政府和统帅部之间出现意见对立以来，联席会议一直没有召开。

《适应世界形势演变的时局处理纲要》

方　针

帝国为应付世界形势的变动，改善内外形势，促进迅速结束中国事变，同时，掌握时机，解决南方问题。

在中国事变尚未结束的情况下，有关以对南方施策为重点的体制转变，在全面考虑内外形势之后决定之。极力促进处理上述两项的各项准备工作。

要　领

第一条　关于处理中国事变，设法集中政略战略的综合力量，尤其应尽一切手段断绝第三国的援蒋行为，迅速迫使重庆政权屈服。

关于对南方施策，尽力利用形势的变化，抓住时机加以推进。

第二条　关于对外施策，在推进处理中国事变的同时，以解决南方问题为目标，大致以下列各项为准则。

一、以对德、意、苏政策为重点，特别要迅速加强同德、意的政治上的团结，大力调整对苏关系。

二、对于美国，保持公正的主张和严谨的态度。因帝国推行必要措施而必然引起迫不得已的关系恶化，固然在所不辞，但应经常注意其动向，采取避免由我方主动增加摩擦的方针。

三、对于法属印度支那和香港等地，以下列各项为准则。

甲、对于法属印度支那（包括广州湾），力求彻底断绝其援蒋行为，同时迅速迫使其同意我军担负补给任务部队的通过和使用机场等，并力求取得帝国所需的资源。根据情况，可以考虑使用武力。

乙、对于香港，与彻底切断缅甸援蒋公路相配合，强有力地推进各方面工作，首先迅速铲除敌对势力。

丙、对于租界，首先谋求消除敌对势力和撤退交战国军队，同时，诱导中国方面，使逐渐收回之。

丁、当实施前两项措施时，行使武力，按下面第三条执行。

四、对于荷属东印度，暂时利用外交措施，努力确保其重要资源。

五、南太平洋上原德属及法属岛屿，鉴于国防上的重要性，应尽量通过外交措施，使之归我领有。

六、对于南方其他各国，应力求通过友好措施，使其同我合作。

第三条　对南方行使武力，应以下列各项为准则。

一、在中国事变大体处理完毕时，为了解决南方问题，只要内外各方面形势允许，抓紧时机，行使武力。

二、在中国事变尚未处理完毕时，应在不至于同第三国开战的限度内采取对策，但内外各方面形势一旦发展得对我特别有利，为了解决南方问题，可以行使武力。

三、关于前二项行使武力的时期、范围及方法等，应根据情况决定。

四、行使武力时，应极力将战争对手只限于英国一国。但是，即使在这种场合，对美开战也将不可避免，因此，应作好充分准备。

第四条　关于国内领导，应根据实施上述各项对策的需要，诱导和完善各种体制，同时根据世界形势的新变化，促进国防国家的建成。

为此，尤须实现以下各项：

一、实行强有力的政治。

二、广泛发动总动员法。

三、确立战时经济体制。

四、储备战争资材和扩充船只。

上述时局处理纲要是大本营陆海军部提出的。大本营陆海军部是以参谋本部和军令部为主体的统帅机关，按规定，陆军大臣和海军大臣可率所需随员列席大本营会议。另外，这类议案原则上事前一般要取得陆军大臣和海军大臣的同意。所以虽然说是大本营陆海军部的提案，实际上应该说是陆海军即军部的提案。

〔《时局处理纲要》议案的提出〕 大本营方面在联席会议上，对议案提出的理由和有关原案所列事项作了如下说明。

议案提出的理由

圣战至今已有三年，抗日蒋政权虽已穷途末路，但仍未放弃抗战。欧洲战争方面，旧势力正在屈服于新兴国家集团的威力，残存者只有英国一国，形势急剧演变当可预测。中国抗日政权之所以尚未放弃抗战，在很大程度上是由于对帝国的国力估计过低和对第三国援蒋的依赖。因此，帝国对此必须进一步全面集中政略战略方面的压力，强化国内体制，以坚决的态度对付援蒋国家集团，谋求事变的迅速结束，即使被迫进行长期战争，也务期万无一失。

目前帝国的当务之急在于，迅速从历来依赖英美的状态下摆脱出来，以"日满华"为基础，大致以印度以东及澳洲、新西兰以北的南洋地区为一环，确立自给自足的态势。今天正是达到这一目的的机会，机不可失，时不再来。尤其是考虑到将来美国军备充实后的远东政策和苏联国力充实后的动向，更是这样。

诚然，以外交方式解决南方问题的工作应该立即付诸实施，以迅速达到所期目的。但也不能不估计到，通过上述途径可能达不到目的，或者为了谋求南方问题的更加彻底的解决而需要行使武力。关于行使武力，当然必须审慎考虑与目前正在进行的中国事变的调整关系以及其他内外各种形势。

总之，帝国应付变动的世界局势，必须改善内外形势，迅速结束中国事变，并抓紧时机解决南方问题。为此，大本营认为，对外加强同德意两国政治上的团结和迅速调整日苏邦交；对内则加强国内战时体制和促进充实战备等各项准备工作，极为重要。

因此，迅速确立坚定的国策，使政略和战略浑然一体，并为达此目的而迈进，实为至要。

这就是提出本纲要的理由。

必要事项的说明

方　针

关于第一项

本项所列载者,是为应付世界形势的变动,处理中国事变与解决南方问题之间有关联的部分。而在解决南方问题的对策中,包括依靠外交政策和依靠行使武力两方面内容。

所谓改善内外形势,对外以加强同德意的政治团结及调整日苏邦交为主要内容,对内则以加强国内体制等为主要内容。

关于第二项

本项理应包括在第一项内容里面,但鉴于处理中国事变尚未完毕时,有关对南方的施策事项,尤其是转变其态势问题至关重要,所以对这一点特别加以载明。所谓"以对南方的施策为重点的态势转变",意思是指从政略战略两方面的观点出发,从目前以正在进行的中国事变为重点的态势,转移到以对南方的施策为重点上来。

关于第三项

本项中所谓"各种准备",主要是以加强整顿战备、加强对外态势,特别是加强对德、意、苏的施策以及加强国内体制等为其主要内容,极力促进上述各项准备。而当预测欧洲战局的客观形势时,痛感完成上述主要准备工作的时间必须大致以8月末左右为目标,所以没有明确规定完成准备的具体时间,这是因为需要准备的各项工作,其性质不同,完成的时间也只能各异。

要　领

关于第一条

本条是为了适应以处理中国事变和对南方施策的纲要为方针而提出的。

关于第二条

关于第一项

大本营认为,关于加强同德意政治上团结的内容问题,应以目前另行研究中的内容为准则;关于迅速调整日苏邦交问题,必须一扫原来的对苏谈判观念,为了北方安定,采取大胆的施策(例如缔结互不侵犯条约等)。

关于第三项中之(甲)

对法属印度支那,应尽量通过外交方式使其同意承担对我军的供应,允许我军通过和使用机场等。如果法属印度支那对此加以拒绝，而我军又有对华作战的需要，届时可行使武力以贯彻上述要求。如果法属印度支那违背誓约，仍然继续援蒋，或有其他失信行为，也不得不考虑行使武力。但行使武力应根据天皇的命令自不待言。

再者，对法属印度支那行使武力，和对香港行使武力有本质区别。大本营认为对香港行使武力需要有对英一战的决心。所以，对香港行使武力和对租界行使武力都必须按第三项之（丁）的规定，以第三条"对南方行使武力问题"为准则。

关于第五项

所谓"南太平洋上旧德属岛屿"，系指现在处于帝国委任统治下的内南洋及新几内亚东北部、俾斯麦群岛等的总称。另外所谓"法属岛屿"系指新喀里多尼亚、塔希提等岛。这些岛屿在国防上都被认为具有重要价值，尤其旧德属岛屿更是如此。所谓"外交措施"，主要指有关日德政治协定等措施而言。

关于第六项

所谓"南方其他各国"，系指泰国及葡萄牙领地。其中对于泰国，大本营认为应加紧工作，通过政治手段，迅速迫其与我对南方施策协调起来。

关于第三条

如果各方面情况允许，南方问题希望迅速解决。但行使武力和处理目前正在进行的中国事变之间关系甚为重大，不可将两者分开考虑，因此，本条特对两者关系作出规定。

行使武力时，必须对内外各方面形势，特别是对中国事变的处理情况、欧洲形势尤其是和德、意、苏的合作状况、美国对我的动向以及我方的战争准备等各项，加以充分考虑。

如果对英行使武力，则对美开战势将不可避免，因此规定，在这种情况下，必须作好对美作战的充分准备。

关于第四条

本条系贯彻上述各条措施的基础重要项目。深感促其实施十分重要。有关本条各纲目细节的具体办法，留待日后研究。

新政策的意义

《适应世界形势演变的时局处理纲要》无疑将给日本的前途带来深远的影响。而促使决定本纲要的是军部，特别是陆军。陆军是原案的提案者。陆军于7月3日召开了参谋本部和陆军省的首脑会议，采纳了这个提案，并在第二天（4日）向海军方面提出建议。此后，陆海军之间不仅就纲要，并就提案理由和需要说明的事项，也都多次交换了意见和协商。后来于7月22日，作为大本营陆海军部的提案确定下来。

这样重大的国策，仅仅靠召开一次联席会议，也没有经过充分的讨论就草草决定下来，是值得注意的。不过，这个原案的宗旨是事前已经请近卫首相和松冈外相看过了的，因而应该说，新内阁在组阁以前的四首脑会议上，就已经认真研究了这个问题，并就大纲取得了一致意见以后才着手组阁的。

〔**新政策的意图**〕 新政策的确是急转直下的欧洲战局的产物。当时不只是大本营，整个日本朝野所关心的都是德国何时在英国本土登陆的问题。假如由于德国在英国本土登陆而使事态发展到大英帝国崩溃的地步，世界的政治和经济领域必将发生巨大的变化，日本自然也不能袖手旁观。这正是一举解决南方问题的大好时机。大本营方面在新政策方针第三项的说明中，强调完成各项准备工作的时间应以8月末为目标，就是暗示了大本营陆海军部的这种打算。

大本营陆海军部认为，即令德国不在英国本土登陆，德国的胜利也是毫无疑问的，这势必导致世界势力范围的变革，因而也是日本南进的机会。

本来，日本的全部或部分石油、橡胶、特殊钢原料、铁矾土、皮革、棉花、羊毛、麻类、油脂等重要战略物资必须依靠从美英及其势力范围内进口。另外，堪称工业基础的工作母机，实际上也大部分不得不仰赖于美国。而这时美国已废除日美通商航海条约，并于昭和15年（1940年）6月，对工作母机也实行了禁运，7月把石油、废铁追加到需要批准的输出品项目中。可以预料，接着而来的必然是对石油和废铁的禁运。经过认真考虑之后认为，作为对策，当务之急应当是提前大量进口主要物资，其中一部分已经实施。于是，取得南方资源以摆脱经济上对美英的依赖，巩固自给自足的态势，便被看作是自存自卫上必不可少的要求。

〔**着手南方作战的研究**〕 根据新政策的决定，陆海军面临着许多重要问题。除加强日德意轴心问题、进驻法属印度支那问题、加强同泰国的友好关系问题和香港作战的准备等问题外，当时讨论最为热烈的是对南方作战的研究与准备的问题。

新政策决定，对于南方，根据情况可以使用武力，而且估计到战争的对手可能要涉及英国。既然已经决定了这样的国策，统帅部当然要对战争计划及作战计划进行研究和准备。这对于一向只顾对华作战和防御苏联的陆军来说，是个根本性的大转变。针对陆军的南守北进论，海军的传统政策是主张北守南进论。在整个中国事变期间，海军对华南方面寄予特别强烈的关心就是它的表现。

于是，陆军统帅部开始了对南方地区用兵要地的实地调查、军事情报的搜集和作战计划的研究等项工作。把战争对手确定为荷兰一国，还是确定为有着不可分关系的英荷两国，是个重大问题。当时陆海军统帅部之间，虽然共同对作战计划一再进行了研究，但无论是陆军或海军都还很少认真考虑到以美国为战争对手。

然而，欧洲战局并没有像预期的那样取得进展，德国在英国本土登陆的希望淡薄下去了。扮演南方作战主角的海军，随着获得了充裕的考虑时间，那种对行使武力需要重新作慎重考虑的论调又抬起头来了。8月28日，大本营海军部幕僚向陆军部幕僚提交了一份关于解释《适应世界形势演变的时局处理纲要》的备忘录，要求统一思想。不过，关于陆海军南方作战的准备工作，还没有超出主要是搜集情报和在桌面上研究作战计划的范围，即使是在当时8月份的形势下，作为统帅部来说．也还有很多必须要做的工作而没有做。

〔**同美英关系破裂的萌芽**〕 总之，根据这个政策，日本除了早日解决中国事变这一重大问题外，还不得不处理新的南方问题。而且为了及早解决中国事变，不能像过去那样，仅以重庆政府为直接的工作对象，还要以使第三国尤其是美英放弃援蒋政策为目标。根据情况，除用军事行动直接切断援蒋补给线路以外，还要针对国际政局，推行积极的外交政策。这样一来，同美英对立的加深已势在难免，走向战争的危险越来越大了。

第3章

日德意三国条约的缔结

同盟主要对象的变迁

根据《适应世界形势演变的时局处理纲要》所采取的具体措施，最初的也是最大的发展是缔结日德意三国条约。

如前所述，加强日德轴心的趋势，从昭和11年（1936年）11月缔结日德防共协定以来，就已经有以军部为首的朝野上下的一种潜在力量和反对它的一部分势力同时顽固地存在着。事实上，上述防共协定，从其附属秘密协定的内容来看，是一种政治的联合。

〔陆军的态度和主张〕 推进这种趋势的主要势力实际上是陆军。不言而喻，陆军的传统使命是巩固北边的防御，因此，利用德国的力量牵制苏联是陆军最希望的。关于这一点，日德两国都在东西两洋面对着强大起来的苏联，因而有着共同的利害关系。

中国事变爆发后，牵制苏联的必要性日益增加。同时，随着事变的长期化，为了使它早日得到解决，痛感必须积极加强日本在国际上同美英周旋的地位。公认担任着结束中国事变的主角的陆军，尤其如此。欧洲战局的进展以及解决南方问题愿望的抬头，更加显著地促进了缔结同盟的趋势。这样一来，日德同盟所针对的主要对象便从苏联转变为美国了。

〔从防共发展到同盟的经过〕 下面稍微回顾一下前面已经提过的第一届近卫内阁和平沼内阁时期加强防共协定的史实。第一届近卫内阁在昭和13年（1938年）7月19日的五相会议上就已经决定了如下的宗旨："对于德国，要扩充防共协定的精神，使之进一步发展为针对苏联的军事同盟；对于意大利，主要是缔结可以用来牵制英法的秘密协定。"对此，德国的主张是，要把防共协定扩大为始终以苏英法为对象的单一的军事同盟。

接着，平沼内阁于第二年1月19日，决定了如下的妥协方案，以后主要按照这条路线进行了接二连三的商谈。

1. 以苏联为主要对象，但根据情况也把英法等国作为对象。
2. 在以苏联为对象的情况下，当然要进行军事援助；但在以英法等国为对象的情况下是否进行军事援助及援助的程度如何，完全根据情况来决定。
3. 对外则说是防共协定的延长。

〔从以苏联为对象转变为以美国为对象〕 然而，根据《时局处理纲要》来加强日德意轴心的目的，却与上述主要以苏联为对象不同，而主要是以美国为对象的，并打算将来把苏联也拉入我方阵营，可能的话扩大为日、德、意、苏四国同盟。对把同盟的对象扩大到英法一事一向表示强烈反对的海军，这时也同意了这一点。

松冈、斯塔玛会谈

《时局处理纲要》决定后，陆海军的负责当局曾就加强同德意政治团结的具体办法，反复进行了研讨。到了8月下旬以后，这个问题以松冈外相的设想为中心，由政府和统帅部的首脑极其秘密地进行研究。到了9月，随着德国特使斯塔玛的访日，同德、意的谈判便迅速地具体化了。

〔关于加强日德意轴心的四相会议〕 政府于9月上旬曾数次召开首相、外相、陆相和海相的四相会议，讨论了外务省提出的《关于加强日德意轴心事宜》的议案，决定了同斯塔玛特使谈判的要领。就在这一关键时刻，吉田海相于9月3日因心绞痛病住院辞职，及川古志郎海军大将就任海相。上述决定的要点如下：

一、确认皇国与德意两国对建设世界新秩序具有共同立场；对建立和治理各自的生存圈应相互给予支持；对有关英、苏、美的政策彼此进行合作，相互间应达成必要的谅解。

二、关于日、德、意各国对分别面临的中国事变和欧洲战争相互支持与合作问题，应在了解上述基本精神的同时，迅速达成必要的谅解。

三、上述两项谈判，应根据下列加强日、德、意合作的基本条件进行。

1. 关于皇国建设大东亚新秩序所需要的生存圈问题。

甲、和德意谈判时，应作为皇国建设大东亚新秩序的生存圈而加以考虑的范围是，以"日、满、华"为主体，包括现在委任日本统治的原德国所属诸岛①、法属印度支那及法属太平洋岛屿、泰国、英属马来、英属婆罗洲、荷属东印度、缅甸以及印度等地区。但在谈判上，我方提出的南洋地区应不少于缅甸以东的荷属东印度及新喀里多尼亚等地区，印度或可暂置于苏联的生存圈内。

乙、对于荷属东印度，虽以使其处于独立态势为目标，但目前应使其承认我方在政治上经济上的优越地位。

丙、对于法属印度支那同上。

2. 关于日、德、意三国经济合作问题。

甲、贸易方面，皇国除向德意提供"日、满、华"三国的农林、水产品等以外，还将对提供中国、法属印度支那，荷属东印度等地的特殊矿产品及橡胶等给予协助，德意两国应提供皇国所必需的技术援助和飞机、机械、化学制品等。

乙、为达上述目的，分别签订经济协定、贸易协定及支付协定。

3. 皇国关于日、德、意三国联合对付苏联和美国的态度问题。

在可以预见的、世界将被划分为东亚、苏联、欧洲和美洲四大势力范围的战后新形势下，以东亚领导者自任的皇国应与欧洲领导力量的德意紧密合作。

甲、从东西两面牵制苏联，并因势利导，使之符合日德意三国共同利益；设法使其势力范围向较少直接影响日德意三国利害关系的地区，譬如向波斯湾方面（根据情况可以承认苏联向印度方面的发展）发展。

乙、对于美国，应竭力采用和平手段，但根据在东亚和欧洲范围内政治上、经济上合作的需要，应设法形成足以压制美国的态势，以使有助于贯彻皇国的主张。

在实行上述措施时，应尽可能对因势利导苏联一事予以考虑。

4. 关于对英美行使武力问题，皇国可按下列各项自行决定：

甲、在中国事变大致处理完毕时，只要内外各方面形势允许，即抓住时机行使武力。

乙、在中国事变的处理尚未完毕时，原则上应在不至于导致开战的限度内采取对策。但在认为内外形势发展得特别有利或者不拘我方准备是否就绪，

---

① 指太平洋上的马利亚纳群岛，加罗林群岛和马绍尔群岛，这岛屿在第一次世界大战前是德国的殖民地，第一次世界大战后委托日本统治，第二次世界大战后由美国托管。参见《各国概况》，人民出版社，1971年版。——译者

而国际形势的发展已不允许再犹豫时，则行使武力。

丙、所谓内外各方面形势，除指中国事变的处理情况外，还指欧洲的形势，尤其是指调整日苏邦交的形势，美国对我的动向以及我方的战争准备等各方面情况。

〔会谈的结果——最高会议的决定〕 根据上述决定，松冈外相同9月7日到达东京的斯塔玛特使于9日及10日举行了两天会谈，并就以下各点取得了一致意见。

1. 日、德、意三国希望美国不参加欧洲战争和日华纠纷。
2. 德国不要求日本介入其对英战争。
3. 只有以日、德、意三国坚决一致的态度，才能抑制美国的行动。
4. 三国条约下一步也要使苏联参加在内，德国就日苏合作进行斡旋。
5. 德国为避免日美在东亚的冲突而尽力。

这样，同德意的谈判便迅速具体化了，9月16日召开临时内阁会议，19日召开御前会议，通过了有关缔结条约的最高会议决定。

〔当时的英国本土〕 这时，德国加强了对英国本土的轰炸，外电报道，德军在英国本土登陆已为期不远。英国首相丘吉尔9月11日通过无线电广播警告国民说："未来的一周应该看作是我国历史上最重要的一周"。

御前会议

御前会议于9月19日在皇宫召开，近卫首相、东条陆相、及川海相、松冈外相、河田藏相、星野企划院总裁等国务大臣以及原枢密院议长、闲院宫参谋总长、伏见宫军令部总长、泽田参谋次长、近藤军令部次长等出席了会议。

〔讨论的内容〕 会议从下午3点开到下午6点，讨论的主要内容如下：

参谋总长：加强日德意合作会给处理中国事变带来什么影响？

外务大臣：缔结同盟的目的在于使日本处于强有利的地位，对于德国，虽已声明中国事变由于日本单独处理，但既然建立了日本同盟，就想要有效地利用德国，使之配合军方正在进行的日华间直接媾和谈判，我相信可以期待取得相当的效果。

军令部总长：本同盟的成立，对调整日苏邦交会有多大影响？

外务大臣：日苏邦交的调整，拟请德国居间调停，因为日苏邦交的调整对德国有利，所以德国希望居间调停。不过，斯塔玛特使说，此事根本尚未同苏方谈过。

只是去年德苏缔结互不侵犯条约时，德国外长里宾特洛甫曾问过斯大林，将来如何处理日苏邦交？当时斯大林回答说：日本想和，我们也想和，日本想战，我们也必战。由此可以判断，苏方对调整日苏邦交抱有充分诚意。德方认为调整日苏邦交将没有任何障碍，可以轻而易举地实现。

再者，斯塔玛特使来往经过苏联，这时苏方保密是不可能的，我怀疑他是否在莫斯科已经和苏方进行了某种谈判。不管怎样，我认为通过德国斡旋来调整日苏邦交是可以寄予颇大希望的。

军令部总长：由于缔结这个同盟，和美英的贸易关系势将更加恶化，最坏时历来仰赖美英的物资可能越发难以得到；日美战争又很可能形成持久战。鉴于目前因中国事变国力大为消耗，对于保持国力估计如何和有何对策？

内阁总理大臣：可以预料，随着新情况的发生，同美英的贸易关系将更加恶化，最严重时进口物资可能将完全断绝。我国的现状是，许多主要军需物资都要仰赖美英，因此，不可避免地将要出现相当困难；但由于原来已估计到这种情况，扩大了国内生产，努力增加了储备，如果能进一步加强对军、官、民的消费统制，将物资集中使用于最急需方面，则认为在相当长的时期内将不致影响军需、即令日美开战，也将能比较长久地应付军需，经受得住相当长期的战争。

企划院总裁：关于钢材，因一向以废铁为主要原料，如果美国禁止出口废铁，我国炼钢能力势将减弱。但是，正如总理说明的那样，因为历来就有扩大生产的设施，还有不用废铁的炼钢法，所以还能生产出相当数量的钢材。

本年度的物资动员计划预计生产450万吨。如果美国实行禁运，第一年度可达400万吨。第二年度即使扩大生产能力，但由于库存减少等将仍为400万吨左右，对此如能采取非常手段，大致能保持目前水平。

现在的军需是，将陆海军直接和间接的部分加在一起共为140万吨，其他民需为400万吨。即令产量减少到400万吨，通过压缩民用官需，继续进行日华战争是没有困难的。另外，如果设法改订物资动员计划，提高炼钢能力，把现在和不远将来可以完成的产量加在一起，包括日满两方，铁产量可达800万吨，钢产量可达540万吨—550万吨。目前因急于扩大其他生产，并由于煤炭质量低劣，炼钢能力仅为400万吨，但今后如果将主力集中于此，充分利用现有设备，即使仅靠现有设备也还能增加120万吨—130万吨。因此，日华战争所需要的钢材固不待言，就是现在这种程度的军需也能长期继续维持下去。

关于铜，本年度铜的计划产量约为20万吨，但当禁运铜矿石时，第一年度将为18万吨，第二年度将为13万吨—14万吨，以后将逐渐增加。本年度国内需要量为20万吨，陆海军需，包括直接军需和间接军需在内，共为11万吨，因此，尽管有困难，仍可维持现在的军需量。

不过，铜比钢材困难程度要大，因此有必要研究其他代用品或采取一切可能取得的方法。前不久已在美国购得大量，现在或已启运，或正在装船，或即将装船。

关于石油。因国内生产甚少，比铁和有色金属更加困难。陆海军所需部分只得分别使用现有库存，如果演成超乎预想的长期战争当然有困难，但因库存尚有相当数量，还不至于发生障碍。

到目前为止，航空汽油曾是个最大的弱点。虽然由于第一次、第二次提前进口以及最近的特别进口，已获得了相当数量，比其他方面反而处于有利状况，但终究不能以日元经济集团内部的生产和储备来支撑军民的需要。因此设法保证从库页岛北部和荷属东印度取得石油是十分必要的。

军令部总长：一旦对美开战，海军将要挺身于第一线。那时，军需石油里可指望使用库存或从库页岛北部、荷属东印度等地取得，但仅靠海军库存是不能坚持长期战争的。请问，长期战争所需要的石油将如何补充？

企划院总裁：有关石油问题如前所述。一旦演变成相当长期的战争，取得库页岛北部、荷属东印度的石油是绝对必要的。另外，通过德国斡旋，从苏联和欧洲方面补充也很必要。总之，应尽一切手段，尽量取得大量石油。除此之外别无他法。

国内炼油也需要大力进行。天然油年产量仅40万吨，但人造石油生产最近颇有进展，明年年产量可达30万吨，如果将现在计划的和正在着手兴建的部分加在一起，可达相当数量。

总之，石油问题应该一面尽量设法从海外取得，并努力提高国内生产，另一方面应努力节约国内消费，除此之外别无他法。

军令部总长：关于石油问题，大体是否可以这样理解，即取得石油并没有可靠的希望？还要提一句，对于依赖苏联供给一事不能抱多大希望，结局只能取自荷属东印度，办法有和平的和武力的两种，海军希望尽量采取和平方法。

外务大臣：在进行本同盟谈判时，取得石油是我最关心的问题。当时我曾就日本获得属于美英资本、但归荷兰所有的荷属东印度石油问题，以及将来允许日本参加荷属东印度石油企业等问题询问过鄂图和斯塔玛："现在占领着荷兰本国的德国，对此将能做些什么？"德国特使回答说："将做相当的努力。"

另据斯塔玛说：德国这次在法国获得的石油量，已超过德国去年9月到现在的耗油量。

还有，苏联不顾英国的宣传，正在忠实地履行对德经济条约，正从苏联运往德国相当数量的石油；此外还从罗马尼亚得到大量石油，因此德国对于石油并不担心。

缔结本同盟的结果，必将导致美国对日实行禁运，这实是日本最痛苦处。因此，我曾提议，请将德国石油让给日本一半左右如何，他们说：将尽量设法。另外，关于库页岛北部石油问题也曾委托他们向苏联进行斡旋、希望苏联将该地石油的大部或一部分让给日本，或请苏联不妨碍日本在该地的石油企业。对此，德方回答说：日苏邦交调整后，这些问题容易解决。

军令部总长，荷属东印度石油资本属于英美，荷兰政府已流亡英国。因此，德国虽已占领荷兰本国，能自由支配荷属东印度的石油吗？对此，外相意见如何？

外务大臣：将很困难。荷兰石油公司的股份虽属英国，但公司却属于荷兰，所以英美不会以股份为理由提出异议。而且美孚公司在荷属东印度的权利，因慑于战祸甚至曾想卖给日本，如能办到应该收买。

军令部总长：即使由于美国参加欧洲战争而使帝国被迫参战，其开战的时机也应由我方自行决定，为此采取什么措施？

外务大臣：条约上虽然明文规定日本有自动参战的义务，但美国是否已经参战，要通过三国协议来决定。另外还有陆海军事委员会，届时将研究当时的事态，然后将研究结果通知各国政府（指德意两国政府——译者），由我国政府作出决定，这就是自行决定。

枢密院议长：通过军令部总长的质询，我想问的问题已经明确，本条约是以美国为对象的同盟条约，德意想通过公布本条约来阻止美国参战。美国最近取代英国，以东亚看守人自居，对日施加压迫。但为不使日本参加德意方面，还会有一定的节制。然而一旦发表本条约，日本的态度明确了，我想美国必将设法加强对日压迫，极力援助蒋介石以阻碍日本完成对华战争；还有，尚未对德意宣战的美国，也可能对日也不宣战，而从经济上施加压力，在对日实行石油，钢铁禁运的同时，不从日本购买物资，以使日本陷入长期的无法忍受的疲劳战之中。

据企划院总裁说，将尽一切手段，设法弄到铁和石油，但并不可靠。外相的说法也不能应急，而且数量也小。没有石油就不能打仗。荷属东印度的石油资本属于英美，荷兰政府既然已经流亡英国，我想不可能以和平手段从荷属东印度获得石油。对此想听一听政府的意见。

外务大臣：枢府议长的意见很有道理。但占领着荷兰本国的德国，对荷属东印度也能施以相当的压力。再者，国际关系的幕后是有相当通融余地的。因此，利用德意较为有利。例如过去各国对意大利实行禁运时，以及前些年日本退出国际联盟时，就曾有拒绝不过来的很多国家愿意承担向日本出售武器。

现在日本如果放弃中国的全部或一半，或许暂时可以取得美国的合作，但将来它决不会停止对日压迫。尤其迫在眉睫的总统选举最为危险。野心家罗斯福总统一旦感到危及自身，为了实现其野心，必将不择手段，甚至断然对日宣战或参加欧洲战争也未可知。其他两个总统候选人也将认为谴责日本才可以孚众望，因此在中国的很小的日美冲突（武装冲突）都可能立即转化为战争。

现在，美国对日感情已经极端恶化，绝非略一讨好便能恢复。唯有我们持以毅然决然的态度，才有可能避免战争。当然，反美英的无谓空谈，应该严加取缔。希特勒也想极力避免同美国作战，不仅如此，甚至还想一旦结束对英战争，将极力谋求与美国友好。美国有2300万德国血统居民，会起重要作用。日本对美国所要求的也和德国相同，在对美态度上，日德是一样的。我国也应该抓住时机试图改善日美关系，也可以考虑利用德意血统的居民。

企划院总裁：方才我说的是指最最坏的情况。只要不爆发日美战争，单凭美国从经济上施加压力，还不至于使继续对华战争陷于不可能。还能从美国以外的地方取得相当数量的石油。只是航空用汽油，美国货最好，我国还不能炼制高级汽油。但不久前已大量进口航空汽油，所以姑且还可以。其他国家的石油在质量和价格方面虽然有高有低，但可以从其他方面得到。

其他各国不会与美国同时实行对日禁运。美国的这种从经济上压制日本的做法，无损于自己而打中了日本的要害。今后即使实行全面的经济压制，由于我们最感苦痛之处已被它打中了，就不会重新再有什么痛苦。如上所述，现在还从美国购买了相当数量的石油。

再者，库页岛北部的石油绝不是少量的，现在年产不到10万吨，但这是出于苏联妨碍的结果，不然即使使用现在设备仍可生产几十万吨，加上苏方所得40万吨，可达70万—80万吨，这是一个相当可观的数量。

陆军大臣：陆军方面也和海军一样非常重视石油问题。这个问题说到底也就是荷属东印度问题。关于这个问题，早在组阁之初在大本营、政府联席会议上就已经作出决定。即制定《时局处理纲要》，要求迅速结束中国事变，同时抓住时机解决南方问题；关于荷属东印度，姑且利用外交措施努力确保其重要资源，并根据情况可以行使武力。绝不是没有方针而盲目前进。固然希望以和平手段获得荷属东印度的资源，但也可以根据情况行使武力。政府的这个方针那个时候就已经决定了。

枢密院议长：听了外相的方针，又听陆相说对南方的方针早已决定，我认为很好。

荷属东印度是获得石油资源的唯一地区，利用和平方式当然好，但在万一行使武力时，对德意将采取什么对策？

外务大臣：已经开始谈判。此事将导致对英开战，形成单方面的要求，还有双方的面子问题，也有泄密的问题，在德国方面还有要求报酬的问题，所以今后尚有待磋商。

枢密院议长：现在有必要使德意方面承认日本有权自由处理荷属东印度。

另外，想听听外相所说秘密攻击的解释。当美国借用新西兰或澳大利亚等国领土为根据地，形成包围日本的态势时，我们是否已经决定将这种举动看作是美国对日本的攻击？希望了解这一点。

外务大臣：防止美国形成这种对日包围的阵势是本条约的目的。现在我国只有持以坚决的态度才能有效地制止美国这个包围的策略。另外，关于一旦形成这种包围局势时是否把它看作是攻击，两位统帅部长和陆海军大臣必有高见，我想这是否应该根据当时的情况来决定呢？

陆军大臣：这个问题也只能根据当时情况来决定。

枢密院议长：美国是一个很自负的国家。因此我想我国如果表示坚决的态度，会不会促成相反的结果？诸位的看法如何？

外务大臣：言之有理。但日本并不是西班牙，它是远东拥有强大海军力量的强国。诚然，美国一时可能强硬起来，但我想终将冷静地权衡利害，恢复冷静态度。究竟会越发强硬起来而使事态进一步恶化，还是恢复冷静思考，两种可能将各占一半。

总理大臣：我想各位意见大概讲得差不多了。还请诸位把意见都讲出来。

参谋总长：根据到目前为止的探讨，大本营陆军部同意政府关于加强日、德、意轴心的提案。

另外，在处理中国事变和在今后的国防施策上调整日苏邦交也极其重要，希望政府方面对此作出进一步努力。

〔海军的迫切期望〕 军令部总长：政府建议缔结日德意军事同盟的议案，大本营海军部表示同意。

不过这里提以下几点希望：

1. 虽然缔结本同盟，但仍希望采取万全措施，尽可能避免日美开战。
2. 向南方发展要尽量以和平方式进行，避免引起同第三国的无谓摩擦。
3. 加强对舆论的指导和控制，制止对于缔结本同盟的信口雌黄的议论，严加取缔有害的排斥英美的言行。
4. 关于促进加强海军战备和军备问题，过去政府的方针和海军统帅部的意见虽然已经取得一致。但因事关重大，借此机会再次表示希望，请政府方面为完成这项工作认真地进行通力合作。

枢密院议长：鉴于目前正在进行对华战争和国际形势的演变，这一提案作为一种不得已的措施，表示赞成。将来可能要发生很多困难，美国的禁运政策也不容乐观。尽管日美冲突终将不可避免，但我仍然希望严加警惕，万无一失，以免在近期内发生日美冲突。我对此案表示同意。

在上述讨论的最后，军令部总长作为大本营海军部的希望所讲的这番话，表明了当时复杂而微妙的海军立场，意味深长。

条约的签订及其后来的发展

御前会议以后，日德意三国条约又经9月26日天皇对枢密院的咨询，次日（27日）午后8时15分终于在柏林签字。当晚9时15分，外务省公布条约已经签订，这次公布是具有历史意义的。

〔条约全文〕 条约的全文如下：

日本国，德意志国及意大利国间三国条约

大日本帝国政府、德意志国政府及意大利国政府认为，使世界各国各得其所，乃是持久和平的先决条件。因此，把在大东亚及欧洲建设并维持真正能使各地区，各民族共存共荣的新秩序一事作为根本要义。根据上述宗旨，三国政府决心在上述区域相互提携努力合作，并决心对世界各地拟作同样努力的各国予以援助，以期实现三国对世界和平的最终抱负。据此，大日本国政府、德意志国政府及意大利国政府协定如下：

第一条，日本国承认并尊重德意志国和意大利国在欧洲建设新秩序的领

导地位。

第二条，德意志国和意大利国承认并尊重日本国在大东亚建设新秩序的领导地位。

第三条，日本国、德意志国和意大利国约定，对上述方针所作的努力，互相协助。并且进一步约定，三缔约国中任何一国遭到现在尚未参加欧洲战争及日华纠纷的一国攻击时，三国须用所有政治、经济和军事手段相互援助。

第四条，为实施本条约，应立即召开由日本国政府、德意志国政府和意大利国政府各自任命的委员组成的混合专门委员会。

第五条，日本国、德意志国以及意大利国确认，上述各条款对三缔约国各自同苏联之间现存的政治状况无任何影响。

第六条，本条约自签字之日起实施。从实施之日起有效期为10年。缔约国须在上述有效期满前的适当时期，根据缔约国中任何一国的要求，就本条约的更新进行协商。

〔天皇颁发诏书，政府发出训令，首相发表广播讲话〕 与外务省公布签订三国条约的同时，天皇颁布了诏书，政府也以近卫首相的名义发出了政府训令。诏书指明，三国条约是根据天皇迅速戡定祸乱与恢复和平的殷切轸念签订的。政府训令则强调指出：条约的宗旨在于建设大东亚新秩序和恢复世界和平。

第二天（28日），近卫首相通过广播向国民作了关于时局的演说。有关三国条约问题内容如下：

"试观东亚和欧洲的现状，明眼人不难看出，日德意三国的确是在各自所辖范围内，共同为打开旧秩序而不断地进行着努力。即德国和意大利正谋求在欧洲建设新秩序，日本正决心在大东亚地区按照亚洲本来的面貌建设新秩序。

"在世界历史的现阶段，还不能指望立即把世界组织成一个统一体，所以世界各民族形成几个共存共荣圈是一个必然的趋势。而日本在东亚，德国、意大利在欧洲，应居于领导这个共存共荣圈的地位，这无论是从历史上看，还是从地理上看或者从经济上看都是必然的趋势。我认为，正是因为企图阻止这种必然趋势的地方，在欧洲才爆发了第二次世界大战，在东亚才呈现出准战时的国际关系的紧张局势。

"如果是这样，那么日本协助德意，德意协助日本，互相帮助，以至于根据情况还要发挥军事同盟威力，这也是必然的趋势。"

近卫首相以上演说的内容，若说是为了让国民理解三国条约的真实目的在于为调整日美邦交埋下伏线——关于这一点，通过战后出版的近卫公手记已经弄清楚了——那是很困难的。不过，以近卫首相为首的政府首脑却的确有过这样的意图：即在当时的形势下，坚信只有持以坚决的态度才是对美所应采取的唯一途径，并且还试图在三国条约签订之后，再把苏联也拉过来，以便加强日本的地位，把对美谈判引向有利于日本方面。

〔日德两外相的秘密换文〕 当条约签字时，松冈外相和德国驻日大使鄂图之间互换了秘密公文。除有关处理委任日本统治的内南洋旧德国殖民地事项外，在德国大使的书信中还包括以下值得注意的内容："关于日本国和苏联之间的关系，德意志国将尽量为增进两国的友好谅解而努力，并将随时为达到这一目的进行斡旋"。

〔莫洛托夫访德——德苏谈判〕 想使苏联与三国同盟合作的政策，最初主要是由德国政府进行交涉的。昭和15年（1940年）11月中旬，通过苏联外长莫洛托夫的访德而被具体地提出来了。

11月12日和13日，莫洛托夫外长访问柏林时，曾与希特勒和李宾特罗甫外长就德苏间各方面悬而未决的问题进行了会谈。当时，李宾特罗甫向莫洛托夫提出下列条约草案作为今后谈判的基础。

以三国同盟参加国德意志、意大利、日本为一方，以苏联为另一方的协定

三国同盟参加国德意志、意大利、日本政府和苏联政府为在欧洲、亚洲及非洲各国的自然势力范围内，确立有助于提高各国国民福利的新秩序，并对各国为达到这一目标所作的共同努力给以坚实基础，商定下列各项条款：

第一条，1940年9月27日在柏林签订的三国同盟中，日德意三国曾经商定，为使大战不致变成世界性的纠纷，愿以一切手段防止战争扩大，并为尽早恢复世界和平而努力。同时表明，愿意进一步扩大同世界各地抱有同一目的、并准备为此而努力的其他各国相互合作。

苏联现在宣布：苏联赞成三国同盟的目的，决心在政治上同三国合作，并为达到此目的而努力。

第二条，德、意、日、苏相约，互相尊重各自的自然势力范围。只要这些势力范围之间产生了必须交涉的问题，四国就召开会议，对所发生的问题进行友好的会谈。

德、意、日宣布，承认并尊重属于苏联现在所有的领土范围。

第三条，德、意、日、苏相约，不参加并且不支持同以上四国中任何一

国相敌对而结成的其他国家间的联合协定。四国就一切经济问题互相支援，补充和扩大四国间现存的协定。

第四条，本协定自签字之日起生效，有效期为10年。

四国政府应在协定期满前，寻找适当时机，就延长协定期限问题相互会淡。

对于上述协定，苏联政府在莫洛托夫外长回国后，于11月16日作出答复，同意德国政府的提案，但附加以下几条：

1. 德国军队立即从苏联的势力范围芬兰撤走。
2. 苏联同保加利亚缔结互助条约，通过长期租借，在博斯普鲁斯和达达尼尔海峡范围内设置陆海军基地。
3. 确认从巴统及巴库以南至波斯湾地区为苏联在领土上所希望的中心。
4. 日本放弃在库页岛北部采煤和开采石油的权利。

〔希特勒秘密下达对苏作战命令〕 这样，便暴露出德苏之间对巴尔干和近东方面在政策上的根本对立。于是，德国政府便单方面地放弃了使苏联和三国同盟合作的政策。希特勒很快在昭和15年（1940年）12月18日就下定了对苏作战的决心，并向全军下达了准备作战的秘密命令。

有关上述德国政府行动的详细情况，并没有通知日本政府。当然，日本政府和大本营根本没有想到德国竟这样迅速下定了对苏作战的决心。

〔同盟的性质——政治协定〕 由于三国条约的签订，日本承担了当德意遭到美国攻击时，尽一切政治、经济和军事的手段援助德意的义务。但是日本对有关履行援助义务的准备工作，却从一开始就极其冷淡。本来，这个条约是个军事同盟，但却没有任何有关军事方面的秘密规定。既然是个军事同盟，最高统帅部就应该拟订下一个针对同盟假想敌国的作战计划。可是陆军统帅部当时并没有感到有这种必要。根据三国条约第四条的规定，关于应该立即召开的混合专门委员会，12月20日才在三国间确定了组织大纲，而各国委员的任命则是在昭和16年（1941年）2月至3月左右；而且混合专门委员会竟然没有开过一次关于讨论实施条约具体事项的会议。就是说，三国同盟没有超出主要是追求政略效果的政治协定的范围。

第4章

解决中国事变的努力

进驻北部法属印度支那

〔**法属印度支那的军事价值——切断援蒋运输线**〕 昭和15年（1940年）6月20日，法国政府同意不准通过法属印度支那运送援蒋物资。为了监视这一誓约的执行，大本营派遣以陆军少将西原一策为首的机关，7月2日以后在北部法属印度支那设置了常驻办事处。

原来，法属印度支那运输线和缅甸运输线都是援蒋的主要运输线。尽管有了上述誓约，但是仍然难以看出法属印度支那当局对封闭这一运输线抱有诚意。另外，仅仅靠人员很少的日本派遣机关来进行监视，是不可能指望完全断绝的。同时，大本营为切断缅甸运输线，根据地理条件有必要在北部法属印度支那物色可供对昆明方面进行空中作战的基地。英国对当时日本提出的关于断绝缅甸运输线的要求，于7月8日作出答复，表示拒绝。

大本营从作战的全局出发，迫切感到有必要将第5师团火速调到上海地区集结。当时该师团在同广西省南宁附近的重庆军会战后，正在该地西部地区待命。由于交通上的原因，如果不经由法属印度支那北部，调动将是极其困难的。

于是，在前述《适应世界形势演变的时局处理纲要》中明文规定，要迫使法国接受日本对法属印度支那的军事要求，并且根据情况可对法属印支行使武力。所谓日本的军事要求，是指让对方答应限定的日军兵力通过法属印度支那北部和在该地区驻扎，以及为此提供所需的一切方便，等等。

〔**松冈、安里协定**〕 为实现上述要求，在东京由松冈外相和维希政府任命的安里法国驻日大使进行了外交谈判。8月30日原则上达成谅解，并在两者之间进行了换文。这个协定一般被称为松冈、安里协定。日本在这个协定中保证尊重法国的主权和领土完整，并明确说明，这项措施只限于中国事变尚未结束期间。

〔第5师团越境事件〕 根据上述协定，9月4日，在大本营派驻法属印度支那机关长和法属印度支那的行政当局之间，已就兵力进驻当地的细节问题大体谈妥。但是法属印度支那方面却以9月5日我第5师团一个大队在镇南关附近的偶然越境事件为理由，宣布这项谈判无效。不得已，又重新在当地进行谈判，至9月22日下午4时半，总算勉强达成了协议。在此期间，可以明显地看出，法属印度支那当局采取了尽量拖延的态度。这时，大本营陆军部出现了意见分歧，参谋本部一部（作战部）主张武力进驻的强硬论与陆军省主张和平进驻的稳健论之间反复展开了争论。东条陆相强烈主张，即使推迟进驻时间，也应该采取友好方式，实行进驻，并认为，上述第5师团的一部队未按照上级命令而造成的越境事件，即便是由于大队长的判断错误而造成的，为了严明统帅军纪也是不可宽恕的，因此将该大队长送交军法会议。到了9月26日，并罢免了对此负有监督责任的华南方面军司令官安藤利吉中将。接着对其他与此有关的军司令官、师旅团长和联队长也给予了罢免、降职或其他处分。

在这以前，随着9月4日当地谈判的成功，次日（5日），大本营陆军部曾对华南方面军司令官下达命令说："为执行目前任务，应以该方面军之一部进驻法属印度支那北部。"然而，后来由于法属印度支那方面宣布这一协定无效，进驻部队不得不停止进驻而转入待命。

〔法属印度支那的拖延态度和四相会议〕 政府为了应付法属印度支那方面的拖延态度，在9月13日的四相会议上决定了下述方针。

1. 谈判以9月22日为期，届时即使谈不成功，也要开始进驻；
2. 即使谈判不成功时，强行进驻也要尽量以和平方式进行。但是，如果法属印度支那方面进行抵抗，就行使武力以达到目的。

根据上述决定，9月14日，大本营陆军部命令华南方面军司令官："进驻法属印度支那北部的时间定为9月22日零时（东京时间）以后。进驻时如遇到法属印度支那军队抵抗，即可行使武力"，并且指示：我军进驻的目的在于"建立对华作战的基地和加强切断中国方面补给联络线的作战"。其后，至17日，又将上述进驻日期改为"23日零时以后"，而有关进驻时间的细节，则交由驻地陆海军司令官协商决定。

〔进驻经过〕 日军进驻法属印度支那北部是从陆路和海路两方面进行的。陆路进驻部队，由第23军司令官久纳诚一陆军中将指挥的第5师团，从9月23日零时开始进驻。这虽然是在谈判成功大约8个小时以后，但第5师团还是以武力进驻的态势进驻的，并且当时双方处于第一线的部队有的还不知道在海防举行的谈判已经获得成功。这就自然在双方第一线的部队之间发生了一场大本营首脑没有预料到的战斗。

于是大本营陆军部立即于23日午前3时电令前沿部队"从陆路进驻法属印度支那的部队，在没有另行下达指示之前立即停止前进。但已经越境的部队应在所在地点附近集结，如战斗已经发生，务使冲突限于局部地区"。9月25日战斗终于停息。

海路进驻部队，以印度支那派遣军西村琢磨陆军少将指挥的步兵3个大队为骨干，于9月26日在海防和平登陆，可是，这时发生了一起飞机误炸事件。原来，为防备万一，担任掩护部队登陆的日本陆军飞机一架，由于驾驶员判断错误。误炸了海防西南郊区，而大本营于次日（27日）才判明这是一起误炸事件。

〔东条陆相追究责任的人事工作〕 这次进驻，尽管与法属印度支那当局达成了协议，但还是发生了战斗，东条陆相和大本营首脑对此深感遗憾。因此，被派到当地负责指挥作战的大本营陆军作战部长富永恭次陆军少将，回国后立即被撤换了。其后，大本营陆军部的一些有关主要幕僚也先后被撤换了。

东条陆相上任以来，特别重视维持陆军部内的统制，并要通过人事工作把它反映出来，因而追究了这次进驻法属印度支那时引起纠纷的责任。东条陆相果断实行的人事工作是值得注意的。

〔南进的第一步与美英的反应〕 日军进驻法属印度支那北部的经过已如前述。大本营陆军部早在9月26日就命令由陆路进驻的第5师团从法属印度支那撤退，为准备应付南方局势的发展，令该师团在上海附近集结，以期恢复战斗力，并进行登陆作战训练。

进驻法属印度支那北部是为了促进中国事变的早日解决。但是，不容争议的事实是，和陆军首脑部的意图相反，在统帅部也确实有一部分人想把迈出南进的第一步作为这次进驻的目标。不管怎样，结果是日本由此迈出了南进的第一步。

对于日德意三国条约的发表和日军进驻法属印度支那北部，美国立即作出了反应。9月26日，美国宣布，除西半球各国和英国以外，禁止向其他国家输出废铁和钢铁。接着，英国也于10月8日宣布，重新开放援蒋的缅甸运输线。

向长期对华作战态势的转移

〔**调整新邦交与阿部全权大使**〕 日本通过缔结日德意三国条约和进驻法属印度支那北部切断援将运输线等，一方面加强对重庆政府的直接和间接的政略战略措施，另一方面，同以汪兆铭为首的新国民政府之间就缔结日华基本条约问题进行协商，推进承认该政府的步骤。为此，昭和15年4月以来，阿部信行大将就作为特命全权大使被派往南京，肩负同新国民政府进行谈判的任务。

其实，关于调整日华间新邦交的各种问题，早在新国民政府成立以前就大体上取得了一致意见。剩下来的问题只是日本何时承认新国民政府和随之而来的缔结两国关系条约的问题。

这时日本所期待的是，在承认新国民政府之前，使重庆政权同新国民政府的合作得以实现，承认一个有重庆政府参加的统一的新国民政府，并和它缔结基本条约。这就是建立所谓日华全面和平。为此，日本方面一直不断地对重庆政府进行着和平工作。然而，这项和平工作似成似不成地因循拖延下去；等待汪蒋合作成功，希望也很渺茫，形势的发展已不允许再推迟承认新国民政府了。因此，对日本来说，已面临必须对重庆政府作最后的和平工作，并根据其结果来决定态度的局面。

另一方面，在对华作战方面，从昭和14（1939）年以来已转为长期持久战的局势，如果一旦发展到承认新国民政府的阶段，那么事变势将更加形成长期持久战的局面，这就有必要确立起坚定的长期作战方案。而大本营陆军部根据《适应世界形势演变的时局处理纲要》，为准备应付南方局势的发展，还曾考虑大体上结束对中国事变的处理，以保持国策的灵活性。

〔**《日华基本条约》及《中国事变处理纲要》**〕 于是，昭和15年（1940年）11月13日召开御前会议，在这次会议上分别通过了政府提出的日华基本条约及附属文件草案和大本营提出的《中国事变处理纲要》。

这次御前会议是中国事变以来的第4次会议。闲院官参谋总长已于10月3日离任，杉山元大将以新任参谋总长的资格出席了这次会议，其他主要出席人员与缔结三国同盟条约时相同。

近卫首相在提出日华基本条约草案时，作了如下说明：

"就政府提出的方案作些说明。帝国根据昭和13年（1938年）1月11日御前会议决定的处理中国事变根本方针和昭和13年11月30日御前会议决定的日华新关系调整方针，一直在采取行动，促使重庆政权悔悟，迫使中国早日全面屈服，同时谋求扶植新的政治势力。

"然而，可以看出，在目前形势下，使重庆政权在短期内全面屈服极为困难。另一方面，南京成立的新政府不仅正在逐渐增大其政治力量，而且该政府同帝国外交使节之间所进行的条约谈判，如今已经到了应该由政府决定是否采纳的时候了。

"帝国认为，现在采取承认新政府，加强和培养其政治力量，使之协助我方解决中国事变，以谋求彻底解决事变的方策是必要的。因此，政府准备对另纸条约草案履行缔结签字手续。不过，如果在条约签字后重庆政权表示屈服时，则当然须重新处理。"

大本营提出的《中国事变处理纲要》的原案，是主要根据陆军方面的意见制成定案的。10月23日作为陆军的方案首先决定下来，10月29日以后，陆军与海军反复进行了讨论，11月6日取得了完全一致的意见。在此期间，大本营陆军部对以前已经决定的《适应世界形势演变的时局处理纲要》中对南方行使武力问题，鉴于其后海军方面的态度，曾经试图把对南方行使武力的意见重新写入《中国事变处理纲要》里面，在御前会议上再次加以确定。但是由于海军方面的反对而作罢。

〔中国事变处理纲要〕已经决定的《中国事变处理纲要》议案的提出理由，以及需要说明的事项如下。

中国事变处理纲要

昭和15年11月13日　御前会议决定

方　针

中国事变的处理，根据昭和15年（1940年）7月决定的《适应世界形势演变的时局处理纲要》：

一、除继续进行军事行动外，应尽政略和战略的所有手段，如进一步断绝英美的援蒋行动，调整日苏邦交等，竭力摧毁重庆政权的抗战意志，以图迅速使其屈服。

二、适时地积极改善国内外形势，以使适应进行大规模长期持久战的要求，并且恢复和增强建设大东亚新秩序所必需的帝国国防力量的机动性。

三、为实现上述方针，应特别利用日、德、意三国同盟。

要　领

一、为促使重庆政权屈服，谋求以它为对手的停战与和平，应进行下列工作：

本项工作以在承认新中央政府以前取得实际效果为目标进行之。

（一）和平工作由帝国政府进行，有关机关予以协助。

注：以前由军部与民间所进行的各种和平工作一律停止。

进行上述工作时，考虑到以往两国谈判的经过，应特别表明帝国的真意，恪守信义，妥善处理。

（二）和平条件以即将与新中央政府签订的基本条约（包括与此形成一体的关于驻扎舰艇部队及开发海南岛经济的秘密协定在内）为依据，日本方面要求的基本条件如附件。

（三）上述和平谈判以汪蒋合作为前提，以日华间直接进行谈判为原则，但为易于达成妥协，除使德国居间调停外，同时也利用日苏邦交的调整。

促进中国方面正在进行的南京同重庆的合作工作，帝国政府将从侧面予以援助。

（四）同新中央政府签订条约，最迟应于昭和15年（1940年）11月底以前完成。

二、如果到昭和15年年底与重庆政权之间仍未实现和平，则不论形势如何，在战略上大致按以下要领，坚决转入长期作战方针，以求彻底使重庆政权屈服。

局势转入长期战以后，重庆政权屈服时，其条件根据当时形势而定。

（一）一面指导整个形势，一面及时转入长期作战态势。

只要整个形势没有重大变化，长期作战态势是：确保蒙疆、华北的重要地区、汉口附近以东的长江下游重要地区，以及广东的一角和华南沿海要地；一面经常保持用兵的机动性，一面彻底整顿占领区内的治安，并同时继续对重庆进行封锁和空袭。

（二）对新中央政府，以使其全力协助帝国为加强综合作战力量所采取的各种措施为重点，主要是指导它向我占领区内努力渗透其政治力量。

虽然最终要使重庆方面和新中央政府合为一体，但不使新中央政府采取急于求成的措施。

（三）中国的经济建设，与日满两国利害相关，其根本方针应是彻底开发和取得国防资源，并用以稳定占领地区的民心。

（四）为适应长期的大规模的持久战这一新局面，应迅速积极地改善国内体制。

对帝国在华各种机关，坚决实行改组或撤销，加强政策的统制。

附　件

日本方面要求的基本条件

一、中国承认"满洲国"

（具体实现本项的方式和时期可以另行考虑）

二、中国放弃抗日政策，建立日华睦邻友好关系，为适应世界新的形势，与日本共同承担保卫东亚的责任。

三、从共同保卫东亚的观点出发，在认为必要的期间内，中国承认日本可在下述地点驻兵：

（一）在蒙疆及华北三省驻扎军队。

（二）在海南岛和华南沿海特定地点留驻舰艇部队。

四、中国承认日本在上述地区开发和利用国防上的必要资源。

五、中国承认日本在长江下游三角洲地带在一定期间内实行保护性驻兵（本条根据情况灵活取舍）。

注：除上述条件外，必须在实质上努力贯彻我方下列要求：

一、汪蒋两政权的合作，在尊重日本立场的同时，作为国内问题处理。

二、实现日华间紧密的经济合作。关于经济合作的方法，不坚持以前的方式，根据平等原则，形式上力求顾全中国方面的面子。

三、关于经济现状的调整，应慎重处理，不要使日华双方产生混乱。

〔提案理由〕　《中国事变处理纲要》提案理由

大本营陆军部　大本营海军部

正如刚才内阁总理大臣说明的那样，帝国对于重庆政权，历来通过统一加强政略和战略两方面的综合战斗力量来迫使它全面屈服，同时设法扶植新的政治力量。

然而，最近国际形势的趋向，往往使重庆方面产生形势似乎反而对日本不利之感，因而还没有使它放弃抗战的念头，另一方面，由于今天提出的日华新条约的签订，势将在近期内承认新中央政府。此外，世界形势的空前变化，使确保和增强随着建立日、德、意同盟而成为大东亚当然盟主的帝国的整个国家实力，特别是确保和增强富有机动性的帝国国防力量的要求日益紧迫起来。在这种形势下，可以认为，使重庆政权在短期内屈服的希望很小，而事变的长期持久化将是必然的，不可避免的。

因此，在中国，需要真正地将帝国的政略和战略转入长期作战的态势，同时，要使新中央政府全力协助帝国为加强综合作战能力所采取的各种紧急措施，采取以战养战的策略，在国内，则在革新、加强国内战时体制的同时，进一步努力加强帝国国防力量的机动性，为应付将来世界形势的变化作好充分准备，最终迫使重庆政权丧失其抗战意志。

虽然如此，帝国最希望的仍然是，在承认新中央政府以前，就能迫使重庆政权屈服并加入新中央政府，从而使新中央政府成为名副其实的新中国的新中央政府。特别是当预想到承认新中央政府之后，再对重庆政权进行各种工作时的困难，尤其如此。

过去，帝国一向以联席会议决定的《适应世界形势演变的时局处理纲要》为依据实行了各种措施，而现在内外各方面形势已发生了变化，所以大本营想重新提出本纲要，以阐明今后处理中国问题的根本方针。

至于南方问题，大本营打算尽快研究解决办法，提交联席会议讨论。

〔说明〕

关于《中国事变处理纲要》中有关事项的说明

大本营陆军部　大本营海军部

方　针

关于第一项

鉴于中国事变的目的即彻底摧毁重庆政权的抗战意志，设法使它屈服极为重要，所以特别加以载明。而促使抗日势力悔悟，建设东亚新秩序，从而早日实现东亚的永久和平，并以此为实现世界和平作出贡献。乃是帝国坚定不移的方针。因此，即使在承认新中央政府以后，帝国对重庆政权仍不停止作战，以期使它屈服，这一点没有任何变化。

关于第二项

为了建设大东亚新秩序，不论中国事变能否迅速解决，帝国必须自主地整顿好长期大规模持久战的态势，以适应世界形势的演变；同时必须恢复和进一步增强帝国必要的国防力量，这是不用说的。在现时事态长期变化的倾向日益明显的形势下，尤其感到上述工作的紧迫，本项就是对这一宗旨的说明。所谓"积极改善内外形势"，就是意味着对内当然要整顿长期武力作战态势，加强国内战时体制，并扩充综合战争力量；对外则要灵活运用日、德、意三国同盟，从而确立战时外交态势，调整日苏邦交等。

关于第三项

此项本应包括在第二项"积极改善内外形势"的内容里，但因本项是构成帝国政策核心的重要因素，另外还和方针的第一项有关，所以特地加以载明。

要　领

关于第一项

本项载明了在承认新中央政府以前迫使重庆屈服的工作要领。昭和13年（1938年）1月16日，帝国政府曾发表过一项"不以国民政府为对手"的声明。随后在昭和13年（1938年）10月3日，帝国又发表声明指出：国民政府如能抛弃以往的指导政策，改组人事，彻底更生，前来参加建设大东亚新秩序，则帝国亦并不拒绝。

本项表明，即使在今天，重庆政权如能自己屈服，愿意和汪政权合作，帝国仍准备宽容相待，并准备同它停战媾和。但是，一味拖延时日，是内外形势所不容许的。因此，上述迫使重庆屈服停战的工作，希望以承认新中央政府时为限期，迅速在实际上予以结束。

关于（一）

过去在对重庆进行的和平工作中，往往出现领导混乱的现象，不仅未能传达帝国的真实意图，甚至有些讹传，反而使重庆方面轻视帝国的国力，使其抗战意志更加高昂，就连南京政府也曾对帝国的信义产生怀疑。有鉴于此，感到现在对这项工作加以统制，由帝国政府直接对重庆方面采取措施，尽一切手段促其停战媾和实属重要，因而规定，和平工作今后专由政府一个系统去做，有关部门予以协助。以往由军部和民间所进行的和平工作，因此应立即予以停止。

当然，在实施本项和平工作时，应特别说明帝国的真意，并必须注意恪守帝国的信义。

关于（二）

对重庆开展和平工作的和平条件，当然应以今天提出的日华新条约为准则。但鉴于德国居间调停的事实，认为采用过去作为政府工作上的依据而定下来的基本条件，把它作为现阶段工作的准则是适当的。这里把它列为附件。

关于（三）

帝国政府进行的和平谈判，当然应以日华间的直接谈判为原则。但为使对重庆工作取得更大效果，在一般情况下，以利用德国居间调停和通过调整日苏邦交间接对中国施加压力为有利，所以这里特别加以记述。

中国方面进行的汪蒋合作的工作，也要鉴于建立新中央政府的方针予以促进。帝国政府应遵循事变处理方针。从侧面加以指导和援助。

关于（四）

关于同新中央政府缔结条约和承认它的时间问题，考虑到每每因过分期待对重庆和平工作的成功，反而会被重庆政权的拖延政策拖住，这里自主地规定了一个界限。即在时间上，以处理事务的正常过程为标准，至迟以昭和15年（1940年）底为限。这里明确了承认新中央政府的决心。

关于第二项

本项记载的是，截至昭和15年末（1940年）仍未能使重庆政权屈服、实现和平时所采取的措施。

本项中所载"不论形势如何"，是根据对未来形势的必然发展趋势所作的估计，明确表示坚韧不拔的意志，并防止过分热衷于对重庆政权的和平工作反而给处理事变带来有害的结果，指明转入长期作战的时机要以自主决定为原则。这样，纵然转入长期作战态势，也并非改变了帝国对中国事变所抱的目的。以期依靠政略和战略的综合力量迫使重庆方面彻底屈服。

再者，如果转入长期作战后，重庆方面终于屈服，应以使其并入新中央政府为原则；关于接受办法和条件以及对新中央政府的指导等，则需考虑帝国内外形势和中国情况来决定。

关于（一）

甲、鉴于中国事变的目的，长期作战态势下的军事作战指导要领，在于尽可能努力保持目前对中国施加的军事压力，尤其要与政略统一步调，相互配合，谋求通过长期消耗战迫使重庆方面屈服；另一方面，要恢复并增强帝国国防力量的机动性，以备应付未来世界局势的变化。为此，需要对占领地区加以必要的取舍，并对派遣部队的兵力编制加以必要的改变。

乙、长期战态势下必须确保的地区：

根据前项宗旨，大体上要确保以下地区：华北方面的蒙疆、山西、河北及山东省的重要地区；华中方面的武汉附近重要地区、武汉以东长江下游流域的重要地点以及南京、上海，杭州三角地带附近；华南方面的广东附近、海南岛及其他沿海重要地点。其大致范围与现在占领地域无显著变化。

丙、很明确，本项规定的在中国的武力作战态势，是指在"只要整个形势无重大变化"的情况下；而在形势发生重大变化的情况下，则应另行研究决定。

关于（二）

对新中央政府应予以指导，使其成为解决中国事变的政府；在同重庆政府所处对立关系中，应使其协助帝国的政策，形成日华一体，以收迫使重庆政权屈服的实效。为了加强扶植新中央政府，使它具备足够的实力，帝国在指导上应特别注意，既要避免不必要的干涉，又不要使其越出职守，或过分急于同重庆合作。在施行政策时要始终使之有助于加强帝国的综合作战能力。

关于（三）

关于中国的经济建设问题，应在"日满华"三国统一计划的基础上，以开发国防资源为主，根据加强帝国综合国力的宗旨来进行。

关于（四）

为了确立长期作战的态势，必须积极改善国内体制，本项最后一段的意思就是，为了加强统制帝国在中国的政治、外交、经济领导机构和它的职权，应研究调整外务省、兴亚院和其他各政府部门所派驻华机构的组织、权限、职能及其相互关系，以及陆海军同这些机关之间的关系，等等，使其适应长期作战的态势。

上述根据《中国事变处理纲要》所决定进行的和平工作，虽由松冈外相主持，通过谍报系统与重庆之间有过若干来往，并曾一度进行得很紧张，但最终还是失败了。

〔大本营政府联席恳谈会〕 回头看来，关于结束事变的重要国策，即所谓对战争的指导问题，一向由大本营政府联席会议或御前会议来主持，而这一期间比较不太重要的事项则由五相会议或四相会议来处理。在这种情况下，陆海军大臣虽然由于其特殊性质而处于实际上是统帅部代言人的地位，但遗憾的是，很难指望他们能适时地、准确地来筹划指导战争。因此，在11月26日的四相会议上，根据东条陆相的提议，决定今后每周星期四定期举行政府和大本营的联席会议，会议场所由原来在宫中举行改为在首相官邸举行，并称这个会为大本营政府联席恳谈会。

〔承认新国民政府与"日满华"共同宣言〕 11月28日召开了第一次联席恳谈会，会上政府和大本营把承认新国民政府的时日定为11月30日。

这样，11月30日，日本在承认新国民政府的同时，便同它缔结了日华基本条约，"日满华"三国还发表了如下的"日满华"共同宣言。

"日满华"共同宣言

大日本帝国政府
"满洲国"政府
中华民国政府[①]

三国愿相互尊重其固有特质,在东亚建设以道义为基础的新秩序。在这一共同理想之下,睦邻友好,紧密合作,形成东亚持久和平的中枢,并以此为核心,对整个世界和平作出贡献。现发表宣言如下:

一、日本国、"满洲国"及中华民国相互尊重主权和领土完整。

二、日本国、"满洲国"及中华民国为实现三国间以互惠为基本精神的全面合作,特别是为取得睦邻友好、共同防共、经济合作的实效,在各方面采取一切必要手段。

三、日本国、"满洲国"及中华民国将根据本宣言的宗旨,迅速缔结协定。

事变发生已有三年半之久,早日解决的努力落了空,日本从此便名副其实地转入了长期持久战的态势。从此以后,日本就再没有对重庆政府主动进行任何和平工作,只是期待着重庆政府最终能与国民政府合流。

〔罗斯福第三次当选与提供一亿美元的援蒋贷款〕 就在日本刚刚承认新国民政府的时候,使罗斯福总统空前地连任三届的美国,好像是在对抗日本的行动,也在11月30日发表声明,宣布提供一亿美元的援蒋贷款。

国内体制的加强

在推进上述对外政策的同时,国内也在逐步地革新和加强以《基本国策纲要》为基础的国内体制。

〔新体制准备会与解散政党〕 近卫公提倡的建立新政治体制的运动,由于天皇授命他组阁而暂时处于待机的状态。在此期间,原有政党政友会的久原派和中岛派以及民政党,都在新内阁成立前后相继解散。新内阁的对内对外新政策确定后,近卫公所面临的就是确立这个新政治体制的问题,这项工作势必要由政府来直接推进。

为了促进新体制的准备工作,政府组织了以首相为委员长,以政府和社会各界代表为委员的新体制准备会,并于8月23日举行了第一次聚会。在这

---

① 此处系指南京汪伪政权,书中对蒋介石政权多称"重庆政府"或"蒋政权"。——译者

次聚会上，近卫首相发表声明，阐明了新体制的基本概念。声明中强调指出，新体制的基本课题就是要保持统帅和国务之间的协调，加强政府内部的统一和效能以及确立翼赞①议会体制这三点。它的基础在于确立全民襄助国政的新国民组织，并且明确了这种组织是一种全国性的组织，它既要在经济、文化等各领域里"纵"地组织起来，同时还要将各个组织"横"地统一起来。但是，这当然不是采取一国一党的形式，也不是所谓的政党运动。总之，要使它成为国民在各部门都要竭尽襄助国政之诚的全国性的常设组织。

〔**大政翼赞运动与大政翼赞会的诞生**〕 此后，新体制运动在新体制准备会的主持下开展起来，这一期间决定将运动的名称定为"大政翼赞运动"，会名定为"大政翼赞会"，并于10月12日举行了大政翼赞会的成立仪式。

这个所谓大政翼赞运动，一言以蔽之，只是一种国民襄助国家大政的"臣道"实践，而为使这一运动不至沦为单纯的精神运动，产生了"大政翼赞会"这个组织。就是说，大政翼赞会是以内阁总理大臣为总裁，从东京中央本部连贯到各府、县、道地方支部的国民核心组织，它作为下意上达的机关，从中央到地方直至"邻组常会"，②都附设有协助会议。

〔**大政翼赞会实践纲要**〕 大政翼赞会在召开成立大会的时候，并没有发表什么纲领和宣言，到了12月14日，发表了如下的实践纲要。

大政翼赞会实践纲要

现在世界正面临具有历史意义的转变时期，以实现八纮一宇为国家根本大计的皇国，须万众一心，竭尽全力奉戴天皇，确立物心一体的国家体制，借以成为世界道义上的光辉领导者。

现在，本会将互助互诫，提高皇国臣民的觉悟，率先成为国民的楷模，始终与政府互为表里，同心协力，以求上意下达，下情上通，努力实现高度国防国家。

一、国民积极实践襄助国政府的"臣道"。即无限信仰体现无上绝对普遍真理的国体，忠实遵奉历代诏敕的谕旨，竭力发扬明治维新的传统精神。

二、协助建设大东亚共荣圈。即在完善大东亚共荣体制，谋求其兴盛的同时，进而努力建立世界新秩序。

三、协助建设翼赞政治体制。即以翼赞精神统一经济、文化生活，努力

---

① 翼赞，即辅弼、辅佐、协助的意思。——译者
② "邻组"是战前日本军国主义设在日本社会最基层的街道组织，即保甲组织。——译者

建立强有力的综合性政治体制。

四、努力建设翼赞经济体制。即最大限度地发挥创新能力与科学,建立综合性的计划经济,借以谋求生产飞跃发展,努力建成大东亚的自给自足经济。

五、协助建设文化新体制。即根据国体精神,造就雄浑、高雅、明朗且又富有科学性的新日本文化,内则振奋民族精神,外则努力发扬大东亚文化。

六、协助建设生活新体制。即扩大公益,开展社会工作,培育推进新时代的理想与气魄,努力树立全体国民悉为一家成员而团结在国家理想之下的生活体制。

这样,近卫公所提倡的新体制运动,便以大政翼赞运动和大政翼赞会的形式表面上轰轰烈烈地开展起来了。新体制的口号风靡全国,其声势甚至被看作是贯穿于政治、经济、思想等各领域的一种革新运动。事实上,各领域里的新旧对立势力大体暂时被纠合在大政翼赞会的旗帜下了。

〔**纪元2600年庆典**〕 这时正赶上纪元2600年。作为它的纪念活动,10月11日在横滨海面上举行了特别阅舰式,同月21日,又在代代木练兵场举行了特别阅兵式。身为大元帅的天皇,分别亲自参加了这些仪式。接着,11月10日举行了纪元2600年典礼次日(11)召开了2600年庆祝会,这些极其盛大的活动都是在皇宫前,在天皇、皇后驾临下举行的。在古典的仪式上,近卫首相宣读了献给天皇的祝寿词,从这篇祝寿词中可以窥见当时风气的一斑。其词曰:

"天皇陛下聪明圣哲,允文允武,凤绍祖宗之丕绩,宵旰图治,[①]弘文教,整武备,威光所被,昭明之化,遍及天下,亿兆臣民皆浴雨露之惠。方今面临世局之骤变,(我皇)或出六师于异域,或结盟约于友邦,以确立东亚之安定,促进世界之和平。此洵为绝大之盛德,旷古之大业,莫不契合皇祖肇国之宸意与神武天皇创业之宏谟。臣等生享盛世,仰此隆运,不胜感激忭跃之至。"

〔**经济新体制纲要**〕 在政治新体制运动发展为组成大政翼赞会的期间,与此相并行,经济新体制运动也随之具体化了。这是基于上述《基本国策纲要》的必然发展。于是,12月8日内阁会议通过了具有划时代意义的《经济新体制纲要》。

《经济新体制纲要》的基本方针如下:

[①] 原文肝字,误为旰字,现据《唐书·刘赞传》改正,原句为宵衣旰食。——译者

确立以"日满华"为一环,包括整个大东亚的自给自足的共荣圈。根据圈内的资源,确保国防经济的自主性,在官民合作之下,以重要产业为中心,推行综合计划经济,借以应付紧张的时局,促进国防国家体制的完成,以此谋求充实军备,安定国民生活和持久繁荣国民经济。为此,

一、确立企业体制,在国家综合计划下,使企业成为资本经营和雇佣劳动的有机统一体,作为国民经济的一个组成部分,在企业经营者创新和负责下,任其自主经营,发挥其最高效率,以提高生产力。

二、要根据公益优先、守职奉公的宗旨指导国民经济,同时通过过组织经济团体,使国民经济成为有机的整体,从而发挥整个国家的力量,达到实现高度国防国家的目的。

〔关于大政翼赞会性质的讨论〕 大政翼赞运动是不是政治运动,从而大政翼赞会是不是政治结社的问题,从一开始就是争论的难点。本来,近卫公7月7日在轻井泽向新闻记者发表谈话时,关于新政治体制的抱负和对它的具体设想的说明,就有些不够明确。

原有政党断定,大政翼赞运动是以近卫公为党魁的新党运动,从而解散了自己的政党。另外,一部分革新势力企图利用这种形势,实现一国一党政治。近卫公在新体制准备会开始工作时所发表的声明中,也一方面强调团结新政治力量的必要性,另一方面却否认它将向一国一党和政党运动方向发展。大政翼赞会势必包藏着许多矛盾,毕竟不过是同床异梦的各种势力的集合体。不久,在翼赞会首脑之间便产生了种种争执,国会议员表现出不合作的动向,甚至所谓大政翼赞会违宪论也传播出来了。

昭和16年(1941年)1月28日,近卫首相在帝国议会上说:翼赞会仅仅是政府的辅佐机关,而不是自己制定政策或执行政策的机关,这正是它所以和持有独自政治见解而行动的政党所不同的地方。接着,2月8日,近卫首相在议会上再次阐明,大政翼赞会不是政治结社而是公共事务团体。

第5章

对南方施策的进展

《适应世界形势演变的时局处理纲要》的目的，一是早日结束中国事变，一是推进对南方的施策。如前所述，日本对中国事变已决定转入长期持久的态势，便把注意力集中到南方去了。其后的欧洲战局，除了德英之间的空战及潜艇战激烈化以外，基本上保持着暂时平静的状态，而这时，日本朝野却仍然沉浸在德国对法取得决定性胜利的兴奋之中。

对荷属东印度的政策

〔**荷属东印度的石油**〕 如前所述，昭和15年（1940年）4月，米内内阁发表声明，希望维持荷属东印度现状。这个声明引起了世界的注意。荷属东印度的确是东亚的石油宝库，年产约800万吨，大约相当于日本的20倍。日本当时每年需要石油约500万吨，但自给能力却不足十分之一。

〔**特派小林商相、芳泽大使**〕 政府根据《时局处理纲要》的决定，于昭和15年（1940年）9、10月间特派商工大臣小林一三，后又于12月特派芳泽谦吉大使前往荷属东印度，进行关于密切两国经济关系的谈判。

政府在10月25日的内阁会议上决定了《发展同荷属东印度经济关系的措施》。其基本方针十分强硬，内称："随着世界新秩序的发展，必然产生经济圈，根据日德意三国条约，应确认皇国在荷属东印度的优越地位；从共存共荣的大局出发，迅速与荷属东印度谋求经济上的密切合作，以期开发并利用其丰富资源，使之实际上成为以皇国为中心的大东亚经济圈之一环。"这当然是最终的目标，而当务之急则是取得战略物资，尤其是取得所需要的石油。

〔**荷属东印度的态度**〕 可是，荷属东印度依靠美英的态度是极为坚定的。荷兰原是美英对日经济战略的一翼，因此同荷属东印度的谈判，实质上几乎与同美英谈判没有区别，结果，谈判并未取得预期的进展，白白耗费了时间。

对法属印度支那、泰国的政策

〔对法属印度支那、泰国的摇摆关系〕 在此以前，昭和15年（1940年）6月12日，日本和泰国缔结了日泰睦邻友好条约，密切了日泰间的关系。大本营陆军部加强了驻泰陆军武官府。陆军武官田村浩大佐和泰国总理銮披汶交谊深厚，因而愈益加深了銮披汶总理的亲日态度。但是，由于英国势力渗透泰国多年，根深蒂固。銮披汶总理的政治力量也有一定限度，所以加强日泰间实质性的合作每每受到阻碍。

另一方面，日本与法属印度支那的关系，自8月30日签署了所谓松冈、安利协定以来，尽管在进驻法属印度支那北部时曾发生过纠纷，但彼此表面上的亲密程度看来却似乎正在增强。在此期间，主要为了取得大米、橡胶等重要物资，日本和法属印度支那之间进行了经济方面的谈判。为此，政府还特派松宫大使前去法属印度支那。然而，在法属印度支那内部，维希政权和戴高乐政权两派势力勾心斗角，戴高乐派在幕后策动反日，因此，法属印度支那的对日本态度实际上可以说是不即不离。

〔法属印度支那，泰国的边境纠纷——南方问题具体化〕 昭和15年（1940年）11月以来，泰国向法属印度支那提出收复失地的要求，从此两国之间发生了边境纠纷。日本想出面从中调停，向泰法两国表明了此意，但两国迟迟不作答复。

松冈外相在12月12日的大本营政府联席恳谈会上，披露了松宫大使提出的意见。意见大意说：要首先迅速解决法属印度支那问题，为此有必要向法属印度支那南部派兵。这个意见受到了大本营的重视。

从这时起，军事和外务省开始忙于讨论对法属印度支那及泰国的施策问题。在《处理时局纲要》中笼统地着重提出的解决南方问题，到了这时才逐渐共体化并具有了现实性。

〔大本营的目标——获得军事基地〕 关于英、荷是否可分的问题，这时不可分论已占了上风。日本如果对荷属东印度行使武力时，英国当然要动手，因而就有必要对马来行使武力。为此，在法属印度支那南部和如果可能在泰同取得军事基地，是必不可少的条件。这是随着大本营战略研究具体化所应得出的必然结论。

另外，即使不采取这种武力南进政策，为了确立日本自给自足的态势，也应该将取得法属印度支那和泰国的大米、橡胶、锡等战略物资作为当务之急。

这样，先把法属印度支那和泰国拉进日本阵营就成了先决条件，而且也预料到，要实现这个目的，会遇到许多困难。在这种情况下，必须估计到，日本一向法属印度支那南部和泰国扩张，同英美的关系势必要恶化。可是，当时大本营陆海军部和政府还没有深入研究有没有决心对英美开战这一根本问题，因此，只在对法属印度支那和泰国采取对策的问题上步调大致是一致的。

〔调停纠纷措施的演变〕 这一时期，日本对法属印度支那和泰国的政策方针是，牺牲法属印度支那，抓住泰国。大本营方面的具体目的是，缔结日泰军事协定，在泰国建立空军基地，实现航空部队的暂时驻兵。在调停法属印度支那与泰国的纠纷时，有意偏袒泰国方面，以此来换取泰国的同意。考虑到这样做会比向法属印度支向南部提出这种要求更容易得到同意。虽然也希望与法属印度支那建立军事合作关系．但目前正在谈判的签订经济协定更为当务之急。

12月20日，法、泰两国都拒绝了日本调停纠纷的提议。

于是，在12月27日大本营政府联席恳谈会上决定了如下的对法属印度支那、泰国的措施。

帝国对泰国及法属印度支那采取的措施

一、方针

迅速建立日泰间密不可分的关系，同时以强硬的态度对法属印度支那施加适时而必要的压力，使其接受我方要求，并促进泰国与法属印度支那两国关系的调整。

二、纲要

（1）迅速开始日泰之间政治、军事以及经济合作协定的谈判。

（2）迅速开始关于法属印度支那问题的日法谈判，提出帝国的经济、军事、政治上的要求，特别是要求法国立即接受经济上的要求，并要求解决泰国与法属印度支那的边境纠纷。

法国如不答应，为了贯彻我方主张起见，准备废弃松冈、安利协定，并随之采取必要措施。

注：关于（1）（2）的具体措施另行决定。

在根据上述大纲研究具体措施期间，法属印度支那和泰国之间的边境纠纷逐步扩大。最初，战局对泰国方面有利，可是到了1月中旬，局势倒转过来。1月19日，二见驻泰公使发来急电，报告说泰国大有败北之势，并说英国策划调停的活动已经表面化。

这时，松冈外相正在推敲访欧时的外交策略，对法属印度支那和泰国的措施似乎没有多大的热情，而且抱着"外交大权唯有外相来辅佐天皇，外交交给我好了"这样一种态度，时而还若无其事地说：陆海军究竟有没有决心攻下新加坡？只要没有这种决心就不可能缔结日泰军事同盟。大本营方面认为，这是外相那套对陆海军的策略，因而也就置若罔闻。

然而松冈外相却好像是在悄悄窥伺着与法属印度支那、泰国开始谈判的时机。上述二见公使的电报，急遽地促进了事态的发展。

1月19日大本营和政府召开了联席恳谈会，作为上述12月27日决定的具体措施，决定了如下的《关于调停泰国、法属印度支那纠纷的紧急处理纲要》。

关于调停泰国、法属印度支那纠纷的紧急处理纲要

一、方针

帝国使泰国拒绝英国的居中调停，同时对两国施加必要的压力，以图即时解决纠纷。

二、对泰国的措施

（一）关于失地问题，鉴于日本历来采取的居中调停的立场，使泰国拒绝英国方面的建议。

（二）日本对法属印度支那施加压力，保证使其立即停战。

（三）抓住时机达成日泰间的新协定，尤其达成有关缔结军事协定的原则上的谅解。

三、对法属印度支那的措施

（一）立即向法国和法属印度支那当局提议即时停战。

（二）对于前项提到的居间调停问题，帝国的态度是：依靠英国等从中调停，不仅违反松冈、安利协定的精神，并且对远东的安定、大东亚新秩序的建设以及中国事变的处理均有重大关系，因此帝国绝对不能坐视。

（三）与此相适应，对法属印度支那开始采取必要的威慑行动。有关威慑行动和行使武力的具体问题另行决定。

上述决定的所谓"必要的威慑行动"是指以一部分海军舰艇在南中国海面作示威性航行和利用正赶上驻法属印度支那北部的陆军兵力需要调换的时机，在一定时期内实行双重驻扎。

在这次会议上，松冈外相强调缔结日泰军事协定的困难，修改了原案，改为：这一提案要掌握时机，相机提出。外相的真实意图似乎是，暂且只限于居间调停国境纠纷和加强同泰国和法属印度支那之间的政治合作关系。

〔**海军对形势的判断**〕 当时大本营陆海军部的情报部门是怎样观察世界形势的呢？这是一个很有趣味的问题。1月21日，军令部的英美情报科长在参谋本部作了以下述内容为核心的讲演，引起了大本营陆军部的注意。

1. 美国当前不会对德宣战。
2. 美国不会很快对日实行全面禁运。
3. 美国海军的军备扩张，在五至七年间完成斯塔克方案后，总吨位将达305万吨。现在，美国和日本的兵力对比大致相等，但如果日本保持现状不动，斯塔克方案完成时，美国兵力可能达到日本的2倍。
4. 日本即使向法属印度支那南部出兵，英国也未必动手。
5. 德国在英国本土登陆作战能否成功，取决于由谁掌握制空权和制海权。不过，德国用潜艇和飞机迫使英国屈服的可能性较大。
6. 英国在本土遭到攻击时，是举手投降，还是战斗到底，还不清楚。
7. 如英国战败，即使英美海军合在一起也不足惧。
8. 在上述情况下，英国海军有可能一部分逃往加拿大，一部分逃往亚洲。

〔**调停会谈的开始**〕 就这样，日本向法、泰两国提议从中调停，取得两国同意后，从2月7日起在东京召开了调停会议。可是，鉴于法国方面的态度，这次居间调停能否成功，却很值得怀疑。在上述1月19日决定的《紧急处理纲要》中，关于对法属印度支那行使武力的问题，是作为"另行决定"而保留下来的，因此，当面临调停会议时，有必要把这个问题明确下来。特别是在陆军统帅部方面，为了行使武力，必须预先决定国家意志，并据此进行必要的准备。

而且，大本营陆海军部希望，此时要断然推行悬而未决的对法属印度支那、泰国的措施，尤其是要建立军事基地。因为当时还在估计德国1941年的春季攻势将是指向英国本土的。因此，打算在3、4月以前取得并修好法属印度支那南部和泰国的军事基地，以配合欧洲战局的发展。

〔**《对法属印度支那、泰国措施纲要》**〕 于是，认为有必要重新确定坚定的对法属印度支那和泰国的措施。1月下旬，陆海军和政府之间多次进行了紧急讨论。1月30日，在大本营政府联席恳谈会上，决定了如下的《对法属印度支那、泰国措施纲要》。这个纲要具体地反映了当时日本南进政策的全貌。

平沼内务大臣也特地出席了这一时期的联席恳谈会。

对法属印度支那、泰国措施纲要

第一，目的

在建设大东亚共荣圈的进程上，帝国当前对法属印度支那及泰国采取措施的目的在于：为了帝国的自存自卫，在军事、政治、经济各方面与法属印度支那及泰国建立密不可分的关系。

第二，方针

一、帝国迅速加强对法属印度支那和泰国的措施，以期实现帝国的目的。为此，施加必要的压力，不得已时对法属印度支那行使武力。

二、迅速大力推行本措施，排除英美的计谋，尽快达到目的。

第三，要领

一、帝国强行调停以处理失地问题为目标的法属印度支那与泰国之间的领土纠纷，并借此机会采取措施，在法属印度支那和泰国两地确立帝国的领导地位。

二、对泰国，应尽快缔结日泰协定；对法国，应在迅速解决经济谈判的同时，相机缔结增进日本、法属印度支那间合作关系的一般性合作协定，和缔结以保证防止法属印度支那、泰国发生纠纷及维护日本与法属印度支那之间通商、交通为目的的军事合作协定。

在上述协定中，应补充提出帝国的下列政治及军事要求：

（1）让法国约束法属印度支那，不许其与第三国进行任何形式的政治、军事合作。

（2）在法属印度支那的特定区域设立或使用空军基地及港湾设施，同时，为维持这些设施，设置必要的机构。

（3）对帝国军队的驻扎、行动提供特殊方便。

三、为了取得政略和战略上的奇妙效果，须迅速做好必要的作战准备，并事先及时地定出行使武力的时机。

四、根据谈判情况，随时增加压力，力求达到目的。

对这一威慑行动，法属印度支那如以武力抵抗，则该部队应不惜行使武力，强制推行之。

五、法国如不同意解决纠纷，则准备对法属印度支那行使武力，其具体实行另行决定。

在拒绝缔结协定时行使武力，须事先做好准备，但具体实行则应根据当时形势决定。这一武力使用应以追使法国接受我方要求为限度。行使武力后，仍应力求责成法属印度支那当局维持治安，管理政治、经济事宜。

六、如果泰国拒绝我方要求，则变更日泰协定的内容，或采取施加压力等手段，务须使其接受我方要求，在任何情况下，都不应使泰国倒向英美方面。

七、统一帝国舆论，以使响应本措施，同时注意切勿随意以英美为对象，使南方问题激化起来，防止发生无谓的摩擦。

〔决定《纲要》的经过和同松冈外相调整意见〕 本纲要的草案也是由大本营陆海军部提出的。关于对法属印度支那行使武力问题，陆海两相表示相当踌躇，但最终还是同意了。问题在于松冈外相是否果真同意本纲要。在大本营提出的原案中，方针的第二项规定，以3月末为目标实现本措施。果然，外相不同意规定日期，他还反对对法属印度支那行使武力。他是根本反对这个紧急而且强硬的措施呢？还是心想"外交由我来办，我不用武力也能圆满解决"呢？很难揣测他的真正意图。

近卫首相在会上一般是不发言的，近卫首相的心意是，在大本营方面不明确表示意见的情况下，只要他们不提出异议，便当作同意了来处理。

结果，会议最后删去了"以3月末为目标"一句，代之以附加的《对法属印度支那、泰国施策备忘录》，备忘录里说，"关于方针的第二项，在外交方面应竭尽全力，以3、4月为目标达到本施策的目的"。另外关于行使武力问题也做了大幅度的修改，使之有伸缩余地。

〔上奏天皇批准〕 关于本纲要的内容，政府经内阁会议决定后，于2月1日由近卫首相、伏见宫军令部总长、杉山参谋总长三人一起上奏，请求天皇批准。上奏的全文如下：

军令部总长

代表大本营及政府谨奏。

帝国自昭和15年（1940）7月大本营政府联席会议决定《适应世界形势演变的时局处理纲要》，逐步朝着建成以帝国为核心的大东亚共荣圈的目标而努力迈进。

法属印度支那和泰国是大东亚共荣圈的重要一环，在目前的国际形势下，帝国对这两个地区的措施对帝国来说极为重要。

迄今为止，关于对这两个地区的措施，个别问题都随时根据大本营和政府间取得的一致意见采取了措施。但现在无论从法属印度支那和泰国的内外形势来看，还是从帝国的周围形势来看，均痛感帝国执行本措施须采取政略和战略二位一体的、敏捷的行动。

所以帝国有必要迅速决定明确而坚定的国策，以求统一推行这些措施。为此，在1月30日大本营政府联席会议上，经过慎重审议，取得意见完全一致后，决定了本纲要，在此其同上奏。

内阁总理大臣

谨奏：

正如适才军令部总长殿下所奏，本纲要业经大本营及政府间充分协商，取得意见完全一致。

下面说明一下本纲要中的重要事项。

一、关于本项措施的目的和方针

在建设大东亚共荣圈的现阶段，从以处理中国事变为中心的外围性政策和确保帝国的必要资源的立场出发，建立法属印度支那、泰国和帝国之间在军事、政治、经济上的紧密合作关系，乃是帝国自存自卫上的紧急重要措施。

现在，对于法属印度支那、泰国这类依附强国反复无常的国家，帝国应以坚定的决心对待，总之，施以必要的压力，尤其对于法属印度支那需要下定决心，不得已时即使使用武力也要实现帝国的目的。因而，在准备和实行本项措施时，痛感有必要在各方面将政略和战略合为一体来采取行动。

现在法属印度支那和泰国两个地区均处于不安定状态，这种情况已经引来了列强的一些策划。鉴于这种倾向正在逐日激化，帝国有必要先发制人，迅速确立在此两地的领导地位，以期达到既定的目的。

特别是随着欧洲战局的发展，国际形势急剧变化，很难预测。因此，目前必须在政略和战略完全一致的前提下，努力尽快达到本项措施的目的。

二、关于外交政策

法属印度支那同泰国的纠纷，与帝国所希望的远东安定有着重大关系。因此，帝国正以决不能坐视不管的态度，强行从中调停。

然而，只靠从中调停，很难确立帝国在法属印度支那和泰国的领导地位。因此，臣等认为有必要借此机会采取措施，把它们与帝国的合作关系进一步确定下来。

与上述措施相关联，对于泰国想按外务大臣先前所奏缔结新的协定；对于法属印度支那也想缔结内容大致相同的协定。

但是，关于与法属印度支那缔结新协定的时机问题，因为考虑到目前法国原则上已同意我方居中调停，正在当地进行谈判；还要考虑到今后对法属印度支那政策的转变等情况，必须十分慎重处理，尤其要见机行事。

同法属印度支那即将重新缔结的新协定的内容是：

（1）互相合作，继续保持彼此的友好关系，并保证实行同我方的经济合作。

（2）在军事上互相合作，保证防止法属印度支那、泰国间发生纠纷及维护日本和法属印度支那间的通商交通等。尤其须使法国约束法属印度支那，不许它与第三国缔结任何形式的政治及军事协定。这对帝国来说，从各方面的形势看来都是必须加以补充的一项。

其他有关军事事项当由参谋总长上奏。

帝国希望尽可能缔结日泰协定。因此，如泰国不同意时，可使协定内容缓和一些，或根据形势采取一般防御同盟的形式等变更其内容。另外，利用对法属印度支部施策的进展、帝国舰船在泰国沿岸巡航等手段，直接或间接地施加压力。总之，要采取周密措施，使泰国在任何情况下都不倒向英美那边。再者，帝国以往的舆论动不动就随便谈到荷属东印度、"新加坡"等问题，不无徒然刺激英美之嫌。所以想统一指导舆论，使之和本项措施尤其和其目的相适应。

参谋总长

谨继适才总理大臣的说明之后，上奏有关军事方面需要说明的事项：

一、关于日本和法属印度支那协定中的军事事项

日本和法属印度支那协定中所包含的军事事项，以保证防止法属印度支那和泰国之间发生纠纷及维护日本和法属印度支那间通商交通为目的，同时兼顾由于将来的形势发展，可能引起也未可知的南方问题。为此需要建立并充分利用必要的军事基地，即空军基地和港湾设施。因而在法属印度支那南部驻兵并不是目的，而只不过是在法国接受我方要求的情况下，为了和平地维持上述军事基地而经常派驻必要的最小限度的机关而已。

此外，鉴于当地实际情况，要求从根本上修改西原"马尔坦"当地协定，即主要想把有关对帝国军队的驻扎和行动提供特殊方便的事宜也包括在此项之内。

二、关于实行本项措施所必需的作战准备与行使武力事宜；

鉴于对法属印度支那、泰国施策的目的，在执行此项时，特别需要政略和战略浑然一体，发挥随机应变的妙用。尤其为了进一步加强压力，或重新派兵或使用武力等，因为整备部队和准备船舶等各种因素需要相当时间，所以现在就必须迅速做好必要的最低限度的作战准备。

另外，即使有了某种程度的准备，要达到部队能在目的地采取行动，仍

需相当时间。因此,关于在迫不得已情况下进行使武力的时机问题,应根据政略和战略两方面的观察和估计,及时地在最高会议上作出决定,以使外交行动和军事行动之间不至发生龃龉,做到政略和战略二位一体。痛感这样做非常重要。

在实行本项措施时,但愿单凭施加压力就达到目的,尽可能避免行使武力,这是不用说的。因此,我方施加压力的行动,要极力避免同法属印度支那方面发生冲突。即使法属印度支那军队向我方挑衅,为了自卫而行使武力,当然也不要同法属印度支那展开全面战斗,以尽量争取局部解决为宗旨。

在迫不得已对法属印度支那行使武力时,为了阐明行使武力的真正意图,特别有必要明确在什么情况下行使武力以及行使武力的界限。

对法属印度支那行使武力是指在法国不同意解决纠纷的情况下进行,例如,不忠实遵守停战协议或不向泰国方面归还失地等情况。

另外,关于在其不同意缔结协定的情况下,是否使用武力问题,虽应根据情况决定,但对此应预先做好准备,以便在随机应变灵活行动时不至发生障碍。其次,关于行使武力的界限问题,以使法国接受我方要求为限度,因此不对法属印度支那实行全面占领,其范围只限于法属印度支那中、南部重要地区,而且行使武力的发动时机应另行决定。

再者,即使在行使武力以后,也尽量利用法属印度支那现存的军事、政治、经济机构。如果现存的法属印度支那政权已经崩溃,出现治安紊乱现象,势将迫不得已必须对法属印度支那的重要地区实行军事占领,但将极力避免发生这种情况。

军令部总长

最后谨奏一句:

试全面观察目前的国际形势,确信帝国毅然迅速实行本项措施,是使英美无机可乘,达到我们目的的最好方法。对此,大本营和政府之间的意见已经完全一致。以上说明全部完了。

恭请陛下批准本纲要。

〔调停会谈成功与松冈外相〕 在东京举行的调停会谈,主要是在松冈外相与法国大使安利以及泰国代表旺·怀特亚根之间进行的。会谈历时1个月。日本当初的方针是,压制法属印度支那方面的要求,支持泰国方面的要求。可是,由于松冈外相对于泰国方面的高压态度心怀不满,中途反而把会谈引向有利于法属印度支那方面去了。

在会谈的同时,大本营和政府之间也多次召开了联席恳谈会,与主持会谈的松冈外相保持着联系。但是，外相却大都凭着个人的设想行事，大有无视上述既定国策的倾向。大本营方面对松冈外相的越轨行动感到无可奈何。在此期间，陆海军及政府鉴于法国方面的拖延态度，曾多次讨论要对法属印度支那行使武力。2月末左右，大本营陆海军部甚至曾一度下了行使武力的决心。

3月11日调停终于成功。随着调停成功，在日法以及日泰之间达成了无论法属印度支那还是泰国，都不得与第三国签订任何形式的政治、军事合作关系的协定。但是，以军事合作为主要宗旨的日泰协定以及日本、法属印度支那协定，却由于松冈外相认为还不到时机而擅自决定不进行会谈，只得等待今后形势的发展，大本营方面对此感到失望。

当时外电正在散布远东危机说，大肆宣传所谓"ABCD"（美、英、中、荷）对日包围阵势已经结成。

〔外相起身访欧〕 3月11日，报纸突然发表松冈外相访欧的消息。第二天（12日），外相动身，东京车站上爆发出一派欢送声浪。德富苏峰为此感叹说："松冈真幸运儿也。"

《时局处理纲要》的垮台

如上所述，日本根据《适应世界形势演变的时局处理纲要》而制定的南进政策，当前首先是以追求对法属印度支那、泰国采取措施的成果为重点的。可是，关于对南方行使武力的问题，如前所述，在决定了《时局处理纲要》之后不久，海军方面就表现出消极的态度，并且随着欧洲战局的沉寂，一般对此都持慎重态度。

然而并没有完全放弃这个企图。试图强制推行对法属印度支那和泰国的措施，也未尝不是它的准备工作。因此，在此期间，大本营陆海军部一面注视着欧洲战局的演变，一面考虑着为解决包括荷属东印度在内的南方问题而需要行使武力的可能性，并讨论了有关实施方案。

〔一般形势〕 在欧洲，希特勒于昭和15年（1940年）秋季对英突袭作战失败后，放弃了在英国本土登陆的企图，改为只用潜艇对英实行封锁。到了12月，希特勒很快下定决心，要调转矛头与苏联一战。大本营陆海军部对此当然没能察觉。

到了昭和16年（1941年）初，大本营对德国在英国本土登陆的期望已越来越淡薄了。然而，正如前面讲到的那样，仍然判断德军的春季攻势有指向英国本土的可能性。而且，大本营还在期望，德国即使不对英国实行登陆作战，通过潜艇作战也会迫使英国屈服。

〔英荷、英美不可分论——陆军之间的讨论研究〕 前记《对法属印度支那、泰国措施纲要》决定后不久，在大本营陆军部内主要管部局长以下的军官之间就已经大体上拟定了《对南方措施纲要》一案。这个方案认为英荷一体，不可分离。它的设想是：抓住时机，对马来和荷属东印度行使武力，以便从根本上解决所谓南方问题。但是，陆军省武藤军务局长主张，南方问题必须由海军担任主角，因此陆军方面不要向海军提出此案，原则上要等待海军方面的提案。

2月10日，大本营陆军部的第20班长（战争指导）有末次大佐，将上述《对南方措施纲要》的重点，作为个人想法提交给了海军方面的主管人员。这时海军方面主管人员当即强调，对南方行使武力，就是对美国行使武力，而英美是不可分离的。接着，2月17日，海军方面的主管人员来到参谋本部，以书面形式提示了海军方面的主要意见。其要点是，美英是绝对不可分的，对南方行使武力就是对美作战，所以要促进这方面的准备。至于对英荷行使武力的准备，海军这方面早已作好。这就是说，陆军的打算是，尽管要作对美作战的准备，但要在极力回避对美作战的情况下对南方行使武力；而海军却主张，一旦对南方行使武力，一开始就要对美一战。看来海军方面这种英美不可分论的意见很强硬，因此，陆军深感实现对南方行使武力的计划极为困难。

此后，陆海军统帅部主要负责人之间几经商讨，到了3月末，才就海军方面对南方行使武力的问题，作出了如下明确的结论。

1. 海军没有考虑抓住时机来行使武力。英国战败之时，也并不是良机，倒不如说将对日本加重军事压力。

2. 海军认为，对南方行使武力就是对美国行使武力，这种看法是绝对不动摇的。

3. 日本只有在美国对日加重军事压力或对日本实行全面禁运时才应该对南方行使武力。

4. 目前还不是这种时机，但做好准备是必要的。

〔陆军对国家物资力量的判断〕 对上述海军的强硬主张和想法，陆军也不得不表示同意。在这期间，陆军省战备科根据参谋本部的要求，对于假如在昭和16年（1941年）春季与美英开战，或者绝对避免战争这两种场合，日本国家物资力量可能出现的变化进行了研究，3月25日向参谋本部首脑报告了研究结果。其要点如下：

一、在开战的情况下

1. 日本的国家物资力量，如果对美英进行长期战争，是令人担心的。即战争进行到第二年末左右，大概还有充分的潜力足以摧毁敌人的进攻，但到那时液体燃料恐怕暂时要产生困难，同时随着战局的持久，经济上支持战争的力量恐怕将要动摇。

将出现这种情况的原因是进口的断绝和扩大生产能力形势不佳。只要船舶没有大量的耗减，钢铁和轻金属可望逐年有所飞跃增长，但稀有金属和有色金属仅靠国内微小的生产能力是无法弥补断绝进口所造成的亏损的。靠逐渐消耗储备尚可敷衍两年，但到第三年以后，便将逐渐陷入供应显著减少的困境之中。届时液体燃料是令人担忧的，恢复和开发占领地资源的进展与储备的消耗之间，有一段时间会出现青黄不接的局面。另外，船舶问题也将严重起来，特别是这会因减少煤炭的运输而带来工业的全面萎缩，而且轻工业资源的困窘也将给国内问题增加麻烦。

2. 由于形势的演变而不得不开战时，为了解除上述忧虑，除了争取迅速结束对南方的作战外，尤需极力不使荷属东印度的资源遭受破坏。另外，关于船只问题，需要深入考虑作战和经济的配合关系。

二、在避免战争的情况下

1. 日本如果在经济上不和美英断交，同它们在东亚的殖民地继续保持一定程度的贸易，并且对南方各地区进行的经济谈判能逐步有所进展的话，则日本的物资力量最初两年虽将下降，但以后将会逐年有若干程度的恢复。

2. 如果在经济上和美英断交，则国家的物资力量将急剧下降，其恢复也将十分困难。特别是石油的储藏量将逐年减少，国家力量和战争力量将因消耗而下降。

3. 无论在上述任何一种情况下，经过数年，日本国家力量的飞跃发展和军备的真正扩充都将难以实现。

三、结论

最重要的是，日本应迅速促进对荷属东印度的谈判，争取建立大东亚自给圈；同时要避免无益地刺激美英，尽可能依靠美英集团的资源培养国家力量，做好能够立即应付任何事态的准备。

于是，大本营陆军部的大多数人也完全放弃了对南方乘机使用武力的企图。陆军又恢复了原来的姿态，专心致力于处理中国事变和加强对苏战备的气氛又浓厚起来。

〔《对南方施策纲要》〕 4月5日，大本营海军部首次向陆军方面提出了《对南方施策纲要》的海军方案。对此，陆军并没有什么异议，因此大势已定。出乎意料的是，恰巧在第二天（10日），收到了松冈外相的紧急电报，说可能签订日苏中立条约。

陆海军经过简单的磋商，对上述海军方案作了若干修改，4月17日，大本营陆海军部大致决定了如下的《对南方施策纲要》。这正是日美开始谈判的前夜。

对南方施策纲要

一、在大东亚共荣圈的建设过程中，帝国当前对南方采取措施的目的，在于为了帝国的自存自卫而迅速扩充综合的国防力量。为此：

（一）确立帝国与法属印度支那、泰国之间的军事、政治、经济的密切合作关系。

（二）确立帝国与荷属东印度之间的密切经济关系。

（三）努力维持帝国与其他南方各国间的正常通商关系。

二、帝国以通过外交政策来争取贯彻上述目的为原则，特别是要迅速与法属印度支那、泰国建立起军事合作关系。

三、当实行前项措施时，如果发生下列情况而又没有解决办法时，帝国将为自存自卫行使武力。

关于在这种情况下行使武力的目的、目标、时机、方法等问题，可根据当时欧洲战局的进展与对苏形势的考虑，及时地另行决定。

（一）英、美、荷等国对日实行禁运威胁到帝国的生存时。

（二）美国单独或与英、荷、中等国共同对帝国逐渐加强包围态势，以至帝国国防上不能容忍时。

四、如果可以预察英国本土确将在欧洲战争中崩溃，则应进一步加强本项措施，特别是加强对荷属东印度的外交措施，力求达到目的。

五、帝国国内战时体制的革新，应遵照昭和15年（1940年）7月决定的《基本国策纲要》迅速予以实施。

附一

对法属印度支那、泰国的措施，按昭和16年（1941年）2月1日天皇批准的《对法属印度支那、泰国施策纲要》处理。

二、昭和15年7月决定的《适应世界形势演变的时局处理纲要》中，有关南方施策事项，在中国事变尚未处理完毕时，按本施策纲要处理。

三、如果中国事变已经处理完毕或世界形势已发生了急遽变化，对南方施策届时则将另行决定。

原来准备将本纲要提交大本营政府联席会议或御前会议作为国策决定下来，但因大本营和政府都突然忙于对美交涉，所以竟被搁置起来。后来，6月6日，陆海军把它作为大本营陆海军部的决定作了处理。

〔命运的歧途——法属印度支那、泰国的军事基地〕 在本纲要中，有关仍然企图和法属印度支那、泰国建立军事合作关系这一事实，需要进一步加以说明。即建立这个军事合作关系，主要是指在法属印度支那、泰国建立军事基地。而这个军事基地正如本纲要第三项所述，是在挨打而还击时真正必不可少的军事基地。然而，这里却存在着这样的因果关系，为了挨打而还击建立起来的军事基地，会引起挨打而不得不起来还击的事态。这就是说，日本为了挨打而还击对法属印度支那南部的进驻，终于导致了使日本挨打而不得不起来还击的、美国对日本的全面禁运。

且不拘上述如何，昭和15年（1940年）夏季，乘德国西线进攻取得胜利所决定的《时局处理纲要》，其主要目标由于这一形势的发展，实质上已完全垮台了。

第6章

日美谈判的开始

准备工作

〔**起用野村大使**〕 松冈外相一就职就一心想如何调整日美邦交。为了促进调整邦交的工作，外相认为势必要更换当时驻美大使堀内谦介，准备起用海军大将野村吉三郎。外相上任不久，就敦请当时在河口湖畔静养的野村大将出马。野村大将在任驻美海军武官时期，曾和当时担任海军部副部长、现任总统的罗斯福有亲密交往。

最初，野村大将坚决推辞，后经过外相和其他人的劝说，才接受下来，11月27日举行了特任仪式。

野村大使考虑到，调整日美邦交的中心问题当然应该是中国问题，因此曾特意去满洲和中国旅行，同当地的军事首脑进行了会谈。

〔**给野村大使的训令**〕 2月11日，野村大使在华盛顿向美国总统递交了国书。临行时，1月22日，松冈外相给野村大使的训令如下：

松冈外相给野村大使的训令

一、如果不下相当大的决心改变我国国策，要想通过国美国达成谅解来确保太平洋的和平，进行为恢复世界和平谋求合作，终究是不可能的。

二、如果按目前情况发展下去，终将难保美国不参加欧战或对日开战。

三、如果这样，就将发展成为可怕的世界战争，其灾难将数倍于上次大战，或将终于毁灭现代文明。

四、如果已经没有达成日美直接谅解合作的办法，帝国将不得不和英美以外的国家携手合作。即使对这些国家加些压迫和威胁，也必须防止其对日开战或参加欧战。这不只是为了皇国，实际也是为了全人类的生存。

五、无论为了保卫我国或是为了防止世界大战，因为断定除选择这一途径外已经别无其他途径可走，所以终于签订了日德意同盟。

六、既然已经签订了这个同盟，我国的外交就将以它为中心来进行，这和当年的日英同盟情形一样。

七、如果三国政府认为发生了三国同盟条约第三条所规定的第三国的进攻，日本当然更忠于同盟。对于这一点不允许有丝毫怀疑。日本下这一重大决心时，当然是要经过极为慎重的最高会议的。

八、虽然人们往往认为，日本现在在中国的行动是不正当的，或者是侵略的行为，但这只是一时的现象，我国终有一天会实行日华平等互惠主义，实现开国以来传统的宏伟理想——八纮一宇。①

九、建立大东亚共荣圈，实际上也是出自八纮一宇的宏伟理想。"没有掠夺、没有战争、没有剥削"②是我们的宗旨。

总之，首先要在大东亚创造国际上睦邻互助的天地，以此树立世界大同的典范。

十、这种理想暂且不谈，就眼前的现实问题来说，我国也迫不得已必须选择在大东亚圈内走自给自足的道路。对君临西半球，进而向大西洋、太平洋扩张的美国来说，上述日本的理想和欲望能说是没有道理吗？难道允许日本作这种程度的事情都不可以吗？我国所考虑的绝不是要排斥别人，美国也可以来协助开发大东亚圈。诸如担心我们会断绝供应他们所需要的橡胶、锡等物资，那是很可笑的。

希望将上述各项连同我不久前在日美协会上的即席讲话，以及这次帝国议会上的外交讲演等的内容，向美国总统、国务卿以及美国朝野实权人物透彻地加以说明为盼。

〔**特派岩畔大佐**〕 野村大使在动身前，特向东条陆相要求陆军给予协助，并希望派遣精通中国事变情况的陆军军官前去美国。东条陆相决定派遣当时担任陆军省军事科长要职的岩畔豪雄大佐。该大佐由陆军特派，其实际任务是协助野村大使，他于3月6日从日本动身。

〔**近卫首相的幕后活动——日美谅解方案**〕 在这以前，从昭和15年（1940年）11月底以来，原大藏省官员、当时担任产业组合中央金库③理事井川忠雄，曾同访日的美国天主教最高学府梅利诺大学的秘书长德劳特和主教华尔希之间就调整日美邦交问题秘密进行私人接触。井川忠雄直接同近卫首

---

① 即世界一家之意。——译者
② 原文是英语，即 No conquest, no operation, no exploitation。——译者
③ 产业组合是共同经营一定经济事业的团体。主要是农业，人事权属于政府，实际上是国家机关的附属机构。中央金库是产业组合内主管调节资金的金融机构。——译者

相有联系，美方两传教士于12月末回国后，同罗斯福总统、赫尔国务卿和邮政部长沃克取得了联系。陆军省武藤军务局长和岩畔军事科长，通过井川忠雄知道了他们过种日美私人之间的工作。松冈外相最初也同美方两传教师进行过接触，但并不很热心。

井川忠雄从回国后的德劳特、华尔希两传教士那里得到通知说，工作有希望，于是便和野村大使前后脚到美国去了。

后来，同近卫首相保持联系的井川忠雄和协助野村大使工作的岩畔大佐，同和美国首脑有着极其秘密联系的德劳特、华尔希两传教师极其秘密地私下讨论了关于调整日美邦交的试行方案。4月上旬以后，美方当局和日本大使馆当局也分别参与了这项工作。于是，4月16日拟定了日美谅解方案。

赫尔国务卿在4月14、16两日召见野村大使会谈，表明要把以往日美间私人的对话转为国务卿和大使间的非正式会谈，并说可将上述日美谅解方案作为谈判的基础。为此，要求大使首先要取得日本政府的训令。

〔赫尔的四项原则〕 赫尔国务卿当时指出，要把他早就强调的四项原则作为谈判的前提。这就是下述的后来成了问题的那四项原则。

一、尊重一切国家的领土完整和主权。

二、维护不干涉别国内政的原则。

三、维护包括通商机会均等在内的均等原则。

四、除以和平手段改变现状外，不破坏太平洋地区的现状。

近卫首相从井川忠雄的私人信件中知道上述日美谅解方案草拟的大致经过，但松冈外相却完全不知道这件事。外相内心怀着对美外交策略的独自设想。而且，如前所述，外相已在3月12日动身去欧洲了。

日苏中立条约

〔外相的访欧计划——《对德意苏谈判方案纲要》〕 松冈外相好像早就有访欧的打算，但大本营陆海军部在昭和16年（1941年）1月中旬才知道这件事。作为访欧的计划，松冈外相向陆海军提出了以下的《对德意苏谈判方案纲要》，并事先征求了意见。

对德意苏谈判方案纲要

一、设法使苏联接受所谓里宾特洛甫草案，根据这个草案使苏联同日、德、意打倒英国的政策统一步调。与此同时，希望调整日苏邦交。

二、调整日苏邦交的条件大致如下：

（一）通过德国调停，促使苏联出卖库页岛北半部。

如果苏联不同意，则作为有偿地放弃库页岛北半部利权的补偿，使苏联答应在今后5年内应供日本250万吨石油。不过，总之，我方为此是要援助库页岛北半部增产石油的。上述两主案究竟应采取哪一个，应根据情况来决定。

（二）帝国承认苏联在新疆、外蒙的地位，苏联承认帝国在华北、蒙疆[①]的地位。新疆、外蒙和苏联的关系，由苏中双方商定。

（三）使苏联放弃援蒋活动。

（四）在满、苏、外蒙之间迅速成立勘定国境与处理纠纷委员会。

（五）渔业谈判可根据建川[②]提案（委员会方案）寻求妥协。不过，为了调整日苏邦交，如有必要，不妨放弃渔业权。

（六）为了日德通商，要使苏联同意提供运输相当数量货物所需的车辆，并降低运费。

三、帝国在大东亚共荣圈地区居于政治领导地位，担负维持秩序的责任。

对居住在上述地区的民族，应以维持其独立或使之独立为原则。但对现在英、法、荷、葡等国所属领土而无独立能力的民族，应按其各自能力尽可能允许其自治，由帝国负责指导其统治。在经济方面，帝国在上述地区保留取得国防资源的优先地位，但对其他一般性的通商企业，则可适用同其他经济圈相互间的门户开放、机会均等主义。

四、帝国在战后的媾和会议上将主张把世界划分为四大势力范围，即：大东亚圈、欧洲圈（包括非洲）、美洲圈、苏联圈（包括印度、伊朗）。（英国保留澳洲和新西兰，大致与荷兰同等对待）。

五、关于日本力求阻止美国参战的行动措施，要事先取得德国当局的谅解。

六、德国和意大利，特别是德国要牵制苏联，苏联如果一旦进攻日满两国，德、意要立即进攻苏联。

七、在日本参加欧洲战争时，德、意等各盟国间应缔结不单独媾和的协定。

八、日本应迅速完成海军的准备，陆军应坚决缩短中国战线。德国应尽力援助日本充实军备，日本则努力为德国提原料和粮食。

---

① 在当时被日本占领的内蒙地区。——译者
② 当时日本驻苏大使建川美次。——译者

九、松冈外相到欧洲后，将和德、意、苏各国政府进行谈判，努力贯彻上述要点，必要时可缔结条约。

里宾特洛甫草案内容

以日、德、意为一方，苏联为另一方达成协议：

一、苏联申明，在防止战争、迅速恢复和平的意义上赞同三国条约的宗旨。

二、关于欧亚的新秩序，苏联承认德、意和日本各自的领导地位，三国方面议定尊重苏联的领土。

三、三国和苏联议定，各不援助以对方为敌的国家或加入此类国家集团。

除此以外，还达成一项秘密谅解，即：日、德、意、苏相互承认的将来的势力范围是：南洋属于日本；伊朗、印度方面属于苏联；中非属于德国；北非属于意大利。

〔调整日苏邦交和陆海军〕为了促进处理中国事变和解决南方问题而谋求迅速调整日苏邦交，这是昭和15年（1940年）夏季以来的悬案。如前所述，近卫首相和松冈外相等政府首脑，打算使苏联同三国同盟统一步调，如果可能，还希望把它发展成为日、德、意、苏四国同盟。为了处理中国事变和解决南方问题，就连多年以来专以苏联为假想敌国，努力加强对苏战备的陆军，也热切地希望调整日苏邦交，甚至可以说陆军还是这事的主谋者。

对于松冈外相的《对德意苏谈判方案纲要》，当时陆海军由于正在忙于处理有关法属印度支那和泰国的问题，同时还由于认为它的内容含有外相所特有的空想夸大的味道，因而有些棘手之感。

但是，陆军还是欢迎的。陆军希望通过外相亲自访欧或许多少打开调整日苏邦交的局面。因而强烈认为，外相访欧的重点是关于调整日苏邦交的问题，而对德意的访问只是礼节性的。

在这以前，昭和15年（1940年）4月，政府曾起用陆军中将建川美次为驻苏大使，使他担任日苏邦交的调整工作。同年11月20日左右，建川大使寄来了关于当时正和苏联力争的日苏互不侵犯条约一案的报告，谈判似乎很有成功的希望，但主要因库页岛北半部的利权问题迟迟不得进展。

〔讨论外相提案和在欧洲的交涉〕2月3日召开联席恳谈会，会上讨论了外相提出的《对德意苏谈判方案纲要》。下面是松冈外相在会议开始时的发言概要。

里宾特洛甫和齐亚诺早就邀我访欧，去年年底又邀我一定要去。

因为这个方案必须在政略和战略一致的情况下实行，所以才提出来讨论。访问计划预定在柏林、罗马各逗留两、三天，在莫斯科逗留一周左右。

德意邀请我访欧的真正意图是有问题的，就是说，德、意是为自己打算，还是为了宣传，还是想直接探询日本的真实意图——他们的真正意图令人费解。国会正在开会，走后请总理多多费心。大岛[①]是探听不出来情况的。我们去了他们会说出许多情况的。

另外，我在上次国会上攻击了英美，看来似乎有些过火，但这是我欧洲之行的预备行动。虽然社会舆论责难说不应该刺激英美，但我认为必须以坚强的意志来推进国策。

动身的时机以在德国进攻英国之前为好。预定在初步解决法属印度支那、泰国问题以后，即2月20日左右完成签字，3月初动身，4月中旬回国。

松冈外相发言后，接着会议逐条进行了讨论，并没有发生什么争论。不过，在第八项缩短中国战线的问题上，陆海军，特别是近卫首相提出了异议。结果将这项改为"关于促进中国全面和平问题还须同德国商谈"。其他事项按原案通过。不过，陆海军，尤其是统帅部的长官希望外相不要单独签订协定，在用兵问题上不要轻予许诺。外相对此表示谅解。

3月12日，松冈外相一行从东京出发以后，并没有寄回来什么报告。但在归途中，在莫斯科逗留期间，4月10日，外相突然发回一份达成谅解的电报，内称可能签订一个不涉及库页岛北半部利权问题的简单扼要的中立条约。对此，联席恳谈会当天就以下三点致电外相：

一、对不涉及库页岛北半部利权问题没有异议。

二、注意不要招致改变日德意三国同盟条约的结果，而应取得德国的充分谅解。

三、通过签订本条约，应为解决中国事变打好基础。

〔日苏中立条约的缔结〕 4月12日，外相来电，内称已不想缔结中立条约，这使大本营大为失望。可是第二天（13日），形势急转直下，又收到一份条约已经签字的电报。原来，和斯大林直接会谈的结果，关于库页岛北半部的利权问题，放到条约签订几个月后再行协商解决，以此为条件双方达成了妥协。签订的条约要点如下：

---

① 指日本驻德大使大岛浩。——译者

日本国和苏维埃联盟间的中立条约

大日本帝国和苏维埃社会主义共和国联盟为殷切希望巩固两国间的和平友好关系,决定缔结中立条约,兹协定如下:

第一条,两缔约国约定,维护两国间的和平友好关系,互相尊重缔约国另一方的领土完整和不可侵犯。

第二条,当缔约国一方成为一国或两国以上的第三国军事行动对象时,缔约国另一方须在该纠纷的整个过程中保持中立。

第三条,本条约自两缔约国完成其批准之日起生效,有效期间为5年。如两缔约国任何一方在期满前一年未通知废除本条约时,则应视为本条约自动延长5年。

第四条,本条约应尽速批准,批准书应争取早日在东京互换。

日苏两国政府在签订本条约时都发表了声明,明确表示:日本须尊重蒙古人民共和国即外蒙古的领土完整和不可侵犯;苏联须尊重"满洲国"的领土完整和不可侵犯。

这样,关于出让库页岛北半部的利权问题,日本给了苏联以原则上的谅解,从而成功地缔结了日苏中立条约。日本由此在政治上感到北方大体安定下来,同时也有利于保持对美的均势。但是,在军事上却仍然没有能摆脱远东苏军的沉重压力。因为大本营陆军部并没能由此完全相信中立条约而削减其对苏战备,冒险把兵力转用于其他方面。另外,原来目的之一是想借此使中国同苏联的关系冷淡下来,以便处理中国事变,而对这方面的效果并没能抱有希望。

〔条约和德意〕 如前所述,德国已经暗中下定了对苏开战的决心,但没有向松冈外相明确表示。当然外相也没能察觉出来。因此,德国就处于微妙的立场上了。关于日苏中立条约的签订,德国并没有表示不同意,但指出苏联难以相信,暗示不要过分深入。当时德国主要关心的是通过日本的南进来牵制英美。

从松冈回国后的报告中可以看到,希特勒热心谈论的是关于日本进攻新加坡的问题,而松冈外相似乎迎合了这一点,说进攻准备正在逐步进行中。松冈这次访欧结果并没有和德意缔结任何协定,大本营方面认为这只不过是一次礼节性的访问。

〔调整日美邦交的伏笔〕 松冈外相的访欧之行,在上述交涉的背后,包含着重大的外交策略,那就是为调整日美邦交埋下了伏笔。外相在出发访欧前，曾在近卫首相的对美工作以外，单独另同美国旧友进行过频繁的接触，要求他们对调整日美邦交予以合作。同时，在昭和15年（1940年）12月10日野村大使的饯行会上，和在第二年昭和16年（1941年）1月26日众议院审议预算的全体会议上，陈述了他的带有牵制意味的对美国的看法，作为日后的伏笔。

〔松冈、斯坦因哈尔特会谈〕外相到欧洲后，在往返途中经过莫斯科时，都和罗斯福总统的心腹、美国大使斯坦因哈尔特进行了会谈。特别是在归途中，外相相当大胆地同斯坦因哈尔特讲了些内幕，如他和德、意首脑的谈话内容和当时进展迟缓的日苏中立条约谈判的经过情况等。松冈外相还劝说斯坦因哈尔特，希望美国停止援蒋活动，借以实现日华全面和平，以此为主要目标来促进日美邦交的调整。

4月10日，在联席恳谈会上，大桥外务次官根据松冈外相的莫斯科来电，对松冈、斯坦因哈尔特会谈要点的一段话做了如下的报告：

外相：日美两国都不希望互相开战。

大使：我完全有同感。但德国不是要对美国宣战而把日本卷入战争的吗？

外相：德国不希望和美国打仗，也不想刺激美国。

大使：外相访德是不是要加强三国同盟呢？

外相：没有再加强的必要。

美国总统是个大赌棍，这是一般公认的。因此，美国总统这个大赌棍不能为了世界和平劝一劝蒋介石停止战争吗？

大使：这件事我已向总统提过一次意见，可以再发一次电报。

外相：如果总统有这个想法，本人愿意在回国一周以后进行对话。

关于这件事，正如以后还会提到，松冈外相认为在莫斯科逗留期间也许就会得到美国总统的满意答复。大桥外务次官在上述报告中补充说，外相是很乐观的。

如上所述，外相此时还在暗自幻想，回国后以缔结日德意三国条约和签订日苏中立条约等一系列既成事实为背景，积极推行以早日解决中国事变和调整日美邦交为重点的外交政策，为此，如果有必要将亲自访美，可能的话甚至还打算日美合作来调停英德战争。

松冈外相完成访欧使命，途经大连时，4月21日接到近卫首相打来的电话，说收到美国政府的重要建议，请急速回国。外相立即断定这是同斯坦因哈尔特会谈收到了效果，便兴致勃勃地急忙动身回国。

收到日美谅解方案

〔**日美谅解方案全文**〕 4月18日，政府和大本营首脑收到日美谅解方案如下：

日美谅解方案

为谈判和缔结一项旨在恢复日本国政府与美国政府间的传统友好关系的全面协定，兹共同承担责任。

两国政府不再争论两国邦交近来疏远的原因，衷心希望不再发生使两国国民友好感情恶化的事件，并制止其意外的发展。

两国政府殷切希望，通过两国的共同努力，在太平洋地区建立以道义为基础的和平，迅速达成两国间诚挚友好的谅解，以消除可悲的足以毁灭文明的混乱威胁；如果不可能，也应迅速使之不扩大。

为了采取上述决定性行动，长期谈判是不适当的，是拖延时间的，因此从实现两国的全面合作着眼，建议草拟文件，作为从道义上约束两国政府和限制其行动的适当手段。

上述谅解应限于紧急的重大问题，并应提交会议审议；至于两国政府以后应随时商定的附带事项，以不包括在内为宜。

双方认为，如能明确和改进下列各点，则两国政府间的关系将能得到显著的改善。

一、日美两国所持的国际观念和国家观念。

二、两国政府对欧洲战争的态度。

三、两国政府对中国事变的关系。

四、在太平洋上的海军兵力和航空兵力及海运关系。

五、两国间的通商和金融合作。

六、两国在西南太平洋方面的经济活动。

七、两国政府关于稳定太平洋地区政治的方针。

基于上述情况，现达成如下谅解。上述谅解经美国政府修改后，需要等日本国政府作最后、正式的决定。

一、日美两国所持的国际观念和国家观念。

日美两国政府承认，彼此为对等的独立国家并为互相毗邻的太平洋强国。

两国政府申明，在希望建立持久和平并开辟一个以互相尊重为基础的信任与合作的新时代方面，两国的国策是一致的。

两国政府声明，两国政府的传统信念是：各国和各种族应相互合作，八纮一宇，各自享有平等权利；利益应相互以和平方法加以调节；各自谋求和维护其精神的和物资的福利，同时承认有责任不破坏这一点。两国政府有坚定的决心，要互相保持两国固有传统的国家观念和社会秩序以及作为国家生活基础的道义准则，不允许与此相违背的外来思想的泛滥。

二、两国政府对欧洲战争的态度。

日本国政府申明：轴心同盟的目的是防御性的，是为了防止军事上的连衡关系扩大到现在尚未参加欧战的国家。日本国政府声明：日本无意回避现存条约的义务，至于根据轴心同盟所担负的军事业务，则只限于该同盟的缔约国德国在受到现在尚未参加欧战的国家主动攻击时才予以履行。

美国政府申明：美国对欧洲战争的态度是，不论现在和将来，决不为援助一方面攻击另一方的攻击性同盟所左右。

美国政府申明：美国始终不渝地反对战争，所以，对欧战的态度是，无论现在或将来，将只根据保卫本国利益和安全的考虑来决定。

三、两国政府对中国事变的关系。

美国总统承认下列条件，如果日本国政府保证这些条件，美国总统可以据此劝告蒋政权媾和。

1. 中国独立；
2. 根据日华间即将达成的协定，日军从中国领土撤退；
3. 不兼并中国领土；
4. 不赔偿；
5. 恢复门户开放方针，但关于其解释和适用范围问题，应在将来适当时期，由日美两国协商之；
6. 蒋政权与汪政府合并；
7. 日本自行节制向中国领土大量或集体移民；
8. 承认"满洲国"。

在蒋政权接受美国总统的劝告时，日本政府应立即同重新统一的中国政府和组成该政府的人员直接开始和平谈判。

日本国政府应在上述条件范围内，根据睦邻友好、共同防共和经济合作的原则，直接向中国方面提出具体和平条件。

四、在太平洋上的海军兵力和航空兵力及海运关系。

1. 日美两国为维护太平洋和平起见，彼此不得部署威胁对方的海军兵力和航空兵力。有关其具体细节，由日美另行协商。

2. 日美会谈达成协议后，两国应互派舰队作礼节性的访问，以祝贺太平洋和平的到来。

3. 中国事变解决就绪后，日本国政府按美国政府的希望，同意按照和美国签订的条约，迅速动员现在服役的本国船舶中可以退役者，主要在太平洋方面服役。关于这类船只的吨位等，由日美会谈另行决定之。

五、两国间的通商和金融合作。

在达成这次谅解并经两国政府同意后，日美两国各自需要且又是对方所拥有的物资，应由对方保证供应。同时，两国政府应采取适当措施，恢复日美通商条约有效期间曾经有过的那种正常通商关系。如果两国政府想缔结新的通商条约，可通过日美会谈进行研究并按通常惯例缔结之。

为促进两国经济合作，美国应对日本提供足够的信用贷款，以发展东亚的工商业、改善东亚的经济状况和实现日美经济合作。

六、关于两国在西南太平洋方面的经济活动。

鉴于日本已保证不使用武力，而是用和平手段来谋求它在西南太平洋方面的发展，有关日本希望在该地区生产和取得石油、橡胶、锡、镍等物资的活动，应得到美国方面的协助和支持。

七、两国政府关于稳定太平洋政治的方针。

1. 日美两国政府不容许欧洲各国将来在东亚和西南太平洋接受领土割让或合并现有的国家等。

2. 日美两国政府共同保证菲律宾的独立，如果它没有寻衅而受到第三国进攻时，两国应考虑援助办法。

3. 对于在美国和西南太平洋的日本移民，应友好相待，给予和其他国民相同的平等待遇。

日美会谈

（1）日美两国代表间的会谈将在檀香山举行。会议应由代表合众国的罗斯福总统和代表日本国的近卫首相主持。代表人数双方均以5人为限，但不包括专家、秘书等在内。

（2）本会谈不得有第三国观察员列席。

（3）本会谈应在两国达成此项谅解后尽速召开（本年5月）。

（4）本会谈不再讨论这次谅解各项，两国政府事先商定的议题由两国政府协商之。

附则

本谅解事项应作为两国政府间的秘密备忘录。关于本谅解事项的公布的范围、性质和时间，应由两国政府商定之。

〔闪电式实现的希望和潜在的困难〕 近卫首相在几天前就已从井川忠雄的来函中得到了和这个日美谅解方案内容大体相同的一个方案。但对政府和大本营的其他首脑来说，这个方案却是很突然的，而且，局势的发展超出了他们的预料。

当天夜里举行了联席恳谈会，由首相说明了事情的经过。会议只自由讨论一番而结束。最后决定等松冈外相回国后再进一步研究，决定态度，但多数人倾向于接受日美谅解方案。问题只是怀疑松冈外相对这个问题谈到了什么程度。

可是，不知道因为什么，野村大使没有报告前述赫尔国务卿所说的应以所谓四项原则作为谈判的前提。日本方面判断，这次日美谅解方案即使不过是今后日美非正式会谈的基础方案，但从制定它的经过来看，实际上是美国方面的第一次提案。因而日本方面认为，如果全部接受，划时代的日美邦交的调整就会闪电般地实现，以此为起点，世界历史就会来一个大转变。

当然，这个日美谅解方案原则上只能由联席恳谈会的成员和少数辅佐人员来处理并严守秘密。4月9日，军令部总长换人，后任是永野修身大将。

〔陆海军的态度〕 4月21日上午，陆军召开了参谋本部和陆军首脑会议，决定了原则上接受的方针，同日午后，召开陆海军部局长会议——陆海军的军务局长和作战部长等出席了会议——就根据以下宗旨积极进行谈判的问题取得了一致意见。

一、不违背日德意三国同盟的精神。

二、为解决中国事变作出贡献。

三、不损害国际信义。

四、有利于扩充日本的整个国力。

五、有利于重建世界和平。

美国当时的形势是，它的军备还没有做好同时在两洋作战的准备；很难说它的国防工业已有充分的扩充；国内舆论也并不一致。另一方面，德国对英国的反封锁步步取得成功，看来美国这时似乎迫切需要加强对英国的援助。

美国在1月7日设立了国防生产管理局；3月11日通过了武器租借法案；4月25日声明实行海军全线巡逻制；5月27日，总统宣布国家处于无限期的紧急状态。实行巡逻制，实际上意味着实行对船队的护航。

这时，4月21日，大岛驻德大使和野村驻美大使都电告德苏开战已经迫近的情报。根据这一情况，大岛大使主张武力南进；野村大使则主张严守中立。形势确是复杂而又离奇。

〔美国的真正意图〕 大本营陆军部判断，美国的真正意图好像是为了打倒德国而在太平洋方面谋求暂时的安定，认为如果日本原则上接受这一提案，就很难说同日德意三国条约的精神不无矛盾。基于这种认识，陆军部心想设法倒过来利用美国的意图，就有可能既保持三国同盟的精神，又可以沿着日美谅解方案的方向调整邦交。即使多少有损于三国同盟，也切望能借此机会一举解决多年来悬而未决的中国事变。

如上所述，日本政府和大本营首脑都对日美谅解方案寄予了极大的关心。可是，在昭和20年（1945年）11月的美国两院共同调查会的公开报告会上，原国务卿赫尔却说："鉴于日美两国的政策背道而驰，日美谈判从开始那天起，圆满达成协议连百分之一的希望也没有。"而且还说："我们之所以答应举行谈判，只是打算为了和平解决太平洋地区的局势尽最大努力，同时也是为了赢得美国军事当局所需要的进行防御准备的充裕时间。"如果这是事实的话，那么日美谈判从一开始，日美首脑间的基本态度就存在着非常大的距离。

松冈外相回国后的交涉

〔外相的访欧报告〕 4月22日，松冈外相在国民的欢呼声中乘飞机回国。但对外相来说，日美谅解方案的内容却完全是意外的。当天午后9时20分，很快召开了历时4个小时的联席恳谈会。可是，外相却说，因为自己的想法和日美谅解方案大相径庭，有必要慎重考虑，并不想参加这一讨论，只是滔滔不绝地讲了一番访欧的经过，以后就托词旅途劳累而中途退席回家了。当时，陆海军把前述对美谈判条件的基本方针和对日美谅解方案的修正案交给了外相。

至于那天夜里松冈外相说了些什么，那是离开本题的有趣的问题。兹录其概要如下：

一、对美问题

这是3个月以前就考虑过的事情。在莫斯科我向美国大使说，美国总统是个大赌棍，欧洲战争、中国事变都是在美国支持下才打起来的。当我说到是不是可以向爱好和平的总统提议，要他和爱好和平的日本统一步调，劝告蒋介石媾和之后，大使给总统拍了电报。我以为我在莫斯科期间就会得到答复，但是没有回信，回京以后我才从野村那里接到提案。因为这个问题除处理中国事变外，还包含着相当重大的问题，所以必须经过两星期或两个月的慎重考虑。

二、和德、意首脑的会谈

对德、意没有讲过任何要负责任的事情。我只讲南方问题应该由日本自己来处理。德国屡次谈到南方问题，但意大利却完全没有涉及南方，只说我们的共同敌人是苏联。

另外，对三国同盟是为了阻止美国参战的问题，里宾特洛甫和墨索里尼都表示同意。

里宾特洛甫说："德国缔结德苏互不侵犯条约是万不得已的。德国无论如何也得干掉苏联。就目前来看，有三、四个月就能干掉。我认为，其结果苏联将四分五裂。再者，日本进攻新加坡，北边也没有后顾之忧。希腊的投降已经是注定的，但是英国的手在巴尔干却伸得相当长。我认为斯大林是个谨慎的人，不会干出轻举妄动的事情。"等等。

当我问到进攻英国本土是在进攻巴尔干之前，还是在这以后时，里宾特洛甫说，不能确切地回答，避免明确答复。

我说从去年7月我们就向苏联提议订立日苏中立条约，可是由于后来形势发生了变化，所以这次想采取简便的形式搞。如果苏联上钩的话，就打算缔结条约。说到这里，里宾特洛甫说："是吗？"看来里宾特洛甫似乎认为签订条约是不可能的。这次他看到签订了这个中立条约一定会很吃惊。

三、缔结日苏中立条约的经过。

从德国踏上归途时，我对斯塔玛说，要到列宁格勒去，所以在莫斯科逗留的时间也许要长一些，这就暗示他在归途中将要进一步涉及日苏中立条约问题。

我和莫洛托夫进行了三次会谈，莫洛托夫固执己见不肯让步。我以为条约是无论如何也签订不成了。最后直截了当地讲了我的想法，又把英文的信件交给了莫洛托夫以备将来参考。当天夜里接到电话，说第二天斯大林随时都可以接见，于是约定了会见时间为下午5点。

第二天下午5点，在斯大林的房间里会见了斯大林，我认为这正是个时机，于是就讲起了"八纮一宇"。斯大林的桌子上放着中立条约的议定书和昨天交给莫洛托夫的信。斯大林听我讲"八纮一宇"有些沉不住气，说："我相信你，也相信近卫。"并谈起了关于修改条约的条文问题。

因为条约的条文中提到了"满洲国",所以我说这样对待一个独立国家不合适,这时,斯大林也表示同意。斯大林拿起地图,再三主张把库页岛南半部卖给苏联,因此我说,苏联占据了16世纪以来就是日本的库页岛,日本国民长期以来就迫切要求归还库页岛北半部。对此斯大林说:东从堪察加,西到滨海省,一掐住咽喉,我们不就束手待毙了吗?我一面指着地图,一面回敬说:应该把地图看得大些,苏联不好向印度、伊朗方面发展吗?对于这点日本可以装作不知道。谈话气氛逐渐活跃起来,最后终于达到签订条约的地步。苏联缔结条约的真正意图虽然不清楚,但确实有这么一种趋势。

松冈外相退席后,会议继续进行。和外相的慎重论相反,大多数人的意见认为,可以反过来利用美国的企图,尽快地进行谈判。平沼内相也从国内政策立场出发特别主张这一点。可是,松冈外相在从立川机场到东京途中,对同乘一车的大桥外务次官讲:必须同德国取得充分谅解,然后才能开始日美谈判。及川海相对这一意见表示反对,会议的气氛倾向于不必取得德国的谅解而先进行谈判。

〔外相的态度——修改意见〕 此后,松冈外相兼带养病,深居简出,尽管近卫首相和陆海军方面十分焦虑,他却在反复进行思考。为此,外相叫人将日美谅解方案的英文原文从华盛顿寄来,正在绞尽脑汁制定一个加进外相历来想法的修改方案。

松冈外相的见解是,用讨好美国的办法来调整日美邦交,不仅最终难于实现,而且还将产生相反的效果,反而是危险的。他似乎主要主张:利用三国同盟来牵制美国,阻止美国参加欧洲战争,并使它不再插手中国事变。

陆海军也一再催促外相,到了5月3日,召开了联席恳谈会。会上松冈外相首先发言说,他打算向美国提出一个折中的日美中立条约草案。外相说,从美国的传统来看,像这样的提案估计它是不会接受的,但目前世界正处于非常状态,可否试试看。对此,其他人全都反对,但是外相并没有收回自己的意见。接着开始审议日美谅解方案,主要吸收外相的主张,决定了日本方面的修正提案。外相的修正意见比陆海军还强硬。外相强调以下列三点为谈判条件的基本方针:

一、有助于中国事变的处理;

二、不违反日、德、意三国条约;

三、不破坏国际信义;

关于处理和德意之间的关系问题,外相主张:根据修正方案,将内容概要秘密通报德、意,如果德、意两国有意见,我们就加以考虑。外相的这一主张得到了会议的谅解。

但是会议对是否向美国试探中立条约方案后再提出上述修正方案,以及这些活动和德、意交涉的时间安排等问题,都没有明确作出决议,仿佛完全交给外相来处理,会议就在这种情况下结束了。

〔第一次修正提案〕 日本方面的修正提案如下:

日本国政府和美国政府为谈判并缔结一项旨在恢复两国间传统友好关系的全面协定,愿共同承担责任。两国政府不再争论两国邦交近来疏远的原因,衷心希望不再发生使两国国民友好感情恶化的事件,并制止其意外的发展。两国政府殷切希望,通过两国的共同努力,在太平洋地区建立以道义为基础的和平,迅速达成两国间诚挚友好的谅解,以此消除可悲的足以毁灭文明的混乱威胁;如果不可能,也应迅速使之不致扩大。

为了采取上述决定性行动,长期谈判是不适当的,是拖延时间的,因此,从实现两国的全面合作着眼,建议草拟文件,作为从道义上约束两国政府和限制其行动的适当手段。

上述谅解应限于紧急的重大问题,并应提交会议审议;至于两国政府以后应随时商定的附带事项,以不包括在内为宜。

双方认为,如能明确和改进下列各点,则两国政府间的关系将能得到显著的改善。

一、日美两国所持的国际观念和国家观念;

二、两国政府对欧洲战争的态度;

三、两国政府对中国事变的关系;

四、两国间的通商;

五、两国在西南太平洋方面的经济活动;

六、两国政府关于稳定太平洋地区政治的方针;

基于上述情况,现达成如下谅解:

一、日美两国所持的国际观念和国家观念

日美两国政府承认,彼此为对等的独立国家并为互相毗邻的太平洋强国。

两国政府申明,在希望建立持久和平并开辟一个以互相尊重为基础的信任与合作的新时代方面,两国的国策是一致的。

两国政府申明,两国政府的传统信念是:各国和各种族应互相合作,八纮一宇,各自享有平等权利;相互利益应以和平方法加以调节;各自谋求和维护其精神的与物质的福利,同时承认有责任不破坏这一点,有责任反对压迫和剥削后进民族。

两国政府有坚定的决心，要相互保持两国固有传统的国家观念和社会秩序以及作为国家生活基础的道义准则，不允许与此相违背的外来思想的泛滥。

二、两国政府对欧洲战争的态度

日本和美国政府以实现世界和平为共同目标，不仅彼此合作以防欧战的扩大，而且为迅速恢复和平而努力。

日本政府申明，轴心同盟是防御性质，其目的在于防止现在尚未参加欧战的国家参加战争；根据日德意三国同盟条约，军事援助义务在发生该条约第三条规定的情况下自应予以履行。

美国政府申明，美国对欧洲战争的态度，不论现在和将来，决不采取援助一方面攻击另一方的进攻性政策。

美国政府申明，美国政府始终不渝地反对战争，所以对欧战的态度，无论现在或将来，将只根据保卫本国利益和安全的考虑来决定。

三、两国政府对中国事变的关系

美国政府承认近卫声明的三项原则，承认以此同南京政府缔结的条约以及"日满华"共同宣言所表明的原则。并且相信日本政府的睦邻友好政策，立即劝告蒋政权媾和。

四、两国间的通商

在达成这次谅解并经两国政府同意后，日美两国各自需要而又是对方所拥有的物资，应由对方保证供应。同时，两国政府应采取适当措施，恢复日美通商条约有效期间曾经有过的那种正常关系。如两国政府想要缔结新的通商条约，可通过日美会谈进行研究并按通常惯例缔结之。

五、两国在西南太平洋方面的经济活动。

鉴于日本已经申明用和平手段谋求其在西南太平洋方面的发展，有关日本希望在该地区生产和取得石油、橡胶、锡、镍等物资的活动，美国方面应给予协助。

六、两国政府关于稳定太平洋地区政治的方针

1. 日美两国政府以保持菲律宾的永久中立和不歧视该岛的日本侨民为条件，共同保证其独立。

2. 美国对日本的移民应友好相待，给予和其他国民同等的待遇。

附则

本谅解事项应作为两国政府间的秘密备忘录。关于本谅解事项的公布范围、性质和时间，应由两国政府商定之。

〔外相首先向德、意秘密通报〕 松冈外相立即开始行动，5月3日便采取

措施，提出日美中立条约的方案，并向德、意秘密通报。但是外相却没有给野村大使发出修改提案的电令。外相的想法是，等美国方面对中立条约作出反应并判明德、意的意图之后，如有必要再修改提案，然后付诸实施。

在5月8日的联席恳谈会上，东条陆相催促，应该迅速将修正案电告野村大使。对此，松冈外相说明如下：

即使电告了野村大使，如果里宾特洛甫提来意见还得修改，以后反而会出现困难。再者，从保密上来看也不妥当。暂未发训令是我决定的。外务次官也说，现在还是告诉野村大使为好。我说外交上的交锋你们不要多嘴。还有，据说似乎已走漏了消息，但是在外务省，这样重大的事情只有我一个人知道。

美国迄今的做法等于参战一样。我认为，日本作为一个大国本来应该提出抗议，但却装聋作哑。希特勒至今也还容忍着，但很难说不会对美国采取行动。如果德国一采取行动，根据同盟条约，日本当然也要采取行动，我想这是无可非议的。但是在外交上说来却不能那么做。既不让美国参战，又要让美国从中国撤出手去，这就是目前我想要做的。因此，请不必着急。

即使同美国达成了谅解，也不一定就能防止战争。美国的巡逻如果再加强，这种谅解就会化为乌有。到那时，恐怕日本就非干不可了。

〔岩畔报告——发出开始谈判的电令〕 第二天（9日），陆海两相和外相会谈，主张不必等德国答复就迅速向美国提出修正提案。5月5日，东条陆相收到了正在美国的岩畔大佐寄来的如下报告。

一、有必要迅速进行谈判，否则美国终将参战。

二、罗斯福目前的地位是什么事情都能干得出来。

三、目前知道日美谅解方案的只有罗斯福、赫尔、诺克斯、沃克和秘书等人，美方严守秘密。

四、赫尔说，下属中如有不同意的就予以撤职。

五、和胡佛进行了会谈，他说，如果需要，可以助我一臂之力。

六、松冈外相目前好像极力在放观气象球，其实这样做并不有利，反而会引起美国感情的恶化。

七、罗斯福和赫尔都不信任松冈外相。

另外，野村大使和驻美武官也再三来电催促迅速谈判。到了5月12日中午，松冈外相终于没有等到弄清德意两国的意见就给野村大使发了电报，训令他可根据我方提出的修正案开始进行谈判。5月14日是美国总统例行的"炉边谈话"[①]的日子，为了要赶上这一天才这样安排的。

据外电报道，这时美国参战的气氛正在益愈浓厚。5月13日外电又报道德国副总统赫斯乘飞机潜入英国本土的事件。5月14日，驻德陆军武官又来电，转达了德国参谋本部情报部长的话，说德苏一定要开战了。形势真是变化莫测。大本营为制定美国参战时的对策和德苏开战时的对策等忙得不可开交。

〔与德、意的磋商〕 5月12日晚，德、意两国大使一同访问松冈外相，德国大使传达了本国政府的意见。意大利大使说，德国的意见也就是意大利的意见。其要点如下：

美国总统这次提案对日本将来在大东亚共荣圈内的行动限制到什么程度，日本政府本身当然最了解。德国政府只能认为，这次提案是企图表面上缓和太平洋方面的局势，以此消除美国国内反战分子的恐惧感，从而向既定的参战方向迈进。这无非出自美国总统的一种深谋远虑。看来，能够阻止美国政府领导人决心参战的唯一途径，在于使其明了这一事实：即美国的参战必然导致日本参战。毫无疑问，美国总统首先权衡了上述事实，企图使其对欧洲方面所采取的积极行动变得更容易些。

十分明显，美国政府的方针是，不发表战争宣言，逐渐加强实际上违反中立的行为（巡逻或护航），等德、意对此加以反击后，将开战的责任推给轴心国方面。所以德国政府认为日本政府在向美国政府作出答复时应该：

一、强调美国政府目前采取的行动，例如巡逻或护航等是违反国际法的行为，日本认为，美国继续这些行为是有意激发战争，因此必然要导致日本被迫参战。

二、日本政府明白表示：如果美国政府停止这种行动，那么日本政府就准备研究美国的提案。

鉴于这个问题将对三国同盟条约缔约国产生重大影响，所以德国政府恳切希望日本政府在发出最后答复之前，能将答复的内容通知德、意两国政府，并能征求两国政府的意见。

松冈外相认为，德、意方面的上述意见同上述外相强调的对美交涉三项原则并没有分歧，于是就把日本方面的修正提案交给了两位大使，并强调说：日本的这一行动并没有忽视德国和三国条约。

在5月15日的联席恳谈会上，松冈外相报告了这些经过。当时外相还特

---

① 即不拘形式发表政见的日子。——译者

别说明，因为当时没有等待德、意回答日本就自行和美国对话了，所以德国可能考虑单独对英媾和或对苏发动战争。不过，我们已经把德国的建议和日本的修正案并无分歧这一点通知了两国政府，所以估计不致发生这种事情。当时，围绕着赫斯潜入英国本土，陆海军中有人揣测，希特勒是否一获悉日本有调整日美邦交的企图，便立刻下了同英国进行和平谈判的决心呢？

罗斯福总统的"炉边谈话"延期到5月27日，同时宣布了国家进入无限期的紧急状态，但在讲话中没有透露美国对我方反建议提案的反应和动向。

〔**谈判迅速达成协议的失败——美国态度强硬化**〕 就这样，日本当初企图迅速秘密达成协议的谈判终于失败。后来的对美谈判，虽然在政府和大本营的密切配合下积极努力进行，但是，随着时间的推移，美国的态度日益强硬起来。经过5月31日的过渡提案，到6月21日，美国方面提出了针对日本5月12日提案的反建议提案。

这个方案的内容比4月16日的日美谅解方案明显地强硬了，谈判的主要难关最后具体地归结到与赫尔国务卿的所谓四项原则有关的问题，即日本在中国的驻兵问题；在中国平等通商问题以及关于日德意三国条约中自卫权的解释等问题。

6月24日接到上述美方的反建议提案，恰好是在德苏开战的两天之后。这时的世界形势，正在围绕德苏开战发生着急剧的转变。

第7章

进驻法属印度支那南部

〔**决定命运的一步**〕 如前所述,根据《对法属印度支那、泰国的施策纲要》,企图建立日本、法属印度支那紧密军事合作关系的政策已经暂时搁浅。可是后来由于形势的紧迫,根据7月29日签订的日本、法属印度支那共同防御的日法议定书,日军开进了法属印度支那南部。这是日本在毅然发动大东亚战争过程中,继缔结日德意三国条约之后迈出的决定命运的重要一步。

南方形势的恶化

〔**重庆抗战意志高昂**〕 美国随着战时体制的强化,一面在欧洲越发加强对英援助,一面在远东继续推行援蒋政策。昭和16年(1941年)1月,美国政府向重庆派遣了柯里特使;3月宣布武器租借法案适用于中国,并签订了中英军事协定;4月提供了5000万美元的稳定法币资金;5月在新加坡举行了中英军事会谈,等等。重庆政府同英美在政治上和军事上的紧密关系,看来并没有受到日美谅解方案中美国总统斡旋日华和平规定的影响而日益加强了。昭和16年(1941年)春季以来,重庆政府抗日意志的高涨是不容忽视的。

〔**ABCD包围阵势**〕 另外,自从围绕日本调停法属印度支那和泰国纠纷的远东危机说流传以来,美、英、荷三国除了努力加强南方各地区的战备外,还在马尼拉、新加坡等地屡次举行军事代表联合作战会议,看来正在促进结成所谓对日的ABCD包围阵势。[①]与此相适应,还在法属印度支那和泰国策划反日阴谋,这样就使日本在调停纠纷以后取得的地位大有被推翻的危险。

〔**法属印度支那的不合作态度**〕 还有,当时日本绝对不可缺少的法属印度支那和泰国的大米、橡胶、锡等也逐渐难以弄到了。当时日本的粮食已经大感不足,约有900万石必须依靠从法属印度支那和泰国进口。可是,法属印度支那在5月6日,即日本法属印度支那经济协定签订还不到1个月,就提

---

① 即美、英、中、荷对日包围阵势。——译者

出把6月份对日出口合同量的10万吨减半到5万吨。我方刚一同意，又提出7、8月份合同量再减少一半。日本认力，这种不合作的态度可能是由于美英和法国戴高乐派以及当地华侨的策动。英国在昭和15年（1940年）末已经向泰国为新加坡订购了60万吨大米。另外，日本虽然用美元付款取得了法属印度支那橡胶年产量6万吨中的1万5千吨，但是可以预料，取得橡胶和锡、锰等其他战略物资将越来越困难了。英国在5月16日作出决定，禁止从马来向日本及日元集团出口橡胶。

〔日荷谈判迟迟不进〕 在这种情况下，日本回过头来对日荷经济谈判的进展寄予了极大的关心。芳泽大使继小林特使之后，于昭和16年（1941年）1月2日重新与荷属东印度总督举行了谈判。芳泽大使以他那套顽强的精神，主要就战略物资对日出口份额问题反复进行了交涉。可是，荷属东印度在同美英紧密联系下，却想把日本希望得到的石油、橡胶、锡等重要物资的数量限定在日本实际需要量以下。就是说，荷属东印度充当了美英对日经济战略的帮凶，企图削弱日本的国防经济力量。为此，驻日的英、荷大使和公使举行驻日商务官员联席会议，让他们研究日本的实际需要量，荷属东印度还想根据日本从法属印度支那和泰国取得的数量来酌减自己的出口量。不过，在他们的想法中，也可能有这样一个目的，即警惕向日本出口的物资，尤其是橡胶被转手给德国。

〔外相的爆炸性动议〕 松冈外相对上述荷属东印度的这种态度很气愤，在5月22日的联席恳谈会上，提议停止同荷属东印度的谈判。这一提议使其他与会者感到意外。当时的讨论有如下的一节：

松冈外相：我打算停止同荷属东印度的谈判，召回芳泽大使。其时机请交由外相掌握。

某（记录不清）：目前荷属东印度的态度，已经到了需要撤回芳泽的地步，这一点我很清楚。要知道，荷属东印度之所以采取这样的态度，是因为有英美的支持。如果日本对它下这样最后的决心，势将形成对菲律宾和马来也要进行作战，这是关系到国家存亡的重大问题，必须慎重考虑。

松冈外相：现在不下决心，将来德、英、美、苏不会串通一气压制日本吗？德苏有可能联合起来对付日本，美国也有可能参战。我倒想听听统帅部在这种情况下的意见！

杉山参谋总长：这是个重大问题。若说到决心如何吗，那么对于南方首先必须在法属印度支那和泰国搞到所需要的军事基地，这一点已经再三详述了，可是外相至今也不搞基地，这是为什么呢？

松冈外相：要对法属印度支那和泰国来搞，就必须有对付英美的决心，没有这个决心就不能进行交涉。有了决心就搞。

及川海相：外相的想法是不是有点奇怪？

接着，在5月29日的联席恳谈会上，松冈外相说明了对美谈判的后来经过，同时还谈到了日荷谈判，说必须在近期内召回芳泽大使，但没有作出结论。

这时，大本营陆海军部为把前述《对南方施策纲要》迅速做成最高会议决定而进行着准备。这就是要用来封住松冈外相在发言中时而冒出攻占新加坡的论调；同时，为了促进同法属印度支那及泰国建立军事合作关系，关于对南方施策问题，有必要统一大本营和政府之间的思想。

6月6日，大岛驻德大使寄来情报说，德苏开战业已确定。面对这种形势，必须制定相应的国策，局势顿现混乱。恰在这时，荷属东印度6月6日的最后答复和日本的要求相差悬殊，致使人们感到谈判势将破裂。

决定进驻法属印度支那南部的经过

〔统帅部的焦虑——对美形势判断〕 大本营陆海军部鉴于上述南方的各种形势，尤其是历经半年的日荷谈判的失败和各国赶紧加强对日战备，痛感中、美、英、荷越来越加重了对日的政治、经济、军事压迫，从而陷入必须迅速采取对策的焦虑之中。因此，大本营陆海军部下定决心，目前即使最高会议推迟作出全面的对南方施策的决定，也要首先促成长期悬而未决的日本与法属印度支那的军事合作关系，向法属印度支那南部进驻一部分兵力。

然而问题在于松冈外相对此是否同意。外相的一贯主张是，只要没有对美英作战的决心，就不能着手同法属印度支那和泰国搞军事协定。6月5日，陆海军的两位军务局长就军事协定问题与外相会谈时，外相明确表示，只要没有攻占新加坡的意图，我就坚持到底。于是大本营方面表明态度，在推行上述措施时，如遭到美英阻碍，则"不惜对美英一战"。

可是，作为现实问题，当时陆海军根本就没有对美英作战的胆量。海军方面还特别要求，把"不惜对美英一战"修改为"不惜孤注一掷地同美英一战"。进而从根本上来说，陆海军以及近卫首相都不曾认为以日本进驻法属印度支那南部为起因，美英会立即诉诸武力。唯有松冈外相警告说，这有与英国发生冲突的危险。再者，关于因进驻法属印度支那南部，美、英、荷是否会掀起对日全面禁运的问题，一般地确过于乐观而没有作深入的研究。从结果上来看，这是严重的判断错误，决定命运的赌注就下在这里了。

不过，当时如果没有以陆海军为首的上述错误判断，究竟会如何决定进退，那还是大有问题的。

〔《关于促进南方施策的方案》〕 大本营陆海军部6月11日决定了如下的《关于促进南方施策的方案》，并决定把它提交联席恳谈会。

关于促进南方施策的方案

一、鉴于目前各种形势，根据既定方针，促进对法属印度支那和泰国的施策，尤其与召回派驻荷属东印度的代表问题相关联，迅速与法属印度支那建立以保卫东亚安定为目的的日本、法属印度支那军事合作关系（除既定内容外，还包括向法属印度支那南部进驻必要的兵力）。

二、为达成上述目的，应进行必要的外交谈判，并应迅速开始进驻准备。在已完成进驻准备而法属印度支那仍不接受我方要求时，应开始进驻。届时法属印度支那如进行抵抗，我方当即行使武力。

三、在推行本施策过程中，如遭到美、英、荷的阻碍而又无法打开局面，日本为了自存自卫达到忍无可忍的地步时，则不惜孤注一掷地对美英开战。

当天召开了联席恳谈会，会上关于日荷谈判问题决定采取如下措施：

一、命令芳泽大使及其随行人员撤回；

二、不采取谈判决裂的形式，作为未达成协议来处理，为将来谈判留下余地。

当天早晨接到芳泽大使的电报，内称多少还有谈判的余地。对可否先根据荷属东印度现在答应的条件签约，有一些争论，但最后的结论还是不签字，认为签了字也没有多大效果，反而让法属印度支那和泰国看穿了日本的弱点，对日本不利。

〔**陆海军同松冈外相的争论**〕 接着，争论发展到下面的进驻法属印度支那南部的问题上。

松冈外相：从以往的谈判经过来看，荷属东印度是在侮辱日本，因而即使停止这次谈判，也有必要表示略为强硬一些的态度。在这个问题上想特别了解统帅部的态度。

杉山参谋总长：关于对南方的施策问题，如果仅是荷属东印度一国是不成问题的。但因其背后有英美，所以如果对它采取强硬态度，将会引起严重的事态。最近既有德苏开战，又有调整日美关系的问题，必须避免行使武力，等等。目前只能在现在能取得的范围内暂时停止谈判，以观察事态的发展。

统帅部认为，对荷属东印度固然也要考虑，但目前应像过去多次讲过的那样，促进对法属印度支那的施策，向法属印度支那进驻兵力，这点还请外相采取必要的措施。

松冈外相：那样做的话，就要刺激英美，英国就要进入泰国，这是十分明显的。

杉山参谋总长：我认为情况不会是那样。

松冈外相：你是说要和法属印度支那进行谈判，我看还是让德国去向维希政权交涉为好。

杉山参谋总长：关于作法可按外相的想法相机处理。

松冈外相：派兵进驻不仅对法属印度支那有必要，对泰国也有必要。不过，向这两地派兵会给缅甸、马来带来影响，英国一定会动手。

杉山参谋总长：我方如果力量大，我想对方不会动手。

松冈外相：从外交上来说，本想就此丢开不管，不过，统帅部却说那不合适，所以不那么干。

永野军令部总长：在法属印度支那和泰国建立军事基地是必要的。谁妨碍就坚决揍他好了，需要打就打。

〔杉山总长对永野总长强硬论的疑惑〕 军令部总长永野讲话有时唐突得出人意料，鉴于海军方面的一贯态度，杉山参谋总长对他最后这个强硬的发言是否真的表明了海军首脑的真实意图感到疑惑。这时如果参谋总长表示支持军令部总长的态度，事情也许会取得迅速的进展。但参谋总长并没有这么做。

第二天（12日）联席恳谈会继续举行，永野军令部总长提出前述《关于促进南方施策的方案》，并作了必要的说明。这时，军令部总长特别强调，如果法属印度支那不同意，或美、英、荷进行妨碍时应该行使武力。松冈外相对新加进来的进驻兵力问题面有难色，主张首先把建立海空军事基地问题作为第一阶段的谈判内容，第二阶段再提出派兵进驻问题。即外相的意思是想删去议案第一项中的"包括进驻"和第二、三项，把它只留作谅解事项。

争论主要是在外相和两位统帅部长之间进行的，最后决定按原案通过，将下列三项作为谅解事项附在后面。

一、最后按本案实行；

二、因为进驻的准备需要相当时间，所以也可以分为两个阶段进行谈判；

三、第一阶段谈判结束后，应不失时机地进行第二阶段的谈判。

这一天，近卫首相和陆海军大臣一言未发。及川海相一言不发，与永野军令部总长的态度相对比，引起了大家的注目。

〔**外相对进驻有难色**〕 在草拟上述《关于促进南方施策的方案》上奏稿的时候，松冈外相对派兵进驻问题仍有难色，坚持应以上述谅解事项为中心进行上奏，结果意见没有统一，12日的决定就这样挂了起来，拖了下去。在6月16日的联席恳谈会上，外相强调派兵进驻是国际上不守信义的表现。会上进行了下述争论，但没有得出结论。

松冈外相：如果派兵进驻，去年8月30日签订的松冈、安利协定就要归于废弃，因而现在驻兵法属印度支那北部在法律上也将无效。姑且不谈建立军事基地，就说派兵进驻吧，如果德国不插手帮忙，法国恐怕不会同意。从法国方面来说，这是军事占领，所以我想95%不会同意。还有，这么一来，以前同法属印度支那和泰国签订的调停纠纷条约和经济协定等也将归于废弃。其影响还会波及泰国和荷属东印度，今后取得这些地区的重要物资将发生困难。不过，我以上所说的是最坏的情况，我并不认为总会是那样，但必须作出最坏的打算。根据大岛大使的电报，说德苏下星期开战，这样就会变成世界大战，英苏可能结成同盟，美国可能站在英国一边参战。这种形势也必须充分加以考虑。

特别是派兵进驻，对日本来说是一件不守信义的行为。若说这是国家生存上迫不得已，固然未尝不可以，但不管怎么说，这不能不说是个不守信义的行为。

杉山参谋总长：派兵进驻是日本、法属印度支那针对英美压迫所采取的共同防御措施，如果使其谅解这一点，不是就会同意的吗？

松冈外相：是这样。可是如果人家不同意派兵进驻，而我们硬要进驻这就是不守信义。日本将会受到国际上的谴责。即使就剩我外务大臣一个人，也要严守信义。作为外务大臣，坦率地说，我不得不向天皇报告说这是不守信义的。派兵进驻的准备需要多长时间？建立军事基地又需要多长时间？

杉山参谋总长：进驻的准备约需20天，修整机场需要两三个月。现在虽然有机场，但是商业用的，需要为大编队的重型轰炸机重新加以修整和扩充。7月中旬结束进驻，8、9、10月整修机场。为了进驻，须从中国抽调兵力，还须调配船只。不久将进入雨季，所以最好尽快进行。

松冈外相：还有德苏开战的问题，是不是也有必要研究一下？

杉山参谋总长：即使德苏开战，对南方也需要采取这样的对策。

及川海相：英苏同盟是初次听说，如果真有其事，也可以重新考虑一下，不过，前些日子刚决定下来，改变不太好吧！

松冈外相：我脑筋不好，事后一想主意又变了。

某（记录不明）：决心变不变？

松冈外相：决心不变。为了准备进驻，是否需要上奏？

杉山参谋总长：没有目标是不能进行准备的。不过，可以进行教育和训练，但是调动兵力和进行动员，必须奏请天皇批准。

东条陆相：我要更加强调这种作法。

永野军令部总长：先准备着，临到必须行使武力时再奏请批准，怎么样？

松冈外相：陆军这么做不行。第一次上海事变时，植田师团长到达上海后等了4、5天才得到批准，可见陆军需要相当长的时间。

东条陆相：关于这点，还要附加上一些。

杉山参谋总长：陆军兵力在海南岛上一集合完毕，就请外相立即搞闪电式外交。从这一点来说，照军令部总长说的那样去做也是不行的。

松冈外相：无论如何得让我考虑两三天。你们说那不是不守信义，但我总认为那是不守信义。这一点不得不上奏天皇。是否不守信义没有搞清楚，就不能上奏。

去年就说要搞新加坡，竟没有搞。所以事情才弄成这个样子。

后来松冈外相的态度仍然没有变。但是，松冈外相是根本不同意进驻呢？还是对上奏进驻问题能否得到天皇的同意没有信心呢？他的真实意图不够明确。当时，大本营陆海军部正忙于讨论应付德苏开战的全面国策。另外，日美谈判问题，在没有接到美国的反建议案之前，竟被搁置起来。

〔外相勉强同意——德苏开战之日〕 6月21日和22日两天，陆海军两位军务局长特意会见松冈外相，讨论派兵进驻法属印度支那的问题。并对前述《关于促进南方施策的方案》作了若干修改，22日夜11时，终于取得了外相的同意。这正是德苏开战那一天。

6月24日，在大本营陆海军部之间，对于德苏开战后的新国策问题取得了一致意见，但《关于促进南方施策的方案》由于上述经过，自应分开另行处理。于是，在6月25日的联席恳谈会上做出了如下的正式决定。在正式的方案中，删去了成问题的末尾一段"不惜孤注一掷地同美英一战"。

关于促进南方施策的方案

一、帝国鉴于目前各种形势，根据既定方针，促进对法属印度支那和泰国的施策。特别是与撤回驻荷属东印度代表相关联，迅速与法属印度支那建立以保卫东亚安定为目的的军事合作关系。

在与法属印度支那建立军事合作关系时，帝国应着重掌握下列各项：

（甲）在法属印度支那的特定地区建立并使用航空基地和港湾设施，并在法属印度支那南部驻屯必要的军队。

（乙）对帝国驻屯军队提供方便。

二、为实现前项目的，开始外交工作。

三、如果法国政府或法属印度支那当局不接受我方要求，即通过武力来实现我方的目的。

四、为应付前项情况，应事先着手准备派遣军队。

〔批准《关于促进南方施策的方案》的奏请〕　当天，经内阁会议决定，近卫首相和永野、杉山两位统帅部长并立上奏如下：

谨代表大本营陆海军部及政府上奏：

中国事变将满4年，在这期间，帝国全面采取了所有政略和战略的措施，促使重庆政权屈服。而迫使重庆政权陷入今天这样窘境的，主要是作战的效果。因此，今后如不继续对重庆加强压力，摧毁其战争能力，那么事变的解决必将更加拖延，这种情形，洞若观火。最近英美通过中国西南部与重庆密切联系，明里暗里日益加强矛头针对帝国的政治、经济、军事合作。鉴于这种形势，臣等认为，帝国除直接对重庆政权增强压力外，还需切断从背后支援重庆政权鼓舞其抗战意志的英美势力同重庆政权之间的联系，这是促进解决事变的极为必要的措施。

另一方面，英美在南方地区同荷属东印度密切合作，在政治、经济和军事上采取针对帝国的一切可能的压迫和抵制的措施，从这次日荷经济谈判的演变及其结果来看也是极为明显的。

特别是它们策划泰国和法属印度支那背叛日本的阴谋，最近愈演愈烈。如果对这种现状听之任之，那么帝国在本年3月借调停法属印度支那、泰国间纠纷所取得的有利地位，也有势将被推翻的危险。

迅速采取对抗英、美、荷、华对日共同包围的措施，无论从当前处理中国事变，还是从保卫东亚安定和建立自存自卫态势的需要来说，都是当务之急。总之，鉴于帝国周围的形势，如今对南方，至少对法属印度支那和泰国采取对策已属刻不容缓。

统帅部和政府早已料到这种形势，前此以武力切断法属印度支那北部，和奏请批准对法属印度支那的施策纲要，都是基于上述的目的。

因此，帝国如不迅速对法属印度支那和泰国采取措施，尤其迅速和法属印度支那建立军事合作关系，取得法属印度支那特定区域的航空、海运等军事基地，并在法属印度支那南部部署必要的兵力，努力满足上述帝国国策的要求，则将难免悔之莫及。

鉴于这种情况，必须确定这样的方针：先以外交谈判方式进行，尽量稳妥地达到目的，如果法属印度支那不接受我方要求，就行使武力实现我方目的。须从现在开始，立即着手作派遣军队的准备。

这样应力求通过外交谈判和武力威胁两者的密切配合来达到目的。但外交谈判应尽量避免迁延不决。尤其目前形势下，有引起第三国从中挑拨的危险，所以外交措施应以所谓闪电式外交来进行。即当我派遣军队的准备已经完成，而法属印度支那仍不接受我方要求时，帝国应加强措施，迅速以实力达到目的。此外，外交谈判应以派遣军队准备完成时机为目标强行推进。

谨奏如上，仰祈裁可。

当时日本一方面企图根据日美谅解方案调整日美邦交，另一方面却派兵进驻法属印度支那南部，这本来是矛盾的。不过，日本当时的方针仍然是要促进日美谈判，如后面所述，为此甚至要断然改组政府，更换外相。但是，另一方面，虽然对于对美谈判达成妥协寄予了极大希望，但又不甘于忍受我在南方政略和战略上日益不利的形势。而且，已如前述，大本营和政府虽然已经预料到美国的态度会有些强硬化，但没料到美国会实行全面经济断交。松冈外相在发表反对意见时，也很少涉及美国等全面对日禁运的问题。

另外，正如前述大本营陆海军部决定的《对南方施策纲要》中明确规定的那样，大本营已决心在遭到美国等全面禁运时将被迫以武力向荷属东印度进行扩张，日本判断：美国会十分清楚地了解，实行对日全面禁运，必然要导致日本武力南下这个因果关系，所以美国断然实行这一措施之日，就是它下定对日开战决心之时。

〔德苏开战与最后的争论——外相的北进论〕 在那以后，派兵进驻法属印度支那的问题便在德苏开战后的新国策中再次得到确认。这个问题尽管在6月28日的联席恳谈会上已经作出正式决定，但在6月30日召开的讨论对德通告的会议上，却再次出现了反复。

情况是这样：松冈外相强调不要在南方点火，要进攻北面，并提议将派兵进驻法属印度支那南部的行动拖迟6个月左右。但松冈外相又附加说，如果总理和统帅部坚决要实行的话，因为自己曾经表示赞成，所以并不反对。对此，及川海相说，延期6个月左右吧，怎么样？近藤信竹军令部次长也对塚田攻参谋次长私语道：考虑一下延期吧！不过塚田参谋次长向杉山参谋总长建议：应该坚决实行进驻。杉山参谋总长和永野军令部总长商议后，代表统帅部坚决主张进驻。近卫首相说，统帅部决心干就干！外相说，那就干，可是其他大臣是否都没有异议？各大臣发言说，没有异议。于是作出了最后决定。

〔外相关于命运的预言〕 这时，松冈外相以往常的语调作了如下的发言，很值得一提。

"我预言几年以后的事，不会不中的。我预言，插手南方要闹出大乱子，统帅部长能保证不出乱子吗？识时务者为俊杰。以前我是个南进论者，但今天我转向北方了。"

和平进驻

〔陆军的进驻准备〕 为了准备进驻法属印度支那南部，陆军于7月5日命令编制第25军。第25军以近卫师团和独立混成第21旅团为骨干，任陆军中将饭田祥二郎为军司令官。海军方面，进驻后编制了南遣舰队。

为了能够在7月24日从海南岛的三亚港出发，第25军正在进行准备，这项准备工作大约需要20天。这时还对满洲一并进行了动员。

〔日法谈判〕 同法国的谈判是从7月14日开始，由加藤驻法大使直接和维希政府进行的。最初曾委托德国从中斡旋，但德国以不便对维希政府施加压力为由加以拒绝。由于政府改组，7月18日，新上任的外相丰田贞次郎海军大将于第二天（19日）电训加藤大使：须要求维希政府在7月23日午后12点以前答复。

〔谈判成功——进驻〕 7月21日，法属印度支那在下述条件下接受了日本的要求。至此，关于共同防御法属印度支那的问题便达成了谅解。

一、严格尊重法国领土和主权。

二、不是进攻性的，是防守同盟。

三、日本政府要着重声明第一项的宗旨。该声明对于命令法属印度支那当地不进行抵抗也是必要的。

四、在驻军已无必要时，请日方撤兵。

上述谅解作为关于共同防守法属印度支那的日法议定书，于7月29日正式签字。根据这个议定书，7月23日，在大本营派出的驻法属印度支那机关和法属印度支那政府之间开始谈判进驻当地的细节。当天夜里8点达成协议。大本营陆军部于7月23日收到了加藤大使关于正式换文完毕的报告，随后向第25军司令官发出自7月24日从三亚港出发，开始进驻的命令。这样，7月28日，日本军队便和平地迈出了进驻法属印度支那南部的第一步。

〔美国的回敬——冻结日本的资产〕 日本政府在公开发表以前，于7月25日特别训令野村大使，将日本进驻法属印度支那的意图直接通知给罗斯福总统。让他在说明进驻理由的同时，强调日本将始终努力改善正在谈判的日美邦交。但是，7月26日，美国却发布了冻结日本资产的命令，英、荷也同时照办。

罗斯福总统在下令冻结日本资产的前夕，曾在华盛顿民间国防局市民义勇委员会上作了如下的演说：

"现在这里有个叫日本的国家。先不说这个国家、这个帝国这时是否怀有向南方扩张的侵略目的，反正他们在北方是没有一点点他们所需要的石油的。所以，如果我们切断了石油，日本也许一年前就已经到荷属东印度去了。而且我们也许已经进行了战争。"

罗斯福总统上面所说的切断石油，由于冻结资产，现在已经变成了冷酷的事实。

第8章
德苏开战后的新国策

大本营陆海军部的讨论

〔德苏开战的情报——德国事前没有通知！〕 关于德苏开战日本政府事先没有接到德国政府的任何正式通知。因此，日本在6月22日据同盟社消息获悉确已开战以前，对是否真的开战曾有些怀疑。

4月以来，驻德大使和武官曾多次电告关于德苏开战的情报。驻欧各国陆军武官也报告德国大军陆续向东线集中。参谋本部于5月15日召开首脑会议，讨论并分析了有关德苏开战的情况，结论是德苏不会马上开战。认为德国大军向东线集中是为了支援外交的，德国不会做出强行对英、对苏两面作战的蠢事。

德国外相里宾特洛甫对访欧的松冈外相曾夸口说：无论如何也要打垮苏联，照现在看，用三四个月的时间就可以办到。然而，松冈外长当时并没有理解这就是表示要开战的意思。外相在5月28日曾发给里宾特洛甫一份文电，内称："鉴于目前我国周围的国际形势和国内形势，希望德国现在尽量避免同苏联发生武装冲突。"当时，里宾特洛甫回答说："现在德苏开战是不可避免的，但我确信，如果战争爆发，用两三个月时间就可以结束作战。军队已经调动完毕，苏联也在列阵对峙。战争的最终目标仍然是英国，如果现在打垮苏联，英美就不会动手。"然而，松冈外相却似乎认为德苏之间的悬案可以通过外交途径得到解决。

德国副总统赫斯于5月21日只身潜入英国本土，这一事件使人对英德可能媾和感到不安，但是还没有看成是德苏开战的前兆。6月2日，希特勒和墨索里尼在勃伦纳山口举行了会谈。

在这种形势下，6月6日，大岛驻德大使打来了报告，说他在6月3、4两日和希特勒、里宾特洛甫直接会谈的结果，使他确信，德苏一定开战。这时大本营和政府才估计有开战的可能，并开始深入研究应付这种形势的国策。

至于到底怎样决定了新的国策，这是个有趣的问题。

德苏开战意味着日本可以从北方苏联的沉重压力下解放出来，这时可以趁机南下，建立自给自足的态势，这是一种论点。另一种论点是：德苏开战意味着北方苏联的削弱，这时应该北进，消除北面的忧患。这两种论点在当时是必然出现的课题。

〔陆军部内的争论——北进？还是南进？〕6月6日，陆军省佐藤贤了军务科长和真田穰一郎军事科长，特别要求和参谋本部的土居明夫第二科长（作战），唐川安夫第八科长（综合情报）及有末次第二十班长（战争指挥）进行会谈，强调应断然以武力南进。佐藤军务科长提出三个方案，第一个方案是武力南进；第二个方案是和美国妥协，解决北方问题；第三个方案是维持现状。佐藤军务科长主张采用第一个方案。土居第二科长和唐川第八科长附议，有末第二十班长反对。有末班长的意见是，第一个方案不用说是对前述《对南方的施策纲要》的否定。这个《对南方的施策纲要》的精神是，南进应以法属印度支那和泰国为限，即使英国真的崩溃了，也不应该以武力南进。这一基本方针是昭和15年（1940年）秋季以来大本营陆海军部之间经过半年时间的反复研究才得出的结论，现在不应该因为德苏开战就改变它。另外，改变《对南方的施策纲要》的精神，从和海军方面的关系上来考虑毕竟也是困难的。

同一天，参谋本部的有关科长也讨论了这个问题。土居第二科长主张，随着德苏开战，应该缩短对华战线。都甲徕第七科长（对华情报）不同意这样做。他认为，中国的抗战并不是依靠第三国，靠的是中国自己的抗战力量——这一点不同于以前的判断，而现在中国自身的抗战力量已濒于崩溃，所以不能缩短战线。天野正一第六科长（对欧美情报）同意武力南进方案。天野说，很难同意中国现在已濒于崩溃的观点，即使解决了中国事变，不南进日本也没有活路。不搞三国轴心就搞对美妥协，二者必居其一。争论热烈，没有得出结论。

〔陆军的设想——待命的阵势〕第二天（7日），参谋本部召开了首脑会议。因杉山参谋总长和田中新一第一部长（作战）在公出中，拍电报要他们赶紧回京。会上大多数倾向于既不决定向南方，也不决定向北方，而是主张作好准备，待机而动。

这就是说，德苏开战解决了多年来成为陆军悬案的北方问题，是确保北部边境安定的极好机会，但是陆军大部分兵力正在进行对华作战，已经没有余力。并且绝对不能允许中途放弃对华战争，甚至有人主张不如趁机加强对重庆的压力。武力南进到法属印度支那和泰国还可以，如果继续向前推进，就需要有对美一战的决心，鉴于海军的态度，根本没有实现的可能。总而言之，从当时日本国力的递减形势、美英正在加重的对日压迫、中国事变的现状和命中注定的陆海军对立等情况来看，要大力而彻底实现日本的抱负是困难的。这样，日本便不得不回到这样的设想上来，即日本继续向处理中国事变方面努力，同时，对北方只作必要的准备，等到德苏战争出现有利于日本的进展，譬如斯大林政权崩溃或苏联远东地区陷入混乱的时候，再行使武力解决北方问题；对南方，进驻法属印度支那南部后，静观局势，待机而动。

关于同德国的关系，当然也有争论。鉴于日德意三国条约缔结的经过和目的，德苏开战时日本当然不承担协助德国的义务，相反，日本根据日苏中立条约，对德苏战争却承担应当严守中立的义务。塚田参谋次长感到愤慨的是，日本从日美谈判一开始就事先要求德国谅解，而关于德苏开战问题，德国却事前不同日本作任何商量。他强调日本应该自主地采取行动。但考虑到构成三国同盟基础的日德两国当时在东西两洋还有着对苏或对美英的共同利害关系，因此，这时还完全没有想要废弃三国同盟，脱离轴心阵营。就是说，仍然认为应该以三国轴心精神为基础采取行动。

杉山参谋总长和田中第一部长回京后，从6月8日到10日连日召开了首脑会议。田中第一部长很重视武力解决北方的问题，他强调"应该制造和抓住良机行使武力"。杉山参谋总长也颇有意以武力解决北方问题。这样，参谋本部的结论虽然没有改变作好准备待机而动的方案，但在颇大程度上转到以解决北方为目标的方案上来了。

〔**陆军省对北进的牵制**〕 后来又与陆军省进行了商洽和探讨，6月14日，决定了大本营陆军部的《适应形势演变的国防国策》方案。陆军省首脑对武力解决北方问题态度消极，主张只有北方的形势达到瓜熟蒂落的时候才应该行使武力。于是参谋本部的"制造和抓住良机"的想法便后退到只是"抓住良机"的方案上去。陆军省对德苏战争的看法，并不像德国领导人所说的那样乐观。陆军省认为，解决北方问题势必需要大规模地行使武力，为此所需的战略物资，尤其是液体燃料实际上必须求之于南方。因此断定强行解决北方问题是危险的。由于佐藤军务科长也积极主张南进，陆军省反倒重视起必需南进时所面临的情况来了。

〔**陆海军的磋商**〕 上述的陆军方案当天就提交给海军方面了。对此，6月20日，大本营海军部向陆军方面表示了意见。海军方案的设想也是作好准备待机而动，但它的内容是，对南方的武力准备要充分，对北方的武力准备则只以现状为基础加以整顿。而且海军的方针是，无论对北方还是对南方，是否用武力加以解决都要根据当时的形势来决定。

海军的想法是只进行准备，根据当时的形势来决定意向。与此相反，陆军则是想先决定意向，然后再进行准备。这种分歧是由于陆海军武力作战的方式不同而必然提出的要求，和由此而来的想法不同造成的。

如前所述，这一时期，关于进驻法属印度支那南部的问题，陆海军把主要注意力都集中在说服松冈外相方面去了。6月16日，大岛大使报告，下周内德苏将开战。6月22日，这个报告被证实了先前在昭和14年（1939年）夏，德苏曾签订互不侵犯条约，现在又面临着德苏开战的现实，历史的演进使人深感变幻莫测。

〔陆军对德苏战争进展的判断〕 大本营陆军部航空作战主任幕僚久门有文中佐接到德苏开战的报告后，立刻大叫："希特勒犯了大错！"可是，大本营却认为德国对苏开战在奇袭上会取得成功。6月中旬，建川驻苏大使报告说，莫斯科还没处于开战前夕。大岛大使重又报告说，已了解到，德国领导人确信能在几个月内打败苏联。对此，参谋本部第五科（对苏情报）判断，苏联很难像德国所吹嘘的那样，可以在短期内被打败，战争要持续相当长的时期，但却肯定德国将取得最后胜利。

6月22日，田中第一部长、冈本清福第二部长（情报）、有末第二十班长、武藤军务局长以及其他主要幕僚在参谋本部聚会，研究形势，并就不改变过去经过讨论的国策方案这点统一了意见。

〔海军对陆军的牵制〕 第二天（23日），陆海军军务局长和作战部长等聚会，就新国策讨论了四个小时。海军对陆军武力解决北方问题的意图附加种种条件，试图加以抑制，但最后还是同意了"瓜熟蒂落主义"的武力解决办法。不过，海军强调，不要因此大大妨碍保持对英美作战的基本态势。对此，陆军表示同意，认为这是当然的事。

本来，对既定的进驻法属印度支那南部，陆海军并没有任何不同意见。然而海军对南方的意图却始终不明确，好像仅仅打算完成对英美作战的准备。如前所述，当时海军首脑并没有对英美作战的真正决心，这是很明显的，就是在德苏开战以后也没有变化。陆军也是这样。不过，像前述那样，把"不惜孤注一掷地同英美一战"又改成了"不惜对英美一战"。

另外，海军主张强化对华作战，加重对重庆的压力，但是陆军却拒绝进一步扩大战局。

〔陆海军部的新国策方案〕 6月24日，大本营陆海军部决定了下列《适应形势演变的帝国国策纲要》草案。

《适应形势演变的帝国国策纲要》

第一，方针

一、无论世界形势如何演变，帝国将坚持建设大东亚共荣圈，为确立世界和平作出贡献的方针。

二、帝国仍坚持为解决中国事变而努力；并为确立自存自卫的基础继续向南方扩展；另外，根据形势的演变解决北方问题。

三、为达上述目的，帝国决心排除一切障碍。

第二，要领

一、为促使蒋政权早日屈服，进一步从南方各地加强压力。

根据形势的演变，随时对重庆政权行使交战权，并接收在华的敌对性租界。

二、帝国为自存自卫，促进对南方重要地区的各项施策。为此，做好对英美作战的准备。首先，根据《关于促进南方施策的方案》，贯彻执行对法属印度支那和泰国的各项措施，借以加强向南方扩展的态势。帝国为达此目的，不惜对英美一战。

三、对于德苏战争，以三国轴心的精神为基础，但暂不介入，秘密作好对苏作战准备，独立自主地加以处理。

如果德苏战争的进展情况对帝国极为有利，就行使武力解决北方问题，以确保北部边界的安定。

四、为实施前项要领，在决定各项对策尤其决定行使武力时，不要大大妨碍保持对英美作战的基本态势。

五、应根据既定方针极力防止美国参战，万一美国参战时，帝国根据三国条约采取行动。但行使武力的时机和方法，应自主地决定之。

六、迅速向彻底加强国内战时体制过渡，尤其努力加强国土防御。

七、关于具体措施另行决定。

松冈外相的对苏开战论

〔讨论新国策〕 在6月25日的联席恳谈会上，讨论决定了《关于促进南方施策的方案》以后，松冈外相正在向与会者说明他如何就日本的态度随便应付了来访的德国大使鄂图和苏联大使斯梅塔宁时，及川海相特意发言："过去的事就算了。现在国际形势十分微妙，望您慎重些，不要事前没有统帅部同意就抢先讲出去。"随后就开始了关于新国策的讨论。

当天仅限于恳谈，从第二天（26日）到28日，以大本营陆海军部方案为基础，连日进行了讨论。会议自始至终围绕着松冈外相的对苏开战论进行了争论。

联席恳谈会从昭和15年11月开始以来，到6月26日这一次，已经是第33次了。塚田、近藤二位统帅部次长也出席了这几天的重要会议。塚田参谋次长首先宣读了大本营陆海军部的方案。然后杉山参谋总长对此作了说明。

外相：关于方针的一、三两项没有异议。关于第二项中的"坚持为解决中国事变而努力"还可以，直到"确立自存自卫的基础"还行，但所谓"继续向南方扩展"和"另外，解决北方问题"的"另外"的意思，我不懂，还有，要领第二项的"促进各项施策"云云，也不懂。

参谋总长：您想问的是什么？是不是关于南、北的轻重问题？

外相：是的。

参谋次长：二者没有轻重之分，要看形势如何演变。

外相：所谓"继续向南方扩展"是不先搞南方的意思吗？

军令部总长一时发窘。把军令部次长叫到身旁，近藤军令部次长小声说："先搞南方。"可是过了一会儿又补充说："是指派兵进驻法属印度支那南部。"

外相：如果那样，陆海军的见解就不同了。

参谋次长：我要讲清楚。南北没有轻重。顺序和方法根据情况来决定。不能同时搞。先搞南北哪一面现在不能决定。

外相：本案要领第一项里所谓"行使交战权"是什么意思？

军令部次长：指的是让第三国的使节撤退进行轰炸，或把临场检查扩大到公海等。

陆相：还有让第三国人全部撤退进行轰炸等，说起来要搞的事情有的是。

外相：对本项没有意见。

接收敌对性租界可得要下决心呀！

所谓"适应形势演变"指的是什么？

海军军务局长：指对英美开始作战等。

陆相：此外还有。

外相：南京政府接收不了租界，必须日本自己来搞。要领第三项里的"独立自主地"是指什么？关于行使武力问题同人家商量不商量？

参谋次长：事关政略的除外，有关纯属统帅的事项没有必要和德国商量，也并没有发生那种情况。

一商量就会被拖住。为了不被拖住才决定了"独立自主地"进行。

外相：加入同盟反而不和人家商量，参战和行使武力是不可分的。如果不商量的话，混合专门委员会不是就不需要了吗？

参谋次长：政略上的事我不知道，关于统帅方面的事，我们不是没有和任何国家商量而随意处理的吗！没有再商量的必要。从统帅的机密和迅速这点来说不能商量。

陆相：到现在为止，德国的干法也没和我们商量。

参谋总长：德国从来就没有及时、适当地和我们商量过。

外相：不管德国商量不商量，我们这边必须以诚相待，必须用诚意来争取它。

参谋次长：有关政略问题可以商量，但是，战略问题是胜败的问题。高级政策可以商量，但统帅问题不可以商量。

外相：如果形势进展得不是极为有利时怎么办？

参谋次长：如果认为极为有利就干，认为不利就不干。而且认识有种种情况。德国认为极为有利，而日本认为不利时就不干；德国认为不利，而日本认为有利时就干。

外相：所谓维持对南方的基本态势，不要大大妨碍的"大大"指的是什么？

参谋次长："大"就是大。有小小妨碍那是当然的。统帅部并没有随心所欲的那些兵力。是不是大大妨碍，这不到临时不知道。

内相：也有不使用武力而参战的情形。即使不使用武力，参战还是参战。外相说参战和行使武力是不可分的，不使用武力就不是参战吗？

外相：是那样。参战和行使武力也可以有时间上的差别。

参谋次长：所以，把行使武力和参战分开，自主地干不是也行吗？

上述讨论结束后，永野军令部总长发言，谈了自己的看法。

军令部总长：虽说是独立自主地采取行动，但到了要动手的时候。考虑同盟的情谊，我想有商量的必要。我认为宣战必须要同时使用武力。

外相：对于陆海军方案根本上有些意见。但大体上同意。

陆军军务局长：那样的话，请把意见写出来！

外相：不能写出来。

〔松冈外相的立刻对苏开战论〕 6月27日还是始终围绕着外相对大本营方案的意见展开了争论。外相的想法是，下决心立刻参加德苏战争，先搞北面，然后再搞南面，在此期间解决中国事变。

外相：大岛曾经几次提出建议。他的主要论点是，日本决定方策可能相当困难，但德苏战争会在短期内结束，德英战争也会在本年内结束。不可以过分地观望形势。我早就草拟了外交作战计划，后来也曾对此作过反复考虑，我曾经认为，德苏发生战争只有一半的可能性，但现在却已经发生了。

对于昨天大本营的方案我大体上同意，但从外交上看，还有一些意见。以下想谈谈我一向的想法。和重庆直接谈判是没有实现全面和平希望的，所以我认为，有必要对重庆进行大包围。我们和苏联签订了中立条约，虽然不依靠德国，但也在同它合作，剩下的就只有美国了。我在访欧期间曾以个人名义给美国写过一封文电，中心意思是劝阻其参战和使其停止援蒋活动。回京以后接到美国的答复，但内容却与我的想法相反。之所以这么离奇，是因为有人在中间插了手。前几天美国来了回信，内容实在离奇。当然，如果我们停止对华战争，也许会一帆风顺，但那是办不到的。结果最后在拉拢美国的问题上出了毛病。

现在德苏已经开战。日本虽然暂时可以观望形势，但迟早必须下最大的决心，打开难局。

如果断定德苏战争将在短期内结束，日本就不能南北都不动。如果断定将在短期内结束，就应该先搞北面。在德国打败苏联之后，再谈解决对苏问题，那在外交上是不好办的。

如果赶快搞苏联，估计美国不会参战。事实上美国是不会帮助苏联的。因为美国本来就讨厌它。美国大致不会参战。我的判断也许部分有错误，但我还是主张要先搞北面，然后再南进。

向法属印度支那扩张，很可能酿成同英美的战争。经过军方两个星期来的说明，向法属印度支那扩张的必要性我完全懂了，并不是蛮干。

和苏联开战，如果三四个月左右的话，我还有信心能压制住美国。如果像统帅部方案那样观望形势的话，日本将遭到英美苏包围。不入虎穴，焉得虎子。日本应该当机立断，先搞北面，然后搞南面。

陆相：那么和中国事变的关系如何处理？

外相：去年年底以前，我曾主张先搞南面后搞北面。我认为搞了南面中国问题就会解决，可是不行了。现在我认为，可以北进到伊尔库茨克，即使北进到那里的一半左右，就会影响到蒋介石，或许会实现全面媾和。

陆相：你认为即使把中国事变放下也应该北进吗？

外相：即使在某种程度上停下来也要搞北面，不可以吗？

陆相：中国事变必须继续加以解决。

海相：世界战争是十年的问题。在此期间中国事变将化为乌有。可以在这期间搞北面。

外相：我主张道义外交。三国同盟不能作废。最初不签订中立条约就好了，我们不能在利害上作打算。我们必须在德苏战局胜败未定时就动手。

内相：松冈先生，请您仔细考虑一下当前的问题。您是说立刻就去打苏联？是说作为国策应当立刻对苏联开战？

外相：是的。

内相：现在事情必须赶紧办。就是使用兵力也需要准备。执行国策也必须作准备。总之，先进行准备是必要的吧！

外相：我主张先决定搞北面，并希望把此事通知德国。

参谋总长：搞道义外交当然不错，可是日本的大部分兵力现在正用于中国，实际上办不到。统帅部是要作好准备的，但是干不干现在决定不了。要使关东军转入战时体制、采取攻势，必须进一步增加兵力，这些准备至少需要四五十天。那时德苏战争也许会见分晓。如果这样可以的话就干。

外相：所谓"极为有利"的"极"我讨厌，我希望现在就决定打苏联。

参谋总长：那不行。

军令部总长：问题相当重大，统帅部要慎重考虑。

外相：我对大本营方案大体上没有意见。可是我的意见你们采纳不采纳？

参谋总长：可以加上外交方面的意见。

外相：那最后添上"进行相应的外交谈判"就行。说让搞外交，我看对美国的工作也就到此为止了。

〔**决定修改新国策方案**〕 6月27日夜，召开了陆海军部、局长会议。武藤陆军军务局长主张在某种程度上采纳外相的意见，并提议将大本营方案要领之三的"秘密做好对苏作战准备"修改为"在决心行使武力的情况下开始秘密准备"。但是冈海军军务局长坚决反对，参谋本部田中第一部长对此也面有难色，结果决定按原案进行。

于是，在第一天（28日）的联席恳谈会上，在大本营方案中加上了外相的有关外交方面的意见，对此作出了决定。修改的各点如下：

一、要领之二的第一部分"促进对南方重要地区的各项施策"一段，改为"对南方重要地区继续进行必要的外交工作，促进其他各项施策"。

另外，同项的第二部分"首先，根据《关于促进南方施策的方案》"一段，改为"首先，根据《对法属印度支那、泰国的施策纲要》和《关于促进南方施策的方案》"。

二、在要领之三的第一部分之后，加上"在此期间当然要以周密的准备进行外交工作"。

三、删去要领之三第二部分中"如果德苏战争的进展情况对帝国极为有利就行使武力"的"极为"二字。

四、将要领之五"应根据既定方针极力防止美国参战。"一段改为"应根据既定方针采用外交手段及其他一切方法极力防止美国参战。"

大本营和政府之间意见已趋于一致的新国策，仍然是以日德意三国轴心的精神为基本方针的。回顾第二届近卫内阁成立以来的外交政策的基本方针，正如已经多次讲过的那样，本来是想把日德意三国轴心扩大为日、德、意、苏四国合作，以便在国际政局中占据有利地位。可是，由于德同单方面发动了对苏作战，致使这个设想泡沫似地破灭了。日本本应借此机会废弃三国同盟，可以考虑走完全自主的道路。可是在联席恳谈会上，大本营和政府却都没有提出过这种意见。

〔会而不议，议而不决〕 6月25日，近卫首相曾通知陆海军统帅部，表示不同意前一天决定的大本营方案，首相的意思是想脱离三国同盟。可是过了不久又订正说那是误传。据战后发表的近卫公手记所载，当时近卫首相的确曾向陆海两相等提出过废弃三国同盟的想法，但在连日举行的联席恳谈会上，近卫首相却照旧表现出会而不议，议而不决的态度。

7月2日的御前会议

〔会议的列席者〕 联席恳谈会上决定的《适应形势演变的帝国国策纲要》，7月1日，就其主要精神经内阁会议作了决定，第二天（2日）又提交御前会议讨论。出席会议的除首相、内相、陆、海、外三相、陆海军两统帅部长和次长、枢密院议长外，河田藏相和铃木企划院总裁也参加了会议。

〔近卫首相的说明〕 上述纲要是大本营和政府的共同提案。首先由近卫首相对提案的宗旨和方针作了如下说明：

考虑到当前世界形势，尤其是德苏两国开战后的形势和美国的动向、欧洲战局的进展以及处理中国事变对策的有关方面等，我认为，现在迅速决定帝国应采取的对策，是帝国目前的当务之急。因此，政府和大本营陆海军部反复协商，草拟了今天这个议题——《适应形势演变的帝国国策纲要》。我国国策的基础是建设大东亚共荣圈，进而为确立世界和平作出贡献。因此，本国策不应该因为世界形势的演变而有丝毫的改变。当然，帝国为建设大东亚共荣圈，必须继续努力解决当前的中国事变，但除此以外，为了确立自存自卫的基础，还要在南进的同时，随时解决北方问题，以消除北部边境的忧患，适应世界形势，尤其是适应德苏战争的演变。这无论在帝国国防上或是在东亚全局的安定上都是极为重要的。

当然可以预料，为达上述目的，帝国将会受到各方面的妨碍和抵抗。但是因为帝国无论如何必须达到这一目的，所以想明确表示坚决排除一切障碍的坚强决心。

〔**杉山参谋总长的说明**〕 接着，由杉山参谋总长就处理中国事变和解决北方问题作了说明；

在目前形势下，帝国除直接对重庆政权加强压力外，还要向南方扩展，切断从背后支援重庆政权并使其抗战意志不断高涨的英美势力和重庆政权的联系，这是促进解决事变极为必要的措施。这次向法属印度支那南部派遣军队就是基于这一宗旨而采取的行动。

大本营对各方面形势进行了充分研究后认为，在美国对德宣战，或美、英、荷对日实行禁运，或帝国已在法属印度支那南部站稳了脚跟的情况下，帝国随时对重庆政权行使交战权，并接收中国的敌对性租界，这是促使重庆政权屈服的有效而适当的措施。

对德苏战争，固应根据三国轴心的精神行动，但因帝国目前正在忙于处理中国事变，而且同英美之间的关系处于微妙阶段，所以，以暂不介入为宜。但是，在德苏战争的演变对帝国有利的情况下，使用武力解决北方问题，确保北部边境的安定，也是帝国确实应该采取的重要措施。因此，秘密做好必要的作战准备，确立独立自主地应付局势的体制极为重要。

但是，鉴于英美等国的对日动向，特别有不容乐观的情况，在采取解决北方问题的措施时，尤其是在实行武力解决的办法时，经常保持足以应付对英美战争的基本态势，不至使它受到大的障碍，是十分重要的。

〔**永野军令部总长的说明**〕 永野军令部总长就解决南方问题和美国参战时帝国的态度问题，作了如下的说明：

帝国为在南方确立安定的国防和在大东亚共荣圈内确立自给自足的态势，对南方重要地区一面严密注视形势的演变，一面统筹促进政略和战略两方面的施策，以逐步向南方进行扩张，这在目前形势下是紧要的措施。

可是目前的形势是，英、美、荷等国压迫日本的态势越来越加强，因此可以预料，万一英美等国继续坚持阻碍日本的行动，而帝国又没有打开难局的途径时，势将对英美开战。因此当前最重要的是以不惜对英美一战的决心完成作战准备。首先应该着手的是，根据《对法属印度支那、泰国的施策纲要》和《关于促进南方施策的方案》，彻底推行对法属印度支那和泰国的各项政策，以加强向南方扩展的态势。

如果美国参战，帝国当然要根据三国条约采取行动，但不能只停留在对德、意履行援助义务的观点上，为了建设大东亚共荣圈，即使行使武力也要贯彻执行既定的政策。

但是，美国什么时候、经过什么阶段参战，事前无法估计。所以，对英美等行使武力的时机和方法，必须根据当时的形势和帝国独立自主的观点来决定。

〔同原枢密院议长之间的质疑和答辩〕 最后，在松冈外务大臣说明有关外交事项后，原枢密院议长同政府和大本营之间进行了质疑和答辩。原议长质疑的目的在于，希望极力避免和英美发生冲突而专打苏联。原议长说，他担心接收在华敌对性租界和进驻法属印度支那会强烈地刺激英美，对此他希望要慎重行事，关于打垮苏联的问题，他强调的主要内容如下：

德苏开战对日本来说是千载难逢的好机会，我想诸位也会有同感。苏联向全世界散布共产主义，所以迟早必须把它干掉。日本现在正在进行对华战争，所以我想打垮苏联也不会轻而易举，但我认为应该看准机会打它。国民都在渴望打苏联。

因为有日苏中立条约，也许有人会说，日本打苏联是背信弃义。其实苏联是背信弃义的惯犯。日本打苏联不会被人说成是不守信义。我但愿打苏联的良机早日到来！

〔国家机密"新国策"被克里姆林宫获悉〕 如上所述，自从大本营和政府认真研究应付德苏开战后的新国策以来，经过大约一个月才由最高会议作出决定。政府于7月2日发布简单消息说："本日御前会议作出了应付目前形势的重要国策的决定。"新国策作为"国家机密"严密注意保密，但不幸的是，通过共产国际的秘密党员尾崎秀实和佐尔格[①]被克里姆林宫知道了。

关东军特别大演习

根据御前会议决定，大本营陆海军部加强了对苏战备。

---

① 佐尔格（Richard Sorge, 1895—1944）德国人。——译者

〔**陆军空前的动员和集中**〕 陆军当时为补充关东军（以12个师团和两个飞行集团为骨干，组成4个军和1个航空兵团）和朝鲜军（以两个师团为骨干）的战时编制贫乏的人马，决定编成朝鲜留守师团，并动员在国内的第51、57两个师团以及必要的军直部队（约200个队），增派到关东军，以加强对苏警戒战备。另外，为了加强"满洲国"内的防御，新设了合编5个独立守备队的关东防卫军。

为此，从7月上旬到中旬，下令征召和动员。从7月下旬到9月，最大限度地利用铁路、船舶、港湾，把应征人马和动员部队运送到了满洲和朝鲜。这次动员和集中是陆军创建以来最大的一次"满洲国"作为战场，面貌为之一变。而且为了准备作战而积聚在满洲、朝鲜的作战物资，尽管后来多次转用于南方和国内，但在战争结束时还剩下了大约全部的一半。由于大规模地增派，关东军的兵员倍增，总兵力大约达70万，马匹约14万，飞机约6百架。德苏开战当时，远东苏军兵力据判断约有30个师、2300辆坦克、1700架飞机。开战以后也未见有大量兵力西运。

关东军把上述行动称作"关东军特别大演习"（略称"关特演"），隐蔽了真实企图。

〔**没有战争决心的作战准备**〕 关于解决北方问题使用兵力的规模问题，因为陆军省和参谋本部之间想法不同，所以迟迟定不下来。陆军省当局想采取彻底的"瓜熟蒂落主义"，在可能的情况下，用前述驻满洲、朝鲜的大约16个基干师团所辖的兵力来解决北方问题。对此，参谋本部当局的企图则主张，根据需要进一步从中国和日本国内向满洲增兵，以23个基干师团的兵力，强行解决北方问题。这样增加兵力，必须以国家意志作出有关武力解决北方问题的决定，单凭统帅部是办不到的。

对北方行使武力要受季节的制约，最迟必须在9月上旬开始行动，在严冬季节到来之前结束预定的作战。因此，如果要用23个基干师团的兵力强行解决北方问题，那就要估计一下运送增派兵员所需要的时间，至少要在一个月以前就得开始增调兵力。而这一行动的决断，又完全取决于德苏战争的演变情况如何。

另一方面，为了准备对苏作战，海军于7月5日新编成了第5舰队。第5舰队暂由轻巡洋舰、水雷艇各两艘组成，以大凑为根据地。

〔**第三届近卫内阁——《对苏外交谈判纲要》**〕 7月21日，在第三届近卫内阁组成后的第一次联席恳谈会上，决定把联席恳谈会重新称作联席会议，并决定把开会地点移到宫中大本营。铃木企划院总裁此后也成了联席会议的成员。

7月在"关特演"、进驻法属印度支那南部和政府改组中度过了。在8月1日和4日的联席会议上,讨论了新外相丰田提出的《对苏外交谈判纲要》,决定目前根据下述条件与苏联进行谈判。

一、撤销远东危险水域,消除上述水域对帝国的危害。

二、苏联在东亚的领土不得向第三国割让、出售、租借、提供军事据点等。

三、苏联和第三国缔结的军事同盟,其适用范围不得涉及东亚,不得与第三国缔结以帝国为目标的同盟等。

四、停止援蒋行为,停止向中国共产党下达抗日指令和进行援助。

五、确保库页岛北半部利权事业(矿产业)的充分开发。

〔围绕远东苏军封锁无线电讯的争论〕 这时候,参谋本部作战部担心苏联会轻率地断定"关特演"是本着开战决心所作的准备,从而可能向日军发起先发制人的攻击,尤其是空中攻击。因而认为在这种情况下,有必要由最高会议事先就决心迅速对苏开战一事做出决定。但是这件事关系非常重大,杉山参谋总长认为,目前以上述情况为前提决心开战,从各方面形势来看,无论如何是不可能的。但是参谋总长在8月1日奏请向满洲派遣第二批动员部队时,曾就前述形势预先作了上奏。

恰在8月2日傍晚,关东军情报主任参谋甲谷悦雄中佐用秘密电话向大本营报告说:苏联东部边境方面的苏军正在实施无线电讯封锁。大本营陆军部认为这是对日发动进攻的明显征兆,因而立刻陷入极其紧张之中。

作战科高级幕僚迁政信中佐为了打消苏军的进攻念头,立即指示有末第二十班长同苏联进行外交接触,强调告诫苏联,日苏之间的现存问题可以通过外交途径求得解决。

继上述电话之后,关东军司令官梅津又拍来了军机电报,内称"如果发生苏军大举空袭的情况,当和中央联系,但有贻误战机危险时,本军将根据独自判断以航空部队进攻苏联领土,请事先予以批准"。参谋总长当即回电:"反击以限于国境内为原则,中央希望关东军采取慎重行动。"

空军进攻苏联领土势必发展为开战。而开战本来要等待最高会议决议,绝对不能允许当地驻军司令官自作主张。不过,单凭在满洲境内的截击来阻止苏联空军的大举来袭,从空战的特点来说是难以忍受的。当地驻军司令官的苦衷就在这里。最高统帅部应该负责予以解决。

大本营陆军部认为,关于军队为了应战加以反击,需要进攻苏联领土的问题，必须得到政府的同意并须据此奏请天皇批准。8月3日上午2时到5时，田中第一部长、武藤军务局长等讨论并决定了《帝国对日苏现状所应采取的措施方案》。其要点是："对苏军的正式进攻应不失时机立即应战，同时迅速由最高会议决定开战。"大本营海军部完全不同意这一决定。海军非常警惕被陆军拉向北方，严厉拒绝写上"开战"一类字样。

〔决定对苏措施——奉敕颁布〕 经过一再商议之后，8月5日，陆海军之间取得一致意见，并在6日的联席会议上做出了如下决定：

《帝国对日苏现状所应采取的措施方案》

一、充分做好对苏联的戒备防御，同时严禁刺激性行动，即使发生纠纷，也应努力限制在日苏不至于开战的局部范围内。

二、对苏方的正式进攻，要在防御上不失时机地进行应战。

三、关于帝国对前项情况的态度，应迅速由最高会议决定之。

在这次联席会议上，平素不大发言的近卫首相也罕见地发表了意见。他主张，第二项应该只限航空部队进攻领土以外地区。正要照这个意见修改时，丰田外相说："仔细读了之后，觉得这个决定已经非常慎重，按原案即可，似乎没有修改的必要。"于是就按照原案通过了。

根据这个决定，大本营陆军部立即草成下记大本营命令，并经天皇批准后颁布。

大陆命令第523号

命　令

一、关东军司令官当受到苏联空军部队正式进攻，情况迫不得已时，为完成当前任务，可以航空部队进攻俄国领土。

二、有关细节当由参谋总长指示。

昭和16年（1941年）8月6日

参谋总长杉山元

奉敕颁布

致关东军司令官梅津美治郎

虽然发生了上述一段紧张场面，但满苏边境却转入了平静。而德苏战争的进展并没有像德国领导人吹嘘的那样。德军虽然在国境会战中偷袭成功，但在斯摩棱斯克附近却受阻一个多月。参谋本部第五科所作的形势分析指出：德苏战争将转入持久化。

另一方面，7月末美、英、荷冻结日本资产以后，南方形势突然给大本营陆海军部带来了强大的压力。

〔《帝国陆军作战纲要》〕 于是，大本营陆军部于8月9日通过了无论德苏战争如何演变，打消在昭和16年（1941年）内解决北方问题的企图，专心致力于南方的方针。为此制定出《帝国陆军作战纲要》。其要点如下。

一、以驻满、鲜的16个师团对苏严加戒备；

二、按既定方针继续对中国作战；

三、对南方以11月末为限，加强对英美的战争准备。

第9章

决心不惜对美英荷一战

松冈外相的下台

〔6月21日的美国反建议〕《适应形势演变的帝国国策纲要》确定后,政府和大本营重又大力搞起日美谈判。在这以前,上述美国6月21日的反建议一直束之高阁。

美国6月21日的反建议,除序言外,其内容如下:

一、合众国和日本国关于国际关系及国家本质的观念:

两国政府确认,两国的国策旨在建立持久和平并开创两国国民相互信任与合作的新时代。两国政府声明,各国家和各民族遵循正义及公平,组成一个万邦和睦理想下的大家庭,乃是两国的传统及现在的观念和信念。即根据按和平程序规定的、以追求精神的与物质的福利为目的,相互关联的利害关系,承认任何一方均享有同等权利和承担责任。关于上述福利,各国家各民族应本着自己利益加以维护,使之不受他人损害。两国政府还承认,各自有责任抨击对其他民族进行压迫和剥削。

关于国家本质,两国政府应继续保持各自的传统观念、社会秩序以及构成国家生活基础的道义原则,坚决不允许由于违反上述道义原则及观念的外来思想或"意识形态"政变之。

二、两国政府对欧洲战争的态度

日本政府声明,三国条约无论过去或现在,均为防御性的而非挑衅性的,其目的是对防止欧洲战争的扩大有所贡献;合众国政府声明,其对欧洲战争的态度,无论现在或将来均将只根据防御和保卫本国安全的考虑决定之。

注:此处附加了一份换文的建议方案,以代替构成合众国政府1941年5月31日方案一部分的关于本问题的补充附件。

三、对于日华间和平解决的措施

日本国政府应将同中国政府进行和平解决谈判时准备提出的基本的一般

条件，即根据日本国政府所宣布的睦邻友好、相互尊重主权和领土完整的近卫原则以及与这一原则的实际适用不相矛盾的条件通知给合众国政府。合众国总统将据此劝告中国政府，在中国政府和日本国政府相互有利并能接受的基础上，为结束战争行动和恢复和平进行谈判。

  注：上述方案的第三项条文，在关于共同防御（包括在中国领土内驻扎日本军队问题）共产主义运动的问题及关于日华间的经济合作方面，根据今后的讨论可能有些变动。关于方案第三项的修改建设，认为在这样基础上予以研究最为适宜，即有关本项的任何修改提案均须完全按照本文附件中所载各点进行草拟，并将本项及附件作为一个整体来加以考虑。

四、两国间的通商

本谅解经两国政府正式承认后，合众国和日本国须保证：两国中的一方能够供应而又为对方所必需的物资，应相互供应之。两国政府并同意，采取必要措施，恢复曾为日美通商航海条约所确立的正常通商关系。如果两国政府希望缔结新通商条约，则应尽速进行谈判，并按正常手续缔结之。

五、两国在太平洋地区的经济活动

日本国和美国相互约定：两国在太平洋方面的活动应依靠和平手段并遵照国际通商关系中无差别待遇的原则进行之。根据这一约定，日本政府和合众国政府相约，两国政府应相互合作，使两国能够平等均沾各自为保护和发展本国经济所需要的天然资源（例如石油、橡胶、锡、"镍"）在商业供应上的利益。

六、两国关于稳定太平洋地区政治局势的方针

两国政府声明：本谅解的基本精神和指导方针是实现太平洋地区的和平；两国政府的根本目的在于依靠共同努力为维护和保持太平洋地区的和平做出贡献；同时两国中任何一方对上述地区均没有领土野心。

七、菲律宾群岛的中立化

日本国政府声明，准备在合众国政府希望的时候，为和合众国政府缔结一项旨在菲律宾实现独立时保证菲律宾群岛中立化的条约而进行谈判。

《日本国政府的补充附件》

三、对日华间和平解决的措施

本项内所谓基本条件如下：

（一）睦邻友好。

（二）（共同防御有害的共产主义运动——包括在中国领土内驻扎日本

军队）。

今后须进一学讨论决定之。

（三）（经济合作）

关于国际通商关系中无差别待遇原则适用于本条款问题，其换文通过协商决定之。

四、作为睦邻国家，应相互尊重正在进行合作、对世界和平有所贡献并将成为东亚核心的各国国民所固有的特质。

五、应遵照日华间即将缔结的协定，尽快从中国领土撤退日本武装部队。

六、不合并。

七、不赔偿。

八、对"满洲国"问题进行友好谈判。

《合众国政府的补充附件》

四、两国间的通商

在目前国际形势继续处于非常状态的情况下，日本国和合众国应允许相互间的物资出口达到通常或战前的数量。但任何一方为本国安全和自卫目的所需要的物资可作例外。规定上述限制是为明确各自政府的义务，并非以限制对方为目的；且两国政府应按处理友好国家之间的关系的精神应用这一规定。

〔**赫尔的"口头声明"**〕 另外，在美国的反建议中还附加了赫尔国务卿的如下口头声明：

"国务卿充分肯定，日本大使及其同僚们为日美两国带来更加友好的谅解，并为在太平洋地区建立和平做出了诚挚的努力，他还充分肯定，日本大使及其同僚们在历次会谈中所表现出来的坦率态度。本政府在希望日美两国建立起更加良好的关系，以及赢得太平洋地区和平方面，并不逊于日本大使。国务卿本着上述精神，慎重研究了日本方面提案的所有观点。

"国务卿没有理由怀疑多数日本领导者和上述日本大使及其同僚们持同一见解和为支持达到这一崇高目的所采取的行动。

"不幸的是，本政府已从世界各种渠道搜集到证据，包括来自多年来一直对日本表示诚挚友好方面的报告在内，证明日本官方某些有影响的领导人，对于要求支持纳粹德国及其征服政策的方针，给以坚定不移的诺言，而且表明，他们可以赞同和美国达成的唯一谅解则是：如果美国执行其当前的自卫政策而卷入欧战，日本势将站在希特勒方面作战。

"日本国府发言人在最近的正式声明中强调了日本在三国同盟下的誓约和

意图，尽管这个声明毫无理由，但它的论调却证实了一种不容忽视的动向。只要这些领导者仍然身居公职，坚持这种态度，并且公开竭力往上述方向引导日本舆论，则指望现在探讨中的提案一旦采纳了会走向所希望的方向，为取得实质性的结果提供基础，岂不令人感到虚妄？

"对日本方面提案感到疑惑不解的其他原因是，日本政府拟把承认日本军队驻扎在内蒙和华北某些地区的规定插入日本政府向中国政府提出的和平解决条件中，作为为了抵制共产主义运动与中国合作的措施。本政府对于日本政府提出这类方案的动机进行了审慎的研究，对这个提案的实质不想加以讨论，但正如在很多场合向日本大使及其同僚们所作的说明那样，合众国所坚持的各项自由主义政策，不允许美国政府赞同与这些政策相矛盾的任何道路。

"关于只对当事国有影响的事项，在决定授予权利上虽不无若干斟酌的余地，但因现在审议中的事项将对第三国主权产生影响，所以本政府在处理这类事项时不得不极其慎重。

"因此，国务卿认为，本政府遗憾地得出这样的结论，即不得不期待日本国政府就希望追求构成本谅解方案目的的和平道路一事，从整体上给予比迄今所给予的更为明确的某些表示。本政府诚挚地希望日本国政府能表明这种态度。"

赫尔的这个口头声明是在暗示要求松冈外相下台，因此外相非常气愤，认为这类事件在世界外交史上是罕见的。

〔联席会议讨论反建议〕 7月10日和12日召开联席会议，讨论了上述美国的反建议。在10日的联席会议上，外相首先请特邀出席的外务省顾问斋藤良卫发表对美方反建议的意见。斋藤顾问的主要意见如下：

一、当今世界正处于维持现状与打破现状、民主主义与极权主义相互混战之中。赫尔的反建议是维持现状的，是民主主义的。不消说，这是美国同英国和中国经过协商后提出来的。我想，这样一来，维持现状的国家就要团结一致共同压迫日本了。关于日华间的谈判，美国所想的也是要恢复到事变以前的形势。在这个反建议中，故意使用"中国政府"一词是大有文章的。我认为这等于让日本取消日华基本条约。这个"中国政府"一词需要好好琢磨和研究。

二、反建议认为满洲应该归还中国。总之，它是要把"日满华"共同宣言当成一张废纸来搞日华谈判！

三、它不承认为了治安驻扎军队，目的是无条件撤军。治安驻军是日本国策上最重要的要求。作为一个实际问题，如果无条件撤兵，中国将由于共产党同国民党、重庆政府同南京政府互相斗争而大乱起来，如果出现这种局面，英美一定插手。

四、不承认为防共驻扎军队，日本要把迄今同中国缔结的条约全都认为有效，而美国则要铲除它。美国不承认防共驻兵的观点已反映在赫尔的口头声明中。

五、日本谋求日华间的紧密合作，而美国则主张在中国要无差别待遇。如果这样的话，东亚新秩序的建设就不可能实现。英美至今仍在继续其援蒋活动，企图将来在中国确保有利地位，一旦全面实现和平，将以今天的特权为基础，使拥有全世界80%黄金的美国"美元"势力弥漫整个中国。

六、反建议的意图是，要在日美两国之间来决定解决日华和平谈判的根本问题，在这个范围内由日华来直接进行谈判。这就是说，要将东亚的领导权让给美国，阻碍日本独立自主地推行国策。

七、日美两国对欧洲战争的态度截然不同。总之不外是美国要参战，日本不要吭声。关于自卫权，美同作了非常广义的解释。而对日本甚至要求退出三国条约。这种想法当然必须否定。

八、关于日美间的贸易，要固定在事变前的贸易额上。

虽然写的是普通的商业交易，但是要把钢材、废铁等将来必须增加输入的重要物资的贸易额限制在事变前的水平上，这就成了合法地阻止日本贸易的发展了。这就要妨碍日本将来经济的发展，而美国自己却将自由地占据东洋市场。

九、美国删去了两南太平洋的"西南"两个字，这证明它对北太平洋寄予极大的关心。

〔**松冈外相大怒**〕 接着外相发言，他说他的意见大致和斋藤顾问的报告相同，但要发表一些看法，其内容如下：

赫尔的口头声明蛮不讲理，自从日本奉行平等外交以来还没碰到过这样的事情。野村是我的好朋友，但是转达这样蛮不讲理的声明，真是岂有此理。对要求世界上强大的日本改造内阁这类事居然听了默不作声，真是骇人听闻。因而我马上指示他说：我觉得你不应该转达这样的声明，你是不是产生了什么错觉？请把当时的情况告诉给我。但是并役有得到任何回答。

三国同盟绝对不能废弃。

采纳美国的提案就是出卖大东亚新秩序的建设，事情极为重大。

令人不愉快的是，在国民当中竟然有这样的人，他们以日清。①日俄谈判时曾请美国等第三国从中斡旋为例，却忘记了30年后今天的日本地位，在为建设大东亚新秩序而战斗了4年之久的今天，又想靠第三国的斡旋来进行媾和谈判。明白一点说，就是有那么一些人，认为中国事变没法处理，忘掉了自己的理想，只顾眼前一点小利。这种人实在叫人不愉快。美国已经占领了冰岛，当然这就等于参战，可是美国却掩耳盗铃，硬说这不是参战。

在贸易方面，如果回到事变前的状态，很明显，日本就不能指望经济上的发展。一句话，美国是想要抹杀日本在东亚的领导权。

根据上述情况，我本人不能接受赫尔的提案，本来想方设法达成协议，看来根本没有成功的希望。

本来美国竟把日本的提案搁置了40天。这次美国的反建议是6月22日送到的，至今还不到两周，可是野村却催促了四五次。谈判就这样拖下去也无不可，但接受对方的主张绝对办不到。

还有，在赫尔的口头声明中曾提到"尽管经过大使及同僚们的努力"，所以我追问了野村：同僚们指的是准？国家的外交机密本来应该由外务大臣传给大使，然后再由大使传赫尔国务卿，可是看来竟有许多人参与其事，真是岂有此理！

〔继续讨论〕 10日的会议就此结束，12日又继续进行了讨论。其概况如下：

外相：上次都已经谈了，再附带说几句。赫尔的口头声明实际上读完了就应该立即退回去。实在是荒谬绝伦。我考虑了十天，觉得美国在这个口头声明中是把日本当作它的保护国甚至属地一样看待，只要日本不甘心忍受，就不应该受理。拒绝的理由是很清楚的。只要我是外相就不能受理。口头声明以外的东西是可以与虑的，但是受理声明是办不到的。

美国人的秉性是弱肉强食。这份声明就是把日本当作弱国属国对待的。有人说，日本人当中有人反对我，甚至连总理也反对我。在这种情况下，美国认为日本已经疲惫不堪，所以才递交这类的声明。

我在此提议，拒绝接受口头声明，对美谈判再也不能继续下去了。

还有，为了说明情况，昨天曾叫若杉回国，但野村却说他自己要回来，现在在那里也毫无用处。因为他现在回国不合适，所以还是请他忍耐一下。

沉默片刻。参谋总长发言。

---

① 指中日甲午战争。——译者

参谋总长：对于外相的意见我也有同感。但是作为军部来说，在南方近期将进驻法属印度支那，在北方关东军在增强战备，正面临严重事态。在这种时候采取对美断绝邦交的措施，是不适当的，还是留有谈判余地较为适宜。

外相：我认为，日本无论采取什么态度，美国的态度也是不会改变的。美国国民的性格就是欺软怕硬，所以我认为现在采取强硬态度较为适宜。

内相：现在日本最要紧的是，要想方设法阻止美国参战。按理说，日美应该共同出面来制止当前这场战争。不然的话，照这样发展下击，战争也许要延续五十年或一百年。从外相常说的日本精神"八纮一宇"的角度来说，还是不进行战争为好。

我认为日本既不是极权主义，也不是自由主义，从理想来说，日本是从世界上消除战争的皇道主义。美国也许不理解，但制止战争并让美国也这样做才是日本应该采取的态度，不是吗！本着这种精神去说服美国，怎么样？如果像外相说的那样，美国参战是必然的话，那么我所说的就毫无希望了。外相说罗斯福一煽动，美国国民就跟着走，我看美国人当中也有反对战争的。

照外相说的那样，对口头声明给予反击是可以的，不过，谈判尽管希望也许不大，但还是希望在上述想法的指导下努力去作。外交当然是外相的责任，但需要使之一元化。如果就这样撒手不干，我们势将腹背受敌，物资不足，恐怕将无法进行大规模的战争。苏联是非打不可的，但按目前的形势来看是困难的，以后非打不可。南方也必须搞，但不能同时并进。从日本目前的情况来看，必须取得物资，充实国力。遵守国际信义固属应该，但从日本生存的角度来看，也应该想到迫不得已的情况。

作为天皇陛下的赤子，为了尽到辅弼的责任，必须使陛下放心。如果现在的当政者不好，换上一个人也要努力阻止美国参战，这难道不可以吗？

外相：我完全同意内相的意见。再补充几句。从各方面情况来看，美国总统正在企图把美国拖向参战，不过也许美国人不跟着走，还有一线希望。但是，美国总统这个人，即使明知非常勉强的事，也要死乞白赖地搞成功。三次连任不也终于搞成功了吗，罗斯福最善于蛊惑人心。阻止美国参战恐怕是不可能的。日本是一贯坚持三国同盟的。

但还是继续努力到底吧。日美合作是我从青年时代起的一贯主张。我估计毫无希望，但还是努力到底吧。

陆相：就是没有希望也要坚持到底。我了解这是个棘手的事，但我们要建设大东亚共荣圈，要处理中国事变，非把它搞成不可。

就凭三国同盟的力量连仅仅阻止美国公开打出参战旗号这桩事也办不

到吗？

当然，"口头声明"是有关国体尊严的问题，所以我觉得按外相的想法加以拒绝也是不得已的。但是，如果我们把自己认为是正确的事情真诚地告诉对方，难道对方在思想上还不会有所转变吗？

海相：根据海军的情报看来，赫尔国务卿似乎还不想把事情弄到在太平洋上进行战争，这里不是还有推行这一政策的余地吗？

外相：有什么余地？有哪种余地？再加上些什么？如果不对南方使用兵力也许他还听得进去，此外还有什么余地！

海相：把保证太平洋地区的和平和中国的门户开放等方面的内容加进去，不是还可以谈谈吗？

外相：这次的美国方案比第一次方案更坏了，现在把它拉回到原案上去都很困难，美国认为日本好对付才发来了这样的声明，如果坚持原案继续谈判，连续反击它几次，把它彻底打垮，也许才能就范。

〔日本的第二次修正方案〕 于是，会议决定拒绝"口头声明"，要大体上按日本最初方案的路子继续进行谈判。为此，如果词句上能够多少做些修改就加以修改，然后再答复。这个任务交由富田内阁书记官长、陆海军军务局长、寺崎美洲局长等来承担。7月15日完成了日本的第二次修正方案。

〔政府改组——松冈外相下台〕 在7月12日的联席会议上，近卫首相一言未发。这时，松冈外相同其他阁僚尤其同近卫首相的意见对立已经很深刻。显然，促进对美谈判已经极为困难了。

〔第三届近卫内阁——丰田外相上台〕 近卫首相于7月15日同陆海两相进行协商，认为只更换松冈外相不合适，便决定总辞职。第二天7月16日夜，第二届近卫内阁实行总辞职。天皇再次命令近卫公组阁，于是7月18日成立了第三届近卫内阁。

新内阁的外相是前任商工大臣海军大将丰田贞次郎。新内阁的大部分成员是前任内阁的阁僚，只有三名除外。不言而喻，内阁的更迭完全是出于促进对美谈判的目的。

然而，野村大使却以政府改组为由，迟迟不向美方提交7月15日的我方第二次修正案。不久美国便冻结了日本的资产。

〔陆海军要求确认既定方针〕 在准备进驻法属印度支那南部和进行关东军特别大演习过程中，突然发生的政府改组，引起了陆海军统帅部的很大不安。而且丰田新外相的上台，乍一看来，使人感觉新内阁似乎有脱离三国轴心的倾向。即使在军令部的幕僚中也有人反对丰田就任外相。

7月21日新政府同大本营举行了首次联席会议。在这次具有首次碰头意义的会上，陆海军统帅部长向政府提出了如下要求：

　　大本营认为，在内外形势十分紧迫、帝国各项政策正在推行之际更迭内阁，其影响极为重大。但值得庆幸的是新内阁迅速成立了。大本营陆海军部将不惜对新内阁给予有力的和具有诚意的推动与援助。

　　根据以往的政府声明和其他文件，政府的方针已经明确，但统帅部仍想借此机会提几点要求：

　　一、关于目前帝国所应采取的国策原则，在7月2日御前会议决定的《适应形势演变的帝国国策纲要》中已经明确规定。根据上述《纲要》制定的各项对内对外政策，需要迅速贯彻。特别是关于目前正在执行中的对法属印度支那的军事措施，统帅部要按既定方针妥善地（内容与日期）加以实施。为此，希望政府的各项施策也要紧密地予以配合。

　　二、对于为应付目前紧急事态而开始进行的对南、北方的战备，决不允许怠慢和拖延。对此当然确信政府能够恪守既定方针，但仍愿借此机会再次要求切实有力地实行之。

　　三、关于日美邦交的调整，希望始终坚持既定方针，特别希望不违背三国轴心精神，贯彻执行其措施。

日本的苦闷

　　〔美、英、荷断绝对日经济来往〕　与大本营和政府的预料相反，对法属印度支那南部的进驻，演成了美、英、荷对日实行资产冻结。野村大使7月23日报告说，美国认为日军进驻法属印度支那南部是入侵新加坡和荷属东印度的第一步。如前所述，日本当时完全没有这样的意图。

　　冻结资产，实质上就是全面断绝经济往来。从此以后，日本同日元集团以外地区的贸易断绝了。日本在国防上已面临生死存亡的严重关头。

　　日本完全丧失了获得液体燃料的途径，而这是现代国家生存上所绝对不可缺少的。事实证明，即使停下充实军备和扩充其他生产部门，全力以赴地增产人造石油，毕竟也满足不了需要。虽然曾经考虑开发库页岛北半部的油田或从伊朗和秘鲁等地进口石油，但这统统不过是溺者攀草求援。

　　这样发展下去，日本海军大约不过两年就将完全丧失活动能力，而以液体燃料为基础的重要产业不过一年也将陷入瘫痪状态，所谓一天天穷下去的局面是在所难免的。所以对日本来说，断绝经济往来的确比行使武力更为痛苦。

〔陆海军的苦恼〕 除了上述液体燃料这个致命的沉重压力以外，东亚的所谓ABCD（美、英、中、荷）对日包围的阵势也越来越加强，而且随着美国军备特别是空军军备的增强，日美军备的差距已经加速度地增大了。6月30日，诺克斯海军部长在波士顿发表演说时说："当前正是使用美国海军的时候"，接着在7月23日又公开说："为了推行美国的远东政策，美国海军可以断然采取必要的措施"。7月26日，在菲律宾建立美国远东陆军司令部，由麦克阿瑟将军指挥。8月5日，马来行政当局宣布，英国增援部队已到达新加坡。8月26日，罗斯福总统宣布将往重庆派遣以马格路得准将为团长的军事使节团。

面对着上述国防上的严重危急局势，大本营陆海军部为找出打开局面的对策绞尽了脑汁。当时军队待命一天大约就要消耗1.2万吨石油。

〔提出局部地区的解决方案〕 政府为了姑且将事态平稳下来，8月5日向美国提出了以法属印度支那为中心的局部地区的解决方案。并且提议，如果同意这个提案，愿将此案适当地加入过去的日美谅解方案里面。7月24日，野村大使同罗斯福总统会谈时，总统曾即席谈到法属印度支那中立化的问题，日本的这份提案就是以罗斯福总统的上述谈话为线索制定的。该提案的要点如下：

一、除进驻法属印度支那外，日本不向西南太平洋其他地区扩张；而且中国事变一经解决，立即撤退在法属印度支那的日本军队。

二、日本保证菲律宾的中立。

三、日本对美国生产和取得必要的天然资源予以合作。

四、美国停止在西南太平洋地区可能威胁日本的军事措施，并劝告英、荷两国采取同样措施。

五、美国对日本在西南太平洋地区，特别在荷属东印度生产和取得日本所需要的天然资源以及解决日荷间悬案问题予以协助。

六、美国迅速采取必要措施，恢复日美之间的正常通商关系。

七、为了解决中国事变，美国对日本和蒋政权开始直接谈判进行斡旋。

〔近卫首相提议举行"日美首脑会谈"〕 接着，政府于8月7日提议举行近卫首相倡议的日美两国政府首脑的直接会谈。

可是，美国对以法属印度支那为中心的局部地区解决方案，没有多大兴趣；对于日美首脑会谈，赫尔国务卿的态度也极为冷淡。只是罗斯福总统乍一看来似乎还有点意思。当时罗斯福总统正和英国首相丘吉尔在大西洋上举行会谈，8月15日宣布了所谓大西洋宪章之后刚刚回到美国。

〔近卫文电和罗斯福文电〕 8月26日，近卫首相向罗斯福总统发出一份文电，提议迅速实现日美首脑会谈。内存如下：

"当此目前世界动乱之际，掌握国际和平关键的最后两国，即日美两国，关系这样恶化下去，不仅是两国本身的极大不幸，并且意味着世界文明的没落。我方之所以希望维护太平洋和平，不单是为了改善日美邦交，而且也不外乎想借此机会导致世界和平。

"我想日美两国关系恶化到今天的程度，可以认为，其原因主要在于两国政府之间缺少意见交流，一再发生疑惑和误解，以及第三国阴谋策划的结果。如不首先消除这些原因，改善两国邦交终将难以实现，这就是本大臣所以想要直接会见贵总统，借以坦率阐明双方的见解。

"7月业已中断的预备性非正式协商，其精神和内容大体上还可以，但若按以前设想的做法继续进行协商，然后再在两国首脑间加以确认，已经不适合正在急剧发展或有可能引起意外事态的目前局势。当前最迫切的是，首先两国首脑直接会见，这并不拘泥于历来的事务性协商，高瞻远瞩地就日美两国间涉及太平洋地区的重要问题全面进行讨论，探讨有没有挽救局势的可能性。至于有关细节，可在首脑会谈之后，根据需要交给事务当局进行谈判。

"本大臣这次提议的宗旨就在于此。切望贵总统对这一点予以充分谅解并交换意见。

"基于上述原因，我方希望会见的时间尽量提前。至于会见地点，考虑到各方面情况，认为在夏威夷附近较为适当。"

对上述近卫的文电，野村大使曾与罗斯福总统及赫尔国务卿之间就会谈日期及地点等进行了具体磋商，表面看来似乎有实现的希望。可是，罗斯福总统在9月3日函复近卫首相说：如果对重要的原则问题没有事先达成协议，则势难同意会谈。当时，美国还同时提出了一份备忘录，指出要以赫尔声明中的"四项原则"作为会谈的前提条件，并要求就此达成一致意见。

据战后美国国务院公布的文件透露，在上述罗斯福和丘吉尔的大西洋上会谈中，罗斯福总统曾向英国首相丘吉尔表示，要用谈判来捉弄一下日本。而美国拒绝日美首脑会谈的另一个理由是，因为近卫首相是中国事变爆发时的日本政府总理，而且在中日和平问题上，估计日本将要坚持的近卫原则，又正是他宣布的。

如果是这样，通过日美两国首脑从大局出发的对话来收拾局面，与其说事实上希望极小，倒不如说根本不可能。当时陆海军方面对上述首脑会谈表示极为热心，竟为此内定了全权随员，做好了必要的准备。陆军内定航空总监土肥原贤二中将为全权随员之一，武藤军务局长和参谋本部有末第二十班长为随员。

〔丰田、克莱琪关于泰国问题的会谈〕 另一方面，在这以前，政府同英国也进行了谋求打开局面的谈判。即8月11日，丰田外相和英国驻日大使克莱琪会谈时，克莱琪曾谈到泰国问题。以那次会谈为线索，根据8月15日联席会议的决定，按照以尊重泰国中立为中心的下列条件，陆续进行了非正式对话。

一、要求英国的事项

1. 尊重泰国中立，对泰国不采取军事措施。

2. 立即采取善意措施，使缅甸、马来、英属婆罗洲、印度、澳大利亚、新西兰以及其他属于英国势力范围的西南太平洋地区国家向日本充分供应帝国生存上所必需的物资，并使帝国同上述各地区之间的通商贸易正常化。

3. 不得采取任何措施妨碍荷属东印度及泰国对日供应为帝国生存上所必需的物资，以及帝国同这些国家间通商贸易的正常化。英国方面应停止正在采取的妨碍措施。

4. 停止援蒋活动（包括关闭通过缅甸的援蒋公路）。

二、根据英国态度，我方不妨予以谅解的事项

1. 尊重泰国中立。

2. 不向泰国提出任何军事性建议，不搞武力扩张。

3. 对泰国以外的法属印度支那邻近地区（中国除外）也不搞武力扩张。

对《帝国国策实施要领》的讨论

〔陆海军的磋商——海军主动〕 在政府正处心积虑地想用外交途径收拾局面期间，大本营陆、海军部打开局面的对策已逐渐取得了一致意见。

在这以前，大本营陆军部认为，目前下重大决心决定对付美国的国策应该以海军为主，所以在海军方面没有表明态度以前，陆军特意避免发表意见。不过，坦率地说，陆军也只是焦虑重重，制定不出来满有信心的对策。众所周知，草拟决定国策的原案，历来大都由陆军方面来搞，但这次则有所不同了。

8月16日，召开陆海军部、局长会议，两军务局长和作战部长等出席。会上，海军方面首次提出了《帝国国策实施方针》。其主要内容为：以10月

下旬为限，战争准备和外交交涉同时并进；至10月中旬，外交交涉仍不能取得妥协时，就动用武力。这对海军来说的确是表明了前所未有的重大决心。不过，如前所述，由于美、英、荷的对日禁运，日本的生存受到了威胁，如果找不出解决办法就要行使武力，这是春季以来在陆海军内就酝酿着的基本态度。此后便根据这个海军方案，陆海军之间进行了讨论和磋商。

〔**陆海军关于战争准备的意见对立**〕上述海军方案仍然是保留下定开战决心而进行战争准备的。而陆军则对于不下定战争决心而进行正式的战争准备感到为难。这样，不下定决心而要进行准备的海军，同认为没有决心就难以进行准备的陆军之间就产生了意见对立。海军确实已经在大规模地扎实地进行着应付万一的战争准备，并预定大体在8月底完成。8月15日，大本营海军部将下列事项通知了陆军，使大本营陆军部大为震惊。

一、截至10月15日以前完成对英美的战争准备。
二、8月和9月再分别征用船只30万吨。
三、9月20日实施陆海军作战协定。
四、9月上旬从中国抽调陆战队三个大队。
五、预定从9月中旬开始再征用船只50万吨。

陆军认为，在没有战争决心的情况下，这样的战争准备是不应该实施的，而且也是实施不了的。

本来海军的战争准备主要是只在基地保持一定的兵力和充实资材，因此即使撤销一度准备好的战备也比较容易。所以海军有把战争准备看得比较简单的倾向。陆军的准备则是首先要动员大批兵力，然后将其集结到预想的战场附近，把它展开。这对国民的权利和义务影响很大。所以从手续上也需要首先确定国策，然后取得政府的同意。

另外，根据历来的经验，在外交决裂的最后关头，海军有可能不下决心开战而中途退出，陆军对此十分担心。因此陆军主张：现在先下定对美英一战的决心，在这个决心之下同时进行战争准备和外交工作，外交谈判一旦决裂就决心开战。

〔**陆海军取得一致意见**〕8月27日和28日两天，陆海军部局长等举行会议，对开战决心问题进行了讨论。果然，冈海军军务局长坚决不同意决心开战，而且表示即使在外交谈判决裂的情况下，也还要考虑欧洲的形势才能决定开战。海军首脑究竟有没有对美一战的决心是很值得怀疑的。因此，陆军提议，将"决心开战"修改为"在战争的决心之下"。但是冈军务局长就连这样也拒不接受，到了第二天（29日），才表示如果修改成"在不惜一战的决心之下"便可以接受。

关于开战日期问题，陆、海军统帅部根据作战上的要求，意见趋于一致，认为必须在11月初旬。然而，为了完成这一战争准备，需要使航空大部队进驻法属印度支那南部，而且还需要把大型运输船队集结在南中国海。陆军认为，这些措施应在决心开战之后实施，决心开战前的准备工作应以不妨碍外交谈判为限度。即陆军主张，应该在行使武力之前适当的时机确定开战决心，然后再过渡到正式的作战准备，其时机应定在10月上旬。对此，陆海军之间取得了一致意见。

9月2日，大本营陆海军部之间的意见已经完全一致。关于外交谈判的条件，原则是尊重历来的日美谅解方案的宗旨，经同外务省磋商后，次日（3日）提交联席会议讨论。

〔《帝国国策实施要领》讨论通过〕 会议从午前11时开始，午后6时结束，田边治通内相也出席了会议。过去，制定德苏开战后的新国策，是经联席会议多次充分讨论之后才决定下来的；与此相反，这个决定国家存亡的重大国策，联席会议只开了一天就大体按原提案决定了。其内容如下：

《帝国国策实施要领》

帝国鉴于目前的紧急形势，尤其是美、英、荷各国所采取的对日攻势，苏联形势以及帝国国力的机动性等，兹决定对《适应形势演变的帝国国策纲要》中有关南方的施策，按下列各项实行。

一、帝国为确保自存自卫，在不惜对美（英荷）一战的决心之下，大致以10月下旬为期，完成战争准备。

二、帝国在进行前项准备的同时，对美英应尽一切外交手段，力求贯彻帝国的要求。

在对美（英）谈判中，帝国必须实现的最低要求事项以及与此相关的帝国可以许诺的限度，如附件。

三、前项外交谈判，如果至10月上旬仍不能实现我方要求时，立即决心对美（英荷）开战。

对南方以外的其他施策，根据既定国策执行，特别要努力防止美苏结成对日联合战线。

《附件》

在对美（英）谈判中，帝国必须实现的最低要求事项以及与此相关的帝国可以许诺的限度。

第一　在同美（英）的谈判中，帝国必须实现的最低要求事项：
一、美英不得干涉或妨碍帝国处理中国事变
（甲）不得妨碍帝国根据日华基本条约和"日满华"三国共同宣言解决事变的企图。
（乙）封闭"缅甸"公路，并不得在军事、政治和经济上援助蒋政权。
注：以上条款不应妨碍在"N工作"（注：指日美工作——作者）中帝国处理中国事变的一贯主张，特别要坚持按日华间新近商定的帝国军队驻扎问题。但不妨明确表示，事变解决后，除了为解决中国事变而派去中国的上述军队外，其他军队原则上准备撤退。
　　对美英在中国的经济活动，不妨明确说明，只要在公正的基础上进行，不会受到限制。

二、美英在远东不得采取威胁帝国国防的行为
（甲）不在泰国、荷属东印度、中国及苏联远东领土内攫取军事权益。
（乙）维持在远东的军备现状，不再增强。
注：根据日法协定建立起来的日本和法属印度支那之间的特殊关系，如要求解除时，不予承认。

三、美英须协助帝国获得所需物资
（甲）恢复同帝国的通商，并自西南太平洋的两国领土供应帝国生存上所必需的物资。
（乙）对帝国同泰国和荷属东印度之间的经济合作须予以友好的协助。
第二　帝国可以许诺的限度
如答应第一项内的帝国要求时，则：
一、帝国不以法属印度支那为基地向其邻近地区进行武力扩张，唯中国除外。
注：如果对方问到帝国对苏的态度时，可答称：只要苏联遵守日苏中立条约，并且不采取威胁日满等违背条约精神的行动，我方不会主动采取武力行动。

二、帝国准备在确立公正的远东和平之后，从法属印度支那撤兵。
三、帝国准备保证菲律宾的中立。
附录：
日美对欧洲战争的态度，须按防御和自卫的观念约束之，如果美国参加

欧洲战争，日本应独立自主地对三国条约作出解释和依此采取行动。

备注：上述各项并不改变帝国对三国条约所承担的义务。

〔永野军令部总长对提案理由的说明〕 会议一开始，永野军令部总长就阐述了提案理由，其大意如下：

日本在各方面都有困难，特别是物资正在减少，也就是说正在走向瘦弱，与此相反，敌方却逐渐强大起来。随着时间的推移将越发瘦弱下去。通过外交来搞，只好能忍则忍之，但必须在适当的时机作出估计。如果外交上终于没有希望，就必须快点干。如果现在就打，确信还有胜利的机会。但我担心这种机会会随时间而消失。

对战争的估计，海军有短期和长期两种看法。我想大概会演成长期战，因此必须有长期战的思想准备。敌人要想速战速决，那是我们所希望的，如果那样，在我近海搞决战，估计战胜有相当把握。不过，我想战争不会就此结束，可能演成长期战。即使出现这种情况，如果利用胜利战果来对付长期战，那也是有利的。反之，如果没有进行一场决战就转入了长期战，那将是痛苦的。特别是因为物资缺乏，如果得不到物资，长期战争就无法进行。所以十分重要的是，要通过取得物资和夺取战略要地来作好准备，以便立于不败之地。敌人没有将死我们的招数。即使有将死的招数，但随着国际形势的演变，还会有可以采取的手段。总之，战争必须在陷入绝境之前打响，必须由我方决定开战时机，要紧的是要先发制人，依此勇往直前，此外别无其他办法。

〔重大修改——删去主要部分〕 会上，根据及川海相的提议，对原案作了重大修改。即原案第三项原文是："如果至10月上旬仍不能实现我方要求时，立即决心对美（英荷）开战"，而海相提议修改为"如果至10月上旬仍无实现我方要求的希望时，为了自存自卫，采取最后措施"。对此有各种不同意见，最后认为不明确而没有采纳。于是冈军务局长又提议作如下修改："如果至10月上旬仍无实现我方要求的希望时，立即下决心对美（英荷）开战，采取最后措施。"但是对此还有异议。结果决定将原案中的"仍不能实现我方要求时"修改为"仍无实现我方要求的希望时"。这个修改虽然是简单的文字修改，但却因此删掉了国策的主要部分，决定和战的问题大体上留待日后再讨论了。

〔近卫首相的想法〕 近卫首相和丰田外相对原案没有表示特别的异议。近卫首相并没有深入地考虑确定这个国策所带来的形势发展情况，而是完全把希望寄托在通过外交谈判来打开局面上了。

9月6日的御前会议

《帝国国策实施要领》经9月4日内阁会议就其要旨作出决定后。在9月6日的御前会议上被正式采纳。

〔**会议前一天的秘密上奏和天皇的垂询**〕 在御前会议召开之前，9月5日晚，近卫首相将议案作了秘奏。天皇对以战争准备为主，外交准备为辅的提案深表不满，并向首相直接垂询了有关作战事项。首相恐有疏漏，急忙召陆海军两统帅部长进宫。当时，大本营陆海军部极为紧张。

天皇对两统帅部长提出要求说，要以外交为主，不要战备和外交同时并进。两统帅部长回答说，原来的主导思想就是努力通过外交途径来打开局面，战争准备是为了应付凭外交途径无法打开局面时采取的。近卫首相最后说，直到最后用尽一切和平外交手段，只有在万不得已时才诉诸武力，在这方面，我和两位统帅部长的意见是完全一致的。

〔**天皇不放心——杉山参谋总长受到申斥**〕 这时，天皇对南方作战的计划、登陆作战的难易、船只的损失以及胜败的归宿等一一动问。杉山参谋总长作了详细回答，他说：进攻南方重要地区的初期作战，估计5个月就可以结束。天皇当即指出，杉山总长在担任陆相时对中国事变就估计错了，提醒他切不可过于乐观。天皇通过这一问一答，对迫不得已开战后的战争前景表示极不放心。两统帅部长相继报告说，不敢说一定能打赢，但临到最后关头，必须趁国力还有机动性时，为突破国难而迈进。

〔**严肃的御前会议**〕 御前会议于9月6日午前10时在官中东一厅举行。除通常的出席者外，田边内相和小仓正恒藏相也出席了会议。

近卫首相、永野军令部总长、杉山参谋总长和铃木企划院总裁都分别作了如下陈述。丰田外相也报告了日美谈判以来的经过，并就《帝国国策实施要领》的附件内容作了说明。

〔**总理的陈述**〕 现在开始开会。承蒙陛下允许，今天会议由我主持。

各位已经知道，围绕帝国的国际形势日趋紧迫，特别是美、英、荷等国正以一切手段对抗帝国。而且随着德苏战争的长期化，还存在着美苏结成对日联合战线的趋势。

照此发展下去，帝国必将逐步丧失国力的机动性，以致同美英等国相比，国力的差距也将越来越大。目前帝国一方面当然必须迅速作好各种准备，以应付任何事态的发生，另一方面仍必须尽一切外交手段，努力预防战祸于未然。上述外交措施万一在一定期间内不能奏效，到时候采取自卫上的最后手段也是不得已的。

政府和大本营陆海军部曾就此问题一再进行协商，现已取得一致意见，并共同制订出附件所载的本日议题《帝国国策实施要领》。

〔军令部总长的陈述〕 目前的形势已由总理大臣作了概括说明。不言而喻，帝国应该竭力通过和平手段寻求打开目前难局的途径，以确保将来帝国的发展和巩固。但万一没有和平解决办法，也可能被迫使用战争手段。对此统帅部从作战的角度启奏一些意见。帝国目前已处于石油和其他重要军需资材日趋枯竭以致国防力量逐渐减弱的状况。如果这种现状继续下去，经过若干时间，难免要降低国家的活动能力，终将陷于瘫痪的困境。与此同时，英美和其他国家在远东的军事设施和要地的防卫，以及这些国家特别是美国的军备却在极其迅速地增强，到明年下半年就将面临美国军备有了极大的进展而难以对付的局面。因此，现在无所作为，拖延时日，对于目前的帝国来说是非常危险的。因此，在外交谈判中如果对方不承认帝国自存自卫上最起码的要求，以致战争终于不可避免，那么帝国就必须采取死里求生的办法，先妥善地做好准备，不失时机地下定决心，以毅然决然的态度走向积极作战。关于作战的前景，估计他们极有可能从一开始就立足于长期作战，所以对帝国来说，必须有应付长期作战的认识和准备。如果他们企图速战速决，倾注海军的主力出击前来，求我速战，这正是我们求之不得的。今天，欧洲战争正在继续，英国能派往远东的海军兵力势将受到相当限制。因此，如果在我预定的决战海面截击英美联合海军，再考虑到有效运用飞机等因素，确信我方胜利有很大把握。不过，帝国即使在这场决战中取胜，也不会导致战争的结束。估计此后他们必将依仗其未受侵犯的地理位置、工业力量和物资力量上的优势转入长期战。

对帝国来说，因为并没有以进攻战制服敌人，迫其放弃作战意志的手段，而且由于国内资源缺乏，所以极不希望长期战，但是一旦转入长期战，为使长期战能够坚持下去的首要条件是在开战之初就迅速占领敌方军事要地和资源丰富地区，妥善地调整好作战部署，与此同时，从其势力范围内获得必要的资材。假如第一阶段作战能够圆满完成，即使美国军备按预定计划得到加强，由于帝国已经确保了西南太平洋地区的战略要地，保持了不容侵犯的态势，就能够确立长期作战的基础。此后的情况，将在很大程度上取决于包括各种有形无形的因素在内的整个国家力量和世界形势的演变。

由此可见，第一阶段作战的成败，对长期作战的成败关系极大。为使第一阶段的作战有较大成功把握，下述三点是非常重要的。第一，鉴于敌我战斗力的实际状况，应迅速决定开战；第二，不要让对方抢先下手，而要由我方先发制人；第三，为使作战顺利进行，必须考虑作战地区的气候条件。根据上述考虑，在本提案里选定了下重大决心的时机。当然，作战准备要充分考虑外交工作进展的情况，慎重进行。

还想补充一点，就是必须始终坚持力求和平地打开现在难局，从而获得帝国发展和安定的途径。绝不是说本来可以避免的战争也非打不可。但是，为了皇国的百年大计，也决不应当像大阪冬阵故事①那样，虽然暂时获得了和平，但到第二年夏季又不得不在手足无措的不利形势下被迫应战。

今天我所说的，有关作战方面的问题，是指在战争不可避免的情况下而言的。

〔**参谋总长的陈述**〕 方才军令部总长所作的说明，陆军部完全同意。下面主要就战争准备和外交谈判的关系问题陈述一些意见。

帝国鉴于目前的紧迫形势，特别是鉴于帝国国力的机动性日渐减弱的实际情况，如今决定和战的时机已经到来。关于这一点，方才近卫总理大臣所作的说明已经十分清楚。统帅部现在必须迅速作好必要的作战准备，以应付和战两种局面。

这样，在紧迫的事态面前，如果拖延时日，落入美英的圈套，则恐怕帝国国防的机动性将逐渐减弱，而美英的军备将逐渐加强，我方作战将日益困难，以致最后我们很可能将面临丧失排除美英阻碍之机的事态。因此，为了在还有信心对美（英）进行战争的时候发动战争，并考虑到预定战场的气象情况和动员部队，征用和改装船只，以及通过长途海上运输完成在战略要地上展开兵力等因素，才将完成战争准备的时机定在10月下旬。

现在为了决定和战，应在外交上竭尽一切最后手段，这是不消说的。在此外交谈判期间，统帅部对有关作战的准备将慎重从事，尽量不使我方作战准备行动刺激英美，给外交谈判带来障碍。

但到一定时期，外交上仍无希望达到目的时，则必须立即下决心对英美开战，并进一步促进战争的准备。即向法属印度支那南部增派兵员等，务期

---

① 1614年冬，德川家康率20万大军进攻丰臣秀赖，并包围了大阪城，但鉴于丰臣秀赖防守严密，一时难以攻下，便以秀赖填平大阪城内壕为条件搞了一个假议和。这就是所谓的"大阪冬阵"。次年夏，德川氏撕破和议，突然发动攻势，一举攻下了大阪城，丰臣秀赖因而灭亡。——译者

以10月下旬为限完成战争准备。考虑到这些军队的行动，我想有必要最迟在10月上旬就下定开战的决心。

对于在南方作战期间的北方问题，由于德苏开战以后进一步加强了帝国对苏作战的准备，调整了应付意外事态的部署，姑且可以不必担心。看来今后美苏合作是必然的。但是，冬季在北方因气候关系，不仅进行大规模作战极为困难，而且即使美苏在这个季节合作，并出动部分飞机或潜艇，实际上发挥其军事实力的可能性也是很小的。因此，如果能利用今冬这段时间，迅速结束南方作战，则明春以后对北方就能应付任何形势的变化。反之，如果错过今冬这个大好时机，就很难指望在进行南方作战期间北方会能安定。

最后要特加陈述的是，如果面临在南方进行战争的事态，帝国须将其意图迅速通知德、意两国，并事先秘密缔结有关进行战争的协定，以期日德意三国相互合作达到战争的目的。同时，在任何情况下都不使德、意同美英单独媾和，这在指导战争上尤其紧要。

〔企划院总裁的陈述〕 我认为关于构成帝国国力源泉的人员和国民的精神力量，不论今后帝国面临什么局面，都不必担心。

成问题的主要是物资方面。我国经济本来主要是在同英美和英国的势力范围进行贸易的基础上发展起来的，重要物资大都依靠国外供给。自从中国事变爆发以来就已经料到今天这样的最坏事态迟早必将发生，所以一直谋求在自给范围内开发资源，扩大生产能力，以期逐步摆脱我国经济上对外依赖的状况。自从欧洲战争爆发以来，世界形势发生了急剧变化，特别是自从去年夏季日美关系出现裂痕以来，就已经预见到，尽管我国生产力的整顿、扩充还不够充分，还必须下决心迅速摆脱对英美的依赖关系。为此，从去年下半年以来，一方面特别进口了6.6亿日元的货物，获得和储备了一批重要物资；另一方面还想利用同德国、苏联等国的经济关系以补其不足。

但今年6月，德苏开战，这种补充也只好放弃了。

至此，帝国国力的物资的机动性，除依赖帝国本身的生产力和处于皇军威力之下的满洲、中国、法属印度支那以及泰国的生产力以外，只有依赖预先储备的重要物资了。因此，在今天同英美的经济关系完全断绝的情况下，帝国国力的机动性将日甚一日地削弱下去。

与军事有着极其重要关系的液体燃料，即使对民需加以最大限度的战时限制，到明年6、7月份储备也将完全耗尽。因此，决定和战，建立并巩固牢实的经济基础，是帝国自存上绝对需要的。

如果必须考虑用武力来建立这种经济基础，那么由于海上运输能力和其他各种关系，估计我国的生产能力总的说来一时将下降到目前生产能力的一半。因此，从物资关系方面来看，在努力缩短生产力下降期间的同时，还必须设法将武力取得的成果立即有效地运用到生产方面。

如果我方能在三四个月内牢固占据南方各重要地区，则经过6个月左右就有可能获得石油、铝原料、镍、生胶、锡等物资。从第二年起就完全可以考虑有效地运用这些物资。

不过，因为这是武力作战，有时会出现出乎预料的情况，因此，对这种情况也在事先考虑应付的办法。

此外，关于高级石棉、钴等两三种物资，即使是占领了南方地区也难以取得。不过有关这些问题正在研究，用别种物资代替。因此，估计对维持和加强国力或许没有多大妨碍。

〔原枢密院议长的叮嘱〕 上进几位陈述之后，照例在原枢密院议长同大本营和政府之间进行了质疑和答辩。原枢密院议长首先说："对总理决心会见罗斯福总统以统一意见，尤其对总理表现出来的对国家的忠诚和热忱表示感谢。"他在强调了必须尽最大努力通过外交途径打开局面之后，就下述问题质问政府和大本营信心如何。他说："通览整个议案，觉得似乎是以战争为主，外交为辅。不过，战争准备应该是为应付外交失败时采用的，现在要始终凭外交手段打开局面，外交上办不到时再进行战争。这样理解这个议案怎样？"

杉山参谋总长刚想站起来答辩，及川海相站起来答复说："草拟议案的意旨同原枢密院议长的看法完全一致，第一项的战争准备与第二项的外交工作并没有轻重之分，而第三项的开战决心还需要在最高会议上奏请天皇批准。"于是原枢密院议长说："本方案是由政府和统帅部的联席会议决定的，所以我相信统帅部和海军大臣的意见是相同的，这就放心了。"同时他重又强调要通过外交途径来打开局面。

〔天皇破例的发言〕 原枢密院议长的质问结束后，天皇特意作了发言，对两统帅部长没有答复原枢密院议长的质问感到遗憾，并即席朗诵了明治天皇所作和歌一首：

　　　四海本来皆兄弟，
　　　缘何世上起风波。

强调了爱好和平的精神。永野、杉山两统帅部部长诚惶诚恐地回答说：完全同意原枢密院议长所说的意思。天皇在御前会议上发言，向无前例，会议不禁为之肃然。

政略战略根据御前会议决定的进展

〔划分确定和战期限的日美谈判〕 通过御前会议决定了《帝国国策实施要领》，日本这就划分出确定和战的期限，事态确实发展到了严重阶段。

《帝国国策实施要领》附件中的谈判条件，同以前的日美谅解方案中我方提出的宗旨并不矛盾，是在尊重这个宗旨的前提下决定的。因此，按照我方提案宗旨，使日美谅解方案达成协议，是根据《帝国国策实施要领》同美国进行外交谈判急待达到的目标，而且是在面临和战的紧要关头，必须以新的决心来促进达成妥协。

〔实现日美首脑会谈的努力——新提案〕 可是，近卫首相和我外交当局却把处理上述事态打开僵局的希望，完全寄托在实现日美首脑会谈和通过会谈首先取得顾全大局的谅解上了。8月29日，野村大使报告了美方对近卫文电的反应。乍一看来，美国的反应好像暗示有实现首脑会谈的可能性。于是，9月4日政府向美国提出了要点如下的新提案。这个提案删去了细节，坦率地表明了我方见解，希望由此找出可以成为首脑会谈前提的大纲性的一致点。这时，政府还没有收到上述9月3日罗斯福总统的文电和美国政府的备忘录。

一、日本承诺下列各项：

1. 日本同意日美预备性非正式会谈中日美姑且达成协议的事项。

2. 不以法属印度支那为基地对其附近地区进行武力扩张，对北方也同样，不无故进行武力扩张。

3. 日本对欧洲战争的态度应本着防御和自己的观点约束自己；如果美国卷入欧洲战争，日本对三国条约的解释及随之采取的行动将独立自主地行事。

4. 日本努力恢复日华间的全面正常关系，这种关系实现后，准备遵照日华间的协定尽速从中国撤兵。

5. 合众国在中国的经济活动，只要是在公正基础上进行的，将不受限制。

6. 日本在西南太平洋地区的活动，将以和平手段并遵循国际通商关系中无差别待遇原则进行；对合众国在该地区生产和取得必要的天然资源将给予协助。

7. 日本国政府为恢复日美正常通商关系将采取必要措施。关于此点，日美两国应以互惠为条件，美国应立即撤销对日资产冻结令。

二、合众国承诺下列各项：

1. 与前记第4项所载日本的承诺相对应，合众国对日本有关中国所做的努力不得采取妨碍的措施和行动。

2. 对前记第6项所列日本的承诺，合众国应按互惠原则实行。

3. 应停止在远东和西南太平洋地区的军事措施。

4. 对前记第7项所列的日本承诺实行互惠，立即撤销对日资产冻结令，并解除禁止日本船只通过巴拿马运河的禁令。

〔谈判的拖延——确定第三次修正提案〕 然而美国认为，上述提案缩小了以前非正式会谈的范围，因而表示不满。实际上这个提案反而造成了误解和混乱。

当时参谋本部方面认为，丰田外相发给野村大使的电令，因过分急于使谈判达成妥协，其内容每每从同统帅部讨论决定的国策后退了一步，或者把日本的态度弄得有些暧昧不清。在军部内部视为最大的和平论者武藤和冈两位军务局长明地暗地参与合作，这势必使日本的态度缺乏一贯性，反而会使美方不能理解日本的真实意图。

当时的谈判，除野村大使同美国政府之间周旋外，丰田外相同美国驻日大使格鲁之间也在积极进行，但都毫无进展，而时间却白白地过去了。

这样一来，陆海军统帅部长对谈判的拖延和时间的紧迫感到焦虑，便于9月18日建议，应该决定日本关于日美谅解方案的最后意见，并提交给美方。在20日的联席会议上，恢复了以前的日美谅解方案的形式，确定了对美方上述6月21日提案的修正方案。其前言和第一条（关于国际关系及国家本质的观念）与美方提案完全相同。第二条以下如下。

〔丰田外相处理修正方案的措施〕 然而，丰田外相对上述修正方案并未表现出特别的热情，在统帅部的督促下，直到9月25日，只是概括了以前我方的意见，并将它提交给了美方。

第二条（两国政府对欧洲战争的态度）两国政府应以实现世界和平为共同目标，到适当时机应相互合作，共同为迅速恢复世界和平而努力。在世界和平得到恢复以前，两国政府对各种事态的发展应从自卫和防御的观点出发采取行动。在合众国参加欧洲战争时，日本对日本、德意志及意大利之间三国条约的解释和由此履行所承担的义务，应完全独立自主地行事。

第三条（对日华间和平解决的措施）两国政府承认，中国事变的解决对整个太平洋区域的和平及世界和平都有极大关系，因此将努力促其迅速实现，合众国政府对日本国政府解决中国事变的努力和诚意予以谅解；为促其实现从中调停，将敦促重庆政权为结束战斗行为和恢复和平而迅速与日本政府进行谈判，对日本国政府解决中国事变的措施与努力，将不采取任何妨碍的措施和行动。

日本国政府声明，日本解决中国事变的措施和努力，同有关解决中国事变的基本条件和近卫声明中所列原则，以及根据上述原则已经实施的日华间的约定事项并不矛盾；日华间的经济合作，将以和平手段并遵循国际通商关系中的平等原则以及毗邻国之间存在的自然的特殊紧密关系的原则行事；第三国的经济活动，只要在公正的基础上进行并不加以排斥。

注：日华和平基本条件如附件。

第四条（日美两国间的通商）两国政府同意，为恢复两国正常通商关系立即采取必要措施。

作为前项措施的第一步，两国政府应立即撤销目前正在实施中的相互冻结资产的措施，并应保证相互供给两国中的一方能够供给而又为对方所必需的物资。

第五条（关于西南太平洋的经济问题）两国政府相互约定，日本国和合众国在西南太平洋地区的经济活动，须以和平手段并遵循国际通商关系中平等待遇的原则进行。

两国政府同意，为实施前项政策，两国应接通商手续，相互协助，创造国际通商及国际投资条件，以保证有合理机会获得两国各自为保卫和发展本国经济所必需的商品及物资手段，这种通商和投资条件应是两国政府关于石油、橡胶、镍、锡等特种物资的生产和供给问题，应在平等待遇的基础上，与有关各国缔结和执行协定，相互友好合作。

第六条（关于稳定太平洋地区政治局势的方针）两国政府承认，迅速稳定太平洋地区的局势极其重要。双方约定，不采取威胁上述稳定的措施和行动。

日本国政府将不以法属印度支那为基地向其邻近地区（中国除外）扩张武力，在确立起太平洋地区的公正和平的情况下，将撤退现在派到法属印度支那的日本军队。

合众国政府须削减在西南太平洋地区的军事措施。两国政府声明，应尊重泰国和荷属东印度的主权及领土完整，并声明，在菲律宾完成独立时，准备缔结一项关于该群岛中文化的协定。合众国政府对菲律宾群岛上的日本人应保证给以无差别待遇。

附件

日华和平基本条件

一、睦邻友好。

二、尊重主权与领土。

三、日华共同防御。

为防止威胁日中两国安全的共产主义和其他扰乱秩序的运动，以及为维护治安，日中两国实行合作。为上述目的，根据以前的协定和惯例，日本国军队及舰队在所需期间内在一定地区驻扎。

四、撤兵。

除前项驻军外，所有因中国事变派到中国的军队，一俟中国事变结束，一律撤退。

五、经济合作。

（甲）以开发和利用中国重要国防资源为主，进行日华经济合作。

（乙）日华经济合作并不限制第三国在公正基础上在中国进行的经济活动。

六、蒋政权与汪政府合流。

七、不合并。

八、不赔偿。

九、承认"满洲国"。

〔**陆海军加强作战准备**〕 另一方面，大本营陆海军部加紧进行对美、英、荷的作战准备。

尽管决定了国策，但大本营海军部仍然在努力加强战备，这一点已经谈过了。在这以前，海军鉴于形势紧迫，于昭和15年（1940年）11月15日已经开始了出师的准备。此后一直在加速努力充实军备。到8月底，已陆续新编了第6舰队、第11航空舰队、第3舰队、第1航空舰队、第5舰队、南遣舰队等，而且还征用了约63万吨的船只作为特设舰船。9月1日，大本营海军部向全体海军部队发布了战时编制的命令，又重新征用了49万吨（265只）船只。这样，海军以10月下旬为期，积极完成作战准备，并大体上在按计划进行。

与此相反，陆军对美、英、荷的作战准备，以《帝国国策实施要领》的决定为起点，实际上必须重新开始，必须把用于对华对苏的兵力和军需物资转移到南方。不过，势将成为南方作战前进据点的法属印度支那南部的军事基地，已在逐步加紧建设，对南方各地的军事情报和军用地理资料的调查与搜集，登陆作战及热带丛林作战的教育训练，作战计划的研究等，自昭和15

年（1940年）夏以来已经在逐步实施。

大本营陆军部把准备工作区分为决心开战前的作战准备和决心开战后的准备两种。决心开战前的准备主要是征用和改装船只，调动作战兵力，建立航空和海运基地，设置兵站基地及囤集军需品，修整国内要塞，加强国内防空等。

〔陆军发布决心开战前的作战准备命令〕 中国事变爆发以来，陆军也陆续征用了船只，当时已约达60万吨，为了对美、英、荷作战，还需要征用大约150万吨，并已逐步实施。至9月18日，大本营陆军部发布了适应形势发展的作战准备命令，担任南方作战任务的部队已开始向华南、台湾及法属印度支那北部调动。其主要部队是"关特演"时派到满洲的第51师团、驻满洲的航空地面部队以及重新在国内动员的炮兵、通讯、后勤等各部队。但是，用于南方作战的地面兵力比较少，计划拿出陆军总兵力的20%就够了。问题是建立作战基地和囤集军需品。

在台湾、华南、帛琉、法属印度支那都建立了航空和海运基地。在台湾、华南、法属印度支那的兵站基地已在加紧储存作战物资和军需品。

〔决定和战拭目以待〕 陆军的作战准备虽然也在稳步进行，但作战部队的编制及其向南方的集中、展开等正式的作战准备，却需要在决心开战之后进行，因此，陆军对决定和战的问题正拭目以待。

第10章

决心对美英荷开战

我国发动大东亚战争的决心是这样发展过来的：先是"不惜对美英荷一战"，以后是"决心对美英荷一战"，最后则是天皇决定"对美英荷开战"。如上所述，决定"不惜一战"是在第三届近卫内阁时期、昭和16年（1941年）9月6日的御前会议上通过的。"决心一战"和"天皇决定开战"是分别在同年11月5日和12月1日的御前会议上通过的，这两项决定都是由东条内阁做出的。

读者恐怕会提出这样的疑问，而且很自然会有这种疑问：即"不惜一战"和"决心一战"两者有什么不同？两者本来并没有显著差别，这只不过道出了日本酝酿开战过程的苦闷，通过以下逐一详细叙述就自然会明白了。

东条内阁的出现

〔**陆海军迫使内阁做出和战决定**〕《帝国国策实施要领》规定，10月上旬务必做出和与战的决定。即，为争取在10月下旬以前做好战争准备，必须等待10月上旬做出和与战的决定，以促进应付开战的正式的战争准备。因此，陆海军统帅部对内阁决定和与战寄予了极大的关注。然而期限已一天天迫近，对美谈判却仍然停滞不前。

对此陆海军统帅部长深感焦虑，便在9月25日的联席会议上向政府提出重要建议，建议遵照《帝国国策实施要领》，至迟必须在10月15日以前作出和战的决定。作为统帅部来说，如果想要在10月末以前完成战争准备，则至迟必须在两周前下定开战的决心，这是势所必至，理所当然，毫不足怪。

然而，这个建设却给了近卫首相相当的冲击。会议结束后，首相连特意准备下的午饭也没吃，就把出席会议的阁僚请到首相官邸，提出质问道："陆海军统帅部长的这个建议果真是强烈的要求吗？"对此，东条陆相答称："当然是强烈的要求。其实与其说是要求，还不如说无非是重复了御前会议决定的'10月上旬'而已。因此，这是不容改变的，而应该在那以前，估计一下，决定改变政略战略。"当时近卫首相似乎表示相当为难。

当时，陆军方面对及川海相的态度有些不理解。9月27日，东条陆相特意同海相举行会谈，东条问道，海军方面是否有改变御前会议决定的意思。海相答称，并无此意，不过世界形势正在不断变化，担心只有日本过早地卷入世界战争的旋涡中去。

〔接到美国备忘录〕 这样一来，近卫首相便退居镰仓，使人对政局深感不安。恰在这时，美国于10月2日以备忘录的形式对日本从前的提案作了明确的答复。其主要内容是，委婉地拒绝了以前没有达成谅解的首脑会谈，同时提出了下列要求和暗示：

一、确认作为国家间基本原则的前述四项原则。

二、从中国和法属印度支那全面撤军。

三、放弃日华间的特殊密切关系。

四、放弃三国条约的实质性部分。

丰田外相在10月4日的联席会议上拿出这份备忘录，并提出了我方答复的电文稿。因为事关重大的国策问题，所以根据外相意见，这次联席会议只有首相、陆、海、外三相、两统帅部长出席，另有外务省的寺崎美洲局长参加。

东条陆相主张："这次美方答复，既没有说同意，也没有说拒绝。日本此刻必须对外交做出判断。因为事关重大，先把答复美国的电文暂时放一放，需要慎重加以研究。"对此，杉山参谋总长立即表示同意。永野军令部总长说："已经不是需要辩论的时候了，请尽快采取行动。"复电文稿未经审议就散会了。

〔陆军方针的决定〕 后来，围绕上述美方的备忘录，陆海军之间、政府和大本营之间进行了认真的个别讨论。陆军方面经过10月6日首脑会议，决定了如下方针：

一、陆军认为日美会谈没有达成协议的希望，因此不得不开战。

二、关于驻兵问题，不得改变既定条件（包括各种驻兵方式）。

三、如果外交当局认为尚有达成妥协的希望，不妨以10月15日为限，继续进行谈判。

〔海相的真正意图不明〕 海军方面，经10月7日杉山参谋总长与永野军令部总长会谈，双方意见已经完全一致，但从及川海相的言行来看却很难捉摸其真实意图。在10月9日的联席会议上，永野军令部总长正要陈述如下备忘录时，被及川海相制止住了。但会后永野军令部总长把这个备忘录给外相看了。

一、拖延谈判会给作战带来困难。

二、若举行谈判，就要抱着必成的信心去搞。谈判如果中途陷入僵局，让我来收拾，我可不能接受。今后再作这种没有信心的试探，已非其时。

〔**荻外庄五相会议**〕 近卫首相和丰田外相仍然指望靠外交途径打开局面。这样一来，近卫首相就不得不被迫做最后决定，10月12日在首相别墅荻外庄召开了五相会议。近卫首相、丰田外相、东条陆相、及川海相，铃木企划院总裁出席了会议。

会议讨论的概要如下：

外相：日美谈判尚有妥协余地。只要在驻兵问题上多少做些让步就有希望。继续向法属印度支那北部增加兵力会妨碍谈判达成妥协，因此有必要停止增兵。

首相：日本方面9月6日提案和9月25日提案之间有相当的距离，我想美国方面是不是误会了！如果对此加以调节，大概还可达成妥协。

陆相：我认为谈判已没有达成妥协的希望。凡没有互让精神，谈判就无法达成妥协。到目前为止，日本已是一让再让，原则上已承认了美方提出的四项原则。可是美方现在的态度却毫无妥协的意思。我认为这次美方的答复是对我方9月4日和9月25日提案的答复。

海相：我认为当前正处在是采用外交手段，还是采用战争手段的岔路口上。时间紧迫。究竟选择哪条路，应由总理来决定。若决定选择外交途径，那就停止战争准备，单凭外交来搞，不要中途改变方针。

陆相：问题并不那么简单。陆军根据御前会议的决定已经动员了兵力。

现在的外交不同于普通的外交。只是搞搞试试看的外交可不行。如果我们有把握能按我方条件并在统帅部要求的期限内解决问题，可以停止战争准备，采取外交途径。如果这种把握不可靠，根本就不行。不可靠可不能解决这样重大的问题。

在我国，统帅问题不属于国务范围。即使首相下了决心，如果统帅部不同意还是不行。必须政府和统帅部的意见取得一致，然后再请天皇裁决。首相即使下了决心，陆军大臣也不能随即盲从。如果有令人信服的十足把握，可以停止战争准备，采取外交途径。如果没有把握，即使首相下决心采取外交途径，本人也不能同意。外相有没有把握？法属印度支那北部等是微不足道的问题。向法属印度支那北部增兵是根据御前会议的决定办的。因此，即使说外交上受到一些妨碍也没有办法。

外相：容我不客气地说一句，御前会议的决定是轻率的。谈判是大前天拿到文件才要搞的，还要看对方，很难说有绝对把握。

陆相：那可不行！这事可责任重大。

首相：战争打一两年还有把握，但若打三四年可没有信心。无论选择哪条路都有危险。总之，关键是哪一条路危险大些，哪一条路信心大些。我认为依靠外交有更大的把握，所以想选择这个途径。

陆相：那是首相的主观看法，外相可说没有把握。用这种不可靠的说法可说服不了统帅部。

海相：我有同感。

首相：现在若说选择哪一条路的话，我觉得外交途径把握较大，所以我不能不说要选择这条路。对于战争我没有信心，我负不了责任。

陆相：对战争有无信心，是应当在前次御前会议上讨论的问题。御前会议决定，一旦外交上行不通就开战，当时首相也在座，表示了同意，而现在却说对战争负不了责任，这令人难以理解。

首相：我是说尽管一方面比较有把握，而走另一方面没有把握的道路，对此本人不能负责。御前会议的决定是关于外交上已经毫无希望时候的情况，而现在的情况是，依靠外交途径信心比较大些。

〔五相会议的协议〕 经过上述讨论，东条陆相提出如下提案，作为协议事项，取得大家谅解。即日美谈判：

一、不得变更驻军问题以及以此为中心的主要政策。

二、不得损害中国事变所取得的成果。在上述条件下，大致在统帅部所要求的期限以前，决定通过外交途径求得达成妥协。因而停止作战准备，外相对上述外交能否达成妥协加以研究。

这样，五相会议在意见严重分歧的情况下散会了。在这次会议上，及川海相强调，必须立即作出和战决定。从军事形势上来看，这在陆海军方面认为是当然的。但是，把决定和战的重任推到总理一人肩上的态度是离奇的。其真实意图是，海军省首脑反对战争，但又不肯明确表示出来。

〔在例行内阁会议上陆相、外相的争论〕 此后，近卫首相曾谋求同东条陆相统一意见，但未能获得成功，于是，就留待10月14日例行的内阁会议上继续解决。这一天的内阁会议首次讨论了日美谈判问题，会上陆相坦率地表明了陆军对日美谈判的意见。主要在陆相和外相之间展开了争论。其概要如下：

陆相：日美谈判自4月以来已经持续了6个月，现在谈判已到最后关头。若继续谈判下去就必须有成功的把握，而且必须停止作战准备。陆军根据9月4日内阁会议决定及6日御前会议上通过的国策正在采取行动。其决议中规定："外交谈判如果至10月上旬仍不能实现我方要求时，立即决心对美英荷开战。"今天已经是10月14日了。陆军以10月下旬为期，动员数十万兵力，并正有抽调驻在中国和满洲的兵力补充南方。征用了总计约2百万吨的船只，其影响范围是很大的。如果有通过外交途径打开局面的把握，就必须停止作战准备。

外相：陆相说要有把握。不过，对美谈判没有进展的主要事项有三，即：在华驻兵问题；三国同盟的自卫权问题；日华间的特殊密切关系问题。关于从中国及法属印度支那撤兵的问题，美方要求我方作出明确答复，另外还谈到我方在法属印度支那北部的军事行动问题。

重点是撤兵，如果能撤兵，谈判就有达成妥协的希望。

陆相：有法属印度支那北部是有一部分陆军部队在采取行动，那是出于作战准备上的需要，也是为了掩避企图而做出佯攻昆明的需要。根据去年8月日本法属印度支那协定，已在外交上作出规定，即法属印度支那北部可驻兵6000人，通过兵力25000人。陆军的作战准备是根据御前会议的决定，在不妨碍外交工作的限度内，按预定计划进行的。实际情况不是军事妨碍了外交，而是外交妨碍了军事。

其次，陆军对于撤兵问题非常重视。如果完全顺从美国的主张，中国事变的成果就将化为乌有，进而危及"满洲国"的存在，甚至动摇对朝鲜的统治。

事变爆发以来，日本已经有了几十万伤亡和几倍于此的遗族，几百万军队和一亿国民在前后方艰苦奋斗，并且已耗费了几百亿元的军事开支。可是日本并未模仿各国先例，而是处之以宽容的态度，采取不合并不赔偿的方针。只是必须依靠驻兵来巩固事变的成果，不能屈服于美国那种巧妙的扼制手段。

如果对华北、蒙疆不肯采取坚定不移的态势，那么很显然，满洲建设的基础就将濒临危险，将为未来留下巨大的祸根，进而会导致中国事变的重演。决不允许再回到事变前的小日本。打着撤兵的招牌，行驻兵之实，事实上是不可能的，这对军队的士气也有很大影响。必须明确规定驻兵问题。但是应该只在必要地区驻兵，其他兵力届时可以撤出。

驻兵是核心。应该坚持的必须坚持。一让再让，甚至对驻兵这个核心问题也让步，结果就等于投降，就会使美国越发得意忘形。

〔**陆相建议内阁总辞职**〕 在上述内阁会议上，其他阁僚没有特别发言，于是内阁内部意见分歧表面化，内阁难以继续存在下去了。东条陆相向近卫首相建议内阁总辞职。其理由是，如果不能按9月6日御前会议通过的决定执行国策，那么参与这项决定的政府就应该引咎辞职，另由新的政府来负责重新制定国策。

于是，10月16日第三届近卫内阁决定总辞职。关于继任内阁首相的人选问题，一般感到难以预测。陆海军统帅部对此颇为忧虑，担心由于内阁的更迭会出现国策执行上的空白状态，使预定的作战准备摇摆不定。统帅部估计到，无论组成什么样的内阁，面对现实的形势，应采取的唯一对策都将是结果不得不开战。但是，统帅部对事态的发展仍然担心，一旦出现不管形势如何也要以和平为前提的内阁，军事上的要求就会完全遭受忽视。

〔出乎意料！天皇命令东条组阁〕 然而，组阁的敕令于10月17日竟出乎意料地下达给东条英机了。10月17日午后召开重臣会议，根据内大臣木户孝一提议，推荐东条陆相为继任内阁首相。其理由是，目前形势紧迫，继任首相必须是一个担当现今国务，熟悉形势，并且确实能控制陆军部的人。当然这并不是肯定东条陆相的开战论。

〔时局和国民〕 以日美谈判为中心的时局真相，对一般国民是保密的。但在宣传报道上却越来越趋向强调太平洋危机问题。

大本营海军报道科长平出大佐于10月15发表演说，警告国民说：尽管政府当局已经做出了极大的努力，但是日美关系还是临近了最后关头。同时强调说，日本海军已完全做好了应付最坏事态的准备，现在正在希望完满完成本来的使命。平出大佐的这番话颇为国内外所注意。

重新研究国策

〔东条内阁成立——陆海军合作、重新研究国策〕 东条内阁很快于10月18日午后宣告成立。

因为时局紧迫，陆军三长官会议决定，东条首相兼任陆军大臣，列为现役。杉山参谋总长起初曾考虑过这样长期兼任下去好不好？不过后来觉得暂时试一试也可以，便同意了。当时，东条首相在经过五个定年[①]之后还差1个月才能晋升大将，然而杉山参谋总长提议，应作为特例予以晋级，这样就晋级为大将了。

---

① 定年，系旧日本陆海军现役军官在同一个官阶必须服役的年限。按规定，中将必须服役四年，少将三年，佐官二年，不经过这个年限不能晋级。东条系陆大毕业，他在经过少佐、中佐、大佐、少将、中将这五个定年之后，当时还差1个月才完成中将的服役年限，具备晋升大将的资格。——译者

新内阁的主要阁僚是，海军大臣岛田繁太郎大将、外务大臣兼拓务大臣东乡茂德、大藏大臣贺屋兴宣、企划院总裁铃木贞一等，内阁书记长官是星野直树。

在这之前，东条首相在接受组阁命令时就已经直接从天皇那里接到陆海军应该合作的指示，并从木户内大臣那里获悉了天皇的如下意图：即新内阁决定国策根本问题时，不必拘泥于9月6日御前会议的决定，应对内外形势进行深入慎重的研究。陆海军应该合作的指示也同样下达给了及川前海相。于是，新内阁把国策恢复到原来状态，决定对它重新加以研究。

10月20日，东乡外相通过广播强调了下述精神：即，我国外交的目的在于维护和增进世界和平，但若情况威胁到日本的生存，或涉及日本的国际威望时，则一定坚决以毅然决然的态度来捍卫它，以图完成日本的光辉历史使命。第二天21日，外相急忙电训野村大使：新内阁在公正的基础上调整日美邦交的热情无异于前内阁。

〔首次联席会议——决定重新研究的重要事项〕 10月23日，新内阁和大本营之间召开了首次联席会议，关于今后国策实施要领问题，决定对下列各项重新进行研究：

一、如何估计欧洲战局？

二、在对美、英、荷的战争中，对初期及数年后的作战前景如何估计？
在上述情况下，对美英利用中国非占领区的军事措施应作如何判断？

三、如果今秋对南方开战，北方会出现哪些连锁反应？

四、对美、英、荷开战后3年内的船只征用量及消耗量作如何估计？

五、联系上述情况，对国内民用船只运输力及主要物资的供应如何估计？

六、对美、英、荷开战后，对帝国的预算规模及金融的持久力应如何判断？

七、对美、英、荷开战，能使德意承担何种程度的援助？

八、能否将战争对手只限于荷兰一国或英荷两国？

九、如果明年3月左右发动战争，则对外关系上的利害问题，主要物资的供应问题，作战上的利害问题作如何估计？

考虑到上述各项后，应把开战时期规定在什么时候？

联系上述情况，如果放弃对美、英、荷的战争企图，依靠增产人造石油等，能否维持现状？对其利害关系又将如何判断？

十、继续同美国谈判，有无希望在最短时间内满足9月6日御前会议决定的我方最低要求？我方最低要求降低到何种程度才有达成妥协的希望？这种情况帝国能否容忍下去？

如果全面接受10月2日美国备忘录，帝国的国际地位，特别是对华地位，与事变前相比会有怎样的变化？

十一、与美英荷开战，对重庆方面的抗战决心会有什么影响？

〔连日召开联席会议——统帅部的焦虑〕 在上述联席会议上，陆海军统帅部长分别从统帅部立场出发，希望迅速完成对国策的再研究并作出结论。尤其永野军令部总长指出，海军每小时就消耗4万吨石油，强调了事态的紧迫。当时，陆海军统帅部内对事到如今还重新研究国策感到不可理解，从而大有对东条首相改变态度感到不满和不安的趋势。

于是，从第二天10月24日起至30日止，其间除了26日首相和海相因参拜伊势神宫离京之外，连日召开了联席会议。贺屋藏相和东乡外相都说要在充分了解形势的基础上，对事态负起责任，尤其是贺屋藏相提出了很多质问，而东条首相则采取了回避发言的态度，因此会议迟迟不得进展，这就不能不使统帅部感到焦虑。10月27日，杉山参谋总长特别建议："从统帅的角度看来，时间万分紧迫，因而希望赶快研究"，当时首相回等说："十分了解统帅部的急切心情，不过，政府是要充分加以研究之后负起责任来，所以请予以谅解。"

〔人造石油问题〕 10月28日讨论了关于用增产人造石油的办法能否维持现状的问题。会上，铃木企划院总裁阐述了如下见解：

经研究，制定400万千升的生产计划，结果是，设备需要钢铁100万吨、煤2500万吨、经费21亿元，工厂建设需要3年才能完成。所以国家必须拿出强有力的权力，采取非常手段才能实现。其计划预定在昭和16年（1941年）生产34万千升；昭和17年（1942年）生产55万千升；昭和18年（1943年）生产161万千升；昭和19年（1944年）生产400万千升，但在实行上却有很大困难。

这一天特准出席会议的多田海军整备局长强调说："如果按这个人造石油增产计划的话，海军的军备扩充计划就将推迟一半。无视国际形势这么干是不行的。不仅实行起来有很大困难，而且石油这个问题，只用人造石油还有解决不了的地方。"

〔对日美谈判的估计〕 关于对日美谈判的估计，10月29日全体与会成员认为，按既定条件短期内没有达成协议的希望。于是我方条件可以退让到什么程度成了问题焦点。会上议论纷纷，最后大致取得了如下的一致意见。这就是谈判条件的所谓"甲案"的要点。至于"乙案"还完全没有提到议程上来。

一、关于三国条约坚持原来立场。

二、关于四项原则问题，东乡外相认为，以前同美方谈过的就只好那样了，不过他主张，"有条件的原则上同意"也是不行的。

三、关于和中国通商的平等待遇问题，只要附加上"当平等原则适用于全世界时"这个条件，就可以承认。

四、关于从法属印度支那撤兵问题，坚持原来立场。

五、关于在中国驻兵及由中国撤兵问题，坚持原来立场。但关于驻兵所需时间问题，大致可答应以25年为期。

关于如果全面接受10月2日美方备忘录，日本将会怎样的问题，除东乡外相外，全体与会人员一致断定，日本将沦为三等国。唯独外相发表了"未必如此"的见解，使大家觉得很奇怪。

〔实施国策的三个结论性方案〕 经过上述的讨论和酝酿，10月30日结束了各项问题的研究。隔一天，11月1日便要在实施国策上作出结论。当时，东条首相作为初步结论，提出如下三个方案。

第一方案　极力避免战争，卧薪尝胆。

第二方案　立即下决心开战，并将政略和战略上的各种施策都集中到这一方针上来。

第三方案　在决心开战的前提下，一方面完成作战准备，另一方面继续采取外交措施，努力达成妥协。

〔首相倾向第三方案——陆军省、统帅部对立〕 在11月1日联席会议开始之前，从上午7点半开始，东条首相与杉山参谋总长会谈大约1个小时。东条首相主张采取上述第三方案，而杉山参谋总长则当然是第二方案。东条首相介绍了前一天夜里同岛田海相进行会谈的结果，即海军方面强烈要求增加钢铁和其他物资的供应。之后，与杉山总长进行了如下的对话。

首相：昨晚和各位大臣会谈了，海相、藏相、企划院总裁都主张第三方案，外相意见不详。

应该体念皇上的意旨。因为战争规模要比日俄战争大得多，所以皇上担心完全可以理解。现在如果决心开战，我想皇上无论如何也不会批准。

参谋总长：统帅部的想法就像昨天指示给佐藤军务科长那样。

首相：有坚持那个方案的信心吗？

参谋总长：如果现在要执行第三方案岂不是又重复9月6日御前会议的决定了吗？

首相：在决心战争之下进行战争准备，在这一点上是有所不同的。我倒不是驳斥统帅部的主张，问题是请求皇上同意可不容易。

参谋总长：我知道皇上不会轻易同意。不过，我认为第三方案是在万不得已情况下采用的一种方案。

首相：我想皇上不会批准。

参谋总长：对美谈判条件不会再退让吧？

首相：不会再退让。国民和军队都不会答应。

这样，东条首相兼陆相和杉山参谋总长是在他们没有取得一致意见的情况下出席了最后一次联席会议的。在陆军内部，陆军省和统帅部首脑之间意见如此严重对立的情况下出席联席会议，却还是罕见的。

深夜的激烈争论——历史性的联席会议

〔**决定昭和17年度钢铁分配额**〕 历史性的联席会议从11月1日午前4时一直开到第二天（2日）午前1时半。一开头。海军提出增加配给钢铁及其他物资的要求。这个问题与下面要讨论的"决心战争"问题有关，如果开战，则决定昭和17年度（1942年）钢铁的分配额如下：对海军来说，这个数额比原来的定量约增加了25万吨。

陆军79万吨

海军110万吨

民需261万吨

但是，如果产量达到450万吨以上时，陆军将增到90万吨。

〔**审议其他方案**〕 转入正题后，东条首相重新拿出上述3个方案。首先讨论有没有其他方案。

首相：如果有其他方案想听一听。

军令部总长：单凭外交谈判调整日美关系的方案。

藏相：收买库页岛北部油田，以完成自力自存的方案。

经过讨论认为，上述两案都包含在第一方案内，因而没有特别提出的必要，只靠外交谈判调整日美关系，日本为此必须做出超过限度的让步，这是最不利的忍辱苟活的下策，因此是绝对不能采纳的；至于收买库页岛北部石油的方案，有收买北部库页岛本身和只收买油田及只收买石油开采权等方式，这都是难以实现的，即使成功，年产也不过是150万吨左右，不能满足日本的需要，而且必然预料到美国会出面干涉。

〔**进入卧薪尝胆方案的讨论**〕　这样便进入了第一个方案的讨论。对于日本作出超过限度的让步以调整日美关系的卧薪尝胆方案，正如已经讨论过的那样，认为是绝对不能采纳的，并立即作出了决定。尤其东乡外相和贺屋藏相强烈反对这个卧薪尝胆方案。

　　讨论的焦点转到在目前外交谈判失利的情况下卧薪尝胆的方案上。

　　军令部总长：这是最下策。美国将日益加强军备，加强包围圈，加强援蒋援苏活动。而日本却越来越软弱下去。和战的主动权总是掌握在美国手里，日本的国防危险万分。目前想特别请大家理解和认识的根本问题是，日本对美战争的时机就在眼前，失去这个机会，战争的主动权就将任凭美国来掌握，而不再归我掌握。

　　藏相：对南方开战的时机虽在我们手里，但决战时机却仍然掌握在美国手中。因为美国主力舰队可以退避远方，等待时机。当然，那时南方的战略要地会已经归我占有，但两年以后，即美国发动决战时。我方就将在军需和其他方面遭受许多困难，所以我认为没有确实的把握。不知诸位见解如何？

　　军令部总长：军令部本来是想极力避免日美战争的，所以去年9月在讨论缔结三国同盟的御前会议上，前总长就曾提出一项希望，即使缔结三国同盟，在施策上也应尽量避免日美战争。后来，世界形势的演变和政府的施策使事态发展到目前这种进退维谷的局面。事到如今，军令部只好认为日美战争已经不可避免。既然对此有了精神准备，所以正在寻求万全之策。关于日美战争的前景，前天已经说过，如果敌人企图打短期战争，这是我们最希望的，我方截击敌人，确信可以取胜。但是战争不会就此结束，十有八九将会变成长期战争。在打长期战时，战争的第一年和第二年，由于确立了打长期战态势的基础，这一期间有胜利把握。三年以后，将根据海军力量的保持和增强，国家整个的有形无形的军事力量以及世界形势的演变等条件来决定胜负，所以无法预测。

　　〔**长期战——外相藏相的反战论**〕　关于前面提到的三年后的战争前景估计问题，在外相、藏相、军令部总长之间进一步反复进行了细致的讨论，但由于其中错综复杂的不稳定因素，没有得出明确的结论。不过，弄明确了一点是，由于太平洋上的战略要地终归全部控制在我方手中，所以尽管兵力处于劣势，仍可施展各种作战方案，这比不动手无所事事地度过两年还是有利的。

　　外相：从国际形势来判断，日美战争也是变成长期战的可能性较大。如果英国一旦屈服，世界形势将会发生巨大变化。不过德国进攻英国本土，眼下还很难作出估计。对英国本土的封锁作战，日本固然也可以协助，但这能否迫使英国屈服却是个疑问。再者，德意对我南方作战的支援，从地理和他们的海军力量上看，不能寄予很大期望。

因此我认为，将来国际形势会多少有些好转，但不会变得很好。若再考虑到国民的士气和日美资源相差悬殊等情况，对长期战的未来还有许多疑虑。

参谋总长：通过南方作战占领菲律宾、荷属东印度、新加坡、缅甸等地，其结果，一向依靠英美支援继续抗战的中国，受援路一被切断，很有可能被迫放弃抗战的念头。对于苏联，利用冬季进行南方作战，可以使北方的威胁得到缓和，下年春季以后可以采取适当措施。所以在战局上目前无需作过多的考虑。

藏相：如果作战两年还有信心，三年以后就没有把握的话，那么一旦日本海军打了败仗，就将无法确保南方资源，另外也很难说两年后中国一定会垮台。如果能估计到两年内的情况，那么第三年以后的情况不是大体上也可以估计出来吗？

对此，永野军令部总长只是一再重复，能负责任答复的就是上述那么些。于是，东条首相姑且做出判断："政府谅解，统帅部能负责任阐明的范围，只限于开战后两年内有胜利把握，第三年以后则无法估计。"

〔**战机就在眼前——军令部总长的主张**〕外相：美国正在进行备战，但军需生产尚未得到扩充。所以美国不致先挑起战争。至于欧洲战争结束后各国会联合起来对日施加压力的说法，不过是庸人自扰，并不足取。因此我认为，如果日本卧薪尝胆不先动手，美国不会立即进攻日本。

军令部总长：语云："勿图侥幸"。将来的事现在还不清楚，但统帅部不能设想敌人不来进攻就高枕无忧，如果再过三年，美英在南方的防御力量就将日益增强，而且其军备也将更加雄厚起来。

藏相：那么，什么时候开战能够取胜呢？

军令部总长：就在现在。机不可失，时不再来。

〔**第二、第三方案一并研究——外相牵制统帅部**〕以上大体结束了对作战前景估计的讨论，由铃木企划院总裁对我国物力财力的现状和未来的趋势作了说明。从而弄清了卧薪尝胆方案难以成立的理由。这样便进入了第二、第三方案的讨论。由于两个方案彼此关联，所以一并进行研究。

藏相：权衡一下两个方案，以第三方案的战备和外交同时并进较为适宜。目前为使外交谈判取得成功，日本只能采取毅然决然的态度，此外别无他途。

参谋总长：作战开始的时期，已再三讲过，以12月初为宜。如果这样，剩下的时间就只有一个月了。鉴于过去的实际经验，我认为，在此期间通过外交谈判调整邦交几乎是不可能的。如其这样，莫如现在就根据第二方案下决心开战，把整个外交谈判作为寻找开战的借口和掩护军事企图的工具倒较为合适。

参谋次长：希望把重点放在事关国家兴亡的作战问题上，放弃外交谈判的念头，立即下决心开战。

外相和藏相：在下这样的决心以前，还是希望想方设法进行最后的谈判，这是一赌拥有2600年历史的日本国运的生死关头。那种掩饰军事企图的外交谈判不能搞。

参谋次长：首先应该解决的是，目前的重点问题："立即下决心开战"和"12月初发动战争"这两个问题。如果这两个问题不解决，统帅部就将手足无所措。所以希望在这两个问题解决以后再来研究外交问题，即使是搞外交活动，也希望先解决上述问题。

军令部次长：海军主张决定在11月20日以后发动战争，在这以前还可以进行外交谈判。

参谋次长：对陆军来说，11月13日以前还可以，超过这个日期就不好办了。

外相：搞外交需要时间。作为外相来说，如果不是在时间和条件方面还多少有点成功的希望，外交就搞不下去。所以如果再搞下去，当然就得停止战争。

外相不时流露出否定战争的口吻，牵制统帅部。

〔**关于何时停止外交谈判的争论**〕

参谋次长：作战老受外交干扰不好办。要定出一个期限，由外交转向作战，从这以后贯彻作战方针。这个期限就是11月13日。这个期限不能因外交情况而有所改变。

外相：11月13日太紧了。海军不是说20日吗？

参谋次长：对南方作战，作战准备就是作战行动。恐怕飞机和舰船在作战准备过程中就可能同敌人发生冲突。因此，停止外交的期限必须是在这种作战准备中几乎可以说就是战争行动的紧张准备活动的前夜。这就是11月13日。

军令部总长：小冲突是局部冲突，并不是战争。

首相、外相：因为是外交和战备同时并进，所以如果外交成功了，就停止发动战争，如果这点得不到最后保证可不好办。

参谋次长：11月13日以前可以保证，这以后很难保证。

陆海两总长：是这样，否则将使统帅无法进行，不能负责。

岛田海相对伊藤军令部次长说，截至发动战争的两昼夜前总还可以吧！

参谋次长：请不要说话。你说那不行。外相所希望的期限是哪一天？

〔停止外交谈判的期限定为12月1日零时〕 这样，在关于停止外交谈判的期限问题上，统帅上的要求和外交上的要求产生了分歧，展开激烈争论，会议宣布休息20分钟。在休息中间，两统帅部长分别找来作战部长进行研究，结果决定，外交谈判可以进行到11月30日。会议继续进行。

首相：外交谈判延长到12月1日行不行？即使一天也好嘛。

参谋次长：超过11月30日绝对不行！

海相：塚田君，11月30日到几点钟？我看到夜里12点可以吧！

参谋次长：到夜里12点可以。

经过以上讨论，将停止外交谈判的期限定为12月1日零时（东京时间）。并确定，在此以前，即使发生部分武装冲突也不当作两国间的战争，而作为局部纠纷处理。

〔第三方案的具体化〕 第二方案被否决后，第三方案又被具体化为如下方案：

一、决心对美、英、荷开战，发动武力的时间预定为12月初，依此做好作战准备。

二、至12月1日零时以前，外交工作继续进行，如在此期间外交工作获得成功，则停止发动武力。

〔讨论外交条件〕 接着对外交谈判条件重新进行了讨论。如前所述，关于谈判条件，早已决定了，那就是从前日美谅解案中我方作出最大让步的"甲案"。但东乡外相重又提出如下一案，即所谓"乙案"。

一、日美两国互相保证，不对法属印度支那以外的东南亚及南太平洋地区实行武力扩张。

二、日美两国政府相互合作，保证在荷属东印度获得各自需要的物资。

三、美国保证，每年供应日本航空用汽油100万吨。

备考：

一、本协定如能达成协议，日本准备把驻扎在法属印度支那南部的日本军队移调到法属印度支那北部。

二、必要时可把以前提案中有关通商平等待遇的条款追加到本提案中。

关于"乙案",东乡外相作了如下阐述:

从以往的外交经过来看,缺乏适当的应付手段。仅仅因袭旧套,成功希望不大。因此我想把问题缩小,只解决南方问题,中国问题则由日本自己来解决。让美国介入中国问题是不合适的。以往的对美谈判内容,竟然包含许多恢复九国条约的成分,我认为是做了蠢事。我屡次讲过,原则上同意四项原则等,简直不像话,因而我主张按乙案去搞。

〔陆军统帅部反对——倒阁的危机——首相等人的说服〕 上述"乙案",遭到了杉山参谋总长和塚田参谋次长的强烈反对。理由是,"乙案"把问题仅限于南方,完全排除了处理中国事变的问题,所以即使谈判获得成功也将给将来留下祸根;而且通过这种暂行解决办法是否真的能从美国得到所需要的石油不无疑问,日本国防上的命脉仍然操纵在美国手里,尽管一时得以苟且偷安,迟早还必将一战,到了那时,战机已经错过了。在这个问题上,东乡外相和陆军统帅部之间也产生了意见对立,反复进行了激烈的争论。东乡外相死抱着"乙案"不肯让步,如果这样继续争论下去,不无因外相辞职而引起倒阁之虞。因此,武藤军务局长提议休息十分钟。休息时东条首相和武藤军务局长在另一个房间里说服了统帅部,同意"乙案"。

结果,就下述问题取得了一致意见;将"乙案"第三项改为恢复到冻结资金以前的状态,保证供给石油;同时要求美方不得妨碍日华间达成和平协议,将这一条作为追加的第四项,附加在原案中。

〔对比研究第一、第三方案〕 以上大体结束了对每个方案的研究。最后转入了第一方案和第三方案的对比研究。

第一方案

物资:现在不能像日清战争以后那样。

国民精神:如果目前这种不安定局面持续下去,势将使国民士气消沉,长久的卧薪尝胆根本不可能。

作战:三年之后,和、战的主动权将掌握在美国手里,那就只好不战而降,别无他途。

但在这种情况下,不无美国不来进攻的可能。

外交:国际形势的演变是否对我有利,无法预断。

中国事变:蒋政权依然继续存在下去,实现彻底和平的可能性很小。

第三方案

物资:相当困难。三年以后,特别是航空用汽油问题令人担心,但可以从南方取得物资,以保存自己。

国民精神：面对非常时局，可能会发扬日本国民的固有精神，不会像过去四年间对中国事变那样，而表现真正举国一致的姿态。

但随着战争的长期化，政府需要特别采取振奋国民精神的措施。

作战：第三年以后，将遇到与美国优势的海军主力进行决战的危机。

但能确保南方重要地区，采取应付办法。

外交：同德意的联系可以得到加强。

但是否真正可以信赖，还要时刻警惕。

中国事变：一时将提高蒋政权的士气，但随着加强封锁，士气将会逐渐减弱，最后终将屈服。

上述两案，在物资方面，都说三年后会发生危机。另外，后者还有在长期战中克敌制胜并无把握的危险，而前者会落得不战而屈服的可耻下场。

〔根据第三方案的基调决定《帝国国策实施要领》〕 虽然两种论点不易统一起来，但在卧薪尝胆是下策这一点上却统一了认识。当时，既努力争取达成外交妥协，也重视作战上的要求，并在不失掉12月初战机的前提下，决定了如下的《帝国国策实施要领》。时值11月2日午前1时半。

《帝国国策实施要领》

一、帝国为打开目前困难局面，保卫国家的独立和自卫，并建设大东亚新秩序，现已决心对美英荷开战，并采取如下措施：

（一）将发动战争的时机定为12月初，陆海军做好作战准备。

（二）对美谈判按附件要领进行。

（三）谋求加强同德意的合作。

（四）在发动战争之前，同泰国建立紧密的军事关系。

二、至12月1日午前零时，如果对美谈判获得成功，则停止发动战争。

附件

《对美谈判要领》

对美谈判要按局部地区性缓和方案进行，并力求达成协议。所谓局部地区性缓和方案，就是把一直成为悬案的重要事项的表现方式加以修改，使语气缓和下来的附录甲案或附录乙案。

甲案

日美谈判悬案中的最重要事项为：（一）在中国和法属印度支那的驻兵及撤兵问题；（二）对华贸易无差别待遇问题；（三）对三国条约的解释和执行问题，（四）四项原则等问题。这些问题决定缓和如下。

附录

（一）在中国的驻兵及撤兵问题。关于此项，美国方面的态度（关于日本的驻兵理由暂且不论）是：（甲）重视未确定期限的驻兵问题，（乙）不同意将未确定期限的驻兵问题包括在和平解决条件之中；（丙）要求日本对撤兵作出更明确的表示。有鉴于此，将此项缓和如下。

因中国事变而派往中国的日本军队，在日华间实现和平后，在一定期间内驻扎在华北、蒙疆的一定地区和海南岛；其余军队将在实现和平的同时，按照日华间的另外协定，开始撤兵，并在两年内完成。

注：关于驻军年限如遇美方质问时，可回答大致以25年为期。

（二）在法属印度支那的驻兵和撤兵问题。关于此项，鉴于美方担心日本对法属印度支那怀有领土野心，而且担心日本把该地作为向邻近地区进行武力扩张的基地，兹缓和如下。日本国政府尊重法印的领土主权。目前派到法属印支的日本军队，当中国事变获得解决或确立起公正的远东和平时将立即撤出。

（三）对华贸易的无差别待遇问题。关于此项，如果按已经提出的9月25日方案，最后仍无达成妥协的希望时，则以下列方案应付。日本国政府承认，在无差别原则适用于全世界的情况下，在整个太平洋地区，亦即在中国也实行本原则。

（四）对三国条约的解释及执行问题。关于此项，可按下述调子应付，即进一步明确表示，我方无任意扩大解释自卫权的意图；关于三国条约的解释及执行问题，已如我方屡次说明那样，日本国政府将按自己的决定采取行动，关于此点，我们认为业已得到了美国方面的谅解。

（五）关于美方的所谓四项原则，应尽量不把这个原则包括在日美正式妥协事项中（无论是谅解案还是其他声明）。

乙案

一、日美两国应保证，不向法属印度支那以外的东南亚及南太平洋地区进行武力扩张。

二、日美两国政府应互相合作，保证在荷属东印度获得各自所需要的物资。

三、日美两国政府应将相互间的通商关系恢复到资金冻结前的状态。美国应保证供应日本所需要的石油。

四、美国政府不得干扰日华两国实现和平的努力。

备考：

一、必要时不妨作出如下保证：如果本协定达成妥协，经法国政府谅解后，准备将现驻在法属印度支那南部的日本军队移驻法属印度支那北部；在中国事变获得解决或在太平洋地区确立起公正的和平后，将从法属印度支那撤退上述日本军队。

二、必要时可将过去提案（最后方案）中关于贸易无差别待遇的规定，以及关于解释和履行三国条约的规定补充到本方案中。

〔塚田参谋次长慷慨陈词〕 11月2日午前2时，从宫中会场返回参谋本部的塚田参谋次长，向田中第一部长、冈本清福第二部长、有末第二十班长说明了会议的经过和议决事项之后，发表了如下感想。美国冻结日本资产以后，为打开局面而日夜焦虑的塚田次长，显得形容憔悴，面色苍白。

"现在决心一战，永野军令部总长的意志坚决而明确，可是却说什么三年以后的战争前景难以预料。岛田海相好像也认为现在只好按永野总长的说法去干，但却不积极发言。

"杉山参谋总长强调，战机就在眼前，陆军作战与海军确保海上交通相配合，对确保占领地区有信心。

"东乡外相、贺屋藏相因数年后的战争前景不清楚，直到最后也不肯下决心，看来大体上倾向于卧薪尝胆方案。铃木企划院总裁对外相和海相说，虽然有些地方令人担心，但现在除决心战争外别无他策，而且从物质条件来看，现在进行战争也较为适宜。

"看来没有人说：'即使变成长期战争也没关系，我包下了。'谁都对战争的前景担忧，因而有一种难道就不能设法和平下去的想法。可是十分明显，维持现状是不行的。结果，万不得已就作出了一旦外交决裂就进行战争的结论。我个人认为，日美战争是不可避免的。时期就是今天。即使现在不打，也只是明年打或后年打的问题。时期就是现在。一打起来，神洲[①]正气一定大放光明。打着向南方挺进，在执行国防政策上，前途光明。

"至于战争的结局，由于日本的南进，很有可能促使德意制服英国，迫使中国屈服的可能性也比现在要大。其次也可以设想苏联的屈服问题。夺取了南方也会打击美国的国防资源。即我们可以首先在西部太平洋及东亚大陆上筑起铜墙铁壁，在其中对亚洲的敌对国家集团实行各个击破；另一方面，努力打倒美英。英国一旦垮了，美国也得考虑考虑。至于说5年后会怎么样，

---

① 神洲——日本的自称。——译者

那只能说作战、政治、外交都难以预料。"

11月5日的御前会议

〔2日首相详细上奏〕 11月2日午后5时，东条首相同陆海军统帅部长并肩站立，把联席会议上的讨论经过和结论，声泪俱下地详细奏明天皇。天皇看上去似乎理解了。

〔4日御前军事参议官会议〕 11月4日，在天皇亲临之下召开了陆海军联合军事参议官会议。闲院宫元帅任议长。会上，天皇对《关于帝国国策实施要领中国防用兵方案》提出咨询。之后，闲院宫元帅将国防用兵上不得不决心对美英荷开战，并议决以12月初行使武力为目标，促进战争准备等情况向天皇作了回答。

出席会议人员除闲院宫、伏见宫两元帅、陆海军大臣以及统帅部长外，陆军方面还有朝香宫、东久迩宫、寺内、西尾、山田、土肥原、篠塚；海军方面有百武、加藤、及川、盐泽、吉田、日比野等各军事参议官。

军事参议院本来不是处理这种与国策直接有关问题的机构，并且召开陆海军联合会议也是前所未有的。但是，东条首相鉴于于局势的严重性，认为有必要集中全体军事首脑一起研究，因而不顾统帅部的反对，把问题只限于国防用兵事项上，促成了这次会议的召开。

〔《国策实施要领》按原案通过〕 第二天（5日），召开了御前会议。前记《帝国国策实施要领》按原案通过。出席会议人员除参加联席会议的成员和干事以外，原枢密院议长也照例参加了会议。会议从午前10时半开始，一直开到午后3时15分，中间休息了一个小时。

〔首相说明提案理由〕 会议一开始，东条首相就提案理由说明如下：

9月6日的御前会议讨论了帝国国策实施要领。帝国为确保独立和生存，决心不惜对美（英、荷）一战，以10月下旬为期限完成战争准备。同时，对美英尽一切外交手段，努力实现帝国的各项要求。如果依靠外交谈判至10月上旬仍无实现我方要求的希望，则决心立即对美（英、荷）宣战。这一方针已承皇上批准。

后来，在政略和战略两方面紧密配合之下，特为取得对美谈判的成功作了最大努力。

此间，帝国一忍再忍，为使谈判达成妥协作出了努力，但仍未使美方有所醒悟。内阁竟在日美谈判中更迭了。

政府和大本营陆海军部根据4月6日钦定的《帝国国策实施要领》，进一步作了广泛收入的研究，前后召开了8次联席会议，结果就如下结论取得一致意见。目前坚定作战的决心，发动武力的时机定为12月初，据此一心一意作好战争准备，同时仍须通过外交手段，寻求打开难局的对策。因此特请对附件《帝国国策实施要领》加以审议。

〔外相对外交工作的说明〕 首先东乡外相对有关外交问题作了必要的说明：

我想帝国对外国策方针是确立以正义和公正为基础的国际关系，从而为维持与增进世界和平做出贡献。

一、结束中国事变和确立大东亚共荣圈，本来是保障帝国的独立生存和维持东亚安定的基石。帝国为完成这一大业必须有排除一切障碍的决心。

与去年11月30日缔结日华基本条约的同时，帝国承认了南京政府，于是，中国事变进入了一个新阶段。后来帝国一面扶植和强化南京政府，一面对蒋介石政权继续施加军事压力，促其反省。然而圣战已经4年有半，而今蒋政权仍在继续抗战，其原因十分明显，主要是有美英等国在大力支援的缘故。

二、中国事变爆发以来，英美两国政府曲解了帝国向大陆发展的意图，一面起来援蒋，一面采取牵制帝国的现地行动或加重经济压迫等措施。在东亚向来获得最多权益的英国，从一开始就采取了一切干扰破坏的手段，这已无需赘述。与此相呼应，美国废除了日美间的通商条约，禁止或限制进出口贸易等，日益加剧对我方的压迫。特别是帝国缔结了日德意三国条约以来，美国亲自引诱英荷，联合蒋政权，采取搞对日包围圈等手段。德苏开战以后，不顾帝国政府警告，通过远东向苏联提供石油及其他必要军需物资，对帝国采取不友好行动。帝国为了自卫和防御，为了结束中国事变的需要，经友好协商，与法国政府缔结条约，派兵进驻法属印度支那之后，美国的行动越来越露骨，在冻结资金的名义下，不仅事实上采取了包括中南美在内的对日经济绝交手段，还联合英、中、荷等国威胁帝国的生存，拼命阻止帝国实施国策。因此，帝国作为东亚的安定势力，便不得不以毅然决然的态度和决心起来打开局面。

三、罗斯福总统作为国策，强调抨击所谓希特勒主义即武力政策。为此，他一面利用美国经济上的优势，实行几乎形同参战的援英政策，一面采取前述强硬的对日压迫政策。本年4月中旬开始了调整日美邦交的一般性的非正式对话。帝国政府为了寻求东亚的安定及世界和平，以最诚挚且最公正的态度同美国继续进行了谈判。至今谈判已达6个多月。帝国以忍耐和谦让精神,力求谈判达成协议。尤其是前任内阁,为谋求通过两国首脑会谈打开局面,表现诚意,竭尽全力,4月下旬就提出了调整邦交的妥协方案。而美国政府的态度却极为强硬,死抱着6月21日的原来方案,丝毫没有妥协的意思。据最近观察报告,在与上届内阁的对话中,美国方面似乎多少表示了妥协的意思,但在实际上不仅没有任何让步的表示,反而加强了南方的军事设施,加强了财政援助、提供武器、派遣军事使节等援蒋活动。并在新加坡、马尼拉举行军事会谈,在巴达维亚、香港(地区)等地也一再举行军事、经济性的会议,这种加强对日包围的措施和行动实在令人无法容忍,看来,美国仍然毫无诚意。因此,我们不得不遗憾地作出这样的判断:谈判照此下去不会有迅速达成妥协的希望。我们仔细研究了6月21日方案,其中不无帝国可以接受之点,但全面看来就会发现,这是九国条约的再版,将迫使帝国推翻满洲事变以来付出巨大牺牲制定的一系列国策,进而切断帝国在东亚建设新秩序的道路,动摇帝国在这一地区的领导地位。这个方案令人担心的地方很多。

四、总之,目前的国际形势是,在东亚,英美的援蒋政策和所谓英、美、荷、蒋政权四位一体的对日包围圈正在逐步加强。此外,苏联政权也有可能借助英美的支援逐渐向远东方面扩张势力。所以,帝国不能不担心中国事变的解决和东亚新秩序的建设将从根本上受到威胁。此外,欧洲的战局,即使德意称霸大陆的第一个阶段的目标可以达到,但还不能急于指望他们获得全面成功。随着战局陷入长期化,对于德意对帝国的支援实际上不能抱太大指望。现实情况就是这样,必须向诸位说明。

考虑到形势日趋紧迫,日美谈判又显著受到时间限制,所以很遗憾,在这么短暂期间内,外交施策上的余地是不大的。而且日美谅解方案即使达成协议,也还存在着美方国内批准程序上的问题。使谈判达成协议,这是当务之急,所以必须是在极其困难的情况下进行折中,遗憾的是,达成圆满妥协的希望并不大。但帝国政府现在仍然要竭尽全力以使谈判迅速达成协议,并准备以附件两个方案作为谈判依据,因为这两个方案坚持了可以维护帝国名誉与自卫的起码条件。即第一个方案:关于9月25日方案中一直成为悬案的(一)在华驻兵与撤兵问题;(二)对日德意三国条约的解释与执行问题;(三)国际通商的无差别原则等方面,考虑到美方的希望,在可能范围内已做了让步。第二个方案大体规定了如下内容,即不在西南太平洋地区实行武力扩张;互相保证,在上述地区就获得物资问题进行合作;另外美方不得妨碍日华和平;相互解除资金冻结令等。最后还要补充一句,就是当谈判达成协议时,帝国政府所采取的非常措施一切都将恢复原状，本着这一原则来进行交涉。

再者，如果不幸，本谈判未能达成协议，帝国与德意两国的合作关系将更加紧密，并将采取各种适当措施，以期这种合作更臻完善。

〔企划院总裁对国力的估计〕 铃木企划院总裁对处于战争与卧薪尝胆两种情况下的国力，尤其对重要物资作了估计，并进行了详细说明。其中对进行战争的结论是：

总之，在继续进行对华作战的同时，还进行具有长期战性质的对英美作战，长期维持和增强战争所必需的物力、财力，这是极不容易的。很显然，万一发生天灾等不测事件，则困难越发加大。不过，由于对作战的第一个阶段有稳操胜算的把握，如能有效利用这一胜利成果，并在各生产部门、消费部门以及其他国民生活各个方面都能充分发扬誓死共赴国难的国民精神，则本人确信，这在保持和增强国力上，比坐待对方压迫有利。

对隐忍持重、卧薪尝胆时则说：

照现在的情况发展下去，仅就增强物资方面的国力来看，也是很不利的。

〔首相和枢密院议长的见解〕 接着由贺屋藏相和陆海军统帅部长分别作了必要说明。之后，按惯例，在原枢密院议长同政府及大本营之间进行了质疑答辩。最后，原枢密院议长和东条首相陈述了如下见解。

枢密院议长：国民希望尽快解决中国事变。这还没个头绪就要同大国美国作战，为政者必须慎重考虑。据今天的说明看来，美国的态度反而越来越强硬了，今后的谈判也很少有成功希望，甚感遗憾。可是，无论从国内情况还是从国家独立自存的角度看，全盘接受美国的要求是不行的，必须坚持日本的立场。

据信，日华问题是谈判的重点，而美国则给人以蒋政权代理人的印象。蒋介石若依靠美国力量同日本进行谈判，那么两三个月无论如何是达不成协议的。假如美国看到日本的决心而屈服了，那当然好，但我认为这是指望不上的。实在是不得已。话虽如此，也不能照目前情况发展下去。错过目前战机，就只好听任美国摆布。因此，我认为为下决心对美国开战也是迫不得已的。

有人说，初期作战用不着担心，以后困难会增多，但总会有希望的，我相信这种说法。现在愿向政府进一言。日本同美英作战，中国事变当然是其原因之一，另一原因则是由于同德英战争的关系。我想仅仅由于中国事变是不会发展到今天这种地步的。这里应该考虑的是。从白种人对黄种人的种族观念来看，日本一旦参战，德英、德美的关系将如何演变？

希特勒也把日本人说成是第二流人种，德国还没有直接向美国宣战。如果日本向美国宣战，揣度美国国民的心理，对日本的愤慨会更大于对希特勒的憎恶。

德裔美国人在向往导致美德间的和平。因此我担心，一旦日美开战，德英、德美可能会达成妥协，只剩下日本自己。就是说必须估计到，美国人对希特勒的憎恨会转化为对黄种人日本人的憎恨，英美的对德战争结果可能转变成指向日本。希望政府慎重考虑人种关系，警惕被整个雅利安人种包围，不致只剩下孤独的日本。因此从现在起必须加强同德意的关系，而且只凭纸上的保证是不行的。以上所述，切望能够唤起当局者的注意，妥善处理今后的国际形势。

首相：枢密院议长的意见很对。自从上次御前会议以来，政府并没有放弃设法打开日美谈判僵局的诚挚希望。

由于谈判几乎没有什么希望，所以统帅的精力专注于作战是很自然的。然而，只要有打开谈判僵局的途径，即使我们克制一下作战上的牵制，也要继续谈判，正如本方案所规定，外交和作战同时并行。我认为谈判有一些成功的希望。原来美国之所以同意日美谈判，是因为它本身有弱点。即因为它的两洋作战准备和国内体制的加强尚未完成，以及国防资源还不充足等。依照这一方案，日本军队一旦到达位置摆开阵势，日本的决心就会为美方所理解。美国本来以为日本在经济上会投降的，但我觉得，美国一旦认识到日本的决心，那时才是需要施展外交手段的时候。我认为，现在只剩这一招了。这就是本方案。这是原枢密院议长所说靠外交手段搞下去的最后的措施。既然事态已发展到如此地步，舍此方案别无他策。

如果变成长期战，则有许多困难和不安。然而以这种不安为由，就像现在这样听任美国为所欲为，结局将会如何呢！两年以后石油没有了，船不能开动，敌方在西南太平洋上的防务加强了，美国舰队增强了，而中国事变却仍然解决不了。国内的卧薪尝胆也不可能长年累月地忍受下去，这和日清战后的情况是不同的。担心坐以待毙，不过两三年就要沦为三等国。

要采取措施防止发展成为人种战，您的这个意见很对，打算采取措施，利用南方作战的成果来推动德意，以避免德英、德美单独媾和。关于战争的大义名分问题，打算明确这一事实，即由于美英的压迫，日本的生存受到了严重威胁。关于对占领地的统治，准备采取公正开明的措施，借以缓和美国舆论。

第11章

天皇决定开战

为和平做最后努力

政府遵照御前会议的决定,以新的热忱,全力以赴地为和平做了最后的努力。

〔**特派来栖大使,按照甲案进行谈判**〕 为帮助野村大使,政府决定派遣来栖大使。来栖大使于11月6日自东京动身,乘飞机经由香港(地区)赶紧赴美。

11月7日,野村大使向赫尔国务卿提出甲案,并详细申明,这是日本的最后让步,鉴于形势急迫,希望根据该案迅速使谈判达成协议。赫尔国务卿一面约定进行研究,一面以国务卿个人名义询问野村:如果美方让中国的最高政府首脑向日本提议恢复友好关系,日本将怎样对待?对此,政府训令野村大使,要对美国这一提议加以利用,争取由此导致日华之间的直接谈判,同时表明,日本坚决要求按甲案迅速使谈判达成协议。对美方徒尚空谈,动辄采取非现实态度感到遗憾,因此再做努力,以促使美国顾全大局,认清现实形势,迅速达成协议。

11月10日,野村大使会见罗斯福总统,强调指出,日美谈判开始已经6个多月,在此期间,日本克服了重重困难,做了许多让步,而美方却死抱着原案不肯让步,因此日本怀疑美方是否真有诚意。并且说明,甲案是日本所做最大限度的让步。对此,总统没有马上表示同意,只表示了美国希望防止扩大战争、维护持久和平的意思。

11月12日,赫尔国务卿面告野村说:在进入讨论谈判细节以前,希望得到日本关于和平诚意的保证,因而亲自交给野村大使一份文件,内容为:8月28日日本近卫内阁就其所主张的和平政策向美国政府表明了见解。希望新内阁对此也予以确认。另外,还把暗示让蒋介石对日提出和平倡议以建立日华友好合作关系并相互交换誓约的方案,也亲自交给了野村大使。政府回答说,日本对和平政策的见解已全部包含在甲案之中,现政府对确认前内阁8月28

日的见解并无异议；对美方提出为日华和平进行斡旋并无异议。

11月15日，赫尔国务卿以文件形式向野村大使提出，在日方的提案中有这么一句："在无差别原则适用于全世界的情况下，承认该原则也适用于整个太平洋地区。"他说：美国对其管辖权所及范围以外的国家是不能承担责任的。因此他要求日本撤回适用于全世界的这个条件，并建议另搞一个非正式的试行方案《日美关于经济政策的共同宣言》。赫尔国务卿进一步以口头形式反复主张，如果日美达成协议，日本就没有必要再保持三国条约，因此希望废弃或使之变成一纸空文。

对此，政府回答说，所谓以"适用于全世界"作为条件，是在这个意义上说的，即我方希望该原则一律适用于全世界，随着上述希望的实现，我方承认在中国也实行这一原则。因此，鉴于当前这个原则几乎完全被忽视的事实，只在中国首先适用这个原则，我方难以承认。另外，关于日美共同宣言案问题，政府认为，其中有关中国的政策部分，忽视了中国的现实，特别是共同开发中国的提案，有造成国际共管中国的危险，我方不能接受，因此要求全部撤回，以我方甲案为基础，设法尽速促进谈判。

〔来栖大使参加会谈〕 特派全权大使来栖，11月17日以后参加了会谈。该大使17日向罗斯福总统说明，鉴于形势紧迫，有必要使谈判迅速达成妥协，日美之间发生冲突对谁都没有好处；并日进一步强调了日本的和平意图，阐明了日本在驻兵问题上的立场。总统答称，美国对于中国问题既无意干涉也无意斡旋，而只是想当个中介人。

11月18日，赫尔国务卿力陈希特勒主义的威胁，竟谈到美国的和平政策同这种主义难以两立，因此，只要日本同德国合作，调整日美关系就极为困难，如果不首先排除这个根本困难，日美之间不可能进行对话。结果，美方丝毫没有妥协的表示，问题依然是三国条约问题、平等贸易问题以及中国问题三点。

〔野村大使陈述意见〕 11月19日，野村大使致电东乡外相，内称："目前日本应选择的道路有三：

第一，维持现状；

第二，武力扩张打开局面；

第三，设法造成互不侵犯的局面；

第一条路，彼此都将增强战备，增派舰队，越发造成一触即发之势，结果终将陷入武装冲突，同第二条路相比，只是时间上多少有迟早之分。第三条路是，设法通过临时性协定暂时缓和局势，并千方百计，努力在和平期间达到我方目的。"野村大使建议以采用第三条路为宜。

〔甲案无望，提出将乙案作为最后方案〕 11月20日，政府放弃了按甲案达成妥协的念头，训令野村大使提出乙案，并向他传达了下述精神：即，乙案是我方的最后提案，绝对不能再让步，如果得不到美方同意，谈判即使决裂也没有办法。

11月20日，野村、来栖两位大使会见赫尔国务卿，提出乙案，并且说明，这项方案是为了缓和目前的紧张局势，多少恢复一些友好气氛而提出的。可是，赫尔国务卿并没有提出什么意见，只是对该案中美国不得采取行动妨碍日华和平的努力一项表示颇有难色。他答称，假如日本不明白表示同三国条约的关系，不保证采取和平政策，则停止援蒋很困难，总统提议说要充当日华和平的中介人，也是以日本采取和平政策为前提的。

来栖大使指出，根据11月12日美方表明的方针，在通过总统中介开始日华直接谈判的情况下，美国既是和平的调停者，而又继续援蒋，妨碍实现和平，这是互相矛盾的，希望美国考虑。

在华盛顿谈判的同时，在东京，东乡外相同美国驻日大使格鲁之间也在进行谈判。

〔破裂局面即将出现〕 此后，美国政府与英、澳、荷和蒋政府代表反复进行了协商。11月22日，赫尔国务卿答复日本说：上述各国表示，如果日本明确表示执行和平政策，数日内即可恢复通商关系，目前准备逐步实行恢复；如果日本仅从法属印度支那南部撤兵，各国认为这还不足以缓和南太平洋方面的紧张局势；并进一步答称，他认为美国总统出面斡旋日华和平的时机目前尚未成熟。

这样，谈判达成妥协的希望愈益渺茫，太平洋上的破裂局面已经迫在眉睫。

齐头并进的战争准备

〔向南方军和南海支队下达战斗序列命令〕 另一方面，陆海军根据御前会议的决定，正在积极完成作战准备。

11月6日，大本营陆军部向南方军和南海支队下达了战斗序列命令（战斗序列是指在战时或事变时根据天皇的命令编组作战部队），同时命令准备攻击南方要地。天皇亲自任命了南方军总司令官寺内寿一大将及其所属各军司令官。南方军总参谋长由参谋次长塚田攻中将亲自担任。南海支队是准备攻占西太平洋上美国海军基地关岛的大本营直属支队，支队长是掘井富太郎少将。

此外，11月6日对中国派遣军总司令官发布了准备攻占香港（地区）的命令。

接着，11月15日，大本营陆军部对南方军发布了攻占南方要地的命令，但对进攻作战的开始时间当然作了保留。据此，作战部队的任务确定了，行动有了依据。

11月8日发布命令，从千岛群岛经由日本本土直到台湾（地区，朝鲜除外）的各要塞进入一级战备或二级战备。

于是，南方军在法属印度支那、海南岛、华南、澎湖列岛、台湾（地区）、奄美大岛、帛琉岛集结，南海支队在小笠原群岛集结，完成了战略部署。

〔联合舰队开始行动〕 11月5日，大本营海军部命令联合舰队进行必要的对美、英、荷作战准备。同时，大本营海军部为了进行上述作战准备，指示联合舰队应将作战部队开到作战开始前的准备地点。接着，11月21日又命令联合舰队将作战部队开到作战待机海域。

准备在开战伊始偷袭夏威夷的机动部队，在南云忠一中将指挥下，已秘密从濑户内海出发，至11月22日在千岛群岛南部的单冠湾集结，11月26日下午6时直向夏威夷西北海面出击。当然也准备了另一措施，外交谈判一旦成功，机动部队就调头返航停止攻击。

〔召开临时议会〕 11月17日，政府召集临时议会，阐明了政府对时局的态度。东条首相在其施政方针演说中，强调了日本的下述要求：

一、第三国不得妨害日本结束中国事变的企图；

二、日本周围各国不得对日本进行直接军事威胁，并解除经济封锁之类的敌对性行动，恢复正常的经济关系；

三、极力防止欧洲战祸扩展到东亚。

〔议会一致通过《实现国策决议案》〕 众议院18日一致通过了各派联合提出的实现国策决议案。政界宿将岛田俊雄就提案的宗旨大致做了如下说明。会场充满着一种凄怆的气氛。

"圣战已经四年有半。前后算来大规模战争业已持续了五年之久，而行将崩溃的蒋介石政权，至今所以仍在苟延残喘顽强抵抗，不外是因为有以美国为中心的敌对国家集团的阴险而顽强支援的缘故。

"他们不仅利用蒋介石当傀儡来妨碍我完成圣战，而且干涉泰国内政，对缅甸施加高压，使其变成抗日的桥头堡。他们还嗾使荷属东印度拒绝供应帝国的必要物资。他们无理地加强新加坡、关岛、菲律宾、夏威夷等太平洋周围所有各地的防御，进行无谓的威胁，使本来平稳宁静的太平洋波涛汹涌澎湃起来，造成一触即发的危险局面，正在把培里来访以来长达一个世纪的日美邦交一朝引向毁灭。

（中　略）

"皇国主张民族的自给自足，确立大东亚共荣圈，即东亚各民族、各国家要和平地在经济上互通有无，团结合作，建立共存共荣的和平环境，从而为实现世界和平作出贡献。皇国的这种正确主张哪里有半点侵略意图！企图否定它，妨碍它，足证美国政府不讲理（中略）。

"我们并不是好战。战争已经打了五年，在这种情况下再进行以美英为对手的战争，当然我们并不愿意。因此，只要有谈判的余地就谈到最后，也是可以的。不过，佛爷虽然慈悲，再三触犯也会动怒的。先圣甚至教导说，两次就可以动怒了。如果正义被践踏，善意被无视，独立被威胁，前进道路被堵死，而还甘心忍受，屈服于侮辱和威胁，坐以待毙，这绝不是我们的正义感、我们的爱国心所能容许的。对于那种虽然对他讲了，但还不理解的人，可以设法使他理解，可是对于那种明明已经理解了，但硬说不理解而一味强词夺理的人，我看只有一个办法。

（中　略）

"政府里有些人似乎认为，国民大众至今还没有彻底认清时局，这是大错特错。政府人士果真认识到了我们的国民是怎样怀着走投无路的情绪，燃烧着无论如何也要排除这种沉重压力，不见天日不罢休的气势吗？现在国民都被像身临大火一般的心情所支配，充满着像遭到看不见的空袭一般的气氛。政府如果以坚如磐石的决心前进一步，国民就会立即闪电似的响应而勇往直前。政府人士理解国民的这种决心吗？事已至此，只有干下去，这是全体国民的心情。

"我们的国民认为，这场战争不打到底是没有出路的。现已进入了圣战的高峰。之所以这样说，不仅仅是因为我们心爱的子弟身为护国之干城，正出生入死地活跃在第一线，而且公债的多发也是由于战争，捐税的加重也是由于战争，生活物资的缺乏和拮据也都是由于战争，这些都是因为我们的国民已经充分、十二分地有了觉悟并下定决心，今天不论艰难困苦怎样接踵而来也要坚决把战争进行到底，赢得战争的最后胜利，否则，和平、幸福和光荣都是指望不到的。正是出于这种迫切而紧张的情绪，国民才对这届东条将军的新内阁寄予了极大的期望，认为这回可要干了，激发起要誓死报国，要互相支援、合作、激励、鞭策等那种旺盛饱满的情绪。内阁诸公应当把国民这种热烈的、赴汤蹈火在所不辞的精神很好地运用到效忠国家上面来。什么事情都有个火候。铁不趁热打是不行的。在这个意义上，我们希望政府始终本着贯彻战争目的的精神一直干下去，切不要在前进的道路上左右摇摆。

（中　略）

"我们过去多次听到过下定决心勇往直前这类的话。这类话在昨天的会上也听到过。但决心还不是实际行动。我们所担心的并不是政府的决心不够坚定，而是政府尚未作出能够证实其坚定决心的行动。

"为国为民，政府还顾忌什么？害怕什么？要知道，我们所顾忌和担心的也正是对方所顾忌和担心的。一旦战争打起来，伤亡人命和消耗物资决不是我们一方的事。我们必须趁此机会，使敌对国家的政界财界的诽谤者们受到深刻的实际教训，使他们懂得战争必然会给双方带来人员和物资的巨大牺牲和损失，与此同时，使这些国家的国民大众彻底知道，是他们妄自尊大的领导人的领导和教唆，使他们卷进了战争的漩涡，而成为同他们的独立、生存都毫无直接关系的战争牺牲品的，却不是他们的领导人，而是他们这些被领导的国民大众本身。如其不然，我认为，太平洋的和平和安宁是不能指望的。据说，近卫首相在那封致罗斯福的关于日美谈判的文电中用了'太平洋之癌'这个词。如果说癌这个东西果真存在于太平洋，那就必须懂得，实际上这个癌并不是在太平洋上，而是长在美国人那里，尤其是长在美国当前领导人的心里。对这个癌，有必要做一次大手术，这是我们的责任，是继开国之往昔而承永远之将来的、肩负着大日本帝国的现在的我们日本国民的最重大的责任。政府到底何时才让我们操起刀来动这个大手术？"

关键的赫尔照会

开战的时机正在时刻迫近，但日本的和战决心却还没有定下来。

〔乙案达成妥协后的石油进口量〕　11月26日，政府和大本营就乙案达成妥协后的石油进口量问题进行研究，决定必须确保每年从美国进口400万吨（昭和15年度的实际进口量为330万吨），从荷属东印度进口200万吨（在日荷谈判时要求进口180万吨），并电训野村大使要在谈判时取得这个保证。

〔赫尔照会〕　11月26日，赫尔国务卿对野村和来栖两位大使说：对我方11月20日的提案已经作了慎重研究，并同有关国家也进行了磋商，但遗憾的是难以同意。并且提出了以下的新提案，声称这是美方6月21日方案和我方9月25日方案的调节案。这就是所谓的赫尔照会。

"极秘""是草案不是决定方案"

《合众国及日本国间协定的基本概略》

第一项　关于政策的共同声明案

合众国政府与日本国政府声明：两国政府均欲实现太平洋地区和平，两国国策均以实现太平洋地区，全面、持久、广泛的和平为目的；在上述地区，两国不怀有任何领土野心，无意威胁他国或对邻国行使侵略性武力；在两国政策方面，须积极支持并实际运用下述各项根本原则，而这些根本原则是构成两国间及两国同其他一切国家政府关系的基础。

一、维护一切国家领土及主权不可侵犯的原则；

二、不干涉他国内政的原则；

三、包括通商上的机会均等及待遇平等的平等原则；

四、为防止发生纠纷与和平解决纠纷，为用和平手段改善国际局势，遵守国际合作与国际调停的原则。

日本国政府与合众国政府为根绝慢性政治危机，防止经济崩溃，奠定和平基础，一致同意，在两国相互间以及在两国同其他国家、其他国民间的经济关系方面，须积极支持并实际运用下述各项原则：

一、国际通商关系中无差别待遇原则；

二、废除在国际经济合作及过分的贸易限制中表现出来的极端国家主义的原则；

三、在取得原料物资上各国一律平等的原则；

四、关于运用国际商品协定，充分保护消费国及民众利益的原则；

五、为便于一切国家主要企业的经营和不断发展，并为能够按贸易手续进行国际间的结算（而这项手续又符合一切国家的福利），建立国际金融机构及协商原则。

第二项　合众国政府及日本政府所应采取的措施

合众国政府及日本国政府提议采取下述措施：

一、合众国政府和日本国政府应为缔结英帝国、中国、日本、荷兰、苏联、泰国及合众国间多边互不侵犯条约而努力；

二、双方政府应为在美、英、中、日、荷及泰国之间缔结一项协定而努力。上述各国政府须在协定中保证：尊重法属印度支那领土主权，如有威胁印度支那领土安全等情况发生，各国为采取必要的适当措施应付这些威胁，应即时进行协商；

该协定还必须规定，各协定缔约国政府，在同法属印度支那的贸易或经济关系中，不得要求和接受特惠待遇，而且为了各缔约国，各缔约国须努力确保在同法属印度支那贸易通商中的平等待遇；

三、日本国政府应从中国及法属印度支那撤退一切陆、海、空军兵力及警察力量；

四、合众国政府及日本国政府除对临时以重庆为首都的中华民国政府外，不给中国的任何其他政府或政权以军事、政治及经济上的援助；

五、两国政府放弃在中国的一切治外法权，包括放弃在中国的外国租界和租借地内的有关各种权益以及根据1901年义和团事件议定书[①]所获得的各种权利；

关于放弃上述在华权益的方法问题，两国政府将努力求得英国政府以及其他各国政府的同意。

六、合众国政府及日本政府，基于美方希望，两国互予对方以最惠国待遇，放宽贸易上的限制，并将生丝列为自由商品，为缔结合众国和日本国之间的通商协定，应立即开始协商；

七、合众国政府和日本政府须分别撤销对在合众国的日本资金和对在日本国的美国资金所实行的冻结措施；

八、两国政府同意就有关稳定日元美元汇兑事宜缔结协定；为达到上述目的所需资金的分摊额，同意由日本国和合众国各提供一半；

九、两国政府同意，两国中任何一方同第三国缔结的任何协定，该国均不作同本协定的根本目的，即建立与保持太平洋地区全面和平相矛盾的解释；

十、两国政府应运用各自的实力，使他国政府遵守本协定所规定的基本的政治经济原则，并在实际中加以运用。[②]

〔**美国的战争决心**〕 在此之前，11月21日赫尔国务卿在同陆海军当局会谈中就曾指出："现在日美谈判即将结束，外交当局已无计可施，今后的工作要交给军部。"接着，11月26日，赫尔国务卿认为日美谈判已告结束，便将此事通知了军部。军部立即向夏威夷军事当局发出了警告。美国在警告中命令："美国勿先动手，先让日本动手！"

赫尔备忘录与我方的历来主张有天壤之别，而且是一个完全无视4月以

---

① 指辛丑条约。——译者
② 此段按英文原文译出。见鹿岛和平研究所编：《日本外交史》第23卷《日美谈判》，1970年版第292页。——译者

来经过双方8个月谈判的提案。不言而喻，赫尔备忘录是在向日本提出如下要求：

一、从中国和法属印度支那全面撤退日本陆海空军及警察；
二、放弃日华间彼此毗邻的特殊紧密关系；
三、使三国同盟条约变成一纸具文；
四、否认重庆政权以外的中国其他一切政权。

〔快刀斩乱麻，立即决定开战〕 11月27日，日本收到了上述赫尔备忘录的全文。在这之前，驻美武官已经打来了报告，介绍了赫尔备忘录的要点，并指出谈判已经完全绝望。大本营和政府在27日的联席会议上，决定12月1日召开请天皇批准开战的御前会议。同时还决定了《开战舆论指导纲要》和《关于宣战的事务手续程序》。

接着29日，下述的重臣会议结束后，大本营和政府在联席会议上定出了下述御前会议的议题，并决定同德意就缔结不单独媾和协定开始进行谈判。当时正是午后4时至5时之间。

对美、英、荷开战问题

根据11月5日制定的《帝国国策实施要领》所进行的对美谈判，终于没能达成协议。

帝国对美英荷开战。

在27日和29日的联席会议上，有关和战问题已经没有进行任何争论。关于美国提案中的中国这个概念，是否包括"满洲国"的问题，也未特别进行讨论。与会全体成员一致认为，美国提案根本不着边际，没有讨论的余地，唯有开战而已。

根据11月5日的御前会议决定，至12月1日零时为止，如果谈判仍不能达成协议，届时不论当时谈判经过情况如何，立即开战。不过，如果日本当时还没有拿到赫尔备忘录，日本究竟会走上什么道路呢？赫尔备忘录的到来，确是一举决定了一切。

〔谁是挑战者？〕 昭和19年（1944年）6月20日，英国军需生产大臣奥利弗·利特尔顿在伦敦的美国商业会议所的茶话会上作了如下发言，引起了热议。然而他却绝妙地替昭和16年（1941年）11月29日下定开战决心的日本政府和大本营说了所要说的话。

他说：

"所谓美国被拖进战争是历史上编造的骗局。美国已经把日本驱赶到这种境地，即压得日本人已经不得不在珍珠港进攻美国人了。"

天皇作出开战的决定

〔召开政府重臣恳谈会的真相〕 11月26日，天皇垂询东条首相："如果开战，就必须始终举国一致，重臣们同意吗？让重臣出席御前会议怎么样？"首相回答说："御前会议是由负有辅弼国务之责的政府和负有辅佐统帅之责的陆海军统帅部长，从各自负责的角度陈诉意见，奏请陛下裁决的会议。重臣们并不肩负责任，所以我认为，让不担负责任的人来参加审议决定这种重大问题是不适宜的。先前在御前召开的军事参议官会议，是经过再三考虑，请陛下从军务角度出发，向负有重要军务责任的军事参议官提出咨询，从这种意义上召开的。让不负有责任的重臣出席御前会议是不适宜的。"之后，天皇又问道，那么，若是在御前和重臣进行恳谈怎么样？

在第二天27日的联席会议上，就有关上述问题，东条首相向与会者征求了意见。结果，大家一致认为，不仅让重臣出席御前会议，就是在天皇面前同重臣恳谈也是不适宜的。其理由正如首相回答的那样，宪法上承担责任者和不承担责任者在天皇面前恳谈重要国策，将把责任所在弄得模糊不清，所以是不适宜的。日俄战争时，开战是在内阁会议上决定的，然后由天皇咨询元老。可是，当时的元老和现在的重臣，在性质上是根本不同的。现在的重臣仅是指有过总理大臣资历的人。所谓重臣会议，不过是当决定后任内阁首相时，内大臣为了回奏天皇咨询而召集的征求意见的会议。

于是政府决定，把重臣召集到宫中，作必要的说明，以征得同意。在进行上述问题讨论时，唯独东乡外相主张可以和重臣在天皇面前进行恳谈。

〔恳谈的情况〕 政府和重臣的恳谈于11月29日上午9时30分至下午4时在宫中举行。出席的重臣有若槻礼次郎、平沼骐一郎、广田弘毅、近卫文麿、林铣十郎、阿部信行、冈田启介、米内光政和原枢密院议长9名。政府方面东条首相、岛田海相、东乡外相、贺屋藏相和铃木企划院总裁等出席了会议。

午前，政府方面作了说明，并进行质疑和答辩。全员陪同天皇用餐后，重臣在御书房上奏各自的见解，其后，政府与重臣之间进行了质疑和答辩。

多数重臣的意见认为，可以不必开战而维持现状。这是因为他们对维持长期战的国力和民心的动向感到不安。冈田启介海军大将尤其强调这一点。若槻礼次郎则强调，这场战争如果是为了日本的独立和生存，即使豁出吃败战也不得不开战。但若不是为了这种目的而诉诸武力，那是非常危险的。广田弘毅、林铣十郎和阿部信行三位重臣认为,既然开战的决心是政府经过慎重准备才作出的,那就只好信赖政府,表示同意开战。

东条首相对现状维持论——加以反驳,最后全体重臣只好对政府的开战决心表示谅解而散了会。

〔12月1日的御前会议〕 12月1日午后2时,在宫中东一厅召开了奏请天皇裁决开战的最后一次御前会议。政府方面全体阁僚特别出席了这次会议。

〔首相阐述被迫开战论〕 会议一开始,东条首相就阐述开战是不得已的。

"根据11月5日御前会议的决定,一面由陆海军努力完成作战准备,一面政府千方百计,全力以赴地为调整日美邦交作了努力。但美国不仅死抱着过去的主张寸步不让,还进一步在美、英、荷、中联合之下,追加了要帝国无条件从中国全面撤军,不承认南京政府,使日德意三国条约变成一纸具文等新的条件,强迫帝国作单方面的让步。如果帝国屈服于美国的压力,则不仅将丧失帝国的威信,不能完成结束中国事变的使命,而且结果势将使帝国的生存和独立也陷入危险境地。因此,十分明显,依靠外交手段已经完全不能贯彻帝国的主张。另一方面,美英荷中等国愈发加强其对我国的经济、军事压迫,无论从我国国力的角度来看,还是从作战的重点来看,都绝不能允许这种状态继续发展下去。尤其作战方面的要求,更不允许再继续拖延时间。事已至此,为了打开目前危局,以求生存和独立,帝国已到了不得不对美英荷开战的地步。

"中国事变已经4年多,而今又将毅然开始大规模战争,使皇上操心,实在感到不安。但仔细想来,我国现在的战争能力反比中国事变前有所充实,陆海官兵的士气越来越旺盛,国内团结愈加巩固。举国一致,誓死奉公,足以克服国难,这是我坚信不移的。"

〔外相阐述结论性意见〕 东乡外相详细汇报了11月5日御前会议以来的日美谈判经过之后,阐述了如下的结论性意见。关于在接受美方这个提案的情况下日本的国际地位问题,外相所作的阐述也是政府和大本营的一致意见。

"总之,美国政府始终坚持其传统的观念和原则,无视东亚的现实,妄图将难以实行的各项原则强加给帝国。尽管我国一再作出许多让步,但7个多月来的谈判,美方始终坚持其原有主张寸步不让。

"美国的对日政策是,始终要阻挠我贯彻建设东亚新秩序的坚定国策。如果接受美方这次提出的要求,则帝国的国际地位必将比满洲事变前更为低下,我国的生存也必将陷于危殆。即:

一、蒋介石统治下的中国,依赖英美的倾向将更加增大,帝国将失信于

（南京）国民政府，日华友谊也将永遭破坏，进而帝国不得不从亚洲大陆全面撤退，其结果，"满洲国"的地位也必然发生动摇。这样，我国结束中国事变的政策将从根本上破产。

二、英美势将以领导者姿态君临这些地区，从而势必导致帝国威信扫地，安定势力的地位被推翻，建设东亚新秩序的大业半途而废。

三、三国条约将成为一纸具文，帝国将失信于海外。

四、如果英美把苏联也拉进去，以集团组织来控制帝国，则必将增大我北部边境的忧患。

五、英美提出的通商无差别待遇及其他各项原则，我们虽然并不一定反对，但想把这些原则首先只适用于太平洋地区这种企图，归根到底不过是英美施展其利己主义政策的策略，它势必给我方获取重要物资带来巨大障碍。

"总之必须指出，上述提案是我方根本不能接受的，除非美方全部撤回其提案，否则，即使以上述提案为基础继续谈下去也几乎不可能充分贯彻我方的主张。"

〔军令部总长表示信心〕 接着，永野军令部总长代表陆海军统帅部表示信心如下：

"陆海军统帅部根据11月5日决定的《帝国国策实施要领》，正与政府的施策保持紧密联系，进行作战准备。现在业已完成部署，一旦皇上下令发动武力，立即可按既定计划开始作战行动。

"而美、英、荷后来也逐步做了战争准备，尤其这些国家在南方的军备正在增强。但目前还看不出和预料的有多大出入，不过确信对我方发动战争毫无妨碍，可按既定计划进行作战。对于苏联，则一面采取适当的外交措施，一面严加警戒，目前从其兵力的部署情况来看，还没使人感到很大不安。

"目前正面临建国以来最大的国难，陆海军作战部队全体官兵，士气极其旺盛，都有誓死报国的决心，一旦接到皇上命令，立即奋勇前进，共赴大任，关于这一点，请陛下放心。"

〔对战争结局的忧虑〕 此后，东条首相、贺屋藏相以及井野农相就所管事项分别作了说明。然后，原枢密院议长与政府和大本营之间进行了质疑答辩。原枢密院议长结束质问后，阐述了如下见解：

"帝国对美谈判再三让步，以期维持和平。不料美国却完全充当了蒋介石的代言人，高谈向来那套理想主义的陈词滥调。其态度唯我独尊，冥顽无礼，实在令人遗憾。这种态度是我国所绝对不能容忍的。

"如果忍辱屈从，则不仅会葬送日清、日俄两战役的成果，而且也不得不放弃满洲事变的成果。是可忍，孰不可忍！让整整克服了四年多的中国事变的苦难的国民再去忍受更大的苦难，实在于心不忍。然而很明显，目前帝国的生存已经受到威胁，明治天皇的勋业也将完全丧失，在这种情况下，即使再想办法也无济于事。因此我认为，遵照先前御前会议的决定而开战也是迫不得已的。

"最后想要说的是，我国将取得初战的胜利，这是毫无疑问的。但是在长期战的情况下，既要夺取胜利，又要安定民心。这的确是开国以来的大事业，必须克服时艰，务期早日解决。因此，有必要从现在起就考虑如何结束战争。

"毫无疑问，国民生活在这样卓越的国体下，其精神的优异是无与伦比的。但战争一旦长期化，有时也会有些人产生错误思想，同时敌国也会不断进行阴谋策动，妄图从内部瓦解我们。并且满怀爱国心的人，有时也难免要策划这类瓦解内部的活动。这一点是最值得忧虑的。

"鉴于目前形势，开战实在是迫不得已，我坚决信赖我们无比忠诚的将士们。"

〔天皇决定开战〕 就这样，天皇终于做出了对美、英、荷开战的决定。大本营陆海军部立即请求皇上批准发布开始进攻的命令。开战的第一天是12月8日。

箭已离弦，刀已出鞘。偷袭夏威夷的作战部队现在丢开后顾之忧，正面向东方人欢马跃。以新加坡为目标准备在马来登陆的大型运输船队，已于12月4日从海南岛三亚港启航。

〔宣战诏书草稿〕 宣战诏书草稿最初是作为战争理由的概要而草拟的，11月中旬以来，经联席会议讨论，多次进行了修改。在上述战争理由概要稿中，强调了战争的目的在于日本的独立和生存。诏书中明确指出："现在帝国为了独立和生存只有决然而起冲破一切障碍。"

通知停止对美谈判

〔东乡外相初次获悉开战日期〕 如前所述，在11月29日晚联席会议上，下了开战决心的政府和大本营认为，现在已经万事俱备了。可是，会议偶然提到了截至开战时为止，对美谈判应该怎么处理的问题。

陆海军统帅部长主张，既然已经决定开战，今后的外交就应该重点作些有助于作战的工作。东乡外相听到这个意外的发言反问道：还有充裕时间进行外交活动吗？他要求告知开战日期。历来，不但作战计划，就连作战的开始日期，对陆海军大臣以外的政府阁僚也是保密的。永野军令部总长小声回答说，开战的第一天是12月8日。东乡外相沉默了，因为最后该做的工作还给他留着呢。野村大使在11月27日的来电中提议说，从一个大国的信义上考虑，在军事行动开始之前，应该作出停止谈判的表示。

可是，当时海军统帅部由于对关系到作战全局命运的偷袭夏威夷的作战期在必胜，极力隐蔽开战企图。陆军统帅部也是如此。东乡外相无法知道这些情况。出席会议的大多数人大体上谅解了统帅部的要求便散会了。印象较深的是，最后好像有人说："现在全体国民都要拿出大石内藏之助①的精神来！"

〔隐蔽企图的插曲〕 为了撤回侨居美国的日本人，驶往美国的日本邮船竜田丸，载着外国乘客35人，于12月2日从横滨出发驶往旧金山。海军省军务局的大前敏一中佐在启航前交给船长一个小箱子，告诉他：到了12月8日零时再打开看。箱内装有几支手枪和要迅速调头返航的指令。竜田丸被禁止使用一切无线电通讯，一直和平地航行到中途岛附近海面。

〔向美提交最后备忘录的经过〕 在12月4日的联席会议上，东乡外相提议，应向美国提出最后备忘录。这是想在开始进攻之前通知停止外交谈判。如前所述，在11月27日的联席会议上，已经决定了关于宣战的事务性程序。关于宣布战争，规定在开战的第二天，（后来在12月6日又改为在开战的当天）公布宣战诏书和发表关于宣战的政府声明。这主要是对国内的措施。当时并没有要按国际法的规定，在进攻开始之前向交战国通告战争的意图。对上述东乡外相的提议事先通知一事，陆海军统帅部长略有难色。结果决定，要在进攻开始之前，由野村大使通知美国政府负责人停止谈判，而备忘录则交由外相草拟。备忘录的发出和面交时间要由外相同陆海军统帅部长协商决定。

此时，关于这份备忘录必须按照国际法规定，具有通告战争的性质一事，并没有进行讨论。

东乡外相同陆海军统帅部次长（因田边盛武参谋次长去祈祷战争的胜利，而由田中第一部长代理）协商的结果，决定上述备忘录于12月7日上午4时发出，次日（8日）上午3时（华盛顿时间7日下午1时）面交。这一决定在12

---

① 大石内藏之助系大石良雄（1659—1703年）的俗称，赤穂47义士之首。袭祖父良钦之职任赤穂浅野家"家老"，协助藩主。1701年，浅野长矩在江户砍伤吉良义央，因而被命自尽，领地被没收。从此浅野家衰落。1702年，大石良雄率众为浅野家报仇，但最后亦被迫剖腹自杀。——译者

月6日的联席会议上与备忘录文稿一起得到了会议的谅解。面交上述备忘录的时刻，实际是在准备开始攻击夏威夷时刻的前30分钟。

后来，备忘录的发出时间又作了若干变更，在从12月6日下午8时30分至7日下午4时这段时间，备忘录是分段逐次发出的，最后在7日下午5时30分向大使发出电令，要他在华盛顿时间12月7日下午1时面交备忘录。

但在华盛顿，野村大使约定在12月7日上午11时左右会见赫尔国务卿，因电报的译解和誊清耽搁了时间，野村、来栖两位大使离开使馆时已是下午1时50分了。两位大使在国务院大约等了20分钟，到了下午2时20分时，才把对美备忘录交到赫尔国务卿手中。这比预定时间拖延了1小时20分钟。在这1小时以前，日本海军已经开始进攻夏威夷了。

对美备忘录的最后部分是用如下字句结束的：

"这样，帝国政府欲调整日美邦交，与合众国政府共同维护和确立太平洋和平的希望终于破灭。

"因此，帝国政府遗憾地通知合众国政府，鉴于合众国政府的态度，只能肯定，纵令今后继续谈判，亦将不能达成妥协。"

在上述结束语中，并未写明我方将保留自由行动的意思，因而形式上很难看作是国际法上的战争通牒。

但遗憾的是，当时日本外务省的电信密码已被美国政府解译。因此，美国早已确悉日本的战争意图，只是疏忽了日本海军对珍珠港的战略偷袭。不过这一疏忽却对罗斯福领导对日战争起了有利作用，这是历史性的讽刺。

〔**总统的亲电**〕 12月7日晨，东京同盟社通过美联社获悉，赫尔国务卿发表了罗斯福总统发给天皇的亲电。当天下午10时15分，美国大使格鲁向东乡外相提出，本国有重要紧急电报到达，一俟解译完毕立即会见外相。次日（8日）上午零时30分，格鲁大使来到外务大臣官邸拜会了外相。

格鲁大使说，收到罗斯福总统亲自发给天皇的电报，并特别指示大使要亲自晋谒天皇递交电报，请求外务大臣给予安排。东乡外相应付说，现在是深夜，不到明晨不能办理晋谒手续，并说能否晋谒还要看来电的内容。

格鲁大使将总统来电的抄件非正式地面交了东乡外相，并且说，现在事态极其严重，无论如何也要晋谒，希望特别考虑一下，然后辞去。

罗斯福总统的来电主要谈到了日军在法属印度支那增强兵力的问题。指出日军撤退法属印度支那将会保障南太平洋地区的和平，恳切希望天皇妥善处理。

东乡外相就上述问题的处理立即同东条首相进行了协商。但为时已晚，而且来电的内容也不值得特别予以处理。

东乡外相8日上午2时30分晋谒天皇，详细上奏了事情的原委。从宫中返回后不久，午前4时刚过，外相接到冈海军军务局长的专线电话，得知日本海军进攻夏威夷取得成功。

第二篇

开　战

第12章

日本的统帅及战争领导机构

统帅机构

旧宪法规定，日本是由天皇统治的。然而，天皇却处于不承担任何责任的地位。国务即国家行政由国务大臣来辅弼实行，其责任由担负辅弼之责的国务大臣承担。

〔**统帅权独立——与国务并立**〕 旧宪法第11条规定，统帅即作战用兵，属于天皇的大权，被置于行政管理范围之外，统帅陆海军并不依靠国务大臣来辅弼，而是陆军方面由参谋总长、海军方面由军令部总长负辅佐之责。明治41年（1908年）修改的参谋本部条令规定："参谋本部掌管国防及用兵事项，参谋总长直属天皇，运筹军务于帷幄，掌管国防及用兵计划。"因此，有关统帅事宜，参谋总长和军令部总长不经过内阁或内阁总理大臣直接上奏天皇。这就是统帅权的独立，是日本特有的制度。

天皇不承担任何责任的法律原则，当然也同样适用于统帅方面。有关统帅权的最高责任由辅佐机构的长官参谋总长和军令部总长承担。因此即使在统帅组织上直属于天皇的最高司令官也只能向参谋总长或军令部总长申述意见，不经这两个总长不能越级直接上奏天皇。

这个制度基本上是参照普鲁士制度制定的。陆海军重视统帅的果断性、一贯性、机密性等，一直尊重和严守这个统帅权独立的制度。

〔**帷幄上奏与军部大臣的特殊地位**〕 了解上述国务与统帅之间的并立关系并不困难，问题是国务与统帅之间存在着中间性的事项。这种事项被称为混成事项或广义统帅事项。其基础就是旧宪法第12条关于决定陆海军的编制和常备兵额的所谓编制大权。关于上述旧宪法第12条，根据伊藤博文的宪法释义的如下解释就可一目了然。

"本条表示陆海军的编制及常备兵额亦均由天皇亲裁。此项固属负责大臣的辅佐事项，但也和帷幄军令一样，属于天皇的最高权力，不受议会约束。

所谓编制大权，详言之，就是军队和舰队的编制和军管区方面的武器的备置、供给、军人教育、检阅、纪律、仪式、服制、卫戍、城防要塞及海防、港口守备以及用兵准备之类均包括在内。所谓决定常备兵额也包括决定每年的征兵员额在内。"

上述混成事项，在陆军中，按其内容由陆军大臣、参谋总长、教育总监，有时还由陆军航空总监单独或与其他辅佐机关共同负责制定。但实施的责任，一般由陆军大臣承担。

在海军中也是如此，即混成事项也置于一般国务大臣的行政管理范围之外，由各该辅佐机关的长官直接上奏天皇。

此外，陆海军大臣当然还要主管有关一般国务的军事行政事宜。即陆海军大臣以国务大臣的资格可以参与内阁的全面国务，同时，作为军事行政的主管大臣，还主管属于一般国务的军事行政事宜，并就上述混成事项承担辅佐天皇之责。

有关上述统帅及混成事项的上奏，通常称为帷幄上奏。陆海军大臣的帷幄上奏，在内阁官制中得到承认，并规定陆海军大臣应将上奏事项报告内阁总理大臣。

不仅这种混成事项，就是有关统帅事项，或因与国家的一般政策有关，或因与国民的权利义务有关，或者还需要预算资材等，没有一件不考虑政府的意图或国家其他方面的实际情况就施行得了的，因而调整这些关系必须分别依靠陆海军大臣或陆海军省的活动。

〔**大本营——陆海军部并立**〕 随着中国事变的爆发，昭和12年（1937年）11月设立了大本营。但国务与统帅之间的并立关系却丝毫没有改变。昭和12年11月17日制定分布的大本营令规定如下。

这个大本营令与以前的大本营条令宗旨相同。

大本营令

第一条 在天皇大纛下设最高统帅部，称为大本营。大本营在战时或事变时按其需要设置之。

第二条 参谋总长及军令部总长分别作为幕僚首长，担任帷幄的军机要务，筹划作战，研究其作战的最终目的，谋求陆海两军的配合和协作。

第三条 大本营的编制和工作另行规定。

大本营本来是专门处理统帅事项的机钩，与国务没有直接关系。因此，内阁总理以下的国务大臣不得成为大本营的组织成员。但陆海军大臣以其军事行政机关长官的资格，可率领所需随员列席大本营会议。

从概念上说，大本营是以大元帅为最高领导的一个机构。但实际上完全是两个机构。即大本营分为以参谋总长为幕僚长的陆军部和以军令部总长为幕僚长的海军部，陆军部与参谋本部，海军部与军令部分别以二位一体的形式存在。平时参谋本部与军令部并存，在大本营内部照样形成陆军部与海军部并存的状态。大本营没有统一指挥这两者的上级机构，这就要求一切都要依靠双方的协作。如前述大本营令所规定，谋求两者的配合和协作乃是设置大本营的主要任务之一。

实际上，大本营陆海军部除了分别运筹作战计划外，对谋求陆海两军的配合和协作煞费苦心。

陆海军在某一方面作战时，最好是由陆海两方的任何一方担任作战军的最高指挥官，实行统一指挥。但这种统一指挥从来也没有实现而是实行了协同作战。因此，中央统帅部每次作战都须制定陆海军中央协定，约束相互配合与协作。即使实现了统一指挥，也每每不过是单纯的作战指挥，其后勤补给机构仍然各自独立。

战争领导机构

〔**大本营政府联席会议**〕 国务与统帅之间的并立必然要求国家具有统一调节的机能。设置战争领导机构的意义就在这里。

昭和12年（1937年）11月，随着大本营的设置，建立了大本营和政府的联席会议。关于国务与统帅，即政略与战略的统一调节，换言之，就是所谓的战争领导要由这个会议做出决定。

然而，这个联席会议是由政府和统帅部协商建立的，不像内阁会议那样在法律上有明文规定。因此，联席会议的决定不像由内阁官制赋予权威的内阁会议的决定那样具有法律效力。不过，联席会议的成员都有严格按照各自职责忠实执行会议决定的惯例。

〔**联席会议与内阁会议**〕 事实上，政府根据决定事项的内容，将需要经过内阁会议决定的事项重新提交内阁会议讨论，经过所谓内阁会议议决这个手续后再付诸实施。在提交内阁会议审议时，根据需要从决定事项中略去统帅事项不加审议，以遵守国务与统帅的并立原则。

此外，在统帅部方面，参谋总长和军令部总长各自作为大本营陆海军部的幕僚长，分别处理会议决定的事项。

如前所述，联席会议并没有任何法律性的权威，会议的决定仅仅是一种协定。但在实际上，政府和统帅部对此都十分重视，努力促其实现。因此，联席会议在领导日本战争上具有最高的实质性权威，起了巨大作用。

按照惯例，联席会议关于重要事项的决定，须上奏天皇，请求裁可。当然，如前所述，这时政府事先已经通过阁议作出决定。通常是由内阁总理大臣和陆海军两统帅部长一起并立上奏。不过，这是对国务应由首相、统帅应由两统帅部长分别履行的手续，由于需要保持两者之间的密切联系而采取的权宜措施。

〔**联席会议的构成和运用**〕 联席会议的成员，根据不同时期和议案的内容前后有过若干变更。固定成员，政府方面有首相、外相、陆海两相；统帅部方面有参谋总长和军令部总长等6人。此外，藏相和企划院总裁曾在某段时期内连续参加会议，根据需要，其他阁僚也曾临时出席会议。第二届近卫内阁时期，国务大臣平沼骐一郎以副总理身份特别列为联席会议成员。统帅部方面为了辅佐两统帅部长，两统帅部次长也曾随时列席联席会议。

联席会议设有干事，干事负责起草、整理议案及处理会议的一般事务性工作，由内阁书记官长、陆海军军务局长担任，后来，综合计划局长官也参与了这项工作。

联席会议的议案由政府和大本营根据需要随时提出。然而大本营方面的提案，总是要在事前取得大本营内陆海军部的一致意见，并且还要取得列席大本营会议的陆海军大臣的同意。即大本营的提案实际上可以说是陆海军省和陆海军统帅部的共同提案。众所周知，要选到这种陆海军之间的意见统一，在很多场合，需要经办人各自带着上级的意图进行长期的、多次的而且是执拗的讨论和争辩。

这样，日本的战争领导，实际上要受陆军、海军和政府三足鼎立的会商协议的制约，往往缺乏思想的统一、施行政策的果断性和一贯性。

如前所述，昭和12年（1937年）11月设立了联席会议。第二年1月，在讨论由德国驻华大使陶德曼斡旋对华媾和谈判问题的联席会议上，陆海军统帅部主张继续谈判，政府则主张停止谈判，采取不以国民政府为对手的方针，两者之间产生了重大意见分歧。最后，由于代表陆军统帅部的多田骏参谋次长表明了完全交由政府处理的态度，才使事态姑且有所缓和。但后来在联席会议的运用上，政府和大本营之间却产生了隔阂。

〔**四相会议、五相会议**〕 政府方面还设置了所谓四相会议和五相会议，采取由少数主要阁僚积极有力地推进重要国策的方针。调整政府与统帅之间的关系，很多地方要依靠陆海军大臣的活动，因为他们既是这些会议的成员又列席大本营会议。

然而，如前所述，昭和15年（1940年）11月，领导阵容大换班的陆军统帅部提议，应随时召开联席会议，以便更好地统一和调节国务与统帅之间的意见。在11月26日的五相会议上，政府同意了陆军统帅部的上述要求，决定每周星期四定期召开大本营和政府联席座谈会。会址由皇宫改为首相官邸。此后，联席座谈会与内阁会议一样，原则上定期召开，但有紧急议案时则临时召开，及时灵活地讨论战争领导事宜。

与上述联席座谈会相并行，大本营和政府还每周定期召开一次情报交流会议。这个会议除联席会议成员外，陆海军统帅部的情报部长和外务省有关官员也特邀出席，汇报战局及国际形势等情报，这已成为惯例。

昭和16年（1941年）6月德苏开战后，国内外形势紧张起来，从第三届近卫内阁成立开始，7月20日大本营和政府商定，为使联席会议的活动更加灵活和强而有力，妥善地处理局势，决定将会址又从首相官邸迁到皇宫。

〔**最高战争指导会议**〕 上述联席会议的活动要领，以大同小异的状态一直持续到战争结束。只是在昭和19年（1944年）7月，小矶内阁成立后，将联席会议改称最高战争指导会议，会议活动要领在形式上有所完善。

值得注意的是，战争末期，小矶首相和铃木首相曾奉天皇特旨列席大本营会议。不过，这只是让特定的军人出身的首相，和陆海军大臣一样，列席大本营的作战用兵会议，大本营的性质及国务与统帅并立的原则并没因而有任何改变。实际上，小矶首相和铃木首相只是列席大本营陆海军部之间例行召开的作战汇报会，得以了解到作战用兵上的实际情况而已。

〔**御前会议**〕 如前所述，按照惯例，联席会议上决定的重要国策要上奏天皇批准，特别重要国策的决定，要经过御前会议讨论。

这里所说的御前会议，是指在天皇面前召开的会议，而不是由天皇主持的会议。换言之，所谓御前会议，大多具有以在天皇面前讨论的形式，使重要国策的决定情况得以上达的性质。因此，御前会议的议案要在事前的联席会议上确定下来，在御前会议上是没有变更余地的。而且关于提案的理由和必要事项的说明等，也要照例在事前经过有关当局的讨论同意。此外，天皇有时亲临研究作战用兵事项的大本营会议，这也称为御前会议。

正因为这里所说的御前会议具有上述性质，所以在政府方面，尽管是御前会议决定的事项，也同对待联席会议的决定一样，当然要另外履行通过内阁会议的手续。

御前会议的与会者同联席会议的与会者大致相同。所不同的是，御前会议照例有陆海军统帅部次长出席，并作为会议的成员签署议案的裁决，这是一种惯例。

另外，这里值得注意的是，特别将枢密院议长也列入会议出席者之内。枢密院议长出席御前会议，伊藤博文时也有过先例，这除了具有枢密院议长回答天皇咨询、审议重要国务的意义外，还具有代表重臣的意义。

御前会议和联席会议一样，并没有议长之类的人，只是由内阁总理大臣主持会议。而议事的进行，如上所述，是根据事先准备好的发言事项，按预定的程序进行发言的极其形式化的东西。会议最后由枢密院议长与政府和统帅部之间进行质疑和答辩。这在事前没有任何联系和准备，是即席进行的。特别是原枢密院议长在职时期，每次出席御前会议都围绕议案的宗旨及其细节向政府和统帅部提出详细周到的质询，进行极为认真而热烈的讨论。

〔天皇与御前会议〕 天皇在御前会议上一般不作任何发言，也不表示态度，只是在闭会后对表决过的议案给予裁决。

如前所述，在昭和16年（1941年）9月6日的御前会议上，天皇的发言是破例的。此外，在结束战争的那次御前会议上，发生了实际是天皇在会上亲自裁决结束战争这种从未有过的事情。不过，形式上这也不是天皇的裁决。因为会后重新经过内阁会议决定，履行了通常的上奏裁决手续后才付诸实施。

天皇对政府与统帅部一致同意的事项甚至连否决权也从未行使过，只是当政府和统帅部之间在上奏事宜中含有明显的矛盾时，有过保留批准的情形。

但事实上，天皇对国务与统帅是具有相当大的影响力量和感化力量的，这可以说是一种消极的以至婉转的领导。天皇经常对进宫上奏的国务大臣和统帅部长提出种种质问。上奏者能够从天皇质问的内容和在听取回答时表示的态度察觉出天皇的意图。

这时，天皇经常给予启发和暗示，或对上奏的事项表示出相当强烈的感情上的爱憎。实际情况是：上奏者对天皇的这种态度极为关切，都为如何能符合天皇的意图，满足天皇的希望而苦心焦虑。

陆海军中央统帅组织
（昭和16年12月）

表12-1

天皇

- 元帅府
- 侍从武官府
- 军事参议院
- 教育总监
- 陆军航空总监

大本营

参谋总长 / 参谋部
- 参谋次长
- 第二十班（战争指导）
- 研究班
- 总务部
- 第一部（作战）
- 第二部（情报）
- 第三部（运输通信）
- 第十八班（无线谍报）
- 第四部（战史）

附属：
- 兵站总监部
- 运输通信长官部
- 野战兵器长官部
- 野战航空兵器长官部
- 野战经理长官部
- 野战卫生长官部
- 副官部
- 陆军报道部
- 陆军管理部

军令部总长 / 海军部
- 军令部次长
- 第一部（作战）
- 第二部（军备）
- 第三部（情报）
- 海军通信部
- 特务班
- 副官部
- 海军报道部
- 战史部

附属：
- 海军战备考查部

陆军大臣 / 陆军部

随员：
- 陆军次官
- 大臣秘书长
- 人事局长
- 朴任科员（1名）
- 军务局长
- 军事科长
- 军事科员（1员）
- 军务科长
- 军务科员（2名）
- 兵务科员（1名）
- 战备科员（1名）

下属：
- 陆军政务次官
- 陆军参与官
- 陆军大臣官房
- 人事局
- 军务局
- 整备局
- 经理局
- 法务局
- 陆军航空本部

海军大臣 / 海军部

随员：
- 海军次官
- 海军首席副官
- 大臣首席秘书官
- 军务局长
- 第一科长
- 第二科员（2名）
- 第三科员（3名）
- 第二科员（1名）
- 兵备局长
- 第二科长
- 第三科长
- 人事局长
- 第一科长
- 第一科员（1名）

下属：
- 海军政务次官
- 海军参与官
- 海军大臣官房
- 军务局
- 人事局
- 兵备局
- 教育局
- 医务局
- 法务局
- 海军航空本部
- 海军舰政本部
- 海军施设本部

第13章

战争计划的各项根本问题

国防方针、用兵纲领和年度作战计划

大凡一个国家的存在就一定要有国防,并且国防不能没有计划,这是有识者的常识。而且现代的国防计划必须在政治、经济和军事等方面把政略和战略加以综合。当然这要根据国家根本政策来确定,所以并不仅仅是军部的问题,而是国家的问题,也是贯穿于平时和战时的问题。然而在日本,由于根据其国家结构而形成的惯例,从没有过这种综合性的国防计划。只是在陆海军统帅部有国防方针、用兵纲领和年度作战计划。

〔**国防方针和用兵纲领**〕 日俄战争后不久,明治40年(1907年),统帅部首次制定了《帝国国防方针》。这一方针最初是由山县元帅提议上奏,经参谋总长和海军军令部总长协商制定,请得大量批准后交给内阁总理大臣的。

这一国防方针主要针对俄国,准备日俄再战,以期确保日本在大陆的既得利益。由于海军的强烈主张,国防上的对象按照俄、美、法的顺序排下来。

此后,这一国防方针先后作了三次修改。第一次是在大正7年(1918年),即第一次世界大战末期;第二次是在大正12年(1923年),当时,由于华盛顿会议,日本的国防兵力特别是海军兵力被置于国际控制之下;第三次是在昭和11年(1936年),当时,日本的国防由于满洲事变又为之一变。另外,在大正12年对国防方针作第二次修改时,曾根据国防方针制订了《用兵纲领》,明确了陆海军整体用兵的基本原则。这一用兵纲领受到重视,被看作是国防方针的一部分。

〔**最后的方针及纲领**〕 昭和11年(1936年)5月1日修改的国防方针及用兵纲领的要点如下:

帝国国防方针

一、帝国国防的根本意义在于,根据建国以来天皇的宏图,经常以大义为根本，倍加发扬国威，保证增进国家的利益和人民的幸福。

二、帝国的国防方针在于，根据帝国国防的本义，充实国力，特别是军备，使之名副其实地成为稳定东亚的势力，同时付之以相应的外交活动，以确保国家的发展，一旦有事，制敌机先，迅速达到战争的目的。

而且鉴于帝国国情，竭力增强作战初期的的威力尤为重要。另外，将来的战争很可能要长期化，因此必须有能够经受住这种战争的认识和准备。

三、帝国国防鉴于其本义，应以与我发生冲突的可能性较大，并且拥有强大国力特别是军备的美国和俄国（指苏联。以下同）为目标，同时防备中国和英国。为此，帝国国防所需兵力，必须足以控制东亚大陆及西太平洋，满足帝国国防方针的要求。

帝国军队的用兵纲领

一、帝国军队的作战基本要领是：

根据国防方针，陆海军协同行动，采取先发制人的攻势，谋求速战速决。

为此，陆海军应迅速摧毁敌野战军及敌主力舰队，同时占领所需疆域。此外，随着作战的进展或鉴于外交上的需要，可以必要的兵力占领政略上的要地。

陆海军共同担任国内防御，在不违背上述作战的基本要领的范围内实行之。

对马海峡的海上变通线由陆海军协同，经常确实防御之。

二、以俄国为敌时，其作战要领如下：

以迅速击溃驻远东之敌，并占领所需疆域为目标。

为此，陆军应首先迅速击溃乌苏里方面（大致指兴凯湖及伏罗希洛夫附近一带地区，以下同）之敌，特别是它的空军力量，并协同海军以必要的兵力攻占海参崴等要地，随后击溃黑龙江方面（大致指布烈亚河及结雅河各下游流域）及大兴岭方面之敌，尔后随着作战的推移击溃来犯之敌。

另外根据情况，必要时协同海军占领库页岛北部、库页岛对岸及堪察加方面各重要地点。

海军应于作战初期阶迅速歼灭敌驻远东舰队，控制远东俄国沿海一带，同时协同陆军歼灭乌苏里方面敌空军力量，再协同陆军攻占海参崴和其他重要地点，并控制黑龙江流域。

如果敌驻欧洲舰队开来时，应迎击歼灭之。

三、以美国为敌时，其作战要领如下：

初期的作战目标是，歼灭驻东亚之敌，摧毁其活动基地，并歼灭其来自本国的舰队主力。

为此，海军在作战初期，应迅速歼灭敌驻东亚舰队，控制东亚方面，同时协同陆军攻占吕宋岛及其附近要地以及关岛的敌海军基地，俟敌舰队主力出现于东亚海面时伺机歼灭之。

陆军应协同海军迅速攻占吕宋岛及其附近要地，并协同海军占领关岛。

歼灭敌舰队主力后，陆海军的作战行动应临时策划确定。

四、以中国为敌时，其作战要领如下，

初期的目标是，占领华北要地和上海附近，保护帝国权益和日本侨民。

为此，陆军在击溃华北方面之敌，占领京津地区的同时，应协同海军攻占青岛，并占领上海附近。

海军在协同陆军攻占青岛的同时，协同陆军占领上海附近并控制扬子江流域。

五、以英国为敌时，其作战要领如下：

初期的目标是，击溃驻东亚之敌，摧毁其活动基地，并歼灭其来自本国的敌舰队主力。

六、以俄、美、中、英四国中两国以上为敌时，基本援用第二条军第五条，根据情况对这几个国家尽量能逐次作战。

七、参谋总长、军令部总长，应根据本纲领起草各项作战计划，经相互反复协商后，奏请天皇裁可。

上述国防方针和用兵纲领决定后不久，就爆发了中国事变，接着发生了欧洲大战、缔结日德意三国条约等各种形势的变化。事态的发展脱离了这个国防方针和用兵纲领的宗旨，如上所述，日本是根据遂次制定的时局处理对策投入大东亚战争的。

〔**年度作战计划**〕 自明治40年（1907年）制定同防方针以来，陆海军统帅部不间断地制定了年度作战计划。这就是把上述国防方针和用兵纲领在用兵计划上加以具体化，这种计划每年都有所修改。为此，陆海军统帅部分别于每年9月末以前制定第二年度的作战计划（年度是从4月以后到第二年3月），经陆海军协商同意后奏请天皇批准。

这种年度作战计划分别通报给陆海军大臣，同时把必要的事项指示给有关战地指挥官，以便他们各自制定自己的年度作战计划。

陆军的年度作战计划始终以对俄（对苏）作战为主，但自华盛顿会议以后，也策划制定了对华出兵计划和以1—2个师团的兵力对菲律宾作战的计划。自昭和14年（1939年）后还制定了对新加坡的作战计划。

对华出兵计划，根据当时的日华关系和中国的实际情况，主要是为了保护侨民的生命财产，因而完全只是局部出兵计划而已。对菲律宾和对新加坡的作战计划，都是考虑到万一爆发对美战争或对英战争而制定的，因而是陆军策应海军的部分作战计划。

〔**中国事变后的变化**〕 中国事变发展成为日华间的全面战争之后，起草陆军年度作战计划的基本条件已完全改变。到了这时，即昭和14年度（1939年），陆军的计划是分两部分制定的。第一部分是在中国事变仍在持续中发生对苏战争时的计划。第二部分是在对苏战争过程中又必须对美英等第三国开战时的计划。但这第二部分对美英的作战计划，对陆军来说也仅限于对马尼拉或新加坡的局部作战计划。

陆军作战计划的主要内容是，作战部队的兵力、编组、在预想战场上的兵力集中、开战初期的作战要领等。计划中关于此后兵力运用的内容极其简略，当然更没有涉及到军事以外的方面。

海军年度作战计划的主体当然始终是对美作战。

通览以上国防方针、用兵纲领和年度作战计划，便可窥知以下各点：

一、日本在国防上的主要假想敌国是苏联和美国，但重点是谁并未确定。

二、因此，陆军以苏联为主要假想敌国，海军以美国为主要假想敌国，并以此来规定部队的建设、维持和运用，而两者本来就有同时并立的倾向。

三、战争主要设想对一国的战争，即对苏联或是对美国，尽量避免对数国战争。

可是现在日本却正面临着对美、英、荷、中的四国战争，而且需要陆军把重点对苏转变为重点对美。另外，国家对战争的决心直到最后仍然迟迟未下。对日本来说，对美、英、荷、中的战争，的确既不是预期的战争，也不是计划中的战争。陆海军统帅部着手认真研究对美、英、荷的作战计划是在昭和15年（1940年）末。

战争对手——美英荷可分和不可分的争论

〔**目标是荷属东印度——英荷一体，美英可分**〕 以欧洲战局的突变为转折点，自昭和15年（1940年）夏季起，南进论突然抬头其主要目标当然是荷属东印度，日本如果想以武力达到目的，其前进道路上的障碍就是马尼拉和新加坡。马尼拉和新加坡分别是美国和英国在远东的政略和战略上的根据地。

当日本向荷属东印度扩张时，最好是能在战略上突破美英势力的薄弱环节，在政略上把对手限定为荷兰一国。可是当时荷兰政府已流亡伦敦，英荷形成一体不可分的关系，所以要施展策略进行离间是绝对不可能的。问题是美英的关系。

昭和15年（1940年）7月，在制订上述《适应世界形势演变的时局处理纲要》时，大本营和政府大体是以美英可能分离为前提，虽然也作了应付不可分的准备，但还是打算尽量把对手限定为英荷来采取对策。这个方针陆军自不必说，海军也基本上同意了。从敦刻尔克大撤退后，英国本土已岌岌可危，即使是美国也认为未必来火中取栗。

〔**美英不可分论**〕但是这一美英可分的设想，随着欧洲战局的沉寂化而被否定。如上所述，自昭和15年（1940年）末到第二年春，在大本营陆、海军部之间反复讨论了解决南方问题的设想。结论是，大本营海军部主张，英美绝对不可分，强调用武力向南方扩张时必须以对菲律宾行使武力为前提。

由我方主动对菲律宾行使武力，把美国转为主要敌国，问题非常重大。美英间的政治一体关系本来是传统的事实，想要分离美英未免是奢望。不过，政略从来很少是绝对的，其中必有采取措施的余地。即使在政略上分离美英极其困难，但只要在战略上分离是可能的话，那么从指导战争的全局观点来看，也应避免对菲律宾行使武力，尽量设法分离美英，而且也并不一定有这种可能性。

以上是陆军方面的一般见解，但是海军方面的作战当局认为，在战略上来设想分离美英也是不可能的，其主要理由如下：

一、假如抛开菲律宾来进行南方作战，势必要遭到以菲律宾为基地的美军的攻击。在这种情况下就没有胜利的把握。为了进行对南方作战，无论如何不能让美军把菲律宾作为前进根据地来使用。

二、确保爪哇、苏门答腊、婆罗洲等南方资源地带同日本本土之间的海上变通，对于进行作战是绝对必要的。而菲律宾是对这一海上交通线的一个巨大威胁。

三、再进一步说，为便于完成南方作战，把菲律宾作为作战的中间基地和补给基地是很有利的。

海军方面以美国为国防上的假想敌国，而且对美作战又首当其冲，既然海军认为在战略上分离美英是不可能的。陆军也只好赞同，这样，自昭和16年（1941年）春起，以美英不可分为前提，在对南方行使武力就是对美行使武力这一观点上，陆海军之间的意见得到了统一。作战当局研究制定了作战计划，决定作战初期攻占菲律宾。就是说，进攻菲律宾不是基于政治上或经济上的理由，而完全是基于作战上的考虑，特别是海军作战上的要求。

因此，在9月6日御前会议上通过《帝国国策实施要领》时，关于认为美、英、荷一体不可分这一点，并没有发生特别的争论。

〔**再次讨论国策的结论——美、英、荷不可分**〕 在东条内阁成立后再次讨论国策时，这个问题再一次被提了出来。即作为再研究的重要议题，把"能否将战争对手只限于荷兰或英荷"的问题提交联席会议讨论。结果最后的结论是，美、英、荷不可分，把战争对手只限于荷兰或英荷是不可能的。其理由如下：

一、政略上的理由

帝国以武力向南方扩张时，英、美、荷之间已就共同防御问题有所谅解，这几乎是没有疑问的。尽管美英实际行将采取的态度，根据帝国武力南进的时机、疗法、当时的国际形势以及美英两国的国内情况，会多少有些差异，但归根结底把战争对手只限于荷兰或英荷是不可能的。以当前形势为基础，对美英两国作出的判断如下：

英国（包括澳洲、加拿大）

鉴于英国方面历来的言行，必须确认，当帝国进入荷属东印度时，英国为了自卫，会决心立即对帝国进行武力对抗。

美国

在这种情况下，英国会立即向美国求援。美国即使不立即参战，也会一面迅速加强军事措施，一面采取各种牵制和示威等步骤。何况从美国和帝国的关系上来看，必须预料到，其参战的态度，比其对德国采取的态度来，步调必将大大加快。

总之，美国由于下列原因不能隔岸观火。

1. 认为西南太平洋是在自己的发言权之内。
2. 需要来自西南太平洋方面的物资（橡胶、锡）。
3. 菲律宾受到严重威胁。
4. 可能将导致美国全面丧失对中国问题的发言权。
5. 舆论刺激大于欧战。

二、作战上的理由

1. 如果抛开美英两国，只对荷属东印度作战，或者抛开美国始终只对英国作战，就等于我方主动造成被敌人分割的战略态势。这样，我方战线的侧翼弱点就都将暴露在新加坡、香港和菲律宾面前，这是作战行动上万万不能做的。

2. 在当前情况下，如果不凭先发制人的攻击，对英或对美作战已经很难进行。如果对荷战争开始后，再形成不得不对美英开战的局面，我方就再也不能发动先发制人的攻击。现实的敌我兵力对比已经如此，何况再联想到今后美英战备很可能急剧增强的情况，发动先发制人的攻击的必要性就更加迫切。

3. 抛开马来、菲律宾，我方就不能建立牢固的战略态势。

对欧洲战局和苏联动向的判断

在决定战争或和平的关键时刻，对欧洲战局变化的判断当然应该是个重要问题。然而实际上，在决定和战的关头，对欧洲战局进展的判断并没有受到特别重视。即当11月末决定开战时，大本营和政府是一种迫于无可奈何的情绪，认为不论欧洲战局如何变化，日本为了自存自卫不得不开战。

〔德国不败的基本观念〕 事实上大本营和政府都确信，德国在欧洲是不会失败的。也就是说，德国虽然不一定必胜，但也绝对不会失败。无论是开战的决心，还是战争的计划，都是基于这种考虑进行的，这样说并不为过。

东条内阁组成后不久对国策重新进行审查时，联席会议一开始就讨论了如何推测欧洲战局的问题，其结论如下：

判断

在当前形势下，德英、德苏媾和的可能性很小，形成持久战的可能性较大。不过，德国希望早日媾和，因此，根据战局的演变和英苏的态度，难保不会意外实现媾和的可能。

说明

一、德军已逼近莫斯科城下，苏联在欧洲的野战军已遭受了沉重打击。这次德苏之战将以德军的作战成功告一段落，不过，对于斯大林政权来说，向德国屈服就有导致自己政权崩溃的危险。因此，它现在必将依靠其较为巩固的政治基础和不很充裕的伏尔加河以东的资源，以及美英的援助，作消极的抵抗。另一方面，鉴于德苏之战事实上正呈现出民族战争的局面，苏联民族的抗战意志一时还不会很快就衰减下去。

在德国方面，据德国首脑人物以前透露，德国想要彻底打垮共产主义，若不把苏联打到再也不能起来反击的地步，那就失去了这次对苏开战的意义。因此不妨说，德国以宽大的条件进行媾和的可能性是很小的。

二、英国具有传统的国民性和大国的自尊心，而且正在利用德苏战争来恢复国防的弹力，因此对战争进行下去很有信心，不能想象会轻易屈服于德国。因此断定德英战争势必长期化。

三、然而，德国已经占有乌克兰宝库，今后必将控制高加索油田，进而攻占近东和苏伊士运河，从而称霸欧洲大陆，树立不败的态势，确立欧洲新秩序的第一阶段，因而没有必要一举击溃英国。更没有必要进一步扩大地盘。德国如果着手进攻英国本土或者登陆成功，或者对英反封锁奏效，势将动摇英国的决心，再加上苏联势力日趋困窘，难保在欧洲不出现媾和的局面。

四、德军即或有可能在英本土登陆，但因其危险性较大，所以来年春天不大可能贸然进行。另外有人说，如果德军对英本土登陆成功，英国舰队可能逃往太平洋方面。但是鉴于德国所表示的态度；对英国国民不负责提供给养。那种置4700万祖国同胞于不顾的做法，从人道上来讲也是不会发生的。以上判断表明，从确信德国不败的观点出发，大本营和政府对欧洲战局最关心的，主要是德英、德苏能否单独媾和的问题。因为日本担心对美、英、荷开战后，一旦欧洲出现和平，将造成只剩下日本一国以美、英等国为对手在太平洋上作战的最坏局面。

可是与此相反，正如前所述，当时大本营和政府仍对德国在英国本土实行登陆或对英国进行反封锁的成功寄予很大希望。特别对日本断然对美英荷开战，必将刺激德国对英采取积极对策，而日、德、意三国相互配合，就能促使英国早日屈服，打了如意算盘。

〔**日德意合作的限度**〕 大本营和政府知道，日、德、意三国的合作，本来有一定的限度，而促使英国早日屈服，主要还得依靠德国的意志和力量。在上述再次讨论国策的联席会议上，关于"对美、英、荷开战后究竟能使德、意答应给予何种程度的合作"的问题，结论如下：

判断

帝国对美、英、荷开战时，虽不能对德意可能给予合作这点抱太大的希望，但当通知我方决心并提议缔结作战协定时，姑且大致可使德意答应下列条件：

一、对美宣战。

二、日、德、意三国不与美英单独媾和，也不只与英国单独媾和。

三、通过积极开展近东作战，策应日本。

四、在破坏通商战中互相配合。

说明

一、帝国如对美、英、荷开战，德意当然欢迎。不过，在作战上所能采取足以决定胜负的协同动作，其范围较小。因此，即使三国间签订协定，估计也不能指望有很大的效果。

二、对帝国来说，所需要的事情有二：其一是，德、意对美宣战，尽量把美国的军事力量牵制在大西洋方面；其二是，关于媾和问题，不要破坏共同战线的态势。

鉴于美、德之间的现状和德国总统企图对英发起进攻的现状，估计德、意方面对此不至采取拒绝态度。

三、关于作战上的共同行动问题，可在各自所承担的范围内，就可能实现的事项达成协议。估计今后德、苏战争的发展，德国在近东方面作战的可能性较大。德国通过发动近东作战来策应日本，有可能和帝国的南方作战同时实现。

关于破坏通商战的协同行动，当然要以太平洋、印度洋等为主要舞台采取之。

〔**苏联的动向——对北方的防御**〕 与对欧洲战局演变的判断相比。大本营和政府更为关心的，是对美、英、荷开战后苏联的动向问题。很明显，对日本来说，显然必须绝对避免南北两方同时正面作战。

在前述讨论国策的联席会议上，对开战后北方的形势判断结论如下：

判断

开战初期，苏联对日采取积极行动的可能性较小。但是要有精神准备，即美国可能强行使用远东的苏联领土作军事基地，苏联也会对我进行各种阴谋活动。

另外，根据以后的情况变化，有可能引起日苏战争。

说明

一、苏联的军需工业，由于丧失了伏尔加河以西地区，只剩下了四分之一。苏联的驻欧红军由于德苏战争已受到彻底的打击。今春以来，驻远东红军已调走11个师以上的兵力和1000辆坦克、1200架以上的飞机开赴欧洲增援，其战斗力在物资和精神方面都在减弱。不仅如此，远东苏军现已成了斯大林政权的最后总预备队。因此，日本一旦开始向南方扩张，英苏军事同盟就将扩大到远东，同时也将促进美苏间的合作。美英可能唆使苏联对日采取攻势，但只要我关东军俨然存在，苏联就不会贸然来攻，只能在满洲、中国方面利用共产党，对我进行破坏和思想宣传等阴谋活动，牵制我方。

二、然而，美国有可能坚决要求苏联从北方配合其对日作战并且作为进攻日本的据点，将强制利用苏联远东的部分领土作为空军基地或潜艇基地。

苏联对此将难以拒绝。从而美国将试图用一部分潜艇、飞机等对日进行阴谋活动。因此，随着事态的发展，不无导致日苏开战的危险。如果我对南方的进攻陷入长期持久战，或者苏联国内恢复稳定状态，则远东红军有可能逐渐转入进攻的态势。

基于这种判断，大本营对迅速结束进攻南方的作战以防备北方局势的变化，寄予了极大的关心。

攻占南方的范围和攻占顺序

〔决定攻占范围——确立长期不败的态势〕 对美、英、荷开战时，应如何们行使武力确定攻占范围和攻占顺序，这是日本基本战略的重要课题。关于攻占范围问题，既然这次战争的目的主要在于打破美、英、荷的对日经济封锁，以实现日本的自存自卫，那就理所当然地需要攻占南方的资源地带。但主要着眼点则是，为了防备战争的长期持久化，要从政略和战略两方面确立长期不败的态势。为此作了如下的考虑：

一、从经济上的要求出发，需要攻占并确保爪哇、苏门答腊、婆罗洲、马来以及苏拉威西岛等重要资源地区。

二、从战略上的要求出发，必须夺取美、英的重要军事基地新加坡、马尼拉、香港（地区）、关岛、威克岛等地。肃清美英势力，同时使这些重要地区所拥有的战略地位在以后的持久战中发挥作用。

三、对印度洋正面之敌，必须攻占缅甸，以便构成日军防卫线右翼的坚固据点。并切断援蒋缅甸公路，促使蒋政权早日屈服。

四、攻占地区的范围，应以日本拥有的国力，尤其是战力所能确实控制的区域为限，且须在开战时对这一地区的敌人始终保持优势，能够实行进攻战。

这样，大本营将攻占范围大致定为缅甸、马来、苏门答腊、爪哇、苏拉威西岛、婆罗洲、菲律宾、关岛、威克岛，香港等地区。但攻占缅甸的初步方案则是，开战时只攻占缅甸南部一部分地区，俟初期作战取得进展后，只要情况许可，再攻占缅甸的其他重要地区。日本认为，如能攻占并确保这些地区，与确保马绍尔群岛以西的南洋群岛相配合，在战略上就能对美英进行长期持久战，并在经济上也长期保持自给自足。

〔腊包尔、新几内亚问题〕 如前所述，关于是否攻占菲律宾的问题，经过讨论，决定攻占之后，上述的攻占范围便比较顺利地在陆海军之间作出了决定。剩下来的便是要不要攻占腊包尔的问题。攻占腊包尔的目的本来在于掩护日本海军在太平洋上最重要的根据地特鲁克岛。因为如果腊包尔变成敌人的空军基地，特鲁克岛就将处于敌人空军的控制之下。所以，必须占据该岛，用来作为前进基地。这是海军作战上的要求。对此，陆军统帅部领导最初担心作战范围过大，已超越了进军界限，所以有些踌躇，但最后还是同意了。

关于进攻新几内亚的问题，开战当时并没有作出任何决定性的考虑，这是战略上的漏洞。

攻占范围大体确定后，接着就是攻占的顺序问题，即以有限的陆、海、空军兵力和船只从哪一方面下手的问题。

〔向右迂回？向左迂回？同时奇袭？〕关于攻占的顺序，最初曾有向右迂回和向左迂回的两种方案。向右迂回就是从菲律宾方面向婆罗洲、爪哇、苏门答腊、马来迂回；向左迂回就是相反的从马来方面向苏门答腊、爪哇、婆罗洲、菲律宾方向迂回。海军主张向右迂回，陆军则主张向左迂回。经过反复讨论，决定开战初期对菲律宾、马来两方面同时进行奇袭，取得奇袭效果后，从这两方面同时向爪哇发动进攻，以使敌军无暇应付，为了同时作战，海上兵力和运输船只自不必说，尤其是航空兵力必须在两方面同时保持优势。通过把在满洲的大部分陆军航空兵力调往南方，和海军陆战队使用补充的坦克，以使进攻菲律宾成为可能，从而解决了保持优势的问题。这样，开战时才得以实现了对珍珠港、菲律宾、马来的同时奇袭作战。

开战时机

关于开战时机问题，如前所述，9月6日决定国策时，大本营预计大体上在11月上旬，嗣后在11月5日决定国策时，大本营和政府一致预定在12月初，并照此进行了准备。然而把开战的第一天定为12月8日，却是在天皇决定开战的第二天，即12月2日才明确规定下来。大本营则是从11月上旬以来就以12月8日为期进行了准备。

〔决定开战时机的理由——否定3月说〕上述开战时机主要是根据液体燃料供应上的需要和统帅部作战上的要求决定的，其理由如下：

一、日本的物力，尤其是液体燃料已日趋枯竭，开战时机愈推迟，储存量就将越发减少，甚至连进行南方作战的最低需要量也将不能满足。

从液体燃料的供求关系来看：开战时机只能允许推迟到昭和17年（1942

年）3月。如果那时开战，则国内石油的储存量在某段期间就有变成零的危险。因此，如果考虑要多少留有余地，就必须在昭和17年初以前作出和与战的决定。

二、随着时间的拖延，日美间的军备力量对比，特别是在舰艇和空军力量方面的差距将会急剧增大，如果推迟到昭和17年3月以后，就将失去作战成功的希望。

三、美、英在菲律宾、马来等地的战备正在迅速增强。而且美、英、荷、中的共同防御关系正在日加紧密，因此，尽早开战较为有利。

四、考虑到苏联进攻日本这种最坏的局面，为了避免发生南北两个正面同时作战，最好在不适于北方作战的冬季期间结束进攻南方作战。

五、为了袭击珍珠港，日本舰队需要采取最短距离航线，而海洋情况一月以后将显著不利。

六、考虑到马来近海的风浪情况，在1、2两个月进行登陆作战是不利的。

七、为使空军作战和登陆作战顺利进行，开战的第一天选定能够利用下弦月的日子（确切地说，就是半夜子时月亮出来的日子）为有利。并为取得奇袭效果，以选定星期日为宜。

在联席会议讨论上述国策时，权衡了把开战时机定为昭和17年（1942年）3月的利害。结论是：这在作战上极为不利，进行积极作战是不可能的，但从国际环境来看是有利的。然而必须尊重统帅部，特别是海军统帅部的想法；要打现在就打，机不可失，时不再来。统帅部认为，恰当地选择开战时机，最大限度地发挥战略上先发制人的效果，这不仅是为了初期的进攻作战，而且对以后的持久作战也是绝对必要的。

敌国的军事形势

〔对敌国军队的兵力部署和战斗力的判断〕 到昭和16年（1941年）9月末为止，大本营根据搜集到的各种情报，获悉美英荷在南方各地的陆军与空军兵力及其配备情况如下列第二、第三表。根据后来的变动和调查结果，杉山参谋总长在11月5日的御前会议上就南方各地敌人正规军的兵力情况报告如下：

马来　陆军兵力约6万—7万人，飞机约320架
菲律宾　陆军兵力约42000人，飞机约170架
荷属东印度　陆军兵力约85000人，飞机约300架

缅甸　　陆军兵力约35000人，飞机约60架

合计　　陆军兵力约20余万人，飞机约850架

这与欧洲战争爆发前相比，陆军兵力，马来约增加了8倍，菲律宾约增加了4倍，荷属东印度约增加了2.5倍，缅甸约增加了5倍，估计其增长率还将日益增大。

然而，据判断，这些陆军兵力均系以本国白人士兵为骨干组成的当地人的部队，教育训练不足，而且白人与当地人之间缺少精神上的团结，其战斗力一般很低；而美、英、荷、中四国也很难发挥协同作战的能力。需要考虑的只是他们适应热带的气候和当地的风土。

不过，马来方面的敌空军战斗力，由于飞机性能优越，驾驶员的素质也较为良好，所以与其地面部队相比，不容忽视。

大本营于11月末判断南方和太平洋方面的美、英、荷海军兵力及其配备情况如下列第四表。

针对上述敌方陆海空兵力情况，我方计划从陆军51个地面师团、约1500架第一线飞机中抽调11个地面师团、约700架第一线飞机；海军则以其大部分联合舰队担任进攻作战任务。编入联合舰队的航空进攻兵力，为全部海军飞机约3300架中的1619架。

〔**日美战斗力的对比**〕　开战当时日美海军舰艇的对比、包括超龄舰在内见第五表。大本营判断，扣除敌我双方老朽舰艇和战斗装备尚未完成的舰艇等，能在海上作战的舰艇实力对比，美国为10，日本为7.5。另外，推断开战时美国陆海军可能用于海上作战的航空兵力约为5500架飞机，其中2600架可用于正面对日作战。我方如将上述陆海军兵力加在一起，约有飞机2400架。预料开战初期的空中作战会朝着有利于日本的方向发展。

问题是对昭和17年（1942年）以后日美海空兵力增长变化情况的判断。大本营海军部对此作了如下的判断，关于舰艇兵力，根据当时海军的既定军备计划，到昭和19年（1944年）末应增加舰艇约38万吨，即每年约增加13万吨。如果加上战时紧急建造的舰艇和根据即将开始实施的第五次军备补充计划而紧急整修的舰艇等，虽然有一定的困难，但认为每年建造舰艇20万吨还是可能的。如果在开战的同时进一步实行国家总动员计划，并能成功地把国家的生产能力重点集中到建造舰船上来，完成上述军备扩充计划是可能的。但据判断，即便如此，每年舰艇的下水量也不可能超过30万吨。

另一方面，1941年末美国正在建造的以及计划建造的舰艇约为190万吨，估计当时的造舰能力将超过日本的3倍。如果美国再计划将多数的优秀商船

改装成舰艇,并认真采用大量生产方式来增加舰艇的话,建造5倍乃至6倍于日本的舰艇是决不困难的。

因此,我们必须预料,将来日美舰艇实力的对比,昭和18年(1943年)日本将为美国的50%左右,而到昭和19年(1944年)则将降到美国的30%以下。

表13-1 敌国在南方的陆军兵力概况表

区分 地方	部队		素质	部队数	兵员	合计
马来	正规军	英国兵	英国人	步兵7个大队为骨干	11000	约70000
		印度兵	一部分英国人大部分印度人		30000—35000	
		澳洲兵	澳洲人	一个师为骨干	20000—25000	
		马来兵	一部分英国人大部分马来人		若干	
	义勇军		训练装备不足		20000	20000
缅甸	英国兵		英国人		2000	35000
	印度兵		干部多是英国人	步兵一个旅为骨干	7000	
	缅甸本地兵		素质不良	步兵26个大队为骨干	26000	
英领婆罗洲（地区）	正规军		以印度人为主		1000	3500
	义勇军		以马来人为主		2500	
香港	正规军				13000	19000
	义勇军				5500	
菲律宾	正规军		美国人和当地人各半		42000	162900
	海军陆战队		美国人		900	
	菲律宾国防军		当地人		120000	
关岛	海军陆战队				300	1800
	当地兵				1500	

续表

区分\地方	部队	素质	部队数	兵员	合计
荷属东印度	内属军	一部分欧洲人	两个师为骨干	50000	70000
	外属军	同上	步兵15个大队为骨干	20000	
合计	正规军				232700
	总兵力				382200

备考：（1）上表中正规军总人数，是马来、英属婆罗洲、香港（地区）、菲律宾的各正规军、驻缅甸部队及荷属东印度部队的全部、驻菲律宾和关岛的海军陆战队等人员的总计。

（2）除本表外，在印度约有兵力50万，在澳洲约有兵力35万，在新西兰约有兵力10万。

（3）除本表外，泰国的正规军有3万左右。

表13-2 敌国在南方空军兵力概况表

区分\地方		机种	中队数	架数	架数总和
马来		轰炸机	4	48	200以上
		战斗机	4	48	
		侦察机	4	48	
		水上飞机	3	18	
		鱼雷机	2	24	
缅甸		轰炸机	1		约50
		战斗轰炸机	1		
		驱逐机	2		
		义勇军	1		
香港（地区）		教练机			约10
菲律宾		轰炸机	1	13	160以上
		驱逐机	3	75	
		侦察机	1	18	
	海军	侦察轰炸机	2	30	
		舰载机		30	

续表

地方\区分		机种	中队数	架数	架数总和
荷属东印度	陆军	轰炸机	6	30	约300
		战斗机	7	130	
		侦察机	8	36	
	海军机			120	
	计				720

备考：（1）除本表外，在印度有200多架，在澳洲有250多架，在新西兰有100架以上。
（2）除本表外，在泰国约有180架。

表13-3　敌国在南方海军兵力概况表

国名	英国		荷属东印度	澳洲	新西兰	美国	
舰队名	东印度舰队	英东亚舰队	荷属东印度舰队			远东舰队	合众国舰队（太平洋方面）
所在地\舰别	科伦坡	新加坡				马尼拉	
战舰		2					
航空母舰	2	4					
巡洋舰	甲3	甲4 乙4	5	甲2 乙2	乙2	甲1 乙1	甲16 乙14
驱逐舰	3	6	3	5		14	84
潜艇		15	19			17	30
其他	6	26		7	3	17	52

备考：（1）本表包括推算的只数。

表13-4　开战时日美海军舰艇对比情况表

项目\舰船		战舰	航空母舰	甲级巡洋舰	乙级巡洋舰	驱逐舰	潜艇	合计
日本	只数	10	10	18	20	112	65	235
	吨数	301400	152970	158800	98855	165868	97900	975793
对美比率		0.56	0.94	0.93	0.62	0.69	0.84	0.706
美国	只数	17	8	18	19	172	111	345
	吨数	534300	162600	171200	157775	239530	116621	1382026

另外，对日美两国在飞机生产能力方向的估计是：

	日本（仅海军）	美国
昭和17年（1942年）度	4000架	47900架
昭和18年（1943年）度	8000架	85000架
昭和19年（1944年）度	12000架	100000架

这表明，美国占有10倍以上的优势。原来日本方面陆军飞机的生产数量同海军大致相等，但就训练、性能等方面来看，当时很难指望把陆军航空兵力用于海上作战。

因此，必须看到，日美间航空兵力的对比，其差距远远超过舰艇的对比，而且随着时间的推移，日本方面的劣势还将加速度地递增，对此必须有足够的思想准备。

根据上述判断，海军作战在指挥上必须特别注意做到：在初战时就给美国舰队以沉重打击，以后继续努力消灭敌人兵力，尽早进行海上决战，以免敌我兵力对比产生过大悬殊。

对国家物力变化情况的判断

如上所述，在决定进行战争还是暂时隐忍持重这个问题上，最关键的是对国家物力情况变化的估计。以企划院为中心，对这一问题研究的结论是：进行战争比隐忍持重对国家物力方面更有光明前途。

〔国力的消长——船舶问题〕 决定国力消长的一个重要因素是船舶的拥有量。进行战争的重要问题的确是船舶问题。出于对美、英、荷作战是以海上作战为主，因而很明显，为进行作战就需要大量船只，而且战争高度要求采取边战斗边补充的方式，运输为此所需物资就需要大量的船只。

当时，日本是仅次于英国的世界海运国。昭和16年（1941年）8月，现有1000吨以上的船只总吨数为598万吨（其中油船36万吨）。如果把500吨以上的小型船只和500吨以下的机帆船的利用率也加上，则总吨数可达663万吨。

其中陆海军为作战而征用的船只，计划开战初期为390万总吨，开战8个月后为280万总吨。即计划海军在整个作战期间征用180万总吨，其中油船为27万总吨；陆军在开战后4个月中征用210万总吨，以看3个月内逐渐解除征用到100万总吨，开战8个月后经常保持在100万总吨。

余下的船只可充作民用，用于运输总动员物资，以承担加强国力的任务。企划院认为，如能确保民用船舶300万吨，就可以维持1941年度物资动员计划水平的物资供应能力。

〔船只耗损的推测——决定和与战的关键〕 因此，问题在于船舶的耗损能否得到补充。当时，日本的造船能力，1941年度约为40万总吨，如将这一产量提高到年造船60万总吨并不一定困难，但船舶的耗损是否会远远超过这个数字，则是最大的问题。唯有对船舶耗损量的推测才真正是左右战争命运，从而也是左右决定和战的关键。这个推测极为困难，有这么一种倾向：主战论者对此估计偏低，反战论者对此估计偏高，而这一推测当然必须有荷于海军作出判断。海军统帅部参考兵棋演习[①]的结果，推定战争第一年的船舶耗损量为80万总吨，第二年为60万总吨，第三年为70万总吨。这个推断成为昭和16年夏季以来陆海军之间研究船舶问题的基础。在上述再次讨论国策的会议上，最后的结论是，大本营和政府推断，每年船舶耗损将为100万至80万总吨，预计三年间造船将为180万总吨，平均每年造船60万总吨；因此确保300万总吨的民用船只是可能的。

〔对国家物力的估计〕 以上述对船舶情况的估计为前提，企划院总裁在11月5日的御前会议上作了如下报告：

"简要汇报一下关于同美、英、荷开战时对帝国国力，特别是对重要物资的估计。

"第一，民用船只如果能经常最低保持在300万总吨的水平上时，除一部分物资外，大致能够保证1941年度物资动员计划的供应量。即除一部分物资外，为了确保编入1941年度物资动员计划的自给圈（作者注："日、满、华"）和第一补给圈（作者注：法属印度支那、泰国）的物资运输，最低需要船舶300万总吨。这些船只以战时利用率降低15%乃至20%来计算，估计平均每几能运输物资500万吨至480万吨左右。上述可能达到的运输量，相当于昭和16年度（1941年度）物资动员计划上半期平均500万吨的实际运输量。

"第二，如果推断船舶年耗损量为100至80万总吨，每年平均新造船60万总吨左右时，保有上述300万总吨的船舶吨位是可能的。即如果船舶的年耗损量为100万总吨至80万总吨，3年期间共造船180万总吨，年平均造船60万总吨，则经常保有300万总吨的船只吨位是可能的。如果统一降低规格，

---

① 兵棋是一种对军官进行战略、战术训练的工具，类似棋赛，在画有战斗上需要的地形图（通常为1/6250或1/5000）上，设置代表敌我兵力地点、运动方向和速度等标志，由双方进行比赛，并没有裁判。"兵棋演习"就是用这种方式研究战略战术，作为实战前的预演。——译者

由海军统一管理造船作业、采取确保劳动力等各种有力措施，并适当配给30多万吨钢材，铜及其他必要资材，则通过合理运用目前民间70万总吨的造船能力和60万总吨左右的机械锻造能力，完成上述年60万总吨的造船计划是可能的。

"第三，造60万吨新船，需要30多万吨普通钢材。这些钢材在确保民用钢材261万吨的情况下，通过对民需采取重点的、有限制的分配，是能够供应的。而为保证民需钢材261万吨，必须按下述钢材使用计划办理，这个计划大致能够完成。

即把钢材生产指标定为450万吨以上（昭和16年度<1941年>为476万吨），分配给海军的定为110万吨（昭和16年度为95万吨强），分配给陆军的定为79万吨（昭和16年为90万吨强），分配给民用的定为261万吨（昭和16年度为295万吨强）。但在产量能够超过450万吨时，可将其超产部分拨给陆军，使陆军增加到90万吨。为此，在昭和17年度要采取增加使用义务储存矿石，利用闲置的机帆船增运煤炭以及其他一切措施，由此所需机帆船的用油要由海军补助。

"第四，为了确保生产所需船只，关于南方作战特别需要的船舶吨位及其时间，必须实行陆海军与企划院之间共同商定的计划。

即南方作战特别需要的船只吨位及其时间如下：

陆军（万总吨）		海军（万总吨）	
第一个月 210		包括小型船只	
第二个月 210	除表内数字外，每月要有15000总吨的小型船只	每月 180	
第三个月 210		其中	
第四个月 210		油船	27
第五个月 170		渔船	9.4
第六个月 165		货客船	33.6
第七个月 150		货船	110
第八个月以后 100			

而在昭和17（1942）年度南方作战期间，估计在一定时期内。民用船只最低需要160万吨弱。运输虽可达260万吨左右，所以这一期间以年换算，预计钢材将下降到380万吨，其他重要物资将减少15%左右。因此，昭和16年

度的钢材生产虽然计划为476万吨,而实际上能达到的将大约是450万吨。

(昭和16年度上半年的钢材产量是计划的95.6%,减产9.6万吨。下半年,特别是第四季度,如考虑到南方作战,运输量将相当下降,因此,通过大力动员机帆船,动用能够利用铁路运输煤炭的炼铁厂,增加使用储存矿石和加强回收废铁等来增加供应量,可以把减产量控制在15万吨左右,这样,估计476万吨的年度生产计划,最后能完成450万吨左右。)

"第五,关于大米问题。如果因南方作战,指望从泰国、法属印度支那得到的大米数量减少时,可以考虑用大豆、杂粮、甘薯等作代食品,并估计需要对昭和17年粮食年度计划(从昭和16年10月到昭和17年9月)多少作些调整。即如果指望从泰国、法属印度支那获得的粮食量减少50%。则粮食年度计划将变成93%。如果减少到75%,则粮食年度计划将变成91%。但是,如果利用作战告一段落后可用的船只来增加从泰国法属印度支那的进口,估计下降率可以得到一定程度的缓和。

(粮米计划供应的大概方案:除从台湾(地区)运进约310万石,从朝鲜运进约628万石以及在国内生产5,913万石以外,计划从泰国进口约300万石,从法属印度支那进口约700万石。)

"第六,如果荷属东印度等重要地区能在短时间内归我占有,估计每月平均能够得到的重要物资及其数量如下。关于石油将在后面液体燃料部分另行汇报。

镍矿石 (纯度3.5%)6000吨〈占昭和16年度(1941年)物资动员计划月平均数的62%〉。

锡 (用于耐磨合金、镀金)1200吨(占昭和16年度物资动员计划月均数的144%)。

铁矾土 (铝原料)17000吨(占昭和16年度物资动员计划月平均数的42%)。

生橡胶 17000吨(占昭和16年座物资动员计划月平均数的400%)。

番薯树根、糖浆 (用于生产工业用酒精)5.000吨(估计昭和16年度将有极少量的进口)。

椰子核、棕榈油 (甘油,代用机械油)13000吨(估计昭和16年度将有极少量的进口)。

西沙尔麻 (代用马尼拉麻)3000吨(估计昭和16年度将有极少量的进口)。

玉米 (用作饲料、食粮)20000吨(占昭和16年度物资动员计划月平均数的26%）。

工业盐　7000吨（占昭和16年度物资动员计划月平均数的8%）。

砂糖　20000吨（占昭和16年度物资动员计划月平均数的25%）。

上述物资中生橡胶、锡、铁矾土等，对于美国将是极为沉重的打击。

第七，实行南方作战时的石油总供给量，第一年为85万千升。第二年为260万千升，第三年为530万千升，如果加上国内储存的840万千升，供求情况的估计是第一年可剩余255万千升，第二年可剩余15万千升，第三年可剩余70万千升，勉强能维持自给状态。至于航空燃料，按其消费情况来看，估计第二年或第三年即将感到某些危机。

"在大本营联席会议上，就占领荷属东印度后的石油供给问题，陆海军共同研究的结果如下：

（一）估计能从荷属东印度取得的数量：

第一年为30万千升，第二年为200万千升，第三年为450万千升。其细目如下：

地区	第一年	第二年	第三年
婆罗洲：	海军20万千升	60万千升	150万千升
	陆军10万千升	40万千升	100万千升
苏门答腊：	南部	75万千升	140万千升
	北部	25万千升	60万千升
合计：	30万千升	200万千升	450万千升

（二）关于航空汽油

（甲）预定生产

第一年为7.5万千升，第二年为33万千升，第三年为54万千升。其细目如下：

分类	第一年	第二年	第三年
荷属东印度		14万千升	29万千升
异辛烷	1.5万千升	4万千升	6万千升
加氢分解	6万千升	15万千升	19万千升
合计	7.5万千升	33万千升	54万千升

（乙）昭和16年（1941年）12月1日陆、海军和民用的实际储油量共计111万千升。

（丙）需要量及每年的余额：

如果把假定的第一年损耗10万千升，第二年损耗5万千升。第三年损耗2万千升的数字包括在内，推测需要量是：第一方案第一年为80万千升（第二方案70万千升），第二年为75万千升（第二方案65万千升），第三年为62万千升（第二方案62万千升）。

因此，如果考虑到每年都要保存相当于两个月左右的20万千升，那么，供求的情况如下：

	第一年	第二年	第三年
第一方案：	余18万千升	缺44万千升	缺28万千升
第二方案：	余28万千升	缺24万千升	缺28万千升

（三）全部液体燃料

如果民需每年为140万千升，再加上军需，则全部需要量第一年为520万千升，第二年为500万千升，第三年为475万千升。如果从储油、生产和估计可以从荷属东印度取得的总量中扣除150万千升的最低储备量，则对需要量的可能供应量是，第一年为775万千升，剩余255万千升；第二年为515万千升，剩余15万千升；第三年为545万千升，剩余70万千升。在上述情况下，估计国产量第一年为25万千升，第二年为20万千升，第三年为30万千升；人造石油国产量第一年估计为30万千升，第二年估计为40万千升，第三年估计为50万千升。"

〔对暂时隐忍持重时可能出现的情况的估计〕 铃木企划院总裁除对上述开战情况下可能出现的国力演变情况作了推断外，还对暂时隐忍持重时可能出现的情况作了如下说明：

"下面，简要谈谈如果避免这场战争，维持目前的内外局势，隐忍持重时对重要物资及国内外形势的估计。

"第一，对社会形势如能按政府意图加以引导，则前述自给圈（指"日满华"）的物资供应情况将会变得相当有利。

即：海上运输力必然要增强。假定征用船舶的总吨位经常为215万总吨，并设想新造船舶第一年为50万总吨，第二年为70万总吨，第三年为90万总吨，则民需月平均运输量第一年可达577万吨，第二年可达777万吨，第三年可达897万吨。以这样的运输量为基础，预计钢材第一年可达482万吨，第二年可达497万吨，第三年可达520万吨。

其他物资与此相同，情况也将变得相当好。

"第二，由于英美集团的策动和控制，取得第一补给圈（法属印度支那、泰国）的物资可能增加困难。尽管如此，希望从第一补给圈得到的所需物资及其数量，必须保证得到。

"因此，尽管想要避免战争，而发生战争的危险却仍然存在。因为钨矿、锡矿、生橡胶、大米、玉米、磷矿石、松脂、生漆、牛皮、植物油等根据国内的供求情况，都是必需取得的物资。但由于英美的控制，取得这些物资可能很困难。

"第三，国内库存物资，特别是液体燃料将出现极大亏损，同时，为确保国防安全所必需的液体燃料的品种及数量，单靠人造石油工业的生产几乎是不可能的。

即：从原油方面来看，国产第一年估计为36万千升，第二年为40万千升，第三年为44万千升。人造石油方面，如果把各种条件的可能限度考虑进去，进行合理生产，推测其产量，第一年将为30万千升，第二年为50万千升，第三年为70万千升。

（由于要在继续加强军备的情况下进行生产，考虑到物资、劳力等的分配及技术问题）估计民需为180万千升，其不足部分由军需支援补充，则民需也反能维持到第三年。在这种情形下可以预料，到了第三年末，军方也将出现补给困难的局面。

"以上所述是原油的概略数字，如果进一步就其品种加以研究，则会出现供求不平衡的问题。民需灯油（关系到农林业）、普通机械油（关系到整个产业）、高级机械油（用于铁路）、内燃机重油（用于船舶、渔船），均将供不应求。

"鉴于加氢、分解、异辛烷（航空汽油）、合成（内燃机重油）、聚合（机械油）的发展现状，靠人造石油工业解决这些不足极为困难，甚至几乎是不可能的。到第四年恐怕就无计可施了。

"现在如果增加人造石油工业设备，增产到520万吨，则需要钢材225万吨，钴1000吨，煤炭3000万吨。资金38亿元，煤炭工人38万人，以最短时间建成低温干馏工厂，大约需要6个月，建成合成、加氢分解工厂大约需要两年。因此，工厂全部建成需要3年以上的时间。

"如果仔细研究一下以上的条件和完成这项工程所需要的国内工作能力，特别是高压反应筒、管等的制造能力，那么，在短时期内仅靠人造石油来保证液体燃料的自给自足几乎是办不到的。即使使用强权，估计最少也需要7年。

"因此，如果单靠人造石油来推行国策，则必将在某一时期造成国防上的重大缺陷。现在世界正处于战乱时期，并且中国事变还在继续发展，这样做是很危险的。

"第四，可以认为，重要战略物资将会出现不平衡现象，未完成的军备、扩大生产的状况将会不断加大。

"第五，为了确保维持和加强国防力量所必需的生产，需要统一人心，为此必须付出极大的努力。而令人担心的是，一旦走错一步，就会造成舆论上的分歧。

"第六，如果让美国自由取得充实军备的物资，其结果显然将使敌我之间的国防力量对比产生极大的差距。"

对作战的估计

〔**不败的盘算**〕 每当一个国家与他国开战时，该国统帅部必然要冷静地对战争前途作出恰当的估计，内心盘算必胜而起来战斗。事实上，当与美英荷开战的时候，日本陆海军统帅部也曾通过对作战的估计相信，即使不能说是必胜，也有不败的把握。坦率来说，当时日本所处的客观形势是，断定除战争外，已没有其他保卫国家安全的道路可走，这种观点占了上风。

联席会议在重新讨论上述国策时，关于"对美、英、荷开战初期及数年后的作战判断"，结论如下。

一、陆军作战

陆军对南方的初期作战虽相当困难，但有必胜把握。以后将能在海军确保海上交通的同时确保所需要的地区。

二、海军作战

初期作战和以现有兵力进行迎击作战有取胜把握。如果初期作战计划执行得当，则确保西南太平洋上的战略要地，从而确立应付长期作战的态势是可能的。然而对美作战，没有以武力迫使敌人屈服的手段，要有长期作战的思想准备。长期作战取决于能否针对美国的军备扩张，适当地维持我海军的战斗力。战局的发展将主要取决于包括有形无形的各种因素在内的国家总的力量和世界形势的演变。

以上是陆海军统帅部对作战估计的结论摘要。海军作战的这种估计，和上述永野军令部总长在9月6日御前会议上所作的说明相同。关于陆军作战的估计，杉山参谋总长在11月5日的御前会议上作了如下的进一步说明：

"陆军对南方的初期作战主要是登陆作战，这是一种要在不断排除敌人潜艇和飞机的袭击过程中，冒着酷暑，渡过遥远的海面，对敌人设防据点进行的登陆作战，因此可以预料，会有相当困难。但是，从全局来看，敌人兵力部署在广大地区，又隔海分散，联系配合相当困难。对此，我方能够把集结的兵力用于奇袭，各个击破敌人。因此，只要陆海军紧密配合，协同作战，相信一定会取得胜利。从敌我双方的编制、装备、素质和兵力等情况来看，相信登陆后的作战，我方有绝对把握。

"上述作战告一段落后，通过运用政略和战略，特别是依靠海军作战的战果，力争在短期内结束战争，但也必须认识到，战争将长期化。不过，由于我占领并确保敌人的军事基地或空军基地，可在战略上占据不败的态势，相信可以运用各种手段挫败敌人的企图。

"在南方作战的同时，对苏防御和对华作战，大体上将维持目前的态势，以此来加强北方的不败态势，相信仍然不会影响实现对华作战的目的。尤其对中国可以利用南方作战的成果促进事变的解决。"

〔信心的根据〕 南方进攻作战本来是对东西南北各两千英里的广大地区发动进攻，而且是要摧毁敌方海、空的武装抵抗而进行的以登陆作战为主体的史无前例的大规模作战。尽管如此，陆海军统帅部仍然对此具有如上的把握，其根据固然无需赘述，但可归纳为如下几点：

一、在美、荷、中加强联合作战之前，能够以突然袭击各个击破。

二、可以对夏威夷、菲律宾、马来、香港（地区）四个战略要地同时进行先发制人的突然袭击，并能将先发制人的效果扩大到作战的全部纵深。

三、仅就西太平洋作战海面而论，在海上兵力方面我方占有绝对优势；同时在地面及空中兵力方面，各局部地区也能经常保持两倍至三倍的局部优势；特别是有把握由此取得制空权和制海权。

四、敌人的大部分地面部队，大都是素质低劣的殖民地军队。

这样，陆海军统帅部根据几次图上演习的结果，对攻占南方的作战过程作了如下估计。即：作战开始后，香港（地区）大约用20天，马尼拉大约用50天，新加坡大约用100天，爪哇大约用150天即能攻克。因而判断，大约用5个月的时间就能按预定计划完成对南方大部分重要地区的占领，至此作战将告一段落。

这时唯一令人担心的是，来自太平洋方面的美国太平洋舰队的出击。如果发生这种情况，海军计划把大部分南方部队调往太平洋方面，以便同美国舰队进行海上决战。陆军的计划是，即使在这种情况下，仍将极力完成进攻作战，但同时还判断，改变部分进攻计划，或推迟全盘作战速度在所难免。

〔长期战与国防圈区域〕 陆海军统帅部对以南方进攻战为主的初期作战具有上述胜利把握。不过，问题是对初期作战结束后的持久战的估计。

这次战争基于下列理由将演成长期战争。对此任何人都没有异议。

一、美国力求迅速加强军备，在对日军事力量对比确保绝对优势之前，很可能避免决战。

二、从地理条件和日美现有军事力量的对比来看，由日本主动谋求同美海军进行短期决战并加以歼灭，极为困难。

三、即使发生短期决战，日本在这次决战中取得胜利，也不能指望由此迫使美国屈服。

四、为了迫使美国屈服，必须直接进攻其本土。然而这是绝对办不到的。

五、欧洲形势虽然对德、意方面有利，但是还难以指望欧洲战局的进展会促使日美战争在短期内结束。

因此估计，在初期决战结束之后，必然要同美、英、荷、中进行持久战，这就要求在政略和战略两方面确立包括对苏防御在内的长期不败的态势。为此，必须长期确保以日本本土为中心，包括满洲、中国大陆重要地区、南方资源丰富地区以及太平洋战略地区三者在内的国防圈区域。

如果能确保这个国防圈区域，就能通过全面开发和利用满洲、中国和南方的各种资源，实现经济上的长期自给自足，蓄积国力和军事力量。另外，还可杜绝向美英运出橡胶、锡、钨等战略物资，对其蓄积军事力量给予沉重打击。

由于在满洲和中国大陆正面配备了陆军主力，因而认为，只要不出现对苏开战的最坏事态，确保这些地区是容易的。陆军打算在南方进攻作战结束后，立即对日本本土、满洲、中国及南方的整个兵力布置加以调整和整顿，借以提高兵力使用的机动性，应付形势的变化，特别是应付苏联的动向。

〔长期持久战略——对美国反攻情况的判断〕 问题是从南方的资源丰富地区直到太平洋战略地区的海洋正面作战。自缅甸经马来、苏门答腊、爪哇、苏拉威西、加罗林群岛、马绍尔群岛、威克岛直至千岛群岛一线的海洋正面，自然形成了一条战略要线，因而认为，如果有效地利用配备在这条战略要线上的空军和舰队基地以弥补兵力的劣势,再全面发挥所谓内线作战的优点,战略上的持久方针是可以建立起来的。

当时认为,这种海洋正面的作战当然要由海军来主持。海洋正面靠海军,大陆正面靠陆军,这种思想是根深蒂固的。因此,长期持久作战的成败,在很大程度上将取决于海军在海洋正面作战的结果如何。

海军当然预料到了美军在太平洋正面的反攻,问题是对其反攻方式的判断。当时,在海上作战中重视空军作用的思想正在抬头,一般的趋势是,海战在从巨舰大炮的舰队决战主义向航空决战主义过渡。不过,日本海军还未彻底接受海上作战的主力是空军这种思想,认为海战的主体还是舰队决战的想法仍然占上风。因此,日本陆军自不必说,就是海军也不确切地作出判断,美军会通过大规模的两栖作战,以跳越岛屿夺取空军基地、逐渐扩大制空权和制海权的方式逐步进行反攻。换句话说,日本陆海军坚决认为,在海洋正面,将会发生舰队决战,由此来决定作战的命运,而没有想到围绕太平洋战略基地的攻防而进行的大规模两栖作战会成为作战的主体。

陆军主要关心的是大陆正面。陆军认为,南方进攻作战结束后,作战重点将是加强对苏战备。陆海军都没有预料到,对付美军上述的大规模两栖反攻,必须以陆军兵力来加强太平洋正面的陆上战备。

这样,陆海军统帅部认为,以上述国防圈区域为基础的长期持久战略可以建立起来,并且确信,如果确保这种政略和战略上的长期不败的态势,再与其他重要因素相配合,就有可能把战争导致结束。

第14章

战争指导计划

自从9月6日御前会议下定不惜对美、英、荷一战的决心以来，大本营陆海军部结合研究上述各项基本问题，集中精力讨论并制定了对美、英、荷的战争计划，这是和讨论制定作战计划同时进行的。

〔没有综合计划——陆海军方案〕 到10月上旬，陆海军部之间初步制定了《对美英荷战争指导纲要》，其内容大致由以下各项构成：

一、战争目的
二、战争指导方针
三、武力战指导要则
四、武力战攻占范围
五、占领地处理纲要
六、思想战指导要点
七、经济战指导要点
八、外交战指导纲要
九、结束战争方略

上述《对美英荷战争指导纲要》，本应提交大本营、政府联席会议讨论，作为国家的战争指导计划迅速确定下来。可是，如前所述，在当时战争决心直到最后迟迟定不下来的情况下，不得不推迟提交联席会议讨论。因此，上述纲要的主要内容，是后来个别逐步决定下来的。

战争目的

〔自存自卫和建设新秩序〕 对美、英、荷战争的目的在于，确保日本的自存自卫，建设大东亚新秩序。这在11月5日御前会议决定的《帝国国策实施要领》的第一项中明确指出："帝国为打开目前危局，确保自存自卫，建设大东亚新秩序，现在决心对美、英、荷作战。"

这里虽然把自存自卫和建设大东亚新秩序并列为战争目的，但它的重点当然在前者，因为一旦投入战争，其结果势必要发展成建设新秩序的问题。基于这种考虑，大东亚新秩序的建设问题，可以说是从属性的或结果性的战争目的。这是当时大本营和政府负责人士的共同想法。因此，上列《对美英荷战争指导纲要》的第一项，经多次讨论，规定"对美、英、荷战争的目的在于确保帝国的自存自卫"。另外，在9月6日御前会议上决定的《帝国国策实施要领》中也明确指出："帝国为确保自存自卫，在不惜对美（英、荷）进行战争的决心之下……"

12月1日，在御前会议最后作出开战决定时，大本营和政府虽然没有采取措施，在战争计划上进一步明确战争目的，但在宣战诏书中却阐明如下（这份诏书草案是根据11月中旬以来经联席会议多次讨论的《开战名目要点方案》写成的）；

"长此以往，帝国多年来争取东亚安定之努力悉将化为泡影，而帝国之存在亦将濒于危殆。事已至此，帝国现为自存自卫计，除毅然而起，粉碎一切障碍外，别无他途。"

关于促进结束战争的腹稿——对美、英、荷战争指导要领

〔11月15日的决定〕 11月5日的御前会议刚一开过，东条首相就命令属下研究如何谋求结束对美、英、荷战争的草案。这是特为体察天皇的轸念而采取的措施，也是上述反复讨论国策过程中的最大问题。因此主要以前述《对美、英、荷战争指导纲要》中的战争指导方针、武力战指导要则、外交战指导要纲、结束战争方略等为中心制定了《关于促进结束对美、英、荷、蒋战争的草案》，在11月15日的联席会议上获得通过。全文如下：

《关于促进结束对美、英、荷、蒋战争的草案》
方　针

一、迅速摧毁美、英、荷在远东的根据地，确立帝国自存自卫的地位，同时进一步采取积极措施，促使蒋政权早日屈服。并与德、意合作，先使英国屈服，然后迫使美国丧失继续作战的意志。

二、尽量防止扩大战争对手，努力争取第三国倾向我方。

要　领

一、帝国应实行闪击战，摧毁美、英、荷在东亚及西南太平洋地区的根

据地，确立战略上的优势，同时确保重要资源地区和主要交通线，造成长期自给自足的态势；设法用尽一切手段，引诱美海军主力，适时加以歼灭。

二、日德意三国合作，首先迫使英国屈服。

（一）帝国采取下列措施：

（甲）对澳洲、印度，通过政略和破坏其对外贸易等手段，切断其与英国本土的联系，策动其叛离英国。

（乙）促使缅甸独立，以此实例怂恿印度独立。

（二）努力促使德、意两国采取下列措施：

（甲）在近东、北非、苏伊士运河地区进行作战，同时对印度采取措施。

（乙）加强对英封锁。

（丙）如果形势允许，即在英国本土进行登陆作战。

（三）三国共同协力采取下列措施：

（甲）努力打通印度洋，实现三国间的联系与合作。

（乙）加强海上作战。

（丙）严禁占领地区资源流入英国。

三、日德意三国合作，在对英采取措施的同时，努力促使美国丧失战斗意志。

（一）帝国采取下列措施：

（甲）对菲律宾的处理，目前应使现政权继续存在，以利于促进结束战争。

（乙）彻底破坏对美国的通商。

（丙）严禁中国及南洋各地的物资流入美国。

（丁）加强对美国的宣传攻势。重点是诱使美海军主力开赴远东，并使美国重新考虑其远东政策，指出日美战争毫无意义，借以诱导美国舆论厌战。

（戊）设法离间美澳关系。

（二）力求使德意两国采取下列措施：

（甲）在大西洋及印度洋方面加强对美海上攻势。

（乙）加强对中南美的军事、经济、政治攻势。

四、对于中国，有效地运用对美英荷的战争，特别是其作战成果，杜绝援蒋活动，减弱其抗战能力；同时，积极采取掌握在华租界、争取南洋华侨和加强作战等政略、战略手段，促使重庆政权屈服。

五、帝国在对南方作战期间，应尽量防止发生对苏战争。根据德苏两国的意向，促使两国讲和，将苏联接入轴心国方面。另一方面，调整日苏关系，根据情况，怂恿苏联向印度、伊朗方面扩张。

六、对法属印度支那继续执行现行政策；对泰国，以恢复其被英国占领的失地为诱饵，诱使其与帝国政策相协调。

七、经常对战局的演变、国际形势及敌国民心的动向等予以严密注视和考察，同时抓紧下列机会，以求结束战争。

（甲）对南方作战告一重要段落时。

（乙）对中国作战告一重要段落，特别是蒋政权屈服时。

（丙）欧洲战争局势的变化出现大好机会，特别是英国本土被攻陷，德苏战争结束以及对印度的政策取得成功时。

为此，应迅速加强对南美各国、瑞典、葡萄牙及梵蒂冈的外交和宣传活动。

日、德、意三国缔结不单独媾和协定。当英国屈服时，应不立即与之媾和，而应采取措施，使英国劝导美国媾和。

作为促进对美媾和的措施，应考虑有关供应南洋方面的锡、橡胶问题和对菲律宾的处理问题。

〔结束战争的关键〕 以上可以看作是日本在对美、英、荷、蒋战争中的战争指导计划。正如这个草案里明确指出的那样，日本把结束战争的希望寄托在美国丧失继续作战的意志上。而要达到这一点，除了如前所述适时地引诱美国海军主力加以歼灭，以此为转机迫使美国放弃作战意志这种有利情况外，日本并不想直接对美施加迫使屈服的积极手段来促其实现。就是说，想通过下列间接的办法来使美国主动撒手。

一、日本确立自存自卫的体制，取得长期不败的实效。

二、采取积极措施，促使蒋政权早日屈服。

三、与德意合作，力图迫使英国屈服。

如果日本能取得长期不败的实效，并能使美国在东西两洋的最大盟国蒋政权和英国屈服，那么美国也不得不放弃继续作战的意志。上述间接办法就是根据这种判断的。不过，上述三项重要条件中的第一项——长期不败的问题，姑且认为我方基本上有把握，而在促进结束战争方面最重视的还是第三项，即使英国屈服的问题。这在很大程度上要依靠德意两国的力量。如前所述，当时对欧洲战局演变的判断是，认为日本一旦对美、英、荷开战，可以指望意在欧洲这样配合。不言而喻这是极大的判断错误。而日本遗憾的是，同前来进攻的美海军主力进行决战，从中途岛海战开始反而给日本带来了不利的结果。

战争经济基本方略

〔11月10日的决定〕 实行对美、英、荷战争的经济方略，与结束战争的方略一样，同是战争指导上的最大问题。11月10日大本营和政府在联席会议上决定了下述经济方略的要点。

《战争经济基本方略》

由我方确保东亚共荣圈地区的国防资源和物资使我国进行战争的能力得到迅速扩充和发展，同时设法切断对敌国战略物资的供应，遏制其扩展战争的能力。即：

一、应迅速开发和取得国防资源和物资，尤其是石油，以打开我国防生产上的致命难关；同时以跃进的速度开发和利用满洲事变、中国事变成果即自给圈内的资源，尤其是煤炭和铁矿，以保持和增强我进行战争的能力，使之得以挫败美国执行国防计划后发动的攻势，以及与此有不可分关系的、来自北方的攻势。

与此同时，彻底封锁东亚共荣圈地区内的对敌战略物资的供应，以阻碍和延缓其国防计划的进展。

二、为达到前项目的，以昭和18年（1943年）末为期，务期实现所需物资有计划的生产自给，促进和加强以石油（包括人造石油）、煤炭、钢铁、造船为核心的生产自给。

为了迅速增强我国进行战争的能力，仅靠每年新建生产力与所得还不能满足需要，所以必须动员过去击的蓄积物资，发挥真正的经济实力。

三、基于上述意图，应迅速制定改组各种许产业的方针，对各种产业坚决进行整顿，使其保有的资材变成建设生产自给的新生的原动力。

关于上项所需的国家经费、资金及财源问题，应迅速决定对策。

四、在实现上述生产自给过程中，须确定并保证国民生活的最低标准。

〔确保石油的措施〕 基于上述方略，开采与取得南方石油就成了进行战争的当务之急，对此制定了周密的措施。因为预料到南方的采油设施在日军占领之前会被破坏，所以准备把日本国内的采油资材和人员调往南方。另外，大本营陆军部为了在苏门答腊的巴邻旁炼油设施遭到破坏之前占领该地，计划投下陆军伞兵部队，作为陆军的最初尝试。

帝国认为，关于财政金融，如能在必要的物资方面，充分满足进行这场战争和维持国民生活上的要求，在发挥强大政治威力的情况下，通过综合施行各种政策，可以顺利地进行长期战争。

占领地区行政实施计划

〔**决定施行军事管制——11月20日**〕 要攻占的南方地区总面积约为300万平方公里，人口约为1亿2000万。对这些地区的行政管理，必须紧紧跟在作战后面。11月20日，大本营和政府在联席会议上决定了如下的占领地区行政实施计划。

《南方占领地区行政实施要领》

第一，方针

对占领地区，暂且实行军事管制，以资恢复治安，迅速获得重要国防资源及确保作战部队的给养。

第二，要领

一、实行军事管制时竭力利用残存的统治机构，尊重以前的组织和民族习惯。

二、在不妨碍作战的范围内，占领军应采取措施，促进获得和开发重要国防资源。

在占领地区开发或取得的重要国防资源，应编入中央物资动员计划。至于作战部队在当地补充给养所需物质，原则上根据上述分配计划，拨归当地使用。

三、对于运往日本物资，陆海军应竭力予以援助，且应尽量全面地利用其征用的船只。

四、铁路、船舶、港湾、航空、通信和邮政等，由占领军管理。

五、占领军对贸易及汇兑施行管理，尤其防止石油、橡胶、锡钨、奎宁等特殊重要资源流入敌国。

六、原则上应尽量使用当地原有货币，不得已时可使用有外币标志的军票。

七、为取得国防资源和补充当地占领军给养，必然给当地人民生活带来沉重压力，要使其忍受下去。宣抚工作的要求，以不违反上述目的为限。

八、在处理美、英、荷等国侨民方面，应指导他们与我实行的军事管制进行合作，对不愿合作者应令其离开或采取其他适当措施。

对轴心国侨民的现有权益应予尊重，但应尽量限制以后再行扩张。对华侨应使他们叛离蒋政权，赞同和协助我方政策。

对当地居民应予以指导，以增进其对皇军的信赖感，避免过早地诱导发起独立运动。

九、对作战开始后新到该地的日本人，应事前严格审查其品质，但对曾经住在该地、回日本而又重新返回者应予以优先考虑。

十、关于实行军事管制而应采取的措施如下：

（甲）有关当地军事管制的重要事项，经大本营政府联席会议讨论决定之。

中央决定的事项，分别由陆海军指示给当地驻军。

（乙）有关取得和开发资源的计划与统制工作，暂由以企划院为中心的中央机关执行之。上列决定事项根据（甲）项实行。

（丙）对法属印度支那和泰国，按既定方针处理，不施行军事管制。情况改变时，处理方法另定之。

备考：

帝国对占领地区施行的政策取得进展后，军事管制机构将逐渐由政府设置的新机构予以合并、调整或接管。

对南方占领地区究竟应该施行军事管制，即由作战军直接管理行政，还是应该施行民政，即设置政府直辖的行政机关来管理行政，曾经是一个问题。不过，由于南方作战特别需要作战与建设一体化，所以施行军事管制不仅绝对必要而且有利。东乡外务大臣倾向于民政方案，上述计划的备考就是由于他的主张而特别写上的。当然，随着决定施行军事管制，已做好准备，拟使大量有能力的文官和民间人士充任行政官员参与管理工作。

〔陆海军的军事管制分担区划〕 根据上述计划，陆海军就实施军事管制的分担区划问题达成如下协定：

一、陆军主管区域（海军为辅）：香港（地区）、菲律宾、英属马来、苏门答腊、爪哇、英属婆罗洲。

二、海军主管区域（陆军为辅）：荷属婆罗洲、苏拉威西、马鲁古群岛、小巽他列岛、新几内亚、俾斯麦群岛、关岛。

加强日德意合作的对策

〔**决定对德意的措施——11月13日**〕 11月5日御前会议决定的《帝国国策实施要领》规定了"谋求加强与德意的合作"。根据这一规定，在11月13日的联席会议上决定了如下的对德意的措施。

当认定日美谈判已告决裂，战争已不可避免的时候（大体设想在11月25日以后），应立即通知德（意），说明帝国近期一旦准备就绪，有意对英美开战。作为上述准备的一部分，应就下列事项进行必要的谈判。

一、德（意）参加对美战争。

二、不单独媾和。

备考：

德国方面如果要求我方参加对苏战争时，以暂不参加予以应付，为此即使德方推迟参加对美战争也无可奈何。

如上述决定所阐明，日本是想避免一只脚踩两只船的外交，即一方面力求同美国谈判达成妥协，另一方面又估计到要开战而谋求加强同德意的合作，而专门致力于对美妥协。如前所述，日本曾认为，即使到了从谈判向战争急转直下的时候，再加强同德意的合作也是可能的。但是在具体负责外交工作的东乡外务大臣看来，实现这一点有些靠不住。

在11月15日的联席会议上，东多外相向杉山参谋总长提出希望：因为现在由外相亲自通过大岛大使进行谈判不太合适，所以希望参谋总长责成参谋本部第二部长冈本少将通过鄂图德国驻日大使或驻德陆军武官进行内部对话。杉山参谋总长对此表示谅解，并适当地作了工作。

〔**不单独媾和协定的缔结**〕 如前所述，到了11月29日已决心对美英荷开战时，日本政府才开始同德意两国进行关于德意立即对美宣战和缔结对美英不单独媾和协定的谈判。关于缔结不单独媾和协定问题，日本按东乡外相的意见，不想缔结日德意三国协定，而是想缔结日德间及日意间的两部协定，并已按此采取措施，其理由是，即使意大利违反协定而媾和，日德之间的协定依旧俨然存在。征诸以前的事例，这种作法是有利的。

这样，12月3日大岛大使开始了同德国外长的谈判。关于对美宣战问题，德意方面没有不同意见。关于缔结不单独媾和协定问题，到了12月11日才缔结了如下的协定。结果还是个日德意三国间的协定。

《日本国、德意志国及意大利国间协定》

大日本帝国政府、德意志国政府及意大利国政府以不完成对美利坚合众国的共同战争暂不罢休的坚定决心，签订以下各项协定。

第一条

日本国、德意志国及意大利国应以一切可能采取的有力手段，将美利坚合众国及英国所强加的战争进行到底，直到胜利。

第二条

日本国、德意志国及意大利国约定，如果未取得相互的完全谅解，不与美利坚合众国及英国的任何一方实行停战或媾和。

第三条

日本国、德意志国及意大利国在战争胜利结束后，仍将在1940年9月27日缔结的三国条约的基础上，为迎接公正的新秩序的到来而密切合作。

第四条

本协定在签署的同时实行，并与1940年9月27日签署的三国条约同一期间有效。缔约国在上述有效期满之前，应在适当时期就以后执行本协定第三条规定的合作方式达成谅解。

在谈判上述协定时，德国曾希望就日本阻止苏联船只从美国经由海参崴输入军需品一事履行换文手续。对此，永野军令部总长认为，从事这种运输的苏联船只仅6、7艘，阻止是容易的，但担心这样做会导致对苏开战，因而表示强烈反对，海军的意见是，即使因为反对这样做致使不单独媾和协定搞不成也在所不惜。于是日本最后只对德国作了下述答复："关于阻止从美国向海参崴运输军需品一事，日本承认。但从日本的作战观点出发，在必须绝对避免同苏联进入战争状态期间，不能充分实行此种阻止，希予以谅解。"

〔**缔结军事协定**〕 开战以后，同上述协定相关联，根据上述《关于促进结束对美英荷蒋战争的草案》的宗旨，昭和17年（1942年）1月18日，陆海军统帅部与德意最高统帅部缔结了如下的军事协定。

《日德意军事协定》

日本陆海军及德意国防军根据1940年9月27日的三国条约的目的，联系到1941年12月11日的日德意协定，为了协同作战、迅速击溃敌国军事力量，特签订如下协定。

第一，作战地区的分担。

日本陆海军及德意国防军应对下列分担地区中的必要部分进行作战。

一、日本

（一）大致为东经70度以东至美洲西岸的海面，以及在这一海面中的大陆和岛屿（澳洲、荷属东印度、新西兰）等地区。

（二）大致为东经70度以东的亚洲大陆。

二、德国、意大利

（一）东经70度以西至美洲东岸的海面以及在这一海面的大陆、岛屿（非洲、冰岛）等地区。

（二）大致为东经70度以西的近东、中东及欧洲地区。

根据作战情况，在印度洋上可各自超越协定所规定的界线进行作战。

第二，作战行动大纲

一、日本为策应德、意对美作战，在南方及太平洋地区实行作战。

（一）摧毁英美荷在大东亚的主要根据地，进攻并占领其领土。

（二）歼灭太平洋及印度洋方面的美、英陆海空军兵力，确保西南太平洋的制海权。

（三）当美、英舰队几乎全部集中在大西洋方面时，日本除在整个太平洋、印度洋地区加强通商破坏战外，并派一部分海军兵力到大西洋方面直接协助德意海军作战。

二、德意为策应日本在南方及太平洋地区作战，对美英进行作战。

（一）摧毁美、英在近东、中东、地中海和大西洋上的主要根据地，进攻并占领其领土。

（二）歼灭大西洋和地中海上的美、英陆海空军兵力，并破坏其通商。

（三）当美英舰队几乎全部集中在太平洋方面时，德意派遣部分海军兵力到太平洋方面直接协助日本海军作战。

第三，军事合作要领

一、相互通报作战计划中的必要事项。

二、相互协助进行通商破坏战。

（一）相互通报通商破坏战的计划。

（二）相互通报通商破坏战的经过、所需情报和其他必要事项。

（三）在各缔约国分担的军事行动地区以外进行通商破坏战时，预先相互通报其计划；在作战基地的使用、军队补给、休整、车辆、武器修理等方面，相互协助。

三、相互协助搜集和交换有关作战上的必要情报。

四、相互协助制订有关作战战略。

五、相互协助军事通讯。

六、在开辟日德意三国间军用航空线（在技术条件允许范围内）、开辟印度洋的海上交通线和海上运输方面相互协助。

日本帝国参谋总长、军令部总长的代表、德国国防军参谋长意大利全军参谋本部的代表各在本协定上签字，以资信守。

对泰国的对策

在南方作战中，为了实施对马来及缅甸作战，不仅必须通过泰国领土，而且作为对两方面作战的后方基地，泰国与法属印度支那有着同等重要意义，把泰同确保在我方阵营中是不可缺少的条件。然而对建立自昭和16年（1941年）1月以来一直成为悬案的日泰间紧密军事关系的问题，后来却完全没有采取任何对策。

〔对泰施策的秘密准备〕 在前述《帝国国策实施要领》中已经规定："发动武力之前应与泰国建立紧密军事关系。"当时泰国国内的实际情况是，亲英势力仍然很强，只要不面临日本断然与美英开战的形势，即便是具有亲日倾向的銮披汶政权，也不可能与日本建立军事合作关系。然而日本却始终确信，銮披汶首相历来赞成所谓东亚共荣圈的设想，在紧急情况下一定会与日本合作。因此，关于对泰国的施策，考虑到尤其需要保密，便采取了直到发动武力之前再加以实施的方针，并认为这样作足以按我方意图控制局面。

根据上述宗旨，大本营、政府在11月13日的联席会议上决定了如下的对泰国的施策大纲。

一、进驻开始之前，对泰国提出下列要求，并使其迅速承认之，即使泰国不接受帝国要求，帝国军队也按预定计划进驻，但应努力将日泰间的武装冲突限制在局部地区。

1. 允许帝国军队通过并对之提供各种方便；
2. 立即采取措施，避免帝国军队通过时日泰军队发生冲突；
3. 如果泰国希望，可缔结共同防御协定；

注：在这项谈判开始之前，勿使对泰态度发生特别变化，尤其对隐蔽开战意图应加以万全的考虑。

二、进驻后，对下列各项应在当地迅速具体地达成协议。

1. 关于帝国军队的通过和驻屯事项；
2. 利用和新设、增强军用设施；
3. 利用所需的交通通讯机关和工厂设备等；
4. 对通过和驻屯的部队提供宿营、给养等；
5. 提供所需军费借款；

备考：在谈判第一、第二项时，可以昭和16年（1941年）1月30日大本营政府联席会议决定的对法属印度支那、泰国施策纲要为准则，保证尊重泰国的主权和领土完整，另外，根据泰国的态度，可暗示将来可将缅甸或马来的一部分领土割让给泰国，以利于谈判。

〔《对泰施策要领》〕 接着于11月23日，作为对泰国施策的具体措施，大本营、政府决定了如下的《对泰施策要领》，并将这一要领指示给了当地陆海军最高指挥官及坪上驻泰大使。指示中所说的"X日"当然就是12月8日。

《对泰施策要领》

一、进驻前的谈判要领

1. 进驻前夕的对泰外交谈判开始时间（预定为X日前一天的午后6时以后）由中央指示驻泰大使，其决定时刻（定为X—1日午后6时以后至X日午前零时以前）由陆军最高指挥官与驻泰大使联系决定。

上述联系应力求在X—1日午后6时前进行。

至上述时刻如仍无联系，谈判应等待有联系后再进行。

2. （甲）在进行前项谈判时，驻泰大使（陆海军武官同行）应通过外交手段，向銮披汶提出：要求泰国允许日军通过并对之提供各种方便，同时立即采取措施避免日泰两军发生冲突。銮披汶如果答应，就不作成文件，立即使之采取具体措施，或者根据要领附件草成协定。（本件达成协议时，只要泰国方面不反对，可在进驻后发表）

（乙）倘若泰国方面不答应我方要求，则应通告对方，日本军队将按预定计划开始进驻，并要求对方采取各种必要措施，使泰国军队不要抵抗。

（丙）如果銮披汶下台或辞职（包括因英军进驻所造成的结果），则根据前记要领与其后任者或可能成为后任者的人进行谈判。

如果没有谈判对手，应不失时机地采取适当措施。

3. 谈判情况应由大使（武官）迅速报告当地驻军。

二、谈判与进驻泰国中部的关系

自法属印度支那由陆路进驻的部队，其开始进驻的时机和对曼谷开始直接登陆的时机，应根据陆海军中央协定，在情况许可范围内，本着避免日泰两军冲突的方针，由陆军最高指挥官决定之。但有关登陆部队的行动，应由当地陆海军指挥官协商决定。

三、结合进驻的各种交涉

1. 结合有关进驻的谈判，由当地陆海军最高指挥官指派驻泰陆海军武官开始有关军事方面的谈判。

2. 驻泰大使在以后进行的交涉事项中，应将所需军费的借款等项包括在内。

四、如果在日军进驻之前英军侵入泰国领土时，军方应不失时机地将这一情况通报给驻泰大使，先开始谈判，然后进驻泰国。

这时，驻泰大使应按以下附记各项采取措施。

如驻泰大使事先察觉上述情况时，应不失时机地通知当地驻军，并与泰国方面开始交涉。关于在此种情况下开始交涉的时机，应由大使与陆军最高指挥官联系决定之。

附记

1. 立即质问銮披汶，英军的进驻是否已取得泰国同意，如果对方回答已取得同意时，则对此提出严重抗议，并以我方自卫上的需要为理由，向对方提出应同样允许日军进驻的要求；如果对方回答说未经同意时，日军则作为援救泰国及应付紧急事态的自卫措施，要求进驻。不论哪种情况，均应要求泰国采取措施，避免与日军发生冲突。

2. 在这种情况下进行交涉时，应特别注意，不得泄露我方作战意图，应单纯作为进驻泰国的行动进行交涉。

结合上述驻泰大使的交涉，有关军事方面的各项谈判应按第三项执行。

五、有关保护驻泰大使馆、领事馆官员、当地日本侨民的生命财产和帝国权益问题，应由驻泰大使和当地陆海军通力合作，力求采取万全措施。

〔准备中的坪上·銮披汶协定草案〕

附件

《坪上·銮披汶协定草案》

本日我们两人会谈结果，就下列各点取得了完全一致的意见。

一、日泰两国约定共同防卫泰国；

二、泰国为此给予日本国以必要的军事上的协助（包括允许日军通过，并对之提供各种方便，以及立即采取措施，避免日泰两军发生冲突）；

三、关于前两项的实施细目，由各主管官员之间具体协商制订；

四、日本国保证尊重泰国的独立、主权和荣誉，并协助收复泰国的失地。

五、本件商定各点，将在日后适当时机由两国政府间作成正式文件。

注1. 根据谈判进展情况，可以约定："日军在上述协定草案第二项所规定的必须给予军事上的协助的事态一旦消除时，将立即从泰国领土上撤兵。"

2. 如果泰国希望，可以约定，在经济上尽量援助泰国。

附记

1. 对泰国说明，此文件系记录性质，是为了日后之用而将会谈结果记录下来的文件；

2. 对泰国说明，根据上述协定草案第五项的保留，此文件无需履行我国国内法律手续，

3. 但实质上应以此文件约束两国，并按此文件行事

备考：

1. 关于——

（甲）如泰国希望缔结攻守同盟时，则应将文件写成"日泰两国建立攻守同盟关系"；

（乙）如泰国希望加入三国条约时，则应将文件写成"泰国加入三国条约"，在此种情况下，可将协定草案第二项里的"为此给予日本国以必要的……"一段删掉；

（丙）如泰国对共同防卫或缔结攻守同盟均不感兴趣时，可将协定草案一、二、三项合为一项，作如下改动："为应付东亚紧急事态"（或泰国为协助建设东亚新秩序），或者同时使用'新秩序'和'紧急事态'的提法"。有关前项"给予日本国以必要的军事上的协助（包括允许日军通过，并对之提供各种方便，以及立即采取措施，避免日泰两军发生冲突）"的实施细目，由两国军事当局之间具体协商制定；

在这种情况下，原案中四、五两项应移为二、三项，原文不动。

2. 如泰国对共同防卫或缔结攻守同盟或加入三国条约均不感兴趣，而只打算在军事上进行协助时，则可约定尊重泰国的中立政策。

3. 关于第四项，如泰国方面对法属印度支那失地问题提出质问时，坪上大使可答复，将来一旦时机到来，帝国政府将对上述问题予以善意的考虑。

对荷兰的措施

〔在荷属东印度的登陆时机和对荷兰的处理〕 日本虽然在12月1日就下

定了与英、美、荷开战的决心，但日军对荷属东印度的最初军事行动是，开战约一个月以后才预定在荷属婆罗洲的打拉根岛登陆。在这中间，大本营和政府为避免由日本挑起与荷兰进入战争状态，12月4日对处理荷兰问题作了如下决定。

《关于处理荷兰问题》

一、对于荷兰，在与该国进入战争状态之前，作为准敌对国处理，禁止使用密码，对该国驻日公使及公使馆官员严加保护和监视（因而完全不得与敌国进行往来）。

二、如荷兰对我宣战时，我方应发表与荷兰进入战争状态的声明；如在荷兰对我宣战之前已同该国进入战争状态时，我方也同样发表与荷兰进入战争状态的声明；以后即根据国际法，将荷兰作为敌国处理。

注（1）否认荷兰政府，好处在于可将荷兰驻日公使作为私人对待，但既然可按第一项来处理，也就没有必要否认荷兰政府。

（2）如果否认荷兰政府，荷兰在法律上对保护我侨民等就将不再负有国际法上的责任；如果荷兰与日本进入战争状态，日本与荷兰的关系就将被置于不受国际法约束的地位，这对我方撤退领事馆官员将产生不便。

（3）迄今为止，事实上荷兰政府是被作为对手的，因此，即使立即否认它，除前记（1）以外不会带来任何好处；如果等到开战时再行否认，则已在可按纯粹敌国加以对待之后，因而已无否认的必要。

在宣战诏书中，将荷兰排除在战争对手之外，这虽然与这个决定的精神不无关系，但实际上考虑的是，将已经亡命英国的荷兰政权与英美同样对待，不太合适吧！当时是这样一种心情。

开战后不久，荷兰政府因为日本已对同荷兰有亲密不可分关系的美英开战，所以曾通告日本，认为日荷之间已存在战争状态。不过，日本尽管已经作了上述决定，由于还有后面叙述的一些情况，对此未加理睬，等到昭和17年（1942年）1月17日，日荷两军发生了战斗状态，政府才在第二天（12日）发表了声明。

〔开战初期的对荷兰措施〕 在这以前，鉴于战争一开始已经取得了意外的成功，大本营和政府便企图以这个战果为背景，对荷属东印度实现所谓不流血的进驻，并于12月13日决定了如下的对策。这完全是适应开战初期状况的措施。

《适应战争演变的对荷属东印度战争指导要领》

鉴于形势的进展，以下列各项为准则，力求不使用武力，按既定计划达到进驻目的。

二、对荷属东印度政府大致按下列条件，以本年底为期，努力进行适当的谈判。

1.荷属东印度放弃对帝国的一切敌对行为，采取措施，防止帝国军队进驻荷属东印度重要地区时可能发生的纠纷，防止破坏各种设施和资源。

2. 帝国尊重荷属东印度的现存行政机构，并严格保护所有居民的生命财产。

二、不论谈判进展如何，作战按既定计划进行。

如果谈判达成妥协，将不使用武力，实行进驻。

三、在本谈判进行期间，不发表与荷兰进入战争状态的声明。

四、当进行本谈判时，应不涉及将来荷属东印度的归属及其他处理问题。

上述工作是通过瑞士进行的，但终于失败了。起首就曾估计到，成功的希望极小。

第15章
大本营作战计划

〔**制定陆海军作战计划**〕 如上所述，陆军统帅部自昭和15年（1940年）末就认真着手制定对美、英、荷的作战计划。最初制定的是马来作战计划、菲律宾作战计划等区域性的作战计划，后来自昭和16年（1941年）4月左右，改为制定综合作战计划。当然，在这期间，陆海两军统帅部的作战幕僚之间始终保持着紧密联系，并共同进行了图上研究。到了8月，陆海军制定作战计划的工作已基本全部告一段落。

9月，陆军统帅部全体作战幕僚集中在三宅坂的陆海军集会所，连续研究了一个月，对上述作战计划作了最后的探讨，基本上完成了这项工作。

作战计划基本完成之后，海军在9月，陆军在10月，分别进行了有关作战计划的军棋演习。

海军方面的军棋演习，自9月10日至13日，在海军大学举行4天，由联合舰队司令长官山本五十六海军大将主持，有联合舰队各级指挥官、幕僚以及军令部的幕僚们参加，研究了西太平洋管制作战（进攻南方重要地区的作战）和夏威夷方面奇袭作战两项。

陆军方面的军棋演习，从10月1日至5日，在塚田参谋次长主持下于陆军大学举行5天。参加演习的有准备去南方作战而组建的各军的参谋长、主要参谋以及参谋本部作战幕僚，研究了作战初期对南方重要地区的进攻作战。

参谋本部的作战幕僚和军令部的作战幕僚分别参加并参观了海军和陆军的演习。

经过上述一番准备，至10月末，陆海军统帅部分别决定了作战计划，并为南方作战达成了陆海军中央协定。杉山参谋总长和永野军令部总长在11月3日和5日两天，并肩将上述计划上奏天皇并在11月5日得到天皇的批准。

〔**御前军棋演习**〕 陆海军统帅部又于11月15日进行了御前军棋演习，向天皇说明了南方作战计划，由陆海军大臣陪同出席。

陆军作战计划

大本营陆军部的作战计划，是以南方作战为主体的计划，由大本营的基本计划和根据这个计划制定的作战各军的作战计划所组成。上述作战各军的作战计划还涉及第一线各军的计划。

在陆军中，作战各军的作战计划（称作作战要领，包括第一线各军的作战计划，都由大本营制定，然后指示作战各军，把它作为指导作战的行动依据。

作战各军当然要依据大本营所指示的作战要领制定各自的作战要领。

〔**帝国陆军整个作战计划**〕 大本营陆军部的基本计划要点如下：

帝国陆军整个作战计划要点

其一，南方作战

一、作战目的

南方作战的目的在于摧毁美、英以及荷兰在东亚的主要根据地，并占领和确保南方重要地区。

依照本作战计划，准备占领的范围是菲律宾、关岛、香港（地区）、英属马来、缅甸、爪哇、苏门答腊、婆罗洲、苏拉威西、俾斯麦群岛、荷属帝汶岛等。

二、作战方针

在陆海军紧密配合下，对菲律宾和英属马来同时开始作战，争取在短时间内达到作战目的。

三、作战指挥要领

（1）以派往马来的先遣兵团的登陆和对菲律宾的空袭作为战斗序幕，然后利用航空作战的成果，主力部队先后在菲律宾、马来登陆，并迅速攻占之。另外，在作战初期要占领关岛、香港（地区）和英属婆罗洲等要地，并确保泰国和印度支那的安定。

在此期间，尽速占领俾斯麦群岛、荷属婆罗洲、苏拉威西等要地，然后随着马来作战的进展，占领苏门答腊南部要地，并做好对爪哇的作战准备，同时确保重要资源地区，占领马鲁古群岛和帝汶岛要地。

（2）随着对爪哇的航空基地的整备，压制敌方空军势力，攻占爪哇。另外，在占领新加坡后，相机占领苏门答腊北部重要地区。

（3）在进行上述作战时，即使为应付美军主力舰队的行动，我联合舰队转入迎击准备，或者出现苏联参战的局面，也要继续进行在菲律宾和马来的作战，并尽速达到既定的作战目的。

（4）在此期间，伺机夺取缅甸南部的航空基地等；另外，待作战大致告一段落，只要情况允许就进行解决缅甸的作战。

（5）登陆作战要以击退敌陆海空军攻击，进行敌前登陆为原则。

（6）在作战准备期间，如果英军先我侵入泰国时，应不失时机地以一部兵力由陆地和海上攻入泰国，确保曼谷，并尽力在南方取得航空基地。

在上述情况下，如果我先遣兵团已从集结地点出发，就按既定计划进行作战，如尚未出发，就推迟先遣兵团主力的登陆时间，等航空作战有了进展之后再强行登陆。

（7）在作战准备期间，如受到敌方先发制人的攻击，则以就近部队相机迎击之。如果已下达开始作战命令，就迅速开始进攻作战。

四、使用兵力

实施本作战所使用的陆军兵力，以11个师团、9个坦克联队、1个飞行集团和其他所需军队的直属部队作为骨干。其部队分配和使用地区预定如下：

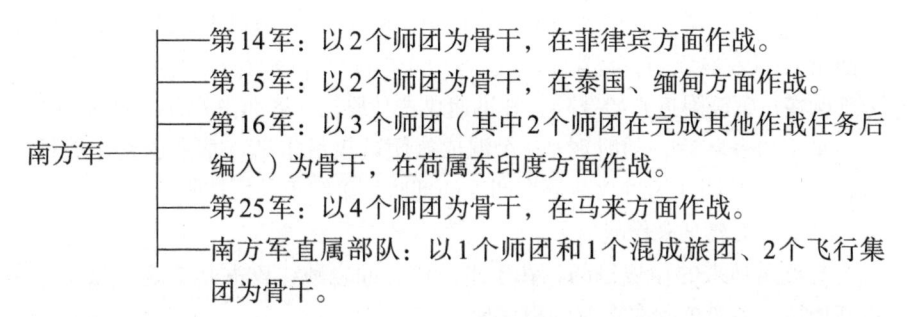

南方军──
├─第14军：以2个师团为骨干，在菲律宾方面作战。
├─第15军：以2个师团为骨干，在泰国、缅甸方面作战。
├─第16军：以3个师团（其中2个师团在完成其他作战任务后编入）为骨干，在荷属东印度方面作战。
├─第25军：以4个师团为骨干，在马来方面作战。
└─南方军直属部队：以1个师团和1个混成旅团、2个飞行集团为骨干。

第23军（中国派遣军所属）以1个师团为骨干，在香港（地区）方面作战。

南海支队（大本营直属）以3个步兵大队为骨干，在关岛、俾斯麦群岛等地区作战。

五、作战开始

（1）作战开始日期（作战第一天）另定。

（2）作战以第一天对马来进行奇袭登陆（根据情况，可先发制人地进行突袭），并对菲津宾先发制人地进行空袭开始。

（3）即使因天气不良，在作战的第一天不能对菲律宾和英属马来方面进行空袭时，也在马来方面强行奇袭登陆，至于菲律宾方面，先遣部队的登陆时间应按该方面空军作战开始日顺延。

（4）对香港（地区）的进攻，应待确认已在马来登陆或空袭之后开始。对关岛的进攻，应在确认对驻菲律宾等地美军实施空袭之后开始。

（5）在作战第一日之前，当遇到敌方正式先发制人的攻击时。如我方已下达开始作战命令，应随时开始进攻作战，如尚未下达作战命令，应待另行下达命令时方可开始进攻作战。

六、作战要领

（1）对菲律宾作战

对菲律宾的作战目的，在于歼灭在菲之敌，摧毁其主要根据地。

开战伊始，陆海军航空部队自台湾、帛琉等方面及海上，协同对菲律宾方面敌空军兵力和舰艇等进行空袭；并以海军部队奇袭巴坦岛，迅速占领和整修机场。

先遣各部队，应在对菲律宾进行第一次袭击的前日傍晚以后，从集结地出发，陆海军配合在阿帕里、维甘（继而拉奥）、黎牙实比以及达沃附近登陆，首先占领和整修空军基地，然后尽速占领和乐岛、并整修空军基地。

陆海军航空部队随着上述作战的进展，应把航空基地向前推进，并继续进行航空作战；同时利用其战果，在以第3舰队为骨干的部队掩护下，最迟在作战第15日左右以前，以第14军主力，开始在仁牙因湾附近登陆，以其一部分部队在拉蒙湾附近开始登陆，并迅速攻占马尼拉，继而占领群岛内的要地。

军主力登陆后，随时派遣1个混成旅团进攻吕宋岛，基本达到作战目的后，将第48师团作为进攻荷属东印度的部队，集结于马尼拉附近。

（2）对英属马来作战

对英属马来的作战目的，在于击溃该方面之敌，攻占其要地，尤其是攻占新加坡，摧毁英国在东亚的根据地。

以第25军、第3飞行集团和南遣舰队为骨干的部队，以其先遣兵团于作战第一天在方伦、洛坤、宋卡、北大年附近奇袭登陆，迅速占领和整修航空基地。陆海军航空部队在作战的第一天以后，由南部印度支那方面，主要对英属马来方面的敌空军兵力及舰艇进行先发制人的空袭。

如果英方戒备甚严，英军强劲舰艇出没于暹罗湾，认为登陆的可能性很小时，则陆海军航空部队应配合作战，在作战第一天以后，攻击敌空军兵力和舰艇，同时先遣兵团以少数奇袭部队自印度支那西海岸出发，于作战第一日中午左右力求隐蔽进入停泊地，并在洛坤以及宋卡、北大年附近奇袭登陆，迅速占领和整修航空基地。先遣兵团的主力应在作战的第二天以后开始登陆，并扩大奇袭部队的战果。

对哥打巴鲁的登陆：先遣兵团登陆后，只要掩护和航空基地整修情况允许，即应尽速付诸实施。但根据情况，在有关指挥官的协议下，估计可以少数部队与先遣兵团主力登陆的同时实行奇袭登陆。

待掩护第14军主力部队登陆的舰艇返航后，令第25军主力逐步在泰国南部登陆，以扩大在马来登陆的先遣兵团的战果，并迅速攻占新加坡。随着作战的进展，令一部分部队相机尽量在南方在马来东岸登陆。

（3）对英属婆罗洲的作战

对英属婆罗洲的作战目的，在于占领和确保重要资源地区和航空基地。

作战开始后，以南方军直属的一部分部队突袭占领米里，确保重要资源地区和航空基地。

占领米里后应继续占领古晋，夺取和整修航空基地，以使海军航空部队向前推进。

（4）对香港（地区）作战

对香港作战的目的，在于消灭敌人，攻占香港。以第23军的一个兵团和第2遣华舰队作为骨干，在确认先遣兵团在马来登陆或空袭之后即开始作战。首先歼灭附近敌舰艇，并突破九龙半岛的敌方阵地，然后攻占香港（地区）。

攻占香港（地区）的战斗结束后，该兵团作为进攻荷属东印度兵团，集结在当地附近。

（5）对关岛和俾斯麦群岛的作战

对关岛和俾斯麦群岛的作战目的，在于首先攻占关岛，然后占领俾斯麦群岛的航空基地，以消除敌人对南洋群岛方面的威胁。

以南海支队和第4舰队为骨干的部队，在作战之初攻占关岛，然后，南海支队把关岛的守备任务移交给陆战队，然后伺机由陆海军配合占领腊包尔，并夺取航空基地。

以后，南海支队把守备任务尽速移交给陆战队向帛硫附近转进。

（6）对荷属东印度的作战

对荷属东印度的作战目的，在于歼灭该地之敌，攻占其根据地，并攻占和确保该地重要资源地区。

在菲律宾作战期间，陆海军协同，以第16军之一部，首先尽速攻占打拉根，然后根据菲律宾和马来的作战进展情况，逐次攻占巴厘巴板、马辰。在此作战期间或作战结束后，伺机攻占安汶及古邦，整修所需航空基地，并确保重要资源地区。

在此期间，海军大致在攻占打拉根的同时，先单独占领万鸦老，接着占领和确保肯达里和望加锡。

打拉根和安汶地区的作战每告一段落，迅速移交海军担任守备。

俟对马来作战取得进展后，另以第16军之一部伺机占领邦加岛要地和巨港，整修航空基地并确保重要资源地区。

随着整修航空基地，压制了爪哇方面的敌航空兵力后，以第16军之主力在巴达维亚（雅加达）附近西部爪哇登陆，另以由菲律宾方面调来的一个兵团在泗水附近的东部爪哇登陆，迅速占领雅加达、万隆、泗水，然后继续平定爪哇的重要地区。

占领新加坡后，如能控制马六甲海峡，则以第25军之一部，随时自马来半岛西海岸洋面出发，在棉兰附近登陆，占领亚齐的重要地区，然后相机占领沙璜岛。

（7）对泰国和缅甸作战

对泰国和缅甸的初期作战目的，在于确保泰国的安定，以利于马来方面的作战，同时为以后的对缅甸作战作好准备。

作战之初，第15军以一部由印度支那南部经陆地和海上进入泰国中部和南部，确保该方面的重要地区，同时以一部占领维多利亚海角附近。

第15军主力中之一兵团，作战开始后循陆路立即从印度支那出发，另一兵团于作战开始后，自华北港湾出发，大约在作战40日后分别向曼谷附近进发，占领泰国内的要地。

第15军主力到达后，使第25军之一部尽速由陆路和海路向其主力部队方面聚拢。第15军以一部相机占领毛淡棉等航空基地。

（8）直属南方军的一兵团，随第15军后续兵团之后，也由华北港湾出发，开赴印度支那，负责确保该地区的安定，特别要警惕中国部队的进入。

七、航空作战大纲

（1）作战方针

陆军航空部队应与海军航空部队配合，在开战伊始，对敌空军基地实行先发制人的空袭，掌握制空权，以使陆军登陆作战顺利开展，然后支援地面部队作战。

（2）要领

（甲）陆军航空作战的重点为马来方面。

（乙）开战时的航空基地，应事前推进到下列地点：

对菲律宾推进到台湾（地区）南部。

对马来推进到印度支那南部。

（丙）航空部队的进攻作战，自地面部队开始登陆日（X日）起开始，但如果在X日以前受到敌人正式攻击时，可与海军配合随时开始进攻。

再者，如敌机对我重要基地和船队进行反复侦察时，可将其击落。

（丁）对登陆部队船队的空中掩护任务，在X–1日及X–2日，主要由陆军航空部队担任。

（戊）航空部队的进攻作战以X日拂晓为期，一举奇袭敌主要基地，并使其陷于瘫痪，以利于登陆部队的行动。为此，应将敌轰炸机尤其鱼雷轰炸机所在机场作为攻击的重点目标。

（己）登陆部队登陆后，应速将基地推进到敌境，密切配合地面作战。

为此，应派地勤部队的一半随同第一批登陆部队登陆，担任占领和整修机场的任务。

（3）兵力部署

（甲）第3飞行集团（包括第6飞行集团的战斗机、轻轰炸机、重轰炸机各1个战队在内，以5个战斗机战队、4个轻轰炸机战队、4个重轰炸机战队、1个侦察和战队为骨干）首先在华南和印度支那北部作中间展开，佯做进行昆明作战，然后，于开战前夕，向印度支那南部跃进展开，担任在泰国港湾的第25军先遣兵团的船队掩护任务。然后在X日，以主力先发制人地空袭马来北部，以部先发制人地空袭泰国南部的空军基地，以使登陆作战顺利进行。

然后，尽速以主力向马来挺进，以一部向泰国挺进，继续进行航空歼灭战，同时直接支援地面部队作战。

（乙）第5飞行集团（战斗机战队、轻轰炸机战队、重轰炸机战队各缺1个，以1个战斗机战队，2个轻轰炸机战队、1个重轰炸机战队、1个侦察机战队为骨干）在台湾（地区）南部展开，配合海军航空部队先发制人地空袭北纬16度以北的吕宋岛空军基地，以便登陆作战顺利进行。

然后，担任第14军主力船队的掩护任务，同时，尽速以主力向吕宋岛挺进，继续进行航空歼灭战，同时直接协助地面部队作战。

在开战前夕增加1个战斗机战队。

八、兵站大纲

（1）以法属印度支那南部作为整个南方作战的主要兵站基地，以台湾作为中继补给基地，以广东地区作为补助中继补给基地。

（2）南方所需兵站部队，以抽调驻满洲部队为主，避免调用驻中国部队，留作总预备部队控制使用。

（3）根据把大部分我军保有战斗力的部队投入南方作战的方针，应拨出满洲和国内的作战物资充实南方作战。南方军所需一次会战用的物资，要作为第一批输送物资，同登陆作战部队一起输送或紧接着发送。

（4）以南方为我军补给的重点，以满洲和中国为资材补给来源，在中间，要力求彻底强化当地自给措施。

其二，伴同发动南方作战的对华作战

一、作战方针

对中国，要与帝国海军配合，大致保持目前态势，同时消灭美英等敌方在华势力，政略和谋略相结合，努力压迫敌人，务期使蒋政权屈服。

二、作战指导要领

（1）大致确保和稳定目前所占地区，即西苏尼特王府（作者按：张家口西北约200公里）、百灵庙、安北、黄河、黄河泛滥地区、卢州、芜湖、杭州一线以东地区和宁波附近，特别要首先迅速恢复蒙疆地区、山西省北部、河北省和山东省各重要地区以及上海、南京、杭州之间地区的治安。

（2）确保汉口下游的长江交通，以武汉三镇和九江为根据地，尽力摧毁敌方抗战力量。其作战区域大致为九江、信阳、安陆下游的汉水、岳州、南昌区间。

（3）占领广东附近、汕头附近和海南岛北部各要地。

广东附近的作战区域大致为惠州、从化、清远、北江和三水下游的西江区间。

（4）迅速行使对华交战权，消灭美、英等敌国的在华势力，尤其要接收其租界权及其权益。

（5）特别要加强对敌封锁。

（6）努力确保重要国防资源地区，以培养我方战斗力。

（7）南方作战开始后，如在北方有与苏联开战的可能性，应随时把所需兵力从陆地和海上调往满洲方面。

在抽调兵力的同时，应对华北和武汉地区的一部分占领区加以整顿，确保所需地区，防止敌方势力抬头。

其三，伴随发动南方作战的对苏作战

对苏联大致要保持目前的态势，严加警惕，加强战备，极力避免交战，同时要尽力阻止美苏在远东建立军事合作。

根据形势的变化，随时采取必要措施，以期对苏警戒万无一失。

在北方，如果苏、美联合或苏军单独向我挑战时，应不失时机地自中国和国内调动所需部队,迅速击溃敌在远东的空军兵力,同时做好以后的进攻准备;然后尽速击溃乌苏里方面之敌,占领该方面重要地区。

上述作战结束后的作战,要看当时的情况而定,但如情况允许,可击溃黑龙江方面之敌,占领并确保远东苏方要地。

另外,随时占领库页岛北部和堪察加方面的要地。

〔**陆军最关心的——马来登陆作战**〕 在上述作战计划中,陆军最关心的是作战伊始的马来登陆作战。按计划是,第25军先遣兵团对马来的登陆作战和对菲律宾的空袭作战要同时进行。即在开战之初,打算对马来强行奇袭登陆作战。这是陆海军之间的一个难题,因此,有关其实施要领的细节,直到作战开始前夕也没有作出决定。

即,如果在马来东北岸哥打巴鲁附近实行登陆作战时,则我航空支援部队须从远离500公里的法属印度支那南部的我航空基地起飞,这样,从战斗机续航距离上考虑,我航空部队的支援作战要受到很大限制。与此相反,英军已将先进的喷气式战斗机和鱼雷轰炸机开抵新加坡。在这种情况下,我方重视了作为登陆作战原则的奇袭效果,认为航空歼灭战的开始和先遣兵团的登陆作战同时进行(当时称为甲案)较为有利。但在作战开始之前,敌方进一步增强马来方面的空军兵力时,则对我方来说将有很大的危险。由于有这种危险,就应在开战之初先进行航空歼灭战,仅以先遣兵团的一部进行奇袭登陆,待航空歼灭战和先头登陆部队取得战果后,先遣兵团主力再行登陆(当时称为乙案)。

〔**决定采纳甲案和小泽海军中将**〕 陆军统帅部希望采纳甲案,但海军统帅部认为,采纳这种有危险的方案可能使舰艇遭受极大的损失,因而表示不能贸然同意。因此,大本营作了甲案、乙案两手准备。陆军统帅部调派作战幕僚辻政信中佐为驻法属印度支那的第25军参谋,责令他在当地进行研究。11月底,第25军建议陆军统帅部采纳甲案。大本营便于12月3日指示当地陆海军最高指挥官,终于决定采纳甲案。

当决定采纳甲案时,由于协同这次登陆作战的当地海军指挥官、南遣舰队司令长官小泽治三郎海军中将以毅然决然的态度表示:"本人豁出全军覆没也要干下去",终于使问题得到了解决。

海军作战计划

〔**帝国海军作战方针**〕 大本营海军部对美、英、荷、中的作战计划概要如下。根据这一计划，联合舰队制定了详细的作战计划。

《帝国海军作战方针概要》

一、作战方针大纲

继续压制中国沿岸和长江流域，同时迅速歼灭驻东亚的敌方舰队和航空兵力，占领和确保南方要地，以确立持久不败的态势。在此期间，如果敌舰前来进攻，则截击歼灭之，以摧毁敌人的战斗意志。

二、作战指挥要领

（一）第一阶段作战

（1）在开战之初，第11航空舰队协助陆军对菲律宾和马来进行先发制人的空袭，并继续担任该方面的航空作战任务。

（2）与此同时，以第1航空舰队司令长官率领的航空母舰6艘为骨干的机动部队空袭停泊在夏威夷的美主力舰队。

该机动部队在千岛接受补给后，在作战开始十几天之前，自日本国内启航，由夏威夷北方接近，于日出前一二小时，在瓦胡岛北方约200海里附近，令所有400架舰载机起飞，以停泊中的敌航空母舰、战舰和左近飞机为目标进行奇袭。

该机动部队进行奇袭后，立即退出战场，进行补给修理，然后担任防御南洋群岛及支援进攻作战的任务。

（3）以第2舰队为骨干的部队，自作战开始时起，在菲律宾周围海面和中国南海，与航空部队的侦察相配合，搜索和歼灭敌舰，控制东亚海面，以保证陆军作战部队的海上运输安全。

（4）以第二舰队的两个水雷战队加入第3舰队所组成的部队，担任攻占菲律宾作战部队的护航及其登陆掩护任务。另以第1舰队的约1个水雷战队加入南遣舰队所组成的部队，担任攻占马来作战部队的护航及其登陆掩护任务。

但当输送攻占马来主力部队和掩护其登陆时，要从担任护航攻占菲律宾作战部队的舰艇中调给南遣舰队若干艘。接着当攻占婆罗洲、苏拉威西基地时，所需护航兵力，要逐步由菲律宾及马来地区调拨。

进攻爪哇兵团的护航和登陆掩护任务，主要由以第3舰队为骨干的部队担任。

（5）进攻香港（地区）要由以第2遣华舰队为骨干的部队协助进行。

（6）当进攻关岛及腊包尔时，要由以第4舰队为骨干的部队担任进攻支队的输送及护航任务。另外，第4舰队之一部，应在作战之初以海军陆战队占领威克岛。

（7）第6舰队从作战开始数日前起，担任监视夏威夷的任务努力侦察停泊在夏威夷的敌舰艇的动静，并把情况通知给机动部队。同时，如遇敌舰队出港，应进行奇袭或接触。

联合舰队直属的两个潜艇战队，在作战开始前，配备在菲律宾及新加坡方面，担任奇袭攻击敌舰艇的任务。

（8）以第5舰队为骨干的部队，担任日本本土东方海面的警戒任务，以防敌人的奇袭，同时担任小笠原群岛地区的警戒和保护海上交通线的任务。

（9）各镇守府要塞部队，担任各自负责地区的警戒和保护海上交通线的任务。

（10）在第一阶段作战中，如美主力舰队来犯，应以联合舰队之大部（除第3舰队及南遣舰队）予以迎击并歼灭之。如敌舰队来犯是在进攻马来的主力部队登陆之前时，则须在该方面保留必要的护卫舰艇，担任护航及掩护登陆任务。

（二）第二阶段作战

（1）进攻作战结束后，第1、2舰队应尽快返回国内进行补给和修理，以防敌舰队出击。第3舰队担任菲律宾及荷属东印度方面的防卫任务，南遣舰队担任新加坡和苏门答腊方面的防卫任务。

第4、5舰队的任务与第一阶段作战相同。

（2）关于保护在持久战情况下的海上交通线的问题，除国内战斗部队外，以第3舰队、南遣舰队和联合舰队所属的水雷战队的大部，确保国内沿岸、日本海、黄海、中国东海等海上交通线，同时担任确保南方地区与帝国之间的海上交通线任务。

为了给敌人所策划的通商破坏战造成困难，应尽力奇袭和破坏敌可能用作潜艇基地的澳洲北部新几内亚和其他在南太平洋群岛的敌前进基地。

为了破坏敌人的通商，派遣潜水部队之一部和特设巡洋舰等到美国西海岸、南太平洋和印度洋方面，尽力破坏美国西海岸的通商，夏威夷的后方联络以及印度、大洋洲同美国和英国本土之间的交通线。

（三）在对美英荷作战中与苏联交战时的作战

（1）对南方的第一阶段作战结束后，如果与苏联交战，应大致根据昭和16年（1941年）度作战计划实行对苏作战。

但第6舰队仍应继续监视美主力舰队。基地航空部队之一部，展开于南洋群岛方面，担任南洋群岛的防务、警戒和敌情侦察任务。

另外，水上舰艇应视美舰队的动静，作好充分准备，以便立即向太平洋方面出击。

（2）如果在南方进攻作战的中途与苏联开战时，主要以第5舰队和国内战斗部队先采取守势，专门担任本土沿岸海上交通线的保护和要地的防空任务。俟南方作战情况允许时，应随时调出快速部队及航空部队之一部，参加对苏作战，然后逐渐转入积极对苏作战。

〔海军最关心的——珍珠港奇袭〕 开战时，日本海军最关心的是，用飞机和特殊潜艇对珍珠港进行的奇袭作战。

开战之初对美军驻夏威夷地区的主力舰队进行奇袭的想法，本来很早就在日本海军中酝酿。但这是用潜艇进行的小规模的战斗。后来由于航空母舰的发展，空袭的想法抬了头。首先提出实行大规模空袭的是联合舰队司令长官山本五十六海军大将。

在军令部内，多年研究的是迎击作战的设想。对夏威夷方面，曾考虑过用潜艇进行监视奇袭，并没有计划过航空攻击。

昭和16年（1941年）8月，形势日益紧迫。随着联合舰队研究具体作战计划的进展，山本联合舰队司令长官正式向军令部提出了关于进攻夏威夷的作战方案问题。

当时，大本营海军部正苦于南方作战的航空兵力的不足，为了要把必要的海军航空兵力配备在只许成功的南方要地进攻作战方面，不能立即把几乎全部航空母舰的航空兵力投入奇袭夏威夷那样的投机作战上。

因此，如上所述，9月上旬，在海军大学学行军棋演习时，只是少数有关人员在另一个房间里秘密研究了夏威夷奇袭作战，演习的最后一天9月13日，才召开了研究会。其结果是，认为美主力舰队停泊在夏威夷的可能性只有50%，因此是一场极为投机性的作战，根据美国的警戒程度，很可能变为强攻作战。不过，在夏威夷北方可能有美方搜索警戒所达不到的范围，因此唯一的办法是从这里乘隙进攻。据判断，如果奇袭成功，最好的战果是能击沉约停泊主要舰艇三分之二，但估计日方也会损失2、3艘航空母舰。

夏威夷方面奇袭作战的难点主要在于：第一，能否不被美国的搜索警戒网发现而得以实行奇袭；第二，约需12天的进攻途中的补给，因为天气的关系，将是极其困难且不安全的；第三，即使万一侥幸未被敌方发现而接近了夏威夷，但很难预计美军主力舰队是否停泊在港内或已出动等。除此之外，在进攻技术上还有一些难点。即珍珠港水域浅，不能使用当时日本的航空鱼雷；而且缺乏能给主力舰以致命打击的大型穿甲炸弹。这样，不能立即得出结论，因而决定继续进行研究。

〔**决定采纳奇袭夏威夷方案**〕 此后，陆海军统帅部之间的作战协定有了进展。由于陆军从满洲调出相当的航空兵力参加马来作战，估计在马来、菲律宾两个战役方面，我航空兵力都可以保持绝对优势，因而对南方登陆作战投入母舰航空兵力的必要程度减少了。于是大本营海军部才决定采纳奇袭夏威夷的方案。

到了10月20日，内定了上述《帝国海军作战方针》。29日向联合舰队秘密下达了指示。其中包括袭击夏威夷的各项条款，已如前述。但当时开战时间尚未明确。另外，在美、英都在南方增强航空兵力的情况下，预计或许还要进一步加强我南方作战的航空兵力，所以对夏威夷方面究竟应投入多少机动部队尚未作出决定。但根据11月初的最高会议决定，于11月3日，永野军令部总长就《帝国海军作战方针》对进京的山本联合舰队司令长官发出指示，并就此机会，对有关夏威夷作战问题指示山本：开战之初，以所有能够使用的6艘航空母舰奇袭美军主力舰队。

开战时以特殊潜艇（当时为了保密，称作甲标的）侵入珍珠港奇袭美国舰队的设想，是昭和16年（1941年）8月左右由特殊潜艇训练部队提出的。这种特殊潜艇原来是由航空母舰搭载，在海上舰队决战时从航空母舰的舰尾卸下滑进海里，像鱼雷那样驶出去，然后对敌舰队进行百发百中的冲撞攻击。这是早自昭和15年（1940年）起就已设想出来的。

海军统帅部决定采纳这种设想，并制订出一个方案，准备把它装在潜艇的上甲板上，潜航接近，就从港外把它放出去，使之侵入港内。于是，海军统帅部决定，这种攻击方法和空袭同时并用。

〔**保守机密**〕 开战之前，陆军方面在昭和16年（1941年）8月才获悉日本海军正在研究奇袭珍珠港的计划。这一计划由军令部作战科秘密通知参谋本部作战科，说这一方案是开战伊始弥补海军劣势的最好方案，要求绝对保守秘密。陆军统帅部十分体谅海军方面的苦衷，对此没有提出任何意见。陆军方面当时知道这一作战方案的只有参谋总长、次长以及有关作战方面的极少数几个主要幕僚和陆军省的领导。

第16章

开战时的日本陆海军

陆军军备

〔**扩充军备的过程**〕 在"满洲事变"前,日本陆军平时骨干兵力为17个师团,战时骨干兵力为30个师团,其装备远不如其他列强。不仅如此,国内的军需补给能力也极薄弱,根本谈不上足以确保作为东亚安定势力的日本国防的安全。

昭和6年(1931年),随着"满洲事变"的爆发和苏联共产势力的兴起,特别是随着苏联大力扩充军备,使日本陆军也面临有必要扩充、加强军备。至昭和11、12年(1936、1937年)前后,便标榜建设国防国家,企图在结合大力发展重要产业的同时,划时代地促进扩充军备。

但是,从当时日本国内情况,特别是从财政情况来看,很难实现陆军统帅部所要求的军备扩充计划。昭和12年(1937年)7月碰巧爆发了"中国事变",战争逐步扩大,同时也增加了对苏加强战备的必要性,因此,不拘日本愿意与否,一者试图迅速解决中国事变,再者为确保对苏安全,便逐步实行了陆军的军备扩充计划。

从昭和12年(1937年)起到大东亚战争爆发,师团和航空部队以及陆军总兵力的增强发展情况见表16–1、表16–2、表16–3。

〔**南方作战军备**〕 如上所述,尽管加强了陆军军备,但在中国作战中,这样的军备不仅不能给敌人以决定性打击,而在满洲方面对比远东苏军,只不过大致维持其三分之一的战斗力。

前面已经提过,陆军军备的这种扩充,其目的在于解决"中国事变",加强对苏防御力量,因而当对美、英、荷开战时,只不过是把其中一部分兵力抽调南方应急。

如上所述,投入南方作战的陆军兵力,从上述总兵力中,抽调了基干部队11个师团和66个航空中队(第一线飞机约700架),总兵力约40万。

为了使登陆作战和热带地区作战得以顺利进行，对这些投入南方作战的地面部队匆忙进行了编制和装备的改进。其主要内容是，从马匹编制改编为汽车和自行车的混合编制。

将准备在泰国南部登陆向新加坡突进的第5师团，以及准备在仁牙因湾登陆向马尼拉进攻的第48师团等部队，改编为包括部分自行车在内的完全自动化部队，从而显著地增强了部队的机动性。

再者，在航空部队方面，为了加强航空部队的空中机动性，新编了航空线联队，以及为了在海上随时机动便于进行补给、修理，新设了船舶航空工厂等，以适应从陆地作战向海上作战的转变。

陆军作战的物资准备和军需工业

如上所述，日本陆军经过"满洲事变"后，于昭和11年、12年（1936年、1937年）才逐渐着手充实现代化军备。但是，当时日本军需工业能力的实际情况是，在以轻工业为主的国家工业条件下，不仅难以完成战时的军备，连常备的现代化装备也难以实现。"满洲事变"爆发时日本陆军的军需生产部门有：陆军兵工厂所属的4个工厂、陆军被服厂、陆军粮秣厂、陆军卫生材料厂等，主要是官营企业，一部分弹药和飞机的生产则利用民间工厂，这些工厂每年只不过完成总计约一亿日元左右的军需整备生产。

于是，陆军伍推进扩充重要工业计划的同时，在昭和12年（1937年）春，制定了以生产武器为主的军需品制造工业五年计划，开始扩充整备兵工厂和划时代地扶植民间军需工业生产能力。但是，由于突然发生的中国事变的扩大化，终于在昭和12年（1937年）9月末，实施了军需工业动员法，次年三月，制定并逐步实施了国家总动员法，后来，上述扩充军需品制造工业五年计划的平时培养方针，一变而为军需动员乃至总动员，以战时体制迅速筹措军需品了。

〔**军需整备三年计划**〕 昭和14年（1939年），"中国事变"转入持久战，陆军为了适应以后充实对华作战的军需补给，制定了陆军军需整备三年计划，着手进行自昭和15年（1940年）至昭和17年（1942年）的有计划的整备。其内容为，三年合计大致对华补给份额40%，充实军备份额60%，总额约100亿日元。

表 16-1　自昭和 12 年（1937）至昭和 16 年（1941）师团数增强一览表

年度 配置	昭和 12 年 （1937）	昭和 13 年 （1938）	昭和 14 年 （1939）	昭和 15 年 （1940）	昭和 16 年 （1941）
国内及朝鲜	3	2	7	11	11
满洲	5	8	9	12	13
中国	16	24	25	27	27
计	24	34	41	50	51
备考	（1）本表的数字，自昭和 12 年至 15 年为年末数，昭和 16 年为开战前的师团数。 （2）师团数如本表所列，有所增加，但其装备却逐渐下降。 （3）除本表所列外，还有 1 个骑兵集团。					

昭和 15 年（1940 年）4 月，新设陆军兵器本部，统一了地面武器的研究、整备、补给工作，并把 4 个兵工厂逐渐扩充为 8 个兵工厂（其中 1 个设在朝鲜、1 个设在满洲），新设了陆军军需品厂、陆军兽医材料厂，改编了千住制绒厂，军管民间工厂也逐年得到扩充。再者，航空方面，特别指定为整备重点，建立了陆军航空工厂以及陆军燃料厂等。但航空工厂仅以试制为原则，飞机的生产仍然依靠民间工厂的方针并没有改变。

表 16-2　自昭和 12 年（1937）至昭和 16 年（1941）陆军航空兵力增强一览表

年度 种类	昭和 12 年 （1937）	昭和 13 年 （1938）	昭和 14 年 （1939）	昭和 15 年 （1940）	昭和 16 年 （1941）
战斗机战队	21	24	28	36	55
轻轰炸机战队	12	16	26	28	33
重轰炸机战队	9	17	19	22	33
侦察机战队	12	13	18	20	29
计	54	70	91	106	150
备考	（1）本表数字为每年 3 月末的中队数，但昭和 16 年为开战前的数字。 （2）中队数虽如本表所列有所发展，但新建部队要具备实际战斗力大致需在一年以后。					

表16-3 自昭和12年（1937）至昭和16年（1941）陆军总兵员一览表

年度 类别	昭和12年 （1937）	昭和13年 （1938）	昭和14年 （1939）	昭和15年 （1940）	昭和16年 （1941）
地面部队	930000	1102000	1960000	1129000	2025000
航空部队	20000	28000	44000	60000	85500
计	950000	1130000	1240000	1350000	2110500
备考	本表人数为概数。				

这样，至昭和15年（1940年）末，我军需工业生产能力不仅已能补充"中国事变"现有的消耗，同时还能应付军备扩充的需要，大东亚战争爆发之前已大致具备如表16-4所列的整备能力。昭和17年（1942年）10月，又新设了兵器行政本部，统一管理地面武器的全部业务。

表16-4 开战时陆军军需装备能力一览表

年度 类别	年间装备量		
	昭和16年度（1941）	昭和17年度（1942）	昭和18年度（1943）
陆军飞机（架）	约3500	约5300	约10000
坦克（辆）	约1200	约1500	约1800
地面用弹药 （师团会战份）	43	50	50
炸弹（飞行团月份）	22	80	80
备考	本表所列数量为有可以投产资材情况下的装备能力，不是装备的实际数量。		

教育训练

〔**特点、重点、实况——地面、航空**〕 军队教育令、阵中要务令、战斗纲要、诸兵操典等典范令，作为日本陆军教育训练准绳，本来主要是在大陆上针对俄（苏）作战而制定的，在吸取第一次世界大战教训的基础上，结合日军的特点，确立了日本陆军独特的训练方针。其主要特点如下：

一、强调积极果敢的机动战。

二、主张包围歼灭战。

三、特别强调夜战。

四、锻炼直到下士官、士兵的独立应变能力。

五、体现各兵种紧密配合（各种火力的组织化）。

六、重视近战。

"满洲事变"前，训练是以编制、装备、素质与我方基本相同的敌人为假想敌，根据典范令规定，进行类型统一的训练。"满洲事变"后，随着假想战场的变化，除上述内容外，把训练的重点放在对苏作战上，侧重了如下课目：

一、突破坚固的纵深阵地地带（特别是攻击火力点）。

二、火力和白刃战并用的夜间攻击。

三、广漠、不毛、高寒地区的作战。

四、对火力装备、机械化装备精良的敌人进行战斗。

五、在大河、沼泽地带战斗。

上述倾向在中国事变爆发后也没有任何变化、昭和14年（1939年）制定的作战要务令（上述阵中要务令和战斗纲领的一体化）也是以对苏作战为前提而编制的。

航空部队，以侦察航空队为其发展的基础，逐渐创建了战斗航空队、轰炸航空队。因此，最初是专以协助地面作战为主而进行教育训练的。

然而，自昭和13、14年（1938、1939年）以来，由于使用航空兵思想的发展和飞机的改进，给航空部队编制制度和教育训练带来了一大飞跃。即航空部队在对苏作战中，以对全局作战作出最大贡献为主要着眼点，首先掌握制空权，然后直接协助地面部队作战。教育训练的重点放在东亚大陆进行航空歼灭战上面。航空作战纲要、各兵种的战斗规范等黄范令均以这个航空歼灭战为准绳进行编制。

但如何以劣势的航空部队，击溃优势的苏联远东空军力量，却是最大的课题。因此，训练主要着眼于以下几点：

一、统帅指挥上的机动灵活。

二、一定要做到隐蔽企图和先发制人的进攻。

三、缩短出动间隙以增强战斗力。

四、对攻击目标的百发百中。

五、培养随时随地机动灵活的素质。

六、克服气候、气象、黑暗带来的困难。

日本陆军的主力，由于在满洲事变和中国事变中习惯于同素质、装备并劣的敌军作战，因而其装备、训练素质未免逐渐下降，结果在张鼓峰事件、诺门坎事件等国境纠纷的战斗中尝到了苦头。鉴于上述情况，为了同现代化装备的苏军进行作战，强调必须提高训练和装备。但是，随着中国事变的扩大，陆军兵力膨胀起来，应征的各级干部及士兵多数是预备役、后备役，因此，自从关东军特别演习以后，除一度夸耀过战斗力很强的关东军外，就整个说来，训练素质反而下降了。

〔南方作战准备——台湾军研究部〕 在这种情况下，陆军面临了以登陆作战和热带地区作战为特点的南方作战问题。陆军统帅部从昭和15年（1940年）夏季以来，对南方各地区的军情和主要地理资料秘密作了一般性的调查搜集，但是，有关南方作战的具体研究、调查和训练等，从昭和15年底才认真开始。

大本营陆军部于昭和15年10月12日，对集结在上海附近的第5师团下达了主要实行登陆作战训练的命令；同时，在同年12月6日，指示华南方面军，令其属下的近卫师团、第18师团和第48师团进行热带地区作战，特别是登陆作战的训练。这是陆军为了准备南方作战而采取的有关训练的最初行动。

接着，12月中旬，作为当地研究南方作战的中心机构，在台湾军司令部内建立了台湾军研究部，主要由林义秀大佐和辻政信中佐负责。台湾军研究部研究、调查和试验与南方作战直接有关的下列事项。

一、各兵种部队（大致联队，大队以下）在南方作战中的战斗法（包括有关编制，装备事项）与战场勤务。

二、南方各地的军情、主要地理资料的调查。

三、有关适应南方作战的装备、军需、给养、卫生防疫事项。

台湾军研究部与大本营及有关当局、学校和华南方面军等紧密联系，专心致力于上述业务，对促进南方作战的研究、训练等作出了很大贡献。昭和16年（1941年）6月，由台湾军研究部主持，以步兵1个大队、炮兵1个中队为骨干，在海南岛举行了敌前登陆以后在热带地区的长距离机动演习。环绕海南岛一周，行程达1000公里，相当于从泰国南部登陆到新加坡的机动距离。辻政信中佐根据这次演习的研究结果，编写了名为《战务必读》的参考书，并在开战前乘船开赴前线时分发给了参加南方作战的全体官兵。

〔以攻占新加坡为假想的陆海军联合演习〕 在这之前，陆军统帅部曾于昭和16年（1941年）3月在九州进行过一次参谋旅行演习，主要对有关参谋进行关于登陆作战的作战训练。接着从3月下旬至4月上旬，在大本营主持下，以南方作战为假想，进行了大规模的陆海军联合演习。为举行这次演习，陆军特设了演习军司令部，由在上海专门接受登陆作战训练的第5师团、驻满洲的第5飞行集团及所需船舶部队组成演习部队。海军的联合舰队主力也参加了演习。演习的方案是，由长江口舟山群岛出发的登陆作战部队，在海空军掩护下，一面摧毁敌海空部队的攻击，一面通过中国东海，在北九州进行敌前登陆，并攻占佐世保要塞。

这是假想马来登陆作战之后，继续攻占新加坡的演习。作为以实际兵力进行的登陆作战演习，这还是首创。在渡海登陆作战中，对输送船队进行严密的对空对潜护航，在登陆后，友军机场迅速向敌方推进等战术问题，也在演习中进行了现场研究。这时担任演习军司令官的今村均陆军中将，当时任教育总监本部长，开战时任攻占爪哇的第16军司令官。演习军的大部分幕僚分别被任命为南方军的幕僚。

7月末，进驻法属印度支那南部的第25军，作战开始后，预定担任攻占新加坡的任务。于是，大本营陆军部于8月12日向第25军下达了如下有关训练研究的指示。

关于第25军训练研究指示

其一，方针

训练能适应热带风土，特别是克服未开垦地带的困难，以发挥连续作战的战斗力。

其二，主要训练课目

一、陆上演习

大致以步兵2、3个大队，炮兵1个大队，坦克兵2、3个中队，工兵1、2个中队的机械化部队，进行可以沿良好道路奇袭突破敌阵，强行实施长距离连续作战的训练。（包括在道路两旁的森林和橡胶林内进行战斗，确保和修理进军路上的桥梁，特别是依靠先发制人的穿插挺进行动确保敌后桥梁等项。）

训练并提高从干部到士兵的有关汽车方面的技术，并严格遵守交通管制。

二、登陆演习

1. 能把登陆部队所属大量车辆，在敌空袭下迅速妥善进行整备，并迅速投入作战行动的训练。

2. 能用小型船舶或舟艇在比较平稳的海面进行疏散渡航，或沿近海海岸把立脚点向前推进的训练。

3. 提高一般的登陆作战能力，特别是在海岸丛林和平浅海岸的登陆训练。

三、有关在热带地区的人马的防疫，及保持和增强体力的训练及研究。

四、小部队在热带密林内的机动和战斗的训练及研究。

〔航空部队的训练——空降部队〕 关于航空部队的训练，注重海上远距离飞行法（包括夜间）以及与海军航空部队的通讯训练。昭和16年（1941年）10月，随着空降部队的建立，开始了以占领巴邻旁（巨港）炼油设施为目标的教育训练。

大本营对有关上述训练的指导，是根据统帅部应付被迫开战时当然的职责而采取的措施，是不管国家是否已下定了战争决心的措施。

陆军发动战争时的态势

〔南方作战部队的战斗序列〕 如前所述，根据昭和16年（1941年）9月6日决心不惜对美英荷一战的御前会议的决定，投入南方作战的兵力、物资和军需品等，已陆续向法属印度支那、海南岛、华南、台湾（地区）、奄美大岛、帛硫、小笠原等地输送。根据11月5日御前会议决心对美英荷开战的决定，于6日发布了南方作战部队的战斗序列令。其战斗序列大要如下。

南方军战斗序列大要

南方军总司令官　陆军大将　寺内寿一
南方军总司令部
第14军
　　第14军司令官　陆军中将　本间雅晴
　　第14军司令部
　　第16师团
　　第48师团
　　第65旅团
　　其他
第15军
　　第15军司令官　陆军中将　饭田祥二郎
　　第15军司令部
　　第33师团
　　第55师团（缺一部）
　　其他
第16军

第16军司令官　陆军中将　今村　均
第16军司令部
第2师团
第56混成步兵团
其他

第25军
第25军司令官　陆军中将　山下奉文
第25军司令部
近卫师团
第5师团
第18师团

南方军直属
第21师团
第21独立混成旅团
第4独立混成联队
第3飞行集团（以4个战斗机战队、3个轻轰炸机战队、3个重轰炸机战队、1个侦察机战队为骨干）
第5飞行集团（以2个战斗机战队、3个轻轰炸机战队、2个重轰炸机战队、1个侦察机战队为骨干）
第21独立飞行队
其他

南海专队战斗序列大要

南海支队长　第55步兵团长　陆军少将　堀井富太郎
第55步兵团司令部
第144步兵联队
第55山炮兵联队的1个大队
第15工兵联队的1个中队

作为南方作战部队，除此之外，还有隶属于中国派遣军的第23军司令官指挥的第38师团的基干部队，被指定为香港（地区）作战部队；还有隶属于参谋总长的船舶输送司令官指挥的大量的船舶部队，其中所需部队分别配备于南方军和南海支队等。

11月27日，又重新将西部军所属的第56师团调属于第25军，使该军成

表16-5　开战时的陆军部队全部编制

大本营
- 少将 堀井富太郎 南海支队
- 中将 北野宪造 第四师团
- 中将 佐伯文郎 船舶输送司令部

- 大将 寺内寿一 南方军
  - 中将 本间雅晴 第十四军
  - 中将 饭田祥二郎 第十五军
  - 中将 今村均 第十六军
  - 中将 山下奉文 第二十五军
  - 中将 菅原道大 第三飞行集团
  - 中将 小畑英良 第五飞行集团

- 大将 畑俊六 中国派遣军
  - 大将 冈村宁次 华北方面军
    - 中将 岩松义雄 第一军
    - 中将 土桥一次 第十二军
    - 中将 甘粕重太郎 驻蒙军
  - 中将 阿南惟几 第十一军
  - 中将 泽田茂 第十三军
  - 中将 酒井隆 第二十三军

- 大将 梅津美治郎 关东军
  - 中将 河边正三 第三军
  - 中将 横山勇 第四军
  - 中将 饭村穰 第五军
  - 中将 喜多诚一 第六军
  - 中将 关龟治 第二十军
  - 中将 草场辰巳 关东防卫军
  - 中将 铃木率道 航空兵团

- 大将 山田乙三 防卫总司令部
  - 中将 浜本喜三郎 北部军
  - 中将 田中静壹 东部军
  - 中将 藤井洋治 中部军
  - 中将 藤江惠辅 西部军
- 大将 板垣征四郎 朝鲜军
- 中将 安藤利吉 台湾军
- 中将 安倍定 第一飞行集团

备考：——为隶属关系
　　　------为表示限定指挥关系

为以4个师团为骨干的部队。第16军为对荷属东印度方面的作战部队，随着对香港（地区）和菲律宾作战编制，[①]准备把第38师团及第48师团从第23军和第14军抽出，调属于该军。

另外，大本营于11月8日令原在华中的第4师团作为大本营直属部队在上海附近待命，这是为了南方作战的大本营预备队。

〔**整个陆军部队的状况**〕 开战时日本陆军部队的全部编制，见表16–5。

〔**有关作战准备的奉旨命令**〕 大本营陆军部在下达上述战斗序列令的同时，向南方军、南海支队和中国派遣军下达了如下有关作战准备的命令。

下达给南方军总司令官等的命令

大陆命第556号

命 令

一、大本营准备攻占南方重要地区。

二、南方军总司令官应与海军协同，将主力集结于印度支那、华南、台湾、西南诸岛和南洋群岛等方面，准备攻占南方重要地区。

有关进攻作战事宜另行命令。

三、南方军总司令官应接替第25军司令官目前担任的加强对华封锁的任务。

四、南方军总司令官，如受到美、英、荷军或其中一国军队的攻击，为了自卫，可以所在部队进行反击。

在发生上述情况时，应尽量在局部地区加以解决。

五、中国派遣军总司令官、防卫总司令官及台湾军司令官应支援第二项的作战准备工作。

六、有关细节由参谋总长指示。

昭和16年（1941年）11月6日

奉旨传谕　参谋总长　杉山　元

　　　　　致

南方军总司令官　伯爵　寺内寿一

中国派遣军总司令官　畑俊六

防卫总司令官　山田乙三

[①] 这里的"编制"可能是"结束"之误。——译者

台湾军司令官　安藤利吉
　　　　　下达给南方军总司令官等的指示
大陆指第991号

　　　　　　　　　　指　示

根据大陆命第556号，指示如下：
　一、为准备南方作战，南方军总司令官所应依据之南方军作战要领和南方作战陆海军中央协定如另册附件。
　二、南方军总司令官须大致于11月末以前完成作战准备。
　三、对印度支那和泰国应尽量继续保持友好关系。
　关于对印度支那的军事要求的当地交涉及其他事宜，应按昭和16年11月1日发给第25军的大陆指第982号所示各项继续进行。
　四、防卫总司令官应令台湾及西南诸岛的防卫部队，对在该地区集结的南方军总司令官隶属部队所进行的自卫、防空和警备予以协助。
　五、在进行作战准备时应尽量隐蔽企图。
昭和16年（1941年）11月6日
　奉旨传谕　参谋总长　杉山　元
　　　　　下达给中国派遣军总司令官的命令
大陆命第557号

　　　　　　　　　　命　令

　一、中国派遣军总司令官应协助海军。准备以第23军司令官指挥的第38师团为骨干的部队攻占香港。
　二、有关细节由参谋总长指示。
昭和16年（1941年）11月6日
　奉旨传谕　参谋总长　杉山　元
　　　　　致
　中国派遣军总司令官　畑俊六
　　　　　下达给南海支队长的命令
大陆命第558号

　　　　　　　　　　命　令

　一、大本营准备攻占南方重要地区。

二、南海支队长应协同海军到小笠原群岛方面，进行有关攻占关岛的准备。

有关进攻作战事宜另行命令。

三、南海支队长如受到美、英、荷军或其中一国军队的攻击，为了自卫，可以所在部队予以反击。

在处理上述事态时，应尽量就地解决。

四、防卫总司令官和留守第55师团长应支援第二项的作战准备。

五、有关细节由参谋总长指示。

昭和16年（1941年）11月6日

奉旨传谕　参谋总长　杉山　元

致

南海支队长　堀井富太郎

防卫总司令官　山田乙三

留守第55师团长　永见俊德

对中国派遣军总司令官和南海支队长，也由参谋总长就有关应遵循的作战要领和陆海军中央协定作了指示。

上述的作战要领和陆海军中央协定，这里从略。作战要领在第四章里已经述及。它是一个以大本营作战计划中各该作战部队必须遵守的事项为重点的文件。陆海军中央协定是为了在作战时搞好陆海军之间的配合而制定的中央部门的协定。除此之外，有关适应作战的占领地统治要领、兵站、交通等方面的具体事项均由参谋总长向各作战部队作了指示。

〔攻占南方重要地区的命令〕接着，11月15日，大本营陆军部对南方军下达了如下有关攻占南方重要地区的命令。

大陆命第564号

命　令

一、大本营为完成帝国的自存自卫及建设大东亚新秩序，准备攻占南方重要地区。

二、南方军总司令官应协同海军，根据下列各项，迅速攻占南方重要地区。

有关开始进攻（进入）作战事项另行下达命令。

1. 应占领的范围为菲律宾、英属马来、荷属东印度的各重要地区和缅甸的一部地区等。

2. 在实行作战时，应尽量确保泰国和印度支那的安定，并自该方面对中国实行封锁。

如果泰国和印度支那军队进行抵抗，可占领其重要地区。

3. 在进行作战时，主要为利于完成作战，应实行宣传策略。

4. 为恢复占领地的治安，取得重要国防资源和确保部队就地补给，应对占领地实行军事管制。

三、中国派进军总司令官、防卫总司令官和台湾军司令官应对南方军总司令官所进行的作战给以必要的援助。

四、有关细节由参谋总长指示。

昭和16年（1941年）11月15日

当时日美谈判正在做最后努力，有关和战的国家意志尚未确定，在这种情况下，只对南方军下达上述攻占命令，完全是基于大军统帅上的考虑。即当时对于统率4个军、并肩负南方作战全部责任的南方军司令官，在开战之前只给予一令一动式的准备命令是不适当的，有必要尽早明确指示御前会议决定开战时的大本营的企图和南方军的基本任务，用意不外于此。所以关于

表16-6 开战时有关南方作战的陆海军当地协定实施一览表

须缔结协定的陆海军指挥官		日期	地点
陆军指挥官	海军指挥官		
南方军总司令官	联合舰队司令长官	自11月8日至11月10日	陆军大学
	第2舰队司令长官		
第14军司令官	第3舰队司令长官	自11月14日至11月16日	岩国海军航空队
第16军司令官			
第3飞行集团长	第11航空舰队司令长官		
第5飞行集团长			
第3飞行集团长	第22航空舰队司令长官		
南海支队长	第4舰队司令长官		
南方军总司令官	南遣舰队司令长官	前记第一栏协定实施后	西贡
第15军司令官			
第16军司令官			
第25军司令官			
第23军司令官	第2遣华舰队司令长官	接受有关作战准备命令以后	广东

进攻作战的开始时日，根本就保留下来。

根据上述大本营命令，南方军总司令官于11月20日向所属各军下达了有关攻占南方重要地区的命令。于是，南方作战各部队的任务逐步确定下来。

〔陆海军作战协定〕 根据上述大本营的措施，各作战部队遵照有关南方作战的陆海军中央协定，分别同应予配合的当地海军部队制定了必要的协定。协定情况如表16–6。

〔南方作战部队12月1日的态势〕 南方作战陆军部队的作战准备工作很快取得进展。12月1日御前会议决定开战时的态势如下（参照附图第一）。

一、航空部队

第3飞行集团业已完成作战准备，集结在华南和印度支那北部，一俟接到开始进攻作战的命令，即可不失时机地展开于印度支那南部。从11月25日起，为了迷惑敌人，对昆明及其附近要地进行了局部进攻。

第5飞行集团已于台湾南部大致展开完毕，正在待命中。

航空部队的作战机场，在台湾和印度支那已如期整备完毕，并已大致完成了保证作战的航空燃料、弹药的输送和堆集。

二、第14军

预定分别在阿帕里、维甘、拉奥、黎牙实比和达沃登陆的各先遣部队，已在马公及帛硫基本集结完毕，准备X–1日晚以后进发。

预定在拉蒙湾登陆的第16师团，已于12月1日在奄美大岛大致集结完毕，准备利用出发前的两周多的时间进行训练。

预定在仁牙因湾登陆的第14军司令部、第48师团和军直属部队的主力，正在高雄和基隆搭船中。

三、第25军

第25军司令部及先遣兵团，以第5师团为骨干，于11月30日已在海南岛三亚港集结完毕。估计于X–4日向马来东岸进发不会有问题。

作为军主力的第18师团的主力和军直属部队的主力，分别在广东和台湾集结待命。第56师团尚在国内作出发准备。

四、第15军

军司令部和在作战初期从第25军调属第15军指挥的近卫师团，在印度支那南部正在准备从X日起由陆路进驻泰国。

预定与第25军先遣部队同时占领泰国南部航空基地的第55师团之一部（称作宇野支队），当于12月2日以前在西贡和富国岛集结完毕。

第55师团主力，利用铁路已开始从海防逐步南进。

第33师团尚在中国，正在作出发准备。

五、第16军

第56混成步兵团（称作坂口支队），已于11月29日在帛硫集结完毕，准备一并指挥14军占领达沃的部队，首先攻占达沃，然后攻占和乐岛。

第16军司令部在东京，第2师团在仙台尚在集结待命。

六、预定攻占英属婆罗洲的南方军直属第18师团之一部（称作川口支队），正在广东搭船。

预定进驻法属印度支那北部的第21师团已在徐州集结，正在作出发准备。

南方军总司令官占正在台北，待第25军先遣兵团自三亚港出发后，准备移至西贡。

表16-7　开战时陆军地面部队配备一览表

方面区划	司令部名	所在地	所属师团番号	所属混成旅团及相当于混成旅团数
国内	防卫总司令部	东京		
	东部军司令部	东京	第52	4
	中部军司令部	大阪	第53、54	3
	西部军司令部	福冈		3
	北部军司令部	札幌	第7	1
朝鲜	朝鲜军司令部	京城	第19、20	
台湾（地区）	台湾军司令部	台北		
满洲	关东军司令部	新京①	第10、28、29	1
	第3军司令部	牡丹江	第9、12	4
	第4军司令部	北安	第1、14、57	5
	第5军司令部	东安	第11、24	4
	第6军司令部	海拉尔	第23	1
	第20军司令部	鸡宁	第8、25	4
	关东防卫军司令部	新京		5

续表

方面区划	司令部名	所在地	所属师团番号	所属混成旅团及相当于混成旅团数
中国	中国派遣军总司令部	南京		
	华北方面军司令部	北京	第27、35、110	5
	第1军司令部	太原	第36、37、41	3
	第12军司令部	济南	第17、32	3
	驻蒙军司令部	张家口	第26、骑兵集团	1
	第11军司令部	汉口	第3、6、13、34、39、40	2
	第13军司令部	上海	第15、22、116	5
	第23军司令部	广东	第38、51、104	1
南方	南方军总司令部	西贡	第21	1
	第14军司令部	高雄	第16、18	1
	第15军司令部	法属印度支那	第33、55	
	第16军司令部	东京	第2	1
	第25军司令部	三亚	近卫、第5、18、56	
	南海支队	小笠原		

①新京，即长春。——译者

备考：一、除本表所列之外，还有大本营直属第4师团（在上海）。

二、本表所列之外，在国内还有10个留守师团。

三、南方兵力中，第21师团于昭和17年（1942年）1月20日从青岛出发，第33师团于昭和16年12月13日从南京出发，第56师团于昭和17年2月16日从门司出发南航，分别脱离第12军司令官、第11军司令官、西部军司令官的指挥，编入新所属部队。

七、南海支队已于11月28日在小笠原群岛集结完毕，正在进行训练。

〔**开战时的全部兵力和作战物资的配备**〕 如上所述，投入南方作战的兵力，航空部队约占整个陆军兵力的50%，地面部队只不过占20%。即陆军主力仍在中国和满洲的大陆正面，以期充分进行全面战争。开战时全部陆军基于部队的兵力配备见表16–7、表16–8，主要作战物资的配备见表16–9、表16–10。

表16-8 开战时陆军航空部队配备一览表

方面区划	部队		所在地	战斗机	轻轰炸机	重轰炸机	侦察机	直接协同	战队数（独立中队）计		中队数合计
国内	第1飞行集团		各务原	2		1					9
满洲	航空兵团	第2飞行集团	牡丹江	5	4	1	(2)	(3)	10 (5)	17 (5)	56
		直辖	新京	3	1	3			7		
中国	第1飞行集团		南京	1 (1)	1		(3)	1 (2)	3 (6)		16
南方	第3飞行集团		金边	5	4	4	1 (5)	(1)	14 (6)	19 (3)	70
	第21独立飞行队		河内	(1)			(1)		(2)		
	第5飞行集团		屏东	2	2	1	(3)	(1)	5 (4)		
	计			18 (2)	12	9	2 (14)	1 (7)	42 (23)		151

备考：1. 所在地系指各部队司令部所在地。

2. 除本表所列之外，国内还有第3、第4战队等，但因主要担任训练任务，故未算作作战兵力。

3. 本表括弧中的数字表示独立中队数。

海军军备和训练

〔**加强军备及其经过**〕 如上所述，海军于昭和15年（1940年）11月15日实施了年度编制，同时开始进行出师准备，然后稳步致力于充实军备的工作。其经过如表16-11。

海军为结束中国事变所征用的船舶仅约20万总吨，但从昭和15年（1940年）11月以后逐步增加征用量，开战时已选到约180万总吨。这些船舶大部分是作为特设舰船而编入海军部队的。开战时海军的总兵力约有32.2万人，其舰艇和航空兵力如表16-12、表16-13，海军全部编制及作战部队的编制如表16-14、表16-15。

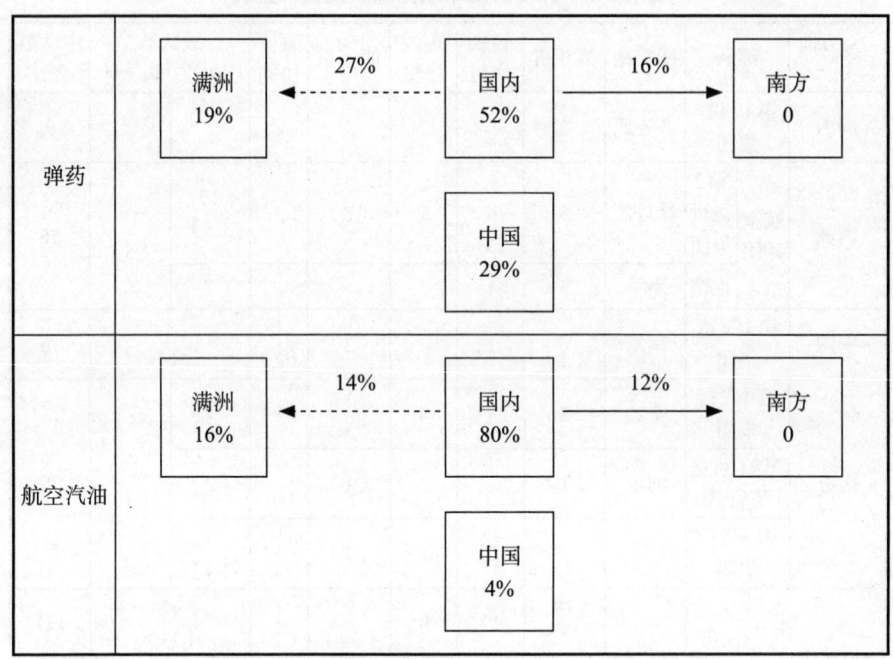

表16-9　开战时作战用弹药和航空汽油的配备比率和调运一览表

弹药：
- 满洲 19% ←--27%-- 国内 52% --16%→ 南方 0
- 中国 29%

航空汽油：
- 满洲 16% ←--14%-- 国内 80% --12%→ 南方 0
- 中国 4%

备考：→表示对美、英、荷开战时调拨数。
　　　┈→表示昭和16年7月关东军特别演习时调拨数。

表16-10　陆军作战用物资配备一览表

区划 种类	单位	总量	库存配备状况			
			国内	南方	北方	中国
弹药	1个师团 会战份	105（14）	10	17（6）	48（8）	30
汽车 燃料	1000辆 一个月份	357（10）	140	50（10）	123	42
航空 燃料、弹药	1个飞行团 一个月份	77（弹药） 163（燃料）	5 88	12 20	45 50	15 7
粮食	1个师团 一个月份	370（34）	86	98（34）	105	83

备考：本表中括弧内的数字为12月份准备的内定数。

表16-11 开战前海军军备增强一览表

时间			战备	军备新设（充实）状况			舰船征用量（括弧内为累计数）
年	月	日		舰队	战队、根据地队	舰船部队	
15（40年）	11	15	实施昭和16年度编制开始出师准备	编成第6舰队	航空战队　3 水雷战队　1 联合航空队2 根据地队　3	巡洋舰　12 潜水母舰　3	约33万吨 （约55万吨）
	12	27				瑞凤号改装竣工	
16（40年）	1	15		编成第11航空舰队	第2根据地队 第6根据地队	炮舰队　3 特设扫海队4 驱潜队　5 防备队　2 航空队　1	约18万吨 （约73万吨）
	1	31				第2潜水队	
	3	31				八丈号竣工 第4驱逐队	
	4	10		编成第3舰队 编成第1航空舰队 新设海南警备府	第16战队 第4航空战队 第23航空战队	战舰3 巡洋舰2 航空母舰2 特潜母舰2 特设航空队2	约4万吨 （约77万吨）
	5	1		第6舰队司令部独立	第6潜水战队 第1潜水战队司令部	宇治号竣工	
	5	15				第30扫海队	
	7	15			第3潜水战队		
	7	25		编成第5舰队			
	7	31		编成南遣舰队			约6万吨 （约83万吨）
	8	11		联合舰队司令部独立第1舰队司令部	第11战队解散 第4根据地队		
	9	1	实施昭和16年战时编制	第11航空舰队司令部独立	第21航空战队司令部 第5航空战队	特设警备队3	约49万吨 （约132万吨）
	9	25				瑞鹤号竣工	

续表

时间			战备	军备新设（充实）状况			舰船征用量（括弧内为累计数）
年	月	日		舰队	战队、根据地队	舰船部队	
	10	1			第7根据地队 舞鹤防备战队 镇海防备战队 大岛根据地队 罗津根据地队	台南航空队 小松岛航空队	
	10	15			第22战队 第24战队 横须贺警备战队 吴警备队 佐世保警备战队	特别陆战队3 特设巡洋舰9 驱潜队6 扫海队9	
	10	21		南遣舰队编入联合舰队			
	10	31			第9根据地队	第4潜水队 津轻号竣工	
	11	20		新设大阪警备府	第9战队 佐世保镇守府特别联合陆战队 吴警备队 横须贺警备队 佐世保警备队 舞鹤警备队 第11特别根据地队 第32特别根据地队	祥凤号竣工 海兵团 3 特设扫海队2	约28万吨 （约160万吨）
	12	1		第4舰队司令部独立	第18战队司令部		
	12	10			第11联合航空队 第12联合航空队	特设巡洋舰1 驱潜队1 扫海队4	约21万吨 （约181万吨）
	12	16			大和号竣工		
	12	31				特设巡洋舰1 扫海队3	

表16-12 开战时海军舰艇一览表

舰种		开战时现有		开战时建造	
		只数	吨数	只数	吨数
舰艇	战舰	10	301400	2	128000
	航空母舰	10	152970	4	77860
	重巡洋舰	18	158800		
	轻巡洋舰	20	98855	4	42700
	驱逐舰	112	165868	12	27120
	潜水舰	65	97900	29	42554
	其他	156	490384	37	57225
	合计	391	1466177	88	375459

备考：除本表内所列的舰艇外，还有如下征用船：

已整备完了特设舰船522艘约115万吨；

正在整备中的特设舰船41艘，约17万吨；

今后需改装整备的特设舰船180艘，29万吨；

不作为特设舰船的征用船20万吨；

合计约180万吨。

表16-13 开战时海军航空兵力一览表

种类	全部队架数
战斗机	519
舰上轰炸机	257
舰上攻击机	510
陆上侦察机	24
陆上攻击机	445
水上侦察机	415
飞艇	66
运输机	38
各种训练机	928
合计	3202

〔**对美军备的重点——海上舰队的决战思想**〕 日本海军虽然摆脱了华盛顿和伦敦两个条约的限制，努力自主地充实了军备，但由于在数量上只达到美国海军的70%，所以根本没有进攻的余力。因此，早就采取迎击敌舰队渡海进攻以求决战的方针。海军的军备就是适应这一作战方针而加以维持和建

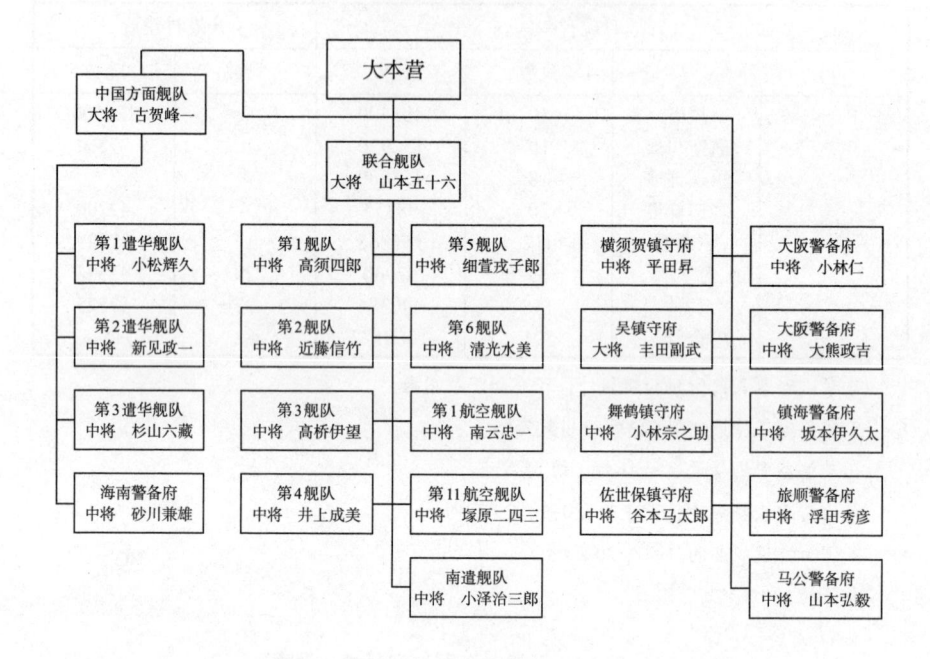

表16-14 开战时的海军部队全部编制

```
                        ┌─────────────┐
                        │   大本营    │
                        └──────┬──────┘
                               │
┌──────────────┐        ┌──────┴──────┐
│ 中国方面舰队 │────────│  联合舰队   │
│ 大将 古贺峰一│        │大将 山本五十六│
└──────────────┘        └──────┬──────┘
                               │
┌──────────────┬──────────────┬──────────────┬──────────────┐
│第1遣华舰队   │ 第1舰队      │ 第5舰队      │横须贺镇守府  │大阪警备府    │
│中将 小松辉久 │中将 高须四郎 │中将 细萱戊子郎│中将 平田昇  │中将 小林仁   │
├──────────────┼──────────────┼──────────────┼──────────────┼──────────────┤
│第2遣华舰队   │ 第2舰队      │ 第6舰队      │吴镇守府      │大阪警备府    │
│中将 新见政一 │中将 近藤信竹 │中将 清光水美 │大将 丰田副武 │中将 大熊政吉 │
├──────────────┼──────────────┼──────────────┼──────────────┼──────────────┤
│第3遣华舰队   │ 第3舰队      │第1航空舰队   │舞鹤镇守府    │镇海警备府    │
│中将 杉山六藏 │中将 高桥伊望 │中将 南云忠一 │中将 小林宗之助│中将 坂本伊久太│
├──────────────┼──────────────┼──────────────┼──────────────┼──────────────┤
│海南警备府    │ 第4舰队      │第11航空舰队  │佐世保镇守府  │旅顺警备府    │
│中将 砂川兼雄 │中将 井上成美 │中将 塚原二四三│中将 谷本马太郎│中将 浮田秀彦│
│              │              ├──────────────┼──────────────┼──────────────┤
│              │              │ 南遣舰队     │              │马公警备府    │
│              │              │中将 小泽治三郎│              │中将 山本弘毅│
└──────────────┴──────────────┴──────────────┴──────────────┴──────────────┘
```

设的。为此，海军一直注意并实行了下列各点：

一、牺牲舰艇的续航能力以提高其攻击能力及速度。

二、战舰方面，因提高对美比例有困难，所以，指望建造超特级大型战舰，如大和号战舰。

三、航空母舰，且不谈其大小，在数量上力求排除万难，实现与美国对等。如果有困难，就征用优良商船以弥补这一缺陷。

四、整备适合海上夜战的大型驱逐舰。

五、为监视、跟踪敌舰渡海进攻，整备大型潜艇。

如上所述，由于侧重海上舰队决战思想，结果致使护航、警戒、防御用舰艇和飞机的整备未免受到若干影响。

〔教育训练情况〕 海军的训练，以12月1日为始期，要求在每个教育年度末完成。舰队的年度间训练用燃料，一般供给平均60昼夜份的燃料。自12月至4月进行单舰训练和战队协同训练；5月以后一面继续完成上述训练任务，一面进行综合训练；10月份左右训练达到最高潮，在大大小小的演习中完成符合实战要求的综合训练。

自昭和14年（1939年）以后，由于国际形势的变化，为应付发生突然事变，已把舰队搭乘员的调动限制在最低限度，尽量防止由于人员调动致使训练质量下降。结果至昭和16年（1941年）8月，在人事调动上陷入无法进展局面，更由于何时开战还很难预测，便于9月份断然下令对舰队人员进行大批调动，调动了大批军官，下级军官及士兵的调出调入额达20%。

结果，至10月初，舰队人员中新调来的占50%，训练质量显著下降。联合舰队自10月14日以后开始特别训练，直到开战准备出击以前，进行了猛烈的训练。

表16-15　开战时的海军作战部队编制一览表

部队名		战舰	航母	重巡	轻巡	练巡	驱逐舰	潜水舰	潜水母舰	水上飞机母舰	海防舰	炮舰	根据地队	基地航空战队	特别陆战队
联合舰队	直属	2													
	第1舰队	8	2	4	4		32								
	第2舰队			13	2		32								
	第3舰队			1	3		8	4					2		
	第4舰队				3	1	8	9					4	1	
	第5舰队				2								1		
	第6舰队					1		30	3						
	第1航空舰队		7				10								
	第11航空舰队						3							3	
	南遣舰队					1							2		
	联合舰队附属				2		14		2						7
中国方面舰队						1	3				2	13	5		

备考：练巡系指训练巡洋舰。

海军发起战争的态势

海军已于昭和16年（1941年）9月1日改行所谓战时编制，因此无需像陆军那样采取新编作战部队的措施。

〔关于实施作战准备的奉旨命令〕 11月5日，大本营海军部向联合舰队、中国方面舰队及各镇守府和要塞部（11月20日改称警备府）发出了和陆军同样的有关实施对美、英、荷作战准备的命令下达给联合舰队的命令如下：

大海令第1号

　　昭和16年（1941年）11月5日

　　奉旨　军令部总长　永野修身

　　命令山本联合舰队司令长官

一、帝国为自存自卫，预定于12月上旬对美国、英国和荷兰开战，决定作好各种作战准备。

二、联合舰队司令长官须进行必要的作战准备。

三、有关细节由军令部总长指示。

根据上述命令，军令部总长作了如下指示：

大海指第1号

　　昭和16年（1941年）11月5日

　　军令部总长　永野修身

　　指示山本联合舰队司令长官

一、为准备12月上旬被迫对美国、英国和荷兰开战，联合舰队须随时将所需部队开往战争开始前的准备地点。

二、在调动上述部队时，应对敌方的意外攻击严加警戒。

三、与美国、英国和荷兰开战时的作战方针预定如附件（从略——作者注）。

对各镇守府和要塞部下达同上的有关实施作战准备命令的同时，军令部总长还指示，须根据昭和16年（1941年）度帝国海军防卫计划要领实行防卫。据此，与陆军要塞战备令相结合，本土方面的海上防卫也得到了加强。

〔第一、第二开战准备——完成展开部署〕 联合舰队根据上述命令发出了"第一开战准备"命令。各作战部队根据预先计划的兵力部署，分别开进作战开始前的准备地点，采取待命态势。其海域大致是国内、内南洋、台湾（地区）、海南岛之间的范围。据此，预定奇袭夏威夷的机动部队便启航驶往单冠湾，先遣部队或抄近路或经马绍尔群岛驶向夏威夷海面。

接着，为展开兵力，大本营海军部于11月21日，向联合舰队下达了如下命令：

大海令第5号

　　　昭和16年（1941年）11月21日

　　　奉旨　军令部总长　永野修身

　　　命令山本联合舰队司令长官

一、联合舰队司令长官须令实施作战所需部队随时驶向待机海面。

二、联合舰队司令长官在作战准备行动中如受到美国、英国或荷兰军队的挑战时，为了自卫可行使武力。

三、有关细节由军令部总长指示。

联合舰队根据上述命令下达了"第二开战准备"命令，各作战部队驶向待命海面，完成了展开部署。据此，机动部队便由单冠湾驶向夏威夷海面出击。

〔**开战时的联合舰队兵力部署**〕　于是，海军便完成了发起战争的态势。开战时的海军作战部队编制如表16–15（参照附图第一）。

〔**美、英的对日判断**〕　当时美国和英国是如何判断日本的企图的，这是大本营陆海军部最关心的重大问题。对此我方观察如下：

关于我方作战准备进展情况，美英似乎已逐渐获得情报，只是仿佛尚未掌握我方真相。换言之，看来它们可能了解日本的作战方向大致是指向南方，但是有关具体地区的判断尚在暗中摸索中。他们似乎判断目前日本不会一举进攻美、英领土或荷属东印度，很可能先进驻泰国，切断中缅公路；另外，估计重庆方面会相当认真地考虑云南作战而苦心讲求对策；美、英的一部分人认为日本可能要进攻新加坡，但对其他地方的进攻，他们似乎没有预料到；有些人可能还会认为，日本在南方的军事行动可能是出于为了促进对美谈判而采取的策略。

表16-16 开战时联合舰队兵力配备一览表

部队名	指挥官	兵力	主要任务	位置（12月1日）
主力部队（以第1舰队为骨干）	联合舰队司令长官	战舰 6艘 航空母舰 2艘 轻巡洋舰 2艘 驱逐舰 11艘 舰载机 59架	支援整个作战	内海、柱岛海面
机动部队（以第1航空舰队为骨干）	第1航空舰队司令长官	航空母舰 6艘 战舰 2艘 重巡洋舰 2艘 轻巡洋舰 1艘 驱逐舰 11艘 潜水舰 3艘 舰载机 382架	奇袭夏威夷美军舰队	从单冠湾到夏威夷之间约二分之一航程附近
先遣部队（以第六舰队为骨干）	第6舰队司令长官	潜水舰 27艘 舰载机 6架	监视奇袭美舰队	接近瓦胡岛300海里圈内
南洋部队（以第4舰队为骨干）	第4舰队司令长官	重巡洋舰 4艘 轻巡洋舰 3艘 练习巡洋舰 1艘 水上飞机母舰 1艘 驱逐舰 12艘 潜水舰 9艘 陆上航空队 6艘 根据地队 4队 所属及舰载机 125架	1.内南洋方面的警戒防卫 2.保护海上交通线 3.进攻关岛、威克岛、腊包尔	主 力 特鲁克 一部分 塞班岛
南方部队 主力队（以第2舰队为骨干）	联合舰队司令长官	战舰 2艘 重巡洋舰 2艘 驱逐舰 10艘 舰载机 12架	1.歼灭在亚洲海面的敌人及航空兵力 2.掩护及支援我在南方各地的登陆	马公

续表

部队名		指挥官	兵力	主要任务	位置（12月1日）
南方部队	菲律宾部队（以第3舰队为骨干）	联合舰队司令长官	航空母舰 1艘 重巡洋舰 5艘 轻巡洋舰 5艘 水上飞机母舰 3艘 驱逐舰 29艘 根据地队 2队 舰载机 104架	1.歼灭在亚洲海面的敌人及航空兵力 2.掩护及支援我在南方各地的登陆	主力 台湾（地区） 一部分 帛硫
	马来部队（以南遣舰队为骨干）		重巡洋舰 5艘 轻巡洋舰 3艘 训练巡洋舰 1艘 水上飞机母舰 3艘 驱逐舰 15艘 潜水舰 16艘 陆上航空队 2队半 根据地队 2队 所属及舰载机 191架		三亚
	基地航空部队（以第11航空舰队为骨干）		陆上航空队 5队半 驱逐舰 2艘 所属飞机 308架		主力 台湾（地区） 一部分 帛硫
北方部队（以第5舰队为骨干）			轻巡洋舰 2艘 特设巡洋舰 2艘 水上飞机母舰 1艘 陆上航空队 1队 根据地队 1队	1.警戒和防卫本州东方海面（包括小笠原） 2.保护海上交通线	大凑

第17章

战争爆发

开始进攻作战的命令

昭和16年（1941年）12月1日下午4时，天皇终于作出了对美、英、荷开战的决定。然后在杉山参谋总长和永野军令部总长并立下，由参谋总长上奏如下，就开始进攻作战的命令得到了天皇的批准。

"在本日御前会议上，陛下已作出了帝国对美、英、荷开战的决定。

"因此，请陛下向第一线各军和舰队等发出开始作战的命令。

"臣等认为，将开战日期定为12月8日是适宜的，但为了更好地（哪怕是多上一天也好）来观察美国舰队的动静之后再决定，请陛下明天再做出决定。

"在眼看就要发动这场大战之际，臣等但愿帝国陆海军在大元帅皇威之下，更加密切协作，竭尽全力完成战争指挥工作，迅速达到作战目的，以慰圣怀。"

作战开始之日即开战之日虽已基本上定为12月8日，但尚未作出最后决定。大本营陆海军部立即把上述命令下达给各部队，其主要内容如下。

下达给南方军总司令官的命令

大陆命第569号

命 令

一、帝国决定对美国、英国和荷兰开战。

二、南方军总司令官须于12月X日开始进攻（或进入）作战。

三、南方军总司令官于12月X日以前可执行下列事项：

（一）如受敌方正式先发制人的攻击，可协同海军，随时开始进攻（或进入）作战。

（二）如英军侵入泰国时，可协同海军随时进入泰国。

（三）如敌机对我重要基地、船队等进行反复侦察时，可予以击落。

（四）有关细节由参谋总长指示。

昭和16年（1941年）12月1日

奉旨传谕　参谋总长　杉山　元

致南方军总司令官　伯爵　寺内寿一

下达给南海支队长的命令

大陆命第570号

命　令

一、帝国决定对美国、英国、荷兰开战。

南方军应于12月X日开始进攻作战，迅速攻占菲律宾、英属马来、荷属东印度等重要地区。

二、南海支队应与海军协同，于12月X日以后迅速攻占G（指关岛——作者注）。

上述进攻结束后，应将兵力集结于当地，准备以后对R群岛（俾斯麦群岛——作者注）作战。

三、南海支队长可于12月X日以前执行下列事项。

如敌机对我船队等进行反复侦察时，可予以击落。

四、有关细节由参谋总长指示。

昭和16年（1941年）12月1日

奉旨传谕　参谋总长　杉山　元

致南海支队长　堀井富太郎

下达给中国派遣军总司令官的有关攻占香港（地区）的命令

大陆命第572号

命　令

一、帝国决定对美国、英国、荷兰开战。

二、中国派遣军总司令官应协同海军，以第23军司令官指挥的第38师团为骨干的部队攻占香港（地区）。

开始作战应在确认南方军在马来登陆或空袭之后。

攻占香港（地区）后，应确保该地附近，实行军事管制。

三、中国派遣军总司令官从今天起可执行下列事项。

（一）在开始作战前，如受到敌人正式先发制人的攻击时，可随时进行反击。

（二）如敌机对我军事行动进行反复侦察时，可予以击落。

四、有关细节由参谋总长指示。

昭和16年（1941年）12月1日

奉旨传谕　参谋总长　杉山　元

致中国派遣军总司令官　畑俊六

下达给联合舰队司令长官的命令

大海令第9号

昭和16年（1941年）12月1日

奉旨　军令部总长　永野修身

命令山本联合舰队司令长官

一、帝国决定以12月上旬为期，对美国、英国和荷兰开战。

二、联合舰队司令长官应歼灭敌在亚洲方面的舰队和航空兵力，如敌舰队来犯，应迎击歼灭之。

三、联合舰队司令长官应协同南方军总司令官，迅速攻占美国、英国和荷兰在东亚的主要根据地，并占领和确保南方要地。

四、联合舰队司令长官应根据需要协助中国方面舰队作战。

五、遵照以上各项发动武力的时机随后下令。

〔决定开战对日的微妙〕　12月2日，两位总长并立再次上奏天皇，决定把开战日期定为12月8日。这天是由军令部总长申奏的。

"谨申奏有关用兵事项"。

如前所奏，陆海军的作战准备，都以12月8日为期，在稳步取得进展。

将发动武力的时机预定为12月8日，其理由主要是根据月龄和星期的关系。为使陆海军的第一次空袭都能顺利进行并取得效果，利用午夜至日出前有月亮的阴历20日左右的月夜是适宜的。另外，海军机动部队对夏威夷的空袭，应以停泊在珍珠港的美军舰艇较多，且为美军休息日的星期日较为有利，所以选定了夏威夷方面的星期日，即阴历19日的12月8日。

当然，8日在亚洲是星期一，但因为我们是把重点放在机动部队的奇袭上，所以选定了这一天。

鉴于日、美谈判中美国的态度最近明显强硬起来，估计美国也正在为对日作战做认真的准备。英国最初就对帝国的动向进行最严密的戒备，所以估计其海军舰艇的配备也保持着应付任何事态的态势。

因此，根据这种情况，估计美、英在12月8日以前也有可能对我进行先发制人的攻击。但是，如果提前发动武力的时机，不仅会给陆军运输船只的航行和海军机动部队的行动造成困难，而且可以预想，由于日期的提前会给各部队造成混乱。因此。谨乞陛下仍按最初的预定，以12月8日为期，颁发对美国、英国发动战争的敕命。

然而，万一美、英进行先发制人的攻击时，就打算根据陆海军中央协定，首先以飞机进行反击，同时尽量将发动其余部队投入战斗的时间提前。

〔**下令开战——箭已离弦**〕 上述开战日期确定后，大本营海军部于2日，向联合舰队司令长官发出了有关发动武力的命令，其要旨如下：

一、联合舰队司令长官应于12月8日以后，根据大海令第9号发动武力。

二、对荷兰，应在对美、英开战之后，伺机发动武力。

联合舰队司令长官根据上述命令，于2日下午5时30分，以密码电报向正在驶往夏威夷的机动部队和其他第一线各舰队发出了如下命令："开战日定为12月8日。应按预定计划断然进行攻击。"

大本营陆军部也在这一天向南方军、南海支队和中国派遣军等部队发出了上述开始进攻作战的命令，同时通告了开战的日期。参谋总长向南方军总司令官发出的电报内容如下：

致南方军总司令官电报　参谋总长拍发

一、大陆命第569号命令（鹫）业已发布。

二、"日出"定为"山形"。

三、在皇威之下预祝成功。

四、收到本电后望仅就第一项复电。

注：鹫是上述有关开始进攻作战的大陆命第569号的代号。同样，向南海支队长发出的大陆命第570号的代号是鸢。向中国派遣军总司令官发出的大陆命第572号是鹰。"日出"是"开始作战日"，"山形"是"8日"的代号。以上均同有关各大陆命底稿一起，事先已约定。

上述电报发完的时间是12月2日下午2时0分。万事俱备，只待这一时刻的陆海军第一线部队，到了8日零时，终于获得了进行作战的自由，箭终于离了弦。

是日下午4时40分，南方军总司令官发来复电，并于3日下午8时15分发来如下电报：

"谨拜受'鹫'的敕命——（"日出"为"山形"）

"全军将士士气愈益旺盛，在皇威之下誓死完成任务，以慰圣怀。"

12月8日

作好了一切准备的大本营，在开战前的七天里，在一种深重的忧虑和达观的复杂心情中，表面上镇静而忙乱地度过去了。

〔杉坂少佐坐机失事事件〕 可是，12月1日晚，中国派遣军来电，报告突然发生了一件意外事件。这天该军所属一架运输机在广东附近的敌占区坠落。搭乘该机的军司令部杉坂共之少佐携带着能够判断我开战决心的中国派遣军发给广东第23军司令官的命令。这事给当时有关作战人员以巨大的冲击。因为估计当一瞬间发生这一意外事件时，会来不及烧毁文件，可能马上报告给重庆，重庆政府会立即通报美、英政府。如果这样，获悉日本开战意图的美、英两军就有可能在日本发动战争之前先发制人地大举进攻日本。

在这种情况下，因我占领地区离出事地点较远，派出地面部队夺回文件是不可能的。据2日晨我机侦察报告，坠落地点是山区，坠毁机周围像蚂蚁似的聚拢了很多敌占区的居民。万事休矣！只能瞑目祈求上帝保佑了。

〔驻外武官电——风云紧急〕 试举当时二、三份表明宁静之中存在着忙乱动向的电报如下：

致参谋次长电报

　　　　驻泰国大使馆武官　田村拍发

（12月4日午前7时30分收到）

"据当地新闻情报所载，日军进入泰国的时间估计为本周末或宪法纪念节期间（自8日至15日）。"

致参谋总长电报

　　　　驻德大使馆武官　坂西拍发

（12月5日午后7时30分收到）

"值此远东风云紧急之际，遥念阁下辛劳，不胜感激之至。当前'断'之一字定能打开难局。衷心恭祈健斗。因势将与德军谈判，请就下列各项告知帝国之态度。

一、我确信南方作战告一段落后，将调转矛头进攻苏联，以同德国相呼应。

二、上述转戈的时间，当然应根据情况而定，但将与明春德军对红军的追击战相呼应，帝国是否有此打算？"

致参谋次长电报

驻英大使馆武官　辰已拍发

（12月4日午后4时30分收到）

"一、英国战舰'威尔士亲王'号、沙嘴号以及巡洋舰二、三艘驱逐舰若干艘。目前正在印度洋或远东地区此事大致属实。这次把声望很高的军令副部长菲利普中将晋升为大将并任命为英国驻远东太平洋舰队司令长官。此外，还从东地中海方面调来航空母舰、巡洋舰、驱逐舰若干艘，加强该舰队力量，以便同澳洲和其他美国远东舰队共同应付远东的危机，此点值得充分注意。

"二、从最近英军在远东地区的调动情况来看，估计英军至少将四、五十艘五、六千吨级的商船用于印度洋方面。而在美澳间定期航线上，对中东、苏联、中国的军需品运输，似乎主要由美国船只来承担。

"三、宣布海峡殖民地处于紧急状态，并已对荷属东印度境内的空军下达了动员令。"

致参谋本部总务部长电报

驻西贡大本营特别派遣班拍发

（12月4日午后7时收到）

"一、与昨（3日）傍晚到达三亚的富集团（第25军——作者注），司令部取得联系，集团长以下全体将士士气极为旺盛，充满了必胜的信心。同南遣舰队的合作亦愈加紧密。

"二、有关甲、乙两案（有关马来作战要领的两方案——作者注），富集团和南遣舰队部没有问题，决定采取甲案。由于飞往建昌的飞机事故（指前述杉坂坐机失事事件——作者注），估计入夜时南遣舰队在航行中不无发生正式海战的可能性。如果这样，船队要暂时躲避到金兰湾等港口，因而有可能将登陆时间推迟到8日以后。

"三、国籍不明的商船屡次窥视三亚和海口附近等地，敌方侦察活动从1日以来有趋于频繁之势。

海军从昨日起已令舰艇和飞机等各就部署，并加强了警戒。

"四、总司令官因天气不良，3日未到三亚，预定今天（4日）直接前往西贡。

"五、输送船队于今晨7时起陆续奋勇启航。敝职等（大本营特别派遣班栉田正夫中佐等——作者注）欢送船队后前来西贡。

〔南方军开始进发——风满楼〕 12月4日，南方军总司令官寺内从台北动身，由于天气不良，改变预定计划，直接前往西贡。是日午前3时30分，前往进攻马来的第25军司令官山下奉文中将发来如下内容的电报。

"我军于4日晨已准备停当从三亚出发。

全体将士誓死不负您的期待。"

在这以前，大本营从11月下旬开始，对于南方作战地区的气象作了长期研究。由中央气象台台长藤原咲平博士等有关气象方面最高权威者协助，先是在东京进行观测，后来又到当地进行了长期的观察。结果，来电报告："据5日下午5时的最后分析判断，8日的天气为最佳，从9日下午起，天气将逐渐变坏。"

12月1日晚以来，使大本营内的空气沉闷起来的杉坂少佐飞机失事事件，至6日仍未见任何反应，正当估计机密文件并未落入敌人手里而开始松一口气的时候，又发生了第二个事件，即收到了预定在马来登陆的我第25军的船队可能已被敌人发现的如下电报。

致参谋次长电报

冈集团（南方军——作者注）总参谋长拍发

（12月6日下午9时40分收到）

"一、据海军方面通报，今天（6日）15时左右，敌大型飞机对我输送船队进行近距离侦察，海军下令将其击落，但结果不明。

二、我军已采取严密对空措施。"

上述情况确属关系重大，令人捏一把汗。倘若英军能够准确判断并富于机谋，我输送船队很可能在7日受到敌空军大队先发制人的袭击。当地陆海军采取了随时应变的态势。大本营在7日，整天处于紧张状态。

可是，万幸！这天各方面都没有发生任何事情，在宁静中平安度过。大本营表面上同平日没有任何区别。

〔初战告捷——颁发诏书〕 12月8日，东京天气晴朗。清晨，日本全国的广播电台和号外报纸突然报道了开战消息。受到突然袭击的不仅仅是敌人。广播电台和号外报纸一律都做了如下报道：

"我陆海军今天拂晓终于同美、英军进入战争状态。"

"西太平洋上的决战已经开始。"

大本营陆海军部发表（12月8日午前6时）

"帝国陆海军于本月8日拂晓在太平洋上已同美、英军进入战争状态。"

广播电台不断地播送"军舰进行曲"、"拔刀队"乐曲，播音员在兴奋地连续广播。

8日黎明，大本营首先收到了第25军司令官发给参谋总长的"8日4时我军奇袭登陆成功！"的电文，然后陆续收到了夏威夷、菲律宾方面发来的电报，获悉各方战况都在极其顺利地取得进展，真是谢天谢地！

这天一清早就召开了枢密院会议，研究了有关宣战布告问题，午前11时40分颁发了如下诏书。

诏 书

仰承天佑、承践万世一系皇祚之大日本帝国天皇，昭示尔等忠勇之众庶曰：

朕兹对美英两国宣战，朕之陆海将士宜奋其全力从事交战，朕之百官有司宜克勤职守，联之众庶宜各尽本分，务期亿兆一心，举国家之总力，达到征战之目的，使无遗算。

夫确保东亚安定以利世界之和平，实为丕显列祖列宗作述之宏猷，朕所拳拳无时或忘者也。而与各国敦笃邦交，同享万邦共荣之乐，亦帝国一贯之外交方针也。

今兹不幸，与美英两国开启衅端，洵非得已者，岂朕之志哉？曩者，中华民国政府不解帝国之真意，妄自滋事，扰乱东亚之和平，卒使帝国操戈而起，于兹已四年有余矣，幸而国民政府有所更新，帝国与之结善邻之谊，互相提携。然重庆残存政权，恃美英之庇荫。兄弟阋墙，罔知悔改。美英两国支援残存政权，助长东亚之祸乱，假和平之美名，逞称霸东洋之野心，并进而勾结与国，于帝国周围增强武备，向我挑战，更对帝国之和平通商横加阻挠，终于断绝经济关系，对帝国生存予以重大威胁。朕饬政府通过和平谈判恢复事态，隐忍弥久，而彼方毫无退让之精神，徒迁延时局之解决，近则反愈益增大经济上军事上之威胁，以图使我屈从。长此以往，帝国多年来争取东亚安定之努力，悉将化为泡影，帝国之存立亦将濒于危殆。事既至此，帝国今为生存与自卫计，唯有毅然奋起，粉碎一切障碍。皇祖皇宗神灵在上，朕深信尔等众庶之忠勇，必将恢弘祖宗之遗业，迅速铲除祸根，确立东亚永久之和平，以期保全帝国之光荣。

御名御玺

昭和16年（1941年）12月8日

内阁总理大臣　兼内务大臣陆军大臣　东条英机

文部大臣　桥田邦彦　国务大臣　铃木贞一

农业大臣兼拓务大臣	井野硕哉	厚生大臣	小泉亲彦
司法大臣	岩村通世	海军大臣	岛田繁太郎
外务大臣	东乡茂德	递信大臣	寺岛 健
大藏大臣	贺屋兴宣	商工大臣	岸 信介
铁道大臣	八田嘉明		

继广播上述诏书之后，东条首相以"拜聆大诏"为题，向全国国民披沥了"仰赖皇威胜利常存"的信念，要求一亿国民愤然而起。

《机密战争日记》战争第一天

大本营陆军部有一本记录战争全过程的《机密战争日记》，当时由战争指导班主管。这个日志记述的是非曲直这里姑且不论，其逐日记载对了解当时政略和战略的全貌是最清楚不过的。

具有历史意义的战争奇袭，其开战的第一天，即12月8日，在开卷第一页上就作了如下记载。这里作为参考资料，不厌重复，照录原文如下。

《机密战争日记》12月8日

一、午前7时，大本营陆海军部以临时"新闻"广播节目，发表了帝国陆海军于今天（8日）拂晓，在西太平洋上同美英军队进入战争状态的消息。

二、第25军在泰国南部奇袭登陆和海军对"夏威夷"的大战略奇袭获得成功，具有历史意义的战争奇袭于此告成。

三、从清晨开始举行枢密院会议。

11时37分，圣上批准宣战布告，11时40分公布，同时用无线电广播，对美英荷战争于此打响。

四、继上述广播之后，东条内阁总理大臣以"拜聆大诏"为题，向全国国民陈述了"仰赖皇威胜利常存"的信念。

午后零时20分，政府发表声明，之后，外务省用"无线电广播"发表了日美谈判经过。

于是全国国民热血沸腾，跃跃欲试。

五、午后1时，天皇召陆海军大臣进宫，对陆海军人颁赐优渥敕语。

午后2时30分，部内全员集合，举行宣战诏书和上述敕语捧读式，之后，遥拜伊势神宫。

至此，全体人员重新下定尽忠奉公的决心。

六、泰国首相"銮披汶"或说已潜逃，或说尚在东部国境，至今情况不明。

1时50分，坪上驻泰大使向泰国政府递交最后通牒，但至3时仍未答复，我军决定于3时30分进驻泰国。

至午后，日泰达成谅解，我军实行友好进驻。

七、午后3时30分，第38师团开始攻击香港（地区），11时进驻租界。一切一如预定计划。

八、午后8时45分，发表奇袭夏威夷伟大战果。

击沉战舰2艘，重创4艘，重创重型巡洋舰4艘。午后9时，发表空袭菲律宾战果。击落敌机达100架。

九、值此度过战争第一日之际，无论作战的奇袭和全国国民斗志之高昂，均证明战争的发起是理想的、成功的，战争指导班的感激之情一言难尽。不过，将如何求得战争的结局，却是这场战争的最大难题，只有达到神人一如之境者，方能完此重任。

十、对帝国全境下达防空令。

第18章

夏威夷作战——攻击珍珠港

作战的准备

〔攻击珍珠港的设想〕 开战伊始,第1航空舰队司令长官统率的、以6艘航空母舰为主力的机动部队,长驱直入,突袭停泊在夏威夷的美国主力舰队。为此,在开战十多天前,机动部队就从国内启航,从北面向夏威夷靠近,在日出一、二小时以前,全部400架舰载机从瓦胡岛北面约200海里附近处起飞,对停泊在珍珠港内的航空母舰、战舰以及停在机场里的飞机进行奇袭攻击。

又以第6舰队司令长官统率的、以27艘潜艇为主力的先遣部队,从开战前几天起就侦察停泊在夏威夷的敌舰队动态,敌舰队如果出港,就进行奇袭或努力保持接触,并派特别攻击队潜入珍珠港内,在我机动部队进行空袭的同时,奇袭停泊在港内的敌舰队。

以上所述,就是已经交代过的夏威夷作战,即攻击珍珠港的计划要点。海军方面称这一计划为"Z作战"。这次奇袭作战是堪与织田信长的桶狭间之战[①] 相媲美的极其大胆的作战。这是日本海军经过慎重研究才决定下来的,能否成功,当时估计在很大程度上要靠命运来决定,因而是一场孤注一掷的大规模作战。

12月2日,当大本营下令发动武力时,机动部队已在中途岛北面即中途岛与阿留申群岛之间的海面上向东航行中,先遣部队已接近距瓦胡岛300海里的圈内。

在这以前,该机动部队在第一航空舰队司令长官南云忠一海军中将指挥下,除其核心部队第1航空战队(赤城号、加贺号),第2航空战队(苍龙号、

---

① 桶狭间之战是日本战国末期织田信长统一日本过程中(1560年)发动的一次著名战役。此役织田氏采用奇袭战术,以少数军队一举击溃了十倍于己的另一诸侯今川义元的军队。——译者

飞龙号）、第5航空战队（瑞鹤号、翔鹤号）以外，还将第3、第8战队，第1水雷战队（第7、第17、第18驱逐队），第2潜水队等编入其中。11月18日前后，这支部队分成单舰或小部队从濑户内海启航，至11月22日，已在南千岛择捉岛的单冠湾集结完毕。

这支部队的先遣部队在第6舰队司令长官清水光美海军中将的指挥下，由第1、第2、第3潜水战队和特别攻击队等编成。其特别攻击队以佐佐木海军大佐为指挥官，由伊16、伊18、伊20、伊22、伊24等5艘潜水舰组成，各潜水舰都载有特殊潜艇。11月20日左右，这支先遣部队从横须贺、佐伯、吴等军港启航，秘密踏上东航之途。

〔**联合舰队的攻击命令**〕 大本营于11月21日发出"须将实行作战所需部队随时开进待机海面"的命令之后，联合舰队司令长官便于第二天（22日）向机动部队下达了如下命令：

"机动部队应尽量隐蔽行动，遵照特令自单冠湾启航，对潜对空严加警戒，向夏威夷方面进发，开战伊始就对夏威夷方面合众国舰队的主力坚决进行攻击，给予致命打击。

空袭的第一次攻击预定为X日（随后命令）黎明时刻。空袭结束后，机动部队须团结一致，防备敌人反击，从速摆脱敌人，暂返国内。"

〔**机动部队的攻击计划**〕 根据上述命令，机动部队指挥官的作战计划和空袭计划如下。23日，南云中将把这项命令下达给所属部队。

作战计划

一、机动部队在尽量隐蔽行动的情况下向夏威夷方向进发，并在开战之初就坚决对夏威夷方面的敌舰队进行攻击，给予致命打击。

二、兵力部署如下表：

类别	机动部队							
	空袭部队	警戒队	支援部队	巡逻队	中途岛破坏队	后勤部队	
						第1后勤队	第2后勤队
指挥官	第一航空舰队司令长官							
	第1航空舰队司令长官	第1水雷战队司令长官	第3战队司令官	第2潜水队司令	第7驱逐队司令	远东号特务舰长	
						远东号特务舰长	东邦号监督官

续表

兵力	第1航空舰队 第1航空战队 第2航空战队 第5航空战队	第1水雷战队 第17驱逐队 第18驱逐队	第3战队 第8战队	第2潜水队	第7驱逐队	建洋号、远东号 国洋号、神国号 黎明号	东邦号 东荣号 日本号
任务	空袭	警戒、护航	警戒、支援	航线巡逻	进攻中途岛空军基地	后勤补给	

空袭第一日预定为X日0330时。

空袭结束后，机动部队应迅速摆脱敌人，暂时返回国内，进行休整与补充，然后就第二阶段的作战部署。

在这次行动中，如敌舰队拟截击我军时，或遭遇敌强大部队而有受到敌人先发制人的攻击的可能时，应即予以反击。

三、各部队的行动

（一）整体方面

全体部队（缺中途岛破坏队）应根据特别命令从单冠湾出击，对潜对空严加警戒，同时努力隐蔽我方行动企图，大致以12节至14节的航速按原集团队列进攻；途中如有机会尽量补充燃料，然后进抵待机地点（北纬42度，西经170度），俟X日（开始行使武力之日）接到指令后，即向接敌地点（北纬32度，西经157度）进发。

X–1日7时左右，从接敌地点附近高速南下（大致航速为24节）至X日1时进抵舰载机起飞地点（敌艘舰停泊地北200海里）附近，全部飞机起飞，突袭敌舰队及瓦胡岛的主要空军基地。

突袭结束后，机动部队即收容飞机，向中途岛北面800海里范围以外迂回，经过收容地点（北纬30度，东经165度），于X+15日左右返回濑户内海西部，进行第二阶段的作战准备。

如果突袭成果很大，对敌人的反击无需加以多大考虑，或需要进行补充时，也可于归程接近航过中途岛。在这种情况下，预定于X日夜或X+1日凌晨分出第5航空战队和第3战队之一部，令其于X+2日凌晨空袭中途岛。

万一敌强大部队切断我归路时，就从夏威夷群岛中间向南突围，返回到马绍尔群岛。如果往程自到待命地点附近无法补充燃料时，可令警戒队分离返回。

（二）巡逻队

跟随主力部队。

在警戒队离开的情况下，担任主力部队的前路警戒，飞机起降时担任飞行警戒。

空袭后，在主力部队敌侧担任警戒，若敌出击，就极力捕捉、攻击，然后追踪。

（三）中途岛破坏队

X-6日左右在东京湾补给后，秘密向中途岛靠近，X日夜驶抵该岛，炮击、破坏该岛空军基地后返回，经补充后返回濑户内海西部。在这次行动中，尻矢号与破坏队共同行动，担任后勤补给任务。

（四）后勤补给部队

跟随主力部队担任后勤补充任务，直到接敌地点，然后离开迂回到中途岛北面800海里范围以外，X+6日8时驶抵收容地点待命。

四、根据情况，也会在进击途中停止战斗，暂先返回单冠湾、北海道或陆奥海湾方面。

突袭计划

一、空袭部队的行动

X-1日6时，占位于Z点（预定在拉奈岛西端）之零度（按指"北"——作者注）700海里处，自X-1日7时许增速至24节，在航向180度之处（按指"南"——作者注）进击。

X日1时30分，第一次攻击队于Z点之零度230海里处自母舰起飞，2时45分，第二次攻击队于Z点之零度200海里处自母舰起飞，断然进行空袭。

第二次攻击队从舰上起飞完毕后，即取偏北航向，以大致24节航速退避。

预定第一次攻击队在5时30分至6时之间，第二次攻击队在6时45分至7时15分之间进行收容。

第一次和第二次攻击返回后，应立即完成下次攻击准备。这时舰攻机尽量改装为鱼雷攻击装备。

如果对敌基地空军兵力进行的歼灭战进展顺利，就立即进行反复攻击，以取得决定性战果。

再者，如果敌强大部队出击时，则照例转入对它进行攻击。

二、空中攻击队的编制如下表：

区分	第一次攻击队																		第二次攻击队											
	第一集团									第二集团		第三集团						第一集团		第二集团				第三集团			
	第一攻击队	第二攻击队	第三攻击队	第四攻击队	特第一攻击队	特第二攻击队	特第三攻击队	特第四攻击队	第十五攻击队	第十六攻击队	第一制空队	第二制空队	第三制空队	第四制空队	第五制空队	第六制空队	第五攻击队	第六攻击队	第十一攻击队	第十二攻击队	第十三攻击队	第十四攻击队	第一制空队	第二制空队	第三制空队	第四制空队
机种	九七舰攻									九九舰爆		零式战斗						九七舰攻		九九舰爆				零式战斗			
机数	15	15	10	10	12	12	8	8	27	27	9	9	9	6	6	6	27	27	18	27	18	18	9	9	9	6
进攻种类	水平轰炸				雷击				俯冲轰炸		制空			地面扫射			水平轰炸		俯冲轰炸				制空			地面扫射
兵力装备（各机）	八○番五号一				九一式航空鱼雷				二十五号陆用								八○番六号一、二十五号陆用		二十五号普通							

三、攻击目标

（一）第一次攻击队

第1集团以战舰4艘，航空母舰4艘以内为攻击目标。目标选定顺序，一为战舰，二为航空母舰。

第2集团按下列分工攻击敌基地空军兵力：第15攻击队攻击佛德岛机库和地面飞机，第16攻击队攻击霍依拉机场机库及地面飞机，制空队的攻击目标为空中与地面敌机。

（二）第二次攻击队

第1集团按下列分工轰炸敌空军基地；

第5攻击队轰炸卡内奥黑、佛德及巴巴斯海角机库和地面飞机；第6攻击队轰炸希卡姆机库和地面飞机。

第2集团以敌航空母舰4艘至5艘为目标，目标数字不足时按巡洋舰、战舰的顺序选定其次目标。

制空队攻击空中与地面的敌机。

四、攻击实施要领

（甲）第一次攻击队

（一）攻击以奇袭为原则，其顺序为：第1集团鱼雷攻击队、第1集团轰炸队和第2集团。

（二）制空队开始时以全队完整队形，同第1集团大致同时进入敌上空，主要任务是捕捉和歼灭敌截击战斗机。

空中如果无敌机，则立即按下列分工转入扫射地面飞机：第1与第2制空队——佛德及卡希姆；第3与第4制空队——霍依拉和巴巴斯海角；第5和第6制空队——卡内奥黑。

（三）若敌方警戒严密而需强袭时，则按制空队、舰载轰炸机队、水平轰炸机队、鱼雷攻击队的顺序进入敌上空，依次进行短间隔的攻击。

（乙）第二次攻击队

全军大致同时飞临敌上空，开始攻击。

制空队的行动要领也按照第一次攻击队，但如果空中无敌机时，则按下列分工进行扫射；

第1和第2制空队——佛德和希卡姆；

第3和第4制空队——霍依拉和卡内奥黑。

（丙）如果敌航空母舰和主力舰的大部分停泊在珍珠港以外时，攻击要领如下：

（一）编制与攻击目标同前一段。但第一次攻击队的第1集团，须尽量加强鱼雷攻击队。

（二）各空中攻击队在制空队掩护下，按原来集团先攻击舰队停泊地，然后再攻击瓦胡岛，各自攻击规定目标。如果攻击敌舰队停泊地进展顺利，未参加这次攻击的部队须迅速向瓦胡岛进击。攻击停泊地部队在其攻击结束后，应直线返航。

（丁）集结返航

（一）突袭后的集结地点，定为瓦胡岛西端（卡埃纳海角）的340度20海里处。

集结高度为1000米（如附近有云，则在云下）。

（二）攻击队在集结地点约等待30分钟，待与制空队汇合后返航。

（三）返航时制空队充当全军后卫，阻止敌人追击。

五、侦察

（一）事前侦察

原则上不特地进行。

（二）行动开始前的侦察

第8战队的两架水上侦察机，应于X日零时30分起飞，秘密侦察珍珠港和拉海纳泊地，报告敌舰队（主要是敌航空母舰及主力舰）是否在港内。

（三）索敌巡逻

第8战队的水上侦察机于3时左右起飞，尽量广泛搜索敌我中间海面及瓦胡岛东西两水沟附近海面，侦察并报告有无敌机动部队出击和动态，以及有无敌机反击和动态。

（四）制空队指挥官指定的一部分战斗机在攻击后，如果情况允许，就以低空侦察，侦察敌机和舰只的损伤情况然后返航。

机　动

11月25日联合舰队对机动部队发出如下命令：

机动部队须于11月26日从单冠湾启航，尽量隐蔽其行动，12月3日傍晚进入待命地点（北纬42度，西经170度），迅速完成补给。

〔机动部队出击——取北方航线〕　于是，26日下午6时，机动部队从单冠湾启航，一直向东航行。选定什么航线，当初是研究这次作战的一项课题。就是说有三条航线，第一条是北方航线；第二条是沿夏威夷群岛东进的中间航线；第三条是经马绍尔群岛，从西南方面接近夏威夷群岛的南方航线。结果选定了第一个方案，即选定了北方航线，其理由是，离敌人基地飞机巡逻圈远，并且遇上商船的可能性小。

机动部队避开世界眼目一直向东行驶。因为作战的成败完全取决于军事企图的隐蔽，所以舰队完全封闭了电波的辐射，并由在濑户内海方面的联合舰队主力部队同在九州方面基地的航空部队之间故意交换假电讯。伪装机动部队仍在九州方面继续训练中当时曾经考虑过，如果机动部队中途被发现，被发现的时间是在决定进行空袭的前两天，就停止空袭而返航，如果是在决定进行空袭的前一天，是否进行强袭或返航，应根据当时情况来决定。

〔"攀登新高山"〕12月2日夜里，机动部队和先遣部队收到了"攀登新高山1208"的隐语电报。这个命令的意思是"开战日期定为12月8日，应按预定计划坚决进攻"，这是联合舰队在下午5点30分拍发的。赌注终于投下。

有一件事最令人担心，那就是虽然进攻了珍珠港，但是如果美国舰队已经出港不在，岂不是什么也没捞着！因此，开战前，为了获得这方面的情报，日本海军持续不断地作出了非凡的努力。机动部队收到了大本营12月7日下午6时发出的如下电报：

（一）12月6日停泊在港内的军舰，计有战舰9艘、乙级巡洋舰7艘、水上机母舰3艘、驱逐艇17艘；入坞的计有乙级巡洋舰4艘、驱逐舰3艘，航空母舰和重巡洋舰已全部出动。

（二）舰队未出现异常情况，瓦胡岛平静，未实行灯火管制。大本营确信攻击必然成功。

> 注：这份电报的6日是指夏威夷时间，按日本时间应是7日。据战后调查，当时实际停在港内的美舰，计有战舰8艘、重巡2艘、轻巡6艘、驱逐舰29艘、潜艇5艘、炮舰1艘、布雷舰9艘、扫雷舰10艘、水上机母舰及水雷舰10艘、工作舰3艘、油船2艘、拖船2艘及其他，共计94艘。

实施攻击和返回

老天保佑！我进攻夏威夷的部队，既没有遇到商船，也没有遇上潜艇，一路继续向东航行，没有被敌人发觉，7日夜里，正按预定计划，从夏威夷北方海面南下。

〔奇袭成功〕8时黎明，第一次攻击队所属飞机，冲破拂晓的黑暗，从6艘航空母舰上依次起飞编队飞行。这是由飞行部队总指挥官渊田美津雄海军中佐亲自在空中指挥的，计有水平轰炸机50架、鱼雷攻击机40架，俯冲轰炸机50架和战斗机43架，共计由183架飞机组成的大编队机群。

夏威夷时间上午7点49分，也就是日本时间8日上午3点19分，"嗒嗒嗒……"电键传来了总指挥官的命令："全军冲锋！"上午3点20分，大规模的空袭开始了。这个时刻，如前所述，正好是野村驻美大使通知赫尔国务卿停止日美谈判的前一个小时。为了压制敌空军反击，首先由俯冲轰炸机队攻击佛德、希卡姆和霍依拉等各机场，鱼雷攻击机攻击停泊中的外侧敌舰队。接着，水平轰炸机队攻击了难以进行鱼雷攻击的里侧敌舰队。

这个即将在寂静中破晓的星期天的珍珠港，一瞬间变成了激烈的战场。受到奇袭的敌人，不久便利用一切地面火力拼命进行抵抗，但是没有收到多大效果。第一次攻击连续进行约1个小时后，于上午4点30分左右，大致按原定计划开始了由岛崎重和海军少佐指挥的第二次攻击队的攻击。第二次攻击队由171架飞机组成，大约也进行了1小时左右。

这两次攻击所取得的战果，计为击沉战舰6艘、重巡洋舰1艘、油船2艘；重创和中创战舰2艘、重巡洋舰1艘、乙级巡洋舰6艘、驱逐舰3艘、补助舰3艘；击毁陆海军飞机总计达300架；另外对港湾、机场以及其他各种设施也给予了相当大的损害；美方战死、重伤人员分别达2403名和1178名。日军方面的损失，仅仅是未返回的战斗机8架、舰载轰炸机15架、舰攻机5架，总计28架，中弹机74架。

在实行第二次攻击中间，在旗舰赤城号上的机动部队司令部里，关于在这两次进攻后应该停止进攻，还是应该进行更彻底的反复攻击以扩大战果的问题曾进行过讨论。在联合舰队司令部里也有两种意见，但南云司令长官认为，基本上已经取得了令人满意的战果，并考虑到应尽量减少我方损失，以备将来，因而决定停止进攻。联合舰队也同意了这个决定。于是机动部队便从上午8点30分左右开始向西北方向撤退。

〔特别攻击队和破坏队的攻击〕另一方面，曾预定先遣部队在机动部队开始攻击前，要在夏威夷水域秘密完成作战配备；特别攻击队要在机动部队攻击开始后潜入港内进行攻击。然而由于空袭造成的巨大混乱，这次攻击没能调查清楚。但是，在夏威夷湾口的我方监视潜艇，在夏威夷时间下午0点1分曾看到港内发生大爆炸；又在下午10点41分收到了特殊潜艇发来的无线电报说；攻击已取得成功。我方损失大型潜艇1艘和特殊潜艇5艘。

以第7驱逐队组成的中途岛破坏队，于12月2日从东京港启航，8日进到目的地附近。这支部队的任务是，炮击破坏中途岛的空军基地，为机动部队主力从夏威夷返航创造有利条件。中途岛破坏队从8日下午6时30分左右开始，对中途岛进行了约25分钟的奇袭炮击，取得了破坏和烧毁油库的战果，但并没有进行彻底破坏便返航了。

〔返航——颁赐敕语〕 结束对夏威夷进攻的机动部队，归路是沿着去路南面的航线。因为估计敌人会以航空母舰和潜水部队进行跟踪攻击，所以机动部队封闭了无线电通讯，严密警戒，赶紧返回。12月14日，机动部队接到联合舰队关于协助第4舰队于22日前后对威克岛进行攻击的命令。在以前，以第4舰队为主力的南洋部队曾进攻了威克岛，但失败了，所以正在进行第二次进攻准备。于是机动部队决定派第2航空战队（苍龙号、飞龙号）和第8舰队（利根号、筑摩号）前往协助。主力部队为了返回国内继续向西航行。这样，机动部队的主力于12月23日下午1点左右，安全到达丰后海峡入口处，进入广岛湾联合舰队的停泊地。至此，自11月26日从单冠湾启航以来，大约历经一个月的渡洋远征终于结束。

12月10日，（天皇）对联合舰队颁赐如下敕语，官兵士气大为振奋。敕语说：

"开战伊始，联合舰队善谋勇战，击溃夏威夷方面之敌舰队及航空兵力，克奏伟功。朕深嘉许之，全体将士宜益加奋勉，以期前途之大成。"

奇袭成功的真正原因——罗伯兹委员会的报告

日军确实成功地奇袭了珍珠港。然而，当时的珍珠港虽然遭到了奇袭，但就美军而言，可不可以说他们没有什么失误之处呢？这是需要仔细研究的问题。罗斯福总统很快就在12月18日特设了个以罗伯兹为首的委员会，责令该委员会就夏威夷遭到奇袭一事调查美国海军或陆军方面有无玩忽职守或判断上的错误。

〔结论——驻夏威夷美军的玩忽职守和错误判断〕 罗伯兹委员会的结论如下：

（一）国务卿、陆海军部长、陆军参谋长以及海军作战部长，都曾以充裕的时间向驻夏威夷的陆海军司令官发出过有关防止偷袭的警告和命令，尽到了职责。

（二）遭受偷袭的责任在于驻夏威夷方面的陆海军司令官玩忽职守和错误判断。就是说，这两个司令官虽然拥有足够的时间，但并没有采取任何应该做或可能做到的战备措施来加强警戒。

而导致他们这样玩忽职守的原因,是他们的错误判断。即他们认为,日本如果采取攻势,东亚地区必将首当其冲。这种判断当时曾经广为流传,但是,并不能因此而赦免直接担当夏威夷防务的这两个司令官的责任。

〔美军领导防止奇袭的措施〕 那么,上述结论中提到的国务卿、陆海军部长、陆军参谋长以及海军作战部长究竟都采取了哪些防止奇袭的适当措施呢?罗伯兹委员会报告如下。

一、早在1941年1月20日,海军部长就曾经警告陆军部长说:鉴于日美关系日趋恶化,有必要研究珍珠港内太平洋舰队的安全问题,在这封信中,海军部长强调了以下几点:

(1)如果与日本之间爆发战争,必将以日本偷袭珍珠港海军基地或舰队而开始。

(2)为了防止因这种奇袭而遭受巨大损失,并与之相对抗,有必要迅速采取行动,进一步加强陆海军的协同准备工作。

(3)关于日本攻击珍珠港,估计可能采用轰炸机轰炸、鱼雷攻击机攻击、破坏阴谋、布雷及炮击等各种方式,但最主要的是前两种方式。

2月7日,陆军部长对上述海军部长的书信作了答复,并开始了陆海军之间的协商,于是制定了陆海军协同防御海岸线的计划,同时还规定了驻夏威夷陆海军司令官各自分担的责任。

为使陆海军协同防御海岸线的计划更加有效,在整个1941年一年里,根据这一计划,陆海军在当地一再举行了联合演习。并判断空袭在凌晨左右进行的可能性较大。

二、在内阁及军事会议上,国务卿向陆海军部长和两位作战部长讲了日美谈判及两国关系恶化的经过。两位作战部长将上述情报逐一通知了当地司令官,并要求根据这些情况加强战备,在情况发展的重要阶段,这种处置都及时地采取了。

三、11月27日,陆军参谋长向驻夏威夷陆军司令官发出训令指出:"日美谈判几乎以决裂而告终,已经没有再举行的希望。因此,今后日本何时采取积极行动固然不可预测,但目前确已面临要采取行动的时机。在这战争不可避免的情况下,为保卫夏威夷的安全,你在行动上将不受任何限制。"并且命令:如有必要,得采取侦察和其他方法。

同一天,海军作战部长向太平洋舰队司令官发出如下警告:"这封电文应理解为战争的警告:日美谈判已宣告结束;数日内日本将采取战争行动;日本陆海军将对南方实行水陆双方作战。"而且命令:作为战争的准备措施,首先应迅速整备防御态势。

四、12月7日中午，即夏威夷时间上午6点30分（日军开始进攻前的1小时20分钟——作者注），参谋长和作战部长对当地司令官发出了追加警告，指明日美断绝邦交的危机已经逼近。

〔**饶有兴趣的事实——天佑神助**〕罗伯兹委员会的报告还指出了如下饶有兴趣的事实。

一、夏威夷陆军司令官侧重于防止日本阴谋破坏的措施，并对陆军部的通讯也有误解，没有完全领会11月27日训令的意思，因而还未来得及考虑陆海军协同防御计划的执行问题。

驻夏威夷陆海军地面司令官及其幕僚也都考虑到空袭的可能性，但是他们无一例外连做梦都没想到在太平洋舰队基地设在珍珠港期间会有这样的空袭。

二、12月1日，海军情报部长发表了下述判断，即日本海军主力舰的大部分和航空母舰的大部分还都在本国水域。夏威夷的海军情报部也是这样认为的。

三、由于通讯上的意外情况，两位作战部长于12月7日中午发出的警告，在日本军队开始进攻以后才到达当地。这一警告即使及时到达了，比起11月27日发出的训令已居于次要地位。

四、按协同防御计划规定，陆军要在瓦胡岛周围20海里，海军要在瓦胡岛周围700海里乃至800海里的范围内进行巡逻侦察，但是当天并没有那样做，原因是当时还没有发出执行协同防御计划的命令。

五、设在瓦胡岛的雷达（用于训练的），大约在日本飞机进攻前的1小时，就已捕捉到了出现在瓦胡岛北、东北方面约130海里处的大批飞机编队。但是，没有经验的中尉接到这份报告后，认为这是友军飞机，所以没有采取任何措施。

这样，罗伯兹委员会就把珍珠港遭受奇袭的责任，归咎于当地陆海军司令官没有为加强侦察巡逻而采取任何措施。实际上，如果美军在700海里范围内进行巡逻的话，估计我机动部队早在12月6日，即X-2日（日本时间）下午就将被敌机发现。如前所述，按我海军计划，我机动部队如果在X-2日被发现，就将在没有另行命令的情况下决定停止进攻而返航。

第三篇
进攻作战

第19章

南方进攻作战的发动

一般认为，大东亚战争是在日本时间昭和16年（1941年）12月8日上午3时20分，由日本海军奇袭珍珠港而开始的。

远东国际军事法庭对上述进攻是在野村驻美大使通知停止日美谈判前一个小时开始的这点，曾大加责难。可是实际上，12月8日黎明，乘坐香椎号的第2登陆团团长却曾从马来海面用军事机密电报向参谋总长报告："8日1时30分在哥打巴鲁东岸登陆成功。"这当然是日本时间，而这个时间确是早于进攻珍珠港1小时50分。这就是说，战争是在我南方军的先锋佗美支队成功地登上英属马来之时开始的。

夏威夷作战本来并不是要同美国海军进行决战，以这一战的胜负来一举决定战争的。它是为了保持日美海军力量的均衡，逐渐削弱美国海军战斗力的一个战略组成部分，并且是为了使攻占南方的作战得以顺利进行而采取的行动。只是把奇袭美国太平洋舰队根据地当作达到这一目的的一种手段罢了。战争初期的作战主体当然是对南方的进攻作战。

而实施进攻作战的战机对我方也是有利的。12月8日黎明，马来登陆军奇袭登陆成功，从而开辟了远距离渡海进攻作战的新局面。攻占香港的部队突破了英中国境。陆海军航空部队对菲律宾美国空军的空中歼灭战，在12月8日的一天里很快就决定了胜负。西太平洋的制空、制海权基本上已落入日军之手。

这时，陆海军的精锐部队就对马来、婆罗洲、菲律宾、香港（地区）、关岛、威克岛等地一齐开始了进攻作战。

注：关于南方进攻作战的整个情况及马来、菲律宾作战，请参阅附图第二（其一）（其二）（其三）。

对南方军和联合舰队的指导

〔南方军行使统帅权〕 昭和16年（1941年）11月6日，特任为南方军总司令官的寺内陆军大将，当天在大本营陆军部接受了参谋总长杉山大将传达的"须作攻占南方重要地区的准备"的大本营命令,以及有关《南方军作战要领》和《南方作战陆海军中央协定》的指示。当时参谋总长对南方军总司令官提出了下列要求:

"值此皇国非常之秋,阁下受命统率南方军,就阃[①]外之重任,不胜庆贺之至。就此提出若干希望如下:

"昨5日御前会议上,圣上已作出决定,帝国决心同美、英、荷开战;发动武力之时机定为12月初;在做好作战准备的同时,继续同美国进行谈判,倘至12月1日零时,谈判仍不能成功,则将断然发动武力。

"上述的圣上决定,系指在对美谈判不能成功情况下才诉诸武力,因此,南方军应在圣上命令之下,明察行止,自不待言,同时不论尔后对美谈判经过如何,均须积极完成作战准备,不得稍有懈怠,在此无需赘言,切望善体本件决定国策的旨意,并领会统帅部的真意。

"此外,命令中已有指示,在作战准备期间,如果受到美、英、荷军的攻击,为了自卫自可还击,但这时切望千万注意,务使就地解决纠纷,不至酿成意外的开战。同时还请留意,在作战准备期间,甚至在作战期间,对印度支那与泰国均应一如既往,尽量保持友好关系,切勿酿成政略战略上对大局不利的情况。而一旦终于开战,帝国当然要尽政略战略上一切手段,努力在短期内结束战争。不过,结束战争却不容遽然预测。这次战争确为开国以来的大业,军之责任至重且大,无过于今天,望在作战计划指挥上掌握机宜,尤其切望同帝国海军充分合作,迅速达到作战目的,对指挥战争全局作出最大贡献。此外,有关作战计划及其他事宜,随后由幕僚加以说明。"

寺内大将是当时陆军现役大将中的前辈,在这以前曾任军事参议官之职。南方军总司令部在陆军大学里秘密组成,在任命了总参谋长等幕僚之后,立即开始了作战准备工作。特选定参谋次长塚田政中将为南方军总参谋长。

寺内总司令官根据大本营指示的作战要领和陆海军中央协定,制定了南方军的作战计划,11月10日,把所属各军司令官召集到大本营陆军部进行内部传达,并下达了关于作战准备的命令。

同一天,寺内总司令官在陆军大学会见联合舰队司令长官山本五十六大将和联合舰队所属南方部队指挥官第2舰队司令长官近藤信竹中将,就南方作战进行了必要的协商。14日,寺内大将率所属各军指挥官和幕僚同山本大将指挥的各舰队指挥官和幕僚,又在山口县岩国彼此会晤,陆海军各协同部队

[①] 阃,即国门。此处是说委以在国外统率军队之权。——译者

都分别进行了必要的协商和作战上的商榷。

这样，在作战准备工作逐步进展中，11月15日上午零时，按照南方军战斗序列建立了各军和各部队的隶属关系。于是开始行使对南方军的统帅权。不过，在这以前，就已作出规定，关于作战准备事宜，南方军总司令官可以分别指挥各军。

〔**南方军的作战计划**〕 如上所述，在对南方军行使统帅权那天，南方军总司令官接受了"须攻占南方重要地区"的大本营命令，为完成任务，制订了南方作战计划，其要点如下：

南方作战的目的在于摧毁美国、英国及荷兰在东亚的主要根据地，占领和确保南方重要地区。

作战分为三期，大致指导如下，

第一期作战

南方作战以先遣兵团在马来登陆与空袭菲律宾同时开始。然后利用空战成果，以主力先后在菲律宾和马来登陆，迅速攻占菲律宾与马来。此外，开战之初，另以一部分兵力急袭占领英属婆罗洲要地。

在上述作战期间，尽速占领荷属婆罗洲、苏拉威西、马鲁古与帝汶的要地，继而随着马来作战的进展，占领苏门答腊南部要地，并准备对爪哇的作战。

第二期作战

迅速压制爪哇方面的敌空军兵力，并攻占该岛。

在第一期与第二期作战期间，相机夺取缅甸南部的空军基地。

第三期作战

确保占领地区的安定，如情况允许，则进行解决缅甸问题的作战。

投入上述作战的南方军兵力，以11个师团和2个飞行集团为基干，对各方面的兵力部署概要规定如下：

一、菲律宾方面

责成以第16师团、第48师团和第65旅团为基干的第14军担任作战，第5飞行集团配属该军。

二、马来方面

责成以近卫师团、第5师团、第18师团（缺川口支队）和第56师团为基干的第25军担任作战，第3飞行集团在南方军直辖下主要担任马来方面航空歼灭战及协助地面作战任务。

但近卫师团初期在第15军司令官指挥下，担任确保泰国安定的任务。

三、泰国及缅甸方面

以第33师团和第55师团为基干的第15军确保泰国的安定,并协助马来方面的作战,同时准备对缅甸方面的作战。

作战初期,近卫师团归其指挥。另外,一旦菲律宾方面形势允许,则将第5飞行集团调转于该方面。

四、法属印度支那方面

以第21师团确保其安定,特别警戒重庆军的入侵。

五、荷属东印度方面

责成以第2师团、第38师团、第48师团及混成第56步兵团为基干的第16军担任作战,使第3飞行集团继协助马来方面作战之后协助该方面作战。

但第38师团与第48师团在各自完成开战之初攻占香港(地区)和菲律宾的任务后,使其调转于该方面。

六、婆罗洲方面

责成以第18师团步兵第35旅团(缺1个联队,旅团长为川口清健少将)为基干的川口支队担任作战。

〔攻占南方的命令〕 根据大本营命令和上述作战计划,11月20日,寺内总司令官在东京对所属各部队下达了关于攻占南方的如下命令:

一、大本营为完成帝国的自存自卫,建设大东亚新秩序,计划攻占南方各地区。

二、南方军要协同海军,迅速攻占南方重要地区。

主要作战首先针对马来及菲律宾方面,对这两方面同时开始作战,短期内达到作战目的。

关于进攻(进入)作战的开始时间另行命令。

三、第14军须按下列各点击溃菲律宾方面之敌,迅速攻占其主要根据地,尤其迅速攻占首都马尼拉。

1. 开战伊始,空袭吕宋方面的敌空军力量。

2. 各先遣部队自对敌空军进行第一次打击的前一日起,分别从各自集结点出发,在吕宋岛北部和黎牙实比附近登陆,占领空军基地。

航空部队随上述行动推进航空基地,继续进行空战。

3. 该军利用上述作战成果,至作战第15日前后,以主力在仁牙因湾附近登陆,以一部在拉蒙湾附近登陆,迅速攻占马尼拉。

四、为攻占新加坡,第25军须按以下要求首先在马来方面断然进行急袭登陆,并尽量在南方获得立足点。

1．于作战开始日零时以后，以强有力的先遣兵团进入停泊地点，在马来半岛中部东岸急袭登陆，迅速占领空军基地，并尽量在前方获得立足点。

2．在作战第26日前后，该军主力分别在泰国南部开始登陆，一面击溃正面之敌，一面沿马来西海岸方面突击南下。

五、开战之初，第15军进入泰国，以利第25军作战，同时尽量确保该国的安定，并从该方面实施对蒋封锁，同时准备尔后对缅甸的作战。

六、第3飞行集团须于开战之初主要先攻击英属马来方面的敌空军力量，继而以一部歼灭缅甸方面的敌空军部队，同时以主力另以第25军之一部协助第15军作战。

七、第16军须迅速以一部占领达沃、和乐岛及打拉根岛，继而占领巴厘巴板，获取所需航空基地，同时确保重要资源地区。

有关帛琉岛集结点方面的警戒等项，第16军得指挥第14军的部队。

关于占领达沃的部队从集结点出发的时日问题，须受第14军指挥。再者，占领达沃后，须使第14军所属部队恢复该军建制。

八、开战后，川口支队须自集结点出发，首先进攻米里、斯里亚，确保重要资源地区及空军基地，继而尽速占领古晋附近机场。

九、对菲律宾、英属马来及缅甸等占领地区，为恢复治安，取得重要国防资源并确保部队就地补给，第14军、第15军、第16军、第25军与川口支队须在各该方面分别实行军事管制。

十、作战时刻以日本中央标准时间为准。

十一、余在东京，11月25日启程，先到台北。

上述命令是规定开战后40天到50天内所属各军和兵团的作战行动的。因此在命令中除交给了第14军攻下菲律宾的作战目标——马尼拉为止的任务外，对其他各军则只交给了作战开始时的行动任务。为了直接传达命令，总司令部作战参谋荒尾兴功中佐飞赴台北、广东、西贡各地。当时第14军司令部设在台北，川口支队司令部设在广东，第15军、第25军和第3飞行集团司令部设在西贡。

〔发布"寿甲第5号"命令〕 寺内总司令官及其幕僚们于11月25日秘密进到台北。

寺内总司令官知道关于和战的最高会议将于12月初作出决定。同时，他的幕僚同大本营幕僚已就开战时进攻作战开始的命令，即上述大陆命第569号（鹫）提前商洽停当。

12月2日，南方军接到大本营发来的发布上述鹫号命令的军机电报后，下午4时41分当即向所属各军发出"寿甲第5号为山形"[①]的紧急电令。这封电令应于收到同时启封的密封命令[②]预先已下达各军。不消说,这就是须在12月8日开始进攻作战的南方军命令。

南方军总司令官于12月4日进抵西贡,同日凌晨,第25军先遣兵团从三亚港启航。同时第3飞行集团从华南和法属印度支那北部的中间展开位置进入法属印度支那南部,5日展开完毕。这些日子,南方军曾就英军如果抢先一步进入泰国,或者英军或美军真的前来进行空中海上先发制人攻击时,应如何指挥作战的问题,也作了认真研究,并且准备了相应的作战命令,但这种情况均未出现。

〔联合舰队的作战要领〕 11月5日,联合舰队司令长官山本五十六大将接到大本营关于实施作战准备的命令后,当天立即在佐伯湾旗舰长门号上以《联合舰队作战命令第1号》通告了联合舰队的作战计划。这个作战计划原是根据同大本营的内线联系事前制定的。

海军把从开战到对南方重要地区大体攻占完了之间的作战作为第一阶段作战,把此后的作战作为第二阶段作战。联合舰队将第一阶段作战进一步划分为下列三期。

第一期作战:从开战大体到攻占菲律宾的陆军主力登陆完了之间的作战。

第二期作战:从第一期作战结束大体上到攻占英属马来的陆军主力登陆完了之间的作战。

第三期作战:从第二期作战结束到攻占荷属东印度的作战告一段落之间的作战。

在第一阶段作战中,美国主力舰队可能前来进攻,对此事前当然有所估计,并且甚为担心。但即使在这种情况下,大本营的方针仍然是坚持把在菲律宾和马来的作战继续下去,联合舰队要把第3舰队和南遣舰队投入菲律宾、马来的作战,而准备将其余部队全部调到迎击美军的作战方面。

〔海军南方部队的作战要领〕 在第一阶段作战中,配合南方军担任攻占南方作战的海军,是第2、第3舰队司令长官近藤指挥的南方部队。南方部

---

①② "寿甲第5号"系指南方军总司令官发布的第5号命令。1941年11月19日至22日,荒尾兴功飞往各地时,已将这项命令亲手交给了各军司令部。其中第一项是"作战开始日定为　月　日",并事先规定,一俟收到隐语紧急电令立即启封。"山形"是"8"的隐语("1"的隐语是"广岛"、"2"的隐语是"福冈"等)。"寿甲第5号为山形"翻译过来就是"寿甲第5号命令中第一项开战日定为8日"(参见防卫厅防卫研修所战史室著战史丛书《马来进攻作战》,1969年增版第136—144页。)。——译者

队是以第2舰队、南遣舰队和第11航空舰队为基干的部队，其作战方针大致如下：

南方部队在保持局部优势的同时，扫荡和歼灭菲律宾、英属马来、荷属东印度方面所在敌舰队，并协同陆军进行下列作战。

（甲）对英属马来及菲律宾同时开始作战，对该方面所在敌空军兵力及舰队予以先发制人的空袭，反复攻击，同时尽速使陆军先遣兵团在马来、菲律宾登陆，继而在英属婆罗洲的要地登陆，推进航空部队，加强航空作战。

（乙）待取得前项战果之后，使陆军进攻兵团的主力依次在菲律宾、马来登陆，并迅速攻占之。

（丙）作战初期，占领苏拉威西，继而占领荷属婆罗洲、南部苏门答腊要地，并相机占领马六甲群岛、[①]帝汶岛要地，整修所在航空基地。

（丁）前项航空基地一经整修，立即逐次推进航空部队，压制爪哇方面的敌空军兵力，待取得成果后，使陆军进攻兵团的主力在爪哇登陆，并攻占该岛。

根据上述作战方针，南方部队的兵力部署大致如下表：

部队		指挥官	兵力概要（不同时期略有变动）	作战方面	开战时位置	任务概要
南方部队指挥官	南方部队本队	直接统率	战舰2、重巡2、驱逐10、舰载机12。	菲律宾及南中国海	马公	开战之初驻在马公方面，作好应付敌强有力舰艇出现的态势，支援全面作战。
	菲律宾部队	第3舰队司令长官	重巡5、轻巡5、空母1、水空母3、驱逐29、根据地队2、舰载机104。航空兵力的一部分中途增加马来部队。	主力在台湾及奄美大岛方面，一部分在帛琉方面	菲律宾	一、歼灭所在方面敌舰艇。 二、开战之初占领巴坦岛，同时配合陆军攻占阿帕里，维甘、拉奥、黎牙实比及达沃，整修航空基地，继而尽速攻占和乐岛。 三、X+15日前后，使第14军主力于仁牙因湾附近登陆，使一部于拉蒙湾登陆。 四、菲律宾作战告一段落后，以一部继续菲律宾作战，以大部开始荷印作战。

[①] 此处马六甲群岛可能是马鲁古群岛之误。——译者

续表

部队	指挥官	兵力概要（不同时期略有变动）	作战方面	开战时位置	任务概要
南方部队指挥官 — 马来部队	南遣舰队司令长官	重巡5、轻巡3、练巡1、驱逐16、潜艇16、水空母3、陆上航空队2队半、根据地队2、所属及舰载机191。航空部队之一部中途由菲律宾部队增入。	法属印度支那南部及马来	主力在三亚及法印南部，潜艇在新加坡方面	一、歼灭所在方面敌舰艇。 二、开战之初，使第15军之一部及第25军先遣兵团在泰国南方登陆，迅速确保航空基地，同时配合陆军实行对马来的航空作战。 三、开战后尽速配合陆军，依次攻击米里、古晋，迅速整修航空基地，使海军航空部队之一部进入。 四、X+25日前后，使第25军主力登陆于泰国南部方面（警卫兵力之一部由菲律宾部队担任）。
南方部队指挥官 — 航空部队	第11航空舰队司令长官	陆上航空队5队半，驱2，所属机308。	菲律宾、荷属东印度及婆罗洲	主力在台湾，一部分在帛琉	一、以对菲律宾进行先发制人空袭开始作战，迅速歼灭该方面敌空军兵力。 二、随着作战进展，逐次推进基地，歼灭荷印方面敌空军兵力。 三、经常搜索作战海面之敌，捕捉和歼灭敌舰艇。 四、占领米里、古晋后，以一部进入该方面，参加对马来的空战。

进驻泰国

〔进驻谈判的开始时刻〕 把泰国拉入日本阵营并确保其安定，这对进行南方进攻作战及其后的长期持久战是绝对不可少的重要条件。可是，正如前述，关于泰国的动向，虽然对銮披汶首相的亲日态度和他的独裁力量寄予了很大希望，但鉴于其复杂的国内情况，认为还是难以遽然预测的。同时情况也很令人担心，英国方面会不会抢先一步推行同我方将要实行的进驻要领相似的措施。当时泰国虽然强烈地标榜严守中立，但这实际上无论对日英哪一方来说毕竟都是不可能的。

大本营根据前述大本营政府联席会议决定的《对泰措施要领》，11月24日向南方军总司令官通知了《对泰措施要领》，同时作了指示，其要点如下：

一、南方军总司令官与海军联系，随同驻泰大使进行的谈判，就有关进驻的一切军事事项，负责与泰国当局进行谈判。

二、上项谈判的开始时机，预定在X-1日18时以后，X日零时以前。

三、南方军总司令官务必将驻泰大使开始进行对泰谈判的确定时刻于X—1日18时以前通知给驻泰大使，且对上项谈判予以援助。

四、不管对泰谈判成功与否，要按预定计划进行进驻，但在确定从泰国东部国境开始进入和直接在曼谷登陆的时机时，应尽可能避免日泰两军发生冲突。

五、根据情况，如果认为在进驻之前开始谈判不利时，须事先报告，接受中央的指示。

六、当开始作战（X日）的命令发布以后，英军先我进入泰国，或我军受到英军先发制人的攻击，以及在上述命令发布之前，奉命进驻时所应采取的措施，概以上述各项为准。

由此可见，对泰谈判的开始时日，大本营和政府大致规定为12月7日下午6时以后，8日上午零时以前。但其准确时刻的决定，为使紧密地同作战相吻合，授权给了南方军总司令官。而南方军总司令官又必须将其决定下来的时刻在7日下午6时以前通知给坪上驻泰大使。至7日，寺内总司令官作出决定，谈判开始的时刻定为当日12时。

〔**銮披汶首相的苦衷**〕很明显，介于日英两国势力之间，处于山雨欲来的可怕形势下，銮披汶政府的苦心确实非同小可。11月27日傍晚，銮披汶总理通过广播向国民讲述了下列几点：

"泰国人对任何外国人都不应特别怀有敌意。无需因为在英属马来和法属印度支那集结了外国军队而惊慌。不要轻信外国宣传而轻举妄动。泰国应该增强国防力量，以防一旦有事。

"英美两国大使都希望根据亲善条约，增进友好关系。日本大使宣称，日军进驻法属印度支那绝不是为了侵略泰国。

"希望泰国国民团结一致，支持政府的方针。"

12月4日，驻泰陆军武官田村浩大佐来到西贡，要求南方军把从法属印度支那方面向泰国中部的陆路进驻，暂时推迟到进驻泰国南部之后。关于要求的理由，田村大佐从西贡向大本营作了如下报告：

"我于3月15日同銮披汶首相举行会谈，获得如下保证：'如果日军暂时不向泰国中部进驻，尊重泰国政府的面子，日军进入巴蜀以南泰国领土将不受妨碍，且决心举国上下尽速予以积极协助。'请谅察泰国政府着眼大局的希望，妥善处理，以期得以在此历史性的瞬息取得日泰合作之实绩。

"附带提一句，銮披汶首相目前正以坚强意志领导和掌握着泰国政府，此事属实。"

于是，南方军为了实现友好进驻，决定把向泰国中部的进驻推迟到8日正午左右。

〔第15军的进驻准备〕 第15军（军司令官饭田祥二郎中将、军参谋长谏山春树少将）是担任首先进入泰国，确保其安定，然后再担任缅甸作战的部队。它是由第33师团和第55师团为基干组成的。

第15军司令部在大阪组成，11月27日到达西贡。

在四国编成的第55师团（师团长竹内宽中将），11月26日、27日前后，其主力与宇野支队（以宇野节大佐指挥的步兵第143联队为基干）循海路分别到达海防和西贡。第33师团（师团长樱井省三中将）当时还驻在华中，预定开战后循海路向曼谷进发。第55师团主力预定靠铁路运输从海防逐次南下，但其行动的开始却被控制在开战之后。因此，开战时第15军能马上投入的兵力仅有宇野支队。于是驻在法属印度支那南部的第25军所属的近卫师团（师团长西村琢磨中将），暂时作为进驻泰国的兵力，被编入第15军司令官指挥之下。

根据上述11月20日发布的南方军命令，第15军作了部署，决定近卫师团于翌日21日进驻泰国，宇野支队接着于25日进驻泰国。任务是：近卫师团以主力循陆路，以吉田支队（以吉田少佐指挥的步兵一个大队为基干）循海路进驻曼谷；宇野支队循海路进驻靠近泰国南部暹罗湾沿岸各机场，然后迅速攻占缅甸南部印度洋沿岸要地维多利亚角。近卫师团主力的进驻，预定在12月8日拂晓开始，至12月5日，因上述原委，决定推迟到12月8日正午。

12月3日，饭田军司令官在芹交海面视察宇野支队情况，在伏见号舰上命令宇野支队须在12月8日开始进驻泰国。

在这以前，第15军为了处理伴随进驻而同泰国进行的军事交涉，已先派遣副参谋长守屋精尔少将以下等人前往曼谷。守屋少将是曾任驻泰陆军武官的泰国通。

〔銮披汶失踪——完成友好进驻〕 坪上大使按照南方军总司令官的通知，准备在12月8日正午零时开始同泰国进行谈判。以銮披汶首相为谈判的直接对手是绝对必要的。可是很不凑巧，7日夜里，銮披汶首相因为到东部国境去视察不在首都。海军大臣也公出到梭桃邑军港去了。没料到谈判碰到了极大的障碍，坪上大使不得已于8日上午1时50分将要求事项交给了外务大臣。当时大本营接到銮披汶首相行踪不明的报告，担忧会引起日泰两军的冲突，大有为山九仞功亏一篑之慨。果然，时过上午3点也未收到泰方的答复。寺内总司令官综观全局，决定改变原来计划，断然立即实行陆路进驻，8日上午

3时30分下达了这项命令。

近卫师团主力于12月8日晨越过国境向前挺进，其先头部队于9日拂晓到达曼谷。吉田支队6日从富国岛出发，8日黎明在班卜海岸登陆，傍晚先于师团主力进入曼谷。

由于进驻是在谈判没有达成妥协的情形下进行的，在两三个地点发生了一些纠纷，但不久泰方就采取了停止抵抗的措施，没有酿成大问题。8日正午，就允许日军通过和为此提供方便及采取措施以避免日泰两军发生冲突等问题，日泰两国取得了谅解。

另一方面，宇野支队于12月5日从芹交海面启航，在海军护航下，8日上午8时至9时，以主力在尖喷登陆，各以一部在巴蜀、万伦及那空县贪玛叻登陆。随着泰国贯彻停战命令，登陆部队友好地进驻到各登陆点附近机场。支队主力在尖喷为以后的前进做好准备之后，12月11日前进到泰国国境的克拉河畔，在第10飞行团的协助下，14日夜里攻占了维多利亚海角。

〔日泰同盟条约的签订〕 日军进驻后，泰国态度很快好转，12月10日銮披汶首相向坪上大使作出保证，答应签订同盟条约。就这个问题，12月11日，坪上大使向东乡外务大臣拍发了电报，其电文如下。至12月21日，日泰同盟条约正式签订。

一、8日取得谅解后，由于军方也希望进一步向军事同盟方向发展，正当开展这项工作时，本日即10日下午7时，接到銮披汶首相打来电话，遂带领陆海军武官往访，在进行了下述谈判之后，使其按照原案（但注除外）接受了《对泰措施要领附件攻守同盟》。

二、开头由銮披汶陈述意见，他说：我自己早就作出保证绝不以日本为敌。即现在泰国只有决心对英开战一条路。但国民亲英传统悠久，将舆论引向对英战争并不容易。因此，指导这项工作，首先着手的是要从今夜9时起，在全市下戒严令，以封锁英国、重庆等的策谋。再者，近期内要对内阁加以改造。我认为要达到日本方面签订军事同盟的愿望，需要经过上述阶段，尊意如何？

于是我说，本大使珍视并相信阁下的决心，但此时此刻阁下的决心如无任何具体行动加以证实，我将无法使日本国民和当地日本驻军知道阁下的诚意。本大使遂出示协定方案，并说希望阁下立即在此方案上签字。銮披汶粗读后表示同意，并答应立即签字。

三、然而不巧，我方准备的文件没有多余部分，因而约定明晨准备好文件再完成签字手续，便退出了。另外，当时说明：签订的本协定具有记录性质。以签订上述同盟条约为转机，泰方态度变得更加协调起来。12月中旬决定了有关缅甸作战的《日泰两军共同作战纲要》。

发动马来作战

马来作战作为南方进攻战中的重点作战付出了最大的努力和苦心。这个作战从排除敌空军海军的抵抗，进行远距离渡海登陆开始，中经突破马来半岛上长达1000公里的狭长陆路，以攻占现代要塞化的新加坡而告终，其中包含战略战术上各种困难的问题。而作战上最大的问题，当然就是在开始作战行动的登陆作战上存在着不可避免的危险性。为了排除这种危险，要事前击溃敌空军、海军力量，获得制空制海权，然后再进行登陆，这是登陆作战的常规战法。

可是，日本军队由于上述的那些情况，准备通过战争伊始的奇袭登陆来克服这种危险，而且出色地取得了成功。

〔马来方面的敌情、气象〕 马来的英国当局似乎已经断定同日本的冲突将不可避免，便将陆军空军兵力向马来北部方面移动，11月下旬在吉打平原一带举行了大规模的陆海空军演习。12月初，英国海军发表了新东洋舰队的编制，司令官菲利普斯中将搭乘最新式的精锐战舰威尔士亲王号，带着战舰却敌号驶进新加坡港，表明它对远东的事态将发挥威慑力量。

马来的英国空军将其主力配备在新加坡，将其一部配备在泰国国境方面，用舰艇和飞机对新加坡东方海面的巡逻相当严密，对哥打巴鲁、关丹方面也已经开始了空中巡逻。在泰国国境方面配备了得力的陆军部队，据判断，在哥打巴鲁至少有9000，在吉打州地区约有2万兵力。

马来的气象特征对日军计划的奇袭作战的成败有着巨大的影响。马来半岛本来夹在南中国海和孟加拉湾中间，几乎不受这两个海湾的台风的影响，只有显著的季风的影响。即从11月至次年3月之间，一般是东北信风期，东北风强，且有降雨，所以东海岸经常出现暴风雨天气，而越是马来的北部，这种暴风雨天气来的越早。在这个东北信风期期间，波浪可达1.5至2米，一般认为登陆作战几乎不可能。如前所述，陆海军统帅部在决定开战时机上相当重视了这点。而在进入东北信风期之后进行这种登陆作战，是出乎敌人意料之外的。再者，在东北信风期期间，由于受到中央山脉的影响，东岸一带降雨特多，而西岸一般是晴天。这对于进行航空作战也有相当大的影响，总的来说对日军是不利的，但也有有利之点，即为了实现奇袭登陆，这种天气将使敌机的侦察陷于困难。

〔**第25军的作战计划**〕 担任马来作战的部队，陆军主要是第25军和第3飞行集团，海军是以南遣舰队为基干的马来部队，在其属下配有第22航空战队。

第25军（军司令官山下奉文中将、军参谋长铃木宗作中将）最初以近卫师团、第5师团（师团长松井太久郎中将）和第18师团（师团长牟田口廉也中将）为基干，至11月27日增加了在国内动员的第56师团（师团长渡边正夫中将）。第5师团是专搞登陆作战的师团，是中国事变以来转战各地，历经百战的精锐部队。

曾任关东防卫军司令官的山下中将，11月15日来到西贡，11月20日接到上述南方军的命令。在此之前，第25军的作战计划已根据内部通知的南方军作战计划进行了充分研究，在他就任司令官的同时便确定下来，并与第15军司令官、第3飞行集团长、南遣舰队司令长官、第22航空战队司令官之间达成了协定。

第25军作战计划概要如下：

第一，方针

一、开战伊始，与航空部队及海军协同，以主力在马来半岛颈部以南地区登陆，一边击败英军，一边向霹雳河一线挺进。继第一批部队登陆之后，逐渐增强兵力，与航空部队协同，经吉隆坡进到柔佛水道一线，待各方面准备就绪后，攻占新加坡。

在此期间，相机以一个兵团在马来东南海岸登陆，以利于军主力作战。

二、如果事先察觉以军主力进行的第一批登陆有困难时，可以一部兵力进驻泰国南部，待航空部队进入该地附近后，再实行军主力的登陆作战。

第二，要领

一、以第5师团为基干的军主力部队集结于三亚港（榆林港），在海军护航下，于X-4日从该港出发，X日拂晓，以主力在宋卡登陆，以一部在北大年登陆，分别占领机场，同时不失机宜地突破国境，击败所在之敌，从亚罗士打及贝汤方面向霹雳河一线挺进，尽力确保该地桥梁。

二、佗美支队（作者注：以第18师团步兵第23旅团长佗美浩少将指挥的步兵第56联队为基干）集结于三亚港，与军主力一起．X-4日在海军护航下从该港出发，X日拂晓在哥打巴鲁登陆，击败所在之敌，占领该地附近机场（指哥打巴鲁东北方机场，如果情况允许，迅速占领丹那马叻及腊贾机场），尔后随着军主力方面作战的进展，逐次向瓜拉丁加奴及关丹方面机动，并占领机场。

在不得已情况下，可在军主力登陆后登陆。

三、如果以军主力于X日登陆有困难时，根据情况，可以一部在马来半岛颈部登陆，同第15军共同修整该地附近机场，待一部分航空部队挺进到该地后，在其掩护下使军主力登陆。

四、近卫师团在开战之初，在第15军司令官指挥下进驻泰国后，循陆路和海路逐次向马来军主力方面转进，集结于第5师团后方，根据情况，推进第5师团或超越突进，尤其尽力使以大约步兵3个大队为基干的部队，至迟于X+15日前后集结于第5师团后方。

五、第3飞行集团在X−3日以前，在法属印度支那南部，以一部担任运输船队的掩护，同时于开战之初，配合海军航空部队，主要攻击马来北部机场，歼灭敌机，掩护军主力登陆，尔后以主力压制敌空军，以一部协助地面作战。

六、第二批登陆部队在X+3日以前集结于金兰湾，X+8日前后在宋卡、北大年、哥打巴鲁登陆，增强第一批登陆部队。

军主力集结于台湾及广东附近，随时出发，在海军护航下，于X+25日前后以主力在宋卡登陆，以一部在北大年附近登陆，赶上第5师团。

七、进到霹雳河一线时调整态势，然后渡霹雳河（预定X+15日前后）向吉隆坡挺进，占领该地后，继续击败敌军，向柔佛水道挺进。

在此期间，以一部乘舟艇沿西海岸机动，以利于军主力作战。

八、第18师团主力在马来半岛颈部登陆后，迅速攻占槟榔屿，确保霹雳河以北军后方地区的安定，准备自该方面对苏门答腊的作战。

九、第56师团主力随着军主力作战的进展，在关丹至丰盛港之间的地区登陆，向柔佛方面挺进，策应军主力作战。

十、进到柔佛水道一线后，集结全部战斗力，作进攻新加坡的准备，然后以主力从陆桥以西地区渡过柔佛水道，进攻新加坡。

十一、军战地指挥部于X−15日前后自西贡出发到三亚，乘龙城号与第5师团第二批登陆部队一起，于X日拂晓在宋卡登陆，尔后随着战况的进展逐次向太平、吉隆坡、居銮挺进。

第三，实施的细目

一、登陆点及登陆顺序

第一批

（1）宋卡东侧海岸（右翼队）

{ 第5师团司令部
  步兵6个大队
  炮兵4个中队
  坦克3个中队
  航空部队

（2）北大年河口西侧海岸—一部在贴帕东侧海岸（左翼队）

{ 步兵3个大队
  炮兵2个中队
  坦克1个中队
  航空部队

（3）吉兰丹河口东侧海岸（佗美支队）

{ 旅团司令部
  步兵3个大队
  炮兵1个大队
  航空部队

第二批

主力在宋卡，一部在北大年及哥打巴鲁。

{ 第5师团主力的车辆
  重炮1个大队
  坦克4个中队
  佗美支队的车辆及马匹

第三批

主力在宋卡，一部在北大年

{ 第5师团步兵3个大队、炮兵1个大队
  第18师团主力（步兵6个大队、炮兵8个中队）
  军直属部队
  兵站部队

第四批

宋卡方面　近卫师团之一部（步兵3个大队、炮兵1个大队）

第五批

根据情况在关丹至丰盛港之间

第56师团主力（步兵6个大队、炮兵2个大队）

二、登陆开始日期、时刻及登陆日程

（1）第5师团第一批登陆部队于X日0300开始登陆，拂晓前卸载两次，一天半卸完。

（2）佗美支队第一批登陆部队X日0100前后（不得已时推迟至x+1日0100以后）开始登陆，拂晓前卸载三次，运输船队退避到北大年方面，X日夜在海军兵力护航下再进入哥打巴鲁锚地，次日拂晓前卸载完毕。

（3）第5师团及佗美支队第二批登陆部队于X+8日前后拂晓开始登陆，三天完毕。

（4）上述以外部队登陆日期、时刻及卸载日程另定。

三、运输船队的船队划分及行动

（1）运输船队

宋卡登陆部队　11艘

北大年、贴帕登陆部队　6艘

哥打巴鲁登陆部队　3艘

（2）运输船队的航线　　如附件（作者注：从略）

（3）速度

高速度　15节（佗美支队分进后该部队为16节）

原速度　14节　半速度　12节　低速度　9节

四、协助的航空部队

（1）兵力

陆　　军　459架 ⎫
另预备机　153架 ⎬ 612架 ⎫
　　　　　　　　 　　　　⎬ 799架
海　　军　158架 ⎫　　　 ⎪
另预备机　 29架 ⎬ 187架 ⎭

（2）使用的基地

（甲）海南岛及法属印度支那

陆海军共用——海口、三亚、黄流、岘港、宁和、西贡。

陆军主用——河内、海防、金边、啨呸、富国岛、磅清扬、昆铃、暹粒。

海军主用——嘉定、朔庄、边和。

根据情况可临时使用富国或啨呸、茶胶。

（乙）泰国南部

陆海军共用——万伦

海军临时使用——宋卡，北大年

陆军主用——海军以外的陆上基地、

〔军司令部关于登陆的命令〕 山下军司令官根据上述作战计划及南方军命令，11月23日在西贡就军的登陆部署发出命令，其要点如下：

一、本军的任务在于神速攻占新加坡，摧毁英国远东根据地。
南遣舰队、第3飞行集团与第15军协助本军作战。

二、本军与海军协同，X日拂晓在马来半岛中部东侧海岸方面登陆，以主力一举向霹雳河一线挺进，占领并确保渡河点及机场，然后准备尔后的作战。关于X日，另行通知。

三、第5师团须于X-4日晨自三亚港启航，X日拂晓以主力在宋卡方面登陆，以一部在北大年、贴帕方面登陆，在占领机场的同时，以一部确保班萨道及贝汤附近以北重要地点，然后尽速以主力自班萨道方面，以一部从贝汤方面向霹雳河左岸一线挺进，占领并确保渡河点及机场，然后准备尔后的作战。

四、佗美支队须跟随第5师团行动X日拂晓在哥打巴鲁方面登陆，占领敌机场群，以利于军主力作战。

根据情况，如延期登陆时，X-1日1000以前另行命令，此时该船队须在富国岛附近待命。

五、第二批登陆各部队，在坦克第6联队长指挥下，须于X-5日前后自金兰湾出发，X+6日前后以主力在宋卡附近登陆，以一部在北大年附近登陆，迅速向双溪大年方面挺进。

六、铁道第9联队长须在日泰间协定签订后，尽速开辟和利用该铁路，不失时机地向瓜拉江沙挺进，以利于本军的作战。

七、11月25日以后，我在三亚，尔后乘龙城号同第5师团一起于X日拂晓在宋卡登陆。

〔贯穿马来作战的精神〕 奇袭和突进，是在对马来的作战计划和登陆部署中贯彻始终的精神。

不用乙案（击溃敌空军兵力之后再登陆），而选择了甲案（在航空歼灭战开始的同时实行登陆），把作战的命运委之于奇袭这一招，已如前述。再有，关于在英属马来的空军基地哥打巴鲁的登陆，按大本营计划的方针是，主力部队在泰国南部登陆后，只要该地区航空基地修整的情况允许，就尽速进行。而当地陆海军却决心要在主力在泰国南部登陆之前或至迟也要同时进行。

还有，按大本营的计划是，第25军要派先遣兵团首先登陆，军主力在其掩护下登陆，然后扩大先遣兵团的战果。可是第25军的精神却不是先派遣第5师团，而是以第5师团为基干的军主力首先登陆，并就这样向距离1000公里的新加坡挺进。这简直是超人的突进作战。

再有，如果依靠来自法属印度支那南部的航空部队的协助，那么，在掌握登陆点附近的制空权上就会产生漏洞。为了弥补这个漏洞，除了预先在距马来最近的富国岛上推进战斗机场外，还侧重这样一种战法，即让登陆部队以最快速度占领和确保登陆点附近的机场，使航空部队紧跟着进入这里。这种方式是后来美军反攻时所采用的常规战法。

〔第3飞行集团〕 在南方军直辖下，将担任马来方面及缅甸方面航空作战的第3飞行集团（集团长营原道大中将），由第3、第7，第12飞行团、第15独立飞行队、飞行第81战队以及航空地勤部队等组成，另外增加配属第5飞行集团的第10飞行团，其力量是战斗机约180架，轻轰炸机约100架，重轰炸机约130架，司令部侦察机约45架，总计约450架。同时预定，随着菲律宾作战告一段落，为加强缅甸方面的作战，第5飞行集团将调到泰国方面。

原来把司令部设在南京，担任中国方面作战的第3飞行集团，11月16日将其战斗司令部迁往西贡，12月1日更前进至金边，以企图促进作战的准备。

因此至11日末，航空地勤部队已经先于飞行部队，主要在法属印度支那南部展开完毕。如前所述，在开战的最高会议确定以前，飞行部队的大部已在法属印度支那北部以北地区进行了中间展开，随着12月2日开始进攻作战命令的下达，立即进到法属印度支那南部，至5日作战展开已大致完成。

第3飞行集团在以主力担任马来方面航空作战，以第10飞行团为基干之一部担任缅甸方面航空作战的方针下，部署了兵力。它在开战伊始将要面临的作战高峰，是在马来方面的航空歼灭战、在运输船队上空的直接护航以及紧跟第25军登陆的航空部队向马来的挺进。

关于这些方面，集团长都制定了周密的计划。考虑到飞机的性能，计划航空歼灭战在英属马来北部由陆军航空部队执行，在英属马来南部由海军航空部队执行。第3飞行集团把攻击重点对准敌鱼雷攻击队机场，尤其重视战斗机队利用烧夷弹、炸弹和扫射进行的对地攻击。对于航空部队紧跟登陆向马来挺进也作了部署，即至迟在开战第二天便以第12飞行团为基干的先锋部队挺进到马来。这个第12飞行团是曾在"诺门坎事件"中博得声誉的陆军战斗机部队的最精锐部队。

〔**海军马来部队**〕 在马来作战和进驻泰国时与陆军协同作战的海军部队是南遣舰队司令长官小泽治三郎中将指挥的马来部队,其兵力是南遣舰队加上第7战队、第3水雷战队、第4、第5潜水战队及第22、第12航空战队等。为策应第25军第一批登陆,马来部队的兵力部署大致如下表:

军队划分		部队	任务
马来部队主队		南遣舰队	支援全部作战
护卫本队	本队	第7战队	一、歼敌海上兵力 二、护航运输船队
	第1护卫队	第3水雷战队	一、直接护卫第25军先遣兵团第一批登陆部队,使其在宋卡、贴帕、北大年、哥打巴鲁登陆。 二、歼敌海上兵力。
	第2护卫队	香椎,占守	直接护卫第15军之一部,使其登陆于纳康希塔马腊特(六坤)、班当、春蓬、普拉丘阿普基里坎等地。
第1航空部队		第22航空战队	一、攻击敌空军兵力及舰艇。 二、索敌侦察。 三、对宋卡、北大年锚地实行对空警戒。 四、对运输船队的航行实行对空警戒。 五、对航空基地实行对空警戒。
第2航空部队		第12航空战队	一、护卫运输船队的航行,对宋卡、北大年锚地实行对空警戒。 二、设置宋卡水上基地。
根据地部队		第9根据地队	一、间接护卫运输船队。 二、在宋卡设置登陆根据地(根据情况在北大年设置辅助性登陆根据地)。 三、援助宋卡水上基地的设置。
潜水部队	第4潜水部队	第4潜水战队	一、主要攻击自新加坡方面北上的敌舰艇。 二、在新加坡海峡布雷。
	第5潜水部队	第5潜水战队	三、侦察敌情。

根据上述兵力部署,马来部队的主力于11月26日在海南岛三亚集结完毕,航空部队至12月6日[①]将基地推进到法属印度支那南部,而且其水上飞机部队已经配备在以法属印度支那沿岸为基地的运输船队的警戒战位上。

〔**奇袭登陆成功——我领事馆在熟睡中**〕 第25军司令官于11月25日正午率参谋长以下幕僚,乘飞机从西贡到达三亚。这时第一批和第二批登陆部

---

① 原书印成"12年6日"(第238页),当系12月6日之误。——译者

队正按照计划从各方面向集结点三亚集中。当天傍晚，军司令官召集松井第5师团长、牟田口第18师团长、佗美支队长和铁道第9联队长等，下达了上述的登陆命令。

12月2日傍晚，第25军接到"寿甲第5号"命令，4日上午6时30分，在马来部队护卫下从三亚踊跃启航。这时正是海军机动部队在中途岛东北海面上刚刚将航向改为东南向夏威夷进发之后。第25军的官兵对于在遥远的太平洋那边将要采取的这种壮烈行动一无所知。

按照计划，航线是这样的：从三亚港启航后至5日傍晚，一直朝正南南下，此后在印度支那半岛南方海面西航，6日夜半将航向改向西北，佯装好像经由暹罗湾驶向曼谷似的，7日正午在富国岛西南方地点将航向急遽改向西南，向宋卡、北大年和哥打巴鲁分进。在此之前曾扬言，为了切断印度与中国之间的物资运输线，要派兵到泰国方面去。佯装要证实这一点才选定了这条航线。

6日正午前后，船队接触到敌机。7日收到海军情报，说敌舰队可能驶离新加坡出击。情况顿时紧张起来，但并未受到任何阻碍，比预定时刻提前到达分进点，时间是7日上午10时30分。7日晨以来，第3飞行集团经常以几架战斗机在上空掩护。船队从此朝向登陆点，开始向西南分进，7日午夜子时前后分别进入锚地。当夜日落为下午8时，月出为下午11时，阴历18日。

宋卡、北大年方面的第5师团进入锚地后，立即开始了登陆艇的下水和搭乘。作业虽然得到了月光支援，但是由于受到前夜暴风雨余波的影响，浪高达1.5米至2米，活动极其困难，登陆作业远远超过了预定时间，幸而未被敌人发现。上午4时10分在宋卡，上午4时30分在北大年，都没有遇到任何抵抗完成了登陆。附近民户灯火通明，我驻宋卡的领事馆不知日军登陆，尚在熟睡中。

山下军司令官同第二批登陆部队一起在宋卡登陆。

〔猛攻哥打巴鲁——淡路山号沉没〕另一方面，佗美支队在哥打巴鲁方面的登陆，果然遇到了空、陆敌人的抵抗。由淡路山号、绫户山号、佐仓号3艘组成的优秀船队，在第3水雷战队司令官桥本少将指挥的第1护卫队主力的护航下，7日下午11时30分前后进入锚地抛锚，第一批登陆的舟艇群很快在8日上午1时30分向敌岸进发了。由于潮流的缘故，登陆舟艇被冲到西方敌人阵地附近，于是排除敌人的枪炮火力，断然进行了登陆，时为上午2时。

从上午3时30分前后开始，三、四架敌机反复来袭，由于果敢的对空应战，击落其七架。但淡路山号却直接中弹多处，上午5时30分起火，绫户山号和佐仓号受了伤。佗美支队长在第二批登陆结束后，决定停止卸载，8日夜里再干。第1护卫队指挥官带领绫户山号、佐仓号向北大年方面退避，日落后返回，从9日黎明起恢复卸载，至9日傍晚卸载完毕。淡路山号沉没，其他两艘虽然也受了重创，但还能航行。淡路山号的沉没是大东亚战争中最初丧失的一艘船舶。

〔**青木战斗飞行团**〕 第3飞行集团在8日天亮之后就开始了航空歼灭战。其第一次攻击对准哥打巴鲁及塞塔地区敌空军力量，开战两天就压倒了敌人，大约击毁马来英国空军三分之一，迫使敌空军力量退避蜷缩在新加坡地区。

第12飞行团长青木武三少将，8日在法属印度支那基地正翘首待望登陆部队占领机场的消息，但至上午9时也没有得到准确消息，于是青木飞行团长估计可能要在敌人中间着陆，便以全力出动，令飞行第1战队向宋卡机场上空，令飞行第11战队向北大年机场上空挺进。飞行团长飞在前头直接指挥飞行第1战队，在宋卡上空巡行，但未发现敌踪，知道机场已在我军手中，上午11时10分便毅然在宋卡机场着陆。由于北大年机场浸水过多，所以飞行第11战队也接着在宋卡机场着陆。

海军第22航空战队于8日拂晓长驱直入，给新加坡敌空军兵力及军事设施以第一次打击，使敌丧胆，9日下午扫射了关丹机场。于是马来方面航空歼灭战大局已定。

英国东洋舰队的覆灭

〔**威尔士亲王号的出现**〕 英国东洋舰队的主力——战舰威尔士亲王号和却敌号的动静，是对马来进行第一批登陆作战中全军共同关心的问题。

12月8日下午，据第22航空战队的空中侦察，确认在新加坡湾内有战舰2艘、巡洋舰2艘、驱逐舰4艘，判断这2艘战舰就是威尔士亲王号和却敌号。9日下午的空中侦察也报称这2艘停在湾内。于是推定敌主力仍在新加坡湾内待命中。

然而9日下午5时10分，突然从搭乘伊65潜艇的第30潜水队司令那里发出警报："发现敌却敌号型战舰2艘，地点在昆仑岛的196度、225英里处、航向340度、航速14节。"敌主力舰为袭击我登陆船队正在瓜拉丁加奴海面北上。

从登陆海面向金兰湾返航的马来部队立即进入迎战部署，登陆点的运输船采取了迅速前往暹罗湾退避的措施。

马来部队指挥官小泽中将和随后南方部队指挥官近藤中将指示的战斗方针是，要靠飞机和潜艇极力保持接触，待次日天亮，倾注航空部队之全力攻击敌舰队，且集结水上部队予以策应。

从9日夜到10日，马来部队利用舰载机和潜艇奋力同敌舰保持接触，但因受到降雨影响不时失掉目标。10日上午3时41分，伊58潜艇发现了正在返航南下的敌舰队，虽以海上16节速力追踪，但上午4时30分终于失掉了接触。

南下途中的南方部队主队与北上途中的马来部队，10日上午4时前后，在昆仑岛东南方约50英里处会合，为搜索敌舰队继续南下，收到上述报告后认为无论如何也追赶不上，便于上午8时15分决心放弃了追击。

〔丘吉尔首相的沮丧〕 10日上午11时56分，发现了一度失掉目标的敌舰正在关丹东方约40海里处南下。以第22航空战队为基干的海军航空部队倾注全力蜂拥而上，从下午零时14分至下午2时50分，对敌舰队进行了猛攻，终于击沉了威尔士亲王号和却敌号。

我方只不过自己爆炸飞机3架，战死21名而已。国民欢腾，全军官兵对海军航空部队的勇敢战斗致以衷心的感谢。

丘吉尔在《第二次世界大战回忆录》中曾对当时的情况作了如下叙述：

"10日那天，我在开文件箱时，床边电话铃响了。那是军令部长打来的。他的声音不同往常，像在咳嗽，又像在扼制涌上心头的某种感情，最初听不清楚。'首相，我必须报告一个消息，威尔士亲王号和却敌号都被日军击沉了——大概是被飞机击沉的。汤姆·菲利普斯淹死了。''是这样吗？''毫无怀疑余地。'于是我把话筒放下了。幸亏是我一个人。在整个战争期间，我没有受到过比这更直接的打击。"

发动菲律宾作战

菲律宾是由大小7000多个岛屿组成。最大的是吕宋岛，有朝鲜一半那么大。第二是棉兰老岛，比北海道略小些。第三是萨马岛，比四国略小。以下按顺序排列便是内格罗斯岛、巴拉望岛、班乃岛、民都洛岛、莱特岛、宿务岛。

可是。开战之初，日军面临的菲律宾作战，主要是攻占位于吕宋岛上的首都马尼拉和古领棉兰老岛上的达沃。马尼拉既是美国在远东的根据地，也是菲律宾的政治、军事和经济的中枢，达沃是菲律宾南部的政治，军事、经济要冲。认为我方如果取得这两个城市就能控制整个菲律宾，就能达到上述攻占菲律宾的战略目的。

不过当时也预料到，吕宋岛作战结束之后，为了扫荡残敌，还必须在菲律宾中部继续进行部分作战。

〔正攻法的登陆作战〕 担任攻占菲律宾的部队是陆军第14军（军司令官本间雅晴中将、军参谋长前田正实中将）和第5飞行集团（集团长小畑英良中将），海军是以第3舰队为基干的菲律宾部队（指挥官高桥伊望中将）和第11航空舰队（司令长官塚原二四三中将）。此外还决定由南方部队本队和马来部队前来支援。

第5飞行集团在菲律宾作战期间被置于第14军司令官指挥之下。第14军的兵力以第16师团（师团长森冈皋中将）、第48师团（师团长土桥勇逸中将）和第65旅团（旅团长奈良晃中将）为基干，第65旅团是守备兵团。另外，我航空兵力有：第5飞行集团约200架，第11航空舰队约300架，计约500架。

如前所述，马来作战是以奇袭登陆为重点，航空攻击和登陆同时进行的．但在菲律宾作战中却采用了登陆作战的正攻法。这就是先进行航空歼灭战，获得制空权后再开始登陆作战，对菲律宾进行这种航空歼灭战，主要是鉴于敌我航空的战斗力及配置的对比我方有充分把握的缘故。

然而，为了有利地完成航空歼灭战，在菲律宾作战中仍还需迅速把航空基地推进到敌占区。而且菲律宾的地势也容易在同其军事中枢处于隔绝状态的要地靠先遣一部分兵力来确保航空基地的推进，即使是在吕宋岛内也是如此。

〔关于作战计划的总的设想〕 这样，攻占菲律宾的作战计划便基于下述总的设想制定出来了。

一、将作战的成败赌之于航空歼灭战的成果。从开战伊始，即以陆海军基地航空兵力，以台湾和帛琉为基地，对吕宋岛的美国空军实行航空歼灭战。

在此期间，以一部分母舰航空兵力攻击棉兰老岛方面，使之策应上述航空歼灭战。航空歼灭战的分担是，北纬16度（大体是通过仁牙因的东西线）以北由陆军承担，以南由海军承担。

二、X+2日至X+4日，以陆海军先遣部队占领并确保巴坦岛（巴士海峡）、阿帕里、维甘、拉奥、黎牙实比（以上皆属吕宋岛）各所在机场，以这些机场为前进航空基地，加强航空作战。

估计击败敌空军主力大致在开战后三日内；歼灭其残余势力大致在开战后9至12日内可以作到。

三、X+15日前后，使进攻部队第14军的主力在仁牙因湾登陆，使其一部在拉蒙湾登陆，夹攻马尼拉。

与吕宋岛上美菲军的会战，预定在马尼拉周围地区进行，通过马尼拉市攻防战击溃敌野战军，占领马尼拉市预计在X+50日左右。

四、X+6日左右，以第14军之一部协助进攻荷属印度支那的第16军之一部，占领棉兰老岛的达沃，以便救出约23000名我国侨民及推进航空基地，从战略上把菲律宾背后割断。

根据上述作战设想，第14军的兵力部署大致如表19-1。

表19-1 兵力部署概要

	军队划分		任务	集结点	出发日时	登陆点	登陆日时
先遣部队	田中支队	1. 以第48师团台湾步兵第2联队（缺一个半大队）为基干 2. 航空地勤部队之一部 3. 船舶工兵之一部	占领与修整阿帕里机场。	马公	X日	阿帕里	X+2日
	菅野支队	1. 以台湾步兵第2联队一个半大队为基干 2. 航空地勤部队之一部 3. 船舶工兵之一部	占领与修整维甘和拉奥机场。	马公	X日	维甘	X+2日
	木村支队	1. 以第16师团的步兵第33联队（缺一个大队）为基干 2. 海军航空地勤部队之一部 3. 船舶工兵之一部	占领与确保黎牙实比机场。	帛琉	X日	黎牙实比	X+4日
	三浦支队	1. 以步兵第33联队的一个大队为基干 2. 海军航空地勤部队之一部 3. 船舶工兵之一部 4. 在第16军坂口支队（以混成第56步兵团为基干）指挥之下	占领与确保达沃机场。然后，坂口支队经和乐岛向打拉根前进。	帛琉	X日	达沃	X+6日

续表

军队划分		任务	集结点	出发日时	登陆点	登陆日时
第一批登陆部队	仁牙因湾登陆部队（军主力）	1. 军司令部 2. 第48师团（缺台湾步兵第2联队基干） 3. 以第16师团的步兵第9联队为基干，军直辖各种特科部队之大部 4. 兵站部队之大部 5. 航空地勤部队之大部 6. 船舶工兵之大部	在仁牙因湾登陆，以主力从甲锚那端方面，以部分兵力从打拉方面向马尼拉前进，击败敌野战军，占领马尼拉。	基隆、马公、高雄	X+9至10日前后	仁牙因湾	X+15日
	拉蒙湾登陆部队（军之一部）	1. 第16师团（缺步兵第9、第33联队基干） 2. 军直属各种特科部队之一部 3. 兵站部队之一部 4. 船舶工兵之一部	在拉蒙湾登陆，经内湖南侧指向马尼拉，与从仁牙因湾登陆的部队协力，击败敌野战军，占领马尼拉。	奄美大岛	X+9至10日前后	拉蒙湾	X+17日
第二批登陆部队		1. 第65旅团 2. 兵站部队之一部 3. 船舶部队之一部	以主力在仁牙因湾登陆，担任吕宋岛各地的守备。	高雄	X+16至17日前后	仁牙因湾	X+25日前后
第三批登陆部队		1. 铁道部队 2. 兵站部队之一部 3. 船舶工兵之一部	在仁牙因湾登陆，分别执行各自任务。	高雄	X+30日前后	仁牙因湾	X+35日前后
第五飞行集团		1. 第4飞行团 2. 飞行第24战队 3. 第10独立飞行队 4. 第11运输飞行队 侦察机　27架 战斗机　72架 轻轰炸机　54架 重轰炸机　27架 直接协助　12架 计　192架	1. 在台湾展开，与在台湾和帛琉展开的海军航空部队协同，击败菲律宾方面敌航空兵力，并在开战伊始由海军奇袭占领的巴坦岛上修整机场。 2. 当先遣各支队航行和登陆时，以主力协助之。另海军航空部队协助木村及三浦支队的登陆及尔后的作战。随着北部吕宋航空基地的修整，迅速从台湾挺进到这里，继续进行航空作战。 3. 当进行仁牙因湾及拉蒙湾登陆作战时，密切予以协助，随着作战的进展，逐次在南方获得基地并修整之。 4. 作战目的达成后，使其向泰国方面转进。				

自从11月6日发布战斗序列以来，第14军的作战准备也同上述其他军一样，取得了稳步进展。

〔为了分进合击的集中展开〕 11月15日，南方军行使统帅权的当时，第14军所属各部队的态势是，军司令部正在台北，第48师团主力在台北，一部分在海南岛；第16师团在京都师管区内；第65旅团在广岛师管区内；其余的军直属部队分别在中国、满洲和国内，后来遵循大本营规定的集中计划，陆续向上述兵力部署规定的集结点集结，大力整备发起作战的态势。

第25军的集结点和登陆点基本上集中在一个地方，第14军的则分散在几个地方，第25军以一个纵队沿着铁路向新加坡疾进就可以了，而第14军却必须以几个纵队向马尼拉进行分进合击；马来作战的指导思想是奇袭和突进，而菲律宾作战则是以合理、巧妙为宗旨的。

即先遣部队田中支队和菅野支队在高雄乘船，然后在马公集结；在名古屋乘船的木村支队和三浦支队在帛琉集结。这些先遣部队均在11月末以前集结完毕。预定在拉蒙湾登陆的部队第16师团主力，11月25日从大阪启航，12月1日到达奄美大岛。预定在仁牙因湾登陆的军主力，至12月6日前后已分成三个船队集结于高雄、马公和基隆。以上运输船只的总数约达120艘之多。

另外，驻在北满的第5飞行集团，11月15日前后开始机动，11月末以前已在台湾南部集中展开完毕。

12月1日，第14军司令官把军战斗指挥部从台北推进到高雄。2日接到南方军关于开始进攻作战的命令。在此之前，军司令官根据11月20日南方军发布的命令，已向先遣部队、第16师团和第5飞行集团等发出命令，令其各自按11月24日至27日之间为开始进攻作战进行部署，现在只是等待开战之日了。

〔浓雾利于航空歼灭战〕 12月8日凌晨，在台湾南部展开的陆海军航空部队即将大举开始航空歼灭战。我方兵力陆海军合计约有飞机500架，美国驻菲空军约有飞机200架，我方稳操胜算。

可是不巧，这天从清晨起，台湾南部一带就受到浓雾的侵袭。浓雾好像是从台湾海峡西面向东南方蔓延过来。

航空作战除了敌人的难以预料的自由意志以外，还要在很大程度上受到气象这种自然现象的牵制。而无限变化的敌人意志，只要我方采取主动行动，敌人自然就会追随上来，而自然现象却无法克服。

以台南市南方机场为基地的第11航空舰队，根本就不能起飞。而以其东南方屏东、佳冬、潮州各机场为基地的第5飞行集团，却在浓雾袭来之前的千钧一发之际起飞了。这支部队踊跃飞临吕宋北部上空，但未发现敌机，只轰炸了土格加劳机场和碧瑶附近的兵营，空手而归。

上午9时许，浓雾渐散，天气放晴。第11航空舰队上午11时从基地起飞，向吕宋南部上空进发。当时恰好敌空军主力结束了上午的出动，刚刚着陆。它的出动是为了对抗我机动部队对夏威夷的攻击，还是为了对抗我陆军飞机对吕宋北部的空袭？情况不明。下午1时30分，海军飞机攻击了克拉克和伊巴两个基地，取得了据称击坠、烧毁和重创敌机约100架的战果，从而以第一次攻击就一举决定了胜负。

后来，第11航空舰队10日对马尼拉周围和德卡敏两个基地及停泊在马尼拉湾的舰船等进行了第二次攻击，13日对克拉克、伊巴、马尼拉周围三个基地进行了第三次攻击，14日对德卡敏、尼科斯两个基地进行了第四次攻击。

另外，第5飞行集团由于飞机续航距离上的关系，没有进攻吕宋南部的能力，从12月8日至11日，主要担任了掩护田中支队和菅野支队船队及直接协助其登陆战斗的任务，在吕宋北部只同敌机进行了零星的交战。但是12日以后，随着陆续向先遣部队占领的阿帕里、维甘、拉奥等机场挺进，几乎连日参加吕宋南部的对敌航空歼灭战，扩大了第11航空舰队的战果。

这样，通过12月8日至15日大约一周间的作战，航空歼灭战大体上达到了目的。残存敌机只有轰炸机10架左右、飞艇10多架、战斗机20架左右而已，据判断，这些飞机主要散在菲律宾的中部和南部。

〔**先遣部队的登陆**〕 随着航空歼灭战的开始，各先遣部队大体上也一齐向吕宋岛周围的敌机场开始了行动。

12月7日下午5时，从马公出发的田中支队和菅野支队，在第5水雷战队和第4水雷战队的直接护卫下，渡过巴士海峡，10日拂晓，田中支队在阿帕里附近登陆，菅野支队在维甘附近登陆，并占领了所在机场。与此相呼应，海军部队和陆军航空地面部队8日占领了巴坦岛，11日第5飞行集团的战斗机18架很快就挺进到维甘机场。

第14军司令官鉴于上述情形，认为敌人在吕宋北部已无积极企图，便作出部署，令田中、菅野两支队主力南下，以策应军主力的作战。两支队主力在田中支队长指挥下，于12月22日晨进入圣费尔南多。

另一方面，12月8日上午9时，从帛琉启航的木村支队，12日上午2时45分在黎牙实比附近登陆，占领所在机场之后，为策应军主力开始北上。

另外，三浦支队在第16军坂口支队长指挥下，17日下午2时从帛琉启航，20日上午4时，没有受到敌人抵抗就在达沃东北地区登陆，该部与在达沃西北地区登陆的坂口支队相呼应，击败大约3500名敌人，下午3时许，占领了达沃市和机场，救出住在该地的大约23000名日侨。22日，坂口支队转进到和乐岛。

〔军主力在菲律宾登陆〕 在此之前，本间军司令官在高雄战斗指挥部已发出了至12月5日的军主力在仁牙因湾登陆的部署命令。

登陆兵团的骨干当然是第48师团的精锐部队。登陆点坚决避开了估计敌人正在埋伏着的仁牙因湾湾底附近。昭和20年（1945年）1月，美军对吕宋的反攻就是从这个正面进行的。可是，我第14军的登陆点却选择了仁牙因湾东岸碧瑶山脉的西麓海岸。我方着眼的是，尽量远离估计在吕宋中部平原的敌人主力，而且要在敌人没有防备的正面，出其不意地进行登陆。即第14军总的构想是，在碧瑶山脉西麓海岸面东登陆，先确认登陆安全后再向右转面南，沿狭窄的海岸地带，向吕宋平原挺进。因而非常重视迅速占领并确保扼制其狭窄路口的要冲罗萨里奥附近一带。另外，军司令官为了掩护左翼和便于设定登陆根据地，作了以1个支队（以1个大队为基干）占领登陆正面左翼要地圣费尔南多附近的部署。这个支队是步兵第9联队长上岛大佐指挥的上岛支队。当时并没有预料到田中、菅野两个支队主力南下，后来在部署这两个支队南下时，也认为这两个支队进到圣费尔南多附近将需要很长的时间。

第14军主力于12月17日下午5时至18日正午之间，从高雄、基隆、马公启航，在第3舰队主力护航下，向登陆点仁牙因湾南下。这是一支分为三个船队，拥有76艘船只的大运输船队。

22日夜，船队到达仁牙因湾，上午2时10分进入锚地。预定的锚地是从圣费尔南多直到阿林盖河口一带的正面，由于没能发现阿林盖河口，所以船队深入湾内．偏位南方。这天夜里，从进入锚地前后时起天气骤变，乌云低垂，海面升起高达两米的巨浪，登陆作业极其困难。

第14军断然进行登陆。第48师团排除部分敌人的抵抗，上午5时17分在阿峨南方地区和阿林盖附近登陆取得成功，当天夜里该师团之一部很快占领了要冲罗萨里奥。上岛支队于上午7时30分在巴万西方登陆，排除敌人顽强抵抗之后向东扩展地盘，并且同这天早晨达到圣费尔南多的田中支队取得了联系。由于登陆锚地偏南，所以上岛支队的登陆，在舟艇机动上费时颇多，天亮后才机动完毕，因此，在滩头受到敌阵地的猛烈射击。

本间军司令官23日晨在巴万登陆，并在该地设立了战斗指挥部。

另方面，与军主力相呼应，17日下午1时从奄美大岛启航的第16师团主力，在第二舰队一部的护航下南下，12月24日黎明，排除敌人的抵抗，在拉蒙湾海岸登陆。第16师团立即开始向塔亚巴斯山脉以西地区前进。

第20章

中国方面的作战

美英在远东的三大根据地是新加坡、马尼拉和香港。摧毁香港是南方进攻作战的一环。开战伊始，与南方军渡海进攻新加坡、马尼拉的同时，在中国，由中国派遣军进行了香港进攻战，而且对形成结束中国事变的症结的敌对性租界进行了处理，并对与此相关联的美英在华武力进行了扫荡。

除此之外，中国派遣军为了防止重庆方面在香港（地区）、法属印度支那和泰国等地作战的友军的侧背暗地活动，进行了长沙会战，将敌人牵制在华中方面，以此策应南方作战。

香港进攻作战

〔开战前的准备——前一年以来的悬案〕 攻占香港是昭和15年（1940年）夏以来的悬案。如前所述，为解决南方问题而行使武力时，香港当然被包括在内。而且大本营早在昭和15年（1940年）7月末就已经为攻占香港要塞作了准备，动员攻城重炮兵，并将它派到了华南。这些重炮兵就是以重炮兵第1联队（24厘米榴弹炮）、独立重炮兵第2、第3大队（15厘米加农炮）、炮兵情报第5联队等为基干的第1炮兵队。大本营的这番处置看来好像徒劳了，但开战时终于结了硕果。

昭和16年（1941年）秋前后，正在华南方面作战的第23军（军司令官酒井隆中将、军参谋长樋口敬七郎少将）以第18、第38、第104师团、独立混成第19旅团和第1炮兵队等为基干，以主力占据了广东周围地区。同由十几个师组成的敌第4战区部队对峙着。其一部占领了汕头附近和海南岛北部，第1炮兵队原来就驻扎在靠近英中国境的深圳附近。开战之前，大本营将驻扎在满洲的第51师团增派到第23军中去，该师团到达后，将第18师团编入了攻占马来的第25军。

〔香港要塞〕 所说的香港，大致由香港岛和英国租借地九龙半岛组成，城门水库以南的九龙半岛与香港岛之间夹着维多利亚港，两者互相结合起来，构成一个香港要塞。陆地正面的主要防线是由城门水库以南的东西高地线上几条碉堡式阵地组成的，突破这道防线就可以居高临下俯瞰香港岛。香港全岛全是山地，最高峰维多利亚山标高550米，因而可以认为，它既是香港要塞面海正面的坚固要冲，也是构成香港要塞面临正面的最后二道防线阵地。它的四周配置有大小口径的火炮，海岸上构筑有防御设备。要塞内的九龙东侧有启德机场，维多利亚港是一个良好的舰船停泊地。可是，香港要塞毕竟不过是在日军的绝对制空、制海权之下残存的孤垒而已，它的弱点在于人口过多（约达180万）和供水困难。

当时守卫香港的英印军兵力是，大约1万陆军和少量的海军、空军部队。

〔攻占计划和准备〕 如前所述，大本营于11月6日向中国派遣军总司令官发出命令，令其准备以第23军司令官指挥的第38师团为基干的部队攻占香港，并指示应该遵循的作战要领，以及要在11月底以前完成作战准备。

根据上述命令，中国派遣军总司令官特将第1飞行团之一部和飞行第45战队（轻轰炸机）等编入第23军司令官指挥。这样，担任香港进攻作战的兵力便决定以第38师团（师团长佐野忠义中将），第51师团的步兵第66联队、第1炮兵队（司令官北岛骥子雄中将）和上述的航空部队等为基干，由驻中国方面舰队的第2遣华舰队（司令长官新见政一中将）从海上予以协助。

大本营运用历来的作战准备成果，确定用正攻法从陆上正面进攻香港要塞的方针。虽然也有从海上正面一举进攻香港岛的方案，但从运用兵力的全盘来考虑，有必要主要由陆军单独来解决香港问题。

第23军根据大本营指示的作战要领，制定了攻占香港的计划，其内容如下：

一、与第2遣华舰队协同，主要从陆上正面迅速攻占九龙半岛和香港岛。作战开始时间定于确认南方军已在马来方面登陆（或空袭）之后。

二、开战伊始以航空部队歼灭香港附近的敌空军力量，并击毁停泊的敌舰艇及军事中枢机关。

三、大致在航空部队进行第一次打击的同时，进攻部队奇袭突破国境线，尽量捕捉和歼灭敌前进部队，逐次挫败其抵抗企图，一举进到大帽山东西的要线。

四、对位于城门水库南方高地一线的敌主要阵地，进攻部队大致在大帽山东西一线做好攻击准备，然后将攻击重点从城门水库正面对准金山，一举突破敌阵地，进到九龙北端。

这时以一部分海上机动部队在青农岛（位于九龙西北方——作者注）方面作战，以利于主力的攻击，另以一部分兵力越过沙田海，在马鞍山西南侧地区登陆，攻击敌阵地的右翼。

五、九龙半岛一旦攻克，即迅速准备对香港岛的进攻。

攻击凭靠猛攻，在北岸登陆，逐次扩大战果，这时以一部分船舶伴动于香港岛南岸。

六、根据情况，也可以不攻香港岛，仅靠封锁达到作战目的。

军司令官按上述计划，将作战兵力划分成佐野兵团（以第38师团为基干）、北岛部队（以第1炮兵队为基干）、军飞行队（以飞行第45战队为基干）、荒木支队（以步兵第66联队为基干）等，指挥作战。荒木支队位于淡水附近，是进攻部队背后的掩护兵力。另外，计划在香港作战期间，使第23军主力大致仍确保现在占据地区，并且内部指示，攻占香港之后，第38师团将转用于南方。

〔发布"鹰"字命令——"花开""花开"〕 如前所述，12月2日发布了攻占香港的命令。这就是"发布大陆命令第572号（鹰）"的电报。第23军按预定计划开始行动，集结在佛山、三水附近的佐野兵团主力开始向国境线前进，严禁在白天移动，只在夜间秘密移动。与马来或菲律宾方面的情形不同，几乎用不着担心会受到敌人先发制人的攻击。

在此之前，佐野兵团的先遣部队（以第38步兵旅团长伊东武夫少将指挥的步兵第229联队、步兵第230联队、山炮兵第38联队为基干）随着开战时机的迫近，已秘密地在接近英中国境的地区展开，作好了随时可以越过国境前进的部署。不过，突破国境必须在马来方面的登陆或空袭得到证实之后。

12月8日，大本营收到当地军拍来的已经开始攻击马来的电报后，立即于上午3时40分向中国派遣军总司令官、第23军司令官和后述的担任处理敌对性租界等事宜的华北方面军司令官、在汉口的第11军司令官、在上海的第13军司令官发出"花开""花开"的紧急电报。这是通知在马来方面业已开始登陆的隐语电报。

为了使这一通知万无一失，在上述电报之后，又以普通密码拍发给中国派遣军总司令官和第23军司令官，电告："E方面（'马来方面'的简称——作者注）的正式作战已经开始。"

第23军司令官在收到上述电报的同时，于12月8日上午4时向进攻部队下达了开始进攻作战的命令。

8日凌晨，军飞行队攻击了敌启德机场，摧毁了敌空军力量，第二遣华舰队从海上封锁了香港。在这前后，佐野兵团的先遣部队没有受到很大抵抗，就在深圳东面地区突破国境前进了。

攻占香港要图

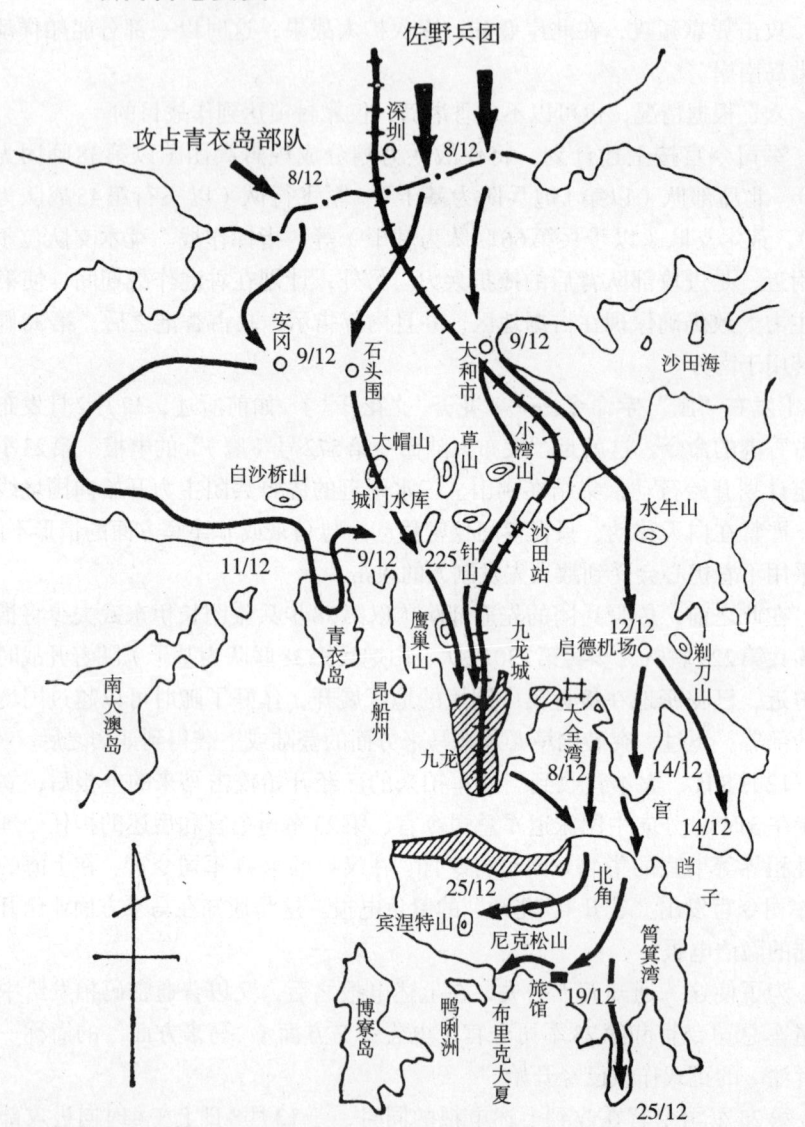

〔**若林中尉的果断——一举攻占**〕军司令官判断，敌军将在其防线上进行认真的抵抗，所以9日上午10时30分下达了关于准备进攻敌军主要阵地的部署命令。这项部署拟将进攻准备期间定为一星期左右，令佐野兵团主力在

大帽山东西一线上展开，作好周密的攻击准备，在此期间，以北岛部队压制敌主要阵地的炮兵。就是说，军司令官是打算本着攻坚和进攻阵地的原则来指挥有组织的进攻的。

然而，由于第一线尖兵指挥官的勇敢和临机应变的果断，战况出现了意外有利的发展。从先遣部队后方上来的佐野兵团的步兵第228联队，因为这一天有了军司令官的上述部署，所以为了展开正在进到第一线。它的尖兵指挥官是若林东一陆军中尉。若林中尉走在联队的最前头，在侦察城门水库南方敌军主阵地的重要据点255高地时，乘这附近敌军兵力配备上的缺陷和警戒的空隙，9日傍晚果断地冲进敌军阵地，并把它夺了下来。步兵第228联队主力不失时机地扩大了这一战果。以此为转机，佐野兵团没有等待规定的攻击准备时间，10日就开始了攻击。北岛部队也和它相呼应，压制敌军炮兵尤其是昂船洲炮台。于是第23军没有受到敌军多大抵抗就于12日成功地突破了敌军的主要防线。对敌人来说，这也是他们没有料到的作战失败。这位致使香港要塞瞬息崩溃的若林中尉，后来转战于太平洋东南部的瓜达尔卡纳尔岛，勇敢战斗，终于壮烈阵亡。若林中尉以其在香港攻夺战中建树的伟大功勋和在瓜达尔卡纳尔岛上的殊死战斗，再次获得了军人最高荣誉的嘉奖。

另方面，佐野兵团的青衣岛攻夺部队从很远的西边迂回过来。11日占领了青衣岛。作为左侧支队以步兵第229联队为基干的部队，10日渡过沙田海，12日突破了石头围附近敌主要防线的右翼。其一部占领了启德机场。这样，在九龙半岛的扫荡便于14日全部结束。大部分敌军已撤退到香港岛。

〔攻占香港岛的准备与劝降〕 军司令官乘攻击迅速进展的良机，决定不给敌人以充分准备时间，迅速攻占香港岛。其决定的要领大致如下：

一、北岛部队占领九龙北侧高地附近阵地，与军飞行队相互策应，全力破坏香港岛敌炮兵和海岸防御设施。

二、佐野兵团在香港东北海岸登陆，突破沿岸敌阵地后，向右迂回，向西方扩大战果。

三、渡海以奇袭为主，用折叠橡皮艇秘密进行。

在登陆的当天，第2遣华舰队佯装要在香港岛南岸登陆。

如前所述，我军判断敌人将要固守陆上正面的主要防线，认为突破了这道防线，香港要塞自然就会土崩瓦解，因此对敌人退守到香港岛内时的攻击要领并没有作充分研究。

香港岛东北角与九龙那边鲤鱼门之间的鲤鱼门水道非常狭窄，相距只有1000米左右。佐野兵团以奇袭登陆为原则，曾经苦心设想：让在奥林匹克运动会上闻名的小池礼三少尉等人就地研究一下,以一部分兵力泗渡登陆的方案是否可行。

第23军在对香港岛开始正式炮击和登陆之前,曾经两次把军参谋多田督知中佐作为军使派往香港岛劝降。这一举动除了出于对多数无辜的非战斗人员的人道上的考虑外,还由于考虑到敌军固守香港岛在战略上已毫无意义,也许会投降这种乐观的观察。马克·扬总督两次都拒绝了,但在与军使谈判之间却给人以这样一种印象,即日军一旦在香港岛的一角登了陆,则以此为转机或许会投降的。实际上,日军重视渡海登陆,而对于登上香港岛以后的战斗则并没有予以更多的考虑。

〔渡海攻击——英军挂出白旗〕 12月13日的劝降遭到拒绝之后,第23军在第二天(14日)便开始了正式的炮击。此后,攻城重炮兵连日向香港岛倾泻了巨弹。18日再次劝降之后,当天下午9时,佐野兵团以步兵团长指挥的右翼部队(以步兵第228、第230联队各主力为基干),开始从九龙和大全湾附近向香港岛北角附近渡海,以左翼部队(以步兵第229联队为基干)开始从官唷仔附近向香港岛东北部筲箕湾附近渡海。奇袭登陆成功,占领了香港岛东北部。敌军一边向尼克松山以西和以南地区撤退,一边继续进行顽强的抵抗。

登陆后不久,佐野兵团遇到了据守在险峻复杂地形和山麓旅馆之敌的猛烈射击和拥有射击设备的坚固掩体群等,因而前进受阻,19、20两日各处呈现出混战状态。可是,21日,大致在尼克松山南北一线构成了面西的战线,以后逐渐击溃顽抗之敌,向西扩展地盘。在此期间,以一部攻占了赤柱半岛。这时,佐野兵团才初次面临香港要塞的正式抵抗。

在已经被我攻占的黄泥涌山峡发现了水库。几名中国人正在悄悄地摆弄着残存的给水设备。妙极,香港市街立即全面断水了,这也就成了迫使敌人打起白旗的直接动机。另外,在黄泥涌山峡,从战死的敌军身上捡到了香港岛内配备图。这样,全岛内的配备,尤其是秘密设在山峡中的火力防御点便一目了然了。于是把这一情况也立即通知给攻城重炮兵,从而使尔后的攻击极为容易了。

就这样,据守在香港岛西部二道防线阵地苟延残喘的英军,终于挂起了白旗,时为12月25日下午5时50分。下午7时30分,当地陆海军指挥官下令停战,于是香港进攻战宣告结束。

由于连日来的勇敢战斗虽已渐渐感到了疲劳,但对前途尚有许多艰苦战斗已经作好思想准备的第23军官兵来说,这却是个未能尽兴的收场。据英军鲍克瑟参谋说,英军认为可以坚持大约半年左右,为此已准备了必要的武器、弹药、粮食等，但以我第38师团的精锐部队和攻城重炮兵等的威力，仅用了18天就把它粉碎了。

〔**香港占领地区总督部**〕 对待香港和对待中国事变中的占领区截然不同，对香港实行了占领地区行政，其军事管制的主要担当者是陆军。大本营陆军部决定设置大本营直辖的香港占领地区总督，使之负责香港的防务和实行军事管制。昭和17年（1942年）1月19日组成香港占领地区总督部，陆军中将矶谷廉介被任命为总督。不消说，总督部纯粹是统帅机关，具有同一般军司令部一样的性质。作为其属下的作战兵力，设有以步兵3个大队为基干的香港防卫队。而总督部的工作又同中国派遣军在华南进行的作战、兵站、情报收集及封锁等项工作有密切关系，所以规定，有关这些事项，总督要同时接受中国派遣军总司令官的指挥。

对租界的处理和对美英武力的扫荡

对在华敌对性租界的处理也是中国事变以来多年的悬案。在中国，除英、法等各国的专管租界外，还有上海的共同租界和北京使馆区，并且各地还存在列强的权益。

其中特别是上海的共同租界和英国、法国的租界是针对日本的敌对性据点，而且也是重庆策划抗日的根据地。为了解决中国事变，铲除这些租界的敌对性，如果可能，将这些敌对性租界纳入我方权力之下，这是多年来的愿望。在前述的昭和15年7月27日和昭和16年（1941年）7月2日决定新国策时，也都提出了接收敌对性租界的问题。然而因为这个问题在性质上也涉及了对美英进行战争的决心问题，所以当时是根本不能实行的。

如今已临到对美英荷开战，所以对敌对性租界及权益的处理，只要其对象是战争的对方国，既可以对其进行军事扫荡，当然也就可以实行处理了。

〔**《在中国的对美英蒋措施》的决定**〕 根据昭和16年（1941年）11月御前会议决定的《帝国国策执行要领》，大本营和政府在11月30日的联席会议上决定了适应开战的在中国的对美英蒋措施。其要点如下：

一、肃清美英在华的武装力量。

二、将在华敌对性租界（包括北京使馆区）和敌对性重要权益（海关、矿山等）控制在我权力之下，但须注意尽量减轻我国人力和物力的负担。

注：对于共同租界及北京使馆区虽然也肃清敌对性武装力量，将其纳入我权力控制之下，但因其中混有友好国权益，故不采取接收等形式。

三、为了不暴露我方企图,上述各项应在我对美英开战之后开始。

四、对重庆行使交战权,不特意采取宣言等形式,要通过对美英的开战实际上取得其实效。

五、在华敌国系统权益中,即使同国民政府(按指汪伪政权——译者)有关的部分,根据需要,也暂且控制在我方权力之下,对它的调整当另外采取措施。

根据上述决定,11月21日,大本营命令中国派遣军总司令官,考虑为了处理敌对性租界及权益可能要行使武力,应进行必要的准备,并指示,对轴心国方面各国及第三国权益须注意,不要引起无益的纠纷,并须严密隐蔽我方意图。

接着,12月2日,大本营发布命令,其要点如下:

中国派遣军总司令官须处理天津英国租界、上海共同租界和其他在华敌国权益。

根据需要可行使武力。

大本营的上述措施也同样下达给了驻中国方面舰队。按照这些措施,中国派遣军和驻中国方面舰队的准备工作已稳步取得了进展。

〔12月8日一齐处理〕 于是,对于在中国的敌对性租界和权益的处理以及与此相关联的对美英军的扫荡,当12月8日黎明接到马来方面进攻业已开始的通报后,不久便通过在华陆海军部队之手敏捷地执行了。

首先,8日上午5时15分,我驻中国方面舰队的军使访问停泊在上海的美国炮舰威基号舰长斯密斯少校,亲手递交了如下的劝告文件。斯密斯舰长立即投降了。

"大日本帝国已与贵国进入战争状态。本职劝告停泊上海的贵国各舰艇投降。对本劝告须立即向本军使作出回答。如拒绝本劝告,或表示踌躇,或破坏船体、武器,或采取战斗部署时,本职将立即以武力予以攻击。"

与此同时,另一军使访问英舰贝托勒号,亲手递交了同样的劝降文件,该舰长当场予以拒绝。预料会有这种情况而早已做好准备的我舰队,上午5时30分开始炮击贝托勒号,上午6时5分将其击沉。

上午8时,上海总领事堀内与陆海军参谋等一同访问工务局,通告日军将进驻租界,要求工务局当局给予谅解和协助。结果从上午11时开始进驻上海租界,海军陆战队进驻以外滩南京路为中心的旧英国警备区域,陆军部队进驻其他租界的重要地点,至正午分别进驻完毕。

在华北方面,8日上午8时,我军接收了美英在天津、塘沽和秦皇岛的权益。其中主要有天津的英租界、英美的兵营、警察局、码头、塘沽和秦皇岛的码头、仓库等。当时法国租界方面表现了积极协助的态度。在北京、天津和秦皇岛，美国海军陆战队接受了我方解除武装的要求，因而当天下午被解除了武装。

在华南方面，8日上午8时30分，对沙面英租界和平地完成了进驻。

开战后的对重庆作战

开战后陆军对重庆的作战，其要领已如前述，与过去没有多大变化。大本营根据这个要领，12月3日向中国派遣军总司令官布置了新任务。其主要内容是：要大体保持现在态势，尤其要加强对敌封锁，粉碎和削弱敌人继续抗战的意图，对开战后的对重庆作战的大纲有所约束。

〔第二次长沙作战〕 战争一开始，当时正在汉口指挥作战的第11军司令官阿南惟几中将，为了牵制重庆军以便于南方进攻作战，向中国派遣军总司令官提出了应在江南地区采取攻势的意见。总司令官畑俊六大将认为有必要按这条意见办理，便决定责成第11军根据其计划进行作战，并作了如下部署：将驻华北的第9独立混成旅团调归该军司令官指挥，且责成第1飞行团予以协助。这次作战称为第二次长沙作战。

第二次长沙作战的计划是，以第3、第6、第40师团、第9独立混成旅团为基干的兵力，从洞庭湖东侧地区向长沙发动攻势，另使驻南昌方面的第34师团和第14独立混成旅团对正面之敌采取攻势，借以策应军主力的作战。12月24日，第11军开始发动攻势，在排除优势敌军抵抗后继续南进，至昭和17年（1942年）1月4日，占领了长沙的大部分。

至此，军司令官判断，已大体达到牵制作战的目的，于是决定转入返回作战。返回作战遭到优势敌军的猛烈追击，历经艰苦战斗，1月15日，大致向新墙河以北地区撤退完毕。

在这次作战中，对战之敌除第10、第20、第37、第99等四个军外，还牵制了从西南第6战区方面调来的第26、第73两个军，从广东广西方面调来的第4、第74、第79三个军，从捞刀河以北地区调来的第28、第51、第78三个军，所以我军虽然付出了相当大的牺牲，但却圆满地达到了牵制重庆军的作战目的。

第21章

中南部太平洋方面的进攻作战

进攻作战在广阔的中南部太平洋方面也大胆地展开了。这方面的作战主要由海军承担，陆军责令南海支队协助攻占关岛及腊包尔。

担当这方面作战的海军部队是第4舰队司令长官井上成美中将指挥的南洋部队（以第4舰队为基干），其任务是巡逻与防御内南洋和保护海上交通线，同时攻占关岛、威克岛和腊包尔。

南洋部队在开战的同时就以其航空部队急袭关岛、威克岛及豪兰岛上的敌空军基地，并加以压制，12月10日，在协同南海支队攻占关岛的同时，占领了吉尔贝特群岛北部的马琴岛、塔腊瓦岛。这一天对威克岛也开始了攻击，但未成功，12月22日再次攻击，占领了该岛。

接着，昭和17年（1942年）1月23日，南洋部队与南海支队协同，在第1航空舰队协助下攻占了腊包尔，同时占领了卡维恩。其航空部队之一部进到该方面，扫荡了在新几内亚东部及所罗门群岛方面蠢动的敌机。开战之初，敌潜艇很少活动，不值一顾。

注：除插图外还请参照附图第二（其一）。

攻占关岛

关岛是美国海军的空军基地，距东京约1400海里。据开战前的情报判断，这里大约驻有300名海军陆战队，还有1500名地方部队，在海岸和岛内几个地方筑有炮台。

〔南海支队的任务——陆海军当地协定〕 如前所述，11月6日大本营发布了南海支队的战斗序列，下达了关于准备攻占关岛的命令。南海支队是由驻四国的第55师团之一部编成，在第55步兵旅团长陆军少将堀井富太郎统率下，以步兵第144联队、山炮兵第55联队第1大队、工兵第55联队第1中队为基干的部队。

堀井支队长1月8日来到大本营接受了上述命令的传达，并接受了有关这次作战的作战要领和陆海军中央协定的指示。然后，同月14、15两日，在大本营指导下，在岩国的海军航空部队举行了陆海军现地协商，在协商会议上，南海支队长与第4舰队司令长官就细节问题进行了协议。

陆海军中央协定的要点如下：

一、陆海军协同，开战之初攻占关岛，相机攻占腊包尔，取得空军基地。

二、对关岛的攻击在对美军进行空军第一次打击被证实之后开始。

海军航空部队于开战之初自塞班岛方面攻击、摧毁关岛的敌舰艇和防御设施。

三、海军护航运送陆军至关岛，并协助其登陆作战。

陆军一旦在关岛登陆，就以主力攻占阿普拉要地，并以一部占领阿加尼亚市，继而扫荡岛内残敌。

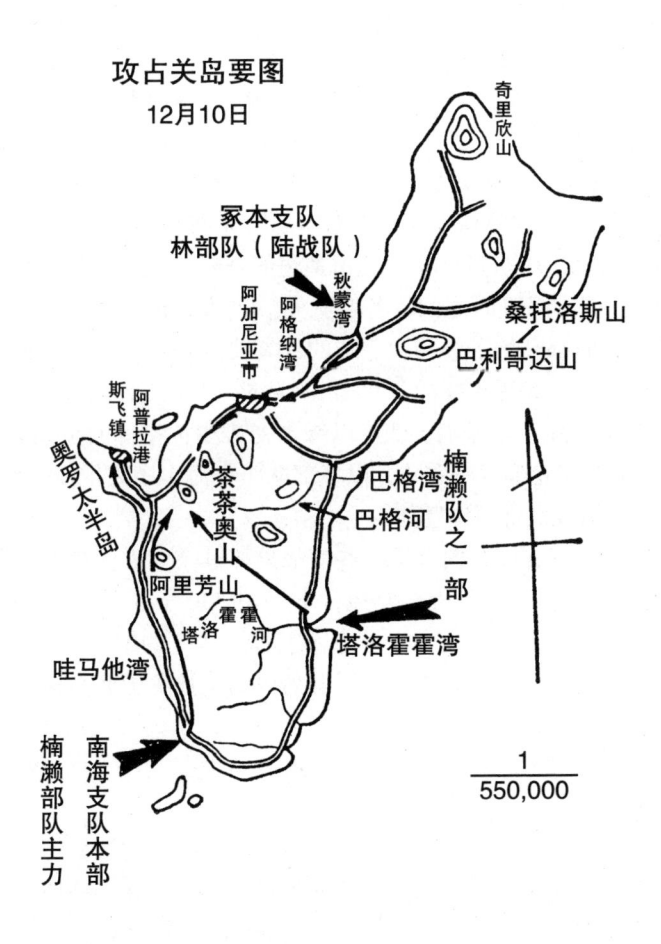

攻占关岛要图
12月10日

1 / 550,000

四、陆军扫荡完关岛之后，由海军接替该岛的守备，在海军的护航下向特鲁克群岛转进，并准备对俾斯麦群岛方面的作战。

五、海军首先对俾斯麦群岛方面进行航空侦察，必要时随时予以攻击。

如果海军护航兵力情况允许，陆海军协同，相机攻占腊包尔，占领该地空军基地。再者，海军根据情况，占领卡维恩空军基地。

六、陆军占领腊包尔后，如情况允许，迅速由海军部队接替该地守备，在海军护航下在帛琉附近集结。

七、集结点

关岛作战：小笠原群岛　　　　俾斯麦群岛作战：特鲁克群岛

〔内南洋唯一的美军基地被我摧毁〕南海支队搭乘运输船9艘，秘密地从四国坂出港出发11月28日在小笠原群岛母岛的海面港锚地集结完毕。12月2日，支队长在母岛接受大本营关于开始进攻作战的命令，决定以12月10日为期，断然实行在关岛登陆的壮举。

12月4日上午9时，南海支队从母岛启航，在第4舰队护航下经马利亚纳群岛东方航线驶向关岛。支队长在军舰津轻号上。途中船队并未遇上敌人，8日在罗塔岛附近作了登陆部署，随后分别进入锚地。

驻特鲁克岛的第4舰队所属海军航空部队和水上飞机母舰圣川号的飞行部队，12月8日以后对关岛进行攻击，击沉巡逻艇企鹅号，破坏了主要的军事设施。

10日上午零时至1时之间，各船队先后进入锚地，大约在上午2时30分前后，各个方面都开始了登陆。登陆的部署要点是：计划以支队本部与楠濑部队（以楠濑正雄大佐指挥的步兵第144联队＜缺第1大队＞为基干）在关岛南部东西两岸登陆，以绿本支队（以绿本初雄少佐指挥的步兵第144联队第1大队为基干）在北部西岸登陆，以林部队（林海军中佐指挥的海军陆战队）继塚本支队之后在北部西岸登陆。

登陆除在塚本支队方面有了一些交战外，其余几方面都没有受到多大抵抗，10日上午占领了岛上所有要地，下午4时30分占领了位于阿加尼亚市的关岛政厅，该岛总督麦克·米林海军上校及以下约330名美军守备部队投降。至此，盘踞在我委任统治的南洋群岛内的上述美国海军根据地，不堪一击地覆灭了。

攻占威克岛

攻占威克岛是日本海军单独进行的作战，如前所述，开战之初的第一次攻击失败了，12月22日再次攻击才占领了该岛。

〔第一次攻击——失败〕 与开战同时，南洋部队空袭了威克岛，烧毁了地面敌战斗机8架，尔后连日反复空袭，破坏了军事设施，同时以潜水部队监视该岛。

南洋部队所属的威克岛进攻部队，是以第4舰队司令部特别陆战队、第6根据地队的派遣陆战队编成的登陆部队和第6水雷战队（缺朝凪号、夕凪号）金龙号、金刚号、第32、第33巡逻艇等组成的海上部队，在支援部队第18战队和航空部队、潜水部队等的协助下进行作战的。

该进攻部队在支援部队的援护下，企图奇袭登陆，12月10日天还没亮就接近了威克岛，但因夜黑浪高，登陆舟艇摆渡很慢，不得已天亮后才强行登陆。天亮后果然遭到了残存敌机及炮台的猛烈还击。尤其两三架敌战斗机反复进行扫射、轰炸，驱逐舰疾风号、如月号相继被击沉，其他舰艇也受到了损害。我方无法马上压制这些敌机，终于暂时停止攻击而退避了。这次攻击的失败被其他方面的辉煌战果所遮掩，没有引起多大反应。

〔第二次攻击——苦战后占领〕 退避到马绍尔群岛中的乌贾岛的进攻威克岛部队加强了陆战队，把完成攻占关岛作战的第6战队加入支援部队，重整了阵容，12月20日怀着必胜的决心，再次前往进攻威克岛。

在此之前，航空部队连日不分昼夜地轰炸威克岛，从21日起又得到了攻击夏威夷后正在返航的机动部队之一部即第8战队和第2航空战队的协助，从而得以消灭了残余敌机。

进攻部队于22日夜半接近威克岛。风浪仍然很大。金龙号的登陆舟艇与上次一样不能夜间摆渡。

于是，进攻部队指挥官痛下决心，命令第32、33号巡逻艇在威克本岛南岸坐礁，由乘坐这两艇的陆战队进行直接登陆，同时命令从这两艇上卸下两艘大机动艇摆渡运送一部分陆战队到威尔科斯岛南岸登陆。

通过第一次攻击已掌握了我方企图的敌人，由于预料到日军必然再来攻击，同时由于当时气象的关系，威克本岛的登陆点只能选择在南岸一带，便将很多枪炮配备在这方面，加固了防卫。

两艘巡逻艇搁浅在敌人配备的正中间的炮台前面。两艘大机动艇中的一艘开到了威尔科斯岛南岸的预定地点，但另一艘却由于敌人探照灯的照射和炮击迷失了航向，开到了威克本岛南部的西端附近。各方面部队都遭到了敌人的猛烈射击，又呈现出艰苦的局面。但是他们在暗礁上匍匐前进，接近岸边，强行登陆，在两岛一带展开了激战。经过奋战，终于俘虏了美军指挥官康宁卡姆海军中校以下官兵，当天占领了全岛。

在以上两次战斗中，我方丧失了如月号、疾风号两舰，两艘巡逻艇报废，伤亡很大。

长驱攻占腊包尔

开战以来，由于日军的攻击，太平洋方面之敌陆续被击溃。现在敌人大致以联结新几内亚、俾斯麦群岛、所罗门群岛一线作为对日作战的前进据点，同时也作为防守澳洲的第一线。

腊包尔拥有两个机场和良好的舰船停泊地，是东南太平洋方面敌人的得力基地。大约有500名澳洲陆军部队守卫在这里，据得到的情报获悉，最近还将增派大约1500名。

威克岛作战告一段落后，第4舰队的主力在特鲁克岛，南海支队改变了预定计划在关岛，分别在准备对俾斯麦群岛的作战。

〔发动腊包尔作战〕南海支队长堀井陆军少将1月3日从关岛来到特鲁克岛，在军舰香取号上同第4舰队司令长官井上中将及直接护卫舰队指挥官志摩少将之间协商了关于进攻腊包尔的作战。

鉴于各条战线作战都在顺利进展，大本营决定按既定方针进行进攻腊包尔的作战，1月4日向南海支队长发布了"须协同海军，大致于1月中旬以后尽速攻占俾斯麦群岛"的命令。而按既定计划，规定南海支队在攻占腊包尔后，如果情况允许，应迅速将该地守卫任务交给海军部队，然后在帛琉集结。可是大本营由于初期作战进展顺利，在整个兵力的运用上获得了机动的余地，便改变了计划，即在攻占腊包尔后，让南海支队仍然确保该地，以适应尔后该方面作战的要求。

1月8日，支队长在关岛旧政厅的支队司令部，下达了关于攻占腊包尔的支队命令："支队以主力攻占腊包尔市及腊包尔东机场，以有力之一部攻占腊包尔西机场，登陆日预定在1月23日。"

1月4日以来，第4舰队以特鲁克为基地，对腊包尔开始空袭，20日以后，先前担任夏威夷作战的第一航空舰队也参加攻击，空袭了腊包尔、卡维恩、萨拉摩亚等地，压制了敌空军力量。

〔南海支队的行动〕1月14日下午1时30分，南海支队从关岛阿普拉港启航，按计划，开始时笔直西航，入夜航线转向东南，直奔腊包尔。船队没有受到敌人干扰，19日通过赤道，22日下午初见岛影，已进入新爱尔兰岛与新不列颠岛之间。为了把时间拖延到预定的登陆时刻，船队在两岛之间减速航行，作"之"字运动，直至傍晚。

敌人好像判断我军的这一行动是要在腊包尔南方的科科波附近登陆，因而改变配备，撤走了直接配备在腊包尔的部队，而将其配备在科科波的正面。南海支队幸运地乘此间隙，得以比较容易地登陆。

船队按预定的登陆部署，于1月22日下午10时30分许漂流在距登陆海岸3至5海里的洋面上。是夜乌云低垂，看不见南十字星，有每秒1米的微风。两三架敌机飞临上空，投下照明弹，但终未发现我船队。扼制腊包尔湾口的

攻占腊包尔要图
1月23日

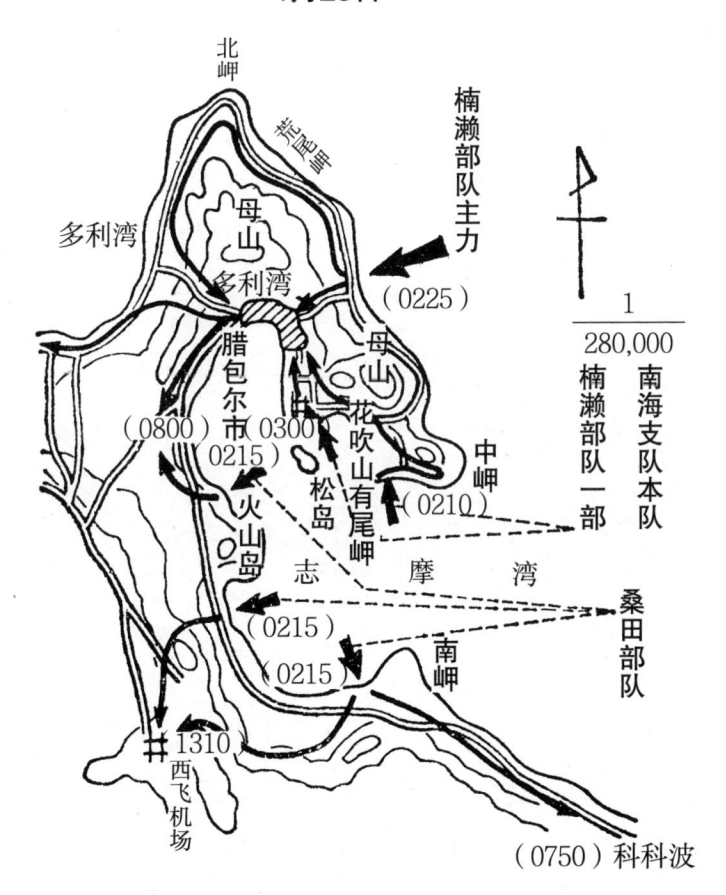

敌中岬炮台（作者注：占领后命名）已被炸毁，活火山花吹山（作者注：占领后命名）的火光适成暗夜里判定方向的良好目标。

登陆部队的舟艇，从22日下午11时40分至23日上午1时5分陆续进发，以主力在腊包尔市东面海岸，以一部在腊包尔南面海岸开始登陆，23日上午几乎没有交战就占领了腊包尔市和东机场，向西机场推进的部队在密林内经过激战之后，下午占领了该机场。腊包尔市是椰林环绕的多层红楼顶的白人城市。

〔占领卡维恩和斯鲁米——戡定全岛〕 敌军主力沿新不列颠岛北岸撤退，把坦克、装甲车、汽车等都遗弃在科拉巴特河岸逃进了密林。追击这股敌军的步兵第144联队主力砍伐密林，架设桥梁，渡过乌达尔河，26日傍晚进抵安德列摩附近，但未能捕捉到敌人。1月末，获悉敌之一部躲在奥蓬湾沿岸一带，主力藏在瓦依德湾北方森林之中，这两股敌人都愿意投降，于是向这两方面派遣部队，前者于1月末投降，后者于2月6日投降。投降者为斐济总督以下共1000名。

以第18战队为基干的海军部队，1月20日从特鲁克岛出发，23日在新爱尔兰岛的卡维恩登陆并占领该岛，在此设立了空军基地，另一支部队于2月5日占领了新不列颠岛中部南侧海岸要地斯鲁米，在此设立了前进空军基地。

第22章
进攻南方作战的进展

一、攻占新加坡

向霹雳河突进

〔**突破耶特拉防线**〕 昭和16年（1941年）12月8日拂晓，在宋卡附近奇袭登陆的第5师团主力，担负着一举向霹雳河左岸突进，占领该河渡河点及机场的重任，在突进中，于沙道附近对急忙从国境方面向北开来的英军机械化部队进行了夜袭，使其溃不成军。还没来得及喘息，便以搜索第5联队长佐伯中佐指挥的搜索第5联队主力及坦克、野炮各一个中队为基干的佐伯挺进队为先锋，击溃所在之敌，大举向前挺进。

9日以后，挺进队调归步兵第9旅团长河村少将指挥，从11日正午开始，挺进队以坦克部队为先锋，冒着疾风骤雨，混入败敌之中长驱南下，11日傍晚进到耶特拉防线的前沿。

耶特拉防线是一个由纵深几道防线组成的坚固阵地，当时有9个步兵大队和90辆坦克为骨干的部队在那里防守着，敌人曾夸口，至少能把日军阻挡在这里三个月。

挺进队当夜立即断然对耶特拉防线进行夜袭，但遭到了敌人密集火力的阻击，防线没能突破，战斗拖到12日。河村旅团长正准备进一步增强兵力，当晚再行夜袭，但当日傍晚时分，敌军就开始全面撤退了。

取得首战大捷的第5师团，作为军的先头部队又继续向前挺进，13日占领了吉打州的首府亚罗士打，随后，河村少将指挥的步兵第41联队主力，于17日占领了航空基地双溪大年，并对该基地进行了修整。

与第一批登陆部队一起在宋卡登陆的山下军司令官，16日将他的战斗指挥部向前推进到亚罗士打。

在北大年登陆的、由步兵第42联队长安藤大佐指挥的安藤支队，以该联队及两个野战炮兵中队为基干，沿着亚拉——勿洞公路突破国境，沿途修补被敌破坏的道路桥梁，击败敌人的层层抵抗，24日推进到瓜拉江沙附近。

15日，第5师团将步兵第41联队第3大队（缺2中队）为基干的部队派往槟榔屿，19日该部未经流血便占领了该岛。

在哥打巴鲁登陆的佗美支队，由第18师团步兵第23旅团长佗美少将指挥，以步兵第56联队和山炮一中队为基干，经激战后占领了哥打巴鲁市，然后南进，13日占领了丹那马叻机场，19日占领了瓜拉吉来机场，至此，马来北部的敌重要军事基地已完全被我摧毁。

〔航空基地的推进〕 向前挺进的陆面部队迅速修复占领的机场，为便于第3飞行集团顺利向前推进基地做出巨大努力。

第12飞行团（两个战斗机战队）之一部，在修复宋卡机场的同时，于8日在该机场着陆，从而掩护了全军的登陆。

马来北部的基地已顺利地修复好。

19日，第3飞行团（战斗机一个战队，轻型轰炸机两个战队）挺进到双溪大年，密切配合第5师团的追击战。这是一次极为周密的协同作战。

接着，第3飞行集团长菅原道大中将也于22日英勇地挺进到该地，至年末，其他航空部队也陆续完成了将基地推进到马来北部的作战任务。

这样就预先避免了开战前最令人担忧的、因基地阻隔而可能造成的作战上的危机。

如前所述，为确保泰国的安定，隶属于该军的近卫师团曾一度暂归第15军司令官指挥。11日该师团奉命恢复原属，由铁路逐次南下，师团长于23日到达亚罗士打军战地指挥部，该师团进到太平附近，准备下一步的作战。再有，以坦克部队和第5师团车辆为主的第二批输送部队，16日在宋卡及其他各地登陆，这样便迅速增强了该军的战斗力。

这时，第15军的宇野支队，14日占领了维多利亚角，直属南方军的川口支队16日占领了北婆罗洲的要地米里，这样便形成该军的两翼得到掩护的态势。

〔军作战计划的修改〕 鉴于总的形势，特别是鉴于海军和第3飞行集团在初战阶段所取得的出乎预料的战果和该军已经取得的战绩，军司令部认为有必要对原来既定的作战计划作部分修改并使之具体化，17日，便在亚罗士打军战地指挥部商定了修改的作战计划。即以第5师团和近卫师团沿西海岸向吉隆坡方向推进，以佗美支队从关丹方面迅速向吉隆坡方向及金马士方向推进，以利于军主力的作战。另外让作为第三批输送部队到达宋卡的第18师团，在到达该地后暂在原地待命，然后伺机在马来东南沿岸的丰盛港附近登陆，迅速向居銮及新山（柔佛巴鲁）推进，切断敌军主力的退路。这样，便使原来以第5师团、近卫师团、佗美支队及第18师团在柔佛州以北、吉隆坡以南地区将敌主力同新加坡分割开来而加以捕捉的作战设想具体化了。

〔霹雳河桥梁的破坏〕 敌人因在初战阶段遭到奇袭和重大打击而完全陷入被动，因此当时估计，今后敌人采取的策略将是用破坏道路、桥梁和层层抵抗的办法来阻止我军的进击，以图在此期间增强兵力，预料将要出现一场破坏力和修复力之间的大角逐。敌人的这一企图，在作战开始前就已经预料到了，作为防止敌人实现这一企图的手段，当时认为只有神速向前推进这一招。根据这种认识，在原来的作战计划里就特别重视占领霹雳河桥梁，在修改后的作战计划里仍对第5师团提出了要千方百计确保该桥的要求。因为当时已预料到，如果这座大桥被敌人破坏，我军的挺进至少将推迟一周。

山下军司令官22日前往双溪大年拜访了第3飞行集团长，恳请对防止敌人破坏霹雳河桥梁一事予以协助。飞行集团长明知这项战斗极其艰难，但考虑到这对今后第25军的作战关系甚大，所以还是慷慨地答应了这一请求。

第3飞行集团长很重视山下军司令官的这一请求，23日作出部署，决定倾注第3、第7、第12各飞行团的全部力量来协助确保霹雳河桥梁。

23日晨，第3飞行集团的飞行第64联队和第12飞行团飞临霹雳大桥上空，可惜这时大桥已被破坏。

第5师团25日抵达霹雳河河畔的瓜拉江沙附近，可是敌人已经撤到该河对岸，桥梁在瓜拉江沙和布兰茶附近已被破坏。不得已，师团主力决定到太平附近集结，作渡霹雳河的准备。

横渡霹雳河，向吉隆坡推进

〔追击部署〕 鉴于第25军的战况进展顺利，23日南方军命令该军迅速攻占新加坡，并令其迅速占领和修复关丹机场，以促进第3飞行集团的推进。

全军一心，断然向目标——霹雳河桥梁推进，但已被破坏了。这已是预料中事，所以渡河的准备工作十分万全。然而，我军的神速推进使敌人丧失了斗志却是事实。

军司令部决定乘此机会一举渡过霹雳河，向吉隆坡方向急追敌人，以迫使敌人无暇凭据金宝以南狭长地段进行抵抗。25日傍晚，军司令部将各部队长召集到太平，把军司令部的这一命令下达给了他们。

当时，军司令部也由于接到敌增援部队已经到达的情报，痛感有必要即使牺牲战果，放跑一些敌人，也要缩短时间迅速占领新加坡。

在这个命令里，令近卫师团继第5师团之后陆续挺进，这也是根据使近卫师团随时可以超越第5师团，以经常保持突击威力的新锐，加快突击速度的设想。而且它是这样一个方案，即如果敌军在金宝或丹绒马林一线进行认真抵抗时，可随时将近卫师团增调到第一线，否则就让第5师团一举向吉隆坡推进，并在该地附近让近卫师团超越第5师团交替前进。

〔**大胆的舟艇机动**〕第5师团的河村部队26日夜在布兰茶附近渡过霹雳河，沿森鲁—古贝尔—金宝—打巴这条公路追击。可是，28日以后，在金宝东北侧遇上占据了阵地的敌人的抵抗，战况不得进展。

师团长按预先准备的成案，以步兵第11联队长指挥的步兵一个半大队为基干，编成渡边支队，令其靠舟艇的机动切断敌人后路。

支队于12月30日夜从卢木（红土坎）出发，在海上迎来元旦，途中不断遭到敌机的攻击，但机动却成功了，1月4日推进到宋凯，威胁军主力方面的敌军退路，因此，那么顽强抵抗的敌人也终于在1月2日开始撤退了。

于是，师团以步兵第42联队为第一线部队，令其超越河村部队向吉隆坡方向猛追。

这一天，在菲律宾方面，第14军成功地攻占了马尼拉。

近卫师团和第5师团齐头并进，26日晨于瓜拉江沙附近渡过霹雳河，28日冲入怡保，占领并修复了该地机场。然后，近卫师团在第5师团之后陆续挺进，按军司令部的命令，以近卫步兵第4联队长国司大佐指挥的联队为基干（缺第3大队），编成了国司支队，令其协助第5师团作战。

9日以后，支队以一部在西海岸进行海上机动，曾数次威胁并切断敌人退路，从而对第5师团的追击战给以密切配合。特别是其第2大队靠海上机动对占领吉隆坡南方要冲加影附近，为该方面战况的进展作出了巨大贡献。

在没有制海权的海上，进行这种舟艇机动看上去好像很鲁莽，但它使英军不断感到腹背受敌，这大概就是常使他们过早地产生撤退动机的因素。

〔**斯林歼灭战**〕从金宝战斗败退下来的敌人在斯林附近得到了新的增援，再次试图凭借地利作顽强抵抗。

第5师团步兵第42联队5日到达宋凯，7日凌晨开始对斯林附近之敌发动进攻，步兵、坦克兵、炮兵、工兵密切配合，大约用三个小时就果敢地突破了由七条战线组成的纵深6公里的敌军阵地，进到特罗克拉。打头阵的坦克中队冒着猛烈炮火冲到敌人背后的斯林桥，完全切断了敌人的退路，至当天黄昏时分，对以步兵两个旅、炮兵三个联队为骨干之敌给予了歼灭性打击。

师团长为了扩大步兵第42联队的赫赫战果，然后将步兵第11联队作为突击队，令其超越第42联队穷追败逃之敌。

步兵第11联队击溃所向之敌，利用近卫师团国司支队之一部断然进行海上机动，切断了敌军的退路，于11日午后8时，没有受到敌军的抵抗就进入了联邦的首都吉隆坡，师团司令部于12日晨也进入了该市。

〔关丹机场的占领〕 12月23日从瓜拉丁加奴出发的佗美支队，以占领关丹机场为目的，27日推进到关丹以北地区，准备对正面之敌发动进攻。29日开始以主力发动进攻，31日夺取了关丹，1月3日对仍顽抗之敌断然进行夜袭，从而完全占领了该机场。

由第18师团步兵第55联队长木庭大佐指挥的木庭支队，以该联队（缺第1大队）为骨干组成，原计划由海路在关丹登陆，占领该地机场，但由于佗美支队向关丹的推进比预定提前了，便改变原来计划，改在哥打巴鲁登陆，由陆路南下，1月上旬进到关丹，划归佗美支队长指挥。

向柔佛水道的推进

〔突破金马士〕 当时我军判断：敌人将以马六甲、马哈腊尼、金马士一线作为主要抵抗线，在企图确保柔佛州的同时，力图增强新加坡的防御，并努力挽回空军力量。好像是要证实这个判断似的，不久就陆续收到了各方面的情报：1月15日一艘搭载1600名兵员的军舰抵达新加坡；16日又有增援部队到达；P40型驱逐机50架和B17轰炸机到达新加坡等。

1月10日，山下军司令官决定穷追向新加坡败逃之敌，令近卫师团经马六甲。第5师团经淡边、金马士、居銮分别向新加坡方面穷追败逃之敌，同时将坦克第1联队长向田大佐指挥的、以该联队为基干所组成的向田支队作为军的直属部队，令其在近卫师团主力之后陆续挺进，在吉隆坡附近超越第5师团，沿加影—芙蓉—淡边—金马士公路率先向金马士穷追。

向田支队12日越过第5师团，经过反复突进，14日午后很快就到达金马士西边10公里附近。这时，支队的前进道路和桥梁全被破坏了，在侧面行动很不方便的路上，支队遭到了来自空中和地面的猛烈攻击，伤亡在不断增加，进攻更无进展。在这种情况下，军司令部决定将第5师团调到前边，把向田支队划归第5师团指挥。

第5师团长把向田支队配属给河村旅团，令其攻击该敌。河村旅团兼用包围、迂回，力攻该敌，由于19日拂晓大胆地进行夜袭才突破了敌人的第一道防线，当天夜里，敌人开始退却。

〔歼灭士牟拉之敌〕 近卫师团在腊旺附近越过第5师团推进到色班河，并令以近卫步兵第4联队为基干组成的国司追击队从海岸公路方面，令近卫步兵第5联队长岩畔大佐指挥的、以该联队为主力组成的岩畔追击队经马六甲西侧，共同沿马哈腊尼河一线猛追。追击队以一部不断地兼用海上机动向前推进，15日推进到目标线。

继续追击的国司、岩畔追击队，16日拂晓渡过马哈腊尼河，18日晨在士牟拉附近遇到了敌人的顽强抵抗。尽管殊死力攻，敌人却仍然顽强抵抗毫不退让。于是两个追击队各以一部秘密地深入迂回到敌人背后，切断其退路。至此，敌人才惊慌失措拼命设法逃出重围，但已被两层铁壁围住，并不断压缩包围圈，22日终于被歼灭。

〔望见新加坡〕 第5师团杉浦旅团的步兵第21联队越过河村旅团猛追逃敌，21日到达拉美斯，24日到达永平。然后，师团令杉浦、河村两旅团或交替超越，或齐头并进继续向前推进，25日占领了居銮。

柔佛州的敌人对道路和桥梁的破坏规模是巨大的，而且是彻底的，其抵抗也更如顽强，但师团仍然继续向前推进，1月31日午后3时30分，冲进期待已久的新山。

近卫师团又于25日进入本加榄港，31日黄昏进到柔佛水道一线。

曾抱脾肉复生之叹待机而动的第18师团，作为第3批输送部队，12月20日从金兰湾启航，23日在宋卡登陆。

该师团当初预定在马来东南海岸的丰盛港附近登陆，向吉隆坡方向推进，担负切断敌主力退路的任务，但由于军主力的推进取得了意外的进展，便改变了原订计划，决定由陆路南下。

军司令部为迅速输送这批部队，除军司令部掌握的200辆汽车外，还集中了与牟田口师团长同期毕业的西村、松井两师团长特意支援的各150辆汽车、担任输送这批部队的任务。该师团1月31日到达居銮，掌握了先期到达的佗美、木庭两个支队。

这样，经过登陆以来50余天的勇猛战斗，终于完成了1000多公里的敌中突破，眼下俯瞰着期待已久的新加坡，第18师团、第5师团、近卫师团的精锐部队，正从右至左并辔于水道高地，着手准备进攻牙城。①

---

① 牙城：主将驻节之城，即指敌人的根据地。——译者

新加坡的陷落

〔**进攻准备**〕 新加坡的防御本来是海岸配备，背后的陆上正面防御设施是在开战后两个月内紧急修筑起来的，因此并不怎么坚固。但却考虑到敌人的抵抗将是认真而顽强的，尤其考虑到提马附近的阵地是新加坡的防御重点。另外还判断：由于新增援部队的到达，因吃败仗而造成的士气沮丧正在逐渐恢复。

军司令部痛感必须乘敌人因在马来连吃败仗，士气沮丧，逃进要塞，阵容未整的期间迅速攻占该地。军司令官于1月31日午前10时，在居銮的战斗指挥部下达了准备进攻的命令，并发布了攻占计划。

进攻准备工作稳步而顺利地取得了进展，命令下达后的一周内，全体官兵真像拼命一般地作了不断的努力。铁道部队、工兵部队修复铁路和公路的作业、后方部队的积极作战准备，都是值得大书特书的。

8日拂晓各部队准备完毕。

军指挥部将开始登陆的时间定为2月8日24点，并对原定进攻计划作了如下三项修改：令近卫师团的一部7日在乌宾岛奇袭登陆，牵制敌人；改变近卫师团作为第二线兵团从第5师团后方登陆的原定计划，接受该师团的要求，将其作为左翼第一线兵团，令在9日从陆桥东侧登陆，军直属炮兵部队不统一指挥各师团炮兵。

军司令部4日将其战斗指挥部设在士古来，当天下达了开始进攻的命令。

〔**登陆——占领提马**〕 攻夺牙城的战斗序幕拉开了。军直属炮兵部队（以野战重炮兵第3、第18联队、独立重炮兵第2大队为基干）和第3飞行集团的猛烈轰炸相呼应，从8日晨开始，集中火力对敌人的炮兵、指挥机构、机场等进行了猛烈轰击，各师团的炮兵也参加了战斗，看来大军未动，牙城已经要崩溃了。

第18师团（缺川口支队——配属野战重炮兵第21大队）从贝马河以南地区出击，第5师团（配属坦克第1联队）从该河东侧地区出击，两师团同时于8日午后12时开始渡河，冒着猛烈炮火，双双登陆取得成功。击退敌人的顽强反击，当日傍晚分别推进到天格机场西侧地区和天格机场。

随后，第18师团于10日夜推进到提马以西地区，从11日拂晓开始对该高地发动进攻。第5师团于10日黄昏攻进频尖，一举向提马方向突进，11日傍晚占领了提马东侧的255高地。

战况进展顺利。

据谍报获悉，提马高地上似乎还有混凝土核心工事，应等待军直属炮兵部队到达后再发动进攻，但判断这时对敌攻击已刻不容缓，第18师团便又增派了预备队，经过一场混战，傍晚赶跑了敌人，占领了该阵地。

其后，第18师团于13日占领了遮普西侧高地，14日在科帕尔兵营附近同敌军展开激战。这个阵地是敌人凭恃的最后一个据点，这股敌人的抵抗十分顽强，我方伤亡不断增加，战斗极其残酷。力攻一昼夜，至15日午后，终于夺取了150高地，从而置敌于死地。

另外，第5师团逐渐压缩敌人，14日接受第3坦克团的配属，从当天傍晚开始，集中步兵、坦克、炮兵、工兵的全部威力向敌阵地的防御重点——基地发起了攻击并夺取了该地。15日向其南侧扩展战果。

近卫师团（缺留在西贡的近卫步兵第3联队，配属坦克第14联队）为将敌人牵制在陆桥以东，令以搜索联队为骨干的乌宾岛支队于8日天亮前在乌宾岛登陆，结果没有遇到敌人的抵抗就占领了该岛。师团主力8日白天故作佯动，当天夜里向新山（柔佛巴鲁）方面转移，9日夜在该地西部地区渡河成功，10日晨占领了曼台山北侧高地，12日夜完全占领了曼台山。

然后，师团推进到南部水源地的东北方面，但和90高地附近的优势敌人遭遇，战况没有进展。师团长为占领加兰机场，将主力转用于巴耶黎巴方向，14、15两日攻击该地附近之敌，15日傍晚到达加兰机场东北侧的新加坡东郊。

军直属炮兵部队因被敌人炮兵所阻，进展很不如意，但14日占领了提马附近的阵地，担任了压制和击溃敌人炮兵、切断敌人交通及干扰性炮击的任务。另外，第3飞行集团以第3飞行团的主力直接配合地面作战，同时攻击企图从新加坡逃窜的敌人舰艇；以第12飞行团的主力掌握制空权，以第7飞行团的主力压制新加坡岛的要地和敌人炮兵。敌人的阵地满是一片硝烟，敌我炮声隆隆，新加坡市街因轰炸、炮击和火灾弄得浓烟冲天。

〔敌人前来投降——"同意"还是"不同意"〕顽抗的敌人终于精疲力竭，在我军的猛攻下屈服了，2月15日午后1时，英军军使纽比金准将来到我军第5师团的正面请求接待。军司令部立即派参谋杉田一次中佐前往前线与其接洽。

英军军使提议，总督为了谈判停战事宜，希望日军司令官前往总督官邸。杉田参谋质问军使有无投降的意思，对方避而不作明确回答。我方回答说：你方如果没有投降的意思就无需进一步谈判。然后将投降条件的书面文件亲手交给了英方军使，并明确指示：如果英军有投降的意思，就接受这个条件，在向所属部队下达执行全部条件的命令之后，请英军司令官亲自到提马公路上我军第一线来请求投降。另外还附带说明：如果英军司令官决定前来投降，就在凯撒旅社的楼顶上升起白旗，以此为标志，我方将停止射击。这样，英军军使便回去了。

接着，英军司令官帕西瓦尔中将来到我方前沿。山下军司令官当天午后7时，在提马北约一公里的福特工厂会见了他，午后7时50分，确认英军无条件投降，并在《关于投降的答复书》上签了字。

军司令部立即命令各部队停止攻击。

新加坡终于陷落了。百年以来的牙城终于崩溃这一历史性的事实姑且不谈，仅就进行战争的战略态势来说，至此已形成一大转折，印度洋的门户已经向西敞开。

天皇嘉奖马来方面陆海军的战捷，2月16日颁发敕语如下：

《敕　语》

马来方面作战的陆海军部队，在紧密配合，协同作战下，断然实行困难的海上护航、输送及果敢的登陆作战，耐炎热，冒瘴疠，长驱直入，所向披靡，神速攻克新加坡，从而摧毁英国在东亚之根据地。

朕深嘉奖之。

注：马来攻夺作战经过如附图第二（其二）。

二、攻占马尼拉

如前所述，从昭和16年（1941年）12月8日开始的陆海军航空部队的航空歼灭战已经收到了预期战果，中旬以来，敌机已经几乎没有什么引人注目的活动。

10日至12日，在阿帕里、维甘、黎牙实比先遣登陆的田中、菅野、木村各支队，已按预定计划，占领和修复了机场，并正在进一步扩大战果。

第5飞行集团（集团长小畑英良中将），11日以来逐渐将基地推进到吕宋岛已占领的机场，担任以主力掩护军主力登陆和配合地面作战，以一部歼灭残余敌机的任务。

攻占马尼拉的第一阶段作战，已按预定计划取得成功。

虽因风浪受阻，但于12月22日在吕宋岛仁牙因湾登陆成功的第48师团（缺田中支队和菅野支队，配属坦克两个联队、15毫米榴弹炮和10毫米加农炮各两个大队），为迅速占领阿格诺河渡河点，击溃乌尔达涅附近之敌，25日傍晚进到阿格诺河一线并占领了该地。师团逐渐在南方站稳脚步，主力陆续在比纳洛南、塔由格两地之间集结，准备以后的前进。

军直属的碧瑶支队（步兵第9联队大队长指挥的一个中队）25日傍晚占领了该地。

〔**向马尼拉进击**〕第16师团（缺步兵第9联队、田中支队、三浦支队）于12月24日天亮前在拉蒙湾登陆，开始向塔亚巴斯山脉以西地区前进，击溃所向之敌，推进到圣帕洛科和宾汉附近。然后，该师团一面排除敌人的抵抗，一面继续西进，25日到达巴古比劳附近，27日以其先头部队占领了坎得拉里亚。这天首次和先遣的木村支队取得了联系。

吕宋岛之敌在同第48师团和第16师团的战斗中似已受到巨大损失，伊巴及圣马塞利诺附近之敌正在向玛利贝列斯方面撤退，美国远东军司令官24日离开马尼拉撤退到克列几多要塞。

本间军司令官判断，敌人很可能将要据守在克列几多要塞及与该要塞相连的巴丹半岛之一隅，策划持久顽抗，但为迅速攻克首都马尼拉，仍按既定方针作了部署，即以主力首先击败正面之敌，然后向甲描那端附近前进，并命令第二批输送部队，正在台湾高雄待机的第65旅团，应于29日从高雄启航，向马比劳西方锚地前进，并在该地登陆。

〔**马尼拉，还是巴丹？美西战争的前例**〕第48师团12月28日从阿格诺河一线出发，战况进展顺利，29日推进到甲描那端的前面。

该军28日将战斗指挥部推进到比纳洛南。29日第5飞行集团与第11航空舰队协同作战，大举攻击克列几多要塞，并取得巨大战果。

这时，据空中侦察，敌有力部队逃入巴丹半岛的趋势已很明显。

于是，该军今后应该如何指挥作战，在军司令部内就成了问题。即，是应该仍按原定计划一举向马尼拉方面推进呢？还是应该以第48师团的有力部队向班潘哥河右岸推进，从而准备以后对巴丹半岛方面的攻击呢？

本来，在制定菲律宾岛作战计划的当时，大本营并没有料到敌人将死守巴丹半岛作最后顽抗。第14军参谋长前田少将在同大本营幕僚召开的作战会议上，虽曾谈到美西战争的事例，说明会有这种情况，但并没有引起足够的重视。大本营对攻占美国在远东的政治、军事根据地马尼拉很重视，认为要击败敌野战军，应围绕对马尼拉的攻坚作战来实现。因此，对菲律宾的作战计划始终是以迅速攻占马尼拉为方针的，第14军也是按大本营的这一方针来指挥作战的。现在眼看敌人将向巴丹半岛方面移动，今后应如何指挥作战，这是需要军司令官下最大决心的问题。

经过深思熟虑，军司令官决定按原定计划，迅速攻占马尼拉，28日午后下达了该项命令。

〔攻陷马尼拉〕 第48师团30日拂晓开始攻击甲描那端附近之敌，并立即转入追击，31日占领了巴留阿格附近。

菅野支队同日推进到打拉。

上岛支队（以步兵第9联队长上岛大佐指挥的该联队两个步兵大队为骨干）当日晨从卡门附近出发，攻击打拉附近之敌，31日占领该地。

第16师团29日推进到圣帕布洛和里巴，30日占领了圣托马斯。

据30日空中侦察获悉，打拉方面之敌仍在继续向巴丹半岛方向撤退，从马尼拉方面也有兵力在移动。

军司令部以主力攻克马尼拉的企图仍未改变，但决定以第48师团的一个步兵联队，野战炮兵一个大队为骨干向圣弗尔南多方面推进，准备对迪纳卢皮汉和埃尔莫萨附近的预想敌阵地进行攻击。当天夜里作了该项战斗部署。

昭和17年（1942年）1月1日，第48师团进到布拉坎、圣赫塞和德门特附近，作好围攻马尼拉的态势。

菅野支队同一天攻击了班班附近之敌，上岛支队也参加了这次战斗，傍晚打败了敌人。

第16师团于1月1日夜半进到萨勃特，木村支队进到塔诺安。

第65旅团因台风受阻，启航推迟了一天，1日在马比劳登陆，并在该地附近集结。

军司令官1日前进到甲描那端。

至此，攻占马尼拉的态势已经作好。

关于对马尼拉市的处理问题，军司令部为了完整地保存马尼拉市，曾限制军队进入市区，但1日傍晚收到第48师团长一封电报，内称："军司令部欲完整保存马尼拉的殷切希望，已因火灾而落空。兵团认为，总之必须把马尼拉从火灾中拯救出来，（我部）拟以主力开进马尼拉市，并在帕西科河南侧地区集结兵力，请予指示。"军司令官为防止敌人破坏马尼拉和救出我当地侨民，于当日午后8时命令第48师团长以所需兵力占领并确保马尼拉市。

接着，2日午前10时，命令第16师团长以所需兵力迅速占领马尼拉市南部，另各以一部占领甲米地和八打雁。

于是，第48师团以步兵团长指挥的三个步兵大队于2日午后5时45分；第16师团以一个步兵大队及搜索联队于2日午后6时，共同进入马尼拉市，负责确保重要设施和维持治安。第16师团另以一部占领了甲米地军港和八打雁。

当时马尼拉和甲米地的重要设施,由于撤退之敌的破坏,有的遭受火灾,有的遭到破坏,而且当地居民到处任意抢夺,但随着日军开进,很快就恢复了秩序和治安。

注:菲律宾攻夺作战的经过如附图第二(其三)。

三、缅甸作战

发动进攻

在进攻作战结束后进行长期持久战上,缅甸作为南方重要地区的北翼据点,不仅具有必须确保的战略地位,而且还具有对中国方面来说切断援蒋公路,对印度方面来说促进其脱离英国的重大的政略意义。所以大本营从开战伊始就迫切希望进行缅甸全域作战。但在开战前,大本营考虑到整个陆军兵力的情况,不得不对南方军作如下指示:"南方进攻作战期间可相机夺取南部缅甸的空军基地,作战告一段落后,如情况允许,再进行解决缅甸的作战。"

〔**大本营的作战设想**〕 当初大本营的作战设想是,先以进驻泰国,负责确保该国安定的第15军(军司令官饭田祥二郎中将),迅速作好进攻缅甸的准备,在作战初期相机摧毁南部缅甸的敌空军基地,保证马来方面作战军的侧背安全,然后攻占仰光附近,摧毁英蒋合作的据点,待作战告一段落后,再增加兵力击溃驻缅甸的英蒋联军,加强对中国和印度的压力。

大本营暂以第33师团和第55师团主力为基干兵力,作为承担上述作战任务的第15军的兵力。

〔**进攻的准备**〕 饭田军司令官12月9日来到曼谷,对陆续到达的部队作了部署。即,命令原为确保泰国安定暂归该军指挥的原属第25军的近卫师团,于12月11日以后由铁路运输归复原来建制;令由铁路和行军到达的第55师团主力在达府、麦索一带集结,以其一部在北碧西部地区集结;另外因第33师团已于昭和17年(1942年)1月10日由海路在曼谷登陆,所以令其在达府附近集结。

该军在作战准备当中最感苦恼的是,将达府至麦索之间的道路改成汽车公路的问题。原来,泰缅边境附近的地势,山岭险峻,到处岩层裸露,而且树木竹林枝叶茂密,白天也很黑暗,所以估计改修这条道路困难将会很大。

所幸当时日泰间的友好关系日臻改善，泰国也积极协助，工程进展得很顺利。

军司令官为了适应预想作战地带的地形，采取措施，把第一线师团和军直属部队的车辆部队改编成用马（牛）驮的部队。

〔向丹那沙林区的进攻〕 昭和17年（1942年）1月上旬左右，在缅甸的敌军兵力，以步兵37个大队、炮兵约13个中队为基干，大约有兵员4万人，据判断，其配备的重点是毛淡棉地区、东部掸邦、仰光附近及曼德勒附近四个地区，印度军和重庆军的增加势头也逐渐显著，临战时对这些情况都要加以充分考虑。当时的形势就是这样。

本来就很低劣的铁路运输能力，由于要优先对马来的运输，就更降低了运输能力；由于道路不好，拖延了军需品的积聚和运输；以及为改编车辆部队又耗费了时间，因而大大阻碍了该军的作战准备工作。但是另一方面，由于敌机的空袭逐日加剧，英军和重庆军对缅甸方面的增援迹象又逐渐显著，迫于这种形势，尽管该军的准备还不充分，也必须迅速夺取南部缅甸的敌空军基地。

于是，军司令官1月上旬在曼谷确定了作战要领，即决定迅速进攻南部缅甸，占领萨尔温江的重要防线，准备以后对仰光的作战，并对各部队的前进作了部署。即令第55师团的步兵第120联队之一部（冲支队），先于主力部队，从北碧方面向土瓦方面作战以牵制敌人；令第55师团以主力突破麦索附近泰缅边境，占领毛淡棉附近，令第33师团继第55师团主力之后陆续挺进，向拔安方向进发。

冲支队1月4日从国境出发，一面牵制敌人，一面于1月19日占领了土瓦。第55师团20日穿过国境，击溃就近之敌，在利用冲支队的牵制效果中前进，22日占领了高加力。随后，该师团于30日进到毛淡棉附近，力攻该地东侧之敌，31日午前9时占领了毛淡棉，使冲支队回到属下。另外，第33师团于2月4日占领了拔安。

仰光的陷落

〔大本营的指导〕 如前所述，大本营的原来打算是，除夺取南部缅甸的空军基地外，其余战斗都要在作战告一段落后进行，但从整个形势来分析，认为有必要迅速开始正式的缅甸作战，于是1月22日，即第15军正在进攻泰缅边境的时候，大本营对南方军司令官下达了"要与海军协同攻占缅甸重要地区"的命令，同时对缅甸作战要领作了如下指示：

"缅甸作战的目的,在于击溃驻缅英军,占领和确保缅甸的重要地区,并加强对华封锁。为此,应以第15军尽速进到毛淡棉附近萨尔温江一线,作好作战准备后,以主力从毛淡棉至勃固的公路沿线地区出发,迅速占领中部缅甸的重要地区。"

〔**占领仰光**〕 南方军和第15军对仰光作战问题虽已屡经研究,但由于泰缅边境附近修筑汽车公路的工程拖延了时间,向前运送笨重器材和弹药的工作没有进展,所以渡过萨尔温江进行作战在2月初左右仍然认为是困难的。然而,通过情报获悉,英军增援部队已在仰光登陆,有力的重庆军正在南下;另一方面,马来作战也在顺利进展,1月末已到达柔佛,预料近期内可望得到来自马六甲海峡方面的海路补给,于是,南方军便于2月9日命令第15军:"须继续现在作战,尽量歼灭敌人,进到仰光地方,且务必在其以北取得地盘,以准备对曼德勒和仁安羌附近的作战。"

军司令官17日在毛淡棉决定,以攻占仰光为目的,先向锡唐河畔前进,命令第33师团和第55师团于2月20日通过比里河一线,一面消灭正面之敌,一面向锡唐河畔挺进,准备以后的进攻。

第33师团2月11日夜渡过萨尔温江,击溃所在之敌,22日推进到锡唐河畔,第55师团同日占领了吉桃。

1月奉命从菲律宾方面调来协助第15军作战的第5飞行集团长,于1月15日到达曼谷,随即将曾归第3飞行集团指挥的第10飞行团归复原建制,企图以泰国为基地,立即消灭在缅甸的美国空军力量,同时协助该军作战,但由于基地离战区太远和敌空军力量逐渐增强,协助作战效果很差,地面部队不得不主要利用黑夜进行活动。

军司令官20日把战斗指挥部推进到加马西,23日推进到吉桃。

27日军司令部决定并向各部队作了部署,以攻克仰光为目的,于3月3日渡过锡唐河,以主力经由勃固以西地区,先向仰光北部地区前进。

军的第一线各部队按预定计划开始行动,情况进展极其顺利。

鉴于这种情况,军司令官决定继续现在的作战向仰光突进,并于3月5日下达了有关此项决定的命令。

第33师团在极力隐蔽企图中向前急进,6日推进到瓦内羌北侧地区,更于7日日落时分开始行动,一举冲到仰光。师团的部分部队有的陷入混战之中,但步兵第215联队于3月8日午前10时占领了仰光。

第55师团6日在勃固附近同拥有约130辆坦克和装甲车的优势敌人交战,7日将其击溃。

军司令官于9日进入仰光。

于是，第15军完全占领了缅甸首都仰光，结束了缅甸南部的攻夺战。

〔**战略上的意义**〕 占领仰光可以该港为基地取得海路补给，给英、中的合作造成了一大裂痕；南部缅甸的空军基地可以为我航空部队的作战提供极大方便，为进行以后的缅甸方面的作战创造了显著的有利条件。

由于英军撤退，缅甸的显要人物有的避难他去，有的被带走，但实行军事管制后，缅甸人还是很好地给予协助，所以治安迅速得到了改善。

中部和北部缅甸的攻占

〔**南方军的指导——全缅甸作战**〕 在攻陷仰光的前一天，即3月7日，南方军总司令官命令第15军司令官继续执行现在的作战任务，同时要遵照下列各项歼灭曼德勒方面之敌。

一、进一步抓住战机，以大胆果敢的作战，迫使曼德勒方面之敌特别是中国军队进行决战，务于短期内将其歼灭。本项作战应争取大致于5月末以前完成。

二、为进行上项作战而在仰光地方所作的进攻准备工作取得进展后，可不待增援兵团集结即开始行动，将曼德勒方面之敌捕捉歼灭在该地附近或其以南地区。

三、追击时要坚决将败逃之敌远远赶向缅中边境方面，并肃清缅甸境内之敌。

四、在上述作战期间，要占领仁安羌附近的油田地带和勃生，如情况许可，以一部迅速占领若开机场。

随着马来方面作战的结束，大致在下达上述命令的同时，又新将第18师团和第56师团补充到第15军。

〔**曼德勒会战的准备**〕 攻陷仰光之后，第15军司令部连日进行了反复讨论和研究，结果关于缅甸中部和北部的作战问题，3月15日确定了如下方针："大致于5月末以前，在曼德勒附近（广泛包括以曼德勒为中心的缅甸中部地方）捕捉、歼灭英蒋联军主力，随后将残余之敌从缅甸境内一扫而光"，并据此制定了计划。

该军在专心致力于补充兵力、充实装备，推进交通、兵站设施和修整空军基地，以图准备在下一步作战的同时，为获取战略要地，向前推进了第一线各兵团。即，分别命令第55师团占领东吁机场；第33师团进到仁安羌北侧地区和占领勃生机场，另外又命令3月25日在仰光登陆的第56师团向东吁附近集结。

第55师团3月10日从勃固出发，一面激战一面北进，26日进到东吁附近，在该地附近对顽抗之敌进行了突击作战，30日晨将其攻克。

第33师团25日从礼勃坦、兴实达一线出发，连战连捷，其主力4月7日占领了亚兰谬，其另一部23日占领了勃生机场。

第56师团28日进到东吁附近，立即协助第55师团的战斗。

〔曼德勒会战——重要地区归我所有〕 在3月15日制定军作战计划的当时，曾预定将连接东枝、梅铁拉和仁安羌北方地区的一线作为其进攻发起线，但从东吁附近战斗的结果来看，敌人的抵抗是认真的；另外从缴获的文件得到的情报已大致判明：敌军主力正在进到曼德勒以南地区。于是将作战发起线缩回一段，改为乐可、央米丁、仁安羌一线，4月1日下达了向该线进发的命令。

军司令官根据下列方针，4月3日在东吁制定了曼德勒会战计划。

"本军以精锐兵团切断腊戍方面敌人的退路；以主力沿东吁—曼德勒公路和伊洛瓦底江地区向曼德勒方面前进，包围敌军主力的两翼，在曼德勒以西，伊洛瓦底江地区压倒并歼灭该敌；然后，在腊戍、八莫、杰沙一线以西捕捉、歼灭残敌，同时，不失时机地以精锐之一部向怒江一线追击。"

各兵团4月初开始北进。第56师团踏着蜿蜒崎岖的山路，备尝艰辛一意北进。第55师团4月15日占领塔瓦提。第18师团4月8日在仰光登陆，由铁路和陆路在前往东吁集结。第33师团4月9日从亚兰谬出发前往进攻仁安羌。该师团10日以后与优势之敌进行激战，17日午前7时30分，步兵第214联队冲进并占领了油田地带的中心部分。

军司令官从分析整个形势出发，判断会战这个大局将在东枝—梅铁拉一线决定，并作了部署。即命令第56师团向腊戍方面突进，切断敌人退路，命令第18师团和第55师团分别进到央米丁东西地区，然后向曼德勒方向突进，将敌军主力压缩并歼灭在伊洛瓦底江畔。

第56师团20日到达乐可，然后充分发挥汽车部队的特点，以每天110多公里的速度向前突进，29日攻克腊戍。

第18师团30日打败敌人，进到米扬格河南岸，5月1日渡过该河，当天午后6时20分终于占领了中部缅甸的要冲曼德勒。

第55师团26日占领康坦，5月4日到曼德勒附近集结。

军司令官5月1日进到曼德勒指挥作战，命令第56师团向怒江和密支那方向穷追败逃之敌。

3日和8日，该师团各以一部分别占领了八莫和密支那，更以师团主力攻克畹町镇、芒市、龙陵，5日进到怒江一线，炸毁了惠通桥。另外，10日傍晚击溃微弱之敌以后占领了腾越。

缅甸作战开始以来至此已历半载，缅甸的重要地区已悉归我有。我军在此期间的作战，给了英、印、缅甸军以决定性打击，对加强南方军的防御态势作出了巨大贡献。

然后，第15军继续扫荡残敌，努力渗透军事管制，同时，向防御战阶段过渡。

〔攻占安达曼、尼科巴群岛〕 安达曼、尼科巴群岛是印度洋上的战略要地，不仅对防卫缅甸和马来，而且对掩护缅甸方面海路补给的侧面也有绝对确保的必要。

根据上述认识，大本营于2月7日就攻占该群岛问题，指示由南方军总司令官与联合舰队司令长官协商决定。

陆海军协商的结果，决定攻占该岛以陆海军协同作战进行，攻击兵力，海军由川崎晴美海军大佐指挥的第12特别根据地队分遣队和第9特别根据地队之一部，陆军由第18师团的一个步兵大队充任，登陆作战海军一并指挥陆军部队。

3月20日傍晚，进攻部队在海军第1护卫队的掩护下由槟榔屿启航，途中未受敌人阻碍，23日午前2时50分安全进到布莱尔海面预定锚地。

进攻部队于当天午前6时半在罗斯岛奇袭登陆，没有受到敌人的抵抗就占领了布莱尔港一带和该地机场。

然后，进攻部队扫荡了群岛内各要地，于26日大体扫荡完毕。海军护卫队陆续返回新加坡，进攻部队担任该岛的防务。

注：缅甸攻夺战经过如附图第三。

四、对荷属东印度的进攻

作战设想

对荷属东印度的作战，从全局看来有如下条件：其一，必须从各方面向其发起急袭式的进攻，以便不给敌人以破坏石油资源的时间，其二，本项作战开始后无论如何总得在2—3个月以后才能完成，所以当然必须预料到同盟军的增援尤其是空军的增援，随着作战时间的拖延，爪哇容易变成坚固的要塞，因此，有一个要求尽早结束这项作战的时间上的限制。

〔**大本营的作战设想**〕 本来南方进攻作战的设想是，从马来、菲律宾两翼方面撒网，摆成将资源丰富地带的荷属东印度兜入网底的阵势。当大本营制定作战计划时，和马来的进攻作战同样煞费苦心的就是这个荷属东印度的进攻作战问题。其第一个难点是，对荷属东印度用兵之前，必须经过菲律宾和马来两大作战。因此，在对荷属东印度开始作战时就存在着若干不确定的因素，尤其是随着进攻战的进展，以其占领区域内陆续迅速修复的空军基地，究竟能否对荷属东印度充分发挥空军威力的问题。第二是，能否在敌人破坏之前就完整无缺地占领重要油田地带巴邻旁（巨港）的问题。

上述第一个问题，归根结底是能否在对爪哇发动正式进攻之前，就获得能对爪哇本土发挥充分威力的陆上空军基地的问题。研究的结果认为。符合这个要求的主要基地，是婆罗洲东南部的马辰、苏拉威西的望加锡、肯达里与苏门答腊的巴邻旁、直落勿洞等地的机场。占领这些要地和占领后迅速修复机场有不少困难条件，后来通过周密的准备和巧妙的兵力运用，胸中才勉强有了成算。第二个问题是，决定靠日军断然实行首次的空降作战尽量达到这项作战目的。

担任这项进攻战的兵力，陆军以第16军和曾担任马来作战的第3飞行集团为主，海军以第3舰队、第11航空舰队为基干的荷属东印度部队为主，以南遣舰队为基干的马来部队也协助了这次作战。

〔**南方军的指导——攻占爪哇的命令**〕 昭和16年（1941年）11月，南方军把进攻爪哇的作战要领下达给第16军，指示了作战准备的原则。

为了将爪哇作战比原定计划提前约一个月，12月下旬，南方军总司令官同第2舰队司令长官商定，拟将与此有关的苏门答腊和婆罗洲等地的作战也提前若干天，并就修改计划问题向大本营提出了建议。

大本营立即采纳了南方军的上述建议，并采取了相应的措施。

作战计划修改后，第16军势必要对本军的作战计划，特别是对有关船舶运用的计划加以细致的修改，因此为这项准备忙得不可开交。昭和17年（1942年）1月20日，南方军就进攻爪哇问题向第16军下达了下述命令：

一、南方军拟与海军协同迅速攻占爪哇。

二、第16军须依下列各项迅速攻占爪哇。

1. 利用对爪哇航空压制的成果，以主力在爪哇西部登陆，大致与此同时，以一部在爪哇东部登陆。

登陆作战应预料到来自海空之敌的阻碍。

2．登陆后击溃敌人，迅速占领巴达维亚（即雅加达——译者）、苏腊巴亚和万隆。

3．迅速修整爪哇的空军基地。

三、第3飞行集团长和船舶运输司令官须协助第16军的作战。

〔第16军的编组〕 昭和16年（1941年）11月6日发布了担任进攻荷属东印度的第16军战斗序列令，今村均中将任军司令官，冈崎清三郎少将任军参谋长。当时，第16军是以第2师团（师团长丸山政男中将）和混成第56步兵团（步兵团长坂口静夫少将）为基干编成的。

12月下旬，军司令官决定把军主力集中于台湾，以准备以后的作战，从昭和17年（1942年）1月初旬左右开始，部队陆续集结于台湾。

在此期间和以后，军的编组逐渐增强。其增加部队的大部分，都是已经担任过其他方面作战的部队，其主要部队如下。

第38师团（师团长佐野忠义中将），开战初曾担任攻占香港的任务，昭和17年（1942年）1月4日编入第16军的战斗序列，同月下旬在金兰湾集结。但其一部，即以第38步兵团长指挥的第328联队一个山炮大队为骨干，以攻占安汶岛为目的，1月12日由香港启航前往达沃待命。

第48师团（师团长土桥勇逸中将），曾担任攻占马尼拉的任务，昭和17年（1942年）1月14日编入第16军的战斗序列，在马尼拉集结。

〔第16军的作战计划〕 1月初旬以后，军司令官将战斗指挥部设在西贡，并正在进行作战的准备工作，1月16日返回高雄。

在这以前，军司令官在台湾待命时，就根据南方军指示的作战要领，制定了大致以下列各项为主要内容的作战计划。

一、以混成第56步兵团为基干的坂口支队，对南部菲律宾的达沃和东部婆罗洲的重要地区进行作战，主要担任夺取石油资源和空军基地的任务。

二、第38步兵团长伊藤武夫少将指挥的、以步兵第228联队和一个山炮大队为基干的东方支队攻占安汶。

三、第38师团主力在南部苏门答腊方面进行作战，在占领巴邻旁及其他石油资源所在地的同时，占领为进攻爪哇本土服务的空军基地。

四、军主力的第2师团，东海林支队（以第38师团的步兵第230联队长东海林大佐指挥的两个步兵大队、一个山炮大队为基干）和军直属部队，先在高雄、随后在金兰湾集结，另外，第48师团先在仁牙因湾、随后在和乐岛集结。

五、随着对爪哇本土作战准备工作的完成，军主力、第48师团大致同时东西呼应，进行登陆，以达到作战目的。

进攻爪哇的前哨战

〔前哨战的设想——新设婆罗洲守备军〕 要想使进攻爪哇的作战确有把握，如已述及，为推进我军的航空威力圈，在苏门答腊南部、马来、婆罗洲南部、苏拉威西南部、帝汶岛和巴厘岛一线获取航空基地是个先决条件。

攻占马来和菲律宾自然是迈出的第一步。另外，南方军直属的川口支队（以第18师团步兵第35旅团长川口清健少将指挥的步兵第124联队为基干）于昭和16年（1941年）12月16日占领了婆罗洲北部的米里和斯里亚，同月25日占领了古晋。这次攻占婆罗洲北部要地，除取得基地外，还有确保当地资源的目的。随后，川口支队于3月被调转到菲律宾。

大本营为了迅速在婆罗洲实行军事管制，4月，在婆罗洲编成了守备军司令部，并将其编入南方军的战斗序列。军司令官由前田利为中将担任，以独立混成第4联队为骨干的部队被编入其隶属之下。另外，第16军的坂口支队12月20日同第14军的三浦支队一起，占领了棉兰老岛的达沃，又于25日占领了和乐岛。

这样，第一阶段态势的整备工作便在马来、英属婆罗洲、和乐岛、棉兰老岛、帛琉群岛一线作好了。

〔作战开始——攻占前方基地〕 第16军为攻占爪哇本土所进行的前哨战就在这样的态势下开始了。

当时担任攻占爪哇的第16军主力正逐渐在金兰湾和马尼拉附近集中，随后前往和乐岛附近集结，堪称先遣队的前方基地的攻夺部队，从1月初以来已逐渐开始作战。兹述其概要如下：

坂口支队=1月11日=打拉根

坂口支队=1月24日=巴厘巴板

东方支队=1月31日=安汶岛

坂口支队=2月10日=马辰

第38师团主力=2月15日=巴邻旁

金村支队（以第48师团的步兵一个大队为基干）=2月19日=巴厘岛

东方支队=2月20日=帝汶岛

上述各项作战，其大部分都是由陆海军部队紧密配合进行的，只有马辰一地是陆军单独攻占的。

此外，海军于1月11日占领了万鸦老，又于22日占领了肯达里。

〔**海军和航空部队的活动**〕 当时，马来方面的战况取得了显著的进展，正在该方面作战的第3飞行集团，12月28日至2月13日，对苏门答腊地区的机场进行了5次攻击，取得了击毁敌机105架的战果。在此期间，1月31日在双溪大年，将第1挺进团（团长久米精一大佐）编入该集团指挥之下，继续致力于训练奇袭攻击巴邻旁的部队和搜集情报等工作。

为了适应在这样广阔的地区作战，当时海军的状况是，必须动用一切可动用的全部舰艇来担当攻击部队的船队护航任务。当时在爪哇方面，正集结着从菲律宾和马来方面逃来的同盟军海军舰艇，据推测，其兵力还是有相当战斗力的，可是日本海军几乎顾不上对这股敌人进行积极作战。

另外，海军航空部队以巴厘巴板和肯达里为基地，2月3日和5日攻击了爪哇地区的敌空军兵力，3日击毁84架，5日击毁16架，4日在苏腊巴亚东方海面攻击了由7艘巡洋舰、5艘驱逐舰组成的敌联合海军舰队。

于是，围绕爪哇本土的要地便悉归我有，攻占爪哇本土的态势至此已经完成。

进攻爪哇的作战

〔**军事地理情况概要**〕 爪哇岛稍靠近南岸，有一条东西走向的中央山脉，并分布出数条南北走向的支脉。平地多水田和湿地，特别是苏腊巴亚以南和东南方地区，水沟纵横交错，道路以外的行动受到很大限制。

该军的登陆预定地点，舟艇靠岸大致是容易的。但军主力面对的潘达湾，登陆正面稍为狭窄，进出不便，而且是平滩，由船卸下笨重器材必须要有栈桥。主要道路几乎都是可通汽车的良好公路，但这些道路的两侧树木很多，伐倒可被利用来作障碍物。

〔**大胆实行敌前登陆——东西呼应**〕 军主力和东海林支队在海军的护航下，2月18日从金兰湾启航，在南下中，22日在爪哇海发现了敌舰队。海军为了试图对其进行攻击，将26日的预定登陆日推迟到28日。运输船队在此期间北上退避，后于23日再次开始南下。26日以后在第3飞行集团的掩护下继续航行，27日在潘达湾附近又发现了敌舰队，根据海军的要求，将登陆日期又推迟了一天。于是，军主力于28日午后10时半才进入潘达湾锚地。

第48师团在海军部队的护航下，2月19日从和乐岛启航，向爪哇东部前进。22日突然接到军司令部的命令，要推迟两日登陆，于是便在巴厘巴板南方待命，在此期间与坂口支队合一，分别指挥该支队。25日再次南下，27日因有敌舰队出击，海军护卫部队对其进行了攻击，不得已又将登陆日期推迟一天。于是，3月1日午前零时15分才进入克拉甘锚地。

军主力于3月1日拂晓排除敌海空军的猛烈抵抗，在爪哇西端的潘达湾、加拉旺角附近和孔雀港附近登陆，东海林支队在巴达维亚东方的坎丹奥附近登陆。第48师团和坂口支队分别在苏腊巴亚西方的克拉甘附近果敢地实行敌前登陆。当天白天，军主力方面大致进到基春河一线；东海林支队进到加里茶底机场一带地区；坂口支队进到不罗拉附近，第48师团还在距登陆点约50公里远的地区击退敌人，占据了地盘。

登陆期间，军司令官搭乘的船因遭到敌人攻击而触礁沉没，但人员并未受到多大损失。

敌人对道路进行了有组织的、彻底的破坏和阻拦，但该军各兵团却很好地克服了这些困难，击溃所向之敌，各路都强行迅猛进击。

〔第2师团对爪哇西部的进攻战〕 企图进攻爪哇西部的第2师团方面，那须支队3日傍晚到达拉瓦伊里安附近，4日夜，以夜袭击退了该地附近的澳洲兵守备队，5日到达茂物的前方。福岛、佐藤两支队3日到达马伽、巴拉拉伽附近，但因桥梁被破坏，再向前进很困难。3日午后，师团长将主力调到战况比较顺利的茂物方面，将福岛支队和佐藤支队之一部配属给那须支队长。5日夜，那须支队断然夜袭茂物，使2、3千名澳洲兵向南方溃逃，于6日午前6时占领了该地。另外，佐藤支队于5日午后9时30分占领了巴达维亚。师团在继续向万隆方向前进中，8日清晨接到军司令部关于该地之敌已请求投降的通报，又于9日午后接到军司令部关于占领万隆的命令，于是，约用两个大队占领了该地。

〔东海林、坂口两支队的战斗〕 领有突进加里茶底机场任务的东海林支队的挺进队，击退敌人的反扑，于1日正午冲进并占领了加里茶底机场。该机场马上就能使用，但因电讯不通，不能通报给航空部队。支队主力于2日拂晓刚一到达苏曼就受到了装备精良的敌装甲部队的攻击，由于第3飞行团的有效协助才打败了这股敌人。当天午后，第3飞行团将基地勇敢地强行推进到加里茶底机场，从而加强了对地面部队的协助。3日，飞行团对数次来犯的颇有战斗力的敌装甲部队进行了恰当的攻击，使敌人的企图每次都遭到了挫折。支队乘万隆之敌尚未调整好要塞态势之机，以对其进行急袭为目的，于5日以后，相继占领了苏曼、邻班。7日午后10时30分，敌军使来到支队指挥部，提出了万隆防卫司令官贝斯曼少将的停战请求。8日午前10时，支队长在邻班会见了贝斯曼。

担任占领爪哇中部南岸芝拉扎、切断敌人退路任务的坂口支队，相继攻占了苏腊卡尔塔、日惹（周贾卡塔），马吉冷、三宝垄、普禾加多等要冲，8日终于占领了芝拉扎。9日午后1时，科库斯少将的军使前来乞降。10日午前11时10分，支队长在普禾加多会见科库斯并接受了投降。

〔第48师团对爪哇东部的进攻战〕 第48师团担任攻占爪哇东部的任务，企图攻占苏腊巴亚，待炽布附近的梭罗河桥梁架完后，于4日开始了行动。师团主力沿炽布—吉礁山—宗班—惹班一线，不断打败敌人的逐次抵抗，昼夜兼程地继续向前突进，6日到达了惹班。博柔内果罗挺进队3日晨占领了博柔内果罗，接着又继续东进，7日占领了拉孟甘，8日占领了格雷西。

在此之前，在惹班战斗中，曾缴获苏拉巴亚敌阵地的详细设备图，又据我第一线兵团报告，敌人在苏腊巴亚南地区已构成泛滥地带，并正在逐渐增加灌水。于是，我军立即排水，7日半夜以后，水位逐渐下降。

师团决定9日傍晚开始进攻苏腊巴亚，正在准备中。8日午前11时，敌人在苏腊巴亚南侧桥梁附近打出白旗，并派出军使来到我军前沿。8日午后3时，师团长在战斗指挥部会见了爪哇州长，但因对方统帅责任不明确，中途停止了会见，命令各部队进入苏腊巴亚，当日午后6时占领了该市。

9日傍晚，召见敌东部军管区司令官伊尔亨少将，令其接受我方提出的投降条件，并解除降军的武装，12日傍晚结束了解除武装工作。

〔攻下爪哇全境〕 这样，由于荷军主力的投降，万隆东南方面的敌各部队，包括约11000名美英军都相继投降，从而结束了对爪哇全境的进攻战。

对巴邻旁的攻占

马来方面的战况以2月15日午后敌军的投降而告终，但在这前一天的14日，在新加坡岛南部，战斗还在激烈进行中。就在14日这一天，我空降部队首次在巴邻旁炼油厂附近实行了空降。

选定14日是基于下述两个理由：其一，担心新加坡陷落后巴邻旁方面之敌会严加警戒，并可能破坏油田和炼油厂，因此选定在新加坡陷落前的这一天较为有利，其二，眼下马来方面的战斗还在继续进行，选定大局将定的14日较为适当。

〔攻占计划和空降奇袭的准备〕 对巴邻旁的攻占，首先是靠第1挺进团主力的空降奇袭，占领并确保油田地带。但敌人很可能在这惊愕的瞬间一过，立即进行强有力的反击。在这种情况下，必须不失时机地以地面部队增强其战斗力，并进一步扩大其战果。因此决定：14日夜第38师团的田中先遣队（以步兵第229联队长指挥的步兵一个半大队为基干）进入邦加岛的门托克锚地，以一部（以大队长指挥的步兵两个中队为骨干）占领门托克机场，同时，主力乘登陆艇通过海上机动，溯慕西河、塞拉河、泰拉河而上，配合已经着陆的伞兵挺进团，确保巴邻旁。另外，计划于15日以挺进团的余部进行第二次挺进；第38师团主力以28艘船只组成的船队于17日傍晚到达慕西河口，利用满潮之时全船队溯慕西河而上，在巴邻旁登陆。

用于挺进攻击巴邻旁的航空兵力，陆军方面计有侦察机9架、战斗机约70架、袭击机9架、轻轰炸机约20架、重轰炸机约30架，总计约140架，已在马来地区展开，海军方面计有陆上攻击机约100架、战斗机约30架、陆上侦察机6架、水上侦察机约40架，总计约180架，其主力已在婆罗洲西部展开，一部在马来基地展开。

2月14日，大陆高气压带在华北方面，马来的天气仍然是微风、晴或有薄云，但苏门答腊方面却似乎处在天气恶化的前夕，层云或积云很多，云高只有200余米。这一天，挺进团主力分成两个梯队，第1梯队由挺进第2联队之一部、两个运输机中队、飞行第98战队（缺一个中队）、飞行第64战队和飞行第81战队之一部组成，以卡罕机场为基地；第2梯队由挺进第2联队之一部、约两个运输机中队、飞行第98战队的一个中队、飞行第59战队和飞行第81战队之一部组成，以居銮机场为基地。第1梯队领到必须确保巴邻旁机场的任务；第2梯队领到必须确保巴邻旁炼油厂的任务。

〔断然实行挺进空降〕 这天清晨，两梯队冲破黎明，腾空离陆，集合完毕后立即一直向南驶进。陷落前夕垂死挣扎的新加坡的上空，黑烟冲天，一直蔓延到很远的慕西河口，由于油烟遮蔽，空中的可见度极低。

午前11时26分，主力在机场以南地区完成了降落，一部分于11时30分在机场西侧地区完成了降落。同时，搭载挺进团长久米大佐的部队长座机在距机场西南约10公里的湿地强行着陆。在机场方面，敌人的十几门高射炮和高射机枪一齐开火，但我配合挺进团的轻轰炸机队立即予以压制，另外，其他配合作战的飞行部队，在挺进队开始空降的同时开始空投，投下了武器、弹药、粮食等。这时受到敌人5架喷气式飞机的攻击，我战斗机应战，击落其3架。我方的损失仅被击落物资运输机1架、被迫着陆人员运输机1架。

空降部队中担任攻击机场任务的部队，在与所遇之敌展开遭遇战中，陆续冲到机场周围并逐渐集结了兵力。在此期间，巴邻旁市区兵营方面的敌人增援部队曾乘车疾驰而来，但在我勇敢攻击下溃逃。接着，对敌人机场警备部队、兵营等目标灵活运用挺进厮杀的战术扩大了战果。在机场东西两侧着陆的部队，于午后9时取得联系并完全占领了机场。

攻击炼油厂部队的主力中队长以下约90名兵员，在工厂南侧的湿地降落。这支部队以陆续到手的空投下来的武器弹药坚持奋战，突入慕西河支流西侧的工厂，排除敌人的顽强抵抗，于15日黎明占领了该厂。另外，攻击炼油厂部队之一部约30名，攻击了慕西河支流东侧的工厂。这支部队在不断苦战，由于敌人的炮击和放火引起了工厂的大火灾。据占领后调查，火灾损失比较轻微。

占领机场的部队主力，15日下午与空降的第2梯队一起向巴邻旁市发起了攻击，给敌人以很大打击，薄暮占领了该市。

〔地面部队的策应与海军部队〕 攻占巴邻旁的地面部队第38师团的先遣队，在海军的护航下2月9日从金兰湾启航，师团主力2月11日从金兰湾启航，一直南下。

第1南遣舰队司令长官小泽海军中将指挥的舰队和第4航空战队，为掩护船队，10日从金兰湾出击，向邦加岛北方海面前进。13日据航空母舰飞机侦察，看到在新加坡还停着十几艘商船，并有约40艘运输船正在向邦加海峡方面南下，于是以航空部队和水上部队对其进行攻击，至18日，已将这批船只大部击沉和击毁。

2月14日正午左右，先遣队的船队进入门托克锚地，没有受到抵抗就完成了登陆并占领了机场。另外，溯慕西河、塞拉河、泰拉河而上的陆军舟艇部队，于午后3时开始了溯江航行。15日午前10时，鸟海舰水上侦察机报告："敌巡洋舰3艘、驱逐舰5艘正在通过加斯珀海峡北上，上午9时38分。"小泽司令长官判断，这是荷兰海军企图反击，决定立即进行攻击，令门托克的运输船队到慕西河口待避，令经林加岛东方正在南下的主力船队暂在北方待避。当天午后，以航空部队对其进行攻击，结果埃克塞特号型巡洋舰一艘起火，敌舰队开始向南退避。主力船队再次南下，17日傍晚到达慕西河口。

先遣部队的溯江行动，途中曾受到敌机的三次攻击，但未造成损失，仍然继续前进，15日午前11时左右，与塞拉河部队协同，先与确保炼油公司的挺进部队，随后与巴邻旁市附近的挺进部队保持联系，并扎扎实实占领了该地。然后，泰拉河部队向巴都拉惹挺进，切断了敌人的退路。

〔确保苏门答腊南部〕 18日午前5时，师团主力全船队溯慕西河而上；

午后3时在巴邻旁登陆。然后，师团长按计划进行进攻作战，只在进攻占碑时遇到一些抵抗，确保了苏门答腊南部。这就给攻占爪哇的作战以更大的成功把握。如上所述，这次作战，不仅是为了将巴邻旁炼油厂完整无缺地拿到手而进行的一次特别作战，而且是作为攻占爪哇的前哨战的一环来实行的。

爪哇海海战

日本海军在攻占爪哇的部队开始登陆时，曾同企图阻碍我军登陆的美、英、荷海军展开了一场壮烈的海战，给了敌人以决定性打击。其主要的战斗为苏腊巴亚海战、巴达维亚海战和切断爪哇南方退路的战斗。

昭和17年（1942年）2月下旬，在苏腊巴亚方面停着以5艘巡洋舰为基干的敌联合舰队，因此估计进攻爪哇的作战要引起一场真正的海战。如前所述，日本海军虽已料到了这个问题，但由于必须以全部舰艇护航船队，所以在登陆作战开始前就没有采取搜索并攻击敌舰队的方策。对爪哇的航空作战，决定以在婆罗洲以东展开的第11航空舰队担当攻击爪哇东部的任务；以在苏门答腊南部展开的第3飞行集团和第22航空战队担当攻击爪哇中部和西部的任务。2月下旬大力加强了航空攻击，并于27日在芝拉扎海面击沉了美国小型航空母舰兰利号，3月3日以后，对澳洲也开始了攻击。

〔**苏腊巴亚海战**〕 攻占爪哇东部的部队第48师团的船队由41艘船只组成，在第4水雷战队、第2、第9驱逐队护航下，于2月22日从停泊港巴厘巴板出发，26日晨在婆罗洲东南端的拉乌特岛南方与第5战队和第2水雷战队汇合，当天午后5时30分，到达苏腊巴亚西北约60海里海域。在这里同从苏腊巴亚出击的敌联合舰队遭遇，引起了开战以来的首次舰队战，战斗从傍晚进行到夜半。

日落前的两个小时战斗，大部分始终是远距离的炮战，但后半部分由于日本舰队的突击尝试奏效，击沉了敌驱逐舰两艘。午后7时30分左右，第5战队司令官停止突击，退避到北方，敌人也退避到南方，但日落前后敌人又折回北上，至夜半，敌我接触了两次。正午过后，[①]在第二次接触中，日本舰队放射氧气鱼雷，实行远距离攻击，结果奏效，一举击沉敌巡洋舰两艘。遭受重大损失的敌舰向苏腊巴亚和巴达维亚方面退避。这次海战称作"苏腊巴亚海战"。

---

① 原文如此。——译者

上述海战的结果，登陆日期被推迟一天。

2月28日夜，第48师团的船队在克拉甘抛锚并开始了登陆。我舰队在爪哇海面游弋以掩护登陆，3月1日晨到达马威安岛西北约100海里的地点。午前11时左右，第5战队发现了伴随两艘驱逐舰的敌巡洋舰1艘，于是，同适在附近海域的由第3舰队司令长官直接率领的足柄号、妙高号两舰一起，将其包围并全部击沉。这三艘舰是埃克塞特号、会战号和波普号。

〔巴达维亚海战和切断退路的作战〕 在其他战场，以第7战队、第5水雷战队为基干的部队，护航56艘进攻爪哇西部的第16军主力船队，于28日夜到达潘达湾锚地。军主力开始了登陆。当夜子时刚过，两艘敌舰进入锚地同我护航舰艇展开了激烈的夜战。我方迎击时扫海艇、运输船各一艘被击沉，运输船数艘受到重创，但敌人的两舰也被击沉，这两艘军舰是美国巡洋舰休斯顿号和澳大利亚巡洋舰珀斯号。与上述两舰一起出击的荷兰埃巴斯坦号也于当日在斯波科岛西方被消灭。这次海战叫做"巴达维亚海战"。

在苏腊巴亚和巴达维亚方面的敌联合海军中，突破巴厘海峡逃脱掉的，只有美国四艘驱逐舰，其他全被击沉或击毁。

在这以前，2月19日空袭了达尔文港的第1航空舰队已回到了肯达里的外湾斯达凌湾，同月25日因爪哇南方海面作战曾经出击。其兵力是以赤城号、加贺号、苍龙号、飞龙号为核心的部队。另外，近藤第2舰队司令长官直接率领的南方部队本队，同样曾从斯达凌湾出击，在机动部队的东侧行动。这些部队3月1日至4日，在爪哇南方海域捕捉了从芝拉扎出逃的敌舰船，取得了击沉3艘驱逐舰和13艘船只的战果。

注：荷属东印度的进攻作战经过如附图第四。

五、巴丹半岛的进攻战

第一次攻击

〔**进攻准备——抽出主要战斗力**〕 昭和17年（1942年）1月2日，攻夺马尼拉的作战刚一结束，第14军就企图乘敌军主力向巴丹半岛方面撤退之机歼灭该敌，当天便新编了高桥支队（以野战重炮兵第8联队长高桥大佐指挥的步兵第9联队、野战重炮兵第8联队为基干），令其迅速向迪纳卢皮汉附近转近；又令第48师团（缺以步兵三个大队为基干的马尼拉留守部队，配属两个坦克联队，15厘米榴弹炮两个大队，10厘米加农炮一个大队）迅速向班潘哥河右岸转进，准备进攻巴丹半岛。另外，第65旅团（旅团长奈良晃中将）5日以后已向因泽尔斯前进。

正当进攻巴丹半岛的准备工作已渐就绪的时候，2日夜里，南方军命令：攻占马尼拉后，拟把第5飞行集团调到泰国方面作战，把第48师团调到荷属东印度方面作战。当然，这在原订的作战计划中就是已经明确了的。虽然如此，现在把即将对巴丹半岛作战的主力部队抽调出去，这对第14军来说无疑是个很大的打击。但是，当时第14军认为以其余现有兵力进行进攻作战并不很困难。这样，进攻巴丹半岛作战的进展并未引起大本营和南方军的强烈反应。

军司令部作了以第65旅团接替第48师团战线的部署。

第48师团12日在马尼拉集结，准备下一步作战；第5飞行集团7日停止战斗行动，10日从吕宋基地出发去承担新的任务。

飞行集团调走后，该军的航空部队就形成以第10独立飞行队长指挥的第10独立飞行队（军事侦察、直接协助地面作战的各1个中队）、独立飞行第76中队（司令部侦察队）、飞行第50战队的一个中队（战斗机队）和飞行第16战队（轻轰炸机3个中队）为基干组成的部队了。

当时，军司令部错误地判断了巴丹半岛敌军阵地的强度，对该地地形一无所知，认为尾随败逃之敌就可以突破。只估计到进攻克列几多要塞遇到困难时有可能需要封锁。据推测，当时巴丹半岛的敌人兵力，除要塞部队外，还有以六、七个师团为基干的约4万至5万人的样子。

〔追击〕第65旅团8日进到埃尔莫萨附近，接替了第48师团的战线，并接受了1个坦克联队、两个山炮大队、1个野战重炮兵联队和1个大队的补充配属，10日进到比安旺河一线，攻击了正面的敌人阵地。旅团因受到隐蔽在密林内看不见的敌炮兵的猛烈射击而混战起来，指挥联络陷入困境。于是旅团进一步作了一番准备，于13日黄昏再次发起攻击，夺取了一些阵地，但由于敌人的集中火力和猛烈的反扑，结果伤亡不断增加，战况毫无进展。

第14军12日将战斗指挥部推进到圣弗尔南多，为打开这种局面，13日将驻在马尼拉隶属于第16师团、以步兵团长指挥的步兵第20联队（缺第3大队）为基干的部队调到圣弗尔南多，以此组成了木村支队。

木村支队于15日夜到达圣弗尔南多，16日以后打败莫隆和茅潘附近之敌，25日进到巴格克。

在这以前，支队为使支队主力的战斗顺利进展，曾于22日夜派恒广大队在马亚卡奥海角乘舟艇由海路前往凯波波海角。但由于该大队认错了登陆点，

23日黎明在基诺安海角登陆，结果遭到优势敌军的攻击而陷入了重围。

第65旅团22日又发起了攻击，但因敌人抵抗顽强仍未能打开局面。然而，15日以来，突破险峻的山地、迂回到敌人左侧背后的步兵第9联队的1个大队，得到了空中补给，威胁到敌人侧背，敌人便从24日傍晚开始了全面撤退，于是战况骤见好转。旅团立即转入全线追击，25日进到巴朗格西部地区，27日以后对沙马特山阵地进行了反复攻击，但由于敌人阵地坚固未能奏效。

在这以前，军司令部为了进一步增强巴丹方面的战斗力，曾于25日采取措施，从马尼拉调来了第16师团长指挥的两个步兵大队。

军司令部判断，沙马特山、奥里翁一线是敌人的前沿阵地，而里麦、玛利贝列斯一线则是其主要阵地，因此对靠近玛利贝列斯一带抱定了寸土必争的方针。26日命令木村支队以主力沿西海岸进到距巴格克南9公里附近地区；命令第65旅团不必等待炮兵赶到就以主力从沙马特山方面向奥里翁西南方向紧追正面之敌。

〔战斗交绥——恒广大队溃灭〕 木村支队虽然攻击并突破了巴格克附近的敌人阵地，但在扩大战果的过程中遭到敌人的反击，30日，其突击部队（支队左翼队、步兵第20联队〈缺两个大队〉）终于被封闭在突破口里陷入了重围，直至2月8日。

第16师团长于28日到达乌郎牙坡，力图增加木村支队正面的兵力以打开局面，但没有成功。

第65旅团于2月1日决定，作好充分准备再次进攻沙马特山阵地，于是努力恢复战斗力，准备攻击器材，计划从9日晨开始，以主力向沙马特山西北地区推进，然后准备进攻，但由于8日军司令部的命令，停止了这一行动。

先前因认错登陆点而在基诺安海角登陆的木村支队恒广大队，逐渐陷入困境。第16师团长虽又将1个大队派往卡纳斯海角以图救援，但因遭到优势敌军的反击，至7日夜，后援部队已经丧失了大部分战斗力。师团为救出该部，于7、8日两天夜里，派出了有力的舟艇群，但没能发现友军，由于遭到敌人猛烈炮火和水雷艇的袭击，8日夜里仅救出34名伤员。

〔停止攻击——向大本营报告〕 2月8日，在军司令部召开了有关指挥今后战斗的幕僚会议。会上有的主张以现有兵力继续攻击，有的主张停止强攻只进行封锁，还有的主张暂时调整战斗态势，等待援军到达后再行攻击等，议论纷纷。军司令官本间经过深思熟虑，决定暂时停止攻击，调整目前的战斗态势以图后策，并于2月10日由参谋长将实际情况向大本营报告如下：

"关于攻击玛利贝列斯阵地情况，前已汇报，敌人把从奥里翁附近起经沙马特山北麓至巴格克附近一线作为第一线，在大密林地带花费很多时间和劳力构筑了纵深堡垒群，各种设施完备，而且将菲律宾国防军六、七个师配置在前线，将美军配置在其后方（推测总兵力4万至5万人），其炮兵约有大炮百门（其中包括相当数量的15厘米级加农炮），利用其储备充足的弹药和观测设备，不分昼夜地对我要害地方进行瞄准射击，严重地妨碍着我第一线和后方部队的行动。敌人还以玛利贝列斯山顶为中心，修筑了环形、放射状的汽车路，使轻炮、坦克和汽车等可以自由移动，并利用其熟悉地形的有利条件，乘我方兵力不足及与后方联络困难之机，在兵力本来就占优势的基础上，又在战斗力的集散离合方面明显地发挥着优势。

"再有，从马尼拉湾口到巴丹半岛西海岸的制海权实际上是由敌方掌握着，主要由于这种原因，我西海岸的海上机动部队陷入了非常困难的境地，终于被迫撤回。

"我军乘进攻纳契布山的余势，估计在两、三周之内会取得成功，开始了进攻玛利贝利斯山敌第1线阵地的战斗，但除取得若干局部成功外，由于上述理由，特别是由于我方补给困难和战斗力降低等，蒙受了意外的损失，没有取得全局性的成功。在目前情况下，即使照此继续进攻，成功的希望也不大，而且还必须下决心付出更大的牺牲，事态演成最坏时，不无给菲律宾作战的全局带来严重影响的危险。

"因此，鉴于我军戡定全岛，取得国防资源等项任务，认为有必要对不惜付出更大牺牲来继续进攻玛利贝列斯是否得当的问题重新进行研究。另一方面，关于敌人的持久力问题，目前敌人的粮食似已陷入相当困难境地，通过我军强行海上封锁等，预期会取得相当效果。我军有鉴于此，兹决定，忍痛调整目前的战斗态势，暂图增强战斗力，为今后再次发起攻击作好准备，同时适应形势演变采取适当的措施。

"于是，我军13日作了如下部署：加强对克列几多要塞和沙马特山的炮击，并在第1线进行佯攻，以便首先使第16师团顺利调整态势，然后牢固地占领纳契布山南麓和巴朗格西方地区，以封锁巴丹半岛南部之敌"。

〔木村支队左翼队的奋战〕 第16师团在根据军司令部的命令开始行动之前，极力为救出木村支队左翼队继续进行了攻击。于是，突入部队摆脱了敌人的重围，于15日12时与师团主力会合。

木村支队左翼队的确进行了英勇卓绝的战斗。这支突入部队（以步兵第20联队长吉冈赖胜大佐指挥的第3大队为基干的部队），1月29日冲进敌人阵地，31日以后弹尽粮绝，空中补给因碍于密林也未能实现，该部间或以马肉、树脂充饥，勇敢地坚持了战斗。2月9日，该部已大致进到敌军阵地背后时，接到了返回的命令。当时，该部已与敌人处于短兵相接的状态，插入以来已有百名重伤员，在这种情况下，摆脱敌人，返回自己原来阵地实在是难上加难。以联队长为首的全体官兵，下定悲壮的决心，从10日傍晚坚决实行了突围，但由于敌人顽强抵抗伤亡不断增加。在此期间，该部军官几乎全部阵亡，彼此的联络也时断时续，但该部竟以军旗为中心的钢铁般的团结，成功地实现了敌中突破，于15日中午12时簇拥着军旗返回来了。当时生存者为378名。

于是，对巴丹半岛的第1次攻击以完全失败而告终，各部队的损失很大，陷入了一时难以进展的状态。

第二次攻击

巴丹半岛的战斗陷入胶着状态，使大本营和南方军甚为忧虑。攻击进展迟缓，损失不断增加，令人难以容忍，而对由此可能引起的敌方宣传上的策略和它在精神上所带来的影响更不得不予以重视。只是由于其他方面的进攻战都在顺利进行，虽然只剩下一个巴丹半岛没有攻克，但从战略全局上来看并不见得就构成危险。

〔**准备阵地战——增强兵力**〕 巴丹半岛的敌人阵地似乎构筑得比预想的还要坚固。大本营为攻克该阵地，从1月末到2月上旬，陆续发出命令，令暂时停止攻击，经充分作好准备后，按阵地战的攻击要求加以突破，并以此为目标增强兵力。增加的主要部队如下：（月日表示到达的日期）

第4师团（师团长北野宪造中将）（2月27日—4月3日）

第5师团：步兵第9旅团长指挥的步兵1个联队（4月5日）

第18师团：步兵第35旅团长指挥的步兵1个联队（4月1日）

第21师团：以步兵团长指挥的步兵1个联队为基干（2月26日）

独立山炮1个联队（2月27日—3月5日）

独立重炮兵1个中队（机械化24厘米榴弹炮）（2月14日）

重炮兵1个联队（24厘米榴弹炮）（2月14日）

飞行第60战队（重型轰炸机）（3月16日）

飞行第62战队（重型轰炸机）（3月16日）

〔**攻击准备的部署和训练**〕 随着上述各部队的到达，该军在3月4日作了如下的攻击准备部署，同时痛感第1次攻夺不成功的主要原因，在于部队对特殊地形的作战训练不够充分，因此对各部队和新到达的各部队进行了以对坚固的野战阵地进行攻击，特别是与炮兵火力接火的突击、密林地带的近战等为演习项目的训练。

一、第16师团从10日开始行动，最迟于15日以前，将其第1线推进到从巴格克河北侧起到巴格克与巴朗格之间分水岭附近一线，为了攻击而搜索敌情地形。

伴随上述行动，迅速整备从巴丹半岛东海岸方面通往师团推进线后方的后方联络线。

二、第65旅团从10日开始行动，最迟于15日以前，将其第1线大致推进到马蒂柯河两侧台地一线，为了攻击而搜索潘清甘河两侧台地上的敌情地形。

三、永野支队（以第21步兵团长指挥的3个步兵大队、1个炮兵大队为基干）从10日开始行动，最迟于15日以前，以一部进到从阿波阿波附近起，中经新马利亚附近到庇拉尔附近一线，在搜索敌情地形的同时，担任军的左翼警戒任务；其主力仍在圣弗尔南多附近进行准备进攻的训练。

四、第4师团（以当时到达沙马尔附近的3个步兵大队、1个野战炮兵大队为基干）仍在沙马尔附近进行准备攻击的训练。

五、军炮兵队（以5个15厘米榴弹炮中队、两个10厘米加农炮中队、1个15厘米加农炮中队为基干）随着我军第一线部队的推进，必要时将一部分阵地向前推进，担任搜索敌情任务，同时根据需要协助第65旅团和永野支队。

六、军飞行队主要进行整顿，同时，以一部担任协助地面行动的任务，特别是担任侦察沙马特山北侧和加勃特台地上的敌人阵地的任务。

〔半岛攻占计划——麦克阿瑟逃掉〕该军于3月18日完成了第2期作战计划，同月22日又制定了如下的半岛进攻计划。

一、3月末以前，本军以主力将攻击准备线推进到奇阿贝河与塔里塞河一线，同时以一部在巴丹半岛西半部地区发起行动，以牵制该方面之敌。

在此期间，以军飞行队配合海军，摧毁克列几多岛和敌人后方设施，并压制敌人炮兵；另外，从攻击准备的末期开始轰炸敌人的第1线地带，以沮丧敌人的士气。

二、军主力方面，4月上旬对从奇阿贝河、潘清甘河汇合点附近起到沙马特山北麓一线的敌人阵地开始攻击，突破第一道防线地带后，进到沙马特山南麓东西一线，随后，第一线兵团在搜索正面敌情的同时，调整态势，确保后方联络，调来炮兵等，准备向敌第二道防线推进。在巴丹半岛西半部方面行动的兵团主力,到利昂西北方地区集结,作为第二线兵团。

三、在军主力开始攻击前进之前,由军炮兵司令官在发动总攻击的当天,统一指挥第65旅团和第4师团的炮兵,进行攻击准备的射击。

军司令官于23日将各部队指挥官召集到圣弗尔南多,传达攻击计划,同时下达了关于准备攻击的命令。

这时,军飞行队连日猛烈袭击克列几多要塞,从3月29日到4月2日又轰炸玛里贝列斯、卡布卡本两机场和里麦西方阵地等,取得了巨大战果。

敌将麦克阿瑟上将3月下旬从克列几多要塞逃走。

〔**攻击开始,突破第一道防线地带**〕 军司令官于28日夜下达了进行攻击的命令,30日便将其战斗指挥部从圣弗尔南多推进到奥拉尼。军司令部在这项命令中明确规定:4月3日开始攻击,攻击重点放在第4师团右翼方面,突破潘清甘河至沙马特山北麓的敌第一道防线地带后,首先进到沙马特山南麓东西一线,命令第16师团、第65旅团和第4师团从右至左并列攻击,永野支队作为军的预备队,并要求第16师团和永野支队起首努力完成牵制敌人的任务。

4月3日,该军按预定计划开始攻击。首先,军的炮兵部队于午前9时进行了效力射击的预备性射击,随后,10时开始了准备攻击的射击。按照计划,从10时至午后1时30分进行了第1次破坏性射击,午后2时至3时进行了第2次破坏性射击,并与军飞行部队的轰炸相配合,在我军攻击前进之前几乎完全压制了敌炮兵和沙马特山西北麓的敌人阵地。当全军开始攻击时,第16师团和永野支队仍然原地保持原来的战斗态势,主要以火力进行佯攻,担任牵制、监视敌人的任务。第65旅团和第4师团均于3日午后3时开始了攻击前进,并陆续攻克敌人阵地,于当天傍晚进到了潘清甘河右岸至旧马利亚西方塔里赛河左岸一线。

处于上述有利状况,军司令官决定抓住这一战机,夜里也继续进行攻击,迅速突破敌人第一道防线地带,午后6时下达了这项命令。4日清晨以来,攻击又取得新的进展,至午后5时左右,突破沙马特山方面敌主要抵抗线的战斗已经大体完成。这一天傍晚,军司令部令永野支队在奥里翁山方面进行搜索,令第16师团在马蒂柯附近集结兵力。

5日,第65旅团企图攻击距沙马特山南约3.5公里的三角标高1421高地,但至当天傍晚仍未攻克。第4师团于午后零时50分占领了沙马特山顶,但遭到来自加勃特台地方面的敌人炮击,伤亡不断增加,结果展开了激战。然而由于各部队的奋战,入夜后,除剩下占据加勃特台地的敌人外,完成了沙马特山附近一带的敌第一道防线地带的突破。

〔完成攻占〕 6日午后零时30分，第65旅团占领了三角标高1421高地，午后5时，第4师团夺取了加勃特台地。永野支队进到加勃特台地附近后参加了攻击。

7日，在第4师团的正面以东地区，我第一线的攻击略有进展，当天夜里把军炮兵部队推进到沙马特山北麓，8日夜进到距里麦南方5公里的拉马奥附近至里麦河一线。据这天空中搜索的结果判明，东海岸方面之敌正在向卡布卡本和玛利贝列斯附近退却，西海岸方面之敌也似已开始退却，玛利贝列斯湾、西西曼湾、卡布卡本海面停着许多敌人舰船。军司令官于当夜10时作了向玛利贝列斯追击的部署。第一线各部队4月9日全天反复进行了追击和强攻，当天夜里，第4师团和第16师团冲进玛利贝列斯，从而完成了对巴丹半岛的攻占。

〔攻击克列几多要塞〕 军司令部老早就在制订进攻克列几多要塞的计划，到17日制定完了。其方针是："靠综合发挥炮兵、飞行部队的威力，在各部队的紧密配合下，首先在克列几多岛尾部急袭登陆，站稳脚步后，再在该岛头部登陆，一举攻占该岛。"

各部队精心作了攻击准备。关于隐蔽企图的问题军司令部认为，至少要隐蔽登陆的时机，如果可能，作出已经放弃攻击克列几多的假象以欺骗敌人则较为有利，因此公开行动自不必说，其他昼间行动也严加禁止。军司令官于4月28日正式进入马尼拉市，隆重举行庆祝天长佳节[①]的仪式，对外宣传说，对克列几多要塞只限于封锁和炮击，并佯装前往棉兰老岛，从马尼拉出发回到巴朗格。

军炮兵队从5月5日午后10时45分至午后11时，进行支援射击，援助第4师团左翼队（以第61步兵联队、第7坦克联队之一部、两个山炮中队为基干）的登陆。左翼队于午后11时10分在卡巴里角附近和诺斯角附近登陆成功。6日昼间，左翼队遭到敌人数次反攻，战斗十分激烈，但午后4时30分还是占领了圣赫塞。

〔无条件投降〕 在这以前，美远东军司令官威恩莱特中将曾于6日午后1时30分前来左翼队正面请求投降。该军将他带到卡布卡本同军司令官会见，结果，他以对其他地区没有指挥权为理由，以期将投降区域只限于克列几多岛，因此，该军命他返回克列几多，继续进行攻击。

---

① 天长节（4月29日），日本天皇诞生日。——译者

6日午后11时40分，第4师团右翼队没有遇到抵抗就在巴布里角东南地区登陆，同左翼队一起扫荡岛内，7日午前8时30分完全攻占该岛。

这一天，威恩莱特中将提出了在菲律宾的全部美、菲军队无条件投降的请求，午后11时50分通过马尼拉电台向全部美、菲军队发布了投降命令，并派幕僚到各地传达这一命令。

注：第二次巴丹半岛进攻战经过和南方全面进攻战经过的概要，请参照附图第二。

第23章

进攻战结束后的战争指导

伴随进攻作战进展的政略施策

如前所述，初战阶段的辉煌胜利。使大本营和政府首先想到和平进驻荷属东印度的可能性，接着而来的课题便是对重庆的施策和对印度、澳洲的施策等问题。

〔开战时对重庆的判断〕 回过头来看，开战前在东条内阁再次审查国策时，大本营和政府就"与美英荷开战对重庆的抗战意志将带来若何影响"的问题，曾作出如下结论：

一、日本对美英荷开战将使蒋介石凭借ABCD阵营的团结，益加坚定其对日长期抗战的决心，即在开战之初必将振奋其意志，更加巩固其与美英等国的合作，坚决把抗日战争进行到底，日中全面和平的实现，至少将拖延到整个战局的结束。

二、开战的另一个结果将是：重庆方面将丧失上海、香港等援蒋据点，由于帝国南进的发展，将断绝缅甸公路的运输，由于维持我南方作战的成果，将迫使南洋华侨停止援蒋行为等，这就将加剧其财政经济上的困窘，从而其实际抗战力量将逐渐减弱；随着军事力量的递减，其对一般大众的影响自不待言，即对重庆政权主流的继续抗战意志也必将产生重大影响，脚踏两只船的将领当中，投靠南京方面的将会逐渐增多，重庆方面的统一战线终将分裂，蒋政权将愈加衰弱下去。

就是说结论是，实现日中全面和平将拖延到整个战局的结束。不过，这种判断是在直接对于重庆政权只按现在的形势发展下去，而不加强更为积极的政略战略对策的情况下作出的判断。

所以在开战时的《关于促进结束对美英荷蒋战争的草案》中才认为，为了促进重庆政权屈服，除了灵活运用对美英荷战争的间接成果外，还必须加强对重庆政权的直接作战。但是考虑到开战当时和开战初期根本没有这种余力，所以关于这个问题没有作出具体计划。

〔对重庆谍报线路的设定〕 虽然大体上做了上述判断，但日本对美英荷开战，不管怎么说也是局势的重大转变。因此开战后重庆政权的动态曾是大本营和政府十分关注的事情，面对初期作战进展极其顺利，情况尤其如此。

12月24日，大本营和政府在联席会议上决定了如下的重庆对策。这个对策是战争初期日本对重庆政权的基本态度。

《关于随着形势演变迫使重庆屈服的工作问题》

根据昭和16年（1941年）11月13日联席会议决定的《关于促进结束对美英荷蒋战争的草案》，灵活运用形势的演变，特别是灵活运用作战的成果，掌握有利时机，策划迫使重庆政权屈服。

一、首先设定对重庆的谍报线路。这项工作由大本营陆军部担任，各有关机关给予协助。

上项工作只限于探明重庆方面的动向，关于屈服条件等概不涉及。为此，要采取利用新争取过来的中国方面的要人和其他外国人等的措施。

二、乘帝国所获战果和由于帝国对重庆方面的致命处施加强大压力而使其动摇之机，随时从谍报工作转向迫使其屈服的工作。其时机、方法等在大本营和政府联席会议上决定。

注：（1）进行这项工作时，要善于利用国民政府（指汪伪政权——译者），同时使国民政府彻底了解上述第一、二项的精神，注意切勿使其采取对所谓全面和平急于求成之类的措施。

（2）开展这项工作时，要特别慎重考虑，不要使对方看出我方的马脚。

在这以前，即自昭和15年（1940年）11月承认新国民政府以来，对重庆政权的和平工作已特意完全搁置起来。上述联席会议上的总的意见是，现在不宜急于对重庆政权进行工作；因为只要我方一施加武力压迫，对方就会就范，而在这之前，我方若急于进行和平工作，反而会被看出马脚来。因而上述决定的主要宗旨在于第一项，即首先设定谍报线路，而第二项不过是明确了今后的基本想法而已，虽然也提到"对致命处施加强大压力"，但还没有那种具体计划。

〔当前的对外施策〕 到了昭和17年（1942年）1月，大本营和政府鉴于开战后敌国及中立各国的动态，尤其鉴于随着作战的有利进展，印度和澳洲等地出现的形势，1月10日在联席会议上决定了如下施策。

《关于随着形势进展的当前施策问题》

随着形势的发展，根据昭和16年（1941年）11月13日决定的《关于促进结束对美英荷蒋战争的草案》，当前加强下列施策。

一、对美英等敌国　对美英等敌国，努力在各该国内制造厌战气氛，以使其丧失继续作战的意志。

为此，要特别与作战相呼应，加强各种宣传。

二、对印度　切断印度同英美的交通，使其拒绝与英国合作，使其反英运动积极化，以此为目标，随着作战的进展逐步加强施策。

本施策的实行由大本营担任，有关各机关予以协助。

三、对澳洲（包括新西兰）　通过顺利开展南方作战、切断同英美的交通等来不断加强对澳的高压态势，努力使其脱离英美的羁绊。

本施策的实行由大本营担任，有关各机关予以协助。

四、对南美各国　对南美各国方面，使这些国家维持实质上的中立，如有可能，使之接近轴心国一方，以此为目标，将工作重点放在阿根廷、巴西及智利三国，为此也可利用西班牙、葡萄牙和罗马教皇。

五、对苏联　保持日苏间的平静状态，同时努力阻挠苏联同美英的紧密联系，如有可能，努力进行离间。

六、对泰国　一旦到了需要日泰两军共同作战时，使其对美英宣战。

注：（1）关于第一项和第四项，尤须同德，意紧密合作采取措施。

（2）本施策是适应当前作战的措施，有关实行大纲，需取得联席会议的同意。

（3）关于对印度和澳洲的最后处理另定之。

大本营陆海军部根据上述决定，就对印度、澳洲施策的主要担当者问题进行了磋商，结果商定，对印度施策主要由陆军担任，对澳洲施策主要由海军担任。

〔**东条首相的国会演说**〕　随着作战的进展，东条首相在帝国国会重开的开头，1月21日和刚刚攻克新加坡的2月16日，先后两次在国会发表演说，根据上述决定的宗旨对中国、印度、澳洲等国发出呼吁，同时还提到了南方占领地将来的政治归属等问题。

关于南方占领地的政治归属问题，开战前大体上已作了研究，开战后作为战争指导上的重要课题曾经进行过慎重的研究，但出于种种考虑，难以做出最后的决定，这是实情；同时认为，即使做出决定，也不宜过早发表。然而东条首相着眼于政治效果，在上述两次演说中竟大胆地提到了这个问题，即明确了下列宗旨：对菲律宾和缅甸将来给予独立的荣誉；而香港和马来则作为大东亚的防御据点要由日本来控制。这当然是根据联席会议的决定。当时关于让菲律宾和缅甸独立的问题并没有什么不同的意见，同时认为，以某种形式把香港和马来置于日本控制之下是必要的。关于其他地区还没有得出结论。

还有，东条首相在2月16日的演说中说："大东亚战争渊源于我国肇国以来的伟大理想，其目标在于使大东亚各国、各民族各得其所，以皇国为核心，根据道义确立共存共荣的新秩序。"值得注意的是，这次演说强烈表明了作为战争目的的"建设新秩序"的一面。

〔**与帝汶岛作战相关的对葡争论**〕 与对帝汶岛作战相关联，决定对第三国葡萄牙的态度，曾是战争指导上的一个课题。帝汶岛接近拥有空、海基地达尔文港的澳洲西北部，同它紧紧相对，是所谓澳洲北方的攻防战略要冲，攻占该地是初期作战目标之一。该岛分为荷属与葡属两部分，开战时荷属帝汶当然是计划攻占地区之一，但对葡属帝汶如何处理并未作出决定。因为进攻葡属帝汶就很可能把葡萄牙赶到敌方阵营，所以应该极力避免。

然而当时澳荷军队已经进入葡属部分，葡属帝汶的局外中立已被打破，从作战上考虑，需要攻夺葡属要地古邦，同时还需要进攻葡属要地帝力。所以对于进攻葡属部分的问题，政府也没有异议，问题只在于扫荡了葡属部分的澳荷军之后是否应该从该地撤退这一点上。统帅部，尤其是海军统帅部强烈希望，扫荡后也仍然要把葡属帝汶作为主要针对澳洲达尔文港的作战基地加以控制。

这样，在1月28日的联席会议上讨论《关于适应对荷属帝汶作战的对葡措施问题》时，东条首相与永野军令部总长展开了激烈的争论。东条首相主张，只要葡方保证中立，日军就应该撤退；永野军令部总长则主张，是否应该撤退，应取决于葡方的态度和当时其他方面的形势。

当东条首相说不能完成辅弼政务之责时，永野总长就说不能完成辅翼统帅之责，各持己见互不相让，东条首相甚至说只好请天皇来决定。这是开战后联席会议上首次出现的紧张场面。

可是到了2月2日。会议继续进行，最后由于二人的妥协，做出了这样的决定："扫荡完葡属帝汶上的英、澳、荷军之后，只要葡方保证中立，帝国军队就从该地撤退，但根据葡方的态度和整个作战形势，迫不得已时，可继续作为作战基地加以使用。"

〔关于指导以后战争的研究课题〕 在对新加坡要塞发起进攻之前，大本营和政府就已经确信，进攻作战会取得超出预料的成功。以后应该如何指导战争，当然应该以开战时的腹案为依据，但这也是应该根据当时的各种形势重新加以研究的课题。在2月4日的联席会议上，东条首相发言说，关于以后的战争指导、大东亚建设的纲要以及与此相关的国内指导等，希望迅速加以讨论。2月9日确定了研究议题，其主要项目如下：

一、对世界形势的判断。

二、美澳、美印澳之间的相互依存关系，以及切断这些关系可能产生的影响。

三、将初期作战的实际成绩同预定计划作一对比，试看在军事上、政治上、经济上存有哪些差距。

四、从占领地取得物资的现状以及对将来的估计。

五、船只的现状及其增强措施。

六、今后应采取的战争指导大纲。

七、确保国民生活的具体对策。

八、应如何处理帝国的资源圈。

九、在大东亚战争的当前形势下，应在帝国指导下建设新秩序的大东亚区域。

经大本营和政府事务当局之间的商洽，上述研究课题，包括有关项目在内，在2月下旬至3月上旬期间一并进行了研究。根据需要，除联席会议成员外，汤泽三千男内相、寺岛健邮电相和井野硕哉农相等也参加了会议。

对世界形势和已获战果的判断

〔对世界形势的判断〕 经过数次讨论，3月7日联席会议做出决定，对世界形势判断如下：

对世界形势的判断

第一，美英方面可能采取的对策

美英今后在军事上、经济上、财政上以及在其他方面必将更加密切合作，形成一体，一面努力削弱轴心国方面的战斗力，一面谋求迅速增强自己的战斗力。即它们必将首先将其对轴心国的战争指导重点放在欧洲，同苏联合作，使该方面的战局向有利于他们的方向发展，同时努力确保和加强对日反攻据点，一旦拥有优势兵力，就试图一举实行对日反攻。即：

一、目前英国必将努力与美苏合作，以谋求首先迅速击溃德、意的战斗力，同时努力确保地中海和西亚方面，阻挠日、德、意合作。再者，英国在东亚方面为了实行对日反攻和保持英帝国的团结，必将极力设法确保印度洋的制海权和确保印度与澳洲。

二、当前美国必将努力与英苏合作，以谋求首先迅速击溃德、意的战斗力，同时在澳洲和印度洋方面，努力确保和加强对日反攻据点，并力求将精锐的海上兵力及空军兵力集中于太平洋方面，以其一部妨碍我海上交通，奇袭日本中枢地区和进行其他各种游击战。

三、美英必将尽力援苏援蒋，另一方面对苏联的对日牵制行动乃至参战寄予很大希望，并正极力促其实现；当前将秘密策划在东部苏联领土取得对日进攻的据点。

四、美英必将俟军事力量提高的时机，转向对轴心国发动大规模攻势，为此十分可能一方面同苏中合作，努力从大陆方面直接冲击我中枢地区，另一方面以主力从澳洲和印度洋方面逐步夺回战略要点，前来进行反攻。

而其可能企图实行大规模攻击的时机，大体将在昭和18年（1943年）以后。

参考：

（一）澳洲（包括新西兰）的形势；

（1）澳洲必将企图完全依靠美英的援助以努力增强战斗力，顽强坚持继续对日抗战。

（2）澳洲军事力量增强的程度将取决于澳洲同美英间交通线的状况。如果其交通线长期被切断，则其战斗力不仅不能增强，而且还会下降。

（3）澳洲在对英关系上虽然是自主的，但其对美的依赖程度将会增强。

（4）澳洲国防力量的弱点在于人口稀少和工业尤其是重工业生产能力的薄弱但其优点在于有关衣食方面能够应付任何长期战。

（二）印度的形势：

（1）英美必将在加强印度防务的同时，谋求密切印蒋之间的关系，努力保持抗战态势。

（2）今后的印蒋关系，由于援蒋公路的开发计划和蒋对英印妥协的居间调停等，必将逐渐紧密化。

（3）英国必将努力利用印苏、印蒋关系取得美国的支援，尽一切手段驱使印度民众全面协助对轴心国的战争。

（4）在轴心国方面扩大战果，尤其在帝国占领缅甸和日德孤立印度的策略实现的情况下，加上轴心方面对印进行内部工作，印度的反英运动有可能积极开展起来。

第二，苏联可能采取的对策

一、苏联必将以世界长期战争化为目标，努力加强同美英的互助合作，集中精力对德抗战。

在此期间，苏联将对帝国暂时努力维持现状，然而在美英强烈要求下不无对日参战的可能。尤其春季德苏战争如果有了有利于苏联的进展，则随着帝国对美英作战的演变，在帝国战斗力日趋减弱或丧失其机动力的情形下，很有可能引起同美英联合的苏联对日参战。再者，倘若苏联判断我必然要对苏使用武力时，则苏联很有可能向美国提供军事基地，进而先发制人：断然实行奇袭进攻。

二、东部苏联领土内的现有兵力（狙击师约20个，坦克约1000辆飞机约1000架），只要日苏间的现状不发生变化，不论今春以后预料中的德苏战况如何演变，都不会发生重大变化。

三、苏联除继续其援蒋行动外，对我领导下的各民族将主要通过思想战途径策划扰乱。

四、在当前形势下，德苏媾和不会可能。

第三，德意可能采取的对策

一、德军将在今冬大体做好对苏进攻准备，春夏之际再次发动对苏攻击，但在年内将很难彻底摧毁苏联武力，也不可能由此导致斯大林政权崩溃，在此期间，将企图迅速占领高加索。

二、德国将随着其高加索作战的进展，企图肃清英国在西亚的势力，努力加强同帝国的联系。

上述作战的规模及其进展情况，将完全取决于苏联抗战能力的恢复程度、德军攻击准备的完成程度以及土耳其的向背情况，现在难以遽然预先判断。

三、虽然登陆英国本土的作战准备仍在进行，但只要英国屈服崩溃的征兆尚未出现，德军暂时不会断然进行登陆。但在大西洋方面，仍将把重点放在对英封锁上，同时将逐渐加强对美海上交通的破坏战，可期将取得相当效果。

四、对法国，将努力逐渐将其纳入轴心阵营之内。

五、在当前形势下，德苏之间当无实现媾和的可能性。

第四，重庆政权的动向

一、重庆政权尽管抗战能力日益减弱，且其财政经济情况也日益困窘，但仍将以其党和军队的威力为背景，坚持强韧的抗日意志，期待反轴心阵营的最后胜利，故将仍不放弃抗战意志，而且在此期间，将益加谋求加强同苏联的合作及同印度民族的接近，同时努力统一抗日阵营。

二、如果切断了美英援蒋公路，轴心国方面扩大了战果，或者出现了美英苏并不足恃的形势，而且我国实力有所递增时，其抗战体制终将走向崩溃。

第五，各中立国的动向

一、法国的动向　法国仍将保持其动摇态度，对积极与德国合作踌躇不前。

二、葡萄牙的动向　葡萄牙在当前形势下，只要其领土主权得到尊重，将尽量长期努力维持其中立态度。

三、拉丁美洲各国的动向　阿根廷、智利目前将维持中立态度，但很可能迟早要追随美国。

四、土耳其的动向　仍将努力坚持中立，但如果今春以后德军在高加索的作战取得顺利进展，则很可能参加轴心国方面。

五、西班牙的动向　西班牙目前处于不能立即参加轴心国一方的状态。

第六，敌我国力的演变

其一，美英的作战能力

一、美国　美国将专注于努力解决生产部门的难关及确立国家总体战的态势，大体至1944年末，其军备和军需生产能力将会飞跃上升。

然而今后由于依赖国外资源，由于劳力、运输能力等不足，生产力的增势有可能逐渐出现停滞的倾向。

二、英国　按目前形势发展下去，今后仍能增加若干战斗力。

但目前情况是，英国本国在人力资源方面几乎达到了极限，物质资源也陷于必须依赖海外，尤其必须依赖美国，所以，随着制海权及属领殖民地的丧失，其作战能力必将出现逐渐减弱的倾向。

三、美英作战能力的综合观察　美英合作下的综合作战能力颇为强大，对我会迅速形成优势的战斗力，且有可以长期作战的能力。

其战斗意志一般也很旺盛，但包含着下列许多薄弱环节：

（一）人的战斗力将配合不上物的战斗力。

（二）物的战斗力虽然庞大，但是美英，尤其是美国的政治经济结构至今尚未确立国家总体战所需要的临战体制，确立这种体制，今后将惹起许多摩擦和纠纷。

（三）虽然拥有优势的军备，但由于丧失了进攻据点，其价值大为减低。

（四）英国作战能力依赖海上运输力之处极大。

（五）美国的海上运输能力比其国力薄弱，因此不能彻底援英。

（六）隔离美英对其作战能力的影响，远非隔离日德可比。

（七）切断英国与其自治领、殖民地之间的联系，最终将有导致其崩溃的危险。

（八）美英国民生活水平高，降低其生活标准，就会感到很痛苦，因此，继续进行没有胜利希望的战争，必将酿成社会不安，导致士气普遍低落，尤其英国战败将对美国产生极大影响。

（九）美英的结合虽属自然，但美英苏的合作却不自然，其间有着诸多矛盾。

（十）罗斯福、丘吉尔的政策每每富于投机冒险，国民对其领导未必悦服。

其二，苏联的作战能力

一、在目前情况下，以低装备的约200个狙击师在东西两正面同时进行作战是可能的。

（一）人力资源丰富。

（二）今春前后的军需工业生产能力约为德苏开战前的50%。

（三）粮食充裕。

（四）斯大林深孚众望，当前军民的抗战意志旺盛。

二、高加索的丧失将大大降低苏联物资上的抗战能力，但暂时将不会影响今年对德作战。

三、如果苏联能长期确保列宁格勒、莫斯科附近和高加索，至今年秋季前后，其物资上的抗战能力会有若干（今年秋季将为开战前的70%）提高，但以后的增势将极其缓慢。

其三，德意的作战能力

一、德国　大体能够维持现在的国力。

（一）对苏采取攻势，目前暂无影响，但本年度内若不结束高加索作战，则对以后进行大规模作战会有缺乏石油资源的危险。

（二）人力资源和军需工业能力充裕。

（三）粮食大体能满足势力范围内的需要。

（四）希特勒深孚众望，军民战争意志旺盛。

二、意大利　意大利的作战能力依赖德国之处颇多。

只要确保德意之间的交通，意大利维持其战斗力将无多大困难。

〔初期作战实绩的研讨〕　对上述世界形势的判断和对初期作战实绩的判

断，是决定尔后战争指导对策的重要前提条件。联席会议对此所作的决定大致如下。

初期作战的实绩与预定计划相比，在军事、经济、政治上有何出入？

第一，军事

初期作战陆海军都取得了出乎预料的巨大战果，结果暂时迫使美英陷入守势，这对防卫我国国土，确保主要交通线造成有利形势。此外，如果灵活运用现在的战争形势，对于完成长期战争，则与历来预期的不得不采取守势的战略态势相反，现在已进到可以转入攻势战略态势的时机。

一、陆军作战除在菲律宾方面有一些拖延外，总的说来大约将作战期间缩短了一个月，兵力的损耗也出乎预料轻微。尤其是原来预计南方作战告一段落后的缅甸作战，由于在南方提前得到了余力现在已经能够开始了。

二、海军作战在初战中给了太平洋方面所在的美英舰队主力以很大打击，此外，还几乎全歼了敌在东亚的海上兵力，对此，我方兵力的损耗比预料的少得多，从而目前敌我在太平洋和印度洋方面的兵力关系已攻守易势。

三、陆海军航空作战方面，我方损耗也较轻微，而且打败了相当多的敌空军兵力，正不断取得超出预料的战果。因此今后在可以扼制太平洋和印度洋方面敌空军兵力大量展开的情形下，能够应付敌空军兵力急速增长的势头。

四、美英将来提高其战斗力时，有可能企图利用尚存的反攻据点发动大规模攻势。

五、特别是初战给予敌军心理上的打击肯定很大。

第二，政治

以帝国为中心的目前世界政治形势同开战前预料的情况相比，虽然大体上同当初期待的演变并无多大差别，但其总的形势已超出预料，向有利于帝国的方向发展。

第三，经济

由于初战取得了巨大战果，

1. 确保既定计划区域的资源和切断对美英重要物资的供应，基本上可以提前完成；

2. 海上运输能力大致保持着预定状态；

3. 物资的获得，尤其是石油的获得，有可能取得越出预计的极好成果，这是毫无疑问的。

由于这样，总的说来，物资上的作战能力，预料能够取得超出预定计划的加强，但在确保粮食方面尚有需要考虑的地方。

一、船只运输能力

关于计算船只运载量的各种因素虽有些变动，但总的说来大致仍如原定计划。

即利用捕获船的减少，修理船及征用船的增加等，由于租用外国船的增加和C船（作者注：民用船只）的丧失、重创造成的减少可互相抵消，今后打捞的船只可立即列为船只运载量的增加部分。

二、钢材

（一）原定计划（昭和16年〈1941年〉11月5日企划院总裁在御前会议上所作的说明）：

（1）16年（1941年）度的钢材生产量，制定物资动员计划时的计划量为476万吨，对此，开战时的计划量为450万吨。

（2）17年（1942年）度在南方作战期间，按年折合，降低到380万吨左右。

（二）根据现状所作的估计

（1）16年（1941年）度钢材生产量为465万吨，较预定计划增15万吨。

（2）昭和17年（1942年）度，船只的运输能力按原定计划计，由于加强回收废钢铁和增加使用呆矿等，估计可确保生产500万吨。

三、大米

（一）昭和17年（1942年）粮谷年度的原供求计划为：

国内5913万石，[①]来自台湾约310万石，来自朝鲜约628万石，来自泰国约300万石，来自法属印度支那约700万石，计约7851万石，来自16年度盈余部分707万石，拨归18年度部分约600万石。

注：这是概算数字，如照初期作战的实绩来算，由于船只运载量及装卸能力的关系，难以落实。

但是，

（二）在昭和16年（1941年）11月以后至17年（1942年）2月末的初期作战期间，从泰国、法属印度支那仅仅输入100万石，同时由于国内米和台湾米的生产以及代用食品的供应也都减少，供求关系出现紧张，于是有必要确定如下的修改供求计划：

国内5546万石，来自朝鲜700万石，来自台湾（地区）215万石，来自泰

[①] 一石约等于180公升。——译者

国、法属印度支那、缅甸994万石，计7455万石。

来自泰国，法属印度支那的部分是考虑到当地装卸能力限度之后定下来的，今后需要确保其运输，不得已时作紧急处理，减去预定拨归昭和18年（1943年）粮食年度的600万石。

还有，昭和17年（1942年）11月以后至昭和18年（1943年）3月间的进口米预定数量定为448万石。

四、石油

（一）原定取自南方地区的计划量（11月5日御前会议上企划院总裁所作的说明）：

	第一年	第二年	第三年
婆罗洲	30万千升	100万千升	250万千升
苏门答腊			
南　部	——	75万千升	140万千升
北　部	——	25万千升	60万千升
合　计	30万千升	200万千升	450万千升

（二）对此，昭和17年（1942年）度计划取得量为：

英属婆罗洲	70万千升
打拉根地区	25万千升
桑加桑加地区	30万千升
苏门答腊	50万千升
计	175万千升

陆海军关于攻占澳洲的争论

如前所述，随着进攻作战的进展，大本营和政府对澳洲和印度的施策寄予了极大关心。摆在指导今后战争前途上的，实际上就是澳洲和印度的问题。

正如上述《对世界形势的判断》中强调的那样，澳洲和印度是美英对日反攻的重要据点，并且认为，这些地区脱离英帝国对英国进行战争影响极大。在开战时的计划中，日本原来并没有想攻占澳洲和印度。对澳洲和印度不过作了这样的决定："通过政略和破坏通商等手段切断其与英国本国的联系，策划其叛离，并促进缅甸独立，利用其成果，刺激印度独立。"

然而正如上述对初期作战实绩所作的观察那样，初期作战出乎意料的成功使大本营陆海军部对形势作出了如下的判断，即"为完成长期战争，与历来预期的不得不采取守势战略态势相反。现在已经到了可以转为攻势战略态势的时机"。这种有利的形势判断是当时整个陆海军的一致看法，尤其海军方面这种倾向更为强烈。海军根据迄至3月7日所作的调查，认定已击沉美国战舰5艘、航空母舰2艘、巡洋舰4艘、驱逐舰8艘，重创、中创战舰4艘、巡洋舰8艘、驱逐舰6艘。对此，我方仅轻创甲级和乙级巡洋舰各1艘，而且业已修复。

〔攻势还是守势？关于攻占澳洲的争论〕 这样一来，海军方面无论是军令部还是海军省都强调对澳洲采取积极行动，主张应该攻占。其理由概括说来就是：进行长期战争采取守势是不利的，始终从进攻上来指导作战，迫使敌人处于守势，是十分重要的。在这个总的方针指导下，攻占美国对日反攻的最大据点澳洲是可行的。因此，在联席会议决定上述研究议题的时候，海军方面也想把结论引导到很自然地归结于攻占澳洲的方案上来。与此相反，陆军的方针是，仍按原定计划采取战略守势来确立长期不败的态势，努力加强自给自足的态势和增强国家的作战能力。这种陆海军间的意见对立是开战以来最初的一次，值得大书特书。以这个问题为中心，关于陆海军作战和战争指导等在幕僚之间的争论，从2月9日一直进行到3月4日。陆军方面，尤其参谋本部根据下述理由坚决反对攻占澳洲的主张。

澳洲，其面积相当于中国本土的二倍，人口约700万，陆上交通极为不便。日军如果打算攻占，就必须估计到，澳洲人出自其国民性必将抗战到底，再加上军事地理上的困难，其作战决非轻而易举。

就投入攻占的兵力而言，据陆军研究，大体上海军方面需要联合舰队的主力，陆军方面需要以12个师团为基干的兵力，所需船只仅陆军就约达150万总吨，根据情况还有可能需要投入更多的陆军兵力。要拨出这么巨大的兵力，需要大幅度缩减满洲方面的对苏战备和中国方面的战场，这就将使整个战略态势陷于极大的不利，并将迫使船只的总的利用做出较大的变动，从而将给培养物资上的国力带来重大损失。

眼下，日本即将按原定计划完成对南方重要地区的攻占，而今后则应根据开战时决定的指导战争的根本方针，举国家总力进行持久战。此时最要紧的是在坚实的计划指导之下培养国力和作战能力的机动性。因此，随着南方作战的基本完成，陆军征用的船只将逐渐解除，开战第8个月以后，预定将要减少到开战时210万总吨的大约一半，即100万总吨。应该认为，现在变更原定计划，用比开战以来投入南方的全部兵力还要多的兵力，遽然进攻海上远隔4000海里的澳洲，这是荒唐透顶的作战，显然超过了日本国力的限度。大凡战争中最宜引以为戒的，是武力战的攻势限度超过自己所拥有的力量，在靠近敌人根据地的地方攻势遭受的挫折。攻占澳洲这类方案可以说正是战史上引以为戒的冒险方案。

〔妥协的办法——切断美澳的作战〕 海军最后还是谅解了上述陆军的反对理由，放弃了攻占澳洲的企图。可是，海军并没有放弃对以后战争指导的积极意图，在海军的单独作战上，仍然要以攻势作战为指导。

陆军虽然拒绝了攻占澳洲的方案，但对美英对日反攻的最大据点澳洲的重要性却寄予很大关心，谋求通过不太消耗国力和战力的局部积极作战来切断美澳之间的联系，孤立澳洲。就是不去直接攻占澳洲，准备通过切断美澳的作战来扼制美英对日反攻的企图。这一设想，取得了陆海军的一致意见。结果，除了不攻占澳洲以外，海军攻占萨摩亚、斐济和新喀里多尼亚的作战方案发展成了后述的切断美澳作战，即既定的莫尔兹比港攻夺战。

〔关于美澳、英印澳关系的研讨〕 与上述攻占澳洲的问题相关联，上述"美澳及英印澳之间的相互依存关系以及切断这种关系所产生的影响"成了决定以后战争指导对策的研究课题。关于这个问题，联席会议作出结论大致如下：

《美澳和英印澳之间的相互依存关系以及切断这种关系所产生的影响》

第一，美澳之间的相互依存关系以及切断这种关系所产生的影响

澳洲对英依存关系历来很大，但今后在军事上和政治上的对美依存关系将逐渐加强。

在美澳之间继续处于完全被切断的情况下，则：

一、澳洲今后将不可能靠美国的援助来增强其抗战能力。

二、美国将失掉在南太平洋上的对日反攻据点，美英通过太平洋的联系将陷于不可能。

三、美澳之间的物资依存关系如附件（作者注：从略），切断这种关系所产生的影响对美澳的经济力量虽不会起决定性作用，但澳将不可能增强国防生产力。

第二，英澳之间的相互依存关系及切断这种关系所产生的影响

英澳之间继续处于完全被切断的情况下，则：

一、澳洲将在军事上和其他方面失掉来自英国的援助途径，从而将导致抗战力量的削弱。

二、英国将失掉太平洋上的美英联系据点，同时将失掉在东亚的有力反

攻据点，再加上切断它同印度的联系，在心理上将受到沉重打击。

三、英澳间的物资依存关系如附件（作者注：从略）。这种关系被切断，在战争的进行上对英国虽不会产生决定性影响，但澳将不可能增强国防生产能力，而且如果长期被切断，则将加深澳的经济困难。

第三，英印间的相互依存关系和切断这种关系所产生的影响

英印之间继续处于完全被切断的情况下，则：

一、将使构成大英帝国支柱的印度陷于孤立，使英国直接统治印度的能力减弱，造成印度叛离的倾向，将使英帝国的权威一落千丈，从而将给英国的作战能力以沉重的打击。

二、英美将失掉印度洋方面的对日反攻据点。

三、英印之间的物资依存关系如附件（作者注：从略），切断这种关系虽未必对英国的物资供应能力产生直接而且致命的影响，但再加上切断来自西南太平洋地区的物资供应，其附带的影响当不会少。

四、必将导致印度在经济上的孤立和贸易上的隔绝以及由此而来的经济上的不稳定。

五、由于印度是对澳洲、非洲、西亚方面的人力物力重要资源供应基地，切断这种关系在军事上和经济上对这些地区必将产生相当大的影响。

六、必将导致完全切断重庆与美英之间的联系，从而在物质和精神上给重庆以很大影响。

今后的战争指导大纲

〔**陆海军调整方案的通过**〕 关于今后的战争指导，在上述攻占澳洲的争论中表现出来的陆军的守势主义与海军的攻势主义的对立，在3月4日的陆海军作战部长和军务局长会议上，大体上得到调整，在3月7日的联席会议上决定了如下的《今后采取的战争指导大纲》。

《今后采取的战争指导大纲》

一、为迫使英国屈服，使美国丧失战斗意志，继续扩大既得战果，不断整备长期不败的政治军事态势，并相机采取积极对策。

二、努力确保占领地区和主要交通线，促进重要国防资源的开发和利用，确立自给自足的体制，并增强国家的军事力量。

三、更加积极的战争指导具体方案，在研讨我国力、战况的演变、德苏

战况、美苏关系、重庆的动向等各种形势之后确定之。

四、对苏对策以昭和16年（1941年）11月15日决定的《关于促进结束对美英荷蒋战争的草案》和昭和17年（1942年）1月10日决定的《关于适应形势进展的当前施策问题》为准。

但在当前形势下不在德苏之间斡旋媾和。

五、对重庆对策以昭和16年（1941年）12月24日决定的《关于适应形势演变的对重庆工作问题》为准。

六、与德意的合作以昭和16年（1941年）11月15日决定的《关于促进结束对美英荷蒋战争的草案》的要领为准。

〔宗旨不明确——没有根本的调整〕 前述战争指导大纲的第一项，其宗旨是极不明确的。这正是因为陆海军之间基本思想不同所造成的。在3月7日的讨论中，贺屋藏相质问道："'扩大既得战果'是什么意思？"对此，田边盛武参谋次长回答说："这是辅助性作战的意思，它对国力不会产生重大影响。"另外，关于第一项末尾处"相机采取积极对策"的意思，由武藤陆军军务局长解释说："这句话的意思也包含了第三项的'更加积极的战争指导具体方案'"。对此，田边参谋次长认为，这只是表现了积极的热情，而实际做的并不包括第三项。关于第一项，陆军的重点在于"不断整备长期不败的政治军事态势"这句。

然而冈海军军务局长就第一项强调说，我方若居于守势。反而会被敌人打乱，要紧的是迫使敌人居于守势。他说海军有如下想法：

一、以海军消灭敌人的海上兵力。

二、摧毁敌人的反攻据点。

三、巩固轴心方面的团结，各个击破敌人。

各个分击的目标是重庆、英国和美国。

四、为了分击重庆政权，必须加强缅甸作战，使重庆陷于孤立。另外，与此相配合，必须把印度从英国统治下分离出来使之陷入孤立。

五、对澳洲及夏威夷方面要积极用兵，歼灭敌人的海军兵力，摧毁其反攻据点。

永野军令部总长就上述意见质问说，陆军方面是否同意冈军务局长的意见？田边参谋次长回答说："关于解释的顺序很不好说，但就大体意思来说没有异议。"关于第一项，海军的着眼点在于"扩大既得战果"和"相机采取积极对策"方面。

根据以上的讨论，东条首相发言说："总之，意思不是还没有弄清吗！"

结果这个战争指导大纲就在这种陆海军之间的根本思想没有完全得到调整的情况下决定了下来，其结论归结于，否定了海军攻占澳洲的主张，但陆军又赞成海军的攻势思想，同意进行局部的积极作战。

另外，在这次讨论中，东乡外相对仅仅以"设定谍报线路"来解决对重庆的对策一事表示不满，他说："如果军事上没有解决办法，也应在外交上采取些什么措施，为此，把历来对重庆的和平条件适当地缓和一下怎么样？"另外他对斡旋德苏媾和一事也表明了相当积极的意图而引起注目。关于前一个问题，多数人的意见是，对重庆的施策越是急于动手就越不利。关于后一个问题，会议认为，既然出面斡旋，就需要具有如果不听从日本的意见就以实力来迫其听从的决心和准备，所以结论是：在当前形势下不宜出面斡旋。

〔说明与上奏〕 因为上述决定同既定计划并没有多大出入，所以认为没有必要请求天皇批准，于是仅于3月13日由首相与两统帅部长并立向天皇上奏，奏文如下：

谨代表大本营和政府上奏。

在皇威之下，目前已处于初期作战即将告一段落之际，大本营和政府自2月下旬以来，对已取得的战果及其影响、世界形势的演变、帝国国家作战能力的现状等进行了慎重研究，结果就《今后采取的战争指导大纲》取得了完全一致的意见。以下就此加以说明。

第一，关于今后采取的对美英战争指导大纲

毋庸置言，此次战争必须认识到其长期性，以推进各种对策。即短期内很难迫使美英屈服，此点自不待言，同时，根本不能以妥协来结束此次战争，这正如开战前所预料的。

然而，由于迄今的初战辉煌战果，我方已取得了政略和战略上的优势地位，所以认为有必要抓住现在的战机，继续进一步扩大优势，作好政略和战略上长期不败的态势。与此同时，在国力允许范围内，采取一切手段，迫使美英经常陷于消极防守的态势。关于其重要的具体对策，拟经充分研究后随时请求批准。

第二，关于完成长期战争、培养国力和军事力量的必要性

臣等认为，帝国今后的战争指导极需经常保持国防上的机动能力，充实国家军事力量，以便适应形势，随时采取所需对策。

战争进行过程中，如果丧失了国防上的机动能力，甚至丧失了国家振作起来的元气，即使取得了一时的成果，其结果必将是功亏一篑，这已为许多宝贵的战史所证明。

因此特别强调，帝国的战争指导，既要为迫敌屈服而采取一切手段，又要为应付长期战争而努力充实培养国家战力。

第三，关于战争指导上是否进一步采取更加积极的新对策问题

这个问题已经明确，即在大东亚战争的进行过程中，为了达到战争目的。将来是否需要战争指导上进一步采取更加积极的新对策，这不仅要对迄今的战果，而且要对全局各方面的因素，即敌我双方的国力，特别是其兵力的增强，我方的作战发展情况，对苏对华的各种形势，德苏战况等各方面条件进行广泛深入的探讨，然后慎重地研究其是否可能，是否可行。

所谓更为积极的战争指导对策，指的是例如攻占印度、澳洲等那样的对策。

第四，关于当前的对苏施策问题

对苏施策，已在大本营和政府联席会议上作出决定，有如下各项，

（一）"极力防止战争对手的扩大。"

（二）"在南方作战期间帝国极力防止引起对苏战争。"

（三）"努力保持日苏间的平静状态，同时阻止苏联同美英联系的加强，如有可能则尽量离间之。"

兹已明确，对苏施策应以上述方针为准则。

当然，这并不是因此而要放松对苏战备的意思，而是说务期作好必胜速决的作战准备。此外，还想明确一点，关于德苏之间的媾和，在目前形势下不仅根本不可能达成妥协，现在出面斡旋，反倒有恶化日德关系、引起日苏纠纷的危险，因此目前我方不想主动出面斡旋。

第五，关于当前对重庆的施策

业已明确，对重庆施策应根据大本营和政府联席会议上决定的方针，即"乘重庆方面由于帝国取得战果和对其致命处施加强大压力而发生动摇之机，随时从谍报工作转向劝降工作，其时机与方法等由大本营和政府联席会议决定"。

还有，缅甸作战现已取得了意外迅速的进展，仰光也已攻克，可以预料，这将给重庆方面以相当大的影响。但是我方过早地主动开始上述劝降工作，反而很可能产生相反的效果，因此在另定时机到来以前，不想进行劝降工作。

第六，关于对德意的施策

痛感今后加强同德意的合作，已日益成为达到战争目的所必需。因此业已明确，关于与德意的协作应坚持既定方针。

谨此上奏。

昭和17年（1942年）3月13日
　　　　　　　　内阁总理大臣　　东条英机
　　　　　　　　军令部总长　　　永野修身
　　　　　　　　参谋总长　　　　杉山　元

进攻作战结束后的战争指导问题，除上述事项外，就上述研究课题讨论了数次，依次做出了决定。

〔增加船只运载量的对策〕　大本营和政府对于战争指导上的重要问题即船舶问题，特别寄予了巨大关心。

开战时的造船计划量定为年平均60万吨，但3月7日的讨论决定，预定昭和18年（1943年）度为65万吨，昭和19年（1944年）度为85万吨，同时还决定了增强船只运载量的对策如下：

一、方针

鉴于船只运输力已成为维持和增强物资国力上的绝对难关，应以全部行政力量集中采取措施，设法增加船只运载量和提高船只运输效率，同时严格按既定计划征用船只，努力按上述计划完成总动员物资的运输。

二、要领

为了突破船只运输力的难关，除需要促进现正进行的增强运输力的各种施策外，尚需一并实施有关减轻运输力负担的如下措施：

（一）在迅速增强造船和增产钢铁上存在着如下的循环矛盾，

为了增强造船→需要增产钢材→为此，需要增加煤炭和铁矿石的运输→为此，需要增加船只运输力。

而解决上述循环矛盾的唯一办法，就是采取能减少煤炭和铁矿石运输量的方法，也就是利用废铁增产钢铁的方法，除此之外，没有其他途径。为此，需要迅速有计划地搜集废铁，以进行废铁的回收和产业设备的整顿。

（二）为要减轻占运输力绝大部分的煤炭运输量，需要进一步改善洗煤情况。总之，为此有必要强行采取由国家管理洗煤设备，并对其加以整顿和扩充等非常手段。

（三）再者，作为既定计划促其实现的主要事项如下：

（1）战时标准船的确定及有计划的造船。

（2）港湾卸载能力的增进及货运统制机构的建立。

（3）机帆船的计划运输体制的调整。

（4）培养船员等的船员对策。

〔陆军征用船解除征用问题〕　此外，目前值得考虑的是，根据既定计划解除陆军征用船的问题。按既定计划，陆军征用船至开战第8个月即7月份以后，应该减至100万总吨。然而为了进行扩大了的缅甸作战，陆军需要增加20万总吨的船只，7月以后还要求维持120万总吨。这是培养物资国力方面的一个大问题，因而铃木企划院总裁同田边参谋次长进行了激烈的争论。结果最后决定，陆军征用船的解除按计划进行，对于陆军另外需要20万总吨的要求，努力寻求其他途径来满足，即加强利用打捞船和捕获船、机帆船、木造船等。当时规定，若改变陆海军的既定船只征用量，每次均须经大本营和政府联席会议来决定。这一规定后来严格执行了。

第24章

对外围要地的作战

〔**陆海军战略思想的对立**〕 昭和17年（1942年）年初，大本营估计初期进攻作战大致可以按照预定开始并完成。在这个前提下，陆海军作战幕僚之间就今后应如何指导作战的问题，反复进行了讨论。经讨论，提出今后作战目标的地点有阿留申群岛、夏威夷群岛、斐济群岛、萨摩亚群岛、新喀里多尼亚岛、澳洲、新几内亚、可可群岛以及印度等。至3月上旬前后，陆军统帅部得出的初步结论是对夏威夷、澳洲和印度可以实施压制作战，但应避免引起大规模的进攻作战。

陆军方面如此企图回避新的大规模作战，正如前章已经叙述的那样，其想法是，既然已经攻占了预定的区域，就应当经常以与自己的国力，特别是军事力量相称的稳健作法来谋求战略上的持久，击溃来犯之敌，以达到持久的作战目的。这种做法虽然存在着短期内不能结束战争的缺陷，但对于拿不出直接进攻美国本土、迫使敌人屈服那种办法的日本来说，也是迫不得已的，这是开战当时决定的指导战争和作战的基本方针，是不可轻易改动的。与此相反，海军方面，特别是联合舰队的想法则是立足于连续决战的想法，即主张对澳洲、夏威夷、印度等地尽可能逐次进行包括进攻战的作战，通过这时发动的舰队决战来摧毁敌军，以经常压制敌海军的抬头。由此可见，陆海两军战略思想的分歧，小则局部作战，大则直到战争指导，在整个战争期间都是经常存在着而苦于调整。两军这种想法上的不同，可能是由于陆上作战和海上作战的性质不同所导致的。不拘怎样，正如前面所述，这种想法的对立，在联席会议上就已经公开化了，虽然经过文字上的修饰暂时通过了议案，但双方内心的想法却是依然如故。于是，关于后来的作战指导，陆军统帅部逐次决定下来的作战设想，就是所谓对外围要地的作战。在进攻开战前预定攻占的范围之后，对其外围要地进行局部作战，加以占领或压制。将能扼制敌人的反攻，加强我方的战略态势。这本来是指导以后的持久作战上行之有效的作战。前述切断美澳联系的作战当然也包括在内。

注：关于整个作战情况请参照附图第五（其一）（其二）。

对锡兰岛的航空进攻作战

对外围要地进行的首次作战便是对锡兰岛的航空进攻作战。

这次作战是由海军单独进行的。到了昭和17年（1942年）3月，我陆海军部队已经攻占了南部缅甸、安达曼、尼科巴、马来及荷属东印度等地。因此，为了在印度和印度洋方面确立起防御态势，并确保东印度洋方面的海上安全，有必要对该方面的英国舰队给以一次打击。

3月初，印度洋上的英国舰队似以2艘航空母舰、3艘战舰、4艘甲级巡洋舰、11艘乙级巡洋舰为基干，近期内还似将增派一支以6艘战舰、2艘航空母舰为基干的舰队，其在东印度洋上的主要基地计有孟买、科伦坡、亭可马里等三地。另外，敌航空兵力加上缅甸的约有300架飞机，估计近期内还可能增加约250架。

3月9日，山本联合舰队司令长官命令南方部队指挥官近藤中将，奇袭并歼灭锡兰岛方面的敌军兵力，并为圆满完成缅甸作战的海上护卫任务实行机动作战。14日，近藤中将下达了这项作战命令。

〔海军南方各部队的进攻〕 为了发动进攻，南方部队分成主力部队，机动部队、丙潜水部队、航空部队及马来部队。各部队按作战计划采取如下行动。

机动部队以拥有5艘航空母舰的第1航空舰队、第3战队、第1水雷战队为基干力量，3月26日上午8时，从苏拉威西的斯大陵湾出击，经帝汶北侧海峡进入印度洋。4月5日，部队到达锡兰岛的南方，上午9时出动舰载攻击机53架、轰炸机38架、战斗机36架，从10时45分，对科伦坡断然发动进攻，历时约一小时左右。这次战斗排除了敌战斗机的猛烈攻击，击落敌机约50架，击沉击伤港内商船约10艘，还炸毁了机场。另外，当日下午4时55分，在科伦坡西南方约280海里处击沉了在逃的英甲级巡洋舰两艘——多塞特郡号和昆沃号。接着，指挥官南云中将又决定攻击亭可马里。于是机动部队6日在东南方采取行动，在锡兰岛周围500海里以外迂回，4月9日驶进锡兰岛东方海面。当天上午10时20分起，对亭可马里发动了大约一小时的攻击，击落敌机约40架，击沉重巡洋舰1艘、商船3艘，炸毁了军港和机场。又于下午1时50分，在距亭可马里东南方70海里海面上击沉竞技神型敌航空母舰1艘。

丙潜水部队以第二潜水战队（潜艇6艘）为基干，4月1日至10日，担任锡兰岛西方海面和孟买方面的监视和巡逻，在此期间击沉击伤敌货船9艘。

马来部队大体活动在连接巴比亚岛（包括马德拉斯）——苏密尔岛西端一线以北的孟加拉湾一带，负责策应机动部队，4月1日至4月10日间，在北孟加拉湾继续采取作战行动，击沉击伤敌船约30艘，11日返回新加坡。

4月2日，南方部队的主力部队从塞勒塔出击，在安达曼群岛一带活动，负责支援。南方部队指挥官认为：9日攻击亭可马里已达到预期的作战目的，便结束了作战，11日返回塞勒塔。

通过这次作战，我海上威力暂时得以控制了东印度洋。

对莫尔兹比的海路进攻作战与珊瑚海海战

莫尔兹比是位于新几内亚东南部的澳军的空军和海军基地，是澳洲北部地区的首要战略要冲。日军如占领该地，就能对海、空进行有利的防卫；如果澳大利亚继续保持该地，则腊包尔方面就会经常受到威胁，被扯住后腿。

因此，大本营早已注意到这点，便在刚刚攻占腊包尔之后的昭和17年（1942年）1月下旬就决心攻占该地，2月2日发布了有关此项的作战命令。

〔作战的设想〕 这次作战的目的是，攻占英属新几内亚东部要地和所罗门群岛要地，切断澳大利亚本土与该方面的联系，同时控制澳大利亚本土的北部海域。使用的兵力是以南海支队和第4舰队为基干的部队。其作战方针是，首先由陆海军协同攻占东部新几内亚北岸的莱城、萨拉摩阿，然后如有可能，攻占莫尔兹比，并相机由海军单独攻占吐拉基，以获得航空基地。

后来，由于2月下旬在腊包尔东方海域和珊瑚海方面出现了敌机动部队，第4舰队推迟了攻占莱城和萨拉摩阿。至3月5日，包括部分南海支队在内的陆海军协同进攻部队进击腊包尔，3月7日夜，在莱城和萨拉摩阿登陆，第二天一整天扫荡了该地附近之敌。

然而到了10日早晨，我所在舰船受到敌机动部队所属约60架飞机和10架左右基地飞机的攻击，结果损失惨重，4艘被击沉，7艘损伤，损失率约为全部舰船之半。因敌机动部队的攻击而遭到重大损失，这还是第一次。

另一方面，关于莫尔兹比的进攻作战，由于当时第4舰队没有配备航空母舰部队，加上美机动部队2月20日突然出现在所罗门一带海域，担心作战的前景，便推迟进行这一作战。2月27日，联合舰队督促第4舰队，要它急速实行进攻，并决定派第5航空战队（母舰瑞鹤号与翔鹤号）担任支援进攻的任务。当时由于联合舰队打算在6月攻占中途岛（大本营尚未批准），以至预先命令这两艘母舰要在5月15日以后返回原部队，所以，第4舰队无论如何必须在5月15日以前完成这次作战。

1月下旬以后，日本海军航空部队急切地对莫尔兹比反复进行了猛攻，但是敌机得到了源源不断的补充，作为敌人前进基地的机能不但一点也没有减弱的迹象，反而在逐步加强，4月末东南方面美澳的第一线飞机估计约有600架。

〔海路进攻作战的发动〕 通过上述一段经过之后，根据4月18日大本营的指示，决定于5月10日前后坚决攻占莫尔兹比，于是认真地进行了各种准备。这次进攻作战企图从海上在莫尔兹比登陆，因此，5月4日，南海支队便在第6水雷战队的护航下从腊包尔启航了，

制定作战计划的时候，第4舰队最感到头痛的是，必须让一批时速平均六节半的低速运输船队在敌空军威力圈内横穿三昼夜的问题。

当时已在腊包尔展开的第25航空战队是一支拥有162架飞机的精锐部队，归司令部设在忒尼安的塚原第11航空舰队司令长官直接指挥。4月28日以来，基地航空部队将其水上飞机基地推进到肖特兰岛，扩大了搜索范围，连日进行了巡逻飞行，但在珊瑚海到所罗门一带海面并未发现敌人的影子。

预定在攻夺莫尔兹比的同时还要攻夺吐拉基。海军吐拉基进攻部队（吴第3特别陆战队）按预定计划于5月3日拂晓未经流血便占领了吐拉基。但从第二天上午6时半起，该地遭到了约80架次美舰载机长达6个小时的袭击，结果损失相当惨重，驱逐舰1艘、扫雷艇2艘、猎潜艇1艘被击沉。由此得知敌机动部队已进到该地。5月5日，正在南下的进攻主力部队，即以第6战队为基干的部队遭到了敌B17飞机的攻击。我方虽未受损失，但日本舰队的企图和概貌肯定已被敌人察觉了。

第二天上午8时10分，我水上机在吐拉基的192度、420海里处发现一支拥有1艘航空母舰的敌机动部队，但不久就失掉了同它的接触，而飞来的敌机反而发现了我方由14艘船只组成的运输船队。

第二天（7日）清晨，敌机又飞临我运输船队上空。在这之前，我第5航空战队索敌机于上午5时30分在吐拉基西南400海里处发现了拥有1艘航空母舰的敌方部队。第5航空战队司令官原少将立即下令全力进攻，上午6时10分，攻击队离舰起飞。

〔转向海上决战〕 恰在这时，我水上侦察机发来报告说，在其西方海面，在拉塞尔岛的170度、82海里处的海面上发现了一支由航空母舰1艘、战舰1艘、甲级巡洋舰1艘、驱逐舰?艘组成的敌机动部队。6时40分，接到这份报告的第4舰队司令长官判断，敌机动部队有两群，决定首先全力攻击拉塞尔

方面之敌，7时向全军发出这项命令。

不久，第5航空战队来电说：战队已向东方之敌展开进攻。另方面，随着敌情的判明，上午7时进攻部队在掩护部队的掩护下开始暂向西北方退避。接着命令津轻舰长指挥运输船队北上。

第5航空战队选择的目标不是敌机动部队，而是敌方大型油轮和驱逐舰，上午9时30分将这些敌舰船击沉，然后返航。

另方面，敌机对我运输船队的攻击转而集中在位于该处附近的我航空母舰祥凤号上。结果该舰成了约70架敌机的鱼雷攻击和轰炸的牺牲品，上午9时30分，终于在帝勃内岛的59度、52海里处遭到了沉没的悲惨命运。

当日晨从腊包尔起飞的基地攻击机和当日下午2时30分从母舰起飞的第5航空战队的攻击机队，对于敌机动部队都未能取得任何效果。

这样，7日这一天由于作战接连发生错误，损失很大，未能给敌机动部队以丝毫反击，就入夜了。于是下午6时命令将在莫尔兹比登陆的日期向后推迟两天，一切都留待次日（8日）的决战来解决。

8日上午4时，从航空母舰翔鹤号上起飞的索敌机，于6时24分在我方位置的205度、235海里处发现了指向我方的敌机动部队。这支部队拥有航空母舰2艘、战舰1艘、甲级巡洋舰2艘、轻巡洋舰1艘、驱逐舰6艘，航向170度，航速16节。第5航空战队的攻击部队于上午7时15分起飞，其兵力为战斗机18架、轰炸机33架、攻击机18架，共计69架。我机动部队以每小时30节的高速在狂风暴雨中穿行，一直驶向南方。在这之前，上午6时30分前后，敌机就从狂风暴雨的缝隙若隐若现地同我方接触。由于自清晨起就已探测到属于这批敌机的灵敏度很高的电波，感到编队敌机的来袭迟早将难以避免，因而加强了警戒。自上午8时50分起，敌机开始对我翔鹤号发起集中攻击，至9时40分，该舰受到敌机4次波浪式的攻击而发生了火灾，舰上飞机已不可能起落。但由于我方战斗机的有效反击，使敌发射的20枚鱼雷一枚也未击中，两舰的全速航行并未受到影响，得以向北方脱离战斗。

另方面，我方攻击机队已飞临预定地点，上午9时20分突击成功。据报告，这次战斗的战果是，给敌两艘航空母舰以致命打击，其中列克辛顿号确已沉没，约克城号沉没的可能性很大。

〔脱离，失掉战机〕 我飞行机队在攻击敌机动部队完了之后，至下午零时30分被收容在唯一残存的母舰瑞鹤号上。全部飞机几乎都中了弹，足可以使人想象到当时的激战程度。由于攻击力量和携带燃料的消耗，机动部队指挥官高木中将对夜战的高速航行深感不安，决心停止第二次航空攻击，暂时脱离敌人，专注于燃料的补充和飞机的整修。

了解到这种情况的井上第4舰队长官，于下午2时30分同意了上述安排，接着于下午3时命令无限期延期对莫尔兹比的进攻，同时命令各有关部队作好攻占瑙鲁和大洋两岛的部署。

设在濑户内海的联合舰队司令部方面根本不知道第4舰队的北上命令是根据什么发出的，所以匆匆忙忙发了一封照会电报说，"有必要追击，要报告情况。"在还没有收到这封电报的回电时，就收到了延期攻占莫尔兹比的电报。联合舰队的幕僚们批评了这种消极态度，结果由山本长官向第4舰队发出"应继续追击，歼灭残敌"的电令。

大本营海军部对第4舰队也同样表示了强烈不满。永野军令部总长气愤地说："这是上村舰队的重演，赶快发出追击命令！"

遵照联合舰队的命令，第4舰队下令积极行动，9日清晨部队再度南下，开始搜索敌人，但再也无从指望捕捉到敌人了。联合舰队考虑下一步作战，9日下午，将第5战队和第5航空战队从第4舰队的指挥下调出，珊瑚海海战便完全结束了。对这次海战可以这样认为，即在战术上是日军的胜利，而从不得不放弃进攻莫尔兹比的角度来看，在战略上是美军的胜利。

5月9日傍晚，南海支队的运输船队返抵腊包尔登陆，接着同月19日，被编进新发布的战斗序列第17军的编制之中。

对斐济、萨摩亚、新喀里多尼亚作战的准备

如前所述，陆海两军争论的结果，昭和17年（1942年）3月初，大本营海军部放弃了攻占澳洲的作战。其后不久，大本营海军部又向陆军部提议实施攻占斐济、萨摩亚、新喀里多尼亚的作战（称作F·S作战）。关于F·S作战的目的已如前述，开战以来，美澳间的海上运输频繁，澳洲正在逐日变成美国的抗日基地，现在如不加以控制，以后恐怕将越发不好办。攻占澳洲固然是一种要直接打中其要害的行动，但如果做不到的话，就得攻占斐济、萨摩亚、新喀里多尼亚，以便我海军航空兵力以这些地点为基地来切断美澳间的海上运输线。

讨论的结果，陆军方面完全同意这一作战的目的，所需陆军兵力估计3个支队（每个支队以3个步兵大队为基干）就够了，因此对进行此次作战表示了同意。于是从3月中旬起，两个作战部共同研究了作战要领，并着手作战准备，4月上旬大致作出了定案。

4月中旬，上述新的作战准备正在积极进行的时候，大本营海军部突然向陆军部建议，应在F·S作战之前插入进攻中途岛和阿留申群岛的作战。这项作战后来陆军也表示同意，并付诸实施了。其经过容在另项详述。

〔F·S作战与第17军〕 后来，由于莫尔兹比海路进攻作战的失败和插进中途岛、阿留申群岛的作战，F·S作战已不再那么强调了，但其作战准备工作仍在继续进行。而且，5月18日，重新发布了第17军的战斗序列，特任陆军中将百武晴吉为该军司令官。同一天发布大本营命令，"第17军司令官须与海军协同，攻占新喀里多尼亚岛、斐济群岛及萨摩亚群岛各要地以及莫尔兹比，"并向联合舰队司令长官也发出了同样内容的命令。这次作战的设想如下。

F·S作战旨在攻占这些岛屿，借以进一步切断美澳间的联络，同时遏止来自各方面之敌的反攻企图。陆军使用第17军主力部队（以3个步兵大队为骨干的基干支队3个），海军使用以第2舰队、第1航空舰队为基干的部队。攻占新喀里多尼亚岛的部队于6月下旬集结于腊包尔，攻占斐济、萨摩亚的部队于7月上旬集结于特鲁克岛，根据联合舰队的作战情况，预定7月上旬左右开始作战。

〔F·S作战的延期〕 然而，6月上旬中途岛的败仗，对这些作战产生了巨大影响。因而，在中途岛战败后，大本营便匆忙采取措施，将发动F·S作战的日期推迟大约两个月，并令担任作战的部队将其一部调到俾斯麦群岛方面集结待命，将其主力调到棉兰老岛及帕琉群岛方面集结待命。

决定中途岛、阿留申群岛作战的经过

〔提案突然，陆军妥协〕 如前所述，昭和17年（1942年）4月上旬。正当大本营结束F·S作战的讨论，将在近期内作出正式决定的时候，大本营海军部突然向陆军部提议，希望在F·S作战之前插进中途岛、阿留申群岛的进攻作战，并希望在实施这次作战时陆军能提供步兵1个联队为基干的兵力给予援助。陆军作战部觉得，不论哪次作战，都需要经过相当时间的研究和准备，而海军部却提议要在预定只有两个月后即将开始的F·S作战之前，实施一项规模如此巨大的作战，对这种突如其来的提议的真实意图表示怀疑。再有，陆军作战部还有这样的疑虑，即海军是否企图进行一场陆军马上难以同意的攻占夏威夷作战，而中途岛、阿留申群岛的作战则是为了用来准备攻占夏威夷作战的。对此，海军作战部解释说，这次作战只是单独对中途岛的作战，没有考虑攻占夏威夷。海军内部考虑的经过情况是，联合舰队司令长官山本大将坚决主张实施中途岛、阿留申群岛的作战，而永野军令部总长对此已经表示了同意，所以如果陆军不同意，海军单独也要干下去。看来当重大问题脱离正规、仓促之间予以处理时，总是容易产生漏洞的。

由于是突如其来的重大提案，陆军作战部一时连头脑都转不过弯来，部里甚至产生了这样的意见：若是这么不循正规地干下去，陆军是否应该拒绝合作。但陆军作战部也考虑到，开战以来陆海两军一直合作得很好，作战取得了非常顺利的进展，现在不容许在感情上出现对立，如果陆军拒绝合作的话，海军竟然说要单独干下去，所以，这时要避免发生纠纷，便终于同意了海军的提案。不过陆军也感到，关于阿留申群岛作战，从北边的防御和切断美苏联系的角度来考虑却是需要的。于是5月5日，大本营向山本联合舰队司令长官下达了应与陆军协同攻占中途岛和阿留申群岛西部要地的命令，发布了担任攻占中途岛的一木支队（第28步兵联队长一木清直大佐指挥的步兵一个基干大队）和担任攻占阿留申的北海支队（穗积松年少佐指挥的独立步兵第301基干大队）的战斗序列令，并分别向各作战部队交代了作战任务，同时以"大海指"和"大陆指"的形式下达了有关这次作战的陆海军中央协定。

〔联合舰队的决战论〕 原来，日本海军的根本战略，从开战以前就是主张早期对美进行决战，即在敌我战力比例出现悬殊差距之前就同美国主力舰队决一雌雄。因此，在达到确保南方资源地带这个第一阶段的目的之后，就逐步采取导致早期海上决战的措施，打击美国舰队，反复进行这种作战，以便保持敌我双方战力比例的均衡逐渐有利于我方，确立不败的态势，以期世界局势尤其欧洲战局的有利进展。特别是山本联合舰队司令长官坚决主张，无论如何也要在昭和17年（1942年）内进行决战。

该长官于开战前11月5日发出的命令中，就预定中途岛方面，要在海军计划的第二阶段作战期间，只要情况允许就迅速加以占领或破坏。还有，联合舰队参谋长宇垣少将1月14日曾亲自制定了一份作战指导纲要，在其结论部分提出了如下设想："联合舰队攻占中途岛、约翰斯顿及帕尔迈腊各岛，使航空势力向前推进，在大致完成上述任务时，将决战兵力与进攻部队大举开到夏威夷并攻占该地，与此同时，同敌舰队进行决战，歼灭该敌。"对此，联合舰队的多数幕僚认为。要攻占夏威夷，目前还拿不出击溃该地基地空军兵力的好办法，所以主张目前以向西发展，在印度洋作战为宜。于是采纳并实行了这个方案，直到4月上旬，将主要战斗力投入了印度洋方面作战。

〔海军部内的争论，决定6月坚决实行〕 然而在此期间，大本营海军部同联合舰队开始研究有关第二阶段整个作战问题，尤其2月中旬以后，研究工作进行得更加频繁，但当初并没有把攻占中途岛列为具体讨论对象，只是把它作为将来攻占夏威夷时的一种前提作战加以考虑的，因而还是很笼统的。然而进入3月，联合舰队开始不断主张要马上攻占中途岛。对此，大本营海军部持反对态度，其理由是，攻占中途岛本身并非难事，不过问题是以后的补给运输困难，特别是在敌人反攻的时候，即使从遥远的根据地赶来，终究还是来不及的。

双方的争论轻易也得不出结论，但由于联合舰队表示了强硬的态度，4月5日，永野军令部总长便同意了攻占中途岛的作战，不过具体实施的时机并未确定下来。这一方针在4月16日才作为大本营海军部的指示下达了命令。就在这两天之后，敌机动部队挺进到日本近海，多里特尔飞行队空袭了东京和其他几个大城市。

空袭过后，山本长官认为，如不迅速夺取中途岛，加强对东方正面的警戒，将不可能防止敌机对帝国首都的反复空袭，从而提出更加强硬的意见，要求立即予以实施。这时被拖着走的大本营海军部终于最后决定6月坚决实行，并改变了日程，决定在进行预定的F·S作战之前插进这次作战。当时大本营陆军部只知道这是山本长官的提议；并不了解这些内幕，因此如前所述就表示了同意。

尽管联合舰队希望尽早进行这次作战，无奈从印度洋战场返航的作战主力4月末才刚刚回到国内，因此不可能马上就进行作战准备，甚至在一部分人当中还有迫切希望再推迟一些时候的呼声。但是，天亮前有残月，飞机编队才能在夜间行动。从这个角度出发，认为如果错过6月7日，就必须整整拖延一个月，于是便按预定计划决定了日期。

第25章

美机袭击本土

美机动部队的出现与我海军的迎战准备

开战之初，通过对夏威夷的奇袭作战，我方得以打击了一下敌海上兵力，但美国海军不久必将采取挽回局势的行动。然而当时判断，这种行动暂时只能是以航空母舰为中心的机动部队前来进行奇袭的程度。

在南太平洋方面，敌机动部队于昭和17年（1942年）2月1日攻击马绍尔群岛，同月20日出现在腊包尔东北方海面，更于3月10日大举袭击了我正在进攻新几内亚的莱城、萨拉摩阿的舰艇，大有虎视眈眈之势。

〔太平洋正面与本土防空的漏洞〕 日本本土的太平洋正面面临约长达3000海里的辽阔海洋，因而防御敌舰队的奇袭是极其困难的。

结果，为防御敌机动部队的袭击，保卫海洋正面，作为最后手段，采用的唯一方法就是从南鸟岛北方直到千岛南方，把渔船配置一排，布成警戒线，同时派海军巡逻机连日到海上600海里远处行动，以便及早获得敌舰队接近的情报，不失时机地给予反击。

这支海上迎击航空部队是4月1日从南方战场返回的历经战斗的部队，另外又加上了新编的第26航空战队。其总兵力是以80架陆地攻击机为基干的部队，以木更津为主要基地，其部分兵力已派往南鸟岛。

4月10日下午6时30分，一支由2至3艘航空母舰编成的敌机动部队驶到珍珠港西北方约400海里处。14日前后收到了一份使人感到好像有企图空袭东京征兆的敌无线电情报。

〔接触与反击〕 木更津，南鸟岛方面的巡逻机被命令在方圆700海里范围内严密搜索敌人，反击计划迅速制成。这项计划估计敌机离舰出发点可能是在距海岸300海里附近，因而试图在空袭预定日的前一天发现这支敌机动部队，以致命的昼间鱼雷攻击予以第一次打击，如果再接近的话，就在黎明时利用鱼雷轰炸大举痛击，连续猛打，使敌人空袭陷于不可能。而且对正在从印度洋战场返航途中的南云中将指挥的机动部队急速进击，歼灭敌人，也寄托了希望。

4月10日以后，海上连日放晴，空中巡逻不断进行，但敌情依然不明，虚度时日。4月18日上午6时30分，果然收到一份来自海上警戒线的监视艇"第23日东号"的电报，电报说："发现敌航空母舰3艘，位于我方犬吠岬以东600海里处。"

从军令部的通报获悉这一情报的第26航空战队，立即命令攻击机队作好出发准备，上午11时30分，作为接触机，先令陆地攻击机3架起飞。后来没有收到警戒线上监视艇的报告。另外当天上午6时30分起飞的巡逻机，除上午9时45分在东京以东600海里附近发现双引擎敌机2架外，关于敌舰队情况再也没有任何报告。担心虚度时光错过战机的攻击机队决定于下午零时45分出发，29架陆地攻击机在24架战斗机的掩护下索敌东进。

另一方面，关于防空问题，由于判断敌机的空袭可能是在19日，因而暂未发出警报，只有横须贺镇守府管区在上午8时39分发出了警戒警报。

联合舰队根据发现敌人的首次报告，发出对美舰队实行作战第三法的命令，因而刚刚进入横须贺港的第2舰队便急遽出击；同时正在从印度洋方面归国途中的第1航空舰队提高速度，自巴士海峡逼向敌方；16日从濑户内海出发驶向澳洲东岸的第8潜水战队的6支潜艇也调转了方向；还有已经配备在距敌舰出现位置的西方约200海里的第3潜水战队的3艘潜艇也正在向敌人方向急驶。

敌机的奇袭

日本海军判断，敌机空袭绝对不可能在19日上午以前进行。基于这种判断，如上所述，全面调整了反击态势。

不过，这种判断是建立在从敌机动部队起飞的飞机是续航力较小的舰载机这一假设之上的。这是错误的。敌B25轰炸机从18日下午1时前后开始，在50分钟之内经房总方面相继飞来，轰炸了东京、横滨、川崎、横须贺、名古屋、神户之后，就像过路妖魔似的飞走了。警报器在炸弹开始落下之后才发出报警，起飞的截击战斗机正在提升高度的时候，超低空的敌机已从容不迫地轰炸了目标。

当时敌机的这种行动被看作是个谜，无从掌握它的真相。后来根据对在我占领区南昌被迫降落的敌B25型飞机驾驶员的调查，才弄清了如下事实。

即在多里特尔陆军中校的指挥下，一批由志愿空袭日本的驾驶员编成的轰炸队，经过大约一个月的训练之后，搭乘大黄蜂号航空母舰自阿拉米达出击，途中与友舰企业号会合驶向日本。

敌人的空袭计划是，预定在日本东方的400海里处从母舰上起飞进行夜间空袭，次日早晨在中国基地降落，但因18日清晨已被日军监视艇发现，为了避开对机动部队的反击，才改为昼间进行强袭，从犬吠岬东方650海里处出发的。

由于这种原因，当我索敌机到达搜索海面的最边远处时，敌母舰群已驶出圈外，因而未能发现。

〔中途岛作战的产生〕 日本本土终于受到了敌机的蹂躏。直接担负本土防空任务的陆军防空部队急遽起来迎战，事后东部军发表击落敌机9架，但实际似乎并未予敌以什么损失就结束了战斗。太平洋正面的防御存在着弱点。为了加强这方面的防御，这时除迅速攻占中途岛外别无他途。这种主张便形成了山本联合舰队司令长官的意见，强硬地向军令部提了出来。

关于攻占中途岛的可否问题，本来就在军令部和联合舰队之间反复进行过争论，而美机对日本本土的空袭竟大大加强了山本长官的论据。于是像前面已经叙述过的那样，不久就确定断然发动中途岛作战，而这次作战却产生了整个大东亚战争期间最不幸的结果。

浙赣作战的发动

〔作战目的——摧毁大陆空军基地〕 本土防空部队对首次空袭日本的多里特尔飞行部队的攻击，几乎没有取得成果，敌机已向中国方面飞去。大本营立即将这一情况通报给中国派遣军。中国派遣军主要令驻在华中方面的战斗机在各处迎击，取得若干成果，如前所述，迫使其中1架飞机在南昌附近降落。敌人采取的从太平洋方面的航空母舰起飞，轰炸日本之后在大陆降落的这种奇特方策，只要大陆上尤其是华中方面的敌空军基地还健在，就可以无数次地反复使用。于是大本营陆军部考虑，不如首先占领或破坏大陆上的美军空军基地，借以封锁敌人使用，因而立即采取了相应的作战措施。大本营秘密通报中国派遣军，令其进行研究，接着于4月30日，以"大陆命"命令中国派遣军总司令官，"须尽快开始作战，主要击溃浙江省方面之敌，摧毁其主要空军基地，封锁敌人利用该方面基地空袭帝国本土的企图。"与此同时，参谋总长以"大陆指"指示：须以地面兵力攻占的敌空军基地，主要为丽水、衢州、玉山附近的敌机场群以及各种附属设施；对其他机场群则尽力由航空部队加以压制或破坏；攻占敌机场群后须在所需期间内确保之，等待形势允许，应对机场、各种军事设施以及主要交通线等加以彻底破坏，然后返回原驻地，返回时间另作指示。

〔中国派遣军的作战要领〕 根据上述指示，中国派遣军制定作战方针，急遽推进了作战准备。其作战方针是，从各方面抽调兵力增强第13军（军司令部在上海），5月15日，以其主力自杭州方面开始进攻敌东部第3战区部队（司令官余汉谋），摧毁金华、玉山、衢州、丽水附近的敌空军基地，以第11军（军司令部在汉口）之一部攻击西部第3战区部队，策应第13军，并且命令第1飞行团攻击各地的敌空军基地。就是说，这是东西夹击的打通作战。

第13军将4个师团和1个旅团展开在从余杭（杭州西南）附近到奉化附近的大约150公里的正面，将其中1个师团作为第二线兵力，并按预定计划于15日以总兵力，即以53个步兵大队为基干的兵力开始了进攻。作战取得了有利的进展，经过激烈战斗，同月28日攻占了金华，6月7日攻占了丽州，紧接着又先后于6月12日、13日和24日攻占了玉山、广丰和丽水。

第11军以2个师团作为第一线兵力，以总兵力，即以26个步兵大队为基干的兵力在鄱阳湖南侧的南昌附近作进攻准备，5月31日夜开始了进攻，6月4日占领抚州，12日占领建昌，16日占领贵溪，其先头部队7月1日在横峰与第13军的先头部队会师。至此完成了打通浙赣的任务。

〔作战结束〕 7月28日，大本营命令中国派遣军总司令官：浙江作战结束后要确保金华附近重要地区，并指示返回时日应在八月中旬末尾。于是各进攻部队大约在攻占地区驻扎了两个月之久，按计划进行了破坏，8月19日开始返回作战。两军大体都在8月下旬恢复了原来态势，只有金华附近一带作为我国炼钢所必需的萤石产地，新被列为确保地区之内。

第26章

中途岛的败战与阿留申的攻占

作战地区方面的情况

中途岛是一座直径6海里的圆形环礁，位于其里侧东南部的砂岛和东岛都是由石花质砂石构成的，地面基本平坦，地表覆盖着一层疏生的热带植物。

开战前该岛驻扎着美国的1个海军陆战大队，兵员约750名，其后似有若干增强，并以很多陆上炮台、高射炮、探照灯防卫着。该岛还有供陆上和水上飞机使用的空军基地、潜艇基地、无线电通信队等设施。因为有堡礁[①]，可以想象，登陆战斗是相当困难的。

该岛不仅是敌机动部队接近我本土时的重要巡逻基地，而且还是能以大型飞机直接攻击我占领下的威克岛的唯一基地。第一阶段作战后，日本海军在太平洋东方正面实行积极作战时，该岛和阿留申群岛都将处于可在极大程度上牵制我方行动的战略地位。

〔**敌舰队的动态——作战的关键**〕 中途岛、阿留申作战之前，日本海军所掌握的敌情是：在阿留申方面没有发现敌舰艇、飞机和重要设施，除荷兰港外，一如过去调查的情况，敌人的防御极其薄弱。

关于当时中途岛方面的敌情，日本海军作了如下判断，即该岛布防严密，除常驻水上飞机约24架，战斗机约20架和陆上轰炸机约12架外，根据需要可随时增加到两倍。其空中巡逻距离达600海里左右，目前正在不分昼夜地严密警戒着。在这方面，包括夏威夷在内，敌人所在舰艇估计有航空母舰2至3艘、战舰2艘、甲级巡洋舰4至5艘、乙级巡洋舰3至4艘、轻巡洋舰4艘、驱逐舰约30艘、潜艇约25艘。据判断，这支舰队与中途岛作战有关，大有出击的可能性，尤其当获悉该岛遭到攻击的情报后，从夏威夷出动的可能性最大。日本非常关注这支敌舰队的动态，甚至把它看作是中途岛作战的关

---

① 与海岸平行，中间夹有海水的珊瑚礁。——译者

键，所以制定了对它的根据地珍珠港进行侦察的计划。即决定以5月31日为期，以复式水上飞机从马绍尔群岛的沃特杰岛出发，在中继基地法兰西弗里格礁由潜艇补给燃料，然后再进行奇袭侦察。按照这一计划进行了准备。然而正当进入实行阶段，负责补给的潜艇报告说，在法兰西弗里格礁有敌水上舰艇，警戒森严，因而暂时延期一天。但是因为敌人的警戒仍然没有缓和的迹象，便停止了这次侦察行动。结果就连确切了解敌机动部队唯一手段的这一侦察活动也没能进行，仅伊号第168潜艇从6月1日夜半至2日昼间在中途岛及其周围进行了侦察，随后就开始了作战。

在阿留申方面，最令人担心的是雾。虽然当时正是一年中最适于作战的季节，但仍必须预料到下雾。据判断，中途岛方面不会因天气而发生很大障碍。因而当时的打算是，即使阿留申群岛方面作战会因天气不佳而推迟些日子，而中途岛方面的作战还是要按原定计划进行。

中途岛和阿留申作战的设想

夏威夷作战结束后，联合舰队司令部设在濑户内海西部柱岛锚地的旗舰大和号上，一面指挥全盘作战，一面进行新的作战准备。随着南方进攻作战告一段落和昭和17年（1942年）4月印度洋方面作战结束，联合舰队司令部便将其水上部队决战兵力集结于濑户内海西部，将基地航空部队的大部配备于太平洋东部正面，积极进行下一期的作战准备。

昭和17年（1942年）5月5日，大本营命令山本联合舰队司令长官：须与陆军协同攻占中途岛及阿留申西部要地。当时联合舰队司令部计划的在太平洋东部正面的作战，即对中途岛和阿留申的作战设想要点如下：

一、一般方针

作战方向分为中途岛和阿留申群岛两个方面，但两者是紧密联成一体的作战，攻占要地的作战本身当然也是重要的作战目的，而借这次进攻作战的机会，捕捉歼灭预料为反攻而出现的敌舰队，也是这次作战的目的。因此无论敌舰集结、出现于两者任何一个方面，都须考虑配备足以应付的各种兵力，以便能够用联合舰队的决战兵力来应付。

二、中途岛方面的作战

1. 作战要领

进攻部队登陆之前，以机动部队空袭中途岛，摧毁敌人的所在兵力及防御设施，以进攻部队一举攻占该岛；与此同时，捕捉歼灭前来出击的敌舰队。当敌精锐部队自夏威夷方面前来反击时，在夏威夷与中途岛之间配置潜水部队，同时机动部队与主力部队在中途岛北至西北海面、进攻部队在该岛南至西南海面分别待机迎战。

2．各部队的行动

充当占领队的第2联合特别陆战队（2个大队，约2800名）及陆军一木支队（一木清直大佐指挥的1个基干大队，约3000名）在第2水雷战队及第7战队的掩护下，5月28日傍晚自塞班岛出击，6月7日断然进行登陆。

第1机动部队5月27日凌晨自濑户内海西部出击，6月5日上午1时30分空袭中途岛。担任进攻部队主队的第2舰队，5月29日凌晨5时自濑户内海西部出击，途中掩护自塞班岛出击的部队，登陆当天大致进到中途岛南至西南方面，直接掩护登陆部队。

进攻部队的水上飞机部队6月6日占领古阿岛（在中途岛西北约17海里处），然后修建航空基地，其他部队7日直接协助登陆战斗。

主力部队（第1舰队）5月27日晨自濑户内海西部出击，支援各部队，待登陆当时进到中途岛西北600海里处。基地航空部队策应舰队的行动，进行广泛的搜索巡逻，同时以2架复式水上飞机从5月31日至6月3日间对珍珠港进行奇袭侦察。

先遣部队（潜水部队）的主力在协助上述水上飞机行动的同时，6月6日以前，在夏威夷和中途岛之间构成散兵线，准备迎击敌舰队的反击。

攻占中途岛后，将第2联合特别陆战队、各种炮94门、机枪40挺、甲标的（作者注：特殊潜艇）6艘、鱼雷艇5艘配备于该岛，6月中旬以后预定再增加甲标的4艘、发射管（4连装）2座、20厘米炮12门。

三、阿留申方面的作战

1．作战要领

北方部队（第5舰队基干力量）在进攻部队登陆前，先以机动部队空袭荷兰港，然后空袭基斯卡岛、阿达克岛，摧毁敌人所在兵力和防御设施，以进攻部队攻占阿图岛及基斯卡岛。对于敌精锐部队的反击，则应与中途岛方面主力部队的行动相配合捕捉歼灭之。

2．各部队的行动

第2机动部队5月26日自大凑出击，6月4日驶抵荷兰港南方海面空袭该地，6月6日空袭基斯卡与阿达克两岛。

进攻阿图部队（第1水雷战队、陆军北海支队）5月29日自大凑出击，急袭阿达克岛及卡纳大岛要地，彻底破坏各种设施后，6月8日前后撤出该岛，接着攻占阿图岛。

进攻基斯卡部队（第22战队、海军陆战队）28日自大凑出击，途中在幌筵停泊，经补充给养后，6月3日自该地出发，7日在基斯卡登陆。

北方部队主队基本上同进攻基斯卡部队共同行动，6月7日以后进到阿达克岛南方海面，支援整个作战。

中途岛作战主力部队的警戒部队（第2、第9战队基干部分），根据情况进到基斯卡岛南方500海里海面，支援北方部队作战。先遣部队之一部在作战开始前，对北美沿岸和阿留申群岛各要地进行侦察。

攻占阿图和基斯卡两岛后，基斯卡由海军、阿图由陆军担任守备。攻占基斯卡岛后立即在该岛配备特别陆战队约500名、炮8门、机枪4挺，7月以后增加甲标的4艘、发射管（4连装）1座。

中途岛作战的经过

〔进攻开始——海军纪念日〕海军纪念日（5月27日）上午6时，南云中将麾下的机动部队从濑户内海启航。继机动部队之后，参战各部队相继开始向中途岛进发。

这些参战部队由于开战以来已经历了大约半年的大规模作战，正忙于搭乘人员的补充、换班和舰船、飞机的修理，莫说足够的训练，就连有关这次作战的问题都没有来得及很好研究，只能囫囵吞枣地执行联合舰队下达的作战计划。这支部队就是在这种迫不得已的情况下仓促出击的。

当时联合舰队的作战兵力中直接参加中途岛作战的部队，划分为主力部队、机动部队、攻占部队、基地航空部队以及先遣部队。

主力部队是乘坐旗舰大和号的山本联合舰队司令长官直接指挥的部队，以战舰7艘、轻型巡洋舰3艘、小型航空母舰1艘为基干。

第1机动部队以"赤城"（旗舰）、"加贺"、"飞龙"、"苍龙"这4艘航空母舰为基干力量，其搭载飞机共计261架，其中舰载轰炸机84架、舰载攻击机93架、战斗机84架。此外，计划攻占中途岛后将要在该岛展开的基地航空部队先遣的36架战斗机，也都分别搭载在各母舰上。

进攻部队以第2舰队司令长官近藤中将指挥的战舰2艘、重型巡洋舰8艘、轻型巡洋舰2艘、小型航空母舰1艘及水上飞机母舰2艘为基干。随同前往的有运输船12艘，这些船载有一木支队约3000名和第2联合特别陆战队约2800名的登陆作战兵力。

基地航空部队中，将要协助中途岛作战的第24航空战队，已将陆上攻击机72架、战斗机72架和水上飞机16架展开于南洋群岛。

另外，先遣部队的潜艇15艘，6月6日已到达夏威夷与中途岛之间的散兵线上，但由于在其前进途中估计错误而未进行海面上的扫航和搜索，当这种配备完毕时，敌机动部队已经通过了该处海面，这对后来的战局造成了重大影响。

〔战机在动，敌情不明〕 各部队在敌情不明的情况下一步步接近中途岛。30日，发现仿佛是敌潜艇的电波在传送很长的紧急电报。从这艘潜艇的位置来看，怀疑这很可能是一份关于发现我运输船队的报告。果然，6月4日晨6时，当该船队驶到中途岛西南方600海里附近时，被敌侦察机发现，接着从当天下午开始，遭到了敌陆上飞机的攻击。

另方面，当机动部队经6月1日、2日两天补给后，满怀信心地向东方进击时，海上视界渐渐模糊，接着浓雾袭来，所有视觉信号完全失灵。在这种情况下，如果不把航向改向中途岛，就将赶不上预定的作战时间，因此在3日上午10时30分不得不启封无线电，用长波发出了改变航向的命令。电波既然已经发出，就必须考虑到我机动部队所在的方位已经暴露给了敌人。因此，以24节的高速从西北向中途岛逼近的机动部队就处于极其紧张的状态。

4日下午3时10分感到仿佛是敌巡逻机的电波就在我机动部队附近。接着下午4时40分，掩护部队的利根①发来报告说，在260度的方向发现敌机约10架，又于下午6时30分在云间两次发现像是敌接触机的灯光忽隐忽现，于是部队立即进入战斗部署，但上述情况都未得到证实，最后判定这恐怕是由于误认所致。这时，南云中将对情况的判断是，我机动部队尚未被敌人发现，并且认为，如果我进攻作战有所进展，敌舰队可能会出动进行反击。所以他的想法是，我方首先空袭中途岛，摧毁敌人的基地空军兵力，协助登陆作战，在这之后，敌机动部队如果前来反击，我就有可能将其歼灭。

〔空袭中途岛——决定命运的武器改装〕 按预定计划，空袭中途岛的第一轮攻击队在"飞龙号"的飞行队长友永大尉的指挥下，5日上午1时30分，战斗机36架、轰炸机36架、攻击机36架的编队飞离母舰前往攻击。这支攻击队起飞后不久就受到了敌水上飞机的追踪接触，当接近目标中途岛大约30海里处附近时，敌人的这架水上飞机就在我攻击机队上空投下了曳光弹，以

---

① 利根：指武田利根飞行队长所属的索敌机（参见防卫厅编：《战史丛书：中途岛海战》第281、282、306页）。——译者

此诱导美战斗机来投入战斗。接着敌我双方的战斗机展开了一场激烈的空战。我攻击机出色地压倒敌机后，进入了目标上空，但未发现地面敌机，便轰炸了敌机场和其他军事设施后返航了。

原来，中途岛机场上的敌机，根据我攻击队业已接近的内部通报，为了退避和进行反击已全部飞走了。因此友永队长认为这次攻击成果不理想，上午4时发报提议："有必要对中途岛进行第二次攻击。"

当天凌晨，在我机动部队南方和东方海面侦察的我索敌机是在上午1时30分至2时之间出发的，因此上午4时15分，当上述永友队长的电报送到南云中将手里时，还未收到有关敌舰队情况的任何报告。于是决定将防备敌水上舰艇出现而正在待命的第二轮攻击队派往中途岛，同时下令把该攻击队舰上攻击机的武器装备从鱼雷改装为800公斤的陆用炸弹。

〔敌先发制人的第一次打击——判明敌舰队〕 在这之前，自上午2时35分开始，敌方接触机就在我机动部队的周围时隐时现，至4时左右，敌陆上机开始袭来，直至6时50分止几乎连续不断地反复进行了顽强的攻击。在这中间，自6时20分左右开始，遭到敌舰载机的鱼雷攻击，但在我战斗机和防御炮火的猛烈反击下，来袭的敌机几乎大部被击落，6时50分过后，敌机已完全不见踪影，我机动部队未受到任何损失。

在这批敌陆上机来袭过程中，至5时，才收到发现敌舰的第一次电报。这是4时28分由利根索敌机发来的，电报说："发现像是敌舰艇10艘，方位自中途岛起10度、240海里，针向150度，速力20节"，接着又发来两份关于附近天气和敌舰航向、舰速的电报，但最重要的有关敌兵力方面的内容却没有判明。于是立即命令利根"报告敌舰种类"。正在这时，5时9分利根机报告："敌兵力巡洋舰5艘、驱逐舰5艘"，至5时30分弄清了："敌在这个舰队后方还跟着类似航空母舰1艘。"这就证实了确实有敌航空母舰的存在。于是南云中将一面向联合舰队司令长官报告情况，一面表明要冲向此敌的意图。

但当时要执行这一攻击任务的第2轮攻击队却正在把水上攻击武器鱼雷改装为陆用炸弹，因而不能立即进发，可以马上使用的只有舰载轰炸机队，而担任掩护任务的战斗机为了迎击来袭的敌机又正在空中待机。恰好正在返航的第1轮攻击队6时左右开始出现在母舰上空，于是决定收容完这批飞机后再令攻击队进发。在这前后，第1航空战队（赤城号、加贺号）和第2航空战队（飞龙号、苍龙号）分别报告：7时30分至8时可以起飞。

〔一瞬之迟——决定大局〕 当首轮攻击队的收容已经结束，第2轮攻击队的出发准备工作也接近完成，"准备完毕要立即出发"的舰队命令已经下达,其第1架飞机即将起飞的那一瞬间,7时35分,约30架敌舰载轰炸机突然俯冲下来轰炸。当时各母舰甲板上摆满了起飞前的飞机,防御处于极不利的状态。命中的炸弹引起了一系列的连锁爆炸,旗舰赤城号以及加贺号、苍龙号三舰都起了火,不得已全掉队了,剩下的航空母舰只有飞龙号1艘。战局大势瞬息已定。所有受伤的舰只连电信都发不出去,短时间内也扑灭不了火灾。因此机动部队指挥官决定改乘正在附近巡逻的巡洋舰长良号指挥作战,8时30分,该舰升起了将旗。以残存的飞龙号为核心的机动部队一路向北且战且退,长良号也随后赶来会合。

〔**飞龙号孤军奋战——最后壮烈沉没**〕 乘坐飞龙号的第2航空战队司令官山口多闻少将虽然已成孤军,但仍决心攻击敌机动部队,7时58分,下令战斗机6架、轰炸机18架起飞。这支攻击队在排除敌战斗机和防御炮火的激烈阻击后,于9时零7分向敌企业号型航空母舰投下直接攻击弹,使其受到重创。

注:据美国资料,这只母舰是约克城号。

在此之前,根据上午5时30分从苍龙号起飞的接触机返回飞龙号后的报告,证实除上述已报的那艘企业号型母舰外,在其北方还另有一支以企业号型和大黄蜂号型母舰为基干的敌机动部队。于是决定用飞龙号上残存的全部飞机进行攻击。上午10时30分,友永大尉指挥的10架攻击机在6架战斗机的掩护下进发了。据报,这次攻击的战果是,三枚鱼雷命中敌航空母舰1艘,还重创大型巡洋舰1艘。

注:据战后调查,约克城号实际命中鱼雷2枚。

通过以上3次攻击,飞龙号丧失了大部分攻击兵力,只剩下战斗机6架、轰炸机5架、攻击机4架,但仍企图彻底歼灭敌残存航空母舰,为薄暮攻击做了准备。但在下午2时零3分,攻击队正准备进发的时候,突然遭到13架敌轰炸机的轰炸,从而唯一残存的飞龙号也终于燃起了大火。至此,航空母舰陷入全部毁灭的悲惨命运。第2航空战队司令官山口少将和飞龙号舰长加来大佐同母舰共命运,在命令全部人员离去后,在飞龙号的舰桥上从容自杀。

〔**退避行动与联合舰队**〕 转瞬间遭到惨败的南云中将认为,与其在这里白白遭受敌机攻击,莫如暂向西方退避,试图待夜幕降临后再调转航向逼近敌人,进行夜战。从对战果的判定来推断,下午2时左右敌方至少还有1艘以上的母舰健在。下午3时半收到筑摩机打来的报告说:正在倾斜燃烧的敌母舰的东方，还有敌航空母舰4艘、巡洋舰6艘、驱逐舰15艘正在向西航行。由此得知，敌方兵力比预料的强大得多，感到日落时的飞行接触也已经没有希望。因此估计，即使夜战也把握不大，而且到了次日天明后再撤退将会更加困难，于是便放弃了夜战的企图，决心继续向西北方撤退。

另方面，联合舰队旗舰考虑自凌晨以来所了解的敌情，决定竭尽全力歼灭眼前的敌舰队，上午9时20分，命令正在北方阿留申方面行动的第2机动部队（龙骧号、隼鹰号）前来会合，接着，根据战况，上午10时10分下令暂缓攻占中途岛和阿留申群岛。后来山本长官曾一度决心进行夜战，但因看到战况节节不利，乃于下午9时15分命令进攻部队和机动部队同主力部队会合，并于下午11时55分命令停止进攻中途岛。

6月6日上午，机动部队在不断遭受敌机攻击的情况下，好不容易才脱离了险境，当天下午，同主力部队和进攻部队的大部分会合。联合舰队长官认为大局已定，便令先前奉命赶来的第2机动部队返回北方部队，决定令其重新发动预定的对阿留申要地的进攻，上午7时发出了这项命令。

〔惨败——一再倒霉〕 在这之前，6月5日，正在驶向决战海面的栗田少将麾下的第7战队的4艘重巡洋舰，根据上午10时10分联合舰队的命令，接受了炮击中途岛的任务。这4艘重巡洋舰全速接近该岛，并为在6日黎明实行舰炮射击而向前挺进。当该舰队驶抵中途岛西方90海里处时，根据上述下午9时15分联合舰队的命令，被命令停止炮击与主力会合，因而返转了航向。不久，驶在前头的旗舰熊野号发现了浮出水面的敌潜艇，便立即发出紧急回避信号，马上转舵。就在这时，由于这个信号传递不彻底，致使3号舰三隈号同4号舰最上号撞在一起，最上号的前部断裂，继续航行困难。后来三隈号护卫最上号向西方退避，至6月7日下午6时40分以后，在中途岛西方约500海里处遭到敌舰载机的连续攻击，三隈号终于沉没。

由此得悉敌机动部队正在追击的山本长官，企图把这批敌人引诱到我威克基地航空圈内予以反击，7日正午下达了这项命令，但敌舰队没有中计，后来掉头向东方离去。

这样，中途岛海战便以日本方面的惨败而告终。日本海军损失4艘航空母舰及其全部搭载机，损失了巡洋舰三隈号。而美国方面只不过损失了1艘航空母舰和同它共命运的明星号驱逐舰而已。那艘约克城号航空母舰先是在我飞机的鱼雷攻击下受了重创，后被我伊号第168潜艇给予致命一击而沉没的。

中途岛攻占部队的第2联合特别陆战队和一木支队在停止进攻后，于6月

13日下午抵达关岛，一木支队改归大本营直辖，在该岛集结进行训练。

注：关于海战经过，请参照篇末插图。

阿留申要地进攻作战的经过

联合舰队将第2机动部队（以第4航空战队的航空母舰龙骧号和隼鹰号、重型巡洋舰2艘、第7驱逐队为基干）与第1水雷战队及特别陆战队1队同细萱戊子郎中将指挥的第5舰队合在一起，编成北方部队。协助这支部队的陆军兵力是北海支队（以穗积松年少佐指挥的步兵一个大队、工兵一个中队为基干），有关作战问题，规定支队受海军北方部队指挥官的指挥。

北方部队作战前的准备工作与当时中途岛作战部队的情况相同，各增援兵力虽然没有充分的准备时间，但还是极力抓紧了准备，以便赶上预定的出击。据潜艇侦察的结果判断，当时阿留申方面的敌情是，预定登陆地点附近没有敌舰船、飞机和重要设施，荷兰港只有若干驱逐舰以下的小型舰艇，在阿拉斯加的科迪亚克方面只有若干巡洋舰以下的轻快舰艇。

〔出击、返航、再出击——停止进攻阿达克〕 北方部队以5月26日出击的第2机动部队为先头部队，接着28日基斯卡攻占部队和29日阿达克、阿图攻占部队都先后从大凑港出击。各部队连日来在浓雾和暴风雨的折磨中持续航行。第2机动部队于6月4日、5日两天空袭了荷兰港，取得了相当的战果。然而6月5日，在中途岛方面面临严重战况的联合舰队，决定暂时延期攻占阿留申，倾注可能集中的全部力量在中途岛西方同敌舰队进行决战，当天上午9时20分和10时10分下达了这项命令，这已如前述。根据这项命令，第2机动部队和第1水雷战队立即急驶中途岛，6日上午7时，根据联合舰队的命令，第2机动部队又返回北方部队。

于是大本营根据中途岛方面的情况，决定改变计划，停止攻占阿达克岛，而按预定计划攻占阿图岛和基斯卡岛，并发出有关命令。在此之前，进攻阿图和基斯卡的两支部队曾一度返航，但遵照6日下午1时北方部队根据上述大本营电令发出的"恢复阿留申作战，登陆日期定为6月8日"的命令，再次转变航向朝攻击地进击。登陆很顺利，未受到敌人阻击。在这中间，联合舰队司令长官鉴于中途岛作战的经过情形，担心敌机动部队可能北上，便于8月8日把以战舰2艘、重巡洋舰2艘和航空母舰瑞凤号为基干的部队编入北方部队，13日又把航空母舰瑞鹤号和重巡洋舰2艘继续编入北方部队。但实际上除敌潜艇和水上飞机曾来袭击以外，敌人的精锐部队并没有前来攻击。至此结束了阿留申要地的进攻战。我水上飞机推进到基斯卡岛，得以加强了北方的巡逻，但由于进攻中途岛以失败而告终，攻占阿留申的战略价值便成了局部性的了。

海洋主动权的转移与败战真相的掩饰

开战以来一直活动在太平洋、印度洋到处活动的我联合舰队的核心——母舰部队，如今仅剩下"翔鹤"、"瑞鹤"等大型的4艘，在多次战斗中锻炼有素的舰载机搭乘人员也丧失了大半。初期作战所以能在海上到处成功地压倒敌人，大都是靠母舰部队，而今形势急转直下了。了解这种真相的，除了海军以外，只有大本营陆军部的首脑和与作战有关的部分人员，其冲击是严重的。

〔**整个战局的转折——反省**〕 以这时为转机，日本海军目前必须暂时放弃积极作战，设法争取会战的间歇，迅速恢复作战能力。于是暂时把原来计划的F·S作战向后推迟两个月，接着又决定停止了。这样一来，太平洋上的主动地位便落到了敌人手中，使人感到战争的前途势将踏上可怕的苦难道路。

那么，如此惨重战败的原因何在呢？只要一看上述中途岛作战发起的原委就会明白。重大原因是，决定实行此次作战本身就缺乏慎重的考虑，而担任实行作战的舰队本身的搜索、巡逻及行动也不够妥当。不能说没有被初战的胜利冲昏了头脑。不仅如此，还有更大的失策，那就是被敌方译解了日本海军的电信密码。敌人事前就了解到我方的意图，张网以待。我方正是闯进了敌人的圈套里去了。

注：据战后调查，说是2月8日敌机动部队前来袭击威克岛时，从俘获的我监视艇上拿走了密码本。

情况既然是这样，那么一切都是一连串的不幸和失策，取得胜利已毫无指望，后悔也来不及了。

〔**为掩饰败战真相而苦思焦虑**〕 为了对敌尽量隐匿败战的弱点，不给国内造成激烈的冲动，日本海军尽量掩饰了败战的真相。

当时赤城号是在6日上午2时由我方驱逐舰用鱼雷处理掉的。飞龙号6日正在漂流时被我飞机发现，为了处理它派出了驱逐舰，但终于没有发现，所以可以推断，敌方不会知道该舰沉没前后的情况。于是大本营海军部于6月10日发表：我方损失航空母舰1艘，受重创1艘，巡洋舰受重创1艘。但美国方面6月7日发表，断定给予日本舰队的损害是，击沉航空母舰2至3艘，重创航空母舰1至2艘，因此对外保密的效果几乎等于零。

另方面，为对国内掩饰中途岛的败战真相，采取了彻底的防谍措施。关于海战的损失，除了部分有关人员外，甚至对海军军人也保密，并把那些沉没舰上的搭乘人员暂时隔离起来。但是，随着时间的推移，败战的小道消息已流露到街头巷尾，结果有关这次海战所作的谎报竟成了失信于天下的开端。

还有，和这次中途岛海战同时进行的阿留申群岛要地的攻占，基本上按预定计划达到了作战目的，便用来作掩饰中途岛败战的宣传。但因这两场作战价值相差悬殊，加上我方损失太大，所以想用这种办法来遮掩世人耳目是根本办不到的。

〔机密战争日记的记载〕 关于当时的情况，机密战争日记作了记录，兹将其有关部分原文摘录于下。

昭和17年（1942年）6月6日

无关于阿留申、中途岛攻占作战的报告。

在中途岛附近似已引起敌我海上决战，据小野田大佐（作者，注：海军部战争指导班长）说，不容乐观，势将旗鼓相当。

祝愿大捷。

参谋本部与军令部均现出开战以来从未有过的紧张情况。

同年6月7日

一、中途岛、阿留申方面没有报告。据海外广播，美正大肆宣传已获大捷。部内忧虑无法掩盖。

第二科似在考虑推迟F作战。

二、需要断然执行原定计划。

同年6月8日

一、阿留申作战似已成功，但并非登陆于荷兰港，而是登陆于基斯卡。不安未除。

中途岛仍在决战中，敌我似均有相当损失。传说登陆作战推迟了，F作战也推迟了。作战科同本科无任何联系。自清晨起，作战科与军令部联系频繁。

二、在第六次大诏奉戴日，陆军的综合战果装饰了报纸版面。

三、开战以来，海军初次布满愁容，陆军也同样切望大捷。

同年6月9日

一、中途岛海战似以帝国海军的失败而告终。帝国攻占中途岛的作战目的终于受挫。

开战以来首次失败，海军必感万分悲恸，陆军也衷心不胜惋惜。

然胜败乃兵家常事。日俄战争之初，帝国丧失2艘战舰，但据说东乡联合舰队司令长官却仍泰然自若。损失数艘航空母舰虽说暂时受到致命打击，但战争前途尚属辽远，宜坚持坚定意志，向完成战争目的迈进。

二、阿留申方面作战似部分成功，但具体情况不明。作战科擅自保守机密，但有时反而有害。政略上的施策正在时刻失掉机会。同本科无任何联系。F作战似亦推迟。

三、即使从宣传角度来看，这次作战也是彻底失败。海军对内的处境也将困难。

同年6月10日

一、大本营发表关于中途岛海战与阿留申作战的战果。

海军作出遮羞的发表。表示同情。

终于未能达到中途岛作战目的。

二、据说海军的损失，至本年末将完全恢复。

三、总之，F作战似将推迟2、3个月。作战科同本科无任何联系，深感遗憾。

对澳洲、对重庆的战争指导，时间上也不得不有所变更。

同年6月11日

一、关于中途岛、阿留申作战战果，各报均加以粉饰。

国民对辉煌战果欢欣鼓舞。焉知F作战已推迟数月，战争指导由此碰到难关。

《今后应采用的战争指导大纲》的主要着眼点应在彻底加强切断美澳之间的联系，但字面上未写明。海军轻率地发动中途岛作战，非轻视切断美澳的作战而何？

分离美苏比切断美澳，莫非属于次要！

陆军作战科也追随海军，不无缺乏深思熟虑之处。

应排除追悔过去之愚，但最高统帅应追究对作战目的的深思熟虑。

当切断美澳联系的大规模作战迫在眉睫，竟发动中途岛、阿留申作战，其真意究竟何在？

只追求战果并不能结束战争，只有达到战争目的，才能逐步结束战争。而作战当事者动辄陶醉于战果，忘却战争目的，终因轻率而遭失败。

第27章

防卫态势的调整

大本营的指导

昭和17年6月，由于初期进攻作战已告一段落，便根据同年3月大本营和政府的联席会议上决定的《今后应采取的战争指导大纲》中"扩大既得战果，一面调整长期不败的政略战略态势，一面相机采取积极对策"的方针，决定确立长期不败的战略态势。其主要措施是革新军容和确立南方军的防御态势。

〔**革新军容**〕 开战以前，大本营集中考虑的是，在攻占南方要域期间是否会遭到北方苏联攻击的问题。然而现在的形势是，北方并没有特别不稳的形势，初期进攻作战得以结束。但是，由于作战锋芒开始就勇敢地指向了南方，现在则要调整我方态势，摆出睥睨八方的架势，这就是所谓革新军容。

革新军容的具体内容是，使攻占南方的各军采取防御态势，把能够节省下来的兵力转用于满洲或中国方面，以加强其防御，同时与国内部队的改编、复员等措施相结合，以保存其战备上的机动性。这项措施自6月以后，根据作战当地的具体情况，逐步得到实现。

在这以前，6月6日，陆军大臣和参谋总长就革新军容问题作了联名上奏。上奏时参谋总长作了如下说明：

"根据方才同陆军大臣一起联名上奏的有关革新昭和17年陆军军容事项，就全军的兵力运用问题，目前统帅部正在作如下考虑。在南方方面，除了配备为确保南方要域的安定及准备对其外围要地进行作战所需的兵力外，将其余部队主力调回国内，一部分复员或调去满洲和中国；在中国，仍尽各种手段继续对敌施加压力。关于北方，一如既往，在极力防止发生战争的根本方针下，对态势作必要的调整，以便得以应付万一。陆军认为上述各点非常重要。"

接着，参谋总长提出了革新军容的内容，其要点如下：

一、南方方面

改编指挥统帅机关，整顿占领地区军事管制的施行体系。

作为预想可能抽出的兵力，将近卫、第2、第4、第5师团调回国内，将第33师团等调往中国，将第66师团等调往满洲。

此外，第14军（菲律宾）改由大本营直辖。

新设第3航空军司令部，令其统率约以5个飞行团为基干的航空各有关部队，负责对印度和中国的进攻作战以及对苏门答腊、爪哇等要地的防务。

二、中国方面

复员第3、第6师团，在华北新设第3坦克师团，从南方调用第33师团。

从南方调用一个飞行师团司令部及所需部队。

三、满洲方面

根据作战计划，新设指挥统帅机关，即新设方面军司令部及中间军司令部等，并新设第71师团及坦克第1、第2师团。

此外，在满洲的防务及作战准备方面，在可能范围内复员兵力，尤其是复员战斗素质差的老兵，令两个飞行师团归第2航空军司令官指挥，调用若干南方飞行部队。

四、国内方面

复员第52师团。

注：本计划后因敌人反攻，形势发生变化，大部未能实现，即从南方抽出的兵力仅第4师团和若干军直属部队，国内第52师团的复员也停止了。

〔南方军基本任务的改变〕 担任南方地区作战的各部队，正在根据开战当时的进攻命令行动。6月末，大本营借进攻作战告一段落之机改变了它的任务，决定授予"须确保南方重要地区安定"的持久性任务，6月29日发出了这项命令。其主要事项有三：第一，将菲律宾的第14军从南方军调出，改归大本营直辖；第二，授予南方军总司令官和第14军司令官以新的任务；第三，规定了上述各军为完成新任务所需的行动准则，尤其指示了陆海军驻当地部队合作的准则。

将第14军直辖于大本营，是因为考虑到菲律宾在地理上同南方其他地区隔绝，其特性也不同，大本营直辖第14军既能减轻南方军的负担，又可使作战和有关军事管制的措施搞得彻底。

南方军总司令官新的基本任务的主要内容如下：

一、大本营为完成大东亚战争，要确保南方重要地区的安定，以确立自给必胜的体势，并为适应局势的作战作准备。

二、南方军总司令官须与海军协同，根据下列各项，负责确保南方重要地区的安定，同时准备对外围要地的作战。

（一）对缅甸、原英属马来、苏门答腊、爪哇、原英属婆罗洲，在完成防御的同时，迅速谋求普遍深入实行军事管制。

（二）协助防卫泰国及印度支那。

（三）继续从缅甸和印度支那、泰国方面对重庆施加压力。

（四）根据需要，对印度和中国实行航空进攻作战，但对其腹地实行地面进攻作战，则须另外听候命令。

（五）根据需要，援助主要由海军负责的军事管制地区的防务。

（六）对印度、澳洲及中国等地区实行必要的宣传策略。

三、参谋总长得将其所属船舶部队中所需部队暂时调归南方军总司令官直接指挥，或派遣到其辖区以内。

四、有关细节由参谋总长指示。

此外，还命令第14军司令官："须与海军协同，确保菲律宾的安定，为此尤需迅速谋求普遍深入实行军事管制。"与上述命令相关，参谋总长还向南方军总司令官下达了为防卫南方重要地区而制定的陆海军中央协定，以及对外国要地的作战准备纲要。

〔**为完成基本任务而制定的陆海军协定**〕 陆海军中央协定的主要内容如下：

防卫方针

一、陆海军协同，极力以舰艇和航空兵力实行进攻作战，努力粉碎敌人的反攻企图。

二、迅速扫荡占领地区的残敌，并根据需要，戡定附近要地，同时加强各要地的防务，在陆海军紧密协同下，先发制人地击败敌人的来袭。

三、保证南方海面及国内重要地区间海上交通的安全。

防卫要领

一、进攻作战要领

1. 海军承担控制与搜索巡逻占领地区一带海面任务，同时对澳洲及印度洋方面及时地实行航空进攻作战及潜艇战，并根据敌情，以舰艇实行海上进击，搜捕歼灭敌舰船。

2. 陆军以其航空部队主要承担摧毁中国西南部及印度东北方面敌空军力量及其他重要地点的任务，另外根据需要，协助攻击附近敌舰船等。

二、防务的分担

1. 占领地区的海上防务由海军负责，其他地区的直接防卫，即安达曼群岛、尼科巴群岛、圣诞岛、小巽他群岛及原荷属婆罗洲等以东的原荷属印度的防务主要由陆军担当，其他地区原则上主要由陆军担任，但根据作战需要可由陆海军协同担任。

2. 陆海军协同或单独迅速扫荡占领地区的残敌，同时根据需要，对附近要地实行戡定作战，加强各要地的防务，并严密警戒。

3. 为阻止敌潜艇侵入，海军封锁或扼制为防御所需的海峡，但在陆军担当地区实行上述措施时，需同当地有关陆军指挥官协商。

4. 南方重要区域内主要港湾的防务由海军担任。

5. 为实施前两项防务，必要时海军与当地有关陆军指挥官协商后，可在陆军主管地区的必要地点设置防御设施，并配备所需人员。

6. 当敌人企图进攻时，根据需要，陆军须不失时机地对海军主管地区中的安达曼群岛、尼科巴群岛、小巽他群岛方面予以增援。在上述期间，该方面的防务（防空除外）主要由陆军担任。

7. 防务分担大纲虽大致作了上述规定，但陆海军应以协同担任的精神，相互紧密配合，经常发挥协同的综合威力，以期万无遗憾。

三、保护海上交通

1. 海军在南方海面一带阻止敌潜艇侵入，并加强对其扫荡。

2. 南方海面及国内与南方重要区域之间的海上交通由海军承担，陆军予以协助。

关于护卫陆军方面的船舶的具体细节，遵照有关的陆海军指挥官之间的协定执行。

〔**锡兰作战准备纲要**〕 作为对外围要地的作战准备纲要，提出了如下要点，值得注意。

一、锡兰作战

1. 作战目的　攻占锡兰岛的目的在于压制印度方面的敌人势力。

2. 使用的兵力　陆军——1至2个师团　海军——联合舰队的大部分。

3. 作战时机的设想　以德国在西亚作战取得进展，印度方面之敌被牵制在西方时为宜。

4. 作战准备事项

（甲）教育训练

为此，规定第38、第48师团分别集结于苏门答腊和爪哇，主要训练热带地区登陆作战。

（乙）搜集情报

（丙）研究作战要领

5．作战名称

称为11号作战。

二、搜集对印度、澳洲及昆明等地的作战资料。

〔**大本营的真实意图——策应德意东进**〕 当时大本营对上述攻占锡兰岛的研究和准备略加具体化的真实意图，在于考虑到德意势力扩展到西部印度洋时，予以策应，但并不认为实行这场作战的可能性很大。6月29日杉山参谋总长上奏时，就这个问题作了如下说明。

"我想在对外围要地作战的准备过程中，根据将来形势的演变，对较有可能爆发的锡兰作战提出略为具体的依据，以使他们研究其作战要领。在其他方面，准备指示他们努力搜集作战资料等。

"当时大本营对德意势力东进的问题是怎样观察的，这从7月7日永野军令部总长所作牵涉到推迟F·S作战问题的如下一段上奏说明中可以窥知。

"以6月中旬地中海海战及托卜鲁克①的陷落为转机。德意在北非的作战取得了敌我均未料到的快速进展，不久就会形成能够攻占东部地中海方面英海军基地亚历山大城的局面。因此，英国在东部地中海的制海权和制空权将丧失殆尽，其大部分舰艇也将不得不从地中海撤到红海或印度洋方面。

"这种形势必将对未来的战局产生极大的影响，其结果，德意将可能攻占马耳他，德军将可能进到近东方面，确立轴心方面不败态势的可能性也将显著增大。因此，此时我方策应德意，谋求切断西部印度洋方面敌增援部队和歼灭敌舰队，在大局上将形成极为有利的形势。"

除上述说明外，参谋总长还指示在南方重要区域设置航空基地的纲要。其中指明，为了适应下一步作战，为了防卫南方重要区域，必须充分维持和培养一支必要的航空兵力，特别是要重视修理和调整补给设备。另外，还明确指示，为了易于完成我方任务，可在南方重要区域扶植必要的武装团体等。

南方占领地区行政的渗透

作战开始以来，与作战密切关联的军事管制进展极为顺利。随着敌对势

---

① 位于利比亚东北的濒海城市。——译者

力的肃清，治安得到了恢复，民心趋于安定。至昭和17年（1942年）春夏之交，除在菲律宾、马来、缅甸等地仍有部分残敌在蠢动外，局势已完全平静下来。随着军事管制机构的整顿，当地各种军事管制体制逐步趋于完整。

〔军事管制的实施状况〕 军事管制在各方面实施的情况，从昭和17年（1942年）5月29日杉山参谋总长的奏文中可以窥视一斑。奏文：

占领地区的治安恢复及军事管制的渗透程度基本上与作战的进展程度齐头并进，各方面进展都很顺利。兹就各个地区陈述其概要如下。

一、马来、苏门答腊地区治安情况日趋良好

军事管制的机构情况是，军管部之下，马来由10名知事和昭南市长来治理；苏门答腊则由10名支部长来治理，而这10名支部长最近将由州知事取代之。

当地居民对军管的协助情况是，由于最初军方对华侨的工作妥善，华侨的协助最为积极，对产业部门的建设也起了相当的作用。原住民马来人虽很驯服，但他们毫无魄力，事事都很消极。印度人则似乎在追随华侨。

各种机关的复兴情况是，随着一般行政机关的整顿，公路、铁路、通信机关、煤气、水道、电力等基本上恢复了原状，重要工业橡胶、铁矾土、锡、锰、铁、石油等，取得我方所需数量基本上没有问题。

二、婆罗洲地区

在治安防卫方面几乎没有值得担心之处。军司令部（婆罗洲守备军于昭和17年4月编成——作者注）到达该地以来，正逐步努力渗透军管。但因时间尚短，交通极为不便，再加上几乎全都是和平进驻的，所以当地居民中仰仗英荷的风气至今仍相当强烈，这是今后要努力纠正的。

关于军管机构，虽未另设军管部机构，但在军司令官之下有5名知事担任地方行政工作。

三、爪哇地区

爪哇岛的治安正在迅速恢复，各种施策总的来说进展顺利。作为刚刚占领后的暂行措施，目前虽责成各师团负责实行军事管制，但随着最近军管部人员的增加，准备结束各师团的这项工作。

关于军管机构，同其他地区一样，一向是在军管部之下各州设知事，令其负责行政工作。但现已注意尽可能多利用当地居民充当下级官吏。由于荷兰多年来推行愚民政策，当地居民——印度尼西亚人不能立即发挥作用，现在准备逐步推行教化工作。

四、缅甸地区

在缅甸，作战逐渐告一段落，各兵团正在扫荡残敌，治安状况一般较为良好。特别是缅甸人的对日感情，一般非常亲日，日军所到之处，都以箪食壶浆相迎。因此可以指望，社会治安将迅速安静下来。

缅甸的军管刚刚就绪，行政机构目前正在研究和准备之中。缅甸国内情况相当复杂，在各民族间，尤其在缅甸人和印度人之间存在着对立关系，所以在今后的民族指导问题上应给予相当注意。

五、菲律宾地区

在菲律宾，除吕宋岛中部与南部外，治安尚未确立。但目前我方在这里拥有相当兵力，可望治安能迅速恢复。

关于军管问题。在军司令官的指挥下，中央与地方都在最大限度地利用原统治机构，并已取得显著成果。在产业与文化设施方面，除南部菲律宾与北部吕宋外，都在逐渐恢复，尤其马尼拉周围地区基本上已在发挥着战前的机能。

上述种种，总的说来，军管的施行正在同作战很好地衔接起来，按预定计划顺利进展。因此确立治安、取得重要国防资源自不待言，就是军队的就地补给基本上也是可能的。

关于保存南方各文化学术机关的问题。当地驻军也正在作巨大努力。为了作好保存工作，目前正准备从日本国内派遣必要的专门学者到巴达维亚与昭南的博物馆、万隆的地质调查所、吉隆坡的博物馆与农业实验场、菲律宾的科学院去工作。

〔新设军管总监部〕 6月，随着南方军防卫体制的确立，大本营特别重视军管的渗透。为此，在增加各军的军政要员的同时，在南方军中新设了军管总监部，使其在将来的经济建设、民族指导、交通通信设施的经营等广泛领域内统辖和指导各军军管的实施。军管总监由南方军总参谋长兼任。

来到当地参与筹划上述军管的，有以村田省藏、砂田重政、樱井兵五郎、大达茂雄、儿玉秀雄等为首的各界权威人士。

陆军进攻重庆的作战设想

昭和17年（1942年）春以后，大本营陆军统帅部作战幕僚的部分人员一直在埋头研究对重庆的作战计划，其具体想法是：估计南方初期进攻作战基本上可以按计划完成，因而这时要攻占四川省的重要地区，迫使重庆政权屈服，使政略和战略建立在满、华坚如磐石的基础之上，以适应大规模持久战的需要。

〔作战要领的内部指示〕 4月上旬，大本营把今后准备寻找机会对重庆发动一场大规模进攻作战的企图秘密指示给中国派遣军总司令官畑大将，并要求研究这项作战。当时大本营秘密指示的作战要领的主要内容如下：

自昭和18年春前后开始，以大约10个师团为基干的一个方面军，从山西南部发起攻势，并以大约6个师团为基干的一个军从宜昌方面发起攻势。各军击败正面之敌，然后方面军在确保西安平原的同时进到广元附近；从宜昌方面发起进攻的部队进到万县南北一线附近，然后各自准备下一步的作战。随着作战准备的进展，再发动攻势，在攻占重庆、成都的同时，占领四川省要地。倘若形势需要，再以部分兵力扫荡敌人的抗战基地。

自开始发动攻势到占领四川要地，所需时间大致估计为5个月。

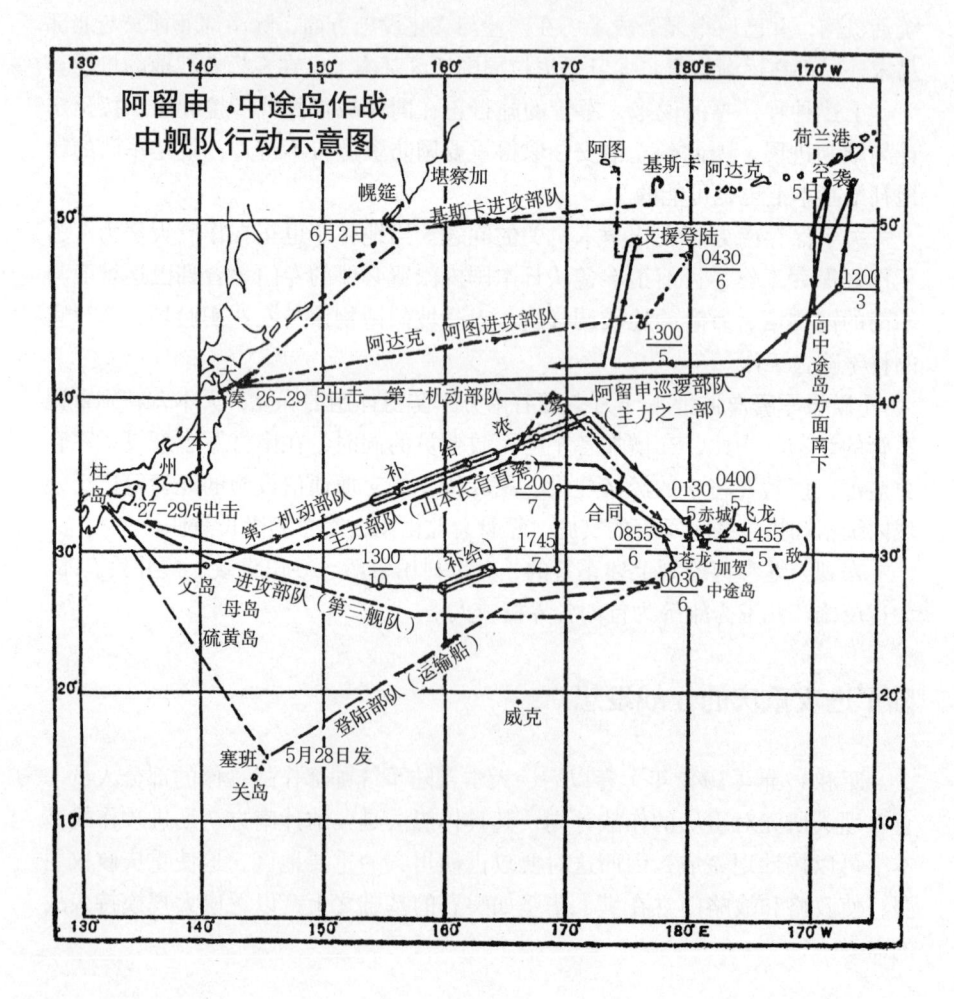

阿留申·中途岛作战中舰队行动示意图

在上述作战期间，应确保与稳定现在占领地区，并在必要地区牵制和拖住敌人，以使进攻作战顺利进行。

此作战称为5号作战。

〔5号作战准备要纲的下达〕 实行此次作战的兵力，决定以中国派遣军的兵力为主体，再从国内、满洲及南方调用和增派部分兵力，尤其渡河兵力、渡河材料以及后方部队的主力等军直辖部队。关于这些兵力的增派，经具体研究，大致到8月末可以实现。因此，9月3日，参谋总长以"大陆指"的形式下达了5号作战准备要纲。在这前后，南北瓜达尔卡纳尔方面的战况已有逐渐激化的迹象，所以决定在该纲要中保留了正式作战准备的实施时日，暂先进行部分准备。就是说，5号作战准备只不过表明了如下的打算而已，即自昭和17年（1942年）9月开始着手部分准备，然后根据同年秋季前后的形势再决定是否实行作战；在决定实行作战后，再进一步完成正式准备，估计在昭和18年（1943年）春季以后发起作战。

第四篇
美军反攻的开始

第28章

以瓜达尔卡纳尔岛为中心的东南太平洋上的激战

对莫尔兹比的陆路进攻

〔"里"号作战的研究〕 如前所述，中途岛败战的结果，大本营决定把攻占斐济、萨摩亚、新喀里多尼亚的作战推迟两个月。从当时的海军状况来看，对东部新几内亚的莫尔兹比再进行海上攻击也同样感到困难。但大本营仍不放弃攻占莫尔兹比的企图，打算以陆路进攻来代替海上进攻。

6月14日，大本营在研究"里"号作战的名义下，命令第17军：与海军协同，以一部分兵力进行从陆路进攻莫尔兹比的实地侦察。关于新几内亚的兵要地理，当时大本营只保有若干文献，有关地形、道路、气象等陆军作战所必需的事项几乎没有作过调查。但为了研究起见，把自东部新几内亚北岸经科科达越过奥因斯坦列山脉通往莫尔兹比的道路，作为基准提了出来。

第17军司令官与第4舰队共同研究的结果，认为布纳附近是适于登陆的地点，同时决定由现在腊包尔的南海支队担任这次研究性的作战，7月1日于达沃发布命令，其要旨如下：

一、南海支队长须派遣以独立工兵第15联队主力及步兵1个大队为基干的部队在布纳附近登陆，首先迅速进到科科达南方奥因斯坦列山脉的山顶附近，然后侦察由陆路进攻莫尔兹比的道路。

二、独立工兵第15联队主力到达腊包尔后，立即受南海支队长指挥。

三、须尽速提出有关支队主力由陆路进入莫尔兹比的难易的判断资料。

〔**大本营决定陆路进攻**〕 于是，当时在菲律宾的独立工兵第15联队首先开始向腊包尔航行。另一方面，随着时间的推移，大本营愈加认识到中途岛败战的严重性。现在认识到，只靠海上进攻不可能攻占莫尔兹比。另外，当时同盟军正在拼命加强莫尔兹比的战备。很明显，作战时日越推迟，莫尔兹比的守备就越牢固。因此，7月11日，大本营下令完全停止新喀里多尼亚、斐济、萨摩亚作战，同时，命令包括第17军司令官在内的当地陆海军司令官："陆海军须协同攻占和确保莫尔兹比，同时随时戡定东部新几内亚其他要地。"这项命令实质上意味着大本营已决定放弃对斐济、萨摩亚方面的作战，而把努力重点指向新几内亚，并将主要通过陆路进攻莫尔兹比。

当时第17军的侦察部队尚未在新几内亚登陆，当然没有提出侦察报告之类的材料。大本营主要是迫于时间上的要求，把海军航空部队沿布纳、科科达、莫尔兹比公路拍摄的片断的航空照片作为唯一的参考资料做出这个决定的。通常，大本营在下达有关陆海军协同作战的命令时，还要以规定具体作战要领的陆海军中央协定为内容的大本营指示来加以补充。但这次却决定待第17军提出报告和意见后再加以补充，姑且只发出了命令。

第17军司令官了解大本营有尽早从陆路进攻莫尔兹比的意图，便于8月7日在达沃急忙向所属各部队作了如下部署：

一、南海支队须迅速在布纳附近登陆，沿布纳—科科达公路急进，攻占莫尔兹比及附近机场。

二、步兵第35旅团须仍留在帛琉，以一部从海上直接在莫尔兹比东方地区登陆，准备为南海支队的作战扫清障碍，此外，另以一部准备攻占萨马赖及其以东岛屿中的要地。

三、青叶支队及步兵第41联队须仍留在达沃，充当军的预备队。

第17军司令官发布上述命令后，乘飞机从达沃出发，经由特鲁克，7月24日进到腊包尔。

〔第8舰队的新设〕 当时东南方面海军部队的配备正在进行大改动。即大本营于7月14日决定新编第8舰队，派该舰队担任东南方面的作战。本来新设这个舰队是打算使其在斐济、萨摩亚方面作战后担任该方面防务的，但因7月11日停止了这次作战，便改变了原来计划，令其与第4舰队换防，担任东南方面的作战。随着这个部署的变更，第4舰队便专注于内南洋方面的防卫了。

第8舰队司令长官三川军一中将7月25日到达特鲁克，接替了第4舰队东南方面的作战任务后，30日进到腊包尔。当时第8舰队所属的兵力是：旗舰"鸟海"、第6战队（巡洋舰4艘）、第18战队（轻型巡洋舰3艘）、第7潜水战队（潜艇5艘）、第7根据地队（包括第82警备队）、第8根据地队（包括第84警备队）、吴第3特别陆战队、佐世保第5特别陆战队及第2航空队，其主力配置在腊包尔地区，又各以一部配置在莱城、萨摩亚及所罗门方面。另有7

个设营队配备于各处，担任建设机场等任务。

协助第8舰队担任东南方面作战的航空部队是第25航空战队。这个战队归当时驻在忒尼安的第11航空舰队司令长官塚原二四三中将直辖，有各种飞机70架，主力配备在腊包尔，其一部（水上飞机、水上战斗机各约5架）配备于吐拉基。这些海军航空部队打算在歼灭莫尔兹比方面的敌航空兵力的同时，协助南海支队进攻该地。

〔横山先遣队的进攻〕 独立工兵第15联队主力到达腊包尔后，南海支队长给该部配属了步兵1个大队，编成横山先遣队，令其7月20日自腊包尔启航在布纳地区登陆。

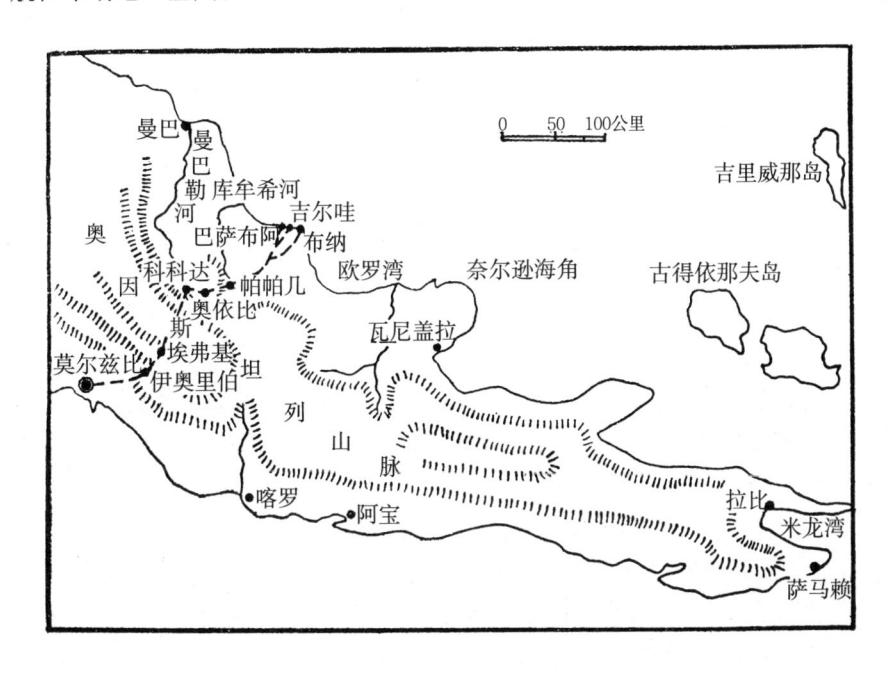

这支部队在途中遭到几架敌B17机的攻击，但21日夜在布纳西方的巴萨布阿附近登陆成功。该先遣队登陆后，一面修补道路一面继续急速前进，28日夜里打败驻在科科达的澳军1个大队，随后占领了该地及附近机场。

〔攻占莫尔兹比的设想〕 另一方面，7月28日第17军司令官在腊包尔接到了盼望已久的关于东部新几内亚作战的陆海军中央协定。第17军、第8舰队及第11航空舰队将中央协定进一步加以具体化，31日制成了包括下列要点的协定备忘录，由此确定了东部新几内亚作战规模的设想。

一、陆军以南海支队沿布纳—科科达公路前进，迅速攻占和确保莫尔兹比及其附近机场。

南海支队主力的登陆,预定从8月7日开始,直到8月下旬。

二、陆军部队之一部(步兵第35旅团的约1个大队)及海军陆战队乘海军舰艇在海上机动,策应南海支队的作战,在莫尔兹比东方地区登陆,以使其作战得以顺利进行。

在莫尔兹比登陆的时机,务于南海支队通过奥因斯坦列山脉后尽速决定之。

三、海军务须尽速占领萨马赖,设置水上基地,同时以部分兵力自莱城、萨拉摩阿方面向瓦乌方面佯动,以使陆军得以顺利攻占莫尔兹比。

另以必要兵力切断敌对莫尔兹比的增援及莫尔兹比之敌的退路。

四、海军航空部队须尽速将航空基地推进到布纳附近,努力确保舰船锚地的制空权,同时协助南海支队登陆后的向导和联系。为此,陆军部队一旦占领并修整了科科达附近机场,即应不失时机地向该地前进,向前推进着陆场。

上述攻占莫尔兹比的设想虽然决定主要由陆路进行,但还规定,同时以一部从海路进攻。

从当时的海军状况来看,即使以部分兵力实行海上进攻,其可能性也不无疑问,但若只靠陆路进攻,需时过久,不能符合火速攻占莫尔兹比的要求。另外,为了维持攻占后的防御和补给,确保海路也是绝对必要的。

〔南海支队主力的进攻〕 第17军司令官根据上述协定,在部署进攻东部新几内亚的同时,考虑到对将来可能发生的作战有增强兵力的必要,便于8月1日采取措施,将步兵第41联队从达沃调到腊包尔。

这样,第17军进攻莫尔兹比的准备工作在积极进行,但因8月初布纳附近的制空权掌握在敌人手中,便改变登陆计划,先令海军设营队在布纳附近登陆,设置战斗机用机场后8月中旬,南海支队主力再登陆。

海军设置布纳机场的工作,由于受到8月7日敌在瓜达尔卡纳尔岛登陆的影响而延迟了若干时日,但16日机场已能使用,于是第17军便令南海支队主力(司令部及步兵两个基干大队)于8月18日夜在巴萨布阿登陆,同时还命令16日到达腊包尔调归南海支队长指挥的步兵第4联队也于8月21日夜在巴萨布阿登陆。这些部队每人背着估计到攻占莫尔兹比时为止的约一个月所需粮食的半数(约5升,即16日份),开始向奥因斯坦列天险前进了。

另外,前此已占领了科科达的横山先遣队,8月7日从该地出发,途中逐步击溃敌人的抵抗,8月26日挺进到伊斯拉巴附近敌阵地前面,继续作进攻准备。恰在这时，南海支队长也进到该地，在这里掌握了横山先遣队，倾注全力开始了攻击。敌人顽强抵抗，经激战后于8月31日占领了该地。尔后南海支队集中精力进攻莫尔兹比，一面克服困难的地形，忍受炎热的气候，一面排除敌人一再的顽强抵抗继续前进。

美军开始反攻瓜达尔卡纳尔岛

〔**瓜达尔卡纳尔岛——陆军全然不知**〕 正当南海支队主力将要开始对莫尔兹比作战的时候，美军对所罗门群岛中瓜达尔卡纳尔岛及吐拉基的反攻开始了。这两个岛位于腊包尔东南方约550海里处。原来吐拉基是所罗门群岛的首府所在地，也是交通要冲。而瓜达尔卡纳尔岛只是南海上只有土人居住的一个岛屿，但海军在该岛发现了适合修建机场的场地，便自7月以来，派遣营建队，正在建设机场。该机场于8月5日基本建成，已可供海军航空部队使用。

8月初，在瓜达尔卡纳尔岛上有海军警备兵力约240名、设营队约2700名，吐拉基及嘎布茨有航空队兵力约400名、警备兵力约200名，此外还配备有设营队约140名。但奇怪的是，直到敌人登陆时为止，大本营陆军部从未从海军方面接到任何有关海军在瓜达尔卡纳尔岛建设机场并将部分兵力派到该方面的通报，因此陆军对此全然不知。

〔**美军开始登陆**〕 8月7日午前5时30分，驻在腊包尔的第8舰队司令部接到急电报告：瓜达尔卡纳尔及吐拉基正处在敌海空炮火猛烈轰击之下。接着收到吐拉基方面的报告："敌庞大船队在强大的空军部队及护卫舰队的协助下，已在瓜达尔卡纳尔岛及吐拉基奇袭登陆，当地警备队及设营队正在苦战中，6时许，吐拉基守备队已下了最后的决心。"

在瓜达尔卡纳尔岛，敌人从正午前后也开始了登陆。据报，敌登陆作战兵力为：战舰1、航空母舰2、巡洋舰3、驱逐舰15、运输船30至40艘。

〔**第8舰队的反击（第1次所罗门海战）**〕 三川第8舰队司令长官接到敌人登陆报告后，立即决定以当时可以使用的全部轻型舰艇策应基地航空部队的攻击，歼灭正在登陆之敌。7日午后2时30分，5艘甲级巡洋舰、两艘轻型巡洋舰、1艘驱逐舰，共计8艘从腊包尔出击，8日午后穿过所罗门中央水道向瓜达尔卡纳尔岛急进。

当天夜里，这支舰队突破敌驱逐舰警戒线的间隙，巧妙地逼近敌主力部队，午后11时30分开始了奇袭夜战。激战53分钟后，海面上连个残存的敌人影子也没有了。据报，战果是击沉巡洋舰8艘、驱逐舰6艘。但舰队司令长官考虑到天明后敌空军的攻击，对聚集在锚地的敌运输船队竟未进行攻击就返航了。这样我方便失掉了反击作战的最初良机。

  注：据美海军正式报告，美方的损失是：沉没巡洋舰4艘、损伤巡洋舰、驱逐舰各1艘。

第8舰队司令长官还另外采取了措施：以在腊包尔的约500名陆战队编成增援队，用3艘运输船紧急派往瓜达尔卡纳尔岛，同时派第7潜水战队进入瓜达尔卡纳尔锚地袭击敌船队。

但随着时间的推移，已经判明敌登陆兵力意外强大，因此，至8日正午，不得不停止向瓜达尔卡纳尔岛派遣增援部队。

〔**第11航空舰队和联合舰队**〕 当时正在腊包尔附近的海军航空部队，接到敌人登陆报告后立即出动，长驱南下550海里（大致相当于从东京到北海道北端的距离——作者注）蜂拥飞临敌舰船上空。攻击一直继续到8日，据报，战果是击沉大型巡洋舰2艘、驱逐舰2艘，击伤中型巡洋舰3艘、运输船11只。

  注：据美海军正式报告，美方沉没驱逐舰1艘、运输船1只，损伤驱逐舰1艘。

第11航空舰队司令长官8月7日由忒尼安进到腊包尔，直接担任该方面作战的指挥。

另一方面，当时正在濑户内海的联合舰队司令长官山本大将很重视这一事态，企图将联合舰队海上决战兵力的大部集中于所罗门方面，歼灭敌人，7日午后下令舰队准备出击。又鉴于所罗门方面的作战很需要基地航空部队来积极加以配合，便又采取措施，命令第11航空舰队司令长官统一担任东南方面全部海军部队的作战指挥。

接着，联合舰队主力为了支援陆军部队夺回瓜达尔卡纳尔岛的作战，决定在瓜达尔卡纳尔岛北方海域集结。近藤中将指挥的第2舰队（先头部队）于11日、南云中将指挥的第3舰队（机动部队）于16日、旗舰大和号于17日，分别先后由内海西部出击南下。第3舰队是中途岛败战后为代替原来的机动部队而于7月14日新编成的部队。联合舰队司令长官当时还采取措施，命令当时正在印度洋方面作战的第7战队和第3水雷战队合并于第2舰队。

〔**第17军任务外的增援措施**〕 当时第17军的任务已集中在攻占莫尔兹比上，对所罗门方面没有任何作战任务。但第17军司令官获悉敌登陆瓜达尔卡

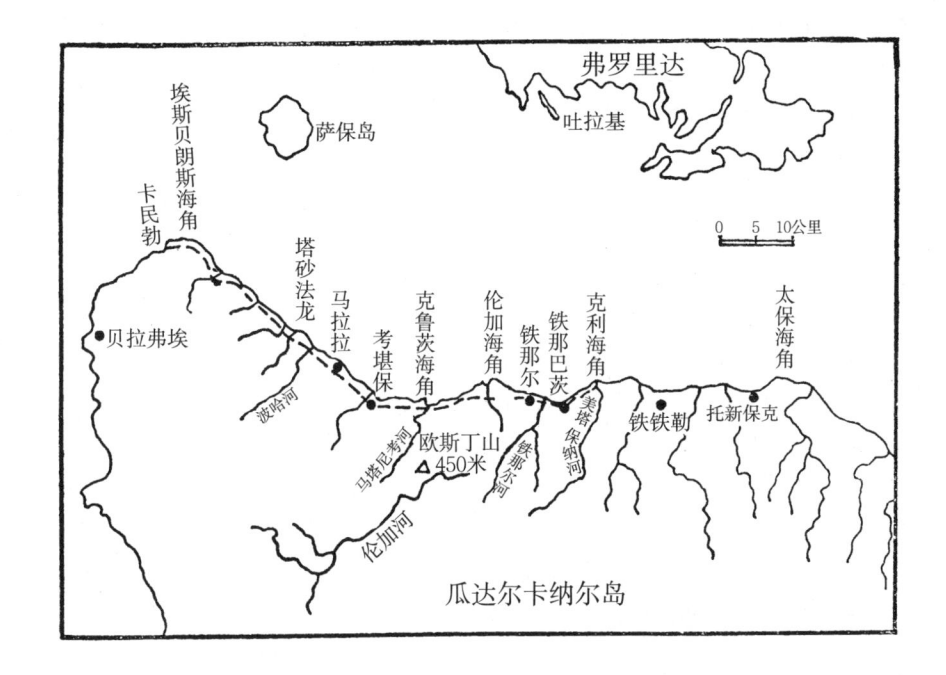

纳尔的报告后，马上意识到增援海军是当务之急。但由于当时除了预定用于新几内亚的南海支队外，已经没有可以立即使用的兵力，便采取措施，将当时正在帛琉的第35旅团急速调往腊包尔。

这样，由于完全没有料到敌人会在瓜达尔卡纳尔岛登陆，致使形势发生了这样的变化，即南海支队已被迫推迟在新几内亚登陆，一度集中于新几内亚的当地陆海军部队也不得不把注意力逐渐转向所罗门方面。敌南太平洋部队司令官格尔牟列中将早就企图在吐拉基和瓜达尔卡纳尔岛登陆；由于7月20日我横山先遣队在巴萨布阿登陆，使新几内亚的紧急事态加大了，作为应付这种事态的紧急措施，遂断然登陆了。美军的这一行动效果，逐渐影响到日军的行动上来。如今南太平洋上敌我遭遇战的作战主动权正在转到同盟军手中。

大本营的形势判断与措施

〔**大本营的形势判断——晴天霹雳**〕 美军登上瓜达尔卡纳尔岛，对大本营来说确是个晴天霹雳。特别是陆军部的好多人连瓜达尔卡纳尔岛的位置都不知道，即使知道其位置的人也是在获悉敌人登陆消息的同时才知道这个岛上配备有海军部队的。

这些暂且不提，美军很快在昭和17年（1942年）8月就开始了反攻，这是大本营很多幕僚没有预料到的。

认为美军的反攻将在昭和18年（1943年）中期以后，这种先入为主的想法，当时仍占统治地位。另外，开战伊始珍珠港的巨大战果在很多人的头脑里还没有消失。特别是在对中途岛败战的真相所知无几的陆军部里，这种气氛尤为浓厚。

在这种情况下，从东南方面的第17军和第8舰队得到了美军登陆瓜达尔卡纳尔及吐拉基的首次报告。报告的内容全都模糊不清，只不过是抄转了第一线报告而已。8月7日，敌登陆后不久，大本营对形势的判断大致如下：

一、从敌人最近的夸口和反攻的势头（一进入8月，敌机对吐拉基方面的袭击次数急剧增加了）等情况来判断，一部分人认为，敌人最近有可能在东南方面开始积极反攻，但从敌方战备和航空母舰势力来看，估计这次反攻还没有超出侦察登陆的范围。

二、即使敌人的登陆是正式的，如果从美军全面的反攻态势尚未整备的情况来判断，以我陆海军部队夺回两岛并不困难。

然而如果瓜达尔卡纳尔机场被敌人使用了，日军今后的作战将要受到严重影响，因此，夺回作战需要按速决方针迅速进行。

大本营的判断就是如此。当时正逗留在日光①离宫的天皇获悉这一战况后，感到事态非常严重，立即说要返回东京。侧近及有关人员大为惊慌，便将此事告知永野军令部总长。该总长惶恐不安，立即前往日光谒见天皇，奏上统帅部的看法，结果总算使天皇打消了返京的念头。

〔**大本营的措施**〕 大本营陆军部根据上述判断，8月10日采取措施，令中途岛作战后驻在大宫岛（关岛）的一木支队开往特鲁克，隶属于第17军指挥，并在第17军司令官从达沃出发的同时，令已调归驻菲律宾第14军指挥的青木支队（以第2师团步兵第4联队为基干）重返第17军。

另外，大本营陆军部8月13日制定《关于适应形势的、东部新几内亚、所罗门群岛方面作战的陆海军中央协定》，并将这一协定下达给联合舰队司令长官及第17军司令官，其要点如下：

一、作战方针

---

① 日光：日本关东地方的一座城市，在栃木县。——译者

按既定计划迅速进行莫尔兹比进攻作战,同时利用所罗门海战的战果,陆海军协同迅速夺回所罗门群岛要地。

二、使用兵力

陆军:第17军(以南海支队、步兵第41联队、一木支队、步兵第35旅团、青木支队等步兵约13个大队为基干)

海军:以第8舰队及第11航空舰队的大部为基干的东南方面部队。

以第2舰队及第3舰队的大部为基干的联合舰队主力部队。

三、作战要领

(一)按既定计划迅速实行攻占莫尔兹比作战。

(二)以可以迅速出发的第17军之一部协同海军歼灭瓜达尔卡纳尔岛上之敌,夺回该岛要地,尤其是机场。

另外力争迅速夺回吐拉基。

(三)在上述各项作战期间或攻占其要地后,进行戡定东部新几内亚的作战(攻占拉比、萨马赖的作战)。

上述作战要领的精神是,打算将东部新几内亚的作战与夺回所罗门方面的作战同时进行。

〔敌奇袭登陆马琴岛〕 瓜达尔卡纳尔方面之敌行动仍很活跃,并正在逐渐增强兵力。恰在此时,8月17日,敌人似乎是为了策应瓜达尔卡纳尔作战,以两艘潜艇奇袭吉尔伯特群岛中的马琴岛,并在该岛登陆。

联合舰队司令长官命令第4舰队司令官夺回马琴岛,破坏并占领瑙鲁、大洋两岛,以应付中部太平洋方面的形势。

敌登陆马琴岛的部队破坏了该岛的我方设施之后就撤退了,因此第4舰队不久便将它夺了回来,并加固了防务,但瓜达尔卡纳尔方面的战局却仍然混沌不清。

一木支队的攻击与第二次所罗门海战

〔一木支队先遣队的进攻〕 第17军司令官根据大本营的指示,决定与海军协同,乘敌在瓜达尔卡纳尔立足未稳之机迅速夺回该岛。这个任务首先交给了驻在特鲁克的一木支队,经与当地海军协商结果,命令先遣队(支队长指挥的该支队主力,即一个步兵大队和一个工兵中队)搭乘驱逐舰在太保岬登陆。

一木支队先遣队搭乘6艘驱逐舰自特鲁克启航,驶向瓜达尔卡纳尔。在此期间，敌在瓜达尔卡纳尔登陆的兵力约2000名，战斗意志并不旺盛，并正在逐步向吐拉基方面后退中。又据日本驻苏大使馆陆军武官的通报说：美军在瓜达尔卡纳尔岛登陆的目的仅在于破坏机场。先遣队于18日夜半踊跃登上太保海角，不待后续部队登陆立即西进，着手准备攻击机场附近之敌。海军也将当时在特鲁克的横须贺第5特别陆战队一部于17日夜紧急派到瓜达尔卡纳尔。该部队在塔砂法龙登陆，并与所在海军部队取得了联系。

一木支队先遣队自20日夜起，在瓜达尔卡纳尔机场东侧的铁那尔河畔对美军进行了攻击，但未能轻易取胜。及至21日午后，反而遭到敌人的强烈反击，结果以支队长为首的先遣队大部分阵亡，一百几十名幸存者不得不后退到太保海角附近，一面确保该地，一面等待后续部队。

以地面兵力进行的第1次反击竟这样以徒劳而告终，敌人自20日起已开始使用瓜达尔卡纳尔机场。

〔企图增强地面兵力〕 另一方面，派遣一木支队先遣队时曾决定，下余部队将于20日搭乘两艘运输船在瓜达尔卡纳尔岛登陆。此外，第17军司令官19日接到一木支队先遣队于18日夜登陆成功并已开始西进的报告后，立即企图加强地面反击，一举夺回该岛，便部署步兵第35旅团（步兵第35旅团长川口清健少将指挥的步兵第124联队为基干，后来称为川口支队）于28日由两艘运输船运往瓜达尔卡纳尔岛登陆，并已达成陆海军之间的必要协定。

然而到了8月21日傍晚，腊包尔陆海军司令部已大致判明，一木支队先遣队的进攻已经失败，该部正陷入极度困境中。23日，该部队的一切通讯联系完全断绝。向瓜达尔卡纳尔岛增援地面兵力虽属火急，但鉴于敌水上部队的活动情况，一木支队余部的登陆日期终于不得不推迟到24日。这时，一木支队的余部和川口支队为在联合舰队主力支援下在瓜达尔卡纳尔登陆，正停泊在特鲁克的运输船上待命。

〔第二次所罗门海战〕 先前接到美军登上瓜岛报告的联合舰队主力，在山本司令长官的直接率领下，已自内海基地出发，正在向东南方面海域挺进。21日，第2和第3舰队正从特鲁克的东南方南下，联合舰队的旗舰位于特鲁克的西方。

8月23日，第2和第3舰队已进到所罗门群岛的北方约200至400海里处，一木支队余部的运输船队在瓜岛北方约350海里附近正在不断与敌机接触。当时判断，敌正以瓜岛基地空军兵力和所罗门群岛东南海面的机动部队防备我运输船队的接近。于是联合舰队司令长官下令，将一木支队余部的登陆日期推迟到25日，24日令联合舰队以全部海空力量捕捉和歼灭敌机动部队并压制敌基地空军兵力。另外，还对正在特鲁克乘船待命的川口支队作了布置，命令该部乘此战机于28日在瓜岛登陆。

第3舰队搜索敌人的结果，于24日午后在斯图亚特岛的南方海面发现了敌机动部队并立即开始了攻击。第1次空袭部队先发制人地攻击敌航空母舰取得成功，重创和中创敌航空母舰各1艘。第2舰队企图予以协助扩大战果，但因敌已退避，由于燃料关系不得不放弃追击。

在这中间，作为第2舰队的别动队，正在单独行动的小型航空母舰龙骧号，午后1时以后遭到敌人的连续攻击，午后6时终于沉没。另外，护卫一木支队的第2水雷战队也受到部分损害，因而该部被迫进一步向西北方退避。大本营称这次海战为第2次所罗门海战，发表的战果是：重创敌航空母舰1艘、中创敌航空母舰1艘、中创敌战舰1艘。

注：据美方正式报告，美方的损失是，大型空母1艘（企业号）受重创。

〔停止对瓜岛的船队式运输——采取鼠式运输〕 第2次所罗门海战的情况已如上述，但认为这个战果还不能足以保证一木支队船队25日登陆。因此，联合舰队司令长官24日下令，以一木支队第2梯团的护卫兵力炮击瓜岛机场。当天夜里，5艘驱逐舰炮击了机场，但未能压制住敌机的行动，25日午前6时至正午，这个船队遭到以瓜岛为基地的敌机的连续轰炸，损失惨重，登陆已无希望。26日，联合舰队司令长官改变部署，以图再举，但当天可能使用的基地航空兵力已减到战斗机19架、中程攻击机29架、水上飞机4架了。

联合舰队司令长官鉴于这种形势，在我空军力量得到增援足以压制敌基地空军兵力之前，不得不放弃依靠船队在瓜岛登陆的念头。因此，联合舰队司令长官在用尽一切手段努力增强空军力量的同时，为了救瓜岛之急，决定以高速舰艇避开敌机空袭，将陆军部队运往瓜岛。因为这种运输主要是趁暗夜像老鼠那样行动，所以被称作"鼠式运输"。于是，一木支队的余部便返回布干维尔岛南侧的肖特兰岛，川口支队主力返回腊包尔上陆，然后就决定靠"鼠式运输"向瓜岛运送。

陆军本来不愿意靠驱逐舰来运输的，因为这在重武器和补给品的输送上要受到很大限制，对登陆后的作战和战斗将带来极大的不利。事实上，后来以这种运输方式运往瓜岛的部队虽然拥有司令部、人员和轻武器，结果却没有足够的弹药、粮食和车辆。但是，不管怎样，8月28日，川口支队的一部竟以驱逐舰开始了这种"鼠式运输"。

海军部队进攻米龙湾

〔企图攻占拉比、萨马赖〕 8月24日，所罗门方面正在进行第2次所罗门海战，在东部新几内亚方面，以新几内亚东南端的拉比及萨马赖为攻占目标的海军护送船队，已自腊包尔启航南下。

这次进攻是根据7月28日大本营关于东部新几内亚作战的指示及同月31日达成的陆海军当地协定实行的，其直接目的在于获得空军基地以支援对莫尔兹比的部分海上攻击，进而打算与攻占莫尔兹比相配合，构成东部新几内亚防线的一翼。

这种尝试在过去4月份的海上进攻，即在珊瑚海海战时就已经计划过，但据7月31日的当地协定，海军部队要尽快实行这次作战。然而由于8月7日美军在瓜达尔卡纳尔岛登陆，结果海军不得不倾注全力首先对付该方面的作战，因而不得不推迟拉比方面的作战。然而，8月13日大本营却指示：应按既定计划实行东部新几内亚的作战。

根据上述指示，当时正集中力量进行夺回瓜岛作战的第8舰队，决定拿出部分兵力首先占领拉比机场和米龙湾海上基地。其计划要旨是：在松山海军少将指挥下，由运输船两艘（搭载陆战队约810名，机场设营队约360名）和负有护航任务的第18战队（除两艘轻型巡洋舰外，还配属驱逐舰5艘、驱逐潜艇2艘）组成的进攻部队，8月24日晨自腊包尔出发，次日（25日）断然实行第1次登陆，接着迅速以舰艇运送增援部队（约770名）。航空部队予以协助，主要是进行巡逻，与此同时，将当时在布纳的陆战队之一部（约350名），经海路用机动舟艇运到拉比北方的新几内亚北岸登陆，由北侧推向拉比，相互策应夺取拉比，然后迅速修整机场。

〔陆战队登陆〕 当时拉比方面除原有机场外，在西方又建设了新机场，有战斗机30架以上进到那里，而且为增强该地防卫，同盟军的运输很频繁。但由于当时天气不佳和所罗门方面的战况，对该方面不能充分使用侦察机，因此在侦察不足的情况下便开始了作战。

进攻部队按预定计划自腊包尔出击，25日午后遭到敌十几架战斗轰炸机的攻击，当天夜里进到米龙湾北部锚地开始登陆。次日（26日）凌晨起遭到敌人的猛烈轰炸，好不容易运到岸上的弹药和粮食丧失了大半。第一批登陆部队对此并未屈服，登陆后立即开始了进攻，但为空袭、不熟悉的密林地带、黑夜和湿地等所苦，前进受阻，迟迟没有进展。

在这中间，增援陆战队搭乘驱逐舰和巡逻艇于29日夜在拉比东方海岸登陆，与第一批登陆部队会合后立即开始了进攻。这些部队一面同降雨、泥泞作斗争，一面前进，31日拂晓挺进到机场附近，但在该地暴露在敌人猛烈防御炮火之下，激战数小时毫无效果，战况极为不利，进攻部队终于不得不后退。

〔放弃进攻，撤退〕 31日夜以后陆战队试图进行防御，但由于同盟军猛追，战线逐渐后撤。另一方面，同盟军通过舟艇机动开始威胁我军背后。于是，第8舰队司令长官期待所罗门方面作战告一段落后再行进攻，遂于9月5日决定停止进攻，命令登陆部队撤退。陆战队搭乘巡洋舰和巡逻艇，9月5日夜撤离米龙湾，返回腊包尔。

另一方面，8月24日从布纳出发的舟艇机动部队在古得以那夫岛附近遭到敌机攻击，丧失全部舟艇及电信机，陷入进退维谷的困境，后来经潜艇等援救送到腊包尔。就这样，不惜放弃所罗门方面作战的部分要求而蛮干的攻占米龙湾作战，在很短时间内，就以我方的完全败北、一无所获而告终了。

大本营的指导与川口支队的进攻

〔作战指导重点向瓜岛转移〕 8月末左右，大本营尚未判明上述进攻拉比作战的失败情况，但先后收到了一木支队先遣队进攻瓜岛失败和继这之后一木支队第二梯队及川口支队未能登上瓜岛的报告。现在已经明确，我对瓜岛的增援运输正受到敌海空势力的严重阻碍，与此相反，敌人强有力的增援却正在源源而来。看来，在敌登上瓜岛的当时，日军对形势的判断显然过于乐观。因此，大本营的焦虑日益加深。

在当时的情况下，认为夺回瓜岛与攻占莫尔兹比同时进行是不可能的。大本营虽然一向试图迅速攻占莫尔兹比，但眼下鉴于整个战况，认为应该待夺回瓜岛的作战结束后，进一步增加必要的兵力，作好充分准备，然后再实行进攻，便于28日向第17军司令官提出意见说："南海支队的突进，可适当控制在斯坦勒山脉南麓附近。"

接着改定关于东南方面作战的陆海军中央协定，8月31日发布了这项命令。其要点如下：

一、海军部队首先将主力用于所罗门方面，陆海军协同迅速击溃驻瓜岛之敌，夺回该岛要地尤其是机场。

另外力求迅速夺回吐拉基方面。

二、在上项作战期间，迅速占领拉比机场。

三、所罗门方面夺回作战大致完成后，将海军兵力调于新几内亚方面，以航空部队击溃新几内亚方面的敌空军兵力，令陆路攻击部队自科科达方面南下，陆海军协同，与在莫尔兹比附近登陆的海路作战部队相呼应，攻占莫尔兹比附近机场群。

发布上述中央协定后，海军部采取措施，从西南方面调来一个基地航空战队，作为东部新几内亚方面的作战兵力用于东南方面，同时尽量将更多的潜艇迅速集中于该方面。另外，陆军部8月29日下令，将驻在爪哇的第2师团编入第17军的战斗序列。关于该师团的使用问题，无论中央或当地，最初都预定主要用于夺回瓜岛后的攻占莫尔兹比作战上。即根据新的中央协定，东南方面的作战方针改为优先夺回瓜岛，担任这项任务的地面兵力，主要寄希望于川口支队所进行的攻击。

〔川口支队登上瓜岛〕 如前所述，以川口支队之一部进行的第1次鼠式运输（驱逐舰运输）是8月28日计划的。这次运输开始时并不顺利。即8月28日的运输由于并没有压制瓜岛的敌基地空军兵力，竟以损失4艘驱逐舰而告终。但29日以后进行得比较顺利，至9月4日之间，川口支队主力（以步兵2个大队为基干）、一木支队余部及青叶支队的1个大队在太保岬登陆取得成功。青叶支队的1个大队是第17军为了加强川口支队的战斗力于8月29日配属给该支队的。

除驱逐舰运输外，大型机艇也在从布干维尔岛运输。通过这种运输，由步兵第124联队长指挥的川口支队的1个大队于9月5日晨在瓜岛西北端登陆。但这支部队在航行途中因台风和敌机的袭扰受到巨大损失。

9月6日前后，川口支队在太保海角附近，即在敌机场东方掌握了步兵约4个大队和炮兵1个中队，在敌机场西方地区掌握了步兵约1个大队，开始准备从东西两面夹击敌人。预定于12日开始进攻，据川口支队长报告，进攻的前途很有希望。

然而，9月8日晨，敌以运输船4艘开始在太保海角东侧登陆。东西夹击之势一变而成夹心面包片，川口支队主力后方受到了严重威胁。但川口支队长坚持夺回机场的决心，第17军司令官对此也表示同意，同时命令当时刚到腊包尔的青叶支队主力（以步兵1个大队为基干）9月11日在机场西方的卡民勃登陆，从而加强了川口支队的战斗力。

〔第1次总攻击〕 正当川口支队主力冒着巨大困难在密林中前进，一意进行攻击准备的时候，联合舰队以大致如下的部署摆好了支援川口支队进攻的态势。

一、以东南方面全部基地航空力量攻击驻瓜岛之敌，阻止敌增援并切断其退路。

二、以伪装运输船队（两艘）引诱敌机动部队出动，以我第2和第3舰队歼灭之。

三、以潜水部队阻止敌增援和切断其退路。

四、以第8舰队的水雷战队于12日夜突入瓜岛锚地，攻击敌舰船和炮击陆地。

川口支队主力12日夜终于到达伦加河右岸地区的准备进攻位置，当天夜里开始了连续夜袭，但由于地形不熟和攻击准备不足，还未来得及突入敌阵地就迎来了13日黎明。察觉我方企图之敌，以一部转为反攻，同时进行猛烈炮击。在这中间，从西方赶来的攻击部队也未能突入敌阵地就迎来了13日的黎明。

于是川口支队长决定13日夜再行夜袭。这次夜袭取得了相当成功，主力方面突破了敌第一和第二道阵地，占领了机场南侧的高地。

另一方面，在腊包尔和联合舰队方面，自9月12日以来同川口支队的联系已经断绝，在情况不明的情况下还在按预定计划继续进行支援。由于敌机动部队没有露面，便停止了伪装运输船队的作战。12和13日两天，由基地航空兵力进行支援，水雷战队实行了突入作战。至14日，初步判明了川口支队的情况，为了支援该支队14日的夜袭，当夜以驱逐舰4艘突入伦加锚地进行袭击，与此同时，另以驱逐舰7艘将青叶支队的余部（步兵1个大队）运到了卡民勃。

然而在瓜岛，从14日拂晓起就已逐渐露出攻击失败的迹象。敌人的地面反攻和炮击极其猛烈，川口支队的伤亡不断增加，甚至连掌握部队都困难了。因此，支队长决定暂时脱离敌人以图后策，便克服地形上的障碍，于15日勉强将兵力集结于伦加河左岸地区。

〔攻击失败与第17军〕 就这样，第1次总攻击没有获得成功。9月15日川口支队长根据第17军司令官的意图，决定再将兵力集结于马塔尼考河以西地区，等待后续部队的到来，经欧斯丁山南侧继续转移。全体官兵同饥饿作斗争，吞食杂草嫩叶，沿艰险的密林地带西进。这确是大东亚战争开始以来陆军部队的第一次退却。自8月13日，一木支队在瓜岛登陆以来，参加作战的总兵力约为6200名，至9月下旬为止，伤亡已达1200名。

另一方面，联合舰队及第17军获悉川口支队进攻业已失败后，9月15日就以后的作战问题进行协商，结果决定，以原预定主要用于东部新几内亚方面的第2师团增援瓜岛，大致以10月中旬左右为期，在海军航空部队的协助下重新发动进攻，以图夺回瓜岛。

大本营方面鉴于川口支队进攻失败，也认为有必要进一步加强第17军战斗力，遂于9月17日采取措施，下令将当时驻在荷属东印度方面的第38师团调往东南方面，同时从关东军、中国派遣军、南方军和国内调来部分兵力，增强了必要的军直属部队。得到这批增援后，第17军又根据大本营9月18日的指示，于9月下旬左右制定了东南方面的全盘作战方案，其内容大致如下：

一、以第2师团加强瓜岛，按前述要领彻底戡定所罗门群岛地区，同时，令南海支队后退至科科达附近，确保该地附近，准备以后再次发动莫尔兹比作战。

二、以第38师团的步兵1个大队基干兵力作为海上机动部队，作好准备，以便随时可向瓜岛方面敌人后方出击。

三、以第38师团主力作为第2线兵团，令其步兵两个大队、炮兵1个大队的基干兵力集结于布干威尔岛的布因，其他主力集结于腊包尔，准备再次进行拉比作战，并根据需要，作好可以参加瓜岛战斗的准备。

四、由第2师团进行的夺回瓜岛的作战如获成功，则将第38师团主力用于东部新几内亚方面，实行攻占莫尔兹比的作战。

大本营的意图是，集中各种战斗力量首先一举夺回瓜岛，继而迅速攻占拉比、莫尔兹比，在连接这三点的一线上确立东南方面的防卫线。而夺回瓜岛是全盘作战成功的先决条件。如今东南方面作战的焦点正集中在预计10月份第2师团对瓜岛的进攻上。发生上述情况以后，奉命停止了7月以来对莫尔兹比的进攻，后退到科科达附近，准备以后再行进攻的南海支队的情况又是怎样呢？

南海支队的后退

〔南海支队的顺利进击〕正当瓜达尔卡纳尔岛方面一木支队的第1次进攻失败，从中央到现地，陆海军的关注都逐渐转向瓜岛的时候，南海支队正在东部新几内亚方面顺利进击。

南海支队于8月31日突破了伊斯拉巴坚固阵地后，以步兵第41联队主力为追击队，冲破了敌人的多次抵抗，克服了艰险的地形，9月5日左右迅速挺进到标高2000米以上的奥因斯坦列山脉的顶线。另一方面，自腊包尔继续输送兵力；9月2日和3日，南海支队的后方部队已在巴萨布阿附近登陆完毕，完成了进攻的态势。

南海支队的前线部队继续进击，9月12日进到伊奥利柏（莫尔兹比东北约50公里）前面，打败占领该地阵地的兵力大致与我军相等之敌，16日占领了该地。支队自巴萨布阿出发时每人携带的5升米现在已所剩无几，自9月上旬已将定量减至每人每天1合（0.18公斤），全体官兵疲劳已极，但如今已经望见了莫尔兹比的灯火，士气十分旺盛。

〔第17军控制前进〕 在此之前，第17军鉴于一木支队在瓜岛进攻的失败和将来可能产生的南海支队的补给困难，决定控制南海支队由奥因斯坦列山脉南侧要线的前进，8月28日命令南海支队："一旦打垮奥因斯坦列山脉之敌进至该山脉南侧要线，应以一部确保该线，将主力集结于该山脉以北，准备以后的作战。"南海支队上述的进攻就是按照这项命令为占领奥因斯坦列山脉南侧要线而进行的，但这项命令并不意味着攻占莫尔兹比的计划将无限延期。

如前所述，第17军8月末左右的作战方针正在转向优先夺回瓜岛方面，而夺回瓜岛，当时正寄希望于预定9月中旬川口支队总攻击的成功上。因而青叶支队和第2师团均预定用于东部新几内亚，其作战方案是，以青叶支队增援海军，完成对拉比的攻占，以开辟从海上进攻莫尔兹比的道路；待第2师团到达后，从9月末开始再次进攻，同时使用海上机动兵力，一举达到攻占莫尔兹比的目的。即上述第17军命令的含意是，使南海支队在至9月末的大约1个月期间，一面控制单独前进，一面为以后的作战积蓄机动力量。

然而，后来所罗门方面的情况和新几内亚方面的敌情迫使第17军不得不改变前述的作战方案。如前所述，为了增强川口支队的兵力，8月29日以后，青叶支队已逐步转用于瓜岛。接着，9月8日，在瓜岛，当敌人在太保海角附近川口支队的后方重新登陆时，第17军司令官觉察到作战的前途不容乐观，便命令南海支队长将步兵第41联队从第1线调出，先在科科达附近集结待命。后来鉴于敌机对布纳方面的行动很频繁，估计敌人可能有进攻的企图，第17军便于9月4日令步兵1个大队集结于布纳附近，在该地附近严密警戒。

这样，到9月中旬，东部新几内亚的整个战况便发展成这样一种状况：攻占拉比失败之后，我方反而不得不考虑应付敌人酝酿的攻势。即对8月下旬以来南海支队的快速进攻感到震惊之敌，极力增强东部新几内亚的兵力，结果据判断，情况大致是，在拉比附近配备有澳洲步兵约1个大队，在莫尔兹比，除澳洲第2师约1万名之外，还配备有1000至2000美国陆军。另外，莫尔兹比和拉比方面各有敌机约30至40架，所以陆、空兵力均优于我南海支队。

〔南海支队的后退〕 9月15日，南海支队对莫尔兹比的陆路进攻发生了致命的情况。那就是瓜岛方面川口支队的进攻失败。如前所述，根据这一新情况，决定将第2师团转用于瓜岛，而且攻占东部新几内亚的作战也不得不再次推迟。由于这次推迟，并考虑到南海支队的补给困难状况，以及敌人重新在布纳方面登陆的情况，致使南海支队被迫后退。当时南海支队的补给，由于难以从巴萨布阿地区及时输送物资，陷于极度紧张，加上当地缺乏粮食，只待在奥因斯坦列山脉内茫然待命已经不可能了。

鉴于以上情况，第17军司令官9月23日向南海支队下达了一般命令：将主力集结于奥因斯坦列山脉北侧的伊斯拉巴、科科达附近，确保以后的进攻据点，同时加强布纳附近的防御；为了加强布纳附近的防御，还命令迅速将步兵第41联队基干兵力派往该地区，另以一部分兵力努力确保奥因斯坦列山脉南麓的地盘。过几天，9月30日，第17军司令官发布了南海支队的行动准则，目的是使该部的行动适应莫尔兹比的作战准备和布纳地区的防御。遵照这一命令，南海支队后来便各以一部来确保伊斯拉巴附近的进攻据点及布纳、吉尔哇（在布纳与巴萨布阿的中间）附近的防御据点，以主力在10月末以前将吉尔哇与科科达之间的道路改修成汽车路，将科科达与伊斯拉巴之间的道路改修成驮马道，同时继续努力确保奥因斯坦列山脉南侧的地盘。

南海支队根据9月23日军司令部的命令，26日忍痛撤离伊奥利伯，开始向科科达转移。途中将步兵第144联队的1个大队作为斯坦列支队留在斯坦列的顶线，主力于10月4日在科科达集结完毕。另一方面，当时集结于科科达的步兵第41联队也遵照军司令部9月8日的命令，于10月4日以前到达布纳地区，完成了防御部署。

从莫尔兹比方面出动之敌，尾随我后退的南海支队前来追击，自10月上旬起对我斯坦列支队开始了攻击。尽管有主力的增援和守备部队的奋战，战况还是逐渐恶化，10月下旬终于被迫放弃了斯坦列的顶线。

斯坦列顶线的丧失迫使南海支队作更进一步的后退，因为军司令部命令确保的伊斯拉巴和科科达，对从顶线上攻下来的敌人，都不适于防御。

因此，南海支队长决定，10月末左右，以主力在科科达东方和库牟希河中间的奥依比附近占领阵地迎击敌人。先前在斯坦列支队战斗时，曾被命令急速由布纳地区向前推进的步兵第41联队也参加了这次防御。即在11月初左右，当时南海支队的战斗部队，打算倾注全力在奥依比附近与敌人交上一战。

第2师团的进攻准备与萨保岛海上夜战

〔第17军及第2师团司令部进驻瓜岛〕 于是，第17军司令官命令9月29日到达腊包尔的第2师团长（丸山政男中将）："急速向瓜岛前进，以攻占该岛为目的，在10月17日以前做好攻击机场附近的准备。"根据这项命令，第2师团长在10月3日至9日之间，靠驱逐舰的夜间运输，将师团司令部、步兵第16联队第3大队、步兵第29联队、师团炮兵1个中队、独立山炮兵第20大队及工兵第2联队的主力等运进瓜岛，他自己也于3日夜前进到瓜岛。

第17军司令官对新增援的第38师团（师团长佐野忠义中将）作完部署后，也于9日夜靠驱逐舰的运输将战斗指挥部推进到瓜岛，亲自指挥该岛的地面作战。

登上瓜岛后，第17军司令部才了解到，情况比原来在腊包尔判断的要困难得多。川口、一木两支队的战斗力已经极其微弱。炮击敌机场所必需的马塔尼考河左岸的炮兵阵地地区已经不在我川口支队手中，而是由敌人占领着。原来靠舰艇运送的补给品，实际运到当地的大约只达计划量的一半，当地部队正苦于补给不足。新登陆的第2师团和青叶支队加在一起，步兵约有5个大队，但炮兵却只有18门炮而已。

鉴于上述情况，军司令官就改变进攻计划问题反复进行了研究，结果决定，由后方调运兵力及军需品来填补和增强进攻的战斗力，然后以第2师团主力沿欧斯丁山南麓方面迂回，由伦加河右岸地区向北急袭机场。10月13日命令第2师团：这项准备务必于10月20日左右完成。

〔萨保岛海上夜战〕 第17军攻击敌机场的方针已定，但其前提条件是要由腊包尔运到兵力和军需品。而有关这项运输，早在第17军司令官从腊包尔出发之前就同联合舰队达成协定，即同时利用运输船队输送，于10月上旬坚决一次运完。

海军航空部队为使这项运输顺利进行，10月初以来加强了对瓜岛的空袭，并正在取得节节成功。但为了延长在瓜岛上空的制空时间和加强船队上空的直接防卫，还需在瓜岛附近搞到机场。为此，加速了布干威尔岛上布因机场的施工，但该机场要等到17日以后才能使用，因此，决定以运输船队进行的运输延期至15日，在此之前，决定于11日夜，先以两艘巡洋舰和6艘驱逐舰将第2师团的兵力、军需品运到塔砂法龙。

第8舰队为保证完成这次运输任务，计划以第6战队（巡洋舰3艘）及驱逐舰2艘炮击瓜岛机场加以压制。当这支射击部队11日夜9时48分驶抵萨保岛西北约8海里附近时，突然遭到敌人射击，双方展开了遭遇战。敌方除取得先发制人之利外，还首次使用雷达，从第一发开始就以无照射射击打来命中弹，因而我方受到损害，旗舰青叶号中创，巡洋舰、驱逐舰各沉1艘。

于是射击部队一时陷入混乱，但由于衣笠号的奋战，取得了击沉敌大型巡洋舰及驱逐舰各1艘、重创巡洋舰1艘的战果。此间运输队在塔砂法龙登陆成功。大本营称这次海战为萨保岛海上夜战。

注：据美方正式报告，其损失为驱逐舰1艘沉没，巡洋舰、驱逐舰各损伤1艘。

〔船队强行卸载〕 自8月下旬一木支队第2梯队及川口支队的运输失败以后，在大约40天之间已经放弃了对瓜岛实行船队运输的企图。川口支队的进攻失败，证明靠所谓鼠式运输登陆的陆军部队的地面战斗能力是如何不足，而且这些部队又是分批逐步到达的。担任地面进攻的陆军部队特别希望能把足以保证进攻胜利的重武器、资材和大量军需品由运输船一次运到。

尤其这次第2师团的进攻，原来是无论如何必须保证成功的，所以决定在联合舰队的支援下，以10月15日为期，以6艘高速运输船组成船队强行靠岸卸载。而为了取得成功，压制瓜岛机场是个先决条件。为此，联合舰队甚至采用了这样的划时代的手段：即除以航空部队进行攻击外，还使用经过研究和准备的大口径炮用的特殊弹，由战舰进行舰炮射击来压制瓜岛机场。10月9日决定的联合舰队支援这次运输的部署如下：

一、13日以第3战队（战舰2艘）、14日以第8舰队的巡洋舰2艘、15日以第5战队（巡洋舰2艘）炮击瓜岛机场。

二、第2舰队和第3舰队在阻止敌人增援的同时，相机捕捉歼灭敌舰队。

三、第11航空舰队在高速船队运输期间大力直接护卫其上空，同时对瓜岛上的敌军飞机进行歼灭作战。

10月13日，高速运输船6艘在第4水雷战队的护卫下，自肖特兰岛出击，选定圣伊萨贝尔岛的北方航线开始南进。这一天，敌人似乎也开始了积极行动，在瓜岛南190海里和西南260海里处分别发现了一支以1艘航空母舰为基干的部队，并在瓜岛东南190海里处还发现了一支以1艘航空母舰为基干的部队。海军基地航空部队当日昼间对瓜岛机场的压制取得了成功。射击部队第3战队的战舰金刚号和榛名号等利用这一成果，途中未受任何损害，于午后11时30分驶抵伦加海面，大约在1个小时零10分钟之间，将918发35厘米炮弹射入瓜岛机场，使整个机场化为一片火海。

次日（14日）夜间，第8舰队根据既定计划，以巡洋舰2艘再次对机场进行射击。在此期间，运输船队尽管于14日昼间遭到敌机两次干扰，午后10时后终于驶进塔砂法龙锚地停泊，并立即开始卸载。然而15日凌晨以来，敌机的攻击逐渐加剧，午前8时30分以后，受到敌机连续3个小时的攻击，3艘运输船终于遭到重创而被迫搁浅。但至午前10时左右，由于包括第2师团步兵第16联队主力和第38师团步兵第230联队的运输部队全部及弹药粮食之一部得以卸载登陆，于是护卫部队指挥官午后1时50分决定，令下余船队暂时退避到北方，等到当天入夜再驶进锚地停泊继续卸载。

15日昼间，第3舰队在圣克里斯托巴尔岛的东南方，攻击行进中的敌增援部队两群，据报，击沉敌中型巡洋舰1艘，击中巡洋舰1艘、运输船2艘。

注：据美方正式报告，确认沉没驱逐舰1艘。

15日入夜，第2舰队的第5战队按预定计划断然炮击瓜岛机场。可是预定再次驶进锚地的3艘运输船，由于联络不佳没有驶进锚地就返回了肖特兰岛，联合舰队大力支援的这次运输，没有取得足够的成果便结束了。另外，17日昼间，敌以驱逐舰及飞机对我登陆卸载点进行了炮击和轰炸，好不容易卸到岸上的弹药和粮食却大部被烧掉了，真令人不胜惋惜。

于是，联合舰队于15日夜，以巡洋舰3艘、驱逐舰13艘将下余部队及军需品运往瓜岛，至此，第2师团向瓜岛的运送暂告结束。开始向瓜岛运送第2师团以来，海军用于运输的舰船，包括同时用于连续补给川口支队的舰船在内，计有运输船6艘、巡洋舰11艘次，驱逐舰121艘次。

〔第2师团推进攻击准备位置〕 上述船队的运送成果，对第17军司令官来说是不能令人满意的。但总算是在瓜岛掌握了后续部队，又考虑到推迟进攻反会给敌人以增援的缓冲时间，军司令官便于10月15日向第2师团发出了进攻命令。如前所述，这项命令指示给第2师团的攻击要领是："以主力自伦加机场南侧方面急袭敌侧背"，但这次特别明确指示要靠夜袭。第17军司令官在这项命令中还采取了如下措施：命令当时在肖特兰岛的第38师团所属步兵第228联队第1大队基干部队策应第2师团的进攻，借助海军舰艇在机场东方的克利海角附近强行登陆，并决定以日后将要登陆的第38步兵团长指挥的步兵第228联队的主力来充当进攻瓜岛的军预备队，把已在15日登陆的步兵第230联队配属于第2师团。

第2师团根据上述军司令部命令，16日正午开始前进，沿开辟的密林路指向伦加河上游。这条密林路以师团长之名命名为丸山道，路上陡坡很多，除了马塔尼考河和伦加河以外难以找到水源，各部队的行军相当艰苦。官兵背着粮食和武器弹药，以一列纵队努力前进，但中途不得不陆续丢弃了山炮。

这样，第2师团19日日落后才进到预定线，但伦加河右岸的地形却与预料相反，也很险峻，估计前进将很迟缓。因此，第17军司令官将师团的开始进攻时日改为22日，并命令全体官兵必须誓死完成任务。在此之前，军司令官曾采取过如下措施：将第2师团的左翼部队（主要是由炮兵组成的住吉支队）改作军直属部队，令第2师团集中力量攻击机场。

第2次总攻击的失败

〔第2师团的进攻部署〕 第2师团根据上述军司令部的命令，大致作了如下的攻击部署：

一、22日午后4时发动进攻，利用黑夜急袭敌人，一举攻占机场，同时歼灭伦加河左岸之敌。

攻击重点为沿伦加河右岸指向机场西北地区。

二、右翼队（川口少将——后为东海林大佐指挥的步兵第230联队主力及步兵第124联队的1个大队）突破机场挺进到海岸线。

三、左翼队（以那须少将指挥的步兵第29联队为基干）突破机场挺进到伦加河口。

四、步兵第16联队为预备队。

21日晨，第2师团根据上述命令分别开始行动，但因地形错综复杂，前进迟缓，末了经军司令官同意，先将进攻开始时日改为23日，接着又改为24日午后5时。在此期间，军司令官命令将在克利海角登陆的步兵第228联队第1大队：须于23日正午乘海军舰艇自肖特兰岛出发，按占领机场的无线电信号，不失时机地断然在克利海角登陆；同时命令住吉支队白海岸方面向马塔尼考河右岸进击，协助第2师团的进攻。

〔第2师团进攻失败〕 24日傍晚，第2师团的总攻击终于开始了。但官兵最初碰上的敌人却是瓢泼大雨。夜间的密林完全不能行动，各队的出发受到了阻碍。第一线两翼部队待雨停后，于午后9时15分至10时30分之间，各以一部突进了敌军阵地。这本来是期待已久的突击，但其结果并未成功。

师团长调整态势，将预备队加派到左翼队，25日夜再次进攻，但那须少将、广安和古宫两步兵联队长以下大队长伤亡很大，进攻再次受挫。

当天，军司令官命令克利支队：不管第2师团的战况如何，迅速在克利海角强行登陆。但未能实现。军司令部预定作为预备队的第38师团的步兵第228联队主力尚未登上瓜岛，这时军、师团均找不出挽回战局的办法。因此，第17军司令官10月26日决定，进一步增加兵力准备再次进攻，并向第2师团下达了军司令部的命令：将主力集结于伦加河上游地区。就这样，日军倾注全力的第2师团的总攻击终于宣告失败。

〔**南太平洋海战**〕 在第2次所罗门海战及萨保岛海上夜战中失掉了歼灭敌海军时机的日本海军，再次将希望寄托于第2师团总攻击这一机会上，因此当时还保持着支援10月14日至15日高速运输船队卸载时的态势。

随着地面攻击开始日期的一再推迟，海上部队怀起燃料不足的顾虑，因此，一经决定24日开始进攻，机动部队立即在瓜岛东北450海里处迅速补充燃料开始南下。

24日午后9时，第8舰队接到已占领瓜岛机场的错误报告，便决心奋勇冲进伦加，25日凌晨开始行动，进到印地斯频萨布尔海峡东方海面。但这时判明占领机场乃系误报，同时又因遭受敌机攻击已沉没、中创驱逐舰各1艘，便推迟了向伦加的冲击。

另一方面，24日开始行动的我联合舰队主力，25日与敌发生接触，但未能掌握敌人所在方位。因此，25日夜暂先返回北方，26日日出时努力掌握敌情。大约1小时后，在东南方约210海里处发现了敌人的大部队（各以1艘航空母舰为基干的3群）。

战斗以敌人先发制人的攻击开始。午前5时45分，航空母舰瑞凤号遭到两架敌舰载轰炸机的攻击，飞机起降已不可能。但我舰载机也于午前7时10分以后连续出动三次，进行反复攻击，据报，其结果是：击沉敌航空母舰3艘、战舰1艘、巡洋舰1艘、驱逐舰1艘。

注：据美方正式报道，其损失为：沉没航空母舰1艘（大黄蜂号）、驱逐舰1艘，损伤航空母舰、战舰、巡洋舰、驱逐舰各1艘。

在这中间，我方也又受到敌机的攻击，损伤航空母舰、巡洋舰、驱逐舰各1艘。大本营称这次海战为南太平洋海战，其特点是，与战果之大相比，我方一艘舰艇也未丧失。

〔**大本营坚持夺回方针**〕 第2师团的攻击失败对大本营来说也是个打击。10月下旬左右，大本营对整个形势作了如下判断，反复研究了对东南方面的对策。

敌人的反攻，估计包括中国、印度洋、西南太平津、东南太平洋及东北等方面，但在华美国空军的活动，从器材、燃料的补给及基地情况来看，将受到相当的牵制，因此大规模的攻击是困难的。另外，来自阿留申群岛方面的反攻，从该方面的气象、海象等情况来看，除了3、4、5月及9、10月份期间外，以大部队作战也会是困难的。

然而，美国从南太平洋方面进行对日反攻，则可利用澳洲及其周围的岛屿和连接美澳之间的一系列岛屿基地，投入和展开陆、海、空的庞大兵力，因而从这方面夺回我南方占领地区，攻占南洋群岛及空袭破坏重要资源地带较为方便。

另外，威胁我在西太平洋上的制海权也最容易，因此一俟敌人的兵力得到整备和展开，很有可能将该方面作为主攻方向，进行正式反攻。

即必须预料到，围绕争夺东南方面的战略要点，势将发展成为日美间的决战。

上述判断与敌刚登上瓜岛后的判断相比，可以看出正在逐渐发生着巨大转变。不过，既然报有10月26日南太平洋海战的巨大战果，大本营就深切感到，"再努把劲"就可以扭转战局。大本营判断，增强第17军的兵力，尤其增强炮兵兵力，并且把这些兵力有组织地加以集中使用，就可以扭转战局。10月27日大本营以作战部长的名义将上述判断和企图电告第17军，同时采取下列措施，推进了夺回瓜岛的作战准备。

一、10月28日下令，尽速将自法属印度支那运往关岛的独立混成第21旅团（旅团长山县栗花生少将，以步兵两个大队为基干）运抵腊包尔，编入第17军属下。

二、督促先前已于10月20日下令编入第17军的第51师团（师团长中野英光中将）尽快从华南运出。

三、给第17军增加其他必要的兵力和资材。

另外在瓜岛方面，第2师团总攻击失败后，第17军司令官研究以后的作战方针，令第38师团主力在克利海角附近强行登陆，与第2师团互相呼应，迅速夺回瓜岛。但根据大本营的上述意图，又决定第38师团停止在克利海角登陆，改为在军主力方面登陆，令第2师团在马塔尼考河渡河点附近集结。

大本营夺回瓜岛的新设想与第8方面军的设置

〔11月初的东南方面〕 到了11月，围绕瓜岛的形势日益恶化，地面作战也已攻守易势。瓜岛上空的制空权已掌握在以该岛为基地的70至80架的敌

机手中。11月1日以后，敌约两个师的地面兵力已从海岸方面向西转入反攻，其行动相当活跃。

对此，我地面兵力将第2师团、一木、川口两支队加在一起虽尚有18000名左右，但这些部队的官兵已因连续苦战，精疲力竭。面对优势的美军火力，日军所拥有的火炮至11月5日仅为46门（其中包括高射炮12门），这些炮又都缺乏炮弹，至于高射炮自10月以后已几乎不能射击。

我航空兵力虽然海军已展开其全部力量的一半——三个航空战队，但由于连日在空战中逐渐消耗，除战斗机55—70架、中攻机55—70架外，只拥有少量的舰载轰炸机和水上飞机。而且其基地的情况是，除了一部分使用布因基地外，其余部分不得不主要使用腊包尔基地，对瓜岛的航空攻击也主要因为没有适当的中间基地而处于不能连续进行的状态。

在这种情况下，第17军司令官命令原来未作部署的第38师团步兵团长伊东少将指挥的步兵第228联队主力搭乘驱逐舰急速前往瓜岛，以防敌军从海岸方面进行反击。事实上在瓜岛方面，第2师团的转进尚未完成，面对敌人的地面反攻，当时第17军的登陆根据地已危如累卵，由于伊东部队的登陆，才在千钧一发之际解除了危机。接着，第17军司令官为了调整下一步进攻兵力，制定计划，令第38师团主力趁11月月暗期搭乘11艘运输船向瓜岛前进。

运载第38师团主力和军直属部队的运输船队，满载着瓜岛上全体官兵的希望，在12艘驱逐舰的直接护卫下，11月12日自肖特兰岛出发驶向瓜岛。另一方面，联合舰队为了支援这次运输，当时也动员了一切可以集中的力量，并大致作了如下配备：

一、基地航空部队加强对瓜岛的航空攻击，同时担任直接护卫船队的任务。

二、第8舰队在直接护卫船队的同时，担任13日以后随时以大型巡洋舰压制射击瓜岛机场的任务。

三、第2舰队统一指挥第3舰队一部分可动用的兵力，担任支援整个作战及与敌舰队进行决战的任务。

特别是12日夜，以第11战队的战舰两艘对瓜岛机场进行压制射击，13日以后根据另行下达的命令，以大型巡洋舰反复进行之。

联合舰队各部队按照上述部署开始了行动。但这次作战的难点是，不仅没有足够的基地航空兵力，而且航空母舰也只剩有一艘，其余大部分为了补充或整备在南太平洋海战中的损耗，正在向国内返航途中。

〔**第3次所罗门海战——空海消耗战**〕 12日夜，担任炮击瓜岛机场任务的第11战队司令官指挥下的战舰两艘、轻型巡洋舰1艘、驱逐舰14艘，刚一驶进伦加锚地，便突然遇上以9艘巡洋舰为基干的敌舰队。由于视界狭窄，战斗发展成激烈的近战、混战。据报，由于各舰独立奋战，取得了击沉敌大型巡洋舰5艘、防空巡洋舰2艘、驱逐舰8艘、鱼雷艇1艘，中创和轻创大型巡洋舰2艘、驱逐舰1艘的巨大战果，基本上歼灭了所在之敌，但我方也丧失了战舰比睿号及驱逐舰2艘，没有达到炮击敌机场的目的。

　　运输船队预定13日夜驶进瓜岛，但联合舰队司令长官下令推迟一天卸载。第8舰队的巡洋舰3艘和驱逐舰4艘按预定计划13日夜向瓜岛敌机场发射了20厘米炮弹1000发左右。另一方面，运输船队14日在拉塞尔岛西北海面遭到108架次敌机的攻击，11艘中的7艘不得已掉队，但仍在继续前进。护卫部队方面也有损失，除驱逐舰1艘沉没外，轻型巡洋舰2艘、驱逐舰1艘受了损伤。

　　当时总的形势是，炮击瓜岛支援船队是刻不容缓的，因此，第2舰队司令长官近藤中将直接率领战舰1艘、大型巡洋舰3艘、轻巡2艘、驱逐舰9艘，14日昼间毅然决然穿过敌小型机的攻击圈南下。午后8时10分，刚一驶到萨保岛附近，果然遇上准备迎击我方的以数艘新式战舰为基干的优势之敌，当即开始夜战。由于我方指挥得当，给敌以重大损失，进而追击败敌，打开船队的前进道路，从而使4艘运输船得以入泊塔砂法龙。在这次夜战中，我方也丧失了2艘舰艇。

　　就这样，运输船到达了瓜岛，但到了15日便遭到敌人的炮击和轰炸，6时许以后，相继发生了火灾，只有人员约2000名和野炮、山炮弹药260箱、大米1500包得以卸载登陆。上岸的部队是，步兵约1个大队及师团工兵联队和辎重兵联队的各个主力。

　　大本营把上述几个海战统称为第3次所罗门海战，发表战报说，这次海战击沉敌巡洋舰8艘、驱逐舰4至5艘，击伤战舰2艘、巡洋舰3艘、驱逐舰3至4艘；但我方也丧失了战舰2艘、重巡洋舰1艘、驱逐舰3艘。围绕着瓜岛的空、海战如今已显然现出消耗战的状态。日本海军缺乏生产保障，海、空对美作战能力比例日趋降低，苦恼逐日加深。

　　　注：据美方正式报告，其损失为沉没巡洋舰3艘、驱逐舰7艘，损伤战舰1艘、
　　　　　巡洋舰2艘、驱逐舰4艘。

　　另一方面，在新几内亚方面，南海支队准备倾注全力给敌人一次打击的奥依比防御态势，也出乎意外很快就崩溃了。自11月初开始，敌精锐部队已

插到我军左侧背后,切断了支队的退路。该支队11月10日开始向东北方退却,从此以后支队主力去向不明。

〔**编成第8方面军及第18军**〕 上述10月末左右以来东南方面形势的发展,使大本营再次认识到事态的严重性,为了加强以夺回瓜岛为核心的东南方面的作战,采取了划时期的措施。大本营的结论认为,摧毁瓜岛方面的美军反攻,确保我在南太平洋方面的优势地位,对于确立我必胜不败的态势是绝对必要的,因此决定,即使付出一切牺牲也要加强东南方面的作战。

首先着手的工作是加强东南方面的指挥系统及增强作战部队,尤其是增加投入陆军航空兵力。大本营先在11月上旬末命令编成第8方面军和第18军司令部,继而于11月16日又下达了第8方面军和第18军的战斗序列。两军司令官开始行使统帅权的日期定为11月26日。结合上述措施,决定第17军以后只专注于所罗门方面的作战,由新编的第18军接替新几内亚方面的作战,第8方面军司令官统辖第17、第18两军。

采取上述措施后,第17军(军司令官百武晴吉中将)的新的战斗序列与从前没有多大变化,该军由第2、第38及第51师团和步兵第35旅团(川口支队)、一木支队及其他军直辖部队组成,但独立混成第21旅团自11月26日起改为第8方面军司令官的直属部队。第18军(军司令官安达二十三中将)目前只统辖现在布纳地区的南海支队及步兵第41联队。

11月16日,大本营下令,暂只把第6师团、独立混成第21旅团、第12飞行团编入战斗序列,作为第8方面军(方面军司令官今村均中将)的直属部队。11月20日,将第5师团的工兵第5联队及步兵3个大队编入该军司令官隶属之下,11月27日又增派了第6飞行师团(在国内新编成的,包括第12飞行团),另于11月26日,又将驻菲律宾的第65旅团(以步兵第141联队为基干)编入第18军的战斗序列,加强了该军的战斗力。

〔**大本营的新作战设想**〕 大本营加强以夺回瓜岛为核心的东南方面作战的第二个重点是加强空军作战。大本营再次肯定,先前作战不利的主要原因在于丧失了制空权,从而认为压制敌空军势力是挽回劣势的绝对必要条件。

为此,如前所述,大本营划时期地断然将陆军航空兵力派往东南方面,并决定,在以后的作战指导上,要陆海军协同,首先迅速压制所罗门方面的敌空军势力,取得成功后,一举运送兵力及军需品,然后综合发挥所有战斗力夺回瓜岛。这个方针决定后,11月15日首先对第17军司令官重新下达了如下命令:

在整个进攻作战准备、特别是航空作战准备有所进展之前,须在所罗门

群岛及新几内亚两方面与海军协同,确保现在所占地区附近要地,准备以后的作战。为此,

一、在瓜岛方面,基本上确保现在所占地区附近要地;在新几内亚方面,至少要确保莱城、萨拉摩阿及布纳附近要地,不得已时调整部分现有战线。

二、执行前项任务所需的军需品及情况紧急时所需的兵力,应尽各种手段运送,其余兵力和军需品则暂令在腊包尔附近等待装运。

三、特别是所罗门群岛方面的航空基地要排除万难从速修好。

接着,大本营又于11月18日决定下列的《关于东南太平洋方面作战的陆海军中央协定》,并指示给第8方面军司令官及联合舰队司令官。

一、作战方针

在陆海军密切协同下攻占所罗门群岛,同时确保新几内亚要地,准备该方面以后的作战。

二、所罗门群岛方面作战要领

(一)陆海军协同,迅速增设和整备针对所罗门群岛方面的必要的空军基地,同时设法加强各要地的防务特别是防空。此间在瓜岛方面,确保以后的进攻据点,并力图恢复和加强我军的战斗力,以尽量努力促进我军的作战准备。在这中间,海军则尽各种手段阻止敌在所罗门方面的增援;另外,陆海军协同,努力封锁敌机的活动,并与推进空军基地相配合,随时加强航空作战,乘压制住敌空军兵力的机会,一举运送陆军和其他兵力,扩充进攻准备。

(二)待上述各项取得进展后,统一发挥陆海军的战斗力,夺回瓜岛机场,歼灭所在之敌。

(三)另外,力求迅速攻占吐拉基及其他所罗门群岛要地。

三、新几内亚方面作战要领

(一)在前项作战期间,陆海军协同,在莱城、萨拉摩阿及布纳附近确保坚固的作战据点,并增设和整备机场,加强航空作战,准备以后的作战。

为此,陆海军协同,尽速占领马丹、威瓦克等,同时扫荡和戡定重要地区。

(二)新几内亚方面的以后作战准备,以攻占莫尔兹比、拉比及路易加德诸岛等地为目的,在可能范围内进行准备,有关其作战另行协定。

四、航空作战要领

(一)使用的兵力

陆军为第6飞行师团约110架(根据需要再增加27架);海军为第11航空舰队约135架(但不包括随时协助作战的基地航空兵力及母舰兵力)。

（二）机场

海军主要使用卡维恩、腊包尔及布纳；陆军主要使用斯鲁米、莱城、萨拉摩阿、威瓦克及马丹（主要位于东部新几内亚）。所罗门方面的机场，应由陆海军协同急速修筑好。其使用划分由当地指挥官之间商定之。

（三）作战要领

陆军航空部队为夺回瓜岛，也要参加该方面的作战，但长期任务是负责东部新几内亚方面的航空作战。

海军航空部队担任所罗门方面的航空作战，并随时协助东部新几内亚方面陆军航空部队的作战。

另外，在制定上述中央协定时，大本营夺回瓜岛作战的日程方案是：预定12月下旬以前，修建好所罗门方面的航空基地，此后开始陆海军航空作战；在1月上中旬之间，向瓜岛大量运送兵力和军需品，1月下旬开始地面进攻。这个方案和中央协定均指示给了当地军司令官。

第29章

国力的充实同作战的调整

战争指导的关键——船舶问题

船舶问题是战争指导上的关键。散在广阔海洋上的岛屿作战，兵力的维持和保养等均要依靠船舶。由于南方作战的成功，日本所希望的资源圈如今均已处在我势力范围之内。开发和取得以石油为首的橡胶、锡、铁矾土等战争不可缺少的资源，可望取得超乎意料的成果。问题是尽快将这些资源运回国内，纳入充实国力和作战能力的轨道上来。它的成败将完全取决于确保运输重要物资的船只运载量（即所谓C船）的情况如何。

〔作战—船舶—国力三者之间的循环矛盾〕 然而，开战时在极限线上所计划的船舶估计，只要有一个因素出了问题，就会从根本上被打乱。况且在那些因素中，占压倒比重的特别是战伤损耗和陆海军的征用。这两个因素在我方掌握战局主动权的初期作战阶段，还可以在一定程度上由我方的意志来加以控制，但敌人的反攻一激化起来，就唯有看战局的发展趋势如何了。即为了适应作战的激烈化，就需要更多的船舶，而为作战征用船舶，势必相应地减弱国力，影响下次作战所需的纵深战斗力。这种作战与船舶，船舶与国力之间的循环矛盾在四面环海的日本的环境下，确实不得不说是命中注定的归结。因此，即使说整个战争期间，日本战争指导的关键，主要在于作战与船舶的调整，并不为过。

〔油船的障碍〕 在国力运用上，燃料（油）也是个最煞费苦心的因素。如前所述，对日石油禁运是日本决心开战的重要因素。开战前估计，南方石油运回国内，估计第一年为30万千升、第二年为200万千升、第三年为450万千升，加上开战前储备的840万千升和后来的国内产油及人造石油等，从总量上看，勉强可以应付三年之需。尤其是航空汽油，固然可以指望南方的石油，但估计到了战争第二年年末左右，供求就将相差悬殊，这确是个岌岌可危的问题。

然而，南方初期作战取得了超乎预料的成果，当地的产油和炼油进展得极为顺利，第一年预计取得的60万千升大有增加到170万千升的可能性。仅就石油而言，前途似乎大有光明。

但这里却有个油船的障碍。开战当时，日本的油船约为38万总吨，其中约27万吨已被海军征用。因此，运输南方生产的石油就不得不指望利用民用油船（约10万吨）和新造的油船。当时国内工业用油受到极大限制，增加工业用油的配给是充实国力的紧迫问题。另外，以航空燃料为主的陆军的燃料供求情况，也大有令人不安之处。只要有了油船，问题就可以得到解决。

这种期待取决于海军解除征用油船。但其能否解除，要看初期作战告一段落后海军的作战设想如何。

这里也存在着战争指导上需要加以调整的重要课题。

围绕海军解除征用油船的争论

随着初期积极作战告一段落，希望海军解除征用油船是当然的。当时，以陆海军石油委员会为中心，曾议论过如何解决石油的问题。昭和17年（1942年）4月中旬，陆军方面了解到石油产量有可能像上述那样出乎意料的增加和由于油船不足无法运输的实际情况，得出结论是，要解决这个矛盾，除非海军解除征用一部分油船，否则没有别的办法。于是建议海军实行这一办法。

对此，海军方面坚决反对，认为初期作战虽已告一段落，但为完成F·S作战，油船并不充裕。实际上，当时海军正在准备进攻中途岛的作战，因而就更不能同意陆军的建议。但是，海军也有苦衷，因为中途岛作战是勉强说服陆军统帅部才决定下来的，本来是海军单独的作战，所以不能以此为理由从正面提出不同意的主张。

就这样，陆海军之间的谈判长达一月有余，但仍没有顺利解决的希望。5月11日，陆军方面寺内南方军总司令官还致电总理大臣，提出迅速解决油船问题的意见，纠纷一再重演。

〔**决定妥协性的解除征用**〕 至5月16日，陆海军和政府当局总算取得了一致意见，接着，始终坚持反对的海军统帅部也作出让步，于是在5月20日的联席会议上终于作出了如下决定："7月末以后，海军解除超过原定数量的征用油船（包括捕鲸船），用来运回南方石油。"

但上述决定只是作了原则上的肯定，并没有解决根本性问题。即在解除征用的时机和数量上还有问题。不仅此也，从规定海军作战如有必要可优先使用这一限制条件来看，更是如此。但下述两点得到了确认，即燃料的中心问题在于油船；而油船的运用应根据指导整个战争的要求来加以处理。

〔海军部内的争论〕 在这次会议上有下述一段彼此争论由此可以看出当时复杂情况的一斑。

伊藤军令部次长：油船配备量的大小本来是决定海军作战规模的极为重要的因素。但这个方案却要把如此重大的事项交给陆海军石油委员会来决定。这么一来，石油委员会就将束缚作战，这是不应该的。因此，由更高一级的机关来决定是绝对必要的。

冈海军军务局长：并不是陆海军石油委员会随便来决定，当然要优先考虑军方作战上的要求。但另一方面，这是影响到国力与国策有关的问题，因此，不能让海军一声不响地就抄走。这种关系，统帅部也会派人到石油委员会里，所以我想可以充分纳统帅的意见，领会它的精神去做。

伊藤军令部次长：本来开战前，海军征用船的总量认为有160万吨左右就足够了，但开战后实际一试却需要180万吨。海军的作战计划当初并不那么大，但开战以后规模逐渐变大了。可以预料，今后的作战规模将会越来越大。例如，英美海军如果联合起来闯上来时，180万吨无论如何是不够的。这种性质的作战如果受到掣肘很不好办。海军希望提供足够支持作战的船只。

东条总理：如果进行那样大规模的作战，已经超出了石油委员会的范围，应该作为国策，由联席会议来决定。

伊藤军令部次长：但第2项里不是说"考虑到当时战争指导上的全盘要求，由石油委员会来决定"吗？

冈海军军务局长：正因为这个缘故，此处才删掉了"由石油委员会"的字样，决定的手续正像总理所说的那样。

铃木企划院总裁：国力有一定的限度。应该在一定量的范围内进行计划管理，所以破坏了这个计划就不好办了。希望考虑到国力与作战之间的平衡来处理。

7月陆军征用20万总吨

〔在陆军解除征用计划上的意见分歧〕 关于因缅甸战区扩大等作战面扩展所引起的陆军船舶的不足，如前所述，已在3月7日的联席会议上作出决定："陆军征用船的解除按计划处理，对陆军另外需要20万总吨的要求将努力予以满足。"

作为陆军来说，暂时靠运用原有船只还可以应付下去，但如前所述，由于作战面的扩大，需要增加征用30万总吨，所以无论如何不能同意规定7月以后为104万总吨。因此，在上述联席会议上，杉山参谋总长和田边参谋次长强调了这一点，并强硬主张：上述要求如不被采纳就只好停止缅甸作战。对此，铃木企划院总裁寸步不让，争论激烈，相持不下。后经东条总理和岛田海军大臣调解，在备考里插入"关于A7月以后的征用船，因情况另外需要20万总吨，所以要促进打捞沉船，加强利用捕获船、机帆船、木船等，设法通过其他途径予以满足"的字样，这样才使问题暂时得到解决。

但这个决定不过是把彻底的解决向后拖延了一步而已。随着战局的进展，既然大本营和政府一致同意了积极作战的方针，陆海军两统帅部不等解决船舶问题就迅速推进了预定的作战计划。5月5日，下达北海支队的战斗序列令和攻占阿达克、阿图、基斯卡的命令。当天还下达了一木支队的战斗序列令和进攻中途岛的命令，把它纳入海军指挥之下，担负攻占中途岛的任务。接着5月18日，下达了第17军的战斗序列令，并颁布了雄伟的FSN攻占救命。作战面如此扩大，已超出了预定计划船只载运量所能应付的范围，因此，作为其当然的结果，势必要在解除征用船只的运载量上打主意了。

〔三方争论——决定征用〕 在此期间，或是围绕每月A船解除征用的日期（月初还是月末）的意见分歧，陆军统帅部与企划院之间引起争论，或是围绕着因船舶损耗超过预先估计需要调整ABC船舶运载量及国力减低问题，陆军省、陆军部及企划院三者之间进行鼎足争论，这种争论大约持续了两个月之久。

由于6月5日中途岛战败，6月12日下达了推迟F·S作战的命令。但作为实际问题，陆军船舶正在使用中，所以7月以后决定增加征用已是刻不容缓了。

于是在7月1日的大本营政府联席会议上，关于7月以后A船征用的问题作了如下决定：

一、关于昭和17年（1942年）3月7日联席会议决定的A船征用问题，根据该决定第3项的备考（2），在7月以后的昭和17年度内，在认为作战上必要的期间，每月除既定量外增加20万总吨以内。

二、AB船的丧失原则上由C船来填补，但如对物资动员计划的执行产生重大影响时，则考虑全盘形势加以调整。

〔计划造船的措施〕 作出上述征用决定后，如何补救重要物资运输量的减低成了问题。因此完成或超额完成造船计划是重要的。因为计划造船向来与舰艇的建造和修理有着密切关系，所以一并都由海军大臣主管。但是，现在的造船，既要符合战争指导上的要求，又要最大限度地发挥其效率，这是非常重要的。大本营和政府鉴于这种要求，又在1日的联席会议上，结合上述的征用决定，就今后的计划造船措施问题作出决定："按年度和用途区分的、官用和民用船舶的建造及修理计划上的重要事项，由联席会议讨论决定之。"

这样，3月以来一直悬而未决的船舶问题总算有了解决的希望。但是，随着战局的进展，船舶的战伤损耗量出现了渐增的趋势。以船舶为中心的作战与国力之间的关系，包含着哪怕是一点点现象上的变化，也会在两者之间的平衡上产生破绽的危险，这种情况一直持续到大东亚战争的第一年年末。

敌反攻的加剧与对世界形势的判断

大本营和政府根据过去3月9日联席会议决定中对世界形势所作的判断，指导了初期作战告一段落后的战争。但来自太平洋方面的危机却出乎意外地来得很快。4月18日，美机初次空袭日本本土，暗示了今后通过太平洋和大陆的联系空袭日本本土的可能性。6月5日海军在中途岛的意外战败，使珍珠港的战果转瞬之间化为乌有。以8月8日敌军在瓜达尔卡纳尔岛登陆为转机，敌人对东南太平洋方面的正式反攻已逐渐呈现出激化的状态。

〔形势的探讨〕 大本营陆海军部鉴于上述形势，7月以后对原来的判断反复进行了探讨。最后又在11月3日、4日和7日的三次大本营政府联席会议上进行了研究和审议。

在上述审议会上，与这年3月决定的判断相比较，作为需要改变、更正的事项而提出审议的要点有如下几项：

一、美英的反攻

明确了美英的对日反攻已经开始，而且今后将逐渐激化，自昭和18年（1943年）后期以后将逐渐达到高潮。另外，以前曾判断美英的战争指导，欧洲是重点，而现在对美英的陆海空兵力所向以及物资援助的努力等方面综合加以考虑时，认为是不能作那样判断的。关于这一点避开了勉强去讨论。

二、对美空袭日本的判断

对美空袭日本的判断，因动辄见解各异，有不能统一采取对策之虞，特重新提出。即：

关于空袭方面，以前从政策方面只强调了日本本土，现在必须认识到，占领地区的要害部分，尤其是对日本来说是生死攸关的巴邻旁油田地带等，也会受到大规模空袭，对此必须制定对策。

关于空袭时机的估计，认为本年度会极少，但明年以后将趋于频繁，从现在起就需要着手准备。

关于空袭的方向，对日本本土，认为当前将采取从太平洋航空母舰上起飞和从中国大陆起飞的方法；最近专注于开辟经由西藏的西北航线的活动尤需注意。另外认为，随着飞机性能的进步，以阿留申、中途岛为基地直接空袭日本本土也必将实现。

三、美苏在苏联东部的合作问题

苏联如果允许美国在苏联东部领土取得基地，从整个形势上应视为这是决心对日战争的时机，但在目前形势下其实现可能性很小。但是认为，作为对将来的约定或作为其前提，美国是很有可能秘密策划援建苏方的机场基地的。

四、德国的战争指导

判断德国对苏联的态度是，将从以往对苏打歼灭战这种指导思想中摆脱出来，转向基本上以现在态势为基础的持久战。

在目前形势下，德苏间似乎没有媾和的意图。但将来视德苏战况的进展和德国要求的条件如何，德苏间并非没有单独媾和的可能，德苏媾和对日德意三国进行对美英战争当然是有利的，但如果其时机、方法、条件等不适宜，则大有酿成日德隔阂、苏联加重对日压力等不利情况的危险。过去认为，德国对英国是一面在坚决进行大西洋上的交通破坏战，一面推进在英国登陆的准备，现在判断它的这一企图仍然没有变化。但是现在也有这样一种意见，即随着今后德苏战争的发展和美英的态度如何，也不能说德英间没有媾和的企图，万一出现这种情况，就得靠日本的牺牲来同美英作战。这是战争指导上的重大问题。

〔对世界形势的判断〕 这样，昭和17年（1942年）11月7日决定的对世界形势的判断如下：

第一，美英的动向

美英为摧毁帝国对大东亚的建设，阻止德意称霸欧洲，今后必将在各方面更加密切合作，联成一体，力图急速增强自己的战斗力，逐渐以其强大的兵力采取攻势，试图迫使轴心方面屈服，其攻势将于昭和18年（1943年）下半年以后逐渐进入高潮。并且判断，在此期间，美国将力求把南北美洲纳入其保护伞下，并将努力在实质上控制非洲、澳洲、印度和西亚等地区，企图借此成为战后世界的霸主，从而必将强制推行政略和战略两方面的各种政策。因此当前：

一、美英将与苏联合作，力求消耗德意的战斗力，同时将努力确保地中海及西亚方面。

在太平洋、印度洋方面，美将与英国合作，试图以强大的兵力发动比以前更加积极的攻势，强化自澳洲、阿留申、印度和中国方面对日反攻的态势，破坏对日海上交通，并和同苏联的合作相配合，逐渐实行积极的对日反攻。而目前尤需重视正在进行的南太平洋方面的反攻。另外，英国将极力确保印度洋的制海权，确保印澳、非洲以及努力与美国合作实行对日反攻。

另外，美英很可能企图在明年以后对帝国本土及占领地的要害部分逐渐进行大规模的空袭。

二、由美英方面在欧洲组成大规模的援苏第二战线，从其实力尤其从船只运载量不足的情况来看，目前实现的可能性极小，但必将进一步努力加强援苏物资的供应。

另外，美必将密谋在苏联东部领土取得基地。

三、美英必将尽各种手段极力督促和鼓励重庆对日抗战。

四、美英必将努力增兵西亚和非洲方面，压制反英运动，坚决确保该地，以阻止日德意的联系。

五、澳洲将愈加坚定抗战意志，实质上在美国势力之下，完全依赖美国的援助，努力增强其战斗力，坚持继续对日抗战。

六、印度的反英运动将相当激化，但由于英国镇压，目前很可能收不到很大成果而被迫平息下去，印度将仍然是对日反攻的基地。

七、视今后形势的发展，美英和德意之间不无策划媾和的可能。

第二，重庆的动向

一、重庆的抗战能力虽将逐渐减弱，但将相信美英的最后胜利，仍然不会放弃继续抗战的意志。

二、重庆今后将日益加强与苏联合作，努力恢复来自美英的物资援助，同时将力求逐渐促进和加强美英对日的航空作战。

第三，德意的动向

德国对苏联，当前基本上将以现在态势为基础，强化长期不败的地位，同时力图向西亚挺进，与意大利合作控制地中海，并加强大西洋作战等，迫使英国屈服，扭转欧洲的局势。

一、德军今后将继续进行高加索作战，而明年将不得不企图再对苏发动攻势。

二、德意军虽将企图进入中亚西亚方面，但其时机很可能最早也得在明年秋季以后。

三、德国对美英的海上交通破坏战，其成果虽时有若干差别，但在目前阶段，每月将可大体保持在60万吨左右。

四、视今后的局势变化，德不无对苏、英开展和平工作的可能性。

五、只要希特勒、墨索里尼尚在，德意之间的纽带就不会松弛。

第四，苏联的动向

一、苏联将仍继续抗战，但视德苏战局的发展、美英对苏援助的程度以及德国方面的和平条件如何，并非绝对没有对德妥协的意向。

二、苏联目前将不会进而向帝国挑战。

苏联当前不会向美国提供基地，但视德苏战争和日美战争的发展以及双方军事力量的状况，并非没有实现的可能性。

第五，中立各国的动向

一、只要西亚的战况趋势尚未明确，土耳其仍将力求维持中立。

二、对法国、西班牙、中南美等中立国的判断，与3月7日决定的世界形势判断相比没有变化。

第六，各国进行战争的能力

一、美英进行战争的能力（参照附表第1至第4）

（一）美国的战时兵力大致可以维持在600万左右，目前人力方面不会感到缺乏。

英国本土人力资源基本上已达到极限。

（二）美国进行战争的能力，至少今后两三年内由于军备和军需生产能力的飞跃提高，将日益增强。随着向战时体制的转变，必将在经济和社会上产生种种问题，但从目前情况来看，很难认为这会给它进行战争的能力带来重大影响。

（三）英国进行战争的能力目前大致可以维持现状，但随着制海权和所属殖民地的丧失及海上运输力的递减，必将每况愈下。

（四）美英的作战能力因依靠其海上运输力之处极大，船舶的丧失将对其进行战争带来极大的障碍。但随着美国造船能力的上升，昭和18年（1943年）下半年以后，美英的综合船舶拥有量将逐渐增加。

（五）美英的综合的有形作战能力将与日俱增。

二、重庆的抗战能力

在现在的形势下，继续其消极抗战是可能的。

（一）人力资源丰富。

（二）财政经济上极其困窘，但粮食和轻武器可以自给，因此，不能期待其抗战体制很快就会发生破绽。
　　（三）军队有地面部队约300个师（其中中央军约110个师），空军部队约有飞机100架，装备虽然低劣，但对消极战斗并无影响。
　　在华美国空军部队，最近约有飞机70架，并正在逐步增加。
　　（四）蒋介石的地位尚属巩固，其统帅能力尚未衰退。
　　三、德意的进行战争能力
　　（一）德国基本上可以维持现有的国力。
　　（甲）人力资源虽然不太充裕，但粮食基本上可以满足势力范围以内的需要。
　　（乙）军需工业能力虽然很强，但一部分军需物资的取得尚需付出相当的努力。
　　（丙）希特勒颇孚众望，军民的战争意志也很旺盛，但今冬以后对苏作战的发展如不理想，对占领地的治安、对与国的指导等则将需做出相当的努力。
　　（二）意大利进行战争的能力依靠德国之处不少，但墨索里尼的政治力量仍然很稳固，所以，在目前形势下维持其作战能力将无很大困难。
　　四、苏联进行战争的能力
　　即使在丧失莫斯科、高加索等地的情况下，以其低装备的约200个狙击师进行东西两个正面的防御作战还是可能的。

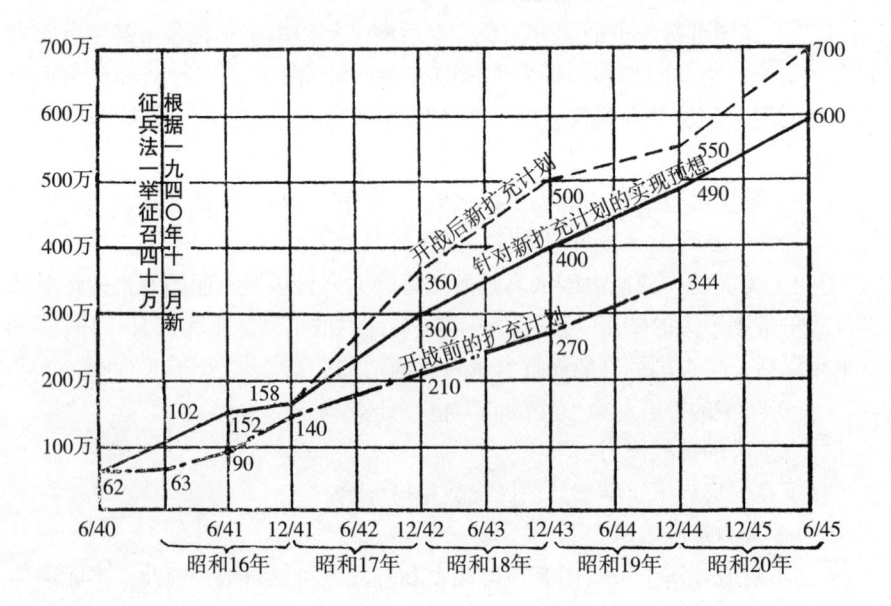

表29-1　美海军航空兵力扩充情况

表29-2 英美船舶的现状及对其至1943年末发展过程所作研究的曲线

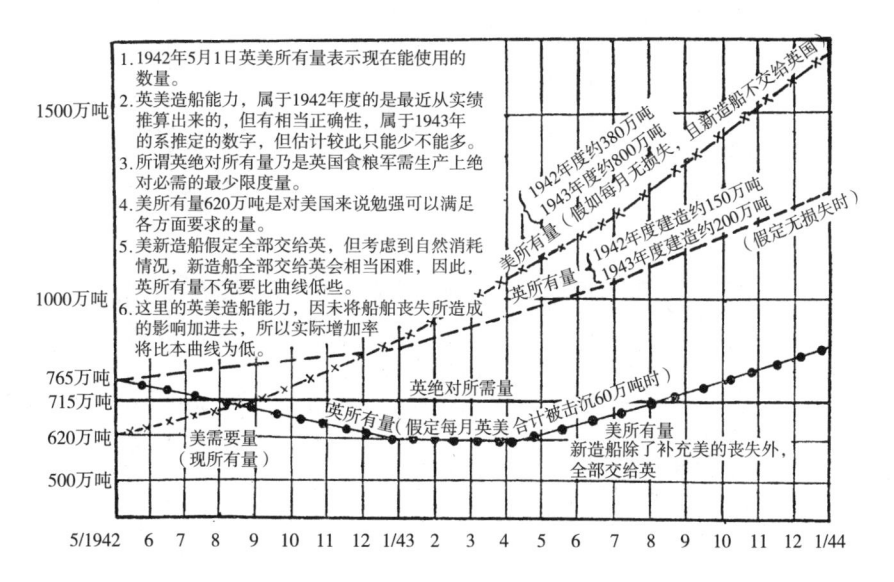

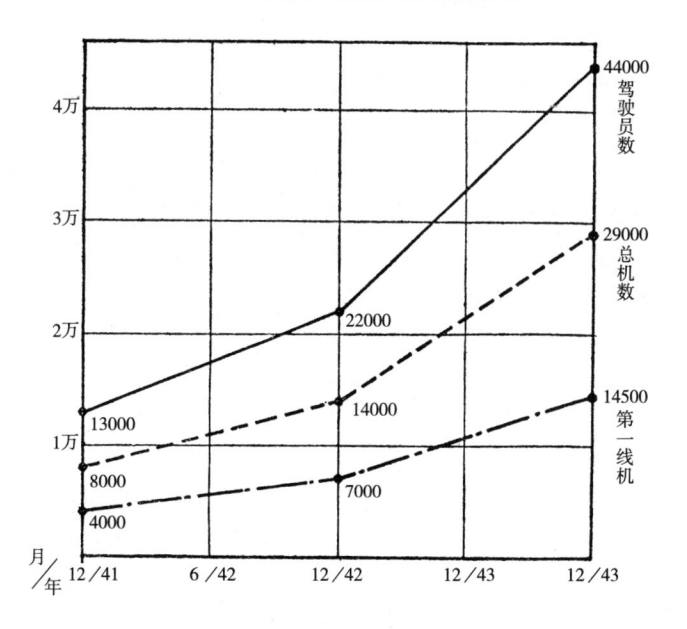

1. 1942年5月1日英美所有量表示现在能使用的数量。
2. 英美造船能力，属于1942年度的是最近从实绩推算出来的，但有相当正确性，属于1943年的系推定的数字，但估计较此只能少不能多。
3. 所谓英绝对所有量乃是英国食粮军需生产上绝对必需的最少限度量。
4. 美所有量620万吨是对美国来说勉强可以满足各方面要求的量。
5. 美新造船假定全部交英，但考虑到自然消耗情况，新造船全部交给英会相当困难，因此，英所有量不免要比曲线低些。
6. 这里的英美造船能力，因未将船舶丧失所造成的影响加进去，所以实际增加率将比本曲线为低。

表29-3 美陆军航空兵力扩充情况

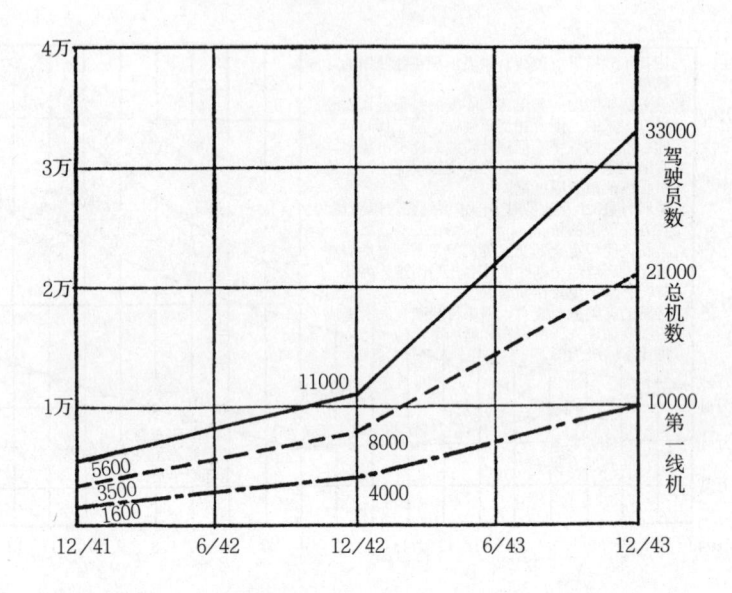

表29-4　美海军航空兵力扩充情况

	12/41	6/42	12/42	6/43	12/43
驾驶员数	5600		11000		33000
总机数	3500		8000		21000
第一线机	1600		4000		10000

备考：本资料系综合迄今所获各种情报，基于下列假定推算的。

一、1942年度生产指标是60000架（战斗用机45000），假定能完成其60%。

二、1943年度生产指标是125000架（战斗用机100000），假定能完成其70%。

三、假定各年度年产量的1/2供应国外。

四、假定国内以其约55%为陆军用，约45%为海军用。

五、假定陆海军均以供应量的3/5用作战斗及自然消耗，以2/5用作实际补充增强。

六、假定培训3万名陆军驾驶员的计划，从1942年末前后起，培训3万名海军驾驶员的计划，从1943年3、4月前后起可以发挥全部能力。假定驾驶员每月陆续培训出来的人员累计人数的75%作为实际保有人员，其余的25%用作补充消耗。

另，按以上各项统计，驾驶员暂时大致为总机数的约1.5倍。

备考：海军航空部队扩充情况与陆军航空部分所载相同。

（一）人力资源尚充裕。

（二）今秋左右的军需工业生产能力约为德苏开战前的50%。石油产量随着高加索的丧失将激减至约战前的20%，但鉴于目前其储备量尚多，将不会影响继续坚持防御作战。

（三）粮食虽已逐渐紧张，但还不致达到使国内秩序呈现紊乱的程度。

（四）斯大林的政治力量未见动摇，眼下军民的抗战意志尚在维持。

第七，综合判断

一、美英仍在使苏联和重庆继续对轴心国抗战，美英自己也逐渐采取积极的作战方针，此间正在百般设法为增强自己的战斗力和加强对轴心国的反攻态势。美英的综合国力，至少今后两三年处于急速提高的趋势。

二、目前阶段，敌我战争形势的进展虽将有利于轴心国方面，但昭和18年（1943年）下半年以后，随着时间的推移，敌我双方物资上的国力将出现巨大的悬殊。

鉴于上述形势，帝国应在这一两年内排除万难，确立自强不败的政略战略态势，同德意合作，尽量采取积极的迫使敌人屈服的手段，应付今后相继到来的美英的对日反攻，随时随地消灭敌人的战斗力，则终将能够迫使美英丧失作战意志，完全达到我方的战争目的。

围绕瓜岛作战对船舶的深刻苦恼

〔**需要船，需要物资**〕 由于7月陆军加征了20万总吨船舶，在国力和作战之间的调整上总算喘了一口气，但这只是暂短的一瞬。敌人加重了对以瓜岛为中心的东南太平洋方面的反攻压力，在其时机、速度和规模上，确是足以从根本上破坏我国国力和作战之间的平衡。

政府为了把7月的加征对国力造成的影响控制在最小限度内，继续作了最大的努力，但当时钢材的生产、燃料的供应、造船的前景等情况，仍然令人很担心。需要船，需要物资，必须设法打开这种缺乏物资的困境，这是当时战争指导中枢机关绞尽脑汁的迫切问题。

作为这种迫切愿望的一个例子，在8月26日的大本营政府联席会议上做了如下决定："为了增强帝国物资方面的战斗力，要求德国供应帝国急需的船舶及重要资材，为了落实这个办法，对供应德方所需物资及其他事宜采取特别措施。"对德国的这一期待是铁100万吨，船舶50万总吨。外务省将这个意思电告日本驻德大使，后来反复打了一喜一忧的电报，9月26日德国方面复电说：除1万吨特殊钢材外，其他物资不能供应，这样，电报的往返交涉便停止了。由此可以想见当时的情况。

〔**消失了的解除征用**〕 于是在9月末左右至10月中旬之间，经企划院和陆海军研究得出结论，认为无论如何必须指望AB船解除征用，除此之外没有其他办法。在统帅部看来，这种要求蛮有道理，便为设法满足这一要求继续进行了研究。10月22日在陆海军部长会议上取得一致意见，海军决定立即解除征用9万总吨，陆军决定在所罗门方面作战后解除征用13万总吨（陆海军共解除征用20万总吨），但这个希望因10月25日以第2师团为核心的第17军总攻瓜岛受挫而完全化为泡影。

〔瓜岛要求70万吨〕 进攻瓜岛的失败，对大本营和政府来说，在物资上和精神上都受到了沉重的打击。如前所述，在11月7日的世界形势判断中曾认为，敌人对所罗门方面的反攻是相当强有力的。大本营在坚决确保所罗门群岛要地的方针下正在准备总攻击失败后的作战。为了进一步加强这方面的战备，11月16日，大本营重新发布了第8方面军、第17军及第18军的战斗序列令，同月18日，向第8方面军下达了天皇敕令，命令第8方面军须在该方面确立优势的作战态势。随着战况的激化，战斗力消耗渐多，同时，船舶的损伤也级数式地增大了。为整顿这种态势，使第8方面军完成新的任务，必须首先解决船舶问题。经过第2次、第3次所罗门海战之后，为了补充战斗力，海军对船舶的需要也逐渐迫切起来。

由于形势发生了上述转变，解除征用AB船的问题一变而为增加征用的问题。而且其数量是巨大的。11月16日，陆军统帅部向陆军省提出了加征船舶37万总吨的要求。接着，海军部于18日向企划院提出了加征船舶25万总吨的要求。陆海军这一总计达62万总吨的要求，从国力方面来看，无论如何是不能接受的。因此不得不导致陆军统帅部与军政当局之间的意见尖锐对立起来。

〔陆军省和统帅部意见对立〕 统帅部主张，"如果攻下瓜岛，完成所罗门作战，不仅有足以威胁美澳联系的积极利益，而且从消极防御的观点来看，对确保美国最大反攻线路上的南太平洋方面唯一重要防卫作战基地腊包尔的安全，也是绝对必要的。尤其瓜岛的战斗本来是由于敌人最初发起正式反攻引起的，因此能否成功地攻占该地，不仅限于作战上的价值，且还将造成这样一种结果：即要么使敌人对日本积极进行反攻的意志受挫，要么就使敌人今后到处企图发起这种反攻，所以在战争指导上意义极为重要。而且在瓜岛，以第17军司令官为首的3万皇军正在进行登陆战斗，命令这支部队撤下来比继续进攻还要困难"。对此陆军省的态度是强硬的："现阶段重要的是迅速提高国力和战斗力，不能答应势将导致国力迅速下降的征用。"特别是在一部分人当中竟提出这样的意见：现在应当从瓜岛撤退，据守后方战略要线，恢复作战态势。双方没有妥协的余地。

然而，既然已经下达了进攻的敕令，就不允许拖延时间。战争指导上应下决断的时刻到了。政府在11月20日的内阁会议上决定：暂先答应陆海军合计加征29万总吨，但须分批拨给，首批定于21日拨17万5千总吨（陆军14万5千总吨，海军3万总吨），第2批定于12月5日拨给陆军9万5千总吨。在第二天（21日）的大本营政府联席会议上，东条首相作了如下发言，要求谅解，遂于当天午后实行了首批征用，这样总算暂时摆脱了眼前的危机。

〔东条总理的发言〕 "根据陆海军的要求，政府在昨天的内阁会议上决定答应暂加征29万5千总吨。关于下余的加征部分，因牵连面相当大，打算经充分研究后再决定对策。上述数量是鉴于情况紧迫暂先拨出的。

"因为现在的船舶征用量影响面很大，希望统帅部也对这个问题进行充分研究，在不妨碍作战的范围内尽可能压缩征用量。

"准备在政府和统帅部研究之后，最近找个机会，将目前的和下余的征用量问题一并提交联席会议加以讨论决定。

"关于船舶征用的影响问题，譬如说，即便只是目前的征用量，就将使昭和18年（1943年）度的钢材生产从本年度的427万吨下降到300万吨，如果满足统帅部的全部要求，就将降到200万吨，这将给进行战争带来严重后果。

"政府今后将尽最大努力，通过划时代地提高生产能力，改革造船方式，增加船舶载运量等途径来努力阻止这种下降，如果这样发展下去，就将陷于破产状态，所以希望统帅部今后对加征船舶的问题也要进行充分的研究。"

〔统帅部对阁议决定的愤怒〕 于是，在陆海军和统帅部之间重新又继续进行了研究，但双方都坚持以往的主张，因而不可能得出结论，直到陆军的第2批征用日——25日也未做出决定。政府于当天午后8时召开临时内阁会议，暂先答应第2批征用9.5万总吨，但对填补明年1、2、3月的损耗量16.5万总吨的要求却只答应8.5万总吨，并决定要求陆军明年4月以后解除征用18万总吨。

对上述阁议决定的数量，陆军统帅部方面很不满意。当天夜里经过田中作战部长和佐藤军务局长之间的激烈争吵，问题留到了6日。6日就填补损耗问题，田边参谋次长和铃木企划院总裁之间达成了妥协，但东条总理坚决不同意超出昨天决定的数量。陆军大臣的这个决心等于命令陆军统帅部停止所罗门作战。田中作战部长夜半敦促东条陆军大臣重新考虑，但这个作战部长的恳切意见最终也没能使总理回心转意。6日又过去了。

这一天由于所罗门方面的沉重压力和船舶问题的僵局，陆军统帅部里笼罩着开战以来最浓厚的忧郁气氛。

〔作战部长换人——问题的解决〕 次日（7日）凌晨，东条陆军大臣会见杉山参谋总长，要求更换作战部长，约定重新考虑船舶的征用问题。

这样，在决定将田中部长调到南方军总司令部的同时，当天傍晚，东条陆军大臣接受了统帅部的要求，同意1月至3月船舶的损耗量如超过了预定量，由大本营和政府之间协商决定，一直争论不休的问题于是得到了解决。

但是，这个问题对国力的影响十分重大，需要大本营和政府在今后的作战和国力的运用上能有个一致的见解，于是决定把这个问题提到12月10日的御前大本营政府联席会议上来作出决定。

12月10日的御前大本营政府联席会议

12月10日，始终难以解决的陆海军加征船舶问题终于提到了御前大本营政府联席会议的议事议程上来。

出席这次会议的，政府方面有东条总理兼陆相、铃木国务相兼企划院总裁，井野农相、小泉厚生相、岛田海相、寺岛邮递相、贺屋藏相、岸商工相、八田铁相、谷外相、青木大东亚相；统帅部方面有永野军令部总长、杉山参谋总长、田边参谋次长、福留军令部第一部长。

〔东条总理的说明〕 首先，东条总理就召开这次会议的宗旨作了如下说明。

"开战一年以来，仰承皇威，得以赫赫战果消灭美英在东亚的根据地，确立必胜不败的基础，诚不胜感激之至。

"初战败北的美英，如今正重整旗鼓，携手转入积极反攻。根据上述形势我以为，帝国今后应采取的战争指导上的根本方针，必须是一亿一心，巩固完成战争的坚定意志，力求不断增强国力，随时随地粉碎美英的反攻企图，使其丧失战斗意志，向完成战争目的迈进。

"尤其感到目前粉碎敌在南太平洋方面的反攻企图，乃是最应重视的迫切问题。

"然而遗憾的是，帝国国家物资力量的现状，受到帝国拥有船舶数量和其他各种条件的限制，充分满足上述战争和作战指导上的要求，实际上目前尚有困难。

"因此，为了对进行战争与确保国家物资力量的要求这两者之间加以调整和安排，以迅速达到目前的作战目的，现请就《关于调整当前战争指导上作战和国家物资力量之间的关系并维持与增进国力方案》进行审议。

"此外还请参谋总长、军令部总长及主管大臣，按各自主管问题加以说明。"

接着，由干事朗读了如下议题。

《关于调整当前战争指导上作战和国家物资力量之间的关系并维持与增强国力方案》

为了适应当前作战和确保国家物资力量的要求，采取下列措施：

一、陆军新征用38万5千总吨（包括11月以后已征用部分）

但对昭和18年（1943年）1月以后至3月末之间发生的"陆"船舶运载量的损耗，在8.5万总吨以内逐步予以填补，力求在上述范围内达到目的，如断定将超过这一数量时，则在大本营和政府之间另行协商决定。

另将昭和18年（1943年）5月1日的"陆"拥有量定为110万总吨（千吨以上者），其估计差额18万总吨，要在4月内解除征用。

二、海军新征用3万总吨（作为11月内的已征用部分）。

另将昭和18年（1943年）5月1日的"海"拥有量定为126万总吨，其估计差额8万总吨，要在4月1日解除征用3万总吨，5月1日解除征用5万总吨。

三、由"陆"、"海"、"民"货船中抽出19万总吨，改造成应急油船。在进行改造过程中，作为"海"征用，对将由"陆"、"海"船中抽出加以改造的，要以代用船舶运载量分别予以补填。

而前述应急油船，预定自昭和18年10月以后以每月2万总吨之数还原成"民"货船，直至还原到总计12万总吨时为止。

四、昭和18年4月1日以后，对"陆""海"的填补，包括"民"船的损耗，预定每月为7.5万总吨以内，但这要在考虑作战上的要求和国家物资力量两者之间的关系后加以处理。

另外，要极力减少船舶运载量的消耗和随之而来的对"陆"、"海"船舶运载量的填补，力求达到目的。

五、昭和17年度（1942年）及18年度的申请船量，决定各为40万总吨和75万总吨（计划见另册）。

为确保上述数量和上述计划外的造船量得以飞速增长，要迅速采取坚决措施，统一、优先而强有力地进行造船工作。

六、昭和18年度（1943年）打捞的沉船交给"民"用数量4月份定为3万总吨，5月以后每月平均为1万总吨。

七、昭和18年度（1943年）的物资动员计划，要以确保最优先运输铝原料及至少确保普通钢材380万吨为条件，根据企划院的计划筹措之。

另　册

甲造船计划（作者注：概要）

一、昭和17年度及18年度的建造量分别定为40万总吨和75万总吨。

二、为执行本计划，关于需要使舰（艇、船）及其他官民船舶延期实行或变更计划（替换、改装）等，应在有关各部之间迅速协商决定之。

三、关于执行本计划所需的下列各项，将由国家强有力地并且优先处理之。

（甲）增产和配给造船用资材，尤其是普通钢材、厚板材和钢管。

（乙）劳动力、工厂的经营管理、资金、建造手续、船价等。

（丙）整理和简化船种、船型，及改进造船法。

〔参谋总长的说明〕 杉山参谋总长就这次需要加征船舶的战况，以及陆军统帅部今后的企图作了如下说明。

"在所罗门群岛方面，8月上旬，敌强大陆海军部队已在瓜达尔卡纳尔岛及吐拉基附近登陆，瓜达尔卡纳尔岛的机场终于被敌占领。不过，在瓜岛方面拥有牢固的据点，对于确立对美英的必胜战略态势是绝对必要的，因此陆海军决定要把它夺回来，立即先把所在兵力迅速派往该岛，并增加了必要的兵团部队。

"然而，由于登陆之敌急速整修了该岛机场，控制了附近一带的制空权，所以不要说我舰队的昼间行动，就是月夜下的行动也完全受到了限制，我方不得不主要趁着黑夜靠海军快速舰艇将少量的部队、资材分批送到陆上，特别是构成部队战斗力的火炮、弹药、资材、粮秣等的集结很不方便，而敌人却与此相反，在其制空权的掩护下，昼间从容不迫地用运输船不断把兵力、资材运到陆上，并迅速构筑了坚固的阵地。我方虽一再发动攻势，但均未奏效，部队目前正在确保瓜岛西部要线，并在敌疯狂的炮击轰炸下，冒着巨大困难准备着今后的攻势。

"我在新几内亚方面的作战部队，自7月中旬左右已在布纳方面登陆，开始了从陆路对莫尔兹比的作战，不断打败敌人，8月中旬左右，越过标高2000公尺的险峻的斯坦勒山脉，挺进至巴布亚平地，但由于道路不佳，补给困难，并由于被迫将战斗力倾注于瓜岛方面，暂时调整战线，在布纳、吉尔哇、巴萨布阿附近占据以后发动攻势的据点，面对优势之敌的进攻，正在确保这些据点。

"目前太平洋方面的敌情是，瓜岛方面的美军兵力至少有3万，飞机约100架，在其后方，以新赫布里底、斐济、萨摩亚、新喀里多尼亚、新西兰附近为根据地，正在集中海军和空军的精锐，忙于增强瓜岛的战斗力。在新几内亚方面，以澳洲为根据地的美澳联军，以莫尔兹比和拉比附近为前进基地，总兵力将达4万，拥有很强的空军。目前挺进到斯坦勒山脉以北的敌军不下数千，尤其企图在布纳南方地区，逐步新设机场，增强兵力。

〔军部的企图和对今后的展望〕"总之，目前所罗门、新几内亚方面的战局，规模很大而且极其严重，围绕战略要点的争夺逐渐形成日美决战的局面。

"鉴于上述现状，我认为，帝国陆军与海军密切协同，粉碎美英在各方面的反攻企图，确立必胜不败的战略态势，再加上确保其他方面的现有态势，这对完成战争来说是绝对必要的。即如果太平洋方面的现有战略态势不幸一旦瓦解，接着马绍尔、加罗林群岛我内南洋方面就将受到威胁，阿留申方面自不待言，而联结缅甸、苏门答腊、爪哇的战略要线也说不定将出现崩溃的缺口，再加上由于敌人空袭我国本土，工厂遭受破坏；敌人加强破坏海上交通，我沉船不断增加等情况，就将越发使帝国进行战争和保持国力增加困难，实在令人不胜忧虑。

"因此，陆军为了实现上述企图，至12月下旬，绝对需要新征38.5万总吨船舶。而关于1月以后补充作战消耗的船舶问题也必须加以考虑。另外，4月以后，该方面的作战告一段落后，为了确保现在的战略态势，进行陆军作战，最低限度要有实际应用的船舶110万吨。

"当然，统帅部如果只根据作战上的要求，对现在已成培养和维持国力之源泉的船舶，无限制地加以征用，从而造成国力疲敝，这是国家所不能容许的。因此，在编制、装备、增加船舶运载量等方面想尽一切办法，并力图通过海军舰艇协助运输等来极力节约和减少用于作战上的船舶，慎重地考虑了政略、战略上的要求之后，才决定暂先按这个方案进行作战。然而，关于这次作战期间的船舶消耗问题，今天想要确定下来是困难的，但考虑到以往的作战情况，如果把今后的损耗估计得过少，并以此为基础来规定作战方针，那是很危险的。因此，如果1月以后作战达到高潮，断定船舶的消耗将超过预定量时，希望大本营和政府之间就增加损耗补充量的问题及时进行协商，以尽力完成该方面的作战。

"另外，希望今后在作战过程中要特别注意减少船舶的损耗，尽量在本方案范围内为达到作战目的而努力。"

〔军令部总长的说明〕 接着，永野军令部总长就海军方面加征船舶的必要性作了如下说明。

"当前在进行南太平洋方面的作战上，海军方面的当务之急是要迅速修整前进航空基地，同时增强前进基地的对空和对水面的防御炮火。

"因此，作为运送上述有关部队及资材之用，至12月中旬，无论如何需要运载量十几万吨的运输船。

"对此，海军已拿出可利用的海军运输船舶的全部力量，但还不够，因此不得已连联合舰队的军舰及特建舰船也都在大力协助运输，但还缺3万吨，所以必须重新加征。

"另外，4月以后解除征用的船舶载运量，虽然定为8万吨，但这是并未考虑损伤的数量，所以实际解除征用量可能还要少些。"

〔海军大臣的说明〕 岛田海军大臣联系这次的加征，就甲造船计划及应急改造油船问题，作了如下的概要说明：

第一，甲造船计划

一、关于甲造船计划，本年4月上旬姑且制定的昭和17年（1942年）度的计划是，建造49.5万总吨，但主要因资材、劳动力等关系，实际完成量只约达原计划的70%左右，今后当特别努力，计划一年内完成40万吨。

然而，在昭和18年度物资动员计划上，要使依靠船舶的物资运输量保持昭和17年（1942年）度的水平的话，即使没有这次陆海军的加征和应急改造油船，昭和18年度货船仍需建造130万至150万吨。而根据后来的调查，昭和18年度的造船量如仍采取以往的建造方式，很难超过64万吨（其中油船十几万吨）。很明显，这样必将影响战争的进行。因此，经考核帝国的造船能力、陆海军军备的调整、资材、劳动力、技术及其他各方面的情况后，姑且制定了认为有可能实现的建造量75万吨（其中油船约25万吨）的计划。

二、执行这个计划和提高今后的造船量，如果采取通常的手段，无论如何是实现不了的，这已如前述。因此，有必要优先处理造船问题，并采取各种非常手段。尤其关于资材、劳动力、技术等，必须在法律及其他改革方面分别采取根本性的措施，以便有可能统一地且强有力地加以执行。

第二，应急改造油船

一、17年度下半期的石油物资动员计划，就海军来说，是根据估计每月大体消耗25.6万千升而制定的。

然而，由于作战的关系，8、9、10三个月海军实际消耗的重油量已上升到30万至34万千升，如按现在计划，至17年度末，库存量就将全部消耗殆尽，而且供应民需的源泉也将枯竭。

因此，今后为了基本上满足全国的需要量，就需要极力在南方当地实行直接补给，同时每月至少必须运回国内35万千升。

然而，即使把现有油船全部用于运输南方石油，每月也只能勉强运回国内约20万千升。

二、为了解决这种运回国内量的不足，估计还需要20万总吨的油船，而且这些新补充的油船需要从下年度初就开始参加运输，因此，准备火速选定各种适当船只，改造既有船只12万总吨，新造船只7万总吨，而为了迅速开展改造工程，改造过程中拟采取B征用的形式。

〔企划院总裁的说明〕 最后，铃木企划院总裁阐述了这次加征将给国力带来的影响，认为要克服这个影响，必须坚决贯彻执行划时代的生产第一主义的政策，就此作了如下的说明：

鉴于物资动员计划中重要物资供应能力的现状，这次征用船的加征不仅对本年度，而且对明年度及以后各年度的影响也很大。因此，以运输能力为中心，大致就昭和18年（1943年）度的物资动员计划的展望进行了研究，结论是：如果船舶的加征达到60万总吨的程度（这时，为增加民需船只，估计解除征用8万总吨，从应急油船中复原12万总吨，甲造船75万总吨，打捞沉船12万总吨），在以往的生产及其他情况照旧不变的情况下，尽管极力将重点放在确保铝及钢材上，并将国民生活保持在真正降到必要的最低限度，高级铝也只能维持在11万吨左右，钢材的国内供应量也不能超过280万至310万吨。

然而，试看战局的未来，为了筹划出足以应付这种战局的作战能力，最低限度需要高级铝11万吨、钢材380万吨。因此，为了确保这两种物资，准备通过进一步促进增加造船（一年15万总吨）、增加利用打捞沉船（2万总吨）、增加解除征用（年内18万总吨）及增加转向陆地运输等来加强国内生产力，与此同时，决定采取加强回收废铁，增加"满洲国"的对日钢铁供应量，以及在不增加资材、劳动力和运输负担的情况下开辟能有保证的生产领域等措施，以满足战局的需要。

另外，本年度普通钢钢材可望完成计划的81%，即408万总吨左右；高级铝可望完成计划的84%，即8.5万吨左右。

关于对国民生活最有影响的粮食问题，因运输能力的关系，来自南方的取得量，昭和18年粮谷年度姑且估计为417万石，其不足以往需要量的部分，决定暂且综合利用麦类、甘薯等为主食加以补充。

当然，在战争进行中必须绝对防止发生食粮恐慌这类事情。因此，今后尚须进行详细研究，拟在明年度的生活必需物资动员计划中作出最后决定。

另外，关于确保朝鲜及华南占领地的粮食问题也正在考虑，以便消除不安。

完成上述各项是理所当然的。但无论为了完成上述各项，还是为了进一步维持和增强昭和19年度（1944年度）的物资生产能力，深信都需要在贯彻完成战争所必需的生产第一主义的总的方针下，迅速坚决执行各种划时代的政策。

〔**质疑答辩——通过**〕 上述各说明结束后，会议进入了与会者相互进行质疑答辩和发表意见阶段。关于中国的粮食问题，青木大东亚相和铃木企划院总裁之间进行了质疑和答辩；对东条总理关于造船前景的质疑，由岛田海相和寺田邮递相作了答辩；有关国内粮食供求的前景，由东条总理和井野农相之间进行了质疑和答辩；对东条总理关于转向陆路运输的质疑，由八田铁相作了说明；有关生产380万吨钢材的估计由岸商工作了说明。经过上述一番活跃的讨论，结束了审议，最后以东条总理的下述讲话结束了会议："期望今后政、战双方更加一致，竭尽全力向完成战争迈进，以安圣上心襟。"

这次御前大本营政府联席会议，午后2时召开，午后3时40分结束。

第30章

对华政略战略的改变

围绕设置大东亚省引起的政局动荡

〔**东乡外相反对设置，辞职**〕 大东亚的建设与完成战争有着密不可分的一体关系。

政府针对现阶段大东亚战争战果的扩大和南方各地区建设工作不断取得进展的情况，为了今后更加密切同陆海军的联系和协作，在一元化的综合机构下担负起执行大东亚地区政务计划的任务，决心新设大东亚省。本来，社会上对这个问题也有强烈的要求，所以政府为了借断然简化行政机构的机会一举解决旷日持久的悬案，不久以前曾以企划院为中心反复进行了研讨。

8月下旬，政府已拟出成案，但由于这个问题要求有关方面特别是外务省要付出很大牺牲，所以东条总理对这项工作的进行方式采取了慎重的态度，事先通过星野书记官长分别向各阁僚征求了意见。结果，除东乡外相外，全部同意，于是决定提交9月1日的内阁会议讨论。当时东条总理的决心似乎是，如果在内阁会议上东乡外相坚持不同意的话，即使冒改组政府的危险也在所不辞。

第一次内阁会议从9月1日上午11时开始。果然由于东乡外相的强烈反对，直到下午1点半也未得出结论，结果暂时休会。在这中间，由星野书记官长、冈、佐藤两军务局长对外相进行了说服，但未奏效，在政府首脑中担心势必改组政府的气氛甚为浓厚。到了下午6时，由于东乡外相顾全大局单独辞职，东条首相兼任外相才使事态得以圆满解决。内阁会议复会后，按原方案正式通过，并决定立即进行各种准备，从10月1日起开始实施。

〔**设置大东亚省的目的**〕 设置大东亚省的着眼点当然在于使有关大东亚地区的政治、经济、文化等各种政务的实施一元化，并为提高日本完成战争的力量，进而为建设大东亚共荣圈做出更大贡献。但整顿我派驻中国的各机关，使之一元化则是最重要的目的。中国事变（按指"七七"事变。——译者）

以来，我驻中国的政府机关，有兴亚院和外务省派出的双层机构，此外还有陆海军作战部队的当地机关。这些机关本来性质不同，彼此之间不应该有任何矛盾，但在基层的实际业务中互相交叉，因而不断惹起纠纷，其对中国方面的恶劣影响也日益不容忽视。实际上迟早必须加以解决。问题是以什么方式来统一驻在中国的派出机构。

〔当地机构问题——陆海军的意见对立〕 对于设置大东亚省，外务省坚决反对，已如前述。在枢密院里，外交官出身的枢密顾问官也大体上与外务省持同样见解，东条总理的处境相当困难。对派出机构的问题，陆海军也表示极大的关心。陆军从当地作战的要求出发，强烈希望实行大使与军司令官的二位一体制，对此，海军则从正面表示反对。陆海军方面关于这个问题的争论一直轻易得不到解决，至9月17日，对大使、公使均以文官充任的意见趋于一致，当天傍晚，特任谷外务大臣、青木国务大臣，一切问题得到了解决。

这样，经过10月28日枢密院正式会议，比预定迟1个月，11月1日，大东亚省开始工作，青木一男国务大臣特任第一任大东亚大臣。

对华政略的转变——御前会议决定处理中国问题的根本方针

〔转变对华政略气氛的酿成〕 希望尽快解决中国问题，从而专心致力于对美英战争的愿望，随着战局的演变愈益强烈起来。

回顾日本的对华态度，如前所述，是以昭和15年（1940年）11月13日御前会议决定的《中国事变处理纲要》为基础坚持过来的，然而始终未能与重庆政权实现和平就进入了大东亚战争。因此，对日本来说，局势演变成不管愿意不愿意，都不得不向前述御前会议决定的对华长期战争的方略转变，以期重庆政权彻底屈服。基于这一方针，在战略上调整长期武力作战的态势；在政略上努力向我占领地区渗透国民政府（按指南京汪伪政权。——译者）的政治力量；另外在经济上采取措施，以彻底开发和取得联系到日满两国的国防资源。后来，在开战后的昭和16年（1941年）12月24日及初期作战告一段落的昭和17年（1942年）3月7日的大本营政府联席会议上，虽然决定了对重庆的政策，但都不过是期望重庆屈服的我方单方面的愿望，而不是积极的解决办法。这样，中国问题的解决便完全在一筹莫展的情况下发展下去了。到了美国来自南太平洋方面的反攻渐趋激化的昭和17年秋前后，要求为打开对华关系而改变政略的空气逐渐酝酿成熟。陆军常年有60万以上兵力被牵制在中国，当然对此寄予了最强烈的希望。

〔**国民政府参战问题的出现**〕 首先作为前提，国民政府的参战问题被提出来了。日本本来一直采取不让国民政府参战的方针，但汪主席却很早就有参战的希望。7月，周佛海先生来访时就表明了这一希望，对此，大本营、政府均持继续慎重研究的态度，后来汪主席又向前往南京回访国府的平沼、有田、永井等三位特派大使（9月17日由东京出发）再次提出了参战的要求。这样，9月28日特派大使回京后便立即就国民政府参战问题开始了研究。围绕参战，必须解决在华敌产的处理、日华关系的调整等许多附带的重要问题，因此，主要在调整陆军、海军、外交有关当局间的意见方面耗费了时间，终于将《关于国民政府的参战及与此有关的对华措施方案》提交10月29日的大本营政府联席会议审议。

〔**日本关于参战的基本态度**〕 会议主要以海军方面的"参战延期论"为中心展开了讨论。永野军令部总长提出："国民政府一参战就将与英美为敌，因而南京、上海等国民政府管辖下的要冲势将受到敌方的轰炸。这样会使现在已经相当艰苦的中国国民更加痛苦，反而有导致结果很坏的可能，因此，可否待稍看好了国民政府的实力后再让它参战？"针对这一意见，东条总理提出："其实，国民政府即使参战，也不可能在实力上有助于帝国，反而会成为负担。然而希望参战的汪精卫主席的心意是想通过参战来收拢民心。或者说穿了的话，并不见得没有想在战后分得一杯羹，但我不认为竟然敢有那种念头。我认为只要是为了胜利而参战就好。永野先生说一参战就会遭到轰炸，我看既然和日本合作，就是不参战，现在就攻击国民政府也是可能的。不过，一参战就容易造成那种机会，这一点倒是大致可以理解。但作为实际问题来看，我认为没有多大差别，倒不如重视统一国民思想的效果，同意它参战为好。"青木国务大臣也主张参战，他说："参战问题是出自汪主席想通过将国民的政治立场和国民生活的困窘引向一致方向来安抚国民的考虑而提出来的。为了掌握民心，按主席的想法让它参战为好。"于是永野军令部总长也撤回了延期论。关于这个问题的基本态度作出如下决定：

"帝国容许国民政府的参战希望，使该政府尽快对美英宣战，以资促进中国方面对日合作，完成大东亚战争。

"参战的时机，要在采取处理在华敌产、调整日华关系以及其他有关加强日华合作的各项措施，并预见到其效果之后再另行规定。"

〔**参战问题向新政策发展**〕 与11月1日大东亚省开始工作的同时，进一步推进了执行上述决定的具体措施的研究。在11月7日的世界形势判断中，如前所述，得出的结论是："重庆的抗战能力将逐渐减弱，但将确信美英的最后胜利，仍然不放弃继续抗战的意志。"从前因缩在内地而具有意义的重庆，现在却与美英的反攻相呼应，作为战略的一环，企图在反攻战局中发挥支撑点的作用。现在如不立即设法采取根本性的对策，势将养痈遗患，这种焦虑已在战争指导上层中间出现了苗头。

在11月27日的联席会议上虽已决定"明年1月中旬以后尽快抓住适当机会使国民政府参战，以此为目标完成各项准备"，但却提出了以参战问题为转机，不应将其视为单纯的事务处理，而应彻底探讨以前的对华政略的重要意见，并热烈地进行了如下的讨论和答辩。

铃木企划院总裁："中国问题需要从大局上来加以考虑，就是说应当从辛亥革命以来蓬勃兴起的汉民族的民族运动的经过来看，而不能轻率地考虑它。革命以来，中国为谋求民族独立，不惜流血，努力达到这一目的，在即将成功的时候碰巧爆发了中国事变。后来帝国建立国民政府，努力解决中国事变，但实际上至今仍未成功。其原因就是因为他们汉民族心里想是否一切都将被日本抄走。在大东亚战争的情况下，日本是迫不得已的，但我想最后还必须是使中国走向民族独立。在这个意义上，要使国民政府的参战具有意义，必须利用这个机会把中国问题搞清楚。"

青木大东亚大臣：（以事前准备的文稿为基础作了论述）"铃木企划院总裁的意见基本上是有道理的。以下作为个人意见讲几句。

"国民政府的参战是对华政策上遗留到最后的重大工作，因此，我认为不应该作为单纯的事务性问题来处理，而应该更多地从政策的角度来处理。

"对华政策的根本观念，一般说来，就是在大东亚战争开始后的今天也和过去没有任何改变。以前曾估计，中国事变解决以后，美英势力还将重又回到中国，因而受到这样一种观念的支配，就是：凡是有可能成为其恢复势力的据点，必须全部彻底置于我控制之下。然而，在已经肃清了美英势力的今天，只要打赢战争，美英势力就不可能再回到中国。因而在今天的条件下，没有必要把它全部都归我掌握，彻底加以控制。万一战败了，就是今天怎样把它控制起来，结果还是无济于事。现在，彻底打赢战争是先决条件，其他没有考虑的必要。可是，在驻军当地，还看不到这种思想转变。

"国民政府的参战，本来必须以下述两大重点为基础加以考虑。即：

（1）为彻底打赢战争而加强军事上的合作，强化两国的综合军事力量（不能放弃始终要掌握铁、棉等重要资源的主张。）

（2）彻底巩固国民政府，即加强国民政府的政治力量，并使之充分掌握民心。

"但是，根据当地的观察，中国的民心在逐渐叛离日本，国民政府在日益变弱，如果照此发展下去，不能说没有引起可怕事态的可能性。所以现在以参战为转机，为了加强国民政府的政治力量和掌握民心，需要来个彻底的转变。

"就处理敌产来看，当地都是"抄来主义"，即租界虽然交还，但仓库、房屋等凡是比较值钱的东西都一律抄来的思想。这样，租界里就将一无所存，这种交还方法，民心也就不能不叛离。其他如经济封锁及统制等问题也有进一步重新考虑的必要。

"统制尽量让中国人去搞怎么样？现在这些工作全由日本人来搞。日本的组合（即同业公会、行会。——译者）等在大发横财。从中国人看来，如果是大型企业如铁矿、煤矿等被抄走还可以，但他们认为连小规模商业也全被日本人夺走了。而且这些日本人都是央求军方，绞尽脑汁，自己怎么有利就怎么干。这些问题希望充分予以考虑，不要剥夺中国人的生路。"

岛田海军大臣：意见都很好，希望再深入思考，拟出具体的方案。

东条总理大臣：我有同感。意见很好。只是现在日华间订有日华基本条约和协定等等，是说修改了这些条约和协定再搞，还是说在它的范围内搞？

青木大东亚大臣：我想大体上可以在基本条约的范围内来搞。

铃木企划院总裁：打赢战争是首要的，为此，不妨重新研究一下条约。

贺屋大藏大臣：现有的条约和协定如有不当之处，我认为应当加以修改。具体说来究竟有什么问题？

青木大东亚大臣：大的问题是铁路。过去美英等国对中国的经济侵略和剥削是以铁路为骨干进行的。辛亥革命以后中国人基本上已把它夺了回来，但由于中国事变的爆发，一下子又被日本人夺走了，这是最明显的问题。战时当然需要置于我方控制之下，战后可否把这些铁路也归还中国？

佐藤军务局长：适才的高论诚然好得很，但陆海军、外务、大东亚省等各事务当局却不会轻易同意这么办。到处都是"抄来主义"，最严重的要数过去的兴亚院，即现在的大东亚省。

事务当局的态度基本是：因为国民政府要求，所以让它参战。既然让它参战，那国民政府就应该绝对听话。所以，像刚才所说的那些话，事务官员是听不进去的。在当前战争时期，业务不应该支配政策，必须始终由政策来指挥业务。希望各位大臣向事务当局彻底贯彻这种方针，以期在参战的同时使中国问题有一个大转变。

不过，具体说来，在军方既有治安警备的关系，又有军队本身的补给问题。尽管方才说得那样冠冕堂皇，实际上却很难行得通。因此，这里希望很好地给予谅解。

东条总理大臣：既然这样，希望根据今天研究讨论的情况，火速由大东亚省制定具体方案。

讨论的结果，决定按下述方针进行，即目前在现有条约及协定等范围内进行研究，不得已时再加以若干修改。

〔进一步推进对华新政策①〕 当时，围绕对华战局的前途，大本营和政府正陷入开战以来最大的苦恼。如前所述，在12月10日的御前大本营政府联席会议上，讨论了调整作战和国力的问题。同一天，大本营陆军部不得不命令停止早就在进行准备的进攻重庆的5号作战准备。

于是，国民政府的参战问题便迅速向划时代地转变对华政策的方向发展下去了。大本营政府联席会议12月18日讨论了下列三项议题。

一、为完成大东亚战争所需要的对华处理根本方针。

二、基于前项方针的具体对策。

三、根据前项方针，借国民政府参战之机，应与该政府缔结的各项协定的措施要领。

在当天的会议上，继11月27日的本质问题的讨论之后，就具体问题进行了热烈的讨论。即主要就向中国方面移交行政权利的界限、货币问题、公使馆区域的移交及租界的处理问题、香港及海南岛的归属问题、在当地收购物资的价格问题、对重庆的诱和工作问题等交换了意见，对原议案稍加修改后，决定第一和第二议题由联席会议决定，第三议题作为联席会议的谅解事项加以处理。而鉴于第一议题内容的重要性，根据东条总理的意见，决定奏请召开御前会议。

〔召开御前会议〕 历史性的御前会议于昭和17年（1942年）12月21日（星期一）午前11时，在宫中东一厅召开，议题是"为完成大东亚战争所需要的对华处理根本方针"。出席会议的，政府方面有：东条总理兼陆相、铃木国务相兼企划院总裁、岛田海相、贺屋藏相、谷外相、青木大东亚相；统帅部方面有：永野军令部总长、杉山参谋总长、田边参谋次长、伊藤军令部次长；枢密院方面有：原议长。这一天因天皇患感冒，所以规定，说明只限于大纲，细节以文件形式呈上。

---

① 原书作"瓜岛新政策"，可能是"对华新政策"之误。——译者

〔**东条总理说明提案理由**〕 会议开头，东条总理对本提案的理由作了如下说明。

"谨代表大本营陆海军部和政府，就'为完成大东亚战争所需要的对华处理根本方针'的提案理由加以说明。

"本提案是在大东亚战争爆发后的当前新形势下，帝国为完成大东亚战争所应采取的对华处理根本方针而提出来的。以前，御前会议上决定的《中国事变处理根本方针》（昭和13年〈1938年〉1月11日）、《日华新关系调整方针》（昭和13年11月30日）及《中国事变处理纲要》（昭和15年11月13日）都是在大东亚战争爆发前的情况下制定的，因此本提案与上述各决定所考虑的情况有显著的不同。

"回想在大东亚战争爆发前，帝国每当处理对华问题时，都尽量避免与美英发生冲突，如有可能还想利用美英以资解决事变。另一方面，还由于当时不得不一面允许美英在中国为所欲为，一面寻求解决中国事变的途径。因而很自然在处理事变的对策问题上也不得不作不同于现在的考虑。

"然而在大东亚战争爆发后的今天，情况已发生了激烈的变化，帝国对中国的处理，鉴于与美英进行战争的关系和现阶段中国的事态以及其他各种形势，必须重新加以考虑。

"天皇发布对美英宣战的诏书已经一年有余，鉴于这一时期的内外形势，尤其是重庆的动向、革新中国的事态、整个世界形势的演变等，帝国对中国问题处理上应根据日华合作的根本精神，专注于加强国民政府的政治力量，同时设法消除重庆方面抗日的根据和名义，和革新中国同心协力，向完成战争迈进，尽快奠定全面解决中国问题的基础，争取创造得以专心致力于对美英战争的局面，这是今天国家的当务之急。

"从这种见地出发，大本营陆海军部和政府共同制定《为完成大东亚战争所需要的对华处理根本方针》的方案，提出审议。

"关于议题，由参谋总长代表大东亚大臣、外务大臣以及大本营陆海军部分别加以说明，首先由我来朗读议题。

《为完成大东亚战争所需要的对华处理根本方针》

第一，方针

一、帝国以国民政府参战为打开日华间局面的一大转机，根据日华合作的根本精神，专注于加强国民政府的政治力量，同时设法消除重庆抗日的根据和名义，和革新中国真正同心协力，为完成战争而迈进。

二、针对世界战局的演变，力求在美英的反攻达到高潮之前，根据上项方针，谋求取得对华各项施策的成果。

第二，要领

一、加强国民政府的政治力量

（甲）帝国尽量不干涉国民政府的内政，促进其自主活动。

（乙）极力调整占领区域内的地方特殊性，使国民政府加强对地方政府的领导。

（丙）在中国的租界、治外法权以及其他各种特殊事项，根据尊重中国主权及领土完整的宗旨，力求迅速调整以至废除。关于九龙租借地的处理，与香港一并另行规定之。

（丁）使国民政府以坚定的决心和信念，在各方面采取自强之策，广泛争取民心，尤其使其确实具体实现增强为完成战争所必需的生产，普及官民对战争目的的认识以及加强维持治安等，以使彻底地协助战争。

（戊）帝国为适应将来国民政府的充实，加强及其实现对日合作等情况，考虑在适当的时候对日华基本条约及附属规定进行必要的修改。

二、经济政策

（甲）当前的对华经济施策以增加取得完成战争必需的物资为主要目的，重点开发和取得占领地区内的重要物资，并积极取得敌方物资。

（乙）当实行经济措施的时候，要力戒日本方面的垄断，同时有效地运用中国方面官民的责任与创见，以使其体现积极对日合作的实效。

三、对重庆的方策

（甲）帝国不进行任何以重庆为对手的诱和工作。

如果形势发生变化，需要进行诱和工作时另行决定之。

（乙）使国民政府顺应上述帝国的态度。

四、战略方策

"帝国对华战略方策按既定方针。"

〔**青木大东亚大臣的说明**〕 大东亚大臣就所管事项大致说明如下：

一、关于日华协同作战问题　帝国同革新中国同心协力，向完成战争迈进的宗旨在本提案的方针中业已明确指出，因此，我认为有必要借国民政府参战之机，与该政府缔结旨在"为完成对美英的共同战争，日华两国以坚定的决心与信念，在军事上、政治上、经济上进行全面合作"的基本协定，同时有必要设法使国民政府确实在各方面采取自强之策，广泛争取民心，尤其是增强完成战争所必需的生产，普及官民对战争目的的认识，以及加强维持治安等，以期彻底地协助战争。

二、关于加强国民政府的政治力量问题

国民政府诞生以来时日尚浅，尚未达到成熟阶段，因此，为了扶植它健全成长，当然还需要帝国的支援和善意的辅导，但是，如果超出真正支援辅导的范围而陷于干涉之弊，就将损害作为一个独立政府的权威和自尊心，扼杀其创见与责任感。其结果势将妨碍该政府政治力量的加强，并且有使该政府失去存在意义的危险。因此，帝国对国民政府应尽力避免干涉，极力促其自主活动，这对加强国民政府的政治力量来说是极其重要的。

有关调整地方的特殊性及加强国民政府对地方政府的领导问题在实行时，不仅应使中国方面的中央和地方，相互之间避免发生不必要的摩擦和感情上的对立，而且还应进而酿成融洽的气氛，使中央和地方共同作为革新中国的组织成分，同心协力向完成战争迈进。与此同时，帝国当前要在不违背日华基本条约及其附属各项规定的范围内采取以下措施：(1)关于省政府以下的各地方政府的人事，听任中国方面自由处理，日本方面不加干涉；(2)关于省政府以下的施政，日本方面的指导和要求以只限于作战警备为原则，其余的行政方面听任中国方面有效地运用其职责和创见，促使他们依靠自主活动来加强政治力量及积极协助日本；(3)日本方面应帮助中国方面的上级政府向下级政府贯彻政令，要杜绝由于干涉基层而使中国方面的施政中断和脱节的现象，(4)关于华北政务委员会与中央政府之间的权限关系问题，根据日华基本条约附属秘密换文之（甲），在谋求作必要的调整的同时，力求融和两者之间的气氛，并使相互间的经济关系更加密切；(5)关于蒙疆，应使它同华北之间的相互经济关系特别密切；(6)关于武汉和厦门，应参照广东，尽可能让国民政府渗透政治力量；(7)关于海南岛，有必要根据现状，斟酌日华基本条约附属秘密换文之（甲）进行调整。

关于租界问题，为将帝国专管租界即天津、杭州、苏州、汉口、沙市、重庆、厦门、福州的日本租界交还给中国方面，并为将上海及厦门的共同租界移交给中国方面，借国民政府参战之机，与该政府签订必要的协定。关于实施有关交还上述专管租界的协定问题，由日华两国政府分别任命同等人数的委员，使之议定所需事项。另外，在商定有关移交上海及厦门共同租界时，要规定："日本国政府遵照另行协商决定的原则，同意中华民国政府尽快收回上海共同租界及厦门共同租界"这一宗旨，并将上述两项协定公布出去，我认为从取得政治效果来看，这样做是适宜的。

关于撤销治外法权，为设置审议制定有关撤销治外法权具体方案，并一并研究有关中国方面开放内地事宜为目的的日华专门委员会，借国民政府参战之机，要与国民政府签订并发表必要的协定。而在帝国方面，撤销治外法权要在上述专门委员会制定具体方案后逐步转入实施，达到全面撤销的阶段，首先以对国民政府进行财政援助为目的，尽快对我方在课税方面的特权加以调整，为此，使专门委员会先就课税问题进行研究较为适当。

"其他特别情形"中，包括北京公使馆区及日华基本条约附属议定书第一条中所谓"特殊情况"，即例如作为征税机关而处于特殊状态者，以及军管工厂等。关于上述北京公使馆区域，为把它移交给中国方面，要借国民政府参战之机，与该政府签订并发表一项协定。另外，即使对所谓"特殊情形"也准备根据尊重中国主权及领土完整的宗旨尽快废除或加以调整，我认为这对加强国民政府的政治力量是必要的。

此外，关于九龙租借地的处理，我认为与香港一并另行规定较为适宜，因此，已明确了这一宗旨。

关于国民政府的自强办法。必须使国民政府在各方面采取自强之策，自不待言。例如无论在人的方面还是在精神方面以及机构方面均需使它设法加强战时体制；另外为健全自身的财政，有必要使它采取各种办法，特别是确保该政府统治下的治安秩序，积极发展经济力量。而帝国要对上述国民政府的财政自强办法给予援助，特别感到有必要对我方根据上述治外法权等所获得的有关课税特权加以调整，同时有必要对国民政府合理改正关税、转口税、统税等税率及其他，以及维持储备券[①]的价值等给予必要的援助。

将来，为了适应国民政府的充实加强及其对日合作的具体表现等情况，准备在适当的时候对日华条约及附属各项协定做必要的修改，现在就这种考虑的原因概述如下。正如总理大臣在本提案理由说明中所述，大东亚战争爆发前，由于帝国不得不处于一面允许美英在中国为所欲为，一面寻求解决中国事变途径的状态，所以根据与其对抗的需要和防备与美英相勾结的中国抗日势力东山再起的需要，帝国对中国的要求条件存在着并不一定适应当前新局势的地方，这一点是不容否认的。不仅如此，在大东亚战争爆发后的今天，帝国最要紧的任务在于战胜美英，至于同中国的关系，尽快实现真正的日华一体，确立向完成战争迈进的态势是十分重要的。因此，使中国方面看到今后日华关系的光明前途，消除重庆抗日的根据和名义是必要的。鉴于这种情况认为可以不一定拘泥于过去的经过，将来在适当的时机对日华基本条约及

---

① 即汪伪储备银行发行的纸币。——译者

附属各项协定进行必要的修改是适当的。不过，对于在什么时机，如何修改则需要慎重加以考虑。

另外关于在华敌产的处理问题，也应尽量对中国采取善意的措施，以资争取民心，加强国民政府的政治力量，我认为这是适宜的。

三、关于经济措施的问题

无庸赘述，迅速增强帝国物资方面的军事力量乃是国家的当务之急。而由于帝国在增强物资军事力量上，对中国的期待日益殷切，所以明确了下述宗旨，即当前的对华经济措施，以增加取得为完成战争所必需的物资为重点，谋求重点地开发和取得占领地区内的重要物资，并积极夺取敌方物资。为贯彻这一宗旨，政府决心与统帅部相互策应，倾注全力。

另外，关于取得和统制中国的物资问题，认为有必要增加物资的取得，并为有利于民生而使统制合理化，与此同时有必要使收购价格合理化。

实行对华经济措施时，十分重要的是要力戒日本方面的垄断，并发挥中国方面官民的责任感与创造性，使其体现积极的对日合作的精神。为了促进中国官民积极的经济活动及其对日合作，当前应使日华合办的中国公司名副其实地置于中国方面监督之下，对其资本、人事安排、免税特权等加以彻底的调整。此外对一般物资的生产及分配，也有必要避免日本方面的垄断，采取使中国方面利益均沾的措施。

总之，本项提案的目的，是以完成大东亚战争，遵照日华合作的根本精神来加强国民政府的政治力量，同时谋求消除重庆抗日的根据和名义，真正同革新中国同心协力，向完成战争迈进。为此，希望必要的施策不一定拘泥于已往的经过，而要果断地实行。这是基于今天完成战争要求的深远考虑而提出来的。

〔**谷外相的说明**〕 接着，谷外相就与本案有关的第三国关系问题作了如下说明：

从帝国的外交立场来看，这次制定的各项施策是符合使各国各得其所的帝国对外国策的基本精神的。由此阐明帝国的公正态度，对大东亚区域内的各民族、印度及其他苦于美英压迫的各民族将产生相当大的心理影响。当然可以预料，敌对国方面对国民政府的参战和帝国的各项措施将进行种种恶意宣传。对此，帝国将协助国民政府向全世界阐明其参战的名分，且将努力使国内外广泛彻底了解帝国的公正态度，以取得外交上的效果。

另一方面，中国的参战将与第三国之间发生种种关系。即对敌国，将消灭其在华各种权利，恢复中国的自主地位；对德意等友好国家将有助于完成对共同敌人的战争；对中立国家，得以显示中国的坚定决心，这些关系与帝国的公正措施相结合，对巩固国民政府的国际地位将有不少补益。

这一期间帝国对德国、意大利、法兰西以及其他中立各国加以说服劝导，使其顺应帝国的公正态度，我想这是至为重要的。而具体问题，例如斡旋法兰西、意大利等将在华租界交还国民政府，估计将会遇到相当大的困难。帝国准备充分考虑与这些国家的友好关系，全面照顾帝国的各项对外措施，采取恰当的措施，以努力达到目的。

〔杉山参谋总长的说明〕 最后杉山参谋总长代表大本营陆海军部，就对重庆的对策及战略方策问题作了如下说明：

在大东亚战争的情况下，为了能够将战争的努力集中在战胜美英这一方向上，大本营也认为，确保革新中国充分协助进行战争，同时极力减轻我在中国方面的军事负担，以保持和培养我进行长期战的机动能力是绝对必要的。从这种观点出发，谋求彻底贯彻这一根本方针，进而加速全面地解决中国问题，我想是很重要的。

一、关于对重庆的对策

目前不仅已经可以预料大东亚战争将转入长期化，而且如果综合考察一下对重庆进行彻底作战的指导目标还不能作出估计的眼下的和今后的形势，以及在昭和17年（1942年）11月7日大本营政府联席会议上决定的《世界形势判断》中已经明确的重庆动向，就使人感到，不对重庆进行彻底的作战，而只施展政治谋略工作，要想全面解决中国问题，在目前情况下是极其困难的。因此我认为，帝国在目前形势下应该清算对重庆的一切幻想，谋求政略和战略的一致，真正与革新中国结成一体，向完成战争迈进。

然而，今后世界形势的转变尚难逆料，尤其随着国民政府政治力量的加强和重庆抗日的根据和名义的消除而使重庆方面终于屈服时，或可以预料到重庆方面露出屈服、崩溃的苗头时，应在重新奏请天皇决定后，再积极设法取得对重庆工作的成果。

因此，目前帝国对重庆应采取的政策的关键在于，密切配合战略方针，通过加强国民政府的政治力量，消除重庆方面的抗日根据和名义，以及加强对重庆的宣传等来努力打乱重庆方面的抗战体制，同时通过谍报系统侦察重庆方面的动向，以确立得以适应形势变化的基础。

二、关于战略方针

陆海军正在根据既定方针，遵奉敕命，逐步彻底整顿占领区内的治安，同时摧毁重庆方面继续抗战的企图，扼制美英利用中国反攻的阴谋。

关于调整对重庆经济封锁的想法问题再进一言。

对美英开战之前，在微妙的国际形势下，不仅美英从中国沿海对重庆的补给在继续，而且法属印度支那和缅甸公路上的活动也很活跃，因此我方为取得对重庆经济封锁的实效曾煞费苦心。但在大东亚战争的当前形势下，帝国的战略态势本身已经形成了封锁态势，对美英开战前所计划的对华经济封锁的目的业已完成十之八九，所余除西北公路和印支航空线外，只剩下了阻止战争必需物资由我方占领区流入敌占区，从整个局势来看，经济封锁的必要性较大东亚战争前已有所降低。

然而，因此认为已完全不再需要对敌进行经济封锁，无限制地放任物资流向敌占区等显然是错误的。总之，鉴于帝国国家物资力量的实际情况，在获得军需物资的要求已成为极其迫切的问题并已明显加重了的今天，有必要对以前对敌人的经济封锁加以适当的调整，使中国的物资统制合理化，并在前线阻止军需物资流入敌方的同时，极力获得敌方物资。

〔同枢密院议长的质疑答辩〕 以上说明结束，接着开始了质疑答辩，对原枢密院议长的质问，由东条总理、岛田海军大臣、杉山参谋总长、永野军令部总长分别做了答辩，其具体情况如下。

原枢密院议长：今天的议题以及与此有关的问题，承蒙总理大臣、各位大臣以及作为大本营陆海军部代表的参谋总长加以说明，不胜感激之至。本人很早以前也意识到，大东亚战争既然已经开始，修改对华方针是十分重要的问题，这次根本方针来一个大转变是绝对必要的。对今天的议题表示完全赞成。

只是本人最担心的是执行问题，关于这方面的问题想听一听当局的明确的决心。

本来，帝国的对华方针一向是以日华亲善为根本方针的。如果以前就彻底执行了这一根本方针的话，今天这样的事态是会预先得以防止的，在世界全局上也不至于发生这样的问题。

然而事实恰好与此相反，近年以来排英变成了排日，一旦发展成排日，就像黄河决口一样迅速扩展到整个中国。中国当局凭恃英美的援助，致使排日活动日益露骨，结果终于发生了如今这样的事态，实在遗憾得很。事态所以发展到如此地步，中国方面固然也有错误，自不待言，但我觉得帝国也有许多值得反省之处。

在大东亚战争爆发后的今天，如果认识到日本真正处于生死关头，那么官民就必须齐心协力，为执行本方针而努力。

例如要领一里面的（甲）项，讲到要避免干涉；要领二里面的（乙）项，讲到要力戒经济上的垄断等，本人也完全同意。如果这两点得到真正执行，我确信且不说对中国当局，就是对争取民心也必将收到效果。这两点也可以说是本方针的关键。综合各方面情报看来，我总觉得在干涉和垄断这个问题上还是日本方面的态度有欠妥之处。今天既然已经这样决定了，衷心希望予以注意，在当地的日本官民，官中尤其军方要一律避免不必要的干涉，在经济上也要禁止垄断这类事情。

从各方面获悉，上述这些问题在当地往往超出军事上的需要，经济上也加以种种压迫。中国方面要人等也常常异口同声这样说。

禁止经济上的垄断，说来容易，实际上恐怕很困难。本人对此也深有了解。特别是还有种种感情上的问题，很难按想象那样去做，这是可想而知的。但如不加纠正，即使这类议案，在执行上也将毫无效果。

情况尽管如此，当局还是制定了本方案，对于当局的英明决策表示衷心感谢。希望主要处于领导地位的官方，尤其是军方多加注意，无论如何要努力执行下去。对此决心如何，想听听陆海军的明确的信念。

东条陆军大臣：枢密院议长适才的质问和意见，我完全有同感。这次天皇的决定对国家来说也是转变以前态度的最好机会，确信关键在于执行。在御前会议之前的大本营政府联席会议上，全体与会人员在这一点上意见也是完全一致的，因此准备尽一切手段贯彻执行，对此本人也有坚定的决心。如果没有这个决心，完成大东亚战争也是不可能的，决心在各方面作出努力，一定要完成。

在当地，要人们在所有问题上一下子把思想都转到这一方针上来，估计会有一些困难，但哪怕调换人员也一定要转变过来。

岛田海军大臣：海军的想法和陆军完全一样，既经天皇决定就要排除万难贯彻实行。

杉山参谋总长：正如陆海军大臣所说，统帅部也是同样想法，准备一定要贯彻执行。现正在布置24日将中国派遣军总参谋长以下必要的军参谋长以及有关幕僚召回东京，以便贯彻根本方针的精神。

永野军令部总长：对于贯彻这个根本方针，打算尽最大努力。

原枢密院议长：听了陆海军两位大臣及两位总长的一致决心不胜感谢之至。正如总理大臣所说，明知在执行中存在着极大困难，但还是希望一定努力执行。通过说明，我已经很好领会了，因此完全放心，对当局的英明决策不胜感谢。再一次表示希望，一定要执行下去，对本案表示完全同意。

至此结束了审议，最后由东条总理代表大本营陆海军部及政府表明了如下决心：

为完成大东亚战争，帝国今后打算遵循这一根本方针，使中央、驻军当地上下一致，彻底实现各项对华政策。特别是在驻军当地，考虑到皇军的俨然威容乃是完成这一政策的基础，所以军方应该专注于其本职的战略方针，政府当地机关也应为完成其政略任务而一心迈进，并且要互相密切联系，有条不紊，谋求迅速而准确地取得根据这一根本方针而施行的各项政策的成果，真正与革新中国结成一体，完成大东亚战争，以期体现天皇圣意。

这样，御前会议于上午11时50分结束，通过了《对华处理根本方针》。

新政策的执行

〔汪主席的来访〕 在这次御前会议的前一天，即昭和17年（1942年）12月20日，国民政府主席汪精卫率领外交部长褚民谊、财政部长周佛海、军事参议院长肖叔宣、实业部长梅思平、宣传部长林柏生等乘飞机来到东京。从21日下午3时起，日华两国政府领导人就加强日华合作问题在首相官邸进行了大约两个半小时的坦率的恳谈。汪主席并于22日上午率领随员进宫谒见天皇，就日华合作问题进行了畅谈。当天下午主席一行在大东亚迎宾馆会见记者团，发表谈话说：通过这次访日，"在日华合作的方法上取得了一致意见，将共同为完成战争而迈进"。接着林宣传部长强调：国民政府为协助完成大东亚战争，在态度上，正在从"同甘共苦"前进为"同生共死"，这一决心是坚定不移的。

〔国民政府参战与日华新协定〕 于是，日华两国政府便沿着上述御前会议决定的宗旨进行必要的准备。大东亚战争第二年的新春，即昭和18年（1943年）1月9日，中华民国国民政府对美英宣战，与此同时，发表了关于彻底进行战争的日华共同宣言。另外，当天签订了关于交还租界及撤销治外法权的日华新协定。同一天发表的日华共同宣言如下。

〔日华共同宣言与政府声明〕 大日本国政府与中华民国国民政府希望两国密切合作，完成对美英两国的共同战争，并以道义为基础，在大东亚建设新秩序，从而为迎来全世界公正的新秩序作出贡献，现宣言如下：

大日本帝国与中华民国为完成对美国及英国的共同战争，将以坚定的决心与信念，在军事上、政治上、经济上进行完全的合作。

（昭和18年1月9日即中华民国32年1月9日于南京）

与上述宣言相策应，同一天，日本政府发表了如下的政府声明。

《帝国政府声明》

中华民国国民政府本月9日对美英两国宣战，事之所以至此，在国民政府宣战布告中已经昭然明示，帝国身受美英积年野心之祸，对此深有同感。

日华两国政府当即发表严肃共同宣言，阐明为完成对美英之共同战争，两国将以坚定决心与信念，在军事上、政治上、经济上进行完全合作。

本来帝国所期求者，在于迅速铲除扰乱东亚之祸根，建设基干道义之大东亚新秩序，以此贡献于世界持久和平。而国民政府自革新以来，夙与帝国同志，尔今蹶然奋起，与帝国携手立于摧毁美英之共同战线。

值此之际，帝国根据日华合作之根本精神，期望划时代地发展两国关系，与此同时，希望迅速建设以中国之独立自主与发展国民政府政治力量为根基之新中国，断然交还在中华民国之一切帝国专管租界，承认收回上海共同租界、厦门共同租界及北京公使馆区域，撤销治外法权等。此外，决定在各方面采取一切善意措施，极力支援新中国之建设，进而适应今后日华新关系之发展，遵照同样宗旨，对原有各项协定亦将重新加以考虑。

盖日华两国之合作乃自然之归趋，美英乃两国共同之宿敌。帝国希望，举国一致与新中国持共同信念，循此合作大道前进，击败此宿敌，真正实现日华一体，完成对美英之战争，并向建设大东亚新秩序迈进。兹将帝国政府之信念向内外声明如上。

第31章

自瓜达尔卡纳尔岛的撤退

等待第8方面军司令部进驻的东南方面

〔瓜岛变成饿岛〕根据11月15日的大本营指示，驻瓜岛的第17军司令官至11月26日零时，即至第8方面军司令官行使统帅权为止，仍然指挥着东南方面的整个陆军部队。

当时瓜岛之敌每天至少得到利用两艘运输船的增援，从17日前后，再次向马塔尼考河西岸开始了攻击。另一方面，机场的增设也有所进展，实际已使用两个机场。对此，我瓜岛上的第17军，加上10日夜由驱逐舰运输登陆的第38师团司令部及14日夜由运输船运输登陆的部队，共约两个师团，但那只是徒有其名，实际能参加战斗的人员不过约4个大队而已。同时由于长期补给不足，全体人员的体力几乎耗尽了。

当时对瓜岛的实际补给情况，不过勉强维持定量的五分之一乃至三分之一。疟疾也甚为猖獗。11月上旬，虽然凭海军部队的极大努力，通过驱逐舰输送了几次补给，但并没能够解救瓜岛上的饥饿状态。

瓜岛上的实际情况就是这样，但第17军司令官断定，如果仅凭守势，不可能长期坚持下去，便在逐步加强阵地的同时，进而指挥所属部队采取了骗敌佯动及局部的积极战斗行动，不断使敌人感到恐惧和压迫。第一线部队也极力克服困难，采取积极的行动，第一线阵地的守军中不能步行的伤病员担任防守阵地的任务；拄着拐棍能够步行的担任搬运后方粮秣及炊事工作；比较健康的或充挺进侦察深入敌后进行骚扰破坏，或夜袭敌人阵地，建立奇功等等。上下一致，战友互相鼓励，始终积极地履行职责。就这样，17日以后敌人的海岸攻势，也主要由于第38师团的奋战，至26日已基本上被击退。

〔攻守易势的东部新几内亚〕另一方面，在东部新几内亚方面，战局正在发生着急剧的变化。11月10日夺取了奥依比阵地的澳军，正在吉尔哇及巴萨布阿方面穷追我军。只有我步兵第144联队勉强在旧渡河点附近渡过了库牟希河，得以一直向吉尔哇方向撤退。被敌人控制了渡河点的南海支队司令部及步兵第41联队则正在沿库牟希河北进，通过低洼潮湿的热带丛林地带向巴萨布阿西方的高那地区转进。在此期间，布纳地区陆军部队的指挥系统曾一时陷入混乱，而在转进过程中，南海支队长阵亡，使事态更加恶化了。

这样，南海支队从斯坦列山脉顶线撤退以后，战况急遽恶化。在这当中，11月16日，海军的一架巡逻机在布纳南方的欧罗湾发现了敌方船只，报告敌正在该地区登陆。实际是该方面的敌将麦克阿瑟上将，以攻占布纳为目标，10月14日以来已将陆军部队空运到距布纳1百公里的瓦尼盖拉，然后靠空运和海运在逐步向西北方推进阵地。而我方由于侦察疏漏，直到11月16日还未能发现这一情况。

17军司令官接到上述情况紧急变化的情报后，决定从腊包尔抽调第38师团之一部、南海支队的补充兵员以及预定近期到达该地的独立混成第21旅团等增援布纳方面，以坚决确保该地区；与此同时，派独立工兵第15联队长横山大佐担任该方面陆军部队的指挥。

新任步兵第144联队长山本重省大佐指挥的该联队补充兵员、第38师团的步兵第229联队第3大队及山炮1个中队，17日夜乘驱逐舰在巴萨布阿附近安全登陆，然后立即向布纳机场地区推进，与原在该地的安田海军大佐指挥的约900名海军部队一起，从9日6时许起，袭击机场附近的敌人。然而由于敌方占优势，终于未能击退，双方形成了对峙局面，20日、21日继续展开激战。

另一方面，在吉尔哇和巴萨布阿方面，横山大佐急令步兵第144联队防守南吉尔哇，又令临时筑路队长山本常一少佐指挥的约800名集成部队防守巴萨布阿的登陆点。在这方面，依靠空运补给继续穷追之敌，自20日晨以来向我进行猛烈攻击。据判断，敌在南吉尔哇和巴萨布阿方面的兵力各有步兵约3个营，进攻一直持续到23日。这时，我背水为阵的守备部队，从非战斗人员到病号均执枪迎战，终于击退了敌军的进攻。特别是由台湾高砂青年编成的高砂义勇队的奋战尤为出色。

鉴于上述情况，第17军司令官将到达腊包尔的南海支队补充兵员约800人编成1个大队，令其于21日乘驱逐舰在巴萨布阿附近登陆，编入横山大佐的指挥之下。另一方面，独立混成第21旅团（以步兵第170联队的两个大队为基干）也于23日到达了腊包尔，但往布纳地区运送这支部队由于月明的关系被推迟到26日以后。

〔海军为确保补给的努力〕 如前所述，驻腊包尔的基地航空部队就连对付瓜岛方面之敌都已经感到兵力不足，现在根据布纳方面新的战况，决定再向该方面分出兵力,这样各方面自然都只好限于消极作战。使情况更加恶化的是:大本营接到11月22日在本土东方海面发现两架敌机的报告后,决定暂停向外地,特别是向东南方面增派在国内待命训练中的外战部队。这样一来,由于布纳方面新局面的出现和东南方面作战方针的改变,对瓜岛的积极作战便暂时处于停止状态,从而使敌军得到充分时间来恢复在第3次所罗门海战中所遭受的损耗。

上述情况使我方向瓜岛运送补给越发困难起来,到11月下旬,除靠潜水舰和驱逐舰用滚筒运送外,已别无良策了。

将潜艇用于补给运输本来是海军难以忍受的,但在需要拯救瓜岛官兵免于饿死的情况下,这也是没有办法的。这样,22日便开始了第一次的潜艇运送。但由于敌军的干扰和与陆上无法联系而告失败,至25日夜才取得成功。这是后来长期在东南方面用潜艇进行补给运输的第一次。

另一方面,当地海军部队为了提高利用驱逐舰运输补给的效果,正在协同陆军部队,研究将大米等补给品装入滚筒,大量装载,投到海岸附近的办法。这种办法于11月30日作了首次尝试。当天夜里,第2水雷战队司令官亲自率领满载滚筒的驱逐舰8艘驶进塔砂法龙停泊地。但在下午9时15分即将开始卸载之前,遇上敌方一支有力的海上部队,便立即将滚筒投弃海中开始了夜战。这样,虽未达到运输的目的,但通过约1小时的夜战,取得了击沉敌战舰、巡洋舰及驱逐舰各1艘,使驱逐舰3艘起火的战果。大本营称这次夜战为伦加海夜战。

注:据美方正式报告,损失为:重型巡洋舰1艘沉没,重型巡洋舰3艘重创。

第8方面军挽回颓势的努力

〔第8方面军行使统帅权〕 今村第8方面军司令官与幕僚一起,于1月20日由横滨出发,乘飞机前往腊包尔。途中在特鲁克与山本联合舰队司令长官取得联系,22日到达腊包尔,在进行了必要的研究准备之后,26日零点,根据天皇的命令开始行使其统帅权,并暂先下达了大致如下的命令。

一、方面军的作战目的在于与海军协同,首先攻占所罗门群岛,同时确保新几内亚的重要地区,准备该方面以后的作战。

为此,方面军以一部确保东部新几内亚的重要地区,使其准备以后的作战;以主力首先为歼灭瓜达尔卡纳尔岛之敌确保该岛的重要地区,以准备以后的攻势。联合舰队以主力协助方面军的作战。

二、第17军须促进现已实施的作战准备，大致以1月中旬为目标，准备以后的攻势。

三、第18军须与海军协同，首先确保布纳附近的重要地区，以准备以后的作战。

关于以后所需事项另行指示。军司令部暂应设在腊包尔。

四、方面军兵站主要地点为腊包尔；对第17军的补给点定为塔砂法龙和卡民勃附近；对第18军的补给点定为巴萨布阿附近。

根据上述命令，第8方面军将第17军所属第51师团及第18军所属第65旅团直辖于方面军；另外将方面军直属独立混成第21旅团及第17军所属第38师团的步、炮兵各1个大队配属给第18军司令官。当时第8方面军的初步作战方案是：预定至昭和18年1月前后，将第6师团和第51师团一举投入瓜岛，2月中旬前后开始总攻。在此期间，对于正告燃眉之急的东部新几内亚，拟派立即可以使用的独立混成第21旅团和第38师团之一部等，使之确保布纳附近的重要地区。

在下达上述命令的同时，今村方面军司令官作了如下训示，表明了要打开极其困难的战局的异乎寻常的决心。

"遵奉敕命，余自今日起统率第8方面军。在所罗门群岛及东部新几内亚方面作战的属下全体官兵，自作战开始以来，在执拗的敌机狂轰之下，长期忍受炎热、饥饿的折磨，克服荆棘险阻的困难，屡经激战苦斗，挫败美澳军反攻的锋芒，令其寒心丧胆。官兵之忠诚勇敢足以泣鬼神。余对官兵的奋战深表敬谢之忱，同时对死于锋镝、殁于疫疠的众多官兵的英灵，衷心表示哀悼之意。

"誓赌皇国兴亡的大东亚战争的胜败，唯系于皇军的双肩，余将与官兵共同以炽烈强韧的斗志，坚决克服万难，击溃顽敌。

"愿全军官兵铭记我军肩负的重任，深明精诚无二、尽忠报国之大义，挺身奔向所负任务以安圣虑。"

〔关于准备进攻夺回瓜岛的努力〕 第8方面军司令官派副参谋长前往瓜岛，向第17军司令官传达了上述命令和训示。据此，第17军司令官以悲壮的决心向驻瓜岛的所属官兵提出了积极的战斗指挥要求。

当时瓜岛正面之敌每天正以5至8艘运输舰增强兵力。乘敌只有小部队攻击、尚不敢大规模出击的机会，我第一线部队一再派遣挺进攻击部队，骚扰敌人的后方。12月中旬的中泽、寺泽两挺进队的进攻，与恰好同时在东部新几内亚的吉尔哇方面进行的石田挺进队等的进攻一起，成了大东亚战争中地面特攻战法的嚆矢。

注：事实上美军正在以陆军师替换瓜岛的海军师。

如前所述，瓜岛地面之敌倒比较平静，而对第17军来说最大的敌人却是饥饿。这使带着夺回瓜岛重任而来到腊包尔的第8方面军司令官对作战的前途感到极大的不安。因此，第8方面军与海军协同，对维持第17军的战斗力，特别是对确保补给这一当务之急倾注了最大的努力。如前所述，11月30日晚的滚筒运输没有达到目的，第8舰队司令长官为了应付瓜岛之急，12月3日亲自率领大型巡洋舰两艘、轻型巡洋舰、驱逐舰各1艘支援第2水雷战队司令官统率的由11艘驱逐舰组成的运输部队，断然在塔砂法龙卸载。中途虽然也遇到敌军的干扰，但水雷战队终于成功地将搭载的1500个滚筒投入了海中。实际上能够捞到陆上的只有其中的约三分之一。但无论如何，这次运送是瓜岛期望已久的滚筒运输的首次成功。

在滚筒运输的同时，还进行了潜艇运输，但因敌鱼雷艇的攻击遭到损害，12月9日便被迫暂时停止了。先前基本上是靠潜艇搭载的大型机艇卸载，后来为了缩短卸载时间，不得不研究和驱逐舰运送一样将橡胶口袋或滚筒投向海岸的办法。

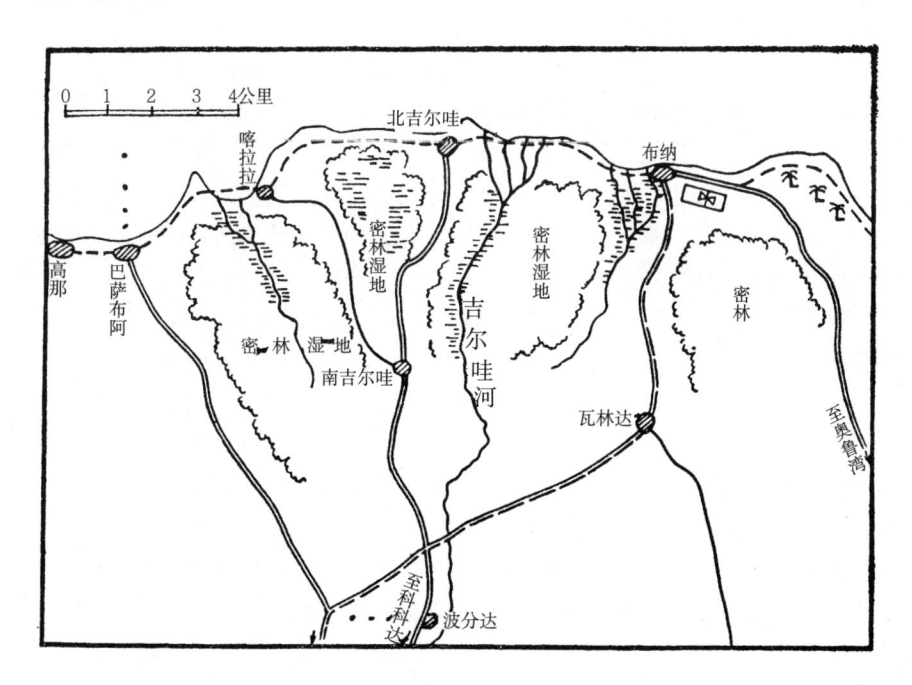

另外，当时布干威尔岛的布因停泊地，曾经是对瓜岛作战和补给的中转基地。第8方面军和第8舰队想把这里作为基地，沿中部所罗门群岛设置小型舟艇的链锁基地，利用夜间的舟艇运输来确保对瓜岛的补给。

夺回瓜岛准备工作的核心，是在中部所罗门增建机场。正在修建中的孟达机场12月15日虽已建成，但因敌机来袭频繁，为了用作作战基地，还需加强对空防御和增加机场数目。于是，便拼命地侦察适于建设新机场的地点，结果在克伦班哥罗岛南部发现了合适地点，同月15日陆海军协同开始了修建工程。

另一方面，鉴于促进增援部队的第6师团等的输送任务紧急，联合舰队根据陆海军中央协定，以高速运输船编成了丙号运输部队，令其担任运输这些增援部队的任务。

〔确保布纳地区的努力〕 在布纳地区，横山大佐经过大约10天艰苦的退却之后，过了11月20日，将进到巴萨布阿西侧高那附近的步兵第41联队召集到吉尔哇方面。但该联队的兵员这时已减到300名左右，根本不能成其为确保布纳地区的主力部队。11月26日以后，新担任东部新几内亚方面作战任务的第18军司令官，鉴于布纳方面事态的紧迫，按既定计划，决定派独立混成第21旅团和第38师团的炮兵约1个大队紧急增援该方面。这些部队原定在月暗期间以驱逐舰分4批运去。

28日，驱逐舰的第1批运输由腊包尔启航向巴萨布阿停泊地进发，但次日（29日）在丹皮尔海峡遭到敌机B17的攻击，4艘中的2艘受到损伤，于是不得不放弃原来的计划。第2批运输于12月1日夜平安驶进巴萨布阿停泊地，但因敌机执拗的攻击，无法登陆，只好赶忙将登陆点改为北方的库牟希河口附近，但仍不能避免敌机的追踪，因而只有大约运送兵力的一半——山县旅团长以下约425名得以登陆。

第3批于12月8日试行，但由于敌机的干扰而终告失败。第4批于14日，约870名增援兵力在曼巴勒河口登陆成功。但是为了解救布纳地区补给的困窘，同时运送的约1000个滚筒，次日（15日）晨白白地成了敌机扫射的目标。

上述运输的实际成绩只约有计划的三分之一。然而对新几内亚的驱逐舰运输却不得不到此结束。因为瓜岛方面需要驱逐舰，和以莫尔兹比为基地的敌B17飞机的威力，使在布纳方面担任运输任务的驱逐舰的损失增大，致使第8舰队不得不放弃对该方面恢复运输的企图。美军所夸耀的空中堡垒B17，事实上用我陆海军战斗机的机枪是击不落的，从这时起，它已成了东南方面最大的威胁。

11月下旬暂时停止了强攻的敌人，从12月初开始，在巴萨布阿、南吉尔哇及布纳各条战线上，在炮击、轰炸的密切配合下恢复了进攻。靠第2批运输在库牟希河口登陆的山县旅团长指挥的约400名部队，首先为救巴萨布阿之急沿海岸疾进，12月6日以来攻击了巴萨布阿西侧地区的敌军。但在尚未取得效果时，巴萨布阿的约800名守备队，尽管在山本队长的指挥下英勇奋战，终于12月8日，在敌军的猛攻之下全部阵亡。

这样，我三角形背水之阵的底部西翼便丢掉了。敌军的沉重压力自然加到南吉尔哇和布纳地区上来。特别是敌人利用观测机的炮击和轰炸是我军无法制服的。加上地势低湿，构筑阵地极其困难。阵地里的官兵在敌军的不间断的空袭和炮击之下，只好整天在水深没腹的战壕中作战，连睡觉的工夫都没有。

情况尽管如此悲惨，我一线部队仍然坚决死守阵地，屡次挫败敌人的进攻。特别是从吉尔哇地区多次派遣针对敌炮兵阵地和敌司令部的挺进攻击队，通过肉搏进攻弥补了我炮兵火力的不足。

然而，我军主要以精神力量支撑的战斗力毕竟有一定限度。在南吉尔哇方面，敌军终于完全包围了我守备部队，切断了该阵地和后方的联系。横山大佐以步兵第41联队、独立工兵第15联队和野战高射炮第47大队等部队在南北吉尔哇的中间地区设置新阵地，阻止了敌军的北进。野战高射炮第47大队8月以来在吉尔哇担任防空任务，曾击落敌机数十架，使敌人把吉尔哇叫作飞机的坟墓，而今这支部队将高射炮换成步枪进入了阵地。

在布纳地区，美军将其主攻指向机场南方及其西北地区。12月5日，我阵地的一角被突破，20日，尽管我军进行了奋战，布纳终于落入敌手，布纳守备部队也完全陷于孤立。

另外在补给方面，饥饿临头了。原来，自9月上旬以来，一次也未对南海支队进行补给运输，登陆以来的补给是以登陆时运送的粮食来补充的。因此，第18军与第8舰队协商的结果，自12月中旬末开始对曼巴勒河口进行潜艇运输。如今布纳地区和腊包尔之间，落得只能靠潜艇来联系了。

布纳地区的上述困境是当时以确保布纳地区为唯一任务的安达第18军司令官所不能坐视的。安达中将本想在运送独立混成第21旅团部队时一同到布纳地区去亲自指挥战斗，但这一决心却遭到想要让他指挥即将到来的新几内亚全面作战的今村方面军司令官的制止。

〔加强确保新几内亚后方重要地区〕布纳方面东部新几内亚的作战原来只以腊包尔为基地来进行，东部新几内亚本身的作战态势是极其薄弱的。因此，大本营也认为有必要加强这种态势，在11月18日的指示中特别提到了要占领确保马丹、威瓦克等地一带。然而，第8方面军在行使统帅权以后，还没有余力立即执行这一指示，便迎来了12月中旬。

可是到了12月中旬，连靠驱逐舰对布纳进行运输都极其困难了。另外，前此调归其属下的第5师团的步兵3个大队已估计可能到达腊包尔，便于12月12日向第18军下达了占领威瓦克、马丹以及新不列颠岛西端的吐鲁布和在该地附近建设机场的任务。除上述步兵3个大队外，还把第31野战筑路队编入第18军司令官指挥下。

据此，第18军司令官企图以步兵第11联队第3大队占领威瓦克；以步兵第21联队第3大队及步兵第42联队第2大队占领马丹；另外以第31野战筑路队的主力占领吐鲁布，命令这些部队16日由腊包尔启航，主要靠海军舰艇运送，18日分别在各自目的地登陆。这次行动除天竜号一艘沉没外，没有受到大的损失。这些部队登陆后开始建设机场。恰在这前后，海军以陆战队一部占领了丹皮尔海峡西岸的芬什哈芬。

另一方面，佛恩湾西北部的莱城及萨拉摩阿自昭和17年（1942年）春以来已由海军部队确保，自12月前后由第7根据地队约1200名担任守备，没有配备陆军部队。该地有原设的机场，且拥有良好的港湾，因而在将来再次发动莫尔兹比作战时具有用作有力根据地的条件。特别是到了12月下旬，布纳方面战况告急以后，更加感到有必要加强确保这一地区。据此，第8方面军司令官先于12月21日命令第18军司令官：要确保莱城、萨拉摩阿以西新几内亚的重要地区，加强该方面的战略态势以准备以后的作战，接着28日又令其先以一部在莱城、萨拉摩阿附近登陆，随后以主力在马丹方面或莱城、萨拉摩阿方面登陆，并将第51师团编入其指挥下。

于是第18军司令官决定在第51步兵团长冈部少将之下，以步兵第102联队及炮兵1个大队为基干的部队编成冈部支队，急速派往莱城、萨拉摩阿地区，并开始了这项准备工作。准备由当时陆续进到腊包尔的第6飞行师团（师团长板花义一中将）的战斗机来担任掩护。

大本营从瓜岛撤退的决心

〔夺回瓜岛的努力化为泡影〕 如前所述，第8方面军行使统帅权后挽回颓势的努力以及与此有关的战况是，除占领了新几内亚方面后方要地之外，情况基本上是令人悲观的。然而12月下旬的开头，大本营仍未采取决定性的步骤——放弃夺回瓜岛的方针，23日又令将朝鲜的第20师团和华北的第41师团调转东南方面，前者编入第17军，后者编入第8方面军的战斗序列，同时将第51师团调属第18军。大本营海军部也在同一天将向来按联合舰队的军队划分编成的东南方面的部队加以编制化，以此组成东南方面舰队，以便于与第8方面军协同配合。该舰队司令部的主要干部仍由第11航空舰队的干部兼任。舰队司令长官是12月新接替塚原中将担任第11航空舰队司令长官的草鹿任一中将。

可是，早自同月中旬起，以后应如何处理瓜岛问题就成了大本营和当地驻军深入研究的对象。尽管12月中旬靠驱逐舰对瓜岛的补给运送取得了部分成功，但以这样一点点的运输量对驻瓜岛的约3万兵力，连正常补给的最低需要都满足不了。瓜岛的官兵由于缺乏粮食，战斗力正在日渐降低，哪里还能准备下一步作战，简直是处在濒于饿死的状态。

在中部所罗门建设航空基地和加强空军兵力工作，与当初大本营的期待相比，进展也很迟缓。如前所述，12月15日已在克伦班哥罗岛南部开始建设机场，但由于敌军的干扰没有进展，预定从12月下旬开始的航空作战根本不可能。另外，陆军第6飞行师团也未能如期进到腊包尔，实际情况是，12月26日，其战斗队才首次得以参加对布纳方面的进攻。

第8方面军与东南方面舰队曾就夺回瓜岛的作战多次进行过图上战术演习。为了对瓜岛的敌空军进行航空歼灭战和取得制空权，需要组成短兵相接的进攻兵团和运输军需品的船队，以这个问题为中心进行了研究。但并未找到能向瓜岛运送所需兵力和军需品的确切办法，于是不得不承认作战的成功只能依靠万一的侥幸。

对指挥夺回瓜岛作战直接间接具有重大影响的布纳方面的战况，进入12月下旬以后已没有确保的希望了。即至12月25日前后，布纳守备队只能确保机场中央附近及本部附近的狭小阵地，守备队长已开始作全体战死的准备。对整个布纳方面兵力的补给，虽已尽量利用潜艇运输，但一直没有得到改善，和瓜岛一样，处于死尸一般的官兵只靠精神力量在坚持战斗的状况。当时这方面的敌军兵力正在逐渐增强，据判断，美澳军各约有1个师团，在爱克尔巴格中将直接指挥下，以迅速占领布纳地区为目标，正在顽强继续进攻中。

〔**决心从瓜岛撤退**〕 大本营也逐渐判明了上述情况，给夺回作战的前途投下了暗影。临近12月末，终于迫使大本营放弃了夺回瓜岛的念头。现在大本营已经认识到，夺回瓜岛几乎是不可能的。而且也料到，如果硬要强行这项非常困难的作战，一旦再遭到失败，其后果将是如何的严重。这种场合的作战上的不利，现实的损失以及士气上的不良影响，当然是重大的。另外，在整个11月到12月期间，关于船舶问题争论不休的国力和作战之间的调节问题也是需要寄予重大关心的事情。这样，大本营便得出了这样的结论，即不如将有限的战斗力用于加强后方要地以图后策较为有利。

12月28日开始把这一意图加以具体化。当天大本营为缓和瓜岛方面的紧急状况，在从瓜岛撤退的含义下，命令第8方面军使第17军调整现在的战线，为以后的作战占领适当的后方要线。于是，在12月31日的御前大本营会议上作出了最后的决断。当天决定的以后东南方面作战的指导方针大致如下：

一、在所罗门群岛方面停止夺回瓜岛的作战，大约于1月下旬至2月上旬期间撤退在瓜岛的部队。

然后确保新乔治亚岛、圣伊萨贝尔岛以北的所罗门群岛及俾斯麦群岛。

二、在新几内亚方面迅速加强莱城、萨拉摩阿、马丹、威瓦克等作战据点，并大体攻占和确保斯坦列山脉以北的东北部新几内亚的重要地区，然后主要准备对莫尔兹比方面的作战。我布纳附近的部队，根据情况向萨拉摩阿方面撤退，确保所需地点。

大本营确定上述新的方针时，对整个形势的判断根据大致如下：

一、在东南方面，敌人可能首先企图攻占我陆海空作战根据地腊包尔，为此在所罗门群岛方面将要扫清我在瓜岛的兵力，沿所罗门群岛北上，在东部新几内亚方面，将企图首先占领布纳附近，接着将主要从海路攻占莱城、萨拉摩阿附近，突破丹皮尔海峡，然后与所罗门群岛相策应，攻占腊包尔，进而企图沿新几内亚北岸攻占菲律宾。

二、在澳北方面，敌人将与东南方面相配合，伺机攻占阿鲁、丹尼巴群岛，并逐步向新几内亚西岸扩展地盘，企图首先攻占新几内亚或加大对该地的压制。

三、在印度洋方面，将图谋尽快夺回若开，加强航空作战，并大约在雨季结束前后以英印军主力进攻英帕尔正面；另以重庆军进攻掸邦地方，东西策应以企图夺回缅甸；在此期间将伺机夺取安达曼群岛的重要地点，努力确保孟加拉湾和安达曼海的制海权。

四、将加强整个南方水域的潜艇作战，并将断然对我资源要地进行空袭，以妨碍我国力的增强。

〔K号作战协定〕 大本营决定上述方针后，进而进行了必要的研究。昭和18年（1943年）1月4日向联合舰队司令长官和第8方面军司令官下达了大致按照上述方针制定的命令，同时以"K号作战"的名义指示了有关瓜岛撤退作战的陆海军中央协定，其要旨如下：

一、现正在进行的、结合再次进攻瓜岛所做的进攻作战准备应迅速作好，借以促进撤退作战的准备，并使之便于隐蔽企图。

二、首先迅速调整第17军的战线，将战线收缩到后方要线。

三、直到撤退作战开始之前，用各种方式继续加强补给，以保持驻瓜岛部队的战斗力，并在运输上述补给时撤退瓜岛上的病号。运输上述补给和撤退病号主要由海军负责。

四、陆海军协同迅速修整所罗门群岛方面的航空基地，随时推进航空兵力，以加强对瓜岛方面的航空攻击。

五、结合上述航空作战，同时兼用尽可能多的舰艇和其他船舶，尽各种手段向后方要地撤退驻瓜岛部队，其日期大致为1月下旬至2月上旬之间。

六、要特别注意保持关于本作战的机密。

这样，包括从瓜岛撤退的新作战方针便决定下来。这个决定的主旨是：撤退现在不利的瓜岛和布纳的第一线，努力确保比较容易补给的以腊包尔为中心的所罗门群岛的要地和以莱城、萨拉摩阿、马丹为中心的东北部新几内亚的要地，作为一系列作战根据地。就是说，大本营加强确保东南方面的方针丝毫没有改变。

随着上述方针的决定，大本营全面改变了兵力的运用，首先迅速将预定增援第17军的第20师团的开往方向改为新几内亚，接着将第41师团也用于新几内亚，其运输任务由联合舰队的丙号运输部队担任，从而迅速加强了新几内亚的战略态势。

从瓜岛撤退

〔**撤退准备**〕 随着大本营决定从瓜岛撤退的方针，联合舰队和第8方面军由向来一心想夺回瓜岛，来了个思想大转弯，不得不实行对日军来说从未有过的海上退却。在敌军优势的空军和舰艇的妨碍以及地面部队的追击之下，退却是否可能，对此很有疑问。事实上对联合舰队来说，将当时仅有的30几艘驱逐舰的主力用于这次撤退作战，重打消耗战，未必是良策。

然而这次退却，无论从对驻瓜岛官兵的道义上来说，还是从全军士气的角度来看，都指望它绝对必须成功。而成败的关键主要在于海军。联合舰队司令长官将基地航空部队的大部和联合舰队所属驱逐舰的大部（22艘）集中在东南方面，命令东南方面舰队指挥这些部队担当瓜岛撤退作战任务。另将潜艇部队也部署在这一方面，使其协助撤退作战。此外，命令第2舰队在特鲁克待命，保持伺机出动的态势。

撤退准备作战根据第8方面军和东南方面舰队的协定，于1月14日开始。当天夜里由第38师团步兵第230联队补充兵员临时编成的矢野大队，从腊包尔用驱逐舰运到了瓜岛。当时瓜岛的状况是，如不投入新锐兵力，即使要把战线保持到撤退完毕也是不可能的。

第8方面军的撤退命令由与上述运输兵力同行的第8方面军参谋井本熊男中佐首先向第17军司令官作了传达。这项命令要求第17军从瓜岛撤退，然后确保所罗门群岛的要地，在该方面确立坚固的战略态势。半年多来为夺回瓜岛已竭尽全力、并为此丧失了万余名部下的第17军司令官是否能愉快地同意从瓜岛撤退，这是第8方面军司令官所担心的一个问题。而第17军司令官却干脆抛弃向来的想法，决心为一意遵奉敕命而倾注全力。

另一方面，为使撤退作战易于进行，航空作战也于1月14日开始，25日以后特别加强起来。27日陆军飞机也首次参加所罗门方面的作战，断然空袭了瓜岛。1月下旬前后，东南方面的航空兵力陆军约达100架，海军约达200架。但敌人的增势也很显著，所罗门、新几内亚方面合起来约可达430架。特别使我航空作战指挥感到困难的是新几内亚方面的大型飞机即B17。这种B17仍然是我战斗机不能对付的。另外，敌军的机场分散在瓜岛、拉比、莫尔兹比以及布纳南方等地区，因而不可能一举就压制住，这也是我航空作战不活跃的一个重要因素。

还有，1月上旬前后已基本上建成的孟达、克伦班哥罗等机场，也因敌舰炮的射击，尽管我做了很大努力还是不能使用。这样，东南方面的制空权仍然掌握在敌军手中，我航空作战主要成了对瓜岛机场的夜间空袭和对我运输部队上空的直接掩护及侦察警戒等，对敌机场只能零散地进行大举空袭。

另一方面，由潜艇、驱逐舰对瓜岛进行的补给运输也在继续。除以前的橡胶袋、滚筒的运输方式外，1月25日首次试用了运货筒（用潜艇搬运的自动式货筒）方式。濒于饿死而靠这种煞费苦心的补给运输才勉强维持着生命的第17军，1月22日夜以后开始收缩地面战线，至27日前后大体集结在埃斯贝朗斯、卡民勃附近，准备从海上撤退。

〔撤退的成功〕 1月29日，海军航空队在圣克里斯托巴尔岛南方约40海里的海上发现了强大的敌舰队，立即加以捕捉攻击，给以相当大的损害，次日（30日）继续进行攻击。据报，两天的综合战果是：击沉战舰3艘、巡洋舰2艘、重创巡洋舰1艘。这一战果鼓舞了我当地部队的士气。

注：据美方正式报告：损失是重巡洋舰1艘沉没、驱逐舰1艘受伤。

30日和31日预定对瓜岛进行航空总攻击，但因天气不良未能进行。31日晚，腊包尔反而受到敌机空袭，一下子遭到了损失约50架飞机的重大损害。因此，第8方面军和东南方面舰队便不待航空总攻击，决定按预定计划实行第一批撤退。2月1日，由第3水雷战队司令官统率的20艘驱逐舰断然实行第一批运送。这些驱逐舰损失了两艘，但运送却取得了成功，搭载第38师团、军直部队的一部、病号以及海军部队等，2月2日返回到肖特兰岛。敌军曾试图以海上部队和飞机进行阻拦，但由于我航空部队的奋战将其击退。

第2批运送于2月4日、第3批于2月7日进行。都很顺利，没有受到什么损失。第2批把军司令部、第2师团以及军直属部队的大部，第3批把残余部队分别撤退到布干威尔岛。从瓜岛撤退的总人员，陆军为9800名，海军约830名。

这样，怀着很大疑问开始的从瓜岛的撤退，由于各部队的努力和幸赖敌军把这次运输误认为增援运输，完全出乎意料地圆满结束了。然而，这一成功并不能补偿自昭和17年（1942年）8月7日开始以来约达半年之久的瓜岛作战的全面失败，只不过仅仅给瓜岛部队带来了在道义上尚可满意的安慰而已。事实上瓜岛作战是陆海军协同作战的第一次大败北。

约经半年之久的陆海军拼命夺回瓜岛的努力，终因力竭而败退下来，这时被迫进行战略退却的意义是深刻的，而围绕瓜岛的各次战斗所蒙受的现实损失也是不容轻视的。瓜岛地面人员的损失陆军约为20800名，海军约为3800名，海军仅在对瓜岛运输作战中就损失驱逐舰5艘、潜艇2艘，另外战舰3艘和驱逐舰19艘分别受到了中小损伤。尤其同时考虑到优秀的基地航空部队所受的巨大损失时，可以看出，海军战斗力的对美比例已显著地减低了。

自布纳地区的撤退

〔**布纳守备队全军覆没**〕 如前所述昭和17年（1942年）12月下旬，布纳守备队已处于最后关头。面对这种困境，腊包尔的海军航空部队自22日起开始了对布纳方面的进攻。至12月底，共进行了8次制空攻击、两次舰船攻击。特别是26日和27日，新到达腊包尔的陆军战斗机也首次参加了攻击。然而布纳地区上空制空权的基本形势却仍然没有变化，敌机肆无忌惮地对地面反复进行了攻击。

大本营鉴于上述布纳方面的情况和与瓜岛相比其迫切程度居于次要地位，因而在12月23日部分修改有关东南方面作战的陆海军中央协定时指示：可根据情况将布纳方面的部队撤到萨拉摩阿方面。东南方面舰队根据这一指示，28日命令布纳守备部队向吉尔哇地区撤退。第18军也命令在巴萨布阿西侧地区的独立混成第2旅团长火速驰援，但为时已晚，守备队自25日以来已陷入敌军重围。

过了年，战局愈益进入最后阶段，1月1日，守备队本部已暴露在敌人坦克的直接攻击之下。全体官兵直到卫生兵断然进行肉搏进攻才击退了敌坦克。但到当天傍晚，残存的战斗人员陆海军总共已减到10名上下。因此，陆军部队指挥官山本大佐和海军部队指挥官安田大佐于1月2日晨携手冲入敌阵，至此布纳守备队全军覆没。

〔吉尔哇地区的苦战〕先有巴萨布阿的失陷，现在又有布纳守备队的全军覆没，于是美澳联军对吉尔哇地区残存日军的进攻更加激烈了。12月20日到达当地的新任南海支队长小田健作少将接替横山大佐，主要指挥南吉尔哇方面的战斗；独立混成第21旅团长山县少将担任全面的指挥，同时直接指挥对由纳方面西进的美军的战斗，但战况只是日加悲惨。

我整个阵地被置于敌炮兵的中距离射程之内，连医院都不能设置在安全地带。粮食早已匮乏不济，从昭和17年（1942年）末起到昭和18年（1943年）5月，约有1周期间连续处于断炊状态。至曼巴勒河口，虽然还有微不足道的潜艇运输，但为将粮食运到吉尔哇的大型机艇燃料却耗尽了。现在，吉尔哇地区的情况是：全体人员都是病号。情况尽管如此，但吉尔哇地区的官兵却一心祝愿友军挽回颓势，继续进行着殊死的搏斗。

然而进入1月中旬，这种束手无策的长期防御，也逐渐达到了极限。敌人的进攻发挥了无限的物质力量，把陆海空三军的战斗力都集中在我狭小的阵地，试图将我军斩尽杀绝。1月9日，我步兵第144联队防守的南吉尔哇阵地终于失陷。敌军趁势包围我中央阵地，开始由西侧迂回向我登陆根据地的北吉尔哇蜂拥扑来。对东侧的美军，我步兵第170联队的部队以少胜多固守了阵地，但如今随着西侧战线的崩溃，吉尔哇地区的整个战线便开始瓦解了。

〔吉尔哇地区的撤退〕当时，第8方面军正在腊包尔为准备瓜岛撤退作战作最大的努力。尽管吉尔哇地区迟早也要撤退，但为了不给方面军视为重点的瓜岛撤退造成不良影响，方面军希望其撤退的时机最好与瓜岛同时，或在它以后。然而如今第8方面军司令官面临上述吉尔哇地区的战况，并又看到前述冈部支队1月7日成功地登上莱城，便下决心从吉尔哇撤退，1月13日向第18军司令官下达了这一命令。

方面军的上述命令下达后,第18军司令官当天命令吉尔哇部队:大致于1月25日前后开始撤退,令独立混成第21旅团的主力向曼巴勒河口地区撤退,令南海支队的主力向莱城、萨拉摩阿附近撤退。尽管下达了上述的撤退命令,但却没有协助这次撤退的海军舰艇。即使有,在敌B17猖狂活动的海域从海上撤退也是不可能的。因此,第18军司令官采取了如下措施:一方面敦促已自腊包尔出发正在沿新不列颠南岸长途跋涉的舟艇部队迅速前进,一面将冈部支队中的两个步兵中队派到库牟希河口,令其掩护吉尔哇部队的撤退。

可是,发自腊包尔及莱城的舟艇机动并不容易,结果估计,撤退只好依靠吉尔哇部队自己的力量来进行。而且,吉尔哇地区的战况已处于最后关头,1月16日,北吉尔哇落入澳军之手。山县少将和小田少将两司令部之间的联络如今也濒于危殆,估计能继续进行有组织的战斗也不过在这几天之内。我军尚能控制的海岸线已被压缩到2000米左右。于是山县少将决定,冒着弹雨将需要紧急处理的重病号用舟艇后撤,然后凡能站起步行的人员于20日晚毅然突破敌阵,在陆上寻求退路。19日下达了陆路突围的命令。

至19日,敌我战线犬牙交错,传达转移的命令都极其困难了,但通过冒死传令才好不容易把命令传达了下去。20日夜,突破了敌战线的各部队向首次退却目标的库牟希河口前进。无路的密林、潮湿地带的转移极尽艰苦。加上由于长期战斗和粮食不足造成的体力消耗,行军非常缓慢。至2月初前后,各部队才大体在库牟希河口地区集结完毕。南海支队长小田少将当转移时在吉尔哇自尽,和部下的英灵一起留在了该地。

由莱城疾进的冈部支队两个中队,23、24前后已前进到库牟希河口地区,击退敌军的追击之后担任转移部队的收容任务。

转移部队开始继续向曼巴勒地区退却,2月7日,其殿后部队撤离了库牟希河口。2月8日,在曼巴勒地区集结的兵力,包括海军部队约达3400名,与11月中旬布纳、吉尔哇地区战斗开始时及后来增援的兵力总计11000名相比,约丧亡7600名。

这样,自昭和17年(1942年)7月南海支队首战,在布纳地区踏上第一步以来,恰好经过半年,结果是日军丧失了布纳地区的地盘,被迫退到了曼巴勒地区。参加该方面作战的总兵力,陆军约15000名,海军约2900名(其中约2000名,至11月中旬布纳地区战斗开始前,曾调去其他方面),由于这些部队的努力,莫尔兹比曾一度在望,但终于不得不放弃布纳地区。究其原因,使人痛切感到在于我海空尤其是航空力量的劣势。

战局主动权的转移

〔冈部支队进攻瓦乌〕 当吉尔哇地区的日军经过殊死战斗正在进行悲惨的退却时，第18军对莱城、萨拉摩阿南方的瓦乌寄与期望的一次攻击正在进行。如前所述，作为加强东部新几内亚北岸要地的一系列措施，在第6飞行师团战斗机队的强力掩护下，第51师团之一部冈部支队被运送到莱城，1月7日在该地登陆成功。该支队确保莱城、萨拉摩阿后，作为第2阶段的任务，受命进攻瓦乌。

瓦乌位于萨拉摩阿南方约60公里，以产砂金闻名。该地除有小型机场外，还有越过奥因斯坦列山脉通往新几内亚岸的陆上交通线，此外还有通往曼巴勒、科科达方面的陆上道路。这对当时接受准备将来进攻东部新几内亚任务的第18军来说，是必须作为进攻的据点加以确保的地点。同时从防守莱城、萨拉摩阿地区的观点来说，也是作为前进阵地要加以占领的地点。总之对于第18军来说，瓦乌是攻防的要冲。但在昭和17年（1942年）末前后，已发现联合盟军正在加强该地防卫。因此，第18军司令官决定，在敌人得到加强以前迅速攻占该地，并将这项任务交给了冈部支队。

冈部支队长在莱城登陆后，综合各方面的情报，决定突破萨拉摩阿—穆保—瓦乌道路西侧的密林地带奇袭瓦乌，命令先遣队于1月14日、主力于16日由萨拉摩阿出发开始前进。前进开始时的兵力，除向莱城运输途中的罹难者及增援布纳地区的兵力外，为步兵第102联队的约两个大队的基干。

进攻部队途中虽因通过艰险的原始森林地带而意外地耗费了时间，但1月27日却在敌人尚未察觉中就进到了瓦乌东侧的高地。举目望去，瓦乌机场近在咫尺，奇袭似已成功在望。进攻部队决定次日（28日）晨开始进攻，便在黑夜里走下了原始森林的山坡。然而地形分外错综复杂，到第二天早晨，慢说机场，就连山脚也未能达到。部队为了躲避白天敌机的侦察，停止了前进。

这样便失掉了宝贵的28日。直到这天由于天气不良而未能空运增援部队的敌军，29日，天气一恢复，便从莫尔兹比不断将增援部队送往瓦乌。冈部支队原定28日傍晚开始行动，29日晨实行进攻，但因地形不熟，日军再次失掉了胜利的机会。29日晨下了山的进攻部队了解到的情况是：机场还在西方4公里处。

30日凌晨以后，进攻部队对机场进行了强攻，但敌军的防守已很坚固，损失不断增大。加上这时由萨拉摩阿出发时携带的粮食已经告罄，至2月4日，敌我攻守易势，我右翼已濒于危殆。因此，冈部支队长感到有调整战线的必要，暂时与敌脱离接触，将进攻部队集结到后方约4公里的地方。

自1月28日以来，腊包尔军司令部已与冈部支队断绝了无线电联系，正在焦急地等待着该支队的报告，而2月6日得到的却是上述情况。因此，第8方面军尽管时值瓜岛撤退作战濒临末尾的重要时机，当天还是派战斗机10架到瓦乌上空，但为时已晚，且因兵力过于微弱，大势已去。

鉴于上述情况，第18军司令官决定停止攻占瓦乌，2月13日命令冈部支队迅速摆脱敌人，向穆保——纳索湾一线后撤，并确保该地区。冈部支队的后撤没有受到敌军的追击，2月下旬担负起该地区的守备任务，但进攻瓦乌的损失是巨大的。

这样，第18军司令官当时就未来作战的设想，即以莱城、萨拉摩阿为作战根据地，以瓦乌、曼巴勒地区为第一线，建立攻守兼备态势的期望，在其第一线右翼的瓦乌崩溃了。如今单纯固守曼巴勒地区已无意义。于是第18军司令官采取措施，命令在曼巴勒的独立混成第21旅团及南海支队等由布纳地区撤退的部队继续向莱城、萨拉摩阿地区撤退。这些部队于3月上、中旬陆续后撤完毕，但因全员均已处在患病状态，作为战斗力几乎指望不上了。

〔**战局主动权转到敌手——后撤展开？**〕 昭和18年（1943年）2月，东南方面的日军在各条战线上都迫切需要重整态势。去年6月，中途岛的败战，致使日军在这方面最后进攻斐济、萨摩亚的作战停止于萌芽之中，至此已可以看出战局主动权转移的征兆。接着，同盟军的进攻，使日军尽管尽了最大的努力，终于不得不被迫从瓜岛和布纳第一线撤退。而且，第18军进行的、包括将来对莫尔兹比方面发动攻势具有准备意义的进攻瓦乌的作战，也主要在同盟军巨大的航空势力面前，特别是在其空运力量面前归于失败。

陆军省的代表在议会上说明这些战况时，不得不勉强解释说，这是遭遇战中的后退展开。事实是经过殊死的努力之后，在敌人的压制下被迫后撤的。而从结果上来看，能否使之成为后撤展开，在于以后能否将强大的日军主力展开于该方面，重新夺回主动权。

1月4日大本营的指示就包含着对现实主动权的转移的认识问题，以及以后努力夺回它这两个方面的内容。大本营现在已明确地认识到，东南方面的战局主动权已转入敌人手中，根据这一认识提出了夺回主动权的设想。即根据大本营的判断，在东南方面的整个正面，再次转入攻势已经是不可能了。因此，大本营将所罗门方面改作守势方面，而将其攻击方面放在东部新几内亚方面了。

〔着手防卫中北部所罗门〕 第8方面军司令官对东南方面的作战指挥当然也是符合上述大本营指示精神的。而第8方面军首先必须处理的第一件事就是加强所罗门方面的防御态势。由于以前的作战努力都集中在夺回瓜岛上，所以在决定自瓜岛撤退的1月上旬前后，中北部所罗门的防御是极其薄弱的。即在新乔治亚岛的孟达附近、克伦班哥罗岛以及圣伊萨贝尔岛雷格塔附近，虽然分别部署了约1个步兵大队担任着警备，但实际上却已变成了对瓜岛运输补给的联结基地而忙于兵站业务。在克伦班哥罗岛上另有工兵第5联队担负着修建机场的任务。在布干威尔岛南部的布因和肖特兰岛上，不过只有第2和第38师团的残留部队及船舶部队等协同所在的海军第8根据地队的部队，担负着警备和兵站任务而已。

鉴于上述情况，第8方面军决定，一旦决定从瓜岛撤退，就以原为进驻瓜岛而在特鲁克待命的第6师团主力加强北部所罗门的防御，并令其收容第17军的主力。1月10日，命令该师团向布干威尔岛前进。该师团于1月20日以后陆续在布干威尔岛登陆。

接着，第17军司令官后撤到布干威尔岛以后，第8方面军司令官命令第17军司令官一并指挥包括第6师团在内的北部所罗门群岛所在部队，协同海军确保北部所罗门的要地，在该方面确立巩固的战略态势。第17军司令官以第6师团为防御北部所罗门群岛的骨干兵力，部署使其确保布干威尔岛南部要地、肖特兰岛、法吴罗岛、基埃塔附近以及布喀岛要地。

另一方面，在中部所罗门方面，在决定摧毁敌军进攻的主线问题上，第8方面军与东南方面舰队之间存在着思想分歧。陆军鉴于孤岛作战的补给困难，主张以北部所罗门为主线；对此，海军则主张拒敌于远距离加以摧毁，应以中部所罗门群岛为主线并加以确保，意见未能取得一致。因此，第8方面军将现散在于中部所罗门的陆军各部队暂先划归方面军直辖，通过恢复该方面部队的建制以及和新锐部队的调换等来加强其态势，在这个意图下分别采取了一些措施。在此期间，海军于2月中将主要以特别陆战队两个大队为基干的第8联合特别陆战队派往孟达。

第8方面军司令官令从瓜岛撤退的第17军司令部以外的部队陆续撤至腊包尔。但根据大本营的命令，决定除第38师团以外，这些部队均转送到菲律宾或国内以后再行整编。第38师团在腊包尔整编之后，预定担任腊包尔附近及新爱尔兰岛的防务。

〔加强东部新几内亚的战略态势〕 为了准备东部新几内亚将来的进攻作

战，首先需要加强其战略态势。为此建设航空基地和设定补给路线乃是紧要的工作，而增强担任这项任务的兵力则是先决条件。决定从瓜岛撤退时，在东部新几内亚的后方基地，不过只有12月中旬刚刚派来的第5师团的步兵3个大队分散部署在马丹和威瓦克而已。因此，大本营一经作出撤退瓜岛的决定，立即将预定投入瓜岛和腊包尔的第20师团以及第41师团改为调往新几内亚，已如前述。第20师团（师团长青木重诚中将）的约三分之二早在1月19日就乘海军高速运输船进到威瓦克港开始了登陆。第41师团（师团长阿部平助中将）的主力也乘海军运输船于2月12日在威瓦克开始了登陆。

这两个师团登陆后立即担负起修建新几内亚机场的任务。把修建机场的任务交给地面战略兵团，这在日军还是首次。但这两个兵团的官兵深体航空优先的意义，放下枪炮，操起锹镐，向热带大地开始了挑战。海军也在第20师团登陆的同时，将第2特别根据地队开进威瓦克，令其主要担当威瓦克海军基地的防务。

这样，第18军在昭和18年2月，作为东部新几内亚的作战兵力已拥有第20、第41及第51三个师团。为了准备将来的作战，如能将这些兵团的主力集中于莱城、萨拉摩阿地区就好了，但由于敌我空军力量悬殊的关系，不仅不允许这样做，而且由于进攻瓦乌的失利，萨拉摩阿已变成了直接第一线。鉴于当时的这一情况，第18军司令官初步制定了下述的作战方案，即将这3个师团中的第51师团主力配备于莱城、萨拉摩阿地区；将第20师团配备于马丹；将第41师团配备于威瓦克，在首先强化战略态势后。再派第20师团进抵莱城，与第51师团一起充当进攻兵力。

根据上述作战方案，第18军司令官先以第20师团的约三分之一兵力在步兵团长柳川少将指挥下编成柳川支队，2月乘大型机艇进抵马丹，担任打开从陆路进入莱城的准备任务。这个柳川支队前进得很顺利，但第51师团主力从腊包尔向莱城的运输却成了一个重大问题遗留下来。

第32章

适应形势发展的对德意施策

关于印度、阿拉伯的日德意三国共同宣言问题

〔对英的基本设想〕 与德意合作，首先尽快迫使英国屈服，这是大东亚战争开始时日本指导战争的重要因素。

为了迫使英国屈服，希望德国继续封锁英国，并相机直接断然在英国本土登陆。但这种愿望并不是轻易能够达到的。日本认为，当前有必要将在亚洲和欧洲分别构成各个战局的日德意三国的力量直接联系起来，使之在英国最感痛苦的方面发挥作用。具有这种可能性的地方，从地理上看是印度，而且印度是大英帝国能以推行战争的主要支柱，其归趋如何处于足以左右英国命运的地位。

然而，日德意三国通过武力直接影响印度局势将超过目前各战场规模的限度，因此，主要要以三国对印度的向心战略态势的压力为背景，从政略上加以解决。针对印度和阿拉伯的日德意三国共同宣言问题就是含有这种要求而提出来的。

〔对英的具体设想〕 如前所述，原来期望对英先胜的具体设想在于，一方面期待德意对近东、北非[①]、苏伊士方面的作战取得进展，另一方面首先通过政略和破坏通商等手段切断英、印、澳之间的联系，然后驱逐缅甸的英国势力，促其独立，进而利用这两个成果，鼓励印度独立。

根据这种设想，日本推行了各种政策和措施。如前所述，随着南方初期作战的进展，在昭和17年（1942年）1月10日的大本营政府联席会议上作出如下决定："对印度，以切断与美英之间的交通、拒绝协助英国和积极开展反英运动为目标，结合作战的进展逐步加强施策"。接着于1月15日陆海军之间商定，基于上述决定的对印施策主要由大本营陆军部担任。另外，1月18日

---

① 原文作北亚、显系北非之误。——译者

缔结了《日德意军事协定》，日本陆海军与德意国防军的作战分担区域界线定为东经70度一线，结果印度和印度洋的大部分都包括在日本方面的作战区域之内。

当时在印度，受日本陆海军在南方迅速取得战果的影响，反英趋势逐渐发展，英国本国围绕印度问题的苦恼也正在逐渐深刻化起来。

〔首相敦促印度崛起〕 2月15日，成功地完全攻占了新加坡以后，次日（2月16日），东条首相在贵众两院正式会议上提出印度问题说："拥有几千年历史和光辉文化传统的印度，今天也处在应挣脱英国的暴虐统治而参加大东亚共荣圈建设的绝好时机。帝国期望印度将作为印度人的印度恢复其本来的地位，对其爱国的努力将不惜给予援助。如果印度不顾这种历史和传统，不觉悟其担负的使命，仍然为英国的甜言蜜语和诱饵所迷惑，听任其驱使，我不禁为印度民族将永远失掉其复兴的机会而感到忧虑。"敦促了印度民众的崛起。

后来到了3月，印度的对英形势一步步趋于恶化，英国终于派克里浦斯国玺大臣前来印度，开始了英印会议。但英方提出的《印度自治领方案》遭到了印度方面的激烈反对，4月2日，印度国大党终于拒绝了英国的提案。

在这中间，3月12日，东条首相再次提到印度问题，强调"印度民众正面临着是作为印度人的印度担负起建设共荣圈的光荣任务，还是永远在美英的桎梏之下呻吟的这种进行抉择的最后关头"。

另外，日本陆军怒涛般地进攻缅甸，3月8日攻占了仰光，海军部队3月23日在安达曼岛登陆，控制了孟加拉湾，日军从海陆两方面对印度的威胁日益增大，4月5日我海军部队终于出击印度洋，空袭科伦坡，9日强袭亭可马里，竟击沉了英国航空母舰竞技神号。

与这些对印度的军事行动相关联，6日，东条首相再次发表了如下的切望印度崛起的谈话。

"前者，皇军占领了缅甸的要冲仰光，又占领了既是印度洋东部的战略要冲、也是印度独立志士流放地的安达曼群岛。下次即将对英国在印度的兵力及军事设施加以痛击。

"这样，帝国断然惩罚美英的决心正在逐步付诸实施。如果印度仍然处在英国军事控制之下，则帝国为击溃英国而进行的攻击，使印度蒙受巨大的战祸也是不得已的。帝国本来不想以4亿印度民众为敌，因而对此时蒙受战祸的印度民众，实不胜同情之至。

"帝国对印度的真意，我早在3月12日的帝国议会演说中已经阐明。即我确信，今天正是印度民众为建设'印度人的印度'，竭尽全力确立印度的本来面目的绝好时机。

"如今当英国在印度的势力即将被摧毁之际，我再次期望，印度的领导人乃至印度4亿民众，应避免为注定要没落下去的英国的甜言蜜语所迷惑而蒙受无谓的战祸，值此天赋的良机，为粉碎英国多年的羁绊，真正实现'印度人的印度'而奋勇前进。"

〔就针对印度、阿拉伯的共同宣言的研讨〕 在这以前，为阐明轴心国对印度和阿拉伯的一致态度，德意方面曾屡次向日本政府提议，希望发表一个《日德意三国共同宣言》。对德意的提议，日本认为如不结合实际行动则没有价值，因而只限于发表密切结合作战进展的总理的声明和谈话来阐明日本自己的态度。但如前所述，现在已经形成了日本陆海军可以从缅甸和印度洋方面直接向印度施加压力的态势，所以便酿成了可以响应德意提议的空气。这样，以前外务省正在研究的《关于印度及阿拉伯的日德意三国共同声明草案》便在4月11日的大本营政府联席会议上提了出来。

在会议上，首先研讨了发表该声明的利害关系。

害处是：

一、德意尚未向印度伸手，因而日本有单独承担责任的危险。

二、印度人对德意没有好感，因此，日本也将被一视同仁，从而有恶化对日感情的危险。

益处是：

一、可以击毁日德意三国在印度问题上存在着意见分歧的宣传。

二、可以阐明轴心国并无领有印度的意图，从而可以扫除印度人的疑虑。

权衡上述利弊，结果决定发表声明。关于其时机，外务省的意见是，以克里浦斯的英印会谈失败后为好，但最终的一致意见是：不拘泥于上述情况，应尽快与德意开始谈判以便尽快发表。然而与德意谈判的结果，根据情况可能还会拖延，但认为那也无妨。另外根据谈判的结果，有关细节的词句修改，决定由外务省负责。该声明的内容决定如下。

〔日德意三国共同声明草案〕 印度和阿拉伯虽都具有光辉的文化传统，但却成了英帝国主义压榨的对象，至今尚在其桎梏下呻吟，这实在是现代文明的最大污点。这是祝愿各民族各得其所，为建设世界新秩序而战的日德意三国深感遗憾的。

英国之所以拥有庞大的帝国，固然专靠它无与伦比的伪善欺骗与老奸巨猾的分而治之政策，同时也仗恃它的武力，这一点当是印度和阿拉伯的民众所熟知的。而如今英国在东亚的军事据点已完全被毁灭，在欧洲，英国的势力早已被德意轴心方面所肃清。

面临历史性悲惨下场的英帝国，妄图利用印度和阿拉伯的民众及其美丽的国土，使之站在防卫自己的前线。这可以说是印度和阿拉伯的危机，而这次克里浦斯的策划将使危机更加增大。

如今印度和阿拉伯是要成为英帝国的走狗，为走向灭亡的英帝国效劳到底，还是起而将宿敌英帝国主义赶出印度和西南亚，从而建设光荣的印度人的印度、阿拉伯人的阿拉伯，实在是印度和阿拉伯民众必须作出决断的时候。

英帝国是日德意共同的敌人，三国将坚决为打倒英帝国主义而奋勇前进。因此，印度和阿拉伯充当走向灭亡的英帝国国防的据点，是三国所不能默然视之的。

日德意三国现严正声明：三国并没有在印度和阿拉伯取代英国的野心，三国所希望的是，要迅速实现印度人的印度、阿拉伯人的阿拉伯，印度人和阿拉伯人作为自由的民族早日重新为世界文化作出宝贵的贡献；印度人和阿拉伯人如果起来为获得自由而奋勇前进，希望日德意三国援助时，三国将不惜给予一切可能的援助。

〔德意的踌躇——宣言暂时搁置〕 外务省根据上述决定，对德意两国政府开始了谈判，但德意方面尽管先前曾热心提议，却没有马上同意的迹象，通过5月3日大岛、里宾特洛甫的会谈才终于弄清楚，德意方面内心目前对发表这个宣言并不热情。

因此，外务省在5月6日的大本营政府联席会上，就里宾特洛甫外长解释的情况作了如下说明。

一、印度另当别论，如果发表与德意有关的阿拉伯、其他近东方面的宣言，担心容易暴露轴心国方面的作战企图。

二、另外，上述宣言对目前关系极其微妙的土耳其、叙利亚、埃及等将产生较大的影响，所以希望暂时先等一等。

三、意方也表示：在目前德意的武力尚未达到该方面的情况下，发表这样的宣言还不是时机。

针对上述解释，大岛大使质问："那么，认为其时机是什么时候？可以设想在今年秋季前后？"对此，里宾特洛甫外长说："倒不想拖到那个时候，不过，主要要看今后的形势。"

鉴于上述经过，外务省觉得：

一、本案本来是德意方面提出的问题，帝国当初并没有轻易予以答复。

稍迟了些时日才提出了这个方案，因此，不无失去时机之感。

二、另外，后来的形势变化也不无使德意方面重新考虑的情况。

三、另一方面，帝国已两次由总理就本案作了说明。

根据上述理由，认为德意方面既然已经这样讲了，就没有必要再去勉强重复东条的声明，提议将共同宣言暂时搁置起来，结果决定："当前没有必要匆忙强制德意方面发表共同宣言，暂将本案搁置起来。"这样，日本决定根据以前总理声明的精神，按自己的方针处理。

〔印度反英的激化〕 在日德就印度问题交换上述意见期间，印度的反英形势更加激化了。4月10日，根据克理浦斯妥协方案召开的英印会议也决裂了。次日（11日），国大党和伊斯兰教联盟一致决议拒绝英国方案，克理浦斯的使命完全失败。另外，美国派往印度的特使路易·约翰逊对尼赫鲁的工作也未获成功。到6月10日，印度西北部的信德地方发生了反英暴动；同月15日，印度独立大会在曼谷召开，后来甘地不与英国合作的主张风靡了整个印度；8月9日，甘地、尼赫鲁、阿札德等20名国大党领袖遭到英国官宪逮捕，从而进一步加快了反英运动的发展。

德苏媾和问题与德国要求日本参加对苏战争

〔以苏联为中心的日德关系〕 大东亚战争开始后，以苏联为中心的日德关系，在各自的立场上存在着本质的矛盾。德国希望日本积极地牵制苏联，而日本则与此相反，以与苏保持和平安宁为基本方针。进行着两个正面战争的德国那样希望是理所当然的，而正在将主要军事力量投入对美英战争的日本，希求尽量避免刺激苏联也是很自然的。

这一本质的矛盾在日德共同进行战争的道路上成了引起许多问题的因素。另一方面，苏联不是日德的共同敌人这一特殊关系，在没有绝招结束这场战争的外交方面，虽然微小但却令人抱有一线希望。德苏媾和问题以及德国希望日本参加对苏战争的问题，就是这种复杂的日、苏、德关系的产物。

〔日本对德苏媾和的态度〕 日本对德苏和平问题的基本态度，正如昭和16年（1941年）11月15日大本营政府联席会议上决定的《关于促进结束对美、英、荷、蒋战争的草案》中所明确的那样，就是"根据德苏两国的意向，使两国媾和，将苏联拉入轴心国方面"。后来在昭和17年（1942年）3月7日的大本营政府联席会议上，讨论初期作战告一段落后的战争指导问题时，决定"在现在形势下不斡旋德苏媾和"。

然而东乡外务大臣却认为，本案是日本战时外交的重要课题，如果通过外交手段，有导致结束战争的机会，其能否成功另当别论，确信除此以外别无其他途径。在这种思想指导下，继续对德苏两国采取了留有余地的措施。

3月23日，驻德大岛大使会见希特勒，了解到本年春季德国在战争指导上的意图，在报告其会见结果时，要求明确告知日本今后的战争意图。另外，以前外务省曾就德苏媾和问题征询过大使的意见，对此，4月8日大岛电告："德苏无实现单独媾和的可能性"。

对上述大岛电的复电，因为是战争指导上的重要问题，所以以外务省为中心在陆、海、外主管者之间进行了研究，得出的结论是：没有必要改变过去3月7日大本营政府联席会议决定的《今后应采用的战争指导大纲》的路线；另外，就德苏媾和问题探询德方的意向也是不可行的。因此，就复电内容应在以前大本营政府联席会议决定的范围内由外务大臣来处理，取得了一致意见。

〔斡旋德苏媾和空气的高涨〕 5月1日，原驻苏武官山冈道武陆军大佐的归国报告提出了下述结论：或是通过德苏和解将苏联拉入轴心国阵营，或是通过日德苏战争彻底摧毁苏联，如果不能做到两者之一，对日本来说，苏联将是这次战争最大的也是最后的致命之症。到了5月，日本对南方要地的初期作战大体结束，对外围要地的积极作战准备也在顺利进展。似乎与此相呼应，5月11日德苏战线重开，呈现出活跃的情况。

这前后，在陆军统帅部，杉山参谋总长、田边参谋次长、田中第一部长等领导人中间对德苏媾和的关心逐渐深切，并单独在统帅部内进行了研究。但进入6月，由于继中途岛败战之后推迟了F·S作战等太平洋战局的变化，这一研究也未能具体化。这样，在日本方面处于战略优势的形势下斡旋德苏媾和的机会终于没有到来。

〔拒绝对苏参战的要求〕 7月20日，驻德大岛大使拍来传达里宾特洛甫外长随着德苏战争的演变，切望日本参加对苏战争的电报（大岛电第881号）。对此，日本当然早就心中有数，但为了沟通有关当局的意见，7月25日在大本营政府联席会议上讨论了《答复德国的根本态度》一案，并作出了如下决定。

《关于答复德国的问题》

关于德方对战争指导上的要求，根据下列要旨进行处理。

一、关于北方问题

帝国对北方问题坚持既定方针，一面作万全之准备，一面尽力防止引起对苏战争。

二、关于印度洋问题

帝国尽量对迫使英国屈服的作战倾注全力，向完成三国共同战争的目的迈进。

由陆军佐藤军务局长说明：本案将决定电复大岛大使第881号来电的大纲。与会者之间经过如下的质疑和答辩，按原案作出了决定。

东条总理：在第2项中有向迫使英国屈服方向迈进的字样，这是否意味着去年11月决定的《关于促进结束对美英荷蒋战争的方案》的第一方针中"……摧毁美英的根据地，以实现自存自卫，进而采取积极的措施"云云的"积极的措施？"

海军冈军务局长：是的，是构成其方针的一部分的。

贺屋藏相：关于北方问题，将来是否也打算继续按第一项所载的方针来贯彻下去？另外，我想德苏单独媾和也并非绝对不能实现，对此如何考虑？希望再稍作进一步的说明。

陆军佐藤军务局长：今天的形势还没有达到"瓜熟蒂落"的程度，因此，准备仍按既定方针进行。

贺屋藏相：所谓迫使英国屈服的作战，我想是指印度洋作战，陆军对印度将作如何打算？

海军冈军务局长：这个原案只是决定了大纲性的方针，具体问题尚需今后作进一步研究。

根据上述决定，东乡外务大臣把对大岛大使的回电草案作为议题提出，一致同意发出下列谅解电报。

〔**对驻德大岛大使的回电**〕 回电如下：关于来电第881号。

帝国当前的目标在于完成对美英的战争。为此，要加强对美英的作战，并在南方确立不败的态势，同时要巩固我在中国的地位。因此，去年7月2日帝国政府通告德方的精神并无变化，此时必须尽量保持北方的安宁。当然，如果万一对方首先挑起事端，将断然予以回击，经常做好充分的准备。但考虑各方面的形势，认为在目前事态下，要避免缓和对美英的压力，出兵北方，扩大新的战争正面。

对此请领会上述含意，按下述趣旨答复德方。

一、目前在德苏战场上，德国已取得了惊人的战果，这确是帝国不胜庆贺的。最近德国方面联系德苏战争的进展提出其见解，对此帝国政府将以深切的关心加以谅解，同时拟对上述问题表明帝国政府的见解。

二、自去年12月帝国对美英开战以来，帝国对美英的作战在太平洋和印度洋上加重了对美英的压力，对完成日德意三国共同战争正在做出重大贡献。对此，相信德方也不难谅解。

三、另一方面，帝国关于解决目前美英在东亚的前哨据点的重庆势力问题也不得不付出巨大的努力。最近中国大陆直接成为美英方面对日反攻据点的倾向已逐渐明显起来。

四、今后帝国将对迫使英国屈服的作战更加倾注力量，向完成三国共同战争迈进。然而，另一方面，尽管迄今已取得了伟大的战果，但美方的反攻却仍然很顽强，因此不仅有必要进一步努力加强今后的作战，而且另一方面，帝国一面要使敌方不可能利用南方资源，同时对获得和利用这些资源要付出更大的努力。目前只是刚刚就绪。

五、总之，帝国在目前形势下，对苏联采取积极的方针势将使帝国的力量过度分散，不仅对大局不利，且有减轻帝国在东亚对美英的压力，以至增加美英对欧战斗力的危险，同时将给美国的对日反攻制造有利条件，这也是很不利的。

因此确信上述措施并非三国战争指导上所应采取的方针。不过，帝国对北方当然有万全的准备，以前也以此尽可能将苏联牵制在东方，并且今后也想这样做。

六、因此，希望德方谅解，开战以来帝国所采取的方针是，将我方全力集中使用于认为对完成日德意三国共同战争最为有效的重点上，在目前形势下，我在保持安宁的同时，一面坚持将苏联的力量牵制在东亚的方针，一面在太平洋和印度洋上努力加强对美英的作战。对此，希望德国方面也能充分谅解：从大局着眼，这是完成日德意三国共同战争最为有利之处。

此电已经政府大本营联席会议批准。

与上述议题相关联，会上就德苏媾和问题，东条总理与东乡外相之间有如下一段对话。

东条总理：大岛大使在另电中说："照此下去，德苏两国有单独媾和的可能。"我想现在尚非其时，但大岛大使既然提出了这样的问题就应该加以研究。为了不使德苏未经我方谅解就单独媾和，是否有必要再叮问一下？

话虽如此，过早把这个问题提出来，由于关系极其微妙，不能不慎重对待。假如通过某种渠道可以将德苏引向和平，若是另外有适当的国家，倒另当别论，现在日本与苏联处于友好关系，日本与德国又是同盟关系，所以，我想帝国处于引导媾和的极为有利的地位。

东乡外相：是这样。不过，出面调停，苏联若不主动提出来，很难办。佐藤大使赴任时，曾详细向他谈过迄今有关德苏媾和问题的经过情况，并让他注意，如提出这话时切勿失去时机。这是个相当困难的问题，所以要仔细加以研究。

上述对德答复决定后，可否通告意大利，曾一度成了问题。东乡外相主张："如果通告意大利，有立即泄露秘密的危险，因此，以只通告德方为好。"根据这个意见，结果大家一致同意不通告意大利。

向德意派遣联络使节

〔联络使问题——陆军的希望〕 在就斡旋德苏媾和、德国要求日本参加对苏战争等日德意三国共同战争指导上的重要问题，通过电报不断进行对话期间，认为有必要向德意两国派遣通晓日本最近情况的少数联络使节，分别辅佐驻各该国大使及陆海军武官，以利于指导三国共同战争，这种意见首先在陆军统帅部里提了出来。

当时陆军统帅部已经逐渐看到征兆，与过去估计相反，美英将提前进行反攻。因此，无论如何也要设法除掉来自北方苏联的定时炸弹似的重压。另外，德苏战线的现状虽然正在向有利于德方进展，但想以德方的压倒胜利来赶快结束战争根本办不到。由于这些理由便产生了希望这时德苏间实现和平的热情。因此，认为有必要派遣使节充分沟通三国的意见。然而，对陆军统帅部的这一意图，最初海军和外务省方面都有难色，因而始终没能具体化。

为了密切日德意三国的联系，以前曾计划利用飞机。7月2日上午4时20分，意大利飞机在华北包头安全着陆，三国通过飞机的联系首次实现。关于德国飞机的飞来虽曾多次进行交涉，但至9月26日，接到大岛大使的电报说：日德联络飞行暂时不可能实现，因此只好作罢。当时德国军部似乎不同意把航空资材和人员用于作战之外。

8月5日，接到大岛大使同里宾特洛甫外长会晤情况的报告，这次会晤是围绕日本答复德国拒绝参加对苏战争进行的。这个报告给人的印象是，有必要将日本的国内情况首先向大使以下作详细说明。因此，在有关当局中间又重新掀起派遣联络使的议论。另外，8月10日，大使和武官分别拍来关于德军进攻高加索的电报。大岛大使电称："据里宾特洛甫说，德意将占领整个高加索。"坂西陆军、野村海军武官电称："约德尔说，德军只占领北高加索。"

另据8月13日坂西、野村武官电："德方提出要设置独立于驻东京大使之外的德方武官府的意见。"由此使人感到德方国防军与外交部之间存在着意见分歧。这些情况也促进了派遣联络使的议论。

然而，9月7日，大岛大使电称："德对最近日本似在策划德苏媾和深感不快。"另据大岛电："里宾特洛甫说据俘虏供称，最近从远东苏联领土西调5个师。对德国来说西调5个师等，算不了一回事，不过，果尔，德国不能不予以极大的关注。德国怀疑日本是否给了苏联过分的保证。"这个电报使调停德苏媾和、派遣联络使的问题暂时中断了。

〔**日德在战争指导上的意见分歧**〕 其后9月28日，大岛大使根据同里宾特洛甫外长会谈的结果，拍来有关指导今后战争的意见的电报。其主要精神是：战争要在1944年结束；在加强日德意各国长期不败态势的同时，有必要积极实现日德双方通过印度洋的联系，以确立轴心国全面的不败态势；而且日本要采取措施，以便明春以后随时进攻苏联，或使德国在英国本土登陆。遗憾的是，这个意见不过是一个脱离日本国力实际情况的希望而已。另据大岛电称：德国取得南方物资并不顺利，尤其食用油取得的很少，这对德国国民的粮食问题，进而对士气也将产生影响。为完成共同战争，希望给予某些援助和方便。

〔**对派遣联络使的态度**〕 这样，日本通告德方拒绝参加对苏战争以后，日德之间的意见沟通，尽管双方出于善意，但总是不够圆滑。因此又回到当初的议题上来，即为完成共同战争，首先使驻德大使等认识国内实际情况是个先决条件。于是，派遣赴德意联络使的问题迅速取得了进展，在10月3日的大本营政府联席会议上，就《关于派遣赴德意联络使案》终于作出如下决定：

"为完成日德意共同战争，以利于加强三国密切合作关系为目的，尽快向驻德、意的帝国大使及陆海军武官派遣联络使。

"上述联络使的任务是，向驻德意的帝国大使及陆海军武官阐明对世界形势的判断，特别是阐明以帝国为中心的东亚的形势、开战的经过以及后来帝国的实际情况，并研究关于加强三国以后战争指导上相互协助的途径等问题。

"根据情况，还考虑派遣特派使节。"

就上述问题，首先由陆军方面的佐藤军务局长对原案的精神作了说明，并进而补充说明："派遣的方法，目前考虑利用意大利飞机的途径，但另外还可以考虑利用潜艇的办法和通过陆路派遣的办法等。如果利用意大利飞机，只能搭乘一、二人，所以目前正在考虑要求派两架来。由于联络使的组成还未确定,拟俟确定组成之后,在对其下达训令的同时,另行取得联席会议的批准。"另外,在质疑答辩时,永野军令部总长提出:"这个联络使如果过分发挥敏捷的才干,连将来的事情也轻率地说定了可不好办,这方面希望予以注意。"对此,佐藤军务局长答复说:"联络使不仅从海军方面也要派人,临行前还准备充分听取有关方面的意见,因此,请不必担心。"于是达成谅解,原案通过。

这样,迟迟没有进展的联络使问题终于决定派遣,但要实现还需时日。为了对付其后来自南太平洋方面的敌人的激烈反攻,如前所述,大本营和政府在战争指导上都遇到了许多难关,几乎无暇他顾。这时,德军在斯大林格勒周围也正在继续苦战,由于战力不支,昭和18年(1943年)2月2日,终于被迫从该线撤退。至此德军完全丢掉了德苏战场的主动权。这一撤退使日、德、意三国在印度和阿拉伯方面直接合作、积极谋求迫使英国屈服的基本策略从根本上破灭了。恰好同时,2月9日,自去年8月8日以来历经半年反复殊死战斗的我军,也终于从瓜岛撤退了。这对日德两国来说确是苦难的时刻。

〔联络使的人选与训令〕 在这种形势下,尽快实现派遣联络使就成了迫切的要求。最后的人选定为陆军方面的参谋本部第2部长冈本清福少将、该部第15科科长甲谷悦雄中佐,海军方面的军令部小野田舍次郎大佐,外务省方面的书记官与谢野秀。在2月20日的大本营政府联席会议上决定给予这些联络使如下训令:

一、赴德意联络使须向驻德意的帝国大使及陆海军武官讲明对世界形势的判断,特别要讲明以帝国为中心的东亚的形势、开战的经过及其后的帝国的实际情况,并须研究关于加强三国今后战争指导上相互协助的途径问题。

二、特别要体会下列事项完成任务。但对驻意大使及武官应根据在德国的联络结果适当进行联系。

1. 说明世界形势,特别是说明以帝国为中心的东亚形势时,应参照《对世界形势的判断》。(后述)

2. 在说明开战后帝国的实际情况时,应对最近帝国国家物资力量,特别是其中的船舶、钢铁生产力、军需工业生产力、开发南方资源的实际情况等加以适当的说明。

3. 在研究加强三国今后战争指导上相互协助的途径时,应就下列各项力求首先察悉德意方面的企图和实际情况。

结束对苏战争的对策。

为迫使英国屈服今后拟采取的对策。

迫使美国放弃战争意志的对策。

德意国力的现状及对将来的估计。

4. 援助驻德大使，解决关于日、德、意之间相互增强物资军事力量的具体化问题。

5. 出差期限大致预定为5个月。

〔再次拒绝进攻苏联的要求〕 在这之前，斯大林格勒濒于危殆时，在德国领导人中间再次发出了要求日本进攻苏联的呼声，大岛大使前后两次就这种气氛拍来电报。随着上述训令的决定，在2月24日的大本营政府联席会议上同意由谷外务大臣给大岛大使发出如下复电：

在目前形势下，德方衷心希望帝国对苏开战的实情，我方不难理解。但帝国要坚持去年发出的第588号电报所申述的帝国对苏态度，因此，希望充分领会上述精神，在与希特勒及里宾特洛甫外长会谈时明确加以说明。

关于本件的细节，用电报难以充分表达其意，因此，将由3月初预定从当地出发的联络使一行充分加以说明，望听取之。

另外，前发第655号电报（对德方要求物资一案）中提出关于我方在印度洋方面的作战问题，将由海军方面向贵处海军武官进行联络，望听取之。

〔联络使训令的补充〕 2月26日，为对给联络使的训令加以补充，在陆军、海军和外务省三者之间决定了《关于为完成三国共同对美英战争而加强相互合作的方针和措施》如下：

赴德意联络使应围绕下列各项研究为完成三国共同对美英战争而加强相互合作的各项方针和措施。

以下各项

一、日德意三国为分别在大东亚和欧洲建设新秩序，密切合作，尽可能迅速迫使英国屈服，迫使美国放弃其战争意志，以此为指导三国共同对美英战争的根本方针。

二、三国为完成共同的战争，应尽一切强有力的战争手段，为此：

（甲）三国首先迅速分别在大东亚和欧洲确立自强不败的态势，同时尽速加强通过印度洋和西亚的军事及经济的合作；

（乙）三国在进一步加强太平洋、印度洋、大西洋及地中海作战的同时，彻底加强海上交通破坏战；

（丙）三国为利于提高其综合战斗力，相互间应尽量通融和满足另一方所需要的原料、资材及技术等；

三、英（美）如果屈服，不立即与之媾和，三国应一致进一步加强迫使美（英）放弃战争意志的措施，并应采取诸如诱导美（英）的措施。

四、如英（美）向三国中任何一方提议停战或媾和时，三国在完全谅解之下遵照前项处理。

五、三国对苏联采取如下措施

（甲）德意尽可能彻底完成对美英的战争；

（乙）日本进一步加强对苏战备；

（丙）三国采取一切手段，阻止美英加强与苏联的结合；

（丁）德、意如果与苏联之间进行停战或媾和时，应预先与日本达成谅解。

大本营政府联席会议决定了联络使应携带的文件——《世界形势判断》（在下边叙述）。当天又对联络使携带的这一文件进行了补充，作为《针对有关进一步深入涉及将来世界形势发展的质疑的答辩要点》，在大本营陆海军部之间达成了如下谅解。

一、美英的动向如何

（一）美英对轴心国的攻势在东亚和欧洲方面均将愈加激烈化；

（二）根据情况，美英有可能将指导战争的重点由欧洲转向东亚；

（三）在东亚，对美英坚决要求的美苏对日军事合作要严加注意。

二、美英能否屈服

（一）如果美英夺回对日战略据点，取得制海权的作战不能如意，以至消耗增大，战局呈现持久战状态时，则其对日的战斗意志将逐渐减退；

（二）美英船舶因被击沉而减少其拥有量，将给美英方面的战争指导带来混乱，对其丧失战斗意志将有较大的关系。

三、欧洲形势的演变

（一）在欧洲，很可能敌我双方在均未受到致命打击的情况下，终于呈现持久战的状态。

（二）只要德苏之间的形势没有重大变化，德国将不会在英国本土登陆和进入西亚。

四、其他

随着战争的持久化，政治谋略将逐渐活跃起来，在德美英苏之间不无策划和平妥协的可能。

另外，关于日本的对苏态度，一如过去2月24日谷外相拍给大岛大使的电报所说，但鉴于这个问题的重要性，为了向德方说明，给联络使以活动余地，又于3月1日在大本营陆海军部之间达成了如下谅解：

决　议

保持对苏安宁从日德意三国指导战争上看来也有利。

理　由

一、为确立日本的不败态势（日德互相确立不败态势是三国指导战争的基础），需要完全扼制正面之敌美英的反攻。

当美英方面在东亚的反攻正在日加激烈，今后必须更加倾注力量对付的时候，使帝国现在缓和对美英的压力而在北方扩大新的战争正面，这将白白给美英的对日反攻提供余地，并将扩大美英对欧洲的战争压力，这对德意也不利，因而是不适当的。

二、即使日本进攻苏联，因地势关系也不能击中其要害，且极有可能转为长期持久战，因而伺机与德国呼应极为困难。

三、日苏间挑起战端将使美国有机可乘，对日苏双方都不利，苏联也会了解个中的情况。

注：当必须向德方说明帝国的对苏态度时，应避免涉及我方能否对苏作战，要大体按此要领适当地予以周旋。此件也应使大使和武官彻底领会。

这样便结束了必要的准备，冈本少将等赴德意联络使一行，3月10日从东京动身，由陆路经西伯利亚、中亚，4月13日到达柏林。这个联络使后来充分达到了目的，按预定计划，于10月13日就地解散。

昭和18年2月末的世界形势判断

〔对世界形势判断的改变〕 大本营和政府根据上年11月7日联席会议决定的《世界形势判断》推行了各方面的施策。但因遇上德军结束了斯大林格勒战役，我军从瓜岛撤退等战局上的重要转折，有必要大声疾呼地对赴德、意联络使提供最新情报，于是以昭和18年末（1943年）为限，对过去的形势判断进行了必要的修正，并于2月27日作出如下决定。

〔世界形势的判断〕 第一，美英的动向

美英将首先策划德、意的崩溃，摧毁帝国的大东亚建设；进而作好冲击帝国中枢部的准备，今后将愈加密切各方面的协作，使之一元化，谋求迅速增强自己的战斗力，逐步以其强大的兵力发动攻势，企图迫使轴心国方面屈服。其攻势在昭和18年（1943年）下半年以后将逐渐达到高潮。在此期间，美国将把南北美洲纳入其卵翼之下，并将努力在实质上控制非洲、澳洲、印度、西亚、重庆政权等，企图战后称霸世界，从而强制推行遍及政略和战略的所有各种策略。根据这种判断，当前：

一、美英将与苏联合作，极力策划消耗德、意的战斗力，并使德国势力范围内的各国从其控制下摆脱出来，同时将主要努力从地中海方面对德形成包围，特别是突尼斯作战的发展对其成败影响很大。

另外，美英有可能针对挪威方面和伊比利亚半岛西岸开辟新战线。

在太平洋、印度洋方面，美国将与英国合作，以强大兵力进行夺回西南太平洋方面和阿留申方面我占领的各岛及缅甸的作战，同时从中国方面加强对日的反攻态势，并将竭力利用空军和潜艇作战破坏日本的海上交通。

另外，美英也很可能企图对帝国本土和占领地的要害部位进行空袭。

二、美英将尽力对苏提供物资援助。另外，美将秘密策划在东部苏联领土上获得基地。

三、美英将使尽各种手段督促重庆极力抗战。

四、美英将确保西亚和非洲方面，并将努力加强阻止日、德、意之间的联系。

五、澳洲将愈加坚定其战斗意志，实质上将在美国势力之下专靠美国援助，努力增强战斗力，继续对日抗战。

六、印度的反英运动，结合对甘地的处置，可能相当激化，但由于英国的镇压，当前看不到太大的成果，印度将仍然是对日反攻的基地。

第二，重庆的动向

一、重庆的抗战能力将逐渐减弱，并由于这次帝国对华处理根本方针的彻底实现，将使其抗日阵营产生相当大的动摇，但将坚信美英的最后胜利，还不会放弃其继续抗战的意志。

二、重庆今后将更加依赖美国的物资援助，努力与苏联合作，企图协助美英加强和促进它的对日航空作战，并协助美英夺回缅甸的作战，对法属印度支那有可能采取某种行动。

第三，德意的动向

德国将决心确立其不败的态势，尽力谋求削弱苏联的抗战能力，并一面确保大西洋、地中海方面的现在局势，一面加剧海上交通破坏战，以谋求美英在战争指导上发生混乱。

一、德军将进一步发动以打败苏军为目标的对苏攻势，但明年以后足以获得行动自由那种程度的痛击是难以期待的。高加索作战年内将是困难的。

二、德国对美英的交通破坏战，其成果虽时多时少不等，但目前阶段每月将大约可维持在60万吨左右。

三、只要希特勒、墨索里尼还在，联结德意之间的纽带就不会松弛。

第四，苏联的动向

一、苏联将仍然专注于对德战争，春季以后的作战或将陷于被动，但今冬将再次发动冬季攻势。

二、苏联当前不会主动向帝国挑战，也不会向美国提供军事基地。然而，对美国通过苏联东部领土运输援苏物资等有关的美苏针对日本的秘密合作要加以注意。

第五，中立各国的动向

一、土耳其将仍然争取维持中立。

二、西班牙将极力维持中立。

三、葡萄牙虽将力求维持中立，但根据情况，也有可能被拉入美英阵营。

四、阿根廷将被迫逐渐屈服于美国的怀柔政策。

五、罗马教皇的动静需要注意。

第六，欧洲和平

在目前形势下，德苏、德英之间任何一方提议媾和的可能性都很小，但随着战局的进展，对今后的动向需要注意。

另外，对轴心国方面小国的动向需要警惕。

第七，各国进行战争的能力

一、美英进行战争的能力

（一）美国可能维持战时兵力700万，目前人力资源将不会感到困难。

英国本土的人力资源大致已达到极限。

（二）美国进行战争的能力一两年内大致将达到顶点，但海军力量到昭和21年（1946年）前后将进一步上升。另外，随着转向战时体制，将在经济和社会上产生各种问题，但目前还很难看出由此将对其进行战争的能力带来重大影响。

（三）英国进行战争的能力目前将基本上维持现状。

（四）美英的军事力量依靠其海上运输力之处极大，因此，船舶的丧失将对其推行战争带来极大的影响。但按目前形势发展下去，随着美国造船能力的上升，美英的综合船舶拥有量将逐步趋向增加。

二、重庆的抗战能力

在现在的形势下，可以继续坚持消极抗战。

（一）人力资源丰富。

（二）财政经济虽极端困窘，但粮食和轻武器尚可自给，所以，不能由此而期望其抗战体制迅速崩溃。

（三）军队拥有地面部队约300个师（其中中央系约110个师），空军部队约有150架飞机，装备虽然低劣，但并不影响消极战斗。驻华美国空军部队最近达到90架，并正在逐步增加。

（四）蒋介石的地位还很巩固，其统帅能力尚未减弱。

三、德意进行战争的能力

（一）德国基本上可维持现有国力。

（甲）人力资源并不充裕，但粮食基本上可以满足其势力圈内的需要。

（乙）军需工业生产能力虽很充足，但部分军需资源的取得需付出较大的努力。

（丙）希特勒的威望很高，军民的战争意志也很旺盛，目前正举国一致誓赌国家民族的存亡，向完成战争迈进，但对维持占领地的治安、与国的指导等尚需付出较大的努力。

（二）意大利进行战争的能力虽多有依赖德国之处，但墨索里尼的政治力量仍然强固，因此，在现在的形势下维持其战斗力并无太大困难。

四、苏联进行战争的能力

今春以后，以现有兵力（低装备的狙击师370个、坦克6000—7000辆、飞机4000—5000架）进行对德作战是可能的。

在苏联东部地区仍将基本上保持现有兵力（地面部队约70万，坦克约1000辆，飞机约1000架）。

（一）人力资源虽尚有余，但今年野战军如遭受大的打击，明年以后将逐步陷于窘迫。

（二）今年末前后的军需工业生产能力将约达德苏开战前的60%—70%。

（三）粮食虽已逐渐紧张，但还不至于发展到使国内秩序呈现紊乱的程度；

（四）斯大林的政治力量仍很强固，军民的抗战意志均尚在维持。

第八，综合判断

与上次的判断并无改变。（作者注：省略）

大东亚战争全史

（中卷）

〔日〕服部卓四郎 / 著
张玉祥 / 等译
林鼎钦 / 等校

世界知识出版社

图书在版编目（CIP）数据

大东亚战争全史：全3册／（日）服部卓四郎著；张玉祥等译，林鼎钦等校．—北京：世界知识出版社，2016.9
ISBN 978-7-5012-5301-2

Ⅰ．①大… Ⅱ．①服…②张 Ⅲ．①侵略战争—战争史—日本—现代 Ⅳ．①E313.9

中国版本图书馆CIP数据核字（2016）第221308号

责任编辑	袁路明
责任出版	赵　玥
责任校对	马莉娜　张　琨
封面设计	小　月

书　　名	**大东亚战争全史**（中卷） Dadongya Zhanzheng Quanshi (Zhongjuan)
作　　者	〔日〕服部卓四郎
译　　者	张玉祥　等
校　　订	林鼎钦　等
出版发行	世界知识出版社
地址邮编	北京市东城区干面胡同51号（100010）
网　　址	www.ishizhi.cn
电　　话	010-65265923（发行）　010-85119023（邮购）
经　　销	新华书店
印　　刷	河北新华第一印刷有限责任公司
开本印张	710×1000毫米　1/16　27¾印张（中卷）
字　　数	528千字（中卷）
图　　片	全书大图22幅（1CD光盘）
版次印次	2016年10月第一版　2018年7月第二次印刷
标准书号	ISBN 978-7-5012-5301-2
定　　价	268.00元（上中下卷精装）（含1CD光盘）

版权所有　侵权必究

中卷目录

第五篇　南方重要地区的作战

第33章　加强东南太平洋方面的战备……………………………… 547
第34章　加强西南方面的战备……………………………………… 561
第35章　加强太平洋孤岛的战备…………………………………… 577
第36章　阿图岛守军的全军覆没…………………………………… 582
第37章　敌军在东南方面反攻的加剧……………………………… 590
第38章　大东亚政略的指导………………………………………… 603
第39章　形势发展后的对外施策…………………………………… 622

第六篇　绝对国防圈的作战

第40章　绝对国防圈的建立及其政略、战略……………………… 637
第41章　大本营根据新作战方针指导战争………………………… 672
第42章　国防圈前卫线的陆续崩溃………………………………… 679
第43章　绝对国防圈纵深的加强…………………………………… 704
第44章　"阿"号作战计划………………………………………… 725
第45章　新几内亚西部作战………………………………………… 733
第46章　马里亚纳失守……………………………………………… 756
第47章　东条内阁总辞职…………………………………………… 769

第七篇　大陆方面的作战

第48章　英帕尔战役………………………………………………… 789

第49章　云南及北缅战役 819
第50章　打通大陆战役 831

第八篇　菲律宾决战

第51章　小矶内阁的基本政策 851
第52章　小矶内阁的对外政策 885
第53章　小矶内阁的对内措施 897
第54章　捷号作战准备 908
第55章　菲律宾决战的略定和台湾（地区）海面的航空战 928
第56章　发动莱特决战 938
第57章　莱特湾海战 954
第58章　莱特决战 963

第五篇
南方重要地区的作战

第二章

商式重要的因斯坦

第33章

加强东南太平洋方面的战备

丹皮尔的悲剧

〔81号作战计划——运输作战〕 如前篇所述，昭和18年（1943年）2月末前后，东南太平洋方面的战况是，我方正在拼命加强下一步作战，特别是东部新几内亚方面的战略态势。前述第20师团主力和第41师团主力成功地运到威瓦克，使人看到了加强马丹以西战略态势的曙光。然而加强莱城、萨拉摩阿地区仍是燃眉之急，亟待解决，因为这里的兵力只有从瓦乌地区撤退下来的冈部支队和正在从布纳地区撤退的各部队。

面对这种情况，第8方面军及东南方面舰队两个司令部，毅然决定把第18军的第51师团主力从腊包尔直接运往莱城。当时同盟军空军的威力正在丹皮尔海峡一带逐步增强，在这种形势下，这个决断使人感到有很大的危险性。为谋求海上运输的安全，曾研究了在马丹登陆的可能性，但由于登陆后从马丹向莱城前进要费时几个月，所以还是决定直接运往莱城。这次运输作战称为"81号作战"，从2月下旬起开始准备。鉴于预料这次行动的危险性很大，要动用该方面可能动用的全部陆海军航空兵力与海上兵力，由陆海军一致来完成这次作战，为此进行了准备。

这次作战的计划要点如下。

一、运送的兵力：第18军司令部。第51师团主力及其他陆军部队约6900名。陆战队补充兵力约400名。

二、运输的物品：弹药、粮秣及其他物资约2500吨。

三、运输船：8艘。

四、担任直接护航的舰队：第3水雷战队（驱逐舰8艘）。

五、担任直接护航的航空兵力：陆海军战斗机约200架。

六、航行计划：3月1日自腊包尔启航，船队航速7节，取道新不列颠岛北方近岸航线，3月3日下午5时驶抵莱城停泊地，3月4日日出前卸载完毕。

第18军司令部为了把战斗指挥部推进到莱城，决定搭乘驱逐舰同行。

〔航空力量相差悬殊〕 据推测，当时东南方面的敌空军兵力，在南部所罗门群岛方面约有飞机230架，在新几内亚方面约有200架。后者的主力展开在莫尔兹比和拉比，部分展开在布纳、瓦乌地区，有逐日增强之势，并正在猖狂出击莱城方面。根据这种发展趋势，估计到6月时，东南方面的敌空军兵力将达到700架，尤以B17、B24为主体的大型飞机的威力令人可怕。地面兵力则是，敌在东南方面新近编成了第6军，暗示正在做发动大规模攻势的准备。对瓦乌地区正在通过空运增加兵力，2月上旬其兵力已经达到3000名左右。另外，布纳和奥鲁湾间的汽车路及奥鲁湾的装卸设施也已修建完成。看来，敌军正在积极准备从陆海两个正面进行反攻的迹象十分明显。

新几内亚方面的作战正呈现出以空军力量的搏斗为中心的遭遇战的状态。然而日军的航空兵力，陆海军各机种合在一起总共只有300架左右，飞机的补充还不足以填补损耗，再加上缺少基地和修理能力不足以及情报、通讯设施不完善等，发挥持续的战斗力是困难的。注定造成丹皮尔海峡悲剧的"81号作战"，其实就是在这种形势下展开的。

〔悲剧的始末——低高度反跳轰炸〕 为了事前防止预料中的敌空军的攻击，曾计划预先攻击布纳、莫尔兹比敌空军基地，但因天气作祟而停止了。船队完全信赖航空力量全力以赴的直接护航，2月28日夜按预定计划自腊包尔启航，约100架陆海军飞机相互交替地担任了直接掩护船队的任务。

3月1日，当船队驶抵俾斯麦海霍尔曼海角北部海面时，就开始与敌大型飞机发生了接触。这一天幸而没有受到攻击就过去了。可是第二天上午8时，大约10架B17飞机对船队进行了第一次攻击。搭载第51师团长中野中将及其以下1500名兵员的旭盛号中弹沉没，搭乘人员中的800名得到2艘护卫舰的救护，先在莱城上陆。当天傍晚，船队遭到敌8架巨型飞机的第二次攻击。运输船野岛号遭到近弹爆炸而受伤，但并未影响航行。第二天（3日）上午7时55分，船队驶抵霍恩半岛克列钦海角东南30海里海面时，敌轰炸机约80架、战斗机约40架共约120架前来袭击。当时在船队上空的我海军战斗机有26架，战斗将近结束时又增加了14架。原来估计敌机可能实行超高度的轰炸，所以我战斗机都在高空待机。可是敌机却出乎我方意料之外，采取了低高度反跳轰炸的新战术（即将炸弹从低高度投到海面，利用水面反跳力使炸弹击中舰船的舷侧，水从舷侧破口浸入，使船沉没）。我方舰船误认这是鱼雷攻击而试作回避运动，但毫无效果。敌机的攻击长达1小时之久，结果7艘运输船全部和3艘驱逐舰起火沉没，其中驱逐舰时津风号上，乘有安达第18军司令官及其幕僚们。残存的5艘驱逐舰中的4艘,3日上午救护了生存者之后一度向北方回避,3日夜再次南下到现场,大力进行救护工作直到黎明,然后从丹皮尔海峡北上返回卡维恩及腊包尔。另一艘驱逐舰似于3日下午中弹沉没,完全断绝了联系。

结果是,因莱城、萨拉摩阿防守告急而急驰前来的6900名(包括步兵第115联队)官兵中,有3664名丧生,有2427名仅只身返回腊包尔,只有800名徒手抵达莱城。运输船满载的军需品和武器全部沉入海底,丧失了参加这次行动的大部分舰船。这样,准备孤注一掷的"81号作战",便以悲惨的结局而告终。

从所罗门转向新几内亚

〔**主体作战方面转向新几内亚**〕"81号作战"惨败的消息给了大本营以极大的冲击,结果使大本营把作战的指导重点明确地转向了新几内亚方面,使陆海军为在该方面确立作战根据地,真正一致地尽最大努力。即在新几内亚方面,自1月4日签订陆海军中央协定以来已逐渐增大了它的比重。大本营鉴于"81号作战"的失败,3月25日重新制定了《东南方面作战陆海军中央协定》,把它指示给第8方面军及联合舰队。

于是,此后日军的主要作战,从大本营到当地陆海军便都转向确保新几内亚尤其是确保莱城、萨拉摩阿要冲和准备下一步攻势方面,而所罗门、俾斯麦群岛方面则成了次要的作战面了。

〔**有关东南方面的新的作战协定**〕 摘录这个新的作战协定要点如下。
第一,作战目的
东南方面的作战目的在于确保和攻占该方面要地,确立优势并强韧的战略态势。
第二,作战指导
一、陆海军真正成为一体,将两军的主要作战首先转向新几内亚方面,确立在该方面的作战根据地。此间,在所罗门群岛及俾斯麦群岛方面,加强防御,以确保现在占领的要地,随时击败来犯之敌。
二、新几内亚方面作战
1. 针对敌人来自空中与地面的攻击,确保莱城及萨拉摩阿附近的重要地点。为此,陆海军要竭力确保对该方面部队的补给,增强所在部队的战斗力。
2. 加强航空作战,努力歼灭敌人的空军兵力;同时,特别要极力坚持切断敌军在新几内亚东岸的运输增势，并要充分掩护我方的运输补给。

3. 为进行新几内亚方面的作战，陆海军协同，迅速整备并加强新几内亚及新不列颠方面的航空、防空、运输补给等所需的基地群，同时主要以陆军部队极力修整所需道路，并特别要促进军需品的储备，借以创建并加强从新几内亚至新不列颠西部一带的作战根据地。

4. 随着前项作战根据地的整备与扩充，增强莱城、萨拉摩阿附近的兵力及其他作战准备，以加强确保该方面的态势，并加紧整备其他各种设施，以准备以后主要对莫尔兹比方面的作战。关于以后作战的实施，另行商定。

三、所罗门方面作战

1. 加强新乔治亚群岛及圣伊萨贝尔岛以北各要地的防务，以确保并扩充现有态势，随时击败来犯之敌。为此，陆海军的地面防务作如下分工：

北部所罗门群岛——陆军；中部新乔治亚群岛及圣伊萨贝尔岛——海军。

（根据当地陆海军指挥官的协定，配备必要的陆军部队，划归海军指挥官指挥。）

2. 靠海军航空部队及潜艇作战切断敌人对瓜达尔卡纳尔岛方面的增援补给，同时努力削弱敌人的力量。

3. 陆海军协同，迅速确定对所罗门群岛方面进行补给的办法，并努力修整布干威尔岛内所需陆上道路。

四、俾斯麦群岛方面作战

陆海军协同，加强新不列颠岛尤其该岛西部及斯鲁米（加斯马塔）方面的防御。为对新几内亚方面进行补给，迅速建成这里的海陆运输基地。

第三，航空作战

一、陆、海军尽各种手段，迅速增强航空兵力，同时谋求维持并增强战斗力，借以划时期地加强航空作战，万无一失地完成全面作战。

二、指挥航空作战时尤需努力综合发挥陆海军的航空战斗力。

三、在作战期间，尤其在昭和18年（1943年）9月以前期间，陆海军航空部队的任务分工如下：

1. 陆军

（甲）协助海军掩护新几内亚方面的运输补给及掩护俾斯麦群岛方面的运输补给。

（乙）协助新几内亚方面的地面作战和防御，并切断敌人在新几内亚方面的登陆运输。

（丙）与海军协同，在新几内亚方面进行航空歼灭战。

（丁）协助海军切断布纳附近以北敌人的海上运输。

2．海军

（甲）切断敌人在新几内亚方面的海上运输，并与陆军协同进行航空歼灭战。

（乙）进行所罗门方面的航空歼灭战，切断敌人运输，协助地面防御作战及掩护运输补给。

（丙）掩护俾斯麦群岛方面的运输补给。

（丁）协助陆军尽可能掩护新几内亚方面的运输补给。

3．俾斯麦群岛的防务主要由海军担任，陆军以其所在部队协助之。此外关于局部地区的防空，陆海军各以其所在部队相互协同进行之。

4．根据需要，以陆海军航空部队对新几内亚方面陆海军部队实行空中补给。

四、使用兵力如下，应极力为保持并增强这些部队的战斗力而努力。

1．陆军

第8方面军司令官指挥的约170架飞机，至9月约可增至270架。

2．海军

东南方面舰队司令长官指挥的约240架飞机，至5月以后约可增至340架，并根据情况，增加转用母舰飞机。

〔是新几内亚，还是所罗门？——进行调整的苦心〕 就这样，将主要作战移向新几内亚方面的战略思想，陆海军之间在协定上大体取得了一致意见，但原来海军重视所罗门方面的那种根深蒂固的思想是很难消除的。本来对担任太平洋方面作战与防务的海军来说，为了防守联合舰队的根据地特鲁克，确保腊包尔要冲的稳固是绝对需要的，因此，认为保持所罗门是必要的条件。因为容许美国空军把基地推进到距腊包尔不过400海里的中部所罗门，是海军最担心的。再者，海军由于海、空战斗力的基地和配备的关系，想把主要作战指向比较容易发挥其战斗力的所罗门方面也是很自然的。

另一方面，新几内亚无论从它对菲律宾及南方圈中枢的防御上来看，还是从它作为从新几内亚、新不列颠岛直到中北部所罗门群岛这条新战略线右翼支柱的意义上看，或者是从将来沿着陆地发动攻势的需要上来看，都处于当然应被重视的地位。而且总的说来，新几内亚比起所罗门群岛是更容易大规模运用陆军和发挥其战斗力的。所以陆军倾向于要把主要作战放在新几内亚方面也是很自然的。

为要调整基于各自不同的使命与地位的战略思想上的分歧，在制定协定上双方煞费了苦心。

〔第8方面军的命令〕 今村第8方面军司令官4月22日将第17、第18军司令官、第6飞行师团长等直辖部队指挥官召集到腊包尔司令部,向他们下达了根据上述大本营命令制定的方面军命令,明确指示了方面军的企图和各军各师团的任务。其要点如下:

一、方面军当前的企图在于,与海军协同,确立新几内亚方面的战略态势,以准备以后的进攻作战,同时确保并加强所罗门群岛及俾斯麦群岛的现在态势。

二、第17军应与海军协同,依据下列指示,担任所罗门方面的作战。

(甲)担任北部所罗门群岛的防务,确保现有态势,并尽可能强化之。

(乙)在中部所罗门群岛海军担任防务的地区,有关在海军指挥下的陆军部队的作战准备,指挥该部队。

三、第18军须与海军协同,依据下列指示,担任新几内亚方面的作战。

(甲)确保莱城、萨拉摩阿方面的要地,保证对该方面的补给,以首先确立该方面战略态势的基础。为此,要迅速划定和修筑从马丹方面及新不列颠西部方面通往莱城方面的沿岸及陆上补给道路。

(乙)在马丹附近以西的东部新几内亚沿岸要地,设置并加强海运及兵站基地,以确实保证运输补给。另外,设置必要的航空基地。

(丙)上述态势确立后,逐步加强,准备以后的进攻作战。

四、第6飞行师团应逐步向东部新几内亚推进基地,并与海军协同,主要担负下列作战任务。

(甲)摧毁东部新几内亚敌空军势力。

(乙)直接掩护对东部新几内亚方面的海上运输。

(丙)根据需要,直接协助陆军的地面作战。

(丁)不断搜索东部新几内亚敌人陆上、海上交通情况,相机攻击这些交通线。

(戊)防守腊包尔。

(己)根据需要,对前线部队实行空中补给。

〔加强新几内亚与腊包尔之间的联系〕 第8方面军司令官除上述部署外,还为加强新几内亚、腊包尔之间的作战联系,4月派辎重兵第51联队主力到阿德米雷耳提群岛中的罗斯尼格洛斯岛修建机场。接着,5月将第65旅团(以步兵第141联队为骨干,旅团长是真野五郎中将)派往西部新不列颠的吐鲁布及温勃依岛,令其担任该地警备和修整机场以及负责向新几内亚进行舟艇运输的运输基地业务。

母舰航空兵力进到腊包尔与山本元帅的战死

〔"伊号作战"——山本长官的前线指挥〕 如上所述，昭和18年（1943年）3月左右，敌机的威胁日趋严重，我军向东部新几内亚及中部、北部所罗门群岛运输兵力、军需品已面临困难。不仅敌我兵力的悬殊情况有日益增大之势，而且加强第一线的防务也因不断受到空袭干扰而一再推迟。要打破这种局面，就要排除万难，压制敌空军，在我掌握制空权的情况下强行运输，并摧毁敌人的作战准备，这已是当前的燃眉之急。

于是山本联合舰队司令长官依据3月25日的陆海军新中央协定，决定以其麾下的全部精锐航空兵力强行实施本次作战，4月初在"伊"号作战的名义下，决定了作战要领如下：

一、使用的兵力

第3舰队的150架、第11航空舰队的155架。此外有两个舰队侦察机若干。

二、作战期间

第一期为4月5日至4月10日，在所罗门方面作战（X作战）。

第二期为4月11日至4月20日，在新几内亚方面作战（Y作战）。

这些航空部队已分别在布因、巴拉勒、布喀、腊包尔、卡维恩基地展开。山本联合舰队司令长官4月3日自特鲁克动身进抵腊包尔，亲临前线指导作战。

〔X·Y作战〕 4月7日，"伊号作战"首先从"X作战"开始了。即以188架战斗机、轰炸机对停泊在瓜达尔卡纳尔岛的26艘敌舰船断然进行了攻击，击沉击伤其大半。在此次攻击中，我方也牺牲了21架飞机。

继"X作战"之后，4月11日、12日、14日相继进行了"Y作战"，取得了很大战果。即11日以94架战斗机、轰炸机攻击了正集结于奥鲁湾的敌舰船，击沉敌舰4艘，击毁敌机21架，我方仅损失飞机6架。而且在此次作战前后，以驱逐舰向吐鲁布的运输取得了成功。次日（12日）以174架的大型编队长驱直入猛袭莫尔兹比的敌机场和舰船停泊地，整个机场爆炸起火，消灭了28架敌机和1艘运输船。接着于14日为攻击停泊在米龙湾的敌运输船及拉比机场的敌机，以186架的编队一拥而上，取得了击沉击伤运输船10艘、击落敌机44架的战果。12日、14日两天我方不过只损失了飞机15架。这样，

"伊号作战"取得了预期的战果，官兵的士气也大为高涨。

山本司令长官16日宣布"伊号作战"结束，并命令第3舰队的母舰机和基地人员返回原队。

〔山本长官的战死〕 山本长官为了鼓舞"伊号作战"中英勇奋战的官兵士气，计划前去布因进行视察。4月18日上午9时，长官偕同舰队参谋长宇垣缠中将及其他幕僚分乘2架中攻机，由9架战斗机护航，自腊包尔出发飞往布因。长官一行的视察日程以"作战特别紧急电报"详细通知给了当地部队。可是当长官一行的座机飞临布因西方海面时，同已在距卡西里机场西北35海里上空严阵以待的30余架敌战斗机遭遇了。

转眼之间元帅座机被击落在布因北方的密林中，参谋长座机被击落在海上，造成长官战死、参谋长重伤、多数幕僚战死的大悲剧。这个悲剧是由于我方根本不晓得美军早已成功地译解了我海军的密码造成的，但当时并未能察觉到这一点。

海上总司令官山本长官的战死，给国民及海军官兵的士气带来了不小的影响。联合舰队暂由副指挥官近藤中将指挥，横须贺镇守府司令官古贺峰一大将被特任为山本大将的后任，4月25日以后就任。

东部新几内亚战备的加强

〔加强莱城、萨拉摩阿〕 根据3月25日大本营因"81号作战"失败而发出的指示，第8方面军及第18军首先要全力以赴的是加强莱城和萨拉摩阿。

当时莱城、萨拉摩阿地区所在陆军部队有独立混成21旅团、南海支队及冈部支队等。这些部队由于在以往的作战中损耗很大，再加上补给不足及疟疾流行，以至处于几乎完全丧失了战斗力的状态。因此当时的当务之急是建立补给体制和增强新锐兵力。

联合舰队从当时仅有的20余艘潜艇中经常拨出四五艘用来确保莱城、萨拉摩阿地区的补给。可是仅靠这几艘潜艇，对将来预计增加的兵力来说是不足的，于是第8方面军及第18军开始着手开辟利用大型机艇运输的补给线路，这条线路是从腊包尔沿新不列颠岛北岸至吐鲁布，由此渡过丹皮尔海峡到达莱城。

关于派遣新锐兵力一事，打算在东南方面舰队的协助下，利用驱逐舰的鼠式运输方式把步兵第66联队及第51师团在腊包尔的残留部队运抵芬什哈芬，然后再使这些部队循陆路或乘舟艇向莱城前进，以加强莱城与萨拉摩阿地区的兵力。然而实际上即使利用驱逐舰向芬什哈芬运输，4月上旬由于敌机的妨碍已不可能，后来便不得不将登陆地点改为吐鲁布了。

〔大型机艇运输也有困难——迟迟不能加强〕 这样一来，从腊包尔向莱城地区增强兵力，大部分便不得不靠大型机艇渡丹皮尔海峡了。尽管船舶工兵部队作了努力，但运输效率不佳，每月运抵莱城的人员很少超过2000名。以这个速度来增加兵力，除了抵消莱城、萨拉摩阿地区的死亡和送往后方的伤病员所余无几，该地区兵力的加强迟迟不得进展。事实上，直到6月末，莱城、萨拉摩阿地区所在的第51师团的战斗力还只有步兵1个大队、炮兵1个大队左右，并没有超过一个支队的战斗力。再者，曾经在新几内亚长期进行艰苦战斗的独立混成第21旅团及南海支队，根据大本营命令已离开新几内亚，分别调往国内和缅甸方面去了。

4月19日，把军司令部转移到新几内亚马丹的第18军司令官，鉴于上述状况作了如下部署：命令当时从威瓦克进到马丹地区的第20师团步兵第80联队的神野大队，从马丹出发，依靠大型机艇的沿岸运送，开辟前进道路进到莱城，以加强第51师团的战斗力。该大队预定于7月初到达莱城。

〔修筑马丹——莱城道路——路途遥远〕 可是，派遣神野大队走海路仅仅是一种应急措施，只是当时第18军所怀加强莱城地区兵力的设想的一部分。第18军正在实行上述的使第20师团从马丹进入莱城的计划，而其采用的方法则是通过修筑汽车路来推进兵站线。

当时东南方面的陆军部队，面对敌机的攻击，迫切希望设法以陆路兵站线来替代脆弱的海路兵站线，进行陆军方式的作战。开辟这条陆路兵站线路，不仅对加强以莱城、萨拉摩阿为第一线的东部新几内亚的战略态势是必要的，而且对将来发动攻势当然也是必要的。这是陆军部队从以前东南方面作战中得出的一条重要教训。

第18军早就想修筑马丹—莱城间的道路，并已派出前一年12月在马丹登陆的步兵第21联队第3大队主力，于昭和18年（1943年）1月，边实地勘查、边向莱城前进。接着在2月，随着第20师团柳川支队进到马丹，开始了更为精密的调查。4月，在第20师团进到马丹的同时，便配备尽可能多的工兵部队正式开始施工。

计划中的路线是以马丹南方的波加基姆为起点，向南越过菲尼斯蒂尔山脉到达拉姆河谷，然后再经拉姆河及马卡姆河北岸地区进到莱城。其最近距离约为300公里，工程最艰巨处是菲尼斯蒂尔山脉。这个地区的菲尼斯蒂尔山脉虽然标高基本上在1000米以下，但剑山刀谷绵亘相接，整个山脉都被从未砍伐的密林覆盖着。而我方筑路用的器材却极其糟糕，几乎没有可用的机械。即使是有，也要从帛琉装船运来，因而很难运到现场。情况尽管如此，官兵们仍然以随身携带的器具向大自然挑战，在菲尼斯蒂尔的山腰开出了一条羊肠小道。官兵们的劳苦无法形容，而每月的进展仍超不过30公里，通向莱城的道路前途辽远。

〔开辟运输的作战〕这一年的1月7日，在新几内亚西部方面配置了第19军，同时将查亚普拉以东的新几内亚划作第18军的作战地区。东部界线即使限定在莱城地区，其全长最短距离仍约为1000公里（作者注：相当于从东京到北海道北端或到九州南端的距离）。面对这样一个广大地区，如今虽然第51、第20及第41师团的主力已分别在莱城、马丹、威瓦克地区大体展开了兵力，但将这些师团的余部和3月以来刚刚得到增强的军直辖部队运往新几内亚，却是一个有待解决的很大的问题。

当时向新几内亚运送兵力和军需品的运输基地是帛琉。最初第18军希望向马丹实行船队运输，但考虑到敌我空军力量的对比关系，位于马丹和威瓦克中间的汉沙便成了能够进行船队运输的最前方的地点。即使这个汉沙，5月间在卸载当中，船舶的损失也增加了。因此，到了6月就不得不把威瓦克作为最前方的卸载地点。

即使这样，船队运输还是不能顺利进行。为了便于海上及空中掩护，将运输船编成了由4至6艘组成的船队。为了减少船舶的损失，限定只在每月的月亏期进行运输，并限定卸载时间大致为一昼夜。要在这样短时间内完成船队的卸载，在卸载兵力方面也要付出极大的努力。所以，这个船队运输的确是一次需要陆海空三军紧密协同的作战。

运输情况既然如此，加上配备的船只也不够，致使约12万新几内亚作战总兵力的运输迟迟不见进展。事实上，即使像第41师团那样的战斗兵团，到了昭和19年（1944年）1月，才得以将其全部兵力集结在新几内亚。至于其他部队，或因部分兵员留在帛琉，或因重吨位的主要资材受到装船的限制，致使部队的编制与装备残缺不全，不能充分发挥其机能。

〔各部队正置身于大海里的孤岛上〕运输既然如此困难，而在新几内亚登陆官兵所面临的，首先是在局部地区机动上的困难和对当地的开拓。即联结查亚普拉、威瓦克与马丹等地的陆上道路，只不过是些土著居民走的路，而且有许多河流横贯其间，这种情况使这些基地宛然处于各自隔绝的孤岛般的状态。这些官兵借助缴获的澳制250000∶1的地图，为开辟陆路及水路和沿着这些线路向前运送军需品竭尽了全力。

如前所述，在新几内亚建设机场的工作，首先是由地面部队担任的。3月以后，第6飞行师团的修建机场部队陆续在新几内亚登陆，第18军部队仍然协助担任了机场的修建与整备工作。4月前后，随着马丹、汉沙及威瓦克岛等机场的大致建成，第6飞行师团的飞行队也开始逐渐向新几内亚移动其基地。

尽管官兵们战胜上述种种困难，做了极大的努力，但常常是好不容易建成的桥梁一夜之间竟被暴雨冲走。这种尚未开垦、充满瘴疠的新几内亚的大自然的威力，大大妨碍了我战略体势的确立，令人感到作战的前途不容乐观。

对新几内亚脊棱山脉内机场的作战准备

〔贝纳贝纳、哈根的威胁〕 这时，第18军司令部重新提出了新几内亚方面陆军作战指挥上的一个重大课题。这就是发现了贝纳贝纳、哈根方面敌人的策源地与建议对此进行进攻作战。

所谓贝纳贝纳、哈根方面，是指新几内亚的马丹南方，介于奥因斯坦列山脉的主脉同俾斯麦山脉之间的高原脊棱地带。这个地带东西宽150公里，标高达2000公尺，澳洲从战前就在开南兹、贝纳贝纳、威廉等地设置了机场。

第18军早已侦悉敌情报部队已进到贝纳贝纳地区并正在那里活动，因而注意了该方面之敌的动态，尤其是航空设施的整备状况。但从4月以来，才逐渐弄清，敌正在加强该方面的空军基地。至6月中旬，有情报说，澳洲军第3师团的大约2个大队已进到贝纳贝纳，并正在使用和整备一部分已设机场。当时日军已发现的机场有大型机场7个，中小型机场5个。假如敌人加强这个基地群，作为战斗机的前进基地加以使用，那就等于在延伸到威瓦克、马丹、莱城、萨拉摩阿的日军的心脏部位插上一把匕首。特别是从航空作战上来看，联结丹皮尔、汉沙和威瓦克等地的我水上补给线自不待言，就连北岸的陆路联系也将受到威胁，各个重要地区将被截断陷于孤立，尤其敌人将得以对威瓦克实行战斗机、轰炸机的联合攻击，而我方则将不可能对该地实行船队运输。

第18军基于上述考虑，认为排除这方面的威胁是当前作战指挥上最紧要的任务，甚至考虑即使暂且改变原来的作战，牺牲确保莱城、萨拉摩阿的计划，也必须完成这项作战。第18军向第8方面军司令部和大本营提出了这一意见，两者对这种形势都很重视。于是大本营、第8方面军及第18军便一致研讨并准备对贝纳贝纳、哈根方面的作战。

〔修改第8方面军的作战计划〕 在讨论这个难题的同时，第8方面军把敌人逐渐明显地企图对东南方面整个正面采取攻势的状况同我方作战准备的进展状况加以比较，6月20日修改了作战计划。即在修改后的作战计划中，第8方面军重新命令第18军：在新几内亚方面要进一步促进原来方针的实现，即完成莱城、萨拉摩阿附近的防御体制，并推进攻占瓦乌的准备，以及加强马丹、威瓦克、芬什哈芬等后方要地的防御，另一方面要阻碍并压制贝纳贝纳、哈根方面敌人态势的加强，并促进对该方面的作战准备。对所罗门群岛及俾斯麦群岛方面的作战未作新的修改。对第6飞行师团，除要求继续执行原有任务外，还特别要求压制正在修建的贝纳贝纳、哈根及瓦乌方面的敌空军基地；另外还附加了一项协助第18军地面作战的任务。当时该师团的兵力仅有飞机100架左右。

〔第18军的作战设想〕 基于第8方面军下达的新任务，第18军反复研究了对贝纳贝纳、哈根的作战，至7月中旬归纳出一个方案，其设想如下。

以第20师团的主力自马丹方面首先攻占贝纳贝纳，继而进攻开南兹与威廉。在第20师团攻占贝纳贝纳的同时，以第41师团之一部自威瓦克方面进攻哈根。作战自9月上旬开始，约以1个月的时间达到攻占贝纳贝纳的目的，约以2至3个月的时间达到攻占开南兹的目的。根据情况，预料攻克开南兹还需使用一个战略兵团。为使这一地面作战易于进行，以航空兵力压制该方面敌空军基地，并以空降部队攻击贝纳贝纳、开南兹及其他需要攻击的敌空军基地。

〔作战的困难性〕 大本营方面主要为实行这项贝纳贝纳、哈根作战，决定划时期地加强东南方面的陆军航空兵力，6月下旬下令将在西南方面新编成的第7飞行师团（师团长须藤荣之助中将）编入第8方面军司令官指挥之下，并命令陆军第1挺进团进到帛琉。接着，7月28日新发布了隶属于第8方面军的第4航空军（以第6、第7飞行师团为基干，军司令官为寺本熊市中将）的战斗序列令。

不过，据第18军估计，要进行这次作战，仅攻占贝纳贝纳机场群就需要地面兵力3万人左右（大部分是负责运送补给的兵力），要完成预定的全部作战任务还需要1万名以上的兵力，而且这要等待几个月以后、后方汽车补给路向前推进才有可能。当然，暂时需要拿出我全部航空战斗力予以协助。

另一方面，从整个形势看来，我防御上的致命弱点仍然在丹皮尔海峡西岸要地和莱城、萨拉摩阿地区，这是不容否认的。而敌军在贝纳贝纳、哈根等地区，正在集结3个师以上的兵力，必须估计到近期将开始攻势。也就是说，同盟军能否给我们以充裕的时间来实行贝纳贝纳、哈根方面的作战，战局的演变还不允许我们遽然作出判断。

加强所罗门的防御

〔**陆海军的防务分担**〕 另一方面，在所罗门群岛方面，如前所述，自1月以来已把第6师团加派到所罗门北部的布干威尔岛；把第8联合特别陆战队加派到所罗门中部的孟达、克伦班哥罗；把第7联合特别陆战队增派到雷格塔，抓紧了强化该方面防务的应急对策。但由于敌海、空军的执拗的干扰，第8联合特别陆战队直到4月下旬，第7联合特别陆战队直到7月下旬才进驻完毕。

该方面陆海军之间的防务分担及指挥关系，按3月25日通过的《东南方面作战陆海军中央协定》，决定陆军担任北部所罗门群岛的作战，海军担任中部所罗门群岛的作战。并且决定中部所罗门群岛的作战由第8舰队司令长官鲛岛具重中将负责，该司令长官一并指挥第8联合特别陆战队及所在陆军部队；北部所罗门群岛的作战由第17军司令官百武晴吉中将负责。

〔**是作前进部署，还是作后退部署？**〕 在达成这项协定过程中，在战略思想上，如前所述，陆海军之间有过微妙的分歧。即在选定迎击同盟军攻势的主要战线问题上，海军主张在中部所罗门群岛作前进部署，陆军则主张在北部所罗门群岛作后退部署。海军主张的理由是，要摆脱同盟军空军威力圈来防守并确保腊包尔要地，就要尽量将主要战线选在前方。陆军主张的理由是，海军的主张固然基本上可以同意，但正如已被瓜达尔卡纳尔的痛苦经验所证实那样，对难以获得制空优势的日军来说，以强有力的兵团来保持补给线很长的孤岛，在补给上是有困难的。这种意见分歧，经过协商，决定使中部所罗门地区具有前进阵地性质，把北部所罗门群岛作为主要战线而暂时达成了妥协。

但是，海军方面并未因此而完全放弃重视中部所罗门的想法。因此，后来在当地，东南方面舰队同第8方面军之间，就向所罗门群岛中部增强陆军兵力的问题，仍然多次进行了磋商。结果陆军方面还是同意了海军方面的要求，决定逐渐增强陆军兵力。随着陆军兵力的增强，认为有必要重新统一所罗门群岛中部方面陆军兵力的指挥关系。5月初，陆军下令编组东南支队司令部（支队长佐佐木登少将）。该司令部隶属于第17军，同月31日进到孟达，继承了该地区陆军部队的指挥。后来该支队又划归第8舰队司令长官指挥，同第8联合特别陆战队协同担任该方面的防务。至此，该方面的总兵力已约达13900名，其中陆海军的数目大致相等。当时瓜达尔卡纳尔方面敌空军力量正在迅速增强，所罗门中部地区已纳入其威力圈内。我方的兵力运输主要靠海军的轻型舰艇，军需品的运输则不得不利用海军的轻型舰艇和海上卡车（500吨—1000吨的小型运输船），利用每月末到下月初的月亏期实行夜间运输。因此运输效率低，作战准备进行得十分迟缓。

〔6月末所罗门的配备〕 经上述准备，6月末，即敌在该方面开始反攻的当时，所罗门群岛方面我地面兵力的配备情况如表33-1。

表33-1

方面	作战分工	地区	陆军兵力	海军兵力	机场数
所罗门中部	第8舰队	孟达	东南支队司令部 步兵第229联队（缺1个大队）	第8联合特别陆战队司令部 吴第6特别陆战队	1 （基本完成）
		克伦班哥罗	步兵第13联队（缺1个大队） 步兵第229联队中的一个大队	横须贺第7特别陆战队	1 （未完成）
		雷格塔	步兵第23联队中的一个大队	第7联合特别陆战队司令部 吴第7特别陆战队	（水上基地） 1
所罗门北部	第17军	布干威尔岛 布因	第6师团司令部 第6师团主力 （步兵4个大队 炮兵1个大队）的基干	第1海军根据地队 佐世保第6特别陆战队	2
		基埃塔	步兵第45联队 （步兵1个大队 炮兵1个中队）的基干		
		布喀岛	骑兵第6联队	佐世保第6特别陆战队的派遣队	1

第34章

加强西南方面的战备

昭和18年（1943年）初的敌情判断

〔**缅甸风云险恶**〕 当在东南方面，同盟军的反攻极其猛烈，第8方面军和东南方面舰队在作殊死搏斗的时候，南方军总司令官寺内大将和西南方面舰队司令长官草鹿中将负责指挥的西南方面的战局，乍一看来似乎比较平静，但已开始看出敌人在该方面要发动总反攻的险恶情况。尤其在缅甸方面，其征兆已十分明显。

即在昭和17年（1942年）夏，驻印美英空军还只有飞机170架左右，但现在已急增至400架左右，而且由B24、P38等精锐飞机改编成的美国空军，已成其战斗力的主体。印度东部的空军基地正在大规模扩建。另一方面，在华美国空军约已增至120架。昭和18年（1943年）1月，空袭缅甸的敌机竟达1000架次之多。援蒋空运也日益增加，据推测，当时1个月的空运量已达1000吨。

与空军反攻的同时，地面的反攻也开始了。从昭和17年（1942年）11月末起，叫嚷夺回缅甸的英印军，开始首次反攻若开昭和18年（1943年）1月在布齐敦—敦贝科战线，敌我展开了殊死战斗。英印军的第一线兵力已达到一个半师（印度第7师及第77旅）。

2月中旬，在若开正面的激战达到最高潮时，英印军的1个旅（温格特旅）突然从英帕尔方向潜入缅甸北部，炸毁了密支那线铁路数处，并有继续东进之势。第15军在缅甸北部的密林地带开始了扫荡这股敌人的作战。后来逐渐弄清，这股敌人的入侵是为下一步大反攻做大规模的准备。在东部阿萨姆地区，正在利用援蒋空运机返航之便从中国空运壮丁，施以美式装备和训练，编成美式中国军队，据判断，这支军队当时已达1万名左右。从东部阿萨姆起，经富昆溪谷联结昆明的所谓利多公路的修建工程确实正在大规模进行。敌人也把这条公路称作东京公路。

另在云南方面，陈诚指挥的缅甸远征军已经编成，其兵力约达7个师，并且肯定正在计划继续增强精锐兵团。其训练、装备和补给等虽然还不够完善，但是可以看出，在美军军官指导下的训练与一部分改编为美式装备等活动，是相当积极的。其一部已经进到怒江（萨尔温江）西岸，正在积极开展搜集情报、争取民众等各项工作。

〔澳北方面的状况〕 在澳北方面虽尚未看出敌军积极的进攻企图，但敌机、敌潜艇的活动却日益频繁。尤其随着第7飞行师团对澳洲进行航空攻击，敌机和敌潜艇对班达海正面的报复活动更加激烈起来，致使我兵力对该正面展开与运送极感困难。即为了将兵力展开在班达海正面，从苏腊巴亚启航的运输杉浦支队（第5师团之一部）的船队（4艘），驶抵安汶时已损伤一半，因而从安汶岛再往远海岛屿的运输，便不得不在夜间以海上卡车进行单船运输了。在其他正面，敌情虽无较大变化，但部分敌潜艇的活动却活跃起来，孟加拉湾、印度洋方面的海上运输正在日趋危险。

〔对同盟军企图的判断〕 鉴于以上敌情，当时大本营及西南方面当地驻军判断，西南方面同盟军的反攻将指向澳北方面和缅甸方面两个正面，其反攻将在昭和18年（1943年）末达到高潮。

就是说，在澳北方面，敌人的企图是，结合东南方面的反攻，可能将相机先攻占班达海正面的阿鲁、卡伊、丹尼巴等岛屿，逐步向新几内亚西岸推进，以实现其攻占或压制新几内亚的目的。

在缅甸方面，敌将企图首先迅速夺回若开，同时加强航空作战，以便压制我航空力量，孤立缅甸，使缅甸境内的交通陷于瘫痪。接着，在本年雨季（10月）过后，英帕尔方面的英印军主力、东部阿萨姆方面的美中军很有可能与云南省方面的缅甸远征军等遥相呼应，首先反攻缅甸中北地区，取得进展后，再同海上的反攻相策应，试图夺回整个缅甸。在此期间，敌将相机努力夺取安达曼群岛，以便夺回孟加拉湾及安达曼海的制海权。

另一方面，在整个南方海域，敌将加强潜艇作战和对西南方面资源要地的轰炸，着重阻挠日本增强战斗力的作战。

（薄弱的陆军防御） 当时西南方面日军的配备状况，同上述敌方形势相比，却令人不胜寒心。就陆军而言，昭和17年（1942年）6月进攻作战告一段落时，由于对成功信心太大，没有料到敌人会这么早就举行全面反攻，因而为刷新军容，竟把相当数量的地面、航空兵力调回满洲、中国和国内。及至昭和17年（1942年）9月，瓜达尔卡纳尔岛战况告急，又从西南方面抽调地面和航空兵力用于东南方面，这就使西南方面的防务更加薄弱，使迎击敌人反攻的作战准备产生了漏洞。其兵力配备状况如表34-1。

表34-1 南方军（司令部在新加坡）

地域别	地面兵力		航空兵力		
缅甸	第15军	4个师团	第5飞行师团	3个战队	
马来	第25军	1个独立守备队		3个战队	驻马来第5师团停止返回国内，预定转用于澳北。
苏门答腊		1个师团 2个独立守备队	第9飞行团	2个战队	
瓜哇	第16军	2个独立守备队	第3飞行团	3个战队	
澳北		1个师团			在澳北还预定配备第5师团，其一部在运送中。
婆罗洲	婆罗洲守备军	2个独立守备队			
法印	印度支那驻屯军	1个师团	第5飞行师团	1个战队	

寺内南方军总司令官认为急需增加兵备，乃于昭和18年（1943年）3月下旬向大本营提出了关于增加（新设）兵力的意见。其意见如下：

地面师团2个师团（缅甸）和一个旅团（马来）

防空部队2个兵团（巴邻旁及庞卡兰布兰丹）

高射炮部队23个大队

泰、法属印度支那驻屯队各1队

其他，工兵部队

另外，迫切要求在缅甸将第15军改编为方面军，其下新设一作战军。

〔**劣势的海军战斗力**〕 其次，西南方面的海军战斗力更为薄弱。

它是在西南方面舰队（先驻苏腊巴亚后移到马尼拉）的属下，以第1至第3南遣舰队与第21、第23航空战队及海上护卫队编成的。

第1南遣舰队（新加坡）的兵力，以练习巡洋舰为旗舰，仅由十几艘布雷艇、海防舰、猎潜艇等组成。其第9至第12特别根据地队分别部署在沙璜、新加坡、西贡和安达曼。

第2南遣舰队（苏腊巴亚）是由以重巡1艘、轻巡3艘、布雷艇1艘为骨干的第16战队及其他各种特殊舰艇组成的第21至第25特别根据地队编成的。这些根据地队部署在苏腊巴亚、巴厘巴板、望加锡、佛罗勒斯岛和安汶。

第3南遣舰队（马尼拉）仅有几艘特殊舰艇。海上护卫队只有15艘驱逐舰和3艘巡逻艇。两个航空战队的飞机总数约不超过140架。

西南方面作战要领的决定

〔**陆军的新作战计划**〕 大本营陆军部为应付预料中的敌在西南方面的反攻企图，昭和18年（1943年）2月末制定并下达了该方面的年度作战指导计划，这就是《昭和18年度帝国陆军西南方面作战指导计划》。在这个计划里，放弃了以往以实行军事管制和维持占领地区治安为重点的思想，转为主要着眼于击退敌人的反攻的作战准备与作战上来，并决定将作战和防御的重点放在缅甸方面和重要资源要地。该计划还特别具体地制定了缅甸方面的作战要领，并明确了根据情况对印度东北方面实行地面进攻作战的意图。

该计划的要点如下。

一、作战指导方针

1. 确保并稳定西南要地，迅速加强战备，主动地随时随地彻底粉碎敌人的进攻企图，借以摧毁敌人的战斗意志。

2. 如果整个形势允许，抓住良机，对印度东北方面实行地面进攻作战。

3. 将作战及防卫重点放在缅甸方面与重要资源要地，把治安的重点放在菲律宾。

二、作战指导要领

1. 确保西南方面现在占领地区。

但缅甸方面需要确保的要地，定为怒江以西、密支那、甘马因、加里瓦、甘高、若开一线的地区和丹那沙林地方。

2. 对下列地区的战备，尤须优先尽快加强之。

（甲）补给线位于受敌机威胁的海面方面，如缅甸和班达海方面。

（乙）巴邻旁及庞卡兰布兰丹地区。

3. 预定在缅甸方面进行的主要作战及作战要领，大致确定如下。

（甲）若开附近的反击作战

（一）令以第55师团为基干的部队尽速击败进攻若开正面之敌，大致进到布齐敦、孟都一线。

（二）为便于确保若开，迅速修建陆上补给道路；加强海上补给与掩护；增强城堡工事，整修航空基地。

（乙）对敌人主要攻势的反击作战

以一部分精锐兵力确保国境方面要线，主力大体集结于曼德勒——东吁公路周围，随时迅速对所需方面采取攻势，各个击破英印军和重庆军，尤其主要力求与英印军决战，将其歼灭在阿拉干山隘路口附近。为此，要注意整备和确保交通、城堡设施。此次作战的时间预计在本年雨季结束（10月）以后，可用于缅甸的总兵力预定为6至7个师团。

（丙）攻占廷苏基亚的作战

本年雨季结束后，如情况允许，为了有助于切断援蒋航空线，可对印度东北部廷苏基亚附近实行地面进攻作战。

（丁）航空作战

（一）在雨季到来之前（至6月初），以部分兵力奇袭缅甸周围的敌空军力量，加以压制。

此外，协助若开方面的反击作战。

（二）雨季结束后，以航空兵主力歼灭印度东部方面敌人的空军力量。

当敌发起主攻时，以主力协助第15军作战。

4. 在澳洲及印度洋正面击溃预料中的敌企图登陆的作战指导，按如下要领进行。

（甲）当敌来攻时，力求在敌登陆前以航空兵力及海军舰艇将其消灭在海洋上。为此须修整更多的航空基地。

（乙）以独立守备队直接部署在估计敌人可能登陆的地点附近和担任要地的警备，力求以战略兵团与所待之敌进行决战。

（丙）在迫不得已的情况下，也要牢实确保主要机场群和作战根据地，以利于我航空部队的作战和以后的进攻。

5. 关于马来、苏门答腊、爪哇方面的作战，在防备敌军来攻的同时，尤须重视巴邻旁地区的防务。

6. 对其他各地区，尤其对马来、菲律宾，要加紧平定境内残敌的作战；关于法属印度支那北部的防御作战，要同法属印度支那部队协同，在国境方面采取攻势，随时粉碎敌人。

根据上述作战指导要领，首先指挥了第一次若开作战，接着又采取或促进了以下各项措施，即在澳北方面创设第19军；以第54师团增强第16军；新设缅甸方面军和向缅甸方面增强兵力；修建泰缅铁路；加强巴邻旁的防空；加强安达曼、尼科巴等印度洋方面的防务等。

〔海军的新作战要领〕 3月25日，大本营海军部也制定了第三阶段作战方针，下达了其中一环的西南方面的今后作战要领。

其主要内容如下，它表明了对新几内亚南部和可可岛实行进攻作战的企图。

一、海陆军紧密协同，严密防守南方占领地区，阻止并粉碎敌人的夺回作战和空袭。

二、对澳洲西北部随时实行航空作战，力求事先摧毁敌人来自该方面的反攻企图。

三、确保孟加拉湾东部的制海权及制空权，以保证对缅补给运输线的安全，同时力求先发制人地击破敌对该方面的反攻。

四、根据另件规定，相机攻击新几内亚南部要地。

五、以潜艇和相机以水面舰艇破坏印度沿岸及澳洲西岸的敌海上运输线。

六、同陆军协同，相机攻占可可岛，并对敌舰队和重要地区进行奇袭破坏。

上述要点表明了广泛而积极的意图，但却没有足以完成它的具体作战准备的保证。由于西南方面舰队的兵力薄弱，持续进行大规模作战几乎是不可能的。尤其像对新几内亚南部和可可岛的进攻作战，只不过是表明了海军的希望而已，实际上这项作战始终也没有实现。

第一次若开作战及北缅甸的扫荡作战

〔战略要地若开〕 上年末以来在缅甸若开正面展开的英印军的反攻与我军对此的反击作战，其结果如何对该方面战局的前途是有重大意义的。

若开位于沿阿拉干山脉西侧狭小的孟加拉湾沿岸地带，据有战略中枢的地位。这个地带是日军最易由海陆并举进攻印度领土的地带。只是伊洛瓦底江以西的陆上交通极为不便，沿海岸的水路是最重要的交通线，这可以说是最大的缺陷。

另一方面，对于当时海上力量尚不雄厚的英印军来说，这一地带作为向缅甸中枢地区进行反攻的据点，却是最重要的关键地区。尤其若开附近设备完善的空军基地和船只停泊地，是敌我双方都要重视的地方。如果英印军一旦将反攻据点推进到这个地带，以后就可以水陆并进直捣缅甸的心脏地区。第15军警惕地注视着若开在攻防上具有如此关键作用的战略上的重要性。

〔作战的开端——反攻的开始〕 果然，英印军于昭和17年（1942年）11月末企图首先夺回这个地带而开始了反攻。即以印度第77旅为先头部队进到靠近印缅国境的布迪当、孟都的我方阵地前面，开始了正式的进攻准备。

当时这一孟加拉湾地区属于我第33师团防区，以步兵两个大队为基干的宫胁支队，担任孟都、布迪当第一线防务。然而鉴于英印军反攻的征兆和我兵力的单薄，决定以若开岛要冲为核心收缩防御态势，12月末撤出该线，退到若开北侧的拉德堂、敦贝科主要战线。

我守备队一开始撤退，早已准备反攻的敌人便一下子尾随上来，不让宫胁支队有足够时间在新防线构筑完整抵抗阵地，1月初从各方面发起了攻势。宫胁支队的大约1个中队，首先在敦贝科同印度第77旅主力进行了残酷的激战，这成了若开会战的开端。

〔**饭田军司令官的作战指挥**〕　第15军司令官饭田祥二郎中将认为英印军的反攻已经到来，便于1月3日暂先直接统辖宫胁支队，接着令第55师团（师团长古闲健中将）担任该方面作战，决定宫胁支队归该师团长指挥，将该师团主力迅速推进到该方面，以歼灭英印军，而将师团主力开始进攻的时间预定为3月下旬。同时第15军司令官为了便于进行即将来临的若开会战，认为控制卡拉丹河谷是重要的，便采取措施，令第33师团的1个大队（有延支队）自帕科库附近出发。经包—宾古瓦—卡拉丹公路向卡拉丹河谷挺进。这是一条要辟开密林、踏破杳无人迹、标高达3000公尺的阿拉干山脉的险峻的前进道路，此举能否符合战机令人十分担心。当时正在缅甸南部的第55师团已循陆路进到洞鸽，然后从该地循海路靠舟艇的机动开始了困难的前进。苦于舟艇不足和敌机的猖狂活动，前进非常迟缓。另一方面，拉德堂、敦贝科的战斗日趋激烈，致使第55师团提议要放弃这条重要战线。然而饭田军司令官拒绝了这个意见，严令要坚决确保这一重要地区。

受命死守敦贝科的守备队1个中队，1月初以来击退了敌人的4次总攻击。第55师团长鉴于战线的危急，2月上旬以来将陆续到达的部队立即投入前线，勉强保住了拉德堂、敦贝科一线。我面前之敌除了印度第77旅之外，还增加了英印军第7师，以连续的强袭反复进攻。

正当这时，踏破阿拉干山天险的有延支队在历经长达40天的艰苦行军之后，2月下旬突然进到卡拉丹河谷，急袭了敌人背后，敌军才突然动摇起来。

〔**因丁歼灭战**〕　师团长立即抓住了这个战机，率领当时能够集结的仅仅5个步兵大队的兵力，2月25日首先从拉德堂方面断然开始了攻势。

师团的作战设想是："巧妙地反手利用沿敦贝科海岸来袭的英印军主力的冲力，以一部分兵力将其牵制在马由半岛的一隅。在此期间，以师团主力从马由河两岸开始奇袭攻势，沿毛杜科山脉东侧地区深入挺进，同有延支队的迂回相呼应，在因丁附近截断敌主力的退路，加以捕捉歼灭。接着穷追残敌至孟都、布迪当一线加以捕捉，与此同时将防线推进到该线。"

师团主力的奇袭完全成功。步兵第112联队击溃拉德堂正面之敌，接着3月20日进抵马由河右岸，横穿毛杜科山脉，向因丁附近挺进。步兵第143联队则沿毛杜科山脉纵行，向因丁附近挺进。两个联队相互协助，3月下旬向已被压缩在因丁附近的敌1个旅发起了猛攻，取得了歼灭其主力，俘获其旅长的战果。

在此期间，有延支队沿卡拉丹河谷南下，首先占领了敌背后重要据点皎托，接着进抵马由河谷，为师团主力的挺进创造了有利条件。敌人由于在因丁附近遭到歼灭性打击，开始了全面溃退。师团乘势向北急迫败敌，5月上旬再次夺回布迪当、孟都主要战线。溃败之敌远遁到印度境内。

历经4个月的若开会战，由于第33师团之一部和第55师团主力在花谷师团长的统率下的勇敢善战，日军取得了辉煌胜利，英印军反攻缅甸的首次尝试完全被摧毁了，给了英印两国军民以巨大的冲击。

〔温格特旅的侵入〕在这次若开作战的同时，在缅甸北部，第15军也对温格特旅（温格特少将指挥的兵团）展开了扫荡战。

此次作战完全出乎日军意料之外，对日军以后的作战指导及其战略思想给予了重大影响。2月中旬，第15军司令部接到报告说：驻在纵贯北缅甸中央的密支那铁路沿线及通往印度的瑞波—加里瓦公路地区的第48师团及第33师团部队突然同兵力不明之敌交战，密支那铁路数处遭到破坏。这个报告对第15军来说犹如晴天霹雳，起初对敌人的兵力和真实情况根本一无所知。

当时日军过于相信拥有险峻的印缅国境，与密支那铁路并行的南北走向的明京山脉，流贯这两个山脉之间的亲敦江这些天然屏障，以及漫无止境的瘴疠和原始树海等都是无法逾越的障碍。认为在作战道路正式建成以前，敌我双方以大兵力进行作战几乎是不可能的，并且断定，对付渗透进来的部分敌人，只要以少数兵力扼守住明京山脉中的2、3条山路就足够了。

基于这一判断，第18师团和第33师团都只把部分兵力部署在密支那铁路沿线、瑞波—加里瓦公路及卑谬等地区，将其主力集结在以眉苗、葛鲁为中心的掸高原，专心致力于恢复战斗力和训练方面，而忽视了对印缅国境，尤其对亲敦江正面地形的侦察和敌情的监视。后来随着扫荡作战的进展，才逐渐弄清那股来历不明的敌人原来是温格特旅；本年1月初，东南亚同盟军司令官蒙巴顿在英帕尔亲自为该旅壮行；该旅是途经巴勒尔—塔姆—锡唐公路，渡过亲敦江，分成几路纵队翻越明京山脉向东挺进的。敌人有渡过伊洛瓦底江、进一步向云南方面挺进的迹象。其补给是靠空运的。

〔密林中的大扫荡战〕 第15军以第18师团主力和第33师团、第56师团的一部分精锐兵力，在广阔的缅甸北部丛林地带展开了追逐神出鬼没之敌的扫荡战。经一个月作战的结果，制止了敌人有组织的行动。从4月初起，敌人分成小股部队开始撤退。进入5月，扫荡战大体结束。

由于这次长达3个月的作战，第15军的官兵疲于奔命，恢复战斗力、进行训练等计划都成了画饼。

〔对缅甸北部的新认识〕 当时认为，这种反攻如果以几个梯队波浪式地反复进行下去，则缅甸中部与北部的防卫将濒于崩溃；并且开始认识到，无论是亲敦江也好，明京山脉也好，或则漫布缅甸北部的密林也好，在旱季，对驮马编制的兵团来说，都不会是限制其行动的障碍。还认识到，敌人为了准备丛林战，已在其编制、装备、战法、训练和补给、通讯等方面进行了大改革。并且逐渐弄清，此次温格特旅的反攻，既是这种改革的实地试验，又是为侦察缅甸北部的地形和日军的配备情况，并设置谍报网，以准备为不远的将来对缅甸北部进行一次大规模反攻的果敢的作战。

第15军过于相信印缅国境方面的天然屏障而建立起来的历来的防御设想，于是必须从根本上重新加以研究了。遗憾的是，第15军司令部及其所属师团司令部的领导没能看清温格特旅断然进行如此大规模挺进作战的两点最重要的目的。其一是，在即将到来的缅甸大反攻中，企图从空中和地面向缅甸北部的中心地区，即日军的后方地区投入战略兵团，进行大挺进作战；其二是，不仅对这些战略挺进兵团，而且对从正面进行反攻的兵团也要进行空中补给，以使大兵团即便在原始丛林地带也不致受地面兵站线的扼制，能够自由作战，为此在进行研究和准备。温格特少将在伊洛瓦底江畔的杰沙附近物色合适空降兵团降落的地点，也是后来才察觉出来的。

未能正确认识敌人这种立体的反攻企图和能力，为第15军在后来的作战计划和指挥上造成了致命的祸根。

缅甸防御机构的调整与加强

〔南方防务的西陲——缅甸〕 缅甸位于我西南方面防御的第一线上，是切断美、英、华同盟军大陆战线的西陲要冲。即对日军来说，无论是在切断援蒋公路，对重庆军施加军事压力上，还是在策动印度反英的政略和战略施策上，都具有战争指导上的重要意义。缅甸如果失守，在政略上不仅将使重庆的物质与精神的战斗力得到恢复，而且会促使政情不稳的泰国国民等我占领统治下的各地民心发生动摇；在战略上则必然导致我西南方面防线的崩溃。可以预见，敌我在缅甸势力的发展趋势，对整个战争全局确实有莫大的影响。

因此，缅甸势将成为西南方面同盟军反攻的最重要的对象，日军与同盟军之间注定要在这里展开一场大规模的大陆战。而且这个易于为幅员达数百公里的泰缅国境山脉和处于敌海空军威胁下的安达曼海所隔绝的缅甸，对当时正在失去制海权和制空权的日军来说，实质上是一个棘手的战场。如前所述，早在昭和18年（1943年）初就已明显地开始露出陆、空反攻的苗头。

〔新的防御机构〕 日军如今既要肩负同来自广阔的缅甸领土周围的反攻之敌进行孤注一掷的作战的使命，又要肩负扶植缅甸政府和对印度施策等处理复杂困难的政略措施的重任，于是调整和加强缅甸的防御机构就成了重要的课题。

这一课题自昭和17年（1942年）末以来就已在大本营、南方军、第15军之间赶紧进行了研究，但直到昭和18年（1943年）3月下旬才得到解决。即3月27日新设了缅甸方面军，更改了第15军的战斗序列。

在这个机构改革中，第15军司令部司令官以下的大部分幕僚充任新设缅甸方面军司令部的要员，而改编后的第15军司令部的全部幕僚则是从其他方面补充的，只有新的军司令官牟田口廉也中将是由担任缅甸北部防务的第18师团长调来的。缅甸方面军的基本任务在于确保缅甸的安全。为此，受命要把怒江以西、密支那、甘马因、加里瓦、甘高、若开之间地区及丹那沙林地方作为必须加以确保的重要区域。

关于方面军的编制和各兵团的任务概要，如表34–2所列。

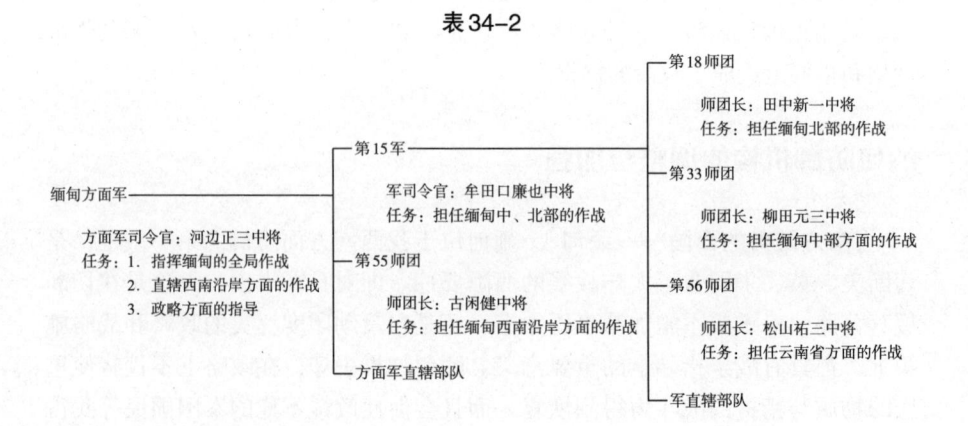

表34–2

缅甸方面军
- 方面军司令官：河边正三中将
  任务：1. 指挥缅甸的全局作战
  2. 直辖西南沿岸方面的作战
  3. 政略方面的指导
- 第15军
  - 军司令官：牟田口廉也中将
    任务：担任缅甸中、北部的作战
  - 第18师团
    - 师团长：田中新一中将
    - 任务：担任缅甸北部的作战
  - 第33师团
    - 师团长：柳田元三中将
    - 任务：担任缅甸中部方面的作战
  - 第55师团
    - 师团长：古闲健中将
    - 任务：担任缅甸西南沿岸方面的作战
  - 第56师团
    - 师团长：松山祐三中将
    - 任务：担任云南省方面的作战
  - 军直辖部队
- 方面军直辖部队

通过这次防御机构的调整，方面军司令部解除了直接统辖缅甸中部和北部作战的负担。最理想的应该是，在沿岸方面和云南省方面也分别新设一个野战军司令部，方面军则统率3个野战军，专门统一指挥作战全局和综合指导政略，但其实现尚有待于今后。

第15军司令部的改编于4月上旬结束，其司令部设在眉苗。

〔兵力的增强——至9月仅增加1个师团〕 在此之前，针对昭和18年（1943年）雨季结束后敌人可能进行的正式反攻，痛感要完成缅甸的防务，我方兵力是不够的。对于原第15军来说，认为需要9至10个师的兵力，南方军和大本营也持相同见解。然而由于东南方面战况告急，这一要求未能立刻得到满足。昭和18年（1943年）上半年，仅有2个师团被编入第15军属下，而其兵力直到这一年的下半年也没有完全进抵缅甸。即在缅甸方面军新设之前，3月22日就已决定将新编第31师团（师团长佐藤幸德中将）在其编成时编入第15军的战斗序列。这个师团是由驻马来的独立第25旅团、从瓜达尔卡纳尔调来的步兵第124联队和在华南、华北编成的山炮兵、工兵联队等混合编成的。接着，6月17日又把驻南京的第15师团（师团长山内正文中将）划归该军统辖。海陆运输情况的紧张，更加推迟了这些兵团进抵缅甸的时日。第31师团5月在曼谷编组完毕，师团司令部7月上旬才进到勃固。部队在6月至8月这段雨季最盛期，以徒步行军长驱越过霍乱极为猖獗的泰缅国境，至9月在缅甸北部集结完毕。而第15师团主力进入9月后才得以在泰国集结。与第15军的期待相反，南方军总司令部并没有命令该师团立即进抵缅甸北部，而是把它作为南方军的总预备队留在泰国，令其构筑泰缅边境道路，直到10月末。

〔泰缅铁路的建设——英国曾经放弃的艰难事业〕 为了防卫缅甸，昭和17年（1942年）11月上旬又决定并着手了一项重大措施。这就是具有历史意义的泰缅铁路的建设。对缅甸的补给过去是以遥远的海上运输为主，陆上补给路只有一条很差的山间小道，这条小道原是我第15军于昭和17年（1942年）2月从泰国徒步进攻缅甸时走过的。前一条海上补给路，将来大有受敌潜艇威胁的危险；而后一条山路的补给运输量只能指望每天勉强维持10—15吨左右。而且驻缅兵力在昭和17年（1942年）6月已达4个师团以上，将来随着同盟军反攻形势的发展，兵力必然要不断增加，因此，已预察到对缅甸的补给存在着很大的危险性。于是昭和17年（1942年）6月以后，南方军和大本营采纳了建设连接泰缅铁路的建议，并进行了准备。这项铁路的联结工作，过去英国曾调查过，后来因为困难而放弃了，因此这是一项艰巨的事业。

昭和17年6月，根据大本营指示的准备工作的命令，制定出联结泰缅铁路的建设纲要，其要点如下：

一、敷设铁路经过的路线：自佛统起，沿奎诺伊河谷至缅甸的丹彪西驿，全长400公里。

二、运输能力：单方向日运量约3000吨。

三、建设期间：预定昭和18年（1943年）年末完成。

四、建设所需兵力：以1个铁道监部、2个铁道联队、1个铁道材料厂为基干的部队。

五、所需劳动力：由当地劳工和俘虏充当。

昭和17年（1942年）秋，敌潜艇在印度洋方面活动猖狂，敌空军加剧了对缅甸港湾的攻击，同盟军反攻缅甸的苗头日趋明显，日军增兵已势在必行，等等，各方面的形势都要求建设这条铁路。大本营尽管估计到会遇到巨大困难，但11月下旬还是下定了建设的决心，并下达了命令。这项建设任务由南方军总司令官所属第2铁道监下田宣力少将担任。到了昭和18年（1943年）1月，建设工程逐渐走上了轨道。正当这时缅甸方面的形势日渐恶化，要求必须在昭和18年（1943年）雨季结束之前基本建成这条铁路。大本营严令南方军要把工程缩短4个月，到8月末完成。为了加快工程的进度，2月24日下令编成南方军铁道队。该队是以第2铁道监部和铁道第5、第9两联队为基干，由历来担任筑路的部队合编而成。1月下旬，下田少将因飞机失事死去，由高崎少将接任。

这项建设工程在4月以前进展还比较顺利，但到4月中旬，雨季比往年提前1个月到来，遇到了无法克服的障碍。由于道路、桥梁的崩溃和流失以及随之而来的补给的断绝，致使工程不得不暂告停顿，有的部分甚至被迫撤出。另外，正当工程队员由于营养失调，疟疾、赤痢患者不断发生的时候，霍乱突然流行起来，终至引起4000多人死亡的悲惨事件。结果在劳工中间产生了恐慌，逃亡者不断出现。大本营也承认这个现实，下令将原定7月中旬完成的工程延期2个月。

敌机对缅甸的活动顿时加剧，昭和18年（1943年）4月份来袭的敌机已上升到2000多架次。在昭和18年的上半年，缅甸铁路可以不间断运输的日数只有10天，运输量减少到上一年的三分之一。加强缅甸方面防御的措施刚刚就绪，而由于补给方面有无法克服的弱点，预想其前途将是困难重重。

在建设这条铁路的同时，横穿泰缅国境山脉的三条公路的建设，为争取在昭和18年末以前通车也在加紧施工。这三条公路自北而南计有：南邦—景栋—塔考公路；清迈—东吁公路；达府—麦索公路。

第19军的新设及其他

〔地面防御的加强——澳北战备〕 在缅甸方面进行这种努力之前，澳北方面为加强战备也付出了极大的努力。

南方军总司令官认为，昭和17年（1942年）10月以后有必要加强巽他群岛方面的防务，因此已令第16军司令官以原驻爪哇东部的第48师团加强帝汶岛、松巴岛、龙目岛的防务，还采取措施，令第5师团以一部兵力占领班达海正面。

到了昭和18年（1943年），随着东南方面形势日趋严重，为了进一步促进加强澳北方面的战备，1月7日发布了第19军的战斗序列令。

隶属于第19军的主要兵团是以第5、第48师团为基干的部队。陆军中将富永信政被特任为军司令官。第19军的任务是，确保包括帝汶岛以东、东经141度以西的西部新几内亚一带要地，迅速加强其防务。当时第5师团主力正从马来半岛运往爪哇，陆续在东爪哇集结。这个师团的主力当初预定先在东爪哇训练约3个月，然后再部署在班达海方面，但2月9日改变了计划，决定将它急速展开。这是因为海上运输形势日益紧迫的缘故。

第5师团进抵班达海的正面，令杉浦支队重新回到它的属下，主要担任分布在辽阔海面上的各岛的防务，这些岛屿包括丹尼巴群岛、阿鲁群岛、卡伊群岛、米米卡附近以及苏拉威西、西部新几内亚西北要地等。昭和17年（1942年）11月下旬，该师团约四分之一兵力（步兵和工兵各1个联队）被调到腊包尔，再加上训练不足，并没有充分的战斗力。由于海上护卫力量和船舶的不足以及敌机、敌潜艇的猖狂等原因，为展开第5师团兵力而进行的运输及向班达海正面运输和集聚军需品极为困难。其兵力的展开及军需品的集聚实际上直到9月末才完成。

〔第7飞行师团的新设——调用〕 通过新设第19军司令部，加强了地面防御，同时也采取了加强航空战备的措施。在澳北方面，8月末以来配备了第3航空军所属的第9飞行团；昭和18年（1943年）1月30日，在第3航空军属下编成了以第7飞行团为基干的第7飞行师团，并部署在这个方面。

当时为了该方面的航空作战，除东部爪哇基地外，还在帝汶、阿鲁、卡伊、丹尼巴等岛加紧新建机场。这些机场在昭和18年（1943年）夏到年末期间已陆续基本建成可供使用。但为防御澳北而特意新建的第7飞行师团，为了适应新几内亚方面作战的需要，特别是为了准备对贝纳贝纳、哈根方面的新作战，6月被调到东南方面去了。

〔加强法属印度支那的防御——印度支那驻屯军〕 另外，在西南方面的次要地区，为了加强防御也采取了部分措施。即在法属印度支那，新编成印度支那驻屯军，昭和17年（1942年）11月10日把它编入南方军的战斗序列，陆军中将町尻量基被任命为军司令官，驻在西贡，受命指挥驻法属印度支那的陆军部队，协助法属印度支那当局承担防务，并加强对重庆的压力。然而对第21师团却只限有防卫上的指挥权，而且幕僚通讯机关也很薄弱，作为作战军的机能显然是不够的。

〔泰国驻屯军的新设〕 在与法属印度支那接壤的泰国，昭和18年（1943年）1月也编成了泰国驻屯军司令部，置于南方军的隶属之下。陆军中将中村明人被任命为军司令官，驻在曼谷。这个司令部与前者相比，其涉外性质更强，显著缺乏作战军的机能。

〔加强巽他、巴邻旁的防御〕 与防御澳北地区相关联，有必要增强与此相连的小巽他群岛的防御。为此，3月1日将正在国内组建的第54师团（师团长片村四八中将）编入第16军的战斗序列，并已开始运输。在采取这项措施的同时，还决定将第16军所属的步兵第26旅团调归缅甸的第15军属下。

另外，鉴于各方面敌机攻势的加剧，痛感在我燃料资源中占最重要地位的巴邻旁油源地带的防空和防卫是当务之急，对这一问题进行了研究。3月3日编成巴邻旁防卫司令部，加入第25军的战斗序列。该防卫部队是以防空第1至第3联队为基干编成的。为了该地区的防空，另外还部署了第3航空军所属的第9飞行团（战斗机2个战队）。

〔第25军调去苏门答腊〕 第25军原来是担任马来、苏门答腊防务的。后来针对南方军总司令部进驻新加坡以后各方面形势的发展，到3月决定将两地的防务分开，令第25军专注于苏门答腊的防务，马来的防务改归南方军直辖。

〔海军战备的进展〕 从昭和17年（1942年）末到昭和18年（1943年）上半年，西南方面的陆军就这样匆匆忙忙作出了努力，而海军方面关于这方面的防务并没有显著的加强。这是因为，在此期间，海军正在竭尽全力埋头于东南方面作战的缘故。海军在这方面的作战准备和作战重点都放在澳北正面，而只将部分力量用在安达曼、尼科巴群岛方面。即在澳北方面，一面对澳洲西北岸，尤其对达尔文的空军基地进行了间歇性的攻击，一面担任向澳北方面展开运送陆军部队的海上护航。航空作战由第23航空战队担任；海上护航由第2南遣舰队和在安汶的第24特别根据地队担任。在安达曼、尼科巴方面，第21航空战队担任孟加拉湾方面的侦察、制空，掩护对缅甸的补给运输线。这些部队被编入了西南方面舰队。然而，为了支援东南方面的告急，昭和18年（1943年）4月15日，第21航空战队被抽调出来派往东南方面（编入第11航空舰队），于是西南方面的海军航空作战便由第23航空战队一手承担下来，仅以飞机100架左右的兵力主要承担了澳北方面的作战任务。

〔加强印度洋方面的地面防御〕 正式加强安达曼、尼科巴群岛及马来、苏门答腊方面的防务，是昭和18年（1943年）下半年以后的事。这是因为加强缅甸、澳北方面战备的要求占据了首位的缘故。8月前后，印度洋方面敌海军力量计有战舰2至3艘、航空母舰2艘、特设航空母舰3艘、巡洋舰5艘、驱逐舰20艘、潜水艇15艘、运输船约100万吨；空军力量陆上飞机约达1000架、海军飞机约达400架之多。而且随着德国转入颓势，预料英国舰队及美英空军必将大规模地调来印度洋方面，因而急需采取对策。于是首先在北部马来半岛的丹那沙林新设独立混成第24旅团，又在泰国新设了独立混成第29旅团，并采取应急措施，将驻苏门答腊的近卫第2师团之一部派到安达曼、尼科巴等，接着8月下旬，南方军总司令部研究了关于加强印度洋方面防务的方案。结果确定了如下方针："以缅甸和苏门答腊为两翼大支撑点，以安达曼与尼科巴群岛为联结基地加以确保，在加强这方面防务的同时，尽可能促进巴邻旁、庞卡兰布兰丹及马来半岛的防务"，随后向大本营提出了有关申请增强军备的问题。

结果，9月向苏门答腊派遣了第4师团，同时将该岛2个守备队分别改编为独立混成第27、第28旅团，11月令第53师团进驻马来，作为南方军的总预备队。另外，翌年1月，在马来新设了第29军（军司令官石黑贞藏中将），令一直担任安达曼、尼科巴地区防务的第12特别根据地队司令官就有关地面防务问题接受第29军司令官的指挥。另外，在安达曼地区、卡尔—尼科巴地区、卡莫塔地区分别新设了独立混成第35和第37旅团，在苏门答腊的巴邻旁、庞卡兰布兰丹油田地区新设了防卫司令部和第9飞行师团。如此，印度洋方面的防务大体得到了加强。

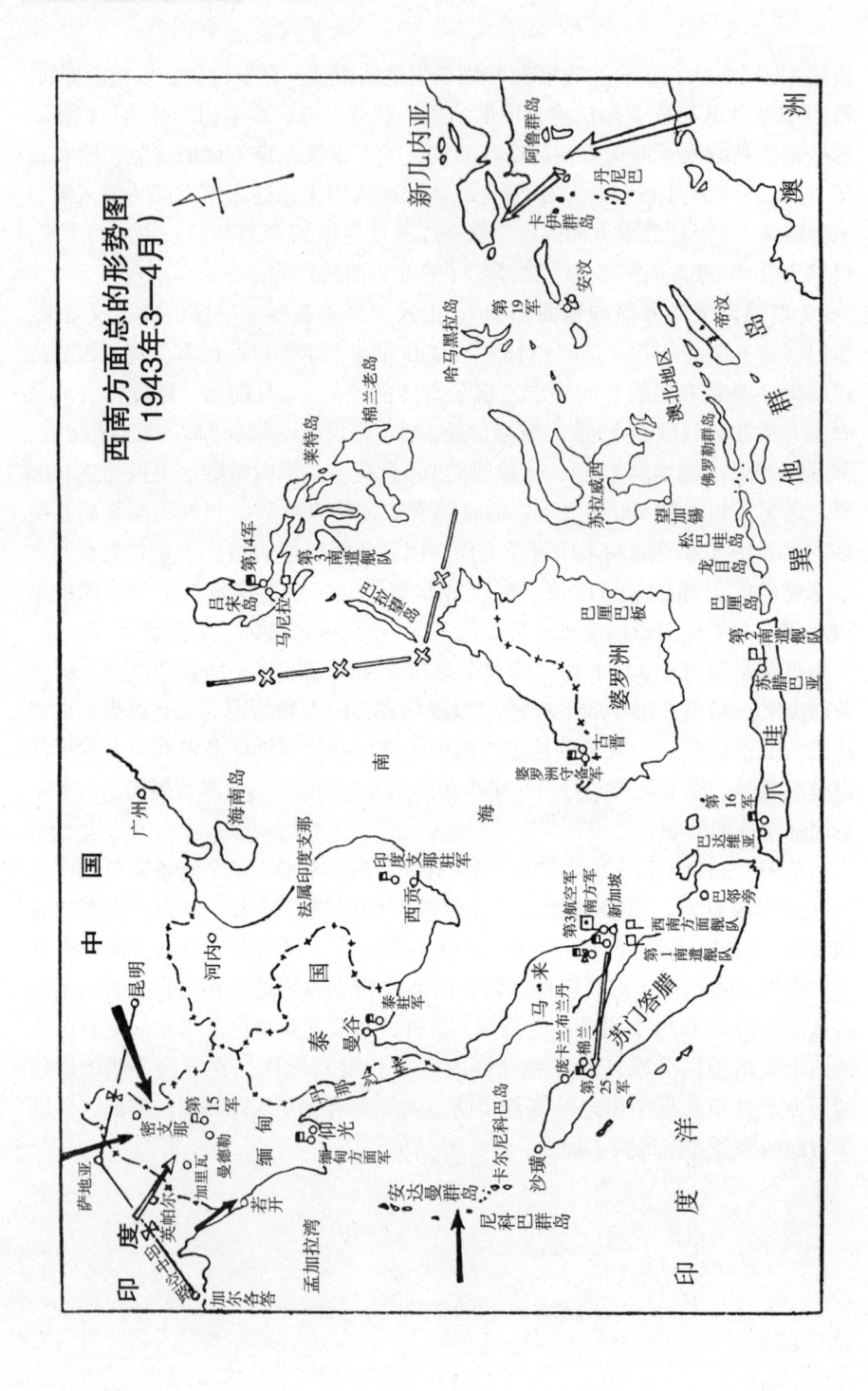

西南方面总的形势图（1943年3—4月）

第35章

加强太平洋孤岛的战备

海军的战略思想

自昭和17年（1942年）8月17日美军以一支小部队奇袭马琴岛以来，我海军即着手加强马绍尔、吉尔伯特群岛方面的防御。首先向吉尔伯特群岛增派了第6特别陆战队。这支部队于9月15日进抵该地，部署在塔腊瓦、马琴、阿巴玛玛各岛，加强了守备。

关于太平洋孤岛防卫的战略思想是，在海军舰队进行进攻和迎击作战上，一向十分重视为构成飞机侦察网所必需的岛屿本身的战略价值。不过，认为只要配备必要的航空兵力和若干陆上及海上警备兵力，就足以确保这些岛屿。

这就是说，一方面认为岛屿作为侦察网的基点具有很大价值，另一方面又过分相信其本身的自然强度，因此关于确保这些岛屿的部署，总的来说有考虑欠周之嫌。例如马琴岛的守备兵力，在受到美军奇袭时，警备队和航空基地人员合起来不过70名。南鸟岛、威克岛、马绍尔群岛、塔腊瓦岛等的情况也大同小异。

〔岛屿防御战略的转变——要求陆军兵力〕海军的这种认识，自美军反攻所罗门群岛方面以来，由于屡次尝到苦头而改变了。对凭基地航空兵力维持局部地区的制空权已经完全失去了信心，从而认识到岛屿的强度实际上远比海军以前所估计的要脆弱得多。要想确保这些岛屿，痛感除了加强岛屿的地面防御兵力以外，还要整备基地，以便于移动和集中航空兵力，尤其需要以舰队来进行支援。结果认为，围绕孤岛的攻防战，必然要引起舰队的决战。

于是海军改变了战略思想，决定积极地利用这个机会，以岛屿基地群为支撑点，集中强有力的航空、海上两方面兵力，以进行有利的舰队决战。

昭和18年3月25日制定的《大东亚战争第三阶段作战帝国海军作战方针》及根据它确定的《联合舰队作战方针准则》中阐明了上述战略思想。前一个文件指出："要迅速加强战略要地的防御，敌若来攻，就在海上和在航空兵力的紧密协同下先发制人地击溃之。"后一个文件指出："将航空母舰兵力的主力部署在太平洋方面，将其部分兵力适当部署在西南方面，随时实行机动作战，同时使其集中和分散作得恰当，以迎击作战万全地歼灭敌舰队。"从而明确了这一战略思想。

根据这一方针，要求岛屿本身的防御也要加强，以便面对优势敌军的进攻，在增援部队到来之前，能够独自坚持抗击敌人，使我舰队主力得以顺利地进行自由果敢的决战。为此，在要求陆军增援兵力的同时，海军自己也尽力加强了岛屿本身的守备。即尽量在每个岛屿群上设置迎击地带，使岛屿群的防御做到纵深而有机地联系起来，以提高防御的强度。

〔促进防御的加强〕 关于增强守备岛屿的海军兵力问题，首先是在昭和18年（1943年）2月25日编成了第3特别根据地队，使之担任吉尔伯特群岛及瑙鲁、大洋两岛一带地区的防务。随后解散第6特别陆战队，将其编入第3特别根据地队。另外，佐世保第7特别陆战队也重新编入第3特别根据地队，3月17日进抵塔腊瓦。第3特别根据地队的总部和主力部署在塔腊瓦，部分兵力分别部署在马琴、瑙鲁和大洋各岛，在阿巴玛玛岛上只布置了哨所。其后，6月10日，横须贺第2特别陆战队也被编入第3特别根据地队，6月25日进抵瑙鲁，担任了该岛的守备。

在增加兵力的同时，为了强化局部地区的防御，抵御预料中的敌人的轰炸和舰炮射击，使向来着重防止敌人单方面逞凶的局部地区要塞化，决定在各重要地点装备20厘米以下大炮的炮台和大批高射炮，这些工事已于8、9月间大体完成。

昭和18年（1943年）9月，海军配备的兵力在塔腊瓦约1000名，在马琴岛约500名，在阿巴玛玛约75名。

另外，作为这方面的航空基地，只在马琴岛上设有水上飞机基地，因此痛感为进行迎击作战有必要新建强有力的陆上机场。昭和17年（1942年）10月开始了塔腊瓦岛的贝乔[①]及瑙鲁岛基地的工程。这两个工程均于第二年1月末基本完成，至同年3月末，各种附属工程也竣工了，第22航空战队之一部进抵两地，开始了空中巡逻。

另一方面，在马绍尔群岛方面的乌贾岛（奎泽林群岛）、塔罗阿（马罗埃拉普岛）及沃特杰岛上，陆上基地虽已完备，但鉴于形势发展，又加紧进行

---

① 贝乔，亦岛名，位塔腊瓦岛的西端，亦系塔腊瓦岛组成部分之一。——译者

了布拉温、奎泽林及米利的工程，至昭和18年（1943年）3月末竣工。当时驻在该方面的航空兵主力是第22航空战队，其兵力把各机种加在一起也不过145架飞机，勉强负起巡逻这么辽阔的海面的任务。可是现在海军航空兵力又迫于担当腊包尔方面正在激烈进行的航空作战的补充任务，这种情况使海军无所措手足。于是考虑到，如果敌人来攻，只好从腊包尔方面调用续航力大的陆上攻击机队。

第一次派遣陆军兵力

〔赶紧派遣陆军兵力——因海上遇险而改变原定计划〕 按原来分工，中部太平洋岛屿的作战由海军负责。但海军因不习惯陆战，在瓜达尔卡纳尔岛尝到了苦头。海军独自向远海岛屿瓜达尔卡纳尔岛和吐拉基岛挺进的结果，使战局的发展产生了足以左右日军整个战局的影响。鉴于这一深刻教训，昭和18年（1943年）春，陆海军双方都认为有必要派遣陆军兵力，并达成了有关协议。

如前所述，继增强海军兵力之后，从4月到6月，向吉尔伯特群岛、南鸟岛和威克岛派遣了陆军兵力。即4月中旬，先向吉尔伯特群岛和南鸟岛增派了南海第1、第2守备队（两队都以步兵1个大队为基干）。可是南海第1守备队在海上运输途中遇难，不能进抵该岛，因而又决定新编和派遣南海第4守备队（以步兵3个大队与炮兵1个大队为基干）。这样，6月中旬大本营下令将南海第3守备队（以步兵1个大队、炮兵1个中队为基干）及第4守备队分别增援到威克岛和吉尔伯特群岛。

恰在此时，中部所罗门群岛战况告急，加强北部所罗门群岛的防务已成燃眉之急，因此急速改变预定计划，将南海第4守备队转而调去布干威尔岛的南部。于是大本营于7月16日派出留在菲律宾的第65旅团之一部（以步兵第122联队为基干），作为取代南海第4守备队的兵力，但结果该部队被部署在马绍尔群岛，而最重要的吉尔伯特群岛的防务却不得不完全由海军兵力来担任。

被派到中部太平洋方面的陆军部队中，规定南鸟岛的南海第2守备队受横须贺镇守府司令长官的指挥，其他部队则受第4舰队司令长官的指挥。

新联合舰队司令长官的指挥

山本联合舰队司令长官根据前述3月25日制定的《大东亚战争第三阶段作战帝国海军作战方针》和《联合舰队司令长官作战方针准则》，为先在南太平洋方面指挥主要作战，暂把指挥部移到腊包尔，但不料4月18日在布因上空阵亡。接替他的古贺联合舰队司令长官于4月25日抵达特鲁克。

〔迎击作战要领〕 古贺新长官鉴于5月12日以来阿图岛的作战情况，认为美军在中部及南部太平洋方面也可能开始这种新的作战，乃于5月16日赶紧下达了迎击美军这种行动的作战要领。

其方针是，无论在东南方面，还是在中部太平洋方面，都要极力粉碎敌人的进攻，并抓住战机，断然实行舰队决战。其执行要领为："如果敌向东南方面来攻，应令前进部队（第2舰队）以必要兵力增援东南方面舰队，并令先遣部队（第6舰队）协助东南方面舰队作战。责成东南方面舰队司令长官指挥该方面的舰队作战。如果敌向中部太平洋方面——马绍尔群岛、吉尔伯特群岛、瑙鲁岛、大洋岛方面来攻，则前进部队指挥官统一指挥内南洋所在部队（第4舰队）和先遣部队，以指挥舰队作战。在这种情况下，东南方面舰队也应派出必要兵力，主要是航空兵力加以增援。"

〔第三阶段作战纲要——Z作战与Y作战〕 接着，8月15日，规定自该日起为第三阶段作战，并发出关于此项规定的综合命令（联合舰队第三阶段作战纲要）。本纲要认为，鉴于当前的战略形势，发生中部太平洋方面作战的可能性甚小，目前把主要战场放在东南方面。东南方面作战要领的基本方针，是以航空作战与陆军协同确保战略上的重要地区，等到我航空战斗力在此期间得到充实后再转入攻势，逐步夺回东部新几内亚和所罗门方面要地。其他地区则以确保要地为基本方针。因此，将联合舰队水上部队的主力集中于以特鲁克为根据地的内南洋，采取了全力迎击来攻之敌的决战态势。据当时的敌情判断，认为敌人的下一步攻势也有可能从印度洋方面直接指向南方资源地带，我方还制定了针对这种情况的决战方案。将太平洋正面的决战命名为Z作战，将有可能在印度洋方面进行的决战命名为Y作战，并对其作战要领和计划作了详细指示。

接着，关于敌向中部太平洋—吉尔伯特方面来攻时的作战指导，9月上旬联合舰队司令长官还指示了具体方案，其要点如下：

一、令在腊包尔方面的大型潜艇（如有可能连同小型潜艇）进到吉尔伯特群岛作战。

二、联合舰队快速水上部队进抵瑙鲁西方和北方海面，诱来敌舰队，由腊包尔的陆攻部队予以攻击后，向米利方面挺进，继续作战。

三、必要时东南方面舰队所属水雷战队也进抵这一方面，协助快速水上部队作战。

四、机动部队航空队也参加此次作战。

这样，预计敌人进攻外南洋时，予以迎击的各项准备，包括坚守岛屿的部署和水上、航空部队的作战指挥已经大体就绪。

第36章

阿图岛守军的全军覆没

大本营对东北方面的指导

〔敌人的反攻动向〕 敌人在阿留申方面的动向，早在昭和17年（1942年）6月日军占领阿图、基斯卡两岛之后不久就作出了积极的反应，需要加以警惕。6月12日发现P·B·Y五型水上飞机进行低空侦察；6月21日我方正在卸载中的运输船被敌潜艇击沉。后来敌机、敌潜艇几乎连日不断进行侦察。到了8月，美国吹嘘要夺回西部阿留申群岛，美国舰队和战斗机轰炸机联合部队开始了炮击和轰炸。这次攻击的目的显然在于孤立日军守备队和阻碍战备。到10月中旬，运输船的运输已极为困难。从此以后，敌舰队在西部阿留申海域的活动更加频繁，敌机几乎每天都来袭击，直到年末。

到了昭和18年（1943年），敌人对这方面的正式反攻的动向愈加明显。1月初发现有一支大约由70艘船只组成的运输船队从旧金山港出发向阿留申方面移动，据判断，其兵力达2个师以上。

〔北太平洋方面作战指导纲要〕 大本营研究了整个战局的形势和这方面的敌情，2月初决定了北太平洋方面的作战指导纲要。其要点有以下三项：

一、坚决确保西部阿留申群岛。

二、令第5舰队司令长官细萱戍子郎中将指挥的、担任西部阿留申群岛守备任务的北海守备队（司令官陆军少将峰木十一郎）改归北方军司令官樋口季一郎中将指挥。

三、命令北方军司令官与海军协同，确保西部阿留申方面；另外，为应付今后形势的发展，令其在堪察加及库页岛方面准备对苏作战。

根据上述纲要，大本营首先采取措施，把北部军司令部改编为北方军司令部，2月21日，改编完毕。改编是为了一改国内防卫军的性质，加强在北边的对美作战军的性质。北方军司令部仍然设在札幌，樋口中将留任。

大本营对北方军的命令于2月5日下达，根据纲要授予了新的作战任务。

在这份命令的开头部分，明确指出了大本营关于战争指导的意图，即为完成大东亚战争，既要确立大东亚自强必胜的态势，又要处理中国事变，在此期间要极力防止发生对苏战争。

〔陆海军中央协定〕另外，在这项命令的附件"大陆指"中，提出了作战必须遵循的有关北太平洋方面作战（包括防守千岛方面）的陆海军中央协定；同时还指示：在阿留申方面，除北海守备队外，如果使用新兵力，需经大本营批准，严防发生日苏冲突；如果发生国境纠纷，要限在局部地区加以处理。大本营海军部也在同一天向联合舰队、第5舰队、大凑警备府的三个司令长官下达了这个协定，作为作战的准则。

这份大本营陆海军中央协定的要点如下：

一、作战目的

陆海军协同，确保西部阿留申群岛要地，挫败敌人的企图。

二、作战要领

（1）以西部阿留申群岛方面为重点，以航空和海上兵力切断敌军的补给和增援，并扰乱敌人后方，事前摧毁敌人的进攻企图，尤须尽力阻止敌人修整阿姆奇特卡岛空军基地。

（2）以基斯卡、阿图两岛为核心，组成基地群，以守备队确保之，所需兵力、资材须尽速补送。

（3）在基斯卡、阿图两岛设置陆上和水上基地。

（4）加强千岛的防御，确立对西部阿留申的背后联络线。

三、指挥官及使用兵力

（1）陆军　指挥官：北方军司令官　兵力：西部阿留申方面——北海守备队。千岛方面——千岛守备队及其他。

（2）海军　指挥官：联合舰队司令长官。但千岛方面的防卫指挥官为大凑警备府司令长官。兵力：以第5舰队为基干的兵力。但千岛方面则为大凑警备府部队。

四、航空作战

（1）任务分工　阿留申方面由海军担任。千岛方面由陆军担任防守作战和空中掩护运输舰船，海军担任海上作战。

（2）兵力　陆军——侦察机1个中队，战斗机、轰炸机各1至2个中队。

海军——阿留申方面为战斗机1队，水上侦察机、水上战斗机各半队，千岛方面为所在之海军航空队。

五、指挥关系

陆海军系协同关系。但西部阿留申群岛的陆上防御和防空，由各地区先期到任的陆军或海军指挥官指挥陆海两军部队。

从当时的敌情看来，向西部阿留申运送兵力和资材是最紧迫而又最困难的问题。幌筵以东主要由海军担任，用海军舰艇运送，不得不只限于运输最小限度的急需兵员和资材，而且即使这样，由于敌人的阻碍还是比预定的时间拖延了两个月。

〔改编北海守备队——组建没有完成〕 大本营在采取上述措施的同时，还改编了北海守备队。即把该守备队改编成两个地区队、通讯队和野战医院，使之适合守备队的作战任务。通过这次改编，基斯卡部队成为北海守备队第一地区队，增加了步兵、炮兵各1个大队和高射炮3个中队，形成了以步兵3个大队，炮兵、高射炮、工兵各1个大队、通讯兵1个中队为基干的兵力。地区队长是佐藤大佐。而阿图守备队改为北海守备队第二地区队，增强了炮兵，其兵力以步兵、炮兵、高射炮各1个大队、通讯兵1个中队为基干。山崎保代大佐被任命为地区队长。然而为了加强北海守备队，新增派的各部队，3月下旬在从幌筵赶赴阿图岛的海上与敌舰队遭遇，结果不得不折回幌筵，组建未能完成。北海守备队的编制定员约为11000名（不包括纳入其指挥的海军部队），但实际上抵达基斯卡、阿图两岛担任守备的各自不过大约2500名。遇难战死的有400名，还在国内待命的约有5700名。

阿图岛上的殊死搏斗

〔阿图的防御〕 在这种困难情况下，阿图的第二地区队长山崎大佐于4月18日到达该岛，5月1日亲自接受了守备队司令官峰木少将的命令。其任务是："第二地区队长须与当地海军部队密切合作，确保阿图要地，尤其要以一部分兵力尽力确保预定近期将在马萨卡湾附近着手建设机场的地区；负责东浦机场的建设。有关阿图岛的陆上防御和防空事宜，统一指挥当地海军部队。"地区队长根据这一任务，4月30日以地区队的命令调整了过去的部署，加强了重要的配备，将配备的重点放在岛的北岸霍鲁茨湾和齐恰果夫湾地区。至于南岸马萨卡湾地区，决定选择其后方的山岳地带作后退的部署，海岸则只作警戒配备。然而防御工事的构筑因建设机场占去了大部分人力和资材，又兼地质坚硬，结果构筑的阵地未超出野战工事的范围，弹药的储备量也只能供一次会战的消耗，军需品的集聚还不到计划量的三分之一，4月份以后粮食定量已减到每日4合。①

〔**反攻在逼近——阿图岛海战**〕 进入3月，敌空军开始正式反攻。它的重点目标是破坏基斯卡的军事设施。对阿图岛则以舰艇进行火力侦察，用飞机、潜艇对海岸附近进行顽强而露骨的侦察活动也日趋频繁。

在这种情况下，3月下旬，第5舰队主力在对紧急运输建设阿图岛航空基地所需资材的三兴号及其他运输船执行护航任务中，在阿图岛海面同美国北洋舰队遭遇。这次海战于27日上午3时42分开始炮战，其后穷追敌舰队达4小时，但并未取得决定性的战果便结束了。28日晨，第5舰队主力折回幌筵。这次海战被称作阿图岛海战或科曼多尔海海战。我旗舰那智号中弹，死伤40余名，敌巡洋舰及驱逐舰4艘中弹。

接着，据通讯情报，怀疑敌舰队很可能已于4月26日自克尔科基地出击。至5月，敌连日自阿姆奇特卡基地频繁发出北方部队作战紧急通讯和一般性的特别紧急通讯，敌巡逻潜艇也在附近海域大为增加。所有这些迹象都说明，敌人的一支强劲舰队正在开始行动，反攻已经逼近。据判断，当时集结在东部阿留申方面的敌兵力计有陆军2至3个师、海军舰艇十几艘、飞机200至300架，此外还有航空母舰2至3艘。如果加上阿拉斯加地区的兵力，估计其地面兵力与航空兵力大体可再加一倍。对此，阿图岛的我方总兵力，包括医院、船舶部队、海军部队的文职人员在内，4月17日前后仅有2576名（其中海军基地部队等129名）。基斯卡岛陆海军合计约有6000名，其中3210名（包括文职人员）是海军部队。

〔**美军登上阿图岛——散发劝降书**〕 随着情况的紧迫，守备队严加警戒，抓紧了作战准备。就在这时，5月12日黎明，敌机来袭阿图岛，散发劝降书，从上午10时30分起，敌军在猛烈的舰炮射击掩护下开始在该岛登陆。敌运输船队达30艘，由战舰1艘、航空母舰1艘、改装航空母舰1艘、甲级巡洋舰3艘、驱逐舰7艘组成的敌舰队和由战斗机、轰炸机联合组成的基地空军部队控制空中和海面，担任掩护。

登陆部队的主力从马萨卡湾正面登陆，以一部从霍鲁茨湾和萨拉那湾正面登陆。地区队先是力求在海滨歼灭敌人，但被占绝对优势的敌人的炮火所阻，没有成功，不得已后退到山岳地带的预备阵地，筹划持久战。这时正值阿留申群岛海域已经进入浓雾期。

〔**反登陆作战的企图——放弃计划、决定撤退**〕 在基斯卡岛接到此报的

---

① 1合等于0.180公斤。——译者

峰木北海守备队司令官建议驻在札幌的北方军司令官,针对正在登陆的美军,应迅速以海军和反登陆部队断然进行大规模的反击作战。其要领是,以海军兵力消灭敌舰队,孤立敌登陆部队;以潜艇和飞机向阿图岛守备队投运武器弹药及其他紧急军需品,并投下部分伞兵部队;在此期间派出以步兵6个大队、炮兵2个大队为基干的兵团,从阿图岛敌军背后实行反登陆,以期夹击和消灭敌人。

北方军司令部接到这项报告后,当即着手准备紧急运送由幌筵的步兵部队和部分留在北海道的北海守备队所属约4700名组成的一个支队。大本营也制定了令北方军与当地海军协同消灭在阿图岛登陆的敌人的方针。这个方针要求海军击败敌人在该岛方面的海上力量,切断敌人的增援和补给;命令北海守备队消灭敌登陆部队,即使在万不得已的情况下也要死守该岛要地,并还作了派遣增援部队的准备。

另一方面,第5舰队司令长官于12日傍晚令基斯卡方面的潜艇紧急增援阿图岛,同时命令第1水雷战队以水上飞机攻击敌船队。司令长官率旗舰摩耶号及白云号自幌筵出击,驶向阿图岛,准备同自横须贺出击的那智号、初霜号两舰联合作战,但因敌我舰队力量相差悬殊,根据联合舰队的方针,16日返回了幌筵。出击到阿图海面的7艘潜艇中,有2艘攻击成功,其中1艘发射的鱼雷命中敌战舰1艘、舰种不详的敌舰2艘,另1艘潜艇发射的鱼雷命中敌轻巡洋舰1艘,还有1艘潜艇迫使敌轻巡洋舰1艘触礁。但我方也损失了潜艇4艘。由于这次攻击,敌舰队主力暂时退避到东方。14日再次来袭,空陆呼应,再次开始了猛烈的炮击。

联合舰队司令长官于5月12日把第24航空战队及潜艇、驱逐舰等编入第5舰队。接着,5月17日命令联合舰队水上部队的主力集结于东京湾,自己亲自率领武藏号、第3战队(金刚号、榛名号)、第2航空战队、第8战队及驱逐舰5艘,自特鲁克启航,22日返回东京湾,以备北方作战。联合舰队司令长官曾企图以机动部队和第5舰队于21日攻击阿图周围的敌舰队,但由于后来大本营改变了作战方针,便停止了执行本次作战计划。另外,大本营为了加强北方的航空作战,5月18日以第24航空战队及新编第27航空战队编成第12航空舰队,令其与第5舰队、大凑警备府部队共同担任北方的作战。该航空舰队司令长官塚道太郎海军中将5月28日进抵幌筵基地,直接负责作战的指挥。

另一方面,阿图守备队由于优势敌军的攻击,逐次受到来自霍鲁茨湾、马萨卡湾正面的压迫,22日被迫将战线收缩到该岛东北地区的齐恰果夫湾周围。在这前一天,北方军司令官对战况的意外迅速变化感到忧虑,为了直接

第36章 阿图岛守军的全军覆没

指挥作战，决定直辖防守阿图岛的第2地区队，并下达了下述命令，鼓舞了第二地区队。

一、本北方军拟与海军协同，最迟至6月中旬在西部阿留申方面进行一次大规模的作战，此次作战的成败，关键在于阿图岛部队能否善战。

二、北海守备队司令官须令阿图岛守备队，从今以后由我直辖。

三、北海守备队第二地区队长须以阿图岛现有兵力极力筹划持久战，即使在万不得已的情况下也要确保东浦沿岸要地。

然而当时的情况是，守备队已经很难守住东浦，至17日伤亡已达400名。20日，马萨卡湾正面阵地已无法保持，被压缩在阿图岛的东北角。大本营和北方军紧急运送武器资材和部分兵力的计划也很少有成功的希望，更何况以有力兵团进行反登陆这样的行动，不仅船队运输本身没有把握，而且届时阿图岛守备队是否还能健在也大有疑问。即使反登陆能够实现，如果夺回作战不能一举成功时，鉴于东南方面和缅甸方面的作战教训，恐怕极有可能陷入进退维谷的境地。大本营基于这样的估计，决心迅速在作战指挥上来一个大转变，即放弃夺回作战的念头，决定将防线后撤到千岛以南。为此确定了暂令阿图守备军继续坚持战斗、伺机主要利用潜艇撤退的方针。并且决定，基斯卡守备队也要尽快撤退到千岛、北海道方面，同时迅速加强千岛的防务。5月21日大本营下达了有关命令。

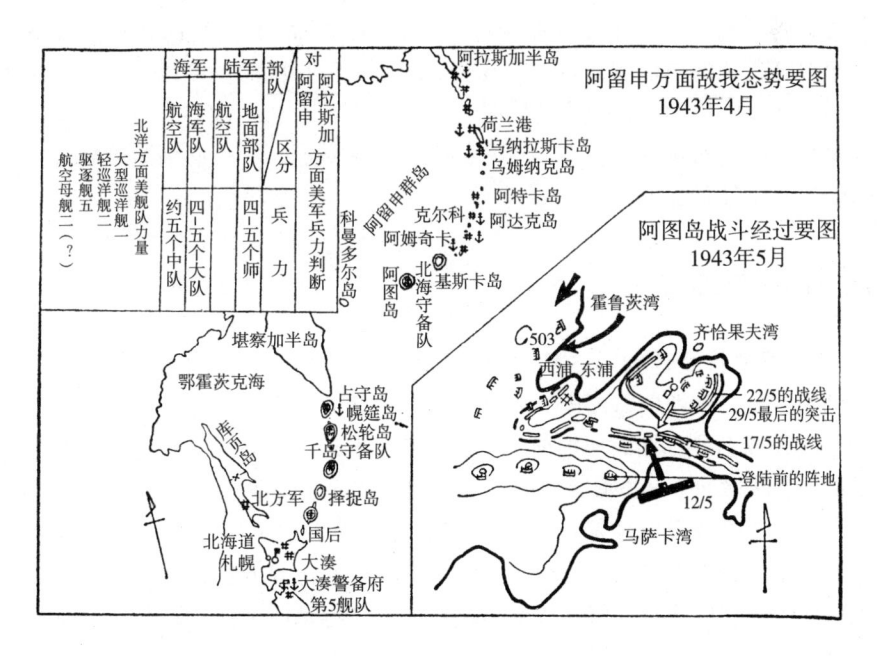

根据这项命令，北方军司令官将战斗指挥部推进到柏原（幌筵岛），同第5舰队司令长官一起着手准备撤退。

〔全军覆没——山崎保代大佐〕然而，现实的情况是，由于敌陆海空三军都占优势，所以要撤退正被压缩包围在孤岛一角的守备队是难以办到的。守备队长山崎大佐和全体官兵都怀着坚定的决心，要死守阵地直到最后一兵一卒，以保全帝国军人的气节。这一天上午11时，第5舰队以中攻机19架断然对敌舰船进行攻击，迫使敌舰队暂时退避到东北方，当然这并不足以挽救大局。在该岛东北角一块狭小的阵地上，誓不生还的守备队全体官兵，殊死战斗直到29日。残存兵力已减少到150名，二道防线阵地也已丧失其大都要害部位，战斗终于进入了最后阶段。29日守备队长山崎大佐利用海军的通讯系统向北方军司令官报告了战况，并表达了下述的壮烈决心：

"29日，地区队的全部剩余兵力结成一体，准备向敌集中地点断然进行最后一次突击，以期歼灭敌人，发挥皇军的本色。伤病员决心一死解决自己。非战斗人员决心同攻击队一起突进，决不生受被俘的耻辱。"

当天下午9时30分，山崎大佐发来诀别电报，内称："深谢从前的深情厚谊，祝愿阁下健康。"这是最后的一封电报，从此通讯断绝。

山崎大佐率领的150名官兵，30日午夜后，拼死冲进敌人中间，突破敌人多处阵地，使敌人陷入一片混乱。这个消息是通过收听敌人通讯获悉的。这样，阿图岛守备队便在远洋的孤岛上全部壮烈牺牲了。在这以前，24日，天皇对守备队的勇敢善战曾特予嘉奖，29日又重加勋勉。参谋总长和陆军大臣在向守备队传达天皇敕语的同时，还发出如下谢电："顷接来电，知现已处在最后关头，对刚毅的决心与严正的部署合掌致谢。……必为诸君复仇，为迫使敌人屈服而奋斗。"

从基斯卡岛撤退

〔撤退的作战计划〕5月12日，北海守备队司令官接到美军在阿图岛登陆的报告后，立即向基斯卡守备队（第一地区队）发出战斗命令，进入极为森严的警戒态势。然而根据前述5月19日大本营的决心，已决定将阿图、基斯卡守备队撤到千岛方面，21日大本营下达了这一命令。

阿图岛的战况已使撤退该岛守备队完全没有指望，派出的1艘潜艇也下落不明了。撤退基斯卡守备队是6月上旬决定的，其方针是，对撤退企图要绝对保密，利用浓雾天气，以潜艇进行之。当时基斯卡的日军总兵力为5639

名（其中文职人员1169名），其中海军部队为3210名（其中文职人员1160名）。如果只靠潜艇撤退，即使在进展最顺利的情形下估计也得拖到8月上旬，而在一般情况下则要到9月末才能完成。由于考虑到8月上旬左右雾期就要结束，那时撤退会有危险，于是又制定了另一个方案，即在7月中旬，利用那时的浓雾，以水上舰艇一次撤退完毕。这次作战，从大本营直到当地陆海军结成浑然一体，进行了滴水不漏的、周密的计划和准备。

为了保持机密和坚定战斗意志，最初特意命令只撤退伤病员和文职人员，说明撤退的目的是要去掉战斗的累赘和节省粮秣。用潜艇运送这些人员预定在6月下旬结束。对于随后撤退战斗部队的指示是，为了对阿留申方面进行新的积极作战，要以最小限度的兵力防守基斯卡岛，而抽调该岛的主力用于其他方面。这项命令只传达到中队长以上的军官。北海守备队的这项命令于6月19日下达。

〔撤退作战的成功〕 河瀬中将指挥的由13艘潜艇进行的撤退作战，最初按预定计划顺利进行，但6月中旬以后，由于敌巡逻舰艇的干扰，2艘潜艇沉没，6月下旬终于不得不停止。在这次撤退作战中，从5月27日到6月21日，我潜艇出动18艘次，装运官兵820名（其中文职人员466名），还在基斯卡岛卸下军需品231吨。这时改变计划，决定改用水上舰艇一举撤退。即计划利用7月上旬至中旬的浓雾天气，以第5舰队主力（轻巡洋舰2艘、驱逐舰11艘）从基斯卡港撤退。7月4日北海守备队下达了有关实行此项计划的命令。

这次撤退最初预定于7月11日进行，但后来停止了，接着，第二次预定在7月23日坚决进行，但又因雾的关系未能实行，一直拖到29日。第5舰队主力以巡洋舰那智号为首的19艘舰艇，7月22日自幌筵海峡出击，接近基斯卡岛后待机，29日下午1时30分驶进基斯卡港抛锚。

基斯卡部队立即开始登船，5183名一名不剩，仅仅50分钟就登船完毕。巡洋舰和驱逐舰每艘平均装运1200名至470名。返航也极其顺利，7月31日和8月1日平安驶抵北千岛登陆。这一成功确是陆海军结成浑然一体、完美配合的结果。同盟军毫未察觉我方撤退，从8月1日开始大约两周中间，对无人的基斯卡岛反复进行了106次轰炸和15次舰炮射击，此后于8月15日才在该岛登陆。这样，昭和17年（1942年）6月8日，以威胁美国北太平洋正面，牵制美海空军攻击帝国本土的企图，切断美苏对日战略合作和占领美国本土等宏大的政略和战略为目的，断然对西部阿留申群岛进行的占领，经过13个月后，由于阿图岛上守备队的全军覆没和从基斯卡岛的撤退，终于宣告结束了。

第37章

敌军在东南方面反攻的加剧

敌军开始发动攻势

〔**澳军窥伺萨拉摩阿**〕昭和18年（1943年）春，尽管东南方面陆海军部队对加强莱城、萨拉摩阿地区防务做出了极大努力，但迟迟没有进展，其兵力只相当于一个支队的程度，这种情况前面已经谈过。实际上6月左右该地区的兵力陆海军合计为1万名，其中约40%是病号。而瓦乌地区逐渐增强的澳军，却早自5月中旬起就已开始了对莱城、萨拉摩阿地区的地面攻击。

莱城除机场外，还有海军基地，是这一地区的作战根据地，但因地形关系，并不适于陆上防御，所以第51师团长中野中将决定以萨拉摩阿地区为这一地区的陆上正面防御地带，将第一线部署在穆保（萨拉摩阿南方约20公里）和纳索半岛（萨拉摩阿东南方约30公里）一线上。另外为确保萨拉摩阿、莱城之间的联络，在莱城西方约15公里的马卡姆海角附近部署了部分兵力。

海军第7根据地队司令官藤田中令麾下的部队与陆军协同，各以一部兵力直接部署在萨拉摩阿半岛和莱城。

到了5月，瓦乌方面之敌便与我阵地接触，尤其穆保前面之敌已逐渐增加。另外，敌军的一部还通过空中补给，越过山脉阻隔，开始向穆保、萨拉摩阿之间我后方联络线上的波布答比和马卡姆海角发起了攻击。敌机对萨拉摩阿地区的攻击和鱼雷艇的夜间活动也频繁起来。整个战况使人感到，敌人的全面反攻正在步步迫近。

〔**对穆保的进攻**〕第51师团长抓住这一战机，立即先发制人，对穆保正面维巴里之敌发动进攻，以期摧毁敌人的攻势企图。当时正向威瓦克地区推进基地的第6飞行师团的白城子飞行教导团（飞行团长白银重二少将）全力协助了这次攻击。6月20日上午3时，在师团长亲临前线指挥下开始了地面攻击。攻击兵力是以步兵第66联队为基干的部队。可是澳军阵地意外坚固，据点阵地作鳞状纵深配置，各个阵地都用地雷、铁丝网、鹿砦等围着。由于火炮不足,我军苦于无法排除障碍物,靠手榴弹和白刃战反复冲击才勉强冲进第二线阵地。但因伤亡不断增加,又兼敌兵力分外雄厚(据判断,其兵力为1000名,炮10门左右),所以师团长6月22日下令停止了这次攻击。部队在6月25日以前撤到穆保阵地,转入守势。

〔**美军登上连多巴岛和纳索湾**〕 正当东南方面我陆海军的注意力集中在萨拉摩阿地区的时候,6月30日美军在萨拉摩阿东南方约30公里的纳索湾和中部所罗门的连多巴岛同时开始了登陆。这次登陆意味着同盟军对我东南方面防线正式发起了攻势。

> 注:同盟军在上述两处登陆的同时,还在所罗门和新几内亚中间的吉里威那岛及木鲁瓦岛登陆,这在当时我军还不知道。

如前所述,6月末左右已大体调整了中部所罗门方面的防御态势,但由于运输上的困难,并没有取得多大实质性的加强。而且我军对美军进攻这方面所做的判断是,美军在雷格塔和维卡姆附近获得据点后,将从8月起前来进攻孟达。当进入6月下旬,经综合分析敌机积极活动的动态和所获得的无线电情报,认为敌人的反攻已经临近,因而临时部署以航空部队迎击。但自26日以后,敌情趋于平静,便又撤销了迎击的准备。就是说,敌军在连多巴登陆,无论在时间上和地点上都是出乎我军预料之外的。

〔**攻占孟达的部署——惯用的战法**〕 敌军所以在进攻孟达之前先在连多巴岛占领地盘,是要在这个孟达对岸的岛上部署重炮,以支援进攻孟达。后来敌军在莱特岛登陆时在斯鲁安岛,在冲绳登陆时在庆良间列岛反复采用了这种战法,但我军每次都未能识破敌人这种惯用的战法。敌攻我不备,6月30日上午4时40分,突然在舰炮射击的掩护下,先以驱逐舰4艘、运输船6艘开始在该岛北端登陆。接着,上午10时20分又以驱逐舰6艘、运输船5艘实行第二次登陆,在两个半小时内登陆完毕,27小时之后重炮就对孟达开始了炮击。

中部所罗门的作战

〔**海军的反击**〕 第11航空战队及第8舰队接到敌军在连多巴登陆的报告后,立即以当时可动用的170架飞机对连多巴之敌进行攻击,以期击沉敌船队,歼灭敌空军兵力。这一天断然进行了三次攻击(上午2次,下午1次)。对敌舰队的这一攻击,尽管受到敌机一百几十架次的阻挠,但据报,还是取得了击沉击伤敌舰船13艘、击落敌机50架的战果。可是第二天（7月1日），为攻击敌船队而向敌船停泊地出击的第8舰队所属驱逐舰5艘，因受到狂风暴雨的阻碍空手返航。正在这时，敌军在登陆的第一天很快就在该岛取得了牢固的登陆据点。7月2日、4日两天，我方陆海军的航空部队反复进行了联合攻击，但因损失巨大，陆军航空部队中途退出。据报，这次攻击击沉敌运输船7艘和大量小型舟艇，但敌军毫不畏缩，因此我方的攻击成果殊属可疑。

注：据美方正式报告，6月30日至7月4日，美方损失驱逐舰、运输船各1艘。

〔加强孟达的防御——库拉湾夜战〕 在连多巴站稳了脚步的美澳军，7月2日向孟达海面的鲁比亚纳岛、安巴安巴岛渗透，第二天（3日）以一部兵力向东方海岸扩展，7月4日又在北岸的百罗科港北侧的赖斯湾登陆。

在这以前，新乔治亚方面的陆战，根据驻该岛陆海军指挥官的协定，从7月2日起由东南支队长佐佐木少将统一指挥。佐佐木少将立即采取措施，把驻克伦班哥罗岛的部队全部调到新乔治亚岛的孟达地区，借以加强该地区的战斗力。7月4日第8方面军与东南方面舰队之间达成了作战协定，决定把当前海军的主要作战放在中部所罗门方面，并确保这一地区；同时，为尽快加强新乔治亚方面的防务，决定增派陆军兵力4000名。这部分陆军增援兵力是由腊包尔和布干威尔岛的步兵第13、第45、第229及第230联队的各约1个大队组成的。通过这次增援，中部所罗门的陆军基干兵力已达到9个步兵大队。

7月4日夜，陆军部队的第一次运送是由4艘驱逐舰进行的，但由于夜半同敌4艘巡洋舰和其他舰只遭遇而归于失败。这就是被称作7月4日库拉湾夜战的那次战斗。5日夜再以驱逐舰10艘进行第二次兵员运输，但由于再次同敌水上部队冲突，双方都损失舰船数艘，只有一部分得以登陆。这次夜战被称为7月6日的库拉湾夜战。东南方面舰队和第8舰队司令长官分别进到布因和肖特兰岛，指挥对孟达的增援。7月9日和12日又强行向中部所罗门运送兵员，12日夜里发生第三次海战，即克伦班哥罗海面夜战。19日东南方面全部海上部队为坚决歼灭敌海上部队的出击，也因遭到敌机的反击而归于失败。

在这以前，7月7日，东南方面舰队再次确定了排除万难、确保新乔治亚方面的方针，并向第8方面军提出了再增派陆军1个师团的要求。可是第8方面军司令官认为，在美军掌握制空权的情况下，将大量兵力用于孟达、克伦班哥罗是毫无意义的，因此拒绝了海军的建议。陆军中央部对此也持同样意见。前述陆海军之间对中部所罗门的战略思想上的分歧，随着战况的激烈发展又重新表现出来了。

第37章 敌军在东南方面反攻的加剧

中部所罗门略图

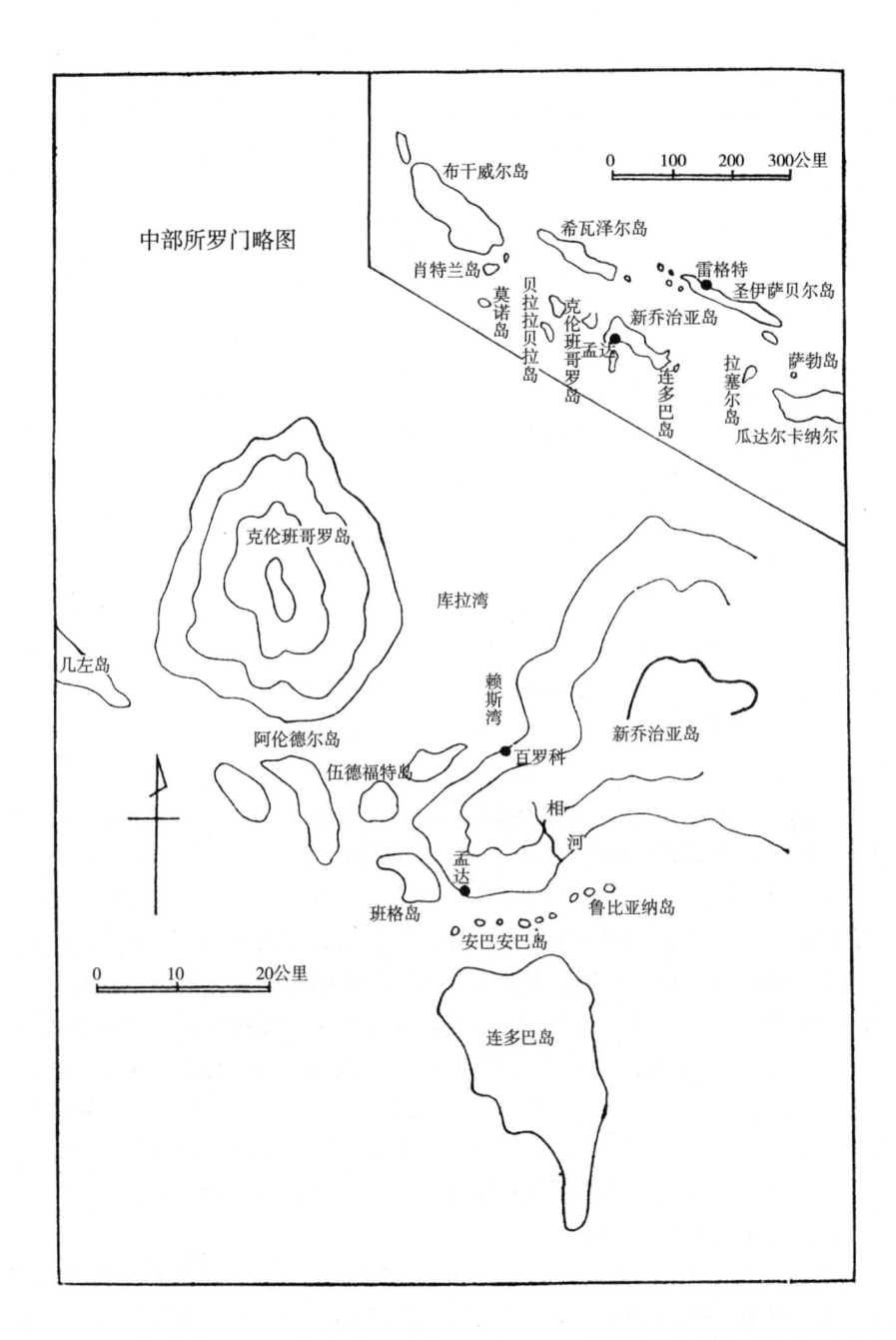

〔**孟达的激战——丛林夷为平地**〕 7月5日，敌军终于正式开始在孟达东方的新乔治亚本岛登陆。此后直到14日这一期间，敌我双方以孟达为中心拼

命地竞相加强兵力。在此期间，东南支队长用陆续运到的兵力调整了百罗科方面的掩护态势。这方面的敌人并不活跃，战线保持了暂时稳定状态。

7月15日敌军对直接守备孟达的步兵第229联队的阵地开始了猛攻。在此之前，东南支队长曾采取以攻势消灭敌人的方针，7月9日命令自克伦班哥罗岛来到百罗科的步兵第13联队主力从步兵第229联队的左侧攻击敌人。该部队自15日起攻击敌人的右翼，取得很大战果，但可惜的是，由于与步兵第229联队配合得不好，未能歼灭敌人。17日将兵力集结在第229联队的左侧。

另方面，步兵第229联队正面之敌，连日来在猛烈炮火的支援下反复进行了攻击。我方阵地与武器逐渐遭到破坏，兵员伤亡不断增加。23日东南支队长再令步兵第13联队攻击敌人的右翼，但结果只是迫使敌人暂时停止了攻击。孟达正面的丛林被夷为平野，阵地逐渐落入敌人手中。于是东南支队长于27日第三次命令步兵第13联队主力攻击敌人的侧翼，并取得了可观的战果，但该联队的战斗力已经消耗殆尽，已无希望保住孟达主阵地。当时步兵第229联队的兵力业已减到800名左右。

鉴于上述情形，第8舰队司令长官鲛岛中将7月29日命令把主阵地后撤到机场附近。各部队于31日夜撤离主阵地，进入新的阵地。

〔向克伦班哥罗岛撤退〕　敌从8月3日对孟达机场的新阵地线开始了攻击。各部队虽然竭力奋战，但在敌步兵、炮兵、坦克、飞机的联合攻击下，阵地逐渐瓦解，4日，孟达机场终于落入敌手。现在不仅各部队的战斗力已经消耗殆尽，新锐部队也未按期到达，因此夺回孟达机场的可能性已不复存在。

在此之前，第8方面军曾制订过一项计划，拟以第6师团和第38师团的后备兵员1200名临时编成8个步兵中队，令其增援中部所罗门。8月6日夜，由海军舰艇执行了这项计划。然而，我驱逐舰刚刚驶抵克伦班哥罗岛北方海面时便同强大之敌遭遇，我方一下子丧失了驱逐舰3艘和乘舰的大部分陆军兵员。而这次运输竟成了对中部所罗门方面进行增援和补给运输的最后一次。

鉴于上述情况，东南支队长拟以较强的一部分兵力继续保持孟达附近的一角，同时将主力转移到克伦班哥罗岛，准备在该岛同敌人进行最后一战。这一行动从7日开始，各部队经班格岛和阿伦德尔岛撤退到克伦班哥罗岛，这样，孟达的激战便告结束。

敌军从8月11日开始追击，此后敌军屡次在班格岛和阿伦德尔岛登陆，阻碍我方转进，但由于我各部队的奋战，至22日左右，我方基本上已将兵力集结在阿伦德尔岛以北地区。

萨拉摩阿地区的激战

〔同盟军开始全面反攻〕 如前所述，同盟军与在中部所罗门的连多巴登陆相呼应，6月30日上午3时30分，开始在穆保东方的纳索湾登陆。据判断，敌人的登陆兵力最初约为2000名。在这前后，南部第一线的穆保和西部正面的波布答比方面的敌情也顿时紧张起来。第18军司令官本打算在纳索正面之敌刚一登陆时就将其击溃，但采纳了第51师团长的建议，决定将击溃波布答比正面之敌作为重点，而对于纳索之敌则只阻其北上。为实现前一目标，增派包括从马丹刚刚赶到的第20师团神野大队在内的步兵2个大队，由新任的步兵团长室谷少将担任指挥；为达到后一目的，在纳索北方的萨鲁斯配备了步兵第66联队的约1个大队。

另方面，正在研究对贝纳贝纳、哈根方面作战的第6飞行师团这时已经陷入必须应付连多巴和纳索两方面新局面的境地。该师团暂把所罗门方面作战任务交给海军第11航空舰队，7月1日以39架飞机攻击了纳索之敌，7月2日和4日协助了第11航空舰队的连多巴作战，7月3日、5日和11日反复攻击了纳索，取得了相当战果，但我方的损耗也相当大。

在此期间，我纳索守备队根据师团的命令，避免决战而后退，与师团主力会合。7月10日萨拉摩阿主防御线的最左翼，很快就遭到了美军的直接攻击。

在此之前，7月初视察萨拉摩阿战线的第18军司令官，察觉到第51师团的战斗力已十分薄弱，也根本不能胜任长期作战，便采取措施，把当时刚从威瓦克调到马丹地区的第41步兵团司令部及步兵第238联队用舟艇运到莱城，以加强该地区的战斗力。

〔主防御线的激战——寸土必争的短兵相接战〕 在波布答比方面，由于急速增援的步兵两个大队的攻击，打退了敌人，战况暂时有所缓和，但敌军对南方前线穆保地区的攻击却极其激烈，特别是7月10日前后，优势之敌竟进到我守备队的背后，因此第51师团长于7月11日命令步兵第66联队主力撤退到卡米阿塔姆高地。

这样，萨拉摩阿地区的我阵地线便在波布答比—卡米阿塔姆—波依奚一线形成。第51师团原打算将这一线作为萨拉摩阿的主防御线，但因这里几乎没有构筑防御设施，便急忙动员工兵部队开始构筑阵地。可是，觉得要坚守这条阵地线，我方兵力是不足的。而且尽管我海军潜艇做了巨大努力，但莱城、萨拉摩阿地区的补给状况并没有得到预期的改善，粮食基本上只能勉强糊口，而弹药，特别是炮弹有时每门只有10发至30发，情况很糟。

可是敌人连喘息的空隙也不给，对我主防线连续进行猛攻。尤其海岸正面美军兵力的增强十分显著，敌人巨大的物质力量这时又开始发挥出来，即使对我一小块阵地，一天也要打来几万发炮弹，同时还有飞机进行集中轰炸。我第6飞行师团虽也努力协助第51师团的战斗，但到7月中旬左右，莱城、萨拉摩阿地区的制空权终于落入敌手。

这样，从7月中旬到8月中旬，在主防线上反复进行了真正的寸土必争的短兵接战。主防线一带连丛林也都夷为平地。第51师团长把师团的全部战斗力都集中在萨拉摩阿地区，以努力确保主防线。

〔放弃贝纳贝纳作战的企图〕 如前所述，7月下旬左右，莱城、萨拉摩阿的战况已经发展到这种地步，第18军必须把全部力量都投入这方面。而且预测在丹皮尔海峡方面也将出现新的危机。

于是第18军司令官于8月1日推翻了有关贝纳贝纳、哈根作战的一切部署，将作战决心作了如下的改变：

"本军以坚决确保莱城、萨拉摩阿地区及芬什哈芬地区为当前作战的重点，首先以昭和18年（1943年）末为期，集中力量强行打开水陆交通线，集聚军需品与推进兵力，以掌握作战的主动权。

"然后在贝纳贝纳、开南兹高地首先夺取作战的立脚点，再相机谋求在马卡姆河或佛恩湾沿岸进行决战。"

安达第18军司令官虽然仍然认为迅速攻占贝纳贝纳方面是必要的，但考虑到这次作战的上述困难，尤其考虑到能够进行这次作战的时机问题，断定现在必须把当前作战的重点放在加强莱城、萨拉摩阿地区及芬什哈芬地区上。特别是丹皮尔西岸的要冲芬什哈芬地区，尽管从将来作战的角度来看是极其重要的地点，但当时却几乎处于毫无防备的状态，所以第18军痛感必须加强这一地区。

第18军司令官8月3日向第8方面军和大本营报告了上述决心，同时于8月10日采取措施，把第20师团的步兵第80联队主力及炮兵1个大队急速派往芬什哈芬。

第18军司令官的上述决心，当时对大本营和第8方面军司令官来说是不能立即予以认可的。但是，莱城、萨拉摩阿方面现实战局的发展与后来8月17日威瓦克遭受空袭的损失，终于使第18军司令官的决心得到了承认。于是新几内亚方面作战指挥的焦点便集中到莱城、萨拉摩阿地区了。

第37章 敌军在东南方面反攻的加剧

〔**新几内亚方面陆军航空兵遭到的巨大损失**〕 前述的第7飞行师团陆续从爪哇出发，7月下旬进抵威瓦克地区，参加了新几内亚方面的空战。该师团特将其作战重点指向贝纳贝纳、哈根地方，断然进行了攻击。新编成的第4航空军司令部也于8月6日进抵腊包尔，指挥了新几内亚方面两个陆军航空师团的战斗。

现在新几内亚方面已经出现恢复空军力量均衡的曙光。然而发生了极其不祥的事件，致使这点曙光旬日之间就消失了。这就是8月17日敌人空袭威瓦克地区所造成的巨大损害。

8月15日，第7飞行师团在马卡姆河上游开南兹的东南方地区发现了敌人新建的机场，第二天（16日）就对它进行了攻击，但遭到敌战斗机的迎击，没有达到破坏机场的目的。可是敌人自17日凌晨起，便以战斗机和轰炸机的大型联合编队前来对威瓦克、布图地区进行波浪式攻击。以往敌人战斗、轰炸机的联合攻击最远仅达到汉沙地区威瓦克地区并未受到大规模的空军攻击，所以这次空袭也可以说是第一次。

注：敌人这个新建的机场是同盟军为了空袭威瓦克，作为战斗机的前进基地，5月以来秘密修建的。

当时第6和第7飞行师团都驻在威瓦克、布图地区，但由于情报网不完善和机场设备有问题而遭到了一次真正的奇袭，100多架飞机白白被毁坏在地面上。

这样，夺回新几内亚制空权的希望瞬息之间便消失了。后来为了补充战斗力竭尽了一切努力，但第4航空军实际可动用的机数很少超过70架，敌我航空力量的悬殊状况已成定局。

〔**卡米阿塔姆高地的失守——死守草山**〕 卡米阿塔姆高地处于以马蹄形环抱萨拉摩阿的主防线的顶点。该高地是主防线的最高点，萨拉摩阿的命运决定于能否确保这一高地上。

这个高地一带的守备部队步兵第66联队主力，7月中旬以来不断击退敌人的猛攻，死守该地达1个月之久。到了8月中旬，敌人从我阵地两侧深入，形成了截断我与后方联系的形势。我方的战斗力已基本上消耗殆尽。因此，第51师团长8月16日决定放弃卡米阿塔姆高地，在其北方的草山构筑新的阵地线。为此使用了当时刚刚陆续抵达萨拉摩阿的步兵第238联队的部队。

到8月23日前后，新阵地已部署完毕。现在第51师团已将作战的态势转移到死守这个阵地上面来，决心与萨拉摩阿的命运共存亡。据判断，敌人兵

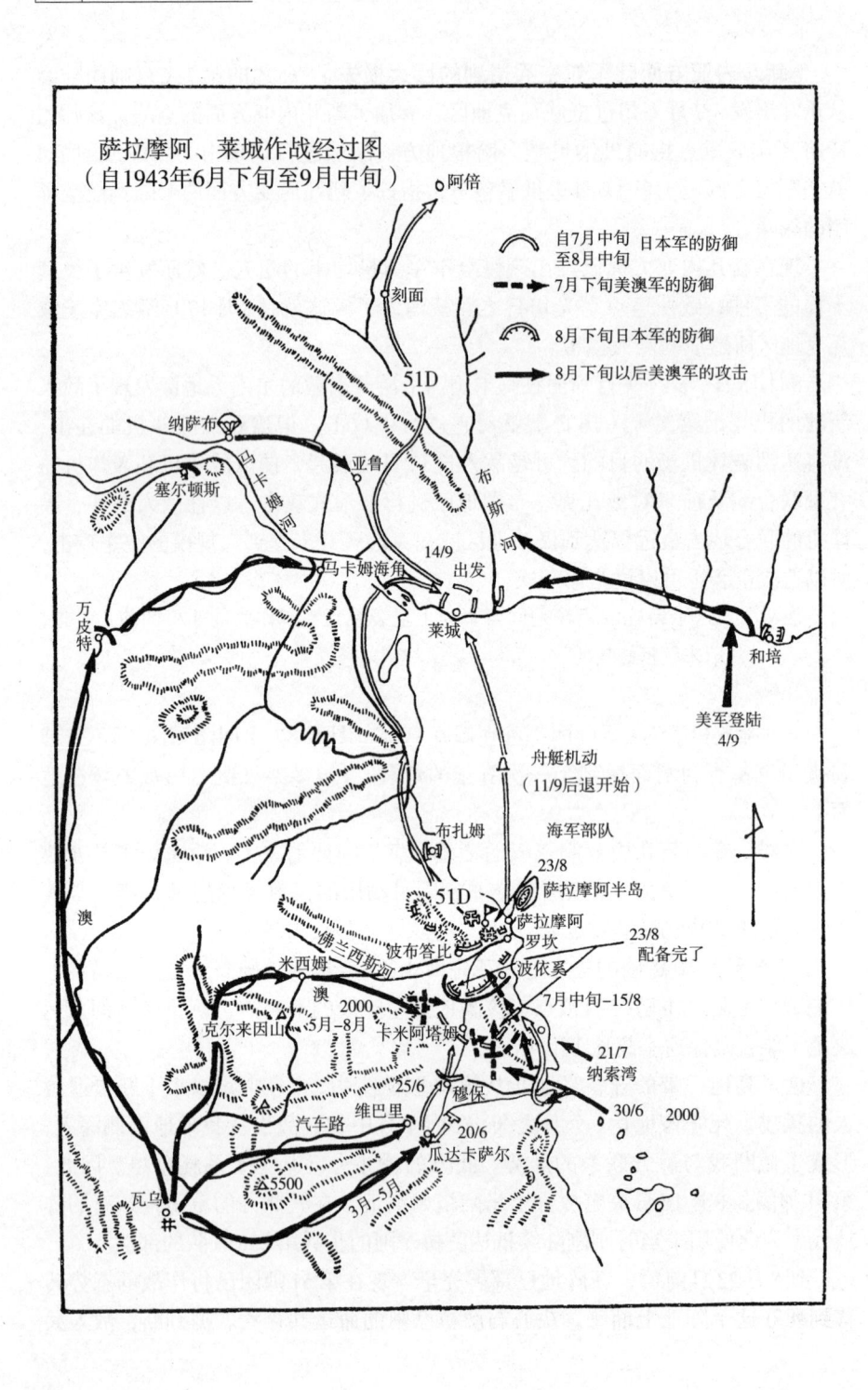

萨拉摩阿、莱城作战经过图
（自1943年6月下旬至9月中旬）

图例	
⌢ 自7月中旬至8月中旬	日本军的防御
⇠⇠→	7月下旬美澳军的防御
⌢	8月下旬日本军的防御
→	8月下旬以后美澳军的攻击

阿倍
刻面
51D
纳萨布
亚鲁
马卡姆河
塞尔顿斯
布斯河
马卡姆海角
14/9 出发
万皮特
莱城
和培
美军登陆 4/9
舟艇机动（11/9后退开始）
布扎姆
海军部队
23/8 萨拉摩阿半岛
51D 萨拉摩阿
佛兰西斯河 波布答比 罗坎
米西姆河 波依奚
澳 2000 23/8 配备完了
克尔来因山 5月-8月 卡米阿塔姆 7月中旬-15/8
21/7 纳索湾
汽车路 维巴里 25/6 穆保
20/6 瓜达卡萨尔
瓦乌 # 5500 3月-5月 30/6 2000

力美澳军合计约为1个半师，其攻击方向集中在罗坎、草山和波布答比整个正面，战斗极其激烈。中野师团长训示说："新阵地是最后的防线，不许后退一步。如果守不住，全师团就战死在这个阵地上。那时要烧毁军旗，伤病员也要奋起，准备'自尽'殉国，一个人也不许生受丑虏之辱。"提醒全体指战员要有迎接最后牺牲的思想准备。

战局向北部所罗门发展

〔从克伦班哥罗岛的撤退〕 转移到克伦班哥罗岛的东南支队及海军部队，为了对付不久将把战场转移到克伦班哥罗岛的敌人的行动，当时正在迅速加强防御。不过，当时中部所罗门的整个状况是，由于8月15日敌在贝拉拉贝拉岛登陆，克伦班哥罗岛已完全陷于孤立。

在这以前，大本营洞察战局的前途，8月12日决心撤离中部所罗门群岛，并决定了陆海军中央协定，下达给了当地部队。

该协定的要点是：

一、中部所罗门群岛暂以所在兵力维持之。

二、在9月下旬以前加强后方主要阵线的防务。

三、在9月下旬至10月上旬期间，随时将中部所罗门方面部队撤到后方要地。

东南方面舰队根据这一决定制定了如下方针：即一方面排除万难，向北部所罗门运送陆海军增援部队，另方面补充和增强基地航空部队兵力，以强行切断敌人的增援。7月下旬该方面海军航空兵可动用的战斗力约有飞机250架左右。另外，联合舰队为支援东南方面作战，8月4日已从濑户内海启航进抵特鲁克。

另方面，在克伦班哥罗岛，补给运输自8月中旬以来已经断绝，手头的粮秣尚不敷一个月之用，官兵的体力在不断下降。9月中旬，支队长决心从消极等待敌人、自我消耗战斗力的被动局面中摆脱出来，进而主动向新乔治亚岛之敌发动攻势，以保全日本武士道的精华，并已开始了准备。

可是，根据上述协定制定的撤退命令，9月15日已下达到东南支队，于是决定立即从该岛撤退。然而可以预料，撤退作战是非常困难的。这次撤退作战的计划是，以大约100艘舟艇把克伦班哥罗岛上的12000名兵员自该岛北端运到布干威尔岛的布因方面；伤病员用驱逐舰运到腊包尔收容；以东南方面海上部队的全部力量和航空部队之一部予以支援。根据这一计划，第8舰队克服了许多困难，从9月28日到10月2日完成了撤退运输任务，部队转进到布干威尔岛及腊包尔。

〔贝拉拉贝拉岛海上的夜战〕 继克伦班哥罗岛的撤退作战之后，断然实行了贝拉拉贝拉岛的撤退作战，冈岛部队的589名官兵被送到布因。在这次作战中，10月6日夜，我支援部队在该岛西方海面同敌巡洋舰战队和驱逐舰队发生了激战，50分钟后，消灭敌舰5艘，只有敌巡洋舰1艘幸免逃脱，我方仅损失驱逐舰1艘。

〔加强北部所罗门及俾斯麦群岛的防务〕 鉴于中部所罗门方面战况日趋激烈，7月中旬以来，大本营和第8方面军集中力量加强了北部所罗门群岛及俾斯麦群岛等后方主要阵线的防务。即7月中旬，大本营将原定用于中部太平洋方面的南海第4守备队编入第17军的战斗序列，7月下旬将该守备队分别部署在布干威尔岛，一部部署在肖特兰岛和赫鲁岛。接着，9月中旬，大本营采纳了第8方面军的建议，为加强北部所罗门群岛防务，从中国派遣军中抽调出第17师团，编入第8方面军的战斗序列。后面将会提到，当时大本营陆军部正将确定，把新国防线定在西部新几内亚、加罗林及马利亚纳一线，把东南方面作为其前锋线；同时也考虑到海军方面的希望，决定派遣第17师团作为对东南方面的最后的增援部队。

另外，第8方面军司令官预测战局的未来发展，采取了加固腊包尔四周要地的方针，7月3日命令第38师团长构筑阵地，7月20日又任命该师团长为腊包尔防卫司令官，一并指挥该地区军部直辖部队，使之集中力量加强腊包尔周围要地及新爱尔兰岛的萨谟、纳马特奈等重要地区的防务。另将第38师团的1个大队派往加斯马塔，也加强了该地区的防务。

战局转向丹皮尔

〔确保莱城、萨拉摩阿已经无望〕 8月下旬，第51师团仍在继续死守波布答比、草山及罗坎一线。可是，这时该地区的制空权已完全落入敌手，布纳及纳索地区敌人的海上运输已渐趋活跃，可以认为，敌人已经开始新的计划。

大本营研究了上述情况，结果认为，莱城、萨拉摩阿地区不久即将不保，便于8月30日指示第8方面军和联合舰队："对莱城、萨拉摩阿地区大致以当地现有兵力设法坚持下去，同时随时将兵力转用于丹皮尔沿岸重要地区。另外，陆海军应共同努力，迅速加强丹皮尔海峡方面的防务。"

根据大本营的上述指示，第8方面军司令官9月2日命令第18军："情况如果确实到了万不得已时，应撤退莱城、萨拉摩阿方面的部队。"这项命令下达后不久，便发生了最后决定莱城、萨拉摩阿地区命运的战况。那就是9月4日约1个师的敌军在布斯河河口（距莱城东方约20公里）的登陆。

陆海军航空部队立即进行了攻击，但战果不大，结果使敌人轻而易举地登了陆。第二天（9月5日）敌人在莱城西北大约30公里的纳沙布空投了约1个师的兵力，从而形成了从东西两面夹击莱城的态势。

当时我军在莱城的陆海军兵力计有1900名。这些兵力在第41步兵团长庄下亮一少将及第7根据地队司令官藤田中将的指挥下，主要担任该地区的警备和针对萨拉摩阿的兵站业务，可动用的兵力约只有300名，此外大部分是伤病员。

〔放弃莱城与转移〕 鉴于上述状况，现在确保莱城、萨拉摩阿地区已经无望，而且该地部队向芬什哈芬地区撤退也已经不可能了。因此第18军司令官9月6日命令第51师团长，要他指挥所在陆海军部队尽可能经开阿辟特向马丹方向撤退，如迫不得已，则翻越萨拉瓦刻山脉向西奥方面撤退。

对于莱城、萨拉摩阿所在部队来说，当务之急是要把驻萨拉摩阿地区的部队集中到莱城，并确保莱城直到撤退完毕为止。驻莱城地区的部队，面对来自东西两面急攻之敌，连医院的伤病员也拿起武器，参加了殊死的保卫战。在此期间，驻萨拉摩阿的师团主力到了14日已撤退到莱城，并正在加紧准备下一步转移。

第51师团长鉴于纳沙布方面的敌情，选择以北方为转移的方向。这样，驻萨拉摩阿、莱城的部队约8650名（其中海军约2050名），在激战了3个月之后，还未来得及稍事休息，便带着仅够10天的粮食，于9月15日夜，直到最后殿军全部撤出了莱城，踏上了转移的道路。

在这之前，第18军司令官以当时正在菲尼斯蒂尔山脉筑路的第20师团之一部编成了中井支队（以步兵团长中井增太郎少将指挥的步兵第78联队为基干），令该支队向马卡姆河谷挺进，牵制纳沙布方面之敌，以便于第51师团的转移。

〔将第20师团主力派往芬什哈芬地区〕 第18军司令官早就想加强芬什哈芬的防务，如前所述，8月已派出了步兵第80联队的主力，现在正当敌人在莱城东侧登陆，便毅然决定将第20师团的主力增派到芬什哈芬地区，9月5日向第20师团长片桐茂中将下达了这项命令。

这样，从这一年春季以来集中力量在菲尼斯蒂尔山脉构筑通往莱城道路的第20师团主力（以步兵第79联队为基干），便被分成19个梯团，其第一梯团于9月10日自波加基姆出发，踏上了通向芬什哈芬的约400公里的征途。

这条路是当地土著的道路，不能走车马。行军一开始就极其艰难，按计划，第一梯团预定在10月10日前后抵达芬什哈芬。

在第20师团主力赶到芬什哈芬之前，敌人果真会等待我方这一新的计划而按兵不动吗？第8方面军司令官及第18军司令官正在翘首盼望第20师团主力迅速到达芬什哈芬地区。

第38章

大东亚政略的指导

战争第二年，即昭和18年（1943年）将是针对敌人的正式反攻，集中大东亚的全力与敌人决战的一年。敌人迅速反攻南太平洋方面的压力，迫使日本不得不面临边打仗边建设的局面。即对日本来说，在战略方面，必须随时随地粉碎敌人的反攻，同时迅速确立整个大东亚的防御态势；而在政略方面，集中大东亚各国各民族的力量便成了至关重要的事情。

大东亚各国各民族的联合，需要与确立战略态势同时并进、在敌人反攻达到高潮以前基本完成。由于对华采取了新的政策，解决了日华间多年的悬案；随着国民政府的对美英参战，新生中国的立场有了一大飞跃，向着修改日华基本条约、完成日华同盟条约的方向发展下去。对南方占领地区的政略指导，以5月31日御前会议决定的《大东亚政略指导大纲》为中心推进了施策。缅甸和菲律宾相继独立；自由印度建立了临时政府；爪哇人民参与了政治，等等，大东亚的政略态势已逐步完善起来。于是，11月5日终于召开了大东亚会议，大东亚各国领导人齐集东京，通过了《大东亚共同宣言》。而这时恰是反轴心方面正在通过开罗会谈、德黑兰会谈巩固其团结的时候。

为促进对华新政策取得效果所做的努力

〔**陆军方面的热情——东条大将访问南京**〕 上年末，根据御前会议决定的《为完成大东亚战争所需的对华处理根本方针》提出的一系列的具体施策，从昭和18年（1943年）初开始，已逐步付诸实行。而针对世界战局的演变，有必要在美英方面的反攻达到高潮之前，即在本年上半年就使这些施策开花结果。

当推行具体政策时，有必要从中央到当地，在军事、政治、经济等各个领域都来个划时期的大转变。但是要使中国事变以来的复杂的既成事实为之一变，这在日华双方都有许多困难，特别是在当地基层机关，情况尤其如此。然而政府和大本营却克服一切困难和障碍，断然按既定方针推行下去。

特别是与这项施策有极其深切关系的陆军，以极大的热情努力加以推进。东条首相兼陆相于3月13日访问南京，就有关具体实现新政策的问题同汪主席进行了会谈，并借此机会督促和勉励了我各派出机关。

〔**取得效果的路径**〕 回顾政府和大本营为争取新政策开花结果所作的努力，大致有如下几点：

关于中华民国的国旗，在昭和14年（1939年）11月1日的兴亚院会议上曾决定，在必要期间内，在青天白日满地红的旗帜上方附上明确表示"反共和平"的三角形黄地布条。这样的国旗一直沿用下来。现在鉴于国民政府参战后的对华政策宗旨，为使这个国旗发挥更大的政治效果，决定去掉这个表示反共和平的布条。

关于收回北京公使馆区一事，3月22日已签字完毕，自国民政府还都三周年纪念日，即自该月30日起实施。

关于归还专管租界的问题，已于3月14日签字，自该月30日起实行。

关于归还厦门、鼓浪屿共同租界的问题，于3月27日签字，自该月30日起实行。

关于归还上海共同租界的问题，日华间于6月30日，华法间于7月22日，华意间于7月23日已分别签订了归还协定，8月1日开始实行。

苏淮地区历来是国民政府和华北政务委员会之间的特殊地区，华北的色彩较浓。为了使该地区最迟于昭和19年（1944年）1月1日以后名副其实地成为国民政府的直辖地区，决定在行政、经营等各方面全面进行调整。

对于日华合办的公司，决定加以必要的调整。

即为了加强国民政府的政治力量，以资掌握人心，对部分日华合办的公司决定采取转让给中国方面和解散等措施，同时，对于作战上绝对需要的公司，也决定加以调整，扩大国民政府的监督权；在人员构成上大幅度地聘用中国人；在资本构成上增加中国方面的投资；使中国方面合理征税以及废除日方对企业的垄断等。至于实行这些措施的时间，照顾到不致影响增强国防经济力量的效率，易行的大体上到昭和18年（1943年）7月末执行完毕，其余的大体上到同年年末结束。按这一目标推行各项政策。

〔**通过外运黄金实行对华经济援助**〕 如上所述，在各方面都相继采取了措施，但到昭和18年（1943年）中期前后，中国的经济以物价暴涨为中心，呈现出加速陷入崩溃的局面。

对日本来说，一方面需要维护国防经济力量的补给基地，另方面需要根据《对华处理根本方针》的精神实质来推行经济施策，以预防中国经济的崩溃。

为此，在7月14日的大本营政府联席会议上，就《关于对华紧急经济施策问题》达成了谅解，将25吨金块从日本运往华北和华中，以充作回收货币之用，与此同时，国民政府还强制收购中国市场上的棉布等。就这样，日华合作，采取紧急措施，为防止经济崩溃做出了努力。

御前会议关于大东亚政略指导大纲的决定

在南方占领地区，军事管制历来是由陆海军分工执行。在作战进行中，或者在作战刚刚告一段落之后，占领地区的行政本身就是作战行动。随着时间的推移，培育和建设占领地区的要求便逐渐强烈起来。尤其对缅甸和菲律宾，竟出现了应迅速使之独立的议论。

另方面，为了适应后来世界战局和政局的进展，不仅对南方占领地区，而且对广大的大东亚各国各民族的政治团结，也有必要使其得到飞跃的发展。即对日本来说，在美英方面的攻势达到高潮以前，必须建立起牢固的大东亚政略态势。

为了应付这种形势，昭和18年（1943年）5月31日大本营和政府决定奏请召开御前会议，讨论通过《大东亚政略指导大纲》。

〔御前会议与议题〕 会议于下午2时开始，出席者政府方面有东条总理兼陆相、铃木国务相兼企划院总裁、岛田海相、贺屋藏相、青木大东亚相、重光外相；统帅部方面有永野军令部总长、杉山参谋总长、秦参谋次长、伊藤军令部次长；枢密院方面是原议长。

《大东亚政略指导大纲》

第一，方针

一、帝国为完成大东亚战争，须进一步调整并加强以帝国为中心的大东亚各国各民族团结的政略态势，以坚持战争指导的主动性，应付世界局势的变化。

政略态势的调整与加强，至迟于本年11月初完成。

二、调整政略态势，以加强各国各民族协助帝国进行战争为重点，尤其是有助于解决中国问题。

第二，要领

一、对满、对华方针

进一步加强以帝国为中心的"日满华"相互间的结合。

为此，

（甲）对满方针　按既定方针。

（乙）对华方针　为谋求彻底实现《为完成大东亚战争所需要的对华处理根本方针》，根据相应的另外规定，修改日华基本条约，缔结日华同盟条约。为此迅速做好各项准备工作。

与此相关联，相机指导国民政府对重庆实行政治工作。

关于实行前项工作的时机，待大本营、政府协商后决定之。

二、对泰方针

按既定方针加强相互合作，尤其是收复马来失地和加强经济合作，要迅速实行。

掸地方的一部分要纳入泰国版图，有关这一问题，待考虑同缅甸的关系之后再行决定实行。

三、对法印的方针

加强既定方针。

四、对缅方针

按昭和18年（1943年）3月10日大本营和政府联席会议决定的《缅甸独立指导纲要》执行。

五、对菲方针

尽速使其独立。

独立的时机大致预定为本年10月前后，极力促进各项准备。

六、对其他占领地区的方针规定如下：

马来、苏门答腊、爪哇、婆罗洲、苏拉威西等地作为重要资源供给地极力进行开发，并努力掌握民心；适应当地居民的文化程度，尽力使其参与政治，但当前仍须继续实行军事管制。

七、大东亚会议

结合实现上述各项方针，本年10月下旬前后（菲律宾独立后），将大东亚各国领导人召集到东京，向中外表明完成战争的坚强决心和大东亚共荣圈的确立。

〔东条总理的说明〕　对上述议题，东条总理首先就提案的宗旨作了如下说明：

为完成大东亚战争，在帝国的政略指导上，日德意三国的密切合作和大东亚各国各民族的团结是最重要的。以往从这一认识出发，做了多方面的努力,但鉴于世界战局的发展,现在愈加迫切地感到需要不失时机地迅速进一步调整并加强这种政略态势。

关于大东亚各国各民族的团结,以"满洲国"为首,目前各国各民族正在为完成帝国的大东亚战争而同心协力,但认为迫切需要进一步加强这种团结,所以才有劳各位对本议题加以审议。

关于方针:

为完成大东亚战争,大东亚各国各民族的团结,以加强各国各民族对战争的合作为重点,尤其要通过这一合作来推动中国问题的解决。

另一方面,世界形势将根据德苏战争的情况而有所变化,对此估计10月前后即可见分晓;并估计美英的反攻将逐步加剧,因此,应迅速调整并加强大东亚的政略态势,不管世界形势的发展如何,帝国都要准备以大东亚团结的力量,毅然坚持指导战争的主动地位。

一、对满对华方针

(甲)对满方针 "满洲国",其建国精神与帝国处于一德一心的关系,这种关系建国十年来已取得显著发展。

大东亚战争爆发后,"满洲国"虽未直接参战,但在物质与精神两方面都一直在竭力协助帝国,尤其从战争爆发时颁布的诏书[①]里或者从我访问"满洲国"进谒皇帝时,陛下所发表的谈话里均能体会到这种心境,这实在令人不胜感激之至。

总之,"满洲国"视帝国为亲邦,日满关系已超过了同盟关系,处于亲密无间的状况。

(乙)对华方针 以前,仰承陛下决定的《为完成大东亚战争所需要的对华处理根本方针》中曾规定,按照国民政府的充实加强及其实现对日合作等情况,应相机考虑对日华基本条约加以必要的修改。

国民政府自参战以来,各方面都在采取自强的方策,并已充分理解了帝国的真意,正为完成大东亚战争而努力。因此,现在帝国为更加彻底实现《对华处理根本方针》,打算根据适应上述情况的另外规定,修改日华基本条约,缔结日华同盟条约。

在对华处理根本方针中还规定:"帝国不以重庆为对手进行任何媾和工作;如情况变化而欲进行媾和工作时,则另行决定之。也应使国民政府顺应帝国的态度。"后来根据对华处理根本方针的这一规定,各项施策都逐渐取得

---

① 指伪满皇帝溥仪所颁布的诏书。——译者

成果，重庆方面也颇受到影响，有所动摇。可以看出，最近庞炳勋参加国民政府就是一个佐证。

另一方面，重庆方面已日益困窘，因此，根据上述对华各项施策的进展情况，决定指导国民政府相机对重庆开展政治工作。但很难指望重庆抗战阵营的中枢现在就立即响应国民政府的政治工作，而且如果时机不当，反而会带来许多害处。因此，有关其时机问题将由政府和大本营之间协商后决定。

二、对泰国的方针

对泰国，目前一方面保持它独立国家的体面，同时指导它使之由衷地协助大东亚战争，积极配合帝国的施策。但是泰国的一般国民，动辄将战争带来的生活上的不自由归咎于銮披汶政权的亲日政策和日本军的驻扎，再加上敌对各国离间日泰关系和反政府分子的策动，所以一般对日气氛很难说是令人满意的。对帝国来说，鉴于銮披汶政权的困难处境和泰国民心的动向，根据日泰同盟条约附属秘密谅解事项第一条，让泰国收复日军占领的马来的失地，并进一步加强经济合作是十分重要的。另外，掸邦的一部分也要纳入泰国版图，有关这一问题，须权衡一下对缅甸的影响后再决定实行的时机和地区等。

三、对法属印度支那的方针

对法属印度支那，目前正在实行的政策是，一方面在实质上利用法属印度支那来进行帝国的大东亚战争，同时并保持其安定，以扼制敌方的策略，使其在各方面更加积极地协助帝国。迄今法属印度支那当局的对日合作已相当可观，但因世界形势的影响和美英重庆等方面的顽固的宣传等原因，法属印度支那方面与我合作的态度尚未达到十分坚决的程度，因此进一步强化上述方针十分重要。但在大东亚战争的现阶段，还要避免使法属印度支那从本国脱离出来的极端措施。

四、对缅甸的方针

关于对缅甸的方针，目前正根据昭和18年（1943年）3月10日大本营政府联席会议决定的《缅甸独立指导纲要》进行施策，5月8日已组成独立准备委员会，计划6月末准备完毕，目前正在促进其准备工作。

五、对菲律宾的方针

关于菲律宾，由于帝国政府发表了有关第81届帝国议会再次确认菲律宾独立的声明，菲律宾随即增强了对日本的信任，以政府长官为首的菲律宾官吏已理解了帝国的真意，目前正在大力整顿治安和深入开展行政工作。该岛作为大东亚共荣圈的一环，正在开始新生，不久前我到过该地，亲眼看到了一些情况。

因此，帝国决定根据以往的历次声明促其独立。目前治安虽尚未完善，但从战争指导上的要求和促进菲律宾方面自觉合作的角度考虑，其独立的时间大致预定10月前后，使之抓紧准备。

六、其他占领地区

在马来、苏门答腊、爪哇、婆罗洲、苏拉威西等地区，暂时仍继续施行军事管制，但视当地居民的文化水平，力求使其参与政治，对于现在强烈要求参与政治的爪哇，准备特别予以批准。

七、大东亚会议

实现上述各项方针后，准备于本年10月下旬（菲律宾独立后）召集大东亚各国领导人来此聚会，阐明完成战争和确立大东亚共荣圈的坚定决心，以此向完成战争的方向迈进。

〔杉山参谋总长的说明〕 接着，杉山参谋总长就本议题代表两个统帅部作了如下说明：

统帅部同意方才政府方面所做的说明。

陆海军深愿相互协助，尽量扩大有利的战略态势，使之成为本方案取得成功的根基。

尤其关于指导国民政府对重庆开展政治工作一事，当然要由帝国政府来担任，但因这项工作与作战有密切关系，所以实行的时机，希望要经过大本营和政府之间的慎重协商后再加以决定，以便使政略战略两方面密切吻合。

〔同原枢密院议长的质疑和答辩〕 上述说明结束后，进入质疑答辩阶段，主要是总理等人对原枢密院议长的质疑做了如下答辩。

原枢密院议长：香港既不是重要资源的供应地，又不是按照居民文化程度使其参与政治的地方，将来对这个地方怎么处置？

东条总理：这是作为对重庆开展政治工作的最后一张王牌而放在那里的。

原枢密院议长：对重庆的政治工作的实行时机，说是另行决定，其成功的前景如何？

东条总理：还无法估计。但在当前形势下，对重庆开展政治工作从战争指导上来看是绝对需要的，所以要见机行事。

重光外相：以往曾规定"不许做重庆工作"，现在要解除这个限制，随着形势的发展准备相机行事，所以并不是因为有了前景才干的。

杉山参谋总长：帝国政略和战略的措施得当，重庆方面的抗战能力正在逐渐减弱，因此可以认为，本方案成功的条件正在逐渐成熟。

原枢密院议长：对重庆开展政治工作的时机，希望要特别慎重。所谓马来失地指的是哪一部分？

东条总理：指的是不包括槟榔的北部四州。

经过上述讨论，全体与会者通过了议题，下午3时闭会。这样，根据这次御前会议决定的宗旨，一系列的大东亚政策便开始执行了。

缅甸的独立

〔独立的准备〕 缅甸的独立通向印度的独立。日本曾经暗示，随着作战的进展，将尽早允许缅甸独立。缅甸方面自去年8月1日在巴·莫长官领导下成立行政府以来，一直密切协助我方作战和占领地区的行政管理，已逐渐具备了独立国家的条件。

大本营和政府根据上述缅甸的实际情况，终于把日本关于缅甸独立的设想具体化了，因此在3月10日的联席会议上决定了如下的《缅甸独立指导纲要》。

第一，方针

一、基于八纮一宇的皇道，遵循使万邦各得其所的大义，在帝国辅导之下，尽量尊重缅甸的创见和责任，创建作为大东亚共荣圈之一环的新缅甸国。

新缅甸首先应在物质与精神两方面迅速整备态势，以便同帝国紧密形成一体，协助完成大东亚战争。

第二，指导要领

二、构成独立准备工作目标的缅甸国及日缅关系的基本形态如另册（作者注：另册从略）

三、3月中旬召见巴·莫及必要的缅甸要人，由政府正式通告允许缅甸独立，并指示独立大纲。

四、当地驻军司令官与中央密切联系，在其指导下，使以巴·莫为中心，以必要人员组成独立准备委员会，首先使其确立建国精神，然后起草和审议独立后新缅甸国的形式、组织及向独立过渡的各方面的政策。

日本人要在不加入本组织的情况下予以指导。

五、自独立准备期间起就使现行政府长官巴·莫以新缅甸国领导人身份来推行各方面的政策。

六、独立的时期预定为昭和18年（1943年）8月1日，准备工作大致于6月下旬结束。

七、独立时，使其向美英宣战。

八、将在独立同时缔结的日缅条约，只限最需要的项目，务求简洁。

昭和18年（1943年）3月18日，巴·莫行政府长官应日本政府的邀请，率领孟米亚内务长官、泰蒙财务长官、恩沙少将（缅甸防卫军总司令）乘飞机来日，商洽有关独立事宜。

东条总理根据《缅甸独立指导纲要》的宗旨，向巴·莫一行表达了日方关于缅甸独立的迫切希望，并进行了恳谈，双方的意见完全一致。

〔新生的缅甸国的独立〕这样，新生的缅甸国独立的伟业便告成了。昭和18年（1943年）8月1日在首都仰光举行了具有历史意义的独立典礼，建国议会以全体缅甸国民的名义发表了《独立宣言》，其主要精神是："缅甸国作为以大日本帝国为指导者的大东亚共荣圈之一环，将为创建世界新秩序作出贡献。"接着，与会者一致推戴独立准备委员会委员长巴·莫为国家代表。

巴·莫国家代表当天立即亲自兼任总理，完成组阁工作，并向美英宣战，同时签署了日缅同盟条约。

与上述行动相呼应，当天日本方面发表了政府声明，同时在缅甸，缅甸方面军最高指挥官河边正三中将当天宣布撤销军事管制，并通告废除行政府。另外，泽田廉三特派大使被任命为首任驻缅特命全权大使。

菲律宾的独立

在菲律宾，在实行军事管制的同时，设置了菲律宾行政府，在巴尔格斯长官领导下一直在协助我占领地区的行政工作，作为独立国家的各种条件也已逐渐具备。

〔东条首相的访菲和独立的准备〕东条首相兼陆相5月5日为视察菲律宾的军事情况和军管情况访问了马尼拉，当时向巴尔格斯长官等领导人转达了日本让菲律宾独立的想法，次日（6日）出席了在马尼拉市鲁内塔公园举行的菲律宾民众感谢大会，会上发表勉励演说："切望菲律宾全面协助大东亚战争，获得独立的荣誉。"

接着，在5月31日御前会议上决定的《大东亚政略指导大纲》中决定，菲律宾独立的时期大致预定为本年10月前后，据此极力促进各方面的准备工作。

适应日本方面的上述态度，6月20日在当地，现行政府内务长官何塞·P.拉乌雷尔博士就任独立准备委员长，巴尔格斯长官等人任委员，组成独立准备委员会，推进了各方面的准备工作。

由于中央和当地进行了上述准备工作，大本营和政府便在6月26日的联席会议上决定了如下的《菲岛独立指导纲要》，确定了日方的具体态度。

一、方针

基于八纮一宇的皇道，遵循使万邦各得其所的大义，在帝国辅导之下，尽力尊重菲律宾的创见与责任，创建作为大东亚共荣圈之一环的新菲律宾。

新的菲律宾应在物质和精神两方面迅速调整态势，使之得以同帝国紧密结成一体，协助完成大东亚战争。

二、指导要领

1. 构成独立准备工作目标的菲律宾及日菲关系的基本形态如另册（作者注：另册从略）。

2. 革新和加强菲律宾现行政府，加以指导，使之成为独立后政府的主体。

3. 向当地驻军传达独立指导大纲，在其指导下使菲律宾方面尽速组成独立准备委员会，起草和审议有关独立的各方面政策和措施。

4. 独立准备工作取得进展后，选定作为菲律宾国家代表的人选。

选定方法听任菲律宾方面自行决定。

5. 独立准备工作大致结束后，将未来国民代表及其他菲律宾各界要人召集到东京，正式传达帝国关于允许独立的意图，然后在当地驻军指导下进一步完成独立的准备工作。

6. 独立的时期大致预定为昭和18年（1943年）10月，以9月下旬为完成准备工作的期限。

7. 独立后在适当时间，使其对美英宣战。

8. 将在独立同时缔结的日菲间的条约，只限最需要的项目，务求简洁。

7月25日，在菲律宾首届国民大会上，独立准备委员长拉乌雷尔被指定为首任总统候选人。

9月30日独立准备委员长拉乌雷尔、委员巴尔格斯长官、委员亚基诺菲律宾特别服务团事务总长等一行，应日本政府的邀请，为协商有关独立事宜乘飞机来到日本。

东条总理根据上述《菲律宾独立指导纲要》的精神，向拉乌雷尔一行传达了日本政府关于菲律宾独立的迫切期望。

〔菲律宾共和国的诞生〕 拉乌雷尔独立准备委员长在日逗留期间，就独立问题同日本政府当局进行了坦率的恳谈。10月5日任命菲律宾最高军政顾问村田省藏氏为首任驻菲特命全权大使。至此，独立准备工作全部完成。10月7日，通过无线电广播正式发表了盼望已久的消息：10月14日独立。

这样，昭和18年（1943年）10月14日，菲律宾共和国宣告诞生了。这一天，独立准备委员长拉乌雷尔首先发表了独立宣言，接着宣誓就任总统，然后签署了日菲同盟条约。

与菲律宾的独立相呼应，日本政府当天发表了《帝国政府声明》。

另外在菲律宾，菲律宾方面陆军最高指挥官黑田重德中将当天宣布：自14日起撤销菲律宾的军事管制。

自由印度临时政府的成立

〔**两位鲍斯的崛起**〕 如前所述，攻陷新加坡后，东条首相在昭和17年（1942年）2月16日的贵、众两院正式会议上，阐明了日本关于援助印度独立的坚定不移的国策。东条首相的这次演说，对多年在海外一直为印度独立而战斗的印度流亡志士给予了希望和勇气。

首先，以在日印度独立联盟会长拉斯·比哈里·鲍斯为中心，展开了团结流亡在东亚各国的志士的运动。同年2月17日，鲍斯被推选为"印度国民大东亚代表"。这一天，鲍斯在东京赤坂的山王旅馆发表了《告印度同胞》的声明，从而揭开了争取建设"印度人的印度"的独立运动的序幕。

声明说：

"当前，大日本进行的以击败美英入侵亚洲与建设大东亚共荣圈为目的的圣战，正赋予我们以绝好机会。印度国民同胞们！印度要趁此天佑良机清算英国过去的一切！同胞们，要把继承毗瑟挐神的不懈努力、佛陀的无我精神、伊斯兰教的阿拉真理和格尔·果宾达·辛格的教导与掌握圣雄甘地正在启示的真理融为一体而奋起吧！"

与此相呼应，在欧洲的印度国大党，以流亡德国的独立运动的巨头——前国大党主席斯帕斯·钦德拉·鲍斯为中心，于2月20日发表了日印合作、向独立迈进的声明。

东条首相在3月12日的议会上再次作了促进印度民众奋起的演说。对此，两位鲍斯东西呼应，疾呼印度的解放，终于3月28、29两天在山王旅馆召开了印度独立联盟大会，来自东亚各地的代表协商了关于实现印度独立的问题。在此之前，2月17日，钦德拉·鲍斯从柏林向英国遣印特使克利普斯发出了一封公开信，大声疾呼"英国人从印度滚出去"。嗣后于6月15日，在曼谷的西拉巴昆剧院召开了印度独立大会，大会决议坚决抛弃以往消极的反英运动方针，以断然的决心，积极向实现独立的目标迈进。

这样，东亚各地的印度人便在"立即行动起来，打倒英国"的口号下逐渐团结起来了。

〔**钦德拉·鲍斯的来日**〕 到了昭和18年（1943年），随着日本大东亚政策逐渐取得进展，为使印度的独立运动更加飞跃发展，提出了把钦德拉·鲍斯从德国请到日本的动议。因为以往对印工作一直是由大本营陆军部担任的，所以邀请鲍斯的工作主要是以陆军方面的意见为中心进行的。到了昭和18年（1943年）4月17日，有关方面取得了一致的意见。

鲍斯先是乘潜艇于5月6日在沙璜岛登陆，接着和同伴哈桑一起秘密乘飞机来日。到日本后，秘密同日本朝野要人会见、恳谈，研究关于印度独立的设想。6月16日东条总理在议会上作了关于"大东亚团结"的重要发言，随后鲍斯突然公开露面，19日在会见记者时，发表了为争取印度的独立，要"以剑对剑进行战斗"的表明坚强决心的声明。

这样，东西两位鲍斯在东京相会，进一步投入了强有力的实践运动之中。

〔**自由印度临时政府的诞生**〕 7月4日在新加坡召开了印度独立联盟大会，两位鲍斯携手出席了这次大会。钦德拉·鲍斯发表了成立印度临时政府的划时期的宣言，同时代替比哈里·鲍斯的职务，就任印度独立联盟会长，并阐明今后将毅然领导对英武装斗争。在这次大会上还决定了组织印度国民军。

上述鲍斯领导的临时政府，由于得到当地陆军对印工作机关的有力支援，逐步培养起实力，已达到了向临时政府过渡的目标，于是大本营和政府在10月9日的联席会议上决定了日本关于承认印度临时政府的态度。即："在斯帕斯·钦德拉·鲍斯成立印度临时政府时，为了加强对印度施策，尤其为了强化其宣传攻势，帝国要表明承认该政府的态度。当然此后不能[①]与该临时政府发生正式国际关系。"

根据日本的这一态度，在当地成立临时政府的准备工作已在加速进行。11月21日，终于在新加坡召开了印度独立联盟东亚代表者大会，决议成立自由印度临时政府，推举斯帕斯·钦德拉·鲍斯为政府主席。鲍斯主席立即宣誓就任，并发表了临时政府成立宣言，于是印度人盼望已久的临时政府终于诞生了。

---

① 原文如此，恐有误。——译者

日本政府10月23日通告承认临时政府，同时发表了《帝国政府声明》，表示极力支援临时政府实现它的奋斗目标。

次日（10月24日）自由印度临时政府向美英宣战，同时，鲍斯主席命令印度国民军开始进攻。

〔**安达曼及尼科巴群岛的归属**〕 鲍斯临时政府主席为了列席大东亚会议旁听，10月31日再次来日。当时他向日本政府表示，希望把目前日军占领下的安达曼群岛及尼科巴群岛归还给临时政府。

大本营和政府为了满足这一要求，当即在11月6日的联席会议上决定："近期内拟将目前在帝国军队占领下的安达曼群岛及尼科巴群岛，归还给自由印度临时政府，此意要在11月6日的大东亚会议上宣布。"

与宣布准备归还上述岛屿相关联，就其临时措施，在11月10日的大本营政府联席会议上进一步作了如下决定：

一、将安达曼群岛及尼科巴群岛归还给印度临时政府的时机另行规定，目前暂作如下处理：

（甲）在不影响作战和与作战有关的各项施策范围内，允许临时政府方面的有关必要人员进入当地，使其参与该地区的政治。

（乙）上述参与政治的范围要逐步扩大，在当地海军最高指挥官的领导下，力求尽量满足临时政府的希望。

（丙）容许临时政府方面在对外宣传中说明，今后该地区将归还给临时政府已是既定事实。

二、即使在将上述诸岛归还给临时政府后，也要采取措施，使其充分满足帝国有关防御该地区的一切要求。

〔**临时政府进入缅甸——加入对英战线**〕 在新加坡谋求充实政府机构的临时政府，为了迎接真正解放祖国阶段的到来，鲍斯主席以下人员于昭和19年（1944年）1月7日进入缅甸，在仰光开设了临时政府办事处，与我缅甸派遣军共同行动，直接加入了对英战线。

印尼当地居民参与政治

大本营和政府在《大东亚政略指导大纲》中确定了根据当地居民的文化程度，力求使其参与政治的态度，爪哇正是符合这一原则的地区。

根据这一原则，在6月26日的大本营政府联席会议上决定了爪哇和其他地区当地居民参与政治的具体措施。昭和18年（1943年）8月1日，当地陆军最高指挥官宣布予以实行，于是当地人期待已久的参与政治实现了。

昭和18年（1943年）11月13日，爪哇中央参议院议长苏加诺、议员穆罕默德·哈达和基巴格斯·哈地库斯毛三位领导人为观察日本国情来到日本，就协助战争问题同日本当局进行了恳谈。

对泰国的施策

〔恢复泰国领土〕 大本营和政府在《大东亚政略指导大纲》中决定了关于归还泰国在马来的失地及把掸邦的一部分纳入泰国版图的态度，为了具体实行这一决定，在6月26日的联席会议上又做了如下决定：

一、在马来，作为泰国的失地而应归还的地区，定为霹雳州、吉打州、吉兰丹州与丁加奴州。

但关于开发帝国所需资源问题，则须采取特别措施。

二、在掸联邦各州，可纳入泰国版图的地区，定为景栋州与孟板州。

三、景栋州和孟板州以外的掸联邦各州、卡林二州与瓦州纳入缅甸版图，纳入的时期另定。

东条总理兼陆相7月3日访问泰国，7月4日就上述马来4州与掸邦将纳入泰国版图一事，向泰国首相銮披汶做出了保证。

7月5日，东条、銮披汶举行会谈，结果发表了日泰共同声明。

昭和18年（1943年）8月20日，日泰条约签字生效。

日华同盟条约的签订及其后对重庆的政治工作

〔对华政策的跃进〕 如前所述，日本为了使对华新政策取得成果，已果断地采取了一系列措施，但还有必要再前进一步加以贯彻。即大本营和政府在《大东亚政略指导大纲》中所希望的是，要修改日华基本条约，缔结日华同盟条约，与此相关联，相机使国民政府对重庆开展政治工作，通过这两项措施，再加上调整和加强大东亚的政略态势，谋求迅速解决中国问题。

基于这种要求，在9月18日的大本营政府联席会议上首先提出了缔结代替日华基本条约的日华同盟条约问题。其决定概要如下：

一、改订的目的

为彻底实现对华处理基本方针，以解决中国问题，加强必要的政略态势。

二、改订条约的时机

在9月中旬以前，日本方面完成改订条约的准备，然后掌握适当时机进行改订。

三、对条约内容的研究

新条约遵照上述改订目的，以代替日华基本条约及其附属各项规定的条款，简洁地表明日华新关系的要点。

关于战争期间两国在进行战争中的合作关系，按日华共同宣言处理。

（一）有关军事事项的处理

战争期间的驻兵问题要按日华共同宣言处理；关于战后防卫大东亚应采取的措施，新条约不特地加以规定，但战后要另行协商。

（1）驻兵权

（甲）不要求根据防共、治安、惯例等的驻兵权。上述防共、治安、惯例等系指在华北、蒙疆的防共驻兵（基本条约第3条）、需要共同维持治安期间的治安驻兵（基本条约第4条）以及短期驻扎舰船部队（基本条约第5条与附属秘密协定第1条）等。

（乙）放弃根据庚子事变[①]最后议定书所获得的驻兵权。

（2）撤兵

明确表示：在中国实现全面和平，结束与重庆政府之间的交战状态时，坚决实行完全撤兵；但实现全面和平后，大东亚战争仍在继续进行时，根据日华共同宣言，为完成战争要保证军事合作。

（3）驻兵期间的军事要求权与提供方便

既然不要求驻兵权，附属秘密协定第2条及秘密换文甲第二之甲及第三之五的规定当然已无必要。战争期间必要的军事上的要求及提供方便，按日华共同宣言处理，但不要妨碍现实军事上的各种要求。

（4）军事顾问

根据中国方面的要求派遣顾问，不特在条约中予以规定。

（二）各地特殊性的处理

废除作为军事上和经济上需要紧密合作的特殊地带而有所制约的蒙疆、华北、长江下游地区及华南沿岸岛屿的有关事项，各地也不另做此类约定。

（1）关于战争期间军事上的各种要求，依照三之（一）之（3）处理。

（2）关于重要国防资源的开发和利用，作为一般经济合作的一部分加以规定；但关于战争期间的对日经济合作，要在经济开发、交通、通信及通货

---

① 指1900年的义和团运动。——译者

等方面充分保证经济实惠，大体按照现状，以保证完成战争。

（3）政治上的特殊性，作为战后中国方面的内政问题由其自行处理，但关于战争期间的调整，为了不妨碍帝国在军事上和经济上的各种要求，不要使现状发生剧烈而广泛的变化。当前的目标是，根据对华处理根本方针作预期的调整。

（三）有关经济事项的处理

两国要以互惠为基础的紧密经济合作相约束，尤其有关战争期间重要资源的开发和利用，要使其充分满足帝国的要求。

（四）过渡性调整事项的处理

关于特殊事项的调整（附属议定书第一条第二项）及临时政府、维新政府等所办事项（附属议定书第二条）的调整，当然要根据战后新条约的精神从根本上加以调整，但在战争期间要按照日华共同宣言的基本精神，不使军事上和经济上的各种要求受到影响。当前的目标是，根据对华处理根本方针作预期的调整。

〔日华同盟条约草案的拟定〕 根据上述日华基本条约的修订条约缔结纲要，即将缔结的新的《日本国中华民国间同盟条约》草案，经9月20日大本营政府联席会议的审议，达成了如下谅解：

大日本帝国政府及中华民国国民政府

两国作为友好邻邦，相互尊重自主独立，紧密协作，建设基于道义的大东亚，以期为世界全面和平作出贡献，坚决铲除一切有碍于此的祸根。为此协定如下：

《日本国中华民国同盟条约》

第一条　日本国和中华民国为维护两国间永久的睦邻友好关系，相互尊重主权及领土完整，在一切方面采取互助敦睦的手段。

第二条　日本国和中华民国为确保大东亚的建设及安定，相互密切合作，尽一切手段互相援助。

第三条　日本国和中华民国应进行以互惠为基础的紧密的经济合作。

第四条　有关实施本条约的细节，应在两国主管官宪间协商决定之。

第五条　昭和15年（1940年）11月30日，即中华民国29年11月30日签署的有关日本国中华民国间基本关系的条约，连同其一切附属文件，自本条约实施之日起失效。

第六条　本条约自签字日起实施。

作为证据，下列签字人各受本国政府的正式委任在本条约上签字盖章。

《附属议定书》

本日当签署《日本国中华民国同盟条约》之际，两国全权委员协定如下：

第一条　日本国承诺，两国间实现全面和平、结束战争状态时，将撤走派遣到中华民国领土内的日本国军队。

日本国放弃根据庚子事变的北京议定书及有关文件所获得的驻兵权。

第二条　本议定书将与条约同时实施。

作为证据，两国全权委员在本议定书上签字盖章。

互换公文

鉴于本条约的宗旨，现存于中国的既成事实而需要调整的，待两国间恢复全面和平，结束战争状态时，根据本条约的宗旨做彻底的调整。

即使战争状态仍在继续，如果情况允许，可通过两国间的协商，根据本条约的宗旨，逐步进行必要的调整。

〔开展政治工作的决心〕　5月31日御前会议决定的《大东亚政略指导大纲》中决定，相机使国民政府对重庆开展政治工作，其后日华两国首脑一直十分关注捕捉这一"时机"。

对日本来说，考虑到整个形势，特别是日、美、英之间即将认真决一雌雄，希望在这以前日华两国全面实现和平的要求日益强烈起来。而且，由于对华新政策已取得进展和近期内将缔结预定的日华同盟条约，这就足以从根本上推翻重庆政权以往的抗战名义，因此断定，成功与否姑且不论，开始工作的"时机"已经到来。于是大本营和政府在9月18日的联席会议上得出结论说："现在要使国民政府对重庆开始展开政治工作。"

为了把上述结论付诸实行，有必要弄清汪主席对这项工作的真实意向和事先确定日本关于和平条件的腹案，便在9月21日的联席会议上进一步作了如下决定，并决定将这一意旨转达给汪主席。

一、弄清汪主席对重庆开展政治工作的真实意向和办法后，再指导国民政府开始进行对重庆的政治工作。

二、重庆政权如果表示出断绝其同美英关系的诚意，并希望日华两国实现全面和平，帝国政府准备予以接受。

重庆政权如能实行下列事项，帝国政府即认为重庆政权有断绝其同美英关系的诚意。即：

1. 解除在华美英军队的武装，或使之从中国撤走。
2. 断绝同美英的交通联系。

但并不一定要求重庆政权对美英宣战，不过，要对帝国完成大东亚战争进行实质性的协助。

另外，因为这项工作对国内外的影响极其敏感，为了慎重处理起见，在24日的联席会议上决定："关于对重庆的政治工作，暂且原则上由内阁总理大臣直接担负同主席的联系指导工作。派出机关除必要的通信传达外，果无中央指示，不得插手此项工作。"

〔汪主席来日与日华同盟条约的签订〕 日本政府为了传达上述日华同盟条约方案及日本方面关于对重庆开展政治工作的意向，邀请汪主席来日。

汪主席偕同陈公博立法院院长等随员，9月22日秘密抵达东京，同东条总理及其他政府要人主要就上述两项进行了恳谈。日华双方意见取得完全一致，汪主席一行便于次日（23日）返回南京。

这样，这个使日华两国睦邻友好、在本来应有的基础上永远团结的日华同盟条约，终于在昭和18年（1943年）10月30日签了字。这个条约确是一个一扫前怨，在相互敦睦、确保安定、互惠平等三大原则基础上永远约束日华关系的条约。

在附属议定书上，日本进一步保证放弃驻兵权和在战争状态结束后撤兵。这样，日华间多年的悬案便一下子得到了解决。

大东亚会议

如前所述，调整《大东亚政略指导》中所示的政略态势的工作正在逐步取得进展。因此，具有历史意义的大东亚会议在各国代表参加之下，于昭和18年（1943年）11月5日和6日两天，在国会会议大厅召开了。

出席这次会议的各国代表如下：

日本帝国
  内阁总理大臣 东条英机

中华民国
  国民政府行政院院长 汪兆铭

泰　国
  内阁总理大臣銮披汶的代表 汪瓦塔雅昆殿下

"满洲国"
  国务总理大臣 张景惠

菲律宾共和国

总统　　　何塞·P.拉乌雷尔
缅甸国
　　　内阁总理大臣　　巴·莫
　　注：旁听者自由印度临时政府主席斯帕斯·钦德拉·鲍斯

〔**通过大东亚共同宣言**〕 会议第一天，主要就"完成战争与大东亚建设的方针"这一议题，各国代表坦率地发表了意见，第二天审议了下面的《大东亚共同宣言》，结果与会代表一致通过。

《大东亚共同宣言》

"盖世界各国各得其所，相倚相扶，共享万邦共荣之乐，乃是确立世界和平的根本要义。

"然而，美英为本国的繁荣，压迫其他国家和其他民族，尤其对大东亚进行贪得无厌的侵略与剥削，逞其奴役大东亚的野心，终于从根本上破坏了大东亚的安定，大东亚战争的原因就在于此。

"大东亚各国相互合作，完成大东亚战争，使大东亚从美英的桎梏下解放出来，保全其自存自卫，根据下述纲领建设大东亚，以期为确立世界和平作出贡献。

一、大东亚各国同心协力，确保大东亚的安定，以道义为基础建设共存共荣的秩序。

二、大东亚各国相互尊重各自的自主独立，以实现互助敦睦，确立大东亚的亲睦友谊。

三、大东亚各国相互尊重各自的传统，发扬各民族的创造性，以提高大东亚的文化。

四、大东亚各国在互惠原则下紧密合作，以求发展经济，增进大东亚的繁荣。

五、大东亚各国敦笃同世界各国的友好交往，消除人种差别，普遍交流文化，进而开放资源，为世界的进步作出贡献。"

通过上述宣言，集中表现了东亚10亿人民的总意志，决定向完成大东亚战争和建设大东亚迈进。于是结束了历史性的会议。

第39章

形势发展后的对外施策

日德在战争指导上的意见对立

〔德国企图对苏发动夏季攻势〕 如前所述，为了谋求加强日德意三国在指导共同战争上的合作，派遣了遣德意联络使。到了昭和18年（1943年）4月，驻德大岛大使又发来了有关德国今后指导战争的意图的报告。报告说：德国在西欧方面开辟第二战场之前，年内仍将对苏断然发动夏季攻势，以期各个击破苏军，取得行动的主动权。

在日本看来，不久前刚刚拒绝了德国希望日本参加对苏战争的要求，因而这个报告给人的印象是，内里似乎有些文章。甚至可以这样理解：即以斯大林格勒撤退为转折点，被迫全面收缩战线的德国，是在再一次要求日本从东面牵制苏联。如果真是这样的话，那么德国对日本的估计是有些过于乐观了。德国如果真的准备对苏联发动大规模攻势，那么在有关战争前途这个问题上不能不说日德两国的意见分歧是相当大的。

日本对德苏战争前途的估计，正如昭和18年（1943年）2月27日通过的《世界形势判断》所表明的那样。总之，日本认为，德军即使在本年内发动攻势，也很难给苏军以决定性的打击从而取得今后行动的主动权。现在日本所望于德国的是，要它在对苏战场上只保持战略上的长期对峙局面，积蓄力量来对付西欧方面的正式反攻。

〔日本的见解，重光外相首次参加联席会议〕 日本的上述见解虽已通告德国方面，但因正当4月20日重光新外相上任，便在4月28日的大本营政府联席会议上又提出了这个问题，并就今后轴心国方面的战争指导问题作了如下决定：

鉴于大岛第441号和第442号来电所反映的德国方面的意向，以及最近的欧洲形势与帝国的实际情况，为了将轴心国方面的进攻力量集中使用于摧毁共同之敌——美英的战斗力上，有关今后轴心国方面的战争指导问题，帝国决定以如下见解，和德方进行坦率的协商。

一、德国：即便年内暂对苏保持战略上的持久态势，也应击溃突尼斯和直布罗陀方面的美英军，粉碎美英以北非为基地进攻欧洲的企图，并与海上交通破坏战相配合，确立轴心国方面在欧洲作战的主动权。这样做较为有利。

二、帝国：面对美英的反攻，年内在南太平洋方面仍将继续采取攻势；在缅甸及其他各方面将随时随地摧毁美英的攻势，并尽可能加强对敌人海上交通的破坏。

〔**给大岛大使的回电**〕 根据大本营和政府的上述见解，重光外相向大岛大使发出如下的回电：

致驻德大岛大使　重光外务大臣发（外务电第290号）

关于今后轴心国方面的战争指导问题

有关帝国的内外形势及今后的战争指导意图，想已听取了冈本联络使一行的传达，鉴于贵电第441号及第442号所反映的德国方面的意向和最近的欧洲形势，现进一步阐明我方的见解如下：

一、德国方面：似乎企图年内仍将准备对苏发动大规模攻势，不过，有关德国的战争指导问题本来要由德国方面来决定，希特勒决定年内进一步对苏发动大规模攻势，当然会有充分的自信，帝国对此固然十分信赖，但鉴于我方对苏联情况的判断和过去德苏战争的经验，帝国认为下述几点现在需要慎重考虑：即德国今年对苏发动大规模攻势而把对美英的决战推迟到明年以后，这样做是否可行？可否使对苏作战暂时保持战略上的持久态势，而将强大的战斗力用于对美英的作战上？或者对苏美两面同时采取攻势是否可取？（帝国十分担心，年内发动攻势，德国是否将陷入旷日持久的消耗战中，而在此期间，势必使美英以逸待劳，加强战斗力，继而取得发动攻势的主动权。）

二、有关上述问题，不详细了解德国战斗力和欧洲实际情况的帝国，现在固不能遽然断言，但帝国认为，为了把轴心国方面的进攻能力集中用于摧毁共同之敌——美英的战斗力上，即使德国今年暂对苏联保持战略持久态势，而来击溃突尼斯及直布罗陀方面的美英军，粉碎美英以北非为基地对欧发动攻势的企图，再与海上交通破坏战相配合，确立轴心国方面在欧洲作战的主动权，这从完成三国共同战争的角度来看是有利的。而且，这样做也会使今后德国对苏联的处理更容易些。

三、帝国本年内面对美英的反攻，在南太平洋方面仍将继续采取攻势；在缅甸及其他各方面，将随时随地粉碎美英的攻势，同时将尽量加强海上交通破坏战。（有关此项的详细情况，联络使一行清楚。）

我方的上述意见，一如开头来电所述，当希特勒吐露德方企图时坦率陈述出来，认为这是出于同盟之谊。贵使可将上述的意旨和帝国的实际情况直接向希特勒作适当的口头说明；有关加强三国战争指导问题，可坦率地交换意见，并希将其结果电复。

在交换上述意见时，贵使可带领陆海军武官（根据需要，联络使一行也可参加），有关作战事宜，不妨让两位武官和联络使来说明我方的见解（有关作战事项，希特别注意保密）。我方认为，双方都推心置腹交换意见，遵循在这个基础上制定的战争指导方针，团结一致非常重要。我方在本件中陈述意见，也是出于这一宗旨而回答德方意见的。希望向德方指出，上述意见是要表明帝国与德国共命运的合作诚意，主要是希望日德两国的共同作战配合得更加密切。有关帝国对苏联战斗力的判断见另电。

本件是大本营和政府的一致意见，希一并传达给陆海军武官及联络使。

努力保持对苏平静

〔适应形势发展的对苏态度〕 日本信赖日苏中立条约，决定忠实遵守这一条约的政策，并继续采取了所谓保持对苏平静的基本态度。这无论是在德苏战争中莫斯科濒于危殆、即将决定苏联命运的时候，或是日本在作战初期取得赫赫战果的时候，还是在德国再三要求并怂恿日本攻击苏联的时候，都是始终不渝的方针。

然而根据这一方针制定的具体政策，随着战局的发展却逐渐有了变化。即随着苏联在德苏战争中逐渐夺回主动权和美军在太平洋上的反攻逐渐激烈化，日本的政策也从当初避免刺激苏联的消极政策改为谋求日苏邦交好转的积极政策，最后甚至发展到希望利用日苏之间的特殊关系来斡旋德苏媾和，进而结束世界大战的地步。

〔扣押苏联船只问题——实际上是放任自流〕 苏联为了谋求补充德苏战争中的消耗和恢复战斗力，需要得到巨大的物资援助。其中美国和加拿大提供的相当数量的物资是通过最安全的北太平洋航线经由西伯利亚运输的。

作为日本来说，眼看着用于打击盟国德国的军需物资源源不断地运往前线，感情上是很不愉快，但这种运输只要是由苏联船只进行的就没有任何理由加以干涉。问题是这种运输如果是用开战后日本的敌国美国等国转让或借给的、已变为苏联籍的船只进行时怎样处理。

昭和18年（1943年）5月，发生了一起我正在警备北方海域的海军部队扣押并审讯两艘苏联船只的事件。这些船只的船籍是大东亚战争开始后由美国转让给苏联的，根据战时法律，扣押这些船只是理所当然的，但担心处理过严会影响日苏关系；而放任非法行为就等于自行放弃了交战国的权利，而且对当地海军部队的士气也将产生不良影响；再者，估计这类问题今后还会陆续发生，因此，大本营政府联席会议决定从战争指导的大局出发处理这类问题。

这个问题在昭和18年5月17日的大本营政府联席会议上进行了审议，结果虽然肯定了原则性的说法，但在最后的处理上却归结为要保持很大的伸缩余地，尤其对目前正在扣押审讯中的两艘船只不加深究，予以释放，并作出如下决定：

《关于对大东亚战争开始后从敌国转移船籍的苏联船只的处理方案》

对认为是大东亚战争开始后从敌国转移船籍的苏联船只，虽在临场检查和扣押后还要进行严密的调查，但对其最后的处理，要考虑当时的情况，分别酌情决定。

《关于扣押苏联船只的处理方案》

现正在扣押审讯中的苏联轮船"炉火号"和"卡缅聂茨·霍杰斯克号"，虽系大东亚战争开始后由美国将船籍转移给苏联的，理应予以扣押，但鉴于目前的形势，在向苏联方面彻底说明下列各项后予以释放。

一、扣押两船是正当的，但帝国从日苏关系的大局出发特予释放，这并不意味我方放弃交战国的权利。

二、鉴于我方对本问题的处理态度，苏联方面也应在同样考虑下努力解决日苏之间的各项悬案。

通过上述措施虽然解决了眼前的问题，但7月30日发表了驻苏外交使团已从古比雪夫返回莫斯科的消息，说明5月以后整个形势的发展对苏联大为有利。在这种情况下，因担心日本的这种临场检查、扣押、调查等措施将对日苏之间的外交谈判产生不良影响，在8月16日的联席会议上便又提出了这个问题，并且采取了"尽管有5月17日的决定，但考虑各方面外交谈判的状况，目前暂缓临场检查、扣押和调查"的措施。这样一来，此后对苏联船只的处理实际上便形成了放任自流的状态。

〔**转让北库页岛石油、煤炭权益的谈判**〕 重光外相自4月就任以来一直在强调对苏外交的重要性，认为逐步解决以往日苏间悬而未决的各项问题是使苏联遵守中立条约的先决条件，因此决定首先提出转让我在库页岛北部的石油煤炭权益问题。苏联在缔结日苏中立条约时就曾希望解决这个问题。

这个问题在昭和18年（1943年）6月19日的大本营政府联席会议上，作为《关于当前对苏施策问题》作出如下决定：

帝国在保持日苏之间的平静，使苏联严守中立条约的同时，掌握美苏关系和德苏关系的动向，以此来应付今后世界形势的发展。

为此，谋求积极解决日苏间的各种悬案，将库页岛北部的石油及煤炭权益有偿转让给苏联。

另外，在进行本项交涉时，须采取措施，防止引起离间日德之间的关系。

注：转让权益的谈判情况要不断报告联席会议，谋求谅解。

根据上述决定，驻苏大使佐藤与苏联方面开始了谈判，但没有顺利达成协议。

〔一并解决日苏悬案的趋势〕 其后，在昭和18年（1943年）9月30日的御前会议上，决定了《今后应采用的战争指导大纲》（见后文），明确了"对苏极力防止引起日苏战争，进而谋求日苏邦交的好转，并相机努力斡旋德苏间的媾和"的态度。

昭和18年秋季以后，苏联已取得了决定性的有利条件，因此，日本推进上述御前会议决定的对苏政策，在外交谈判上存在着许多困难。就是说，对苏施策既要不让苏联找到对日态度强硬化的借口，另一方面又担心曲意让步、放弃日本的正当主张反而会使事态变得对日本不利。处在这种微妙立场的外交谈判必然需要相当的时间。然而，随着佐藤大使谈判的进展，又产生了转让石油、煤炭权益问题的谈判与渔业条约谈判一并进行较为适当的动议，因此在昭和19年（1944年）2月2日的大本营政府联席会议上作出如下的决定。

根据昭和18年（1943年）6月19日大本营政府联席会议决定的《关于当前对苏施策问题》，有关转让库页岛北部石油、煤炭权益的对苏谈判，目前应谋求与正式渔业条约一并达成协议，继而努力解决日、满、苏之间的贸易、满苏国境等各项问题。

在审议本议题时，主要在贺屋藏相和东条首相及重光外相之间有如下一段对话：

贺屋藏相：通过采取这项措施，如能绝对保证避免日苏之间发生战争，固然很好，否则国民是否会有一种对苏的屈服感？

东条首相：从指导战争全局的角度来看，北方必须绝对保持平静。

重光外相：即使为了解决中国问题，也必须解决北方问题，与本项措施相关联，对中共的问题也必须加以缓和。

〔日苏协定签字〕 根据上述决定，后来佐藤大使就解决上述两个问题，一并继续进行了谈判。后来两国间的意见逐渐臻于一致，昭和19年（1944年）3月30日于莫斯科，佐藤大使和苏联外交人民委员代理洛卓夫斯基根据缔结日苏中立条约时所达成的谅解，在下列两个协定上签了字。

一、关于日本国与苏维埃社会主义共和国联盟之间渔业条约五年有效期议定书及附属换文。

二、关于转让库页岛北部日本国的石油及煤炭权益的议定书及适用条件。

意大利的投降和三国共同战争的破产

〔墨索里尼辞职和巴多里奥上台〕 昭和18年（1943年）5月，北非的德意轴心国军队结束了抵抗，与此同时，美英盟军正在准备下一步的大规模的作战。7月10日，美英盟军在优势海空军的支援下开始在西西里岛东南部地区登陆。此后登陆的美英军和德意军在该岛反复进行了殊死的搏斗，但处于劣势的德意军终于逐渐被压迫到背后联络线墨西拿方向，到了7月下旬，战局的大势基本上已经决定。

在这种形势下，7月25日意大利突然发生了政变。为了协商应付美英军在西西里登陆的对策，当时正在意大利北部避暑地费尔特雷与希特勒进行会谈的墨索里尼，19日接到美英盟军轰炸罗马的报告后急忙返回，但反政府的工作已在逐步进行着。以格朗基伯爵等为中心的法西斯党内的保皇派，强迫墨索里尼同意召开法西斯党的大评议会，最后要求他辞职，至此统治意大利达20年之久的法西斯政权旦夕之间就宣告崩溃了。

墨索里尼下台后，前参谋总长巴多里奥元帅继任，意大利国王亲自掌握陆海空三军的指挥权，并宣布坚决继续抗战。

〔意大利的投降〕 面对上述政变，日德两国冷静地观察着事态的发展，27日意大利新政府当局明确表示意大利的政策不变，因此两国决定支持新政府，并继续向推进三国共同战争的方向迈进。

然而，意大利的投降毕竟只是时间问题了。8月17日西西里德意军的抵抗完全结束，美英军在意大利本土登陆的态势已逐渐形成，9月3日，英加（加拿大——译者注）两军终于侵入了意大利本土的南端勒佐加拉勃利亚。其后这支登陆部队逐渐向北方扩展了地盘。

在这种形势下，意大利政府事前没有求得日德两国的任何谅解，便于9月8日正式宣布无条件投降反轴心军。当天午后7时，巴多里奥首相通过无线电广播公布了这一决定。

〔**日本的措施——日德共同声明**〕对日本来说，自从巴多里奥政府出现以来就已料到意大利要脱离轴心阵营，所以对于意大利破坏日德意三国同盟和不单独媾和的盟约而投降，实际上并没有受到多大影响。大本营和政府接到意大利投降的报告后，按照事前准备，第二天（9日）立即召开联席会议，并决定了如下的对意措施。

一、方针

对意大利，实质上按敌国对待，全面采取措施。

但正式的处理要待与德国协商后决定。

二、处置

（一）立即发表政府声明。

（二）迅速与德国协商，发表推行共同战争的声明。

（三）向大东亚各国通告帝国的态度，要求共同采取措施。

（四）政府各部根据本方针全面采取必要的措施。

（五）解除意军的武装，扣留舰船等。

（六）对使馆人员及侨民按敌国人加以保护和监视。

（七）天津租界交由中国方面管理。

（八）与本案相关联，国内要严加取缔。

根据上述联席会议的决定，9日午后2时30分发表了如下的《帝国政府声明》：

意大利巴多里奥政府已无条件向美英投降。这是对日德意三国同盟和不单独媾和盟约的背叛，帝国对此深表遗憾。

然而帝国政府对此早有预料，并已采取了万全措施，这一事件对战争的全局并无影响，帝国将更加坚定必胜的信念。

帝国决心更加密切与德国等欧洲各盟邦及大东亚各国、各民族的合作，坚决粉碎宿敌美英。一亿国民必须进一步发扬3000年来传统的勇敢善战精神和坚韧的意志，真正一亿一心，坚决发挥最大的战斗力，实现圣战目的，以期安慰宸襟。

在发表上述声明的同时，还稳妥而迅速地对意大利采取了实质性的措施。到14日为止，已完成了下列处置，即已解除了在东亚各地的意大利军队的武装，接收了意大利在东亚的权益，扣留了舰船（特务舰卡利特亚等7艘舰艇和商船昆特威尔德等12艘船只，合计4.6万吨），对意大利国民进行了监视等。

另外，还在与德国协商有关继续进行共同战争的问题，9月15日午后2时，发表了如下的《日德共同声明》，日德两国政府确认，三国同盟仍然存在，并阐明了加强日德两国的联系，为完成共同战争而迈进的决心。

《日德共同声明》

大日本帝国政府及大德国政府共同严肃宣言如下：

巴多里奥政府的背信弃义对三国条约毫无影响，该条约的效力没有任何变化，继续存在。大日本帝国政府及大德国政府决心共同尽一切手段继续进行这次战争，直到取得最后的胜利。

〔**德国的措施——控制意大利北部和救出墨索里尼**〕 与日本相比，德国在意大利碰上了许多困难。即驻意德军一面要解除试图抵抗的意军武装，另一面又必须与正在各地登陆的反轴心国军队作战。然而德军处理得很漂亮，由于德国参谋本部的传统和隆梅尔元帅及凯塞林元帅的多谋善断，成功地克服了这一危局，巴多里奥投降两天后便稳定了意大利的防御基础。德军排除抵抗，10日便完全占领了首都罗马，并解除了在各地抵抗的约20万意军的武装，风驰电掣似的迅速掌握了意大利中部与北部的要冲。另外，德国空军12日还攻击了正向马耳他岛逃窜的意大利舰队，击沉了3.3万吨的主力舰罗马号。

尽管处于如此困境，希特勒还向墨索里尼伸出了援救之手。9月12日午后2时10分，由德国近卫军组成的营救队用特殊联络机——小型费赛勒怪鸟式飞机将墨索里尼从最后的监禁地、标高9500英尺的、大萨索山顶的山寨中成功地救了出来。

〔**组织法西斯共和政府——日本承认**〕 从监禁中被解救出来的墨索里尼，13日在临时总统府会见了希特勒，决定重新推行法西斯政策和重建军队，9月23日，墨索里尼宣布法西斯共和政府的内阁组织，并将首都从罗马迁往意大利的北部。

面对上述事变，日本在9月27日的大本营政府联席会议上决定："帝国承认以墨索里尼为首的法西斯共和政府为意大利国的合法政府。"同一天，政府宣布承认上述政府。但过去9月9日巴多里奥投降后决定的对意措施目前暂不变更，以后另作紧急调整。

此后，在东亚的意大利人的动向也逐渐清楚了，因此决定将以前决定的对意措施作如下调整：

承认意大利国法西斯共和政府后，除确实在该政府统治下者外，实际上仍按敌国处理，并对昭和18年（1943年）9月9日决定的《对意大利的处置问题》作如下调整：

一、对军队和舰艇所采取的措施不变。经过全面审查之后，认为真正忠于新政府的军人和无害于新政府的军人予以释放，其他人员按敌国军人处理。对船只及其搭乘人员也按照这一原则处理。

注：与前项相关，在中国的驻兵权，应采取措施使其放弃之。

二、对意大利国外交官、领事馆官员和一般意大利侨民，经过全面审查后，认为真正忠于新政府者及无害于新政府者予以释放，其他人员分别按敌国外交官、领事馆官员及一般敌国人员处理。

注：对天主教传教士应尽量妥善处理。

三、意大利国政府所有财产及资金，适当让新政府接收，撤销过去事实上按敌国政府所有财产及资金处理的措施。

对被释放的意大利国人员（包括没有敌对性的法人[①]）的私有财产，撤销过去事实上按敌国人员财产处理的措施，属于其他意大利国人员的私有财产仍按以往的办法处理。

四、不改变对在华租界的管理，迅速采取措施使归还之。

五、有关设立新政府的驻日意国代表机构及法西斯共和党支部的问题，待新政府与帝国协商后再行处理。

六、要求大东亚各国与帝国同一步调。

另外，关于意大利投降后在新加坡扣留的意大利国三艘潜艇（在德国海军指挥下为联系欧亚运输而来到新加坡的舰艇）的处理问题，因德国方面要求转让，在10月13日的联席会议上作出如下决定，答应了它的要求。

《关于处理意大利国潜艇的决定》

在新加坡扣留的三艘意大利国潜艇按下列各项处理：

一、将这三艘潜艇无偿转让给德国。

二、转让手续由海军大臣向德国驻我国大使馆海军武官正式传达，不必

[①] 法人：指依法成立并能以自己的名义行使权利和承担义务的组织，如公司、社团等。——译者

特地经过外交途径。

开罗会谈及德黑兰会谈与欧洲和平说

反轴心军在意大利南部登陆、意大利巴多里奥政权投降等，对日、德，特别是对德国来说令人伤脑筋的事态相继发生了，到了11月，反轴心方面的首脑又举行了开罗和德黑兰会谈，讨论了有关对日德加强压力的政略和战略问题。这一期间还盛传欧洲和平的消息，反轴心方面对日、德的政治策略也逐渐活跃起来。

开罗会谈和德黑兰会谈本来两者是密不可分的，但考虑到苏联同日本处于中立关系的地位（暂时维持日苏中立关系对苏联有利），因而采取了将有关对日作战和对德作战分别开来的会谈形式。

〔开罗会谈——发表开罗宣言〕 美国总统罗斯福、英国首相丘吉尔，于昭和18年（1943年）11月20日先后到达开罗，在11月23日至27日6天期间，与带领宋美龄来到这里的蒋介石就实行对日作战问题举行了会谈，11月27日决定了关于日本国的美、英、中三国宣言，12月1日正式发表。

《开罗宣言（关于日本国的美、英、中三国宣言）》

罗斯福总统、蒋介石大元帅及丘吉尔首相与各自率领的军事及外交顾问一起，结束了在北非举行的会议，兹发表下列一般性的声明：

将来对日本国的军事行动，由各军事使节协商确定。

我三大盟国决心以不松弛之压力，从海陆空各方面，加诸残暴之敌人。此项压力已在增长之中。

我三大盟国此次进行战争，在于制止及惩罚日本之侵略。三国决不为自身图利，亦无拓展领土之意。

三国之宗旨在剥夺日本自1914年第一次世界大战开始以后在太平洋上所夺得或占领之一切岛屿，在使日本所窃取于中国人民之领土，例如满洲、台湾、澎湖列岛等，归还中国。

日本亦将被逐出其以武力或贪欲所攫取之所有土地。

我三大盟国轸念朝鲜人民所受之奴隶待遇，决定在适当期间，使朝鲜自由独立。

我三大盟国，抱定上述之各项目标并与其他对日作战之联合国家目标一致，将坚持进行为获得日本无条件投降所必要之重大的长期作战。①

〔**大本营和政府的对策**〕 接到上述开罗会谈情报后，大本营和政府立即十分关切地进行了研究。接着，又接到了罗斯福、丘吉尔、斯大林好像正在另外举行会谈的情报，日本对后一个情报寄予了更大的关心（由于斯大林参加），因此在尚未弄清其具体细节之前便在12月4日的联席会议上进行了讨论。

当时大本营和政府都认为：斯大林未参加开罗会议，说明在对日问题上美、英、苏之间的意见尚未完全一致。不过，最近还有盛传欧洲和平的消息，因而有必要对与正在继续进行的罗斯福、丘吉尔、斯大林会谈有关的形势进行综合分析，统一大本营和政府关于这些问题的意见，采取必要的对策。

当天联席会议讨论的结果，大本营和政府就有关对本次会谈的观察和采取的措施，取得了下述一致意见：

一、会谈的经过情况

先是罗斯福、丘吉尔、蒋介石在开罗举行会谈，接着罗斯福、丘吉尔、斯大林似乎另在大不里士或德黑兰（或高加索）举行会谈，蒋已回国。

不难推测，前一次会谈是协商有关东亚问题，后一次会谈主要是协商欧洲的问题。

注：在这次会谈前后，大致流传着如下几个有关媾和的消息。

1. 法国维希政府的驻土耳其大使贝尔热里，带着某种有关德国媾和工作的任务突然回国。

2. 德国驻土耳其大使帕彭，11月26日访问教皇，委托斡旋与同盟国立即停战的条件。（政府当局否认此事）

3. 德国前驻意大利大使馆参赞普林斯·俾斯麦目前正在访问瑞典，据传这与媾和问题有关。

4. 关于释放英国法西斯领袖莫兹莱夫妇，据说这不只是由于疾病，还有某种其他理由。

5. 美国国务卿赫尔28日发表声明，否认美国国内正在进行媾和工作的谣言，并说上述谣传来自欧洲云云。

二、观察

1. 假如罗斯福、丘吉尔、斯大林会谈果有其事，那么这是这次大战爆发

---

① 开罗宣言，摘自《世界知识手册》（1953年版），第582—583页。——译者

以来的首次行动，将起到显示美英苏团结的作用，其政治意义是很大的。可以说，通过这次会谈将进一步落实过去莫斯科会谈的成果。据观察，莫斯科会谈中苏联方面提出的缩短战争进程的主张，也就是有关迅速开辟第二战场的要求得到了满足，在这种条件下，斯大林才亲自出马的。从而可以认为，开辟第二战场已为时不远。

可以这样看，罗斯福、丘吉尔、蒋介石会谈是为了把蒋介石安抚挽留在反轴心阵营方面，并为提高罗斯福、丘吉尔、斯大林会谈的政治效果而召开的。大致可以推测，在对日问题上，美英苏之间尚未取得完全一致的意见。

2. 与这次会谈的同时，散布出媾和空气，并对柏林进行了大规模空袭。从这些情况来看，可以预想，罗斯福、丘吉尔、斯大林在会谈中很可能已决定对德开始威吓性的和平攻势。就是说，这一和平攻势将动摇德国国民的战斗意志，特别是和平攻势开始后，如果发动冬季攻势、开辟第二战场等行动获得成功，其影响必将倍增。

3. 万一上述的传说属实，媾和工作正在进行，那就需要大加警惕。而上述传说是真是假姑且不论，总之，欧洲的形势正在逐渐趋向和平，这一点是不容忽视的，因而要注意今后的动向。

4. 从未举行罗斯福、丘吉尔、斯大林、蒋介石会谈这一点来看，可以断定，苏联的对日态度目前还没有变化。

三、当前的措施

1. 在开战两周年时，由内阁总理大臣发表有关帝国战争目的符合道义、完成战争的决心以及大东亚各国团结的谈话。

2. 在12月11日签订三国协定纪念日时采取措施，表明日德两国完成共同战争的决心。

3. 在国内，就有关两次会谈的评论问题加以适当的指导。

4. 要求大东亚各国根据情况与帝国的措施采取同一步调。

5. 抓住最近敌方击沉病院船等问题狠狠痛击其非人道的残暴性。

〔德黑兰会谈——苏联表示参加对日作战〕 日本正在议论上述罗斯福、丘吉尔、斯大林三者会谈的后果期间，罗斯福、丘吉尔、斯大林三国领导人继开罗会谈之后，从11月27日开始用4天时间，在德黑兰就三国共同的政略、战略问题全面进行了会谈。

这次会谈，不仅讨论了有关当前对德作战的问题，还涉及战后的经营问题。不仅如此，有关对日作战问题的讨论也有所发展。据战后发表的文件记载，斯大林这时已经表示："德国投降后三个月内，苏联参加对日作战。"雅尔塔密约的基础这时就已经定了下来。

〔宣言——对德包围战略的决定、战后经营〕 根据这次会谈的结果，昭和18年（1943年）12月1日通过了如下的德黑兰三国宣言，12月4日正式发表。

《德黑兰三国宣言》

吾人，美国总统、英国首相与苏联人民委员会委员长，于过去4日，曾在吾人盟国伊朗之首都德黑兰会晤，并已形成及确定吾人之共同政策。

吾人表示吾人之决心，即吾人之国家在战时及战后之和平时期，将一致合作。

关于战争方面，吾人之军事参谋人员曾参加吾人之圆桌会议之讨论，吾人已商定毁灭德国武力之计划。至于东西南三面将发动之军事行动范围与时间，亦已获得完全之协议。吾人在此处所达成之共同谅解，保证胜利必将属于吾人。

关于和平方面，吾人确信吾人之和谐一致，将赢得持久和平。吾人充分认识吾人及所有联合国家负有创造和平之无上责任，此和平将获得全球绝大多数人民之拥护，并在未来许多世代中，驱逐战争之祸患与恐怖。

吾人与吾人之外交顾问，曾研讨未来之问题。吾人将寻求所有其人民—若吾人之人民，专心致力于消灭暴政与奴役、压迫与苦难之大小国家之合作积极参加。吾人极欢迎彼等，任彼等抉择，加入全世界民主国家之大家庭。

世上无任何力量能阻止吾人自陆上毁灭德国之陆军，自海上毁灭其潜水艇，自空中毁灭其军需工厂。吾人之进攻，必将无情而日益增强。

吾人自历次诚挚之会谈中，获有信心以瞻望未来之一日，届时世界全体人民将不受暴政之干涉，并能依其不同之愿望与其自己之良心，享受自由之生活。

吾人怀抱希望与决心来此，吾人离此时，已成为事实上、精神上与意志上之友人。[1]

---

[1] 德黑兰宣言，摘自《世界知识手册》（1953年版），第583页。——译者

第六篇
绝对国防圈的作战

第40章

绝对国防圈的建立及其政略、战略

概 说

　　昭和18年（1943年）夏季以前，大本营和政府一直是依据昭和17年（1942年）3月7日联席会议决定的"今后应当采取的战争指导大纲"来指导战争的。上述战争指导方针是在南方初期作战告一段落时制定的。其主要目标是，首先迫使英国屈服，然后使美国丧失战斗意志。为此，一面继续扩大初期作战中获得的战果，作好长期不败的政略战略态势，一面相机采取积极的方策。可是，后来世界战争和政治局势的演变，形成了必须对这一方针从根本上加以探讨的事态。

　　即，在战略上，美国在太平洋方面反攻的速度和规模，远比我方预料的迅速而且强大得多。因此，我方企图扩大初期作战战果的各个战役——中途岛作战、瓜岛作战以及东南太平洋方面的岛屿作战等——均归失败，并且严重地消耗了准备用于对英国施加压力的日军力量。另一方面，在政略上，以德意军由北非撤退为转折点，导致意大利脱离三国轴心的不利局面，以至日德意三国协同作战的基本设想也宣告崩溃。

　　为了应付这种局势，首先开始研究了大本营的战略方策。大本营于昭和18年（1943年）9月初，做出了敌情判断的决定，在此基础上，进而斟酌各方面的形势，研讨日军的全面作战指导方针，于9月15日，决心改变过去的作战方针。大本营新的作战设想的着眼点在于，决心从因在瓜岛撤退以后继续在东南太平洋方面同敌军进行决战而造成的激烈消耗战撤出手来，抓紧时间建立所谓"绝对国防圈"，造成不败的战略态势，在此期间，力求迅速充实以航空兵力为中心的陆海军战斗力，以主动地对付美英的反攻高潮。

　　为了把上述大本营的新的作战设想付诸实行，必须动员和集中国家的全部机能。首先需要充实陆海军的军备。其次需要向新的防卫线上部署陆海军兵力。为此，增加征用船只是不可缺少的条件。又为了创造以大力增产飞机为中心的陆海军决战力量,必须依靠大幅度地增产钢铁、特殊钢、铝等。而为达到这些目的的重要前提条件,则是增加船只建造数量。这些因素互为因果,不能忽视任何一项。而且,为了实现其目的,需要认真执行政治、产业、经济等各方面的综合措施。

这样,大本营和政府经过从政略战略上进行综合研究之后,于9月30日,奏请召开御前会议,通过了"今后应当采取的战争指导大纲"。通过开战两年来的实际战绩,逐渐加深了认识和对战争形势的分析,这一战争指导大纲就是在此基础上,为了胜利渡过日本将要面临的重大决战阶段而制定的综合性的最高国策。即,应当把它看作是,日本在这时下定决心,清算了初期作战以来的追击性战争指导思想,并排除了对德意的依赖心理,坚决以独自的力量来对付敌方强大的反攻势力。

然而,不能否认,采纳这一基本国策为时已晚,在同敌方采取反攻措施的对比关系上看来,已有一年以上的差距。因此,日本尽管做出努力,但结局仍然是,在这一国策尚未收效之前,就不得不在准备很不充分的情况下,被迫同敌方进行了决战。

大本营的敌情判断

大本营于昭和18年(1943年)9月初,判断敌情如下:
一、全面敌情。

同盟军方面的反攻,今后必将愈益激烈。世界战争将演变成同盟军方面对轴心国方面的连续性攻势,而今年末至明年春夏之交,将达到高潮。

在东亚,美英将同印度、澳大利亚、中国一起,日益加强对日本的压力,继续加强东南方面的反攻,并且在图谋由西南、东北两方面压缩对日包围圈的同时,从空、海两方面,加强对我占领的重要地区的进攻,以求尽快决定东亚战局的归趋。在中国方面,重庆军仍将继续抗战,并且同盟国方面空军的活动,今后必将逐步加强。

苏联避免对日作战的方针,将不致有变化;但要警惕它向美国提供苏联东部的基地。

二、对包围帝国的敌方兵力布置及其增长趋势的判断。

包围帝国的美英兵力:据判断目前第一线兵力,飞机约2500架,地面部队有23个师。如包括第二线兵力,则飞机约6000架,地面部队约70至80个师。上述敌方兵力配备的大致情况如下:

兵力区别 方面	航空兵力（飞机架数）		地面部队兵力（师数）	
	第一线兵力	总兵力	第一线兵力	总兵力
东北方面 太平洋中部方面	约300 约200	约800 约1000	2—3	约6 约3
东南方面 西南方面	约1300 约600	约3000 约1000	约10 约10	约33 约37

对敌方今后在这些方面兵力增长趋势的判断，虽将根据敌方在欧洲开辟第二战场的规模、敌方船只情况、美军扩军的进展情况而有所变化，但敌方仍将重视欧洲方面的反攻，并且作战剩余船只的总吨位，在今后一年内将由目前的200万吨增加到400万总吨乃至500万总吨左右。在这一前提下，判断敌方在帝国周围的总兵力增加趋势如下：

	航空兵力（飞机架数）		地面部队兵力（师数）	
	第一线兵力	总兵力	第一线兵力	总兵力
昭和18年末（1943年）	约4000	约7700	约35	90—100
昭和19年中期（1944年）	约5300	约9000	约43	100—110
昭和19年末	约7000	约12000	约60	110—120

三、对敌方海上兵力的判断。

1. 美国舰队的主力、自夏威夷至东南太平洋方面，分成几个部队在行动中。其总兵力系以航空母舰约6艘、战舰约15艘、巡洋舰约15艘为基干。此外，在阿拉斯加、阿留申以及澳洲方面，分别由数艘军舰组成的一支部队在行动中。

此外，约10艘左右的特种航空母舰，主要担负东南太平洋方面的护航任务。

估计今后美国航空母舰的增加趋势，昭和18年（1943年）年末将保有约12艘，昭和19年（1944年）年中约16艘，昭和19年年末约18艘。美国的造舰在顺利进展，因此，时间或将有些提前。

2. 在印度洋方面，以英国舰队为主力，由航空母舰1艘、特种航空母舰2艘、战舰4艘、巡洋舰10艘组成的舰队，正在印度洋西部行动中。在意大利已脱离轴心的今天，将随时可能由欧洲方面增派至少以4艘乃至5艘航空母舰、数艘特种航空母舰、2至3艘战舰、10艘巡洋舰为主力的有力舰队。

3．美国潜水舰，以夏威夷、荷兰港、普立斯班、佩思等地为基地，约有80艘左右。此外，有以锡兰方面为基地的十几艘英国潜水舰。

四、关于敌军对日企图的判断。

敌军自今年后半年至明年，将在太平洋方面，对于以腊包尔为中心的东南方面要地；在印度洋方面，对于缅甸、安达曼、尼科巴、苏门答腊等西南方面要地，分别从东西两方面互相策应采取攻势，企图占领之。

在腊包尔方面，将接着对南洋委任统治领及菲律宾方面，采取逐步攻占的步骤。

在此期间，将企图在适当时机，进攻千岛及班达海方面，并加剧破坏海上交通；还将反复轰炸帝国本土和我所占领的要地。此外，敌以现有航空母舰兵力，企图大规模攻占太平洋中部诸岛的可能性不大，但至本年末则很可能企图配合腊包尔方面的攻势，进攻吉尔伯特、瑙鲁方面或大鸟岛、南鸟岛方面。

大本营改变作战方针

〔**新作战方针**〕 大本营基干上述敌情判断，并分析了其他各方面的形势，研究了今后陆海军的全面作战指导问题，认为有必要改变以往的作战方针，便于9月15日决定了如下的作战指导方针，连同下述的9月30日御前会议决定的"战争指导大纲"一并付诸实行。

帝国陆军要同海军密切合作，根据下列方针，指导作战。

一、在中、南太平洋方面，击溃向东南方面目前我所占领的重要地区进攻的敌军，同时力求长期固守下去。在此期间，尽快作好从班达海方面至加罗林群岛方面的防务，并整备反击力量，以彻底击溃来犯之敌，争取事先粉碎其反攻企图。

二、在西南方面，帝国在进行战争中，应绝对确保目前占领地区。为此，特别在缅甸、安达曼、尼科巴、苏门答腊方面，须彻底击溃来犯之敌，粉碎其企图。

三、在中国方面，大体稳定并确保目前占领地区，同时加强对敌人的压力，努力粉碎或削弱敌方的战斗意志。另外，在北方，尽可能加强战备，扼制美苏合作，以防发生对苏战争。

四、极力加强帝国本土、西南油田地带、海上交通线等方面的防务，以使战争顺利进行。

五、在各个方面努力开展深入挺进到敌军阵地中间的破坏性作战。

六、尽各种手段，努力统一发挥陆海军的战斗力，尤其是航空兵力及海上运输力。

〔采取新方针的理由〕 大本营采取上述新的作战方针的主要理由是，以往付出巨大牺牲努力保持下来的联结新几内亚东部，所罗门群岛北部和马绍尔群岛的重要地区，目前在东南方面即将濒于崩溃。并且我军在以腊包尔为中心的西南方面的势力渐趋削弱的倾向，将进一步导致马绍尔，吉尔伯特方面的软弱化。这样，在东南方面，因敌我势力悬殊，即使今后再投入兵力，也没有把握能够长期确保该地区。基于这种判断，这时企图将"绝对国防圈"一举从班达海方面撤到东西加罗林群岛以及马里亚纳群岛一线，严密防守该线，并整备反击军力，尤其整备航空兵力，以彻底击溃来犯之敌。

这样一来，今后东南方面的作战性质将转变为全面的持久战。以腊包尔为中心的该方面的我30多万占领部队，不得不逐步陷于孤立的状态。

9月25日的联席会议

根据前述大本营的作战方针，就大本营和政府今后如何指导战争问题进行了研究。首先作为前提，将"世界形势判断"、"战略方策"、"对外方策"等三项内容，提交9月25日联席会议讨论，分别做出了如下决定。

〔世界形势判断〕

第一，各国战争指导方针。

一、美国

美国的战争目的，在予期望确立以本国为中心的世界体制，使日本和德国尤其是日本彻底屈服。而美国企图尽快结束战争，想在今明两年内大体上完成足以取得战争胜利的态势，将充分发挥优越的物质力量，同英国合作，利用苏联及重庆，以打倒日德。

其进攻的重点，将指向东亚，并将努力诱导苏联参加对日作战。

在双方力竭而退，认为很难迫使日德彻底屈服时，尽力压倒日德势力，只在其盟国及战败国中扶植自己的势力，借以收拾战局。

二、英国

英国的战争目的，在于为了大致维持战前的势力范围，迫使日本、德国，尤其是德国彻底屈服。

从而，英国将愈益加紧同美国合作，把进攻重点指向德国，企图利用苏联首先迫使德国投降；另一方面，将同美国协作，加强东亚战线上的攻势，以图在战后处理东亚问题时，确保牢固的地位。在此期间，将努力保持英帝国内部的团结，以及它向来在近东、非洲的地位。

然而，在能够取得欧洲势力均衡的条件下，将允许德国存在，利用它来防止苏联赤化欧洲，以求得本国的安全。英国为了取得战争胜利，将追随美国，但一旦德国的威胁减少了，不无恢复对美自主态度的可能性。

三、重庆

重庆的抗战建国目的，在于排除外国势力，求得领土和主权的完整。希望主要依靠美英的军事力量迫使日本屈服，至少希望恢复到中国事变以前的状态；它自己则大体保持守势，避免消耗军事力量。在此期间，将尽可能谋求自力更生的途径，以图确立战后自主的地位。

四、苏联

苏联将继续执行赤化世界的政策，但目前战争的目的，在于首先消除德国当前的威胁，恢复德苏开战前的领土。只要有可能将企图实现斯拉夫民族的统一，并向巴尔干、西亚方面扩张势力。

为此，苏联将自主地对付世界战争，并极力利用英美，先集中力量迫使德国屈服。同时为了确保对战后处理的发言权，必将大肆施展政治策略。

苏联对日本将以暂时保持平静为宗旨。

五、德国

德国的战争目的，在于消除苏联的威胁，推翻英国的战前统治势力，组织大德意志民族国家；并为了它的生存，将在欧洲建设领域广泛的"生活圈"（势力范围）。德国为了确立不败的态势，目前坚持持久战的态势，将努力充实国防力量，尤其是增强空军力量；其间尽量削弱苏联军事力量，以图恢复战争的主动权；并将抓住有利时机，击溃英美的进攻，特别是粉碎第二战场的形成。同时加强交通破坏战和对英空袭，努力迫其丧失战斗意志。

最近期间不可能在英国本土登陆和进入西亚方面。

第二，各国进行战争的能力。

一、美国

1. 国民的团结依然是巩固的，鉴于其在物质方面的优越感，继续战争的意志将不致发生动摇。然而，其士气将主要根据战局的优劣形势会有明显的起落。

人力资源将逐渐感到困难。

2. 罗斯福的地位稳定，只要战争形势有利，其政治地位将不致有所动摇。

需要注视总统改选时期的动向。

3. 工业生产能力，大约将于昭和18年（1943年）末前后达到顶点，而后大致维持这一水平。

但制造飞机等重点军需工业，在此后相当长的时期内仍可能上升。

粮食在国内可以充分自给，但对其盟国的补给，将不得不依赖中南美。

4. 以地面兵力126个师为基干的现有陆军的扩充，将于昭和19年（1944年）中期大体上完成；以拥有战舰23艘，航空母舰37艘为目标的海军的扩充，大体上将在昭和20年（1945年）以前完成。

二、英国

1. 国民团结愈益巩固，尽管战争形势不利，国民生活艰苦，但确信最后一定胜利，继续战争的意志将不会动摇。

本国人力资源的使用，已达最大限度。

2. 丘吉尔的地位稳定，其政治势力将不致动摇。

3. 本国生产能力虽无提高的余地，但依靠美国的援助，将大致可以维持现状。

粮食虽大量依靠进口，但其供应尚无困难。

4. 陆海空军，依靠美国援助与利用自治领等方面的力量，还会出现相当的增强趋势。

三、重庆

1. 继续战争的意志相当巩固。

人力资源丰富。

2. 蒋介石的地位尚属稳定，其政治势力尚未衰弱。

3. 可以自给轻武器及粮食。

4. 军队装备低劣，但对目前水平的战斗并无妨碍。

在中国的美国空军，有逐渐增强的趋势，对其活动不容轻视。

四、苏联

1. 由于国民的坚韧性与斯大林的领导，国民的继续战争的意志仍然坚定，不会发生动摇。

人力资源的利用大概已达极限。

2. 斯大林的地位极为稳定，其政治势力将不会动摇。

3. 生产能力方面，在明年末，基础工业将恢复到德苏开战前的70%—

80%。

但飞机与坦克的产量，在年末前后将超过战前水平，然而不能期望尔后会有迅速的增长。

粮食虽相当困难，但尚未达到会引起国内民心动摇的程度。

4. 即使兵力的年度绝对损耗量大体上按去年程度（约250万）计算，明年末尚能保持现有兵力（约900万）。

五、德国

1. 国民生活虽相当困难，但国民士气旺盛，团结巩固。不仅如此，鉴于国民的爱国心与第一次世界大战的惨痛经验，战争意志将不致动摇。

人力资源的利用大概已达极限。

2. 希特勒的地位极为稳定，其政治势力将不致动摇。

3. 生产能力虽无提高的希望，但大致可以维持目前水平的军事力量。

虽然企图迅速增加飞机生产，但因敌方空袭与劳动力的状况，将不可能取得预期成果。

粮食大体能够满足势力范围内的需要。

4. 如果兵力的年度绝对损耗量，超过60万至70万（去年绝对损耗量约80万），到明年末将难以保持现有兵力（约1000万）。

六、各国进行战争上的主要优劣点（作者略）。

第三，今明两年内主要形势的演变。

一、德苏战争的前景。

苏联将策应英美，进攻欧洲。即使到了冬季，仍将继续进行自主的攻击。德国虽将采取守势，企图极力消耗敌方人力物力资源，但其战线将逐次西移，大体停留在巴库地方与沿第聂伯河的重要地区。

丧失沿第聂伯河的重要地区，将严重影响德国取得粮食、石油等资源以及控制势力范围内的各国，因而德国将极力保持该地区。

二、英美在欧洲的第二战场。

英美将首先扰乱德国势力范围内的各国，并策划将中立国拉入反轴心阵营；企图利用苏联极力削弱德国军事力量，并且加强对德空袭。在此期间，将主要由地中海方面、部分由北欧方面实行对德包围攻势。

此外，英美在衡量德国战斗力的水平和英美进攻大陆的作战准备情况之，将企图发动决战性的进攻西欧的战役，其时机很可能在明年春夏。

英美同苏联之间潜在的微妙关系，将在相当程度上影响开辟第二战场的时间、地点的选定。

德国不仅对英美而且对苏也已失去早期决战的机会，依靠含有脆弱因素的国防圈，在敌方大规模的空袭之下，已经处于被迫采取守势的局面。但对于英美的对德包围攻势，将尽力争取阻止其在远处；对于进攻西欧的作战，则企图寻找有利时机，尽量集中强大兵力，予以击溃。

其西欧作战的成败，将与德苏战争的结果一起决定德国对英美战争的大局。

三、美英在东亚反攻。

美英将企图在日本确立不败态势之前，迅速予以击败；因此，不管欧洲战局如何演变，将从各方面加强对日本的包围攻势。

尤其待到今年秋冬，对东南方面的攻势将愈加激烈；同时对缅甸、安达曼、苏门答腊断然进行大规模进攻，企图迅速扭转战局。

此外，将加强破坏我海上交通并加强对战略要地及资源要地的空袭。特别需要警惕从海上及中国本土起飞对我国本土及交通线进行空袭。

英美将配合军事攻势，加强政治阴谋活动，离间大东亚各国各民族同日本的关系。

四、苏联的对日动向。

苏联目前不会主动地或在英美强迫下对日开战或采取向美英提供基地等措施，但根据形势的演变和当时日本同苏联的国力对比如何，也不是绝对没有这种可能性。

五、关于欧洲和平。

目前德、苏、英、美任何一国，几乎都没有提议媾和的可能。

然而，由于各方面形势的变化，尤其是人力资源的枯竭、空袭的激化、政治谋略的加强，厌战求和思想将会抬头。随着战局的演变，德英美之间、德苏之间以及欧洲议和等各种议和问题，并非没有具体化的可能。另外，以不可预测的变异为直接动因，突然实现和平的可能性也不是绝对没有的。

第四，综合判断。

现在美英苏想趁着目前掌握战争主动权的有利形势，全力以赴地连续从政略战略两方面加强攻势。对此，日、德正灵活地运用已获战果，坚决努力加以阻止和摧毁。因此，世界战争于明年春夏之际将达到最高潮。

〔**认清战争面貌**〕 日本在上述"世界形势判断"中，逐步认清了这次战争的面貌——战争的演变和海上作战的面貌。

即，由于意大利脱离轴心国，三国联合作战首先打败英国的希望完全破灭。德国也失掉各个击破苏联的良机，势将处于内线受压迫的困境。日德关系，由当初相互寄于积极的希望，如今转变为相互希望对方能够健在奋斗的消极的期待。日本真正处在必须决心独自进行长期持久战的局面。

东南太平洋攻防战的演变，直接反映了海上作战面貌的一斑。如今制海权的性质已完全变化。通过以大舰巨炮主义为核心的主力舰队的对战，来争夺制海权的时代已完全过去。唯有善于运用基地空军与机动部队，取得并维持和推进制空权的情况下，进行水陆两方面的作战，才是海空作战的真谛。日本用所罗门的血的代价，得以认清了这个真谛。但要有把握地对付这种战争，则需要时间和地点。

围绕建立"绝对国防圈"而展开的政略战略措施，就是在这种认识中产生并加以推进的。

〔今后的战略方策〕 继上述"世界形势判断"的审议表决之后，转入研讨战略方策。

如前所述，大本营已于9月15日决定了新作战方针，因此，由陆海两统帅部次长就决定这一方针的基本因素，分别作了如下说明，以取得政府方面的谅解。

第一，关于今后我军作战及军备情况的前景如何。

陆军部　秦参谋次长说明

一、关于我军今后作战的前景。

（一）中、西太平洋方面

在所罗门东部与新几内亚方面，由于敌空军力量占优势，制空权大部分为敌方所掌握。因此，尽管我军奋勇作战，我在该方面的战略态势，仍在逐步遭受敌方蚕食。今后战局的发展前景不容乐观。

另一方面，太平洋中部及新几内亚西部方面的后方重要战线，是帝国国防线上需要绝对确保的战略要线，如果失去该线，我国防态势恐将处于十分严重的局面，因而必须迅速加强该方面目前还极不牢靠的防务，至迟也要在明年中期以前整备完毕，同时谋求增强我方反击兵力，尤其增加航空兵力，必须尽一切手段确保该线，粉碎敌军的反攻。

（二）西南方面

据判断：同盟军方面，尤其是英国对印度洋正面的反攻企图已逐步明显，特别鉴于地中海方面的形势，在雨季结束前后，敌方必将对缅甸，特别是对若开方面及安达曼、尼科巴地区进行反攻。对苏门答腊方面进行反攻的可能性也显著增加。

对此，我方是有缺陷的。作为粉碎来自海上的反攻敌军的主力——我空军及海上的兵力处于劣势，尤其是防卫苏门答腊油田地区的空军兵力不足。今后需要抓紧增加空军兵力和加强防务等方面措施。

关于对敌军空袭苏门答腊油田的防卫情况，尤其不容乐观。

（三）其他方面

东北方面的防卫目前正在加强，今年入冬前，大体上可以完成。

中国方面，敌空军活动虽然猖獗，但我军正在及时予以扼制。

总之，今后战局的演变，将越来越显示出严重的决战姿态。帝国将真正面临决定存亡的重大关头。对此，唯有集中国家的全部力量，极力谋求增强空军力量和海上机动力量，陆海军同心协力，以期作战指挥得当，才有把握彻底粉碎敌军的反攻企图，使战局向有利方向发展。

二、关于今后的军备。

就陆海军在今后作战上所需要的军备而言，大致如下：

（一）陆海军航空兵力

在完成大东亚战争上，陆海军所需最低限度的航空兵力是，能够对抗将在对日正面展开进攻的敌空军兵力，并且至少在局部地区能够相机以绝对优势的兵力，给予敌军以歼灭性打击。而这项兵力需要至迟在昭和20年（1945年）初以前扩建完备。

为此，昭和19年（1944年）陆海军所需飞机数量为55000架，而要完成这一架数，需要从今动员国家全部力量，倾注特殊的努力。

（二）地面兵力

为了确立必胜的战略态势，以对付来自大东亚四周的敌军的反攻，需要增强以航空军事力量为骨干的地面军备，特别是增强海洋正面、缅甸方面的兵力以及日本本土与大东亚重要地区的防空兵力。不仅如此，对华、对苏的正面，还至少需要配备目前程度的军事力量。

然而，考虑整个国力的情况，关于对华、对苏的军备，其装备水平只好忍痛予以降低，以贯彻优先加强航空力量的方针。

（三）海上兵力

在完成大东亚战争上，帝国海军需要拥有能够对抗估计由东西两个方面来攻的美国海上兵力的力量。但从目前国力情况看来，不仅难以在现行计划以外增建舰艇，而且为了飞速地增强航空兵力，势将不得不缩减现行舰艇建造计划。

因此，海上兵力的整备，除了着重确保并推进海上航空军事力量之外，还要集中力量于有特点的进攻性兵力及对潜艇的警戒兵力方面，其他兵力只好暂时停止补充，所有缺欠则通过地利条件和灵活运用这一条件的航空兵力的积极作战行动来弥补。

第二，在实现帝国战争目的上，需要绝对确保的防卫圈如何？

海军部　伊藤军令部次长说明

一、在实现帝国战争目的上，需要绝对确保的防卫圈，根据第二项说明要旨，大致规定如下：

该防卫圈包括千岛、小笠原、内海洋（中西部）及新几内亚西部、巽他、缅甸等地区。

二、说明要旨。

（一）选定的根据

防卫圈为既要保持内线打击敌人的自由，又要满足下述战略要求的最小限度的重要地区。

（1）阻止对日本本土及大东亚圈内重要资源地区（提供对抗美英的军事力量及维持国民最低生活水平所需物资的地区）的侵袭。

（2）确保国内陆海空运输的安全。

（3）在政略上掌握大东亚圈内各主要民族。

缩小本国防卫圈，因与进行作战和培养国力相互关联，将使缺陷更加严重，很可能使坚持长期战争陷于不可能。

（二）确保程度

在上述防卫圈内，使敌军不能占据大据点，并且防止敌军对于圈内重要地区（在政治、产业等方面的要害地区）进行空袭，以减少损害。

（三）确保的着眼点

（1）阻止并击退敌军的大反攻，同时为了不失时机地积极投入反击战，要灵活运用地利条件，使之成为以航空作战及补给为主的作战基地。

（2）为了不使敌空军威力圈侵入本国防圈内，在国防圈外设置必要的前卫据点。

（3）确保圈内的作战交通。

第三，关于减少船只损耗的方策。

海军部　伊藤军令部次长说明

一、关于减少船只损耗的方策。

（一）能否防止船只损耗，取决于能否迅速充实护航舰艇、飞机等所需的护航兵力。而海军一向把这一点和增强航空军事力量作为战备的两大重点，付出巨大努力，加紧进行整备，但迄未达到预期的兵力。以有限的设施与器材来增强适应损耗激增的军事力量，实际上是十分困难的。

在船只问题十分严重的现阶段，国家除了优先增强航空军事力量外，迫切需要特别努力充实船只力量。但以船只保有量的目前估计为基础，要将遭受敌潜艇的袭击而损耗的船只数量抑制在每月平均3万吨左右，大致需要经常保有护航舰360艘，反潜飞机2000架左右。

（二）结合加强护航舰艇飞机，尽速发展并完善各种反潜艇武器（包括加强并普及船舶自卫武器）是防止损耗极为有效的手段，目前正在努力进行整备。关于这些武器的生产，切望有关部门给予海军全面协作。

（三）考虑到战局的变化，对于运输上的要求，以及护航兵力整备的情况，有必要在适当时机适当地改变护航方式，以适应战机，同时建立适应护航作战要求的合理的运输方式。

（四）船只损耗的实际状况是，除了因遭受敌潜艇袭击外，还有因遭敌机轰炸和海上遇险而损耗的船只，每月达3万吨左右。尤其今后因遭敌机轰炸而损失的船只，看来有增加的趋势。因此需要火速采取以下各项办法，加以控制。

甲、加强在敌空军威力圈内的重要港湾及交通线的防空。

乙、加强护航舰艇及船只的对空武装。

丙、扩充海难救护船，整备船只的应急设施。

丁、提高船员的素质（改革待遇，充实培养船员的机构）。

（五）由于船员素质下降与人员不足，在瞭望、警戒、应急、自卫武器使用法等方面存在的缺陷，是损失船只的不可忽视的因素。鉴于这种情况，认为有必要迅速讲求对策。

（六）关于减少船只损耗，海军痛感其迫切性，已尽了各种努力，但还应进一步想方设法努力减少损耗。然而关于减少船只损耗所需战备、运输及其他方面的要求，希望作为国家力量投放的重点，动员有关各部给予密切协助。

二、关于船只损耗的估计。

（一）据估计护航兵力与造船吨位，如按既定计划发展下去，只要战局无大变化，大约在本年末乃至明年初，船只保有量将达到最低水平，明年4月以后将会逐渐有小量增加。

在上述情况下，遭受敌潜艇袭击而损耗的船只，估计本年末为10万吨，明年中期为6万吨左右。

原因 \ 损害程度	沉没 艘	沉没 千吨	损伤 艘	损伤 千吨	合计 艘	合计 千吨
潜艇	290	1233.0	146	910.7	436	2143.7
飞机	75	303.7	97	536.2	172	839.9
机雷	29	85.7	22	106.2	51	191.9
海难	51	135.0	149	556.7	200	691.7
合计	445	1757.4	414	2109.8	859	3867.2

备考：总计500吨以上的船只

（二）以上估计，是以遭受敌潜艇袭击而损耗的船只为主。如果遭敌机轰炸与海上遇险而损耗的船只激增时，则情况自然不同。

三、开战以来损害船只一览表（如上，昭和18年9月20日）

〔今后的对外方策〕 接着研究审议了外务省关于对外政策的方案，并决定如下：

第一，帝国对苏态度及避免对苏战争的方策。

一、帝国对苏态度

帝国坚决避免日苏战争，进而谋求两国关系的好转。

二、避免对苏战争的方策

1. 专心致力于对美英的战争，以发扬其战果为根本方针。

2. 积极采取措施，保持两国友好关系。

3. 我方不要刺激苏方，尤其注意不要对苏给予足以使其对日态度强硬化的口实。但有关帝国的正当主张，则采取坚定的态度。

第二，帝国关于斡旋德苏媾和的态度。

一、帝国密切注意形势的演变，准备掌握有利时机斡旋两国媾和，但不进行武力调停。

二、为此需要考虑下列各点：

1. 准备工作（参考第一及第三）。

2. 对时机的判断（例如德国对苏联及对美英的反攻取得成果；帝国对美英战果的扩大；对重庆工作的实现等）。

3. 警惕事先无通报的单独媾和以及在这种情况下的对策。

第三，加强日德合作的方策。

一、主要以正确认识彼此实力为基础，维持并增进两国之间的信任感。

二、关于两国的战争指导以及其他有关两国利害事宜，经常坦率地交换意见，尽量采取共同的措施。

三、帝国通过飞机与其他方式，谋求与德国进行频繁的人员来往（考虑重要人物的来往）。

四、同德国尽量谋求军需物资及技术的交流。

五、同意德国参加开发大东亚经济。

六、日德两国声明共同的政治目的。

七、增进同德国各阶层的亲善关系。

第四，德国要求日本参加对苏作战时帝国应采取的最终态度。

帝国为了完成大东亚战争，对苏需要保持安定。帝国确信这一方针终究对德国也是有利的。根据这种观点，即使德国提出最后要求，帝国仍须坚持避免对苏战争的态度。

第五，帝国应付欧洲形势突然变化的态度。

一、欧洲形势发生例如德国与英美单独媾和之类的突然变化时，帝国终将不得不单独对付英美。考虑到这种情况，对内对外需要准备万全的对策。

二、帝国考虑到：引起形势发生上述剧变的可能性，也和德国要求帝国参加对苏作战有所关联，因而需要十分注意对德政策。

第六，帝国对重庆应采取的政治工作条件及对其成功的估计。

一、在对重庆开始进行政治工作之前，需要充分明确下列各点：

1. 汪主席的真意及具体对策。

2. 重庆的伪装和平。

二、我方和平条件，实质上仍大致以日华同盟条约为内容，但还需对以下几点决定我方态度：

1. 为实施和平条件的保证事项。

2. 实现全面和平后中国与大东亚战争的关系。

3. "满洲国"的处理。

4. 汪蒋关系的处理。

5. 重庆方面在美国的资金及资产。

6. 为中国新生的对华经济援助。

7. 既成事项的具体调整方法。

8. 中国方面对我占领地区的参与。

9. 对共产党的处理。

三、看来，以蒋介石为中心的重庆抗战阵营的核心，在战局有利于反轴心方面的目前状况下，仍然具有坚强的继续抗战的意志。

1. 重庆方面认为，强大的日本的存在，是保持独立完整的最大威胁。

2. 从日本战时经济对华依存的目前状况来看，中国不能指望因脱离战争而获得更多的利益。

3. 关于战局的演变，重庆方面估计，美英即使不能胜利，终将作为一个强大的势力保留下来。

4. 美英按照以战后处理东亚问题时承认重庆政权的重大发言权为中心的计划，在进行政治阴谋活动。

但由于缅甸公路被我封锁，重庆已不可能接受美英实质性援助，并且抗战经济严重困难；蒋虽利用英美，但也相当警惕被英美所利用；对于日本实施的新政策，尽管表面上不予理睬；但在内部却受到影响；一般民众中间，厌战情绪相当弥漫。今后我军如在缅甸粉碎敌军反攻，战局演变得对我有利，出现美英难以取得彻底胜利的前景时，根据条件，并不是没有实现和平的可能性。

第七，对付敌方对大东亚政略攻势的方策。

敌方对大东亚采取的政略攻势是，企图削弱大东亚各国各民族对日本的信任感，离间同日本的关系。对此，我方要采取的方策是：

一、以粉碎敌军反攻及扩大战果为根本方针。

二、对于大东亚各国各民族执行公正的各项措施，以使这些国家和民族主动地团结起来，特别是把重点放在解决中国问题上。

三、使大东亚各国各民族认识美英对东亚的野心。

御前会议决定战争指导大纲

大本营和政府在上述9月25日的联席会议上，关于政略战略的基本问题，取得了一致意见。因此，关于今后如何指导战争，决定奏请御前会议来讨论决定。

〔御前会议与议题〕 开战后初次讨论重要战争指导方策的历史性御前会议，于昭和18年（1943年）9月30日上午10时召开，约经5个小时的审议，午后3点30分闭会。出席会议者有政府方面的东条首相兼陆相以及企划院总裁、海军、外务、大东亚、大藏、商工、铁道、邮电、农林、厚生等各大臣；大本营方面的陆海两总长及两次官；枢密院方面的原议长。

会议由东条首相主持进行。他首先让干事朗读"世界形势判断"（9月25日联席会议决定）和下面两个议题。

议题之一　今后应当采取的战争指导大纲。

方　针

一、帝国以在今明两年内决定战局大势为目标，粉碎美英的反攻企图，同时迅速确立必胜的战略态势，并急速增强决战力量，特别是航空兵力，主动地进行对美英的战争。

二、帝国进一步密切同德国的合作，向着完成共同战争的目标迈进，进而谋求对苏关系的好转。

三、迅速确立国内决战态势，并进一步加强大东亚的团结。

要　领

一、排除万难，大致以昭和19年（1944年）中期为目标，确立对付美英进攻的战略态势，同时随时捕捉并摧毁敌军的反攻兵力。

帝国在进行战争上，应在太平洋及印度方面绝对确保的重要地区是，包括千岛、小笠原、内南洋（中、西部）及新几内亚西部、巽他、缅甸在内的防卫圈。

在战争的整个过程中，要始终确保这一防卫圈内的海上交通。

二、对于苏联，极力防止引起日苏战争，进而谋求日苏关系的好转，并相机争取斡旋德苏间的媾和。

三、对于重庆，继续不断地施加压力，尤其扼制来自中国大陆的对我国本土的空袭和对海上交通的妨碍，并迅速谋求相机解决中国问题。

四、对于德国，尽一切手段，谋求密切合作，但不要做到引起对苏战争的地步。

五、对于大东亚各国各民族，要掌握民心，要指导他们确立并增进协助帝国战争的观念。

对于敌方的政治阴谋活动，要严加警惕，采取必要的措施，制敌先机。

六、统帅与国务之间要更加紧密联系，进一步灵活地指导战争。

七、为了迅速地团结和发挥国家的总体力量，断然采取决战措施，增强决战力量，尤其是空军兵力，以振起举国赴难的士气。

八、在一贯方针之下，积极推行对敌政治宣传工作，置重点于宣传轴心国的道义；贯彻我大东亚政策；促使主要敌人美国丧失战斗意志；离间美、英、苏、中之间的关系和促使印度独立等方面。

议题之二　根据"今后应当采取的战争指导大纲"，目前需采取的紧急措施。

一、关于征用与补充陆海军所需船只，决定如下：

1. 陆海军于10月上旬，共增加征用25万总吨（包括9月征用部分）
2. 对于9月以后陆海军损失的船只，下月初至多要补充35000总吨。

二、为了确保以航空军事力量为中心的决战力量，于昭和19年（1944年）大致规定下列主要生产指标，并要求如期完成。

1. 普通钢材，500万吨。
2. 特殊钢材，100万吨。
3. 铝，21万吨以上。
4. 甲种造船，[①]180万总吨。

三、为了适应前两项要求

1. 断然实行增强军事力量所必需的一切非常办法。
2. 至迟从昭和19年初开始增加船只保有量，为此：

（a）最大限度地控制船只的损失。

（b）促进实行甲乙两种造船。

另外，还设法提高陆海军及民间船只的运输效率。

〔东条首相的说明〕　朗读上述议题之后，先由东条首相代表大本营与政府，就议题的宗旨说明如下：

关于目前世界形势，正像刚才干事朗读过的"世界形势判断"中所阐述的那样，敌国英美企图共同以其雄厚的军事、物质力量压倒帝国，从各方面进行殊死的反攻。估计今后这种反攻将更加激烈。

面对这种形势，帝国深切期望，以今明两年内决定战争大局的坚定决心，粉碎敌军的反攻，确立必胜的战略态势，进而掌握有利时机击溃敌军，挫败其进攻企图，同时在此期间，迅速增强决战力量，尤其是航空兵力量，以主动地完成对美英的战争。

鉴于敌军迅猛反攻，为确保必胜的战略态势，急需相当数量的船只，同时必须谋求迅速增强决战力量。然而征用船只，将立即影响今后的决战力量，实际上同时满足两者的要求极为困难。但是无论如何，必须确立这一必胜的战略态势，迅速增强决战力量，特别是航空兵力。

我认为此时特别要紧的是，帝国真正下定非常的决心，彻底放弃过去采取的一些办法，对内迅速加强国内决战态势，断然采取决战措施，对外则进一步加强大东亚的团结，相机解决中国问题，进而谋求对苏关系的好转。为了实行这些方策，必须更加密切统帅与国务之间的关系，进一步灵活地指导

---

① 甲种造船：指长500米以上的钢船，由海军大臣管辖者。其他为乙种造船。——译者

今后的战争。

请审议：根据以上的见解，考虑昭和19年（1944年）以前的形势而制定的"今后应当采取的战争指导大纲"及"根据'今后应当采取的战争指导大纲'，目前需采取的紧急措施"。

〔永野军令部总长的说明〕 接着，永野军令部总长代表两个统帅部，根据9月25日联席会议决定的战略方策，关于本方案中的战略措施，说明如下：

综观目前战局的主要趋势，在东南方面，敌我之间正在继续激战，但主要由于空军兵力的关系，敌军攻势在逐步有所进展。

在西南方面，据判断，在雨季过去前后及以后，敌军必将从陆海两方面进行大规模反攻。估计敌军将进一步由东部与东北方面以及中国大陆等地对我要地进行空袭，同时敌军的海上交通破坏战也将愈益加剧。可以认为，如今各个战区，均已面临严重局面。

为应付这种战局，我想最要紧的是，以已有的战果为基础，至迟在昭和19年（1944年）中期以前，加强必要的战略态势；同时，随时掌握战机，捕捉并摧毁敌军的反攻兵力，以粉碎其进攻企图，进而伺机转入攻势，迫使敌军丧失战意。

为此，一定要首先采取紧急措施，向所需地区迅速输送更多的兵力与物资，以加强我反击态势；同时迅速重点地增强决战力量，尤其是航空兵力。

在战争过程中，极为重要的是，阻止敌军对日本本土及大东亚圈内重要资源地区的侵袭，确保必要的运输路线，加强防止船只损耗的措施，以图造成对美英进行决战的军事力量和维持国民最低的生活水平，以利于进一步掌握东亚各民族。为此，我认为，需要绝对确保议题中的防卫圈。

试看今后战局的演变，其前途是极为严重的，要打开这种局面，估计会有许多困难，但我相信，只要以今明两年内决定战争大局为目标，迅速确立必胜的战略态势，并迅速重点地增强以航空兵力为中心的战备，而且陆海军形成浑然一体，集中发挥战斗力，就能够挫败敌军的进攻企图，使战局取得有利进展，从而能够主动地进行对美英战争。统帅部也想根据这次审议的"今后应当采取的战争指导大纲"的宗旨，向着完成政战一致的战争迈进。

〔重光外相的说明〕 关于本方策中的对外政策，根据9月25日联席会议决定的对华政策，重光外务大臣说明如下：

一、关于对外政策的一般情况。

战时外交，以与军事互为表里，导致战争胜利为第一要义，并以奠定战胜后国家发展的基础为其使命。

目前帝国战时外交的基调，我认为在于下列五点：

第一，以日德两国的紧密联系为基础，集中所有盟国的军事力量对付敌军。

第二，同苏联维持和平的关系。为此，需要调整对苏关系，进而解决悬案。德苏媾和问题，需要同这些问题联系起来考虑。

第三，处理中国问题。在目前战局之下，要使战争形势向有利于帝国方面转化，解决中国事变问题很重要。目前有可能谋求结束战争状态的看来只有同中国（重庆）的关系，同其他敌国很难谋求结束战争。假如中国问题趋向解决，帝国处境将因而大大改善，但如果进一步加深两国间的纠纷，则对帝国显然更加不利。这就是所以要强力推行新的对华政策的缘故。只有这样，才有可能解决中国问题，并可给予敌国美英以重大打击。

第四，将新的对华政策扩大推行到大东亚地区，作为对大东亚各国各民族的政策，以努力满足这些国家和民族的要求，一则可以使东亚各个成员收到自觉的互助合作的实效；再则不仅可以利用东亚集体的力量对付敌人，而且可以摧毁美英的战争目的，改善我国在世界上的处境。我相信这样做是适当的。

第五，彻底贯彻大东亚政策，向世界广泛宣传轴心国的道义。这将说明帝国的正义性，消除英美等国的抗战口实。

我相信：与军事行动同时执行上述五大方策，不仅是确保帝国战胜之道，而且是求得帝国战后发展的不可缺少的政策。

二、关于加强日德联系问题。

加强日德合作是帝国战时外交的核心，帝国一向为此作出努力。只有站在对共同战争目的具有全面认识上，才可能完成共同战争。处于同盟关系的日德两国，都在为了自卫拼着国家命运而战。其目的是想在欧亚两洲确立能够作为大国而自存的途径。帝国为了自卫而进行的战争又是以东亚地区国家与民族的解放和自卫为目的，以实现其独立自主与共存共荣为目标。我国这种崇高的战争目的，也将由德国在欧洲加以实践。三国条约中所说的新秩序，按着这样做法才能说是达到完善。日德两国可以在经济上共同采取开放互惠主义。如果日德两国将这一点也与共同的政治目的放在一起加以宣扬，则不单是加强两国合作的有力办法，而且可以明确两国的战争目的，从政策上给予敌方以沉重的打击。

为了增进日德两国之间的相互信任感，需要经常就战争指导及其他有关两国利害的事项，坦率地交换意见，尽可能采取共同措施。因此，在目前两国间交通杜绝的情况下，正在专门利用东京及柏林的现有机构，尽量密切地进行联系。

三、关于帝国的对苏政策。

就目前战局而言，如果苏联参加对日战争，不言而喻，形势对帝国将变为决定性的不利。因此，帝国必须极力维持日苏之间的平静状态，使苏联始终保持彻底中立的态度。

为此，帝国需要一方面扩大对美英的战果，显示帝国的威力，另一方面，严格控制由我方刺激苏联，尤其要严格防止给予对日态度强硬化及废除中立条约的口实。同时，进一步为改善两国关系采取积极的措施，例如关于北库页岛的利权及渔业条约等问题，不要拘泥于过去的一些做法，而要从大局着眼，谋求适当的解决办法，以求从根本上全面改善日苏关系。不过，关于帝国的正当主张，应当始终采取坚定的态度，这是不用说的。

由于战争形势的发展，说不定会产生由别的方面要求日苏开战的局面，但在帝国必须始终坚持极力防止日苏战争的态度。

四、关于德苏媾和。

帝国的对苏方针如上所述。在苏联，只要它忙于应付西方，即使美英方面急切要求它对日参战，估计暂时不至于对帝国突然做出采取行动之类的事情。帝国尽可能采取使苏联向西方伸张其势力的政策，是适合时宜的。我认为，在意大利发生政变后的今天，能够实现德苏媾和，使苏联得以进入地中海及小亚细亚方面，是个好策略。然而，德国犹对武力战争，表示有绝大的信心。德国认为：苏方由于损失甚大、粮食紧张等原因，其攻势不久必将受挫；而且苏联同美英的关系是容易分裂的；加上以拯救欧洲免于赤化作为德国的使命，所以拒绝德苏媾和。另一方面，苏联最近更加提高对其国力的自信，认为只要英美同苏联相呼应，迅速开辟第二战场，就可以一举粉碎德国；更进而乘英美等盟国的弱点，同这些国家表示妥协，一步步地进行赤化欧洲的部署；现在关于海峡问题，已在强烈要求英美让步。不仅如此，苏联还在声称，同纳粹德国没有妥协的余地。这样，德苏两国不仅思想上是对立的，而且双方都表现出对自己的力量怀有信心，因此，目前看不出两者之间要妥协的气氛。

然而，苏联同英美的关系毕竟是吴越同舟的关系，因此根据形势的演变，也不能断言德苏之间不会出现媾和的希望。据观察，目前针对战时及战后问题而进行的内容广泛的美英苏三国交涉，尽管有关各国本身十分慎重予以对待，仍恐长期拖延下去，另外，围绕海峡问题，谈判也会遇到很大困难。对其发展正予以深切的注意。

我认为，如果有了机会，帝国当然可以努力推行实现德苏两国媾和的方针，改善日苏关系就是实现它的准备手段。从这种观点出发，帝国也需要为改善关系而不断努力。

五、关于加强对敌宣传。

在近代战争上，对敌宣传的重要性，无须絮说。我们过去为此作了不懈的努力。这次为了进一步提高其效果，决定加强宣传工作的方针。为了强有力地进行宣传工作，彻底贯彻政策方针并明确其重点所在，这两点是很重要的。因此，打算今后将对敌宣传方针作为重要政策的一部分确定下来，并根据这一决定，使有关机构同心协力，采取有效措施。其重点打算放在宣传轴心国的道义、贯彻我大东亚政策、使主要敌人美国丧失战意、离间美英苏中之间的关系以及促使印度独立等方面。

我盟邦各国均为其自存自卫而战，对轴心国说来，这次战争是为了主持世界正义的战争。尤其对帝国来说，是为了将大东亚从美英的桎梏中解放出来，通过东亚各民族的自主合作来进行大东亚的正义建设，为在平等互惠基础上创造安定与繁荣而进行的战争。今后想更加贯彻这一精神，努力宣扬轴心国的道义。

越是贯彻我大东亚政策，并以中国为中心强力推行这一政策，而在宣传上越是强调它，我方正当的战争目的，就越发明显，敌方的战争目的就更加站不住脚，进而使其丧失战斗意志，有助于使中国背离美英，影响印度民众酿成独立的形势。相信宣传大东亚政策，将成为对敌方进行的大规模的外交攻势。

关于进行宣传的具体办法，打算尽一切努力，采取各种措施，做到按照宣传内容的实质，根据情况机动灵活、不失时机地进行宣传。

如上所述，我认为，在目前情况下，必须努力加强我外交活动的领导，加强宣传工作，并与军事行动相配合，执行灵活的战时外交政策，进而奠定战后伸张我国国力的基础。

〔青木大东亚大臣的说明〕 青木大东亚大臣就本方案中的大东亚政策说明如下：

一、为了完成大东亚战争而实行的对外政策的一个十分重要的目标是，实现以帝国为中心的大东亚的团结，这一点是无须赘述的。彻底动员大东亚的人力物力资源，使之成为军事力量，是确保这次战争胜利的一个关键。尤其将大东亚各地区蕴藏的资源直接变成军事力量，其中保证供应石油、铁、煤、铝原料等重要资源并确立粮食自给体制，是帝国进行战争的物质力量的源泉。而为了充分发挥这一军事力量，当然绝对需要大东亚各国各民族的团结合作。

如果进一步从政治观点来看，大东亚各国各民族实现以帝国为中心的团结，不仅是建设大东亚的不可缺少的必要条件，而且向世界证实帝国的战争目的是公正的，这本身就意味着美英对日战争口实的破产。基于这种观点，帝国一贯为了大东亚的团结，做出种种努力。目前鉴于世界形势的演变，更加迫切需要进一步加强大东亚的团结，并取得成效，尤其需要尽可能迅速设法解决中国问题。

二、关于处理中国问题，根据以前所决定的"为完成大东亚战争的对华处理根本方针"，为了谋求加强国民政府（指汪伪政府。——译者）的政治力量，并消除重庆政权的抗日口实，一直在实行各种新的方策。我认为这给整个中国的政治影响将相当可观。然而，如前所述，鉴于世界形势的演变，越来越迫切需要尽快设法解决中国问题。为此，与战略相配合，在政略措施上，改订日华基本条约，使国民政府对重庆进行政治工作是适宜的。关于基本条约的改订，以彻底体现"对华处理根本方针"为主旨，已经制定了具体方案。所以，想掌握有利时机，同中国方面进行谈判。关于对重庆的政治工作，原则上让国民政府去做，我方则在幕后指导国民政府。而当指导国民政府时，要全面慎重考虑，以免招致与预期目的相反的结果，这是很重要的。

三、总的来说，关于指导大东亚各国各民族的问题，一向将重点放在掌握人心上，在促使东亚各国各民族自觉地协助帝国战争的方针之下，采取了各种措施。今后需要进一步加强这一方针。允许缅甸及菲律宾独立，承认泰国括进新领土和印度尼西亚民族参与政治等，都是帝国崇高道德精神的表现。但利用其成果，使之在进一步掌握人心、确保并促进协助帝国作战方面发挥作用，还需作很好的努力。

犹如刚才干事朗读的"世界形势判断"中所提及，美英必将策应武力攻势，加强政治阴谋活动，策划离间大东亚各国各民族与日本的关系。因而需要对此严加警惕，除了先发制人地采取上述各项措施外，对宣传、启发等方面也要采取必要的措施。

总之，大东亚的团结是帝国取得战争胜利的政略态势中最重要的一个方面。因此，为了积极加强这一团结，准备排除一切障碍，倾注一切努力。

〔铃木企划院总裁的说明〕 接着，铃木企划院总裁就有关本方策的总动员事项，说明如下：

为了突破决战气氛日益浓厚的目前战局，确保帝国的胜利，必须决心以作战需要为基础，在明年度极大限度地增强作战的物质力量。为此，以年产飞机4万架、甲种造船180万总吨为奋斗目标，决心确保综合生产，但尚不能满足整备决战兵力（飞机55000架等）的要求，将来还需要进一步努力。与此相关联，为了确保战时国民生活，还必须在日满范围内，确保主要粮食的自给。

甲种造船	约180万总吨	铸造用铁	130万吨左右
铝	21万吨以上	电解铜	约15万吨
普通钢材	500万吨左右	水泥	500万吨左右
特殊钢	约100万吨	木材（内地）	9000万石左右[①]
锻铸钢	约55万吨		

然而，由于这次陆海军增加征用船只，作为生产基础的海上运输力，在发挥军事力量方面，几乎达到最低水平（民用货船载运量开战时为123万总吨、昭和17年〈1942年〉9月为187万总吨、昭和17年12月为136万总吨、昭和18年〈1943年〉7月为124万总吨、同年11月估计为106万总吨）。现在必须下定决心采取非常手段，确保并增强其生产基础，使之完满地达到预期目标。也就是说，为了达到预期目标，必须设法将今年后期的运输力由原来计划约1400万吨（包括估计被征用的部分），增加约120万吨左右，进而明年度在原定的2860万吨之外，再增加530万吨左右。再者，为了确保明年度的生产指标与运输力，必须坚决实行向有关部门特别增加分配相当数量的铁和附带的各种物资，特别是增产和调整规定的品种。与此同时，需要大规模地动员为确保运输力、生产和设施所必需的人员。此项特殊增加分配物资的来源是：

一、收购工厂（包括军管工厂）超过标准数量的库存物资。
二、利用"军作业厅"的库存物资。
三、加速非常回收，并坚决实行通过其他供应来源的第二次非常回收。
四、追加征用官办及军管工厂的废铁。
五、通过重新检查既定转用物品实行征用。
六、整顿分配钢管的票券。
七、强行增产。
八、通过以上各种办法仍不足时，在今年后期削减陆海军需与民需分配

[①] 每石等于10立方公尺。——译者

数量。

九、通过加速周转钢铁业者及批发商的库存物资来促进取得实物，通过这种办法尽力缓和由于削减分配而产生的影响。

关于加强综合运输力，必须坚决实行50吨以上的木船由政府征用，彻底加强转移陆路运输，同时制定必要的措施，以发挥军队征用的船只和一般轮船运输物资动员计划的物资的综合能力，另外，为了实行陆海军的综合运输，必须采取革新并加强行政机构等措施。

这样，在一切领域坚决实行非常措施，为了取得效果，我认为重要的是，军、官、民在各个领域，以极大的决心，担负起各自的责任，分别强有力地予以全面实行。

我认为，通过从现在起立即实行这些非常手段，在确保明年度所期望的作战物资力量方面，大体可以满足明年度战局的需要，并能为创造明年以后的作战物资力量，打下可靠的基础。

在这里我想再说一句。在目前战局之下，为了满足这次陆海军增加征用船只与增强并确保明年度作战物资力量的要求，结合根据国政运用大纲规定的各项政策的实施，强有力地全面执行前面所说的非常手段，其结果是，凡是尚未变为军事力量的这时全都化为军事力量了。因此，这时国内资源的利用、运输力向地面转移、国民动员、能够非常回收和转用的废铁来源、打捞沉船等各种战力来源，几乎达到极限。因而在昭和20年度（1945年），只要是不能在相当程度上增加船只保有量，就不能指望在作战物资力量上还有机动能力。

换言之，昭和19年度（1944年）以后的作战物资力量，将确实根据配合作战的海上运输力的运用情况如何而直接显示出显著的波动状态。

情况就是这样。如果昭和19年度（1944年）顺利达到预期目的，保证做到极大地增强直接军事力量，尤其是航空兵力，努力扩大并加强制空范围，在此基础上结合加强其他措施，就可以加速减少船只损耗量，从而能够迅速增加昭和20年度（1945年）的作战物资力量，特别是飞机生产，同时将逐步增加船只保有量，从根本上确保综合作战物资力量的机动能力。

〔岸商工大臣的说明〕　岸商工大臣就有关上述企划院总裁说明的所管事项做了说明，其发言要点如下：

在这次陆海军增加征用船只的情况下，想要实现明年度大规模的生产指标是极为严重而又困难的问题。即，在去年昭和17年（1942年）12月，陆海军虽然也曾经增加征用相当数量的船只，同时决定了昭和18年（1943年）钢铁与其他主要物资的生产指标，但毕竟不能与这次确保生产指标前景的困难相比。这是因为，去年的情况是，增加征用船只之后所制定的生产指标，是实现可能性比较大的数字，而且以后用尽一切办法和手段，大致达到了初步目的。然而，这次是增加征用了更多的船只，而且明年以后还要实现划时期的增产指标。在过去的一年里已经用尽了各种手段，今天要用寻常一般的手段和决心来实现这个目标，不能不说终究是不可能的。所以，在这种情况下，除了下定最大决心，完全丢掉过去的做法与想法，竭尽一切必要手段去完成本目标之外，别无他法。

最近政府打算关于国政管理方面进行一次大的革新。政府认真考虑决战的态势，打算下定决心，对行政机构的管理和对国民总动员等方面来一次果断的革新。除了在真正贯彻决战意识、排除万难以达到所期目标的意义上集中国家全部力量之外，别无他法。

试观目前局势，关于确保完成这次生产指标所需运输力的一切措施及为了完成增产指标、实现本年度内所需物资的特殊增加分配等事项，单靠负责生产的官厅商工省，有很多问题不能保证做到。然而，达成这次生产指标，乃是国家的绝对最高要求，如果在上述确保运输力、增加分配物资等问题上，有关方面能以坚定的决心全力以赴进行协作，完成其指标也绝不是不可能的。相信随着具备这些条件，达成这次划时期的增产指标也是可能的。

本商工大臣准备克服任何困难，以务必达成目前国家要求的坚定决心，集中军官民的全部力量，尽一切手段，向着达成生产指标而迈进。

〔原枢密院议长的质疑和答辩〕以上结束了统帅部和政府关于议题内容的说明，接着进入质疑和答辩。由统帅部和政府专门回答原枢密院议长提出的质疑。其问答要点如下：

枢密院议长：说是想要离间英美苏之间的关系，不过，苏联在巴尔干等问题上所表现的态度，是否是它的传统政策？

外务大臣：是。

（说明了苏联对魁北克会谈、地中海委员会、英美苏三国外长会议等的态度。）

枢密院议长：英、美、苏对波兰问题的态度如何？

外务大臣：就最近情报作了详细说明，并说苏联不想建立波兰国，美英则想建立波兰国，作为对付赤化势力的缓冲地带。

枢密院议长：对在欧洲开辟第二战场的看法如何？

外务大臣：第二战场的主体将在西欧。假如美英要在巴尔干开辟第二战场，英、美、苏之间将发生矛盾。

枢密院议长：为使日苏关系好转，即使在库页岛利权与渔业问题上做出让步，也希望设法解决。外务省是否已经进行交涉？

外务大臣：（首先说明）对苏外交的根本问题，在于帝国对美英进行战争期间，获得对北方的安全感。（接着简要地叙述了交涉经过。）

枢密院议长：关于库页岛利权问题，好像谈的是些微不足道的设施等，我认为这不值得谈。关于渔业问题，对暂定协定做出让步，尽早缔结正式协定如何？

枢密院议长：国民对日苏关系非常关心。希望作出努力，迅速改善日苏关系，使国民放心，使国军专心投入大东亚战争。在"形势判断"中说，美英生产能力，在本年度后期将达到顶点。那么，美英的陆海空军兵力，尤其是在远东部队的兵力如何？

（参谋总长、海军军务局长详细说明。）

枢密院议长：明年度指标生产4万架飞机，那么目前生产能力如何？

总理大臣：陆海军共计年产飞机1.7万架至1.8万架左右。

枢密院议长：政府是否确实承担了生产4万架飞机的奋斗目标？

企划院总裁：正以极大的决心去做。

商工大臣：决心生产4万架以上。

枢密院议长：德、美也有先例，国家生产能力是有限度的。因此，希望不要让计划落了空。

枢密院议长：所谓应当绝对确保的防卫圈是什么意思？是否打算放弃日前的战线？

参谋总长：（详细说明。）

枢密院议长：有了4万架飞机，就有确保绝对防卫圈的信心吗？

军令部总长：有绝对确保的决心，但胜败要看时运。试看德国对苏战争的发展情况，也并不像最初估计那样。所以不敢断言战局的前途今后将如何演变。（因为对今后作战的前景，讲了些海军没有信心的悲观的话，致使会场气氛突然紧张起来。）

总理大臣：这次战争本来是为了自存自卫、迫不得已进行的，正如诏敕中所说的那样。帝国不管有无德国，必须打到最后。不管今后战局如何演变，丝毫不能改变达到日本战争目的的决心。（接着军令部总长的话，以刚强的口气说。）

参谋总长：按作战的要求说来，需要5.5万架飞机。但倾注全国力量也做不到，那就只好利用机动力量来填补不足的数量，努力达到目的。

枢密院议长：人不是神，难免有差错。但统帅部若没有作战的信心，就不好办了。听到以上一些话，似乎有充分的信心，这很好。

最近陆海军合作得很好，但听说在派驻当地合作得不好。例如在苏拉威西岛流行疟疾，但没有奎宁。陆军扣留这些药品不给海军，竟发生这类难以想象的事情。此外，陆海军还有时不能合作，这实在不好办。

军需省的问题怎么样？

总理大臣：关于军需省的问题，工作还没有进展到可以汇报天皇的程度。（接着讲了内阁会议决定的大致内容。）

努力要做到陆海军之间绝不发生不一致的事情，但要知军队有好几百万，在基层上难免发生一两件那样的事情。但绝没有人们所说的那么严重。

海军大臣：说陆海军关系不好，真没想到。这不是敌人的离间活动，就是国内的离间活动。对此决不要上当。

位居枢要地位的人，竟然提出这样的问题，实在不胜遗憾。

苏拉威西岛的事情，去年听说过。但这只是传闻，不要轻率地说出来。

军需省统一订货有困难。即使在海军内部，只是舰政本部的统一订货就办不到。现在收集订货，也只能收集一些便于接受的订货，不这样就做不到。

枢密院议长：听到政府和统帅部对国力与作战方面的坚定信心，十分满意。希望大家放手去做。

〔东条首相发言——通过战争指导大纲〕 到此审议结束。

我认为全体与会者对本方案取得了完全一致的意见。

深切希望本案经决定后，各按职守，全力以赴，立即贯彻执行，以突破严重的战局，完成战争，奉安圣虑。

这样，通过了以确立必胜的战略态势、建立绝对国防圈为中心课题的"战争指导大纲"。

由于上述"战争指导大纲"的决定，结合以前决定的加强整备大东亚政略态势的措施，进一步加强了我方对付敌军反攻高潮的政略战略的态势。只要这一措施能够顺利进展下去，日本今后就有了能够主动地完成对美英战争的光明的希望。

今后的船只问题

〔征用与造船〕 在船只问题上，仍然存在许多困难。例如：陆海军一再提出增加征用船只与提高造船数量；填补征用船只的损耗与防止船只的损耗；征用油轮与运回石油等问题，连续发生了互相矛盾的情况。

前已提及，由于去年12月10日以瓜岛攻防战为中心，陆海军征用约40万总吨的船只，以至曾为调整同国力之间的关系而煞费苦心。随着这次绝对国防圈的建立，陆海军又一次征用了25万总吨。如按通常办法，无论如何也无法维持同国力之间的谐调。但正如在御前会议上企划院总裁和商工大臣所阐明的那样，想要通过强力推行非常措施的办法来打开窘境。不仅如此，还试图以这次征用为转机，要使国力有一个飞跃的增长。

征用船只则刺激造船。填补损耗则要求加强防止损耗的对策。战局的严重压力，使帝国强力推行平时无法想象的打开局面的办法。对于上述相互矛盾的要求，大本营和政府一致决心要共同加以解决。这是一心要在必将到来的国防圈周围的决战中，无论如何得取得胜利的愿望所使然的。

首先对这次御前会议以前的船只问题原委及后来的状况，有必要概述一下。

〔昭和18年1月决定增加建造25万总吨船只〕 在去年12月10日的御前联席会议上，决定昭和18年（1943年）度的甲种造船数量为75万总吨。后来，经进一步研究，决定昭和18年增加建造约25万总吨改E型简易船只。

〔为基斯卡撤退战与加强千岛方面的战备而进行征用〕 昭和18年（1943年）5月29日，在阿图岛的我守备部队，经20天的抵抗之后全部战死。随着敌军对阿图岛的反攻，大本营陆海军部决定，命令撤退基斯卡的守备部队，以迅速加强千岛方面的战备。为此，需要再次征用船只。

统帅部的上述要求，因为对既定的建设国力计划影响很大，政府也有不能立即同意的情况。但无论如何，满足战争急需是首要的问题。因此，大本营和政府一致同意分两次征用。首先于6月9日陆海军合计增加征用6.5万总吨。接着6月29日决定陆海军从7月以后各征用5万总吨（包括6月9日征用的部分）。因这次征用而产生的减产（铁约减产25万吨、铝约减产6000吨、煤约减产65万吨，其他物资约减产35万吨），决定由陆海军及民间来负担，以渡过难关。

〔决定征用油船的保有量及填补损耗〕对于油船一直根据去年5月20日联席会议的决定进行管理，但后来陆海军及民用油船的保有量发生了变化，从南方运回的石油总是达不到预定的数量。因而在7月30日的联席会议上决定，陆海军征用油船的保有量改为陆军1.3总吨、海军30万总吨，超过以上数字的征用油轮，应在8月末以前解除征用。并且决定由陆海军负责运输南方石油。

此后，9、10月，海军征用油轮的损耗上升到约4万总吨，情况已经影响海军作战，于是决定填补其损耗。

〔再次改订昭和18年度甲种造船计划〕 如上所述，由于增加了征用船只与填补损耗的船只（除上述填补之外，用AB船各1万总吨，填补7月份损耗，用A船1.9万总吨、B船1.7万总吨填补8月份损耗），出现了船只运用受到显著限制的局面。因此，在9月15日的联席会议上，决定重新增加12万总吨的造船量。

〔昭和19年度甲种造船计划〕 在9月30日御前会议上决定，昭和19年（1944年）度的甲种造船指标为180万总吨。后来，经过研究，于昭和19年（1944年）1月11日联席会议上决定，大体以货船130万吨、油船55万吨、其他5万吨，计190万总吨的指标，开始生产。

上述船只生产所需钢材计为133万吨（包括昭和20年建造180万总吨船只的准备物资）。

〔大大增加甲种造船计划〕 后经行政方面的调查结果，得出的结论是，假如突破各种难关，昭和19年（1944年）度建造255万总吨船只是可能的。因此，大本营和政府于3月30日的联席会议上，决定建造货船171万吨、油船77万吨、其他7万吨，计255万总吨，大力推进了去年9月30日御前会议决定的战争指导大纲的基础。

上述造船所需钢材估计约为171万吨〔包括昭和20年（1945年）度建造250万总吨船只的准备物资约53万吨〕。

〔为了加强绝对国防圈的战备而再次征用〕 大本营陆海军部一直努力根据御前会议的决定，以增加25万总吨的船只来加强绝对国防圈的战备。但自从昭和18年末至19年初，敌军进一步加强对腊包尔周围的压力，并在马绍尔方面也开始反攻，东南太平洋及外南洋方面的战局越来越紧迫。由于建立绝对国防圈，该方面的整个日军转为持久作战的性质，但该地区对于拖延敌军的反攻速度，争取建立国防圈所需要时间等方面，仍然具有重要意义。因此，大本营陆海军本部自然不得不将准备投入国防圈的力量，调到该方面来。

这样，为了对绝对国防圈的战备确有信心，就需要进一步征用船只，予以加强。而且通过敌军对马绍尔反攻的情况来看，可以预见，敌军下一步对马里亚纳方面的进攻，将比预料来得要早。因此，大本营陆海军部对增加征用船只的要求更加强烈。但是，增加征用船只，会立即极大地影响筹集以飞机为中心的反击作战力量，因而提出了应当首先征用机帆船、用来进行短途运输的意见。

两统帅部研究机帆船的需要量之后，于2月初向政府提出，希望在2月中旬，陆军在千岛方面征用100艘，在澳北方面征用（辉部队——第二方面军）110艘，计征用210艘（约2.5万吨），海军在马绍尔方面征用100艘（约1.6万吨），陆海军总计征用约4万吨。对此，政府强烈主张应当限制在尚未就航的新建船3万总吨之内。两者主张轻易达不到妥协，到了2月8日，双方取得如下一致意见，即拨给陆海军总计3.5万总吨尚未就航的新建船及休航船。

〔敌军空袭特鲁克与大量增加征用船只〕 但要加强广阔的绝对国防圈的战备，上述机帆船的征用量，只不过是九牛一毛。正式大量增加征用船只问题，继上述联席会议决定之后便表面化了。两统帅部的要求数量如下：

一、从昭和19年（1944年）3月初起，陆军征用大型船10万总吨、小型船8万总吨，海军征用大型船10万总吨、小型船2万总吨。

二、除上述征用数量外，从4月起在3个月间，陆军临时征用大型船8万总吨、海军临时征用大型船2万总吨。

三、4月以后，每月补充陆海军损耗各8万总吨。

如果满足统帅部的上述要求，从船只方面的情况看来，显然将造成国力与战力的失调。而另一方面，如不作好中部太平洋及东北方面的防卫，就没有把握完成战争。这样一来，早在去年9月30日御前会议上决定的基本方针——调和作战与国力之间的关系，恢复战争主动权——将面临一大严重危机。大本营和政府虽经连续10天进行了慎重的研究讨论，但终于没有得出结论。

在这种形势下，于2月17日，敌机动部队如晴天霹雳一般对特鲁克岛进行大规模空袭，使我战争指导首脑部心惊胆寒。如后所述，这次空袭造成两统帅部最高人事的变动，并使船只问题的悬案不容分说地获得解决。即，2月21日两统帅部长更换之后，在经过书面传阅的联席会议上决定，首先作为陆海军所需份额，在2月下旬征用10万总吨船只。

决定上述临时措施的同时，大本营和政府一起继续反复进行了研究。到了3月2日，双方认为在目前总的形势下，应当优先适应作战需要，商定以稍低于原来两统帅部要求的数量，达成了协议。在3月3日的联席会议上决定，陆海军于3月及4月，分别增加征用大型船计10万总吨，3月以后各增加征用机帆船10万总吨。因为这一决定降低了去年9月30日御前会议决定的国家物力建设指标，所以有人主张应当奏请召开御前会议或召开御前联席会议，重新研究整个的战争指导问题。但最后的结论是，应当彻底坚持去年御前会议决定指标的基本线，关于国力下降的问题，则应通过今后采取各种增产措施来补救。

国内措施的进展

为了确立国内的决战态势，在政治、产业经济、国民生活等各个领域，也一步步地着手采取了各种措施。随着战局的动荡，形势咄咄逼人，必须动员国内一切物质的和精神的力量，不遗余力地全部用于增强军事力量上。

政府先是在昭和17年（1942年）创立翼赞政治会，并坚决简化行政机构，以此为中心，采取了在政治与行政方面确立适应战争的基本态势的措施。但到了昭和18年（1943年），主要将重点置于增强作战能力的具体措施方面。在内阁里设置增强作战能力的3个机构；整备企业；增产粮食；衣着生活简朴化；动员学生服役；地方行政机构的统一管理；新建军需省、农商省及运输通信省等，连续实行了一系列的政策。实行这些政策，将保证推进上述9月30日御前会议决定的基本国策。综观这些努力的情况，其概要如下：

〔在内阁里设置增强作战能力的3个机构〕 政府根据战时行政特例法，适当迅速地实行战时行政职权特令，以期加强五个超重点产业的生产。并为确保其执行无误，决定设置内阁顾问；设立战时经济协议会；实行行政监察制度。在昭和18年（1943年）3月17日的内阁会议上讨论并决定了内阁顾问临时设置制、战时经济协议会规程及行政监察规程，决定这些敕令与规定于18日公布起施行。

内阁顾问，是协助总理大臣适当行使行政指示权的顾问。动员社会上富有才能和经验的人，于3月18日下令任命。顾问成员是：丰田贞次郎（日铁社长）、大河内正敏（理化学研究所长）、藤原银次郎（产业设备营团总裁）、结城丰太郎（日本银行总裁）、山下龟三郎（山下汽船会长）、乡古洁（三菱重工业社长）、铃木忠治（昭和电工社长）等七位。

战时经济协议会，由上述顾问和总理指定的大臣参加，会长由总理担任。该会是就战时非常法令的实施和战时经济的运用问题，官民双方坦率地交换意见，决定确实可行的具体措施的机构。

行政监察是为了圆满实行上述两项措施，尤其是为了监督和促进基层单位贯彻的情况而采取的措施。通过这一措施，掌握行政实绩，以使以后的行政工作更加妥切。行政监察就是以这种积极的、建设性的使命为主要着眼点。为了达到这个目的，监察使以天皇的敕令，由国务大臣、内阁顾问中随时选任适当的人，随员等也广泛起用社会人士，监察范围涉及整个行政自不必说，还包括工厂、矿山等工作现场。

通过实施上述三项措施，极大地促进并加强了增强作战力量的各项政策。

〔**断然实行企业整备**〕政府于昭和18年（1943年）6月1日的内阁会议上，讨论并决定了"增强军事力量的企业整备基本纲要"。

企业整备是为了胜利渡过严酷的战局，作为增强国家物资力量的保证手段，迫不得已而采取的措施。本纲要的主要着眼点如下：

一、为了将进行战争所必需的生产能力有计划地转而应用于军需及其他重点部门，把它全都转化为作战力量，在各个产业部门，集中各种生产条件，并加以整备，使之发挥最大效率。

二、随着战争的进展，在更加需要扩充的部门中，特别谋求加强企业系列的整备，刷新生产机构，提高效能，以最大限度地提高生产效率。

三、当整备企业时，通过这一整备，提高国民志气，同时要做到战时财政经济的整个经营管理不仅顺利无阻，并且进而灵活有力。

与决定这一措施的同时，6月4日在内阁会议上，讨论并通过了制定"企业整备资金措置法"的纲要，并决定一并实行企业整备的决算不收授现金等关于防止购买力发生浮动和维持国民经济秩序的措施。

〔**增产粮食与衣着简朴化**〕政府于6月4日的内阁会议上，讨论并决定了"增产粮食应急对策纲要"以应付当前紧迫的粮食问题。

本纲要是为了满足确保国民生活的绝对要求，尽管在非常艰苦的条件下，也要迅速确立粮食自给的态势，为此采取一切办法，实行增产米、麦、薯类等各种主要粮食作物及水产物的应急对策。

作为增产粮食和其他农产品的对策，关于消灭未耕荒地、增产杂粮、增产薯类、补充劳力、解决肥料问题等方面，分别制定了各种措施。

作为增产水产物的对策，决定一并实行关于增殖的措施与关于遇难渔船的措施。

政府还在同一天的内阁会议上，讨论并决定了"战时衣着简朴化实施纲要"，以图国民衣着的彻底清新化和简朴化。

〔**动员学生服役**〕政府面对目前的决战阶段，为了将学生的全部力量集中到增强军事力量的国家需求方面，从教育的观点出发进行了研究，终于得出了方案。于是，在6月25日的内阁会议上讨论并决定了"确立战时动员学生体制纲要"。

纲要的要点大体如下：

一、从根本上加强并改组学生的国防训练及劳动作业的实施办法，充分发挥学生火热的忠诚心。

二、劳动作业的重点置于增产粮食、国防设施、增产紧要物资、增强运输力等方面。当实施劳动作业时，要谋求提高计划性与作业效率。

三、根据学校的种类和程度，制定合适的训练及劳动作业计划。

但当执行上述纲要时，希望有关人员注意，要认识到钻研学问始终是学生的本分，不要搞成单纯地提供劳动力。

〔**开始施行地方行政协议会及东京都制**〕 随同上述各项措施的实施，为了这时从根本上刷新并加强地方行政机构，谋求综合调整运用联结官民的第一线行政，以期圆满地贯彻重要政策，政府于昭和18年（1943年）6月28日内阁会议上讨论并决定了"关于刷新并加强地方行政方案"。

这一决定的主要内容如下：

一、将国内划分为9个地区，各地区设置地方行政协议会，以协议会所在地的地方长官为该会会长，负责与特殊地方行政官厅之间的综合联络与调整。

二、担任地方行政协议会长的地方长官，有必要在有关地区内综合联络与调整各种行政时，可以对有关地方长官发出必要指示。

另外，政府于6月15日的内阁会议上议决采取东京都制。

采取东京都制，旨在排除府、市双重行政机构的弊病，以提高首都行政效能，并赋予首都以代表国家的性质，体现大东亚建设的根据地的威容。

地方行政协议会及东京都制，于昭和18年7月1日开始施行。当天公布任命的协议会长为如下9人：

北海地方协议会长	北海道长官	坂千秋
东北地方协议会长	宫城县知事	内田信也
关东地方协议会长	东京都长官	大达茂雄
东海地方协议会长	爱知县知事	吉野信次
北陆地方协议会长	新潟县知事	前田多门
近畿地方协议会长	大阪府知事	河原田稼吉
中国地方协议会长	广岛县知事	横山助成
四国地方协议会长	爱媛县知事	相川胜六
九州地方协议会长	福冈县知事	吉田茂

〔**设立军需省**〕 政府为了谋求急速增强军需生产，尤其是飞跃地扩充空军兵力，并确保有计划地统一进行军需生产，决定设立军需省。9月29日的内阁会议对此做出了决定。随之撤销企划院及商工省。预定11月1日起军需省开厅办公，为此进行了紧张的准备工作。

内阁会议关于设立军需省的决定的要旨如下：

一、为了动员国力，以求迅速加强军需生产，尤其是飞跃地扩充空军兵力，并以确保有计划地统一进行军需生产为目的，设置军需省。随之撤销企划院及商工省。

二、为了彻底简化重要军需生产的管理及军需订货的一元化，有关陆海军主要军需生产管理业务中的必要部分，移交军需省管理。

三、随着军需省的设置，关于国家总动员事项、有关军需生产事项以及企划院及商工省所管的大部分事项，移交军需省管理。

原属他省所管的有关军需生产事项中的必要部分，移交军需省管理。

四、随着撤销企划院，关于综合调整物质、精神两方面的国政事项，由内阁简捷有力地进行管理。

五、商工省业务中与军需生产关系不大事项的处理，另行规定之。

六、采取办法，使必要的陆海军现役武官（包括文官）充任军需省的职员。

七、当计划军需省机构时，以力求精简为宗旨。

根据这一决定，军需省按预定于11月1日建成，第一任军需大臣由东条首相兼任，次官由前商工大臣岸国务相兼任。另外，由远藤三郎陆军中将就任航空兵器总局长官，此外，很多陆海军现役武官进入了军需省。

第41章

大本营根据新作战方针指导战争

中南太平洋方面作战要领的实行

〔大本营的作战要领〕 前述大本营在9月15日采取了新作战方针,主要意味着改变对中南太平洋方面的作战指导。大本营根据这个新作战方针,将中南太平洋方面的作战要领具体化了。这就是"关于中南太平洋方面作战的陆海军中央协定",其主要内容如下:

第一,作战方针。

帝国陆海军紧密协作,在东南方面的重要地区,击溃来攻之敌,尽力设法长期坚持下去。在此期间,迅速完成自澳北方面至中部太平洋方面重要地区进行反击作战的支撑点,并且整备反击兵力,彻底反击来攻之敌,争取事先消灭敌军,以挫伤其战斗意志。

第二,作战指导要领。

一、在东部新几内亚以东至所罗门群岛的东南方面的重要地区,击溃来攻之敌,尽力设法长期坚持下去。

二、大致以昭和19年(1944年)春为目标,整备在澳北方面及加罗林、马里亚纳各群岛重要地区的作战基地,加强其防务。在菲律宾建成作战根据地,整备空、海、陆反击兵力等,迅速加强反击态势。

三、当敌军来攻时,对其主攻方向,以前项提及重要地区基地为支撑点,集中各种兵力,反击敌军,争取事先予以击溃,以摧毁其反攻企图。

四、大约在昭和19年(1944年)中以后,只要情况允许,争取从澳北方面进行积极作战,为此要进行必要的准备。关于采取攻势的方向等问题,另行研究。

〔第8方面军的持久战任务〕 如上所述,在9月30日的御前会议上,决定了根据新作战方针的战争指导大纲,大本营在当天向第8方面军司令官及南方军总司令官,以大陆命第855号发出要旨如下的命令,并下达了上述陆海军中央协定。

一、大本营在中部、南部太平洋方面的意图是，在东南方面的重要地区，尽力设法长期坚持下去。在此期间，迅速完成自澳北方面至中部太平洋方面重要地区进行反击作战的支撑点，以设法摧毁敌方的反攻企图。

二、第8方面军司令官应与海军协作，在东南方面的重要地区，击溃来攻之敌，尽力设法长期坚持下去，以利于以后的作战。

三、南方军总司令官应与海军协作，迅速加强并促进澳北方面的反击战备。

四、第8方面军司令官可将其所属和指挥下的部队，部署在南方军作战地区及中部太平洋方面诸岛上。

五、南方军总司令官应支援第8方面军的兵站。

六、参谋总长可将其指挥下的船只部队中必要的部队，暂时置于第8方面军司令官的指挥之下。

七、有关细节责令参谋总长给予指示。

〔新作战方针与海军〕 这一作战方针的改变，当然也下达给了联合舰队。然而如在前篇第三章所述，联合舰队刚刚于8月15日下达了"第三阶段作战纲要"。本纲要将东南方面作为主要作战方面，坚决要在前方重要地区进行决战。这同9月15日决定的新作战方针，在宗旨上根本相反。

因此，这一新作战方针的宗旨，联合舰队是否果真认真领会和贯彻执行，颇有疑问。大本营海军部对彻底贯彻执行新作战方针，并没有进行明确而有力的指导。不，大本营海军部本身本来也就有重视前方重要地区的倾向。如前所述，这是海军连续决战思想的反映，并且是基于一贯的想法，认为只有确保并灵活运用特鲁克基地，才可以进行太平洋上的海上作战；而为了确保并灵活运用特鲁克基地，就需要尽力确保东南方面及马绍尔方面的前方重要地区。因此，采取新作战方针和据此决定的战争指导大纲，同日本海军所考虑的海上作战设想之间有相当大的距离。

东南方面

〔作战指导要领〕 关于根据新作战方针指导东南方面的作战问题，在上述"中南太平洋方面作战的陆海军中央协定"中包括具体的"东南方面作战的陆海军中央协定"，是指导当地陆海军作战的准则。其主要内容如下：

一、加强以腊包尔附近为中心的俾斯麦群岛及布干威尔岛方面的重要地区的防务，尽力争取长期保持下去。对于丹皮尔海峡两岸重要地区及北部新几内亚方面的重要地区，尽力保证补给，努力保持这些地区。

二、对于来攻之敌，以航空及海上兵力，争取将敌军击溃于登陆之前。

当敌军已经登陆时，也应争取在敌登陆之初将其击溃，以阻止其实现反攻企图。

三、对于上述重要地区，迅速集中积存大量军需品。尤其对新几内亚方面，力求迅速促进补给运输。

四、陆军航空部队担任新几内亚东部（包括丹皮尔海峡）方面的航空歼灭战，并在这个地区同海军协作，攻击敌军登陆船队及切断海上运输。

海军航空部队担任所罗门及俾斯麦群岛方面的航空歼灭战，并负责在新几内亚东部方面攻击敌军登陆船队和切断海上运输。关于新几内亚东部方面的航空歼灭战，要协助陆军进行之。

〔东南方面的战略性变化〕 采取新作战方针，将持续一年半决战的东南方面变成战略性前进阵地，但丝毫未降低该方面的战略价值。

本来东南方面是美澳军对日反攻的关键性战略要地。估计敌军作战将从东南方面附近分两路进行：一路指向中部太平洋北部，一路沿着新几内亚北岸指向菲律宾方面。我军在东南方面极力谋求持久之计，是为了更加易于进行今后在绝对国防圈上的作战。大本营将所谓主要防御线撤到后方要线，但对东南方面，依然重视它的战略性前进阵地的地位。

〔第8方面军的持久战略——处于绝境〕 这样，第8方面军根据新作战方针，转入持久战。但自从10月中旬以来，敌空军攻击更加猛烈，从陆海两方面的敌军反攻也越来越激烈。所罗门群岛与新几内亚方面，都逐渐陷于难以确保后方联络线的境地，整个方面军处于必须进行非常艰苦的只作防守战的绝境。

方面军司令官今村中将，于10月7日根据新作战方针，制定作战计划，以期贯彻执行。其中明确表示"各兵团各部队决不准后退，在其所据地点进行殊死战斗，打击敌人，通过纵深的综合战果，完成全面持久战任务"这一作战思想，反映了悲壮的实际战况，感动了中央部。

澳北方面

如前所述，自昭和17年（1942年）末开始采取加强澳北方面战备的措施。大本营根据新的作战方针，为了加强自新几内亚西部至澳北方面的反击战备，进一步采取了重大措施。这就是确立并加强统帅组织，断然增加兵力。

〔第2方面军进驻澳北——兵力增加〕 澳北地区的防卫，历来在陆军方面由南方军总司令官担任，其麾下配备有第19军（以第5师团、第48师团为骨干）。大本营随着采取新作战方针，将澳北方面从南方军的管辖下划分出来，改为直辖。这是因为澳北地区具有对付美澳军的反攻支撑点的地位，并与太平洋中部方面的作战具有密切关系的缘故。

大本营于昭和18年（1943年）10月29日决定，将在满洲的第2方面军司令部（方面军司令官阿南惟几大将）及第2军司令部（军司令官丰岛房太郎中将），调到澳北，使之担任澳北方面的作战。在此之前，又将中国方面的第36师团及国内的第46师团增派到澳北方面。

第2方面军司令部于11月中旬进驻澳北，自12月1日起行使统帅权。第2方面军由第2军（暂时以第36师团为骨干）、第19军（以第5师团、第46师团、第48师团为骨干）与军直各部队编成。原驻在澳北的第7飞行师团原封不动地编入第2方面军指挥之下。

第2方面军的任务是，同海军协作，迅速加强反击作战准备，击溃来攻之敌，以确保澳北重要地区。它担任作战的地区是，东经140度以西，望加锡、龙目海峡以东，北纬5度以南的地区。受命确保的第一线是，新几内亚西部重要地区、阿鲁、丹尼巴、帝汶、小巽他群岛的重要地区。

对第2方面军的前进补给基地设在菲律宾，补给点指定为哈马黑拉、马诺夸里、安汶。

〔新设第4南遣舰队〕 在陆军方面采取一系列措施的同时，也加强了海军统帅组织。即，大本营于11月1日，在哈马黑拉新设第26特别根据地队，随后于11月30日新设第4南遣舰队（司令长官为山县正乡中将），使之担任澳北方面的防卫。第4南遣舰队的兵力，除第26特别根据地队外，以原来配备的第24特别根据地部队、第25特别根据地队及航空部队为骨干。

〔实质性战备没有进展〕 这样，采取了加强统帅组织与部署的措施，但要发挥其机能，还存在两个大的问题。这就是建设庞大的机场群与运输并集聚大量军需品的问题。

建设机场是防卫澳北方面的根本措施。因此，计划在包括新几内亚西部、苏拉威西及班达海的地区，修建100个以上的机场。要完成这一计划，需要很大工程，即使调用地面部队的主力都来建设机场，也不够用。

而更加困难的问题是，集聚大量军需品的船舶运输问题。第2方面军于11月中旬为了运输军队和军需品向中央要求的所需船只，定于4个月内完全备齐，每月需要数量大中型船只约达45万总吨，小型船只约达15万总吨。但除了因为海、空两方面的敌军攻击之外，还由于昭和19年（1944年）2、3月优先加强太平洋中部方面的战备，中断了对澳北方面的大部分运输，致使最重要的作战准备时期拖延下来，使方面军首脑大为焦虑。

太平洋中部方面

〔陆军部队开到太平洋中部方面的原委〕 如上所述，由于昭和18年（1943年）春，敌军来攻吉尔伯特诸岛、马绍尔群岛、威克岛及南鸟岛等中部太平洋方面的可能性越来越大，所以把陆军部队派到太平洋中部方面，列入海军指挥官的指挥之下。

回顾开战初期，陆军只是以南海支队协助太平洋方面的作战，太平洋方面的大部分作战是由海军单独进行的。后来，根据战况，只是在东南方面陆续增加了陆军部队，以至配置了一个方面军。关于菲律宾以西作战地区的防卫，根据陆海军中央协定，明确了陆海军在各地区的具体分工；在太平洋中部方面则并没有明确规定具体分工。但按以往的惯例，尽管没有明文规定，仍把海军看作太平洋中部方面作战的主要担当者，因此陆军避免介入这个地区。

到了昭和18年（1943年）夏天，大本营陆军部担心太平洋中部方面以后形势的演变，会同海军部，向太平洋中部派遣幕僚团，研究增派陆军兵力的计划，同时为了加强防务，向该方面派遣了以陆军筑城本部长秋山德三郎少将为团长的"筑城团"。（筑城即修筑阵地工事。——译者）这些都是与转入新作战方针有关的措施。当时加罗林、马里亚纳群岛方面，几乎处于毫无防御的状态。

敌军在昭和18年（1943年）8月，占领了接连吉尔伯特诸岛东南方面的埃利斯诸岛，到了9月，将占领地区扩大到贝克岛，10月，很快对我在马金、塔拉瓦、瑙鲁、大洋岛等地的空军基地，开始空袭。敌机动部队又于8月30日袭击威克岛，9月1日袭击南鸟岛，19日袭击吉尔伯特诸岛及瑙鲁岛方面，于是，太平洋中部方面的战局，顿时紧张起来。

〔正式加强战备〕 为了适应上述形势，大本营于9月6日，首先以国内的第52师团的步兵第107联队为基干兵力，编成甲支队，急速派到波纳佩岛。同时命令第52师团主力准备前往特鲁克岛。由于结合采取新作战方针，大量派遣了陆军兵力，太平洋中部方面的战备迅速加强起来。上述"关于中南太平洋方面作战的陆海军中央协定"中，关于加强太平洋中部方面的战备，规定并指示如下：

第41章 大本营根据新作战方针指导战争

海军以昭和19年（1944年）春为目标，迅速加强在加罗林、马里亚纳群岛方面的战备。

陆军向太平洋中部方面派遣必要的陆军部队与一部分兵站机关，列入海军指挥官的指挥之下，协助海军加强作战准备。

地点	部队	到达时期
夸贾林	海上机动第1旅团的步兵第2大队（缺两个中队）及工兵队	昭和19年1月
	南洋第1支队的一部	昭和18年9月至11月
沃特杰	海上机动第1旅团的步兵1个中队	昭和19年1月
	南洋第1支队的步兵1个中队，机枪1个中队	昭和18年9月至11月
马洛埃拉普	海上机动第1旅团的步兵1个中队	昭和19年1月
	南洋第1支队的步兵1个中队	昭和18年9月至11月
米利	南洋第1支队（缺步兵第2大队） 甲支队的步兵第3大队，山炮兵1个大队（缺1个中队） 工兵1个中队（缺1个小队）	同上
亚鲁特	南洋第1支队的步兵第2大队（缺两个中队）	同上
布拉温	海上机动第1旅团（缺第2大队、工兵队）	昭和19年1月
库赛埃	南洋第2支队	同上
	甲支队（缺第2、第3大队、坦克中队、机关炮中队）	昭和18年11月
波纳佩	南洋第3支队	昭和19年1月
	甲支队的第2大队、坦克中队、机关炮中队	昭和18年9月及昭和19年1月
莫特洛克	南洋第4支队	昭和19年1月
特鲁克	第52师团 师团司令部	昭和18年12月
	步兵第69联队（缺第2大队）	昭和19年1月
	步兵第150联队第3大队	同上

备考：一、南洋第1支队是由第65旅团的步兵第122联队改编而成的。

二、第52师团的剩余部队，于昭和19年1月从国内出发，正在赶运途中。

根据上述协定，大本营决定从国内、朝鲜、满洲、中国等各方面抽调或新建陆军兵力，派到太平洋中部方面。其总兵力以步兵约40个大队为基干，并附属有必要的坦克、炮兵、反坦克炮及工兵等。而这些兵力，按照新作战方针的宗旨，应将重点配备在加罗林、马里亚纳群岛，但因马绍尔群岛及马绍尔与加罗林群岛间的诸岛屿的防务也极为薄弱，便不得不在这些前方岛屿配备了一定的兵力。

〔**运输困难和实际成绩**〕 大本营命令第52师团主力于10月22日，命令南洋第2乃至第6支队及海上机动第1旅团于11月16日开往太平洋中部方面。但由于敌潜艇的妨碍活动逐步加剧，昭和18年（1943年）12月船只损耗约30万总吨，第二年（1944年）1月上升到约46万总吨，达到开战以来船只损耗的最高峰（包括严重损坏的），因而不得不在非常困难的情况下进行运输。从昭和18年9月到第二年1月期间，实际派到太平洋中部方面的陆军兵力情况如上表。

第42章

国防圈前卫线的陆续崩溃

同盟军紧逼国防圈的前卫线

〔**同盟军在芬什哈芬登陆**〕 当大本营于9月15日决定新作战方针时，东南方面的主力部队，为了防备必将来攻之敌，正在加强丹皮尔海峡西岸的芬什哈芬及所罗门北部尤其布干威尔岛的守备。可是同盟军没有给予我当地部队以十分充裕的时间，在大本营发布9月30日命令之前，即于9月22日，麦克阿瑟部队就猛烈攻击我国防圈的前卫线右翼要冲芬什哈芬。

〔**美将麦克阿瑟、尼米兹向国防圈前卫线挑战**〕 根据大本营的新作战方针而确定的所谓国防圈的前卫线，在东南方面，是西从新几内亚东部的马丹地区起，往东经丹皮尔海峡地区及腊包尔，连接布干威尔岛的蜿蜒约1000公里的漫长的一线；在太平洋中部方面，是由吉尔伯特及马绍尔群岛所形成的前卫线。

在这两条前卫线中，太平洋中部方面的一条，构成我在加罗林方面绝对国防圈的最前端的特鲁克的前卫线；东南方面的一条，不仅构成特鲁克的前卫线，还担负着阻止同盟军进攻新几内亚西部国防圈的使命。

针对我前卫线的同盟军阵容是，麦克阿瑟大将指挥的美澳联合的陆海军，对着新几内亚东北沿岸的正面；尼米兹大将麾下的美太平洋舰队的主力（太平洋中部舰队）及部分陆军部队，对着所罗门及太平洋中部方面。

〔**丹皮尔西岸的防卫**〕 如前所述，第18军于8月初，决心推迟贝纳贝纳、哈根作战，加强芬什哈芬地区的防备，向该地区急派第20师团的部分部队。接着，当敌军在莱城东面登陆，莱城、萨拉摩阿的失陷已不可避免的时候，不失时机地将第20师团的主力调到芬什哈芬，殷切期待迅速完成芬什哈芬地区的迎击态势。但针对使用飞机和船只的敌军机动力量，我方以徒步行军的速度，无论如何也不能靠最初领先而逃脱出来。

同盟军采取连续攻势的最初征兆，9月19日在马卡姆河上游的开阿辟特表现出来。这就是为了第51师团及其他部队易于从莱城撤退，自马丹南部的菲尼斯蒂尔山脉长驱向马卡姆河谷急行军中的中井支队（以第20步兵团长中井增太郎少将指挥的步兵第78联队为基干）的先遣部队与澳洲第7师团发生的遭遇战。这支敌军于9月5日，降落在纳沙布，占领莱城之后，调过头来，靠空中补给，在沿着我20师团曾经企图通过修筑由马丹至莱城的汽车路从陆路前进的路线，向马丹进攻。

继开阿辟特战斗之后发生的是，9月22日澳洲第9师团在芬什哈芬北面的安徒岬登陆。看来这两次攻势是相互配合的，想从根本上摧毁东南方面我国防圈的前卫线右翼。

马丹不仅是国防圈前卫线的最右翼，而且是第18军的主要作战基地。而芬什哈芬远离马丹约400公里，同时考虑到当时无法比拟的敌我空军力量的悬殊差别，芬什哈芬地区的作战，在补给方面存在着严重问题。更使条件恶化的是，我第4航空军不能恢复8月间受到的损失，因此，尽管有两个师团的编制，但实际参加作战的飞机不过六七十架。

〔初期反击——西岸激战的序幕〕 芬什哈芬在莱城、萨拉摩阿作战时期，作为后方补给的舟艇基地，处于重要地位。5月以来，第1船舶团司令部设在这里。敌军登陆时，在芬什哈芬地区的日军兵力有：向莱城前进中因敌军

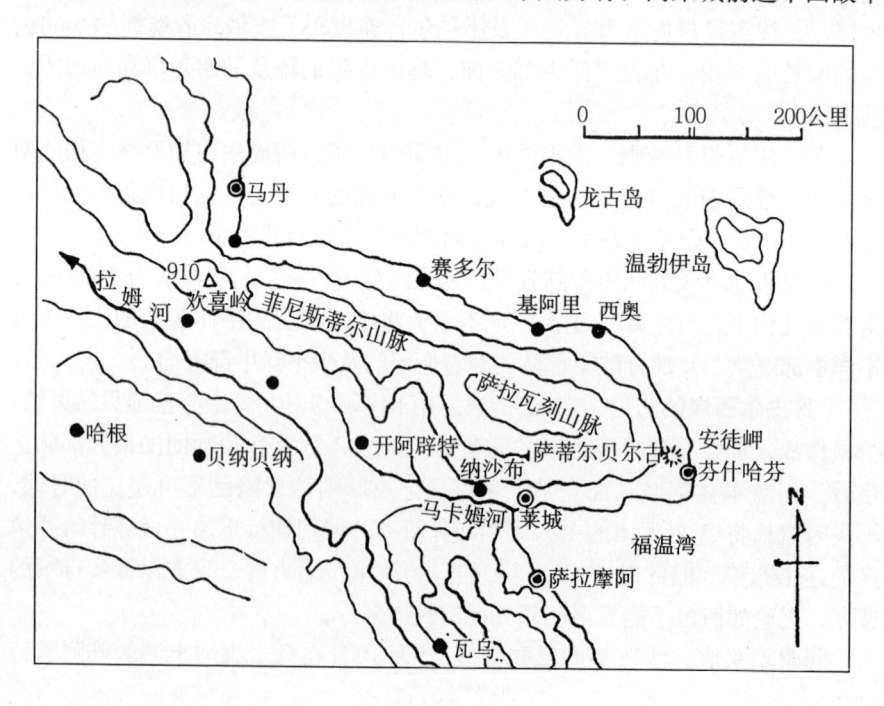

在蒿波伊登陆而停留下来的第41师团步兵第238联队的不到1个大队的兵力、陆续由马丹地区来到的第20师团步兵第80联队（缺1个大队）和炮兵1个大队、海军第81警备队（约400名）以及其他部队共约4000名。这些部队由第1船舶团长山田荣三少将指挥。

当敌军在安徒岬登陆时，山田少将主要将配置在芬什哈芬及其南部地区的主力，急遽集中在敌军登陆地点的西部萨蒂尔贝尔古高地，遵照18军命令，从27日起开始反击。然而，敌军也在这一期间增强兵力，我军的反击直到10月上旬，仍未奏效。守备芬什哈芬的我海军警备队，尽管竭力战斗，也不得不在10月1日终于放弃了这个地区。敌军从9月22日起在登陆地点附近开始修建机场，10月4日已看到有飞机起落。

在此期间，我第4航空军尽管处于劣势，仍坚决攻击登陆的敌军，不过没有做出多大贡献。在腊包尔拥有基地的海军航空部队，自9月22日起坚决出击，趁敌船队返航机会，给予相当大的损失。海军航空部队的反击，连续进行多次，直到10月27日敌军在所罗门北部、莫诺岛登陆为止。但未能控制大局，敌军陆续增强了登陆兵力。

〔促进第20师团的前进〕 这样，结束了芬什哈芬的初期作战。这只不过是丹皮尔西岸敌我激战的序曲而已。即，9月上旬自马丹地区出发的我精锐部队第20师团的主力，拼命徒步向芬什哈芬急进。该师团估计当敌军在芬什哈芬登陆时，以先头部队进到西奥（在芬什哈芬北部约100公里处），10月中旬初可到达战场。于是，第18军司令官采取措施，加速第20师团前进步伐，同时于9月30日将第1船舶团长指挥的部队编入第20师团长片桐茂中将指挥之下，并授予该师团长在芬什哈芬地区进行作战的任务。

〔加强马丹地区〕 9月22日敌军登陆后不久，第18军司令官命令中井支队撤到马丹南部约50公里的菲尼斯蒂尔山脉西部线上（欢喜岭，910高地之线）。这一措施，主要是针对同盟军的下一步新的企图，以获得使用兵力的自由为目的而采取的。

事实上，9月下旬前后，在马丹地区只有兵站部队，根本没有地面战斗兵力。因此，军司令官决定，自威瓦克地区调去第41师团的两个步兵大队及1个炮兵大队，于10月末以前部署在马丹地区。

当地军的持久作战计划

〔当地部队的立场——陆海军不一致〕 关于大本营新作战方针的命

令，用电报下达到当地部队。在特鲁克由联合舰队司令长官古贺大将接受命令，在腊包尔由第8方面军司令官今村中将及东南方面舰队司令官草鹿中将接受命令。但当地部队司令官们对于大本营新方针的理解，并不是一致的。第8方面军自从昭和18年（1943年）初以来进行殊死作战，没有取得实际效果，因而首脑部早就暗中担心，如果这样下去的话，根本谈不上采取攻势，反而会愈益陷于窘境，并将失去挽回颓势的机会。因此第8方面军从整个作战全局的观点出发，充分理解到，大本营在后方设立决战地带，采取重新做起方针的决心。而当地海军部队则因所处环境关系，未能马上同意大本营的见解。日本海军一向以东南方面作为主要作战方面，比陆军作出了更多的努力。现在，古贺联合舰队司令长官于8月15日，在第三阶段的作战方针中，刚刚再次明确肯定了以东南方面作为主要作战方面，和将来要从这方面转入攻势的方针。实际上，东南方面是日本海军多年来的前进根据地，并且在新作战方针中，也是作为国防圈之一角的特鲁克的直接防卫线。因此，当地海军部队对东南方面的考虑，远比陆军为多。

再从海军作战的观点来看。海军考虑，一旦让敌军进入广阔的太平洋中部，就极难捕捉，因而在比较狭窄的东南方面的海域谋求决战较为有利。除此之外，海军还担心，如果不大力进行东南方面的作战，在建立国防圈之前，东南方面就可能被突破。总之，大本营的新作战方针，没有被当地海军部队不折不扣地接受下来。而这种现象也是前面提及的绝对国防圈本身所具有的不明确性与不彻底性的一种表现。

〔当地部队的敌情判断〕 当为了持久作战而起草新作战计划时，当地部队所作的敌情判断如下：

一、关于敌军兵力的判断。

1. 敌军地面兵力，在所罗门方面，可以立即用于第一线的，有陆军3个师、海军1个乃至两个师，在其后方，约有陆军8个师。在新几内亚方面，包括交战中的兵力，在第一线有3个师，在其后方，有两个乃至5个师。

2. 空军兵力，包括后方兵力，共有3000架飞机，其中第一线的飞机在所罗门方面有550架至600架，在新几内亚方面约有700架。

二、对敌军企图的判断。

敌军对东南方面的反攻将越来越激烈，自昭和18年（1943年）末至19年（1944年）春夏时将达到最高潮。在此期间，敌军必定企图攻占我政略战略上的要地腊包尔。为了攻占腊包尔，敌军必定企图首先攻占丹皮尔海峡地带及布干威尔岛。

随后是一直向腊包尔挺进，还是企图在攻占阿德米勒尔提和新爱尔兰岛，完全孤立腊包尔之后，再行攻占，尚不清楚。但从各方面的形势分析，前者的可能性较大，其时间估计为昭和19年（1944年）二三月前后。

上述我方判断敌军必定攻占腊包尔，是纯属战术性的；但不知是真的还是欺骗，敌军也一再广播要攻占腊包尔。

〔**第8方面军的持久作战计划**〕 根据上述敌情判断与新任务而制定的第8方面军的作战计划，不论在兵力运用方面，还是在作战态势方面，与以往的作战指导都没有多大改变。但特别明确指出，作战重点首先指向确保丹皮尔海峡地带及布干威尔岛方面。当指挥战斗时，汲取既往的战斗教训，在要地适时集中发挥陆海空综合战力，将敌军击溃于海上或海滨，在万不得已的情况下，也要将敌军粉碎在登陆之初，以此为根本原则，并明确指示如下强烈的方针，即在使用各种手段仍然不能实现上述目的的情况下，也决不准许各部队后退，必须在占据地区进行殊死战斗，尽力打击敌军，以纵深的综合战果，完成全面持久作战任务。

关于大本营作为最后增援第8方面军的部队而调去的第17师团（师团长酒井康中将）的使用，最初认为，让这支部队承担补给最难的新不列颠西部作战，危险性很大，因而一度决定用在布干威尔岛北部，但后来因为东南方面舰队保证了补给，所以为了加强丹皮尔海峡东岸地带，决定将其主力用在新不列颠西部方面。

第8方面军决定的作战计划于10月7日下达，其要点如下：

一、作战指导要领。

1. 作战重点首先指向确保丹皮尔海峡地带及布干威尔岛方面。
2. 加强确保腊包尔周围及马丹以西的新几内亚东部重要地区的措施。
3. 迅速设法加强航空兵力。
4. 谋求事先集聚和保全军需品，并尽量加强就地自给措施。
5. 加强后方部队的武装及特殊训练。

二、兵力运用。

1. 第4航空军（以第6、第7飞行师团为骨干）要努力击溃新几内亚东部方面的敌空军势力，确保我海上运输，并协助第18军及第17师团的作战。另以约1个飞行团的兵力，协助班达海方面的南方军（第19军）作战。
2. 第18军（以第20、第41、第51师团为骨干）要确保菲尼斯蒂尔山脉以北和以西的重要地区，以为持久之策。

特别是要以主力占领芬什哈芬附近及丹皮尔海峡西岸的重要地区，击溃来攻之敌，以确保该地区。另外，要加强马丹以西重要地区的防务，并协助第4航空军或自己负责加强航空基地的修建。

3. 第17军（以第6师团、南海第4守备队、第17师团的步兵4个大队及炮兵1个大队为骨干）要确保布干威尔岛的重要地区，以为持久之策。为此，以主力占领该岛的南部重要地区，以一部分兵力占领该岛北部，尤其是布喀附近的要地。

海军航空部队主要协助第17军作战。

4. 第17师团（缺步兵4个大队及炮兵一个大队）要一并指挥目前部署在新不列颠中西部的加斯马塔守备队及松田支队，以主力确保马卡斯岬以西的新不列颠岛要地，以部分兵力确保加斯马塔，击溃来攻之敌，以为持久之策。

5. 腊包尔防卫队（以师团长影佐祯昭中将指挥的第38师团为骨干）要确保腊包尔及新爱尔兰岛东部重要地区，作为东南方面的最后防御阵地。

6. 辎重兵第51联队要确保阿德米勒尔提要地尤其罗斯尼格洛斯岛。

〔当地海军部队的作战设想〕 前已提及，当地海军部队的作战设想，因为环境关系，势必要比陆军积极。联合舰队10月以后在东南方面指导作战的基本原则如下：

一、在后方防卫线的战备完成之前，遏制正在从东南方面进行重点反攻的敌军。

二、力求捕捉并歼灭在东南方面限定海域中行动的敌军尤其是海上兵力。

三、大力支援东南方面持久作战所需物资的运输。

四、为了实行前三项，形势需要时不惜投入决战兵力。

即，联合舰队仍然打算把重点放在东南方面，强有力地进行前卫线的作战。而前卫线的东翼即马绍尔及吉尔伯特方面的作战，继续让第4舰队来担任。如果敌军向该方面来攻时，就计划从腊包尔方面调用潜水部队，必要时调用水雷战队；并将第2舰队（海面部队）及机动部队的航空队也用于该方面作战。

根据联合舰队的意图制定的东南方面舰队的作战方针，大致如下：

一、以腊包尔为最后一道防线，确立防卫态势。为此，加强腊包尔前哨地区中防备薄弱的新爱尔兰岛及阿德米勒尔提岛的重要地区。

二、丹皮尔海峡地带，作为阻止敌军进攻菲律宾岛的战略要地，极力争取长期固守下去。为此，更加努力运送物资与粮食，以图增强持久作战的能力。

三、布干威尔岛不仅是腊包尔的最有力的前哨阵地，而且是阻止敌军进攻太平洋中部的战略要地，因而要击溃来攻之敌，尽力加以固守。

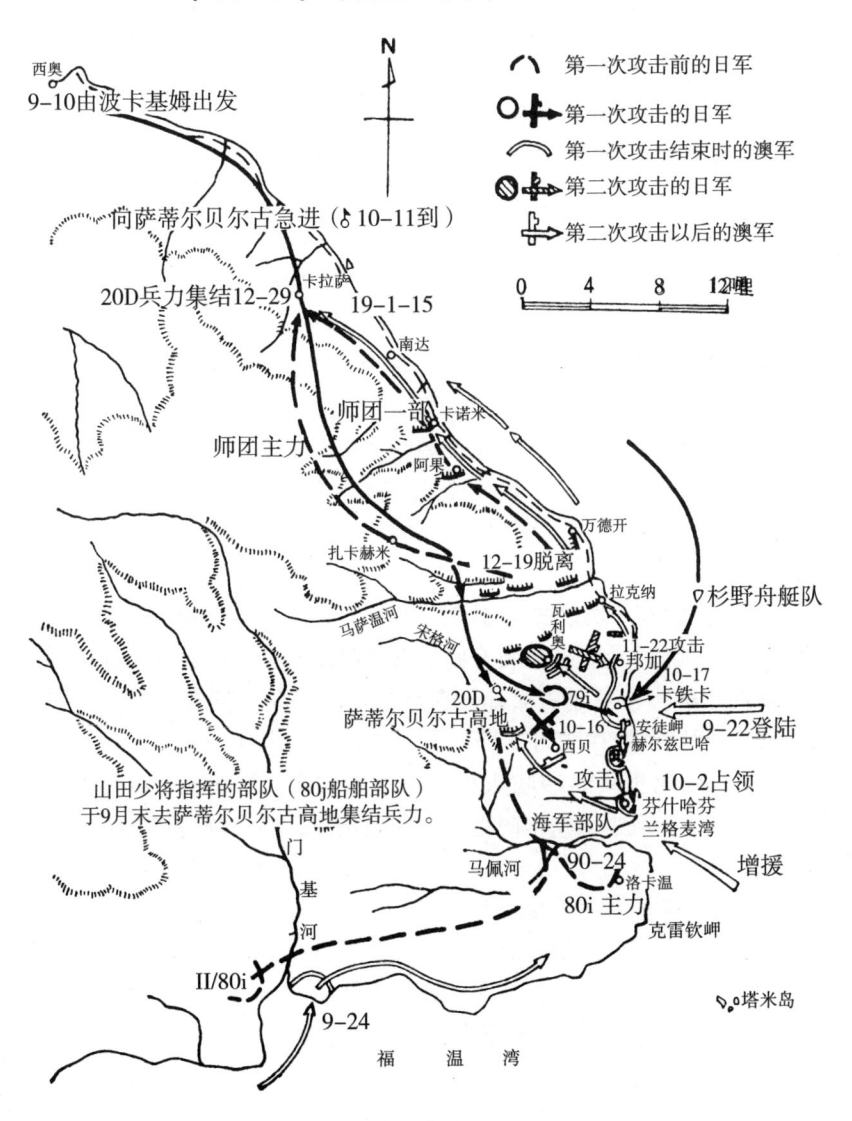

芬什哈芬附近作战经过图
（1943年9月至12月）

图例：
- 第一次攻击前的日军
- 第一次攻击的日军
- 第一次攻击结束时的澳军
- 第二次攻击的日军
- 第二次攻击以后的澳军

0　4　8　12哩

- 西奥
- 9-10由波卡基姆出发
- 向萨蒂尔贝尔古急进（♂10-11到）
- 20D兵力集结12-29
- 卡拉萨　19-1-15
- 南达
- 师团一部　卡诺米
- 师团主力　阿果河
- 万德开
- 扎卡赫米　12-19脱离
- 马萨温河
- 宋格河
- 拉克纳
- 瓦利奥
- 杉野舟艇队
- 11-22攻击
- 邦加
- 10-17
- 卡铁卡
- 20D
- 萨蒂尔贝尔古高地
- 10-16
- 西贝
- 安徒岬
- 赫尔兹巴哈
- 9-22登陆
- 攻击
- 10-2占领
- 芬什哈芬
- 海军部队
- 兰格麦湾
- 山田少将指挥的部队（80j船舶部队）于9月末去萨蒂尔贝尔古高地集结兵力。
- 马佩河
- 90-24
- 洛卡温
- 80i 主力
- 增援
- 克雷钦岬
- 门
- 基
- 河
- II/80i
- 9-24
- 塔米岛
- 福温湾

丹皮尔西岸的激战与布干威尔岛的孤立化

上述作战计划从腊包尔发出不久，即于10月12日白天，敌军飞机大举空袭了腊包尔。敌军在白天大举进行空袭还是东南方面作战开始以来的第一次。这等于是敌军对我前卫线的正式挑战的宣言。

果然，敌军继9月22日在芬什哈芬登陆之后，连续进行了一连串的激烈的进攻；即11月1日在布干威尔岛的塔洛基纳登陆；11月21日在吉尔伯特的马琴、塔拉瓦登陆。从此以后直到第二年昭和19年（1944年）3月，在东南及太平洋中部广大战线的各处，敌我之间展开了殊死的激战。

〔中井支队的奋战〕 在此之前，沿着马卡姆河谷西进中的澳洲第7师，尾追后退的我中井支队，向前挺进，从10月4日前后起，乘中井支队尚未在欢喜岭、910高地一线得到充分整备之机，开始进行了攻击。战斗陷入混战状态，马丹南部的防卫线菲尼斯蒂尔西端的守卫一时似乎也十分危急，但由于中井支队的善战，直到15日左右在全线范围内击退了敌军的袭击，从而挽救了马丹的危机。敌军似乎受到了相当大的损失，后来约两个月间，一直没有敢于发动大规模进攻。

〔第20师团的第一次攻击〕 这时，在遥远的东方芬什哈芬附近，全军寄托希望的第20师团主力正在准备开始攻击。第20师团长从西奥急速前进，于10月11日到达萨蒂尔贝尔古高地。在掌握山田部队的同时，等候师团主力（以步兵第79联队及炮兵队为基干）到达之后，于10月16日开始攻击当前之敌。位于第一线的步兵第79联队及80联队的攻击，起初虽有些失误，但在17日入夜以前，夺取了卡铁卡附近海岸的敌据点，将敌阵地切断成南北两个部分。

在此期间，步兵第79联队的杉野中队，于16日夜晚，利用船舶工兵第5联队的舟艇队，在安徒岬附近敌军阵地背后进行反登陆，取得很大战果，得使主力部队易于进攻。这次反登陆尽管是小规模的，但对日军来说却是首次的尝试。18日在第一线的两个联队，努力扩大战果。北部敌军向南狼狈溃退，看来攻击似乎取得成功。

然而，敌军从20日起，通过舟艇和陆路，转入反击，在密林地带发生了混战。敌军兵力与日俱增，整个战线的战局开始逆转。在这种情况下，师团长认为需要整顿阵势，便于25日命令停止攻击。各部队再次集结在萨蒂尔贝尔古高地附近，准备下一次的攻击。

〔越过萨拉瓦刻山脉转移——授予艰苦的任务〕 在第20师团进行战斗的背后，以前从莱城撤退的第51师团及其他部队这时陆续到达基阿里（西奥西部）。长期断绝联系的这些部队，其先头部队于10月8日到达基阿里，至10月20日左右，大部分转移完毕。这是历时约1个月的极为艰苦的转移。

从地图上看，两地之间的直线距离只有一百公里左右，但途中必须越过标高4000米以上的萨拉瓦刻山天险。在若有若无的土著人走的小道上，只靠着指南针，沿着树根、岩角一步步前进。为了渡过山中的急流，多次被逼得束手无策。从莱城出发时携带的10日份粮食，已在中途用尽，后来只好靠微不足道的野草和薯类充饥。使官兵更苦恼的是山中的寒气。虽说是四季长夏的地方，但一到标高4000米处，夜间竟下起霜来，即使燃起篝火也不能使身穿热带服装的官兵入睡。

经过这次艰苦撤退，结果从莱城出发时约为8650名（陆军约6600名，海军约2050名）的总人员，到达基阿里时减为约6450名（陆军约4900名、海军约1550名）。足有2200人在萨拉瓦刻山中丧生。而到达基阿里的官兵，体力已非常衰弱，能够担任勤务的只有三分之一左右。

从莱城撤退的部队的情况就是这样。按第8方面军的作战计划，应将这支部队撤到马丹以西，以图重整战斗力。但第18军的情况并不能立即给予这些官兵以休整的机会和良好的给养，即第18军正在完全无视敌军对我辽阔后方采取攻势的新企图的危险性，命令第20师团专心致力于夺回芬什哈芬。军司令官为了加强夺回芬什哈芬的作战，含泪忍痛授予精疲力竭的第51师团以警备第20师团的后方西奥、基阿里、嘎里地区的任务。

〔海军司令官的临阵指挥〕 海军司令官安达中将于10月中旬由马丹出发，途中在基阿里附近视察第51师团的状况，于11月初进驻萨蒂尔贝尔古高地，指挥第20师团后来的攻击。

当时第20师团的兵力，经第一次攻击后，已约减了一半，补给也极为困难。相当数量的补给品从腊包尔用海军潜艇或从马丹用大型机艇运到西奥。但后来在敌鱼雷艇到处活动的海面上，只好用大型机艇运送和需要五天以上行程的人工担运。向前方运送补给品极为困难。当时在新几内亚方面的敌鱼雷艇数显著增加，阻碍我在马丹和芬什哈芬之间的沿海运输。我军武装大型机艇强行运输，9月以后击沉敌鱼雷艇计约10艘，但我方损失的大型机艇却超过了这个数字。

第一线的官兵，已经一个月左右，只能吃定量的四分之一至三分之一的粮食而强行战斗。如果再继续作战下去，那将超过一个人所能忍受的限度。

但是，海军司令官基于本军的任务，断然指示继续进攻。于是，第20师团定于11月24日开始第二次进攻，并着手进行准备。

〔同盟军在塔洛基纳登陆〕 第20师团在丹皮尔西岸结束第一次攻击不久，即10月27日，同盟军在所罗门北部的莫诺岛进行新的登陆。莫诺岛是离布干威尔岛南端约70公里的小岛，我军一支小部队布置在那里担任警戒。

东南方面舰队司令长官接到敌军在莫诺岛登陆的报告之后，立即命令将迎击作战的重点由新几内亚方面转移到所罗门方面，并命令出动航空部队与舰艇部队。然而，后来所罗门方面的敌情比较缓和，也判断不出敌军下一步会紧接着连续进攻，于是方面舰队司令长官又将作战重点指向新几内亚。可是到了31日，敌军大运输船队出现在所罗门方面，11月1日开始在布干威尔岛西海岸中部的塔洛基纳岬（埃姆布列斯渥嘎斯达湾北部）登陆。

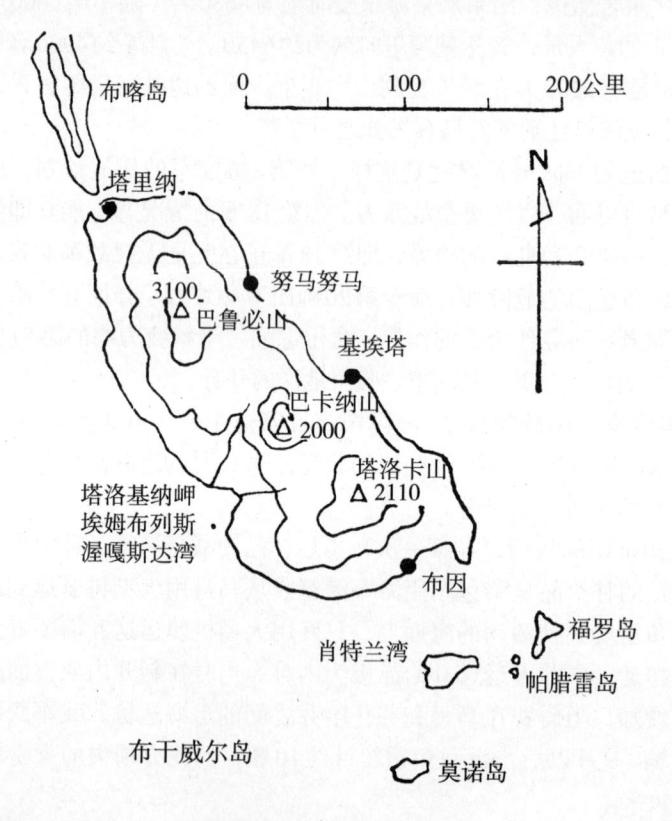

〔海军的反击——海面部队集中使用告终了〕 于是，东南方面舰队司令长官立即下令，迎击作战的重点再次转移到所罗门方面。联合舰队司令长官

还判断，这次才是得以痛击美海上兵力的最后良机，便决定以全部可以动用的兵力进行反击。该舰队将特鲁克的第2舰队编入东南方面舰队的指挥之下，并命令在千岛的第12航空舰队的航空兵力，准备向东南方面转移。

联合舰队企图在此之前扫荡新几内亚方面的敌军船舶，命令第3舰队（空母舰队）的母舰队飞机（第1航空战队），进驻腊包尔。这支部队恰巧在敌军登陆塔洛基纳的同一天，向腊包尔进驻完毕。联合舰队立即布置令该部队也参加塔洛基纳的反击战。

这样，获得第一航空战队约170架飞机增援的东南方面海军航空部队，飞机总数达773架，其中实际能出动的为370架左右。该部队以击退敌军登陆为目标，从1日早晨开始了攻击。在5日、8日、11日、13日及17日，还反复攻击数次。报告综合战果为，击沉敌战舰4艘、航空母舰5艘、巡洋舰10艘、驱逐舰9艘、运输船8艘；击破战舰两艘、航空母舰3艘、巡洋舰5艘、驱逐舰1艘、运输船4艘。[①]

海面部队也于1日夜晚进攻布干威尔岛的海面，同敌军掩护登陆部队进行激战。这样，对塔洛基纳的反击，似乎即将取得成功。但在这个期间却发生了宣告我东南方面海军作战结束的情况。这就是第2舰队从腊包尔撤退。该舰队由特鲁克向南航行，5日早晨进泊腊包尔。但当天上午遭到敌机约200架的攻击，损失8艘军舰。该部队对作战并没有作出任何贡献，竟不得不当天撤离腊包尔。这就意味着我方在东南方面集中使用海面部队宣告结束。

〔**陆军的反击——同时进行反登陆也白费了**〕另方面，在布干威尔岛，第17军和第8舰队（陆海军总计约41000名）当时正以主力部队加强该岛南部的防备，另以部分兵力加强西北部的防备。预定增援布干威尔岛的以第17师团步兵4个大队为基干的部队，在敌军登陆时，只有其中两个大队刚刚到达北部的布喀岛地区。

根据敌军在莫诺岛登陆的情况判断，对布干威尔岛的进攻也不会太远。但是一般认为，由于塔洛基纳附近地形低湿，敌军登陆的可能性较小。因此，在第17军的作战计划中，没有包括设想敌军在塔洛基纳登陆对此加以反击的计划。

但是，第8方面军司令官考虑，如果不能进而击溃在预料之外地区登陆的敌军，结果将失去第17军驻在布干威尔岛上的意义。因此，重新命令第17

---

① 据美方正式报告，因11月1日至17日期间的航空战而遭受的损失，只有一艘运输驱逐舰被击沉。

军，坚决将敌军击溃于登陆之初，同时，从预定用于新不列颠西部的第17师团主力中抽调一个步兵大队，作为机动决战队，使之靠海军舰艇在塔洛基纳敌军登陆地点进行反登陆，以策应第17军的攻击。这次反登陆预定在11月1日夜晚进行，但由于敌军从空中和海上进行阻挠，又决定改在6日夜晚进行。

第17军根据方面军的命令，以步兵第23联队（缺1个大队），与腊包尔方面的反登陆相呼应，从7日开始进行攻击。战况最初进展顺利，但到了第2天（8日），遭到敌军迫击炮的集中攻击，被迫停止进攻。步兵第23联队长擅自决定撤到后方重要阵线。反登陆部队的登陆虽然取得成功，但登陆地点离敌军较远，因此没有什么成果。

这时，第17军司令官决定以第6师团长神田正种中将指挥的步兵4个大队为基干的兵力，从22日起再次发动攻击，并开始进行准备。但第8方面军司令官认为，既然已经失掉敌军登陆之初的有利机会，不经充分准备，难以取得成效，并考虑敌军有在布干威尔岛的其他方面进行新登陆的可能性，便指挥17军准备以后大规模攻击塔洛基纳的敌军。

〔布干威尔岛的孤立化〕 在航空部队方面也在发生难以继续反击的情况。第一航空战队由于连续战斗，损失累增，联合舰队司令长官于12日命令它撤回特鲁克。敌军从11月19日起对马金、塔拉瓦进行的攻击，更给反击战带来决定性的影响。

由于这次新的攻击，联合舰队决定将主要作战方面指向吉尔伯特，并停止由千岛方面调动中攻队（第24航空战队）投入腊包尔战斗，而把这支部队转调到内南洋。情况既然如此，东南方面舰队已不能指望今后增强航空力量，就再难以继续进行从前那样积极果敢的航空战，因而不得不极力避免兵力损耗，采取比较有效的夜战。

这样，对塔洛基纳的大规模航空反击，也于11月17日结束了。在塔洛基纳登陆的敌军逐步扩大地盘，占据了8至10公里的桥头堡，到11月末，建成两个机场，从而获得并整备了空袭腊包尔的前进基地。据判断，其登陆兵力为陆军及海军陆战队各约1个师。现实战况使人感到布干威尔岛已接近孤立。

第8方面军司令官为了加强布干威尔岛的兵力，将从第17师团中抽调的增援部队的剩余部队等部队，从11月上旬至下旬，用海军舰艇送到布喀岛及布干威尔岛北部。及至12月，结束了吉尔伯特作战的敌军机动部队，再次出现在所罗门方面。对此，海军航空部队立即以主力加以攻击，虽然取得相当战果，但未能控制大局。从此以后，对布干威尔岛的舰艇运输也不可能了。

吉尔伯特失守和放弃夺回芬什哈芬的企图

〔马金、塔拉瓦的防卫〕 马金、塔拉瓦两岛是位于我国防圈前卫线东端的吉尔伯特诸岛中的要冲。在塔拉瓦设有地面航空基地，由第4舰队所属第3根据地队（指挥官柴崎少将）的主力约4700名官兵担任守备。在马金岛还设有水上飞机的基地，由第3根据地队的约700名官兵担任守备。该方面的航空作战，主要由在马绍尔群岛设有基地的第22航空战队的约100架飞机承担。

〔敌军登陆与我全军牺牲〕 从8月起，敌军攻占吉尔伯特群岛的企图已很明显。即，敌军在8月占领了吉尔伯特南部的瓦利斯群岛，9月占领了东部的贝克岛，进入10月以后，以这些岛屿为基地，开始空袭吉尔伯特。此外，敌机动部队在太平洋中部的活动也积极起来了。9月以后，数次来袭吉尔伯特诸岛、威克及鸟岛。这使人感到，敌军在太平洋中部开始攻击的时机已经迫近。然而，联合舰队过于相信11月上旬在塔洛基纳海面上空的航空战中取得的巨大战果，认为敌军由于这次航空战的损失，对太平洋中部方面的新的行动也将相当推迟。

可是，敌军于11月19日凌晨就对马金、塔拉瓦、瑙鲁开始进行了大规模空袭。第4舰队司令长官立即命令第22航空战队进行反击。联合舰队还命令由千岛向腊包尔转移中的航空兵力及西南方面部队所属的陆攻队，在特鲁克集结，同时命令潜水部队进入规定的反击部署位置。

敌军于20日反复进行空袭，21日凌晨，开始在马金及塔拉瓦岛登陆。一个半小时以后，同马金岛的无线电联系便中断了。

联合舰队分别采取措施，即命令机动部队参加作战，同时布置在波纳佩待命的步兵第107联队，在敌军登陆地点大胆进行反登陆，并决定联合舰队的主力于23日由特鲁克出发，抓住有利时机，与敌舰队进行决战。

另外，在塔拉瓦及马金两岛的我守备队，自从敌军登陆以来奋勇战斗，尤其在塔拉瓦，曾一时将敌军压制在登陆地点，取得很大战果。但因寡不敌众，还因地形关系难以构筑阵地，地面战斗很快就接近结束。22日午后一点，同塔拉瓦的无线电联系也终于断绝了。通过敌方广播获悉，马金的守备队于23日，塔拉瓦的守备队于25日分别全部牺牲。在此期间，我航空部队及潜水部队的反击也没有取得预期的成果。

于是，联合舰队司令长官放弃了当初的计划，采取措施，以所在的陆海军部队加强马绍尔群岛防备。

〔丹皮尔西岸的攻守——第20师团〕 正当在吉尔伯特方面马金、塔拉瓦失守时，在遥远的丹皮尔西岸，打破长达约20天的对峙状况，再次展开了激战。即，得到增援的芬什哈芬地区的敌军，自11月16日起，在我第20师团发动第2次攻击之前，先发制人地开始了进攻。尤其对萨蒂尔贝尔古高地的攻击极为激烈。每天足有数百架飞机进行扫射和轰炸，再加上猛烈的炮击，竟使高山为之变形。这次作战，敌军又使用了重型坦克。我反坦克炮弹即使打中了这种30吨以上的坦克，也只是被弹回而已。

第20师团鉴于上述情况，比预定提前两天，于22日凌晨开始攻击，一面命令步兵第80联队死守萨蒂尔贝尔古高地，一面命令步兵第79联队攻击敌军右翼。第4航空军也果敢地协助这次攻击，23日以35架飞机，26日以47架飞机攻击敌军阵地。然而当时我航空兵力，远远达不到当初大本营所计划的第4航空军总计约350架飞机的数目。加上11月中旬第7飞行师团又被调到澳北第二方面军方面，所以实际出动的飞机大约不过100架左右。可是新几内亚方面敌空军部队于11月末已有第一线飞机900架左右，因此第4航空军的攻击已不可能长期继续下去。

尽管情况如此，第20师团还是继续努力奋战。但因兵力悬殊，无能为力，26日不得不将萨蒂尔贝尔古高地交给了敌人。27日步兵第79联队也需要整顿阵势，因此师团长于第二天、28日，决定在北方瓦列奥、嫩嘎卡克一线上准备下一步进攻。

〔放弃夺回芬什哈芬的企图〕 萨蒂尔贝尔古高地是为了夺回芬什哈芬而设置的最后据点，丧失这个高地实际上就失掉了夺回芬什哈芬的可能性。但芬什哈芬地区的战斗，进入12月以后仍然在激烈进行。敌军没有满足于夺取萨蒂尔贝尔古高地，仍在继续进行猛烈的攻击。第20师团以瓦列奥、嫩嘎卡克一线为据点，拼命尽最后努力，反复进行攻击。

在此期间，12月15日，敌军终于在新不列颠西南岸的马卡斯岬（阿拉乌埃）进行新的登陆，而我第17师团的各部队刚刚在新不列颠西部展开完毕。因此，第8方面军于12月17日，命令第18军应"在丹皮尔海峡方面，大致以现有兵力在拉克纳以北至西奥附近的重要地区，尽力为持久之策"。

于是，第18军重新授予第20师团以确保丹皮尔海峡西岸的最后据点西奥地区的新任务。第20师团于19日夜晚摆脱敌军，开始北进。参加芬什哈芬地区作战的第20师团总兵力约12500名，其中损失5500名。兵力大大显著减少了，但很长期间在粮食只能补给定量的四分之一乃至三分之一的情况下，坚持奋战。自9月以来约经3个月的长期战斗，迫使敌军不能在丹皮尔沿岸的其他地区采取新的行动。这是只有像第20师团这样的精锐部队才能做到的。

〔加强马丹地区的防卫——编成第9舰队〕 10月上旬，强袭马丹南部菲尼斯蒂尔山脉一线而失败的澳军第7师，后来仍在努力恢复战斗力，从12月初起又活跃起来。中井支队企图在这支敌军行动之前，先发制人地给予一次打击，于是一并指挥第41师团的步兵第239联队主力，于12月8日向格斯瓦采取攻势。这次攻势完全出乎敌军意料之外，取得很大成功。自此以后，敌军行动长期消极下去。

为了防备将来，第18军认为有必要加强并促进马丹地区的防备，12月上旬，命令威瓦克的第41师团主力向马丹地区前进。通过这一部署，第18军的战斗兵力全部移到塞皮克河以东，威瓦克以西已完全没有战斗兵力。

再者，随着第20师团结束芬什哈芬的作战，第18军为了使第51师团主力恢复战斗力，命令该部队向汉沙地区转移。

另一方面，海军也为了加强新几内亚东部海军部队的指挥组织，编成了第9舰队。第9舰队司令部于11月末进驻威瓦克，一并指挥当时在西奥地区的第7根据地队及在威瓦克的第2特别根据地队，但舰艇及航空部队并没有多大增强，因此新几内亚的战局没有什么变化。

新不列颠西部的激战与丹皮尔的崩溃

〔丹皮尔东岸的防卫〕 当12月15日敌军在马卡斯岬登陆时，新不列颠西部的防卫，主要由第17师团担任。第17师团的兵力于11月上中旬，利用海军舰艇及大型机艇，由腊包尔进到新不列颠西部，打算在12月15日，大致按下列计划部署，展开兵力。

在敌军已经登陆的马卡斯岬，配备有以第51师团的后到人员临时编成的部队。预定增援该地区的步兵第81联队约1个大队，由新不列颠北岸的伊波基附近出发，横断该岛，即将到达马卡斯岬。

在新不列颠西岸，由松田严支队长指挥的第65旅团（以步兵第141联队为基干）、步兵第153联队的主力、炮兵1个大队、搜索第51联队等部队防守吐鲁布（库鲁塞斯达岬附近）布兹兴库及温勃依岛。吐鲁布设有机场，防备的重点放在该地区。

第17师团的1个步兵联队、第54联队的联队长，指挥部下的1个大队和第38师团的步兵1个大队及炮兵1个大队，负责守备加斯马塔。

〔向马卡斯进行反击——陆空军的猛攻不能持续〕 敌军在马卡斯登陆时，

加强了对布干威尔岛北部布喀岛的空袭。我军判断，敌军对该地区似乎有新的企图。幸亏马卡斯岬方面登陆的敌军兵力较少，因此，第8方面军便与东南方面舰队制定首先迅速歼灭这股敌军的方针，开始进行航空攻击。联合舰队也将待命进驻特鲁克的约60架飞机，增派到东南方面。

从特鲁克获得增援而拥有战斗机一百数十架、舰载轰炸机约50架的海军航空部队，自15日凌晨起开始反击。在16日、17日、21日进行了5次攻击。第4航空军也从15日起出击3次，配合海军的反击。这些攻击取得巨大战果。据敌方广播获悉，敌军大约损失了登陆兵力一个师的一半。

地面部队的奋战也很惊人。第8方面军命令松田支队的1个大队，从布兹兴库利用海上机动，参加这次攻击。兵力虽然一共不到两个大队，但在小森少佐的指挥下，压制敌军，阻止了它扩大地盘。

这样，似乎有希望歼灭马卡斯岬附近的敌军，但是敌军为了封锁我空军反击，连日空袭腊包尔，并以机动部队在新爱尔兰岛方面进行佯攻。我海军航空部队自22日以后忙于腊包尔的反击战，因此，不得不在夜间利用少数飞机对马卡斯进行攻击。在地面，小森支队也逐渐受到敌军的压迫。

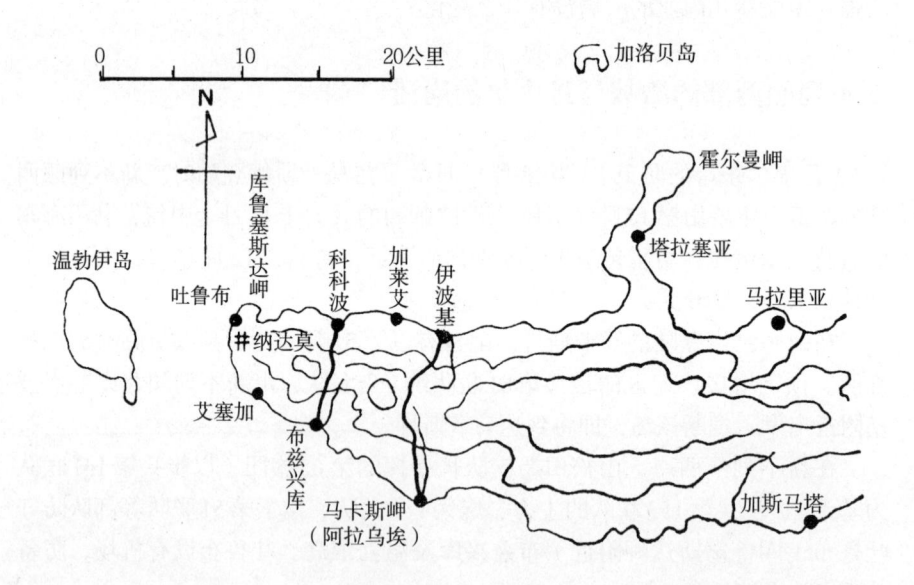

〔吐鲁布的失守——松田支队后退〕 敌军于12月26日开始陆续在吐鲁布（库鲁塞斯达岬）登陆。当天陆海军航空部队进行了反击，但27日以后就不能继续反击了。这是因为从当天起敌军进一步加强对腊包尔的空袭，致使我海军航空部队完全离不开腊包尔；而第4航空军则因15日以来的攻击，轰炸机几乎全部丧失，仅剩下两架。

这时，吐鲁布地区的战斗，只有把希望寄托在地面部队上了。松田支队得知敌军登陆，立即在海滨进行迎击，但敌军终于获得了滩头阵地。于是松田支队将全部力量集中于吐鲁布地区，决定首先歼灭纳达莫附近的敌军，然后夺回机场，按这一方针进行了反击。该支队等待从布兹兴库调来的步兵第141联队主力到达之后，于1月3日黎明，以三角山为重点，开始攻击。由于各部队勇敢战斗，当天一度夺取了三角山，但因敌军猛烈反击，难以固守该高地。后来，争夺三角山成了地面战斗的焦点。松田支队极力企图夺取三角山，但形势逐渐对我们不利。1月中旬左右出现了缺乏弹药和粮食这一致命的问题。

第8方面军鉴于以后无法保证对吐鲁布方面的补给，决定放弃确保新不列颠西部的作战，于1月20日命令第17师团将吐鲁布附近的兵力撤回新不列颠中部方面，并命令以后大体在塔拉塞亚及加斯马塔附近的重要地区，击溃来攻之敌，极力作持久之策。这样，松田支队于1月23日开始向东方后撤，新不列颠的西部完全落入敌军手中。

〔丹皮尔西岸的崩溃——西奥地区失守〕 昭和19年（1944年）正月，丹皮尔西岸的情况也极悲惨。敌军在吐鲁布登陆一周之后，即正月2日，在丹皮尔西岸深处昆比岬（赛多尔）进行新的登陆。昆比岬大体位于西奥地区与马丹地区的中间，是当时第18军想作为丹皮尔西岸的最后要冲而固守的地区。敌军在昆比登陆，从根本上破坏了我军固守西奥地区的作战意图。

第18军自不必说，第8方面军也早已担心出现这种情况，只是从东南方面的全面作战需要考虑，甘愿接受这种危险，因为当时必须彻底努力进行丹皮尔地区的作战。由于敌军在昆比岬登陆，第18军战斗力的大约一半，在距离基地马丹东方约300公里处被切断了。当时20师团正由芬什哈芬地区向西奥地区退却。第51师团的主力还在基阿里地区准备向马丹方面撤退。军司令官为了指导作战，驻在西奥地区。

对于这支新出现的敌军，我陆海军航空部队没有力量进行有力的攻击。此外，西面的马丹地区也没有能够立即进行地面攻击的充足的兵力。对于被孤立在东方的第20师团及第51师团，首先需要维持补给，但是毫无把握。在这种情况下，第8方面军司令官便在当天命令解除第18军确保西奥方面及丹皮尔西岸重要地区的任务，并使这支兵力向马丹附近转移。

第18军司令官命令两兵团迂回绕过昆比附近的敌军，通过菲尼斯蒂尔山脉北坡的密林地带，向马丹地区转移。翻越萨拉瓦刻山脉转移，又经芬什哈芬作战而疲惫不堪的约13000名陆海军官兵，带着2000名左右的伤病员在1月中旬末了，踏上了约300公里艰苦的转移路程。对此，东南方面舰队从腊包尔用潜艇，冒着危险运送粮食，支援转移。第4航空军也给转移部队空投粮食。由于这些支援，转移部队的官兵从嘎里出发时，得到了平均3公升左右的粮食补给。但行程约300公里的转移，估计至少需要1个月的时间。

〔马丹地区变成第一线〕 由于西奥地区失陷，这时马丹地区成了第18军的第一线。从12月以来，敌军加强了对马丹地区的空袭，鱼雷艇的活动也活跃起来了。在昆比登陆以后，敌海军甚至对马丹进行舰炮射击，由此判断，敌军似乎还企图在马丹登陆。因此，第18军命令第41师团（师团长真野五郎中将）尽快从威瓦克前进，迅速加强马丹地区的防备。

另方面，马丹地区必须完成其他两项任务。这就是守卫马丹南部的菲尼斯蒂尔山脉和收容由西奥地区转移来的第20师团及第51师团等部队。但为实现这两项目的，可以使用的兵力只有中井支队。因此，第18军命令当时在菲尼斯蒂尔与澳洲第7师交战中的中井支队长，指挥其兵力的大约一半，急速转向比阿乌方面前进，负责收容由西奥方面转移过来的部队。中井支队便立即迅速前进，于1月中旬与昆比附近的敌军接触。自1月下旬至2月下旬期间，同敌军进行数次激战，每次都击败敌军，迫使敌军龟缩在昆比附近的桥头堡内。

在此期间，澳洲第7师于1月19日以后果然在菲尼斯蒂尔方面采取攻势，欢喜岭阵地终于落入敌军手中。步兵第78联队长指挥的该联队约一半官兵，英勇战斗，死守后方阵地一线，使18军的全面作战得以顺利进行。

尽管这样，昭和18年（1943年）9月22日在芬什哈芬地区开始的丹皮尔激战，经过4个月后，以西奥及吐鲁布的失陷而告终。到1月下旬，丹皮尔海峡完全落入敌军手中。

马绍尔的失守与特鲁克的孤立化

〔马绍尔的防卫——陆空两军势力均薄弱〕 先有布干威尔岛的孤立化，现在又有丹皮尔的失陷，到昭和19年（1944年）1月末，国防圈前卫线相继崩溃。这时，美军中部太平洋舰队打破占领吉尔伯特以后两个月的沉默，对国防圈前卫线的东翼马绍尔群岛发起猛烈的袭击。

该方面的防御是由第4舰队所属的第6根据地队、第22及第24航空战队和第953航空队担任的。第24航空战队及第953航空战队是在吉尔伯特作战时，分别由千岛及西南方面调来的部队，后来继续驻在马绍尔方面。第4舰队曾经企图加强这些航空部队的兵力，但由于去年12月5日遭到敌军空袭，一次损失65架飞机等原因，兵力一直没有得到加强。另外，联合舰队判断，敌军主攻方向仍然是腊包尔方面，在1月下旬，敌军在马绍尔登陆之前，刚刚将保存起来的母舰航空部队的最精锐约100架飞机，投入东南方面。这样，敌军袭击马绍尔时，能够立即用于反击的飞机，不过100架左右。

地面防御也不充分。第6根据地队所属的警备队，在夸贾林、塔拉瓦、沃特杰、米利、埃尼威托克（布拉温）各配置有一个队。这些岛屿与吉尔伯特一样，面积狭窄、地势低平，不适于构筑防御阵地。根据昭和18年（1943年）10月下旬的命令，陆军的海上机动旅团及南洋第1乃至第3支队，也被分散布置在这些岛屿上。但这些部队多数是昭和19年1月中旬至下旬刚刚进驻到这些岛屿来的，地面防御尚不巩固。

〔敌军的奇袭——时间、地点均出乎意料〕 在这种情况下，敌机动部队于1月30日凌晨突然袭击马绍尔群岛，攻击我在夸贾林、鲁渥特、沃特杰的主要空军基地。敌在吉尔伯特方面的基地空军部队也与此相呼应加紧了攻击。敌军的攻击于31日及2月1日照样继续进行。我航空部队受到意外奇袭，完全没有反击的余地，几乎全部飞机在地面被击毁，只有9架飞机，勉强退到特鲁克。判断敌军主攻方向在东南方面的联合舰队自不必说，警戒不严的当地部队也遭到敌军意想不到的奇袭。

不仅是敌军袭击的时机，而且敌军登陆的地点也是在我方意料之外。我军过去一致认为：敌军可能首先在马绍尔南部登陆，但出乎意外，敌军于2月1日早晨起在猛烈的舰炮射击的掩护之下，竟公然在马绍尔的我军心脏地区、马绍尔北部的夸贾林及鲁渥特两岛开始登陆。

〔夸贾林岛及鲁渥特的失守〕 在鲁渥特岛驻有第24航空战队的司令部。总兵力计有2900名左右，其中大部分是航空部队人员，地面战斗兵力只有第61警备队400名左右。但地面战斗不拘我方战斗兵力如何，仍照样急速进行。由于敌军自30日起进行炮击，在敌军登陆之前，人员已经大部死伤，防御工事也已经被破坏，所以敌军于2月2日轻而易举地占领了该岛。

在夸贾林岛上驻有第6根据地队司令部及第61警备队主力以及其他共计2700名海军部队和陆军第1海上机动旅团的部分部队、南洋第1支队的部分部队等约计1200名陆军部队，由秋山海军少将负责全面指挥。这些守备队英勇奋战，击退了敌军2月1日的登陆。但终究未能抵挡住敌军在2日的强行登陆，后来转为壮烈的地面作战。战斗持续到2月4日傍晚前后，大部分守备兵员战死，守备战斗宣告结束。

这样，从开战前就认为"日军海上决战的机会为敌军来攻马绍尔之时"而做了长期研究和准备的重要地区，竟然未能进行多大抵抗，就落入敌军手中。

〔敌军空袭特鲁克——联合舰队的主力退避到帛琉〕 敌机动部队在几乎转瞬之间就使我马绍尔前卫线陷于崩溃，其凶猛势头紧接着又继续指向我绝对国防圈上的要冲特鲁克。

自敌军在东南方面开始反攻以来，特鲁克已经长期为联合舰队司令部及海面部队主力的所在地。但在马绍尔失陷后，联合舰队司令长官为预防敌军空袭，于2月10日将海面部队撤退到国内和帛琉方面，自己也将将旗迁至帛琉。因此，该地区的最高指挥官自然是第4舰队司令长官小林仁中将了。

当时在特鲁克驻有小林中将指挥的第4舰队，属于西南方面舰队的航空兵力及陆军第52师团主力，此外还有在特鲁克训练中的属于东南方面舰队的航空兵力，指挥系统复杂。而在第4舰队司令长官尚未下达新的迎击部署命令时，敌机动部队于2月17日凌晨就来袭击特鲁克。更使事态恶化的是，由于警戒不周，当天飞行员被允许外出，结果致使我方竟然遭到敌人战术性的奇袭。

指挥系统的不明确与各部队出动准备得不完备，势必要引起防卫战的严重混乱。那一天在特鲁克各飞行队所属的飞机约有135架，其中70至80架飞机可以出动，但未能顺利进行反击。由于遭到17日的空袭，我方实际可以出动的飞机，只剩下战斗机1架，舰攻机5架。

敌军在第二天（18日）仍然反复进行空袭，并且还进行了舰炮射击，因此在特鲁克停泊的舰船和地面设施受到严重损失。两天的损失累计如下：

舰　　艇　沉没9艘（约2.4万吨）、损伤9艘（约2.6万吨）

特殊舰船　沉没3艘（约2.2万吨）

运　输　船　沉没31艘（约19.1万吨）

飞　　机　270架（包括不属于飞行队的135架补充飞机）

死　　伤　约600名

除上述损失外，第52师团的第2次运输队在特鲁克西面海上遭到敌军攻击，两艘运输船沉没，1100人战死。

〔腊包尔丧失战略价值——一架飞机也没有〕 特鲁克的惨重损失仅从数量上看也是巨大的，而一次受到这么大的损失则是历来很多战例中没有过的。更为严重的是，特鲁克的孤立化，给其他方面带来的影响。

联合舰队司令长官获知绝对国防圈上的要冲特鲁克现在已在敌军蹂躏之下，便立即命令腊包尔的航空兵力调往特鲁克。这样一来，在东南方面，自20日以后，已经没有一架海军飞机，腊包尔已经在很大程度上丧失了它的战略价值。

〔**天皇亲任东条、岛田两大将为统帅部长**〕 敌人空袭特鲁克，必然给予东京巨大影响。即，2月21日，天皇任命陆相东条大将兼任参谋总长，海军大臣岛田大将兼任军令部总长。陆军大臣兼任参谋总长，是自明治11年（1878年）参谋本部独立以来头一次，海军也是一样。这是出自东条大将自己的坚定信念。他认为这时破除一切先例与议论，由一人担任军部大臣与统帅部长职务来协调以船舶问题为首的政略战略微妙关系这个非常重大的问题，是最适当的措施。

另外，结合这一措施，实行了参谋本部及军令部的两名次长制。参谋本部除原来的次长秦彦三郎中将外，后宫淳大将被新任命为次长；军令部除原来的伊藤整一中将外，塚原二四三中将被新任命为次长。

〔**布拉温失守**〕 敌军空袭特鲁克所造成的惨重损失和严重影响已如前所述。但敌军空袭特鲁克的真正目的似乎是为了在布拉温环礁登陆作准备。即，布拉温自1月30日以来几乎连日受到敌航空母舰飞机的空袭。自2月18日凌晨起，敌军开始舰炮射击，经一昼夜的猛烈炮击之后，敌军于第2天（19日）开始在埃尼威托克及美利连两岛登陆。

当时在布拉温环礁部署有以第68警备队为基干的海军约2000名及陆军海上机动第1旅团主力约2000名兵力由西田陆军少将担任全面指挥。但这两支部队全是1月末才到达当地，没有像样的防御阵地。因此两岛的命运也是不问自明的。两岛于24日完全落入敌军手中。

〔**敌军空袭马里亚纳——国防圈的要冲处于危险境地**〕 敌机动部队自2月初以来占领马绍尔、空袭特鲁克等，连续取得成功，便乘势进一步北上，于2月23日，袭击我国防圈的要冲马里亚纳。当时第1航空舰队（机动基地航空部队司令长官为角田觉治中将）正驻在马里亚纳。第1航空舰队是日本海军自昭和18年（1943年）7月以来，克服各种不利条件，作为决战的兵力进行整备中的部队。该舰队原来预定整备训练一年左右，但由于全面战况关系，自2月中旬以后，被陆续派到马里亚纳方面的基地。

对敌军的来袭，我舰队以83架飞机进行反击，但没有取得可观的战果，反而在空中和地面丧失了94架飞机。整备中的第1航空舰队，在一开始战斗就遭受了相当大的损失，这似乎在暗示它不幸的前途。然而比这更加严重的是，在太平洋中部方面，敌军在2月下旬已经很快将其魔爪伸到我绝对国防圈上的要冲这一事实。

腊包尔的孤立

〔确保前卫线的最后努力〕 当敌机动部队在特鲁克、马里亚纳接连逞凶时，我军在东南方面为了确保前卫线的最后一道防线——连接腊包尔、阿德米勒尔提群岛及马丹一线，倾注最后的努力。

当特鲁克遭到敌军空袭，腊包尔的航空兵力全部调出，当地已经没有海军航空兵力时，第8方面军司令官命令当时正从新不列颠西部向该岛中部转移的第17师团，一举向腊包尔转移，与第38师团一起担任腊包尔的防卫。

关于前卫线的西翼新几内亚东部的战争指导，第8方面军司令官于2月17日命令第18军仍然采取与腊包尔保持密切有机联系的方针，大体上在马丹以西、新几内亚东部重要地区击溃来攻之敌，以求长期坚持下去。

在新几内亚东部当地，1月中旬从基阿里地区出发的第20师团、第51师团及第7根据地队，经约1个月的艰苦行军之后，在2月中旬陆续到达中井支队的收容线内。这些转移部队大部分在2月末以前结束机动行动，到达目的地时官兵计有9300名左右，而出发时的人员是13000名左右，途中损失了3700名官兵。这次损失和翻越萨拉瓦刻山脉时的损失，同是在新几内亚进行长途机动所付高贵代价的显著例证。

而且，迎接这些转移部队的马丹地区，已经暴露在敌军登陆的威胁之下。第18军司令官逐步进行部署，计划使这些转移部队越过马丹地区继续向西转移，使第51师团在威瓦克，第20师团在汉沙，分别休整以恢复战斗力，同时形成防卫马丹地区的后方据点。此外，随着收容转移部队，第18军司令官还命令中井支队长再次统一指挥菲尼斯蒂尔欢喜岭方面的作战，挽救该方面的危急，同时命令第41师团加强马丹及其西北海岸线的防务。这样，与加强汉沙地区的防务相结合，一步步地加强了马丹地区的防卫态势。

另方面，第4航空军经过配合吐鲁布作战，战斗力显著降低，自2月初起正在查亚普拉以西地区恢复战斗力之中。大本营判断，在新几内亚东部方面，敌军的下一步进攻，很有可能在马丹附近进行，并且认为要将敌军消灭在海上，必须集中发挥航空兵力，于是1月下旬采取措施，将南方军及第14军所属4个飞行战队，暂时编入第2方面军指挥之下，并将这些部队向东南方面推进，使之协助马丹地区的作战等。

〔**阿德米勒尔提的防卫和失守**〕阿德米勒尔提群岛是良好的舰队停泊地，早已为人所知。在群岛东端的罗斯尼格洛斯岛上的机场，是用作腊包尔与新几内亚东部之间的中转基地的，现在已经处在前卫线的最后线，即连接腊包尔与马丹的重要线上。

第8方面军自昭和18年（1943年）11月以来就认为有必要加强这个地区的防务，便于在12月采取措施，准备在帛琉重建第18军第51师团的部分部队，派往阿德米勒尔提。但用于重建的补充人员却在海上遭到击沉的悲惨命运，因此，加强阿德米勒尔提防务的目的没有实现。第8方面军还采取措施，想以停留在帛琉的第6师团及第7师团的补充人员编成步兵、炮兵各1个大队，赶紧派往阿德米勒尔提，但这也遭到敌潜艇的妨碍，未能实现。于是，迫不得已从新爱尔兰和腊包尔各抽调步兵约1个大队，从1月末至2月上旬，利用海军舰艇，急速运到罗斯尼格洛斯岛，编入自昭和18年（1943年）4月以来驻在该岛的辎重兵第51联队长江崎中佐指挥之下。东南方面舰队也于12月派去第88警备队，使之主要担任马努斯岛洛伦高附近的防务。

关于航空协作，两个方面军达成协议，预定协助马丹附近作战的第2方面军指挥下的5个战队，同时也协助阿德米勒尔提作战。2月下旬前后，阿德米勒尔提的防务虽然尚不充分，但在逐步完善之中。

但是，敌军这次却没有以大轰炸等为前奏，而是让骑兵第1师的部分部队，搭乘舰艇，于2月29日对罗斯尼格洛斯岛进行侦察性的登陆。随后，当知道我反击力量微弱时，便开始以船队运送主力登陆。第2方面军派出协助的航空部队，出动反击敌军，但因天气关系未能取得战果。

担任罗斯尼格洛斯岛守备的全部陆军守备部队和一部分海军，努力进行反击，但因力量不足，终于未能阻止敌军登陆，哈因机场在当天落入敌军手中。守备部队后来还多次夜袭敌军，但都失败了。3月5日夜袭是最后一次，后来就丧失了攻击力量，不久便同外界断绝了联系。该岛的地面防御战斗似乎持续到3月25日，但已经不能左右大局了。

〔**腊包尔陷于孤立——前卫线完全崩溃**〕阿德米勒尔提失陷造成的后果是，在东南方面的国防圈的前卫线完全崩溃，腊包尔陷于孤立。

腊包尔先是因为特鲁克的无力化，腊包尔来自该方面的支援杜绝了，现在由于阿德米勒尔提的失陷，同新几内亚的联系又断绝了；反之，敌军则处于有利地位，由于攻占了阿德米勒尔提，突破了丹皮尔海峡，如今敌军已经可以在新几内亚北岸的任何地点进行跳跃式作战了。

于是大本营决定，将驻在新几内亚的第18军及第4航空军调到新几内亚西部方面，使之参加该方面的作战。3月14日发布命令，自3月25日起将两军编入第2方面军的隶属之下。同这个命令一起下达给第8方面军的新任务是，与海军协作，以现有的兵力，确保腊包尔方面的重要地区，以使澳北至太平洋中部的作战易于进行。

这样，在腊包尔地区，在连日空袭之下，开始了以现地自给予地下要塞化为内容的持久战准备。这种准备一直进行到战争结束为止。在腊包尔及新爱尔兰岛地区陷于孤立的兵力为陆军（以第17军及第38师团为基干）约75000人（包括劳工），海军约40000人。

回想起来，东南方面的作战是先由海军开始，随后陆军参加。昭和18年（1943年）8月以前，该地区作为日美的主要战场，以后又作为绝对国防圈的前卫线，政府与大本营一直将大部分作战的努力，倾注在这方面。

就是说，海军将联合舰队的主力用在东南方面的作战上。大部分舰艇参加该方面的战斗，使用的飞机约6000架以上，参加作战的总人数计有10万人。陆军也将作战指导的重点指向该方面，实际使用的兵力约27万人，飞机约2000架。陆海军把生产的大部分飞机陆续投入该方面的作战。另外船只方面，一面削减民用船只，一面为了该方面的作战使用了军用船只的大部分。

尽管做了这样的努力，但该方面的作战，仍以我方的失败而告终。在东南方面的作战中，我方损失人员约13万人（到昭和19年2月为止，陆军损失9万人左右，海军损失4万人左右）、舰艇约70艘（21万吨）、船只115艘（约38万吨）、飞机约8000架（陆海军投入战斗的几乎全部）。

〔**第17军进攻塔洛基纳——最后一战**〕 昭和19年（1944年）3月上旬，东南方面的作战，与腊包尔的完全孤立同时宣告结束，主要战场正在向后方的需要绝对确保的国防圈转移。但在国防圈前卫线的作战即将结束时，以第17军主力攻击了塔洛基纳。这如同行将熄灭的灯光的最后光亮，给该方面的作战带来一缕光明。

这次攻击是在第8方面军司令官的这样一种坚定意志下进行的，就是：纵然不能挽回大局，也必须给予敌军一击，以有利于全局作战；与其坐以待毙，莫如战斗到底。当时对布干威尔岛的补给已经断绝，所在部队在当地自给自活，因粮食储备不足，看来已没有把握。前已提及，在此之前，第8方面军于昭和18年（1943年）11月中旬，命令第17军，经过充分的准备之后，再进行攻击以期必胜。为此停止攻击刚开始登陆的敌军。第17军在海军的协助之下，从12月起开始进行攻击准备。其主要内容是向塔洛基纳推进兵站线，尤其是修筑道路和训练部队。

到了昭和19年（1944年）7月中旬，丹皮尔已经失陷。估计敌军对太平洋中部马绍尔方面的新攻势也为期不远了。

因此，第8方面军司令官认为需要尽早对塔洛基纳开始进行反击，以将敌军吸引于该方面。于是1月21日亲自进驻布干威尔岛，命令第17军进行攻击。

后来，因为敌军于2月15日在格林岛登陆，布干威尔岛与腊包尔之间连大型机艇运输也已中断了，这给进攻准备带来莫大困难。不仅如此，2月17日，敌军空袭特鲁克，结果第17军完全不能指望航空部队的协助了。加上二月初马绍尔的失陷，已经失去牵制敌军的意义。但第17军仍一味寄托希望于歼灭敌军，努力完成攻击准备。自3月8日起终于以主力（以第6师团全部及第17师团的步兵两个大队为基干）开始了攻击。

第一线部队在当天黎明时，将重点放在中央，一举冲进敌军阵地。战况进展顺利。但随着时间的推移，敌军不仅整顿阵势开始了有组织的抵抗，而且以坦克和猛烈的迫击炮火转手反击。3月15日我军攻势受挫。第17军将重点移到右翼，努力强攻，但战况毫无进展。在此期间，我军损失累计约达7000人。20日以后，形势完全逆转，我军反而受到敌军压迫，进攻已经没有成功的希望。

3月25日，第8方面军司令官给予第17军停止以军主力进攻的自由。这样，第17军一鼓作气、不胜则死的对塔洛基纳的进攻，如今竟功亏一篑而结束。第17军后来转为以主力防卫布干威尔岛的南部、东部及北部，一边整备自给态势，一边准备下一步作战的态势。当时驻在布干威尔岛的兵力是，第17军约3.2万人，第8舰队约2万人。

第43章

绝对国防圈纵深的加强

"虎号"图上模拟演习

连续苦战的昭和18年（1943年）即将结束的12月末，大本营陆军部以一个星期左右的时间，举行了图上模拟演习。演习由作战科长服部大佐主持，以作战科职员为主体，由省、部有关职员及大本营海军部的部分职员参加，参谋总长以下人员也亲自出席。

如前所述，9月15日，大本营采取新作战方针，该月末作为国策决定了绝对国防圈，并以此为根据，逐步采取了措施。关于今后长期作战指导及有关各项措施，想趁陆军部作战部长及作战科长更迭的机会，通过图上模拟演习，重新进行深刻的研讨。这个演习称为"'虎号'图上模拟演习"。演习目的主要是对形势判断的探讨，特别是研究大本营今后应如何指导太平洋方面的作战，以及可否在中国方面进行打通大陆的作战，并研讨有关这方面的各项措施。

其结果大致得出如下结论。

〔对敌军反攻战线的判断〕

第一，敌情判断如下：

即，随着敌军加强反攻，大本营原来估计敌军有如下五道反攻战线，据此整备了防卫态势。

一、从阿留申指向千岛方面。

二、从太平洋中部指向日本本土及台湾（地区）、菲律宾方面。

三、从新几内亚方面经澳北指向菲律宾。

四、从海洋方面指向爪哇、苏门答腊。

五、从缅甸指向马来亚、泰国方面。

然而，据昭和18年（1943年）中期以后的战局判断，在上述五条反攻战线中，特别需要重视美军从太平洋方面来的海上攻势与英、美、中从缅甸方面来的大陆攻势。从太平洋方面进行的海上攻势，自昭和17年（1942年）夏季以来由于美军连续不断的进攻，敌军在东南方面已经获得初步的战略性成功。敌军在这个方面起初的作战方式是，通过推进基地，逐次攻占，亦即大致在基地航空部队的战斗机掩护下，在飞机行动的范围内进行跃进。但是自从昭和18年（1943年）11月进攻吉尔伯特群岛以后，似乎已经改为以机动舰队进行的跳跃进攻的方式。在这种条件下，绝对不能轻视凭靠物质力量的敌军的威力。

就是说，只要我空军的威力不能扼制敌机动部队的行动，敌军的跃进距离就可以无限制地扩展下去。所以很难遽然断定，今后敌军在太平洋方面的攻势，是一举指向日本本土还是先攻占菲律宾、台湾之后再指向日本本土。但根据菲律宾的重要战略价值与一举跃进日本本土的困难性，敌军很可能先收复菲律宾，切断日本同南方的联系，然后再指向日本本土。应当预料到，这时敌军自然会对千岛方面进行辅助性作战或牵制战。

另外，敌军为了攻占菲律宾，将主攻路线从马里亚纳方面径直向菲律宾方面推进，还是从新几内亚、澳北方面指向菲律宾南部，尚不清楚，但从力求作战可靠性的观点看来，采取后者的可能性较大。

关于缅甸方面的作战，因为泰国和法属印度支那在政略上形成我防卫圈内的薄弱环节，加上这方面作战的进展，将显然直接增加重庆军的反攻力量，因此判断，敌军在缅甸发动攻势，将是极为有利的方策。

总之，据观察：美国将不拘欧洲形势如何演变，定要强行发动对日攻势，所以感到决战时期正在逼近。

〔我军应采取的方策〕 第二，作为我方应采取的方策，对太平洋方面的作战指导，作出如下结论。

即，日军不能始终只取守势，而是必须在某个时期转入攻势。根据现状，很难决定这个时期，但必须从现在起倾注一切努力，争取至迟在昭和21年能够转入攻势。在开始转入攻势以前，需要基本上确保目前的国防圈。为了迅速加强太平洋的防卫，特别重要的是：（1）构筑航空要塞与增强航空兵力；（2）增加太平洋中部诸岛的地面兵力与修筑阵地工事；（3）为了保证对散在海洋各处部队的海上补给，加强海上护卫，改善对前哨基地的补给办法并增加一般造船量。

但是，大本营考虑绝对国防圈可能出现破绽的情况，必须准备在不久的将来，集中陆、海、空总兵力，在菲律宾方面进行决战，挫败敌军的企图。在这种场合，需要发挥陆海军航空主力的内线机动的长处，采取强有力的航空攻势。

这次作战将是决定全局的决战，所以要由南方军总司令官主持，并且认为将东南方面以外的全部南方地区纳入该总司令官的作战地区之内，使其指挥系统一元化是适宜的。因此，南方军总司令官需要移驻菲律宾，迅速加强全岛的战备，做好决战态势。与此同时，大本营需要加强西南诸岛、台湾方面以及日本本土的战备。这需要以极大的努力迅速完成。

第三，认为有必要在中国方面发动打通大陆的作战，并决定了推进这项措施的纲要。

〔有关作战的国内施策——以生产5万架飞机为目标〕 第四，作为与上述各项作战场相关联的国内对策，需要重视的重大问题是：航空兵力的扩充办法；特别是增产飞机与迅速培养航空人员、防止海上运输损失的对策；解决无线电武器的技术及研究并生产科学的新式武器等。关于飞机生产，将年产3.5万架的指标，改为年产5万架。

以上是大致根据"'虎号'图上模拟演习"而得出的综合判断，关于实现的方法，决定以后由各主管机关迅速进行研究，采取具体措施，付诸实行。

加强太平洋中部的兵力

昭和18年（1943年）秋，在东南腊包尔方面的敌我空军兵力的差距逐渐加大，因而我海军将母舰航空兵力也增加到该方面，以图挽回战局，但结果只不过稍微推迟了敌军的进攻速度而已。另一方面，敌军加强了对马绍尔方面及新几内亚方面的反攻。于昭和19年（1944年）2月1日进攻马绍尔群岛的中枢基地夸贾林，占领了该岛。并于2月17日以机动部队初次空袭特鲁克诸岛，威胁我东南方面作战的背后。进而于2月23日对塞班、提尼安方面进行初次空袭。3月初占领了阿德米勒尔提诸岛。敌军进攻速度逐渐加快。前已提及，敌军对我绝对国防圈上的重要地区内南洋的攻击，已经只是时间问题。

〔新设第31军和太平洋中部方面舰队〕 为了应付上述情况，大本营于昭和19年（1944年）初，决定进一步迅速加强太平洋中部方面的防卫，逐步采取了措施。

措施之一是，联合舰队司令部于2月上旬进驻帛琉，指挥作战。又于2月中旬，命令从去年7月以来编为大本营直辖部队正在训练中的第1航空舰队主力，进驻内南洋和菲律宾方面待命，使之协助联合舰队作战。联合舰队已于2月上旬，将海上部队主力的前进根据地，由特鲁克移到帛琉。

该航空部队于3月15日，编入联合舰队；并改编从腊包尔方面后退的基地航空部队，部署在内南洋方面。

陆军于2月10日将驻满洲的第29师团、于2月21日将新编的第1乃至第8派遣队派到该方面，纳入联合舰队司令长官指挥之下；并将要塞步兵12个队及要塞炮兵、要塞工兵各1个队编入父岛要塞司令官（司令官立花芳夫少将）的隶属之下。又于2月25日，编成统率上述太平洋中部方面全部陆军部队的第31军，当天下令公布该军的战斗序列，也编入联合舰队司令长官的指挥之下。

陆军中将小畑英良被任命为第31军司令官，陆军少将井桁敬治被任命为军参谋长。该军是由已被派遣和正被派遣中的第29师团、第52师团、海上机动第1旅团、南洋第1至第5支队、第1至第8派遣队、父岛要塞部队等和由新增加的第35师团（4月上旬转属第2军），及军直部队编成。后来于3月下旬将在满洲的第14师团、4月上旬将国内的第43师团编入该军。

大本营于3月4日，在联合舰队司令长官古贺峰一海军大将指挥下编成太平洋中部方面舰队（司令长官为南云忠一中将），使之担任太平洋中部方面的防卫。方面舰队以原来在该方面作战的第4舰队和新编的第14航空舰队为基干，并将配置在该方面的陆军部队第31军纳入其指挥之下。第14航空舰队是于3月4日，以原来在内南洋方面的第11航空舰队的大部分航空部队为基干编成的。

〔"松运输"与第31军基干兵力〕 大本营于昭和19年（1944年）3月进行所谓"松运输"的运输战，动员了大部分海上运输力量，对太平洋中部方面进行优先运输，以迅速展开兵力。这次运输由于遭到敌潜艇的攻击，遭受不少损失，但第31军的兵力在一步步增加，到5月下旬，其基干兵力如下（其中第109师团是由小笠原驻军改编的）。

第31军司令官　中将　小畑　英良
第31军司令部（塞班）
特鲁克地区集团
集团司令官　第52师团长　中将　麦仓　俊三郎
第52师团（特鲁克）、独立混成第51旅团
独立混成第52旅团
北部马里亚纳地区集团
集团司令官　第43师团长　中将　斋藤　义次
第43师团（塞班）、独立混成第47旅团
南部马里亚纳地区集团
集团司令官　第29师团长　中将　高品　彪

第29师团（关岛）、独立混成第48旅团
小笠原地区集团
集团司令官　第109师团长　中将　栗林　忠道
第109师团（硫黄岛）
帛琉地区集团
集团司令官　第14师团长　中将　井上　贞卫
第14师团（帛琉）、独立混成第49旅团、独立混成第53旅团直辖部队
独立混成第50旅团、海上机动第1旅团
注：旅团以下部队从略。

〔陆海军中央协定〕　大本营于昭和19年（1944年）3月25日、下达有关太平洋中部方面作战的陆海军中央协定。其要旨如下：

一、作战目的

击溃来攻之敌，确保太平洋中部方面的重要地区，挫败敌军从这个方面进攻的作战企图。

二、作战准备的一般要领

陆海军紧密协作，以促进作战准备：

1. 海军以昭和19年春前后为目标，迅速加强加罗林、马里亚纳及小笠原方面的作战准备。

2. 陆军除了目前在海军指挥官指挥下的部队以外，将第31军司令部及必要的陆军部队，派到太平洋中部方面，编入海军指挥官指挥之下，协助海军负责地面作战及其作战准备。

三、指挥关系

1. 第31军司令官列入联合舰队司令长官（太平洋中部方面舰队司令长官）指挥之下，主要担任加罗林中西部、马里亚纳及小笠原方面的地面作战。

2. 关于各岛屿的地面作战，由驻地先任职的指挥官统一指挥所在地区的地面部队（除了航空及防空部队之外）。

四、运输及补给

1. 向太平洋中部方面派遣并运输陆军部队（包括部队携带的至少三个月的军需品和资材），主要由陆军负责；以后经常性的补给（补充）运输、追送军需品及资材运输、运回伤病员等由海军负责。军需品的卸载及对局部地区的运输，由海军负责，但陆军要派遣必要机关予以协助。

2. 陆军部队所需军需品及资材的整备与补给，由海军负责。但武器（燃

对太平洋中部方面陆军部队的补给系统大纲

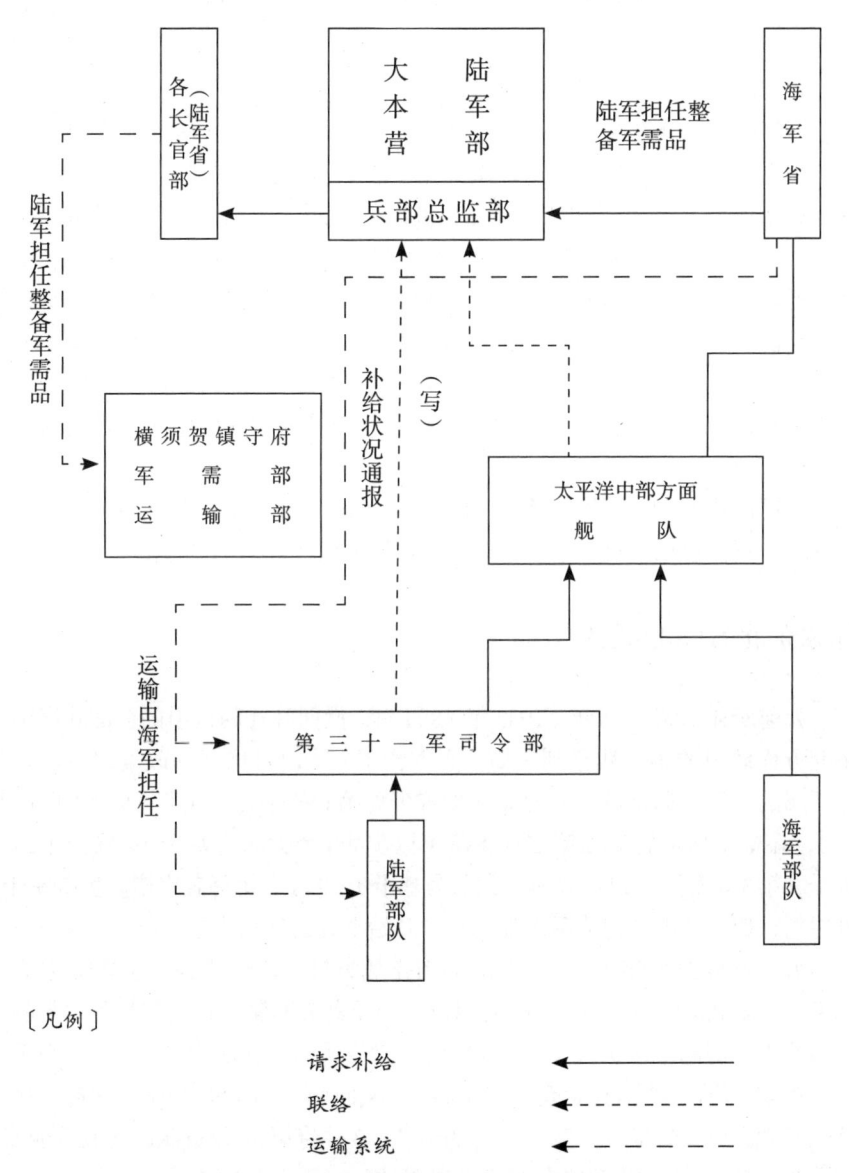

```
                    ┌─────────────┐
     ┌ ─ ─ ─ ─ ─ ┤  大本营        │
     │           │  陆军部         │←─── 陆军担任整  ┌──────┐
     │    各(陆  │  兵部总监部     │     备军需品     │海军省│
     │    长军   │←────────────    │←────────────────│      │
     │    官省   │                 │                  │      │
陆军  │    部)部  └──┬──────┬──────┘                  └──┬───┘
担任  │              ↑      │                            │
整备  │              │      │(写)                        │
军需  │    补给状况  │      │                            │
品    │    通报     │      ↓                            │
     ↓             │   ┌────────────┐                   │
  ┌──────────┐    │   │太平洋中部  │←──────────────────┤
  │横须贺镇守府│    │   │方面舰队    │                   │
  │军需部      │    │   └──┬────┬───┘                   │
  │运输部      │    │      ↑    ↑                       │
  └──┬───────┘     │      │    │                       │
     │             │      │    │                       │
运输  │             │      │    │                       │
由海  │             │      │    │                       │
军担  ↓             │      │    │                       │
任   ┌──────────────┴──┐   │    │                       │
     │ 第三十一军司令部 │   │    │                       │
     └────────┬────────┘   │    │                       │
              │            │    │                       │
              ↓            │    │                       ↓
         ┌────────┐        │    │                  ┌────────┐
         │陆军部队│────────┘    └──────────────────│海军部队│
         └────────┘                                 └────────┘
```

〔凡例〕

请求补给　　　◀────────

联络　　　　　◀─ ─ ─ ─ ─

运输系统　　　◀─ · ─ · ─

备考一、军需品运输计划，由海军运输本部主持的运输会议制定。

二、对小笠原地区集团的补给，由第31军司令官直接向大本营陆军部请求。补给由陆军担任。

料除外）、被服及陆军特有的其他军需品的整备，则由陆军负责。

此外对陆军部队的地面补给及对小笠原地区集团的补给由陆军负责。

3. 陆军部队需要的军需品等，陆海军之间需要调整时，由中央部负责进行。

4. 对太平洋中部方面陆军部队的补给系统如上图。

〔第31军加强防务〕 第31军司令官小畑中将，按下列方针决定了防备部署，即，迅速展开各个部队，做到不论敌军何时前来进攻，都能立即应战，并先在小笠原、马里亚纳及特鲁克（波纳佩以西、美列温以东）各地区，接着在帛琉（包括雅浦周围和恩古卢）地区迅速确立防卫的基础态势。

地面防卫的重点放在确保航空基地群上。各部队陆续展开后，在所在地区扩充防御工事，首先作好将敌登陆部队击溃于海滨的态势，然后逐步把它要塞化。为此，各部队到达后，至迟在一个月内，建成野战阵地，尔后尽快将要害地区筑成永久性防御工事，大约在三个月内建成以堡垒为骨干的坚固的野战阵地。

各部队遵照31军部的方针，着手修筑阵地工事。军司令官亲自视察各集团阵地，直接担任修筑工事的指挥。一切均大致按计划顺利进展。

加强东北方面的战备

如前所述，昭和18年（1943年）8月初，撤回驻在阿留申的全部陆海军。东北方面防卫的第一线移到千岛。大本营于8月17日增强并改编北方军司令官所属的千岛方面部队，在北千岛配置千岛第1守备队（以步兵9个大队为基干），在中千岛配置千岛第二守备队（以步兵1个大队为基干），在南千岛配置千岛第3守备队（以步兵一个大队为基干），9月下旬部署完毕。美空军于8月中旬，似已基本上建成阿图岛基地，开始空袭占守岛幌筵。

大本营根据当年9月末所采取的新作战方针，决定迅速加强东北方面的战备，自昭和19年（1944年）1月以后，向千岛方面紧急运送兵员和军需品。即向北千岛南部地区推进千岛第1集团（以步兵两个大队为基干）；向中千岛推进第42师团（师团长寺仓正三中将），又向南千岛推进以独立守备步兵大队及其他共计4个步兵大队为基干的部队。3月将第30警备队配置在库页岛，将第31、第32警备队配置在北海道东部地区，又动员第7师团，将它也推进到北海道东部。

〔新统帅组织与新作战任务〕 大本营研究了关于加强东北方面防卫的统

帅组织，结果将北方军改为第5方面军，它同东部军的防卫地界改为津轻海峡。另外，为了千岛方面的防卫，新设第27军司令部，与第1飞行师团一起编入第5方面军司令官隶属之下。3月16日下令公布第5方面军与第27军的战斗序列。当天大本营向第5方面军司令官下达的命令要旨如下：

一、大本营对东北方面的意图在于，粉碎敌军进攻的企图，完成帝国本土的防卫，并且极力防止同苏联发生战争。

二、第5方面军司令官与海军协作，迅速加强作战准备，粉碎敌军的进攻企图，担负起在东北方面防卫帝国本土的任务。

三、第5方面军司令官对苏联应当进行必要的作战准备。

四、第5方面军的作战地区与防卫总司令官负责防卫的地区之间的地界为津轻海峡，津轻海峡及在青森县的津轻要塞地带属于第5方面军。

五、第5方面军司令官可以将其所属及指挥下的部队，根据需要布置在防卫总司令官负责防卫地区之内。

六、有关细节，由参谋总长进行指示。

〔第5方面军的兵力及其配备〕 后来，将留守第7师团改编为第77师团，将北千岛的部队改编为第91师团，将南千岛的部队改编为独立混成第43旅团及独立混成第8联队，并在千岛新设海上机动第3旅团和第4旅团。5月下旬配备的大致情况如下：

第5方面军司令官　陆军中将　樋口季一郎

第5方面军司令部（札幌）

第27军（司令部择捉）

第27军司令官　陆军中将　寺仓　正三

第42师团（中千岛）（师团长　佐野虎太中将）

第91师团（北千岛）（师团长　堤不夹贵中将）

独立混成第43旅团（南千岛）

海上机动第3旅团（北千岛）

海上机动第4旅团（南千岛）

第7师团（北海道东部）（师团长　鲤登行一中将）

第77师团（北海道西部）（师团长　落合忠吉中将）

库页岛混成旅团

第1飞行师团（全区）（师团长　原田宇一郎中将）

注：联队以下的部队从略

5月下旬，第1飞行师团以战斗机约50架、侦察机24架、轻型轰炸机约

20架、重型轰炸机约50架、攻击机35架，共计约180架飞机，在北海道、千岛、库页岛展开，并建成约16处基地，还有24处基地正在建设中。

〔在北海道决战的思想〕 此后，由于7月上旬塞班失陷（后述），在日本本土决战的可能性增加了。大本营为了进一步增强防卫力量，于7月12日新设留守第7师团，但并不用作留守部队，而使该师团做好准备，能够作为作战部队来使用。另又改编南千岛部队，新设独立混成第69旅团。

关于东北方面的防卫，中央及方面军的思想这时变为着重防卫北海道本岛，千岛、库页岛则以现有兵力确保重要地区，估计要在北海道本岛进行决战。在北海道本岛可能使用的兵力为第7师团、第77师团、留守第7师团、第1飞行师团，并预定抽出库页岛兵团的主力及南千岛兵力的一部分调来北海道，大本营内部还暗中打算让弘前的第47师团也参加作战。

加强台湾及西南诸岛的战备

由于昭和18年末至19年初太平洋方面形势的发展，我国本土及南方地区，受到来自东方的敌军的威胁。大本营认为需要迅速加强处于日本本土与南方的联络据点地位的台湾及西南诸岛，于昭和19年（1944年）3月22日，下令台湾军（军司令官安藤利吉中将）处于战斗序列，授予该军以作战军的性质。在西南诸岛，新设大本营直辖的第32军（军司令官渡边正夫中将）。当时台湾军的兵力，仅以第48师团的各补充部队与澎湖岛、基隆及高雄的各要塞部队为主体，新设的第32军的兵力也不过是奄美大岛、中城湾及船浮的各要塞部队而已。

〔十号作战准备——创造航空作战的基础〕 大本营于当天向台湾军及第32军下达作战任务，命令进行应急作战准备。这项作战准备称为"十号作战准备"。在大本营3月22日下达的命令中，授予"台湾军及第32军应与海军协作，迅速加强作战准备，担负台湾及西南诸岛的防卫"的任务，并指示各军分担作战地区的边界如下：

防卫总司令官分担的防卫地区与第32军的边界为北纬30度10分。

第32军与台湾军的边界为东经122度30分。

台湾军与第14军间的边界为北纬20度10分。

大本营结合上述命令，还指示"十号作战准备纲要"。其要旨如下：

第一，方针

台湾军及第32军实施的作战准备，是以防卫台湾及西南诸岛并确保日本本土与南方圈间的交通为目的，首先防备敌军奇袭，同时做好在形势变化时能够粉碎敌军攻占企图的态势。

本作战准备以航空方面为重点，其他属于从属事项。应迅速作好应付敌军奇袭的措施。全部作战准备要在昭和19年（1944年）7月以前大体上完成。

第二，要领

一、航空作战准备

1. 自台湾东岸地区至西南诸岛修建并配置数个航空基地（每一个基地尽力以综合几个飞机场组成），以此为基础，使航空作战便于进行。作战准备的规模，以在西南诸岛、台湾东部（包括八重山列岛地区），分别可以展开1个飞行师团，并能进行作战为目标。

2. 航空基地配置的一种方案，如右图。

3. 建设航空基地原则上在西南诸岛由第32军担任，在台湾原则上由台湾军担任。

4. 当建设航空基地时，各基地首先迅速建成核心机场。各基地还要建设一个在设施上能集中使用滑翔机的机场。

5. 航空资材，预定在7月以前完成集聚约两个飞行师团1个月份的，随后集聚约1个飞行师团1个月份的。

二、地面兵力的运用

1. 地面兵力的配置，应以防卫航空基地为主，同时掩护主要的舰船停泊地。

2. 使用的兵力预定如下：在西南诸岛方面，使用3个混成旅团与1个高射炮联队；在台湾方面，使用1个师团与1个混成旅团。

3. 迅速向大东岛地区派遣一部分兵力，协助海军的防卫及整备机场，并随时向巴坦岛派遣一部分兵力，防卫该岛。

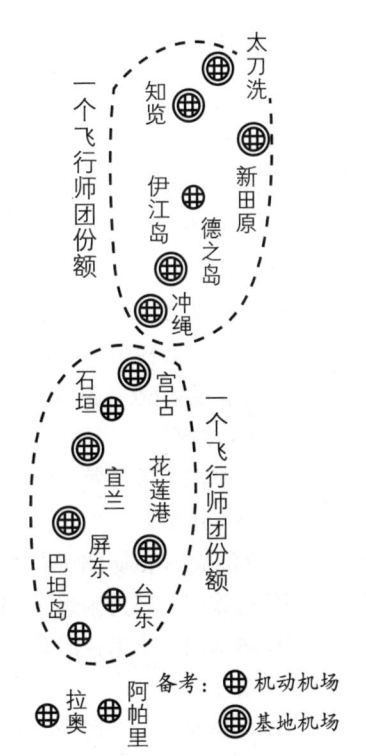

〔空前加强战备——敌军的攻占目标？〕台湾军及第32军根据上述纲要开始加强战备。这个从来近于无防备状态的地区，得以采取能够勉强应付敌军奇袭的措施。但主要是加强本纲要列为重点的航空基地，至于地面作战准备的情况则不能期待很多。

到了6月，敌军来攻塞班岛，接着联合舰队的"阿"号作战终归失败（后述），因而西南诸岛及台湾方面就很可能成为敌军下一步攻占的目标了。于是，大本营空前地增强该方面的兵力，当地部队一心为推进作战准备而努力。

旅团以上兵力的增强状况如下。7月下旬，兵力显著加强。

第32军于5月5日编入西部军司令官隶属之下，随后于7月10日编入台湾军的战斗序列。

一、第32军

独立混成第44旅团（冲绳）（5月3日）

独立混成第45旅团（先岛）（5月3日）

注：上述两个混成旅团是于6月末在奄美大岛附近海上沉没后，经过改编重新派遣的部队。

第9师团（冲绳）（师团长　原守中将）（6月26日）

第28师团（宫古岛、一部大东岛）（师团长　枥渊锢一中将）（6月30日）

第24师团（冲绳）（师团长　雨宫巽中将）（7月18日）

第62师团（冲绳）（师团长　本乡义夫中将）（7月24日）

独立混成第64旅团（德之岛）（7月20日）

独立混成第59旅团（宫古）（7月24日）

独立混成第60旅团（宫古）（7月24日）

二、台湾军

第50师团（改编第48师团的补充部队而成）（西海岸）（师团长　石本贞直中将）（5月3日）

独立混成第46旅团（花莲港台东地区）（5月3日）

第68旅团（新竹附近）（6月26日）

第66师团（改编独混第46旅团而成）（东海岸）（师团长　北川一夫中将）（7月20日）

第8飞行师团（师团长　山本建儿中将）（6月10日）

第25飞行团（飞行第3、第20、第67战队）

飞行第14战队、第29战队编入第8飞行师团（6月26日）

南方军的新态势

根据上述"'虎号'图上模拟演习"的结果，对南方军首先具体化了的是，昭和19年3月27日，以大陆命第977号，下达南方统帅组织一元化的战斗序列命令；又在同一天，以大陆命第978号，下令更改南方军总司令官的基本任务。

〔南方统帅系统的一元化〕 关于南方统帅系统的一元化是，南方军重新将第2方面军（方面军司令官阿南惟几大将）、新设的第7方面军、第14军（军司令官黑田重德中将）、及第4航空军（军司令官寺本熊市中将）编入自己的战斗序列。与此同时，任命饭村穰中将为总参谋长，南方军参谋部的阵容为之一新。

新设的第7方面军司令部位于新加坡，统辖马来亚、苏门答腊、爪哇及加里曼丹。第29军、第25军、第16军及加里曼丹守备队被编入第7方面军的战斗序列。土肥原贤二大将被任命为方面军司令官，清水规矩中将被任命为参谋长（6月以后由绫部橘树中将继任）。

这样，南方军除东南方面以外，统辖南方全区。其统帅系统的概况如下表：

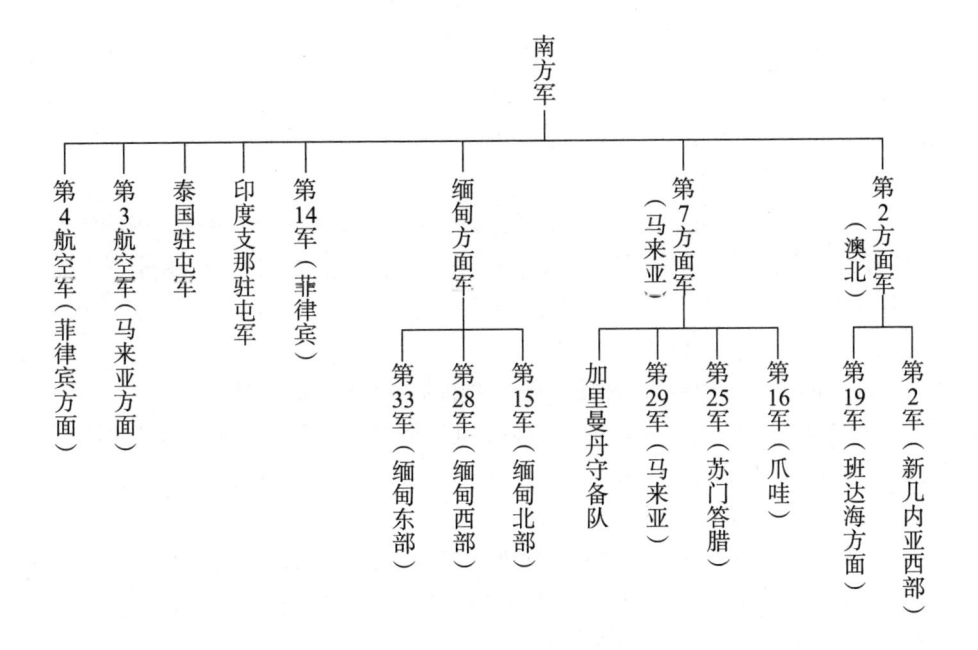

```
                              南方军
  ┌────┬────┬────┬────┬──────┬──────────┬──────────┐
 第4   第3   泰国  印度  第14    缅甸        第7          第2
 航空  航空  驻屯  支那  军      方面军      方面军       方面军
 军    军    军    驻    （菲            （马来亚）   （澳北）
（菲  （马        屯军  律              
 律   来亚        ）    宾）
 宾   方面                    
 方面 ）                    ┌──┬──┐   ┌──┬──┬──┐  ┌──┬──┐
 ）                         第33 第28 第15 加里 第29 第25 第16 第19 第2
                            军   军   军   曼丹 军   军   军   军   军
                           （缅 （缅 （缅  守备（马 （苏 （爪 （班 （新
                            甸   甸   甸   队   来   门   哇） 达   几内
                            东   西   北        亚） 答         海   亚
                            部） 部） 部）            腊）       方面）西部）
```

〔改变南方军的基本任务〕 关于更改南方军基本任务的大陆命第978号的要旨如下：

一、大本营的企图在于，为了完成大东亚战争，针对敌人的反攻，确保南方重要地区及太平洋中北部方面的重要地区，同时极力击溃敌军兵力，以粉碎敌军的继续作战企图。

另外，尽各种手段，促使重庆政权溃亡。

二、南方军总司令官，应与海军协作，迅速增强战备，并根据下列各点，承担稳定并确保南方重要地区的任务。

1. 击溃来攻之敌，稳定并确保安达曼、尼科巴诸岛、马来亚、苏门答腊、爪哇、加里曼丹及澳北方面重要地区，并协助缅甸、泰国、印度支那及菲律宾地区的防卫，以稳定并确保这些地区。

2. 对印度、中国、澳洲及新几内亚方面，随时进行航空进攻战，击溃敌军。

关于对腹地的地面进攻战，按另外的命令执行。

3. 为了适应形势的演变，加强当地在各方面的自给态势。

4. 加强重要资源地区的防卫态势。

5. 设法使军事行政管制迅速贯彻下去。

6. 关于维护海上交通，尽量与海军协作。

三、南方军与第8方面军的作战地界为，在新几内亚及俾斯麦群岛方面为东经147度线（阿德米勒尔提群岛属于第8方面军）；南方军与台湾军的作战地界为北纬20度10分一线。帛琉群岛属于第31军的作战地区，圣铁留群岛属于南方军作战地区。

四、南方军总司令官应遵照大陆命第921号，继续执行（继承）当前任务（作者注：中国派遣军总司令官执行的、协助湘桂作战的任务），并根据大陆命第964号，继续执行（继承）第2方面军司令官的当前任务（作者注：第2方面军司令官的基本任务）。

五、南方军总司令官应根据需要，援助第8方面军的兵站。

六、南方军总司令官可根据需要将其所属及指挥下的部队，置于中国派遣军及台湾军的作战地区之内。

七、有关细节由参谋总长给予指示。

〔决战设想——尚武佳节聚会宣布〕南方军于4月15日遵照命令，行使新的统帅权，对各军及直辖兵团指示作战计划的准则，授予基本任务，同时命令继续执行其他目前承担的任务。

随后，南方军制定了新的作战计划，选择5月5日尚武佳节[①]召集方面军

---

① 尚武佳节：日本古来以五月五日为男子节日，近世以后，节日室内常饰以甲胄、武士偶人、庭前树、旗帜等，以祝贺男子的成长。——译者

司令官及直辖军司令官于新加坡，由总司令官寺内元帅毅然训示："国家存亡之关键时刻，更应显现军人之本色，发扬军人之威德。"并期望彻底实现决战企图。当时宣布的南方军作战计划大纲要旨如下：

第一，方针

南方军与海军协作，击溃敌军，稳定并确保南方重要地区，以粉碎敌军的继续作战企图。

为此，特别要迅速增强战备，整备决胜态势，在整个区域整备航空部队的机动与集中运用的态势。

第二，策略

一、以缅甸重要地区、安达曼、尼科巴、苏门答腊、爪哇、澳北重要地区、菲律宾岛组成主要防卫线，确保这些地区与印度支那、泰国，同时在四角要塞和菲律宾、缅甸及孟加拉湾正面以及巴邻旁地区指挥反击战。

待航空兵力充实之后，转入普遍攻击（第三期），其时机预定为明年，关于具体方案，随后制定。

二、以太平洋正面、缅甸及孟加拉湾正面为主要作战的正面；以菲律宾地区为主要决战的正面；另以巴邻旁地区的防御要塞为绝对确保地区。

为此，在四角要塞、缅甸重要地区和巴邻旁地区，构成决战的支撑点，并将菲律宾地区作为主要决战地带加以组织。在这些地区，都应重视航空部队的运用，特别是发挥陆空军结成一体的综合战斗力，并重视同海军的合作。

三、作战指导，经常立于主动地位，自主地积极地进行。尤其是采取先发制人、出奇制胜和临机应变的策略。

四、迅速结束缅甸作战，然后先在本年内指导太平洋正面的反击决战（第一期），大致从年末以后指导东西两个正面的反击决战（第二期）。在此期间，以部分兵力防备中国及澳洲方面，并确保泰国、印度支那及菲律宾地区的稳定。

加强和促进战备，要与形势的发展、特别是与上述反击决战的缓急相适应。

五、各方面军和第14军，各自分别击溃来攻之敌。全军通过航空兵力的集中运用与总预备兵力的战略机动，在决战的正面地区，构成战斗力的重点。

在泰国及印度支那的驻军，要确保该地区的稳定。根据形势，在该地区增加运用必要的兵力。

六、在谋求充实和增强战斗力的同时，将航空兵力重点地集中运用于反击决战地区，其运用的缓急顺序为太平洋正面、孟加拉湾及缅甸正面。另外，为了防卫巴邻旁地区，在该地区经常布置部分兵力，并随时集结所需兵力。

尤其要迅速整备适应上述需要的航空兵力的机动与集中运用的态势。

七、作为决战手段，加强并促进下列诸项：

1. 充实航空兵力并整备航空机动及集中运用的态势。
2. 整备空中运输的战略机动力量。
3. 整备海上战略机动力量。
4. 加强整备战略铁路干线。
5. 授予并整备各军所需要的机动力量。
6. 整备停泊地攻击兵团。
7. 准备决战资材的重点使用。

八、保证获得并运回帝国所需要的物资动员计划的物资，同时防备同后方断绝联系，极力提高各地区的自给能力，迅速整备以南方重要地区为一环的自给态势，确保补给及其运输力以及交通干线，以便于长期独立作战。

尤其要重视贯彻执行当地自给原则，加强船只的安全保养和加强战备铁路。

上述作战计划大纲是以菲律宾为最后的绝对的总决战地区，以指导陆海军在同时同一正面作战和彻底集中运用航空部队的陆空综合决战为根本思想。

在作战计划大纲中，除上述内容外，分别明确指示了关于重要地区的战略编组以及第一期作战的指导原则。其中对菲律宾规定为："绝对国防圈背后的锁钥和主要决战地区。在这个地区完成彻底歼灭敌军的战备，特别重视与海军的合作。基本兵力预定为7个师团（其中改编混成旅团的4个）。整备航空基地的标准为，在菲律宾的南部、中部及北部各整备两个飞行师团的基地。集聚军需品的标准为，以地面部队一次会战份额，平常6个月份额，航空部队的燃料及弹药6个月师团的两个月份额为目标。"上述基本兵力的预定是以原来大本营的计划为依据的。这些兵力对于前述在菲律宾进行绝对总决战计划来说是很不够的。

因此，南方军向当时与会的秦参谋次长要求基本兵力增加到15个正规师团，并全面充实航空部队，否则给予南方军以同时运输1个师团的船只与最大限度的空运能力，以使南方军易于执行上述决战战略计划。但是大本营考虑全面形势，未能采取足以满足南方军要求的措施。

〔总司令部进驻马尼拉〕 南方军总司令部于5月上、中旬，将战斗指挥所推进到马尼拉，面向东面转入做好决战的准备态势。

大本营认为移驻总司令部是必要的，但最初总司令官还认为总司令部仍然可以设在新加坡，并于3月中旬向总参谋长提出了意见。后来关于这个问题，虽然有过一些曲折，但行使新的统帅权后，不久便实现了。

十一号作战准备

当昭和19年（1944年）3月，实行南方统帅系统一元化时，南方军总司令部特别重视预计在菲律宾方面或在菲律宾、澳北方面进行的下次决战中运用航空部队，亲自以航空统辖司令部的名义，负责运用。航空兵力有马来亚方面的第3航空军（以第5、第9飞行师团为基干）与菲律宾方面的第4航空军（以第7飞行师团为基干）。

大本营企图彻底加强菲律宾方面的航空兵力，于5月中旬调动在满洲的第2、第4飞行师团，将第2飞行师团编为南方军直辖，将第4飞行师团编入第4航空军的编制之内。当调动这两个飞行师团时，大本营重视菲律宾方面的决战，采纳从满洲彻底抽调航空兵力的主张，同时改变两个师团的编制，将大部分骨干飞行部队编入第2飞行师团，作为南方军的战略打击兵团，将第4飞行师团，作为在菲律宾主要担任整备基地的兵团。

〔大本营的指示——菲律宾岛化为一巨大航空要塞〕 这样，这时在菲律宾的作战准备，是以航空作战准备为核心，推进地面和海上的作战计划。这称为"十一号作战准备"。作为进行这一准备的依据，大本营以3月27日"大陆指"下达指示。其要旨如下：

为了加强战备及完成作战任务，南方军总司令官应特别努力实现下列各项：

一、迅速促进航空战备，特别是作好灵活地集中使用航空兵力所必要的态势。

上述航空战备，于本年7月以前与本年末以前，分别作好适于灵活运用约4个飞行师团和约6个师团的态势。

二、为了应付太平洋方面战局的转变和鉴于圈内战备的现状，大体以本年7月左右为目标，特别要促进并加强菲律宾岛及澳北方面重要地区的战备。

根据上述指示，第14军拟定的航空基地整备要领如下：

一、机场的建立 在马尼拉、克拉克、里帕、巴哥洛、莱特、马来巴来及达沃建立由数个机场群组成的航空基地。

除上述基地之外，在吕宋岛建立10个机场，在米沙鄢地方建立3个机场，在棉兰老岛地方建立4个机场，在巴拉望岛建立1个机场。

二、燃料、弹药、资材的集聚与整备　在昭和19年中期以前集聚4个战斗机飞行团与两个轰炸机飞行团3个月份的弹药和3万公升的燃料。

三、设置并充实修理厂、补给厂；充实与航空部队有关的地面部队；充实对空部队（从略）。

在此之前，于昭和18年（1943年）秋，大本营推行将菲律宾变为南方全地区大兵站基地的计划。关于这个问题，大本营于10月向第14军司令官下达指示，指出补给体系、建立海运设施标准、大本营直辖军需品集聚计划、建立伤病员收容设施标准等，并命令昭和19年（1944年）中期以前打好作战基础。当实施十一号战备时，进一步扩充了这一计划内容。

〔作战准备实施状况〕　第14军所属的地面兵力，在昭和19年（1944年）初，只有以第16师团、独立混成第30乃至第33旅团为基干的部队，但5月以后，旅团以上的部队增加如下。其中旅团改编为师团的，其编制和装备都很不够。

5月，第30师团，（师团长　两角业作中将）。

6月，第100师团（由独立混成第30旅团改编），（师团长　原田次郎中将）。

第102师团（由独立混成第31旅团改编），（师团长　福荣真平中将）。

第103师团（由独立混成第32旅团改编），（师团长　村冈丰中将）。

第105师团（由独立混成第33旅团改编），（师团长　津田美武中将）。

独立混成第53乃至第55旅团

7月　第26师团（师团长　佐伯文郎中将）。

独立混成第58、第61旅团

菲律宾东面的防卫线本来南北蜿蜒长达1800公里，由许多岛屿组成。如果不把作战重点放在航空作战上，则无法进行作战。但由于我航空兵力处于劣势，结果必将引起地面和海上作战。第14军最初曾以大部分地面部队协助建立航空基地，但后来根据上述理由，从陆空综合决战的观点出发，尽量靠征用当地人来整备航空基地，同时还进行了地面作战准备。

5月中旬，南方军总司令官进驻马尼拉，作战准备有了进一步的进展，因此大本营于5月中、下旬从国内向菲律宾派遣许多整备航空基地、修筑阵地工事、兵站和教育训练的主管人员，支援当地部队。特别将机场整备指导班配属于当地部队。

航空基地的整备工作由于征用人伕困难、不易取得资材、雨季到来和顾虑空袭等原因，进展并不顺利，而利用船只运输的兵力增强与兵站资材的集聚，则由于船只损耗激增而造成的运输力的下降及匪贼活动日加猖狂等原因，也不能按计划实现。

南方军总司令官于5月，在其作战计划中，决定菲律宾为总决战地区，督促第14军做好决战准备，让原来在菲律宾埋头于境内平定作战的14军，专心做好同外部敌人进行作战的准备。到了计划限期的7月，尚未完成当初计划的50%，这当然也有时间关系，这时，又由新计划的捷号作战准备来接替了。

加强日本本土的防卫态势

〔**大本营的指导——新统帅组织与任务**〕 昭和19年（1944年）春，由于太平洋方面战况的变化，确立国内防卫态势，已成为当务之急。大本营于5月5日命令将国内部队的统帅组织，变更如下：

原来规定国内各军直属天皇，防卫总司令官只能就有关防卫事项指挥各军。但在这次变更中，将国内地面部队的骨干——东部军、中部军、西部军及国内防卫航空部队的第10飞行师团（东京）、第18飞行师团（大阪）、第19飞行团（北九州）重新编入防卫总司令官隶属之下，有关防卫事项由第1航空军司令官指挥。关于朝鲜的防卫仍然由朝鲜军司令官指挥。另外，将原来大本营直辖的冲绳第32军编入西部军司令官隶属之下。其状况如下表：

```
防卫总司令官（东久迩宫稔彦土大将）
  ├──东部军（军司令官　藤江惠辅大将）
  ├──中部军（军司令官　饭田祥二郎中将）
  ├──西部军（军司令官　下村定中将）—第32军
  ├──第10飞行师团（飞行师团长　吉田喜八郎少将）
  ├──第18飞行团（飞行团长　北岛熊男少将）
  ├──第19飞行团（飞行团长　古屋健三少将）
  ┊┄┄朝鲜军（军司令官　板垣征四郎大将）
  ┊┄┄第1航空军（航空军司令官　李王垠中将）
```

备考：──表示隶属关系，┄┄表示指挥关系。

同一天，结合上述变动，关于防卫总司令官的任务，大本营发布如下要旨的命令：

一、大本营加强皇土的防卫。

二、防卫总司令官应与海军合作，迅速加强战备，并根据下列原则，担任防卫皇土的任务。

1. 粉碎敌军空袭为防卫的首要任务，主要掩护本土的重要地区。

2. 加强防守远海岛屿及本土沿岸重要地区，当敌军侵犯时，抓紧时机予以击溃。

3. 关于维护海上交通，尽量协助海军。

4. 彻底做好施行空袭警戒的准备。

三、防卫总司令官担任防卫的地区与第5方面军作战地区的分界为津轻海峡，津轻海峡及青森县的津轻要塞地带，属于第5方面军。防卫总司令官担任防卫地区与台湾军作战地区的分界为东经122度30分。

参谋总长根据上述命令下达指示，其要旨如下：

一、防空方面，主要保证掩护皇宫和京滨地区，其次为仓幡地区、名古屋地区、阪神地区的军事设施。

二、中国派遣军总司令官、关东军总司令官、第5方面军司令官及台湾军司令官，在速报防卫情报方面要与防卫总司令官紧密联系。

三、警备工作须针对敌军的各种企图，以掩护主要军事要地与军事行动为主，并协助防止由于敌军空袭等而引起的民心动摇。

四、除了防卫上需要紧急处理和简单的问题之外，有关变更配备问题，应事先取得参谋总长的批准。

五、防卫总司令官应尽快提出国土防卫作战计划大纲，作战计划应于6月15日以前提出。

〔防卫总司令部的防卫作战纲要〕 新接受防卫本土任务的防卫总司令官立即起草防卫作战纲要，作为各军的作战的准备与实施作战的依据。本纲要按如下方针，明确了各军的任务。即，以粉碎敌军空袭为防卫的首要任务，把重点放在航空上，迅速完成防空作战准备；首先加强远海岛屿的战备，以防备敌军的奇袭与攻击，同时尽快整备日本本土重要地区的迎击态势；当敌军侵袭时抓紧时机集中陆空兵力，尤其是尽量集中发挥空军战斗力，予以击溃。

〔各军的作战准备〕 此后，各军进行作战准备的情况如下：

一、东部军以其指挥下的航空部队（以第10飞行团为骨干，包括随时担任防空任务的飞机，计400架）及高射炮部队（东部高射炮集团，高射炮约300门），主要负责掩护以皇宫为首的京滨地区的政略战略上及生产的中枢部门。此外，在立川、太田、常陆、釜石等地配置部分兵力，掩护该地区的生产设施。

沿岸防卫，首先迅速加强伊豆诸岛的战备，随后加强八户平原、仙台平原、水户平原、房总半岛、相模平原附近重要地区的战备，把重点放在伊豆诸岛、八户平原、房总地区。

二、中部军以其指挥下的航空部队（以第18飞行团为骨干，包括随时担任防空任务的飞机，计200架）及高射炮部队（中部高射炮集团，高射炮约150门），主要掩护名古屋、广畑、京都等地的生产设施。

沿海防御加强滨松平原、丰桥平原、纪伊平原、高知平原附近重要地区的战备，把重点放在滨松平原。另外，准备随时可以将1个师团调往他处。

三、西部军以其指挥下的航空部队（以第19飞行团为骨干，包括随时担任防空任务的飞机，计约150架）及高射炮部队（西部高射炮集团，高射炮约150门），主要负责掩护仓幡地区（包括关门）的重要生产设施。另外，在长崎、福冈、大牟田等地配置部分兵力，掩护该地区的生产设施。

沿岸防御首先迅速加强西南诸岛的战备，随后加强种子岛、宫崎平原、鹿屋平原、萨摩半岛附近重要地区的战备，把重点放在西南诸岛、宫崎平原。另外做好准备，如果敌军侵犯西南诸岛，能够增援1个师团。

四、朝鲜军以20架左右飞机，50门左右高射炮的防空兵力，主要掩护釜山、汉城地区的军事设施与平壤、水丰等地的生产设施。

沿岸防御，加强远海岛屿及元山以北的日本海沿岸地区的战备。

另外，充分掩护好纵贯朝鲜的主要交通线。

五、第1航空军与海军紧密合作，当敌军机动部队来袭时，一并指挥第5飞行团，歼灭敌航空母舰；当敌军侵犯时主要歼灭敌军运输船。

〔防空作战准备与沿岸防御设施〕 关于防空作战准备，采取周密措施，如增强基地设施、改良武器和器材、配置电波警戒机（雷达）、改善通信设施及其他装备、密切与中国派遣军及关东军联系，以及提高训练水平，等等。对于航空部队的训练，把重点放在高空战斗、夜间战斗及对轰炸机战斗方面；对于高射炮部队的训练，则特别为了高空战斗在提高测量高度的精密度以及利用有效威力圈方面，力求训练达到精通程度。这样，当昭和17年（1942年）4月杜利特尔[①]飞行部队来袭以后第一次空袭——昭和19年（1944年）6月15日的夜间空袭，即由成都方面的基地起飞的B29飞机100架左右空袭北九州地

---

① James Harold, Doolittle，美空军中将。——译者

区时，击落了7架敌机。后来，对于增加频度的敌军空袭，就以战斗即训练的方针对待了。

在沿岸防御设施方面，遇到了防御资材补给不顺利、使用民有地困难等种种障碍。直至昭和19年（1944年）7月左右，才在各重要地区的要地构筑好了野战阵地。

第44章

"阿"号作战计划

决战时机迫近

〔海军4月的态势〕 自联合舰队司令部的主要干部在从帛琉向菲律宾转移途中殉职（见后述）之后，直到5月初任命新司令长官丰田副武大将以前，临时由苏腊巴亚的西南方面舰队司令官高须四郎中将担任联合舰队的指挥。

这时，在马里亚纳、加罗林方面，第1航空舰队正在一心努力完成作战准备。而中部太平洋舰队正在指挥第4舰队、第14航空舰队（以第22、第26航空战队为基干）及陆军31军加强中部太平洋方面的防备。澳北方面的防务，由西南方面舰队承担。3月1日编成的第1机动舰队的主力在新加坡及林加方面，其部分兵力正在国内努力训练和准备下一步作战。

〔"雄"作战设想——突然袭击敌机动部队的企图〕 另方面，看来敌军正在迅速加强美基罗等前进根据地，由此判断，敌军企图在不久的将来要发动大规模的攻势。在这种情况下，日本海军首先要解决的问题是：歼灭敌军反攻的核心、以航空母舰为基干的敌机动部队，为此，早就在窥伺有利的时机。

大本营海军部早在3月份就起草了一个设想在敌军来攻之前，在前进根据地美基罗先制人地奇袭敌机动部队主力的"雄"作战计划，已在与联合舰队司令部联系。它的要点是，以我第1机动舰队及基地航空部队的大部分飞机约1000架和潜艇部队，于5月上旬或中旬，由国内的东面出击，主要是由小笠原、南鸟岛及威克岛方面向美基罗进攻。但这项计划由于3月末联合舰队首脑部遇难，不得不停止实行。

〔5月初的敌情判断〕 5月初御前图上模拟演习时，军令部总长说明的敌情判断大致如下：

敌军对日的主要作战，是由太平洋中部及东南方面向菲律宾的进攻战。敌军可能企图通过这次进攻战，突破我防御线，诱歼我舰队；并进一步策划以中国本土为根据地，直接空袭我国本土，切断我国本土与南方资源地区之间的交通要道，借此断绝我战斗力来源，夺回南方重要地区。

为此，敌军将密切从太平洋中部方面进行的进攻战与从东南方面进行的进攻战这两方面的联系。从所罗门方面开始进攻的哈尔泽麾下的南太平洋作战部队，已与从澳洲、新几内亚方面进攻的麦克阿瑟麾下的军队汇合。在最近的查亚普拉进攻战中，斯普尔安斯麾下的太平洋中部作战部队似乎也参加了。

随着敌军在新几内亚北岸扩充地盘，我方在特鲁克、美列温、帛琉等地的空军基地就成了敌军补给上的障碍。因此，敌军加紧以大型飞机进行连续攻击或反复以机动部队进行空袭，企图进行一场攻占这些要地或使这些地区陷于瘫痪的作战。

当战线指向菲律宾时，估计敌军将不惜付出一些牺牲也要夺取攻防上最重要的作战地区西加罗林，特别是帛琉与雅浦。因此，3月末敌机动部队对该地区进行的空袭，在企图攻击我舰队的同时，也可能有强行侦察的意思。

敌军对马里亚纳及小笠原南部地区的作战，可能是企图以切断我马绍尔、东加罗林方面的补给路线或直接空袭日本本土乃至诱歼我舰队为目的。但攻占这两个地区，要付出很大牺牲，而且攻占以后又不易固守，因此可能企图在首先削弱我基地航空兵力之后，再行进攻。

敌军为了配合完成上述主要作战，或乘主要作战的间隙，对东北、印度洋、澳北等方面进行辅助作战。

此外，在进行以上各项作战的同时，敌军将愈益加强以潜艇和飞机进行的交通破坏战；还可能企图进行由中国或前进基地出动的空袭战和以机动部队进行的直接空袭日本本土的作战。

作战计划

〔**御前研究——陆海两次长的回答**〕 大本营尤其是海军部认为，现在日本海军因过去的消耗战，战斗力逐步下降，造成敌我战斗力相差悬殊。在这种情况下，想阻止敌军反击、一举打开战局的唯一办法是，迅速整备并集中使用决战兵力，寻求与敌进攻部队进行一次大决战，特别是歼灭敌机动部队。自4月上旬以来，同陆军合作，着手准备研究这一计划。

陆海军两统帅部于4月末制定出这一计划，于5月2日上午9点半开始，约经两个半小时，在宫中大本营，在大元帅陛下亲临之下，进行了御前研究。岛田、东条两总长为统裁官，主要负责向天皇说明。出席人员有两次长、两作战部长及两作战科长。其他两作战科的主管人员在旁等候。两总长向天皇说明之后，后官参谋次长向海军部质问下列事项：

一、敌军如果企图在5月下旬以前或以后，攻占比阿岛方面或美列温方面时，是否进行决战？

二、敌军向马里亚纳、西加罗林、新几内亚三个正面全面进攻时，如何指导决战？

三、为了进行主要决战，海军方面对于陆军的作战特别要求的事项是什么？

接着伊藤军令部次长向陆军部质问下列事项：

一、按照本作战指导方针作战时，对特鲁克、马里亚纳、萨雷腊湾、乌头半岛等地区的地面防务的自信程度如何？

二、在进行这次决战期间，在缅甸、安达曼、尼科巴及千岛等方面的地面防务的自信程度如何？

三、陆军航空兵力的运用和直接编入海军指挥下进行作战的航空兵力的实力如何？

四、对迅速加强主要作战的正面太平洋中部、菲律宾岛、澳北方面的防务，尤其对航空作战准备的估计如何？

在上述质问和回答中，对参谋次长质问的第一项，海军方面回答说："即使敌军来攻比阿、美列温方面，也不进行决战"；对军令部次长质问的第一项，陆军方面回答的大意是"确保马里亚纳有信心。对特鲁克诸岛至少能做到不使为敌军所利用。对确保新几内亚西部，如今没有信心"。这些都是对以后有影响的具有重大意义的回答。

〔**大海指第373号——"阿"号作战命令**〕 5月3日，大本营以大海指第373号向新联合舰队司令长官丰田副武大将下达"联合舰队应遵循的当前作战方针"即关于"阿"号作战的命令。其内容如下：

第一，集中我大部分决战兵力，准备在敌军主要反攻的正面，一举歼灭敌舰队，以挫败敌军的反攻企图。为此：

一、迅速整备我决战兵力，大致在5月下旬以后，在从太平洋中部方面至菲律宾及澳北方面的海域，捕捉敌舰队主力，以图歼灭之。

二、在整备上述决战兵力以前，除了特定场合外，以避免决战为宗旨。

第二，决战海面的作战要领如下：

一、5月下旬，待第1机动舰队和第1航空舰队的兵力得到整备之后，命令第1机动舰队在菲律宾的中南方面待命；命令第1航空舰队在太平洋中部、菲律宾及澳北方面展开，以保持适应决战的态势，并乘有利时机，特别是恰当地运用上述两个舰队，全力以赴地去捕捉并歼灭敌军主力。

二、决战海面尽可能选定在接近我机动部队待命的地点。

第三，在我决战兵力整备之前，敌军来攻时，按照下列原则进行作战：

一、除了确保特定据点和特别有利的情况之外，避免以海上兵力进行决战，而主要以基地航空兵力与局部地区的防卫兵力，迎击并歼灭敌军。关于特定地点另作指示。

二、在这种情况下，关于基地航空兵力的使用，要洞察全面战局的演变，除了特别有利于今后决战确有把握的场合外，尽力防止消耗过多的兵力，以不影响下一步海上决战为宗旨。

第四，决战期间其他方面的作战，按照下列原则进行：

一、陆海军紧密合作，大致以所在的兵力，反击来攻之敌，并尽可能遵照既定方针，确保所规定的重要地区。

二、努力进行奇袭性作战，以求挫败敌军进攻的气势。

第五，关于决战准备，应特别注意下列事项：

一、进行陆海军一体的作战准备，以大体上在5月下旬完成为目标，促进自太平洋中部至菲律宾及澳北方面的地区，尤其是西加罗林诸岛、菲律宾中南部、哈马黑拉及新几内亚西部方面的作战准备。同时加强这些重要地区的防务，争取尽快确立我在决战海面上的有利战略态势。

二、优先进行航空作战准备，努力建设基地和集聚加强防卫必需的燃料和弹药。特别重视空军基地的坚固性。

三、航空基地虽已规定区别使用，但应灵活运用，要做到最有利于陆海军部队结成一体进行航空作战。同时，在防卫与集聚燃料、弹药方面，两军也应同心协力实行之。

第六，按照本作战方针进行的作战，称为"阿"号作战。

〔**决战海面与澳北的关系**〕 在上述指示中指出，决战的海面为自太平洋中部方面至菲律宾及澳北的海面。但通过作战准备那项的内容也可以看出，大本营海军部所判断并期待的是，决战将在帛琉近海发生。

这固然是根据敌情判断来的，但也相当受到当时能够分配给我机动部队的油船数量的影响。就是说，当时的油船情况大大地限制了我机动部队的行动能力，其行动半径限于约1000海里以内。这一事实就意味着，即使我机动部队的待命地点，推进到最前面的菲律宾中南部，也很难将这支部队用于马里亚纳方面的决战上。而这种情况必然使大本营海军部期望将决战海面尽可能选定在接近我机动部队的待命地点方面，即帛琉的近海，并为此而努力。

大本营的这种判断与期望，也强烈影响了联合舰队，这是后来美军进攻马里亚纳时，致使联合舰队迟迟没有作出发动"阿"号作战决心的主要原因之一。

再者，当制定"阿"号作战计划时的问题之一是，如何处理本作战的右翼中心的澳北方面，即，当敌军不在加罗林、马里亚纳登陆，而先在澳北方面登陆时怎么办的问题。实际上在下达本计划的前一天，5月2日，大本营陆军部在取得海军谅解之下，把比阿岛排除于第2方面军应当确保的要线之外。通过这一事实也可以了解，当时海军部的意图是，敌军假如不先进攻马里亚纳、加罗林，而先进攻比阿岛方面时，不想为了确保比阿岛进行决战。

当时我海军的实力是，即使只在马里亚纳、加罗林方面进行决战，也未必充裕。因此，大本营海军部认为，分散这股本来就不充裕的兵力的一部分，用于比阿岛方面，对在帛琉以北进行决战极为不利。所以，在最坏的情况下，宁肯忍痛失掉萨雷腊湾附近，也希望避免分散兵力。海军部正是以这种方针，制定了"阿"号作战计划的。

〔增强第1航空舰队——基地空军的主要兵力〕 如前所述，第1航空舰队是大本营于昭和18年（1943年）7月以来，作为将来海上决战中基地空军的主要兵力着手组织的部队。大本营特别注意整备该舰队，对司令长官角田觉治海军中将以下的幕僚指挥官及骨干搭乘人员，配备以能征善战的人才，而且在器械方面也尽量供给新的器材。

该舰队最初预定训练整备期间约为一年，后因敌军的反攻比预料开始得早，便在昭和19年（1944年）2月中旬以后，逐次奉命进驻内南洋方面，协助联合舰队作战。3月15日被编入联合舰队。

其编制是逐步扩大的。5月1日当时该舰队属下有第61航空战队（10个航空队约670架飞机）及第62航空战队（10个航空队约670架飞机），其中第62航空战队训练尚不成熟。因此，大本营于5月5日，从该舰队的编制中撤销第62航空战队，留在国内，另将训练有素的第13及第14航空舰队所属的航空部队，编入该舰队，以加强战斗力，便于进行"阿"号作战。结果从那以后，第14航空舰队实际上便没有航空兵力了。

在发动"阿"号作战之前的6月5日，第1航空舰队的编制及定额大体如下：

第61航空战队（马里亚纳），9个航空队，672架飞机。

第22航空战队（加罗林），8个航空队，552架飞机。

第23航空战队（澳北），3个航空队，168架飞机。

第26航空战队（加罗林、菲律宾），3个航空队，240架飞机。

飞机定额，包括其他12架共1644架，但实际备齐的数目是1188架。

〔编成第1机动舰队——唯一的航空母舰部队〕 随着敌军在所罗门方面开始反攻，第3舰队的第1及第2航空战队，为了加强该方面的基地航空作战，自昭和18年（1943年）11月以后，陆续被调去腊包尔方面，丧失了战斗力的大半，而又都是陷于作为航空母舰部队不能进行海上作战的状态。因此，大本营于昭和19年（1944年）2月，以敌军空袭特鲁克为转机，令两个战队退避到国内和新加坡方面，加速进行整备训练。

另外，没有航空母舰部队的第2舰队，开战以来大体维持原来的状况。因此，大本营为了便于发挥联合舰队海上部队的综合威力，于3月1日将第2舰队和第3舰队合编为第1机动舰队（司令长官小泽治三郎中将）。当时该舰队的编制如下：

第2舰队

第1战队　长门、大和、武藏。

第3战队　金刚、榛名。

第4战队　爱宕、高雄、摩耶、鸟海。

第5战队　妙高、羽黑。

第7战队　熊野、铃谷、利根、筑摩。

第2水雷战队　能代、第24、第27、第31、第32驱逐队。

第3舰队（第1机动舰队司令长官直接指挥）。

第1航空战队　大凤、瑞鹤、翔鹤、第601航空队（225架飞机）。

第2航空战队　隼鹰、飞鹰、龙凤、第652航空队（135架飞机）。

第3航空战队　千代田、千岁、瑞凤、第653航空队（90架飞机）。

第10战队　阿贺野、矢矧、第4、第10、第16、第17、第61驱逐队。

第3航空战队是仅以小型航空母舰编成的。该战队的飞机是，以作为初次尝试、在零式战斗机里装上炸弹（250公斤的炸弹一发）的战斗轰炸机45架（各舰15架）为主力编成的。

联合舰队的准备

〔联合舰队的计划与准备——展开〕 5月2日，新任命的联合舰队司令长官丰田副武大将，于第二天（3日），在东京湾的旗舰"大淀"号上，接受上述有关"阿"号作战的"大海指",当天下达联合舰队"阿"号作战计划,并命令当时分散在新加坡、林加停泊地及国内待命和训练中的第1机动舰队,于5月20日以前,在菲律宾西南部的塔威塔威停泊地集结,完成作战准备。

在5月3日下达的联合舰队"阿"号作战计划中,将决战海面指定为帛琉周围及西加罗林方面,其方针是对马里亚纳方面不使用第1机动舰队。但后来因为机动舰队得到了增加油轮的分配,所以又改为对马里亚纳方面也使用机动舰队了。此外,联合舰队作战计划的另一个特征是,强调并重视将敌军牵制和引诱到我方希望的决战海面的方策。

5月17日,敌军在新几内亚西部的瓦克德、沙米方面登陆,战局告急,联合舰队便于18日命令第1航空舰队为适应"阿"号作战进行展开。随后,根据敌机动部队前来袭击南鸟岛和通信情报及其他情况分析,认为敌军正式进攻的时机已经迫近,便于5月20日,下令开始"阿"号作战。另外,为了便于同南方进行无线电通讯,于5月22日,将其司令部由东京湾移至内海西部的柱岛锚地,以备行将到来的决战。

〔第1机动舰队的计划〕 机动舰队根据联合舰队的计划,在"与友军尤其是与基地航空部队紧密合作,做到能够掌握战机乘势机动,并与我基地航空兵力的攻击相呼应,全力以赴地进行猛烈果敢攻击,一举歼灭敌军兵力特别是敌机动部队,以粉碎敌军的反攻企图"的方针之下,制定作战计划,其要点如下:

一、机动部队于5月22日,在菲律宾部队的待命停泊地,完成决战准备。并遵照命令,将牵制部队推进乌利西或帛琉方面,与友军合作,努力把敌人引诱到决战海面。

二、机动部队遵照命令出击,极力隐秘其企图,进到菲律宾东部海面,在适当时机与牵制部队会合。

三、根据基地航空部队和先遣部队等的搜索、接触,了解敌军全貌,并严加自卫警戒,同时伺机向我方计划的海面出击,并与基地航空部队的作战相呼应,先发制人地、果敢地攻击敌机动部队,及时转入决战,予以击溃。

航空战以白天强袭为原则,并着重攻击敌军的侧翼。

四、当机动部队进攻接触敌军时,要严加警戒敌军的侧攻战术和圈套。在基地航空兵力的巡逻警戒不够严密、目前航空母舰兵力又不够强大的情况下,在搞清敌情以前,可控制一部分进攻兵力。

五、转入追击战以后,要排除万难,全力以赴,反复攻击逼近的敌军,予以歼灭。当利于海上机动战时,应照旧继续作战。并根据情况,令航空队在地面基地展开，或令水上战斗部队出动，负责进一步扩大战果。

〔第1航空舰队的计划〕 第1航空舰队根据联合舰队的计划而制定的计划要点如下：

一、将基地航空部队的兵力编成三个攻击集团，给每个集团分配各种飞机，使之易于移动与集中。

二、为了掌握准确的敌情，对敌军前进基地进行挺身飞行侦察。

三、如果肯定了敌军来攻的方面，除留下侦察机外，该方面其余的攻击兵力，提前转移到其他集团配置地区，躲避敌军的攻击，然后由该基地向敌军进行集中攻击。

四、在敌我机动部队决战前，要以基地航空部队至少击溃敌机动部队航空母舰兵力的三分之一，然后与我方机动部队以及其他部队协作，歼灭残存的敌舰队。

第45章

新几内亚西部作战

澳北方面的作战准备

〔第2方面军行使统帅权〕 如前所述，对于澳北方面，南方军新发表了第2方面军战斗序列的命令。方面军司令官阿南惟几大将于昭和18年（1943年）11月28日进驻澳北的中心安汶，召集军司令官与兵团长，决定作战部署，指示作战方针及作战准备的准则，并且严肃训示，应以楠公精神[①]贯彻执行。各军司令官及兵团长立即各就部署。这样，方面军司令部暂时设在达沃，自12月1日起，行使其统帅权。

〔澳北作战的一般设想〕 第2方面军的作战地区是夹在澳洲与菲律宾之间，从望加锡与龙目海峡至东经140度的地区，当时称这一地区为澳北。第2方面军的作战方针是，以巽他列岛及沙米（新几内亚西部）附近以西的太平洋沿岸地区为主要防御线，"迅速做好作战准备，击溃来攻之敌，确保澳北方面的重要地区，以等待发动攻势的时机。为此，首先在昭和19年（1944年）春季之前，大体完成作战准备，对由新几内亚东部与澳洲方面进犯的敌军，争取在一开始就挫败其反攻的意志。要特别重视航空部队的运用与同海军的协同"。

第2方面军的作战部署是：将年初以来在恶劣的条件下克服困难、逐步在当地展开完毕的第19军（军司令官为北野宪造中将，以第48师团、第5师团及尚未到达的第46师团为基干）仍然配置在巽他列岛及班达海周围；将新进驻的第2军（军司令官为丰岛房太郎中将，以第36师团及第2野战根据地队为基干，还预定增加一个师团），配置在沙米附近以西的新几内亚太平洋沿岸；将第1野战根据地队（司令官为武田寿少将），配置在哈马黑拉；将第7飞行师团的主力（师团长为须藤荣之助中将），配置在斯兰岛，以加强作战准备，

[①] 楠公精神，指楠木正成1334年"建武中兴"时期忠于天皇视死如归的精神。——译者

并与海军协同，空、陆军结成一体，击溃来攻之敌，以确保本防线上的重要地区。

另外，设想本防线由以集团机场为中心的大小支撑点及战术据点构成，在这里集中按计划兵力所需要的会战资材及半年至一年的经常性的军需补给品，整备陆、海、空三方面的交通、通讯、联络。此外，对于决战方面，特别重视将预定增加的两个飞行师团的全部力量作为决战手段来集中运用。并且提出："方面军需要首次发挥战斗力的是，挫败敌军从新几内亚东部方面进行连续反攻的企图。为此，命第2军迅速完备沙米附近的支撑点，并尽量迅速完备哈兹黑马湖与威斯鲁湖附近的据点；同时，关于在萨雷腊湾一带集中海上机动部队及该方面的各种优势兵力方面，务期做好万全准备。"即判断萨雷腊湾地区为第2方面军的决战地点，预定将第2军的增加兵团主力，配置在这里，并决定将先到的第36师团的主力暂先配置在沙米，将另一部分配置在比阿。该师团在12月25日以后，陆续到达上述地点。

〔第2方面军的作战计划——召集军参谋长及直辖兵团长会议下达指示〕 澳北一带地区，只有地图上有地名的地点有一些原住民，其中荷兰、葡萄牙的殖民据点有若干设施，其他几乎所有地区是开天辟地以来从未有过人类居住的地方。在这样的地方派驻现代军队，并在短时间内准备决战，本来是极困难的事情。第2方面军司令部当从东京出发时，即11月12日，关于完成决战任务所需的部队、资材、船只等，曾向大本营有所请求，1月上旬，又往东京派遣幕僚联系催促。但是，随着太平洋方面战况紧迫，原定2、3月份对第2方面军的运输大部分停止了，而预定配置在伊里安湾的第14师团也调到帛琉方面去了。——这时，第46师团的主力运送到新加坡后，就配备在巽他岛附近；而其输送地点，由于中央调度船只关系，已不可能变更。——至此，各种情况都已清楚。方面军最后决定了作战计划，于3月10日，在达沃郊外的塔里亚温召集军参谋长及直辖兵团长，详细阐明该计划，以彻底贯彻作战思想。其作战指导要领大致如下：

一、排除敌军对我运输的妨碍，并且在防备来自太平洋方面的敌军海上部队与来自澳洲方面的敌军反攻企图的同时，加强整备战略态势，尤其是加强整备航空部队运用方面的基础，促进以昭和19年夏季为目标的会战准备。在此期间，特别优先重视航空的整备及船只的运用。

加强当地自给，减轻船只负担，并事先防备后方补给的断绝。

二、当促进会战准备时，将已经展开的兵力、设施和军需的状态，要在夏季以前整顿成为能够适应发动会战的态势，同时令增加的军队与军需品，迅速补充基本配备的骨干，并以能够逐步展开会战的态势，按情况的缓急与运输能力的增减，逐步展开运输。

进入夏季还未发动会战时，仍按本要领继续展开尚未完成部分。

三、在会战之前，抓住有利时机，以航空部队进攻敌军的预备基地，粉碎或阻止其企图。

四、在查亚普拉配备部分兵力，使之阻碍敌军前进并负责收容我新几内亚东部的部队；根据情况，必要时使该地区成为给予敌军一击的支撑点。

五、当敌军来攻时，各方面应各自击溃当面之敌。方面军将逐步形成作战重点，连续指导决战。首先将在新几内亚北岸前进的敌军，歼灭于新几内亚西部的北岸方面。以此为目标指挥全面作战。根据情况，如敌军远在新几内亚北岸前进之前，向远海岛屿（阿鲁、卡伊、丹尼巴）方面进行反攻时，可暂时把重点放在这一方面，首先击溃这股敌军。

六、应当预料到，在展开尚未完成基本配备之前就发动会战。在这种情况下，将随时站在主动地位，把陆续到来的军队和军需品逐步布置在会战方面，指挥决战。

七、由于战况，尤其是由于小船运输力的不足，增加的军队和军需品不可能在前方展开时，要自主地将这一部分军队与军需品，纵深配置本防线上，并主动地运用尽量多的兵力，作为决战的机动兵力。

八、不论在任何场合，都要重视敌军刚一开始行动时就进行反击，要预测情况的演变，以当时情况下尽可能集结的兵力，增强反击的威力，通过综合运用这些兵力，予敌军以一大痛击，争取在敌军行动初期，挫溃其反攻意志。

九、暂预定新几内亚北岸方面为今后进攻的正面地区。

十、对于第8方面军，以同情的态度对待，在不影响大局的情况下，尽量给予武士道式的协助。

此外，在这一作战计划中，还详细规定了关于本防线的组成、机动兵力的整备、军队的展开，军需品的集聚、补给的确保及运输力量的整备等作战准备事项，方面军司令部表示率先身体力行，同时要求各兵团尽更大的努力。这样，各兵团尽管条件非常恶劣，仍在默默地继续尽最大的努力，除对敌军以外还要同大自然进行斗争，同时逐步加强作战准备。

〔南方军的企图——四角要塞问题〕 如前所述，南方军的决战设想是，以菲律宾为绝对的总决战地区，以四角要塞、缅甸要地及巴邻旁地区为支撑这次决战的三大支柱。在这三个决战的支撑点中，巴邻旁地区是立即可以进入决战的；但是，至于缅甸则必须等待已发动的英帕尔战役告一段落，而形势上特别急需的是太平洋的正面。关于四角要塞的问题，有些周折。即，南方军对四角要塞的设想是，以判断敌军的主要攻势由新几内亚北侧指向菲律宾为前提，纠正陆海军作战时动辄容易分离的弊病，将扼制敌军进攻菲律宾前进路线的伊里安湾、帛琉、哈马黑拉及棉兰老岛四个据点，牢牢地编在统一指挥之下，在此指挥陆海军同时在同一个正面进行作战，以掌握制胜的时机。然而，应该在这统一组织之下，进行有机活动的重要地区，却被分割为第2方面军、第14军及第31军（在联合舰队指挥之下）的三个指挥系统。因此，南方军想要让新进驻的第2方面军专门担任这项统一指挥（尽管该军是很晚被派到那里去的），企图在此集中运用空军主力，并指导与舰队主力同心协力进行决战。但是，由于牵连面太广，意见始终不能统一，终于不得不放弃这个打算。

结果，南方军作战计划大纲中，关于澳北的战备，规定"澳北要区为左翼的决战支撑点，特别以四角要塞构成歼灭战的地带，捕捉来攻之敌，全部予以歼灭。为此，须确切地与海军协作，并努力确保海上运输。该地区的基本兵力预定为六个师团及其他兵力若干。整备空军基地的标准是，小巽他远海岛屿及伊里安湾各为两个师团，哈马黑拉附近为一个军师团。集积军需物资的标准是，以地面1、5次会战6个月份（粮秣一年份），航空燃料与弹药6个师团的两个月份为目标"。

查亚普拉的防卫

第2方面军与第8方面军的作战分工地界原定为东经140度线。查亚普拉位于这一线的东侧，即处在第8方面军的作战地区之内，是第8方面军的重要后方基地，同时，另一方面又是第2方面军的主要防线上的前方重要战略据点。因此，第2方面军行使统帅权以后，就研究了或是经过交涉，将这个地区纳入第2方面军的作战地区之内；或是虽处于作战地区之外，但部署一部分战斗部队。但是，当时只有一个师团到达主要防线萨雷腊湾正面，这样做势将分散兵力，因此，终于保留了这种打算而拖延下来。

〔防卫问题——第18军编入第2方面军隶属之下〕然而，随着敌军进入阿德米勒尔提，大本营于3月25日，将第18军及第4航空军编入第2方面军隶属之下，并命令第2方面军同时统辖新几内亚东部地区。方面军面对这种调动，感到困难很大，但仍遵照大本营的命令，授予第18军如下任务："其主力尽快向威瓦克以西转移，加强防卫查亚普拉、艾塔佩、威瓦克等特别重要的空军基地，为持久之策，以努力制止敌军对新几内亚西部及加罗林西部方面的进攻。对于军主力转移期间新登陆的敌军，应争取随时随地击溃之。"即逐步将主力集中在查亚普拉附近，进行整顿，以图确保该地，击溃来攻之敌。因此，第4航空军应以主力协助第18军，同时促进下一步决战的准备，并迅速加强整备查亚普拉机场群。另外，作为紧急措施，就准备在上述机动地区及查亚普拉、沙米之间设立驿站，已分别作出计划。但这种设立驿站计划，只是说从所承担的任务和当前形势来看必须如此，实际上并没有强有力的运输手段，方面军对此感到极大的苦恼与焦虑。

当时第18军（军司令官为安达二十三中将）将主力保持在汉沙以东，要将这支主力转移到威瓦克以西，机动各兵团需要500公里，而可以利用的舟艇、兵站设施都非常缺乏，并且这在过去激战一年、机动得精疲力竭的军队来说极为困难。加之，敌军正在威胁威瓦克、汉沙地区，还需保持对付敌军登陆的反击态势。此外，汉沙、威瓦克之间，还有着一条宽100公里的大低洼地带。

这片大低洼地带，在塞皮克河与拉姆两大河下游，整个地区形成湖泊沼泽地带状态。18军动员所有可以利用的舟艇与独木舟，进行不断的努力，到4月中旬每天才勉强能通过770名兵员。但是，汉沙以东还有3万兵员，要使这个部队全部通过，估计还需要两个月左右的时间。

〔敌军空袭帛琉——联合舰队司令部遇难〕 美机动部队2月17日对特鲁克进行的大规模空袭，对日本海军给予了可称为第二珍珠港事件的巨大损失。敌军还进一步利用余势，出现在塞班近海，使马里亚纳群岛一带暴露在极其危险的境地。当时，敌军机动部队以9艘大型航空母舰为核心，可见很多美国海军新建造的军舰加入了战斗的行列。

同敌军的这种旁若无人的行动相反，日本海军的航空兵力愈来愈不振，已不能进行有效的攻击。因此3月30日，敌军终于开始空袭位于内南洋西端的帛琉，直到4月1日，连续空袭了三天。当时帛琉是内南洋中唯一的安全停泊港。在这里停泊着联合舰队旗舰"武藏"号与辅助舰艇的主力。敌军空袭时这些舰艇大部分只好退避起来，结果运输船十余艘被击沉。

联合舰队司令长官古贺峰一大将在令舰艇退避后，亲自率领幕僚转移到帛琉岛上。但是，判断敌军可能要在31日傍晚或第二天即4月1日登陆，为了指挥全局作战，决心向菲律宾的达沃转移。舰队司令部首脑当晚分乘两架大型水上飞机，晚上十点钟左右由帛琉起飞。第一架水上飞机上坐着古贺长官以下人员，第二架水上飞机上坐着福留繁参谋长以下人员。两架水上飞机继续夜间飞行，飞到棉兰老岛附近时，因天气不好，第一架水上飞机失踪，第二架水上飞机在菲律宾的宿务岛附近的海面上被迫降落。福留参谋长以下约十名生存者被陆军守备队收容起来，第一架水上飞机后来完全断绝消息，认定古贺长官以下人员全部殉职。司令长官由丰田副武大将继任。

〔敌军登陆〕 查亚普拉附近的地形是，海岸正面有标高达2100米的丝克罗普山屏障似地耸立着，其南面有环绕仙他湖的平地，平地的东面有查亚普拉所在的浑布尔特湾，西面则有塔纳美拉湾。

如前所述，自3月30日以来，查亚普拉在没有设防的情况下，屡次遭受敌军的空袭，当地航空部队遭到巨大损失。4月21日，又遭到包括舰载机在内共600架飞机的扫射与轰炸。同一天，瓦库蒂、沙米也遭到舰载机的攻击。另外，在威瓦克的海面上由约50艘敌舰船组成的运输船队向西驶进，自第二天即22日凌晨起，敌军在空袭与舰炮射击查亚普拉的掩护下，以主力在浑布尔特湾（查亚普拉港正面），以部分兵力在塔纳美拉湾开始登陆。

当时在查亚普拉地区有属于18军的约6000名，属于第4航空军的约7000名，属于海军的约1000名，共14600名兵员。但大部分都是属于后方勤务与补给兵站的部队，没有战斗力和装备，加上这些部队的指挥官第6飞行师团长稻田少将、第3野战运输司令官北薗少将、第9舰队司令长官远藤中将都是按照新的部署，约在10天以前刚刚到达这里的，还没来得及进行统一部署和重新配备。

第4航空军将第7飞行师团的一半（战斗轰炸机28架）推进到第2军的正面，协助第2军，当然难以指望取得很大成果。当地地面部队尽管处于劣势，犹就地奋战，自22日至25日，先后在海岸附近、后方要点和机场周围分别坚持战斗。

但是，由于粮秣等大部分军需品都集聚在海岸附近，已经落入敌军手里；部队手里保有的粮秣，少的只能维持两天，多的也维持不到7天以上，因此，不得不将各部队集结在预定就地自给的哥尼姆地区（位于查亚普拉地区西南），以图后计。

4月22日，敌军在查亚普拉登陆的同时，还在艾塔佩附近登陆，占领了该地机场。当时在艾塔佩有兵站部队、补充人员、航空部队等，计约两千名兵员。但这些军队也缺乏战斗力，稍事战斗后就不得不后退了。

〔第2方面军增援查亚普拉——南方军制止〕 第2方面军接到敌军在查亚普拉登陆消息后，4月22日，命令第2军（司令部在马诺夸里），以步兵两个大队、炮兵一个大队增援查亚普拉。第36师团（在沙米）根据第2军的命令，派步兵第224联队长松山大佐，负责执行上述任务。接着，第2方面军鉴于查亚普拉的重要性，为了迅速粉碎敌军的企图，封锁敌空军对新几内亚西部的猖狂进攻，认为有必要向该地区增派第36师团的主力。于是24日命令第2军进行准备，同时将此意汇报了南方军。然而，南方军总司令部虽然理解第2方面军这份出于荣誉的责任感，但是认为根本不能容许解除主要防线上的要地沙米附近的防卫；并且，前趋增援的路途错综、遥远，怀疑能否发挥机动能力和战斗力。于是，竟然制止了这一行动。因此，第2方面军的这个计划便没有实行。

这时，第2方面军司令部已经完成了当地的作战准备，于4月25日进到万鸦老。

〔撤退〕 据判断，敌军登陆部队约有两个师。我在查亚普拉的部队自4月26日至5月7日，在哥尼姆集结了约7000名兵员，但是，这些军队以旱稻、芋头等当地食物，仅能维持几天。因此，该部队决定向沙米转移。自4月28日至5月6日，组成了11个梯队，行程约400公里，通过陌生的密林地带，逐步向西转移。另外，增援查亚普拉的松山支队，于5月2日，以部分兵力，在阿鲁模巴利用舟艇机动，其主力于8日渡过了特鲁河。

〔确保要线的变更〕 随着敌军进到查亚普拉，大本营担心敌军扩大制空圈，并考虑第2方面军指挥上的积极的倾向，认为必须由大本营负责将需要确保的要线向后撤退，于是，5月2日，命令18军向新几内亚西部方面转移，同时指令"在新几内亚西部方面须确保的第一线为萨雷腊湾要区、连接马诺夸里、苏朗、哈马黑拉附近一线，比阿岛要地则应极力长期保持"，并对有关配置细节，也都干预，作了具体指示。原来，第2方面军遵照大本营关于绝对国防圈的决定，自从去年秋天进驻以后，决定以包括沙米在内的伊里安湾一带为主要防线上的决战地区，南方军行使统帅权以后，仍将这一地带决定为决战的正面地区，并把它作为死守的地方，以分配到的极少的兵力和资材，正在孜孜不倦地进行决战准备。

然而，这样突然变更需要确保的绝对防御线，对于没有海上运输手段等任何办法的当地部队来说，是不利的而且也是做不到的。因此，第2方面军司令官为了避免指挥上的混乱，自己承担责任，压下这道命令，保留了有关变更的措施，未予执行。

〔第18军的决心〕 如前所述，18军大力向西转移，但其行程极为艰苦，至4月中旬，只能将很少的一部分部队推进到艾塔佩与查亚普拉之间地区。

查亚普拉与艾塔佩本来属于18军的后方地区，18军在过去一年多的时间里，为了执行任务，在马丹以东地区竭尽全力进行了苦战。因此，没有防备好这些后方地区，对于18军来说是迫不得已的。

然而，查亚普拉及艾塔佩的失陷，使18军司令官深受刺激，痛感道义上的责任。鉴于查亚普拉的战略价值，尤其是丧失这一地区对绝对国防圈所产生的影响，决心全力以赴，设法迅速夺回艾塔佩及查亚普拉；即使万不得已，也要通过这次作战行动，牵制敌军向西突进，以协助第2方面军的作战。

当时，在威瓦克地区保存有四个月份定量的全部粮秣，此外还可望得到两个月份的当地物资。尽管条件很艰苦，但也不见得就没有办法在当地长期坚持下去，不过18军处在孤立境地，游兵坐食，在即将开始的决战中袖手旁观，毕竟是18军不能忍受的。而从查亚普拉、艾塔佩迁回过去，和第2方面军合拢起来参加决战，固然是可行的，但根据多次经验，在没有人迹的长达1000公里的原始密林地带进行机动，显然要导致战斗力的损失，因而是不可取的。于是，18军决心将塞皮克以东的兵力迅速集中在威瓦克周围，尽管士兵已疲惫不堪，但仍动员全军同心协力，破釜沉舟，首先击溃艾塔佩附近的敌军。4月29日，下达攻击计划，命令各部队立即着手准备。第2方面军也同意18军的这一决心，并予以鼓励。

回想从东南太平洋正面的战局陷入失败以后进到新几内亚东部的18军，在没有人迹的原始地区，经过一年多的艰苦转战之后，而等待他们的却是如此极其冷酷与绝望的命运。然而，18军还是坚持大义，毫不动摇。即第18军决定部署以第20师团、第41师团为基干的主力，攻击艾塔佩，部署第51师团的主力，负责确保威瓦克地区的作战基地。18军预定排除困难，推进威瓦克与艾塔佩之间约130公里的兵站，约在6月上旬完成攻击准备，并命令第20师团（师团长为中井增太郎少将）迅速接触艾塔佩附近的敌军，为18军的进攻做好准备。第20师团未及解除从汉沙长途行军的疲劳，便立即开始西进，途中不断击溃敌军，于6月初接近特里扭莫鲁河（坂东河）附近的敌军前进阵地，为18军主力做好了攻击准备。

沙米战役

〔加强伊里安湾的问题〕 第2军的伊里安湾正面情况，如前所述，预定配置在这里的兵团，2月被调到太平洋中部方面，一直保持原状。到了4月，大本营将第35师团与第32师团编入第2方面军隶属之下。第2方面军便决定将这两个师团配置在第2军的正面。

这两个师团5月初用8艘运输船，编成1个船队（"竹一船队"），在3艘驱逐舰和数艘驱潜艇的护航与航空部队的掩护下南下。但于5月6日，在万鸦老西北海面，遭受敌潜艇的攻击，3艘船只（亚丁丸、但马丸、天津山丸）遇难，第32师团丧失步兵1个联队与炮兵的大约一半；第35师团丧失步兵一个联队和炮兵的大部。

情况尽管如此，第2方面军与南方军还进一步加强了航空掩护，仍然进行准备，拟将两个师团的主力配置在伊里安湾的正面，并将第2军与第35师团的主力配置在比阿岛。但是，大本营认为，这些部队进到前方是危险的，于是5月9日，再次指令向后撤退，并指示，"在新几内亚西部要区，应确保的第一线为连接苏朗、哈马黑拉附近一线。伊里安湾要区和比阿、马诺夸里附近要区，则应尽量长期保持下去"。并指示将新开到的两个师团，分别部署在苏朗与哈马黑拉。

在不到十天的时间内，大本营两次命令变更需要确保的要线。这固然是根据海军及船舶情况紧张而作出的，但对当地部队来说，这既破坏了原来以伊里安湾为决战正面地区的基本设想，又是根本办不到的。

〔沙米附近的作战准备〕 从华北方面调来的第36师团的主力（师团长为田上八郎中将，参谋长为今田新太郎少将），自昭和18年12月25日至昭和19年1月16日期间，在沙米登陆。其配属部队到3月上旬陆续到达这里。

沙米附近的地形是新几内亚到处皆是的原始密林地带，这里只有沙米附近、胡马奥农场（南兴农场）及马兹福因地区等若干地区采伐了，部队几乎完全没有就地自给的可能。加上原始密林里河川、湿地密布，恶性疟疾蔓延，给部队的行动和生存带来很大困难。

第36师团的任务是："占领沙米附近，首先协助空军，建立航空基地，同时，在重要地区粉碎来攻之敌，使该地区成为澳北决战的支撑点"。该师团首先将主力投入建立航空基地，尤其是建设沙米及渥斯克机场方面，并为交通通信、军需品的卸载、运输和集聚以及卫生设施等，夜以继日地继续努力，随着情况日趋紧急，逐步转移到地面作战准备方面。自4月21日以后，该地区连续遭受敌军的空袭，由于对空部队的善战，取得相当战果。在此期间，关于向查亚普拉派遣部队的问题，其经过前已叙述，第2军督促实行派遣。

该师团的作战设想是，在作战山及八纮山附近，构筑据点，以周围地区作为杀敌战场，凭准备好的道路，进行灵活的战术运动，随时随地歼灭敌军。机动范围随着准备的进展情况，预定首先达到特鲁河附近，然后达到瓦克德对岸地区。把兵力配置重点放在作战山附近。

〔敌军登陆〕 从5月17日上午4点钟左右起，约经3个小时的轰炸和舰炮射击之后，敌军分乘11艘运输船与20艘舟艇，在约30艘舰艇的护航下，开始在瓦克德岛及其对岸的特莫、阿拉列附近登陆。36师团于18日判明情况后立即令松山支队反击这股敌军。19日决定在特鲁河右岸采取攻势，部署中地区队的主力（以联队长吉野大佐指挥的第223联队主力为基干）从特鲁河上游开始，右地区队主力（以加藤中佐指挥的步兵第224联队遗留部队为基干），分别一直向敌军登陆地点进攻。

关于瓦克德岛的情况，八纮山瞭望哨一一报告说：17日望见该岛变成了火岛，终日遭到炮击；18日开来许多敌军舟艇，19日恢复平静，午后到处升起微烟。望见这般情景的人，对在孤岛奋战的六百官兵的亡灵，一致肃然低头默哀。

右地区队于19日在特鲁河左岸接触敌军，21日以后，反复以劣势进行了果敢的攻击，但占优势的敌军陆续向西挺进，24日，经奋战后，随同地区队长加藤中佐的战死，马兹福因地区终于落入敌军手中。36师团对此调动兵力，于27日攻击敌军前进部队，阻止了它的前进。

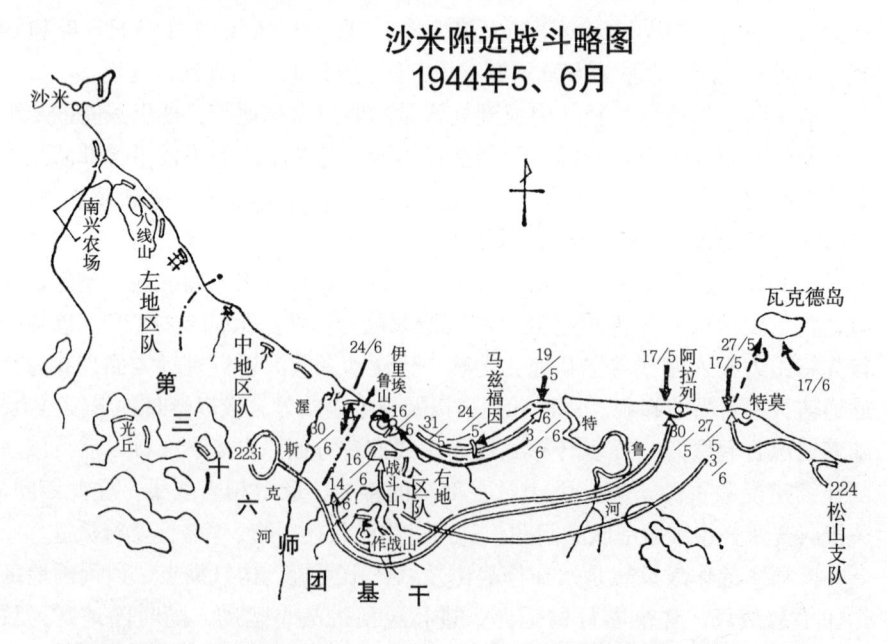

**沙米附近战斗略图
1944年5、6月**

〔进攻敌军〕 在特鲁河右岸，自25日以来正在准备进攻的松山支队，于

27日夜晚，在第7飞行师团进行准确有效的轰炸的协助下，进攻特鲁河附近的敌军，直到海岸，向乘舟艇往瓦克德方向退却的敌军进行追击射击。在同一天，步兵第223联队的主力，进到阿拉列附近的敌军前面，正在准备攻击。——这一天也是敌军开始在比阿岛登陆的日子——后来为策应该师团友军之急，继续进行了猛烈果敢的战斗。即步兵第223联队的主力，于5月30日，夜袭阿拉列附近的敌军，部分部队突入敌阵，破坏了火炮和重车辆，然后撤退，反复进行果敢的游击战，分别取得相当战果。此外，在特鲁河左岸，自31日以来，由于新右地区队的步兵第223联队一支部队的奋战，于6月2日夜间，夺回了马兹福因地区，一举将敌军压制到特鲁河河口方面，但敌军的抵抗越来越顽强，尽管后来进行了5天的反复攻击，也未能完全击退。在此期间，特鲁河右岸的松山支队，虽然粮食已尽，但仍没有屈服。他们以所在地区的西谷椰子充饥，① 于6月3日，对特莫附近，再次果敢地进行了攻击。但敌军的抵抗很顽强，干部死伤续增。战斗后来转入了游击战。

〔主要阵地的防卫战〕敌军于6月6日再次开始向特鲁河左岸进攻，在马兹福因地区反复进行了激烈的攻防争夺战。该地区终于再次被优势敌军所占领。后来右地区队的幸存者虽在侧面牵制敌军突进，但部分敌军终于在9日突进到伊里埃鲁山方面。

于是，36师团于6月10日决定不再进攻特鲁河右岸，将主力集结在作战山附近，引诱敌军进入错综复杂的地区，予以击溃。因此，将步兵第223联队主力作为中地区队，于14日配置在作战山西侧；而松山支队则作为右地区队，于16日配置在战斗山及伊里埃鲁山附近，并指挥原右地区队，分别各就配置岗位。

敌军自6月18日前后陆续进到伊里埃鲁山。右地区队长松山大佐于22日亲自站在阵前整日进行反攻。但除夺取了部分据点外，没有取得多大战果，大佐右大腿受到打穿的枪伤。但是，松山大佐更加坚定地激励各部队，于23日和24日，反复进行反攻，24日终于夺回了伊里埃鲁山最高点。这一天，曾一度用隐蔽在山洞内的山炮，完全击退了企图在伊里埃鲁山西麓登陆的、由水陆两栖坦克打头的7、8艘登陆舟艇，但敌军又以火焰放射器进行肉搏攻击，压住洞内的山炮，终于得以登陆。

同一天，敌军还在伊里埃鲁山西面的渥斯克地区登陆。36师团将战线收缩到战斗山及莫拉鲁铁连山一线，接着将部队集结在光丘、八纮山附近的作

---

① 西谷椰子，产自南洋群岛，可提取淀粉，为南洋群岛居民的重要食品。——译者

战根据地内，准备转入长期持久战的态势。当时敌军总兵力是以两个师为基干的部队。

在此期间，自5月下旬至6月中旬，由查亚普拉撤退的部队，经特鲁河上游地区，到达沙米附近。该部队根据方面军事先下达的指示，一边靠第2军储存的粮食，恢复体力，一边从事后方勤务。然而这只是忍受饥饿突破了400公里地形复杂、充满瘟疫地带的部分部队。

比阿战役

敌军在沙米附近登陆10天以后，即于5月27日，开始在比阿岛登陆。由此便展开了形成澳北方面乃至整个战局一大转折点的比阿战役。

〔战备〕 如前所述，自从第2方面军及南方军行使新的统帅权以来，从一开始就将伊里安湾作为主要防线上的决战正面地区，重视它的价值，而比阿岛又是湾内的第一要点。然而，大本营于2、3月抽调兵力，又于5月初再次指令将需要确保的要线向后撤退，并控制向该地区运送兵团。因此，加强当地的战备工作一直受到敌我双方的阻碍。就在这种情况下，事态继续向前发展。

第36师团的一部，作为第2军直辖的比阿支队，自去年12月25日登陆以来到现在，一直配置在该岛。这些部队是，以葛目直幸大佐为首领的步兵第222联队的大部分、36师团后方部队的一部分、野战高射炮1个中队、建设机场部队3个队、军直辖的后方勤务诸部队各一部分以及航空地区部队等。此外，海军部队是以千田贞敏少将指挥的第19警备队为基干的各部队。

当第2方面军进驻澳北的时候，接到大本营关于在该方面作战时向前推进两个飞行师团的秘密指示。方面军制定了将其航空部队的全部力量集中运用于主要决战正面地区即新几内亚西部北岸的方案。主要防线也以机场群为中心的支撑点的方式组成。比阿岛是该方面的重要支撑点，因此优先重视航空战备。支队长葛目大佐连日奉戴军旗，督励航空基地的建设。

然而，在此期间，第6飞行师团在查亚普拉以东的作战中几乎全军覆没，而原有的第7飞行师团的补充情况也很差，出动机数只有40—50架的程度；担负该方面作战的海军第23航空战队也只有飞机20架。

自5月上旬以来，比阿岛连续遭受敌军轰炸。估计在敌军登陆时，支队将第1大队由波斯尼科附近调出，布置在沙巴附近；将第2大队布置在莫默及其机场附近，将第3大队布置在其中间，令航空地区部队及建设机场部队守备机场，支队本部及安藤集成大队驻在亚铁波利北方。支队采取了不管兵种如何、全力投入战斗的方针，并将后方部队大都改编为战斗部队，配属于上述基干部队，以图自行增强战斗力。在此期间，第2方面军及第2军为了加强伊里安湾的战备，继续努力输送兵员与军需品以及改编后方部队为战斗部队等。

〔反击——沼田参谋长在现场指挥〕 5月27日上午5点钟左右起，敌军对比阿岛东南海岸一带进行舰炮射击与轰炸。在其掩护下，从7点钟左右起，以水陆两用坦克与登陆舟艇在波斯尼克附近开始登陆。海上还大约有40艘舰船。正当这时，来该岛视察正待要回去的方面军参谋长沼田中将目击这一战况，决定暂时留在当地指挥作战，并想亲自增强比阿的战斗力。

在波斯尼克附近，我军事先布置在高50米的断崖上。敌军在眼下宽150米左右的海岸低地登陆。第1大队首先集中火力予以迎击。接着进行部分突击，均获得相当战果。入夜后，第1大队主力袭击波斯尼克附近；第3大队主力袭击亚铁波利附近；安藤集成大队袭击波斯尼克附近。这些机动灵活的夜袭，都获得了一定战果。此外，第2大队扼守莫默附近的隘路，击退了以坦克为先锋突进前来的敌军。

这一天，第7飞行师团及海军第23航空战队全力出击，协助这次作战。这两支部队都受到损伤，但取得了相当战果。尤其是驻在苏朗机场的飞行第5战队长高田少佐踊跃出击到比阿上空，奋战之后，断然与僚机一起冲撞敌舰。此举乃是特攻的首例。

关于在这次作战中要使用多少航空兵力的问题，曾在南方军总司令部中展开了激烈的争论，最后决定以第7飞行师团予以协助。同一天，海军为了协助这次作战，将第1航空舰队的90架飞机由帛琉方面调到哈马黑拉方面。

5月28日，战斗更加激烈。敌军继续强行登陆。我军白天进行火力攻击，接着反复进行夜袭。尤其是第2大队夜袭莫默附近，取得很大战果。29日天明后，仍整天持续战斗。分配到第2大队的坦克中队，奋勇以坦克冲撞敌军坦克，将敌军压制到海岸，进而使敌向东方溃退。各队意气轩昂。这一天的战斗重点在第2大队的正面，支队长葛目大佐转移到这里，警戒苏利特方面，第一大队的主力似乎也调到了这一方面。第23航空战队报告说，他们以中型攻击机击沉巡洋舰及中型运输船各一艘，并取得其他战果。敌军好像有些畏缩，开始在阿乌伊岛登陆和卸载。方面军参谋长沼田与第28特别根据地队司令官千田，在西山洞里指挥作战，分别电告有关方面说，应当乘目前有利的战况，创造扭转战局的契机。

〔浑作战——突入比阿岛作战〕 在此之前，南方军鉴于比阿岛的重要性，企图将驻在三宝颜（位于棉兰老岛西端）的战略预备部队、海上机动第2旅团推进该岛，正在同西南方面舰队进行协商。接到敌军已在比阿登陆的报告后，立即达成协议。大本营也对此予以谅解。

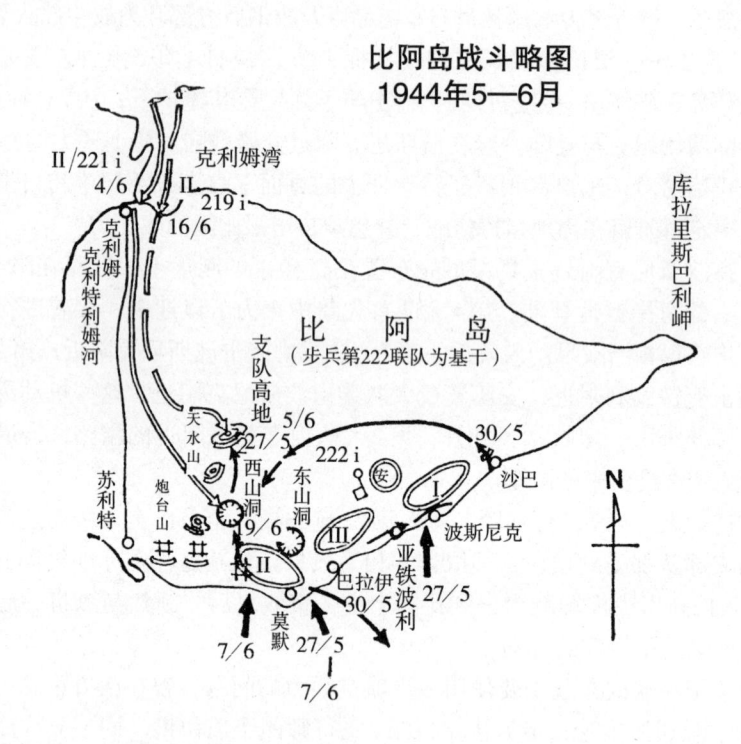

比阿岛战斗略图
1944年5—6月

（图中标注：II/221 i 4/6、克利姆湾、II 219 i 16/6、克利姆、克利特利姆河、苏利特、炮台山、天水山、支队高地、西山洞、东山洞、5/6、27/5、222 i、安、30/5、沙巴、波斯尼克、亚铁波利、巴拉伊、II、莫默、7/6、27/5、30/5、7/6、比阿岛（步兵第222联队为基干）、库拉里斯巴利岬、N）

如前所述，南方军的本来意图是将比阿岛方面作为决战的支撑点，以指导陆、空军协同一体，陆、海军在同时同一个正面进行决战来作为作战的根本方针。但航空与地面兵力的实际状况，已如前述，又完全难以指望得到强有力的舰队的协助，南方军尽管面临这一重大的作战，除了将仅有的战略预备部队，依靠当地海军部队的协助，努力向比阿地区推进、加以补充之外，没有任何办法。比阿作战与"阿"号作战一起成为这一时期作战的核心。

如前所述，大本营的企图是，根据太平洋中部方面的"阿"号作战第一的方针而决定的。但比阿作战一开始，便突然改为固守比阿岛的方针了。

南方军自5月31日以后，将海上机动第2旅团编入第2方面军指挥之下。随着在比阿登陆，第2方面军决定将该旅团编入第2军指挥之下。海军将第16战队（由"青叶"号、"鬼怒"号、"浦波"号、"敷波"号、"严岛"号组成）编为运输队；将第5战队及4艘驱逐舰编成警戒队，将"扶桑"号与两艘驱逐舰编成间接护卫队，其主力于6月1日在达沃抛锚，海上机动第2旅团长玉田少将、第16战队司令官左近允少将以及南方军、西南方面舰队、第2方面军、第2军的各主任参谋在达沃聚会，商定于6月4日在比阿北岸的克利姆进行登陆作战。该部队于2日黄昏，在开完作战会议全体人员的欢送下，由达沃拔锚出发。当时，称这个突入比阿的作战为"三军作战"。

〔勇敢奋战〕 在此期间，比阿方面还在继续奋战。5月30日，第7飞行师团和第23航空战队继续出击。在比阿岛，由于第2大队和第3大队的攻击，亚铁波利以西至莫默一带的敌军主力被击溃，向波斯尼科及阿乌伊岛方面退却。当天各部队的作战进行得非常出色，看来海滨歼灭战成功在即。但在左翼，由于调走了第1大队，致使沙巴附近的部分敌军进入台地，支队长便命令第1大队迅速返回原地，同一天夜里，安藤集成大队的部分兵力夜袭进到亚铁波利西北地区的敌军。这一天，方面军参谋长沼田反复电告有关方面，应该抓住这一战机。

在此期间，各方面分别采取了增援比阿的措施。第2军（司令部在马诺夸里）拿出所有的全部大型机艇（约10艘），命令第35师团（师团长为池田浚吉中将）——司令部已经进到马诺夸里——抽调一个大队增援比阿。另外，方面军取得第4南遣舰队的协助，继续向前方运送兵力和军需品。

比阿支队还在继续奋战。5月31日，第3大队以一个个小部队攻击当面之敌，阻止其前进。当夜，第1大队陆续返回原地，接着夜袭进到台地的敌军，突破第一线，攻击敌军宿营地，取得很大战果。但天明后，由于遭到敌军的火力攻击，大队长以下死伤颇多。

该支队的勇敢战斗还是在气候酷热、饮水和粮食十分缺乏的极端恶劣条件下进行的。即，台地上水源有限；由于敌军登陆，损失了堆积在海岸的大量粮食。

尽管第一大队果敢反击，但台地的敌军自6月1日以后，以机械在密林里开辟道路，推进重型器材，开始向西徐缓前进。

〔停止浑作战——最后的希望破灭〕 浑作战部队在出发的第二天，即6月3日，遇上两架敌机；又据情报说敌军机动部队像是在比阿方面，于是当天晚上，联合舰队司令官不胜惋惜地发布命令，停止"浑作战"，令运输队到达苏朗后再相机恢复作战。这样，鼓舞人心的比阿决战的最后希望也白白消逝了。

〔奋战——两次、三次停止浑作战〕 进到台地的敌军部队为我反击所阻，前进缓慢。但于6月4日，竟开始射击东山洞，5日开始射击西山洞了。第3大队尽管腹背受敌，仍然打得很好，击退了海岸正面敌军的进犯。但切望的"浑作战"部队始终没有到来，只有第2军增援的第221联队第2大队，于4日按预定计划在克利姆登陆，随后逐步向西山洞前进。在此期间，第7飞行师团和海军航空部队主要压制增援的敌军舰船和阿乌伊岛与瓦克德的敌军。海军航空部队得到第1航空舰队的增援，战斗进行得也很出色。但遗憾的是，这支调用部队由于行军与流行疟疾，消耗了很多兵力。5日，敌军报道，在5天内损失3000余人。其苦战情况由此可以想见。

支队长驻在亚铁波利北方，6月6日，将第2大队的主力调到该方面，决定继续以前的反击，夜袭波斯尼克附近残存的敌军主力。但是不巧，新调来的敌军于7日，开始在莫默机场正面登陆。于是，支队长立即放弃夜袭的企图，命令第2大队返回原地，恢复原来态势。该大队到达天水山，但由于敌军的火力，难以在白天继续前进，而且，敌军的登陆逐步有所进展。正在西山洞里指挥作战的方面军参谋长沼田中将，8日，决定以不受支队长指挥的帛莱以西的各部队，夜袭莫默机场附近的敌军主力，由第2大队主力和集成的佐藤部队执行这一任务。然而，这次夜袭由于天明后敌军的火力猛烈，受到不少损失后撤回到原来位置。第2大队长牧野少佐在这次战斗中终于战死。在此期间，第3大队仍然保持其阵地，同敌军在近距离内对峙。9日，支队长来到西山洞，会见沼田中将，企图完全掌握各部队，并将支队主力集结到这个方面。

沼田方面军参谋长因再三接到阿南方面军司令官敦促归还的命令，还因葛目中佐、千田少将恳求，为了促进"浑作战"，希望迅速回到任地，便乘运送第2军增援部队的舟艇，返回任地。

6月8日，海军利用第16战队，运送约600名兵员，企图再次进行"浑作战"，开到克利姆海面，但遇到敌军舰队，终于没有成功。10日，又将第1战队（"大和"号、"武藏"号）及第2水雷战队，编入"浑作战"部队，企图第三次进行"浑作战"。但都失掉了战机。6月13日，随着联合舰队发布命令准备进行"阿"号决战，如此几经周折的"浑作战"，至此完全取消了。

〔殊死战斗——葛目大佐焚烧军旗，自尽〕6月9日以后，在莫默机场正面海岸的敌军，动员占压倒优势的空军、舰炮、重炮以及其他所有武器，以中型坦克为先导，逐步北进，与台地的敌军相呼应，将攻击的疆点指向西山洞。对此，第1大队、第2大队在天水山附近，第221联队第2大队在西山洞附近，兼用肉搏攻击、出击以及火力攻击等形式，夜以继日地持续奋战。这时，支队的火炮已大都损坏，只有长谷川高射炮中队在继续奋战，并在对空、对地战斗中取得战果。6月11日，敌军才勉强登上台地顶端，但因筋疲力尽，进展十分迟缓。在此期间,南中佐(第14野战机场建立队长)指挥的集成部队,在东山洞附近,压制敌军机场。此外,第3大队虽已进入近距离战斗,但仍死守着原有阵地。

这样一来,敌军团长艾克尔巴卡亲自来到第一线,整顿阵势后,于6月19日开始进行总攻击。——这一天,在马里亚纳方面,联合舰队再度开始了打出Z旗的"阿"号决战。——支队长葛目大佐在西山洞,已经觉察到:虽然击退了20日的敌军进攻,但最后时刻已经来临。于是,焚烧军旗,留下皇室徽章、旗杆和部分旗穗,旗穗分给了各大队。21日,敌军继续顽强攻击,西山洞完全被包围,受到坦克炮和火焰放射器等的攻击。各部队殊死奋战,山洞入口处尸体累累,极为凄惨。

这时,支队长已决心自尽,但由于千田少将及部下的恳切劝阻,勉强压下这一念头。22日,利用暗夜,逃出了西山洞。跟随支队长逃出的有联队本部人员50名,通信部队40名,第1大队40名等总计不过一百几十名,装备只有手枪和掷弹筒。在逃出之前,不能走动的约一百几十名重伤员,各个祝愿皇国必胜,从容自尽,以使主力便于逃出,情况十分悲壮。

剩下来的支队主力在西山洞西北高地线(称为支队高地),第2大队主力在天水山北部高地上各自占据了阵地。另外,第2军由于克服困难新增援的第219联队第2大队已经开到,增加了新锐的兵力,还在坚持抗战。自6月27日前后起,敌军逼近阵前,连日来战斗极为残酷。

东山洞的战斗以6月28日南中佐的自尽而告终。与此前后,第3大队的阵地也经过同样激烈战斗之后,落入敌军手中。敌军的战场兵力是以军团长指挥的约一个半师为基干的部队。

7月1日,支队长葛目大佐嘱咐副官带领残余部队向后方高地退却,保持烧毁的军旗,坚持奋战,自己则去山洞里从容自尽。这样,葛目大佐的命运和防守比阿岛,即防守以机场为中心的决战支撑点的任务同归于尽。恰在这一天,阿南将军下达训令,指示今后比阿作战应转入游击战,避免官兵过早地自我牺牲,但训令到达晚了。

比阿支队仅以步兵一个联队及其配属部队,肩负对付敌军庞大部队的重担,坚守这一战略要地达月余之久,其殊死战斗的壮烈情景,诚足以感天地而泣鬼神。

后来,这支部队继承战友的遗志,长期坚持了英勇不屈的游击战。第2军派遣利用舟艇的挺身队,同他们取得联系,还通过空投进行补给,但8月中旬以后,同地面断绝了联系。

〔嫩波鲁及桑萨波战斗〕 7月2日，敌军在比阿西面的嫩波鲁岛登陆。守备该岛的步兵第219联队长指挥的第3大队基干（第35师团所属）部队主要利用夜袭对敌开始登陆地点反复进行果敢的反击，但始终没能达到目的，于是后退，凭依该岛中央的高地，继续进行了游击战。

另外，敌军于7月30日，在鸟头半岛马鲁以及桑萨波附近登陆。第35师团冒着从苏朗补给的困难，继续进行了游击战。

艾塔佩战役

自4月下旬以来，敌军对新几内亚西部进行的连续不断的攻击，使在新几内亚东部的第18军完全陷于孤立。但该军斗志并没有由此受挫，反而坚定了只要活着就继续抗战，以策应友军决战的意志。

〔进攻准备〕 如前所述，敌军在艾塔佩、查亚普拉登陆之后不久，第18军司令官就决心夺回该地。当时，18军的兵力是，包括新调来的驻在艾塔佩以东的第4航空军所属部队和海军第27特别根据地队，共计55000名，但实际兵力不过一个半师团多一点。即：第20师团只保有60%的兵力，第41师团只保有80%的兵力，第51师团只保有30%的兵力。第18军决定，上述兵力中，以第20师团和第41师团的全部兵力以及第51师团的部分兵力，计约35000名兵员，部署攻击艾塔佩方面；以第51师团的主力等计约两万名兵员，确保威瓦克地区的作战基地。

第20师团的初战极为顺利，但军主力的攻击准备却进展缓慢。为了推进自威瓦克至艾塔佩约130公里的兵站线，当初计划修建汽车公路，同时尽量利用大型机艇进行运输。由于工兵部队的努力，通过密林，赶修了自威瓦克起约60公里的汽车路，但赶上这一年5、6月份是本地雨季，赶修的汽车路由于连日降雨泥泞载道，几乎不能通车。而大型机艇的运输也因缺乏适当的停泊点和隐蔽处，只能将军需品运送到离威瓦克约60公里的西部地区。

18军没有马匹，只能主要依靠人力担运军需品。为此，除部署兵站部队的主力约2000名担负这一任务外，还不得不调用将站在进攻第一线的第41师团的主力与第20师团的部分兵力。敌军以十几艘舰艇不断监视着海岸地带，反复进行猛烈射击；而且道路又泥泞难走。尽管在这种状况下，各部队也没有屈服，自联队长以下全体官兵都努力搬运军需品。当时，威瓦克地区由于敌军空袭，损失加重，粮食的绝对数量逐渐减少，每天的粮食定量减少到三分之一，因而官兵体力衰弱，病号递增，搬运效率急剧下降。

为了呼应遥远西方沙米、比阿等地正在进行的奋战，需要尽早开始攻击。但到预定的6月10日左右，军需品还远没有达到预定的集聚数量，因而不得不推迟开始进攻的日期。

〔再次下决心——轻易下不定〕 当18军孜孜不倦地准备进攻的时候，在另一方面，大本营根据新几内亚西部全面战况的变化，又改变了18军的任务。即，大本营于6月20日命令，解除18军隶属第2方面军的关系，编入南方军直接隶属之下，并且命令"18军在新几内亚东部重要地区，为持久之计，以使整个作战顺利进行"。

据此拟定的南方军的命令，于6月21日下达到18军。但这项命令责成军司令官完全自由处理。如果从消极的眼光来看，也可理解为"保存主义"。

军司令官现在需要回到出发点，重新下定决心。安达军司令官深知，负责担运军需品的官兵实在十分辛苦，长期担运下去将丧失大部分官兵。安达中将还知道，官兵的士气异常高昂，好多官兵因病不能参加攻击感到痛心而自尽。另一方面，当时新几内亚西部的战况，虽对我不利，但绝对国防圈依然健在，还反复进行着激烈战斗。这时恰值马里亚纳方面正在进行激战，因此判断，当前正是在绝对国防圈上进行决战的机会。另外，进攻艾塔佩的准备，经过两个月的殊死努力，现在已经大致完成。

综合各种因素看来，敌军登陆当时18军所下的决心显然没有错误。然而，使安达中将最为苦恼还有另一个因素。这就是，纵然上述各方面的分析没有错误，应否将一年半以来备尝无限辛酸的部下官兵，再次派往苦难的死地的问题。关于这个问题，安达中将日夜苦想在战术上有没有什么解决办法，但手中只有两个月份的粮食，因而终究没有想出可行的办法。

军司令官安达中将心中考虑上述问题，于6月3日来到前线，又经一夜的熟虑之后，终于决心断然实行预定的攻击。但是，对于查亚普拉的作战，如今根本没有指望，因此，作战目标仅限于艾塔佩。至于到底能否夺取艾塔佩，也不无疑问。但夺回该地，既是全军士气的象征，又是全军的愿望。结果也许只能将敌军牵制在艾塔佩方面，但通过军主力攻击，既可尽量扩大其牵制效果，又可策应担负决战的友军其他部队，这就是这次进攻的意旨。这一悲壮决心，终以如下内容的训示，传达给了部下官兵。

〔军司令官训示——舍身就义〕 训示：日美战局愈益严重。目前在新几内亚西部沙米及比阿岛方面以及太平洋中部塞班岛方面，两军主力在进行决战，而我国部分本土也处于敌军空袭之下，形势发展殊难逆料。本职一向决心通过夺回查亚普拉，一举打开新几内亚方面的战局，唯这一方案目前一时难望实现，我军至此不得不独立于新几内亚东部，处于绝对不能退却的境地。

本职念及深切信爱之全军将士的心境，肝肠痛断，莫此为甚。然而静忆国史，并纵观目前其他方面军之情况，以远征军遭逢如此境遇，并不稀罕。本职于此念及先训，当再振起不屈之信心，统率全军为发挥皇军独特的本色而迈进，维护国史之光荣。至于具体途径，要在长期确保要地，摧毁敌军的战斗力，但察国军目前的全面形势，却得不到在战略战术上合理解决的万全方策。本职拟在国军多年锻炼所系、军人精神的指教之道求得处理这一困难局势的方案。

现在敌军正在艾塔佩附近为我提出良饵，这是得以最有效地发挥我军战斗力歼灭敌军兵力的天赐的最后的绝好机会。如最初即以持久战为主，则终必不能发挥我军拥有的战斗力而遗恨千古。

持久战者只是以"猛号作战"之剩余孤军实施之；何况新几内亚西部国军主力，目前正处于殊死奋战的紧急情况之下。本职愈益坚定意志，拟将全军所有努力，集中于此一举，彻底攻击艾塔佩附近之敌并歼灭之，如是既以我军取得的战果，振奋全军士气，并与新几内亚西部友军的奋战相呼应，策应紧迫战局，以发扬皇军的本色。此乃本次作战的最终意义，亦为本职誓必达成的夙愿。（中略）

吾人各自为完成其使命献出全部努力，并为此做出牺牲，方能求得必胜。每人各自为皇国危急而殉职，在不朽的大义和悠久的国史中，求得永生之道，方能祝愿皇国的繁荣，此乃诸君所熟悉者。现在全军处此紧要关头，应竭尽毕生努力，充分发扬皇军本色，万勿遗恨千古，是所切望。

〔进攻计划〕 察觉到18军反攻企图的敌军，登陆后继续在艾塔佩附近增强兵力，正在军团长指挥之下努力进行防御。敌军为了直接防御艾塔佩，除约1个师以外，似乎还使用了许多工兵部队，正在修建永久性防御工事。另有步兵约3个营和炮兵一个营的兵力，进到艾塔佩东面约20公里的坂东河（特里扭莫鲁河）西岸，占据前进阵地，与我20师团相对峙。坂东河宽约50米（河床为100米至150米），水深50至80厘米，但流速达3至4米，是相当的激流。该河西岸的敌军前进阵地，位于白海岸的巴博至特利塞里山脉北麓阿瓦高地的正面约7公里一线上。

此外，敌军以艾塔佩为基地的约60架飞机和约20艘巡洋舰控制着艾塔佩周围的空中和海上，并在扰乱18军的攻击准备。

针对上述敌情，第18军于7月1日制定的攻击计划大致如下：

一、以第20师团的主力与第41师团的步兵第237联队，于7月10日夜晚，渡过坂东河，一举突破敌军前进阵地的中央部。

二、继突破敌军前进阵地，迅速逼近艾塔佩附近的敌军主要阵地，做好必要准备之后，发挥18军全部力量，攻占该地。在此期间的补给，除了两个师团本身携带份额外，依靠全体兵站部队的突破火线运输来维持。

三、攻占艾塔佩之后的补给，利用艾塔佩的舟艇隐避位置，通过大型机艇从威瓦克进行运输。此外，依靠掳获敌军的粮食。

四、在整个作战过程中，主要决战力求在海岸的平地上进行，但以部分兵力，从山地方面威胁敌军的侧背，以利于主力部队的进攻。

〔坂东河渡河作战〕 4月末以来，战胜千辛万苦做好准备的进攻，终于在7月10日夜10时，以河中岛附近的坂东河渡河作战开始了。第一线自右起按步兵第237、第80、第78联队的顺序，把兵力集中于狭窄的正面，一齐强渡坂东河。发现我渡河的敌人，立即集中猛烈炮火应战。我军损失很大，坂东河的河水几乎为之染红，但由于第一线各部队不屈不挠的攻击，终于胜利地夺取了敌军的河岸阵地。

之后，步兵第237联队向右翼迂回，第20师团的部队向左翼迂回，在扫荡敌人残存阵地的同时，开始作向艾塔佩主阵地追击的准备。这一行动，初期特别是第20师团正面，似乎在顺利进展；但一度退却的敌人，又从13日前后，开始利用海岸的道路和密林内的各条通道，从我军的间隙向原阵地侵入。在海岸道路和原渡河点附近各地，敌我之间展开了遭遇战。

军司令官觉察到情况不利，便令第41师团暂时中止正式攻击艾塔佩的准备，将其主力增援前线，确保渡河点，同时扩大战果。但是，敌军兵力增加的速度超过了我第41师团增援兵力的速度，至17日，我固守渡河点的部队约一个大队，在敌军优势炮火的攻击下，遭到全军覆没的悲惨命运。敌军完全恢复了原河岸阵地，我步兵第237联队在敌阵中陷于孤立。

另一方面，我第20师团长在夺取了敌军阵地右翼阿瓦附近的高地后，决定从该方面打开一条进路，从18日起，亲自指挥预备队的第79联队绕过敌军阵地的最右翼，越过坂东河，在阿瓦地区加入了原第一线部队正在同来反攻的敌人进行的半遭遇战式的激战。

〔坂东河西岸的决战〕 现在已经可以看出战况的巨大变化。两师团面对的敌军兵力已数倍于攻击开始当时，估计不下于一个师。敌人把艾塔佩附近的主力向前推进，要在坂东河畔寻求与我军进行决战，这一点已很明显。对此，我军兵力两个师团合在一起，实力也不过勉强够一个师团的程度，特别是火炮处于只有20门的劣势，因此认为要击败当前之敌，必须发挥我军的全部力量。更加成问题的是补给情况。第18军手中所存的粮秣，按定量的三分之一计算，只能用到8月末，这一点已如前述，如果考虑到战争后的各种情况；还必须留有若干储备。

艾塔佩作战经过要图

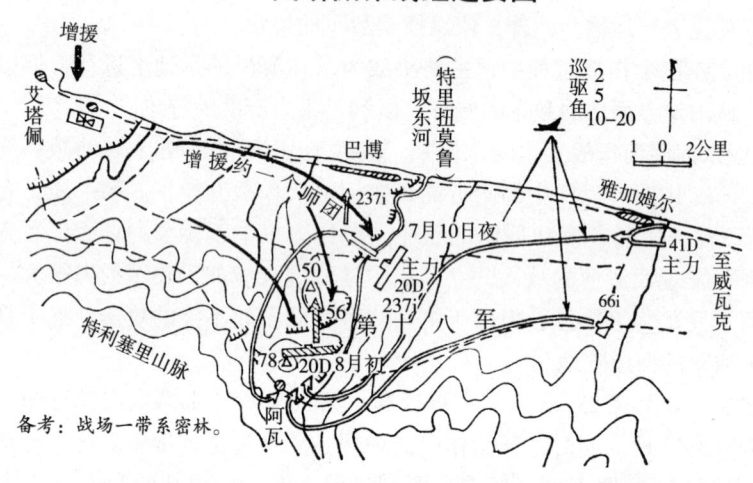

备考：战场一带系密林。

于是，第18军司令官于7月21日决定，使用我军全部力量来同目前在坂东河畔相遇的敌军主力进行决战。把准备对艾塔佩敌军根据地进行追击的步兵第66联队加派给第20师团，令该师团首先夺取阿瓦高地，然后立即在海岸方面扩大战果。第41师团主力策应第20师团的进攻，从26日前后开始准备再在河中岛附近强渡坂东河。

第20师团的进攻虽稍缓慢，但逐步取得成功。另一方面，第41师团正面的敌军河岸阵地逐步巩固起来，对炮兵力量很少的我军来说，估计渡河进攻极为困难。于是军司令官于26日凌晨决定把41师团也调到第20师团方面，集合两个师团的兵力来断然进行最后的攻击。

第41师团再次展开需要几天的时间。待8月1日与第20师团的右翼部队连接起来之后，开始了攻击。军司令官也把战斗指挥部推进到阿瓦附近，亲自指挥战斗。两师团将士用尽了最后一滴力量进行了强攻。在密林里反复进行肉搏战，到8月3日左右，大体控制了敌阵地的右翼地带，并可望向海岸方面扩大战果。

但到这时，自7月10日以来，经过25天的连续激战，兵力已不断地遭到严重的消耗。在美军百数十门大炮和迫击炮炮火轰击下，突击的步兵大队瞬息毁于全灭的情况也不止一两次。到8月3日左右，各个步兵联队的剩余兵力约有百名左右，少的仅剩30名，而且由于担运能力降低，粮食已从数日前逐渐用尽。第一线部队已经好久一天只嚼几勺（一勺为一升的1%——译者）生米，在坚持进行强攻，现在连生米也将要用尽了。当然，敌人遗弃的粮食和当地的野草之类也都利用了，但这些从整体来看，分量极少。这样，即使生存者，现在也全都精疲力竭，情况已经是无论如何也无法再继续攻击了。而当时包括艾塔佩在内，敌军在这方面的兵力，估计约有两个师之多。

最初期望夺回艾塔佩是办不到了，现在眼看只差一步不能把眼前的敌人压制到海岸加以歼灭，这是全军将士不胜遗憾的事。但再进行攻击，以这种极度疲惫的状态，只能使我军主力陷于白白饿死的境地，这一点已经是很明显的。于是，军司令官于8月3日决定主动停止攻击，转为以威瓦克地区为中心进行新的迎击作战。环顾当时其他方面的战况，马里亚纳已经落入敌手，新战场正在向菲律宾转移。

〔后来——向东方转移〕　当前的攻击于8月4日正午停止，各部队自当夜起再次渡过坂东河，开始向东方转移。全军将士对战死在坂东河畔的许多战友的英灵依依难舍，怀着二十多天以来竭尽人力，奋战到刀折矢尽的满足心情，和由此得以多少支援了西部新几内亚方面友军作战的慰藉，向东方转移。

但是和这种满足的心情相反，当前部队的状况却是十分凄惨的。正面的敌人从8月初开始向我右翼方面采取了攻势，这种攻势虽被我调头的一部兵力巧妙地阻挡住了，但凭着衰弱不堪的体力向东方转移却非易事。一边寻找当地的西谷椰子当做粮食，一边前进，行动异常迟缓。仅仅移动了20公里就费了十多天。这时的兵力约有2.2万，和开始攻击当时的兵力相比，大约损失了1.3万人（第一线两兵团约8000、后方部队约5000）。

集结于雅加姆尔、马尔吉甫的各部队，领取了15天份额的最后一点粮食之后，分别开始向新的部署地点前进。第18军的计划是以军的主力确保威瓦克和帕吉地区以及南部山脉，另以海军第27特别根据地部队确保凯里和姆秀两岛，迅速采取就地自存的措施，以迎击敌军的进攻，但军的指导作战的根本精神却始终是继续进行艾塔佩决战。

不管怎样，第18军将士还是以最后15天份额的粮食，依靠自己衰弱的体力，陪护着众多患病的战友，奔向了比事先预想的还要艰险悲惨的转移路程。当时是8月下旬。

第46章

马里亚纳失守

敌军进攻马里亚纳

〔敌军来犯〕6月上旬,当第2方面军及联合舰队为增援比阿岛再次进行"浑作战"时,敌军准备向太平洋中部马里亚纳进攻的迹象已逐渐明显。具体情况是,我太平洋中部的前进基地特鲁克岛,在2月遭到大空袭后,4月1日和月末又遭到敌机动部队的两次攻击。南鸟岛在5月20日和21日两天,关岛在24日都遭到了攻击。另一方面,敌基地空军也于5月下旬对马里亚纳方面进行了侦察性攻击。

6月11日这天,由数群组成的敌机动部队(每群以空母2—3艘、战舰或巡洋舰3—4艘为骨干)突然出现在关岛以东170海里附近的海面上,开始对塞班、提尼安及关岛进行空袭,而对塞班岛及提尼安岛的攻击特别猛烈。第二天(12日)继续攻击,这一天空袭塞班岛的敌机达500架之多。攻击的目标主要是机场、港口设备,工厂及阵地等。

6月13日,敌军在继续空袭的同时,开始以8艘战舰、3艘巡洋舰和30艘左右的驱逐舰对塞班岛进行舰炮射击。我方海军炮台、高射炮阵地及主要建筑物整天遭到了猛轰。我方人员、器材的损失固属轻微,但至此大致已可判明,敌人是在企图登陆。

6月14日,敌军仍然继续对塞班岛进行轰炸和炮击。从午前7点30分开始,敌军还以小型舰艇对俄勒埃方面的暗礁开始进行侦察和破坏。

6月15日午前4点30分,有25艘至40艘左右的敌运输船出现在加腊潘西方海面,在猛烈的舰炮射击掩护下,从7点40分乘小艇开始登陆。敌人的正面登陆地点是从俄勒埃到查兰卡诺南部一带地区,第一次的小艇群包括两栖登陆艇在内约有120艘,登陆的兵力估计有两个师。[①]

---

① 这天登陆的兵力是海军两个师,第二天16日,美军又增加了陆军一个师。

第46章 马里亚纳失守

〔**马里亚纳基地空军的覆没**〕 马里亚纳基地对日本本土来说，等于是太平洋上的一道防波堤。正因为如此，日本海军从昭和18年（1943年）7月以来，克服种种不利条件，把大力整备的第1航空舰队（第5基地航空部队）的主力作为决战兵力部署在这里，以备在马里亚纳方面发动"阿"号作战时，承担主要任务。

5月下旬左右，舰队司令长官角田中将将其司令部设在提尼安岛，直接指挥第61航空战队。整个布局是将第22，第26航空战队的司令部分别设在特鲁克和帛琉，担任加罗林和马里亚纳方面的作战任务；将第23航空战队的司令部设在肯达里，主要担任澳北方面的作战任务。舰队实有完好飞机共计1188架。

如前所述，由于敌军在比阿岛登陆，为了加强该方面的战斗力，舰队已将近半数的480架飞机（主要是属于第22及第26航空战队的）陆续调到该方面。但在6月上旬，其主力仍保持在马里亚纳方面。

在上述形势下，第1航空舰队在马里亚纳方面的兵力遭到了敌军的攻击，转瞬之间简简单单地全部覆没了。这主要是由于我航空部队戒备疏漏，和下文所述的联合舰队采取了控制其进攻的方针所致，并由于受到敌军先发制人的攻击，致使其主力在6月11日以后只经过敌军几天的攻击，便白白地在地面上丧失了战斗力。到了18日，连编成少数的攻击队都困难了。当然，其中一部分兵力也曾试图迎击敌机和攻击敌舰，但并未能扭转大局。第1航空舰队在"阿"号作战中，本应在我机动部队开始决战之前，就把敌军航空母舰的兵力消灭三分之一左右，却竟这样几乎未经一战就丧失了主力。从这以后就不得不指望部署在加罗林方面的所剩无几的兵力和从澳北调回的兵力了。

〔**敌军登陆时的塞班岛——军司令官未在岛上**〕 当时在塞班岛上除驻有守军第31军司令部、第43师团主力、独立混成第47旅团、第9坦克联队、独立山炮第3联队、高射炮第25联队和独立工兵第7联队等兵力外，还有准备调往帕甘及罗塔岛的第9及第10独立混成联队的各第二大队，陆军总兵力共有27500名。海军部队则驻有该方面的最高司令部即中部太平洋舰队司令部和第五根据地队司令部及第55警备队等。但第31军司令官小畑英良中将因督饬作战准备工作前往关岛，未在塞班岛上。

可是，从6月中旬马里亚纳方面的一般地面情况来看，并没有完全做好迎击敌军的准备工作。即第31军整个兵力的展开虽基本完成，但上述那些小部队中，还有尚未完全展开的部队。尤其是从上述军司令官的行动也可以看出，这方面的陆海军当局大都认为，敌军在马里亚纳登陆的时间，可能在7月以后。事实上第31军的作战准备工作也是以6月末大致完成为目标的。而且即使预料到7月以前敌军可能进攻，尤其从塞班岛部队的实际情况来看，也不足以充分适应这种情况。具体说来，该岛上地面战斗的骨干兵力即第43师团是在一个月以前刚调来塞班岛上的，对新配属的部队还没有完全掌握起来。工事的构筑情况是，在敌军登陆当时，野战阵地才大致完成。另外，步兵第118联队的主力在前来该岛途中沉入海底，再加上另外一个大队调去提尼安岛，实际战斗力降低到了5个大队左右。

作战准备情况既如上述，而且由于塞班岛上防御敌军登陆的方式采取了滩头消灭主义，构筑的阵地靠近海岸，在敌军舰炮射击下，阵地遭到了严重破坏。处于敌军登陆地点正面的步兵第136联队，或凭射击，或凭肉搏进攻，在海岸附近烧毁敌军两栖登陆艇多艘，但到6月15日午后，终于不得不让敌军在俄勒埃到查兰卡诺之间，占据了一个宽约4公里、纵深约数百米的桥头堡。

〔地面部队的反攻〕 这时，第31军参谋长井桁敬治少将以军司令官名义，命令第43师团及第5根据地队对敌军桥头堡进行夜袭。同时为了防御敌军在塔那巴戈方面进行新的登陆，将第43师团的步兵第135联队改由军直辖。夜间，第43师团及第5根据地队试行夜袭，但被地面炮火和舰炮射击所阻，未能冲进敌军阵地。

第二天，16日，敌军继续进行炮击和飞机轰炸，并有新的精锐部队上岸。这天，第43师团长（斋藤义次中将）手中直接指挥的实际兵力不过约四个大队和一个坦克联队，当天晚上，师团长亲自率领全部兵力对查兰卡诺方面断然进行夜袭。与此相呼应，海军部队和陆军步兵一个大队也从加腊潘方面进行夜袭。第43师团长亲自登上坦克指挥战斗。由于各部队的奋战，到了17日，战况有所进展，将敌军压制在斯斯贝岬附近海岸，在将到达海滨时，由于敌军的枪炮射击和坦克的反击，我军损失不断增加，战力消耗罄尽，仅以咫尺之差，反击终未成功。

同一天，敌军在塞班岛南部，猛攻阿斯利特机场地区。独立混成第47旅团（旅团长冈大佐）等所在部队的努力也终未奏效，到17日晚，阿斯利特机场终于落入敌人手中。我一部分残余部队被压制在奈非坦半岛。

在这中间，第31军从关岛上的第29师团抽出步兵一个大队，从特鲁克岛上的第52师团抽出步兵两个大队，准备向塞班岛增援，但均未能实现。

马里亚纳海战——"阿"号作战

〔**发动"阿"号作战的决战**〕 敌机动部队进攻马里亚纳前两天，即6月9日，据我侦察机对美军舰队根据地马朱罗港的侦察结果，发现最近一直驻在那里的美军舰队已不见踪影。这与监听通信情报结合起来分析，表明敌舰队的大规模作战已迫在眉睫。因此，联合舰队司令官于6月10日下达了进行"阿"号作战决战准备的命令。

果然，6月11日，敌机动部队大举进犯马里亚纳。但联合舰队并未立即下达准备决战或开始决战的命令。这是因为联合舰队一直估计海上决战将在帛琉附近海面进行，因而对正在空袭马里亚纳的敌机动部队的企图怀有疑问；认为此次进犯，也和过去多次的袭击一样，目的仅仅限于空袭，三天过后也许就会撤走；并且还担心会在其他方面登陆，因而控制了第1航空舰队进行积极攻击。

然而，由于13日敌方开始了舰炮射击，情况就基本上清楚了。于是当晚，丰田联合舰队司令长官在内海西部的柱岛锚地，发布作好"阿"号作战的决战准备和暂停"浑作战"的命令，同时命令第1航空舰队和第1机动舰队调去参加"浑作战"的兵力返回原队。接着15日凌晨，下达了开始"阿"号作战决战的命令，这时才命令第1航空舰队开始攻击。

大本营为了进一步加强这次"阿"号作战，6月15日发布命令，将横须贺海军航空部队的主力（约120架飞机）拨给联合舰队司令长官指挥。丰田联合舰队司令长官将该部队编成八幡部队，派往硫黄岛，归第1航空舰队司令官指挥。通过这一措施，就把当时日本海军的基地航空部队的几乎全部兵力，都编入了"阿"号作战的体制。

〔**第1机动舰队的出击**〕 "阿"号作战中的一支决战兵力，即第1机动舰队根据5月3日制定的"阿"号作战纲要，于5月16日，在菲律宾西南部的塔威塔威停泊地集结完毕。

当时实际整备的飞机约有360架，仅为规定数的80%，而且飞行员的训练水平没有达到要求的程度，还必须加以提高，但在该停泊地附近几乎不能进行训练。本来决定集结在塔威塔威停泊地是由于考虑机动舰队的行动能力，意在尽量靠近决战海面，但在该地附近，有大量敌方潜艇出没活动，根本不能出动到港外训练，而且附近又缺乏地面基地，随着待命时间的延长，训练水平反而日渐低落。

因此，小泽第1机动舰队司令长官决定，将停泊地改为菲律宾中部的吉马拉斯。6月13日晨，由塔威塔威出发向吉马拉斯航行途中，接到"阿"号作战进入决战准备状态的命令。于是小泽长官立即命令调去参加"浑作战"的第1、第5战队及第2水雷战队归还原队，主力仍继续航行到达吉马拉斯。从14日晚到15日晨，全舰队补充了燃料、做好了出击的准备。这时恰好接到"阿"号作战开始决战的命令，机动部队便在午前8点从吉马拉斯出发驶向马里亚纳。

6月15日傍晚，机动部队正在穿过菲律宾中部的圣贝纳迪诺海峡，通过截获的敌潜艇无线电讯得知，敌方已经发觉了我军的行动。这时小泽长官综合各方情报，对敌情大致做出如下判断：

一、马里亚纳方面的敌军舰队大致由5群组成，是以7艘正规航空母舰和8艘改装航空母舰共15艘为骨干的美军机动部队的主要部分。

二、现在在塞班岛登陆的情况，只是部分部队刚刚开始，迟早还要出现大规模的登陆船队。现在仅看到部分特型航空母舰及护卫航空母舰出现在列岛东方一带海面，到了决战前后，估计很可能有相当大量的舰艇来犯列岛附近一线。

三、敌方既已发觉我方机动部队的行动，将在列岛一线西面配置二分之一到三分之一的兵力，迎击我军。

四、敌将在列岛一线附近最大限度地配置全部兵力的三分之二，即航空母舰10艘左右。但从敌军现在的进攻情况来分析，这些兵力向西挺进的距离不会太大，估计可能在300海里左右。

关于决战的时机，小泽长官认为，选在决战海面处于我机动部队和基地航空部队都能发挥最大限度战斗力的时间最为有利。但另一方面，又必须考虑到机动部队的活动能力，尤其是燃料问题。从而小泽中将估计决战时间将在19日或前一天，而把此后的前进规定为要在19日黎明以前大致能进到列岛一线以西300海里左右的地点。

〔第1航空舰队的覆没〕 如前所述，由于马里亚纳方面基地航空队主力的覆灭，这时基地航空作战，只有把希望寄托在由澳北调回的480架飞机上了。可是这个指望结果完全落了空。主要是由于基地设备不良和飞行员的技术水平低，使机件遭到损坏，士兵又染上疟疾，作为战斗力指望不上了。当然，在澳北战斗中也受到了损失，但绝大部分等于自我毁灭。

这样一来，能够参加"阿"号作战的兵力只有从内地调来的八幡部队和特鲁克岛上所剩无几的兵力。而这些部队也发生了悲剧。即决战一开始，角

第46章 马里亚纳失守

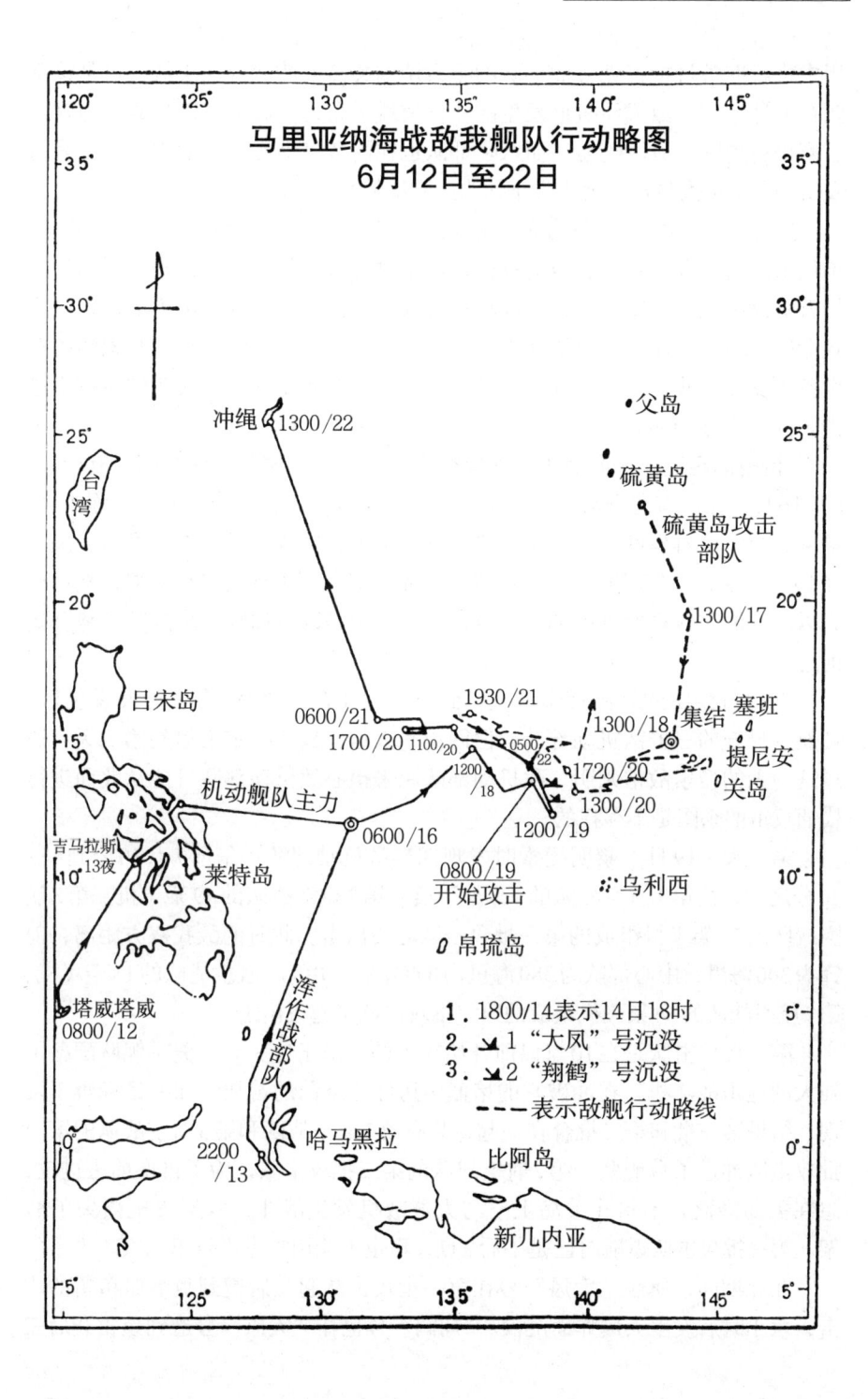

马里亚纳海战敌我舰队行动略图
6月12日至22日

田中将就准备将特鲁克方面部队的主力调到关岛去使之参加决战，可是该部队在关岛上空与敌战斗机群发生战斗，消耗了兵力，后来只以少数兵力攻击了塞班岛周围的敌军舰艇。而八幡部队也在同敌机动部队交战中，还没来得及给予敌军重大打击，就丧失了作为一支决战兵力的能力。

这样，这支几乎以我海军基地航空部队全部兵力编成的第1航空舰队，不仅未能给予敌军任何有效的打击，甚至对我机动部队也未能提供确切的敌情就覆没了。其主要原因，容许敌军得以发动先发制人的攻击不消说是最为致命的，但同时还可举出诸如作战指挥不当、飞行员训练不足、基地整备和设备不良等一些原因。实际上，参加"阿"号作战能够投入战斗的飞机不过占飞机总数的20%。

〔海战的经过——海战史上规模空前〕 第1机动舰队在继续向东航行中，6月16日，在帛琉北方洋面，与包括"武藏"号"大和"号在内的"浑作战"部队会合，17日傍晚，整个机动舰队补充给养，完成了最后战斗准备，决定在19日黎明，大致进到塞班岛西方，首先粉碎敌军正规航空母舰群，然后全力以赴，消灭敌军的机动部队及攻占部队，于是以更加临近决战的态势开始前进。

自18日黎明起开始搜索敌人，到了午后才在东北380海里处发现包括6艘航空母舰的三群敌机动部队，但因距离太远，战斗决定推迟到第二天。通过这一天的搜索敌情判明，我机动部队原来担心敌机动部队可能从北面进行横插攻击的企图是不存在的。

第二天（19日）黎明搜索时发现四群敌机动部队，午前7点30分到8点30分之间，由第1航空战队的129架飞机、第2航空战队的49架飞机、第3航空战队的78架飞机组成的第一批攻击队起飞出击。此时的敌我双方距离，前锋为300海里，中心部队为380海里。10点左右，由第1航空战队的18架飞机、第2航空战队的64架飞机组成的第二批攻击队又起飞出击。

第一批攻击队是在10点以前开始攻击的。由于这一天，美军舰队配备了强大的迎击战斗机，在冲破它的堵截中历经了空前的苦战，加上目标难于发现，结果第一批和第二批合在一起，只有第1航空战队和第3航空战队的第一批攻击队冲进了敌舰队。第2航空战队的第二批攻击队，为了再次前去进攻，想在关岛降落，不料在关岛上空与大群敌机发生战斗，64架飞机损失了47架。第一批攻击队返航时已是午后3点，再也不能用它去进行第二次攻击了。

在此期间，旗舰"大凤"号在第一批攻击队起飞后遭到敌潜艇鱼雷的攻击，六小时后发生大爆炸而沉没。"翔鹤"号也在"大凤"号遭到鱼雷袭后三小时多，被敌潜艇鱼雷击中起火，与旗舰相继沉没。

第二天（20日），小泽中将把舰旗移至"瑞鹤"号上，仍然决心继续攻击。机动部队赶紧补充燃料，继续搜索、警戒，寻求战机。但到午后，东方出现了类似敌机的踪影，接着发现一群敌机动部队前来追击，不久遭到了300多架敌机的攻击，于是所剩无几的战斗机也全都损失了。在这次战斗中，旗舰"瑞鹤"号遭到直击弹和近击弹多发；"飞鹰"号被飞机鱼雷击中，在漂流中又被敌潜艇鱼雷击中而沉没；"隼鹰"号也遭到直击弹，其他各舰也遭到很多损失。在此之前，小泽长官曾命令夜战部队全力以赴地进行冲击，但由于在午后的战斗中丧失了大部分航空兵力，第二天的空军支援已不可能，不得已打消了夜战的念头。

鉴于以上情况，联合舰队司令长官于20日傍晚，命令舰队适应当前战况，相机脱离敌军，根据指挥官的决定采取行动。

〔第二次的Z字旗[①]——海上决战告终〕 马里亚纳海战至此告终，机动部队22日返回冲绳岛的中城湾。此次海战中未返航的飞机甚多，难以查清战果，大本营根据机动部队的推断，发表战果是，击沉或重创敌航空母舰4—5艘，战舰或巡洋舰1艘，击落敌机160架。[②]

此次海战不仅在大东亚战争史上，即在第二次世界大战史上也是规模最大的，而且是阵容堂堂的海上大决战。[③]

实际上，联合舰队司令长官估计这次海战将是日本海军的航空和水面部队全力以赴的最后决战，当决战开始时，曾以"皇国兴废，在此一战"训谕全军。尽管联合舰队下了如此决心，各部队奋勇战斗，但日军终被美军的母舰空军和潜艇所压倒，吃了败仗。日本舰队在"阿"号作战当中，首先丧失了大部分基地空军，接着在参加战斗的9艘航空母舰中，丧失了大中型的3艘，损坏了4艘，未受损伤而保全下来的只有小型母舰2艘，战舰和巡洋舰没有沉没，损伤也很轻微，但在航空母舰群已成为舰队战斗主力的现代海战中，日军上述的损失确是致命性的。而更为严重的是母舰飞行部队所受的损害。参加这次海战的共约360架母舰舰载飞机中，保全下来的只有25架。由于需

[①] Z字旗是日本海军在日俄战争时作为"皇国兴废，在此一战"的代号，在决战前挂起的旗帜。这里所谓"第二次的Z字旗"是比喻之意。——译者

[②] 据美方的正式报告是，只有军舰4艘受到轻伤，并无沉没，飞机因战斗损失33架；20日战斗返航时，因夜间着舰损失73架。

[③] 但美舰队以掩护进攻塞班岛的部队为主，战斗方针毋宁说是防御性的，并没有进行果敢的机动性攻击和追击。

要大量熟练的教官和必要人员、花费大量时间才能训练出来的母舰飞机，受到如此之大的削弱，此后要使日本舰队再恢复成为一支现代的决战舰队，至少需要半年左右时间。

然而，"阿"号作战的损失却被深深隐蔽起来，发表的战况给人的印象竟是两雄对峙或打成平局的程度，因而对此并未立即出现反应。

太平洋上的防波堤崩溃

〔塔波乔山的激战〕 这次海空决战的失利，等于要冲马里亚纳已落入敌手，但塞班岛上的地面部队仍在继续英勇奋战。

6月17日，第43师团对海岸的反击未能成功之后，第二天（18日），第31军司令部决定以地面部队的主力占据加腊潘的南端、塔波乔山的南麓直到劳劳湾中央部分的西南方面一线，据以迎击敌军。

18、19日这两天，俄勒埃方面的敌军似乎在大力加强桥头堡，地面上没有大规模进攻。19日，敌军小型飞机很快就开始使用俄勒埃机场。我方各部队根据军的上述计划转入新的部署，到20日已大致完成。第43师团主力及独立混成第47旅团的残余兵力约半个大队等部队，占据塔波乔山以东一线，其他各部队（由陆军集成的一个大队和海军部队）据守在加腊潘及其东侧地区。

21日，敌军对我新阵地同时发起地面进攻，而对我左翼的攻击特别激烈。奈弗坦半岛似乎也遭到了猛攻。该半岛和我新阵地的连接点茨茨兰西部高地上的阵地，同一天落入了敌手。次日（22日），发现有敌军格鲁曼式战斗机飞到阿斯利特机场。

6月23日以后，敌军攻势特别猛烈。步兵和坦克在炮击和轰炸掩护下逐步向我阵地渗透。塔波乔山由于守军奋战还在我手中，但24日以后，该山两侧的我军阵地已被敌军逐步蚕食掉。

26日，敌军果然集中火力向塔波乔山猛攻，我军将士竭尽一切手段奋力抵御，到了傍晚，山顶终被敌人占据，后来直到月末，敌军继续猛攻，我各部队仍固守塔波乔山北侧阵地，继续死战。自29日起，粮食匮乏，但犹嚼食草根树皮，坚持继续战斗。

〔全军牺牲的攻势——南云、斋藤两中将自尽〕 我军损失越来越重，到7月2日，战斗力消耗殆尽，加腊潘、塔波乔山北侧一线已难守住，特别是我左翼方面早已现出崩溃的兆头。于是第31军司令部及斋藤师团长决定将兵力集结于塔那巴戈西南地区，试做最后抵抗。2日夜间，各部队撤出第一线，3

日占据了从塔那巴戈北侧地区经221高地到加拉伯克西南高地一线的新阵地。

可是，敌人迅速跟踪进攻，7月4日，已从221高地西侧地区侵入我阵地内部，战况很快发展到最后阶段。并且得知最后一直留在加腊潘地区的海军部队，这一天已经全部牺牲。事已至此，塞班岛上陆海军的领导们在7月5日发出了"我们将以全部牺牲来筑成太平洋上的防波堤"的诀别电文。南云中将和斋藤中将在6日午前10点自尽，以此来为最后冲锋的将士壮行。当时塞班岛上的残余兵力约3000人，7日午前3点30分以后，分别向各自对面的敌军发起最后冲锋，至此塞班岛上的地面战斗终告结束。

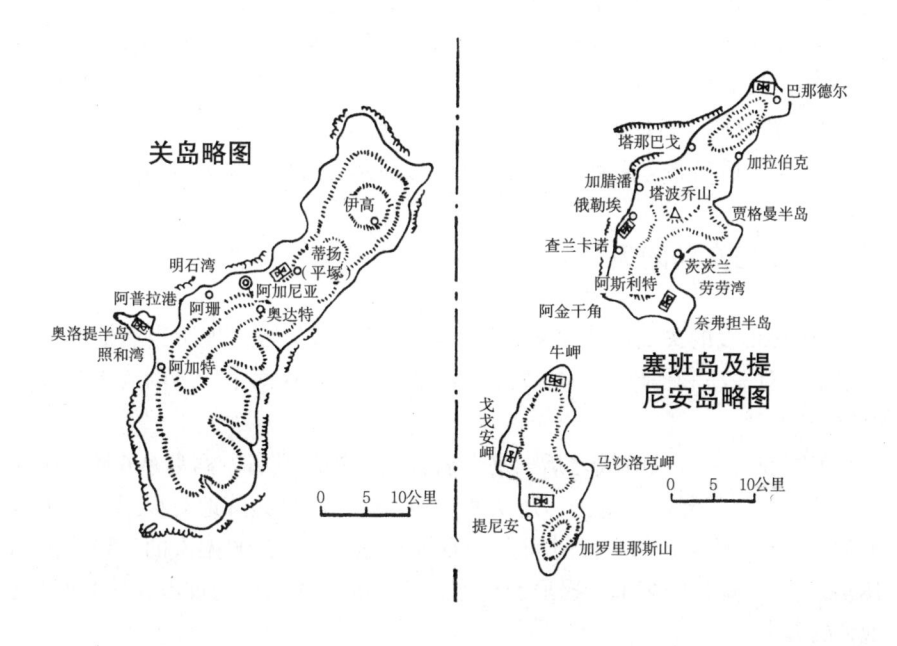

关岛略图

塞班岛及提尼安岛略图

〔**大本营的对策**〕 塞班岛的失陷引起了巨大的震动。美军的远距离轰炸机B29将以塞班岛为基地轰炸我国本土，这是谁都可以料到的。"阿"号作战的真相虽被隐蔽起来，但塞班岛的失陷却是一个明显的、直截了当的事实。大本营内外响起了相当强烈的渴望夺回塞班岛的呼声。

原来大本营认为，塞班岛上的防务，经营时间虽短，却尽了很大的努力，估计能够击败优势敌军的进攻，守住该岛。当敌人登陆时，为防备万一，还曾准备抽调驻满部队等陆军兵力前往增援。

然而，由于"阿"号作战的失败，以及塞班岛出乎大本营意料的过早失陷，致使大本营特别是作战部打消了企图夺回的念头。就是说，为了进行夺回的战斗，必须有母舰兵力和油轮，而这却无法很快得到。另外也曾考虑，采取瓜达尔卡那尔式的方法，在以硫黄岛为基地的航空兵力的掩护下，运送夺回兵力的作战方式，但所需的基地航空兵力也无从筹措。因为海军航空兵力业已丧失殆尽，而陆军航空兵力中具有达到塞班岛行动能力的飞机却极少。总之，塞班岛周围的制空、制海权既已落入敌手，再想夺回和派遣陆军兵力，都办不到了。

然而，当务之急是，如何阻止B29估计在三四个月以后利用塞班岛。为此，大本营陆军部于7月20日命令航空总监编组并训练三个中队由侦察机及重轰炸机组成的远距离攻击部队，海军部也采取了大致相同的措施。

塞班岛失陷后，小笠原群岛在战略上的重要性提高了。然而第31军司令部对这方面的指挥实际上已不可能，于是大本营在6月末将该方面陆军部队改归大本营直辖，新建小笠原兵团的战斗编制（以第109师团及步兵两个联队为骨干），以后只要运输条件许可，就设法补充运输军队和军需品。

关岛、提尼安岛的失守

〔孤立无援的关岛和提尼安岛〕"阿"号作战失败，理所当然地断绝了我海空军对关岛和提尼安岛的支援。可是，美军对这两个孤岛的攻击却极为慎重。①

美军在马里亚纳海战之后，马上就开始了进攻准备。两岛从6月下旬起就遭到了猛烈的轰炸和炮击，还从塞班岛西南角的炮兵阵地对提尼安岛进行了射击，到7月中旬的一段时间内，关岛大约遭到了5500架次的飞机攻击和18500发海军炮弹的轰击。提尼安岛遭到了4300架次飞机的攻击和约11200发炮弹的轰击。

〔关岛上的全军覆没——小畑军司令官阵亡〕 当时在关岛担任地面防御任务的有：第29师团（师团长高品彪中将，其中缺少步兵第50联队主力），独立混成第48旅团（旅团长重松洁少将），独立混成第10联队主力，野战高射炮第52大队及海军第54警备队等部队，计约18500人，由高品中将统一指挥。防御重点放在阿加尼亚西方的阿珊（明石湾）方面，由独立混成第48旅团及步兵第18联队主力负责防守。

---

① 美军最初预定6月18日在关岛登陆。但由于塞班岛初期的抵抗意外顽强，同时又出现了我机动部队，便推迟了，改为充分做好准备之后再行登陆。

另外，在阿加特（昭和湾）正面部署有步兵第38联队。如前所述，第31军司令官小畑中将及副参谋长田村义富少将，都是在敌军登陆塞班岛以前，为了指导作战准备工作来到该岛，后因不能返回塞班岛，便留在关岛上。

美军登陆是在7月21日早晨，从明石湾和昭和湾两处同时开始的。敌军登陆的兵力估计明石湾方面为一个半师，昭和湾方面为半个师，共计约为两个师。①

我守军并未因塞班岛失陷而气馁，决心坚守该岛，以便成为将来我军反攻的据点，在连续不断的轰炸和炮击下，毫不动摇地迎击登陆的敌军。但到21日傍晚，敌军在猛烈的舰炮射击掩护下，已在两个方面都占据了桥头堡。当天夜间，第29师团对两方面的敌军进行了夜袭，但损失很大，并未取得成果。

从翌日（22日）到24日三天之间，我军曾以小部队攻击敌军的桥头堡，但整个战况并无变化，两军保持着对峙状态。

在这期间，敌军逐渐增加兵力，似在做下一步的进攻准备，可见时间的推移对我军不利。因此，第31军司令官小畑中将下定决心，指示高品师团长，断然全力以赴与敌进行决战，一举决定胜负。

于是，25日夜间，对明石湾方面的敌军桥头堡进行了全力以赴的攻击，但由于敌军优势的舰炮射击和地面炮火，我方损失不断增加，攻击又失败了。

第二天（26日），敌军从桥头堡出击，转入攻势，我军两方面的主要阵地都难以保持。27日夜，各部队撤出海岸附近的主要阵地，在东北面的蒂扬（平塚）附近构筑了新的阵地。在这中间，独立混成第48旅团长重松少将于26日、第29师团长高品中将于28日先后阵亡，此后由小畑军司令官亲自指挥残余兵力约5000人继续战斗。

平塚附近的阵地也由于敌军的轰炸和炮击，以及在坦克掩护下的进攻，也难以长期保持了。8月初，关岛上残余的日军，据守在伊高附近的二道防线（另外还有木山及高原山）上，但战斗力已显著下降。8月10日，同岛外的联系断绝了，11日，军司令官终于阵亡，关岛上日军有组织的抵抗至此遂告结束。

〔提尼安岛上的全军覆没——角田中将殉职〕 提尼安岛上有第1航空舰队司令长官角田中将坐镇，担任地面防御任务的是陆军的步兵第50联队（联队长绪方敬治大佐）主力和第43师团步兵第135联队的一个大队，以及海军

---

① 实际登陆兵力是海军一个半师，陆军一个师。

的第56警备队等。

7月23日，这方面的敌军在舰队掩护下，以7艘运输船企图在关岛西南部的提尼安港登陆，被我炮火击退。第二天（24日）午前，敌军以多数小型舰艇，前后分三次，再度企图在提尼安港附近登陆，经我当地部队奋战，均被击退。

然而，敌军此时出我不意，在该岛北部海岸进行了奇袭登陆。到当天下午4点正，估计登陆的兵力有步兵三个营和坦克约10辆。当天夜间，步兵第50联队将兵力调到北面进行反击，但敌军已固守桥头堡。后来敌军逐渐增强兵力转入攻势，我守军占据岛中央部分北面的阵地阻击敌军，但在敌军强大压力下，28日被迫放弃这一企图。

最后的二道防线是在本岛南端的加罗里那斯山上。30日，敌军进到我防线前面，在猛烈炮火支援下，近逼阵地。8月3日夜，步兵第50联队长集会左右士兵向左翼进行最后冲锋，至此结束了提尼安岛上有组织的抵抗。

第47章

东条内阁总辞职

马里亚纳败战的冲击与和平空气的萌发

〔**形势恶化和战争指导进入绝境**〕 昭和19年（1944年）的6月和7月，是日本和德国都遇到开战以来最大苦难的时刻。战争指导中出现了一系列不如意的事件。

首先，在欧洲方面，6月6日，从法国的诺曼底半岛上开辟了喧嚷已久的第二战场，而德军对此未能予以足够的反击。6月15日，德军的新武器"Ⅵ号"骤然袭击伦敦，但并未足以成为挽回战局的王牌。及至6月30日，诺曼底的要冲瑟堡失陷，登陆攻防战的大势已定，德国方面完全失掉了歼敌于海面的机会。此后德军的命运只有被迫逐步向内陆退缩。7月20日，又发生了暗杀希特勒的未遂事件，德国国内反战求和的空气逐渐显露出来。

再看东亚方面的情况，则与德国的颓势如出一辙。如上所述，由于马里亚纳局势于我不利，遂使我太平洋中部绝对国防圈的一角发生了破绽。6月16日，以成都为基地的美国驻华空军，突然对九州北部的要地幡仓地区进行了首次空袭。来袭的敌机是以B24为主体的、并包括B29的20多架飞机，只因被我济州岛的雷达站测知，未能取得奇袭的效果，敌机被击落7架（包括B29一架）后遁去。接着7月8日，再次以十几架飞机空袭了九州西北部。这第二次空袭，敌方可能是为了策应马里亚纳决战而采取的神经战术，给我方造成的实际损害很轻微，但它使日本对严酷的战局已波及本土，有了切身之感，并如实地暗示了今后B29将以马里亚纳为基地对本土进行大规模空袭的可能性。

另外，这时，我中国派遣军正在克服重重困难，进行打通大陆的作战，6月18日，占领长沙，接着6月26日，又占领了衡阳机场等，战事进展得很顺利。另在缅甸方面，从3月6日起发动的英帕尔战役，最初进展迅速，3月23日，突破了印缅国境，继续进击，势如潮涌。但后来由于我方补给困难，敌军抵抗增强，英帕尔虽在指顾之间，进攻却未成功。7月4日，大本营终于决定停止这一战役。

马里亚纳海空决战的败退，和塞班岛守军奋勇苦战两旬之后全军覆没，都是在此前后发生的。这样，东西两方面战局的演变，形成接二连三的悲观因素，出现在日本眼前。

本来马里亚纳的决战，从去年9月的御前会议以来，日本曾举国在物质和精神两方面倾注了全部精力。因此，其影响所及也很深远，它给战争指导的前途投下了暗影，是必然的结果。由于这次失败，在军事方面使我对美作战的主力即我海空军的战斗力事实上招致毁灭。可以预料，我国的国力和军事力量的来源，从此也将越过顶峰一直走向下坡路。随着德国处于困境，苏联的对日中立态度也日益不可靠了。保持大东亚各国家，各民族在战争中同我合作的关系也将更加困难。国民中间对战争前途怀有的不安，虽未见诸表面，但也开始萌发起来。以近卫公爵为中心的重臣们，及宫廷近侍人士的反战求和活动日渐活跃，而局外人士批判战争的声浪也逐渐高涨起来。

在这种形势下，大本营及政府为了打开局面开始探讨新的战争指导方案，但万没想到，倒阁运动已在步步进行。

〔和平空气的萌发〕 一般说来，研究结束战争的方式，并继续探求如何将其付诸实现，是战争指导中最关键的因素。而把战争引向终局是再难不过的问题，特别是像在这次战争中，竟没有一个强有力的中立国能在交战国双方中间担负起调停作用的情况下尤其如此，现在这场战争的基本特点是，任何一方如不把对方打到无条件投降的地步，绝不会收兵，确是不吃掉对方就被对方吃掉的严酷的战争。因此，寻求和平的时机和方法一旦失误，就将走向屈服，也就是无条件投降。探求和平，如果是由指导战争的负责当局来考虑，固属理所当然，而如果是由不在其位的人来进行，即使出于善意，也很容易引起国内败战、反战思想的毛病。

在此以前，大本营及政府首脑部门从未单就和平问题进行过讨论，但在对重庆进行工作和制定对德、对苏政策时，总是考虑到导向世界和平的余地。不过关键是，这些想法并不是出自日本屈服，而是能否导致双方妥协媾和的问题。战争指导首脑部的苦心积虑正在于此。

如前所述，塞班岛的失陷给日本的战争指导造成了一个重大的转折。日本已清楚看到，前途正面临极为严重的危机。虽说如此，却没有认为在这种不利的情况下能够媾和。大本营及政府的想法是，力求尽早重整旗鼓挽回战局，在当前与德国共同进行战争的可能已濒临绝望之时，必须加强适应单独长期作战的态势，为此，必须以坚强的意志，加强国内的团结，只有采取这种态势，才能在外交上也采取谋求和平的手段。

在以近卫公爵和木户内府①为中心的一部分人士中间，自从中途岛和瓜达尔卡那尔岛的败局以来，就已经有探求和平的动向。但这些人并没有采取行动，将所抱的设想反映到现实的战争指导当中，与负责当局共同挽救危局。

然而，以此次塞班岛的失陷为转机，这些人的活动突然积极活跃起来。他们的主张是，只要主动权掌握在陆军手中，战争就不能结束，前提是必须使东条大将下台；然后由能控制住陆军的人来组阁。

于是要求打倒东条内阁的论调逐步发展起来，作为倒阁的前提，把更换东条参谋总长的问题公开提了出来。

更换东条参谋总长

如前所述，身兼首相和陆相的东条大将并以另外的身份担任参谋总长职务，目的是为了从人事安排上弥补国家机构在有关战争指导方面的缺陷——国务与统帅并列。

然而这完全是一个破例的措施，不仅在军内外遭到了很多的反对，而且在国务和统帅之间的协调配合问题上，只在有关陆军方面达到了一定目的，而在有关海军统帅方面根本就没能染指。因此，由于东条大将继续担任参谋总长，在一个人身上集中过大的权力和职务而产生的弊害——猜疑和不满，忌妒和被压抑感、政策的混沌和不彻底——比有利之处大。这些弊害在战局稳静期间，还得以相安无事，随着局势的紧张便逐步表面化了。尤其是塞班岛的失陷，更加助长了这一倾向。

〔秩父宫对总长问题的质问〕 如上所述，关于东条大将担任参谋总长问题，事实上在陆军内部也有过非难和疑问，但作为一个突破难局的大胆措施，很多人都能理解。

当时在御殿场②休养的秩父宫殿下对此问题曾通过侍从武官前后提出过三次质问。第一次是在昭和19年2月向补任科长提出；第二次是4月22日向参谋次长提出的。对此，每次答复的大意都是"这次担任总长职务是为了完成战争任务采取的特别措施，本措施取得的结果是良好的"。

---

① 内府即宫内大臣的简称。——译者
② 御殿场，静冈县东北部的一个市，是登富士山的东口。——译者

然而，在5月16日重又提出了如下的质问：

总理、陆相一人兼任参谋总长的形式，在战争指导上是否最合适？再者，当统帅部与政府阁僚之间在战争指导问题上意见不一致时，东条大将将如何处理？

这次质问在内容上虽带有假设的条件，但与前两次的意思不同，尤其联系到当时的政治形势，令人感到意味深长。于是东条参谋总长通过后宫高级次长答复如下：

国务与统帅的举措都是受命于今上一人，东条恪守此旨，拳拳服膺。

关于东条以陆军大臣兼任参谋总长的原委，前已奉答。此举既属破例，当然要有异议，是非之论，希望委诸后世史家。当前统帅与国务十分协调，并无阻碍。

再者，有违国家根本大法之处，实为东条本心所不许。关于此点如仍有疑问，容当直接晋见奉答。

这时恰值新几内亚西部和太平洋中部马里亚纳方面敌军活动频繁，对其正式反攻已迫在眉睫。

〔梅津大将就任参谋总长〕 随着马里亚纳战局的恶化，政界上层人物中准备政变的气氛日渐浓厚。这时陆军在省、部[①]的首脑者中间正对马里亚纳战役结束后的战争应采取如何对策的问题，连日进行深入的讨论，并准备开始同海军进行协商。

东条首相坚信，如果在这种困难形势下发生政变，将引起国内动摇，造成战争指导上不利的事态，必须极力避免。因此，为了加强内阁，稳定政局，7月23日会见木户内府协商对策。可是，木户内府的态度与东条首相的预期完全相反，反而提出了以下三项条件：

一、总长与大臣两者分开，以健全统帅部机能。

二、更换海军大臣。

三、邀请重臣入阁，组成举国一致的内阁。

东条首相在上述三项条件中，对更换海军大臣感到非常难于措手。但由于得到的印象是，上述三个条件与其说是木户内府个人的意见，毋宁说反映了全体重臣的意图，终于不得不着手遵照办理。

于是决心先把参谋总长分开，后任总长原想提升现任高级参谋次长后宫淳大将，但考虑到各方面的情况，7月17日，上奏起用关东军总司令官梅津

[①] "省"指政府中的陆军省，"部"指大本营中的陆军部。——译者

美治郎大将为后任总长。

与此同时，对陆军首脑部进行了人事变动。7月18日，分别任命梅津美治郎大将为新参谋总长，山田乙三大将为新关东军总司令官，杉山元元帅为新教育总监。

经过上述过程，实现了木户内府所提的一个条件。这一条是限于陆军内部的事情，尽管多少有些问题，总还能办到。但对于东条首相来说，解决其余两个问题就不容易了。

重臣及木户内府的动向

当时的重臣是具有首相资历的若槻礼次郎、冈田启介、广田弘毅、近卫文麿、平沼骐一郎、阿部信行、米内光政等7人。所谓重臣，并非制度上规定的。明治以来，自从最后一名元老西园寺公望公爵死后，内阁首相的人选要由重臣推荐上奏，有时对重要国务问题的咨询，奉答天皇。按宪法规定，对天皇辅弼国务之责，完全由国务大臣来承担，重臣的言行本身没有直接责任。然而，重臣实际上处于监督政府的地位，由于其在政界的地位和习惯上承担的任务，政府当权者对其言行不能不予以极大关心。

〔**重臣的动向**〕 开战以来，东条首相经常与重臣聚会，力求沟通思想。但聚会的内容每多属于礼节、联谊性的应酬，并没有深入地谈论实际战争指导的问题。东条首相的想法是，指导现在这样复杂的战争，必须综合分析各方面的因素，不应为片断的现象或个人的印象所左右。重臣的意见和批评只能作为参考，而不能受其牵制。

东条首相的这种态度加上他个人性格的关系，造成了与大多数重臣在感情上的隔阂。由于纠缠着这种感情问题，加上战局的恶化，便形成了对战争指导的非难，发展成为倒阁活动。

重臣中近卫公爵、若槻男爵、平沼男爵、冈田大将四人彼此联系特别密切，同东条首相形成尖锐的对立。但最初这四位重臣的想法并不一致。

这时，近卫公的内心深处固然有反战求和的想法，但对陆军的厌恶感情较为强烈。具体说来，近卫公认为陆军内部有一部分人怀有左倾革命的企图。陆军的这种倾向对日本来说比战败还要危险；因此，必须设法把陆军压制下去。近卫公原来甚至说过，这次战争最后可能要失败，但一切战争责任应完全由东条首相承担，所以，中途更换内阁，混淆责任的归属不合适；东条首相如果引咎而过早自杀了也不好办。但自中途岛、瓜岛败战以后，若槻、平沼两重臣受近卫左右的影响，想法也逐渐变化了，认为更换内阁是走向和平的前提条件。

冈田大将和米内大将的想法，从一开始就反对陆军，加上岛田海相在海军内部声名狼藉，致使这种倾向更加强了。所谓岛田海相在海军内部声名狼藉，是说他完全听任陆军摆布，自从他担任军令部总长以后，这种倾向愈益强烈。除了这种感情问题之外，由于中途岛打了败仗，日本海军丧失了实力，以这种实际情况为转机，冈田、米内两位大将对战争前途极感悲观，因而逐渐倾向于求和的想法。

广田、阿部两位重臣的态度则是，虽然也对战争前途深怀忧虑，但并没有上述那种积极反对东条的感情问题，而是想以大公无私的态度来处理当前的局势。特别是阿部大将为了缓和东条首相同重臣之间的对立情绪，曾不惜予以善意的合作与支持。

〔密议倒阁〕 至此，大部分重臣不约而同地一致认为，为了解决当前的事态，积极的办法只有赶东条下台。在马里亚纳战局恶化后，行动便具体化了。为了打倒内阁，就要阻止东条首相改组内阁的计划。为此，认为只要对邀请重臣入阁加以拒绝，并同看来不满意东条首相的阁员（岸国务相、重光外相等）互相策应就足够了。

七名重臣为了阻止东条首相加强内阁的计划，7月17日傍晚在平沼家里聚会，进行协商。除了阿部大将以外，一致认为"此时改组内阁，对前途多难的时局毫无裨益。必须建成一个能掌握全国人心、打开当前局面的举国一致的强有力的内阁"，并根据这个意见同木户内府进行了联系，意图是通过木户内府将重臣的这个意见上奏给天皇。

〔木户内府及其周围的人们〕 侍奉天皇左右的木户内府的言行，直接间接地对天皇陛下的想法影响很大。木户内府本来是东条首相的荐举人，因而比较长期地支持了东条首相。内府对重臣的态度，也是要避免重臣们单独地直接向天皇上奏意见，希望他们通过内府向天皇反映。因而在重臣当中，以近卫公为首，也有人对内府没有什么好感。木户内府完全了解重臣们想要打倒东条内阁的气氛，但他本人从不积极活动，一向坚持第三者的立场。

另一方面，木户内府对战局前途的想法，却同大部分重臣持有相同的见解，但愿尽早地实现和平。内府本着这个想法，同重臣以及各界领导人士进行联系，尤其在重光就任外相以后，强烈地倾向于渴望和平，因而必然对重臣要打倒东条内阁的想法抱有同感。

在这种气氛中，7月13日，内府同东条首相商谈如何扭转事态时，如前所述，提出了三项条件。对东条首相来说，这三项条件确是致命的大事。结果发展成为17日傍晚、重臣们在平沼家里的协商。17日夜间，把协商的情况向内府做了汇报。

次日（18日）早晨，内府将以上重臣协商的情形奏闻天皇。此时，已经陷入绝境的东条首相遂决心总辞职。

改组内阁陷入僵局与总辞职

〔**改组内阁陷入僵局**〕 东条首相接到木户内府提出的三项条件之后，虽感困难，却决心忠实执行下去。这是由于他坚信，当此困难局面，如改变政局，只能对敌有利，必须极力避免。关于放弃参谋总长一职，已决心实行了。

问题在于更换岛田海相。这个要求的策源地来自冈田，米内两位大将，已很清楚。但对东条首相来说，对于这位开战以来患难与共的僚友，而且一直以大局为重，对海军部内的意见时而力加节制的海相，很难把这句话说出口来。经过几番踌躇和思量，到了17日，终于下了决心。岛田大将从大局出发，欣然从命，并荐举吴镇守府长官野村直邦大将继任海相，当天傍晚立即举行了特任仪式。岛田大将仍留任军令部总长之职。

第三个问题即邀请重臣入阁、组成举国一致内阁的工作，也在与以上措施同时进行，但遇到了两个难关。其一是要动员几位内阁成员辞职；另一个是邀请重臣入阁。

第一个关于动员阁员辞职问题，首先是向岸国务相提出来的。然而，在此以前，重臣已向岸国务相做了工作，因而岸国务相坚决不同意单独辞职。不仅如此，阁内也有人流露，改组不如总辞职为好。第二个关于邀请重臣入阁的问题，邀请米内、阿部、广田三人入阁担任无任所相，可是除阿部大将外，遭到拒绝。

这样一来，东条首相组织举国一致内阁的计划完全陷入了僵局。不过，首相还不放弃希望，继续坚持努力，直到17日午夜。

〔**内阁总辞职**〕 如前所述，从17日傍晚起，正好重臣们在平沼家里聚会，商量要求东条内阁总辞职。

东条首相得到这个消息，是在18日拂晓。事已至此，才决心辞职。18日午前9点30分，东条首相晋宫请求晋见天皇，奏明了这一决心。午前10时，举行阁议，决定总辞职。汇集辞呈，呈递天皇。

至此，东条内阁从成立以来，经过两年零八个月的时间，终于被迫下台。四年前的昭和15年，东条中将受命担任第二届近卫内阁的陆相，连夜乘飞机晋京的那一天，恰好也是7月18日。

〔政变与陆军的态度〕 唯其因为这次政变正发生在马里亚纳刚刚失陷之后，陆军方面为战争指导的前途会因此受影响而感到忧虑。新任参谋总长梅津大将18日午后1点由新京[①]乘飞机到达东京之后，立即会见杉山新任教育总监、东条陆相，举行陆军三长官会议，决定陆军不为此次政变所左右，在陆军内部贯彻以下方针，为完成战争目标而奋斗。

一、陆海两军团结一致前进。

二、绝对不使作战受到影响。

三、采取万全措施，不因政变使敌方宣传、阴谋以及空袭得逞，防止涣散国民斗志。

四、关于继任内阁问题，严禁陆军方面有任何不利的言行。

重臣会议

从昭和19年（1944年）7月18日午后4时起，若槻、冈田、广田、近卫、平沼、阿部、米内等重臣及原枢相、木户内府等人，奉旨举行重臣会议，就东条内阁辞职后，下任内阁首脑的推荐问题进行讨论，午后8点15分散会。

〔东条大将的态度〕 在这以前，18日上午9点30分，东条大将晋宫上奏辞职决心时，木户内府曾向东条首相征求意见："鉴于陆军对国内局势拥有重要性，为使内阁更动得以顺利进展，关于后任首相问题，个人如有考虑，愿请见教。"对此东条首相回答："窃以为此次内阁更动，重臣责任甚重。对此重臣谅已胸有成竹，不敢妄陈己见，只是如果准备组织皇族内阁时，希望不要考虑陆军中的皇族"云云。因此，在重臣会议上，完全没有反映出陆军方面的意见。

〔会议情况——木户日记〕 会议情况，据被告木户在战后远东国际军事法庭上的宣誓供词（所谓木户日记）所载，会议首先是由木户内府介绍东条内阁总辞职的具体情况，接着由米内大将报告从接到内阁邀请入阁到加以拒绝的经过，然后进入讨论，讨论的主要问题如下：

若槻：内府的意见如何？

木户：尚无确定意见，愿先听一听您的意见。是否可以照各位在平沼男

---

① 即伪满首都，现在的长春。——译者

家里聚会时讨论的意见进行考虑？

原：那次聚会是怎回事？

若槻：那是因为忧虑局势，重臣们在平沼男家里举行的聚会，但并未另外谈论继任内阁的问题。

阿部：为了展开讨论，我忝居末席，愿陈己见。国务与统帅之间如发生隔阂，事关重大，务必要使两者紧密结合。直截了当说来，当前以现役军人出任为好。而目前海军最为重要，因此，是否可由海军中遴选？当前请米内阁下出马如何？

米内：我认为军人应以专心从事作战、统帅为本职，政治最好由文职来搞。这一届由陆军搞，下一届由海军搞，像源、平①两氏那样轮流执政不合适。

阿部：并无此意。

米内：如文职中无适当者，应由陆军中选合适。由我来搞维持不了一个月。从我过去的经验来看，反会增添麻烦。

若槻：仅作为问题来研究，试提一个方案。战争时期，我想还是军人合适。国防第一线只能依靠海军。因此请由海军出任首相，我想是否反会多心、推辞。所以我想由陆军出任为好。既然当首相，就必须有政治手腕，在这种意义上，最近情况虽不甚了解，但我认为宇垣大将比较合适。上次阿部阁下似乎曾对此有过不同意见。

阿部：我不了解宇垣大将的近况。

米内：说海军处于第一线，我懂。但军人主要应该专搞作战。我认为军人受的教育本来就是片面的，也正因为这样，它才强大。所以，我认为搞政治不合适。

若槻：米内阁下的高见固属允当，但日本和英美那种习惯不同，国民也未养成这种习惯。日本难以一下子就达到那种地步。

米内：现在不改正，国家就要灭亡。

近卫：军方如不自行改正，由文官职来搞，弄不好。这是脱离现实的说法。现实问题是，在现阶段以军人为宜。尤以具有这种观点的军人为宜。从陆海军任何一方逐渐缩小范围，就可决定。

木户：总之，这是现实问题。完成战争任务是首要目的。要想同时也改

---

① 指日本历史平安后期，即11世纪末至12世纪末约一个世纪，源氏和平氏交替夺取政权。——译者

革政治，恐怕办不到。目前如两面兼顾，恐将混淆了目的。

平沼：完全同意近卫公的意见。当前是必须考虑到维护国体和皇室安泰的阶段。仅就军需品的增产一点而论，如果不是军人就很难处理。

若槻：只要是军人，不限于现役如何？

近卫：最好逐步缩小遴选方针。

米内：我从担任过首相的经验看来，毫无信心。

若槻：那是和平时期。

原：说实在的，我处的地位是不了解政治局势的地方。时局极为严重，是由这届内阁决定国家命运的时候。让军人一个人来担负全部责任，是强人所难。需要由确有威信的人来组成举国一致的内阁。因而由五个人左右来共同承担如何？最好有个"由卿等一致合作组织内阁"这样的上谕。向在座的五位下达敕命，彼此互选首相，同心协力担当国政。我认为如果不采取这种体制，在当前形势下，不宜于由任何一个人单独来承担。

木户：原先生的心情我很了解，我想关于这点谁都不会有不同意见，但实行起来非常困难。

若槻：确是像内大臣所说的那样。奏请时如不指明某某个人，岂不让天皇为难？

广田：也许会发生舍身就义的事态，还必须考虑皇室的安泰。必须是个至高至大的组织。此刻是否有必要拥戴以皇室为中心的内阁？

我认为必须有众多的陆海军将官侍从在天皇左右。

近卫：在现阶段皇族内阁不妥当。

平沼：我也认为在现阶段不妥当。将来或许出现必须考虑这个问题的时候。

若槻：皇室内阁不妥。

冈田：这届内阁无论从国外来看还是从国内来看，都必须是个强有力的举国一致的内阁。必须战斗到底。即使勉为其难也必须打下去。怎样才能组成一个真正的举国一致的内阁呢？

原：我也这么想。一个人太强人所难。如果只提一个人，我就不发表意见了。

冈田：这次组成的内阁不能说是某某内阁，必须是天皇的内阁。

木户：心情十分了解，但实际该怎么办呢？

原：不能叫作某某内阁。

平沼：心情一点不差，但无论怎么说也必须决定一个居首的人。现阶段必须是个军人出身的，当然由天皇亲自当政。

若槻：是这样的。

冈田：如果是这样，我和米内的想法一样。既能仰体天皇圣意，又通晓国内形势的内大臣出来担任最合适。

原：因为统帅部的总长由陆海军大臣来推选，这样也可以。

木户：从内外形势，尤其从今后要加强国内防卫体制的角度来看，我坚信必须是陆军军人。

若槻：向天皇奉答不能太含混。若按原先生的方案，还得另行讨论。

阿部：坦率说来，大体上已经决定军人比较合适。但光说是军人不行。从总体战的实际情况来看，我想文职或预备役的军人同作战的联系不够紧密。为使国民心情明朗化，我认为海军合适。

广田：我认为当前需要拥戴以皇族为中心来组成真正举国一致的内阁。

若槻：让皇族来担负政治责任是不可以的。

木户：是的。

平沼：在现阶段还不可以。

木户：从加强保卫国土的态势，加强陆军在内地的部署和加强宪兵等来看，我认为当前除了从陆军中选任以外，别无他法。

阿部：那就不能使国民的心情为之一新。

若槻：陆军合适。

米内：听到内大臣刚才的说明，提出选任文职的说法，不过我想还是由陆军出任合适，这点我取消先前的说法。

阿部：陆军不得人心，国民舆论显得趋向海军。

平沼：现在国民的看法有两种，陆军的名声不好。

广田：内府刚才的说明是否意味着要实行戒严令？

木户：不，不是那种意思，只是说国内各地都要配备陆军。

米内：寺内元帅怎样？

阿部：我认为具体实现有困难之处。

平沼：当前组阁问题不能拖延。

近卫：东条内阁为什么垮台了？原因是陆军名声不好，不得人心。因此，为使人心焕然一新，陆军必须改变过去的态度。

平沼：各方面都希望军方不再干预各方面的事务。

近卫：十几年来，陆军内一部分有左倾思想。当前，有人企图把军官民联合起来发动左倾革命。这个问题比战败还要危险，我本人害怕左倾革命甚于战败。因为战败还能维护国体和皇室，而左倾革命则不然，从这点来看，陆军大臣的人选，实关重大。

米内：若是这样，可从陆军中选任。

若槻：这点历来就有所怀疑。

平沼，完全同感。

近卫：寺内能否控制这一点？

阿部：寺内性情直爽，敢作敢为，不过，首先是从第一线往回调，这有困难。还必须是个在军内孚众望的人。

若槻：宇垣在军内不孚众望吗？

阿部：近况不详。

米内：阿部先生，没有个能孚众望的吗？

阿部：梅津是个人物，另外还有两三个人，但都在前方，不易实现。

平沼：不能考虑梅津，海军方面没有别的人吗？

米内：从刚才内府所谈来看，还是从陆军遴选为宜。

平沼：近卫公所谈控制左倾问题，需要有丰富的经验。

近卫：社会上有提铃木贯太郎的。

米内：这事还是不让他搞为好。

乎沼：个人的情况姑且不论，当前是为了国家，应该出马才是。我对他很了解，是个出色的人物。

广田：我认为他是个稳健的人。

平沼：他也很刚强，还能容纳别人的意见。

原：我也在枢府和他共过事，很了解他。铃木经常说过，自己是个军人，绝不担任政治职务。即使天皇下令，他也绝不接受。提出来仅供参考。

冈田：人确实很出色，但考虑到前方将士时，我认为还是陆军合适。

广田：我认为已经到了必须从根本上来改革日本制度的重大阶段。必须让所有阁员都列席大本营。

平沼：这事实上办不到。

广田：既然战争压倒一切，只要陆、海军四根柱子牢靠就行。

木户：寺内元帅也是一个人物。

若槻：我们今天在这里聚会，一两天内如不颁发敕命就要引起人心不稳，因此，确定宇垣或梅津大将就可以吧。

木户：畑元帅怎样？

近卫：如果从陆军中遴选，像刚才说的那样，为了使人心焕然一新，改变原来的面貌和压制左倾是必要条件。如能做到这一点，梅津也行。

平沼：必须要有政治经验。

木户：前方对宇垣的批判应该怎么看待？还有敌方的宣传攻势，如果引起前方的反感和动摇就不好了。

阿部：提议由海军组阁的方案是少数吗？如果基本上同意由陆军组阁的方案，就是人选的问题了。

木户：如果情况许可，是寺内或者畑？

阿部：是否是一寺内、二梅津、三畑这样顺序。

木户：关于梅津问题是，刚刚接受参谋总长的任命，没有大臣的资历等。

平沼：其次就是海军的米内。

近卫：铃木贯太郎氏、宇垣氏的问题呢？

平沼：最近的情况不详。

木户：在陆军大将中，此外还有什么人？

阿部：还有本庄、荒木、小矶等人，其次就是东条了。

木户：小矶怎样？

米内：小矶人很好，有手腕，也有魄力。

近卫：他是否是个小型的宇垣？

阿部：和宇垣完全不同。

木户：他同陆军现役方面的关系怎样？

阿部：没有什么特别可说的，他和东条的性质不同。

平沼：气量很大，是个敬神家。

木户：关于思想方面的情况如何？

若槻：我不了解这个人，但无异议。

近卫：不太了解，不过他是米内、平沼两届内阁的阁员，请问二位阁下尊意如何？

广田：没有异议。

冈田：这样是否真正能实现举国一致的内阁，还需进一步研究。现在实在是严重时刻，既然不是要在一两个小时内解决的问题，希望充分进行研究。

木户：现在有一个想法，我内心还想奏请在宫中召开一次像往年元老大臣会议那样的重臣大臣会议，眼下正在考虑中。

冈田：对组阁要下功夫。

广田：建立一个救命内阁或陆海军联合内阁如何？

若槻：不管是什么样的内阁，事实上是有副总理的。

木户：对于原氏提出的意见，自当委实上奏。请问候补者的顺序如何？
若槻：寺内、畑、小矶、海军。
平沼：寺内、小矶、海军。
米内：寺内、小矶、畑。可是，过去奏请小矶为阁员时，天皇曾对其理由有所垂询。
平沼：关于小矶，天皇曾就宇垣事件有所垂询。
近卫：对此三人均不了解。
广田：寺内、小矶、畑。
阿部：寺内、小矶、畑。
冈田：对此三人均不了解。
木户：这次为了表示重臣的支持，希望考虑一下接受任命的人和重臣举行一次会谈。
若槻：那样做如果使首相候补者觉得受到牵制，反而不妙。如果本人希望这么做，自当欣然会晤。
木户：感谢各位长时间参加讨论。所提意见，均当如实上奏。

〔奏请天皇下令寺内元帅组阁，后改令小矶大将组阁〕 上述重臣会议结束后，木户内府从午后8点50分到午后9点15分在御书房谒见天皇，详细奏明会议情况，并同时奏明由于第一候补人寺内元帅系南方军总司令官，起用时对作战有无妨碍，请先向统帅部门垂问。对此，天皇谕称，东条大将即将在为梅津参谋总长举行特任仪式时晋宫，那时令武官长向他征询意见。

午后9点50分，召见木户内府，敕谕如下：

"关于召回寺内元帅在作战方面的问题，征询东条大将意见时，大将根据以下两点表示反对，他的意见是正确的，故决定召见小矶大将。"

一、当此反攻激烈之际，前方总司令官，不可一日空缺。

二、使国内政治形势影响前方，事关士气，不甚适宜。另外，不仅对东亚共荣圈，甚至对其他中立国家也有极大影响，故应极力避免。

于是办理了召见小矶大将的手续。

组成小矶、米内联合内阁

〔近卫公暗示联合〕 经过上述过程，决定奏请起用小矶大将，但期望早日结束战争的近卫公，对于小矶大将能否收拾如此难局很不放心。于是，第二天，7月19日，近卫公示意木户内府让米内大将入阁。据所谓木户日记所载，近卫公的意见是："米内大将最了解大局，由他参加内阁，将有助于解决陆海军统帅部一元化问题，当能造出举国一致的态势。"

木户内府同意近卫公的上述提意，平沼男对此也表示赞成，因此便使松平秘书官长征求其他重臣的意见，结果只有阿部大将一人反对小矶、米内的联合内阁。

〔再次召开重臣会议。——决定小矶、米内联合组阁〕 7月20日，木户内府结合上述情况，将小矶、米内联合内阁的问题，上奏天皇。

上奏后，当天下午4点再次举行重臣会议，关于联合问题取得了全体的赞成，阿部大将也取消了反对意见。

昭和19年（1944年）7月20日午后4点15分，朝鲜总督小矶国昭大将由朝鲜到达东京后立即晋宫，听取木户内府详细介绍了东条内阁总辞职以前的政局情况。

于是，当天午后5点10分，小矶、米内两位大将拜受了组阁的敕命，并蒙赐给如下圣谕。

"望卿等协力组织内阁，尤其要达成大东亚战争的目的，并需努力避免刺激苏联。"

〔小矶大将对陆海军的要求〕 小矶大将在组阁中最感棘手的是关于国务和统帅之间的协调配合问题。前任的东条大将身兼陆军大臣，以后还担任参谋总长的职务等，主要是通过人事安排弥补了由于制度问题给战争指导造成的缺陷。而身居预备役的小矶大将则没有这种办法。

因此，小矶大将为使今后的战争指导得以顺利进行，提请陆海军方面协助实现以下三项条件：

一、希望修改现行大本营令，规定总理大臣列席大本营。

二、上项如不可能，希望颁发一个单项军令，规定总理大臣列席大本营，作为只限于这次战争的措施。

三、前两项如均不可能，则希望采取其他某种办法，考虑一种组织形式，使总理大臣得以有力地参与战争的统帅指导。

在提出以上要求的同时，分别对陆海军提出希望，以山下奉文大将或阿南唯几大将作为陆军大臣候补人，以米内大将为海军大臣候补人，并恢复米内为现役。

〔陆海军的态度〕 陆军方面对上述提议，以三长官为中心预先进行了协商，7月21日晚，由富永陆军次官在组阁本部向小矶大将转达了以下各点：

当组织新内阁之际，应组阁首脑小矶大将的要求，由东条陆军大臣表明陆军的态度如下：

一、首先表明，陆军深信新内阁首脑小矶大将的誓言，认为新内阁具有完成战争的坚强决心，对此将竭尽全力予以协助。

二、即使海军方面有人将预备役改为现役，陆军方面三长官一致坚决不同意陆军援用此例。

三、不能同意内阁总理大臣和其他阁员列席大本营。因为我们认为，关于政略和战略的关系，可以由现行的大本营、政府联席会议等做到紧密协调。

四、根据陆军三长官议定，推荐杉山元大将为陆军大臣候补人。与陆军方面传达意见的前后，海军方面的答复如下：

一、关于三项条件，与陆军方面的态度相同。

二、同意米内大将恢复现役担任海军大臣。

〔联合内阁诞生——首相的初次发言〕 这样，21日晚，决定了陆、海军大臣的人选，于是组阁工作顺利进展，22日上午，全部阁员诠衡完毕。

22日午后一点半，小矶大将和米内大将一同晋宫谒见天皇陛下，谨奏遵旨组阁情况，捧呈阁员名单，天皇对此予以嘉许。当即于午后两点半，在雷雨滂沱之中，在宫中举行了特任仪式。至此，小矶、米内联合内阁组成，担负起克服难局的重担。

新内阁阵容如下：

内阁总理大臣：小矶国昭　陆军大将，原拓务大臣，前任朝鲜总督。

外务大臣（留任）兼大东亚大臣：重光葵。

内务大臣：大达茂雄　原内务次官，原昭南特别市长，前任东京都长官。

大藏大臣（留任）：石渡庄太郎

陆军大臣：杉山元　元帅，陆军大将，原陆军大臣，原参谋总长，前任教育总监。

海军大臣：米内光政　原海军大臣，原总理大臣。

司法大臣：松阪广政　前任检察总长。

文部大臣：二宫治重　陆军中将，前任满拓总裁。

厚生大臣：广濑久忠原厚生大臣，前任产业设备营团[①]总裁，贵族院议员。

农商大臣：岛田俊雄　原农林大臣，众议院议员。

军需大臣：藤原银次郎　原商工大臣，前任国务大臣，贵族院议员。

---

① 营团系日本在第二次世界大战期间，国家经营公共事业的特殊企业组织名称。——译者

运输通信大臣：前田米藏　原商工大臣，原铁道大臣，众议院议员。

国务大臣：町田忠治　原农林大臣，原商工大臣，众议院议员。

国务大臣：儿玉秀雄　伯爵，原拓务大臣，原递信大臣，原内务大臣，贵族院议员。

国务大臣兼情报局总裁：绪方竹虎　前任朝日新闻社副社长。

法制局长官兼内阁书记官长：三浦一雄　原农林次官，众议院议员。

小矶首相22日在宫中举行首次阁议后，在首相官邸发表以下谈话，表明团结全国力量，粉碎敌人，为完成战争目标向前迈进的决心。

鄙人此次突然与米内海军大将共同拜受组阁大命，实不胜惶恐感激之至。目前战局极为严重。突破此前所未有之国难，唯一途径端赖全国国民团结一致，粉碎敌人美英之反攻。

政府对内将力求政略与战略紧密结合，进一步加强执行国务之各项政策，全面实行有利于完成战争之一切措施，坚决争取必胜。对外坚持我之一贯外交方针，彻底奉行大东亚共同宣言，完成圣战，以期安慰圣虑。务希各位国民，信赖并支持政府之决心，充分认识战局之严重，勿焦勿躁，沉着勤奋，各司职守，瞬息不懈，竭尽全力，克服万难，为国奉公。

〔东条大将编入预备役，米内海相恢复现役〕原来东条大将辞去总理后，还有意留任陆军大臣。而在东条陆相、梅津新参谋总长、杉山教育总监于7月20日举行的陆军三长官会议上，主要根据梅津大将的意见做出结论，从整个形势考虑，认为东条大将留任不适当，遂决定推荐杉山元帅为后任陆相。

做出这个决定之后，7月22日，在发表任命新陆相命令的同时，即将东条大将编入了预备役。这一措施的法律根据是昭和16年（1941年）3月7日以第178号敕令制定的"陆军将校身份条例"的规定。本来该大将以前在特任内阁总理大臣时，就应该根据上述敕令规定编入预备役，但因陆军大臣必须由现役将官来担任，而他又兼任了陆军大臣，便根据特旨列为现役。

另外，同一天，对米内大将在担任海军大臣任内，根据特旨列为现役。[①]

[①] 海军方面唯一的先例是，大正8年（1919年）原内阁时，对已经在该年6月编入预备役的斋藤实大将，在其担任朝鲜总督任内，根据特旨列为现役。

第七篇
大陆方面的作战

発兌

大林商店印刷所

第48章

英帕尔战役

开始设想对印度的进攻作战

从昭和19年（1944年）到昭和20年（1945年）年初，缅甸战局以悲剧性的英帕尔战役为转折，走向全盘崩溃的命运。

这一命运攸关的英帕尔战役，是从什么时候起，在什么背景下设想的呢？这要追溯到昭和17年（1942年）7月。那时日军已平定了整个缅甸，势力远达缅中、缅印国境。于是在南方军总司令部开始酝酿一个积极的设想，要立即乘此余威，一举囊括印度东部。

〔整个战局和东部印度作战〕 另一方面，大本营因战争伊始取得了出乎意料的成功，早在5月就制定了下一步的作战指导纲要，在南方地区以整备和确立防御态势为根本方针。

这时，重庆政权已丧失了所有的地面援蒋路线，在精神与物质两方面陷入孤立状态。以印度东部廷苏吉亚为中转基地的一点点援蒋空运，只能起到注射强心剂的作用而已。美国为防止重庆政权叛离，并企图把中国大陆变为对日空袭的基地，便拼命加强援蒋的空运。

另一方面，印度此时处于几乎毫无防御的状态。日本军队以迅猛之势控制了安达曼、尼科巴群岛，蜂拥来到印缅国境，甚至将要席卷印度洋。在日军这种威势之下，印度官民大为不安，一时陷于混乱。从缅甸方面赤手空拳溃退下来的几十万英、印、中军队和难民涌入印度，更增加了混乱和不安。在这种形势刺激下，印度人民在主张对于英国战争不合作的国大党领导下开展起来的反英独立运动，加深了形势的危急。

日本早就指望以迫使重庆屈服、英国脱离战斗来作为结束战争的开端，因而印度东部就自然而然地成了具有诱惑力的对象。

然而，大本营设想的进攻印度东部的作战要领，当前是以用空军进攻为重点，而对印度内地的地面作战，只是说另有命令，未做明确指示。

〔南方军对二十一号作战的设想〕 可是，南方军想得更远，认为（印缅）国境方面毫无防御，甚至连敌人影子都很稀少，正是可乘的良机。于是便提出以地面部队一举进占印度东部，切断中印空路路线，以掌握对印工作主动权的作战设想。这个设想宏伟无比，即打算以大约两个师团攻入曼尼普尔土邦（首府英帕尔），以不到一个师团突破富昆溪谷，然后两相呼应，夹攻阿萨姆邦，进占阿萨姆邦东部的戈拉加特、迪马普尔、锡尔恰尔等重要战略地带，并想在这一线上同可能前来反攻的英印军主力进行决战。

八月，大本营接到了南方军关于上述作战方案的报告。然而大本营认为这方案过于粗枝大叶，曾要求重新研究，但迫于长期以来对印度东部的战略意图，和受到南方军所提意见的敦促，乃于8月22日以大陆指第1237号发出准备对印度东部进行地面作战的命令，其要点如下：

南方军司令官应依照下列各点，对印度东北部进行作战准备。

一、作战目的。

攻占并确保阿萨姆邦东北部地区及吉大港附近一带，以利于空军作战，并切断援蒋空运路线。

二、使用兵力。

第15军的约半数兵力。

三、开始作战时日。

预定本年10月中旬以后。

四、作战结束后，为了避免和敌同盟军形成漫长的对峙战线，设法缩短正面战线。

五、推进并加强对印政治工作。

六、要求9月下旬以前上报作战方案。

七、作战名称。

称为二十一号作战。

八、作战的实施须另候命令。

南方军司令官立即命令饭田第15军司令官进行第二十一号作战准备。

〔作战准备与第15军〕 开战以来，对缅甸的作战规模慎重地逐步扩大。开战初期曾限定在毛淡棉以南到马来半岛的颈部地区。昭和17年（1942年）1月下旬，扩大到包括仰光在内的缅甸南部地区。三月中旬，决定扩大到包括曼德勒在内的缅甸中部。可是到了同年夏季，就很快地跃进到这样远征印度东部的设想。这时，正在进行或计划在东北方面进攻阿留申群岛，在东南方面进攻新喀里多尼亚、斐济、萨摩亚、莫尔兹比港的作战。日军的战区扩大到四面八方，这时已经孕育着作战节律失调的危险。

饭田第15军司令官及各师团长接到准备进行这样大战役的命令，感到为难。特别是担任缅甸中、北部防守任务、深明本地地形的牟田口廉也中将对此战役颇有难色。其看法的根据是，印缅国境地势不适于运用大兵团作战和准备时间不足。第15军满怀疑虑地遵照命令，开始调查敌情、地形和改修作战道路等准备工作。准备和研究越深入，疑虑越多，认为有必要重新考虑的心情越强烈。

〔停止二十一号作战准备〕 正当这时，进入12月后，在东南方面，瓜达尔卡纳尔战局发生了决定性的恶化，在缅甸方面，如前所述，英印军开始对阿恰布进行积极反攻，并且印缅、印中国境方面的敌军出乎意料地迅速加强了防御力量，大本营鉴于这种情况，11月23日发出指示，暂停二十一号作战准备。然而大本营的指示并没有完全放弃这个作战设想，虽然禁止了为准备二十一号作战的兵力调动及军需品的集结，但作战研究看来仍在继续进行。因此，第15军为了准备将来实施这次作战，继续进行侦察、改修主要进军道路和研究作战方案。并且不能否认，在此期间，前线各部队中已经自然滋长了进攻作战的思想。

如前所述，在第二年（昭和18年）制定的"昭和18年度帝国陆军西南方面作战指导计划"中也提出了"如果情况允许，则对印度东北部廷苏吉亚进行地面作战"的愿望。由于中印空运的逐日增加，正在鼓舞着重庆政权的抗战信心；美国驻华空军的活动又不断地加剧；以及印度政局进一步趋向不稳的形势等，更加提高了印度东部的政略、战略价值。而且由于在东南方面和中途岛等地接连发生的海空战斗中，我方海空战斗力量被削弱了，很难指望再从印度洋方面增加对印度的军事压力，这也使对印度东北方面进行地面作战的地位显得更为重要。但不管愿望如何殷切，问题在于究竟能否进行此项作战。

〔印缅国境的面貌〕 地处喜马拉雅山脊的印缅国境地带，是举世闻名的不毛之地。此地山脉幅员达数百公里，高峰耸立，有的高达海拔10000英尺。而且穿越这些高山峻岭之前，在缅甸境内还有着两大障碍。其一是河面宽达1000公尺的亲敦江；另一个是海拔2500英尺、幅员有50公里的明京山脉，这一带是一片林海、土人罕至的瘴疠之地。行军道路只有二至三条，其中距离最短的主要行军道路是曼德勒—瑞波—达木—英帕尔—科希马—迪马普尔道路，这条道路也大部分是险峻的羊肠小路，以曼德勒为起点长达1200余公里。而且这一不毛地带是世界上雨量最多的地区，每年6—9月季节风期，连天豪雨不断。在这个季节里，天地为之而变，所有河流、溪谷，泛滥奔流，大树漂浮，道路坍坏，交通完全断绝。

饭田司令官和前线指挥官们考虑到这种地势，认为开展大兵团作战敌我双方都很困难，不无道理。

〔敌我形势的变化〕 然而，如前所述，由于从昭和18年（1943年）2月起连续进行了四个月的扫荡翁格特旅战斗的结果，致使以前的认识发生了很大变化。

3月份到任的新任牟田口军司令官，于4月初将司令部推进到眉苗的时候，第15军的主力正向亲敦江方面猛追翁格特旅。该军担任的防线从怒江正面起，经过北缅的密支那、甘马因、明京山脉，直到中部缅甸的加里瓦、甘高，长达一千数百公里，而且兵力只有三个师团，计划增加的第31、第15师团，由于前面已经提到的原因，预料到达还要推迟。

然而该军对面之敌正在亲敦江、富昆、云南等三个方面进行大规模反攻准备的情况日益明显。具体来说，亲敦江方面由英国吉福特将军统帅的第4军团（约三个师）以英帕尔为根据地；富昆正面由美国史迪威将军率领的美中军队（约两个师）以利多为根据地；云南方面由卫立煌将军指挥的缅甸远征军（约16个师）以保山为根据地，分别正在准备反攻。而且其兵力正在迅速增强。尤其是综合各方面的情报得知，敌军在这几方面修筑军用道路规模之大，使日军瞠目结舌。另据情报称，在印度方面还有一至两个空降师，也很惹人注目。制空权已经落入敌人手中。预料这几方面敌军在今年雨季过后，必将开始以夺回缅甸中、北部为目标的总反攻。

军司令官对地势、敌情做了新的分析之后，首先向亲敦江推进了防线。不过，这条防线很不完善，反而拉长了战线，很难说是牢固的。

〔对印工作——鲍斯出现在新加坡〕 正当缅甸战局日趋危急的时候，由于钦德拉·鲍斯在新加坡出面指挥独立运动，使印度局势随之发生了激烈变化。侨居在南方各地的数百万印度人欢声雷动，独立斗争的浪潮大有席卷全印之势。如前所述，日本对印度的政治工作，开战初期就在中央和马来战场展开了。以此为基础，昭和17年（1942年）8月22日，制定了有关对印政策的具体计划。其主要目标是支援和激发印度人的反英独立运动，通过实力斗争，促进印度独立。期望通过这种斗争使英国在政略战略两方面都陷入无法利用印度进行战争的窘境，使它早日屈服。

与鲍斯出现在新加坡的同时，印度国大党8月8、9日在孟买召开大会，通过"要求英国撤出印度的决议"，全面展开了不服从运动。英国当局立即宣布国大党为非法，逮捕国大党全部领袖和积极分子四万多人，印度陷入了一片混乱局面。在这次镇压中的死伤人数超过了1万人。这些内外形势互相交错，日本对印度的政治工作达到了高潮。

这年夏季，西南方面的战局风云日渐紧急，太平洋方面的战局已很暗淡。太平洋的东北部继阿图岛的全军覆没之后，接着便从基斯卡撤退了。太平洋的东南部也丧失了中部所罗门群岛，新几内亚的莱城，萨拉摩阿战线均在危殆之中，盟军的反攻日益激烈，中央的焦虑和国民的忧虑与日俱增。

〔牟田口军司令官的进攻主张〕 新任的牟田口军司令官是攻占新加坡时骁勇驰名的第18师团长。在扫荡翁格特旅的战斗中备尝辛酸，对缅甸中、北部的地形有了深刻认识，作战思想大变，突然积极起来。他认为在此广阔战场，面对四面绝对优势敌人的反攻，以守势战术完成防御任务几乎是不可能的。与其如此，莫若在敌人反攻之前先发制人，急袭并捣毁敌军反攻的根据地。太平洋战局的不利，印度政治形势的发展等，加上中将敢作敢为的性格，使得他的作战思想有了进一步的飞跃发展，即吸收了上述二十一号作战思想而发展成为进攻作战。英印军在新加坡进攻战和阿恰布作战中的脆弱性，使中将的信心更加坚定。他的结论是，道路的恶劣、补给的困难、地形的艰险等有关这次战役成败的一些关键问题，如果假以后6个多月时日的拼命努力，得到上级司令部的妥善筹划，并非不能解决；这些困难还可以反过来利用敌人修筑的道路和军需品而得到缓和；另外，对于制空权、火力、机械装备均居劣势的我军来说，在这种地形艰险、密林遍布的地带作战，反而比在缅甸中部平原地区更为有利。

〔仰光图上模拟演习〕 牟田口司令官一有机会就积极主张他的进攻作战思想。他的这种积极主张引起了缅甸方面军司令部和南方军司令部的关心，并引起了大本营的注意。于是又唤起了进攻印度东部的潜在的心愿。结果，昭和18年（1943年）6月末，在仰光方面军司令部举行了图上模拟演习，主要是为了探讨第15军此后应当采取的战略。大本营、南方军、第3航空军的幕僚以及缅甸全军的首脑都参加了这次演习，研究了对付同盟军的反攻，是以在国境内迎击来达到防御目的为宜，还是必须进而进攻英帕尔，摧毁敌军的反攻根据地才能完成防御任务的问题，至于第15军远途进攻阿萨姆邦的设想被置于题外，在此没有研究。讨论的结论认为，为了完成缅甸中、北部的防御任务，有必要乘敌人反攻准备尚未完成之际，急袭并摧毁其反攻根据地英帕尔，然后把防线推进到英帕尔以西印缅国境的险峻山区。有一个前提是，怒江及富昆方面的局势在本战役期间需要设法保持不变。第15军进攻阿萨姆的设想自然被搁置起来，但这种思想还深深潜伏在第15军司令部指挥人员的脑际，在其作战设想上也有了微妙的反映。至于如何解决补给困难这个重大问题，却作为悬案被遗留下来。

为了完成这一战役，估计需要150个汽车中队、60个驮马辎重中队，以及强有力的野战筑路队，据此向方面军提出了申请。

作战准备生效的经过

〔发出"乌"号作战准备命令〕 7月上旬，寺内南方军总司令官派稻田副总参谋长赴大本营，陈述英帕尔战役的必要性，同时向大本营申请酌量增派这次战役所需的部队，即第15、第54师团、独立混成第24旅团及兵站各部队，和增拨所需军需品（即四个师团的弹药量、汽车零件一千台份及其他）。

9月初，大本营对英帕尔战役发出正式指示。

南方军遵照指示发出了要点如下的准备命令：

命令缅甸方面军司令官按下述各点进行作战准备。

一、缅甸方面军为加强缅甸的防卫、向英帕尔方面采取攻势、并将防卫线推进到该线。其他方面设法保持持久态势。本战役以后称为"乌"号作战。

二、"乌"号作战准备完成后即主动实施之。

攻势发动时日预计为10月以后，具体时间另行通知。

三、如敌在我行动以前发起进攻，即在所在准备进攻地点予以迎击，然后继续进到英帕尔附近一带。

四、如敌在我发动"乌"号作战之前，从海上对我进行正式反攻，则暂停"乌"号作战，集中方面军主力，在海岸方面摧毁之。

另一方面，7月以来，第15军估计"乌"号作战定能批准，便尽一切力量进行作战准备。主要是研究作战计划，搜集敌情，侦察地形、修筑行军道路、整顿部队的编制、装备和研究补给等。其中最困难的课题是将穿过明京山脉通往亲敦江的两条山道改修为旱季汽车路的工程，冒着当时的雨季开始强行突击作业。师团改编为驮马编制和山炮装备。如前所述，虽已提出了增派大批兵站部队的申请，但方面军答应增派的兵力还不到所需60%。为了弥补不足，认真地准备就地取材，利用当地的一切资源。譬如征用和训练当地的驮牛和牛车，利用各种代用食品，并效法成吉思汗的故智，随军携带活牛、活羊等会走的食物等，就是其中一例。而方面军发出第15军殷切期待的上述准备命令的时间是9月中旬。

〔作战计划——特点与弱点〕 牟田口司令官立即向各师团长秘密传达早

已研究过的作战计划，并命令向前线移动兵力，进行作战准备。

作战方针与先前在仰光图上模拟演习时所得的结论基本相同，正式作战预定在年末或来年年初。特别强调的是要运用奇袭战术，以大约一个月时间完成作战任务。

作战要领的要点如下：

一、怒江方面的作战

10月上、中旬之间，歼灭盘踞在怒江两岸的缅甸远征军之一部，夺取其反攻据点。此次战斗由第56师团全部会同第18师团的一部进行。以后由第56师团单独阻击重庆军对本地区的反攻。

二、富昆溪谷方面的作战

由第18师团以孟拱为据点，单独在溪谷对中、美军的反攻进行持久战。

三、进攻英帕尔作战

由第31师团长驱直入占领科希马，阻止英印军来自阿萨姆方面的进攻。在这中间，由第33师团、第15师团从南北奇袭并歼灭英帕尔盆地的敌军。

为此，先使第33师团从莫莱及钦高地南部分别沿加包山谷及曼尼普尔河朝北向英帕尔挺进，通过这一攻势，一面将敌第4军团的主力牵制在南面，一面先行包围突出在铁定、通赞地区钦高地上的敌第17师，予以各个歼灭。

第15师团、第31师团在亲敦江上流的霍马林、榜宾地区作好秘密渡河准备，利用敌军被33师团牵制在正面的有利时机渡河，然后第15师团向英帕尔北方，第31师团向科希马方向，突破险峻向前挺进。当夹攻英帕尔时，第31师团在科希马方面的战况如果允许，则抽出一部有力部队，调头参加总攻击。

如果进攻英帕尔成功，则在科希马周围、英帕尔盆地西侧山地和钦高地的要冲构筑坚固防线。第33师团主力在加里瓦附近集结，准备参加其他方面战斗。

英帕尔作战期间的补给，进攻阶段（约三周）所需部分由各师团自行携带。攻占英帕尔后，则通过加里瓦—达木—帕勒尔—英帕尔—科希马路线抢运。以后即以此路线作为主要兵站补给线。

上述计划清楚地反映出牟田口司令官的个人性格，象征日军传统战术的"鹈越战术"，[①]特别是向科希马分出三分之一的兵力，既是为了阻击敌人的增

---

① 鹈越战术：鹈越指自日本神户市北穿过六甲山脉走向西北方向的山路。1184年，源义经以鹫尾三郎为向导，翻越此山路袭击平氏。据此，鹈越战术应指翻越险峻山路后进行奇袭的战术。——译者

援，也是久已打算进攻阿萨姆的第15军为准备将来进一步进攻的一着妙棋。这一分散兵力是本战役失败的一个重大祸根。而且在这个计划中，根本没有考虑如果作战不能按计划进展，发生意外情况时的任何安排。

〔准备行动开始——战机成熟〕 各师团遵照军方命令，开始向尚未渡过雨季的前线调动兵力。第18师团向密支那、孟拱地区，第31师团向明京山脉北部两侧地区，第33师团向加里瓦附近的亲敦江两岸到加包山谷地区集中主力，加紧进行攻击准备。

第56师和第18师团的部分兵力转入怒江作战的准备。而这方面的敌军此刻也正向前线推进，频繁展开搜索活动。战机已经成熟，战局更加紧迫。

怒江及富昆战役开始

〔怒江战役——"乌"号作战的序幕〕 10月3日，"乌"号作战先以云南省的怒江战役揭开了序幕。当时卫立煌麾下的缅甸远征军聚集在怒江东岸一带，进到西岸的重庆军第36师正在加强反攻据点。

怒江在雾气弥漫的峡谷中咆哮奔腾，西岸沿江耸峙着高黎贡山脉海拔12000英尺的雪峰。高黎贡山脉西侧的丽水江平原上是一片金黄色的稻浪。怒江战役就在腾越北面的丽水江平原和高黎贡山脉之间一带展开了。作战按照预期进展，敌军逃回怒江东岸。10月下旬战斗结束，这方面的任务交给了第56师团，第18师团开始返回密支那方面。

〔死（富昆）的溪谷中的敌我搏斗〕 正当此时，在富昆溪谷中的塔奈河畔，敌我双方突然发生了激烈战斗。远向国境方面挺进中的第18师团的一个搜索中队（相当于侦察连——译者注），10月30日在塔奈河畔与兵力不详的中国军队发生了冲突。当夜给位于后方300公里以外的密支那师司令官拍发了急电。

富昆溪谷是东西宽20—70公里、南北长达200公里的大盆地，中央一块台地又把它分成葫芦形的南北两块盆地。北部盆地即亲敦江上流的塔奈河谷，这里有大小无数的支流，纵横交织如网，是一大片密林地带，到了雨季就变成一大片沼泽地带。南部盆地孟拱河纵贯其间。战前时期，此地原属化外地区，仅有少数克钦族人居住。霍乱、恶性疟疾猖獗，故被称为死（富昆）的溪谷。在其北面有幅员百余公里、海拔7000英尺的国境山脉东西绵亘。此一山地被称为那加蕃区，是以剽悍凶勇闻名的那加族的居住区。

〔利多公路与敌人夺回的企图〕 同盟军决心企图夺回的中印陆地联络线

利多公路，起于阿萨姆东端的利多（以油田闻名），穿过上述的那加山区与富昆溪谷，经孟拱、密支那、八莫、南坎与中国事变后闻名的援蒋路线滇缅公路相接。从利多到密支那中间数百公里的险峻地区，计划将在昭和19年（1944年）秋季以前，建成一条保证旱、雨两季均能通行汽车的公路，并与此平行铺设输油管，以向中国军供应军需品和燃料。这是一个庞大的战略措施，一则是为了将重庆军90个师改装成美式装备，使之转入大反攻；二则是为了加强以中国为基地的美国战略空军对日本本土的空袭，以策应美军横渡太平洋的进攻。建设利多公路是一个规模十分庞大的大工程。由美军史迪威将军主持其事，罗斯福总统给以最热烈的支持。

为此，在阿萨姆编成了由孙立人指挥的中国军一个军（两个师），施行美式训练，准备担任富昆方面的反攻。这支中国军兵力将近5万人，现正得到强大的美军工兵以及步兵、坦克、卫生、后勤等各部队的支援，并有强大的空军支援作战和补给。这个情况主要是由破译敌人密码逐步判明的，而且预料中国军的兵力以后还会增加。

日军预料，敌人为打通援蒋路线，雨季过后，富昆方面的中美军和云南方面的中美军必将互相呼应，前来反攻。但并没有想到这会成为上述那样的、与太平洋方面的作战和对日大空袭有关联的重大战役，而且从这条道路的困难性来看，也没有料到在雨季刚过就能这么快地开始正式反攻。在同盟军大反攻面前首当其冲的是猛将田中中将指挥的第18师团。

当时第18师团分散在数百公里的广大地区。集结在南部富昆地区的只有步兵三个大队。另有步兵四个大队是在前述怒江战斗结束后返回密支那的行军途中。其他部队分散在密支那、八莫及南面的杰沙附近，而且还给新编的第31师团抽去三分之一的兵力，火力及辎重兵力减少了二分之一。

〔牟田口军司令官和田中师团长之间的意见对立〕 师团长接到两军交锋报告后，判断这支敌军只是为了掩护中美军主力越境派出来的一支先遣部队，首先命令富昆南部地区的第56联队急速前进，企图将其各个击破。及至该联队到达战场交战后才搞清楚，敌军原来是中国军第38师一支劲旅，和第18师团过去在中国大陆上接触过的中国军队，在素质上完全不同，因而大吃一惊。过去，日军以一个营消灭中国军一个师乃是家常便饭。尤其是这个在九州编成的师团，在中国战场上久经战斗，纵横驰骋，同中国军交战最有自信。然而，此次在富昆的中国军，无论是编制、装备，还是战术、训练，都完全改变了面貌。尽管第56联队奋勇猛攻，敌军圆形阵地在炽密的火力网和空军的支援下不仅毫不动摇，而我军的损失却不断增加。敌军虽已遭到了将近900名的损失，却仍顽强抵抗，坚守密林阵地，毫不退让。于是立即向上级报告了这个情况，使全军不禁为之愕然。

田中师团长仍然企图各个击破敌人，决定亲率师团主力向国境山区的新背羊山口断然发动进攻。进攻时日预定为12月15日。当时全师团能参加这场战斗的兵力不过四千名左右。

12月上旬，牟田口军司令官阻止了这个计划。因为当时军部正在准备进攻英帕尔，苦于补给运输手段无法解决，再不能对支战场正面的富昆方面增派汽车队。第18师团想要远在塔奈河北面开辟战场，还需要几个汽车中队。于是军司令官发出严格的命令："停止现在的攻势，在孟缓地区外围迎击敌军，不得已时固守甘马因。如再向塔奈河北岸地区增援时，须经军司令官批准。"这个命令挫伤了第18师团长和下级指挥官的情绪。军当局当时虽有不得已的苦衷，但事先对于师团的作战要领缺乏确切指示，不能不说是个缺陷。

田中师团长接到军部这道命令，不得已改变作战方针。师团长打算先在目前的塔奈河畔战线认真组织防御性进攻，尽量长时间地阻止敌军于北面，目的是在此期间在孟缓外围做好周密的战斗准备，争取在该地以北，支持到昭和19年（1944年）的雨季（5月），雨季期间在相当于葫芦形腰部的羌普、兼旦台地边缘地带，进入对峙状态。

然而敌军向塔奈河畔的增援意外迅速。敌军并在强大的空中补给的支援下，一面发动猛烈的正面攻击，一面进行大规模的迂回进攻。第18师团反击无效，损失甚大。敌机反复袭击我方漫长而脆弱的地面补给路线，师团的补给日趋紧张，塔奈河畔的战况十分严重。

12月份，当英帕尔进攻作战尚未决定进行时，富昆方面即已面临敌人的正式反攻，而且陷入了没有想到的苦战境地。"乌"号作战的前途出现了一点令人不安的兆头。

〔同盟军的大规模反攻协定〕 原来，同盟军反攻缅甸的决定，开始于昭和18年（1943年）1月的卡萨布兰卡会谈。

在这次会议上决定了重新打通同中国的陆路交通联系。接着在同年5月华盛顿会谈时，原则上做出决定，将中印间空运量每月增加为一万吨，雨季过后开始反攻缅甸。

接着，8月在魁北克会谈时，制定了详细的反攻缅甸计划，并做出决定，在昭和18年（1943年）冬季到昭和19年（1944年）春季之间反攻富昆、密支那；重新打通利多公路；和它平行铺设输油管道。11月，英、美、重庆三首脑在开罗会晤，又重申了反攻缅甸北部的决定。

在开罗会议上，根据蒋介石的提议，还讨论了从孟加拉湾方面全面反攻缅甸的问题。但由于正在欧洲大陆进行反攻，无法拨出这方面所需的资材而作罢。

在讨论反攻缅甸中，同盟国间存在着深刻的意见分歧和争论。如前所述，美国最积极坚持迅速重开中印陆路联络，英国则对此兴趣不大，希望等到德国败战后再反攻缅甸。英国关心夺回新加坡，殷切希望在此期间经过苏门答腊反攻马来、新加坡。重庆当然欢迎美国方案，但深恐只靠牺牲中国军来反攻北缅，因此，一再主张反攻缅甸必须以英印军队从海岸方面配合进行大规模的反攻为前提而表示踌躇。这是由于政略上的根本分歧而必然出现的争论。

因此，反攻的具体当事者蒋介石和史迪威之间，史迪威和蒙巴顿之间一再发生激烈的对立和争吵。每当此时，则由罗斯福、丘吉尔两首脑出面从中调解。

富昆方面正在展开激战，这说明美国的主张占了上风，而当时日军对同盟军这方面的内幕却无从知晓。

〔英印军的反攻动向〕　随着接近年末，仿佛同富昆方面的中美军相呼应，印缅国境方面英印军的活动顿时活跃起来。英将斯利姆指挥下由第4、第15、第33军团组成的第14军，步步向印度东部靠近。

其中的第15军团（约有4个师？）部署在阿恰布方面，所属两个师逐步向孟都、布帝洞我第一线阵地逼近。后方吉大港附近也发现了一个兵团。敌海军舰只在孟加拉湾沿岸的蠢动也很活跃。

英帕尔方面的第4军团将其第17师部署在通赞、铁定地区；将其第20、第23师部署在英帕尔、帕勒尔、达木、乌科鲁尔地区，其中一部分精锐兵力向第一线推进，对我反复进行火力侦察。另有情报频传坦克兵团已进到英帕尔平原，特别是从英帕尔方面修建几条通往亲敦江的行军道路，和在英帕尔、帕勒尔、达木修建机场的活动更加积极起来。

第33军团（两个师？）作为第二线兵团部署在以阿萨姆的西隆为中心的地区，处于可向英帕尔、阿恰布任何方面出动的态势。当时印度境内也在加紧动员，包括第14军在内，估计全部兵力约有100万人（实际约达165万），出入于加尔各答、吉大港的运输船只络绎不绝。

〔后来的缅甸远征军〕　再说云南方面卫立煌指挥下的缅甸远征军虽然失去了怒江两岸的据点，但其反攻准备愈益积极。战略部队从广东、重庆方面向昆明集结。各师兵力充足，装备美式武器，正在加紧建设通往怒江渡口的道路，估计其兵力约有14个师。

〔敌方空军猖獗——压制缅甸全境〕 援蒋空运飞机增加到200架，每月空运量达5000—6000吨。驻印空军飞机约达700架，昭和19年（1944年）春估计增到1000架。另外估计美国驻华空军约有飞机400架，缅甸全境的制空权落入敌人手中，火车、汽车白天完全不能通行，主要桥梁大都遭到轰炸。

〔我方的敌情判断〕 第15军司令部根据上述敌情，更加确信以前所做的敌情判断："同盟军企图以一部在阿恰布方面发动攻势，以其主力由英、美、中三方面军互相策应，首先向曼德勒合围进攻，俟取得进展后再在海上正面扩大反攻，进而夺回整个缅甸"是正确的。大本营和缅甸方面军及第5飞行师团两个司令部则认为敌军从海上发动进攻的可能性也很大；南方军司令部则担心敌军可能从安达曼、苏门答腊、马来半岛北部的西海岸发动进攻。

由于这种判断和担心，致使将在英帕尔战斗中发挥重要作用的第15师团长期留驻泰国，推迟了开赴战场的时间。这是造成缅甸境内第15军兵力分配不够完善的又一个因素。

〔拼命准备进攻英帕尔〕 在如此紧迫的形势下，第15军全军拼命进行作战准备。横贯明京山脉的进军道路已接近完成。第31、第33师团分别将其主力向明京山脉两侧、钦高地推进，转入发动进攻的态势。唯有第15师团到11月中旬才接到向缅甸前进的命令，主力正在蜿蜒徒步行军，越过泰缅国境。全部兵力估计3月末也难以到达亲敦江东岸，预定在昭和19年（1944年）初就开始的进攻，终于没法实现。鉴于雨季的到来和敌军的反攻动向，最要紧的是要及早开始进攻，但第15师团当前的情况，使第15军首脑焦虑万分。看来第15师团必然要不得不处于这种境地，即在还有一部分尚未到达，而且在准备不充分的情况下，以遭遇战逐步投入战斗的形式来进行这次困难的大战役。

〔第5飞行师团进攻加尔各答、云南〕 我方的空军作战也处于困难状态。缅甸方面的空军作战由第5飞行师团（师团长田副登中将、昭和19年12月26日以后为服部武士中将）担任。兵力有五个战斗机队、两个轻轰炸机队、两个重轰炸机队、一个侦察机队。此外，仰光配备有海军航空部队，但总兵力只有飞机39架。

航空部队以如此少数的兵力，在四面八方执行作战任务。既要担任防空作战，又要果敢地攻击印度东部及云南的敌空军基地和截击中印空运敌机。即12月5日，以陆海军飞机160架空袭加尔各答港，取得了重大战果。接着本月份又对吉大港、云南及昆明两基地进行了反复的空袭。

然而和我军的损失与日俱增相反，敌军势力却在逐日加强。加上从去年年末起，主要向东南方面连续调转了兵力，因此，到昭和19年（1944年）初，我方兵力甚至对缅甸的防空都不敷用了。而且为了支援地面部队即将开始的阿恰布战役和进攻英帕尔战役，必须整备、保存兵力，因而其作战就更加受到限制。

进攻英帕尔战役

〔**断然决定进攻英帕尔**〕 由于缅甸战局敌我双方处于上述形势，大本营对于发动英帕尔战役仍持慎重态度。加上北部所罗门群岛、敦比尔海峡地带的溃败和吉尔伯特群岛的失陷等，使太平洋战局愈益紧急；特别是估计到敌人会对缅甸西南海岸和安达曼、尼科巴方面进行反攻，使大本营对本战役考虑得更加慎重。

寺内南方军司令官于12月下旬，派副总参谋长绫部中将前往东京，再次提出关于实施英帕尔战役的意见，请大本营作出决断。大本营就英帕尔战役感到疑惧的以下五个问题，征求了绫部中将的意见。

一、必须慎重考虑防备英印军在孟加拉湾方面和缅甸南部沿岸一带的登陆作战，如果在实施"乌"号作战当中出现此种情况，能否采取相应的对策？

二、由于攻占了英帕尔平原，结果是否还需要增加兵力？是否会给防卫缅甸带来不利的后果？

三、我空军兵力处于极端劣势，对完成地面作战有无妨碍？

四、补给能否跟得上？

五、第15军的作战设想是否坚实可靠？

绫部中将对此详细汇报了过去研究的情况，做出了确有把握的答复。并特别强调，通过实施本战役，可以使防御战凭借英帕尔附近的有利地形，因而反倒可以节省兵力，加强缅甸的防卫。

大本营根据南方军的这种见解，12月31日坚定了批准"乌"号作战的决心，便于昭和19年（1944年）1月7日予以批准，以大陆指第1776号发出如下指示："南方军总司令官为了防卫缅甸，得在适当时机，击溃敌军的防御，占据英帕尔附近印度东北部地区"。

〔**放心不下——大本营的殷切希望**〕 大本营对本战役还有些不放心，1月8日，特意对南方军副总参谋长嘱咐下列事项，深切希望慎重指挥这次战役。

"关于发动'乌'号作战，本部曾经反复进行研讨，此次根据贵军的切实研究和意见，对这次战役的进行和结束确有了把握，已以大陆指第1776号批准了发动此次战役。必须指出，当指挥本战役时，务须保证预计为期不远必将到来的缅甸西南海岸的防御战争万无一失，并切实做好本战役的收尾，不至对整个战局发生任何不利影响。以上请妥善考虑，是所切望"。

从昭和17年（1942年）夏季以来，多次提出过的印度进攻作战，至此终于做出了决断。

然而，以重庆、印度为对象的、具有积极战略目的的深入进攻印度东部的作战思想，到此暂时放弃了。现在采纳的"乌"号作战只是加强缅甸防御的消极战术作战，但不能否认，仍然潜藏着期望取得对印政略效果的微妙意图。1月下旬，河边方面军司令官对牟田口第15军司令官发出了进行"乌"号作战的命令。

〔方面军的指导全局作战计划〕 方面军司令官制定了以"乌"号作战为中心的、指导缅甸全局的作战计划，要点如下：

一、为了隐秘"乌"号作战的企图，保证作战顺利进行，在发动这一战役的前两、三个星期，对阿恰布方面采取攻势（称"哈"号作战），牵制敌第14军于该方面使其不得脱身。

二、富昆方面，令第18师团在甘马因以北，令第56师团在怒江西岸，分别保持持久态势。

三、第15军先以一部（第33师团）从钦高地方面发起攻势，尽量将英帕尔方面的敌第4军团牵制在这一方面，同时军的主力（第15、第31师团）奇袭渡过亲敦江，一举攻占科希马，切断敌军的增援路线，并以主力（第33、第15师团等）包围并歼灭英帕尔之敌。

〔方面军改编指挥组织〕 缅甸方面军司令官鉴于该方面军完全没有预备兵力，要求南方军将第2师团迅速调往缅甸，并增派第53师团，同时坚决要求第15军争取约以一个月的时间神速圆满地取得"乌"号作战的成功。另外，为使第15军专搞"乌"号作战，将云南方面的第56师团改由方面军直辖。富昆方面的第18师团由于同"乌"号作战的地区毗连，仍隶属第15军。在这以前，方面军司令官曾向南方军总司令官提出申请，增设第28军司令部担任孟加拉湾沿岸的防御，增设第33军司令部主管富昆方面作战。据此，1月15日，首先新设立了第28军司令部（军司令官樱井省三中将）。

第28军除统辖第54、第53师团外，并将从瓜达尔卡那尔撤退后在菲律宾整编中的第2师团划归其指挥。至此，昭和19年（1944年）2月期间，在缅甸的日军兵力共有一个方面军司令部，三个军司令部（其中一个在预定中），八个师团（其中两个师团在向缅甸进发途中）和一个旅团。

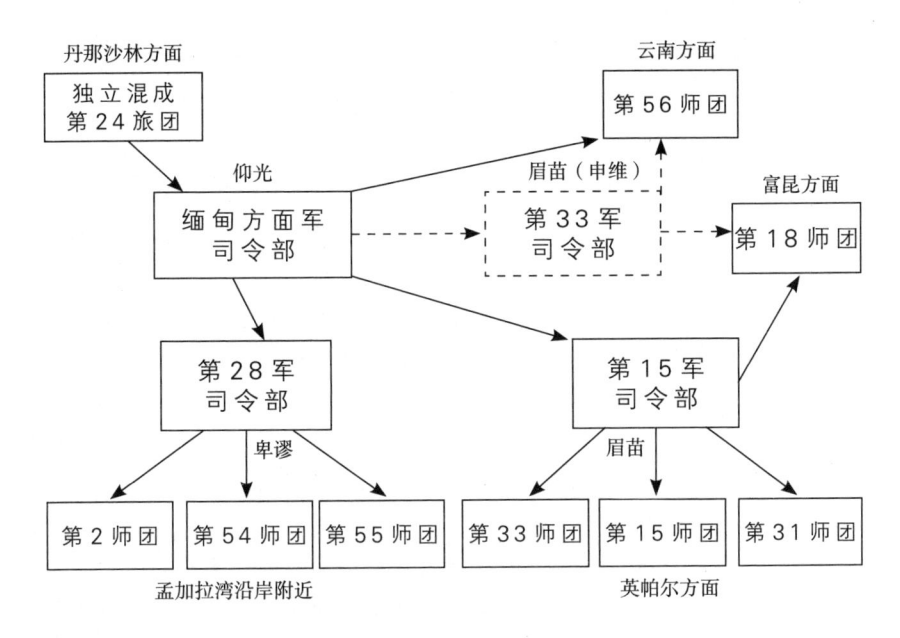

其指挥系统及作战担任地区如下表。

```
丹那沙林方面                          云南方面
独立混成                              第56师团
第24旅团
        ↓  仰光           眉苗(申维)         富昆方面
        缅甸方面军  ------→  第33军   ------→  第18师团
        司令部             司令部
           ↓                 ↓
        第28军              第15军
        司令部              司令部
        ↓ 卑谬 ↓  ↓        ↓ 眉苗 ↓  ↓
       第2  第54  第55     第33  第15  第31
       师团 师团  师团     师团  师团  师团
         孟加拉湾沿岸附近          英帕尔方面
```

备注：（1）第15师团与第2师团在向缅甸进发途中
　　　（2）点线表示预定
　　　（3）另有第33师团在申请增派中

〔**订立空陆作战协定——展开兵力**〕 缅甸方面军司令官根据作战计划，与第5飞行师团订立了空陆作战协定。鉴于飞行师团处于劣势，本协定的特点是以消灭敌空军势力为主，以直接支援地面作战为辅。其要点如下：

一、"哈"号作战预定2月3日开始进攻，在"乌"号作战发动前10天结束。

二、第5飞行师团以一部兵力经常协助作战。

三、第5飞行师团以主力协助"乌"号作战。

四、协助"乌"号作战要点

1. 发动攻势初期，特别是在亲敦江渡河时，掌握战场上空制空权。
2. 攻击妨碍我地面部队进攻的敌机及敌机场。
3. 攻击战场上的显著目标、特别是敌装甲部队及炮兵部队。

五、以一部兵力担任孟加拉湾方面巡逻任务。

六、当敌人投下空降部队时、第5飞行师团应立即派最大兵力进行攻击。

为协助"乌"号作战，第5飞行师团将主力调到葛鲁，敏铁拉地区的基地，另将有力的一部调到东瓜、仰光地区，展开了兵力。

〔与印度国民军联合作战〕 由于"乌"号作战的性质特殊，在缅甸战场上出现了与印度国民军联合作战的新课题，即由印度国民军司令部、印度国民军第1师及若干特殊任务部队参加这次作战。缅甸方面军司令部根据同自由印度临时政府之间的协议，决定将其第1师主力（约7000人）划归第15军司令官指挥。协议规定，在"乌"号作战中占领的印度领土的行政管理，完全交由自由印度临时政府的解放地区行政委员掌握。

〔第15军发出进攻命令〕 第15军司令官接到盼望已久的方面军的命令后，立即按原先的设想作出最后决定，仅对发动作战时日及亲敦江渡河计划（特别是对行动保密和对空掩护）两点重新做了研究。结合第15师团前进的情况，和雨季到来前结束战斗、建立防御态势的要求，选定了开始作战时日。即决定第33师团于3月8日，军主力于3月15日分别开始行动。

在敌方空军占绝对优势的情况下，携带几千头马匹、活牛、活羊、大象的军主力，在宽达1000米的亲敦江上断然进行敌前渡河，无论如何是一次大冒险。此举成功的要诀除了完成奇袭渡河，别无他法。为此，竭尽一切办法隐秘行动，并为防备万一，与第5飞行师团订立协定，要求在渡河的前一天和当天，以全力担负亲敦江上空的制空掩护任务。鉴于该师团的兵力情况，商定彻底完成渡河掩护任务后，就不再要求协助以后的地面战斗。

第15军于1月25日，先对第15、第31、第33师团下达进入"乌"号作战位置的命令。接着选择2月11日纪元佳节[①]发出了发动"乌"号作战的命令。补给上担心的问题不但没有解决，条件反而更加困难了。

原来预定给所需补给部队补充60%，但实际只补充了20%左右。由于增设第28军、第33军，进一步压缩了对第15军配备这种兵力。而且从远处调来的部队有的还未到达15军手里。由于兵力不足，再加上第15军的"鸭越战术"，更增大了补给上的危险性。部队携带的弹药和粮秣仅够20天用，必须以奇袭突破取得成功为绝对前提，如果进攻作战拖延时日或受到挫折，军的主力就有补给杜绝，在四面受敌的险境中坐以待毙的危险。然而，当时对于作战成功确信不疑的第15军司令部竟将这种顾虑置之度外。

〔"哈"号作战——第二次阿恰布战役〕 以进攻英帕尔为主的缅甸方面军继怒江、富昆两个战役之后，在阿恰布方面也展开了新的战斗。即昭和19年

---

① 纪元节，传说为神武天皇即位之日。——译者

（1944年）2月4日，第28军第55师团发动了第二次阿恰布战役，即"哈"号作战。至此，日军大约10个师团同美英中同盟军25到30个师之间的生死搏斗，在缅甸全境揭开了序幕。

"哈"号作战地区大致限定于通巴札东西一线。目的在于对当前的英印军第15军团的反攻准备给予先发制人的攻击，将英印军牵制在这个方面，以利于开展"乌"号作战。

作战计划分为两期。前一期从南北两方奇袭夹击并消灭梅宇山脉东侧的敌军印度第7师；后一期将师团主力调回那坎羌附近，消灭孟都附近的敌军印度第5师。这次战斗是以步兵旅团长樱井德太郎少将率领的步兵5个大队、炮兵1个大队共约3500人冲入战斗开始的。2月5日，该部队迅雷不及掩耳地攻破通巴札，立即回头渡过梅宇河，冲进辛遮瓦，摧毁了印度第7师司令部。第55师团长接到樱井部队进攻成功的报告后，立即命令布置在布帝洞、孟都的部队向北挺进，从腹背两面将印度第7师的三个旅和印度第5师的一个旅包围在辛遮瓦盆地。

〔敌军的新战术——立体战术——解围后撤〕 敌军约3000名、坦克百余辆、汽车千余台霎时间陷入我军包围之中，眼看奇袭就要成功。可是，被包围的敌军以其优势的火炮和坦克构成一个圆桶形阵势，利用炽密的自动武器和火焰喷射器封闭了阵地间的空隙，而且在其绝对优势的空军力量毫不间断的支援和空投补给之下，构成了铁桶一般的防壁。这种仰仗空投补给的新战术，竟使日军瞠目结舌。仅有少数山炮的第55师团，奋力反复猛攻，结果徒使我军损失激增。敌将第14军司令官斯利姆调印度第26师前来增援，并令英国第36师向国境地带的掩护阵地挺进，令西非第81师向加腊丹河谷地带推进，转入积极反攻。

第55师团这时腹背受到敌军5个师的反击，陷入了敌军反包围中。加上补给困难，战况呈现令人悲观的形势。

2月26日，终于忍痛解除辛遮瓦盆地的包围，撤退到作战开始前的阵地，谋求调整阵势。至此，28军的这次战斗虽然部分地达到了牵制英、印军的目的，但损失甚大。

关于这次平面战术与立体战术相互较量的经验，对于指导即将开始的"乌"号作战，本来是个重要的教训，但遗憾的是日军对此并没有取得充分认识。第55师团一转入防御之后，敌军立即逼近我军阵地开始猛攻，3月10日，布帝洞落入了敌人手中。接着敌军又侵入了孟都和梅宇山脉我军阵地的一角。3月下旬，在孟都、布帝洞一线展开了寸土必争的激烈战斗。

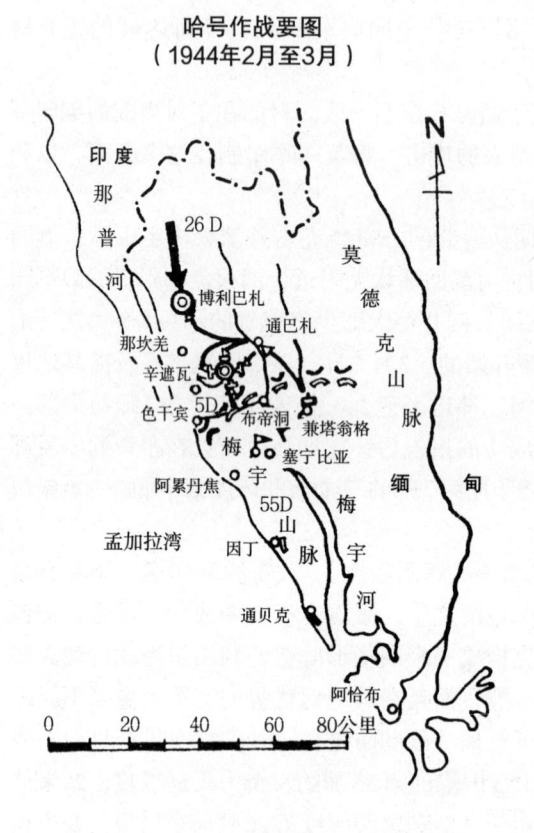

哈号作战要图
（1944年2月至3月）

因此，我军官兵的伤亡进一步增加，4月又遭到敌军精锐部队的反复进攻，丧失了重要阵地，战斗形势实堪忧虑。当梅宇山脉两侧地区的战斗正在如此发展时，西非第81师挺进到加腊丹河谷方面，要冲恰库特陷入敌手。第28军司令官鉴于该河各处于第55师团的后方，关系重要，便又编成一个支队（木庭支队）派去该方面参加战斗。

〔**翁格特空降部队的入侵**〕当发动"乌"号作战的日期已近在几天之内，3月5日后，缅甸北部突然发生了意想不到的变故。

敌军空降部队陆续降落在伊洛瓦底江东岸杰沙附近的林间空地。这个消息在3月9日才由第15军司令部报告给在眉苗的方面军司令部。这是3月5日夜间，审问一名被迫着陆的滑翔机乘务员时得知的情况。滑翔机空降部队降落后立即建设机场，运输机接着强行着陆，空降部队迅速得到增强。其一部进到莫罕附近，切断了通往密支那的铁路。另外一部开始沿文多至宾来布道路活动，使该地区的我后方部队陷于恐慌状态。

最初军部未能搞清楚这支敌军的真相，错误认为是投下来骚扰的部队，由所在部队即可轻而易举地加以扫荡。

没有料到这支挺进部队是一个代号为"印度第3师"的大兵团。这个兵团还简称"钦铁兹"，由6个旅组成，每个旅由四个大队组成。此外本身还拥有航空队（包括战斗轰炸机队，中型轰炸机队及运输机队、联络机队等），指挥官是二年前侵入缅甸北部的翁格特将军。空降的部队是其中的三个旅，到3月11日，降落兵力已达9250名。此外还运来了炮兵和吉普车。

该将军抱着一个骇人听闻的庞大计划，即随着此次战斗的进展，还将在帕科库投下一个旅，最后在敏铁拉投下一个旅，以迫使日军从缅甸中、北部全部撤退。现在才弄清楚，昭和18年（1943年）2月从地面来犯的翁格特旅，就是这次空降的准备行动。然而，在敌军空降两周以后，还没能掌握它的全貌。

〔敌情有变——决心不变〕 根据第5飞行师团的空中侦察和后来一些片断的情报，逐步判明这是一股不容轻视的兵力，但仍未想到竟是如此这般的大敌。毫不吸取辛遮瓦盆地教训的第15军首脑，对这支空降在我军势力范围内的孤立的敌人威力并不重视，甚至轻率地认为，倒是个各个击破的好对象。在第5飞行师团中出现了一种中止"乌"号作战、转为歼灭这支空降部队和富昆方面敌军的意见，但河边和牟田口两位军司令官坚持断然实行"乌"号作战的决心。

恰在这时，第33师团已发动了"乌"号作战，在通赞附近势如破竹地挺进。军部主力也在亲敦江畔完成了渡河准备，引弦待发。

〔对空降部队的战斗——编成第33军〕 牟田口司令官迅即由第18师团、第15师团及第56师团各抽出一个大队，令赶赴现场，扫荡敌空降部队。然而这些部队宛如群盲扪象似的攻击，结果完全失败了。

第5飞行师团也倾注全力奋勇攻击，但由于敌空军及地面炮火激烈反击，未能收到预期的成果。

经过一再失败之后，终于认识到，这支敌军不仅是个强大的兵团，而且火力及机动力量都极为强大，通过充足准确的空中补给和空军的配合作战，可以在密林内自由地采取作战行动。

另外，3月中旬，有敌人一支兵力不详的部队，在亲敦江上游的辛嘎伦坎迪附近渡河，向莫罕方面长驱南下，有与空降兵团合流之势。这支挺进部队是第16旅，占领了莫罕西北的卡拉特。

敌空降部队的战斗后来愈益扩大，已经可以看出，它正在与地面上从各方面进攻的敌军互相配合，企图扫清缅甸北部的日军，因而加深了日军的不安。3月24日听到德里广播翁格特将军坠机身死的消息，稍微鼓舞了日军的士气。

3月中旬，缅甸方面军司令官抽出担任丹那沙林防务的独立混成第24旅团的主力和第2师团的部分兵力，赶紧派去攻击空降部队。并为使第15军司令官专搞"乌"号作战，将独立混成第24旅团改由军部直辖。使之在该旅团长统一指挥下担任对空降部队的战斗。

独立混成第24旅在3月25、26连续两天的攻击均归失败。方面军司令官鉴于情况严重，又令属于战略预备兵力的第53师团主力向莫罕急进，由该师团长一并指挥独立混成第24旅团攻击此敌。接着在4月8日，下令成立从前悬而未决的第33军司令部，特任陆军中将本多政材为军司令官。第33军司令官统辖第18、第53、第56三个师团，担任对空降部队的战斗和富昆及云南方面的作战。

〔富昆方面仍继续苦战〕 另一方面，富昆方面第18师团仍在继续苦战。孟缓附近的阵地也由于优势敌军的迂回渗透和坦克部队的突进，3月初被迫放弃了。该师团冲出敌人的包围，退到羌普、兼旦的新阵地。3月10日起，马上又展开激战，到3月下旬，这一条重要战线也难以保持了。

从去年10月末以来，接连5个月连日同优势敌军殊死搏斗的第18师团官兵的疲劳和损失，简直惨极了。步兵中队（连）的兵力只剩了50名左右。在羌普、兼旦战线上迎来了雨季。第18师团长本来打算在雨季期间同敌军在该战线上对峙、以便于"乌"号作战得以顺利进行，这个希望现在看来难以实现了。

〔空降兵团入侵的影响〕 第18师团的处境，由于空降兵团的入侵更加困难了，因为该师团的唯一补给线已被敌人切断。而敌空降兵团的降落，不仅加重了第18师团的危难，并造成了决定第15军"乌"号作战命运的一大祸根。其主要原因列举如下：

一、预定"乌"号作战开始后调往瑞波—加里瓦公路的后勤汽车部队被隔在文多—霍马林公路之间，是造成进攻英帕尔部队补给困难的最大原因。

二、预定用于或者可能用于英帕尔方面的第15、第33师团的一部分兵力和独立混成第24旅团及第53师团等兵力，完全被敌空降兵团吸引住了。

三、第5飞行师团原来预定以全力支援英帕尔战役，现在也被对空降部队的作战吸引住了。于是第15军从发动"乌"号作战伊始，就在富昆、曼尼普尔、密支那沿线三个地区，同英、美、中，印军形成三方面混战的战线。

〔第33师团在通赞包围敌军〕 和敌空降部队的入侵一前一后，第15军进攻英帕尔也有如疾风扫落叶似的迅速进展，第33师团分成三个突击队继续前进。

由步兵旅团长山本少将指挥的突击队，从加包山谷向北挺进，3月26日连克芒累、塔勿两处坚固阵地之后，向帕勒尔追击败退的印度第25师，4月10日，被阻于托巴尔敌军阵地。

由师主力组成的两个突击队，为夹击歼灭铁定、通赞地区的印度第17师，冲到通赞北部及东部，师团的炮兵和工兵主力从正面向铁定进攻。两个突击队在3月15日到18日之间分别进到通赞东侧及辛格尔地区，这时，拥有汽车一千多辆的印度第17师，正以纵队之形行进在通赞南北一带悬崖绝壁上的羊肠小道和曼尼普尔河的深山峡谷之间,当即被我包围。上级各司令部接到这一情况的报告,大为欣快。

〔错误迭出,悔恨莫及——放走长蛇〕 然而,万没料到,这时错误迭出,令人追悔莫及。其中之一是,当我中央突击队(步兵第214联队、联队长作间大佐)插进被包围的敌军第17师的心脏部位上的一个要害地点吐特姆(通赞东北侧)后,发生了错觉,以为敌人已向北面逃走,便放弃了吐特姆这个要害而向东侧的山谷集结。这时赶到的师团司令部也认为如此。及至发觉错误,为时已晚,吐特姆又被敌军重新占领了。原来敌第17师仅被我中央突击队第215联队(联队长笹原大佐)打中了蛇头而在狼奔豕突。

敌第4军团试图解救第17师,派出配备坦克的第37旅(属印度第23师)向南挺进,3月18日,迅速对我左翼突击队开始了攻击。被我包围中的第17师也试图脱逃,令其第48旅拼命反扑,在以辛格尔为中心的山道上,展开了激烈的战斗。

这时又发生了第二个错误,柳田师团长把从前线拍回的电报:"销毁了密码本、处理好了军旗,以全军牺牲的决心奋斗"错误地当作"决心全军覆没"。该师团长被苦战的报告吓倒,于3月24日命令该纵队撤退,日军自己给已成瓮中之鳖的敌人开放了退路,于是敌第17师便带着数百门汽车牵引的大炮,匆匆逃回英帕尔。可惜,一条长蛇白白跑掉了。据调查判明,左翼突击队的实际损失仅为15%左右,这使上级司令部更为气愤。

接着又发生了第三个错误。柳田师团长考虑补给上的问题,踌躇不前,没有立即向英帕尔方面紧追败敌,并且于3月27日向牟田口军司令官提出"以立即停止'乌'号作战,转入防御态势为宜"的重要建议。他举出的理由是,鉴于通赞方面的激战情况,以轻武器在短期间内消灭英帕尔方面的敌军主力至为困难;并从富昆方面的战况和空降部队的情况来看,将使缅甸北部的防御陷于危殆。这时恰是第15军主力在亲敦江奇袭渡河成功,第31、第15师团正如离弦之箭,越过崇山峻岭,向英帕尔挺进中。

〔"乌"号作战受挫的第一阶段〕 牟田口军司令官对"乌"号作战的核心兵团长柳田中将不顾进攻作战的现实情况,突如其来地提出这种意见,怀疑其真意何在,督促他要严格执行军方命令。

柳田中将不肯前进犹豫了10天之后,在军方命令的督饬下,才又重新决意开始前进。在这期间,使敌第4军团得到了重整旗鼓的宝贵时间。而柳田师团长的前进部署虽经军司令官严加督饬,仍然惟恐敌人反击,采取了谨慎的节制性前进方式。最初军司令官拟定的向英帕尔平原突击奇袭的计划因而成了泡影。这是"乌"号作战遭到重大挫折的第一阶段。

〔军主力渡过亲敦江〕 3月15日，第15军主力的亲敦江奇袭渡河取得了完全成功。空陆两方面几乎没有遇到抵抗。第31师团分三个纵队向科希马，第15师团不顾一部分精锐尚未到达，也分三个纵队向英帕尔北部及东部地区以破竹之势突飞猛进。进军道路大部分是仅能走过一个人的险峻山道。第15师团能够参加发动作战的兵力，仅有步兵6个大队和山炮18门这一部分骨干力量，师团辎重还在追赶中没有到达。实际情况是，根本没有做好作战准备的工夫，不得不几乎像遭遇战似地开始进攻。估计其战斗力实际还不到半个师团。各师团的山炮中队编制减为两门山炮，而以下余的力量携带弹药。

第31师团的主力4月5日就早已进到科希马东侧。由宫崎繁三郎少将指挥的该师团一部，与第15师团的一部相配合，在山夹库附近消灭了英印军的一个旅，4月6日占领了要冲科希马。当时科希马的守敌，只有一支很少的驻防军，和赶来支援的挺进部队所属的两个营而已。

斯利姆将军生怕日军从科希马一举冲入迪马普尔，切断阿萨姆铁路（富昆方面中美军的补给线），便赶紧将第33军团的英军第2师，接着将印度第7师集结于迪马普尔，令其反攻夺回科希马。4月5日，其先头部队已陆续到达迪马普尔。

第15师团的进攻也极为顺利，4月8日，挺进部队占领了英帕尔至科希马之间的密宣。师团主力也在4月10日进到英帕尔北部及东北部地区，英帕尔已在指顾之间。

山本支队此时正在反复强攻位于达木与帕勒尔中间山岭上的托巴尔。该支队在此以前已归军部直辖。

〔罢免和更换第33师团长〕 唯独第33师团由于上述情况进展迟缓。4月10日才到达英帕尔平原南方入口杜尔奔山口。第33师团的迟缓行动使军司令官深感焦虑。在此期间，军司令部和师团司令部之间往返了措辞激烈的电报，感情尖锐对立。而且在师团司令部内部，师团长与参谋长之间发生了消极与积极两种意见的激烈冲突，师团长已难以统率了。

五月初，牟田口军司令官终于采取措施，请求更换师团长，后任命在讨伐马占山战斗中骁勇闻名的田中信男少将（6月晋升中将）。

〔空降部队的撤退〕 另一方面，对空降部队的战斗，自第53师团到达后情况改观了。该师团5月初到达战场，预定以5月11日为期，准备对莫罕的敌阵地开始总攻击。但在开始总攻击之前，敌空降部队已主动向北撤退，第53师团立即追击败敌，向北面孟拱进击。

英帕尔进攻作战要图
（1944年3月至4月）

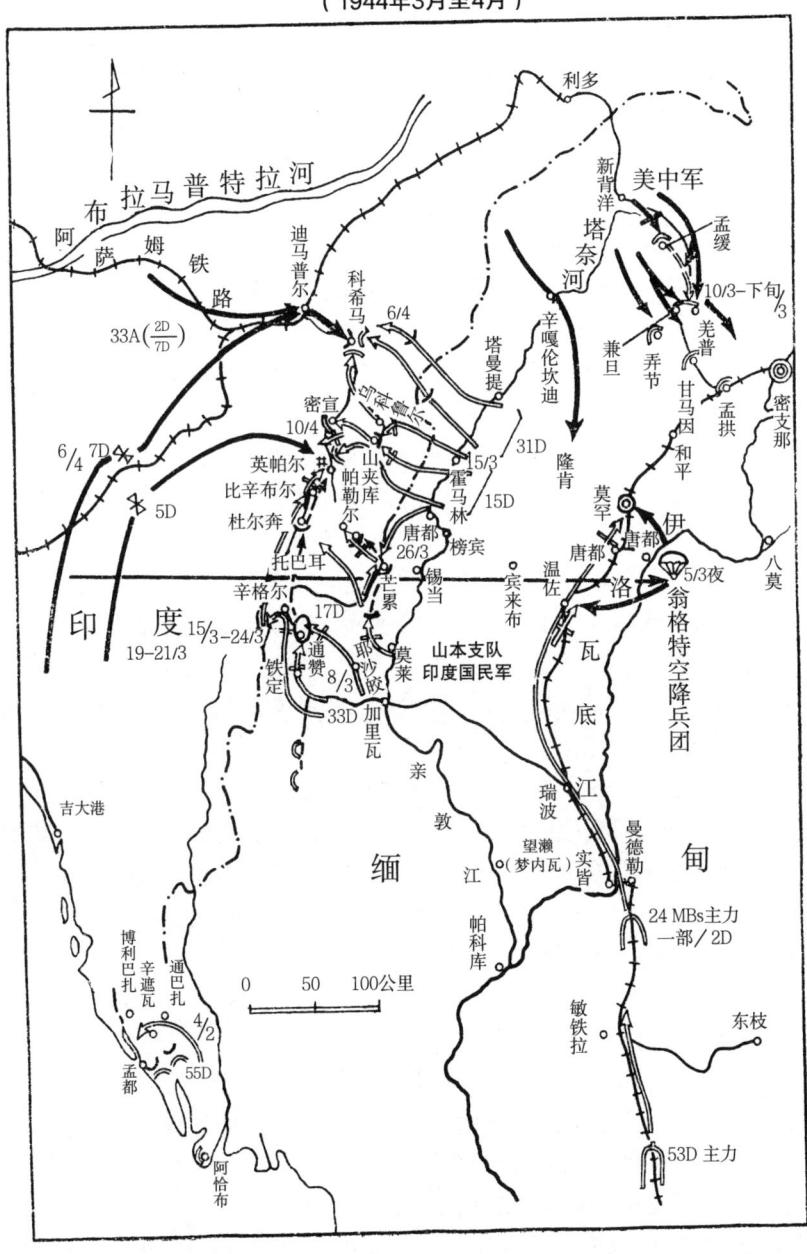

英帕尔战役的失利

虽然出现了诸如第15师团兵力不足，第33师团贻误军机，以及由敌空降兵团造成的后方交通断绝，和兵力分散等许多意料不到的龃龉、挫折和失误，但在4月上、中旬左右，包围英帕尔的局势已基本形成，使人预感到"乌"号作战胜利在望了。

〔**攻势失利的先兆**〕 可是，经过一旬之后，形势完全逆转，前途已有难以逆料之势。即在4月末到5月初之间，战局开始出现胶着状态。敌第4军团在空军不分昼夜运输的支援下，阻击和反攻渐趋激烈。

北面的科希马，我第31师团面对强大的敌军第33军团的进攻，已开始攻守易势。军方原来计划以三周时间结束战斗，现在已经过了40多天，战况难望早日取得成功。

并且，第15、第31师团的全部驮牛和大部分驮马在进攻当中已经死掉。从开始进攻以来，这几个师团一直没有得到一驮军需品的补充，山炮的弹药已经几乎用尽。由于连日激战，将士的伤亡和疲劳与日俱增，战斗力迅速下降。全师团的官兵们仅以当地土著在钦高地的向阳山坡上种植的陆稻，勉强充饥。各师团司令部连日不断地向军司令部发出战况危急，请发弹药、请调空军支援的告急电报。

第33师团的给养情况比其他师团稍好，但战斗的损耗与疲劳情况不相上下。4月末，各师团的战斗力已减到40%左右。

4月份，敌军以70多架的运输机向英帕尔平原空运了印度第5师和大量军需品。到了5月，敌军为了打通英帕尔—科希马之间的道路，反击特别激烈。第31和第15师团的各部队被敌军切断，开始陷于孤立。向帕勒尔方面挺进的山本支队，从4月10日以来反复强攻托巴尔敌军的坚固阵地，毫无效果，5月末，各大队的兵力已减到几十名。

4月以来，印度国民军第1师在山本支队的战线参加战斗，这时在支队的南翼与敌对峙，抵挡着敌军的反击。

在敌军步兵、炮兵、空军和坦克联成一体的压制下，我军被迫潜伏在各条山谷里，已经失去了战斗行动的自由。白天不仅不能举炊，甚至也不能晾晒一件衫衣。日军能运用的战术只有夜战了。然而一到天亮，在敌军的炮轰和空袭下，夜间战斗的成果又化为乌有了。

〔**沿比辛布尔的总攻击**〕 5月上旬，牟田口军司令官决定将主攻方向完全集中在第33师团一个方面。从山本支队调来了坦克和重炮联队，又从新编入的第53师团调来两个步兵大队增援，并亲临该地指挥战斗。

从5月中旬起，我第33师团在距英帕尔西南约20公里、沿比辛布尔山地西侧一带，展开了连续40天的殊死战斗，但战线并没有向英帕尔推进一步。全军孤注一掷的总攻击归于失败。这方面的敌军是由空运增援的印度第5师。联队长、大队长在战斗中相继战死，第33师团的战斗力下降到30%以下。

〔失去战役的转机〕 大本营因对"乌"号作战放心不下，派秦参谋次长到南方军总司令部及缅甸方面军司令部研讨战局的前景。次长一行5月初到达缅甸，认定本战役难以成功后回京。5月15日，正当参谋次长在大本营作战室要向东条参谋总长及有关人员报告此行时，收到了正在视察前线的南方军参谋长发来的与此意见相反的报告。参谋次长参照了南方军参谋长的报告，提出了"英帕尔战役成功的希望正在逐渐减少"的报告，暗示前途不容乐观。对本战役寄予很大希望的参谋总长也许是由于这两份一个悲观、一个乐观两种意见的报告，没有弄清楚"乌"号作战的真相，仍未放弃期待本战役成功的希望。于是又失去了停止本战役的一个机会。

6月初，河边方面军司令官带病视察帕勒尔前线。归途于6月5日在东枝会见牟田口司令官，听取了第33师团方面战况的汇报后，认为战局不容乐观。

然而，两位司令官还都对从帕勒尔正面打开战局寄托希望，临别前约定再尽最后一次努力。6月9日，方面军司令官来到眉苗第33军司令部，从该司令部向马尼拉南方军总司令拍电汇报战况，并请求增派空军兵力，特别是战斗机，但终于没有提出希望停止"乌"号作战的报告。

此时，大本营将作战部署的重点已转向太平洋方面，如前所述，南方军总司令部已由新加坡迁到了马尼拉。大本营和南方军的注意力就自然集中到菲律宾方面的十一号作战准备上去了，于是"乌"号作战就向悲剧的结局发展了下去。

〔主攻正面的变更〕 5月末，牟田口司令官还试图在山本支队方面打开战局，命令新由南方军增援来的第4师团的第61步兵联队向该支队方面前进，并将军的战斗指挥所移到芒累。此时恰值印缅国境进入雨季，出现了河水泛滥、道路崩坍的征兆。阿拉干山脉上空阴云密布，该军前途显得十分暗淡。

〔第31师团擅自撤退〕 此时，第31、第15师团长愈益强烈要求军司令部发给补给。5月，第31师团长竟提出了放弃科希马、向能得到补给的地点后撤的报告。

牟田口军司令官接到这个报告大为震惊，指出当今正值"乌"号作战成败的关头，实属全军危急存亡之秋，坚决要求无论如何必须固守科希马。因为第31师团一旦后撤，开放科希马至英帕尔的道路，必将造成全军崩溃。这一点已是洞若观火。因而确信只有倾注全力迅速攻占英帕尔，才是打开难局的唯一办法，而且这才是全军必须完成的任务。

然而，佐藤第31师团长并没有接受军司令官的要求。佐藤中将不忍坐视全师将士束手待毙，6月初，亲自率领全师团主力，带着1500名伤病员开始退却，留下步兵团长宫崎少将指挥的一个支队截断英帕尔至科希马的道路。面对全师主力尚难抵御的敌军压力，这是宫崎支队万难完成的任务。

而且，此举对于一直在英帕尔北方同第31师团背靠背进行苦战的第15师团一点也未通报。到了6月，第15师团对面的敌军愈益增多，受到当时拥有150多辆坦克的两个师左右敌军的强大压力。师团长山内正文卧病在床，只好由参谋长代行指挥。

牟田口军司令官接到第31师团擅自撤退的报告后，急派久野村军参谋长赶赴该师团司令部。久野村参谋长在伏米内会见了退却下来的第31师团长，指责他擅自撤退违犯军令、同时向他传达军部命令："和第15师团的南翼接上，加入进攻英帕尔的战线。"

佐藤师团长强调，在毫无得到补给希望的目前情况下，难以遵奉军部命令，便继续后撤。雨季眼看临近高峰，大小河流泛滥、道路崩坍，印缅国境面目全非。

〔罢免两师团长——向无此例〕 于是牟田口军司令官不得不申请罢免佐藤中将，另外，山内第15师团长因病情危殆，接着也提请更换。佐藤中将由河内槌太郎中将继任，山内中将由柴田卯一中将继任。

前此，第33师团长柳田中将已被罢免，现在又换了两位师刚长。在大战过程中更换全部师团长，这种不祥事件，在具有光荣传统的日本陆军史上向无此例。牟田口中将自责统帅不当，也向河边方面军司令官提出了请予处分的报告。

〔英帕尔战线的崩溃〕 宫崎少将虽然不惜牺牲，英勇奋战，但科希马至英帕尔的道路终于在6月22日被突破了。这一天，敌军由科希马蜂拥冲进英帕尔，共有坦克、重炮、工程汽车等1000多辆。第15师团腹背受敌，右翼很快被突破，而且其背后联络线上的乌克鲁尔、山夹库地区，也处于即将遭到敌军践踏的境地。宫崎支队消息断绝，担心是否已经全军覆没。这时，英帕尔平原敌军倍增，我军北翼濒于崩溃，形势危如累卵。

牟田口司令官为了完成使命，将退却中的第31师团调往山本支队的北侧，企图先行攻下帕勒尔，但在军纪已濒于崩溃、毫无战斗力的情况下，这个企图根本无从实现。

〔停止"乌"号作战〕 至此，军司令官终于下了决心，6月23日初次向河边方面军司令官提出意在停止"乌"号作战的报告，内容是："在万一停止进攻转入防御时，根据我军现状，认为退到从印缅国境线上的亲敦江西岸高地经莫莱西北高地至铁定一线，较为合适。"

6月25日，方面军司令官接到牟田口军司令官的这一报告后，复电指示："当目前南方军总司令部尚无任何命令时，你军提出如此消极意见，实感意外，仍应一心为完成我军任务向前迈进。"

方面军司令官一面这样鞭策第15军，一面向南方军总司令官汇报实情，请求停止"乌"号作战。这一请求立即得到了南方军总司令官和大本营的批准。7月10日，方面军向第15军传达停止"乌"号作战的命令，令其转入"乌"号作战开始前的防御态势。

从3月8日以来历时四个多月的英帕尔周围的激战，至此终归失败，我军的壮志宏图成了泡影。

向明京山脉退却

牟田口军司令官遵照方面军命令，决定以7月中旬为期，转入退却作战。

可以预料，这次退却作战是日军战争史上未曾有过的艰苦战斗。各师团既处于上述艰苦环境中，而将士还由于长期苦战和补给断绝，早已疲惫不堪，各师团的伤病员分别达两千名左右，即使用全部兵力也不能抬着护送，而且处在第一线上的人员也大都患有痢疾、疟疾和脚气等病。

敌人打通了英帕尔——科希马道路以后，恃其地面和空中的充裕供应，正将乘我军的颓势，以破竹之势向我反击，其兵力竟达到六七个师。敌空军冒着阴雨，向我猖狂窜扰，控制了整个战场，我军白天几乎无法行动。

各个部队把驮牛、驮马全扔掉了，由于道路泥泞崩坍、车辆完全不能行动。而且时值雨季顶峰，横在我军退路上的蒙尼普尔河、雅纳河、尼瓦河、亲敦江等几条大河自不待说，所有河床干道也都泛滥，洪水奔流。至于渡河器材，设备，寥寥无几，无济于事。到达明京山脉的行军距离足有五百到一千公里。另一个困难问题是，一路上医药卫生用品的补给，毫无准备。

我军在转入退却时就已料到，敌军为了在亲敦江以西围歼日军，必定一举向该江追击；而向亲敦江以东的追击，则将在雨季过后敌军作好新的反攻态势时来临。

〔退却的第一阶段——向亲敦江退却〕 我军的退却部署分为两个阶段。第一阶段从7月16日起，使主力（第31师团、第15师团及山本支队）向亲敦江西岸及加包山谷的耶沙皎一线，另以一部（第33师团主力）向铁定一线，分批撤退。

第15军于是不胜遗憾地由英帕尔开始全线退却。伤病员徒步先行，行动困难的大部分选择了自杀的办法。徒步的病人，在沿途的密林中力尽而倒下的、被浊流吞没下落不明的不计其数，真是鬼哭啾啾，凄惨万状。第31、第15师团已开始出现军纪松弛和道德败坏的现象。

唯独从6月20日以来，消息断绝20余天的宫崎支队，在支队长的率领下紧密团结，护卫着全体伤病员，突破敌阵，撤到了伏米内的南方。还有，在新任田中师团长统率下的第33师团，以果敢的反击阻止了印度第5师的追逼，保持着坚强的团结后退到通赞。对此果敢的行动，全军深为感动。

8月中旬，历尽艰辛完成了第一阶段退却。敌军追击益急，大有涌至亲敦江上我军渡河点之势。在加包山谷方面，东非第11师也有抢先绕到我第33师团背后联络线上的吉灵庙和加里瓦之势。

〔退却的第二阶段——向明京山脉退却〕 8月20日，继续转入第二阶段退却。这又是一段非常艰苦的退却，要渡过亲敦江，退到明京山脉地带，进入新的防御阵地。亲敦江的河面宽度增到1500米以上，而且渡河点暴露在敌军炮火和飞机扫射轰炸之下。有5000多名重伤病员猬集呻吟在渡河点。

8月25日，就在这种情况下开始渡河退却。经过第31、第15两个师团后卫部队拼死战斗和渡河战斗队的奋战，终于在8月30日夜半，使最后一兵渡过了亲敦江东岸。

9月下旬，第15师团向明京山脉、第31师团向实皆、曼德勒退却，军纪和士气陷入了最坏状态，并由于丧失了通讯器材，军司令部与师团司令部的联系不时断绝。

第33师团抗击腹背之敌，依然保持严格的军纪和高昂的士气，携带所有武器向钦高地的山脉地区退却。敌军一部出乎意料地继续向亲敦江东岸渗透，第33师团有被孤立在钦高地上的危险。然而军部无法援救第33师团，只好信凭该师团的勇敢奋斗精神，期待它靠自力突破敌人包围，向后撤退。

〔我军的损失——尤其是武器大部分损失殆尽〕 当时军部已无法掌握各师团、各部队战斗力的情况。大致的估计是，最初越过亲敦江参加英帕尔战役的约10万人中，约损失了3万名，另有两万伤病员任其自流地撤到更远的后方，残余兵力约有5万名。而这五万名当中有一半以上是病人。尤其是武器的损失更为惨重。以第15师团为例，一个步兵大队剩下的武器只有一挺重机枪、两挺轻机枪和两个掷弹筒，仅及一个小队的装备。据报告，一个师团的步枪总数只有600支左右。

试举火炮、汽车等重要武器的损失情况如下：

部队名称	种类	英帕尔战役以前数	英帕尔战役以后数
第15师团	火炮 汽车	36 230	3 60
第31师团	火炮 汽车	36 256	12 49
第33师团	火炮 汽车	36 422	10 356
军直辖部队	火炮 汽车	109 1999	21 385
备注	1. 第15、第31师团剩余的汽车和火炮是当进攻英帕尔战役时留在后方的数量。 2. 第33师团的火炮和军直辖部队的损失，大部分是在战斗中遭受破坏，或是因车辆牵引炮无法撤退的数目。 3. 损失的汽车是因无法撤退而自行破坏或放弃的数目。		

〔**更换军的领导——军的重建**〕 经过英帕尔战役及两个半月向明京山脉的退却，第15军的战斗力几乎完全丧失，造成缅甸防御崩溃的直接开端。

于是大本营决定对缅甸方面军司令部及第15军司令部以及该军所属各师团司令部的领导组织进行全面刷新，以图重建全军。从9月到10月之间，对方面军司令部更换了方面军司令官和方面军参谋长，改由木村兵太郎中将任方面军司令官，田中新一中将任方面军参谋长，对第15军司令部则更换了军司令官、参谋长和全部主要幕僚，改由片村四八中将任司令官，吉田权八少将任参谋长。各师团的参谋长也全部更换了。

第28军的战斗

〔**第28军的苦难增加**〕 由于"乌"号作战和北缅、云南方面的战局失利，给担任孟加拉湾方面防务的第28军也带来了很大影响。7月，河边方面军司令官不得已从第28军将担任勃生地区防务的第2师团和该军汽车部队的大部分抽调出来，拨给了第33军。而且第28军前此在阿恰布进行的反击战，不仅没有取得决定性的战果，反而使第55师团的战斗力大大削弱了。

由于"乌"号作战，虽然梅宇半岛上敌第15军团中的英印第5师、第7师被牵制在英帕尔方面，但这里除了英印第26师，西非第81师以外，估计还会有新的增援兵团到来。再者，由于第15军的败退，敌人的反攻进一步扩大到阿恰布和伊洛瓦底江口正面的可能性增大了，而且还担心从英帕尔方面尾追第15军的敌军，将沿着伊洛瓦底河谷向帕克库、仁安羌方面渗透。

由此看来，第28军除对海岸方面以外，对北面陆地方面的防御也必须认真加以考虑了。而其兵力只有第54、第55两个师团，其担任防御的地区南北达600公里，东西达200公里，其中包括有关系方面军死活的仁安羌油田地带、勃生的产粮地区和首都仰光，有勃同山脉、伊洛瓦底江、阿拉干山脉平行纵贯其间，勃生河、伊洛瓦底江两河口的三角洲形成一大片沼泽地带，这种地形的特点使运用兵力受到很大限制。

〔根据"完"作战计划，变更部署〕 5月左右，第28军为了应付形势的恶化，精心研究了完成任务的方案，决定实行部署大变动，并将这一新的作战称为"完"作战。

其内容是将作战地区分为持久地带（主要是沿海一带地区）、机动决战地带（勃生河三角洲北部及仰光周围地区）和反击地带（其他全部地区），以求重点集中兵力。在梅宇半岛及加腊丹河谷（包括阿恰布、拉姆来岛地区）分别以樱支队（第55师团的1/3）及松支队（第54师团的1/3）担任持久作战，使第55师团主力转入勃生地区，担任该方面的防御。第54师团的主力担任卑谬——洞鸽一线以北的阿拉干山脉（包括在内）以东地区的西面及北面的防御。

仰光地区由高射炮队司令官吉田权八少将统一指挥的高射炮部队和后勤部队担任防御；仁安羌油田地带由以第49师团的步兵一个联队为骨干组成的部队担任防御。以上的变更部署于8月下旬完成。

据守在梅宇半岛上莫德克山脉中的樱支队（总兵力1500名）对30倍于我之敌，反复进行果敢的挺进和游击战斗，直到雨季结束之前守住了布帝洞东西的一线。另一方面，加腊丹河谷的松支队，则与敌西非第81师两相对峙。[1]

---

[1] 关于英帕尔战役、云南和北缅战役以及打通大陆战役，均请参照附图第六。

第49章

云南及北缅战役

富昆战役的收场

当英帕尔战役向悲剧性方向发展、缅甸西南方面的防御形势日趋严重时，富昆及云南方面的战况也极为凄惨。特别是富昆方面的第18师团经过七个月之久的殊死战斗，6月末终告收场，密支那的命运也危在旦夕，于是缅甸北部终于落入敌手。

〔**最后防线甘马因**〕 从昭和19年（1944年）4月16日以后到5月末，第18师团主力一直在甘马因北面的瓦拉阵地上继续苦战。在此期间，从第56师团和第2师团分别增援两个步兵大队，又得到了总数为2000名的补充兵员，但这对于经过半年血战、一个中队的兵员消耗到只剩下二三十名的该师团说来，些许增援只是杯水车薪。及至5月28日，敌军扼制了甘马因南部的色吞附近以后，第18师团的命运已定，再也无力挽回了。

〔**美中军增加兵力**〕 另一方面，5月中旬，美中军由空陆两方面向密支那调来兵员，该地守军因而完全陷入包围之中。这股兵力是由空运调来的，增加到了三个师。原来是东南亚盟军总司令蒙巴顿于4月3日向史迪威将军发出了占领密支那的命令。为使他完成这项任务，拨给了他重庆军5个师，即除了在富昆战斗中担任主角的第22、第38师外，还有第30、第50、第14师（均是在4月中旬到达印度空运基地的），这后三个师就是用来围攻密支那的。

这就是说，从4月中旬以后，第18师团只以每个大队[①]仅余几十个人的三个联队的兵力，再加上由第56师团和第2师团增援来的四个大队，对抗着上述重庆军5个师和美军一个团，而且背后还背负着从背后入侵的几个空降旅。

这支空降部队在5月中旬划归史迪威将军指挥，但它无视史迪威将军的

[①] 上文中是每个中队，此处又变为每个大队，原文如此。——译者

要求，擅自从陆路撤回印度，只剩下第77旅协助进攻孟拱。如果空降部队以全部兵力从背后参加对第18师团的攻击，则第18师团早就垮了。

〔方面军和军部的指示——第18师团转移〕 5月27日，本多第33军司令官到甘马因会见田中师团长时，明确表示决定派第53师团前来支援第18师团在甘马因和密支那方面的战斗。但第53师团没有对第18师团的战斗做出任何贡献就垮了。

色吞的退路被切断以后，田中师团长终于决定向甘马因转移。5月31日，先将师团司令部迁到甘马因。然而到了6月中旬，最后的阵地甘马因也不得不放弃了。各联队陷于四分五裂状态，已经不可能进行有组织的战斗，每个步兵中队的兵员减到10名左右。这时敌军也不断涌向孟拱、密支那方面。

6月中旬，河边方面军司令官认为，事到如今不得不放弃北缅，便决定沿莫宁东西一线调整战线。本多第33军司令官根据方面军这道命令，6月29日，派第53师团占领莫宁东西一线，在其掩护下，使第18师团撤到英多以北地区。

第18师团冲破密集的敌群，于7月15日向英多转移完毕。时间恰是第15军即将开始从英帕尔撤退的前夕。第18师团从去年10月末开始激战以来，虽然丧失了大部分将士，但还能在田中师团长的统帅下，保持着严格的军纪和不懈的斗志，完成了转移任务。

密支那的失守

〔展开密支那攻防战〕 5月17日，敌军以地面挺进部队奇袭密支那机场取得成功，占领了机场。随后马上由空运运来了机场部队、高射炮部队和步兵部队，后来又连日继续空运兵员。[①]

当时密支那守军只有步兵第114联队长丸山房安大佐指挥的以两个步兵大队为骨干的部队，兵力有战斗兵员700名、后勤部队318名，伤病员320名，主力担任防守市区，机场方面另由机场部队约100名防守。

---

① 战后得知，盟军关于进攻密支那战役，4月初以前，在史迪威大将与蒙巴顿总督之间，曾经存在过根本的意见分歧。

蒙巴顿主张，为占领孟拱、密支那和收复缅甸北部，需要步兵5个师、伞兵一个旅和挺进部队一个旅，而且在1944年底以前进行此项作战甚为困难，即使在那以后也不应当冒险尝试如此没有充分准备的作战。然而联合参谋总部和史迪威大将都坚持强调进攻密支那的重要性。现在的进攻就是按照史迪威大将的意见进行的。

美军部队奇袭占领机场成功之后，不把日军兵力放在眼里，便匆忙开始进攻市区，但在日军的反击下遭到了惨败。这次进攻的失败，成了后来长达80天之久的凄惨的密支那攻防战的开端。密支那位于伊洛瓦底江与密支那铁路终点交叉处，是缅甸北部中印空陆联运的要冲。由此经八莫、南坎与滇缅公路连接，或经瑞丽河谷、腾越达到保安，因而也是中印陆路交通的要冲。此地一旦失守，八莫就难以保持，第33军的后方也将陷于危殆。

第33军司令部鉴于密支那的重要性，决定以第53师团的主力（步兵4个大队、炮兵两个大队）从背后进攻密支那的敌军。很不凑巧、恰值这时第18师团后方的色吞受到敌军压迫，十分危急，因而不得不令第53师团停止进攻密支那，转而进攻色吞。

然而，当第53师团折回孟拱时，已经到处同涌到该方面的敌军陷入混战，结果疲于奔命，无暇他顾。接着从6月下旬起，第18师团和第53师团向英多方面撤退，孟拱落入敌人手中后，美中军的全部压力就集中到密支那来了。

第53师团撤退时，遭到了空降部队调走后南下的英军第36师的跟踪追击。

〔死守孤城密支那——水上源藏少将〕在这以前，本多军司令官放弃了派第53师团前往密支那解围的计划以后，改派第56师团步兵团长水上源藏少将率步兵一个大队、山炮两门驰援密支那。该少将于6月下旬到达被围中的密支那以后，统一指挥该地的全部兵力，死守孤城。密支那的兵力由于援军来到，达3000名左右。然而守军是由第18和第56两个师团，以及机场部队、后勤部队等几个不同部分组成的混合部队，因而水上少将的指挥存在着一定的困难因素。

本多军司令官制定了一个在云南方面采取攻势、以巩固南坎、八莫防御的作战计划。为此试图尽量长期守住密支那，以阻止从富昆方面南下的美中军和云南方面的重庆军汇合。对水上少将发出了死守密支那的如下命令：

一、我军主力计划在龙陵方面采取攻势。

二、八莫及南坎方面的防御尚不完备。

三、水上少将务须死守密支那。

具有典型的古代武士风格的水上少将、谨遵军部命令，复电如下：

一、谨遵军令。

二、守军誓死固守密支那。

本多军司令官深信水上少将的武士气节，期望该地至少能保持一个月左右。

美军的围攻兵力除重庆军三个师外，并得到了有力的美军工兵部队和一部分美军步兵部队的增援。

〔最后的死战〕 围绕密支那市区展开的攻防线，是一场毫不含糊的寸土必争的死战。美军甚至兼用了地道战术，美军首脑为此曾一度感到战局前途渺茫。

7月12日，在约40架B29飞机和优势的战斗机群的支援下，美中军发起了总攻击，但被我守军击退。然而，守军既无增援又断补给，连日苦战，伤亡日增，阵地被敌军的轰炸和地面炮火所毁，密支那的保卫已处于危急之中。到7月中旬，我方守军损失竟达战死790名，负伤1180名，战斗力已降到最低限度。水上少将认为该市最多也只能保持几天了，便着手安排将伤病员用木筏沿伊洛瓦底江顺流下放，向八莫撤退。8月初，密支那阵地逐步遭到蚕食，终于来到最后关头。

从8月2日起到3日夜间，该少将令丸山大佐捧持军旗、率领官兵约800名向东岸撤退，让伤病员登上木筏向八莫撤退。少将还向本多军司令官发出永别电报如下：

一、卑职指挥无能，未能坚守密支那，形势已临最后关头，深深歉憾。

二、伤病员已排除万难登上木筏，沿伊洛瓦底江顺流而下，请在八莫附近予以营救。

完成以上安排之后，水上少将独自一人留在该地，走进岸傍密林，衷心祝愿离去的部下官兵前途平安而从容自尽。丸山大佐和部下共同捧持军旗，三周以后撤到八莫。我密支那守军八十天的勇敢战斗，使敌军将士胆战心寒。①

云南正面第56师团的奋战

〔远征军向云南开始总反攻〕 在此以前，当5月上旬，"乌"号作战渐呈胶着状态，我方对敌军空降部队的攻击又一再受挫；富昆战线也面临崩溃之势，方面军以及第15军和第33军，都为救援、打开这方面的战局而奋起时，云南方面的重庆军却乘虚而入，猛然发起全面反攻。

5月11日，远征军第20集团军全部渡过怒江转入攻势。主力四个师向腾

---

① 美中军在本战斗中的损失，死伤（病）人员竟达6500名以上。
中印间的空运总量，5月份约3700吨，7月份跃增到约25000吨。因而增强了美国驻华空军的活动，提高了重庆军的士气。

越北部地区，另外两部各为一个师，分别向拉孟及平戛地区挺进。当时的远征军由第11（9个师）及第20（4个师）两个集团军和第8军（三个师）组成。另外在昆明周围还部署有蒋介石的战略预备队几个师。对此，日军只有松山佑三中将指挥的第56师团，而且其中的三分之一已支援缅甸北部的战斗去了。

该师当时守卫着平戛（有步兵一个大队及炮兵一个中队）、拉孟（有步、炮兵各一个大队）、龙陵（有步兵一个大队）滚弄（有侦察联队及步兵各一个中队）、腾越等反攻据点，预备队集结在镇安街、八莫附近，处于随时准备出动反攻的态势。

〔第56师团的反击——极尽内线作战之妙〕 松山第56师团长接到敌军开始渡河报告后，立即派出一部兵力沿江反击，随后在高黎贡山脉阻止其前进，同时从各方面抽调兵力，组织果敢的反击，一时将敌军驱逐到高黎贡山脉以东。

6月1日，当该师团在腾越东北方面的反击将近成功时，敌军第20集团军的四个师，在滇缅公路南面的拉孟、平戛之间渡过了怒江，主力向龙陵纵深方面挺进，另一部向拉孟进攻。这时，重庆军的反攻，势如潮水，在云南全线展开。

松山师团长决定在北面保持现状，在南面采取攻势。于是将步兵第148联队长藏重大佐指挥的步兵一个大队、炮兵一个中队留在腾越，与敌第11集团军对峙，亲率主力抄回，以闪电之势，首先袭击包围龙陵之敌，随后调头奇袭扫荡了渗透到龙陵、芒市之间的敌军。接着，7月上旬，进行向平戛突破的战斗，解救了该地守军补给断绝的危机。从5月10日以来，在两个月内，该师团的战斗虽因兵力大相悬殊和地势艰险未能给予敌军决定性打击，但对四面八方蜂拥而来的大量敌军，施展恰如燕子翻身的灵活战术，极尽了内线作战之妙。

附带指出，该师团与第18师团均系在北九州编成的部队，从昭和17年（1942年）5月以来就担任云南省的防务，在松山师团长的统率下，提出了把当地的战场当做自己练兵场的豪迈口号，洋溢着必胜的信念。面对十几倍的敌军所以能够如此英勇善战，原因就在这里。

"断"作战第一期

〔方面军的新作战方针〕 6月下旬，河边方面军司令官根据缅甸中、北部战局的现状，决心在亲敦江及富昆方面收缩战线转入守势，而在云南方面进行积极反击，以继续切断中印公路。将本作战称为"断"第一期作战。

如前所述，第15军向明京山脉撤退和第18师团向英多转移，都是在这个决心指导下进行的。本计划的要点如下：

一、为在云南方面采取攻势，尽量把第2师团和第49师团的部分兵力增援到这方面来，以反击并摧毁重庆军。

二、撤出富昆方面战线，在英多以北地区阻止敌军。

三、撤出英帕尔方面战线，同英多新战线连接起来，经明京山脉在加里瓦，甘高一线阻止敌军。

〔**第33军的作战计划**〕 本多第33军司令官根据方面军上述计划，7月中旬制定了新的作战计划。

其作战方针是"将主力集结于芒市周围，粉碎猬集在龙陵周围的敌远征军，向怒江一带前进，解开拉孟、腾越之围，救出两地守军，以完成切断中印公路任务"。

其主要部署大致如下：

一、使第56师团在芒市周围做好攻势准备。

二、秘密将第2师团集结于芒市西南方面，和第56师团一并准备攻势。

三、使第18师团将英多方面的防务交给第53师团，然后向南坎转移，面对密支那方面的敌军，切断中印公路。

四、以第2师团之一部防守八莫，掩护第18师团转移。

五、军主力预定于9月初开始攻击，如能击破龙陵周围的敌军主力，则先向拉孟挺进，救出该地守军，然后进攻腾越，救出守军。

六、此项攻击目的如能实现，则对密支那方面美中军主力采取攻势，援救八莫、密支那两地守军，加强切断中印公路。

根据这个计划，以第2师团的一部及侦察联队兵力共约1200名占领八莫，师团主力于8月28日起向芒市推进，第18师团在8月下旬陆续到达南坎。这时，平戛、拉孟、腾越、龙陵各个据点，均已陷入绝对优势的敌军的重围，战况极为凄惨。第56师团在芒市，手中保有从第18师团返回的步兵第146联队和芒市的守军，作为反击力量。

密支那铁路沿线地区的第53师团，此时正在英多北部与新到该地的英印军第36师对峙。但由于补给困难和恶疫流行，战斗力正在日益显著下降。

〔**进攻龙陵**〕 9月5日拂晓，第33军主力的"断"作战打响了。左翼第一线兵团的第56师团对滇缅公路以西之敌，右翼第一线兵团的第2师团对该公路以东之敌发起进攻。全部进攻兵力包括军部的预备兵力在内，合计不超过

15000名，而面对的敌军正以五六个师的兵力向该市猛攻。第一天的战斗进展比较顺利，从第二天起，其后四天，我军虽反复攻打，但终未能攻克敌军的主要阵地，陷入对峙状态。面前敌军兵力增到七八个师，敌我双方兵力对比达到20比1。另外，从破译敌军密码电报得知，蒋介石麾下最精锐的战略预备队第200机械化师，已自昆明向西挺进。

另一方面，我军部准备解救的拉孟、腾越的战况已十分危急，根据我军部当前情况来看，现在已难以及时救出。正当军部首脑焦虑万状时，9月7日、14日，分别接到了拉孟、腾越两地守军相继全部壮烈牺牲的噩耗。这时龙陵的攻击部队及各地守军总兵力21000名中，病、伤、亡的人数已达7200名。但据推测，同一时期敌人所受损失超过6万人，另据分析，敌军全部兵力约为28万人。

〔营救平戛〕 腾越、拉孟既已失陷，面前的敌军又难以击溃，而平戛仅存的守军急需营救。军部鉴于这一情况，便于9月4日决定停止军部主力的攻势，营救平戛守军。

于是命令第2师团与面前敌军对峙，以第56师团前往营救平戛守军。第56师团在第49师团的第168联队（联队长吉田四郎大佐）的支援下，于9月16日开始进攻，突破敌区，终于救出了平戛守军。

这样，"断"作战使敌军遭受了重大损失，并取得了吸引昆明方面蒋介石一部分战略预备队等的战略效果，但未达到作战目的，就不得已被迫停止了。

拉孟、腾越守军的全军覆没

拉孟、腾越两地守军，勇敢战斗，十分壮烈，当时和密支那守军一起，受到敌我双方的赞许。

〔拉孟攻防战——英勇卓绝〕 拉孟守军从5月10日开始抗击20多倍敌军的进攻。该地守军是在野炮兵第56联队第3大队长金光惠次郎少佐指挥下，以步兵第156联队军旗为中心集合起来的，约有步兵两个中队、炮兵3个中队（10毫米榴弹炮8门、山炮4门）及工兵一个小队，兵力约1400名。金光少佐是由普通一兵逐级晋升的军官，责任心强，勇敢沉着，他的身先士卒的指挥和爱护部下，深受官兵的爱戴，亦为上级所倚重。

拉孟是扼守滇缅公路上横跨怒江的唯一桥梁——惠通桥西岸的要害。此地的阵地从昭和17年（1942年）6月以后开始构筑，特别是在昭和19年（1944年）3月金光少佐担任该地驻军指挥官以后，又沥尽心血，增补加固。在这大约一平方公里的阵地上，围有几层铁丝网，布满了掩蔽工事，粮食、弹药、饮用水等一切齐备。这些都是指挥官率领全体官兵、夜以继日苦干的结晶。

围攻拉孟的敌军兵力经常保持在一到两个师左右，而且每两三周轮换一次，攻击行动片刻不停。敌军拥有各种火炮200多门，支援战斗的空军飞机每多在几十架以上。如此狭小的阵地，被包围两三层，成为敌军集中射击、轰炸的靶场。

指挥官和全体官兵结成一体，从容不迫地迎击如此优势的敌军，每一有机会就派出敢死队进行出击奇袭，从来不为战况不利叫苦，也不请求增援，以卓绝的英勇姿态，浴血奋战，只向上级报告缺乏弹药，请求空投手榴弹而已。

军部曾以直属飞机4架给守军空投手榴弹，以酬其奋战。而这是军部对守军唯一能做到的一点。

〔悲壮卓绝，足以泣鬼神〕 只有一只眼、一只手和一条腿的官兵也全都奋战在火线上。为了补充弹药不足，就趁着夜晚到阵地前沿，从敌人遗弃的累累尸体上搜罗来手榴弹使用。那种悲壮的情景宛如阿修罗场，足以泣鬼神。每天守军发来的电报，使军部首脑深受感动，并把它通报给南方军各部队，使官兵士气为之大振。

试举拉孟守军发出的电文一例，便可想见其官兵的战斗姿态足以泣鬼神。

一、感谢今天的空投。全体官兵对手榴弹合掌致意，在奋战中誓保每发必中。伤员约500名（7月下旬），一只眼、一只手和一条腿的人也都在火线上奋战。

二、昨晚，由步炮各部队派出十组侦察兵潜入敌阵，炸毁敌炮4门、迫击炮3门，虏获重机枪两挺，7个组平安返回。

三、我军飞机进行勇敢的低空飞行（著者注：为了空投弹药）竟为敌炮火所伤，守军深感痛心，务请今后不必过于冒险。

经过三个月殊死战斗之后，阵地西南方据点终于陷入敌手。火炮、重武器大都为敌军炮火所毁，生存者只剩了半数。接着东南角据点也在守军全部阵亡后失守。后来只坚守西北角的第二道阵地，继续进行最后的死战。9月10日是敌军开始围攻以来的第124天，守军指挥官金光少佐向松山师团长和本多军司令官发出了悲壮的诀别电报：

一、从5月10日以来死守阵地已达120余天，卒因卑职指挥不力，弹药罄尽、将士死伤殆尽，未能做到支撑全军的攻势，已达到最后时刻。为此焚毁军旗和密码，准备全体殉国。

二、承蒙军司令官、师团长阁下长期特别关怀，全体不胜感激，今后尚乞对阵亡官兵家属多加照顾。我们将在九泉之下，遥祝我军胜利。"

金光少佐还选派木下正己中尉前往军司令部。给他的任务是："冲出敌军包围，代表拉孟全体守军向上级汇报120天的战斗经过，呈递有功将士事迹，如有可能，并转告其家属"。该中尉历尽千辛万苦，9月18日到达我军战线，做了详细报告。

〔腾越守军——焚毁军旗，全军殉国〕 在拉孟方面的悲壮战斗日趋激化的同时，腾越守军也正在进行悲壮卓绝的死战，终于全军覆没。

腾越从7月上旬就遭到猛烈的围攻。守军在步兵第148联队长藏重康美大佐的指挥下，由步兵一个大队、联队炮兵一个中队、炮兵一个中队、工兵一个小队及野战医院组成，总人数约为1500名。腾越是一座古城，四周城墙坚固，但与拉孟相比，地势不利，而且阵地设施也很薄弱。

8月中旬，藏重大佐阵亡，以后由太田上尉代行指挥。敌军围攻的兵力达守军的20倍以上。孤军奋战60多天，9月7日，城南一角失守，敌军冲入城内，展开了凄惨的白刃战。9月12日夜，终于向军司令官、师团长发出了诀别电报："我等辜负军、师首长期待，深感歉憾，现已焚毁军旗，准备全体一齐冲入敌阵。"9月14日，进行最后一次冲锋，全体壮烈牺牲。

第二期"断"作战

〔在南坎准备反攻〕 在此以前，第33军司令部判断：8月初占领密支那的美中军必将南下逼近八莫、南坎，与正在从龙陵方面向芒市、南坎进攻的远征军相呼应，以便一举打通中印公路，因而准备增强八莫、南坎的防御力量，对敌进行反击。为与龙陵方面的"断"作战相区别，本作战称为第二期"断"作战。

根据这个计划，从8月下旬以来，令正在向南坎集结的第18师团加强防守南坎，同时以第2师团的一部分，加强防守八莫。

军部方面打算进行一场非常巧妙的内线作战。即在攻击龙陵期间（第一期"断"作战）将美中军阻挡在八莫、南坎一带的阵地，然后在龙陵的战斗结束后，以第56师团在芒市、龙陵方面与远征军对峙。另一方面，估计那时敌军必将向南坎阵地集中，而由第18师团和第2师团从南坎的东北方对敌军进行反击。这场内线作战的核心是畹町、孟西地区。

然而，占领了密支那的美中军后来并没有南下的动静，因而预料的内线作战的战机没有到来。从龙陵前线撤回来的第2师团，在南坎东北方面瑞丽江两岸地区准备进行反击。第56师团对面的敌军可能在第一期"断"作战中受到重大损失，正在休整，没有立即活动的迹象。

〔第33军交回兵力〕 此时正值太平洋战局告急，继7月塞班岛失守之后，9月美军又在摩罗太、波利略岛登陆，菲律宾方面敌我双方倾注全力争夺胜负的大决战（捷一号），势将到来。

鉴于当前敌军的动向，认为大本营及方面军原来期望在今年秋季或年末以前切断中印公路并不困难。10月5日，本多军司令官根据这种判断，为了对方面军的整个战局有所贡献，主动向方面军司令官建议将第2师团及第49师团的一部分（吉田联队）交还方面军。方面军对此表示满意，指出准备从10月10日以后将第2师团调往曼德勒。该师团于是按计划开始向缅甸中部转移。

〔撤出龙陵、芒市〕 到了11月，龙陵方面的远征军和密支那方面的美中军，似乎已经休整补充完毕，重新开始积极活动。11月1日，龙陵地区的远征军在美国空军支援下，调集三百门火炮，开始全面进攻。另一方面，美中军也开始南下，从11月15日起，开始了对八莫的正式围攻。

本多军司令官同意第56师团从龙陵撤退，令其主力在芒市周围坚持抵抗，并在畹町以北纵深地带进行机动灵活的持久作战。

第56师团从龙陵撤退后，远征军随即转入准备攻打芒市。根据破译敌人密码，估计其攻势将于11月18、19日开始。果然从19日晨，敌军开始了攻击。第56师团在同它进入正式决战之前，在20日夜半撤退到遮放岭。

〔北缅战局的整个形势与敌情判断〕 在此稍前，第33军司令部分析密支那方面的美中军意图时出现两种意见：一种认为"主力将指向八莫，南坎"；另一种则认为"主力将指向蒙米特"。

当时第15军勉强完成了向明京山脉一带的转移，10月上旬，划归第15军指挥的第53师团也到达了英多附近的阵地。然而，不仅后面的英印军队跟踪急追，而且如前所述，全军的战斗力已经降到30%以下，重建兵力并不容易，因而在明京山脉阻挡英印军前进，事实上已经没有希望。而且英印军与美中军双方已在北缅联成一气，第33军与第15军的战线即将接上。随着第53师团改变隶属关系，两军分担的作战地区，大致改为以伊洛瓦底江为界。第33军的主力如前所述是以畹町为中心，分布在龙陵、芒市、南坎地区，而第15军则以英多为右翼，分布在伊洛瓦底江西岸。

界于密支那—八莫—南坎一线与伊洛瓦底江中间的广大密林地区，已经为敌军所占有，敌军从这一地区的八莫或杰沙南下，经过其中枢地点蒙米特，便能渗透到缅甸中部的战略中心曼德勒、眉苗地区。这对日军形成了严重的威胁。

当时敌情判断中的一个重大课题是：盟军为了一举夺回缅甸中、北部，互相呼应集中攻打曼德勒？还是由英印军担任反攻曼德勒，由美中军和重庆远征军为了先打通中印公路，而进攻南坎、申维呢？

〔营救八莫的战斗〕第33军司令部采取了前一种判断。因此，特地在南坎完成了战斗准备的第18师团主力又奉命向蒙米特转移，在南坎仅留下了该师团的一部分（山崎联队）。前此已将第2师团调出，现在又将第18师团主力抽走，于是不得不停止以军主力进攻南坎。

这时，军部决定由山崎支队进行营救八莫的战斗，为了使本战斗顺利完成，变更原来作战计划，改为由第18师团主力从蒙米特方面向北进攻，牵制敌军。

八莫守军在美中军主力的围攻之下，支队长统率全体官兵紧密团结，发扬东北兵团的传统，冷静沉着应战，给予敌军很大损失。

本多军司令官估计该地守军坚持限度约为一个月左右，11月30日，发出了给该地解围的战斗命令。即计划由山崎大佐指挥以联合步兵四个大队及炮兵一个大队为骨干的部队（兵力3000名），急袭围攻八莫的美中军，再由八莫守军里应外合，冲出敌军包围。

12月9日，以奇袭方式开始了这次战斗。山崎部队奋力进攻数倍于己的敌军，进攻一直持续到15日，敌我双方战线犬牙交错，呈现混战状态。

14日，八莫守军主阵地一角被敌军突破，正在千钧一发之际，守军为山崎部队不惜牺牲的援救行动所鼓舞，在当天夜间，冲破敌军一角，护卫着200多名伤员，携带一切能携带的武器，17日夜安全撤到南坎，集结完毕。

山崎支队16日接到八莫守军撤离成功的消息后，立即整理战线，返回南坎阵地。此战给予敌军的损失估计约为2000名。虏获及毁坏敌军大炮30余门，机关炮达30挺，我方支队损失不过伤亡450名左右。

第5飞行师团的奋战

〔配合"哈"号作战〕另方面，第5飞行师团从昭和19年（1944年）2月以来，在阿恰布作战、北缅对空作战、富昆作战、云南作战，还有"乌"号作战及其以后的撤退作战当中，一直连续战斗，几无宁日。较之地面部队的作战尤为困难。

先是从2月上、中旬起，配合第28军的"哈"号作战，以战斗航空队为主，进行掌握制空权和支援地面部队的战斗。其中仅2月21日一天，就出动战斗机、轰炸机75架，支援对辛遮瓦盆地的围攻。然而不仅没有挽回大局，而且由于敌机在战场附近拥有机场，致使我方损失增加，战斗更加困难。

〔配合"乌"号作战〕 接着，3月5日，接到敌军空降部队降落在杰沙附近的报告后，对此立即进行反复攻击。然而由于为时已晚，未能收到显著效果。同时期内，为了协助第15军的进攻作战，还袭击了锡尔恰尔、英帕尔等地的敌军战斗机基地。从4月到6月中旬，发现该军进攻的形势受挫，为了挽回战局，连日倾注全力出击进行支援，并协助攻击敌军空降部队。然而，由于敌我双方基地部署上及兵力上的关系，我方的留空战斗时间受到限制，未能取得与努力奋战相应的战果。但该空军部队的奋战，大大鼓舞了地面部队的士气。

〔战斗力的消耗〕 出动飞机的累计架次，3月为414架，4月为519架，5月为456架，6月为152架，7月为129架，逐月下降。3月的战斗是对"乌"号作战的支援和对空降部队的攻击各占一半；4、5月则以主力支援"乌"号作战，以一部分力量攻击空降部队。6月以后则是支援富昆、密支那及云南方面的战斗，其中主要是协助空投军需品。

从上面列举的3月份以后出动的架次情况表明，由于连日艰苦战斗，战斗力急遽减损，6月末可出动的飞机已仅为49架，到了7月份，能够同时出动的飞机已减到20架左右了。

至此，除了以少数飞机进行游击式的奇袭以外，已经到了再也不能进行其他战斗的地步。并且在昭和19年（1944年）1月下旬，为了整训，将一个重轰炸机队调回了内地。而在7月中旬，由于澳洲北部战况紧迫，又将第7飞行团司令部及一个重轰炸机队调走，于是第5航空师团的战斗力就更加降低了。

而从4月份起，缅甸方面敌空军的活动猛增，每旬达两千数百架次以上，进入雨季以后，活动仍不减退，缅甸上空敌我空军力量对比相差悬殊，致使我方战斗愈加困难。

第50章

打通大陆战役

作战准备

如前所述，由于昭和18年（1943年）末"'虎号'图上模拟演习"的结果，原来不过是主管人员中间一个腹稿的打通大陆战役，至此以"一号作战"的名称，成为陆军省与大本营的陆军部之间的公开议题，其准备工作有了一大跃进。

〔敌情〕 开始筹划本战役的昭和18年（1943年）夏秋期间，中国方面的敌情如下：

重庆军地面部队总兵力约有300万，其中机动兵力约有9个军25万，主要集中在贵州、湖南方面，因与英美联合反攻缅甸有关，非常值得注意。美国驻华空军已约达130架，主要利用中国西南方面的空军基地，活动逐渐加强；还有利用华中、华北方面内地空军基地的重庆空军约200架，两相配合，扩大势力，令人感到不可轻视。据判断。到明年（昭和19年）春夏时期，总兵力将超过500架。特别是美军重轰炸机逐渐向中国西南方面增加，对我本土防卫上已构成使人深切关心的问题。

另外，虽未证实，还收到了在华中、华南方面有敌潜艇基地的情报。

重庆方面虽然由于过去一连串的失败，遭到了很大打击，但鉴于这一两年来世界形势和太平洋战局的演变；它从美国得到了物资和精神上的援助和在粮食、轻武器方面可以自给自足等情况，可以认为，它的继续抗战意志，不仅没有减弱，反而正在进一步加强。

〔战役开始前派遣军的状况〕 对此，中国派遣军（总司令官畑俊六大将、总参谋长松井太久郎中将）的兵力，虽时有增减，大致有25个师团，1个坦克师团，11个混成旅团，1个骑兵旅团及1个飞行师团，总兵力约为62万，拥有汽车12000辆，飞行中队也时有增减，在十几个中队到二十几个中队之间。昭和18年（1943年）末，中国派遣军储备的弹药，约够20个师团使用，后备汽车为1500辆，燃料仅够8个月使用。

敌人以后还可以继续增加兵力，尤其是空军兵力，而我方则由于太平洋方面及西南方面空军作战激烈，和国内飞机生产情况等，很难期望再向中国战场增加空军兵力。昭和17年（1942年）以前对华作战时，我方始终以绝对优势的空军力量完全掌握着制空权，相形之下，现在正好颠倒过来。这种情况固然事先思想上早已有所准备，但当进行"一号作战"时，空军本身固不待言，就是地面作战，特别是后勤补给方面，我军遇到的困难，确实超出想象。当谈到"一号作战"时，这是一个不能忘记的重要条件。昭和19年（1944年）夏，当第11军向衡阳方面追击时，在敌空军力量处于优势的情况下，我第一线部队和后方部队都被迫不得不在白天隐蔽，而只能在夜间作战。

中国派遣军总司令官根据昭和18年（1943年）年初接受的任务："大致确保、巩固现有占领地区，并尽可能继续压迫敌军，摧毁其继续抗战企图，同时封锁在华敌空军的活动"，于昭和18年秋季，在华北方面组织了对共产党军队的扫荡，同时在汉口附近，从11月上旬起，以第11军的主力进行常德战役；从9月末起，以在南京、上海三角地带的第13军主力进行了广德战役。

另外，在防空方面一般地虽有所加强，但我方同南方各重要地区之间的海上运输，逐渐受到来自中国大陆方面的敌空军的骚扰。而且在11月末，敌空军从中国本土首次对台湾新竹进行了空袭。因此，为了摧毁敌空军力量，在12月中旬，从武汉地区对衡阳、遂川，接着从华南方面对桂林连续发动了空中攻击（同时，南方军航空部队攻击了昆明），取得了一定战果。但是，鉴于我军实力，怎么也不能指望取得彻底的战果。

必须指出的是，自从敌我空军势力对比从这时颠倒以后，我方空军的进攻作战，如果再像过去轰炸重庆那样，采取白天编队轰炸方式，只能白白遭受损失。于是我在华陆军航空队，特别是轻轰炸机队，在后来兵力和装备处于劣势的情况下，便不断设法改进战术，加强训练，经常利用黄昏、月夜或黎明时机，以少数飞机进行果敢的奇袭，曾屡建奇功。然而整个局势并未因此得到改善。

〔一号作战的作战目的〕 中国派遣军当局在发动以上各个战役时，总是首先希望迅速瓦解重庆政权，早日解决日华问题，并曾研究过进攻重庆作战及其他方案。就在这种情况下，自昭和19年（1944年）年初起，曾数次向大本营提出进行打通京汉路战役的意见。

它的目的是，由于美国驻华空军力量的增强，使长江补给线受到了威胁，因而想攻占京汉铁路沿线南段，打通华北与武汉地区的联络，使华北与华中的兵力易于统一调配；同时占据富饶的河南平原，以便摧毁重庆政权的继续抗战意志。

在大本营方面，从昭和18年（1943年）秋季以来，也同样研究过攻占中国湘桂、粤汉铁路以及京汉铁路南段沿线各主要地区的作战。在进行"虎"号图上模拟演习的当时，对此次作战的目的，主要考虑了以下四点：

一、夺取今后势将成为美机B29进攻日本本土的基地桂林、柳州，以保证本土防卫万无一失。

二、通过占据桂林、柳州一带，以应付将来敌军经由印度、缅甸、云南指向华南方面的进攻。

三、在海上交通日益不稳的情况下，修复这些贯通南北的铁路，以开辟经过法属印度支那与南方军的联络。

四、通过摧毁重庆军的骨干力量和所取得的综合战果，以策划重庆政权的衰亡。

后来经过各方面深入研究的结果，到第二年（昭和19年）1月，根据我方的实际能力，将作战目的集中限定于上述第一项，决定实行这一作战。

同时决定将整个作战名称叫作"一号作战"，其中的京汉作战称为"扣"号，湘桂作战称为"投"号。

〔本作战的主要问题——百年罕见的大远征〕 今天静静地翻开地图回想起来，"一号作战"虽然不过是大东亚战争全局中短短的一个镜头，但令人深深感到它确实是一次百年罕见的大远征。

纵贯中国大陆南北将近2500公里（细分作战距离时，黄河、信阳间约400公里；岳州、谅山间约1400公里；衡阳、广东间约600公里），在这个区域内，将歼击数倍于我的、占蒋介石属下野战部队半数左右的敌军，进行贯穿大陆的作战。这不仅要克服制空权掌握在敌人手中所造成的种种困难，而且从日本所处整个战争局势的要求来看，要进行这么巨大的战役，无论是兵员的补充、还是重要资材的供应，都必须极大地加以压缩。而且随着太平洋及西南方面战况的进展，过去熟习对华作战的优秀兵团已被陆续抽出调走，因而不得不掺用很多训练期间短、实战经验少、装备质量差的新编兵团来进行这次作战。

另外，鉴于整个海运船只非常紧张，在作战的准备过程及进行当中，必须尽量少用大型远洋船只。为此，向上海、广东方面集中兵力和物资的海上运输，只好忍受种种不便，尽量压缩，大部分必须由大陆上的铁路来运输。

再有，汽车用汽油非常紧张。而且这次战役是要在漫长的战线上投入兵力约50万、马匹约10万匹、汽车约1500辆、火炮1500门的连续作战，因而后勤工作的好坏将是决定本战役成败的关键。为了节约燃料，必须设法充分利用大陆上的大小河流，同时要尽快地修复铁路，用来运输后方补给。然而在敌人掌握制空权的情况下，利用水路十分困难；铁路已被敌人彻底破坏，为了修复铁路，需要大量资材和铁道部队，而这在目前情况下是难以解决的。

为了解决这个问题，甚至一面完全拆掉全中国各地无关紧要的铁路分支线，另一方面以大量毫无铁路经验的官兵仓促编成铁道部队，而掩护好不容易修复起来的铁路桥梁等，使其免遭敌空军的轰炸，也决不容易。

在整个中国和南满地区，必须大量扩充收容伤病员的设施，还需要彻底做好对疟疾、鼠疫等疾病和雨季、炎热季节的防疫措施。

汽车部队不得不暂从关东军调用，但这将使对苏战备出现一大缺陷，因而当作战告一段落时，必须争取迅速集中。

这就是说，本战役的规模极为庞大，但内部却包藏着许多障碍和危险。然而，大本营和前方军部鉴于中国派遣军过去的光辉战绩和传统，对于打败当前的中国军队充满了信心。

〔下达最高命令〕 大本营于8月24日对中国派遣军总司令官及南方军总司令官下达了以下命令：

一、大本营决定摧毁中国西南方面敌空军的主要基地。

二、命令中国派遣军总司令官攻占湘桂、粤汉及京汉铁路南段沿线重要地区。

三、命令南方军总司令官协助中国派遣军的此项作战。同时并指示作战纲要如下：

一、作战目的

主要目的在于击败敌军，占据湘桂、粤汉及京汉铁路南段沿线重要地区，以摧毁敌空军的主要基地，制止其窜扰活动。

二、作战方针

1. 中国派遣军于昭和19年（1944年）春夏期间，首先从华北方面，随后从武汉及华南地区分别开始进攻作战，击溃敌军，特别是中央军，先后占据黄河以南的京汉铁路南段和湘桂、粤汉两铁路沿线重要地区。

随着作战的进展，只要条件允许，就尽快修复京汉、粤汉两条铁路。

2. 南方军为协助中国派遣军的作战，在缅甸及印度支那方面发动一部分作战。

三、作战指导大纲

1. 京汉战役

中国战场示意图
（1944年4月期间）

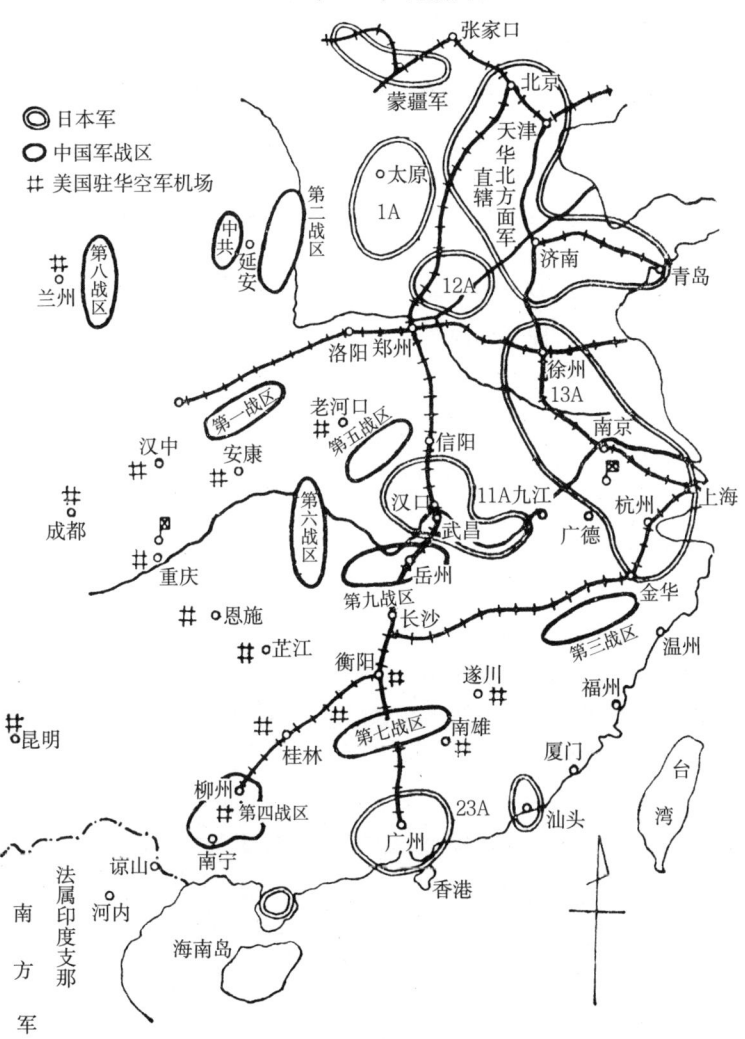

甲、昭和19年（1944年）4月前后，以华北方面军从华北方面开始作战，击溃敌军，占据黄河以南京汉铁路南段沿线。

主要作战期间预定为一个半月。

乙、作战使用兵力预定如下：华北方面军：第12军（以4个师团为骨干）第5航空军的一部分。

丙、上述作战完成以后，将必要的兵力，从陆路经过武汉地区，调往湘桂战场。新占领地区的防守兵力预定约为两个师团。

2. 湘桂战役

甲、昭和19年（1944年）6月，以第11军从武汉地区，7、8月，以第23军从广东地区开始作战，击败敌军，攻占桂林和柳州附近后，扫荡湘桂、粤汉两铁路沿线的残敌，占据该地区。

主要作战期间，预定约为5个月。

乙、根据情况，下一步尽可能迅速进行摧毁遂川和南雄附近敌机场群的作战。

丙、然后，只要情况允许，就从昭和20年（1945年）1、2月开始，以第23军进占南宁一带，打通并确保桂林至谅山间的通路。

丁、第5空军在第11军作战开始之前，以全力摧毁敌空军。开始时先夺取空中优势，随后压制敌空军使其不能抬头，并在紧急时期以必要的兵力直接协助地面作战。

戊、作战使用的兵力，预定如下：

第11军 7—8个师团

第23军 2个师团

派遣军直属 1—2个师团

第5航空军　两个飞行团

己、湘桂、粤汉两铁路沿线占领地区的防守兵力，以8个师团，4个旅团为骨干，尽量争取集中兵力。

3. 南方军的策应作战

南方军为了策应支援中国派遣军的作战，在缅甸及印度支那方面发动一部分作战。

4. 后勤管理务期节省船只，特别是为了进行果敢的机动作战，要注意克服雨季、炎热、瘴疠带来的困难，充分利用内陆水运，节省陆路运输力，充分利用现地资源及缴获的物资器材。

〔兵力、资材的准备及对计划的保密〕　中国派遣军根据大本营的命令，为了向南太平洋方面调动兵力，已从昭和18年（1943年）夏季到昭和19年（1944年）春季，将第17、第32、第36师团开始运往上海附近；将第35师团开始运往青岛附近，分批集结。兵力大为减少，为了进行这次"一号作战"而新增加的兵力仅有下列一些：

即只将原来中国派遣军总司令官所属的第3飞行师团升编为第5航空军

(军司令官下山琢磨中将),实有作战飞机约250架(为估计敌机数的半数);另外由满洲调入第27师团,新编成14个独立步兵旅团;新派来8个野战补充队和增加若干军直属部队及后勤部队。除此而外,就不得不由派遣军内部兵力调剂使用。

主要物资、器材,预定能由国内或满洲方面给予补充的,全作战期间仅有:地面普通弹药四个师团作战用量;航空弹药约两个飞行团的用量;汽车燃料约4万千升,航空燃料约1万千升,渡河用船只约600只,其中大部分要在3月至5月间分批运到,大致预定按华中6、华南1的比例分头集中。

大本营方面特别重视本作战计划的保密。最初对即将在中国大陆采取的积极军事行动严加保密,随着作战准备的进展,伪装成进攻重庆的模样,加以掩饰,而且关于保密和伪装方法,包括军事、政略、宣传、防谍等各方面,都从中央到前方全面做了统一部署。尽管如此,敌军对我方的企图似乎已经有所察觉。

中国派遣军的作战方案

中国派遣军根据最高命令,并根据大本营指示的作战纲要,进一步详细地制定计划,并在3月向大本营提出报告,其主要内容如下:

〔**兵力的运用**〕 华北方面军(军司令官冈村宁次大将)以第12军(军司令官内山英太郎中将的第37师团、第62师团、[①] 第110师团和第3坦克师团为骨干)参加作战,该军原防地改由华北方面军直辖。

由武汉地区调动的第11军(军司令官横山勇中将),以第3、第13、第27、第34、第40、第58、第68、第116等9个师团为主力,后来还准备增加第37、第64两个师团。附带指出,其中第3、第13师团是从昭和12年(1937年)上海战役以来,作战经验丰富的老练部队,是第11军的核心力量,在对华作战中,被认为是最精锐的部队。

由广东地区调动的第23军(司令官田中久一中将),以第22、第104师团为主力。

这是中国派遣军当局,在斟酌一号作战使用的兵力和驻守现占领地区所需兵力之后抽出来用于作战的兵力,做了如上的安排。结果像野战补充队这种本来是专门负责训练新兵的部队,也不得不用于警备或小型战斗中去了。

---

① 第62师团在本战役中进行英勇战斗之后调往冲绳,在奋战中全部牺牲。

〔京汉战役指导要领〕 华北方面军要在4月上旬以前，完成霸王城附近黄河铁桥的修复工作，并对此加强防空措施。4月中旬，使第12军主力向新乡地区，其中一部分向开封西方黄河左岸地区集中，作好作战准备。从4月下旬开始进攻，击溃敌军之后，前进到堰城附近，一面做下一步进攻洛阳的准备，一面以一部进攻信阳，协同第11军的一部，打通直到武汉地区的陆路联络线。

第12军主力以后要尽快从堰城附近向右迂回，挺进到洛阳方面，摧毁第一战区敌军。在这之前，以在山西省的第1军的一部，及时由垣曲附近渡过黄河，切断陇海铁路，协助第12军主力作战。

另一方面，第11军约于5月上旬，以一部由信阳附近转向确山附近，向北进攻，协助华北方面军作战。

第13军于4月末前后，以一部由东面牵制敌军，以使华北方面军便于作战。

由关东军调来的第27师团，首先在黄河左岸待命，等候作战的进展，再协同第12军的第37师团及坦克第3师团的半部，由陆路向武汉地区推进，划归第11军指挥，准备以后参加湘桂战役。

作战结束后，华北方面军大致以连接洛阳、临汝、舞阳及泌阳东面一线作为对敌第一线，一面据守京汉铁路南段的主要地区，一面赶紧在郑州、洛阳、堰城附近修建机场，并尽快修复京汉铁路南段。

〔湘桂战役的指导要领〕

一、前段第一期作战（进攻衡阳）

第11军于5月下旬以前，在岳州周围地区集中，作好作战准备。

6月初以军的主力，从湘江东部地区，以另一部从洞庭湖方面开始进攻。歼灭第9战区敌军之后，迅速攻占长沙附近，接着赶紧长驱攻占衡阳附近，并及时击破第6战区敌军可能从常德方面发动的侧翼进攻。攻占衡阳预定在7月中旬。

以后第11军扫荡衡阳附近以北湘江沿岸地区的残敌，据守湘江沿岸的重要地区，并以祁阳、耒阳一线为对敌第一线，准备下一步对桂林方面的作战。湘潭附近以北的重要地区，由陆续开到战场的后续部队防守。

第11军随同战局的进展，赶紧在长沙、湘潭及衡阳附近修建机场，同时迅速修复粤汉铁路北段，特别是长沙附近的一段，结合新建和改修后勤汽车公路，以使后方便于向前推进。

第13军（司令官永津佐比重中将）在6月上旬末前后，以一部从金华方面向衢州附近进攻，牵制第3战区敌军，以使第11军便于在长沙附近作战。

第23军于6月末前后，以有力的一部向北江沿岸地区进攻，牵制第7战区敌军，以使第11军便于在衡阳附近作战，并为以后对梧州方面的作战做准备。

二、前段第二期作战（进攻桂林及柳州）

第23军于7月下旬前后，以主力从西江两岸，以另一部从雷州半岛方面开始进攻，击溃敌军，进占梧州、丹竹附近，据守该地区以东的西江沿岸重要地区，同时准备以后对柳州方面的作战。

第11军在衡阳附近休整兵力期间，相机以有力的一部攻占宝庆和零陵，以便于下一步的作战。

8月中旬前后，第11军从湘桂铁路沿线地区，第23军从西江沿岸地区，开始两面夹击，歼灭第4战区敌军及密集其附近的敌军，分别攻占桂林和柳州，时间大致定为9月下旬前后。

以后两军扫荡残敌，分别据守湘桂铁路及西江沿岸重要地区，准备下一步作战。

随着战局的进展，在零陵、桂林、来宾、柳州附近分别修建机场。另外由第11军修复湘桂铁路，由第23军开辟西江航路，通过建立陆路兵站，以便于后方补给。

三、前段第三期作战

第11军在第二期作战期间，使部署于衡阳附近的兵团进行攻占粤汉铁路南段的各项准备。另外，当该军攻占桂林之后，立即使一部分必要兵力返回零陵附近，进行第三期作战准备。

第23军也在攻占柳州以后，立即使一部分兵力返回广州附近，准备第三期作战。

10月前后，第11军以有力的一部兵力，从衡阳、零陵附近开始进攻，击溃第7战区敌军及附近残敌，占据粤汉铁路南段沿线重要地区。本作战期间预定约为1个月。

第23军以一部兵力从广东北部地区向英德附近进攻，以使第11军便于作战。

第11军在进行本作战时，力争以奇袭方式占领省境附近的铁路桥梁和隧道，并随同战局的进展，修复粤汉铁路南段，和在郴县、韶州附近修建机场。

敌空军如仍利用遂川、南雄附近机场时，以后务期尽快地或尽量在本作战的同时，摧毁遂川、南雄附近的敌军机场群。

四、后段作战（攻占南宁、打通法属印度支那）

昭和20年（1945年）1、2月前后，第23军从柳州南部地区发动进攻，攻占南宁之后，打通直到谅山附近法属印度支那国境的陆路联络线。南方军要以所辖的印度支那驻军从谅山方面策应本作战。第23军随着战局的进展，在南宁附近修建机场。

在上述整个作战期间，第5航空军除随时进攻、摧毁敌空军力量，并直接协助地面作战外，还要担任掩护作战准备期间的集中运输，特别是长江和华南沿岸水路运输的任务。

中国派遣军总司令官将于5月下旬亲自进到汉口，在此设立前进司令部。随后在前段第二期作战期间，再推进到衡阳附近，指挥第11军及第23军的作战。

中国派遣军根据以上方案，分别向所属各军下达任务，大力进行作战准备。

京汉战役——"扣"号作战

〔作战开始前的敌我状况〕 京汉铁路黄河渡口霸王城附近的铁桥，因被敌军炮击而毁坏。华北方面军原来有一部分兵力部署在南岸，现又新从关东军接管了为对苏作战准备的重型桥架35组及其架设机一架，并由于担任施工任务的铁道兵第6联队全体官兵的非凡努力，在3月25日终将3000多米的大铁桥完全修通，因而使华北方面军各部队对完成今后的作战任务，增强了信心。

华中方面适值长江进入增水期，航运效率大为提高，江岸上陆路方面的集结情况，大致也进展得比较顺利。

华南方面的沿海航运，因需舰艇护航的关系，没有如期完成，不得不推迟了约半月左右。

另一方面，第5航空军在华北以彰德、徐州、新乡、开封等为基地，特别以一部分战斗机以新乡机场为据点，担负掩护霸王城桥梁的任务。在华中和华南方面，以战斗机的主力担负长江、香港附近的掩护任务。同时相机进攻，努力摧毁敌空军力量，特别要利用月夜等，进攻衡阳、遂川、桂林等敌军主要机场，取得相当战果，并将根据基地推进到武汉，将前进飞行基地设在白螺矶（岳州东北）。

由于全军采取了上述的周密措施，特别是防空的效果显著，集结在如期顺利进行。

当时敌人对我方近期即将进行京汉战役，似有所察觉，正在积极加强防御。据我方判断，敌军在河南方面的作战部署，最初主要是以汤恩伯军（九至十个军）对抗我方进攻，但仅以其中五至六个军担任黄河河防及京汉铁路沿线据点的防守，另将其精锐的机动兵团（三个军）布置在禹县、临汝附近，据观察，似在该地区利用原有的阵地企图组织反攻。一旦我军在洛阳方面的作战取得进展，敌人除上述兵力外，还将汇合该地区周围的三至五个军以及由第8战区派来的援军（至多有二至三个军）极力进行防御，甚至展开反攻。这时也很可能再从第5战区方面调来一部分兵力（二至三个军）支援第1战区作战。总之，估计敌军参加主要作战方面的兵力，将有18至20个军，35万到40万人（其中中央军占半数）。

对此，我方兵力有三个师团，一个坦克师团，四个独立旅团，一个骑兵旅团，合计14.8万人，还不到敌军兵力的二分之一，但从以往作战的实际情况看来，认为这些兵力是可以达到作战目的的。

〔攻占许昌及打通京汉路〕 第12军于4月17日夜，以第37师团、混成第7旅团渡过黄河，突破中牟附近的敌军阵地，以另一部兵力于19日傍晚占领郑州，主力到达新郑。这中间，第5航空军以战斗机、轰炸机各一部分及直协队的主力在新乡、彰德及运城一带展开协同作战。尤其在中牟附近的战斗中，几乎全部摧毁了敌军炮兵。

第12军主力于19日黎明，以第110师团居中，从霸王城东西地区展开攻势。24日，第62师团、第37师团及独立混成第7旅团，沿新郑东西一线，整顿阵势，准备进攻许昌。4月30日开始进攻，5月1日占领许昌。这中间，当敌新编第15军及第29军转对许昌采取攻势时，我第62师团与之发生遭遇战，将其击溃。另外，第110师团21日占领枣阳，24日占领密县。独立步兵第9旅团排除汜水之敌，24日到达汜水西南地区。

作为第二线兵团集结在黄河北面的第27师团、坦克第3师团等，当第一线兵团通过黄河铁桥以后，随即渡过铁桥，到26日已大部分渡过，向南挺进。

在这同时，第13军之一部于4月23日从寿县附近展开攻势，在达到牵制目的以后，于5月8日撤回。

第11军的一部分，5月1日从长台关方面向北面确山附近展开了攻势。

5月5日，第12军的一部分占领郾城，准备调往武汉地区的第27师团继续南进，5月9日到达确山。至此打通京汉铁路，完成了南北的联络。

〔洛阳方面的迂回作战〕 华北方面军起初判断汤恩伯军可能将其主力置于郾城西方的叶县附近。为了围歼这部分敌军，准备到达郾城附近后，再迅速向西北方向迂回，但因后来敌军主力北移，便改变计划，决定在攻占许昌之后，立即向洛阳方面迂回，以第12军的主力向郏县方面，并分别以一部分兵力向登封、禹县、襄城等方面挺进，将遇到的敌军各个击破，于5月1日至2日开始行动。

第110师团5月4日开始进攻登封东侧敌军阵地，第62师团5月3日进攻禹县，歼灭敌第29军。第3坦克师团追击败敌向西挺进，4日在临汝附近扫荡残敌。骑兵第4旅团2日在许昌西南地区击败敌军以后，4日进到临汝西北，第37师团4日到达临汝，独立混成第7旅团4日占领襄城。

这时得知敌第31集团军的主力及第12军，第29军正在登封及其南部山区，对此我第12军采取部署，以主力包围，以另一部兵力阻止敌军向西南方面逃脱。即以第110、第62两个师团从东南方面攻击此敌，以第3坦克师团、骑兵第4旅团在洛阳南部地区构成阻截网，使第37师团、独立混成第7旅团分别攻击各自面对的敌军。

敌军从5日半夜陆续经临汝东部地区向西溃退，其中一部分8日前后在大营附近被我第37师团及独立混成第7旅团包围，遭到重大打击，其余敌人因我坦克师团追击不力，终于向西逃脱。

另一方面，由于位于北面的敌第一战区军主力，正在洛阳、宜阳一线休整，势将从南北夹攻向洛阳方面挺进的日军。华北方面军便于9日决定消灭洛阳周围的敌军，使第12军主力向洛阳，新安方面挺进，把敌军压制在西北方面加以歼灭，另命驻山西省的第1军第69师团长指挥下的约两个旅团，在垣曲附近渡过黄河，以其主力向新安方面挺进，切断敌军后路；再以其一部指向西面的陕石；更以在汜水的以第63师团为骨干的野副兵团，经洛阳北面向新安方面前进。

在这以前，第12军主力歼灭登封西南方面敌军以后，以一部分兵力只监视洛阳方面的敌军，其余部分继续向西追击敌人。另外，野副兵团12日从洛阳东北地区继续西进，与第1军相呼应，从东西进攻新安，5月14日占领了新安。

华北方面军5月14日决定"在围歼洛河河谷敌军的同时，迅速封锁洛阳、及时攻占之"，便使野副兵团封锁洛阳，并以第12军主力及第1军的一部分向西继续追击。

这时，第12军的第37师团14日占领了嵩县，并进一步为了切断敌军退路，向洛宁、卢氏派出两个挺进队急迫敌军。两个挺进队一路击败敌军，20日进到卢氏。另外，第1军攻占新安后，继续向西南方面追击，进到了宜阳以西地区，但后来奉命转移到西面黄河河畔的陕县，在大营附近与优势的敌军对峙。

〔攻占洛阳——历史上著名的古都陷落〕先前对洛阳实行封锁的华北方面军，决定迅速攻占洛阳。5月19日给野副兵团增派了坦克师团的主力，又从第12军调来了第110师团的一部分，命令野副兵团攻占洛阳。

洛阳是中国典型的环有城郭的城市。野副兵团从19日对洛阳外围阵地展开进攻，由于阵地坚固，战况没有进展，于是方面军将野副兵团划归第12军指挥，改由第12军担任攻占洛阳任务。

第12军以5月12日午后1时为期，以第63师团的主力从洛阳北面及东北方面，以第3坦克师团的主力（包括步兵6个大队、炮兵3个大队）重点指向西北角，从两面进攻洛阳，并把骑兵第4旅团部署在洛河沿岸一带，堵截从南面逃脱之敌。24日，我军劝告洛阳守敌投降，因无反应，便从午后一时开始攻击。先突入了城墙一角。至5月25日，完全占领了历史上著名的中国古都洛阳。

第5航空军于4月中负责压制陕西、河南方面的敌空军力量。又从5月初开始控制衡阳、遂川方面，准备下期的湘桂作战。

进行湘桂作战——"投"号作战

〔进攻衡阳——作战指导的初步方案〕在京汉战役大致顺利进展的同时，湘桂战役的准备也在稳步进行之中。

就在攻占洛阳的当天，即5月25日，中国派遣军总司令官畑大将，按计划将前进司令部移到汉口，第11军各部队也在岳州附近集结完毕。

据当时判断，湖南省方面的敌军，最初可能在长沙或其南部地区集中所在兵力，利用坚固阵地，准备积极击溃我方进攻。这时敌军很可能先以从第6战区增援来的兵力的一部分，加强对益阳方面的压力，然后以陆续开到的主力，从长沙西部地区攻击我军侧面。在我军进攻长沙时，估计敌方兵力约有13到14个军，共40个师左右。

以后，敌军将在衡阳地区采取空陆联合反攻，极力阻止我军前进；不得已时也将顽强抵抗，企图死守衡阳。进攻衡阳时，估计敌军交战兵力约有20个军，共55个师左右，其中中央军为14至15个军。

另外，是否能将在云南卫立煌属下的缅甸远征军6个军共16个师调来湘桂方面，据分析，这与缅甸北部战局的演变有关，但在衡阳失守前后，很可能下决心调来。

根据以上判断，担任本战役的第11军经反复研究后，大致形成了如下的初步作战方案：

一、开始时将我兵力分为二线。第一线五个师团，大致平行地布置在岳州东西一线的两侧，湘江以西配置第40师团；湘江以东配置第116、第68、第3、第13各师团。为了能够粉碎敌军的密集进攻，特将精锐师团布置于外侧。

保留第58、第34及正在集结中的第27师团，作为第二线兵团。

二、5月27、28日，开始进攻，围歼沅江、益阳及新墙河、汨水之间的敌军。

为了掩护我军右翼，以防御第6战区的敌军，使一部分兵力进到松滋河一线。

第二线兵团除准备在决战时使用外，并担负扫荡背后残敌，修补道路等任务。

三、如在汨水附近击败敌军，则向捞刀河一线追击，以准备进攻敌军的主要防线，即长沙东西一线的敌军阵地。

为了攻占长沙，必须首先占领屹立于长沙西侧的岳麓山，为此向湘江西岸派遣一支精干兵团进攻该山，使之与直接进攻长沙的兵团相策应。

对敌阵地的右翼据点浏阳，由第3师团从西北方面，第13师团从东南方面进行围攻。

四、突破长沙东西一线之后，在准备进攻衡阳的同时，歼灭这时可能从东、西、南各方面密集前来反攻的敌军。

为进攻衡阳需向前方输送作战器材，特别是攻城用的武器，以火力压制敌军之后加以占领。但也可以设想，利用攻占长沙后的有利形势，乘胜猛追，以奇袭或强袭的方式，攻占衡阳。

〔发动进攻——一部分利用舟艇穿过洞庭湖〕按预定计划，左翼第3、第13师团于5月27日黎明，其余的军主力于27日夜到28日开始前进。特别以步兵第218联队为骨干的军直辖部队，于27日夜由岳州附近出发，利用舟艇穿过洞庭湖，沿汨水溯流而上，向长乐街方面挺进，切断敌军退路，并协助抵达河岸的兵团渡河。

另外，特以海军派来的水路清理队于28日从岳州附近开始行动，清除湘江上的障碍，打通河道，设置航标，开辟了水路联络线。

5月28日，第5航空军将战斗指挥所推进到汉口，以临时航空队直接协助第11军作战。同时将第1航空团布置在白螺矶，将第二航空团布置在广东，将轻轰炸机的主力布置在汉口，配合本作战。

我各兵团奋勇前进，敌军似已察觉我方意图，在我军进攻前即开始撤退，其主力退避到东面及汨水南岸山地。我军除在关王桥附近及汨水南岸，受到敌第20军一次有组织的抵抗，交战一两天以外，再未受到较大的抵抗即进到汨水南岸一线，准备下一步的攻势。这时因发现敌军有在捞刀河方面继续退却的模样，便于6月3日又继续开始进攻。基本上以追击的方式，于6月6日前后进到捞刀河一线，准备下一步对长沙及其东面浏阳的进攻。

在这期间，长沙北面的达摩山山脉驻有残敌两个多师，6月3日，我军派第34师团向其进攻，但未能取得满意的进展，5日又令该师团由达摩山迂回向湘阴方面挺进，但又遇到敌军抵抗没有进展，同时由于必须迅速解决长沙，遂令该师团解除对达摩山敌军的包围而南下。

在此期间，令第40师团的一部分占领湘江左岸的重要地点，阻止达摩山的敌军向西逃脱。另外，为了击退阻止我溯湘江前进的敌军，以使我步兵第216联队顺利挺进，并为使进攻长沙用的火炮及其他器材、物资的水路运输不受阻碍，令第二线兵团的第58师团的一部分向湘阴进发，于6月8日占领了湘阴。

军部根据计划，督促第二线兵团改修通往第一线后方的两条汽车路，但由于淫雨连绵，泥泞载道，工程迟迟不进。陆路兵站无法跟上部队前进，致使第一线兵团到6月上旬为止，几乎没有得到后方的补给。这两条汽车路虽经军部多方努力，其中东面的一条仍然不能使用，野炮、汽车等车辆部队堵塞在岳州至长沙的泥泞道路上，前进极为困难。

〔攻占长沙、浏阳附近——一场果敢的运动战〕 6月7日，我军做出了歼灭浏阳、益阳方面的敌军，同时准备攻击长沙周围敌军的部署。根据这一部署，第40师团于11日攻下益阳，第58、第116、第68师团从11日起开始攻击浏阳河畔的敌军。第58、第116两个师团并未遇到多大的抵抗。另外，第3、第13师团从10日起，对据守在险峻山区的敌军，从浏阳南北两面开始进攻。

军部为加速对长沙的进攻，15日令第34师团攻击长沙西面岳麓山上的敌军，又令第58师团渡过浏阳河向西北方面迂回，再从东南方面进攻长沙外围阵地。

到6月12日，发现南面株洲、湘潭附近的敌军有动摇之势，军部便决定占领该地，令第116师团沿粤汉铁路南下，占领铁路要冲，又为了切断东面由第3、第13师团正在进攻的敌军的退路，令第68师团向其南面地区急追。于是14日，歼灭了浏阳敌军，使长沙陷于孤立。军部遂令第116师团向株州西面易俗河西侧地区前进，搜索攻击敌军，令第68师团向株州南面昭陵挺进，并令第13师团向醴陵方面追击。

第34及第68师团的一部分从6月16日起对岳麓山，第58师团于同一天对长沙开始攻击，18日占领了长沙。在这次进攻中，我空军部队对岳麓山的轰炸发挥了巨大威力。

在这期间，右翼第40师团11日攻占益阳，击溃敌军第73军和74军后，16日占领了宁乡。

左翼浏阳附近的第3、第13师团，在浏阳附近击溃敌第27军、37军、58军、20军、114军和新编第3军后，第13师团又接到有新来的敌第26军14日进入萍乡的报告，便以主力向东转进，将其击溃。在这一连串的进攻中，我军以英勇果敢的运动战，始终压倒优势敌军，充分发挥了我军老练善战的本色。

6月23日军部令第13师团向耒阳前进，切断粤汉铁路。令第3师团在醴陵附近集结，并陆续以第二线部队接替后方警备任务，使第一线部队向前推进。

〔第一次进攻衡阳——追击后乘势进攻，未克〕 攻占长沙之后，军部决定乘敌军阵势崩溃，以一部兵力向衡阳挺进，使主力准备以后的作战。据此，第40师团和第116师团的一部分，6月22日共同攻占湘乡。第116师团主力6月27日到达衡阳西北，第68师团沿粤汉铁路南进，26日以一部兵力占领湘江东岸的衡阳机场，主力于27日在衡阳南面渡过湘江，进到衡阳西南地区。两个师团于6月28日开始进攻衡阳。29日，沿湘江西岸前进的志摩支队（第58师团的一部分）及溯湘江而上的步兵第218联队，分别从衡阳的西北和东北方面展开进攻，但各方面的进攻均无进展，而且接连发生损失，第68师团长佐久间为人中将和该师团参谋长等都负了伤。

于是，从第二天30日起，在第116师团长岩永汪中将的统一指挥下，重新发起进攻。但因敌军顽强抵抗，仍未成功。到7月2日，军部决定暂时停止攻击衡阳，等候炮兵及弹药到达后，在强大空军直接配合下，再一举进攻敌军。此次进攻失利，不仅是由于敌军阵地巧妙地利用城池堡垒，构筑得极为坚固，而且敌军的士气也极为旺盛。我军在追击之后，急遽乘势进攻，因而攻城火器及弹药等准备得均不充分，甚至火线上都缺乏弹药。此外，敌方空军占了优势，长沙、湘潭等地机场遭到破坏，尚未修复，我航空部队没能恰当地给予配合，这些都是造成失利的原因。

7月初，敌军从西南方面沿湘桂铁路陆续出动强大兵力，威胁我进攻衡阳部队的背后，我攻城部队逐渐陷入包围之中。7月4日，在湘江西岸的第40师团占领了永丰，军部想使其进而歼灭永丰南面的敌军，但鉴于上述围攻衡阳部队的情况，7月6日将其调到衡阳方面。

湘江东岸地区，7月4日，第13师团占领耒阳，7月15日，第27师团进到醴陵附近。

〔第二次进攻衡阳——部分成功，继续准备〕 到7月10日前后，从后方赶运火炮、弹药及空军部队的准备大体完成，军部决定从11日起，以衡阳西南角为重点，再次发动进攻。在夺取了若干前进阵地，逐步缩小了包围圈以后，从15日起开始正式攻击。虽又夺取了一部分地区，但后来战况又无进展。军部鉴于上次进攻失利的经验，决定进一步作充分准备，特别要待第一线兵团兵力充实以后，再行攻击。7月17日到18日，令第13师团向衡阳东面机场及铁路附近前进，又为使第58师团主力参加战斗，将其调到衡阳西北，同时又调进15厘米榴弹炮、10厘米加农炮各4门等，力求周密地做好准备。

在上述期间，为抵抗第9战区敌军在湘江东岸的耒阳、萍乡、浏阳之间广大地区的反攻，令以前担任过攻击长沙西面岳麓山的第34师团及从后方赶来的第27师团，于7月中旬进到醴陵东南地区，在击溃其对面的敌第58军后，继续向东南方面追击。同时令第3师团逐步向前推进，使其主力在7月下旬进到耒阳附近，准备参加衡阳会战。

另在湘江西岸地区，令新来到与军部主力汇合的第64师团于7月中旬进到益阳以南地区，据守该地，又于7月27日，令第40师团向衡阳西方地区推进，对前来解围敌军的压力直接担任掩护。

〔第三次进攻衡阳——军长率部投降〕 到7月下旬，攻击衡阳的准备逐渐完成，军部于7月30日发出进攻命令，同时军司令官亲临衡阳，8月2日以后，直接指挥进攻衡阳的战斗。

遵照上述命令，从8月4日午后5时起，第63师团对衡阳南部阵地，第116师团对与此相连的西南部阵地开始攻击。第58师团从8月5日起以主力从衡阳西北，以另一部兵力从衡阳北侧进攻，第13师团从湘江东岸地区以炮兵及游击部队协助第68师团的进攻，并预定于5日夜以一部兵力强行渡河，协助第58师团的进攻。

然而，从8月4日以来，各师团的进攻均未取得满意的进展。6日，第68、第116师团又对衡阳南面的岳屏集中兵力继续进攻，第58师团也发起了新的攻势。但南部的第116师团只夺取了敌阵地的一部分，第58师团也只夺取了西北角，这才得以进入市街的一隅。第13师团的渡河进攻却只遭到损失，师团炮兵的弹药也不足了，便根据军部命令停止渡河，只执行牵制任务。

7日又展开全线攻击，依然不得进展，估计进攻战斗还需要几天时间。这时，7日傍晚，第68师团对面有小股敌军前来投降，军部察觉敌军已开始动摇，便继续全线进攻。入夜，逐渐攻破敌军第一线，突入市街，投降者陆续增加。8日黎明前，敌军长方先觉带领4名师长也来向我投降。然而一部分敌军仍在继续作最后抵抗，其斗志确实不可轻侮，但终于在8日早8点前，将敌军全部扫荡完了，衡阳战役至此结束。从6月28日开始第一次进攻以来，共历时40余天。

必须指出，通过这次衡阳的战斗，使我军感到中国军队士气的旺盛。这位投降的方先觉军长被俘后态度伪装得很巧妙，后来乘机逃脱，返回了重庆军。

〔第5航空军的惊人奋战〕 这次战役是对江西、湖南方面敌空军布防的中心地区进行突破的战斗，而且敌方美、中的空军力量在长沙战役时是我方的三倍，后来在衡阳战役时达到了我方的五倍。由于这种情况，正如前文所述，使我地面部队，尤其是白天的后方运输活动，受到了极大限制。因而要求我航空部队进行艰巨的奋战。具体地说，就是要压制地面作战地带两侧的广阔地区，直至广西省以北的敌空军基地，要连日不断地对衡阳进行夜间轰炸；要对在敌人火力压制下尚未修复的机场进行着陆导航，要对广大的后方地区进行空中掩护等（战斗机飞行员每月飞行时间长达120小时），第5航空军的奋战实属惊人。

〔第13军的牵制作战〕 为策应第11军攻占长沙及衡阳的作战，第13军以第70师团从浙赣铁路沿线对敌第3战区军进行了牵制作战。该师团于6月9日从金华西南地区开始行动，逐步击溃面对的优势敌军，12日攻下龙游，26日攻占衢州，以果敢的攻势打击了密集的敌军，到当月27日，衡阳机场落入我第11军手中之后，根据军部命令，返回金华附近集结。①

---

① 关于打通大陆战役的经过请参阅附图第七。

第八篇

菲律宾决战

第51章

小矶内阁的基本政策

马里亚纳失守后大本营陆军部的战争指导设想

〔**战争指导中出现了空白**〕 如前所述,由于丧失了马里亚纳,从根本上推翻了去年9月御前会议上制定的战争指导设想,使大本营和政府当局在精神和物质两方面遭受了巨大打击。在这种情况下,首先必须制定出一个政略战略——战争指导——的明确目标,恢复势将丧失的秩序与希望,这便是战争最高决策首脑们当前最紧迫的任务。

大本营和政府为了应付这种危局,已就战争指导的各项问题大力进行了研究。然而这时突然政局发生变动,致使我战争指导首脑部门的阵容也不得不随之完全改变。结果本应立即采取的最高决策,竟一时出现了空白。

但战争的现实是严酷的,并未因日本政局发生变动而有片刻停顿。如前所述,敌军为了扩大马里亚纳的突破口,7月21日开始在关岛登陆,接着23日又在提尼安岛登陆,与我守军展开死战。

大本营陆军部对于东条参谋总长在任时期研究的应付新情况的战争指导计划,由梅津新参谋总长和杉山新陆军大臣又重新做了进一步探讨。当时讨论的焦点是,关于下一步用于决战的力量和用于长期战的力量如何安排的问题。关于这一点,7月25日经参谋总长与陆军大臣协商后,决定将陆军方面的力量按决战七、长期战三的比例进行安排。

〔**大本营的战争指导设想**〕 大本营陆军部根据这个方针,作出了下述的战争指导设想(仅主要方面——作者注),海军部对此也基本同意,于是在7月27日以此作为大本营的非正式意见提交小矶首相,建议由大本营与政府迅速开始讨论具体方案。

第一,关于制定战争指导方针的指导思想。

帝国当前由于丧失了马里亚纳群岛的一部分,太平洋中部绝对国防圈的一角发生破绽,而且在进行这场日美海空决战当中,消耗了我方对付主要敌人美军的骨干力量——帝国海军的实力,因而帝国进行战争的基础条件发生了变化,情况的发展已经不得不改变昭和18年(1943年)9月30日御前会议上制定的战争指导方针。

当制定今后的战争指导方针时,要紧的是必须排除把希望寄托在情况的演变上,而要树立起确有把握的预见性,也就是说要从政略和战略两方面,将我方各项措施的努力目标和可能实现的目标,冷静地进行估量,予以对待。

必须坦率地承认,目前的情况是,我方在战争指导上如有一步失误,就将陷于连国体也将难保持的危局,因而必须保持政略与战略的一致,以死里求生的决心,探索今后的对策。

第二,关于战争的现阶段。

帝国本来的计划是,利用战争初期的有利形势压倒敌人,迅速建立起长期不败的态势,随时随地粉碎敌人的反攻,同时积蓄力量,伺机转入攻势。可是,由于敌我实力相差悬殊,竟在我方长期作战态势尚未做好以前,就被迫在国防圈的周围展开决战。

目前战争的进展,因敌我都在相对地努力,形势发展很快,从现象看来势将进入决战阶段,而实质上世界各国都在逐渐呈现出战争末期的景象。

第三,关于世界形势的分析。

如以昭和19年(1944年)末为期来分析世界形势,可大致得出如下结论:

一、东亚方面

敌人将以短期结束战争为目标,各方面相互配合,继续有组织地对帝国进行全面进攻,尤其将加强对日本本土的空袭,和以切断本土与南方各地间的联系为目标的进攻作战,企图在本年夏秋时期,使战局取得迅速进展。

另外,结合上述战局的进展,预料敌军将伺机在我本土登陆。

还有,敌人将与军事进攻相配合,进一步加紧政治阴谋活动,企图使我方丧失斗志,同时策划离间大东亚各国,各民族同我方的关系。

二、欧洲方面

由于美英军在法国北部登陆和苏军开始夏季攻势,逐渐转入正式决战阶段,总的趋势倾向于对德国不利。今后德国方面如果掌握不住政局战局的转机,可以想象,其战争指导将越来越加困难。

另外还要考虑,大约从今年年末以后,苏联的对日态度可能发生变化。

在这种形势下,世界各国政局的动向

目前,交战各国均已逐渐暴露出内部的窘状。可以断言,在这种情况下,如果敌我局势均衡发生破绽,或者突然发生无法预料的事变,显而易见,都包含着足以立即引起政局变化的因素。

综上所述，目前主要敌人美国，正乘其掌握战争主动权的时机，倾注全力，从政治和军事两方面继续对我加强决战性攻势。今年夏秋左右，战局政局的变化将更加严重，势将面临决定这场战争命运的关头。

第四，关于帝国国力、战斗力的变化情况。

由于物资储备枯竭，和以船舶运输为基础的战时经济体制失灵，帝国的国力从本年年初开始渐趋低落，最近这种情况益趋明显。加上这次丧失马里亚纳，致使帝国海军对敌机动部队的机能锐减，敌潜艇的骚扰更加猖狂。结果可以想象，今后船只的损耗将会逐渐增加。这样一来，今年10月以后，保持我南北两个国防圈的联系将陷于极为困难。还要估计到，从8月以后，日本本土遭受的空袭损失将要开始增大，因而帝国的国力以今年上半年为界，以后将不得不丧失计划性而陷于困难境地。即使今后加倍努力，估计昭和19年（1944年）全年重要物资的生产情况，也只能达到如下程度：

　　　　　　　　　　　　　　　　计　划

飞　　机	3万架左右	（5.2万架）
普通钢		
钢　　材	250万—300万吨左右	（450万吨）
铝	15万吨左右	（19万吨以上）
运回燃料	150万公升左右	（300万公升以上）
甲种造船	150万总吨	（255万总吨）

上列数量，在今年之内，由于缩小了作战范围，还勉强可以维持作战的最低需要，但到明年以后，就再也不能指望了。

也就是说，帝国的国力、战斗力，长远看来，不论今后如何努力，也只能越来越低落，对今年年末以前的决战，总还可以勉强应付，到明年以后，无论如何也难指望发动有力的攻势。解决的办法是本年内通过战斗阻止敌人的进攻，争取时间。

另外，从军需品的供应情况来看，库存已经罄尽。飞机以外其他武器的供应情况非常紧张。出现没有武器的军队也将为期不远。甚至连极端重要的保卫国土用的防空弹药之类，再来几次大规模的空袭，也将大有告竭之虞。

总之，物质方面的军事力量，不论质量和数量，敌我相差都过于悬殊。而且今后的差距，随着时间的推移，还将越来越大。

第五，关于今后的战争指导方策。

综合以上各项条件，关于今后应采取的战争指导方针，根据不同的设想，可以分为以下四个方案：

第一方案　在今年后期倾注全部国力和军事力量投入对美决战，而对明年以后的对策完全不加考虑（短期决战方案）

第二方案　今年后期投入国力和战斗力的主要部分（七至八成），对主要敌人美国的进攻展开决战，另以一部分（二至三成）准备长期作战（以决战为重点的两手方案）

第三方案　今年后期用已往那种程度的力量进行决战，同时进行长期作战准备（同时并重的两手方案）

第四方案　由于战局前途没有短期决战的希望，以决战为辅，以长期战为主（以长期战为重点的两手方案）

对以上各方案加以探讨时可知：

第一方案是以全部国力孤注一掷，而对以后如何继续作战几乎不加考虑。这个方案作为一种作战思想是允许的，但作为一个指导战争的对策则不能成立。为什么呢？因为估计在今年夏秋季节进行的决战，是需要相当长的时间的，在这个期间内如不能维护和保持最低限度的国力，决战本身将受到限制。另外，即使在思想上决心采取这一方案，如考虑到今后的准备期间和展开决战的地区，就可以发现不论在数量方面和在种类方面，都很难将全部国力完全转化为作战力量。所以必须了解，能够集中地投入作战的力量，自然有一定限度。

况且，假如决战结果不幸出现了最坏的情况，为了今后能继续进行战争，也必须现在就实行最低限度的准备措施。这样看来，问题就更清楚了。

第三方案是作战与国力同时并重的方案。也就是要在设想的长期战中，在能够维持国力不致发生破绽的范围内，同作战之间保持协调。本方案的问题在于，用过去那种程度的军事力量，能否闯过即将到来的战局的最高峰。

这种估计在太平洋方面的攻防战中已经得到了验证。目前在时间和地域上已无回旋余地的情况下，为了对抗敌人的重大压力，除了在军事上断然实行决战以外，别无他法。反过来说，因为当前国力可以说已经到了崩溃的边缘，而对准备今后的长期战——即在南方地区被切断后，仍努力在"日满华"地区内保持有组织的长期作战能力——再付出相当的力量，则应付上面所说的决战，就无能为力了。必须承认，遗憾的是，国力的实际情况已经不能同时满足这两方面的要求了。

第四方案是避开决战、贯彻长期作战准备的方案。本方案只有在确保太平洋中部绝对国防圈的前提下才能成立，而在当前的形势下已经不成讨论的对象了。

第二方案是在作战思想上以全部军事力量，而在战争指导上则以国力的七至八成投入当前的决战。这是唯一有胜利希望的方案。但是，还必须考虑，只是下一次决战并不能导致战争的结束，以及决战的进展不利时可能发生的最坏情况。根据这种考虑，就要在可能范围内（二至三成）同时做好长期作战的准备。

本方案的问题是，通过这种安排到底能否保证战争必胜。但这已不属于能否的问题，而是注定要拼着国家命运断然去干的问题。结果如何，全靠统率部的努力了。

综上所述，帝国在战争现阶段应采取的对策是：

一、国内方面

本年下半年彻底集中国力战斗力的重点投入决战，力求粉碎敌人的企图。即使在最坏的情况下，也要设法保证在本年内不至出现作战上的破绽，同时还要设想，在必然要发生最坏情况的前提下，断然采取灵活果断的各项措施，维护一亿国民的国土，保持坚如磐石的团结，以完成独立作战。

二、对外方面

为了同德国携起手来，排除万难，争取在本年内使世界形势有所好转，要与军事行动相配合，最晚在初秋以前，在斡旋德苏媾和，争取重庆退出战场等坚定的目标下，立即开始果断的政治活动。这一政略性活动，不管能否实现，乃是绝对必需的。

即使这种政略性措施不能成功，帝国坚持战争的决心也不应发生任何动摇，必须排除万难独立进行作战。预料那时帝国将逐步陷入不能有组织地指导战争的地步，即使这样，也必须守护国土，坚持奋战，直到敌人放弃战斗意志。

上述政略战略的根本方针，决不允许因国内政局变动而稍有动摇。现在必须迅速确定方案，果断实行。

作为上述战争指导设想的核心，为应付下一步的战争形势，大本营着手进行"捷号作战"（后述）的准备。但为了把这项作战准备加以具体化，必须及早就战争指导的根本方针同政府取得一致意见。

设置最高战争指导会议

〔小矶首相对继续作战的设想〕 小矶首相在国家命运攸关的重大时刻受

命组阁，这是他完全没有料到的，因而对战争的前途胸中并无成熟的打算。如前所述，重臣打倒东条内阁的直接动机，主要是对东条大将本人的厌恶和对整个陆军方面根深蒂固的反感。在这次政局变动中起到主导作用的近卫、若槻、平沼、冈田四位重臣及木户内府等人的心目中，似乎抱有通过更换内阁可能开辟通往和平之路的想法。然而这些重臣既没有实现和平的具体方案，也没有想亲自负起政局的重任来挽救国家的命运。

不仅如此，对于一致推荐的小矶首相，除了提出让米内大将入阁一事以外，并没有做出任何收拾战局的表示。小矶首相的立场就好像站在主考面前的一个考生。

小矶首相在组阁当时对战争的看法，还没有料到现阶段日本已经到了必须极力设法结束战争的时候。这从他担任朝鲜总督职务的立场来说，不能不说是很自然的。

这时小矶首相心里着重想的是，如何忠实地贯彻"务期完成大东亚战争的目的，并切勿触动苏联"这一条天皇陛下的圣谕。所以支配着小矶首相头脑的是如何加强总理在战争指导上，尤其是在作战指导上的地位和发言权的问题。前任的东条大将身兼总理和陆军大臣，以后又以另一个身份担任参谋总长的职务，用来弥补了由于宪法上的限制在战争指导权问题上存在的缺陷。但即便是这样，实际上仍未能统帅海军，在战争指导上吃了不少苦头。

作为解决这个问题的办法，如前所述，小矶首相在受命组阁后向陆海军提出了三项条件，但被陆海军拒绝了。自从开战以来，陆海军一有机会就提出合并陆海军成立国防省的方案，陆海军的军令和军政分别统一的方案，以及在政府及统帅部之间设置战争指导机关的方案等，并反复进行过讨论，但由于根深蒂固的传统观念，哪个方案也没有实现。

再说，当前总体战争时代的战争指导，必须分析和综合复杂多端的各项因素，因而必须至少要在半年或者一年以前做出预见并着手进行，而且一旦作出决定，走上轨道，就会形成趋势，产生惯性。所以，不可能因为战争指导首脑部门的人事更动，就立即转变方向。

以小矶首相为首的新政府首脑们，从接触战争指导的实际问题到拟定出一定腹稿是需要时间的。同时站在负责当局的立场上来看当前的问题，便逐渐明确，不可能有一个同过去截然不同的方案。就在这种情况下，7月27日，以大本营向首相提出的非正式设想为基础，开始进行讨论。作为讨论的前提，首先研究了最高战争指导会议的设置问题。

〔最高战争指导会议的设置〕 小矶首相关于战争指导的组织形式的基本

想法——由首相列席大本营会议或者使战争指导组织法制化——由于陆海军的反对未能实现。但陆海军方面也考虑到小矶首相的微妙处境，表示赞同将原有的大本营、政府联席会议的形式，在运用上接近小矶首相的意图。

于是到了7月31日，才开始举行新内阁与大本营的首次联席会议。小矶首相在会上提出了有关联席会议的组成及工作方式的一个方案，同时表示希望今后迅速分析世界形势，决定战争指导大纲和对外政策，以及研究讨论与此有关的各项具体紧急措施。

根据小矶首相提出的方案，从8月4日午后5时起，召开了大本营、政府联席会议，关于设置最高战争指导会议问题做出了如下的决定。于是自中国事变以来，一直作为日本的战争最高决策机关的联席会议，从这一天起便因局势发展从形式上废除了，但实质上并没有变化。

第一，方针

设置最高战争指导会议，负责制定战争指导根本方针，掌握政略与战略之协调。

第二，要领

一、本会议在宫中召开、审议重要案件时，奏请天皇陛下亲临会议。

二、本会议的组成人员如下：

参谋总长、军令部总长、内阁总理大臣、外务大臣、陆军大臣、海军大臣。

根据需要，可令其他国务大臣，参谋次长，军令部次长列席会议。

三、本会议设干事，由内阁书记官长及陆海军省两军务局长充任。根据需要，可令必要人员出席会议说明问题。

四、本会议设干事助理，由大本营、内阁，陆军省、海军省、外务省中的高等官若干名充任。

注：本会议不列为官制。

另外议定，大本营及政府每周星期六在宫中定期交换情报。

〔**关于次长的列席问题——会议仅由组成人员构成**〕 当决定上列事项时、关于两统帅部的次长是否可以出席会议问题，有不同意见。佐藤干事长为求得谅解，做了如下说明。

陆海军两次长与国务大臣以同等资格出席会议的理由是，因为参谋总长可能为处理重要军务，经常到前方公出，为了及时决定重要战争指导问题，有必要由次长代理出席，而且即使在参谋总长出席会议的情况下，有时还有必要由次长说明有关作战机要事宜。但在参谋总长出席时，次长不署名。

接着，梅津参谋总长关于会议表决的效力问题，提出"会议组成人员当中如有一人不参加时即认为无效，是否可以"的意见，全体一致同意。

梅津参谋总长又提出："今后特别关于外交问题，执行机密的战争指导时，估计有必要抛开干事召开会议，是否可以？"这样一个十分含蓄的意见，重光外长也发表了同样意见，全体对此也一致表示同意。以上两人的意见，暗示出大本营、政府今后面临局势的严重性，和战争指导首脑部对此担负的责任和决心，给以往动辄流于事务主义倾向的战争指导机构增添了生气。

〔探讨战争指导中的各项问题〕 至此，从7月中旬国家政局和战局掀起风波以后，经过两旬才健全了由新首脑们处理战争指导上重大课题的体制。

当前的问题是修改去年9月御前会议制定的战争指导大纲。对此，大本营及政府有关主管部门之间的初步探讨已经结束，并且如上所述，大本营方面已将有关战争指导的设想向小矶首相提出了方案。问题只是在于最高战争指导会议如何作出决定了。

8月7日，最高战争指导会议三位干事之间，就以大本营提出的战争指导设想为基础起草的《今后应采取的战争指导大纲草案》进行了磋商，在主要问题上取得了一致意见。因而以后在最高战争指导会议上的审议，就可以按世界形势的分析、关于国力方面的问题和关于战争指导大纲的顺序进行了。

审议工作从8月9日到8月16日进行了七次，大本营和政府取得了一致意见。于是8月18日，在小矶首相、梅津参谋总长及川军令部总长（8月2日继岛田军令部总长之后特任的）侍立下，将这一情况奏请天皇批准。最后在8月19日的最高战争指导会议上，由天皇陛下亲临做出了决定。

国力的变化情况和对发展前景的估计

回顾日本所以不得不发动大东亚战争的一个重要原因，是为了摆脱A、B、C、D包围圈压迫造成的物资上日趋贫困化，以图确保生存权利。在战争初期，日本的这个心愿似乎能够实现，但随着以后战局的发展，这一希望又逐渐动摇了。

有关这方面的情况，前面曾一再述及，但对现阶段国力正在面临重大转折的真实情况，仍有必要不厌其烦地加以说明。

关于开战以来国家物力的变化情况和对它前景的估计，在8月11日的第三次最高战争指导会议上提出了报告。现将有关当局的一致见解概述如下：

〔综合结论〕 大东亚战争爆发以来，国家的物力与开战前的估计相比，一直在逐年减少。

其主要原因是：敌方潜艇对船舶造成的损害出乎意外地增大，远远超过了造船量，致使船舶保有量大幅度下降，加上陆海军一再额外征用，促使C船（民需船舶——译者注）运输力锐减；再就是靠特殊和提前进口储备的库存物资资源已告枯竭，等等。

与国力的低落相反，随着战局扩大，军需却逐渐增加，而其解决办法是靠牺牲以国民生活为中心的民需部门来加以填补的。结果当时的实际情况是，除了主要粮食暂时得到保证外，其余生产部门全部缩短了工时或者停了工。就连头等重要的军需工业，也无可否认，在昭和19年（1944年）初期到达顶点，以后便走向了下坡路，而维持当时的国民生活水平，后来也逐渐感到困难了。

这样，就可以认为，到战争第四年的昭和19年，（1944年）末，国力已经基本上丧失了伸缩性。

还有，对昭和20年度（1945年）国家物资力量的估计，即使不考虑空袭的损失，比起昭和19年将下降很多，直接作战物资的生产也不得不降为低水平。特别是从南方运回的资源一旦断绝，液体燃料供应不足，运输与生产部门就要遭受致命的打击，铝的生产也将减少。为了突破这个难关，即使想通过利用"日满华"的资源来加以扭转，从筹措必需的物资器材的前景来考虑，不可能实行大规模的措施，而又想不出其他代替的有效办法。

因此可以说，保持同南方占领地区间的联系是维持和培植国家物资力量的绝对必要条件。南方资源尤其是石油一旦断绝，对以后的作战将要发生致命的影响。

〔各项因素的研究〕

一、海运能力

从开战以来到本年7月，新造船舶与丧失、损坏船舶（包括一部分推算）的情况如下：

新造船　209万总吨

丧失、损坏船　450万总吨

差额　少241万总吨

损失数达造船数的两倍半，这是造成国力递减的最大原因。

C船运输能力的实际情况与开战前的估计及各年年初的计划比较如下：

年度＼项目	开战前估计	年度初计划(1)	实际(2)	(1)比(2)
昭阳17年度	5083万吨	5375万吨	4136万吨	77
昭和18年度	约6000	3412	3038	88
昭和19年度	约7000	2616	估计2218	84
昭和20年度		估计2310	—	

而与此有关的特定机帆船的运输能力和由A（陆军——译者注）B（海军——译者注）船协助完成的总动员物资运输量，均比原来计划降低很多。（参照下页第一至第四表）

二、铁路运输能力

（1）南朝鲜中转运输

为提高船舶利用率并保护船舶安全起见、从昭和17年（1942年）12月起，海运物资改由大陆铁路运输（南朝鲜中转运输）以后，运输量逐年增加，当时满洲物资已达到转运的极限。

从增强运输能力来估计，以后将以运输华北物资特别是煤和铁矾土为重点目标，但如不增强华北及朝鲜铁路的运输能力，就难以实现。

南朝鲜中转运输计划（单位：百万吨）

年度＼地方别	华北物资	满洲物资	朝鲜物资	计
昭和17年度	27	120	—	147
昭和18年度	38	148		186
昭和19年度	135	321	58	514

（2）国有铁路

国有铁路的重点任务是，由于国内资源增产而增加的运输；因海运转为陆运和改由陆运中转而增加的运输；以及通过青函航线（青森至函馆——译注）和关门隧道（下关至门司——译者注）增加的煤炭运输等。随着海运能力减少，铁路负担量逐年增加，国内铁路运输总量增长情况见表51–1。

昭和20年（1945年）度的运输需要量更将增加，而估计对此几乎没有希望增加设备和增加车辆所需的资材，因而也就几乎不能指望昭和20年以后提高运输能力。

表51-1　新造与丧失、损坏船只比较表（单位：千总吨）

年度		新造船	丧失、损坏船	差额+△
（昭和）16年度	16年 12月	7.8	53.5	△45.7
	17年 1月	23.9	75.8	△51.9
	2月	17.1	33.4	△16.3
	3月	22.6	87.9	△65.3
	计	71.4	250.6	△179.2
（昭和）17年度	17年 4月	7.0	32.1	△25.1
	5月	17.0	97.1	△80.1
	6月	23.7	43.0	△19.3
	7月	21.9	52.3	△30.4
	8月	27.1	100.1	△73.0
	9月	23.4	48.3	△14.9
	10月	28.7	154.9	△126.2
	11月	21.6	168.2	△146.6
	12月	60.5	95.4	△34.9
	18年 1月	16.5	130.1	△113.6
	2月	44.9	80.1	△35.2
	3月	181.5	129.2	△10.7
	计	420.8	1130.8	△710.0
（昭和）18年度	18年 4月	15.9	132.0	△116.1
	5月	37.8	126.3	△88.5
	6月	46.8	109.8	△63.0
	7月	70.4	89.8	△19.4
	8月	59.4	100.6	△41.2
	9月	88.3	169.5	△81.2
	10月	80.5	150.3	△69.8
	11月	92.8	278.0	△185.2
	12月	116.9	187.6	△63.7
	19年 1月	108.5	307.4	△194.9
	2月	127.5	466.6	△339.1
	3月	277.4	177.3	+100.1
	计	1122.2	2288.2	△1.166.0
（昭和）19年度	19年 4月	80.3	106.8	△26.5
	5月	143.6	226.6	△83.0
	6月	145.8	240.1	△74.3
	7月	107.9	257.1	△149.2
	截至19年7月计	477.6	830.6	△353.0
合　计		2002.0	4500.2	△2408.2

表51-2 实有船只变化表（货船及货客船）（单位：千总吨）

年度	A船 数量	A船 对16年12月比	B船 数量	B船 对16年12月比
昭和16年12月	2150.8		1556.6	
昭和17年1月	2182.5	+31.7	1556.6	
2月	2159.4	+8.6	1562.1	+5.5
3月	2134.0	△16.8	1561.4	+4.8
4月	2101.0	△49.8	1530.5	△26.1
5月	2008.3	△142.s	1455.3	△101.3
6月	1790.6	△360.2	1413.1	△143.5
7月	1638.0	△512.8	1405.8	△150.8
8月	1353.9	△814.9	1398.7	△157.9
9月	1308.6	△842.2	1340.2	△216.4
10月	1301.3	△849.5	1326.7	△229.9
11月	1256.0	△894.6	1331.1	△225:5
12月	1332.2	△818.6	1319.4	△237.2
昭和18年1月	1461.6	△689.2	1411.4	△145.2
2月	1411.0	△739.8	1420.3	△136.3
3月	1465.6	△685.2	1400.3	△156.3
4月	1456.0	△694.8	1400.3	△156.3
5月	1165.1	△985.7	1371.5	△185.1
6月	1145.3	△1005.5	1351.7	△204.9
7月	1154.0	△996.8	1295.2	△261.4
8月	1179.8	△971.0	1339.5	△217.1
9月	1150.1	△1000.7	1140.1	△416.5
10月	1168.1	△982.7	1130.1	△426.5
11月	1219.5	△931.3	1162.5	△394.1
12月	1166.7	△984.1	1106.4	△450.2
昭和19年1月	1154.7	△996.1	1065.2	△491.4
2月	1140.2	△1010.6	972.3	△584.3
3月	935.1	△1215.7	7985	△758.1
4月	不详		不详	
5月	不详		不详	
6月	不详		不详	
7月	不详		不详	

续表

C船		合计	
数量	对16年12月比	数量	对16年12月比
1764.7		5472.1	
1803.9	+39.2	554.0	+70.9
1691.1	△73.6	5412.6	△59.5
1779.1	+14.4	5474.5	+2.4
1798.4	+33.7	5429.9	+42.2
1942.6	+177.9	5406.2	△65.9
1970.4	+205.7	5174.1	△298.0
2158.2	+393.5	5202.0	△270.1
2323.4	+558.7	5058.0	△414.1
2328.2	+563.5	4977.0	△495.1
2327.7	+563.0	4955.7	△516.4
2110.1	+345.4	4697.4	△774.7
1933.4	+168.7	4585.0	△887.1
1756.7	△8.0	4629.7	△842.4
1738.9	△25.8	4570.2	△901.9
1614.6	△150.1	4480.5	△991.6
1781.7	+17.0	46380	△834.1
1821.7	+57.0	4358.3	△1113.8
1753.9	△10.8	4250.9	△1221.2
1705.9	△58.8	4155.1	△1.317.0
1696.5	△68.2	4215.8	△1256.3
1589.4	△175.3	3879.6	△1592.5
1444.0	△320.7	3742.2	△1729.9
1405.6	△359.1	3787.6	△1624.5
1404.0	△360.7	3677.1	△1795.0
1373.5	△391.2.	3593.4	△1878.7
1363.5	△401.2	3476.0	△1996.1
1385.2	△379.5	3118.8	△2353.3
1301.6	△463.1		
1227.4	△537.3		
1233.5	△531.2		
1277.8	△486.3		

表51-3 实际丧失损坏的船只数（单位：千总吨）

年度	货客船 A船	货客船 B船	货客船 C船	货客船 计	油船 A船	油船 B船
昭和16年12月	41.4	8.1	3.8	53.3		
昭和17年1月	30.0	26.6	18.7	75.3		0.3
2月	18.7	14.6		33.3		
3月	37.6	16.8	4.9	79.3		8.6
16年度计	127.7	86.1	27.4	241.2		8.9
昭和17年4月	11.7	10.0	10.0	31.7		
5月	44.0	12.7	39.4	96.1		
6月	12.9	16.1	14.0	43.0		
7月	3.0	37.4	11.9	52.3		
8月	12.3	54.4	33.4	100.1		
9月	8.6	16:9	22.6	48.1		
10月	54.4	27.2	73.2	154.8		
11月	126.5	14.2	27.5	168.2		
12月	22.6	25.5	47.1	95.2		
昭和18年1月	68.4	29.5	22.1	120.0		10.0
2月	24.3	35.2	20.2	79.7		
3月	50.7	25.5	33.2	109.4		18.5
17年度计	439.4	304.6	354.6	1098.6		28.5
昭和18年4月	36.8	54.1	15.5	106.4		25.0
5月	19.8	45.8	42.9	108.5		17.6
6月	29.5	40.1	36.9	106.5		3.0
7月	22.9	11.2	54.8	88.9		
8月	31.3	31.5	87.6	100.4		
9月	57.8	22.9	66.6	147.3		15.8
10月	52.9	37.6	46.1	136.6		0.6
11月	94.1	95.3	36.2	225.6		17.4
12月	26.0	78.5	46.4	150.9		29.0
昭和19年1月	87.3	115.1	24.8	227.3		37.6
2月	105.9	189.9	59.4	355.2		45.6
3月	56.1	58.3	44.4	158.8		15.7
18年度计	620.4	780.3	511.6	1912.3		207.3
昭和19年4月	36.5	30.1	32.1	98.7		
5月	75.3	64.3	39.9	179.5		20.1
6月	81.6	82.4	38.5	202.5		15.1
7月	168.4	54.8	40.2	203.4		11.2
19年7月止计	301.6	231.6	150.7	684.1		46.4
合计	1489.3	1402.6	1044.3	3930.2		585.2

续表

C船	计	A船	B船	C船	计	货、货客	油	其他	计
			0.2		0.2	53.3		0.2	53.5
	0.3		0.2		0.2	75.3	0.3	0.2	75.8
			0.1		0.1	33.3		0.1	33.4
	8.6					79.3	8.6		87.9
	8.9		0.5		0.5	241.2	8.9	0.5	250.6
			0.4		0.4	31.7		0.4	32.1
0.9	0.9		0.1		0.1	96.1	0.9	O.1	97.1
						43.0			43.0
						52.3			52.3
			0.2		0.2	100.1			100.1
			0.1		0.1	48.1		0.2	48.3
						154.8		0.1	154.9
						168.2			168.2
			0.2		0.2	95.2		0.2	95.4
	10.0		0.1		0.1	120.0	10.0	0.1	130.1
			0.4		0.4	79.7		0.4	80.1
0.9	19.4		0.4		0.4	109.4	19.4	0.4	129.2
1.8	30.3		1.9		1.9	1098.6	30.3	1.9	1130.8
	25.0		0.6		0.6	106.4	250	0.6	132.0
	17.6		0.2		0.2	108.5	17.6	0.2	126.3
	3.0		0.3		0.3	106.5	3.0	0.3	109.8
			0.8	0.1	0.9	88.9		0.9	89.8
6.0	21.8		0.2		0.2	100.4		0.2	180.6
12.5	13.1		0.4		0.4	147.3	21.8	0.4	169.5
33.8	51.2		0.5	0.1	0.6	136.6	13.1	0.6	150.3
			1.2		1.2	225.6	51.2	1.2	278.0
0.7	29.7					150.9	29.7		180.6
42.6	80.2					227.2	80.2		307.4
64.9	111.0	0.1	0.3		0.4	355.2	111.0	0.4	466.6
0.8	16.5			2.0	2.0	158.8	16.5	2.0	177.3
161.3	369.1	0.1	4.5	2.2	6.8	1912.3	369.1	6.8	2288.2
8.1	8.1					98.7	8.1		106.8
27.0	47.1					179.5	47.1		226.6
18.7	33.8			3.8	3.8	202.5	33.8	38	240.1
42.5	53.7					203.4	53.7		257.1
96.3	142.7			3.8	3.8	684.1	142.7	3.8	830.6
259.4	551.0	0.1	6.9	12	26	3936.2	551.0	13.0	4500.2

表51-4　新造船的实际数（单位：千总吨）

年度	货船 只数	货船 总吨数	油船 只数	油船 总吨数	其他 只数	其他 总吨数	合计 只数	合计 总吨数
昭和16年12月	3	6802	1	975			4	7777
17年1月	4	23893					4	23893
2月	8	17060					8	17060
3月	10	22640					10	22640
16年度计	25	70395	1	975			26	71370
昭和17年4月	3	5900	1	1100				7000
5月	6	16050			1	980	7	17.030
6月	8	23690					8	23690
7月	5	21910					5	21910
8月	5	19190	2	7950				27140
9月	8	28170	1	5200				33370
10月	8	27330			2	1410	10	28.740
11月	7	20780			1	850		21630
12月	11	38470	3	11325	3	10740	17	60535
昭和18年1月	3	10660	1	5200	1	621		16481
2月	10	40330	1	1100	2	3440	13	44870
3月	26	87370	3	13850	3	17300	32	118520
17年度计	100	339850	12	45725	13	35341	125	420916
昭和18年4月	8	15220			1	650		15870
5月	10	27070	2	10200	1	550	13	37820
6月	13	28940	3	16150	1	1700	17	46790
7月	10	33990	6	36450			16	70440
8月	23	49040	2	10400			25	59440
9月	23	50750		27550			30	88300
10月	29	54890		25600			33	80490
11月	25	53640		39140			34	92780
12月	24	72990	11	31220	3	12730	48	116940
昭和19年1月	28	56760	11	36470	3	15250	42	108480
2月	45	89100	13	38370			58	127470
3月	318	181690	27	89570	4	6130	349	277390
18年度计	566	714080	95	371120	13	37010	674	1122210

续表

年度	货船 实绩 只数	货船 实绩 总吨数	油船 实绩 只数	油船 实绩 总吨数	其他 实绩 只数	其他 实绩 总吨数	合计 实绩 只数	合计 实绩 总吨数
昭和19年4月		73320				6960		80280
5月		80440		61110		2000		143550
6月		97650		48120				145770
7月		50620		55270		2000		107890
19年7月止计		302030		164500		10960		477490
合计		1426355		582320		83.311		2091986

表51-5　国内铁路运输总量（以昭和16年为100的比率）

年度＼项目	运输量	运输吨公里	其中：煤炭运输量
昭和16年度（实际）	100	100	100
昭和17年度（实际）	114	104	101
昭和18年度（实际）	143	116	107
昭和19年度（计划）	165	129	116

表51-6　关门及青函煤炭运输量（单位：千吨）

年度＼地方别	关门	青函
昭和16年度（实际）	41	3
昭和17年度（实际）	1.059	22
昭和18年度（实际）	4.515	596
昭和19年度（实际）	6500	2000

三、南方资源的运回数量（不包括石油）

与根据开战前的估计所制订的南方资源开发计划的运回量相比，由于缺乏船只和产量不足等原因，实际运回数量均低。特别是估计本年下半年以后会停止向南方派船，则表51-7所列各项物资的供应能力势必锐减。为此虽已采取措施提前运回南方物资，而能够结转昭和20年度的估计为数极少。

表51-7 物资供应能力（单位：千吨）

物资\年度	开战前估计的昭和17年度计划	17年度实绩	18年度实绩	19年度（包括一部分推测）
铁矾土	400	323	792	565
生胶	200	65	78	68
马尼拉麻	80	80	91	15
锰矿石	100	71	89	67
锡	20	13	18	18
铬矿石	50	30	12	25
椰干	350	105	156	32
镍矿石	100	100	84	42
奎宁	0.1	0.1	0.12	0.95
其他	1211.9	726.9	270.88	76.05
计	2512.0	1514.0	1581.0	909.0

四、进口和调拨的外国大米、外地大米及满洲粮食

从昭和16年以后，外国大米的进口量每年递减如表51-8：

表51-8 外国大米进口量

昭和16年粮食年度	1494.2（千吨）	100%
昭和17年粮食年度	1331.0（千吨）	89%
昭和18年粮食年度	799.5（千吨）	54%
昭和19年粮食年度（估计）	50.0（千吨）	3%

为了补充上表所列进口减少后的缺额，采取的对策之一是，用满洲产的粮谷充做主食。昭和18年（1943年）为4万吨、昭和19年（1944年）估计为3万吨。

外国大米、外地大米和充做主食的满洲粮谷的进口和调入总量如表51-9：

表51-9 外国、外地大米和满洲粮谷进口与调入总量

昭和16年粮食年度	2357.9（千吨）	100
昭和17年粮食年度	2459.2（千吨）	105
昭和18年粮食年度	1121.4（千吨）	48
昭和19年粮食年度（估计）	1553.8(千吨)	66

内地的主食需要量有逐年剧增的趋势，不过，每年都控制在8000万石（1300万吨）左右，以争取保持供求的平衡。但是单靠吃内地米麦和进口、调入的粮食，短缺的数量很大，即使尽量利用土豆、白薯、杂粮等加以填补，实际上仍有不足之虞。

五、煤炭

煤炭是海运的大宗物资。随着运输能力降低，煤炭的供应能力自然受到极大影响。运煤船变化情况如表51-10：

表51-10 运煤船的变化情况（以昭和17年为100的比率）

年度 \ 项目	派船量(C船及机帆船)	百分比
昭和17年度	3292万吨	100
昭和18年度	2314万吨	77
昭和19年度	1664万吨	51
昭和20年度（根据现状的估计）	1015万吨	31

由于运煤所派船只的减少，使本州、四国地区煤炭供应量显著减少，而这些地区本地的产煤量每年无大变化，只好依靠增加青函航线和关门隧道的铁路运输能力得到若干弥补。因此，其煤炭供应量如表51-11所列，逐年渐少，不仅对一般生产用煤大加压缩，而且对重点工业也不得不削减很多。估计以后运煤派船还要减少，到那时对我工业中心地带造成的影响，将更加严重。

表51-11　本州、四国供煤量（以昭和16年为100的比率）

年度	本州、四国供煤量	百分比
昭和16年度	3733万吨	100
昭和17年度	4017万吨	107
昭和18年度	3574万吨	96
昭和19年度（估计）	3176万吨	85

估计昭和20年（1945年）除上述因素外，再加上机帆船用B柴油短缺造成煤炭运输的减少，给生产上造成的影响将更加严重。因此对企业进行全面的调整，已是不可避免的。

六、石油

南方石油的运回数量，昭和17年（1942年）为142.8万千升，昭和18年为261.3万千升，昭和19年（估计）为150万千升。昭和17年除上述外还动用了相当数量的国内储备石油，应付了急需。

当时已对船舶、汽车等运输部门及工矿生产用的石油消费量加以严格的限制，估计本年下半年的情况可能更加紧张，影响也将更大。

估计昭和20年（1945年）度，假定从南方运回石油的路线一旦断绝，即使尽量动员国内资源，液体燃料的供应能力也只能有40万—45万千升，约为昭和19年（1944年）度民需供应量的50%，这对各项紧急需要来说不过是九牛一毛。如何突破这一难关确是一个万分紧迫的任务。为此，必须倾注国家全部力量，排除万难，坚决保证石油的运回。

内地的民需船舶用柴油及汽车用汽油的供应量，其百分比的变化情况如表51-12（以昭和17年度为基准）：

表51-12　内地民需船舶用柴油及汽车用汽油供应量（以昭和17年为100的比率）

年度	船用柴油	汽车用汽油
昭和17年度	100	100
昭和18年度	69	88
昭和19年度（估计）	46	59

七、由特殊、提前和调整进口的物资填补的库存。

昭和15年（1940年）初期以来，美英及其他殖民地的对日态度逐渐恶化，明显地看出他们企图冻结资产、限制一部分物资对日出口或禁运，从昭和15年（1940年）6月到昭和16年（1941年）2月间，由美国、加拿大、澳大利亚、印度、南美等地进口了总值6亿日元的重要物资，作为战争储备物资保存下来。

上述库存物资从战争爆发时起逐渐消耗，起到了防止国力急剧下降的作用。但到了昭和17年（1942年）末，一部分则在昭和18年（1943年），此项库存已告枯竭。

八、普通钢钢材

（一）供给能力

昭和15年（1940年）10月，美国实行废钢铁禁运以后，就以事先的储备为基础，摆脱对外国的依赖，建立起钢铁自给自足态势。然而，普通钢钢材的供应能力与昭和14年（1939年）的实际产量510万吨相比，开战当年的昭和16年（1941年）度减少了17%。昭和17年（1942年）以后，鉴于钢材在构成军事物资基础中所占的重要性，除了极力增加满洲生铁对日运输、开发和增产国内矿石、加强利用中国、满洲和南方占领地区出产的矿石之外，并采取收回废钢铁以及其他各种措施，以图增加生产，但由于船只数量锐减，压低了原料供应数量，从昭和19年（1944年）中期以后，供应能力势必大幅度下降。

从昭和16年（1941年）到昭和20年（1945年）供应能力的变化情况如表51–13：

表51–13 普通钢钢材供应能力（以昭和16年为100的比率）

年度＼项目	供应量	比率
昭和16年度实绩	442万吨	100
昭和17年度实绩	425万吨	96
昭和18年度实绩	451万吨	102
昭和19年度计划估计	499万吨 226万吨	113 74
昭和20年度估计	210万—260万吨	48—59

（二）分配情况

供应能力逐年下降，而军需却逐年增加，因此拼命压缩民需。昭和16年（1941年）与昭和19年（1944年）的计划相比，扩大再生产部门为63%，官需为61%，一般民需为36%。如按当时估计的情况发展下去，该年度还不得不进一步压缩。

在这种情况下，就是扩大再生产部门，除特殊工业外，不仅不能扩大，甚至连维修用的材料也大感不足，结果对生产的影响很大。至于一般民用部门的情况就更严重了，连维持当时的国民生活都不易了。

表51-14　军需、民需的变化（以昭和16年为100的比率）

年度＼项目	军需	甲造船	民需
昭和16年度	100	100	110
昭和17年度	110	160	93
昭和18年度	102	310	81
昭和19年度	90	520	60

另外，当时估计昭和20年的供应能力大概有210万到260万吨左右，如果假定是240万吨，按昭和19年的比率在军需、民需之间进行分配的话，军需为88万吨，甲种造船为82万吨、民需为70万吨左右。这就是说，不仅不能加强军备，而且生产部门和国民生活也将受到致命的打击。

九、电解铜

中国事变爆发以后，因需要量增加，只靠国内产量无论如何也不能满足需要，因此进口了相当数量的原铜和矿石。然而由于开战以后需要量进一步增大，供求平衡状态就被打破了。由于铜的短缺，不仅军需、造船，而且各种工业部门都受到了严重影响。

昭和16年（1941年）以后的供应能力变化情况如表51-15：

表51-15　昭和16年以后电解铜供应能力

昭和16年度实绩	13.8万吨
昭和17年度实绩	11.8万吨
昭和18年度实绩	11.2万吨

续表

昭和19年度	计划	12.2万吨
	估计	9.4万吨
昭和20年度估计		8.7万吨

十、铝

铝在昭和15年（1940年）已达到了自给状态。开战之前，由于南方出产的铁矾土来源困难，为解决原料问题煞费了苦心。开战以后控制了槟坦、柔佛等原料产地，解决了原料问题，产量逐年增加。

特别是在昭和19年（1944年）度，为了扩大空军力量，准备大量增加铝产量。除积极从南方运回铁矾土外，还为应付局势的变化，极力设法加强改用国产原料的措施，同时增加由满洲运进原料，促进回收硬币等，计划总供给量可达19.7万吨。

然而，随着战局的进展，南方产铁矾土的调运日益困难，铝的生产开始急剧下降，因此就必须想尽一切办法迅速改用"日满华"的原料，但势必不得不对以飞机生产为首的各部门的需要大加压缩。

昭和16年（1941年）以后生产的变化情况如表51-16：

表51-16 昭和16年以后铝的生产情况

年度＼项目	产量	比率
昭和16年度实绩	7.2万吨	100
昭和17年度实绩	10.3万吨	143
昭和18年度实绩	14.1万吨	196
昭和19年度 计划	18.5万吨	260
估计	12.0万吨	167

预计昭和20年（1945年）将要改用"日满华"资源，如果所需器材的分配能够得到保证，估计国内产量可达10.5万吨，连同其他方面合计总供应能力可望达到12.3万吨左右。

分析世界形势和制定战争指导大纲的御前会议

〔会议的参加人员〕 小矶首相受命组阁后经过了一个月的时间,从昭和19年(1944年)8月19日上午10时起,在天皇陛下亲临的最高战争指导会议上,为了应付日本丧失马里亚纳后的形势应采取的最高国策进行了审议。

参加这次会议的人员有会议组成人员:内阁总理大臣小矶国昭、海军大臣米内光政、外务大臣重光葵、陆军大臣杉山元、军令部总长及川古志郎、参谋总长梅津美治郎。列席人员:参谋次长秦彦三郎、军令部次长伊藤整一和干事内阁书记官长田中武雄、海军省军务局长多田武雄、陆军省军务局长佐藤贤了。

会议由小矶总理主持,先令干事宣读了以下两项议题:

〔第一号议题〕

世界形势分析

帝国根据昭和18年(1943年)9月制定的《关于今后应采取的战争指导大纲》,正在抗击美英拼死的反攻,为完成战争目的向前迈进。因鉴于后来世界形势的演变,现对当时所做的世界形势分析加以必要的修改,并观察昭和19年(1944年)底以前的形势发展,以利于制定战争指导对策。

第一,东亚形势。

敌方将以短期结束战争为目标,从各方面互相配合,有组织地继续对帝国发动全面攻势。特别是将以对我本土空袭和切断本土与南方的联系为目的,从太平洋及大陆方面采取攻势,以求战局急速进展。在上述形势下,也有可能伺机在我本土登陆。

另外,敌方还将与其军事进攻相配合,愈益加紧施展政治阴谋,企图挫伤我军的斗志,同时加紧离间大东亚各国、各民族同日本的关系。

一、空袭本土

为了彻底破坏本土的生产设施、交通运输及主要城市,从而使我方士气低落,国力下降,国民生活混乱,并为在我本土登陆创造条件,敌方将利用其在中国大陆及太平洋方面整修的空军基地,并借助其机动部队的活动,从8月以后逐渐反复不断地进行大规模空袭。由此造成的损失,对帝国进行战争能力的影响,将是不容忽视的。

二、破坏海上交通

今后敌方对我海上交通的破坏作战，将与驻华空军的活动相配合，对西南各岛及菲律宾方面集中使用潜艇和以机动部队挺进攻击而日益活跃，因而我方船只所受损失也将增加。但是，只要敌方在西南各岛及菲律宾方面获得空军基地的企图不能实现，则本土与南方地区之间的海上交通大体上仍能保持。

三、太平洋方面

中部太平洋方面的敌军正在企图随时与我舰队进行决战，向马里亚纳及西部加罗林群岛的要冲推进海空军基地，并企图与从南太平洋方面的进攻相呼应，攻占菲律宾和西南各岛、以切断帝国本土与南方地区间的交通。上述这种进攻很有可能在10月前后实现。

在此期间，也可能企图攻占小笠原及千岛列岛等要地。

四、缅甸及印度洋方面

对于北缅及英帕尔方面，虽值雨季仍将加重压力，特别是将集中全力打通中印公路。另外还很可能与太平洋方面的进攻相呼应，将以有力的机动部队在安达曼和尼科巴登陆，和对苏门答腊油田地带进行空袭。

五、中国方面

重庆将积极努力继续抗战，特别是企图保持华南方面的空军基地，阻止我军向其内地进攻，同时顽强地继续进行打通中印公路的战斗。今后随着战斗力的恢复和增大，必将进行反攻。

另外，美中空军势力仍在继续增加，对我本土及朝鲜、满洲、华北等重要地区进行空袭和破坏海上交通的可能性越来越大。

还有，关于开辟通过苏联和外蒙的援蒋路线，要结合苏联今后的动向加以警惕。

六、大东亚各国的动向

大东亚各国除满洲以外，在当前形势下，对日合作的态度已经露出消极的苗头。今后随着东亚和欧洲方面轴心阵营战局的变化，结合敌方政治阴谋的加强，各国政府及民心的动摇、治安情况的恶化等趋向将逐渐发展。特别是将有逐渐引起我军在中国的占领地区人民的抗日活动，菲律宾人民对日本的疏远和敌视，以及泰国国内的动摇等危险。

印度临时政府的对日态度虽不能有何变化，但英印之间在印度的矛盾程度将随着战局的变化而起伏。

第二，欧洲形势。

欧洲战局自从英美在法国北部登陆和苏军开始夏季攻势以后，逐渐进入正式决战阶段，主要趋势对德不利。今后德国如果不能有利地掌握住政略战略局势的转机，则其战争指导必将愈加困难。

一、德苏战线

德苏战线方面，苏联今后将主要从政略观点出发，很可能独立自主地指导作战。今年下半年不但将会收复大部分失地，而且还说不定会进一步占领波兰西部、东普鲁士及匈牙利的一部分，并控制罗马尼亚和芬兰的大部分。

二、西欧第二战场

西欧第二战线作战的成败，将对德国的命运发生最严重的影响。德国如能在今后利用有利时机进行反击，或彻底切断美英军的后方补给线，还有可能挽回战局，否则美英战线将逐渐向内陆发展。

三、德国的附庸国和中立国的动向

今后德国的军事形势不容乐观。尤其在第二战线方面如果不能采取决战性反攻而取得成功，再加上东部战线的节节后退，可以想见，德国的附庸国和中立国将逐渐地屈服于反轴心的策略。

第三，苏联的对日态度。

在东亚和欧洲的形势向不利于轴心阵营的方向发展时，苏联是否仍能一如既往地保持对日中立态度殊属疑问，但只要不发生特殊情况，苏联不会主动地采取对日宣战或向英美提供军事基地的行动。

第四，世界政局的动向。

交战各国虽然仍在继续死战，但其内部窘状已逐渐暴露出来。现在如果一旦敌我的战局均势出现破绽，或者发生意外情况，都包藏着可以立即引起政局变化的因素，这已显而易见。

根据今后形势的变化，欧洲方面说不定会在德苏或德英美之间出现媾和问题，以及中立国家改变立场或德国附庸国背离德国等情况，需严加警惕。

另外重庆方面，根据战局的演变以及英美的动向和日本的态度如何，将来也不无考虑改变政局的可能性。

第五，结论。

当前，敌方想乘握有战争主动权之机，倾注全力，在政治、军事两方面，继续积极地加强决战性攻势，今年夏秋以后战局政局的发展将愈加严重。对此，帝国必须不拘欧洲形势发生任何变化，倾注最大努力进行决战，粉碎敌军，与政略方面的措施相结合，坚决把战争进行到底。

〔第二号议题〕

关于今后应采取的战争指导大纲

方　针

一、帝国将彻底集中现有的战争能力，和在今年年底以前能够转化为战争能力的国力，击溃敌军，粉碎其继续作战的野心。

二、帝国不拘前项目标能否实现和国际形势如何变化，务期在一亿国民坚如磐石的团结之下，树立必胜信念，守护神圣国土、坚决把战争进行到底。

三、帝国采取积极坚定的对外政策，争取世界的政治和军事形势好转。

要　领

一、今年后期，高度发挥我军战力，展开决战，粉碎敌人企图。战争基本上要按下述原则进行：

甲、在太平洋方面、消灭向我进攻的美军主力。

乙、固守南方各重要地区，排除万难，保护我国防圈内的海上交通。

丙、印度洋方面基本上维持现状。

丁、中国大陆方面尽力封锁敌空军空袭我本土的企图，并扼制其骚扰我海上交通。

二、迅速果断地采取下列措施

甲、国内方面要求做到：加强维护国体观念，激发同仇敌忾精神，振奋斗志，战斗到底。

乙、进一步密切统帅部与政府间的联系。为此使最高战争指导会议的活动更加积极。

丙、务期迅速增加决战实力，特别是空军力量。为此必须大力解决一系列生产难关。

丁、迅速建立健全国内防卫体制。为此必须着重加强各重要生产部门的防空设施。

戊、大力促进"日满华"地区及南方地区的自存自战体制。为此要首先重视"日满华"的开发。

三、密切注视世界各国动向，配合军事行动，施行下列对外政策，以应付世界政治局势的变化。

甲、对苏保持中立关系，并进一步争取两国关系好转。还要设法实现德苏媾和。

乙、对重庆迅速开展有组织的政治工作，谋求解决中国问题。为此要尽量设法利用苏联。

丙、对德国要在紧密联系下，采取一切措施，为共同完成战争而努力。但须避免引起日苏战争。万一德国崩溃或单独媾和时，要不失时机地利用苏联，争取形势的好转。

丁、对大东亚地区的各国家、各民族必须加强领导，掌握民心，以确保并加强其在战争中与帝国紧密合作。对于菲律宾可以接受菲总统的请求，使之在适当时期对美英宣战。对印尼应迅速声明，将来允许其独立。

戊、关于对敌宣传工作，应本着我方的一贯方针，有组织地不断地深入进行。宣传的重点是阐明我方的战争目的，涣散美英士气，离间英、美、苏、中关系，同时要针对敌方的政治攻势，及时地予以粉碎。

〔小矶总理的说明〕 上述议题宣读完毕后，小矶总理代表大本营和政府对这一提案的主要精神做如下说明：

去年9月30日在御前会议上决定战争指导大纲以来，统帅部及政府即按照这一路线进行了坚定的努力，但如上所述，结果不幸的是，战争指导大纲中的部分事项未能具体实现，深感对天皇陛下无以复命。

对于当前的世界形势，经多方面分析后所得的结论，刚才已由干事宣读过了。

具体地说，我们的盟邦德国在战争指导上的困难程度，很遗憾竟超过了原来的想象。帝国比起去年9月仰承裁决战争指导大纲时的情况，也很遗憾出现了不少缺陷。在这种形势下，敌方由于战争屡次得利，气势骄横，兼恃其夸称雄厚的军事物质力量，为在欧洲制服德国，在东亚压倒帝国，从各方面连续坚持反攻，当前战争正在进入严重阶段。

当前帝国必须重新修订战争指导大纲，仰乞陛下裁决，倾注全力进行决战，突破时局的这一重大难关。

现就本方案大致说明如下。

关于方针部分，经过讨论一致认为，可将本方案中列举的三点作为基本方针，体现到政略和战略的指导中去。

关于要领措施部分，本方案中提出了战略对策、国内政策和对外政策等三个方面。

其中第一项是战略对策，以后还要由统帅部门详细说明，它的要点是在本年后期，把陆海两军的力量打成一片，动员全国一切可能转化为战争能力的国力，发挥出最大限度的战斗力，在太平洋方面展开决战，消灭前来进攻的美军主力。在南方坚守各重要地区，并排除万难保护我国防圈内的海上交通。从缅甸到帝汶岛濒临印度洋的地带，要基本上保持现状。在中国大陆方面要尽力封锁敌空军对我本土的空袭，并扼制其从中国骚扰我海上交通的企图。经过讨论一致认为，将以上各点作为今后进行战争的重点是适宜的。

第二项是国内政策，其中第一点是，鉴于当前国内人心涣散，士气低落，不理解当前国家与国民处此生死存亡关头，除在战争中取胜以外，别无其他办法可以使国家与国民转危为安；并且缺乏献身于天皇维护国体的精神，仍然企求安逸者为数不少。对于国内必须大力扭转这种情况，运用各种事例，激发国民同仇敌忾精神，鼓舞坚强斗志，坚决战斗到底。

第二点是密切统帅部与政府间的联系，要明确国家根本政策的重点方向，政府据此采取有力措施，指导国民尽职奉公，紧密团结，以提高战斗力量。为此必须更加积极地运用最高战争指导会议，使之成为体现国家根本政策的基础。

第三点是加强决战力量，特别是设法迅速加强空军力量。这已是历来反复强调过的了，而现实的问题是要在今年年底以前，把一切能够转化为战争的力量全部投入到战争中去，特别是要找到迅速增强空军力量的办法。但考虑要做到这一点，各方面都存在着生产难关，因而当前想对这些生产难关，再进行一番研究，大力加以解决。

第四点是尽快建立国内防卫体制问题。从当前的形势来看，不仅敌机对我本土的空袭迟早必将来临，而且可以预料，敌军还将伺机在我本土登陆。因此，结合加强军事方面的防卫能力，同时迅速建立健全民防方面的人力物力组织，是至关紧要的。关于这方面，要把重点放在加强重要生产部门的防空设施上。

第五点是在南方地区与"日满华"地区间的交通联系发生困难时，如何做好应变准备问题。也就是说，不论战局如何变化，巩固"日满华"地区和南方地区的自存自战的态势，坚决把战争进行到底是当务之急。而促进这两个地区建立起自存自战的态势虽然都属必要，但更重要的是首先要重视开发"日满华"地区。

第三项是关于对外政策。后面将由外务大臣做详细说明，其中的主要问题是为了进一步促进大东亚战争局势的好转，拟与军事行动相配合，实行坚定的外交政策。尤其是要特别重视对苏、对重庆工作，今后必须全力以赴地进行。

总而言之，帝国当前处于如此严重阶段，必须更加坚定必胜信心，对内进一步加强决战体制，对外实行坚定果断的对外政策。在今年下半年集中全力歼灭敌军，把战争引向胜利，为突破目前的难关而奋斗。

〔梅津参谋总长的说明〕 接着梅津参谋总长代表陆海军两统帅部就战略方策，说明如下：

帝国为了完成今后的战争，不论在任何情况下，必须确保以帝国本土为中心的核心圈，以资源地带为中心的南方圈，以及连接这两方面的重要地区，坚决进行有组织的战争，为挫败敌人而奋斗。

预料本土、西南各岛、台湾地区、菲律宾方面是敌人今后反攻的主要目标，而且它的得失，对帝国的战争前途确有重大影响。因此，帝国军队必须展开陆海军的主力与前来进攻的敌军进行决战，寻求机会歼灭敌军反攻力量中的骨干，即敌军的机动部队和进攻部队的主力，以争取扭转战局。

根据以上方针，帝国军队今后应采取的战略方策大致如下：

一、太平洋方面的作战

1. 大致以8月末为期加强我联络圈及菲律宾方面的战备；以10月前后为期加强我本土的战备。当敌人前来进攻时，最大限度地集中海陆空军力量予以歼灭。

2. 在千岛列岛、库页岛、太平洋中部及东南方面，基本上以现有力量粉碎进攻的敌军，保卫各重要地区。

二、西南方面的作战

1. 西南方面作战的重点是在菲律宾的决战，以及保卫油田地带及舰队的主要停泊地。

2. 澳大利亚北部是南方圈东翼的屏障，必须击败敌军的进攻，尽力确保之。

3. 缅甸方面是南方圈西翼的屏障，必须击败进攻的敌军，固守主要地区。通过控制这一切断中印联系的战略基地，再与控制中国西南方面的主要地区相结合，使之共同构成保卫印度支那安全的前哨地区。

三、对中国作战

1. 继续推进现正进行的对中国西南部分的进攻作战。大致在今年年底以前，消灭敌军在这方面的主要空军基地，极力扼制敌军空袭我本土的企图，并对重庆加强压力。

2. 占领浙东沿岸的重要地点，事先封锁中美间的联系，同时保障我本土与南方圈的联系。

四、保护海上交通

保护海上交通安全，是关系到战争前途的重大问题，对此今后必须采取更加周密的措施。

为此，要特别做好我联络圈地区的反潜、防空兵力的重点部署，扼制敌方潜艇的窜扰，并对敌机动部队的活动和敌空军从基地频繁出动的空袭，做好防御准备，使我决战兵力得以充分展开，同时保障本土与南方资源重要地区之间的海上交通。

五、对苏政策

对于苏联要采取一切政略上和战略上的措施，力求防止引起日苏战争。

总起来说，敌军由于掌握了马里亚纳，今后处于可使用强大的舰队，随时深入我国防圈区域内活动的态势。再与从新几内亚方面发动的以沿基地递进为主的进攻，以及其他各方面的策应活动相结合，在今年夏秋季以后，敌军对我各主要地区的反攻必将愈加激烈。但敌军不仅必须维持一条庞大漫长的供应线，而且敌人最伤脑筋的人员损失也必将增加。反之，我方在指挥决战上，如能在纵深的地区内，在必要的时间，必要的地点，高度集中陆海军的航空兵力，与英勇善战的海军兵力和陆军兵力相配合，必能获得痛击敌人的机会。当前已到皇国存亡的关头，全军上下必须团结一致，为夺取胜利而奋勇前进。

〔**重光外相的说明**〕 接着，由重光外务大臣阐述外交政策，概要如下：

关于帝国战时对外政策的根本方针，一如去年9月御前会议上所陈述的。当时陈述的五项基本方针，今天仍然没有任何改变。

不过，从去年9月到现在已经将近一年。此间世界战局迅速发展，在日德两国分别负担的东西两个战场上，形势变得对我并非有利。而世界的政治形势也反映着这种战局上的变化，出现了中立国的动摇等非常困难的局面，现说明其细节如下：

对苏政策

对于苏联，去年9月的御前会议上决定了"尽力防止引起日苏战争，进一步争取日苏关系好转，同时相机努力斡旋德苏媾和"的方针。防止日苏间发生战争，使苏联始终坚守中立，是帝国对外政策的重点。为此，帝国一向严格控制自己，避免刺激苏联，并进一步为两国关系好转采取了积极措施。如今年3月末达成协议的关于归还库页岛北部的利权和关于延长渔业条约效力的谈判，都是这方面的具体表现。由于这些谈判达成了协议，在保证日苏中立关系方面暂时取得了成功。但是，接着由于中国问题，日苏关系出现了值得忧虑的情况。这是美英以中国的内政问题引诱苏联，企图从中策划制造他们非常渴望的日苏冲突的形势。幸而对这种事态得以防患于未然，关于中国问题，苏联明确表示了中立态度。所以，只要帝国的地位不出现意外的破绽，估计日苏中立关系大致不会发生动摇。

尽管美英一再策动，而苏联现在仍对帝国坚持中立态度，可以认为是我方采取了睦邻政策的反映。而苏联持续采取这种不介入东亚、专向欧洲推进的态度，也正是帝国所欢迎的。不过，如果可能，使其向欧洲推进的方向不是针对德国，而是牺牲美英时，就更加符合帝国的希望，这就产生了斡旋德苏媾和问题。

德苏间的媾和至今仍未实现。去年9月间，我方对这一问题首先刺探了苏联的意见。情况是我方训令驻苏大使佐藤向苏联提出，我方准备派一重要人物前往苏联，然后该人再经过土耳其赴欧洲往返一次的意见，用这种方法刺探了苏联的态度。苏联察觉到帝国这个行动是为了撮合德苏之间媾和的一种企图，便说苏联现在丝毫没有对德媾和的意思，因而不能同意派遣重要人物，明确表示了无意对德媾和。过了一段时间，利用本年3月签订利权、渔业两个协定后日苏间出现友好气氛的时机，4月上旬又向苏联提出了这件事。但是当时不但战局就连政局也发展得比去年9月更加对苏有利。可能由于这种客观形势，苏联方面毫未改变过去的方针，又一次表明无意于德苏间的媾和。

另方面，对于德国，由驻德大岛大使向希特勒为首的领导们建议：德国已很难用武力使苏联屈服，因而可否考虑从政治上打开对苏关系。希特勒为首的领导们都明确表示全然没有与苏媾和之意。另外，在东京也不断向德国大使反映我方意向，多次试行劝告通过政治手段设法打开局面，而德方的说法是，它的使命是从赤化之祸中挽救欧洲，缔结防共协定也是为此，因而不能考虑德苏媾和问题。如果说能考虑这一重要政治手段的话，那必须等到战况好转的时候，例如从前则是粉碎第二战场的时候，现在则是恢复战局均势的时候，云云。这就是德国对于德苏媾和的态度。

然而，苏联与美英之间的关系，虽然看来在战争中的合作是牢固的，但三者的利害根本上有不能相容之处，特别是苏联向欧洲的扩张极为明显，另外德国国内形势也会有所变化，根据这些情况的演变来看，也很难断定德苏间没有实现媾和的可能。而且，德苏媾和，使德国得以余力专注于对美英作战，这一向是我们殷切希望的，所以不管其成否如何，今后仍将试图反复为实现德苏间的媾和尽最大的努力。

对华政策

对于中国，自着手实行新政策以来，正在逐步进行，改订了不平等条约，以同盟条约代替了基本条约，这些都是以两国的和睦和两国国民之间的友好合作为目的的，因而是规定了日华间长远的基本关系的。最近政府甚至声明，我国在中国的作战目标在于粉碎美国的军事力量，而不以重庆政权为目标，我们是坚持以日华合作为目的的。

上述政策，另方面也意味着包括重庆工作在内。与武力的压迫相配合，正在形成对重庆的巨大压力。然而直接与重庆方面进行谈判还不是时机，在去年9月的联席会议上决定，所谓重庆工作要由国民政府（指汪伪政府——译者）来进行，我方直接插手反而不适合实际情况，这样直到现在。从那以后，国民政府方面派人去广东、澳门等地，与重庆方面取得联系，力求实现媾和，但迄今未见成功。去年10月，美英苏中四国发表莫斯科宣言，11月美英中三国举行开罗会谈，重庆方面的态度逐渐强硬起来。

然而，今天使重庆理解我东亚政策并采取同一步调，这不仅对日中关系，对我调整对外政策的整个局面也会有极大的贡献，并且也会使迄今实行的对华新政策的意义得以实现，因此应坚持为此尽力。在这一意义上，对重庆的所谓政治工作也希望特别慎重，并希望以卓有成效的办法来进行。与此相关联，正在考虑利用苏联。

对东亚政策

我对中国的政策极为公正，确实表明了我对外政策的根本精神，关键在于贯彻实行。从对华政策出发的大东亚政策是以解放与复兴亚洲民族为目的的，是构成我对外政策的实体的。如果不能掌握东亚各民族的心，使亚洲人站在我们一方搞失败了，则帝国的对外地位将完全丧失。只有贯彻这一政策，大东亚的团结才有可能，而我之战争目的也将愈益为人所了解。另外，唯有实现这一政策，才能发挥我肇国的精神，确保帝国悠久的政治生命。

在目前的战局下，这些国家和民族的对日动向，并不容乐观。此时，应进一步大力推行我一贯的公正政策，在这个意义上，准备对东印度群岛、印度尼西亚民族也迅速采取同对其他民族一样的政策。

宣传政策

（作者注：省略）

对德政策

根据上述精神，打算进一步密切同德国的合作，加强共同为完成战争而努力的方针。

在对德关系上，我们是有苦衷的：既要企图同德国现在作为敌人进行死斗的苏联改善关系，又要对德国尽到三国同盟之谊。因此，德苏之间实现媾和是最好不过的，所以，从这个观点来看，也必须为实现德苏间媾和而努力。总之，调和我们的对苏关系和对德关系，将来会愈加困难，所以这一点需要特别注意。

今后欧洲战局如何发展以及德国对此态度如何，是全世界所瞩目的，帝国相信并且希望德国能够摆脱危局。同时帝国也必须预先考虑到万一德国内部崩溃或单独媾和之类的情况。

当然，这次战争不应该依靠外力而战，而应该具有靠独自力量坚决进行到底的决心；但同时帝国也不应该忘记注意欧洲形势的变化，还应该考虑苏联在国际上的立场，无论如何也要引导形势向有利于我方发展。总之，帝国必须准备随着战局的发展，任何时候都能应付世界政局的变化，为此打算做出必要的、一切外交上的努力。

最后，在杉山陆相和米内海相陈述意见后结束了审议，全员一致通过原来提案，讨论完毕。

这样，通过了应付新的事态的《今后应采取的战争指导大纲》，大本营和政府决定在各自领域内推进有关的措施。

第52章

小矶内阁的对外政策

　　正像御前会议上决定的"世界形势判断"中所阐明的那样，现在，战争正将越过顶峰。换言之，从战争全局来看，现阶段即将进入战争的煞尾期。

　　因此，大本营和政府所持的见解是，在欧洲或东亚，或将发生破坏敌我势力均衡的事态，或将发生意想不到的突然事变，那时，可能以此为开端而引起世界政局的转变——即导致战争的结束。7月20日暗杀希特勒未遂事件；8月3日土耳其断绝对德外交和通商关系；8月23日罗马尼亚接受对苏停战等事件，可以看作是这种趋势的征兆。

　　〔对外政策的地位〕　如前所述，政府和大本营，在御前会议决定的战争指导大纲中，决定"随时注视世界各国的动向，以彻底配合作战的对外政策，应付世界政局的转变"。作为实现这一方针的措施，决定把斡旋德苏媾和和对重庆进行政治工作当作中心课题。

　　日本自开战以来，每当重要转折时机，总是抓住了上述两个问题，这在前面已一再叙述，但直到昭和18年（1943年）9月的御前会议前后，其主要目标在于为完成战争给日本造成更好的环境。然而遗憾的是，两者都没有成功，绝对国防圈的一部分却出现了破绽。

　　现在，日本面临的局势既迫切而又严重。政府和大本营的首脑想重新处理这一问题的真实意图，是想极力设法找到结束战争的途径。从过去的经验和现在恶化了的日本的环境来说，所有负责当局都十分明白，这个问题的前景是十分渺茫的。

　　8月4日，当大本营政府联席会议讨论设置最高战争指导会议时，梅津参谋总长作了含蓄的发言，即"估计今后为了讨论外交问题等机密的战争指导，将召开抛开干事的会议"，重光外相也发表了同样见解。这一事实暗示了当时最高首脑的想法和决心，前面已经谈到。

　　在这样的立场上，审议并推行了困难而重要的外交政策。这恰和两统帅部想应付即将到来的菲律宾周围的决战——对日本来说是组织海陆空三军力量进行决战的最后机会——的严重立场形成对比。

对苏政策

〔特派使节的人选——决定前首相广田〕 御前会议决定的对苏政策的目标是"维持中立,进一步寻求两国关系的好转"和"迅速为实现德苏间的媾和而努力"。第一项的维持中立,对日本是绝对必要的条件;第二项的德苏媾和,对日本是迫切的愿望。问题在于如何达到这一目的。最高战争指导会议首先就派特派使节赴苏以寻求解决问题的途径取得一致意见,便先从使节人选进行了审议。

8月26日,在只有组成人员参加的最高战争指导会议上,有人提议使节可否从陆军方面选出,提出东条大将为候选人,对此,梅津参谋总长说陆军方面没有适当人选而拒绝了。梅津总长主张,在这种情况下,应由重光外务大臣亲自赴苏主办此事,但外相没有同意。最后提出松冈洋右、久原房之助两人,因为外相不同意这两个人,所以这一天会议未取得一致意见。

在8月31日最高战争指导会议上,就使节的派遣时机尽可能要早些取得一致意见,同时作为人选的腹案,又提出了东条大将或者铃木贞一中将的建议,但陆军坚持以无适当人选为由加以拒绝,最后落实到松冈洋右的空气浓厚起来。

接着,9月4日,在只有组成人员参加的最高战争指导会议上,继续上次进行研究,终于一致同意派遣广田弘毅前首相为特派使节。

〔苏联拒绝我派遣特使〕 与进行这样的审议相关联,重光外相通过驻莫斯科的佐藤大使,刺探苏联方面对我特派使节的反应,并于9月6日将其意图面告苏联驻日大使马立克,希望苏联方面采取友好态度。同时研究了特派使节的目的和权限。

首先,问题是使节的主要目的放在"斡旋德苏媾和"上,抑或放在"维持日苏关系上"。研究的结果,首先是延续日苏中立条约问题——该约于1946年期满,所以在1945年4月以前,必须进行下一步交涉。对此,陆、海、外当局间取得了一致意见。接着,关于授予使节的权限,陆、海军的意见是,应估计各种可能的场合,预先规定各种权限;而外务省的意见则是,如不把权限全面委任给使节,就不可能完成任务。两者的意见始终对立,没有得出结论。

这时,9月15日,在只有组成人员参加的最高战争指导会议上,重光外相突然作了重要发言,即"以前研究的对苏谈判全部停止,今后希望就有关日苏间共同问题的理论方面进行研究"。与会者对这个发言都感到惊讶，但谅解外相作为外交负责人的提议，关于本问题，改为研究苏联拒绝我派遣特使时的对策。

9月18日收到电报，不出重光外相所料，9月16日佐藤—莫洛托夫会谈的结果，苏联果然拒绝我方派遣特使。此事日本预先虽有精神准备，但它是极为重大的问题。第二天（9月19日）最高战争指导会议研究其后的对苏谈判要领，决定了如下的态度：

一、特使问题，暂时不提，但并不放弃，伺机再行交涉；

二、努力解决一般的对苏悬而未决的事项。

〔其后的对苏政策〕 为适应上述局势，其后不断地研究了对苏政策，但对日本来说，不可能有可靠的解决办法，在9月28日的最高战争指导会议上通过了重光外相所做的"关于对苏政策问题"的报告如下：

方　针

维持日苏中立的态度，进而谋求日苏两国关系的好转；为应付德国崩溃或单独媾和的情况，利用苏联为扭转形势而努力。

要　领

一、使苏联理解以对日友好为中心的东亚的安定。努力使其赞同帝国的世界政策。

为此，说明帝国公正的战争目的，贯彻帝国对苏友好的意图，促进作为东亚国家的苏联对东亚建设及安定的理解，努力使其赞同我世界政策的基本理想。

二、一面试探苏联到底对帝国意向如何；一面力求苏联在德国崩溃或单独媾和时保持对日友好的态度。

三、谋求积极解决日苏间各项悬案，努力避免两国间不必要的摩擦。

四、在交涉过程中，对由苏联方面提出的对日要求，经请示后，积极地加以考虑。

〔大有问题的斯大林演说——无策、上策〕 10月下旬以来，日本正在拼着国运，倾注全力进行莱特决战的时候，从背后遭到了完全出乎意外的一击。那就是斯大林在11月6日苏联第二十七次革命纪念日所做的演说。

从来日苏两国在正式演说中，都遵守中立条约的精神，特别避免涉及对方的事务。可是在这次演说中，斯大林首次谈到了日本问题，而且认为日本是侵略国，这的确是个重大的变化，暗示了苏联对日本的真意。斯大林在演说中说：

"根据历史经验，侵略国、攻击国对新战争的准备总是比被侵略国、被攻击国方面做得充分。例如'珍珠港事件'和在其他太平洋诸岛所看到的攻击，日军对香港（地区）、新加坡的最初进攻等事实，决不能认为是偶然的，这表示侵略国的日本比坚持爱好和平政策的美英两国，对于战争有完全的充分准备。"

在11月16日的最高战争指导会议上，审议了关于日本对上述演说的态度，首先由小矶总理提议，日本有必要采取相应的措施，但研究的结果，全体一致认为："以沉默的抗议为宜。"

接着由小矶总理提出质问："与此案相关，国防上有无不安全处？"对此，秦参谋次长说明："为了对美作战，对苏防御当然会有缺陷。"对于小矶总理的"苏联是否将废弃中立条约"的质问，秦次长还陈述了如下的见解："当然要废弃的，对苏联说来，现在没有继续条约的必要性；对于像苏联这样的国家来说，条约和战争是没有关系的，即使有条约也不能放心。"这样，当天会议的结论是，日本这时除了"以无策为上策"以外，没有可以采取的手段。

对德政策

〔重光外相训令斡旋德苏媾和〕 对德政策在同对苏政策的密切关联下进行了研究并加以实行。

8月24日接到罗马尼亚在8月23日接受了对苏停战条件的电报。日本对于以罗马尼亚的脱离战线为转折的德国局势深感忧虑。重光外相一接到这个电报，25日就对大岛大使发出了必须斡旋"德苏媾和"的训令。重光外相的这一措施在8月26日报告给最高战争指导会议，全体都表示赞同。

8月29日，大岛大使对重光训令复电，在说明"还没有会见李宾特洛甫外相"之后提出："是否试探了苏联态度？在外交技术上对苏联有无自信？苏联本来仍然有力量继续向西方进攻，是否有求和的意图？日本有无准备接受德国对日提出的保障要求（即日苏战争）？有无准备接受苏联的对日要求？"等等。

大岛大使通过德国首脑部方面的空气，早已了解到对这件事是有难色的，所以想在和德国交涉之前，先弄清东京的意图，但重光外相认为大岛大使没有执行该训令的热情，便在同一天和施达玛大使举行会谈，采取了通过该大使来试探德国方面意向的措施。

可是，施达玛大使到9月14日，才向重光外相传达本国政府的指示，说希特勒没有德苏媾和之意。另如前述，9月18日苏联对我派遣特派使节，明确表示拒绝态度，于是推进斡旋德苏媾和一事事实上已不可能。

〔应付德国骤变措施的初步方案〕 自从罗马尼亚脱离战线以来，日本一面对德进行这样交涉，一面就德国局势急遽变化时如何处理进行了研究。

在9月21日最高战争指导会议上，审议了"应付德国骤变时的对外措施草案"。在此草案中，考虑了日本应付德国骤变及由此产生的各种事态的态度。总之，日本的根本方针仍然是："即令德国崩溃或单独媾和，确信一亿国民在坚如磐石的团结之下一定取胜，为捍卫国土，坚决把战争进行到底。"决定按以下要领，做好应付的准备：

第一，如德国同苏联或美英之间媾和，事先与我方联系时在彻底弄清德国的真实意图后，尽量谋求德苏间的妥协，努力诱导德国对美英继续作战。

第二，德国和苏、美、英三国单独媾和（即屈服）时。

一、对德措施

甲、就有关三国条约及三国协定等协同作战的一切规定，作适当处理。

乙、停止一切对德的战争合作。

是否和德国断绝邦交，或宣布进入交战状态，取决于德国的对日态度。

丙、关于在东亚的德国官民及其权益，暂时采取宽大措施，准照中立国民待遇，但要阻止这些官民的通信联络，加强防谍，不使德国舰船落入敌手。

二、对苏措施

甲、至少使苏联保持对日中立的态度。

乙、进一步使苏联埋头于欧洲问题，努力激化苏联同美英的摩擦。

第三，德国和美英单独媾和，对苏继续作战时。

一、对德措施

大致准照前项的对德措施。

但对在东亚的德国官民及其权益如何处理，取决于德国对在德的帝国官民及其权益的措施如何。

二、对苏措施

促使苏联积极对日合作，如果可能，力求缔结针对美英的日苏同盟。

第四，德苏媾和时。

加强同德国的合作，并努力使苏联对日积极合作，如果可能，力求缔结针对美英的日德苏同盟。

第五，对大东亚各国的措施。

甲、采取一切手段，防止其动摇，保证协助日本作战。

乙、使之赞同帝国的对德及对苏政策。

第六，准备措施。

甲、加强侦察世界各国动向的手段（如驻外使领馆人员的重点配置，加强谍报网等）。

乙、促进对苏对重庆的措施

这些措施事项毕竟属于草案，待真的面临这样局势时，必将出现需要进一步加以研究的问题。从这一观点出发，在当天会议上，决定把它作为研究方案。

又，与此对外措施草案相关联，审议并决定了"德国投降时的国内措施纲要"。其内容是：即使德国投降，日本也决心单独进行作战，准备发表"政府声明"，指导舆论，采取维持国内治安的措施等。并且决定，本纲要待事态出现后，再经阁议决定后施行。

对重庆的政治工作

〔对重庆政治工作的基本态度〕 如前所述，在8月19日御前会议上，决定了"对重庆迅速发动有组织的政治工作，谋求解决中国问题。为此，尽量利用苏联"，就其具体办法进行了研究。关于对重庆工作，向来就有许多问题，此项工作由日本方面来担任，还是由国民政府（指汪伪政权——译者）方面来担任；又，关于此项工作，日本有关机关干预的范围怎样？这些问题都必须先弄清楚。

关于这个问题，8月26日，在只有组成人员参加的最高战争指导会议上讨论的结果，取得了一致意见，即"在中央由总理和外务大臣协商决定，在当地由国民政府负责进行。"

以这个意见为中心，在8月30日的最高战争指导会议上，再一次进行了讨论，结果是作为进行此项工作的基本态度，决定了"对重庆政治工作实施纲要"如下：

关于对重庆的政治工作，根据最高战争指导会议的决定，由总理大臣和外务大臣联系，通过国民政府，以其自发的形式进行之（必要时得聘请顾问等）。

除上述系统外，一律不得进行本项工作。

上述工作要通报给驻华大使及陆海军最高指挥官，取得协助，经同国民政府密切联系后，协助该政府进行。

根据上述决定，明确规定，在日本方面总理是负责人；当地机关是协助关系；国民政府负责进行；除此以外一律不得进行。

〔**对重庆的和平条件——除去满洲，全部让步**〕 接着，在9月5日最高战争指导会议上，讨论有关进行本工作的具体问题，决定"关于对重庆实行政治工作方案"，如下：

第一，方　针

对重庆的政治工作，以迅速完成大东亚战争，使重庆政权放弃对日抗战为主要目的，为此，首先以创造双方直接会谈的机会为第一目标。

第二，要　领

一、当前工作的目标

使国民政府进行工作，创造双方直接会谈的机会。为此，如果可能，使国民政府派遣适当人物前往重庆。

二、和平条件的初步方案

和平条件以依据完全平等条件为原则，可大致规定如下：

1．全面和平后中国和美英之间的关系

以中国善意的中立为满足。

还有，使中国方面促使在华美英军队自动撤出。

2．汪蒋关系

承认蒋介石返回南京，建立统一政府。

但两者间的调整，乃是中国的国内问题，听任两者直接谈判。

3．日华条约的处理

废除日华同盟条约，重新缔结友好条约，以保证全面媾和后的日华永久和平。

此时，对中国内政问题一律不加干涉。

关于延安政权及共产军，亦同样处理。

4．撤兵问题

在华美英军如撤退，帝国也完全撤兵。

有关实行办法，依照停战协定。

5．"满洲国"问题

关于"满洲国"，不得变更现状。

6．蒙疆问题

作为中国内政问题处理。

7. 香港及其他南方地区的处置

香港移交给中国。

有关南方权益问题另行考虑。

8. 将来的保证

关于中国方面对帝国提出的保证要求尽量予以满足，帝国对中国的保证要求则是，为了对付美英军重新侵入中国，使其承认派驻必要的军队。

三、利用苏联

1. 利用由于日苏关系迅速好转所形成的政治压力，谋求促进此项工作。

2. 随着日苏谈判的进展，必要时可使苏联为此项工作居间调停。

四、在进行此项工作的同时，鼓吹日华和平的思想，并采取一切办法，使之彻底了解，重庆依赖美英，终将导致中国民族的奴隶化和东亚的灭亡的道路。

五、进行此项工作时必须注意的事项

1. 有关提示和平条件的范围及方法另行规定。

2. 此项工作须尽一切手段坚决实行之。

3. 进行此项工作时，要特别慎重考虑对苏联关系的影响；并须严加注意，不要给美英提供离间日苏关系的口实。

通过上述决定，可知这次政治工作的主要目的在于为使重庆政权结束对日抗战，使国民政府创造双方直接会谈的机会。而这个和平条件则是参加直接会谈的日本方面所能让步的最大限度的草案——最后的打算，也就是想解决除"满洲国"以外一切的悬案。

〔天皇担心重庆工作〕 关于最高战争指导会议决定的对重庆实行政治工作一事，从9月6日午前10时，由小矶首相、梅津、及川两总长并列上奏天皇。当时陛下提出种种质问，即："有成功的希望吗？同'近卫声明'的关系是否合适？同国民政府特别是和汪主席之间的关系是否合适？日华同盟条约是在御前会议上决定的，而在最高战争指导会议上决定把它废除，是因为什么？"等等。

对此，小矶首相当场逐一作出回答，但陛下的神情是很不满意的。

接着，在9月9日午前的最高战争指导会议上，就日本对重庆实行政治工作的想法应以什么方法向国民政府进行传达以及传达到什么程度，进行了审议。结果商定了"关于对重庆实行政治工作、向国民政府传达的要领"。

这样，日本方面有关对重庆实行政治工作的一切准备就绪，下一步就可以采取行动了，于是9日午后，仍由总理、两总长并列，将此意上奏天皇。当时，陛下再一次晓谕："此事非常重大，并不单是策略问题，应注意坚决以正确途径处理，务使对方彻底了解帝国的真意。特别是不要为一时的效果所迷惑，要取得长久的效果。"

〔发起政治工作——宇垣大将旅行大陆〕 为把日本方面这一意图传达给国民政府，决定派遣陆军省次官柴山兼四郎中将——原国民政府的最高顾问，8月25日继富永次官后任现职。该次官于9月11日由东京出发，在南京向国民政府当局传达了此事。

当时汪主席在日本养病，留守南京的陈公博、周佛海等国民政府当局，对我方提案表示谅解，决定大力加以推进。

与上述工作相配合，小矶首相为在当地也同时酝酿推进政治工作的气氛，要求宇垣大将前去朝鲜、满洲、中国旅行。该大将领会上述意旨，偕同坂西利八郎中将、渡边渡少将于9月14日出发了。

这样，政治工作的实施大体上了轨道。不过，一如往常，迟迟不见进展。而且如前所述，从9月18日对苏派遣特使遭到拒绝以后，这项工作的前途，希望愈加渺茫。

〔任命矢崎中将为当地负责人〕 到了10月18日，由国民政府最高军事顾问矢崎勘十中将（柴山中将的后任），就这项工作的进展情况，打来令人悲观的报告。要点如下：

一、周佛海的使者（著者注：葛启恩）预定明年1月前后回来。
二、该使者是个自我本位的人物，估计没有成功的希望。
三、今后除利用中立国以外，别无良策。

在10月25日最高战争指导会议上，就上述报告进行了研究，结果是通过国民政府的原则不变；并决定"日本方面在当地的负责人是最高军事顾问"。在这一天的会议上还一致认为：为了唤起国民政府首脑推进本案的热情，有必要悫惠陈公博行政院长来日，使之直接听取汪主席关于日华全面和平的想法。

10月27日，矢崎最高军事顾问收到了小矶首相关于推进工作的直接指示。

〔汪主席病逝和工作的停滞〕 汪主席自本年3月以来，在名古屋帝大医院养病，11月10日终于逝去。汪主席的逝去，也给工作的推进带来致命的影响。本来，理解本工作的真意，坚持只有同重庆实现全面和平，才是挽救中国的唯一途径这一信念的人，除汪主席以外是找不出来的。而关于这样重要的问题，具有能和重庆方面站在对等立场进行对话的见识和威信的人物，也是只有汪主席一人。

加之，小矶总理及外务省当局布置的许多情报渠道，和国民政府的工作路线互相交错混淆，逐渐产生了与当初"由国民政府来实行"的基本态度相背离的倾向，与其说把我方的正确意图传达给重庆方面，莫如说陡然暴露企图的害处多了起来。不但如此，那些工作路线都是过去当地军方试用过的余唾——此次工作，不准当地军方插手——重庆方面决不会认真地以它们为对象。

〔工作化为泡影——以缪斌工作而结束〕 这种情况逐渐明确了，于是为了实现这项工作，有人提议在当地的日本方面各机关有必要更密切地参与其事。在昭和19年（1944年）12月13日最高战争指导会议上便决定："今后由驻中国大使及陆海军指挥官互相配合，在当地指导对重庆的政治工作。为期工作的统一，有关工作的汇总和与中央之间的联系事项，由中国派遣军总司令官担任之。"但中央的负责人是内阁总理大臣，以及这项工作以国民政府自发的形式来实行这个一贯的基本方针，没有任何变化。

尽管进行了这样的努力，随着世界整个局势的演变，这一政治工作始终处于绝望状态，终以昭和20年（1945年）3月末，小矶首相通过缪斌[①]的工作而结束。

对法属印度支那的措施

随着敌方反攻的进展，首先表现动摇的是泰国。其通敌行为和背信行为日渐露骨，7月20日，銮披汶内阁终于瓦解。但其地位在我整个战略态势上越来越显得重要了。

〔法属印度支那的状况——科斯穆大使的见解〕 法属印度支那，从不同观点采看，处于微妙的立场。在法国本国，由于美英的第二战场逐步向西欧大陆扩展，和日本保持友好关系的贝当政权，势将成为有名无实的存在。法国本国建立什么样的政府，将在很大程度上左右法属印度支那的动向。

在9月5日的最高战争指导会议上，重光外相关于这些情况，把同法国（维希政府）驻日大使科斯穆的联系结果，作了如下说明：

[①] 缪斌是汪精卫政权考试院副院长，1944年秋起，日本小矶内阁利用缪斌与国民党军统局核心人物的关系，通过缪斌与重庆直接谈判媾和问题。因这一工作与日本最高战争指导会议上原定的媾和方案——由汪政权直接与蒋政权谈判媾和的原则不符，遭到陆军省和外务省的反对，没有得到结果。——译者

当前在法国本国，贝当政权并不存在。贝当政权已被德国强制迁到贝耳福。本大使打算等待法国合法政府出现后，再建议同日本保持友好关系。如果新政府拒绝本大使意见时，准备辞职。法属印度支那当局，也和本大使意见相同。

〔拟定对法属印度支那措施的初步方案〕 为了应付上述局势，决定研究对法属印度支那的措施。在9月14日最高战争指导会议上，审议了"关于应付形势变化对法措施方案"，决定按照如下基本方针处理，即："维持目前法属印度支那现状，但应做必要的应付局势骤变的准备。"

作为具体问题可以设想的是，法国本国可能在美英势力保护下，根据宪法建立合法政府；或者建立由美英等正式承认的政府。不管出现哪种情况，预料到法国本国建立起统一政府时法属印度支那的动向，大体确定并准备了如下应付各种形势的对法属印度支那措施的草案。当然，这个措施只是个草案，待情况进一步明朗后，自当逐步加以修改。

一、法属印度支那总督继续对日合作时

1. 大致维持现状。

2. 我方采取不受现存日法条约束缚的方针，但在事实上继续维持该条约所规定的同样的关系。

3. 法属印度支那的法律地位，使用法国国旗等问题，本着争取法属印度支那总督合作的宗旨，对此不加干预。

二、法属印度支那总督府不能继续领导对日合作，在稳定情况下提出辞职时

1. 把法属印度支那置于我军管理之下，但当前尽量利用原有统治机构。

2. 对法属印度支那军队，必要时和平解除武装。

3. 对在法属印度支那法国人的权益，作温和的处理。

三、法属印度支那官宪及法属印度支那军队，叛离抵抗我方，形势确不得已时

1. 行使武力占领法属印度支那。

行使武力的时期另行规定。

2. 在法属印度支那的法国人，与我合作者，尽量利用。

3. 促进当地土著参与政治。

和上述法属印度支那的措施相关联，对广州湾租借地，及其他在东亚的法国人、法国军队、权益等的措施，也按照上述措施处理。

在这一天的会议上，重光外务大臣发表意见说："此刻让法属印度支那当

地居民实行独立如何？"对此与会者一致认为，为了使它独立，对于法属印度支那当局的武力抵抗，我方如果没有以武力来对付的实力和把握是办不到的，所以在目前情况下不妥当。

〔武力处理法属印度支那的经过〕 当时我南方军正在按照大本营的方针，为了应付塞班岛失守后的新局势，着手以菲律宾为中心的对美决战准备（"捷号准备"），所以大本营想极力避免在法属印度支那再行使兵力。但按照最高战争指导会议的方针，还是决定研究和准备应付最坏局势的武力处理办法。

后来，由于法属印度支那当局仍旧维持对日合作关系，局势平稳发展下去，所以我方的准备措施也就无须实行了。可是，昭和20年（1945年）2月，菲律宾周围的战局，我方陷入决定性的不利局面，于是又议论起法属印度支那的问题，终于在3月9日先发制人，发动了武力处理。

第53章

小矶内阁的对内措施

小矶内阁在国内方面也面临许多困难问题。以马里亚纳失守为转折，进行战争所需要的物质、精神两方面的条件，一般处于沉滞低落的倾向。这时，必须重新集结所有力量来应付昭和19年（1944年）后期的决战——菲律宾周围的决战。

9月7日，小矶首相在85届帝国议会的施政演说中，根据前述御前会议的战争指导大纲，作为当前紧急的国内决战措施，强调了以下六项：

一、提高战争意识和确立必胜的国内体制。
二、为了掌握战局的主动权，增强军事力量，特别加速增产飞机。
三、增产粮食和稳定国民生活。
四、加强劳动和国民动员。
五、加强国土防卫，特别是重要城市的防空设施。
六、动员并利用科学技术。

上述决战措施具体化的概要如下。

国家物质力量的运用

〔**运用的目标——迅速军事化**〕 正如上面一再叙述那样，我国国力的前途，很遗憾，处于极其可悲的状态。在这样困窘的局势下，过去设想的同时推进国力和军事力量的建设，不能不说已经是奢望。

在现阶段的第一个目标是，把现有国力迅速加以军事化，以适应即将来到的决战；而其军事化必须集中在增强航空军事力量上。只有实现这一目标，才能闯过下一期的决战，夺回战局的主动权。为此，必须尽一切人力、物力、财力，促其迅速实现，必须高度集中，把不能为当前决战进行有效的军事化的各种设施和产业活动全停下来。

另一方面，为了实现这样的军事化，维持一定程度的国力，又是不可或缺的必要条件。为了增强直接军事力量特别是航空军事力量，当然必须增产有关的军需物资；还必须确实保证充实海陆运输力量。同时还必须预先考虑为了下一次决战后继续坚持战争，维持最低限度的国力。

这样，到昭和19年（1944年）末期，调整必须军事化的标准和维持国力的规模，就成了非常重要的问题。

〔国家物质力量运用的基础事项〕 在9月19日，最高战争指导会议提出这个问题，根据"今后必须采取的战争指导大纲"，决定了国家物质力量运用的基础事项如下。

依照下列各项促进国力的军事化。

一、到昭和19年（1944年）末，必须实现军事化的标准如下：

1. 昭和19年（1944年）度飞机的生产目标为4.2万架以上，特别要以最大的努力，提前完成和确保质量。

还须促进小型特种飞机的制造和修配，并通过加强铝代用品的使用，努力增加产量。

2. 为保证海上交通安全，进一步采取彻底的措施。

3. 新武器的种类、数量等，经考虑可能给有关产业部门带来的影响后决定。

二、为维持在完成战争中所需的国力，采取下列各项措施：

1. 谋求铁路运输力及短程运输力的增强，特别应迅速采取措施，使贯通中国大陆的联运，实质上做到经营一元化。

2. 甲造船的建造量暂改为180万总吨，同时重视加快维修。

3. 关于乙造船，在重视做好维修的同时，规定昭和19年（1944年）度货船建造目标大约为30万总吨（内油船10万总吨以上），特别努力提前建造油船。

4. 采取措施，确保昭和20年（1945年）度来自"日满华"资源的铝12万吨以上（在满洲及华北生产者除外）。

5. 为增强液体燃料的自给力量，除尽量设法在"日满华"增产原油、人造石油、酒精外，并尽量使用杂酚油、油脂，特别设法增产代用燃料的木炭。

另外，还应采取强有力的办法，维持南方石油的运回能力。

三、关于调配劳动力，应遵照物资动员计划的分配方针，坚决进行调整，特别要迅速安排调整工厂里的过剩劳动力。

四、为在本年后期实现一切物力的彻底军事化，彻底动员库存备用物资。

五、在第三、第四季度尽量把重点放在增强当前的决战军事力量上。

〔物资动员计划的实质——藤原军需大臣的报告〕 如上所述，确定了必须把全部国力彻底军事化的基本方针，但在具体实行上还有许多障碍。

在决定上述方针之前，藤原军需大臣在9月1日的阁议上作了痛苦的申述。他说："鉴于船舶的沉没、煤的不足、飞机减产的实际情况，就军需大臣来说，对今后继续作战没有信心。这种实际情况，在议会上应说明到哪种程度？"由此可见当时政府当局的苦衷。

在10月3日阁议席上，由藤原军需大臣提出了关于昭和19年（1944年）第三季度物资动员计划的中间报告，其要点如下：

一、运输力

物资动员计划的基础——"日满华"的运输力，包括C船和特种机帆船在内，第三季度合计约为580万吨（除南朝鲜转运者外）。这个数量和第二季度的改订计划约770万吨相比，少了约200万吨。其中C船的运输力约230万吨，较第二季度的最初计划约少了一半。又，机帆船的运输力，也较上期合计约少了100万吨。

海上运输力这样大幅度减低，致使以煤为首的重要物资的供给能力降低，这是引起各种困难问题的主要原因。

船只的损耗仍在不断增加，所以尽量压低台湾、华中航路，把华北、黄海航路改由南朝鲜转运，为此，把外运的满洲物资，经北朝鲜，转由日本海航路运输，以求减少损失，提高效率。

二、南方物资

南方物资利用第二季度的分配船只和8月、9月抽出来协助的C船，估计可运回日本的，计从甲地区（除泰国及法属印度支那以外的南方地区）约45万吨（内铁矾土约32万吨），从乙地区（泰国及法属印度支那）3.6万吨，海南岛铁矿石约15万吨。

三、煤

在第三季度，由于船只的减少，本州地区的煤供应量比前期紧张。而且靠铁路运到本州的北海道煤约减10万吨、九州煤约减25万吨，因而缺煤情况更加尖锐化。

由于上述情况，结果本州东部的供煤量比前期约减30万吨，西部约减53万吨。供煤不足，不论对增强军事力量或对维持国民生活，都造成了深刻影响。说物资动员上的最大障碍是煤并不为过。因此，各种产业重点供煤，经过数次调整已打破最低需要限度，再也没有重点调整的余地，除一律限制外别无他法。特别需要加以考虑的，只有炼铁、液体燃料、煤气、焦炭、电力、运输和军需。

四、石油

关于运回南方石油,在执行第三季度的物资动员计划上,有关C的最低限度的需要,预计为8.6万千升。从当前的战局来看,完全满足这一需要似有困难,希望陆海军方面努力完成。即使这能确实保证,包括国内产石油在内的总供给能力每月为6000千升,是昭和18年(1943年)末的一半,对昭和19年(1944年)8月的配油量也平均减少24%。关于增强石油的运输能力和增产代用燃料,必须特别努力。

五、重要物资的供给力

普通钢钢材的产量约为54万吨,与前半期的原定计划相比,恰好减少一半。关于铝,从铁矾土等来看,可以生产约35000吨,但从煤、碱等的供应量看来,只有生产25000吨左右的希望。

六、民需关系

依靠海上运输和煤来供应的纸张、食盐等,难免有相当减少。

七、综合观察

试就向来在物资动员计划上最注重的增强军事力量和维持国民生活,特别是和确保粮食之间的调整情况,略微追溯既往加以考察。直到昭和18年(1943年)度末,随着船只减少而造成的国力的降低,是全靠压缩国民生活来弥补的,而飞机、造船等直接的军事工业部门,却逐步增强起来。

然而,到了昭和18年(1943年)度末,压缩国民生活,肯定已达到最低限度,在昭和19年(1944年)度上期,关于粮食类的配给等,采取了优先确保的方针,因而国力的降低不得不依靠对增强军事力量方面的压缩调整来忍受。

结果就形成了上述的情况。但是,如果再压缩,直接的军事物资的生产势必给完成战争带来严重的打击。因此,对国民生活的最低限度,也必须结合提高国民士气的方针作出重新的估计,设法调整它同增强直接军事力量方面的比重,以期圆满地完成战争。

还有,如果考虑到万一在第四季度以后,南方运回石油的C分配量几乎不能指望时,其影响将十分严重,因此,对此必须从现在起竭尽全国力量,迅速确定有效的对策。

〔未应用资材的利用〕 正如上面藤原军需大臣所说的那样,昭和19年(1944年)第三季度的普通钢钢材的供应量仅为54万吨,这个数量无论如何也不能应付战争的急需。政府当局想极力设法增加铁的供应,而且一再考虑其手段如不立见功效就将失掉时机。当时国内的闲置资材,已被重点产业挪用罄尽，最后剩下的只有利用还未应用的资材——虽属必需，但因不得已而还未应用的资材。

政府根据对尚未应用物资进行调查的结果，在10月24日的阁议上，决定了"未应用资材利用要领"，据此，未应用资材中能够利用的钢材为31.4万千吨。

于是决定把这项可利用的钢材在第三季度内分配给液体燃料、特攻武器、飞机、甲造船、解决船只损耗、民间防空、加强陆路运输、轻金属和煤炭等重要部门，以补充其不足。

〔确保液体燃料的对策——莱特岛战役的影响〕 关于液体燃料的供应紧张，我产业将陷于半身不遂的实际情况，据上述藤原军需大臣的阁议报告已很清楚；而军需用油的情况还是很可悲的。决定燃料供应命运的，在于南方油运回数量的多少，这已一再说过了。

在昭和19年（1944年）9月初，南方油的运回量估计是："第一季度约51万千升（实际运回量），第二季度约43万千升（包含一部分估计），第三季度约41万千升，第四季度约10万千升。"

可是，即使如数运回来，包括"日满华"产油在内，估计全部燃料，也只能供应航空汽油到12月末，普通汽油和重油到1945年3月的需要。此后，即使在"日满华"地区大力推行燃料自给对策，而解决问题的关键，不管怎说仍然在于按照计划积极运回南方石油。

可是，从昭和19年（1944年）4月到8月的五个月间，油船的建造和损耗之间的对比是，沉没约18万总吨，损伤约13万总吨，计约31万总吨，而建造约为24万总吨，计减少约7.5万总吨。这就立刻影响了运回石油。

要使油船的建造和损耗之间的对比情况好转过来，绝对指望不上。因而有关当局一致希望，想方设法把联合舰队所属的油船用来运输石油，即使暂时也好，以便摆脱危机。可是，这个希望不但转瞬破灭了，反而加重了新的负担，这就是因为随着敌人反攻莱特岛，联合舰队为了进行海上决战，在10月21日征用了优秀快速油船6万总吨。

这次油船的征用，从根本上推翻了8月御前会议以来所研究的液体燃料的措施；但另一方面，结果迫使在"日满华"地区强行前所未有的燃料自给对策。这个燃料自给对策本来是考虑到出现南方交通断绝局面而进行研究的，但主要限于资材、原料（农产品原料），一直踌躇没有坚决实行。

为了克服这种燃料问题的危机，在10月28日最高战争指导会议上，作为"关于确保液体燃料对策方案"决定如下。这个决定的目标是，纵然条件全都恶劣，无论如何，也要把运回南方石油和实现"日满华"液体燃料的大增产同时大力进行下去。

鉴于今后战局及液体燃料供求情况的发展，迅速采取如下措施：

一、南方石油运回量的努力目标是，本年下半期75万千升，最低限度应确保第三季度30万千升，第四季度20万千升。为此，采取下列措施：

1. 11月以后，利用舰艇的直接护航，应以运回石油为其主要重点，逐步走向护航舰艇及油船船队的建制航运，与此同时，进一步彻底增强护航用舰艇及空军兵力。

结合上项措施，11月以后，尽量压缩陆军、海军和民间开往南方的船只（油船除外）。

2. 为了加快修理油船及减少新造油船的故障，由海军负责提高工厂能力，并例行现场的视察督促，陆军及民间尽量协助。

二、第三、第四两季度运回石油的分配，规定按表53-1。

运回量有增减时，按此分配比率均摊。

表53-1 运回石油分配计划（单位：千升）

期别 区分 油种	第三季度				第四季度			
	运回量	A	B	C	运网量	A	B	C
航空汽油	67.0	33.5	33.5	0	50.0	25.0	25.0	0
普通汽油	20.0	7.0	7.0	6.0	15.0	4.5	4.5	6.0
重油	67.0				50.0			
原油	146.0	56.5	76.5	80.0	85.0	22.5	32.5	80.0
合计	300.0	97.0	117.0	86.0	200.0	52.0	62.0	86.0

备考一、累积量保持10月初的能力

二、C分配量根据情况有时调整

三、"日满华"液体燃料昭和19年（1944年）度下半年及昭和20年（1945年）度的生产努力目标，按照表53-2规定。

为此，优先分配上述增产用资材（钢材10万吨及其附带资材）、设法在国内增产和取得酒精原料并加强运回台湾砂糖。

鉴于此事的成败，势将对今后的作战及战争指导产生致命的影响，陆海军应自11月以后，尽量以多量的船只，协助运输"日满华"的物资，以期其必成。

表53-2 "日满华"液体燃料生产努力目标

品　名	生产量（单位：千升）	
	昭和19年度下半期	昭和20年度
国产原油（原油）	150	310
人造石油（制品）	95	270
页岩油（制品）	100	280
酒精（日本）	200	530
酒精（满洲）	30	70
甲醇	20	50
松根油等简易低温干馏制品	60	300
焦油制品沥青油	30	50
油脂类	40	100
合　计	720	1960

备考：表示可作燃料使用的数字。

四、进一步贯彻节约燃料消费。

为此，在促进酒精代用航空汽油的同时，其代用限度及限制燃料消费，尽量使陆海军间保持一致。

又，陆海军应经常互相通报液体燃料国内保有量和配备兵力及供应状况，以适应作战的需要。

舆论指导

从战争全局来看，现阶段是由决战期逐渐进入战争煞尾期。在这一时期，交战各国在继续作战上都面临许多苦恼，国民继续战争的意志每每发生动摇，过去长期战争的重压和紧急战局的波动，严重地冲激着国民。知识指导阶层——尽管是一部分，在萌发着情理之中的战败思想。

在这种情形下，战争指导的上层人物有必要以坚强的意志，制定必胜的方策，鼓舞国民的斗志，振起战斗到底的决心。

另一方面，要鼓舞斗志，一亿国民若没有坚决维护国体的坚强信念和出于自觉的团结，是没有希望的。

〔决战舆论指导方策纲要——情报局〕 大本营及政府正在为应付下一期决战的舆论指导方策进行审查研究，在10月5日最高战争指导会议上，决定了"决战舆论指导方策纲要"，按照这条路线展开了积极的舆论指导。

本纲要所列的舆论指导，以贯彻维护国体的精神，激发敌忾心，用来鼓舞斗志为目的，根据对国民"可使知之，可使由之"的方针，特别针对舆论产生的根源，进行妥善的指导。

在决定"舆论指导方策纲要"的同时，并由情报局制定了"粉碎敌方思想谋略方策及对敌宣传方策"，对敌展开了心理战。

〔加强优抚军人——对遗孤的教养、保育、照顾〕 结合上述舆论指导，为了应付激烈的战局，使前线将士免去后顾之忧，鼓舞国民士气，政府决定彻底加强优抚军人的工作，在11月4日的阁议上作出如下的决定：

一、加强阵亡军人遗孤等的教养

对阵亡军人遗孤的教养，过去曾限于经济上需要支援者，今后所有遗孤，通由国家负责教养。

对入伍、应召军人等子女的教养，也力求彻底。

二、加强阵亡军人遗孤等的保育

加强对虚弱的乳幼儿的保育。

三、加强对军人的照顾等

提高照顾军人的标准，加以贯彻，并加强对农村等地军人遗族、家属的劳力支援。

四、鼓励优抚军人的思想

以国民对阵亡，伤病军人及其遗族、家属表示感谢为基础，进一步加强宣传教育，贯彻国家关于优抚军人的意图。

五、加强优抚军人的机构

加强优抚军人机构，特别是下层机构。

六、除此以外，为使各项恩典的赏赐简捷化，确实保证生活和医疗保护，采取措施。

国内防卫措施

随着战局的进展，有关国内的防卫措施，由大本营及政府逐步加以具体化。

昭和19年（1944年）5月5日，大本营授予国内各军作战任务，强化了国内的防卫措施，为了防备马里亚纳失守后的局势，7月24日下令，准备"捷三号作战"，由此进入了预计敌人在本土登陆的作战准备阶段。

与上述军事防卫措施相呼应，政府也从5月27日起在北海道，从7月15

日起在全国各都、府、县（除库页岛）实行了总动员警备。在8月15日，阁议决定了"总动员警备纲要"，作为上述警备的准绳。为了应付对本土的空袭，还在9月22日设立地方防卫本部，接着，10月16日，阁议决定"国内防卫方策纲要"，实行了正规的对空防卫措施。

〔**总动员警备纲要**〕 政府过去实行的总动员警备，是以昭和11年（1936年）12月26日阁议决定的"总动员警备计划暂定纲要"为依据的。为了应付当前局势，重新制定了"总动员警备纲要"，于昭和19年（1944年）8月15日，由阁议做出了决定。

这个总动员警备纲要的目的如下：

一、总动员警备的目的是，在紧急情况下，防止和减轻人力物力资源的损失，维持治安，排除其他足以妨碍完成国防目的的一切事物和现象。

二、总动员警备是，在大东亚战争中，如发生下列情况，或很可能发生时，根据需要，将其全部或一部，在全国或一定地区内实施之。

敌人对沿岸的进攻——沿岸警备。

空袭——空袭警备。

灾害、骚乱及其他非常情况——骚乱警备。

三、总动员警备以警察力量为核心，集中有关各官署的警备力量，并根据需要，取得帝国法人[①]及其他团体（帝国在乡军人会除外）协助实施之。

四、总动员警备应与陆海军执行的警备取得周密联系，协调实施之。特别是沿岸警备，须适应陆海军执行的防卫实施之。

本纲要还规定，内务大臣认为有必要时，得命令地方长官实施总动员警备，地方长官由于紧急需要，无暇呈报内务大臣时，得自行实施总动员警备。

又，陆海军发出战时警备命令时，原则上同时实施总动员警备。

这样，以国内的警卫机关为中心的总动员警备便走上了轨道。

〔**国内防卫方策纲要——防空对策**〕 接着，政府为在昭和19年（1944年）内，把国内的生产设备、供应设施、运输通信机关及重要城市对大规模空袭的防卫加以具体化，制定了"国内防卫方策纲要"，首先报告给10月12日的最高战争指导会议，取得谅解后，在10月16日的阁议上决定如下：

第一，方　针

关于确立国内防卫体制，鉴于当前的形势，以本年内迅速实施目前特别重要的防卫对策为目标，对此采取紧急措施。

---

① 法人：指享有法律所规定的权利义务的组织。——译者

第二，要　领

一、对生产单位及供给设施的防卫

1. 重要生产单位及供给设施的主要部分的耐炸及其他防护设施等，凡当前必须作为实施防卫对策的对象者，按其缓急程度规定之。

2. 上述所需资材，应尽量利用现有及转用资材或代用资材，但所需最低限度的资材，此时应作为紧急措施得到特别分配。

3. 防空对策以现有及转用资材为基础，立即着手实行，其完成期限以本年12月底为目标，按各种设施分别确定之。

二、运输通信机关的防卫

1. 重要运输通信机关主要部分的耐炸、分开疏散、其他防护设施，国土防卫通信设施的加强等，凡当前特别需要作为实施防卫对策的对象者，按其缓急程度规定之。

2. 关于上述防空对策的实施计划、所需资材及完成期限，按照生产单位的防卫实施之。

三、重要城市的防卫

1. 在重要城市，要特别重视消防灭火，并要迅速整备充实消防、防火、水利、防弹及待避等各种设施。

2. 特别重要的设施及工厂周围的建筑物，要尽量疏开或疏散。

四、其他

1. 为确保空袭及其他敌袭时的工人劳动，加强关于强制作业、派遣及调转等劳动措施。

2. 为了保证空袭及其他敌袭时的应急运输，应确保修理汽车用零件及紧急时用载货车。

3. 关于防空救护机关，应更加明确其公共性，并加强其必要人员、设备及资材（包括医药品在内）的配备。

五、所需资材

为实施本纲要所需的资材，除第三季度应领的一般分配外，作为紧急措施予以特别分配。所需普通钢钢材由查出的未应用物资中分配；其他资材除从C筹措外，主要由陆海军，造船及航空部门给予支援。

特别分配资材的数量、用途大致如另表（作者注：省略）。

后来，结合上述措施，还采取了加强对空房的防空对策，加强灯火管制对策等。

设立综合计划局

为了大力推进上述战争指导之一环的重要措施，需要设立一个总理直辖的幕僚机关。政府在9月26日的阁议上决定了"内阁政策局（暂定名称）设置纲要"，其目的是在内阁总理大臣之下，担任重要国策的综合规划、调整及考核，以资国务顺利执行。

按照后来的研究，决定把这个机关名定为"综合计划局"，从11月1日起，作为内阁的"外局"开始工作。在该局开始工作的同时，废除了内阁参事官制度。

第54章

捷号作战准备

大本营的新作战方针

从小笠原群岛经马里亚纳群岛直到班达海的国防要线，其中马里亚纳的一角被突破了，我海军在这一战役中遭受了重大损失，从而使日本的战略态势为之一变。国防要线内的各个海域受到敌军恣意蹂躏，日本本土同南方各地之间的联系势将断绝；而且，致使敌军进攻菲律宾的作战极为有利；以马里亚纳为基地，不但已有可能轰炸日本本土，并根据情况，还有可能直接对本土进行登陆作战。

这样，现在日本已不得不在连接本土、台湾（地区）、菲律宾一线上迎接敌方的正式进攻。在过去作战中，敌方常在基地航空的威力圈内选定登陆地点，而在马里亚纳作战中，却在距离基地航空威力圈外很远的前方，依靠强大的机动部队及陆海军的配合，进行了大跃进作战。考虑到敌方的这种新战略时，牢固地防守这一线，就显得特别重要了。

大本营为应付这种局势，研究了有关当前的作战指导，结果于昭和19年（1944年）7月21日，确定了如下的根本方针，并据此进行了作战准备。

一、加强从菲律宾、台湾（地区）、西南诸岛到日本本土和千岛等海洋第一线的防守。

二、做好准备，不管敌军来攻上述任何地点，均能随时集结陆海空的军事力量，进行迎击，并将其击溃。这称为"捷号作战"。

三、按照原定计划，完成在中国的湘桂作战，依靠中国大陆交通来弥补海上交通的不安全。

四、尽量依靠沿岸航路，确保海上交通。

这个作战指导的方针是，我国对来攻这个要线上任何一点之敌，指导决战，谋求挽回战争形势，以便找到导致光荣结束战争的途径。把这一系列的作战，称为"捷号作战"，也道出了此中的含义。

捷号作战准备纲要

〔**大本营陆军部的作战准备**〕 7月24日，大本营根据这一根本方针，对南方军总司令官及其他各有关军司令官下达了要点如下的命令：

一、大本营的意图在于对本年度后期敌军主力的进攻，指导决战，粉碎其企图。

二、预定日本本土"联络圈"地区及菲律宾方面为国军的决战方面，进行决战的重要地区及其发动，由大本营决定之。

三、南方军总司令官、台湾军司令官、防卫总司令官、第5方面军司令官及中国派遣军总司令官，应各自为完成任务，与海军协同，迅速做好决战准备。

根据这个大本营命令，"大陆指令"的要点如下：

一、南方军总司令官、台湾军司令官、防卫总司令官、第5方面军司令官及中国派遣军总司令官应各自按下列目标，做好决战准备，然后尽量迅速完成之：

菲律宾方面决战（捷一号作战）：8月末。

"联络圈"地区方面决战（捷二号作战）：8月末。

日本本土（北海道除外）方面决战（捷三号作战）：10月末。

东北（指千岛、库页岛、北海道）方面决战（捷四号作战）10月末。

二、各军司令官按照下列计划准备运用地上兵力。

1. 适应"捷号作战"的大本营兵力运用计划大致如下：

甲、南方军总司令官以一个旅团为基干的兵力在北部菲律宾作待命准备，以便向台湾或西南诸岛方面调用。

乙、台湾军司令官以一个旅团为基干的兵力在台湾作待命准备，以便向北部菲律宾或西南诸岛方面调用。

丙、防卫总司令官以一个支队（以步兵三个大队、炮兵一个大队为基干）在鹿儿岛附近作待命准备，以便向西南诸岛方面调用；以另一个支队（兵力同上）在姬路附近作待命准备，以便向小笠原群岛方面调用。

丁、"捷一号""捷二号"作战时，大本营约以一个师团在上海附近作待命准备，以便向菲律宾或西南诸岛及台湾方面调用。

戊、"捷三号""捷四号"作战时，大本营以第47师团在弘前附近作待命准备，以便向本州东北部或北海道方面调用。

2. 当"捷三号"作战时，准备把第36军（原注：在内地由大本营直辖的决战兵力）编入防卫总司令官管辖。

〔**大本营海军部的作战准备**〕 7月21日，大本营又对联合舰队司令长官下达了关于"联合舰队应遵循的当前作战方针"的"大海指令"；接着7月26日又下达了关于根据上述作战方针的"捷号作战"准备的"大海指令"。

其要点如下：

一、作战方针

1. 尽量保持和运用现有战略态势，一面策划逐步削弱敌军兵力，一面自己创造战机或捕捉良机，以期歼灭敌舰队及敌进攻兵力。

2. 和陆军保持紧密协同，确保国防重要地区，准备以后的进攻。

3. 和有关部队保持紧密协同，确保日本本国同南方资源重要地区之间的海上交通。

二、作战要领

1. 各种作战

A. 基地航空部队的作战

以基地航空兵力的主力配备在日本本土（北海道、本州、四国、九州）、西南诸岛、台湾（地区）、菲律宾方面；以一部配备在千岛列岛、南方重要地区中部太平洋方面，负责捕捉并歼灭敌舰队及敌进攻兵力。

B. 机动部队及下余海上部队的作战

把大部兵力配备在西南方面，按照敌情，使之进入菲律宾方面或者暂时使之进入西南诸岛；把一部兵力配备在日本本土方面，随时进行机动作战，同时策应基地航空部队，歼灭敌舰队及进攻兵力。

C. 奇袭作战

尽量实行奇袭作战，特别要抓住良机，在敌前进根据地，奇袭敌舰队，逐步削弱之。

尽量以潜水舰、飞机、特殊奇袭武器等进行各种奇袭作战。

2. 日本本土、西南诸岛、菲律宾方面（小笠原地区准此）

和陆军及有关部队配合，优先加强其防务，运用种种策略，迅速努力确立适应决战的态势，如敌来攻，即动用可能集中的全部兵力，大致在我基地飞机的威力圈内，迎击来敌，将其歼灭，以确保重要地区。

在这些方面的决战，称为"捷号作战"。实行"捷号作战"的方面，由大本营决定之。

〔**海军统一运用全部航空部队的提案**〕 昭和19年（1944年）6、7月前后，大本营海军部想解决向来一再成为悬案的陆海军航空部队的统一运用的问题，向大本营陆军部提议把陆军的全部航空兵力置于海军指挥之下。对陆军来说，统一运用本来是没有异议的，但陆军作战本身离开航空作战就不能进行。例如即使"捷一号作战"，南方军总司令官想要进行的作战，航空作战就占有主要地位，现在要把全部航空兵力交给海军，无论如何也是办不到的。不但如此，陆军航空兵的传统，特别是装备机种的性能及训练，很难说能适应海洋作战。在陆军看来，只要不是以全部陆海军整个一体化为前提，就不能同意这个提案。

〔捷号航空作战中央协定——实质的一体化〕 然而，"捷号作战"设想所要求的，却是陆海军航空兵力的综合一体运用，是航空兵力运用上的基本战术思想的一致。经过陆海军部多次讨论的结果，对这些问题取得一致意见，7月24日达成了关于捷号航空作战的中央协定，其要点如下：

一、航空作战指导方针

陆海军航空兵力大致以8月中旬为目标，作好决战态势。当敌来攻时，把两军航空兵力彻底集中在决战重要地区，并统一发挥战斗力，捕捉并击溃敌进攻兵力。

二、兵力的配备及运用

陆海军航空兵力的基本配置，决定如下，当在各地区进行决战时，按下表运用之：

东北方面

　　第12航空舰队（海军）

　　第1飞行师团（陆军）

日本本土方面（北海道除外）

　　第3航空舰队（海军）

　　第3舰队所属航空队（在本土时）（海军）

　　教导航空军（陆军）

　　第10飞行师团（陆军）

　　第11飞行师团（陆军）

　　第12飞行师团（陆军）

西南诸岛、台湾方面

　　第2航空舰队（包括陆军飞行第7、第98战队）（海军）

　　第8飞行师团（陆军）

菲律宾、澳大利亚北部、中部太平洋方面

第1航空舰队（包括陆军飞行第15战队）（海军）
第4航空军（陆军）
其他方面　维持现状
三、陆海军航空部队的指挥关系及作战分工
1. 东北方面航空作战（包括要地防空、海上交通的保护作战）由第12航空舰队担任，该司令长官在作战方面得指挥第1飞行师团长。
关于北海道及千岛方面的直接防卫，第12航空舰队司令长官应接受第5方面军司令官的指挥。

表54-1　陆军航空兵力运用要领

方面	部队	兵力	担任兵力			
			捷一号	捷二号	捷三号	捷四号
东北	第一飞行师团	战斗一战队 重轰炸二战队 轻轰炸一战队 侦察一战队	战略预备	同左	同左	全力
本土	第十飞行师团	战斗七战队 侦察一队			全力	
	第十一飞行师团	战斗四战队			全力	
	第十二飞行师团	战斗二战队 侦察一队			全力	
	教导航空军	战斗八战队 重轰炸二战队 轻轰炸一战队 侦察二战队	战斗二战队 重轰炸一战队	主力	全力	战斗二战队 轻轰炸一战队 重轰炸一战队 侦察一战队
台湾（地区）	第八飞行师团	战斗四战队 重轰炸一战队 轻轰炸一战队	战斗一战队 重轰炸一战队 轻轰炸一战队	全力	重轰炸一战队	战略预备
菲律宾	第四航空军	战斗五战队 重轰炸二战队 轻轰炸二战队 袭击二战队 侦察一战队	全力	战斗二战队 袭击一战队 重轰炸一战队 侦察一战队	战斗二战队 袭击二战队 重轰炸二战队	战略预备
中国	第五航空军	战斗五战队 轻轰炸二战队 侦察二战队	战斗二战队	战斗二战队	战斗二战队 轻轰炸二战队	战略预备

2. 本土——进攻作战主要由第3航空舰队担任，本土直接防卫主要由陆军航空部队担任。

陆军航空部队实行进攻作战时，陆海军应协同作战。

3. 西南诸岛、台湾方面的航空作战，以第2航空舰队为主；该舰队司令长官在有关作战方面，得指挥第8飞行师团长。

4. 菲律宾、澳大利亚北部、中部太平洋方面，由陆海军协同作战。

在菲律宾方面发生决战之前，陆海军的主要作战分工，决定如下：

陆军：澳大利亚北部方面航空作战。

海军：中部太平洋方面航空作战及菲律宾方面远距离巡逻。

表54-2 海军航空兵力运用要领

方面	舰队	兵力	担任兵力			
			捷一号	捷二号	捷三号	捷四号
菲律宾	第一航空舰队	攻击四队 战斗五队 侦察一队	全力	大部	战略预备	同左
台湾（地区）、西南诸岛	第二航空舰队	攻击四队 战斗七队 侦察二队	大部	全力	大部	一部
本土	第三航空舰队	攻击三队 战斗五队 侦察一队	战略预备	大部	全力	大部
北海道	第十二航空舰队	攻击四队 战斗二队	战略预备	同左	大部	全力
本土	第三舰队	混成（母舰机）二队 攻击三队 战斗四队 侦察一队	混成（母舰机）二队	同左	同左	同左
西南方面	第十三航空舰队	攻击二队 战斗一队	攻击二队 战斗一队		战略预备	同左
中国	中国方面舰队	混成二队		混成二队	战略预备	同左

在菲律宾方面进行决战时，应充分统一发挥两军航空兵战斗力。以海上作战为主时，在有关作战方面使第4航空军的海上进攻兵力，受第1航空舰队司令长官的指挥；以陆上作战为主时，在有关作战方面，使第1航空舰队的所需兵力，受第4航空军司令官的指挥。

四、航空决战指导的基本要领

1. 决战前的基地航空战

尽量向纵深配备航空兵力，贯彻主动灵活的作战指导，以粉碎敌战斗力、防止消耗我战斗力为主，特别重视对敌基地，进行短促而准确的奇袭进攻和对来袭敌机进行机敏灵活的迎击。我基地的直接防空等，照例依靠地面炮火。

2. 对敌渡海进攻部队的航空作战

以一部奇袭兵力，逐渐击毁敌航空母舰，同时，在尽量使敌接近我基地之后，倾陆海军全部航空兵力，昼夜反复进行顽强果敢的攻击，以一并歼灭敌航空母舰和运输船队为原则。

3. 当敌对我本土重要地区进行机动空袭时，在加强防空态势的同时，不拘前项要领，先发制人地攻击敌军。

4. 当决战时，按照机种分别使用陆海军航空部队，其区分大致依照表54-3：

表54-3　陆海军航空部队机种使用区分

使用区分		海军	陆军
侦察		陆上侦察机	百式侦察机
对航空母舰及运输船	对空炮火压制		一式战斗机重轰炸机
	轰炸掩护	战斗机	二式战斗机四式战斗机
攻击航空母舰		战斗机 陆上攻击机 陆上轰炸机（银河式） 舰上攻击机（天山式） 舰上轰炸机（彗星式）	基六七式新型重轰炸机
攻击运输船		九六式陆上攻击机 九七式舰上攻击机 九九式舰上轰炸机 水上机 月光号飞机	九九式歼击机 九九式双引擎轻轰炸机 一式战斗机 二式双座战斗机 三式战斗机 重轰炸机（主要夜间）

〔**随着捷号作战准备的兵力整备**〕　如上所述，大本营在十一号作战准备中逐步整备了兵力；现根据捷号作战准备纲要，又进一步整备兵力如下：

一、菲律宾方面

7月28日，解除第14军的战斗序列，发布第14方面军的战斗序列令，并为防卫南部菲律宾，编成第35军，列入第14方面军司令官属下。

又，从7月中旬到8月上旬，把蒙疆的第26师团、满洲的第8师团、坦克第2师团，都编入了第14方面军的战斗序列。

8月上旬，第14方面军的战斗序列大致如下：

第14方面军司令部

第35军（以第16、第30、第100、第102师团及独立混成第54旅团为基干）。

第8、第26、第103、第105师团及坦克第2师团、独立混成第55、第58、第61旅团。

二、台湾（地区）、西南诸岛方面

7月下旬，如上所述，第32军（冲绳）由西部军的属下撤出，编入台湾军属下。又把第62师团（中国）、第24师团（满洲）编入第32军的战斗序列，把第66师团（中国），第10师团（满洲）编入台湾军的战斗序列。

三、日本本土方面

7月下旬，下令编成第36军（以第81、第93师团及坦克第4师团为基干），集结主力在关东地方及富士山麓附近待命。

第47师团（弘前）7月上旬归大本营直辖，把它部署在驻地附近。其他对小笠原群岛、伊豆群岛增强兵力；在国内各军管区实行战时警备，加强了国内警备态势。关于国内航空兵力，7月中旬以第18、第19飞行团为基干，编成第11（大坂）、第12飞行师团（小月），与原有的第10飞行师团（东京）一起，作为防空飞行部队的骨干，加强重要地区防空，此外，把教导航空军司令部和航空总监部编成二位一体，管辖教导飞行师团，使之主持日本本土方面的航空作战。

〔"捷一号作战"的设想——菲律宾决战计划〕 在菲律宾的"捷一号作战"的设想如下图，依此积极进行了准备。

关于战术、战法的新设想

当昭和18年（1943年）9月设置"绝对国防圈"时，曾设想在其战略要线上的重要区域，建成庞大航空基地群，通过发挥其威力，给予来攻之敌以重大打击，以期能够扭转战局。因此，大本营在加速充实飞机的同时，拼命为修筑航空基地及其要塞化付出重大努力。但未待这一努力取得效果，塞班岛就失陷了，致使这些期待完全落了空。

菲律宾"捷一号作战"设想图

1944年8月

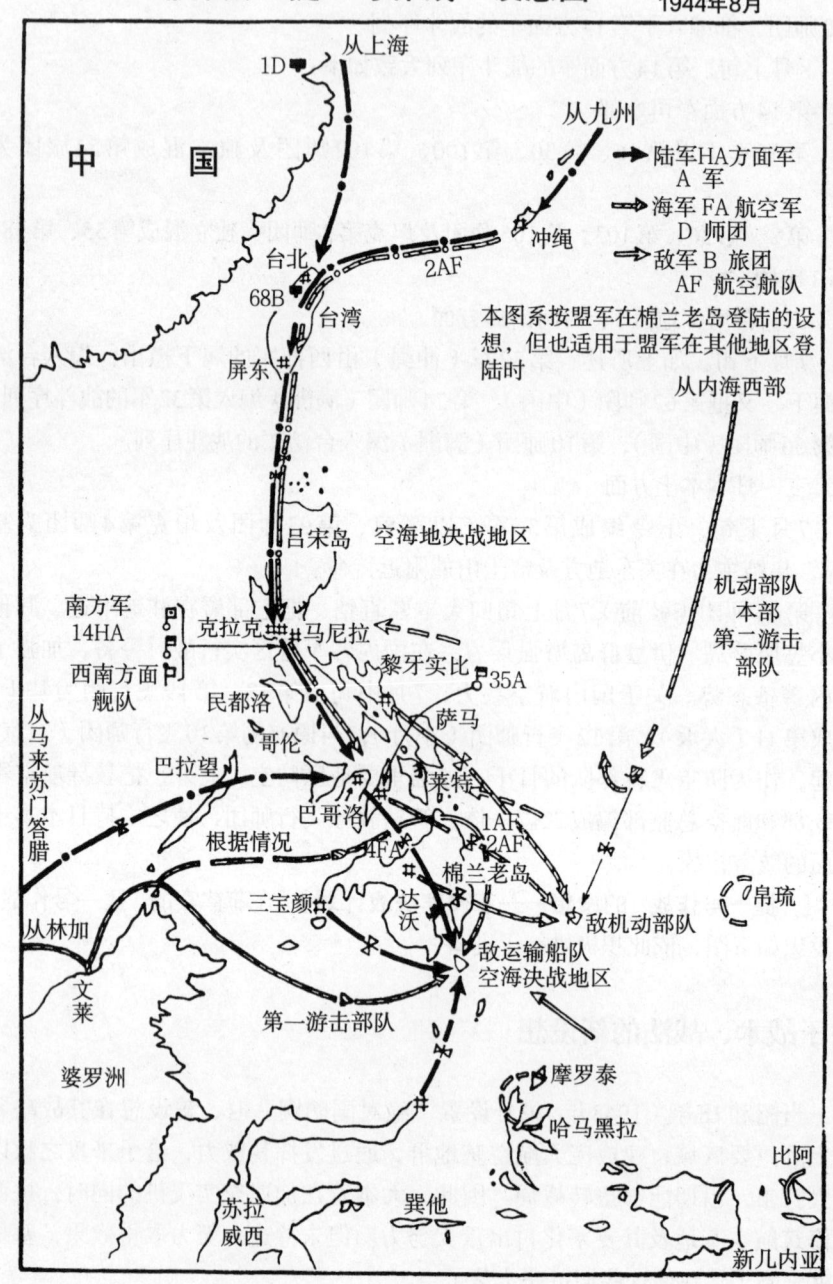

图例：
- → 陆军 HA 方面军 A 军
- ⇢ 海军 FA 航空军 D 师团
- ⇒ 敌军 B 旅团 AF 航空航队

本图系按盟军在棉兰老岛登陆的设想，但也适用于盟军在其他地区登陆时

地名与标注：
- 中国
- 从上海、1D
- 从九州
- 冲绳
- 台北、68B、台湾、2AF
- 屏东
- 吕宋岛
- 空海地决战地区
- 从内海西部
- 南方军 14HA
- 西南方面舰队
- 克拉克、马尼拉
- 黎牙实比、35A
- 民都洛、哥伦
- 萨马
- 从马来苏门答腊
- 巴拉望
- 莱特、1AF
- 巴哥洛、2AF
- 根据情况、4FA
- 三宝颜、达沃、棉兰老岛
- 机动部队本部、第二游击部队
- 帛琉
- 敌机动部队
- 从林加
- 文莱
- 第一游击部队
- 敌运输船队 空海决战地区
- 婆罗洲
- 摩罗泰
- 哈马黑拉
- 比阿
- 苏拉威西
- 巽他
- 新几内亚

如何有效地坚守"捷号作战准备纲要"所列的新国防要线这一战术问题，这时就突出来了。关于空军的运用、登陆防御方式、特攻奇袭武器等，大本营不得不加以慎重的研究。

〔空军运用的目的——保存实力攻击运输船〕 试观美军过去登陆作战的程序，通常是第一阶段首先派出航空母舰群，设法击溃我基地空军，取得制空权。取得效果后，转入第二阶段作战，一面试图利用航空母舰群继续掌握制空权；一面以战舰等舰艇，进行舰炮射击，彻底摧毁我方阵地。接着，作为最后阶段，把搭载登陆部队的运输船驶入登陆海岸进行登陆。

对此，我航空部队每每只在迎击敌航空母舰群的战斗中便耗尽兵力，已无余力对敌登陆部队进行有效的攻击。因此，敌登陆进攻兵团在海上几乎未受任何损失就到达了目的地。

大本营于是改变了指导航空作战的方针。即在下一步作战中，当敌方进行第一阶段进攻时，避免决战，保存兵力，对敌军登陆进攻兵团，则倾注陆海军的全部航空兵力，一举消灭敌舰艇。

此时，得出的结论是：陆海军航空兵力以敌航空母舰及运输船作为攻击目标，特别是陆军航空部队的攻击目标，以限于运输船最为有利。前述"捷号"航空作战的中央协定所列的攻击目标和按照机种分别使用兵力就是这一结论的具体体现。

为了做到这种航空兵力的运用，必须纵深地配备空军基地，以适应强有力的运用。另外，对基地配置的态势及各个基地，必须充分加强其防备，隐匿其位置，以使能够抗住敌航空母舰飞机的袭击。因此，便加紧大力推进了航空基地的要塞化。

〔防御登陆方式的变更——防御登陆教令〕 第二个问题是，在地上作战中应该怎样构筑海岸防御阵地。

关于这个问题，以前曾进行了种种研讨，但直到当时为止，海岸防御的方式。总的是主张在海岸附近构成一条线防御阵地，在岸边歼灭敌军。

自从敌人开始反攻以来，其登陆作战每次都成功，尽管我守备部队勇敢进行防御战斗，终未能阻止敌军。于是各级指挥官便逐渐对我战斗方法产生了疑问。在塞班岛的战斗中，最初从其守备兵力、武器数量、阵地设备等方面看来，确信即使遭到优势敌军的攻击，也能坚守无虞，结果一旦敌军开始攻击，不久便损失了大部兵力，终使这个重要战略要地落入敌人手中。

这件事使全军将士对防守岛屿产生了失掉信心的倾向。大本营认为必须迅速解决这个问题，统一全军对防守岛屿的战术思想，立即把根据以往战争经验得出的结论作为岛屿守备要领，发出通报，将调查研究的结果编成防御登陆教令，通告全军。

其战法是一改过去依靠一线阵地的岸边歼灭主义，从海岸线起延伸到适当的纵深，构筑如下的阵地，用来粉碎敌军的登陆企图。

岸边阵地：以利用敌军登陆当时的弱点，充分发挥指向岸边的火力（特别重视机关炮火力），给敌军以巨大杀伤为目的的阵地。

主抵抗阵地：为阵地地带的中枢。通常在从海岸适当后退的战术要地，构筑纵深横宽配置的据点式阵地，由守备队主力据守。

预备主抵抗阵地：设在主抵抗阵地后方的守备队长的预备阵地，为炮兵及高射炮的阵地。

二道防线阵地：即使在情况不得已时也能长期持久的阵地。

即这次采用的战斗方式是，构筑既能经受住敌在登陆前惯用的猛烈的轰炸与炮击，又能作长期抵抗的阵地地带，力图尽一切手段削弱敌军战斗力，不失时机转入攻势，一举击溃敌军。

〔航空特攻战法和特攻队的编成〕 第三个问题是关于特攻武器、奇袭武器的设计及其运用。

首先是航空特攻战法。对于敌机B17，以我战斗机的火力装备难以击落，迅即采取改良战斗机技术的措施，但没有收到预期的效果。昭和18年（1943年）4月在新几内亚的马丹北方，担任护航船队的第6飞行师团的一架战斗机，以自己机身冲撞B17，把它击落了。还有，如上所述，昭和19年（1944年）5月下旬，飞行第5战队的战斗机4架（由战队队长高田胜重少佐亲自率领），对停泊在比阿岛南岸的敌舰，断然进行冲撞攻击，用飞机连同"肉弹"击沉了敌舰。

这种"肉弹"攻击，并不是上级命令的。高田少佐（阵亡后以特旨晋升两级）当出发时，就和部下约定，一定完成任务，挽救友军的危急，誓不生还。攻击队中3架飞机冲进敌驱逐舰，经过轰炸把它沉没，另一架飞机也没有返航。

这些航空部队将士的壮烈攻击精神，发自深远的民族历史传统，当战局危急之际，自发地流露出来。这些事迹立即传遍全军，昭和19年（1944年）夏季，第一线部队，尤其在航空部队中竟酿成一种趋势，认为我军能够阻止敌军锐利锋芒唯有必死必杀一个途径，此外别无他法。

大本营经过反复研究，结果为了在"捷号作战"中挽回战争局势，也不得不无可奈何地重视这种"特攻"战法的价值。于是为了对志愿"特攻"的勇士给予特殊待遇，便企图以志愿"特攻"将士编成正规军队。然而，中央的一部分人对此强烈表明了如下见解，即："与其说用绝对不能避免死亡的方法，莫如说以死亡为完成任务不可缺少的手段这种办法，正式编成攻击敌军的军队，是违反统帅之道的。是否需要采用这种攻击方法，应该让承担任务的各位勇士本身来决定。"大本营同意了这种意见，决定志愿特攻的壮烈将士，以个人资格配备于作战部队，作战部队将这些战士临时编成特攻队，附以相应的特别名称。

〔海上奇袭武器等的采用〕 海上作战也重视奇袭。自开战以来，一直在研究设计特种奇袭武器。待马里亚纳失守后，面临严重局势，便越发感到它的必要性。曾有过各种设想，如以潜艇、飞机等抓住机会，在其前进基地奇袭敌舰队，以削弱其势力等。

具体地说，作为特攻武器，有"回天"（载人鱼雷，即利用鱼雷原有的大部分，里面填进大量炸药、安上潜望镜和操纵装置，搭载在潜艇背上，当决定攻击时，乘务人员搭乘鱼雷里面，离舰前进后，按照敌舰的动向，自己操纵潜航，进行冲撞攻击）、"㋹"（陆军用）及"震洋"（海军用）（以冲撞爆炸为目的的汽艇）等的大量生产和使用这些武器的战法逐步具体化了。

另外，在此航空、海上的"特攻"同时，在地面作战方面也发扬了过去在各方面战场上实行的冲锋、肉搏战法及其精神。

当地各军的"捷一号作战"准备

如前所述，南方军在大本营发动"捷号"作战准备之前，于昭和19年（1944年）5月，决定以菲律宾地区为总决战地带，制定了作好绝对歼灭的战备的方针，并在同月上、中旬把它的战斗指挥所推进到马尼拉，迅速加强了战备。这一战备强化以"十一号作战"准备加以推进，7月下旬又作为"捷一号作战"准备继承了下来。

〔南方军的作战计划——地面决战吕宋岛〕 南方军于7月下旬接到大本营"捷号"作战准备的命令后，制订了如下的"捷一号作战"计划：

一、南方军和海军协同，击溃向菲律宾方面来攻的主敌美军，摧毁其继续作战企图。

二、决战以和海军协同进行的航空作战为主，在海上歼灭来攻的敌主力。

三、地面决战，力求在吕宋地区。

四、迅速整备菲律宾岛上的机场，使之适应航空部队的灵活作战。机场的整备，主要由第14方面军担任，由第4航空军协助。

五、地面作战准备，应准照下列各项：

1. 巴坦岛、巴布延岛地区

以一部分兵力确保重要地区，摧毁敌军推进航空基地的企图。

2. 吕宋地区

作为地面部队的主决战场，集结方面军的主力，歼灭企图进攻的敌军主力。

3. 中南部菲律宾地区

确保重要地区，以便于由海军及航空部队进行的决战。

六、航空作战应准照下列各项：

1. 严密巡逻搜索敌人，及时识破敌军进攻的时机。

2. 对于敌军机动部队，掌握良机，以一部兵力促使其逐渐削弱，另方面，力求保存我方兵力，防止逐渐消耗。

3. 对于敌军基地航空部队，利用我战略态势的优越，以一部兵力在黄昏、夜间和拂晓进行果敢的奇袭进攻，力求骚扰其进攻企图。

4. 敌军企图在菲律宾数处同时登陆时，先将吕宋或接近吕宋地区之敌，各个击破。

5. 当敌军登陆兵团进攻时，不失战机地统一发挥各种军事力量，在海上将其消灭，粉碎其企图。

6. 当菲律宾方面决战时，第3航空军准备能够随时调动必要的兵力。

过几天，到8月5日，南方军为了把根据上述作战计划的作战指导要领贯彻到所属各军，并和担任协同作战的海军部队统一作战思想，在马尼拉进行了陆海军联合图上模拟演习（把敌人在莱特登陆作为第一设想，把在拉蒙湾登陆作为第二设想）。并对第14方面军司令官、第4航空军司令官下达了"捷号作战"准备的命令，要求到8月末大体作好作战准备，以后尽量迅速完成。

讲述南方军"捷一号作战"计划所包括的菲律宾决战的设想（决战以海军及航空作战为主，地面决战限于吕宋岛的方案），和大本营当时所持的作战设想，完全一致。

南方军为了促进菲律宾方面的作战准备，8月中旬，把南方军兵站监部编入第14方面军司令官的指挥下，并以南方军总参谋长为首组成派遣班（特派视察小组——译者），巡视菲律宾各地，结果认为，中、南部菲律宾方面的地面战备，按确保空海的支撑要求，还不充分。于是南方军总司令官命令第14方面军司令官把一部分兵力从吕宋岛调往中、南部菲律宾方面，特别增派到莱特及达沃地区，以加强其守备。

〔第14方面军对于敌军进攻的判断〕 8月上旬，方面军司令部对于敌人的进攻，作了如下的判断：

一、敌军从马里亚纳基地向菲律宾方面进攻，是势在必至的，其进攻方法有二，即：从该基地一举进攻菲律宾或将其基地推进到西南方后，再进攻菲律宾岛。

敌军最初企图登陆的地区，以莱特岛、棉兰老岛的可能性为大；但也要估计到一举来攻吕宋岛的可能性。

二、敌军在吕宋岛的登陆点，在一举进攻时，预料为黎牙实比、拉蒙湾正面、阿帕里、仁牙因等地区；特别急于攻占台湾（地区）、琉球方面时，可能企图占领阿帕里附近的空、海基地。

三、从敌我航空兵力的集中航程、菲律宾的天气、气象等来判断，必须估计到8月下旬以后敌将随时进攻。

四、敌军在吕宋岛登陆使用的兵力，约为10至15个师，还可能使用一定数量的伞兵师和坦克师。敌军可能企图强攻登陆，在登陆以前，将以优势的空军兵力进行猛烈轰炸，使我基地陷于瘫痪。另外，也可能在吕宋岛破例进行深入内陆的作战。

〔菲律宾作战计划的修改〕 第14方面军一接到南方军关于"捷号作战"准备的命令后，立即研究上述的敌情判断，对以前的作战计划作了必要的修正。其要点如下：

一、方面军把地面兵力的重点放在吕宋地区，在菲律宾中南部作战中，以现有兵力，协助空、海军作战，并粉碎敌军推进空、海基地的企图。

二、吕宋岛的作战由方面军自己主持；菲律宾中南部的作战由35军担任，其兵站的计划由方面军担任。

三、以仁牙因、八打雁两方面为吕宋岛的主决战场，配备独立混成第58旅团于前者，配备第8师团于后者，以第26师团及坦克第2师团为机动预备部队。

在阿帕里地区（北部方面）、黎牙实比地区（东南部方面）及帕勒尔湾（东海岸方面），分别配备第103师团、第105师团主力及独立混成第55旅团，担任该地区的防卫及机场的掩护。另外为警备马尼拉、内湖东方和东南方地区，分别配置一个部队。

四、在菲律宾中、南部配置第35军（以第16、第30、第100、第102师团及独立混成第54旅团为基干），担任该方面的地面防卫及空、海军基地的保卫。

〔第35军的作战指导要领〕 第35军司令官铃木宗作中将于8月11日行使统帅权。当时该军担任防卫的地域,包括棉兰老岛及萨马、内格罗斯、班乃、莱特、宿务等大岛以及其他数千小岛。棉兰老岛是菲律宾的第二大岛,岛上的达沃是我作战上的重要空海军根据地。但该岛的陆上交通非常不便,其纵贯南北的道路,不断修补方可勉强通行汽车。

至于该军建设的、当敌来攻时必须确保的我航空基地,有棉兰老岛的达沃、铁尔蒙德,莱特岛的塔克洛班,内格罗斯岛的巴哥洛等。

军司令官考虑上述各种情况后,判断敌军的登陆点,第一是棉兰老岛达沃附近,第二是莱特岛,制订以"确保达沃附近及莱特航空基地,策应我空、海作战,歼灭敌军"为方针的作战计划,8月17日在宿务召集属下兵团长,作了内部指示,以此作为作战准备的依据。其作战指导要领如下:

一、以第100师团坚守达沃方面;以第16师团坚守莱特湾方面;以第30师团主力及第102师团的一部,作为机动兵力,随时用在重点方面,乘敌登陆时将其歼灭。

二、敌以主力在达沃登陆时,调用第30师团主力、第102师团的一部(步兵三个大队)及其他兵力,自卡加延、马莱巴莱方面,歼灭达沃方面之敌。

这个作战方案称为"铃一号"。

三、敌以主力在莱特湾方面登陆时,则使第30师团主力、第102师团的一部(步兵两个大队)及其他兵力,在乌目方面登陆,歼灭当前之敌。

这个作战方案称为"铃二号"。

四、敌在达沃和莱特方面各以较强兵力登陆时,其作战根据情况决定,但预定以第30师团主力指向达沃方面;以第102师团的一部及其他兵力指向莱特方面。

〔加快配备及作战准备〕 9月下旬前后的配备概况如下:

第35军司令部:在宿务。

第16师团:主力在莱特岛,一部在萨马岛。

第30师团:在达沃地区。

第100师团:在棉兰老岛中、北部。

第102师团:在班乃、内格罗斯、宿务、巴拉望岛。

独立混成第54旅团:在棉兰老岛的三宝颜。

独立混成第55旅团:主力(两个大队)在和乐岛,一部分(一个大队)

在宿务。

从上到下虽都痛感加快作战准备的必要性，但因建设空军基地、调动兵力和改动编制等进展很慢，就是战备最充实的莱特岛的第16师团，其修筑工事至8月下旬也不过只把海岸第一线主要阵地加固到掩盖程度。

另方面，军队的训练也是重要的战斗准备，但这比防御工事还不完备。军司令官明确指示军队的训练方针，首先对干部抓紧进行登陆防御教令规定的普及训练，接着力求贯彻到整个部队。

〔第4航空军的状况——阵容一新〕 昭和18年（1943年）3月以来，在新几内亚方面历经反复艰苦战斗的第4航空军司令部，又继续艰苦奋斗，终于翌年6月1日，转移到马尼拉。

军司令官以下的军干部们因连续作战，疲劳已极，自8月间逐步调换了新干部。9月8日新任军司令官富永恭次中将（参谋长寺田济一少将）到任，司令部的阵容为之一新。

当时第4航空军以一部对哈马黑拉地区进行作战准备，以主力大搞"捷一号作战"准备，其军事力量的概况如下：

航空军由第2、第4、第7等三个飞行师团编成。第2飞行师团（师团长山濑昌雄中将）是决战兵力，指挥五个飞行团、一个飞行战队以及其他，在克拉克（吕宋岛中部）、巴哥洛（内格罗斯岛）、婆罗洲展开。第4飞行师团（师团长木下勇中将）根据大本营的特别措施，把它的性质改为航空作战的基础部队，作为飞行部队只保有两三个侦察中队。第7飞行师团（师团长须藤荣之助中将）以两个飞行团为基干，在澳大利亚北部地区展开。

以上部队的飞机定额，共为1056架，但在9月26日，实际保有机数为545架，其中能立即用于作战的约一半。

9月下旬前后内定，发动捷一号作战时增派给第4航空军的兵力是，从日本本土、台湾、华中地区抽调8个战斗机战队，1个轻轰炸机战队，1个重轰炸机战队，1个侦察机战队；从马来、法属印度支那方面抽调两个战斗机战队，一个轻轰炸机战队。这些战队的骨干，都是由当时出色的陆军航空部队选拔出来的。

〔第4航空军的战斗指导方策〕 第4航空军鉴于在即将来到的"捷号作战"中空军的重要性和本军的地位，力图避免空军兵力过早地消耗在菲律宾决战，集中发挥战斗力来很好地完成沉重的任务，并将此意图明确指示属下全军，据此制定了战斗指导方案。其概要如下：

一、本军与海军、第14方面军及第2方面军协同，对来攻菲律宾之敌，集中全力歼灭之。

为此，首先配合海军航空部队逐渐削弱和消灭敌军机动部队及基地航空部队。

二、对敌机动部队，通过统一运用神速而机智的全部战斗队，配合海军航空部队，力求歼灭之。

在没有进攻歼灭机会时，通过自主的战斗指挥，进行绝对有利的迎击。

三、对敌军基地航空部队，以一部兵力反复进行奇袭攻击；同时，捕捉来袭敌机，封锁和阻止敌方向前推进基地和前来进攻。

进攻目标是哈马黑拉、新几内亚西部地区的敌空军基地。

四、对敌登陆船队，倾注全军力量攻击企图在菲律宾登陆的敌船队，并消灭之。

1．军的主决战方面，估计多半为菲律宾中南部，预定决战开始的时机为X–1日（作者注：以敌登陆日为X）。

2．为攻击敌船队，重轰炸机攻击部队向菲律宾中南部地区的机动展开，预定在X–1日及X日之间，并以接着立即开始进攻为原则。

3．对敌船队进攻开始的，以在敌驶入停泊地点以后为原则，首先由战斗队及奇袭部队开始第一击；接着迅速集结和发挥各兵种的综合战斗力。特别力求切勿失去战机。

4．第一击以后，不分昼夜反复进行顽强果敢的攻击，彻底歼灭敌船队。

五、敌军如企图突破北婆罗洲方面时，使用菲律宾中南部、澳大利亚北部和婆罗洲的基地，夹击歼灭之。

为此，在婆罗洲北部地区，修建一至两个战斗飞行团、一个重轰炸飞行团使用的基地。

〔机场及情报网的整备〕 航空部队活动根据地——航空基地的整备，在菲律宾是由第14方面军担任的。这是因为没有授给空军整备基地所需的运输力、劳力和粮食等的处理能力。然而，随着"捷号作战"准备的进展，方面军自身的紧急作战准备任务急遽增大，因而圆满地调节航空基地的整备和方面军自身的作战准备，发生了困难，于是决定把大体建成的机场逐步移交给空军，至9月末已把大部分机场交给第4航空军接管。

航空情报部队要及早探知来袭的敌机，为航空作战特别是迎击战斗提供基础。这些部队以能够针对从菲律宾东方海上来袭的敌机动部队、防守整个菲律宾为目标，开始了部署，但因人员、器材关系，迫不得已，首先做了防守克拉克，马尼拉地区的部署，接着又做了防守巴哥洛基地的部署。鉴于即将到来的"捷号"航空作战中的重要任务,第4航空军自9月下旬以后,集中力量加速整备了情报网,尤其是巡逻机。

联合舰队的捷号作战准备

联合舰队司令长官自6月下旬以后,正埋头于在马里亚纳海战中遭到毁灭性打击的联合舰队的重建和整顿工作;接到大本营"联合舰队应遵循的当前作战方针"以及"关于捷号作战准备的指示"后,8月4日,据此制定了"联合舰队在捷号作战中的作战要领",对所属各部队表示消灭敌人在此一战的决心,并明确了必须遵循的大纲。

其在菲律宾方面的作战要领大致如下(参阅前面插图)。

〔**联合舰队的捷号作战计划**〕

一、作战方针

联合舰队配合陆军,根据大本营的"捷号作战"指导要领,在"捷号决战"海面,迎击消灭来攻之敌,确保战略上不败之势。

二、作战要领

1. 作战准备

(甲)迅速整备菲律宾航空基地,以使第1、第2航空舰队得以全力展开。为此,迅速整备克拉克、巴哥洛方面的基地群。

(乙)海上部队的前进停泊地,预定在文莱、哥伦或吉马拉斯水道,迅速加以整备。

2. 作战要领

基地航空部队开始时回避敌机动部队的攻击,准备菲律宾以外的基地部队开进菲律宾。

海上部队也随时开进,一齐拥向敌登陆地点。

基地航空部队对此予以策应。

海上部队对敌登陆地点的冲进时机,以敌登陆开始后二日以内为原则,航空歼灭战以在海上部队冲进时二日以前开始为原则。

(甲)航空部队

第1、第2航空舰队的全部兵力集中于菲律宾。

敌来攻前,第2航空舰队在日本本土西部,保持经过一至二次跃进就能开进菲律宾的态势;第3、第12航空舰队作为第二线兵力,在国内待命,其加入战斗时机,由特别命令规定。

敌不随带运输船队，仅进行机动空袭时，以机警、短暂有力的攻击，奇袭敌军，力求逐渐削弱之，并尽量避免我方损耗兵力。

但把握足以歼灭敌军的战机时，基地航空部队应独自击溃敌航空母舰。

（乙）水上部队的作战

第1游击部队（第2舰队的大部）在林加停泊地（著者注：在新加坡南方）待命；第2游击部队（第5舰队的全力）及机动部队本队（第3舰队的全力）在内海西部待命；估计敌军即将来攻时，第1游击部队开到文莱或哥伦、吉马拉斯方面待命；第2游击部队开到内海西部或西南诸岛方面待命。

机动部队本队在内海西部做好出击准备，听候特别命令出击。

敌人登陆时，第1游击部队策应基地航空部队的空中歼灭战，对敌登陆点实行冲进作战。

第2游击部队及机动部队本部，大体上以牵制敌人于北方为原则。

（丙）潜水部队

潜水部队听候特别命令，开到指定海面，在敌登陆前，主要攻击运输船队，以后切断敌人的增援运输。

〔航空舰队的现状——马里亚纳战役后的重建〕 这个作战要领是把它的基础放在充实航空兵力尤其是基地航空部队的兵力和整备菲律宾的空军基地上的。

如上所述，第1航空舰队的兵力，已在塞班、提尼安和关岛的战斗中，丧失了大半，昭和19年（1944年）2月以后，以达沃为基地进行了重建和训练。8月7日寺冈谨平中将出任司令长官，积极按照"捷号作战"的要求进行重建。

重建当时的航空舰队，和四个航空舰队一样，是由四个航空队组成，8月12日当时，可能作战兵力是257架。

重建后的航空舰队的目标是：经过训练与整备，使其保有的总架数约400架飞机，全部能够投入作战。

第2航空舰队由四个航空队编成，是在塞班岛战役不久以前编成，正在九州方面进行训练。保有机数约600架，其中约半数是实际动用兵力。

这个航空舰队的主要训练目标是攻击敌航空母舰，特别致力于训练在夜间或台风等不良气候条件下进行奇袭攻击的能力。因此，它拥有由优秀乘务人员组成的特别部队（称为T攻击部队）。

另外，还包括陆军的飞行第7、第98战队。这两个战队是装备了陆军新型四式重轰炸机的精锐部队。昭和19年（1944年）7月25日以后，属于第2

航空舰队指挥，专门训练夜间鱼雷攻击。

〔**海上舰队兵力的实际情况**〕 水上部队之中，机动部队本部以航空母舰5艘、战舰改造的航空母舰2艘为基干，因丧失了全部飞机，正在着手迅速充实飞机及训练所需人员，但以这些应急的军事力量，对即将来到的"捷号作战"不能抱有过大的期望。

作为第1游击部队的第2舰队，由战舰5艘、大型巡洋舰11艘组成；作为第2游击部队的第5舰队，由巡洋舰3艘、驱逐舰7艘组成。这些舰队当时正在林加停泊地及内海停泊地进行"捷号作战"的准备，特别致力于当时刚刚投入使用的电测射击（靠雷达瞄准器的射击）的训练和加强对空武器装备。

7月上旬，西南方面舰队司令部移至马尼拉；8月中旬，率领第3南遣舰队正式着手加强菲律宾方面的战备。兵力也逐渐增加，积极致力于增强战备。

〔**战备进展的障碍和迟延**〕 构成"捷号作战"准备最大的障碍是敌潜艇的活动。当时开往菲律宾的船队能安全地到达菲律宾的约为半数，开到的部队不能发挥作战能力的也比较多。航空战备中最落后的是基地的整备。8月时，只有达沃及宿务地区的基地算整备好了。本来把基地修整到雨天也能使用的程度，以及作好对空防备最为重要，但迟迟不得进展，这是最困难的作战准备。

9月初旬以来，菲律宾地区甚至白天遭到敌机轰炸，只好边战斗、边进行作战准备。

第55章

菲律宾决战的略定和
台湾（地区）海面的航空战

波利略、摩罗泰的战斗

在新几内亚西部及马里亚纳地区整备了航空基地的敌军，在荷兰的亚以西推进了约900架的空军兵力。昭和19年（1944年）8月以后，对加罗林西部，尤其帛琉群岛、哈马黑拉、万鸦老地区及硫黄岛方面加紧了空袭。这些敌基地空军部队的活动，和后述的敌机动部队的航空决战一起，显然暗示了敌人新的大规模登陆作战的企图。

〔**敌机动部队的航空决战**〕 8月初旬以来，敌机动部队并未见活动，但自8月末至9月中旬却活跃起来，企图首先击溃小笠原群岛方面的我航空势力，然后压制菲律宾地区的我航空基地。

8月31日，硫黄岛、父岛、母岛遭到敌战斗轰炸联合编队约85架的攻击；接着9月1、2两日，敌机百数十架连续数次袭击这些岛屿，9月2日，硫黄岛还遭到了敌舰炮轰击。

另一方面，雅浦、帛琉方面也在9月7、8两日，被置于敌舰载飞机百数十架的连续空袭之下。

南方军观察这个战况，9月初，打电报给帛琉地区集团军说："不出此数日，敌将开始大规模登陆作战，必将指向哈马黑拉或帛琉。"

9月9日，棉兰老岛、达沃、沙兰噶尼地区突然遭到了敌舰载飞机的空袭。这完全是奇袭。攻击从午前7时5分继续到午后5时25分，共约400架次，我空军及地上设施受到相当损害。

第1航空舰队搜索敌情的结果，发现："敌机动部队是各以航空母舰2艘为基干的两群，在达沃东南160海里处，其左前方，还有兵力未详的一群。"但我对此航空母舰并未进行反击。

〔**达沃误报事件**〕 在达沃地区实行了严密的空袭警戒。海军基地部队在9月9日夜下达命令："明日可能有敌军进攻，应严加警戒。"防备不周的各部队，在不安和紧张之中，迎来了第二天。

10日，数十架敌舰载飞机协同地面巨型飞机，攻击市街地区、港湾，通信设备遭到破坏，市民中间引起很大恐慌。

恰巧这时，海军的海岸瞭望所报告："敌军登陆舟艇驶来。"这是瞭望所员把达沃湾口方面水平线上出现的异常波浪因光线关系误认为船只而报告说是登陆舟艇，因为通信设备断绝，便以讹传讹地夸大其词传开了，卒至第1航空舰队向陆海军各部队广泛广播说："施有迷彩的敌两栖坦克开向达沃第2机场。"

联合舰队司令长官根据这一广播，发出"捷一号作战警戒"令，第35军司令官也发出"铃一号战备"命令。8月下旬以来，第4航空军为了准备哈马黑拉作战，把第2、第7飞行师团司令部部署于万鸦老地区，结果又使第2师团司令部返回到巴哥洛。这个误报事件在达沃随着澄清事实被取消了，但对南方各军的影响并不小。

〔**对宿务的空袭——奇袭，我损失很大**〕 敌机动部队继空袭棉兰老岛之后，从9月12日起3日间，又在以宿务为中心的米沙鄢地区连续进行空袭。[①]

12日午前9时20分，宿务遭到舰载飞机约200架的奇袭，后来直到5时30分，连续遭到数次攻击。第1航空舰队的飞机大部分在地上被击毁，其损害仅宿务一地就达零式战斗机约70架。正在重建的航空舰队的实际动用飞机从270架减为190架，并丧失了很多乘务员，训练受到阻碍。

宿务港内的舰艇13艘、船只11艘计27000吨被击沉，这是重大的损失。

13日，敌人攻击以宿务为中心，达到棉兰老岛各机场、塔克洛班（莱特岛）和黎牙实比（吕宋岛南部）。14日，敌机动部队似已侵入苏拉威西海，除以飞机500架次空袭塔威塔威（婆罗洲东北的岛屿）以外，我在达沃、宿务、黎牙实比、巴哥洛、三宝颜（棉兰老岛西南端）等地的航空基地也遭到了袭击。

〔**波利略岛的防守——敌开始进攻**〕 帛琉地区是在马里亚纳失守后剩下的以前的国防要线上的要冲。从要沿着新几内亚北岸进攻的敌西南太平洋部

---

① 根据战后调查，以菲律宾南部为中心进行空袭的这个机动部队，属于海尔赛海军中将麾下的第3舰队，是企图和下面叙述的帛琉、摩罗太的登陆作战构成一环而进行的航空决战。最初计划以棉兰老岛南部作为目标，后因该地区日军抵抗分外微弱，便提前了对菲律宾中部的航空攻击。

队来说，或从想逐步攻占太平洋方面的各岛屿、扩大太平洋控制权的敌太平洋舰队来说，帛琉都将是企图最先攻占的目标。

这一地区的我作战准备，正式开始于昭和19年（1944年）4月24日、第14师团到达帛琉以后。第14师团长井上贞卫中将按照第31军命令，除原有的师团外，还一并指挥第4、第9派遣队、海上机动第1旅团等，是帛琉地区的集团长，担任帛琉、雅浦方面的防守。由于同关岛的第31军司令官小畑英良中将断绝了联系，失去了作战能力，帛琉地区集团于9月1日划归隶属南方军，被置于联合舰队司令长官的指挥之下。

9月6日午后2时，帛琉方面，遭到了敌机动部队的空袭。在帛琉南方及雅浦东北出现了两群航空母舰，从该舰起飞的敌机，计帛琉地区约有130架、波利略地区约有80架、恩古卢地区约有50架、雅浦地区约有35架，分别对机场、港湾、高射炮阵地等，进行猛烈的轰炸和扫射。

7、8两日，大体上反复了同样的攻击。10日，除空袭外，还对帛琉、恩古卢进行了1000发以上的舰炮射击。

〔波利略、恩古卢的奋战——天皇嘉奖〕 9月12日，集团长判断，敌军必将在波利略、恩古卢登陆，便对两岛守备队长发出指示，要求以决死精神歼灭来攻之敌。

敌军连日继续顽强的扫射和轰炸，13日以后，还反复进行舰炮射击，15日终于开始在波利略岛登陆。

敌以约50只运输船接近波利略岛西南方，距岸13公里，在猛烈轰炸与炮击的掩护下，分乘登陆艇约300只，在午前7时30分，逼近海岸线。我守备队（以步兵第2联队长）中川州男大佐指挥的步兵四个大队、炮兵一个大队为基干予以迎击，击沉敌舰艇60只以上，攻击随同坦克登陆之敌，给以巨大损伤，午前10时，将其击退。午后2时20分，敌再次登陆，守备队果敢反击，再次将其击退。此时另一股敌军在邻近正面登陆，守备队又第三次转过来迎击这股敌军，给予很大损伤，但敌军得到增援，终于在该地附近获得了立足点。当夜与翌日，继续了空前的激战，守备队曾一度突破敌军桥头堡，使敌人陷于混乱，但没有取得决定性的效果。

9月17日午前8时，敌军在恩古卢岛登陆。该岛守备队（以步兵第59联队第1大队长后藤丑雄少佐指挥的步兵第1大队、炮兵一个中队为基干）也充分发挥以前训练的成果，压制敌军，迫使溃退。午前9时，敌数十只登陆艇在舰艇掩护下接近海岸，尽管守备队奋勇战斗，敌一部终于在岸上占据了据点。守备队逼近敌军勇敢奋战，但敌在舰炮射击和飞机轰炸的掩护下，到19

日，在该岛东北角构筑了桥头堡。接着，敌开始从桥头堡前进，守备队予以迎击，将其击退。

后来，敌军不断增援，继续炮击和轰炸，到9月20日前后，敌在两岛登陆的兵力，各达一个师以上，特别是波利略之敌，配备坦克150辆以上。[①]

9月19日，波利略岛的中央机场，落入敌手，其战斗机一架首次着陆。

我步兵第15联队第3大队，自帛琉派来增援，在9月23、24日到达波利略。

后来，两部队孤立于无援的远海孤岛上约达两个月以上，并不屈服，反复进行果敢的挺进攻击，给优势敌军以很大损失，以必死的信念英勇战斗到最后一兵，充分发挥了日本陆军的本色。

这支部队的英勇善战，多次传到天皇那里，连续十几次受到天皇的嘉奖。

〔**敌在摩洛泰岛登陆**〕 另方面，沿新几内亚北岸前进之敌，选定哈马黑拉岛北侧的小岛摩罗泰，为下一步的攻击目标。

9月15日晨，美军舰艇约100艘在舰炮射击和飞机轰炸以后，开始在奇拉岬登陆，首先在北方占下据点，接着向东方扩展，16日晚，建立了半径约六公里的桥头堡。18日，敌很快就建成了机场。

在此以前，5月中旬，第2方面军把第32师团（师团长石井嘉穗中将）配备在哈马黑拉岛和摩罗泰岛，作为战略要点，加强防守。8月初，方面军判断敌下一步进攻将为哈马黑拉地区，便制订了哈马黑拉会战计划。因这一计划不能指望航空部队充分配合，便采取在哈马黑拉岛实行地面部队的决战、在摩罗泰岛则依靠游击战法阻挠敌军设置空军基地的方针。

〔**游击肉搏战——高山族部队**〕 防守摩洛泰的第2游击队（队长川岛威伸少佐，由特别经过游击战训练的四个中队编成，成员主要是台湾的高山青年）根据上述方针，9月18日黄昏以来，利用肉搏战，连夜阻挠敌军的行动。

我航空部队早就对于敌向哈马黑拉的进攻，处于戒备状态，但因达沃误报事件，造成兵力集中错误，没能按最初计划阻止敌军登陆的初步行动。

第4航空军把第2飞行师团的一个歼击战队，增派给第7飞行师团（当时的可用机数60架），使以少数飞机袭击登陆以后之敌。海军航空部队也以少数飞机，进行了夜袭。

后来直到昭和19年（1944年）末前后，地面部队勇敢而顽强地反复进行了反登陆和肉搏战。此这期间，哈马黑拉岛的第32师团连续增派挺进队（先

---

① 冲向波利略岛之敌是第1海军师，在恩古卢登陆的敌军是步兵第81师。因敌在波利略岛遭到很大损失，不得不抽调恩古卢岛上步兵第81师的一部，增援波利略。

派3个肉搏队，接着又派步兵第210联队第3大队，以及步兵第211联队长守田大佐指挥的步兵一个大队等约3000名），获得了很大战果。第7飞行师团也继续利用万鸦老、斯兰地区荒废的机场为隐蔽机场，攻击了摩罗泰之敌。

决战方面的略定

经过波利略、摩罗泰的战斗，敌军大体作好了菲律宾登陆的战略态势，由此获得了进攻菲律宾的牢固的立脚点。从敌惯用的战术来看，为了进攻菲律宾，敌军下余的作战任务可能是在我战斗区域中广泛寻找估计将参加未来菲律宾作战的我海空军兵力，特别是空军兵力，随时予以歼灭。

〔**大本营的敌情判断**〕 大本营对当时全面敌情的判断如下：

一、敌最近可能将对菲律宾开始进攻作战。

攻占菲律宾，不仅在政略、战略具有很大价值，而且通观敌人过去作战情况，一贯把菲律宾作为其进攻目标，这是确凿的事实。现在，敌将进攻菲律宾，已肯定无疑。

二、敌对日本本土核心方面，依然加强空袭，或于某时将企图攻占小笠原群岛。

敌军对日本本土核心方面的登陆作战，从其没有基地、补给困难和敌我全面战略态势等看来，本年内大举深入日本本土近海，一举断然登陆的可能性很小。

三、敌对东北方面，因气象、海洋气象关系，明春以前或许没有来攻的可能性。

对台湾、西南诸岛方面来攻的可能性，比对日本本土方面要大。

四、敌在澳大利亚北部方面，为策应菲律宾主攻，可能只有荷、澳军一部进行作战的程度。

五、在缅甸、印度洋方面，为了策应美军从太平洋方面的进攻，以英军为主体的攻势，可能在雨季结束以后活跃起来。只要击溃东方的美军，英军不会单独强行大的作战。

大本营判断，如果波利略、摩罗泰变成敌军强有力的空军基地，将大大妨碍我在菲律宾方面的作战准备和作战行动。关于夺回这些岛屿的问题，也曾和当地驻军进行了研讨，但估计为此而损耗空海兵力，将给菲律宾决战带来很大影响，便放弃了夺回的打算，决定仅以一部空军兵力，妨碍敌军行动。

〔**正式空袭吕宋**〕 9月21、22两日，吕宋地区遭到敌机动部队的空袭，我作战根据地马尼拉及其四周的航空基地受到相当损害。

21日的空袭也是奇袭。这一天我水上机报告：在马尼拉60度、150海里处，发现敌航空母舰群。和这一报告前后脚，敌战斗机已来到马尼拉上空。

当天敌机来袭四次，约400架次，攻击了马尼拉港及其四周的机场，中部吕宋的陆军航空基地克拉克机场也遭到了袭击。我方损失：飞机烧毁20余架，船舶被击沉16艘约10万吨。22日，吕宋地区仍遭到空袭，我航空队对在马尼拉40—60度、120—170海里处发现的敌4艘航空母舰进行攻击。第一次自午前7时30分，出动飞机约30架；第二次自午后4时35分，出动飞机约20架。据报道投弹命中敌航空母舰二艘、巡洋舰一艘。这次空袭使马尼拉港码头附近发生了大火。

敌机的奇袭所以屡次这样取得成功，其主要原因是我航空情报组织不完备，特别是雷达不足。

菲律宾总统拉乌雷尔，为应付首都马尼拉遭受空袭的新局势，防卫国土和维持治安，9月22日午前9时，发布了在菲律宾整个地区实行戒严的命令。

〔**大本营大体确定决战方面**〕 大本营综合上述的敌情判断和菲律宾方面频繁的战况，判断在以前准备的"捷号作战"计划中，在菲律宾正面发生决战的可能性最大，而且其时间正在迫近。9月22日下达了要点如下的命令：

一、大本营大体确定菲律宾正面为决战方面，预定其时期为10月下旬以后。

二、南方军总司令官、中国派遣军总司令官、台湾军司令官，大致以10月下旬为目标，为完成各自任务，做好作战准备。

本来在7月决定的"捷号作战"准备中，曾判断敌的主反攻在菲律宾方面的可能性最大，但在其他方面也存在着需要严加戒备的实际情况；所以大本营考虑了各地区的缓急情况，指导了决战准备。但因菲律宾方面的形势紧急，判断几乎确定要发动"捷一号"作战，大本营便大体确定全军的决战方面，企图加快促进必要的作战准备。

〔**南方军陈述意见**〕 在此以前，制定"捷号作战"计划以来，大本营陆军部就决战时期的空军攻击目标进行了研究，结果如上所述，决定把陆军航空攻击目标的主体放在敌运输船队上，各部队据此反复进行了训练。但南方军首先提议：陆军航空部队应以攻击敌航空母舰为首要，接着于9月中旬派遣作战参谋美山要藏大佐来京，重复强调这一主张，并建议要立即发动"捷一号作战"。对此，大本营从下列观点出发，没有采纳南方军的建议。指出：

"捷号决战"以我航空兵力摧毁敌航空母舰群及运输船队为首要目的。其成功的要诀在于，最初先使敌军任意行动、接近我基地，然后选择敌难以脱离的时机，发动"捷号作战"，一举集中我陆海的航空兵力，以迅雷不及掩耳之势，捕捉敌军。因此，大本营有必要恰当地掌握发动"捷号作战"的时机，若失之过早，我劣势的航空兵力将未及决战即告崩溃；若失之过迟，将使敌轻易达成其作战目的。所以，大本营正在慎重地等待其时机的到来。大体确定菲律宾正面为决战方面的时机已临近。从作战全局考虑，变更空军攻击的目标，也是不适当的。

〔山下奉文大将就任方面军司令官〕 在决战方面大体确定的同时，大本营于9月22日把作为决战兵团留在上海的第1师团编入第14方面军的战斗序列，派赴菲律宾方面。还把第23师团集结于南满地区，准备调往菲律宾方面。

10月5日，又任命在满洲担任第1方面军司令官的山下奉文大将（参谋长武藤章中将）为主持"捷一号"地面作战的第14方面军司令官。在新方面军司令官去菲律宾赴任之前，大本营把山下大将召至东京，向他说明大本营关于"捷一号作战"的决心及其作战设想，对新任方面军司令官的统帅，寄以很大期望。

当时大本营所持的作战设想，如前所述，是把地面决战只限于吕宋岛；而在菲律宾中、南部则由陆海军航空兵及海军谋求决战。

山下大将10月6日到达马尼拉对前任方面军司令官制定的上述作战计划表示肯定。10月11日在马尼拉召集所属兵团长，明确布置作战计划，促进作战准备，并指示要以顽强的意志做出万无遗憾的努力。

在此以前，9月24日，宿务、哥伦遭到敌舰载飞机的攻击；同月30日，以摩罗泰为基地的敌战斗轰炸机联合部队，袭击了巴厘巴板。这次攻击表示菲律宾中、南部已进入了从摩罗泰基地起飞的战斗机、轰炸机的联合攻击圈内，从防卫菲律宾来看，具有极其重大的意义。

在这样紧迫的形势中，进行了"捷一号"作战准备，而航空兵力的重建和增援兵团开到菲律宾，则是大本营和当地驻军共同最为关心的事情。

台湾海面航空战

联合舰队司令长官丰田副武大将于10月7日前往马尼拉，视察并推动西南方面舰队、第一航空舰队等的作战准备。

〔联合舰队发出作战警戒令〕 10月9日，冲绳东部的南大东岛突然受到敌舰队的炮击。10日，敌舰载机对冲绳、奄美大岛、南大东岛、宫古岛等的西南诸岛，从午前6时40分直到午后4时，以飞机约400架次，进行了猛烈空袭。我方损失是，烧毁飞机30架，被击沉舰艇21艘及其他船只4艘（合计约1100吨）。

丰田大将由视察菲律宾归来在台北接到这项报告，对基地航空部队下达"捷一号及捷二号作战警戒"令。在日吉的联合舰队司令部命令东北方面的第51航空战队及第3舰队飞行机队开到关东地区及南九州方面。

搜索敌情的结果，到10日午后3时40分，在冲绳东方100海里附近及东南140海里附近，发现各以航空母舰2—3艘为基干的一群舰队，为接触这只舰队，出动了一部航空部队，但不久天就黑了，未能达到目的。

敌机动部队后来南下，11日攻击了吕宋岛北端的阿帕里方面。

〔基地航空部队发动作战〕 自阿帕里方面折回的敌机动部队，12日大举来袭台湾一带。敌机出动约600架次，将其主力指向台湾南部、马公，以一部袭击台湾北部。高雄和马公，船只及设施遭到了相当损害。

联合舰队企图歼灭这支敌军，同一天命令"基地航空部队发动'捷一号''捷二号'作战"，并把正在濑户内海重建的母舰搭载兵力，增派给基地航空部队的第2航空舰队。该舰队在九州南部展开，下令所属部队抓住良机攻击这支敌军，并准备向台湾方面转进。

实行"捷号作战"的方面，本来由大本营来决定，但当时在台北的联合舰队司令长官接到联合舰队司令部（在东京近郊日吉）参谋长的电报请示："是否只发动航空作战的捷号作战？"对此，丰田大将复电："和大本营海军部联系后发动。"结果形成"捷号作战"并不是由大本营，而是由联合舰队决定发动的。

〔航空决战的连续〕 当天，台湾东方海面遭受台风袭击，待命的T攻击部队飞机56架，傍晚从九州南部的鹿屋基地起飞；陆军重轰炸机、海军舰上攻击机计约50架，自冲绳基地起飞，对敌机动部队进行攻击。据报，T攻击部队捕捉敌舰队，击沉了类似航空母舰的舰艇四艘。

13日，敌仍在继续空袭台湾，出动飞机约达600架次。

T攻击部队飞机30余架于当天傍晚对在石垣岛西南方海面、出没于狂风骤雨中的敌航空母舰群，发动进攻，据报：击沉航空母舰两艘，烧毁一艘。这次攻击，加上前一天的攻击成果，似乎已击溃了敌机动部队的一翼。这点似乎得到证实，14日清晨的敌空袭有些转弱，而且当天午前9时30分以后，已完全没有空袭。

据14日侦察，看到敌舰队正在向东南方撤退；当天午后自中国大陆来袭台湾的100架B29，似在掩护敌舰队的撤退。

在九州南部展开完毕的第2航空舰队便以全部兵力450架飞机对断定在撤退的敌航空母舰群，从白天到傍晚连续三次进行了攻击。在这次攻击中，实际打击到敌军的不过是出动机数的约半数，据报：击沉敌航空母舰2艘，烧毁2艘。

15日，我侦察机报告：在高雄东方海面，有类似驱逐舰的舰艇11艘，几乎停止航行，在漏油。

联合舰队司令长官判断，这类受伤敌舰会到处皆是；为了彻底扩大战果，当即下令各航空部队反复进行攻击，并命令当时在濑户内海的第2游击部队（大型巡洋舰2艘，轻巡洋舰1艘、驱逐舰7艘）出击，以捕捉、消灭受伤敌舰和搭救敌兵。

15日，午前10时后，敌战斗机、轰炸机约80架，又来空袭马尼拉。第4航空军及第1航空舰队以战斗机约50架迎击，击落击伤敌机32架。

侦察结果，在吕宋岛东方海面发现以航空母舰4艘为基干的敌舰队。陆海军航空部队计约130架，连续两次进行攻击，据报：击沉航空母舰1艘，2艘航空母舰起火。

〔**发表战果——"胜利即在眼前"**〕 关于12日至15日间一系列航空战果，大本营海军部综合发表如下：

我部队自10月12日以后，连夜猛攻台湾及吕宋东方海面的敌机动部队，击溃其过半兵力，迫使其溃退。

一、我方所得战果综合如下：

击沉：航空母舰11艘、战舰2艘、巡洋舰或驱逐舰1艘。

击伤：航空母舰8艘、战舰2艘、巡洋舰或驱逐舰1艘、舰种不详13艘。

其他看到击中起火的不下12艘。

二、我方的损失

飞机未返航312架。

本战斗称为台湾海上航空战。

发表这项战果，使对战争前途深感不安的国民狂喜起来。天皇颁发敕语嘉奖了联合舰队。在东京、大阪召开国民大会，小矶首相在会上高呼："胜利就在眼前"，政府和国民完全沉浸在胜利的兴奋中。

〔**扩充战果作战——没有实际效果**〕 发表台湾海面航空战赫赫战果的第二天（16日），我侦察机在菲律宾东方海面发现了敌航空母舰13艘。

我航空攻击部队从台湾地区、冲绳、马尼拉航空基地起飞，前往进攻这支航空母舰群，但始终未能发现目标。

联合舰队根据这项敌情，令以前受命出动的第2游击部队注意沿西南诸岛北侧航行；并令在林加停泊地的第1游击部队准备紧急出动。

第2游击部队在15日午前7时通过丰后水道一直南下，驶向台湾东方海面，但因接到联合舰队参谋长打来的注意电报，便于16日傍晚折回，转向西北。

联合舰队参谋长在对第1游击队发出上述准备出动命令的同时，还拍发了如下的说明电报：

经本月16日侦察结果，敌残余势力较大，为救援其损伤舰只，不仅很可能在基地航空部队威力圈内行动，并不无可能进而发动积极攻击。今后数日内，将需由我基地航空部队坚决进行攻击，故敌损伤舰艇还将增大，此所以得出急派第一游击部队进行决战、谋求扩大战果这一结论……

而当时判断，第1游击部队根据这封电报出击时，到达战场将为22、23日，根本没有能捕捉到敌机动部队的希望。

17日，在台湾（地区）东北方及菲律宾东方海洋上，发现了四群敌机动部队。

〔**战果的真相——陆军不知道调查的结论**〕 这时，联合舰队及大本营海军部对台湾海面航空战果抱有很大疑问。联合舰队司令部为了调查战果，立即把T攻击部队的参谋田中少佐叫到日吉的司令部，令联合舰队航空参谋渊田大佐及大本营海军参谋铃木大佐检查田中少佐带去的战果报告资料。当时还征求了联合舰队情报参谋中岛中佐的意见。检查结果，得出的结论是：即无论做如何乐观估计，也只是击伤航空母舰4艘的程度，即使参照后来的通讯情报，也未必有击沉的舰艇。[①] 于是，联合舰队判断，敌航空母舰确实还有10艘健在，据此决定了以后的作战任务。大本营海军部也完全同意这种判断。但不知为何，16日以后发现的关于敌航空母舰的各种情报以及调查战果的结论，并没有通报给大本营陆军部。如下所述，这一事实给大本营陆军部后来的作战指导，带来了莫大影响。

另方面，我航空部队的损失相当重大，第2航空舰队丧失了约一半的兵力。

10月18日，我航空兵力减为：第4航空军200架；海军，菲律宾约35架，台湾（地区）九州方面约230架。

敌在进攻菲律宾之前的航空决战，很遗憾，应该说是成功的。

---

① 据战后调查，敌的实际损失，仅巡洋舰2艘重伤，航空母舰没有损伤。

第56章

发动莱特决战

敌进攻莱特

〔敌军出现在斯汝昂岛〕 10月17日凌晨，莱特湾口斯汝昂岛上海军瞭望所报告："午前7时，有敌战舰2艘、特种航空母舰2艘、驱逐舰6艘接近。"接着又用普通文字拍来电报："午前8时，一部敌军开始在该岛登陆。"

联合舰队司令部接到这一急报后在午前8时9分，下达"捷一号作战警戒"令，命令第1游击部队"迅速出击，开到文莱湾"，并于午前9时46分，发出如下的敌情判断电报。即：

判断敌在斯汝昂岛登陆，是在菲律宾中、南部登陆作战的一部分；尽管敌进攻帛琉没有进展、机动部队损失很大，似仍按预定计划，开始进攻菲律宾，企图以海尔塞指挥的部队在萨马、莱特方面登陆；以麦克阿瑟指挥的部队在棉兰老岛南部登陆，这种可能性很大，不过没有十分把握。

第4航空军根据海军这一情报，立即命令第2飞行师团（师团长木下勇中将）搜索斯汝昂岛附近的敌情，并准备攻击。

菲律宾当地的陆海军各司令部一般因有上次达沃误报登陆事件的先例，对这项情报也视作疑问，姑且采取措施查明情况，但正当此时，敌舰载飞机已冒着细雨前来袭击米沙鄢地区及吕宋岛。

17日午后，海军侦察机报告，在锡朗岛西方发现了美舰队一小群。第4航空军侦察机因天气不良，未能得到确实的敌情，但防守莱特的第16师团参谋报告：据空中侦察的结果："莱特湾内没有敌舰船，湾外云层密布，无法观察。"

当天，莱特方面风强，断续降雨，没有看到敌机大规模的活动。

〔第4航空军首先下令攻击〕 当地各军司令部以上述情报为基础，分析了莱特方面的敌情，但因把台湾海面航空战的"赫赫战果"也同时估计在内，未能得出这就是美军正式登陆的判断。

唯有第4航空军综合17日午后到夜晚的各种情报，特别结合敌舰载机尽管天气极为恶劣仍接踵飞来的顽强性，和截听敌军通信的结果，判断敌军的登陆确是正式的，便决定从17日拂晓以全力攻击这支敌军，下达了要点如下的命令：

一、从17日早晨，敌继续在锡朗岛四周地区登陆。

二、我军竭尽全力歼灭该敌。

三、第2飞行师团长应以全力迅速攻击正在斯汝昂四周地区登陆的敌舰艇。

四、第30战斗飞行集团长迅速进到菲律宾中部准备攻击。

五、第7飞行师团长策应军主力的进攻，压制摩罗泰方面的敌基地空军，并应尽可能广泛搜索敌情。

第4航空军在下达此项命令的同时，要求南方军迅速下"捷一号作战"令。南方军在第4航空军的这一要求之前，已于17日午后零时20分，给大本营拍了电报："根据形势判断，应予发动'捷一号'。"

〔**敌舰艇驶进莱特湾内——暴风雨**〕10月18日，莱特湾有风速达到30米的暴风雨。因此，我空军几乎无法进行攻击和侦察。

这一天，防守莱特的第16师团（师团长牧野四郎中将）把如下的情报通报给有关的陆军部队：

敌军舰艇多数驶进莱特湾，但是否为进攻而驶进，或为躲避暴风雨，抑或是在台湾海面战斗中遭到损伤的部分舰艇窜进港内，不明。

情况既然如此，可见当地的第35军司令部及第14方面军司令部，对敌人进攻莱特，都未能作出确切的判断。

联合舰队司令部根据各种情报，特别是通讯情报，判断敌在莱特登陆的可能性很大，便对所属各部队指示如下的行动准则，作为今后作战指导的暂定方案。

一、第1游击部队（栗田部队）自圣贝纳迪诺海峡出动，全部歼灭敌进攻部队。

二、机动部队（小泽部队）策应第1部队的突入作战，把敌人牵制于北方，并相机歼灭溃败之敌。

三、第2游击部队（第21战队及第1水雷部队）（志摩部队）的第16战队编入西南方面舰队，作为海上机动反击作战的骨干，坚决进行反登陆作战。

四、在菲律宾集中基地航空部队，彻底消灭敌航空母舰。

五、先遣部队以全力处理敌受伤舰艇，并歼灭敌登陆部队。

六、第1游击部队的突入登陆点定为X日；机动部队本队于X–1乃至X–2日，进到吕宋东方海面。

七、X日以特别命令规定，现在大体定为24日。机动部队应按上述规定出击，由第1机动舰队司令长官决定。

此时，大本营海军部向陆军部建议：企图以联合舰队的主力向莱特方面出击。陆军部认为这种企图成功的可能性很小，万一失败，给全局带来影响太大，因此劝告中止，但没有能使海军部改变主意。

另一方面，这一天敌出动飞机约达400架次对北部吕宋地区、米沙鄢方面进行空袭，另在莱特方面，塔克洛班、普劳恩、圣帕布洛等莱特岛内的重要机场，自18日早晨起遭到几乎连续的波状攻击，午后，多数敌舰艇深入湾内进行扫海，以至对海岸要地进行舰炮射击。

寺内南方军总司令官了解上述各种情况，判断敌必在莱特登陆，便于18日向大本营提出关于发动"捷一号作战"的意见。

发动捷一号作战

〔**发动捷一号的上奏**〕自台湾海面航空战以来，大本营特别关切并严密注视全面战局，当接到敌进攻莱特方面的报告以及南方军的呈报意见时，认为在指挥作战全局上需要发动"捷一号作战"。10月18日，军令部总长及川古志郎及参谋总长梅津美治郎并列上奏如下。

谨就发动"捷一号作战"问题上奏如下：

昨17日，敌空袭达沃、黎牙实比及马尼拉四周地区，并有部分部队利用舰艇在莱特湾内的锡朗岛登陆。而敌之一部似亦在霍门本岛登陆。据分析，这些敌军因属一些小部队，但从南方方面敌我全面的形势，特别是帛琉、哈马黑拉方面战况的推移及敌方战术等判断，敌将首先以一部兵力在菲律宾中部沿岸方面推进攻占菲律宾的基地，正在以主力准备下一步的正式的登陆作战。

综合各方面情报，敌在新几内亚方面舰船的动向，最近顿呈活跃，有逐渐西进的趋势。

即15日，据我飞机侦察，在阿德米勒尔提附近，有以航空母舰4艘为基干的敌机动部队；在查亚普拉、比阿岛附近，似有敌运输船队在集结。所以，结合敌在帛琉、摩罗泰两岛航空基地的使用状况看来，可以判断，敌在开始正式进攻菲律宾的作战。

此次来袭台湾（地区）、西南诸岛方面的敌机动部队的调动和从昨天17日在卡尔尼科巴尔岛附近调动中的敌机动部队（以航空母舰2艘、战舰2艘、巡洋舰4艘为基干的十余艘），以及最近从中国大陆方面来的敌空军顽强的出击等，据判断，这都是对从太平洋方面进攻菲律宾作战的策应。

如上所述，我们认为：敌最近必将开始正式的进攻菲律宾作战，其时机大约为本月下旬前后。整个形势可以说在按我们预计的时间和方面发展，战机正在成熟。现在把国军的决战方面确定在菲律宾方面，根据"捷一号"作战计划，令陆、海、空军全力以赴，针对美军主力的进攻，指挥决战，粉碎其企图。我们认为这样做是适当的。

关于大本营对发动"捷一号"作战的措施事项，待今后逐次上奏之后，将就有关问题，仰候天皇命令。

陆军已在根据计划进行各项准备，此外并没有急于处理的事项。

海军当蒙天皇决定实行"捷号作战"后，将指示联合舰队执行。12日以来，联合舰队已在指挥对敌机动部队进行航空作战。根据这次指示发动"捷号作战"，当将所需基地航空兵力，集中于菲律宾、台湾（地区）方面，并赶紧派出海上部队，继续击溃敌机动部队，同时配合陆军，努力歼灭敌进攻部队。

对于"捷二号"方面，从此次敌机动部队在台湾海面遭受的损失，以及其他敌我全面形势判断，目前敌实行大规模进攻的可能性较小。

当然敌机动部队今后还会在该方面活动，对此，保持"捷一号"的态势可以随时给以打击。

由于敌机动部队在台湾方面遭到很大损失，估计敌开始进攻菲律宾的时机，可能有些推迟。但敌从政治策略出发，为了掩饰这次败绩，估计要尽最赶快至少在菲律宾一角占据一个据点。

前者，从国军把决战方面大体确定为菲律宾方面，以10月下旬为目标下令准备决战以来，在中央和当地一致的方针下，陆海军结成浑然一体，一面克服一切障碍，一面集中全力向完成决战准备迈进，结果至10月下旬左右可望大体完成决战准备。由于此次我军在台湾海面取得了战果，当地陆海军官兵斗志愈益昂扬，为歼灭来攻菲律宾方面之敌，正在保持引弦待发之势，日夜加强战备。

此次"捷一号"作战是冒皇国兴废的最重大的战役，自不待言，所以，指导作战上，务期陆海军官兵真正打成一片，在中央与当地一致的方针下倾注全力，圆满地完成国军的决战。

谨此上奏。

〔大本营发动——菲律宾决战开始〕 上述上奏一经结束，大本营陆军部便在18日傍晚，不失时机地发动了"捷一号"作战。

其命令要点如下：

一、国军进行决战的主要地区，定为菲律宾方面。

二、南方军总司令官应与海军协同，对来攻菲律宾方面的美军主力指挥决战，粉碎其企图。

三、中国派遣军总司令官、第10方面军司令官（著者注：台湾军司令官的改称）应力求前项决战指挥得以顺利进行。

大本营海军部也同时向联合舰队下达命令，确定"实行'捷号作战'的方面为菲律宾方面"。

大本营接着于19日午前零时，下令首次发动"捷一号"，根据既定计划，开始向菲律宾方面集中空军兵力。

这样，作为决定大东亚战争胜负之关键的菲律宾决战，发动起来了。

当发动菲律宾决战之际，天皇对陆海军两总长谕示如下：因系决定皇国兴废的重大战争，望陆海军真正形成一体，向歼灭敌军目标迈进！

〔南方军及第14方面军开始作战〕 南方军总司令官寺内元帅接到上述大本营命令后，10月19日下达了如下要点的命令：

一、"捷一号决战"令已发。

二、我将集结全部军事力量，对来攻菲律宾方面的美军主力，求一决战，以摧毁其企图。

三、各军司令官应根据各自承担的任务，奋起全力，完成决战。

第14方面军司令官山下奉文大将根据此项南方军命令，19日按事先计划，对第35军司令官发出命令："举全军兵力，力求歼灭在莱特登陆之敌。"

〔决战指导方针的变更——过于相信战果〕 在此以前，7月末，大本营研究制订"捷号作战"计划当时，对菲律宾的决战指导方针的主要精神如前所述，有下列两点：

一、敌来攻吕宋岛时，实行空、海、陆军的综合决战。

二、敌来攻菲律宾中、南部时，实行空、海军的决战，不实行地面部队的决战。

其理由是第14方面军的兵力少；由于敌空、海军的骚扰，我海上机动十分困难，因而很难在菲律宾全境随时随地机动地面兵力，指挥决战。

然而，在以前的台湾海面航空战中，我军取得巨大战果，给予敌机动舰队即主力舰队以很大打击，因此，地面部队向菲律宾中、南部地区的机动性显著增大，从而相信在该地区指挥决战，也有了可能。

当时，大本营陆军部在战术上对这点作了如下的判断：

一、我海军在上次台湾海面航空战中，击溃了美国舰队的主力。这个满身疮痍的美军又在莱特开始新的作战，是个严重错误。现在我军正应集中空、陆、海军的兵力，歼灭敌军。

二、丧失了航空母舰兵力主力之敌，在莱特的航空作战中，势必要重视运用基地空军力量。但帛琉、摩罗泰距离稍远，航空战对敌不利。

三、再看我方航空兵力，因为我海军航空兵在台湾海面航空战中损失了主力，所以，在莱特作战中，必须由陆军航空兵来充当主角。从这种观点出发，研究了陆军航空兵完成决战的能力，结果认为，虽不充分但在质量上足以摧毁敌军的登陆企图。

因此，当大本营发动"捷一号"作战时，改变了原来的决战指导方针，对来攻莱特湾的敌主力，不仅空、海军，也要发动地面部队，这就决定要求国军进行总决战了。

大本营为此于10月20日把关于莱特决战新的意图电告南方军，并分别派遣作战参谋杉田一次大佐、参谋次长秦中将、作战科长服部大佐前往现场，以求作战思想的统一。

〔莱特决战的新意图——同方面军的调整〕 9月中旬以后，随着敌军空袭加激，逐渐认识到："如果吕宋以外的地区，特别是米沙鄢地区落入敌手，任凭其优势空军活动，则吕宋决战将无法实现。因此，必须在菲律宾全境，随时随地举陆海空军总力，贯彻决战。"当通过20日的电报及参谋前来联系，得知大本营关于莱特决战的新意图后，期待已久的总司令官寺内元帅，立即在21、22两天，就此问题，指示第14方面军司令部。

第14方面军司令官根据以下理由，提出了以不变更既定方针为好的意见：

一、无论台湾海面航空战的成果如何，从敌人一向坚实作战的情况判断，现在所以来攻菲律宾的一角，在兵力和准备上可能确有信心。

二、除第16师团外，在以前未做任何准备的莱特岛上，现在突然派遣庞大兵力，从运输力、作战准备等关系看来，很难获得预期的成果。

如果万一莱特决战失败，完成吕宋决战也将成泡影。新的意图成功的可能性很小，且有推翻整个菲律宾作战计划的危险，很难说是应采取的方策。

22日，寺内元帅召见山下大将，开诚布公地淡出总司令官想在莱特指挥地面部队决战的决心，以求沟通思想。同一天，南方军下达了如下命令：

一、歼灭骄敌的良机来到。

二、第14方面军应和空海军配合，尽量以优势兵力歼灭来攻莱特岛之敌。

和下达这项命令同时，南方军为了莱特的地面决战，进一步采取措施，向该岛增派以两个师团为基干的兵力。

由于大本营也派来参谋密切联系，第14方面军便和大本营及南方军的作战思想融合一致，决定往莱特岛增派第1、第26师团及第68旅团等，进行地面决战，并将此意旨下达给第35军司令官。

航空作战

航空作战是"捷一号"决战成败的关键。能否歼灭敌人渡海进攻部队，完全取决于航空决战如何。大本营经考虑成熟后，提出了前述的航空决战的基本战术。最初运用这项基本战术进行战斗的就是莱特决战。

〔航空部队的集中〕 莱特的航空决战是从航空部队的集中开始的。为了把部署在大东亚整个战区的航空部队，秩序井然而迅速地集中于决战方面，由大本营亲自执行计划，在18日"捷一号"首次下令的同时，陆海军航空部队由各地一齐开始向菲律宾方面集中。

部队	航路	集中的机场
第12飞行团司令部 飞行第1战队 飞行第11战队 飞行第22战队	九州 那霸—屏东 上海—小港（台湾）	马尔可特 克拉克（中） 克拉克（中） 马尔可特
第25飞行团司令部	台中—克拉克（中）	克拉克（中）
飞行第20战队	小港—巴姆巴姆	加洛康
飞行第3战队	台中—克拉克（南）	里帕
飞行第14战队	杭州 广东 嘉义	克拉克（中）

第4航空军根据大本营的计划，为使集中后能立即投入战斗，像上表那样，规定了第一次集中部队的航路、集中的机场等。到10月末，到达菲律宾的飞机总计约有300架。

以明野陆军飞行学校等战斗飞行队的精锐编成的第30战斗飞行集团（飞

行集团长青木武三少将），10月中旬，作为决战兵力编入第4航空军属下，立即飞往吕宋岛。

在此期间，敌为阻挠我方集中，攻击以菲律宾为中心的地区。因此，我在战场附近的集中，只能利用黄昏和拂晓。而且当时菲律宾方面暴风雨接连不断，部署在马来、婆罗洲附近的第4航空军本身兵力的集中，以及把吕宋兵力进一步向米沙鄢地区推进，都很困难。

9月以来，驻菲律宾的我航空部队在同敌机动部队的战斗中遭到损失；18日前后，第4航空军和第1航空舰队的可用机数，不过各约100架，所以，这些集中部队自然成了今后战斗的骨干，对其到达寄予很大期望。

〔航空攻击的初次发动——点滴攻击〕 10月19日，我侦察机在菲律宾东方海面发现敌航空母舰十余艘，运输船约100艘。另据其他确实情报，在阿德米勒尔提停有以航空母舰6艘为基干的舰艇70艘、运输船30艘以上；在查亚普拉，还有大小运输船约80艘。由此可以把握敌对菲律宾方面作战规模的概貌。

另一方面，19日，敌仍对菲律宾进行空袭，马尼拉地区遭受四次袭击，敌机出动约200架次。

我陆海军航空部队，利用敌空袭的间隙，攻击莱特湾的敌舰艇。陆军飞机20架，对塔克洛班海面的敌战舰3艘、运输船3艘；海军飞机5架对敌战舰2艘，都投弹命中。

20日，敌对菲律宾地区没有空袭，我海军飞机5架击沉莱特湾的敌运输船1艘，对敌特种航空母舰投弹命中；陆军飞机14架，对敌战舰或巡洋舰2艘、驱逐舰1艘给以有效的攻击。

这一天，敌地面部队在莱特岛东岸开始登陆。21、22日，在菲律宾东方海面发现敌机动部队，其舰载飞机仍对我方进行攻击。开往莱特湾的敌运输船队仍然络绎不绝。在莱特岛东岸，敌占据地盘逐渐在扩大。[①]

21、22日，我航空部队继续攻击莱特湾的敌舰船，监视菲律宾东方海面敌机动部队的动向。23日，因天气不良，敌我的航空活动都少，无法探知对我航空攻击或对我联合舰队都深切关心的敌机动部队的动向，消息不明。

自从敌进攻莱特以来，我陆海军航空部队如上进行了勇敢作战，但因集

---

① 驶进莱特湾的敌运输船队是由麦克阿瑟元帅指挥下的西南太平洋方面海军部队指挥官金格特中将指挥的，由舰艇150艘（包括战舰六艘、重巡洋舰6艘、轻巡洋舰5艘、护航航空母舰18艘等）、运输船只约420艘等编成。

中的迟延和天气不良等关系，未能进行大力的集中攻击。当时称作"点滴攻击"，未能获得决定性效果。

回过头来试概观一下莱特战局。我联合舰队已开始行动，准备突入莱特湾，第14方面军想从菲律宾中南部抽调7个大队，使在乌目登陆，进而随着航空决战的发展，准备使第1师团主力在莱特登陆。陆海军航空部队此时不得不停止过去依靠微小兵力的所谓点滴攻击，与增援部队一起转入航空总攻击，以策应陆面和海上的作战，取得莱特的制空权，一举粉碎敌船队。

〔航空总攻击的准备〕10月20日，南方军总司令官对第4航空军指示如下：

南方军企图和我海军主力的出击相呼应，以航空军的主力，歼灭敌船队。
在此期间，在莱特增派地面部队，击退登陆之敌。

航空决战，海军定于从23日，陆军定于从24日前后开始，预计兵力，陆海军飞机合计约400架。

第4航空军为了进行有力的攻击，必须等待第12飞行团及第7飞行师团主力的到达。但第12飞行团在22日或23日才能勉强到达克拉克，从24日起不经准备即开始攻击，的确是个勉强从事的难题。但军司令官从全局作战观点出发，决定要克服这种困难，下达了如下的命令：

一、敌继续在莱特湾登陆中。我海军主力为歼灭菲律宾东方海面之敌已开始行动。

二、发挥全军力量，力求在莱特湾附近，歼灭登陆中的敌舰艇。

三、第2飞行师团长应仍一面强行攻击，一面等待第30战斗飞行集团在中部菲律宾展开，并一并指挥，尽量迅速以全力开始攻击，尔后仍应反复强行果敢的攻击。

四、各队应尽力隐蔽地上飞机。

五、军战斗指挥所在23日傍晚进到巴哥洛。

第1航空舰队大西泷治郎新任司令长官于20日到任。大西中将[①]认为，要打开战局，除必死的冲撞攻击外别无他法，命令编成"神风特别攻击队"，以援助海上部队冲入莱特。

第2航空舰队从20日前后起，如下陆续到达菲律宾，司令长官福留繁中将于22日到达克拉克。

零战式飞机105架；紫电（新战斗机）21架；彗星（舰载轰炸机）10架；

---

① 大西中将后来任军令部次长之职，停战不久，可能为此引咎自杀。

天山（舰载攻击机）10架；九九式舰载轰炸机25架；银河（陆上轰炸机）5架；陆上攻击机20架，计196架。到22日，全部开到的飞机，陆海军合计约450架。

在此以前，10月20日，联合舰队司令长官决定海上部队冲进莱特湾登陆点的日期为25日黎明，并通报给有关部队。为与此策应，陆海军航空部队的总攻击定为它的前一天，即24日。

〔实行总攻击——空海呼应，顶得住？〕这样，迎来了10月24日航空总攻击的日子。攻击目标：陆军航空兵为运输船队；海军航空兵为航空母舰。

海军航空部队在午前6时30分，以战斗机126架、攻击机63架自克拉克地区起飞，彗星10架相继出动。我首次攻击的对象，是在马尼拉80度、160海里处，以正规航空母舰4艘、特殊航空母舰2艘为基干之敌。据报：对敌大型航空母舰直接投弹命中；使战舰、巡洋舰各一艘起火；击落飞机32架以上。我方也损失飞机67架。另外，在傍晚，24架攻击位于圣贝纳迪诺海峡东方海面以航空母舰3艘为基干之敌，但因天气不良，没有判明效果。

另一方面，陆军航空部队以兵力约150架针对莱特湾内的运输船队，从凌晨到傍晚连续三次、以全军"特攻"的气魄进行攻击；入夜以后，又以一部重、轻轰炸机袭击部队，继续进行攻击。据报战果是：击沉航空母舰、巡洋舰各1艘、击破战舰10艘、巡洋舰3艘、运输船5艘。

10月25日是海上部队冲进莱特的日子。这一天，航空总攻击，仍继续激烈进行。

陆军航空部队当日凌晨以计约160架飞机进行首次总攻击后，转入各个部队的波状攻击，整日反复进行。给予敌舰船的损害是：击沉运输船1艘、击破运输船10艘。

海军航空部队企图针对在萨马岛东方发现的敌机动部队，从凌晨到黄昏，三次出动约150架进行攻击，但终于未能捕捉到敌军。

这一天，神风特攻队首次参加战斗。从达沃起飞的一队据报在苏里高东方40海里处击沉敌航空母舰1艘；从克拉克起飞的另一队据报在斯汝昂东北30海里处炸沉敌航空母舰1艘，使另一艘航空母舰起火，击沉轻巡洋舰1艘。

26日，陆军航空部队仍继续进行总攻击，午前约以100架、午后约以60架飞机出击莱特湾，击沉舰艇2艘、运输船1艘、击破运输船4艘，使运输船30艘起火。

海军航空部队在这一天，由于联合舰队在25日莱特海面的海战失败和未能发现敌机动部队，便改变攻击目标，以约50架飞机对莱特湾内的敌舰船及机场，昼夜连续攻击三次，利用鱼雷攻击，取得相当战果。

这时，我军由于25日以来的总攻击，给予空海之敌巨大损失，确保了莱特战场上的空中优势，看来这下子似乎可以顶住敌军了。

地面作战

〔第16师团的战斗——初战出现混乱〕从18日午后开始的敌舰炮射击，到19日凌晨更加猛烈起来。当时莱特湾内的敌舰船有航空母舰6艘、战舰8至10艘、运输船约达100艘。

19日正午前后，敌施放烟幕，以舟艇约50只在德拉格、塔克洛班正面开始登陆，我第一线部队将其击退。

翌日正午前后，敌舟艇约200只，在舰炮火力掩护下，以主力在塔克洛班、以一部在德拉格，重又开始登陆，判断其兵力约一个师。

第16师团负有确保莱特岛的空海基地、以利于我空军及海军作战的任务，负责守卫该岛。师团重视德拉格正面，在此部署步兵三个大队和炮兵二个中队，另在加特蒙丘陵正面部署步兵二个大队，在塔克洛班方面，作为阵地的后方设施地区，集结了必要的兵力。

敌主攻方向出乎我意料，使师团的指挥从战斗一开始就陷于混乱。21日，师团长把司令部从塔克洛班转移到达噶米，力求机动指挥，但因通讯断绝不能如愿，而且和第35军司令部的通讯也终于断绝了。

迎击敌军的我第一线部队随处应战，约在塔克洛班西侧、帕罗附近、德拉格附近的三个地区，孤军奋战。

特别是步兵第33联队长铃木辰之助大佐，当敌试图闯入帕罗时，亲自指挥约40名挺进攻击队，于23日夜冲进该地，经奋战后阵亡。

塔克洛班机场，在敌登陆后不久即被占领。

〔第35军的会战计划〕第35军司令官在宿务确认敌已于10月19日午后在莱特湾正面开始登陆，立即发动"铃二号"作战。首先令第16师团按既定计划歼灭登陆敌军，并令尽可能骚扰敌利用莱特机场群；接着部署从棉兰老岛的第30师团（师团长两角业作中将）抽调以步兵第41联队长指挥的步兵两个大队为基干的部队在22日、从米沙鄢地区的第102师团（师团长福荣真平中将）抽调步兵2个大队在25日，分别开到乌目。

22日，第14方面军司令官下达前述命令："国军举陆海空的全力，务求在莱特决战，第35军应集结最大限度的兵力，歼灭当前的敌军。"立即把独立速射炮第20大队及独立混成第57旅团的一个大队编入第35军司令官指挥下；接着上报把第1、第26师团及第68旅团、其他方面军直辖的炮兵等，也编入其指挥之下。

第35军司令官根据方面军的这一新的意图，把第30师团的主力、第102师团长指挥的步兵三个大队及其他步兵二个大队增派到莱特，决定在此求得决战。

当时，军司令官对敌情判断如下：即目前登陆中的敌军，以约两个师首先在塔克洛班、德拉格附近占据桥头堡，加固后将开始向内地进攻；24、25日前后开始的我空海军决战进展顺利时，敌军行动将特别慎重。因此，我军如以第16、第30、第102、第1等四个师团当之，即可获胜无疑。

军司令官考虑上述各项条件，求在塔克洛班平地进行决战，接着决定攻占普劳恩地区，制订了如下的会战计划：

第35军会战计划要图

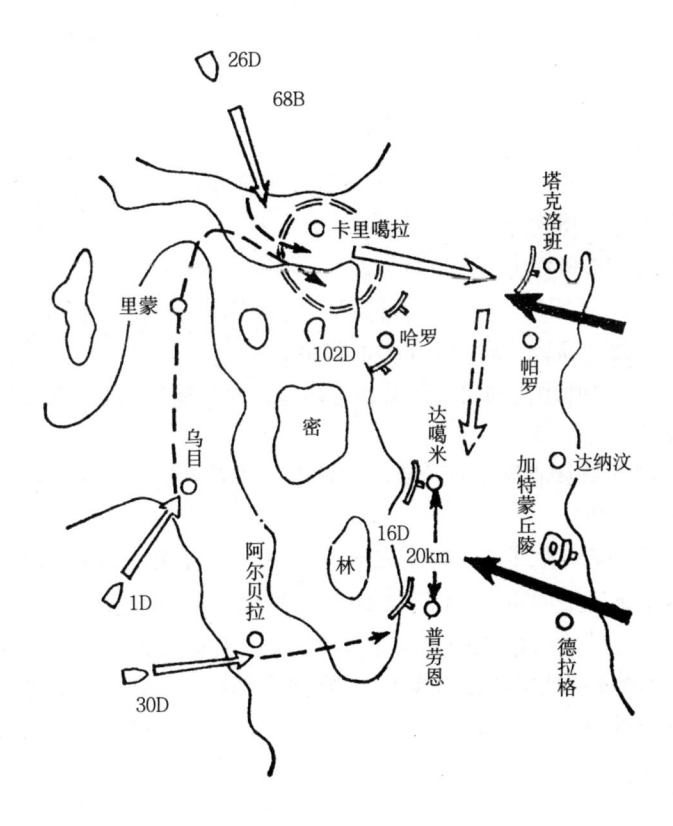

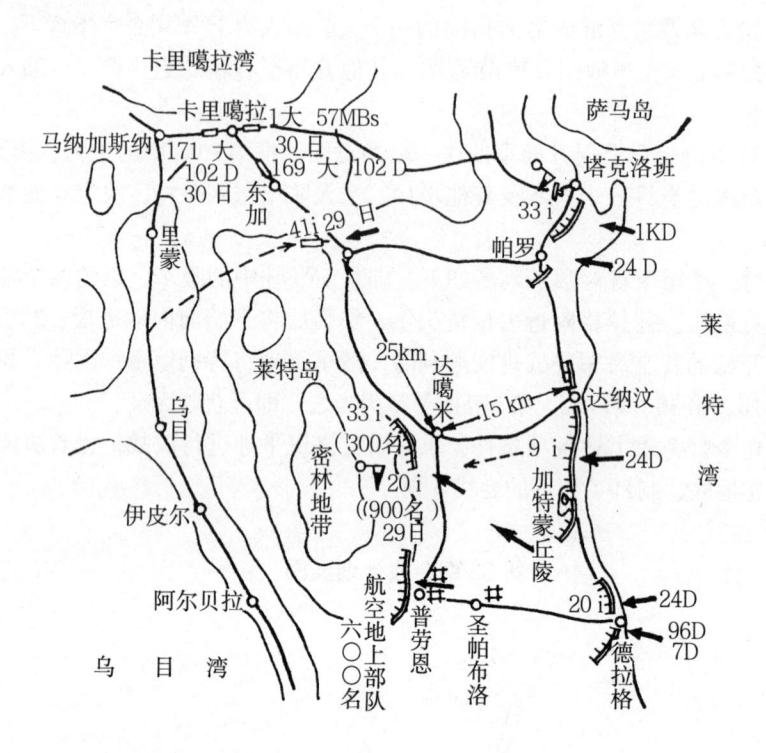

一、本军为适应空海决战,在卡里噶拉平地集中后续兵力,攻击、歼灭在塔克洛班及德拉格附近登陆之敌。

首先以塔克洛班作为本军主攻方面。

二、使第16师团以主力占领普劳恩、达噶米附近;以一部占领加特蒙丘陵、塔克洛班西方高地,掩护军主力的集中。

三、使第102师团占领哈罗及其北方高地,直接掩护第1、第26师团及第68旅团的集中。

四、使第30师团在阿尔贝拉登陆,进到普劳恩方面,协助第16师团,以便于军主力的作战。

五、使第1师团在乌目、第26师团及第68旅团在卡里噶拉登陆,在卡里噶拉及其东南地区集中军主力后,首先击溃塔克洛班方面之敌。

根据情况,可使第68旅团,在加特蒙丘陵方面实行反登陆。

〔在卡里噶拉平地指挥遭遇战〕 当第35军制订了上述会战计划,密切注视着莱特战况的发展时,10月29日,第14方面军参谋飞来宿务,带来了如下的情报:

一、第1师团及第26师团的先遣队（以步兵一个联队团为基干），11月1日到达乌目。

二、第26师团主力的登陆点决定为乌目，第68旅团的登陆点，根据情况决定为卡里噶拉或乌目中之一。

三、方面军使一支队在萨马岛登陆，向塔克洛班南下，协助第35军的莱特作战。

四、大本营考虑在莱特战场使用空降部队。

第35军根据这项通报，坚定决心，要沿着原定计划之线，在塔克洛班平地，指挥遭遇战，决定把第1师团集中在卡里噶拉附近，把第26师团（师团长山县栗花生）集中在哈罗附近，并将此部署报给方面军。

第35军这样开进莱特。军参谋长友近美晴少将于10月30日进驻乌目。恰在这时，以前派到第16师团视察战况的军参谋，10月26日，在达噶米和师团司令部联系后回到乌目。

军司令部根据这个参谋的报告及其他情报，大致了解到以下情况：

一、在塔克洛班地区登陆之敌，是敌第10军团长指挥的两个师，德拉格地区是敌第24军团长指挥的两个师。我第16师团的塔克洛班守备队直到23日受到打击，但其一部确保着哈罗西方高地。在德拉格地区，26日从该地撤退，似已后退到普劳恩方面。

二、师团长为力求保持达噶米附近，掩护军主力进到哈罗平地，正在集结兵力。29日占领了从普劳恩西方高地迄至达噶米西方高地的阵地。其兵力仅3500名，但士气还很旺盛。

三、被增派往莱特的部队已在乌目登陆的是第30师团的两个大队、第102师团的两个大队及其他两个大队。这些部队没有和第16师团取得联系，根据独自的判断，正在向莱特东岸地区的决战战场前进。30日，其一部在哈罗附近遭到了敌人急袭。

第35军司令官综合以上各种情报，判断如下：即敌登陆兵力分外强大，而且迅速从其桥头堡开始进击，目前已在向加里噶拉平地突进。与此相反，我第16师团早已丧失有组织的战斗力。所以，军原来打算在这个师团的掩护下，集中军主力于卡里噶拉及其东南侧地区，以求在塔克洛班地区决战的作战计划，不符合当前的战况，必须改变。

军于是决定改变作战计划，等待从吕宋岛来的增援兵团的到达，在卡里噶拉平地指挥遭遇战，与敌求一决战；作为应急对策，部署已经到达莱特岛的各部队，阻止向卡里噶拉平地突进之敌。

在此以前，10月23日，敌将麦克阿瑟元帅和菲律宾前任副总统一起在塔克洛班登陆，自昭和17年（1942年）3月逃往哥黎希律以来，初次踏上菲律宾土地，亲临莱特决战，同时发表了解放菲律宾的宣言。

油船问题

昭和19年（1944年）10月18日，刚一发出"捷一号"作战命令，当晚海军就向陆军要求使用油船6艘6万总吨（一直在运输南方石油的快速船）。据称为了联合舰队结合"捷一号"的出击作战，这个油船是必要的。

这个要求将使当时有关当局煞费苦心、刚见成熟的液体燃料自给方策的设想，受到致命的影响，因而陆军军政当局对此表示坚决反对，对海军作战的伊始投下了不祥的阴影。

〔油船的实际情况——要求龥散联合舰队〕 昭和19年（1944年）10月1日的油船保有载重量（包含修理中的）是陆军8艘，12000总吨，海军14艘，107000总吨，民用350艘，850000总吨（以改装的油船为主，大部分不适于远洋航行）。在昭和19年（1944年）上半期，油船的损耗和建造实绩相比，每月平均约减少15000总吨，今后估计将进一步恶化。正是这种油船保有量的变化，对当时极端紧迫的液体燃料供求的平衡，产生直接的影响。

当时有关当局对确保液体燃料的对策煞费苦心的情况，已如上述。当前燃料对策的中心课题，归根结底是油船问题。因此，有人要求把联合舰队所属油船的主力——如不得已将其一部，暂时用于专程运输南方石油；甚至有人主张此时应解散联合舰队，抽出其油船。但因问题性质微妙，旷日持久不得解决。

结果，后来燃料问题的研讨，只好按照所谓"力求运回南方石油和增进'日满华'地区自给，二者并举"的退一步方案来进行，此事前面已经述过。尽管如此，还是要求保证第三季度运回30万千升，第四季度运回20万千升。解决问题的关键仍在于油船。

〔陆军附带条件表示同意〕 海军要求使用油船是在这种紧迫空气当中提出来的，所以不了解海军真实作战意图的陆军军政当局，一时表现有难色是很自然的。不过，即使反复议论，作战的时机却刻不容缓，同时海军拘于面子也不肯对此次战役改变主意，于是，10月20日，陆军便决定在下列条件下，同意了海军的要求。

一、海军对陆军及民需，在国内各补充重油1.5万千升。

二、极力促进解除征用的油船驶到新加坡。

三、通过此次作战，对专程运油的油船船队的护航，予以保证。

这样，关于使用油船的问题，在10月21日的最高战争指导会议上作出决定如下，悲剧的菲律宾东方海上决战的帷幕便拉开了。

一、根据作战需要，到10月末，在担任专程运油的油船内，海军增加使用6万总吨。

二、根据上项，采取如下措施：

1. 海军在10月底以前，从其国内储油中交付原定应以10月中驶到国内的油船所补充的陆军及民需用重油。

2. 采取护航及其他有关措施，使解除征用的油船得以迅速担任专程运油。

3. 关于担任专程运油的其他油船的护航，极力不使受到影响。

第57章

莱特湾海战

联合舰队的作战要领

〔史无前例的舰队突入作战〕 昭和19年（1944年）10月18日午后5时32分，联合舰队司令部接到大本营海军部的"实行'捷号作战'的方面为菲律宾方面"的指示后，立即下达"发动'捷一号'作战"命令，开始了史无前例的舰队作战。关于海上部队的作战要领，已预先指示所属部队，如前所述，其要点如下：

一、第1游击部队（栗田部队）自圣贝纳迪诺海峡挺进，冲入敌登陆点，歼灭敌进攻部队。

二、第2游击部队（志摩部队）作为反击作战的骨干，对敌登陆点进行反登陆。

三、机动部队本队（小泽部队）进到吕宋东方海面，策应第1游击部队的冲入，把敌人牵制在北方，伺机歼灭残敌。

海上部队面对占有空中优势的美军，排除空军的掩护，独自冲入敌登陆点，本来就是难上加难，实行冲入必须有坚韧不拔的决心，且必须不惜全部牺牲；如果成功，其成果将是伟大的。大本营海军部不听陆军部事前劝告，决定使联合舰队主力向莱特方面出击。这种死里求生的悲壮作战，终于见诸实现。

联合舰队认为，即使由于空军兵力不足，不能试图自主的海上作战，但与其坐以待毙，莫如使超无畏级战舰"武藏"号以下的海上部队主力冲入敌人登陆点，坚信这才是留给帝国海军海上部队唯一的道路。在官兵一致的坚强决心之下，转入这项冲入作战。

联合舰队司令部还在东京近郊的日吉，担任指挥这项极为困难的作战。

20日，司令长官把第1游击部队冲入塔克洛班的日期定为25日黎明。

陆海军航空部队为了策应海上部队的冲入作战，尽管准备还不充分，如前所述，决定从24日开始航空总攻击。

海上各部队的机动

〔栗田部队发起行动和志摩部队〕 第1游击部队（第2舰队）根据联合舰队的命令，10月18日，从林加停泊地出发，20日驶进文莱停泊地。

司令长官栗田健男中将在该停泊地作好战斗准备，就冲入莱特做了如下部署：

一、亲自率领包括"武藏"号、"大和"号的战舰5艘、大型巡洋舰10艘、轻巡洋舰2艘、驱逐舰15艘，从巴拉望岛西岸北上，经锡布延海、圣贝纳迪诺海峡，在25日黎明冲进塔克洛班方面。

二、西村中将指挥"山城"号、"扶桑"号二战舰、大型巡洋舰1艘、驱逐舰4艘，经苏禄海、苏里高海峡，在25日黎明冲进莱特。

在此以前，根据10月18日的联合舰队命令，如前所述，坚决要对敌人登陆点实行反登陆的志摩清英中将率领的第2游击部队（第5舰队），21日，任务变更，受命从苏里高海峡向莱特冲入。因此，西村、志摩两部队决定同时从苏里高冲向莱特。

22日，从文莱湾出发的栗田部队经巴拉望岛西方海面北上。23日黎明，旗舰"爱宕"号及僚舰"高雄"号突然遭到敌潜艇的鱼雷攻击，接着僚舰"摩耶"号也被鱼雷击中，结果"爱宕"号及"摩耶"号沉没，"高雄"号掉队。这一瞬间的变故，使官兵产生疑惑，怀疑栗田部队的企图是否已经暴露了，同时也充分表明：为了排除前途的障碍，坚持实现计划，必须有异乎寻常的决心。

〔小泽部队开到菲律宾海面〕 小泽部队根据本身任务，为进到吕宋东方海面，牵制敌人于北方，10月20日，通过丰后水道，一直南下，其兵力如下：

指挥官：海军中将小泽治三郎

第3航空战队（小泽中将亲自率领）："瑞鹤"号、"千岁"号、"千代田"号、"瑞凤"号

第4航空战队（海军少将松田千秋）："日向"号、"伊势"号

第31战队（海军少将江户兵太郎）："五十铃"号

第43驱逐队：（"模"号、"桑"号、"杉"号、"桐"号）

第41驱逐队：（"霜月"号）

第61驱逐队：（"秋月"号、"初月"号、"若月"号）"大淀"号、"多

摩"号

小泽部队看来阵势堂堂，但"日向"号、"伊势"号是战舰改造的航空母舰，舰载飞机共108架，不足规定架数的一半；乘务员的训练还不充分，因而对航空母舰航空战没有信心。

其作战目的，已如前述，是牺牲本队以吸引牵制敌机动部队，以利于栗田部队作战，官兵的心情毋宁说是悲痛的。

都队按预定南下，24日晨，驶到马尼拉东北约400海里处。午前11时5分，从该队航空母舰起飞的侦察机在该队的215度、200海里附近，发现了由战舰3艘、其他舰艇10艘组成的敌舰队。小泽部队还未同敌有过接触，便以56架飞机对这股敌军进行了攻击。

起飞飞机大部分只同敌格拉曼战斗机约20架进行交战，并未能发现攻击目标。但一部分从云上进行奇袭取得成功。结果看到敌正式航空母舰1艘笼罩黑烟，辅助航空母舰1艘笼罩白烟，但未能判明战果。

飞机从舰上起飞后，部队一面大致游弋同一海面，一面努力诱致敌机动部队，并不断辐射电波。但只在午后5时30分前后，看到敌的接触机，没有遭到攻击。

这样，这一天，小泽部队没有达到它的目的，敌机动部队主要将其兵力集中于锡布延海的第1游击部队。①

〔**锡布延海海空战和栗田部队折回——退避**〕　24日晨起，栗田部队在经菲律宾中部的锡布延海，向圣贝纳迪诺海峡东进。

在这以前，上述的小泽部队的牵制作战以及航空总攻击都未能制止敌机动部队的行动，所以，当日敌飞机的攻击集中于锡布延海的栗田部队。

敌机的攻击，从午前10时40分开始，第一次约25架，接着第二次24架，第三次29架，第四次50架，第五次80至100架，逐渐增加了攻击的频度和机数。

栗田部队头上一架直接掩护的飞机也没有，只好以对空炮火应战。战斗伊始，主要是战舰受到损害，特别是"武藏"号，在第二次攻击时被三颗鱼雷击中，速度降低，后来敌机的攻击便集中在这个负伤的大舰上。在午后3时20分的第五次攻击中，偌大的超无畏级战舰终于冒出黑烟，6.9万余吨的巨

---

① 这支部队是美第3舰队麾下的M.A.米切尔中将指挥的第38机动部队（快速航空母舰群），由航空母舰5艘、轻型航空母舰5艘、战舰6艘、重型巡洋舰2艘、轻型巡洋舰7艘、驱逐舰44艘等组成。

躯向左大幅度倾斜，漂荡在锡布延海面上。

第一游击部队指挥官栗田中将面临这一困难战况，对继续进攻颇感危惧，暂时放弃冲入莱特的最高任务，于午后3时30分，独自命令全舰队返航。接着，午后4时，对联合舰队司令长官发出了如下的电报：

第1游击部队主力配合空军攻击，原预定日落一小时后强行突破圣贝纳迪诺海峡进攻，而从午前8时30分到午后3时30分，敌舰载机约250架次前来袭击，逐渐增加频度及机数，直到现在，无从指望空军搜索敌人的效果，只能逐渐增加损失，即使勉强冲入，也徒只提供敌人靶子，难操胜算，所以认为以暂时退出敌机空袭圈外，策应友军取得战果为宜。午后4时，在锡布延航向290度，速度18节。

这样，栗田部队便背向赌以日本命运的"捷一号"的决战场莱特而西进了。

〔全军突击！——再进击〕 返航的栗田部队，在通过受到损伤的"武藏"号近傍时看到，这只巨舰身中十一颗鱼雷，大幅度地向左倾斜，舰首插进海里，前甲板已浸泡在水中。日本海军曾经夸称永远不沉的战舰"武藏"号竟然未和敌舰队开过一炮，就在薄暮的锡布延海中消失了身影。①

午后6时15分，在锡布延海西进中的栗田中将看到敌空袭已告一段落，便下决心掉转舰队，重又驶向圣贝纳迪诺海峡，随后接到从日吉的联合舰队司令长官发来的"确信天佑，全军突击！"的电令。

萨马海上海战

〔苏里高海峡的夜战——悲痛的最后〕 10月22日，西村部队从文莱出发，24日，由苏禄海东进驶向苏里高海峡。途中午前8时前后，遭受敌机20余架的袭击，稍受损失，但未酿成大患。

志摩部队（大型巡洋舰2艘、轻巡洋舰1艘、驱逐舰4艘），24日黎明从哥伦湾出发，驶向苏里高海峡，由苏禄海南下。这样，两部队竟没有任何指挥关系却在棉兰老海会师。同一天傍晚，西村部队领头，志摩部队随后，约隔60海里经过暮色苍茫的棉兰老海，以冲进莱特为目标向东挺进。

---

① 美国海军根据10月23日、日本海军通过菲律宾中部东进的报告，集结第3舰队的快速航空母舰群于圣贝纳迪诺海峡方面，做好攻击优势的日本海军的部署，同时把第7舰队（以护航登陆船队、直接支援登陆为主要任务）的掩护炮击部队，在莱特湾的南端、苏里高海峡展开；并在该海峡的内侧及其南侧附近配置了多数鱼雷艇。

西村部队自午后8时40分前后与敌鱼雷艇发生接触,但敌我都没有损失,从疾风骤雨中的苏里高海峡北上了。队形是以第4驱逐队("满潮"号、"朝云"号、"山云"号)为前卫,以第2战队("山城"号、"扶桑"号)及"时雨"号、"最上"号作为本队随后。

25日午前2时20分,"山云"号突然被鱼雷击中而爆炸,几分钟后就沉没了。后来约10分钟,"满潮"号及"朝云"号也几乎同时被鱼雷击中,"满潮"号约10分钟后沉没,"朝云"号减速,勉强退避到南方。

本队也遭到顽强的敌鱼雷艇攻击,但没有太大损害,以"时雨"号、"山城"号、"扶桑"号、"最上"号的单纵阵形继续北上。午前3时15分前后,这4艘军舰开始遭到隐蔽扼守海峡的敌鱼雷艇的集中攻击,接着又遭到在该海峡北口展开的敌战舰等的炮击,拂晓以后又遭到敌机的空袭,除"时雨"号外,全部军舰可悲地覆没了。

这样,西村部队取得了牵制敌军、协助栗田部队冲进莱特的战果,消失在苏里高海峡、棉兰老海中。而且该部队几乎没有直接给敌以任何损害。可以说是世界海战史上最惨痛的一页。

〔志摩部队返航退避——放弃冲入作战〕 另方面,第2游击部队(志摩部队)在西村部队后方约60海里处继续前进,约比该队迟两小时驶进苏里高海峡。一驶进海峡便遭到敌鱼雷艇的攻击,但没有多大损害,此外没有遇到敌军,驶进了海峡北口。

午前4时30分前后,该队在海峡北口的北方,发现敌舰队,[①]对此进行炮击,恰在此时,和南下退避中的西村部队的损伤舰"最上"号会合,以此为转机,急忙折回南下,25日天明后,退避到了棉兰老海。

在24日,志摩中将通过从旁收听,得知第一游击部队向联合舰队拍电说:"空袭损失很大,今后无胜算,应先行返航。"随后由联合舰队司令长官回电:"确信天佑,全军突击!"于是放弃冲入莱特的念头,让损伤舰单独退避,亲自率领其余军舰驶往哥伦湾。

在这次海战中,我丧失了轻巡洋舰"阿武隈"号,既无作战上的效果,也没取得战斗的成果。

〔小泽部队在吕宋东方海上的奋战〕 10月24日午后2时40分,小泽中将

---

① 和西村部队及志摩部队在苏里高海峡交战的是,属于美第7舰队,以战舰6艘、重巡洋舰4艘、轻巡洋舰4艘、驱逐舰26艘为基干的部队,指挥官是恩颠道尔夫少将,其损害是驱逐舰1艘大破。

决定令前卫（"日向"号、"伊势"号、"初月"号、"若月"号、"秋月"号、"霜月"号）夜袭敌机动部队，立即让前卫离开本队南下。并预计翌日敌军会前来进攻，把战斗后和本队的会合点选定在尽量把它诱致到东方海面的地点。

24日午后8时，中将得知栗田部队已返航，便命令部队，暂时向北方退避，同时命令前卫部队与本队合并。待搞清返航的情况后，子夜，再度折回南下。

前卫部队没有受到敌人接触而南进，午后7时20分前后，看到前方遥远的水平线上断续发出闪光。因不知这个闪光是敌人的对空炮火还是闪电，便慎重予以对待；这时接到来自本队的会合命令，便于午后9时40分返航，驶往会合地点。

天明，25日，在午前6时前后，本队及前卫在大致预定地点会合一起。

这一天，小泽中将断定敌机必来空袭，认为与其留下在数量上和训练程度上都不充分的兵力，莫若与基地航空部队会合一起，便令当时残存的舰载战斗机以外还可使用的全部飞机（计9架），飞往菲律宾方面。

午前8时过后，我侦察机报告，在南方航空攻击圈内有敌人有力部队，于是部队估计敌军将来袭击，便准备以全部战斗机13架迎击。不出所料，敌军的激烈空袭，从午前8时20分前后开始了。我战斗机进行了第一次迎击。但在约9时30分以后，掩护机一架也没有了。"千岁"号及"秋月"号在这次攻击中沉没了。

敌第二次空袭从午前10时开始，"千代田"号受伤漂荡海上。

午后1时前后，敌机发动第三次攻击，"瑞鹤"号于2时30分沉没。直到傍晚又继续发动第四、第五、第六次空袭，"瑞凤"号也沉没了。

敌空袭以后，我阵形陷入混乱，但各舰艇仍在继续殊死的活动。

旗舰"瑞鹤"号沉没后，小泽中将把将旗移到"大淀"号上，继续指挥战斗。到午后5时前后，敌空袭告一段落。此时小泽中将能够直接掌握的兵力，只是"大淀"号、"日向"号、"伊势"号及驱逐舰2艘（"霜月"号、"若月"号）。小泽中将率领仅有的这一点点兵力，一边祝愿栗田部队主力冲入莱特成功，一边继续引诱和牵制敌人。

午后8时前后，根据驱逐舰"初月"号的报告，得知由航空母舰1艘、战舰2艘及其他舰艇数艘组成的敌军在追踪我军。对此决心以夜战歼灭之。午后9时30分，开始向这支敌军挺进。后来部队继续南进达二小时，但始终没有遇到敌军，便打断进击的念头，于午后11时45分，转向北航行。这样结束了这一天的战斗。

小泽部队在这次海战中，完全吸引住敌机动部队的全部兵力，达到了作战目的，给栗田部队创造了绝好机会，而本身却在敌空军激烈的攻击下瓦解了。

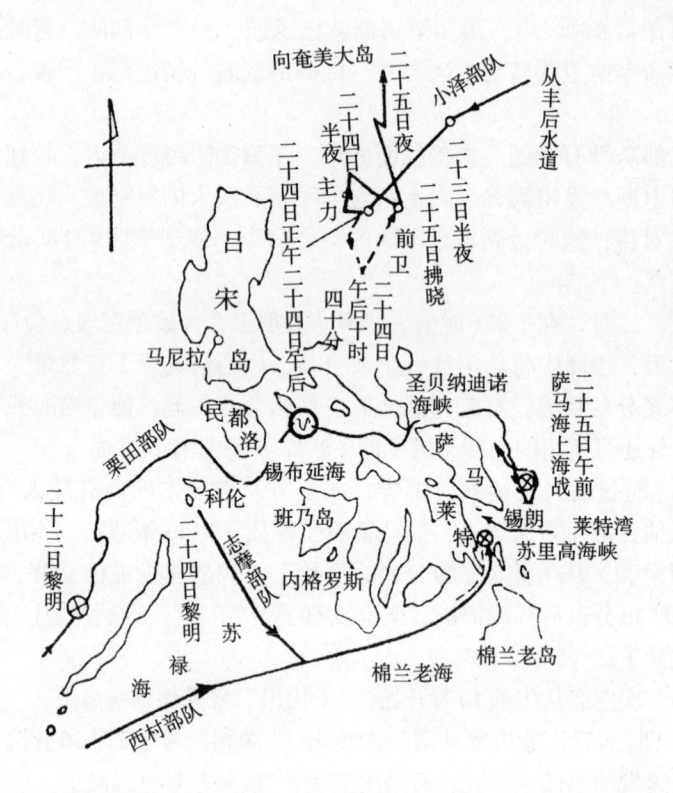

小泽部队的这种不惜为全局献身的勇敢善战，为以往的牵制作战，在部署方法和战斗方法上都留下了模范，将永久载入我国战史。

26日，小泽部队担心敌军追击，但是终无其事，当天正午前后，在宫古岛东方，通过冲绳列岛一线，27日正午，驶进奄美大岛港口。其兵力是"日向"号、"伊势"号、"大淀"号、"五十铃"号、"桑"号、"槇"号、"杉"号、"桐"号、"霜月"号、"若月"号。

在这次作战中，我损失计：航空母舰4艘（"瑞鹤"号、"千岁"号、"千代田"号、"瑞凤"号）、轻巡洋舰1艘（"多摩"号）、驱逐舰2艘（"初月"号、"秋月"号）。

〔萨马海上海战——"大和"号的初弹命中〕10月24日傍晚，在联合舰队司令长官的督促下返航的栗田部队，自锡布延海东进，预定在翌日午前11

时前后冲进莱特港口。25日午前0时35分，该队突破圣贝纳迪诺海峡，进到萨马东方海面，接着一面部署夜间搜索敌人，防备不时遇敌，一面驶向锡朗岛方面。

这时，在战斗队伍里的各战队的编制如下表。

25日午前6时，天亮了，但因天气不良，处处暗云低垂，兼有狂风骤雨，视野不清。此时，舰队正在从斯汝昂岛北方80海里附近南下，想把队形变为轮形阵，准备对空战斗。午前6时44分（午前6时27分日出）正在从夜间搜索敌人的部署，把队形换成轮形，突然发现在"大和"号的东南方37公里处，有四棵桅杆；接着6时45分，在同一方向看到敌的舰载飞机。这是没有注意到我舰队接近、驶向莱特战场、以飞机起飞中的航空母舰为中心的敌舰队。

战队名	舰名（驱逐队名）	
第一战队	▷ "大和"号、"长门"号	
第三战队	▷ "金刚"号、"榛名"号	
第五战队	▷ "羽黑"号、"鸟海"号	
第七战队	▷ "熊野"号、"铃谷"号、"筑摩"号、"利根"号	
第二水雷战队	▷ "能代"号	第31驱逐队（"岸波"号、"冲波"号）
		第2驱逐队（"早霜"号、"秋霜"号）
		第32驱逐队（"滨风"号、"藤波"号）
		"岛风"号
第十战队	▷ "矢矧"号	"野分"号
		第17驱逐队（"浦风"号、"矶风"号、"雪风"号）

栗田部队捕捉到这样天助的战机，便出敌不意，开始了猛攻。

发现敌人以后约15分钟，战舰"大和"号在6时58分，以18英寸炮轰然齐射，开始了这次海战。射击距离31公里，初弹命中。毕竟是"大和"号，否则是办不到的。

各战队以快速逼近敌军，一面持续把它压向东方，一面予以猛攻。

敌遭到不意攻击，大为狼狈，或施放烟幕，或由驱逐舰进行鱼雷攻击，或以舰载机进行攻击等，施展各种手段，力求退避。我舰队追击，交战两小时，一时逼近敌军到22公里，到午前9时10分前后，阵势陷入混乱，难分敌我。同时，栗田中将考虑到冲入莱特湾的燃料问题，便停止追击，命令各队集合。午前10时30分，各部队大体集合完毕，采取轮形阵式开始南下。接着，午前11时20分，航向变为东南方，向最终目标莱特湾进击。

在这次海战中，我方所获战果，计：击沉敌航空母舰3艘、巡洋舰1艘、驱逐舰4艘、大破航空母舰2艘。我方损失巡洋舰2艘、驱逐舰1艘。①

〔栗田部队终于没有冲进莱特〕 向莱特进击中的栗田中将，眼看要进入虎穴，但不想摸一摸虎子，就在午后0时30分，在如下的判断之下，再度放弃了冲进莱特这一最高的作战任务，独断地把航向转向北方。②

一、与敌航空母舰群交战，耗费了时间，不到午后不能冲入，失掉了策应苏里高部队的时机。

二、在本日午前的战斗中，从敌航空母舰发出电话："请求援助"。回答是"要在两小时以后"；另外，敌运输船队鉴于本日早晨以来的战况，势必退避湾外，其他舰船也在离港出击，即使午后冲入，敌舰船不在湾内的可能性很大。

三、窃听电话得知：敌方命令航空母舰搭载飞机在塔克洛班基地着陆，又，敌方知道本日晨起的战斗状况，必在莱特方面集中以多艘母舰为主体的舰队，我如冲入湾内，在狭小如池的海面，无法自由行动，将受到敌大量飞机的集中攻击，战况对我将十分不利。

这样，栗田部队便驶向圣贝纳迪诺海峡，同日午后，竟出乎意外，没有受到大规模的敌空军袭击。如前所述，这是由于小泽部队牺牲自己牵制作战的结果。

栗田部队放弃凭友军牺牲才得到的千载一遇的战机，居然脱离决定胜负关键的决战场，于25日午后9时30分，安然从西侧通过圣贝纳迪诺海峡。

我海军在此一连串的海战中，虽给予敌人以相当的损害，但并没有达到作战目的，反而丧失了大部分兵力，仅以残存的一部分脱离了战场。这次海军实力的急剧下降，不仅对于莱特战役，而且给敌我的整个战局带来了很大影响。东、南两中国海固不待言，不久连日本本土四周的海面也不得不听任敌军猖狂活动了。

---

① 据美方正式发表的实际损失是，击沉航空母舰1艘、驱逐舰3艘，中弹的航空母舰3艘、驱逐舰1艘。

② 据战后调查，当时敌运输船约80艘正在莱特湾内卸货。美方坦率承认："如果栗田舰队冲进，那可真不得了了。"

第58章

莱特决战

大本营的指导

莱特战役伊始，我空军战斗进展顺利，陆海军航空部队给予莱特湾内的敌运输船队很大损害。但在"捷一号"作战中，如上所述，航空部队以用来在海上击溃敌渡海进攻部队为原则；因此，在作战初期，尽管陆海军航空部队奋勇战斗，但由于情报迟误、集中兵力开到战场迟误和天气不良等原因，却失掉了在海上击溃敌运输船队的时机，终于使敌第一次登陆成功，并得以使用莱特岛上的机场。从目前情况看来，航空部队的运用，必须从在海上歼灭敌运输船队转向摧毁敌人登陆上。

〔**陆海军航空中央协定——摧毁登陆**〕 10月28日，大本营陆海军部为此决定了关于摧毁敌登陆作战的陆海军航空中央协定。其概要如下。

一、陆海军各以其航空部队及补充人员以及生产飞机的大部，冲进菲律宾方面，为完成"捷一号"作战而迈进。

二、陆海军航空部队的主要任务如下：

海军航空部队

切断敌对登陆兵团的海上补给及增援（包括消灭停泊地附近的敌运输船），歼灭敌机动部队。

陆军航空部队

封锁敌航空基地，掌握停泊地附近的制空权和歼灭停泊地附近的敌运输船（包括阻碍敌运输船的装卸）以及直接支援地面作战。

三、特别任务攻击部队根据基本任务使用。

四、当地陆海军指挥官除根据上述各项外，须特别力求确保战场附近的制空权，根据情况，随时配合，实现作战目的。

接着，11月1日午前零时，第二次下令实行"捷一号"作战，试图再向菲律宾方面增派空军兵力。

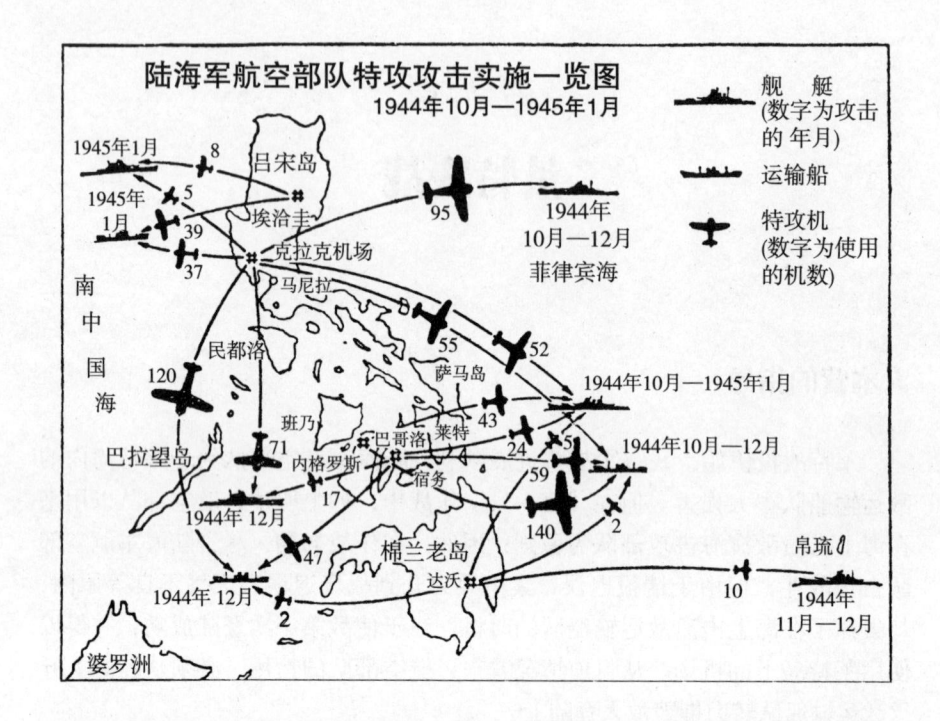

[地面决战兵团的增强] 决战时期迫在眉睫，为了有利地完成莱特战役，大本营决定把有力部队作为地上决战兵团向菲律宾推进，并就目前的作战指导，对当地军司令官作了如下指示：

一、现在，以莱特岛为中心的国军主决战场，乃真正是帝国战争指导上的重大转机，其结局深为全国全军所关注。务期军政一致，以非常的决心，做到必胜。立即决定有关船舶运用问题如另电。

在皇威之下，皇军肩负的责任可谓至重且大。

二、关于第35军目前的作战指导，特别是使决战兵团得以迅速进入平原；对敌主力的歼灭战及取得成功的基础——航空作战的发展情况，全军都在以异常的关心，注视其每一进退。

三、大本营正在计划，只要情况允许，除第23师团外，尽快把两个兵团推进到菲律宾。

因此，为了在目前唯一的决战场莱特正面，彻底集中决胜兵力，有关从菲律宾内地方面抽调有力的兵力事宜，务期做到万无一失。

于是，第23、第10、第19三个师团在11月中、下旬编入第14方面军司令官的属下。

另在11月下旬，把第1挺进集团（10月下旬已编入南方军总司令官属下的第2挺进团编入其编制）编入第4航空军司令官的属下，派到菲律宾。

航空作战

〔当地陆海军航空协同纲要〕 莱特的战况逐步转变，在10月下旬前后，击退在莱特已占有据点之敌，必须是所有作战的根本方针。

南方军为了适应这种战况，并且为使自航空总攻击开始以来，消耗了战斗力的陆海军航空部队准确配合，10月28日，和西南方面舰队协议，决定了陆海军航空协同纲要如下：

一、陆海军航空兵在一致方针下紧密配合，迅速掌握莱特方面的制空、制海权，以期达到决战目的。

二、地上决战兵力集中期间

以封锁敌在塔克洛班地区的空军基地及消灭莱特湾方面的敌舰艇，作为指导作战的重点。

1. 封锁敌基地及消灭湾内舰船。

陆军仍以第4航空军的几乎全力，继续进行现在的作战。

海军以消灭战舰艇为重点，并努力封锁敌基地，互相配合，以期迅速达到目的。

2. 歼灭敌残存航空母舰。

巡逻警戒以海军为主，陆军根据需要予以协助。海军须经常保持以部分有力兵力可随时进攻的态势。

当攻击时，海军以上述兵力，陆军以"特"号部队，密切配合，予以致命打击。

如果情况许可，海军尽量策划统一发挥战斗力，陆军选拔必要的兵力予以协助。

3. 对摩罗泰基地空军的压制。

陆军担任搜索。

陆、海军各选拔一部分兵力随时进攻，陆军捉住战机，坚决运用"义号"部队的挺身作战。

4. 确保加莫底什海一带的制海权。

海军主要以航空部队迅速扫清圣贝纳迪诺海峡、莱特水道和苏里高海峡以西内海的敌舰艇，然后力求切断同外海的联系。

陆军航空兵根据需要予以协助。

5. 决战兵团的船队护卫。

陆军以从巴邻旁抽调的兵力（实际出动飞机约40架），担任船队的直接掩护。

海军随着航空兵力的增强，以一部兵力加强护航。

三、关于在攻势期间协助地面作战事项，另定。

后来航空作战，就是按着这个纲要指挥的。

〔航空战的演变〕 进入11月，陆海军航空部队仍继续进行总攻击。一时似已打垮敌空军的优势，旋因敌方增援和我方补充不足，不久彼此便不分轩轾，接着敌方又转为优势。当时莱特决战的成败关键取决于空中和地面都要集中纵深的兵力和阻止敌军增援。

南方军从这个观点出发，向大本营申请："飞机800架，希望11月6日以前必定到达。"并报告："目前一天如果没有80架的补充，就不能实现航空作战的目的；如继续现在的状况（一天平均补充30架），到本月末前后，制空权将归敌手。"但因生产力的关系等，这个要求终于无法实现。另外，大本营计划推进的航空部队的集中，也由于新机种的整备、天气、航路设施等原因，迟迟不进，损耗经常超过补充，空军战斗力一直走向衰退。11月上旬，第4航空军的可用飞机约170架，这对于既要确保制空权，又要完成各种任务，远远不够。

另方面，敌以摩罗泰、帛琉、马里亚纳为基地空军的据点，以航空母舰群为机动兵力进行作战，随着莱特登陆，又把基地推进到该地。到11月5日傍晚，约有敌陆上飞机150架开到塔克洛班，约有100架开到普劳恩。而在11月上、中旬，敌机动部队又出现在菲律宾东方海面，发挥了间歇的和锤击般的威力。

第4航空军鉴于上述战况，力求以全军"特攻"（敢死）的决心挽回颓势；仍以主力攻击莱特湾的敌船队及航空基地，并令第7飞行师团压制敌后方的主要根据地——摩罗泰基地。

第7飞行师团，从11月5日前后起，按照敌情及天气情况，开始积极而灵活的作战，主要是攻击摩罗泰基地，以利于军主力作战。

尽管我军如此殊死攻击，而敌基地空军部队却随着增援，逐渐活跃起来，在11月中旬，已掌握了莱特的制空权，与机动部队相策应，其机翼已延伸到吕宋地区。第4航空军此时被迫从攻势转入守势，并主要为利于地上兵团决战，掌握其作战指挥，还改令一向专担负地面任务的第4飞行师团担负连接民都洛岛南端、萨马岛北端一线以北的防空和掩护船队等的作战任务。

在此以前，海军航空部队合并第1、第2航空舰队，编为第1联合基地航空队。10月下旬以后，因兵力不足，停止了过去反复演习的、依靠大编队的统一攻击，进行以"特别攻击"为中心的作战。其主要作战目标放在阻止敌军增援上。

为了补充急剧削减的兵力，把预定由航空母舰搭载的第3舰队飞行机队的大部分，编入第1联合基地航空部队的指挥下，并把担任日本本土航空作战的第3航空舰队的大部分向菲律宾推进，另外，使"T攻击部队"从台湾前进到菲律宾，由过去专任攻击敌航空母舰，改为攻击敌运输船和陆上基地。

〔航空特攻——成为攻击力量的主体〕昭和19年（1944年）夏季以来，在第1线航空部队中间酝酿着的"特攻"攻击的趋势，在莱特决战危急时达到最高潮，结果终于编成"特攻队"，冲撞炸毁莱特的敌舰船了。

海军的"神风特别攻击队"很活跃，已如上述；而在陆军，第4航空军以全军"特攻"的气魄，多数飞机进行冲撞攻击；接着，随着大本营组编的富岳队（队长西尾常三郎少佐）开到菲律宾，在11月中旬以后，"特攻"便成了攻击力量的主体；该军原来所属部队也逐步改编成了"特攻队"。

过去各个战士根据战斗情况，为完成任务个别实行起来的"特攻"，便形成有组织地来进行了。陆海军航空部队始终在远为优势的敌军势力下，"特攻队"和一般部队互相交错，为削弱敌人的战斗力进行战斗。从昭和19年（1944年）11月继续到翌年1月的航空"特攻"，在第4航空军方面，"特攻"次数62次，机数约400架；在第1航空舰队方面，"特攻"次数106次，机数436架。

尽管陆海军航空部队的航空作战倾尽了精力，但在11月中旬，大局已定，敌军终于在莱特占据了稳固的地位。

第35军的莱特会战

莱特海上的海战遭到失败，航空作战也大势已定，这时击退莱特的敌军只有指望地面作战了。而地面作战成功的关键，在于我增援兵团准确开到莱特和切断敌方增援；其前提则是掌握制空权。

11月时，向莱特输送的实际情况是：军队26660名，军需品14200立方米，因运输时部分沉没海中，到达率是45%。而11月莱特岛的给养兵额（需要给养的兵员、马匹数）是人48000名，马600匹，汽车210辆。

第14方面军事先采取措施,将第1、第26师团及第68旅团等迅速增派到莱特;南方军从巴邻旁抽调防空战斗队(实际出动约40架),增派给第4航空军,使之负责掩护运输这些兵团的船队;而陆海军航空部队,对莱特湾的敌舰所以断然进行冲撞攻击,乃是为了在莱特战役的最后决战中取得胜利,对准战局焦点而采取的作战行动。

〔初期地面作战的发展——第1师团开到〕 回头试看莱特战场的情况。第16师团自10月29日以来,占领从普劳恩西方高地到达噶米西高地的阵地;在对优势敌军英勇奋战中,伤员也不肯后退,通过挺身攻击等,取得了相当战果。

以前向卡里噶拉急进的步兵第41联队(缺第3大队),10月30日在哈罗西北侧地区,与敌第24师遭遇,受到压迫,11月1日,后退到卡里噶拉西南方山地;其他先遣各大队也同样在敌军压迫下,后退到卡里噶拉南方山地一带。

军所期望的第1师团及第26师团的先遣队今堀支队(以步兵两个大队、炮兵一个大队为基干),从10月31日到11月1日夜里,安然到达了乌目。

第35军的会战指导方案,如前所述,是在卡里噶拉平原指挥遭遇战,求得在此决战,因而军司令官按照事先计划,命令第1师团"统一指挥目前在卡里噶拉附近后退中的先遣各队,开到卡里噶拉附近",并命令今堀支队占领哈罗西南侧地区,以掩护第26师团主力开到该地区。

〔里蒙附近的意外遭遇战〕 11月2日夜,第1师团长片冈董中将以搜索团为先遣队,使向卡里噶拉挺进;以主力于11月3日从乌目出发北进。3日凌晨,先遣队在加波堪与敌遭遇,正午过后,卡里噶拉方面的敌军利用舟艇,从卡里噶拉湾出动,午后3时前后,在科拉西安附近登陆。这股敌军是美第24师的先头部队。师团长没有料到与敌遭遇,为了击溃它,部署先头梯团的步兵第57联队攻击当前之敌,令其他各队切断敌军退路,并切断其增援。

师团各队因下雨道路泥泞和敌机的妨碍,轻易不得展开;而敌军却迅速增援。步兵第57联队对正在进到里蒙北方棱线的敌军开始攻击,是在4日午后6时前后。

莱特的地面决战,就这样开始了。在这以后,以里蒙附近为中心,反复展开了激战。

今堀支队在11月4日到达哈罗西方的山岳地带,占领了阵地。敌第96师的一部依仗火力向我方攻击,其兵力不断增加,支队凭地形险要和勇敢善战,有效地阻止了这股敌军。

第35军司令官认为会战在没有料到的时间和地点开始了,但决定仍大致按照预定计划,进行卡里噶拉附近的会战,使11月9日在乌目登陆的第1师团的余部(以步兵三个大队为基干),迅速赶上里蒙附近的师团主力,并令第26师团主力,准备于1月11日在乌目登陆后,进到哈罗附近。

但是,第26师团主力的运输船队11日刚一到达乌目,就遭到敌机约300架的攻击,整个5艘运输船和7艘护航舰艇中的5艘被击沉,因而登陆步兵未及携带重武器,工兵也未及携带器材,军需品几乎全部沉入海中。

〔第1、第16师团的战况〕 第1师团曾一时压制敌军,在11月15日前后,其一部进到可俯瞰卡里噶拉湾的地点,而敌军也从里蒙——马那噶斯那斯道路及其西侧地区向我左翼方面扑来。师团一面以一部掩护左侧,一面以主力继续突击正面,23日成功地冲进科拉西安;但敌第32师也全面参加战斗,于是师团左侧的威胁增加了。阵势混沌,胜负难分。

第16师团各方面连日遭受敌人猛攻。11月6日敌军终于进到我在普劳恩方面的前沿阵地。从当晚起,在围绕从达噶米西南方到罗比山东麓的敌阵地上调整了战线。

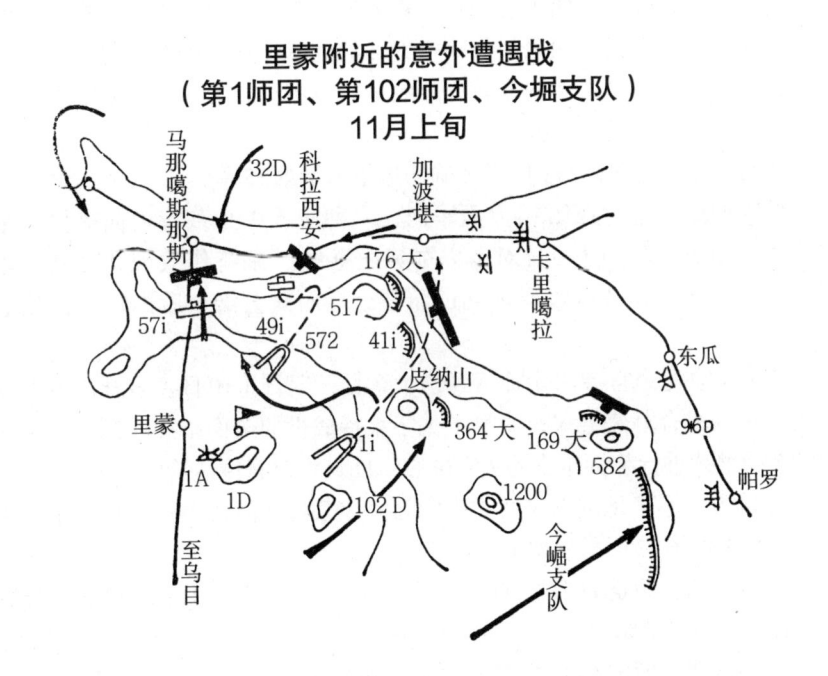

里蒙附近的意外遭遇战
(第1师团、第102师团、今堀支队)
11月上旬

这时,师团各队的各级干部大半战死,11月10日前后的兵力约为3350名,装备武器也损毁殆尽。而且粮食极端不足,官兵利用打伏击战、奇袭等方式挺身进行局部攻击。

〔逐次加入战斗——主动权转移〕 第102师团司令部11月17日夜到达乌目。军司令官命原受第1师团长指挥、在卡里噶拉西南地区战斗中的该师团的先头到达部队,回到其指挥之下,使之占领皮纳山附近,掩护第1师团的右侧。

这样,卡里噶拉附近的会战,因敌进攻意外迅速,出乎军的预料,展开了意外遭遇战;军不得不逐次将其兵团投入战斗。而目前军的主力第1师团的战斗,正处于胜负的歧路,第26师团在加入战斗之前,就急遽降低了战斗力。另外,军的根据地乌目湾方面,敌鱼雷艇的活动,逐渐活跃起来。

这样,第35军的作战,开始呈现出不得不逐渐把主导权交给敌手的严重局面。

〔第14方面军的会战指挥〕 马尼拉的第14方面军司令部判断:第1师团的初期战斗,可能成为决定整个莱特战役的重大关键。

如上所述,第1师团在进到第35军计划的预定集中地区以前,在里蒙附近发生意外遭遇战,致使莱特的日军被分成普劳恩和里蒙两个方面。方面军研究了应该把重点指向两条战线哪一方面的问题,得出的结论是:为了挽回战局,无论如何,最根本的是首先压制敌机场群。11月5日,企图使第35军把第26师团用在普劳恩方面。

然而,这个企图,1月12日才确切地指示给第35军。

尽管如此,这时在第14方面军内,一种应该中止莱特地面决战的意见冒头了。山下大将11月9日对南方军陈述意见:"莱特作战现在已到中止的时机。即使继续作战也没有成功的希望,反而只会给今后的吕宋作战造成困难。"

南方军总司令官寺内元帅听到这个意见,翌日(10日)召开南方军及第14方面军的联合幕僚会议,研究了关于莱特战役的全面指挥问题。结果寺内元帅表明继续进行莱特作战的坚定决心,11日将此意传达给山下大将。

第14方面军于是重下决心,决定为完成莱特作战而迈进。作为莱特决战兵团,部署给第35军增派如下的部队:

第68旅团:预定11月17日到达马尼拉。这是以陆军公主岭学校教导队为基干编成的精锐部队。

第23师团:预定11月23日—12月中旬到达马尼拉。

第10师团:预定12月上旬到达马尼拉。

上述企图逐步具体化。11月15日,第14方面军制定的"莱特决战指导要领"的要点如下：

一、扩大莱特方面的成果，粉碎该方面之敌，此间，在其他正面，严密警戒敌人的企图，力求挫败之。

二、第35军应歼灭莱特方面之敌，如不得已时也要阻止敌人使用空军基地群。

三、增加兵力问题，考虑我制空及海上掩护的关系，尽量争取掌握战机，按下列计划进行运输。估计情况不利时运输可能迟延，或者可能暂时中断向莱特方面投入兵力，但对"肉攻"（译注：指"特攻"队的作战）资材、现有兵力的弹药粮秣的供应，务望保证无误。

1. 11月23日—26日，以大型船队突击运输。
2. 如果可能，到月末运输两次（至少一次）。
3. 自16日起，由机帆船独航；自18日起，由快速船独航。

四、要求第4航空军密切协助第1师团在里蒙附近的战斗及第26师团在普劳恩的挺进作战。

五、敌企图在吕宋地区进行新的登陆时，以使莱特决战顺利进行为主；以所在兵力力求粉碎敌之企图。

〔第35军的作战指挥变更〕 如上所述，第35军按照作战计划，准备把第26师团用在哈罗方面，可是，11月12日，突然接到方面军发来的"第26师团须用于普劳恩方面"的电令。这个命令从根本上推翻了第14军正在进行的卡里噶拉会战，意味着把主决战场改到普劳恩方面，因而军司令官受到了莫大的冲击。但因考虑到巴依巴依方面的敌军问题，军司令官便改变主意，翌日（13日）令第26师团部署在阿尔贝拉—普劳恩道路方面作战。这就不得已放弃了卡里噶拉会战的意图。

阿尔贝拉—普劳恩道路，是密林中的小路，车辆不能通行，特别是卢比附近以东，是连原始道路都没有的未开垦的森林地带。因此，第26师团向普劳恩挺进极为困难。而且，25日，在其右侧又受到新的敌军的威胁。即担任师团右侧掩护的部队和从巴依巴依方面开来的美第7师的一部交起战来。

于是军司令官命令第26师团向该方面增派所需兵力，首先击溃这股敌军。

这样一来，第26师团向普劳恩挺进的希望就更加渺茫了。

〔薰空降队〕 敌人对莱特的增援，似乎比较顺利。11月中旬，地上兵力达7个师，空军基地达5个，其行动日加活跃，莱特的制空权已落入敌手。因而我兵团及军需品运输极为困难，地面作战逐渐受到敌人的强大压力。

我军想以全面受到限制的军事力量打开这个难局，除了死里求生的拼命战法以外，已经别无他法。

11月23日，第4航空军决定拿出最后的王牌"薰空降队"（由中重男中尉指挥的约80人组成，以飞行第208战队的达格拉斯三型运输机空运），于26日傍晚在塔克洛班地区的敌基地强行着陆，破坏敌的地上飞机、重要设施，一举压制敌军，并将此事通报给第14方面军。

〔普劳恩战役——最后的总攻击〕 第14方面军早就企图攻占普劳恩机场，并从该方面向东北方席卷敌军，所以决定和第4航空军及海军协同迅速进攻普劳恩。11月23日，对第35军司令官下达了根据如下计划进攻普劳恩机场群的命令。

一、尽量集结、使用航空兵力，暂时夺回制空权，利用空降部队的奇袭，直接占领普劳恩、圣帕布洛机场群；同时第16、第26师团从地上冲入，巩固空降部队的占领。

二、发动时间定为从12月5日到10日之间。

三、第4航空军从11月23日到27日，进行航空歼灭战。在这期间，26日，在塔克洛班机场强行着陆，巩固制空权，接着从12月1日到3日，进行航空歼灭战。

海军航空部队，12月4日至7日，协助卡里噶拉湾及乌目湾方面的地面作战。

四、第2挺进团（约由人员250名组成，鹿岛、香取二队飞机约40架）于地面攻势的前夜，在普劳恩、圣帕布洛两机场降落，占领之。

五、第35军在12月3日以前完成进攻准备；进攻前一天和空降队配合，进行强有力的冲锋攻击。目标定为：第16师团，北普劳恩；第26师团，南普劳恩和圣帕布洛机场。

这是综合陆海军兵力的莱特最后的总攻击。

11月24日，陆军航空部队以64架飞机攻击敌军机场；海军航空部队以约30架飞机，攻击敌军舰艇，另外，薰空降队26日傍晚从吕宋南部的里帕冲进，在德拉格机场断然强行着陆。

航空各队的作战就这样付诸实行了，但第35军的进攻准备，并不容易。

军的北部战线——第1师团的战斗，当时正濒于危殆。面对从战线间隙涌出的敌军，不得不组织后勤机关加以阻击。但军司令官决定强行普劳恩作战，部署第1师团仍继续攻击当前之敌；第26师团以一部（以步兵两个大队为基干），对付目前在阿尔贝拉南方地区交战中之敌，掩护军的右侧，使主力迅速脱离这股敌军，转进到普劳恩方面。

12月4日，军把战斗指挥所推进到卢比。

第26师团主力于12月3日凌晨脱离阿尔贝拉南方之敌，4日到达卢比。其先遣大队战胜重重困难，3日前后到达普劳恩西方的隘路口，准备挺进攻击。

军司令官鉴于以上的情况，把冲入普劳恩的时间定为12月5日夜，命令第16师团冲入普劳恩北机场；第26师团冲入普劳恩南机场，和空降部队联系，巩固占领。

然而，这时接到方面军的通报说，因同航空部队配合关系，把冲入时间定为6日。于是军立即将此通报给两师团。可是，第16师团已无法确切联系了。

〔从空陆冲入普劳恩——攻势结束〕 第16师团的集成一个大队于6日拂晓，冲入普劳恩北机场，奇袭攻击成功。

第2挺进团的第一批伞兵部队在6日傍晚降落在圣帕布洛、普劳恩机场，其一部和第16师团的冲入部队取得了联系。

第26师团以先遣大队为基干于6日夜冲入普劳恩南机场，但没有成功，7日夜再次进行了冲入。

的的确确倾注了第一线官兵心血的我空、地协同的挺进作战，这样取得了相当成果，似已确保普劳恩南北两机场，该方面敌机的活动显著减弱。

12月7日凌晨，当空军和陆军正在集中力量扩大战果时，敌军一个兵团，在乌目南方伊皮尔附近开始登陆。

这次登陆是打进第35军作战地区中枢部的心腹之患。第14方面军在研究今后对策之后，当天正午前后，决定停止普劳恩作战，并将此意电令第35军。

第35军根据这个命令，为了攻击这次在乌目平原登陆之敌，12

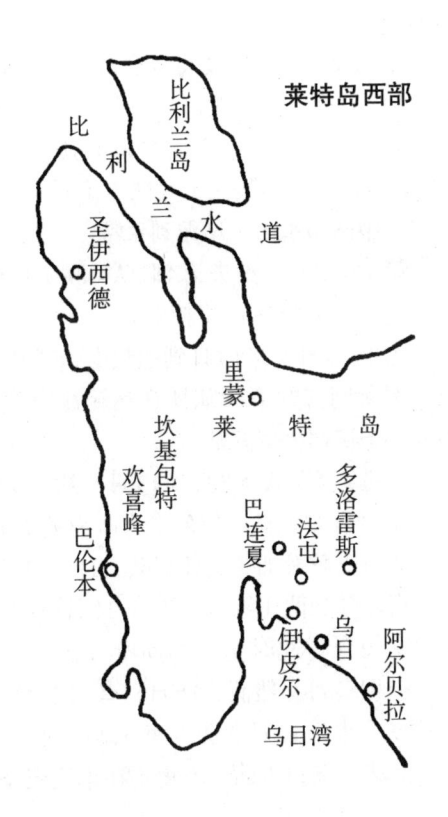

月9日，令第26师团从普劳恩西方地区返回，转向伊皮尔前进；令第16师团继此向乌目平原后退。军司令官也急遽后退到乌目。

第35军的攻势作战，到此完全结束，接着展开了完全处于被动的乌目战役。

莱特战役的终结

〔乌目附近的战斗〕 乌目是第35军的根据地，乌目湾的南方入口由我海军封锁。

可是，自11月中旬左右，敌鱼雷艇在乌目湾内活动起来以后，曾以船舶部队为主的乌目防卫队担任该湾的防御，但力量远远不够。

敌又在伊皮尔附近登陆时，第35军没有应付这种情况的预备兵力，只好把恰好和美军混杂一起、利用机帆船登陆的我步兵一个中队赶忙配属给乌目防卫队，并命为配属给第1师团而集结在多洛雷斯附近的今堀支队主力，攻击当前之敌。

今堀支队经8日夜与敌交战后，占领乌目东侧地区，想掩护军主力的集结，但9日受到敌军攻击，12月11日，乌目落入敌人手中。

在此之前，第14方面军为了应付乌目的新局势，把高阶支队（以步兵第5联队长指挥的步兵三个大队、炮兵一个大队为基干）、加莫底什支队（以步兵二个中队为基干）增派到莱特。

第4航空军令挺进第4联队（联队长斋田治作少佐）在巴连夏（乌目北方）降落，编入第35军的指挥下。

第35军司令官13日到达法屯，了解了关于乌目附近及增援部队如下的情况。军所期待的第68旅团在运输途中遭受敌机袭击，9日夜才勉强在莱特岛西北端圣伊西德罗登陆。

挺进第4联队从8日到13日，约500名在巴连夏降落。

步兵第77联队（以两个大队为基干），9日到达巴伦本。

高阶支队及加莫底什支队，11日到达巴伦本。

海军陆战队（约400名），11日夜在乌目登陆。

军司令官此时企图调动所有在乌目集结到的兵力，以17日为期转入进攻，夺回乌目。然而，16日，乌目东侧的今堀支队，遭到敌军攻击，步兵第77联队，也于16日在法屯南方地区展开中，遭到敌人先发制人的攻击。

后来，乌目方面，不得不在干线道路东侧地区设法搞持久战。

〔放弃莱特作战——敌在民都洛岛登陆〕 这时,第14方面军为打开莱特的战局,并为保证对第35军的供应,12月17日考虑实行如下的方案:

一、令以步兵第39联队为基干的部队在第1师团正面之敌的背后登陆,和第68旅团挺进相呼应,推动卡里噶拉方面一带的战局。

二、以一部分兵力确保比利兰水道(莱特北侧),在此一举卸掉军需品,并保证从马斯巴特岛通往莱特北岸的海上运输。

可是,12月15日,敌在民都洛岛断然实行了新的登陆。这是敌方为了进攻吕宋,继莱特之后布置的一招。

于是,第14方面军决定停止整个莱特作战,上述方策当然不在话下。12月19日,给第35军司令官下达如下要点的命令,令其自战自活。

第35军司令官从现在起应在菲律宾中南部继续持久抗战,以支撑将来国军反攻。

特别力求确保巴哥洛、卡加延、达沃各空军基地群,妨碍敌军使用。

第35军司令官决定把莱特岛西方的坎基包特附近山岳地带作为军的自战自活地区,逐步掌握从各方面退到该地区的部队,准备持久抗战。

昭和19年(1944年)10月以来约两个月间,空海陆共同激烈战斗的莱特决战,就这样宣告结束了。大本营增派的三个精锐师团,还没有来到战场,决战就结束了。首先在空中战败,接着失去海洋,最后在陆上战败。

我军在这次战斗中,丧失了大部分空军兵力和几乎全部海上兵力,但陆上兵力还存在。我国把这些地区的天空和海洋交给了敌人,只好单靠陆上兵力来打完以海洋为主要战场的大东亚战争。

莱特的战败,切断了好不容易保持到今天的日本本土同南方资源地带之间的联系,并破坏了大东亚整个战区的军队全面的作战机能,把南方军赶进自战自活的困境,在国民的心目中造成了广泛的不安情绪。

船只问题

和发动莱特海上海战时海军在使用油船上遇到严重问题一样,随着莱特决战的进展,陆军也在使用船舶上产生了许多问题。

如上所述,当时以运用船舶为中心的国力,已经超过了破绽限度。尽管这样,用新的船舶来进行作战,将更加招致国力的降低,因而是个重大问题。但是,面对莱特决战的小矶首相的态度是:"倾注国力赢得决战。"政府对于这一坚定的方针，还是主动地响应了统率部的要求。莱特决战失利以后，船舶状况几乎已经无法进行有组织的管理运用，结果给以后的战争指导带来了深刻影响。

〔陆军船只的状况〕 10月1日当时，千吨以上的货船只数是：陆军137艘，54.5万总吨；海军94艘，34.2万总吨；民用351艘，97.1万总吨，总共582艘，185.8万总吨。

当临到莱特决战时，陆军认为通过拆东补西，暂时还能够完成作战。随着作战的进展，估计损耗迟早会增大，但目前船只极端缺乏，在面临那种局势之前，坚持了不提出增加用船的方针。

〔要求增加船只15万总吨〕 11月3日，第14方面军直接向大本营要求增加分配船只15万总吨。对此，大本营陆军部估计，11月20日以前，有预定开到马尼拉的陆军船只计12万总吨，加上从配给南方军的船只中可能抽出3万总吨，大致能满足当地驻军的要求。

可是，11月5日南方军报告：为完成莱特决战，把上述船只考虑在内，还绝对缺少5万总吨。在讨论这个问题的最高战争指导会议席上，小矶总理强调："为了歼灭敌人，此时不能谈论什么国力。陆海军必须大力贯彻作战指导。"

因此，陆军部内的意见一致认为：南方军的要求虽是5万总吨，但这时为了决战，除以前计划外，预计还要为了决战增加使用几个后续战略兵团，需征用8万总吨；对此，立即争取有关方面的谅解。

陆军的这个希望，在11月8日最高指导会议上得到通过，决定："为了满足作战的急需，直到12月上旬，陆军增加使用民船8万总吨。关于国力的运用问题，赶紧进行研究。"

〔陆军部的庞大要求——省、部对立激化〕 随着莱特决战的进展，船舶的损耗激增，在12月1日，陆军应用船只剧减为23万总吨。以前批准的8万总吨货船的使用期限，到12月上旬截止。这对陆军来说，无论如何也不好办，所以，在12月7日的最高战争指导会议上，批准继续使用。

可是，这只是杯水车薪。陆军统帅部研究了为完成莱特决战所需的全部船只量。12月8日，首先向陆军省，提出了庞大的征用要求，即：12月征用10万总吨；昭和20年（1945年）2月及3月包含陆海军的损耗补充，各征用12万总吨；4月以后每月征用5万总吨（包括损耗补充）。

在这以前，陆军省已在研究昭和20年（1945年）度的国家供应能力，但无论如何也无法满足统帅部的这一要求。于是，12月14日，陆军省提出不同方案：

"从12月起3个月内,总计征用15万吨;4月以后每月征用3.5万总吨,"同时,就昭和20年(1945年)度的国家经济力量和军事力量的估计,说明如下:

年中海上运输力	2800万总吨
飞机	25000架
陆海军武器装备用钢材	30万吨
甲造船 ┌油船	20万吨
└货船	105万吨
铝	13万吨
"日满华"产油	140万千升
钢材	260万吨

还有,上述陆海军武器装备用钢材30万吨中,即使分给陆军20万吨,除高射炮外,新的武器也装备不了。

陆军省和大本营陆军部之间的意见有这么大距离,两者对立尖锐。

正在这样激烈争论之中,12月14日,突然发表了主任局部长的人事调动。即:佐藤贤了军务局长调任中国派遣军副总参谋长;真田穰一郎作战部长调任军务局长;陆大干事宫崎周一中将调任作战部长。这样,原来处于要求立场的真田少将,转而处于接受要求的地位。这不能不说是啼笑皆非的命运。

12月15日,陆军统帅部对上述陆军省的不同方案,向柴山陆军次官提出了下列的要求。

一、向菲律宾方面增派兵力一事,需要按既定方针坚决实行。

二、关于军需动员的规模,即使征用船舶15万总吨,仍希望如下:

1. 钢材,陆海军共为40万吨,陆军希望通过另外特别炼钢,尽量增加。

2. 飞机,昭和20年(1945年)上半年16000架,关于下半年部分,视3月前后形势,另行协商。

3. 关于船舶损耗的估计问题,为核算国力,贯彻经有关主管者间协商的目标,希望大本营和政府一致,保证万无一失。

12月19日,陆军次官对统帅部上述要求答复如下:

一、陆军按如下数量征用:

12月 5.5万总吨 1月 7.5万总吨 2月 2万总吨 计15万总吨

二、在昭和19年(1944年)度内不补充损耗。

昭和20年(1945年)度,包括每月C船的丧失部分,对陆海军补充C船保有量的70%。

三、随着上述的船舶征用，希望统帅部将运回燃料放在绝对优先地位，力求第4季度最低限度运回35万千升。

对上述陆军次官的答复，陆军统帅部秦次长立刻要求按下列赶快开始征用：

希望根据陆军省答复方案，和有关方面进行协议，至迟在21日最高战争指导会议上决定，以便从22日起开始征用。

关于陆军省所希望的条件，当尽量努力，期其必成。

〔征用决定——海军陷入一筹莫展境地〕 这样，迟迟不能解决的陆军的征用问题，终于决定提到12月21日的最高战争指导会议上讨论。

首先由真田陆军省军务局长说明了加征的必要性、给国力带来的影响和加征后的对策等建议的理由。对此，综合计划局长官、军需大臣及运通大臣对提案表示谅解，看样子可以按原案通过。

可是，海军军务局长突然发言："这件事还未在两统帅部间取得一致意见，所以，希望本日暂不作出决定。"米内海军大臣也强硬主张"必须加上海军的征用要求"。这样，会议一时陷于停顿。

陆军急在燃眉，对上述海军的突然要求深感困惑，但为避免争论浪费时日，真田军务局长及秦次长（当时恰好梅津总长为上奏而离开会场）便独自决定接受海军大臣的要求，作了让步。本问题终于决定如下：

一、根据作战需要．陆海军按下列计划征用船舶15万总吨：

12月5.5万总吨　1月　7.5万总吨　2月　2万总吨

二、对陆海军船舶的损耗，按下列办法补充：

昭和20年（1945年）度，包括各月民船丧失量，定为民船保有量的7%以内。

三、运回燃料放在绝对优先地位。本年度第4季度力求保证最少限度35万吨。

四、结合上述征用，为确保必胜的国力，采取一切措施。

机密战争日记的记载

如反复详述，菲律宾即莱特决战是倾注我国国力，举空海陆所能使用的全部兵力，对来攻的美军发起的最后决战。

可是，战争规律是严酷的。对方以压倒优势的空海陆兵力，可以随时随地合理而且有组织地发挥其炫耀强大物质力量的战斗力，而我方则以残破不堪的军事力量来对付，每每眼看胜利在望而败退下来。回想起来，所以以不幸败北而告终，只能拜服"战争规律是严酷的"这一事实。

总之，此次作战结果使有光荣传统的帝国海军丧失了机能。实际情况是，以后的作战，终归除转入强行流血作战外，没有其他办法。

在此照例把当时的"机密战争日记"的记载摘录一、二作为附录，仅供参考。

〔发动菲律宾决战和联合舰队出击〕 昭和19年（1944年）10月19日星期三

一、昨夜军令部结合发动"捷一号"，为GF（作者注：联合舰队的符号）出击作战，要求使用油船6艘（新追加4艘）。海军在发动作战时提出GF作战核心的油船问题是万不应该的，这姑且不论，而当决定纯属计划作战的"捷一号作战"设想时，在两作战当事者间没有进行事务性的研究，则是一大错误。

这次作战本来应该陆海空结成一体来指导决战，而陆军统帅部对GF的作战行动如何，实际却一无所知，真是遗憾，这将是后世史家在研究捷号战役时，加以最大批判之点。如果同意了上述GF的要求，追加使用4艘油船时，第3季度运回燃料30万千升的计划就要减半；以前经省、部主管者们煞费苦心研究的结果，看到一线光明的燃料自给方案也将根本推翻，给"捷号"以后的战争全局以致命的打击。在冒这种危险之下，GF出击作战的目标又如何呢？

以吾人的战略常识观之，只要不出现奇迹，在现状下，海上舰艇的行动是不可能的。除徒然助长敌人的士气以外，不会取得任何东西。如果为了维持海军传统的面子，竟然顽固地出此谬举，那么，海军受到"只要海军的生存，而不要国家"的责难，也可以说十分恰当。帝国陆军必须根据完成大东亚战争的全局观点，坚决使海军回心转意。

二、本日敌开始在"塔克洛班"及"莱特"岛南岸登陆，另外，在"棉兰老"岛东方海面，有敌大舰队。

本日战场天气恶劣，我空军飞机不能出击。

三、本日从14时起召开第23次最高战争指导会议。

首先，由海军军务局长说明"关于确保液体燃料对策问题"的提案，全体人员无异议。内容中把生产目标改为争取目标，决定由总理与军需大臣及农商大臣协商后，在下次会议上作出决定（海军方面的态度和油船问题有关，十分不可理解）。

接着，由矢崎顾问报告重庆工作。总理质问有无其他方法，重光外相答说极为困难，决定事后由干事研究出一个方案。

〔**大本营陆军部面对莱特决战的结束**〕 昭和19年（1944年）12月18日星期一

一、本日午后，关于"莱特"战役措挥，由服部第二科长向总长、次长说明如下：

（甲）方　针

1. 天皇的命令没有变更。
2. 今后以航空作战为中心，地面以便于航空作战为准。
3. 对"吕宋岛"，按原定计划投入地面兵力。

（乙）措　施

1. 陆海空形成一体（由第4航空军司令官统一指挥）。
2. 地上的陆海军部队编入尚武司令官（作者注：方面军司令官）指挥之下。
3. 由决战思想转为持久思想，但对"莱特"补充军需品，并视情况进行"萨马"战役。
4. 空军同时攻击敌舰船和"摩罗泰""比阿"基地；准备攻击敌机动部队。
5. 对"巴哥洛""巴拉望""民都洛"，除飞机外，不投入其他兵力。
6. 在"吕宋"实行攻势防御，在情况最坏时，确保中北部。

（丙）按上述方针和海军谈判的结果：

1. 把海军编入陆军指挥下是困难的；
2. 海军仍固执"莱特"决战思想。

（丁）根据上述思想，推测今后航空势力的发展

1. 11月以后，在"莱特"岛航空作战中，有我方胜利的印象；今后如再努力，并不无航空必胜的前景。
2. 12月上旬以后，"摩罗泰""比阿"的敌军势力显著增加。
3. 到现在为止投入菲律宾的兵力是，A1200架，B600架

在12月

A660架(其中"途"号100架)　｝计推进
B416架　　　　　　　　　　　1076架

（作者注：A陆军，B海军）

1月预定

A460架 ⎫
B409架 ⎬ 计869架

2月预定

A570架 ⎫
B678架 ⎬ 计1248架

如执行上述航空推进计划，1月是最大的难关，质量一般显著降低，但通过增强整备力量，可以弥补。

4．从11月12日到12月12日，在一个月间，陆军航空击沉敌舰船51艘，25万总吨。

如按照上述比率，继续作战，航空必胜的前景是存在的。

（戊）所以持有以上作战思想的理由

1．敌在"乌目"登陆，丧失了军需品。

2．在"卡里噶拉"湾反登陆，已不可能。

3．冲入"莱特"成功的船舶是65%；军需品的到达是45%，不能满足需要。

4．随同敌人在"民都洛"岛登陆，出现了新形势。

根据上述，今后应处理的事项：

1．加强中国东南沿岸的防卫。

2．增强台湾（地区）及西南诸岛的兵力（各投入一个师团）。

3．促进运回石油。

4．推进空中力量。

5．加强内地防卫。

6．推进特攻武器。

第一部长、次长和总长对上述第二科研究的意见：

第一部长

1．当因敌我兵力悬殊、在指挥作战上发生困难时，要紧的是排除消极情绪，积极合理地打开难局。

2．要研究航空作战的纵深性，即要调整兵力的推进和陆海军航空部队的挺进。

次　长

1．大本营要掌握对"吕宋"地区投入兵力的限度。

2. 处理对菲律宾的燃料问题。

总　长

1. 以上设想，作为对现在形势的想法，是可以的，但思想不可偏执，要保有灵活性。

2. 这一设想要在搞清35A·14HA的情绪后再决定。

3. 依靠空军，在兵力及效力上有限度。

4. 在全面作战上，保持积极性特别重要。

第二科所持的作战设想，虽如前述，但从指导战争的观点来考察，也可看到有些过分拘于现象的神经质的思想动摇。

如果冷静地观察战局的实际发展情况，有必要反省一下，这同"捷一号"作战的设想，尤其同下定决心完成"莱特"决战当时的预想，有无变化？说"莱特"地面作战的进展不理想；说敌在"乌目"登陆了；说敌在"民都洛"登陆了云云。这些情况，作为完成"莱特"作战的阻力，是当然会发生的现象，并不是任何新形势的发展，毋宁说，只是在被这种现象所迷惑，对莱特决战的决心发生动摇时，才有发展成为极其值得忧虑的形势的危险性。

作战当局的思想极为满意。

二、以下作者省略。

〔德军在西部战线的攻势〕　昭和19年（1944年）12月20日星期三

一、从12月18日开始，德军在西部战线在从"亚琛"[①]东南地区到"卢森堡"约100公里的正面，开始攻势。

其使用兵力不详，但似在投入战略预备部队约10个师，重点从"亚琛"南侧指向"列日"，[②]现在已突破30公里。今后的进展可以期待。

有的论者或者把它看作和上次大战中德第五次攻势一样，认为这是德军崩溃的开端，但绝不是那样。这次德军的攻势尽管规模较小，但可以指望，能在物质精神两方面给予敌人相当打击。

二、以下作者省略。

---

① 亚琛：Aachen，在德、比边境。——译者
② 列日：Liege，在比利时。——译者

大东亚战争全史

(下卷)

〔日〕服部卓四郎 / 著

张玉祥 / 等译

林鼎钦 / 等校

世界知识出版社

图书在版编目（CIP）数据

大东亚战争全史：全3册/（日）服部卓四郎著；张玉祥等译，林鼎钦等校. —北京：世界知识出版社，2016.9
ISBN 978-7-5012-5301-2

Ⅰ.①大… Ⅱ.①服…②张 Ⅲ.①侵略战争—战争史—日本—现代 Ⅳ.①E313.9

中国版本图书馆CIP数据核字（2016）第221308号

责任编辑	袁路明
责任出版	赵 玥
责任校对	马莉娜 张 琨
封面设计	小 月

书　名	**大东亚战争全史**（下卷） Dadongya Zhanzheng Quanshi (Xiajuan)
作　者	〔日〕服部卓四郎
译　者	张玉祥 等
校　订	林鼎钦 等
出版发行	世界知识出版社
地址邮编	北京市东城区干面胡同51号（100010）
网　址	www.ishizhi.cn
电　话	010-65265923（发行）　010-85119023（邮购）
经　销	新华书店
印　刷	河北新华第一印刷有限责任公司
开本印张	710×1000毫米　1/16　28¾印张（下卷）
字　数	547千字（下卷）
图　片	全书大图22幅（1CD光盘）
版次印次	2016年10月第一版　2018年7月第二次印刷
标准书号	ISBN 978-7-5012-5301-2
定　价	268.00元（上中下卷精装）（含1CD光盘）

版权所有　侵权必究

下卷目录

第九篇　日本本土决战

第59章　南北两国防圈地区被切断与"日满华"孤立化	985
第60章　大本营的新作战方针以及按此方针所做的作战准备	1004
第61章　中国与南方方面的作战情况	1027
第62章　战争指导上的各种问题	1067
第63章　硫黄岛战役	1074
第64章　冲绳战役	1079
第65章　大本营的本土决战准备	1092
第66章　主要方面的作战计划	1125
第67章　对苏作战准备	1143
第68章　本土的防空作战	1157

第十篇　结束战争的经过

第69章　铃木内阁的成立	1181
第70章　开展对苏工作	1196
第71章　调整国内体制，适应本土决战	1203
第72章　6月8日的基本政策	1211
第73章　天皇结束战争的意图	1226
第74章　波茨坦公告	1236
第75章　原子弹轰炸与苏联参战	1244
第76章　天皇对停战的决断——8月10日的御前会议	1248
第77章　天皇决定停战——8月14日的御前会议	1260

第十一篇　结束战争

第78章　停　战 1277
第79章　投　降 1298
第80章　对苏方面部队的停战 1307
第81章　驻外地部队的停战 1324
第82章　占领下的日本 1363

作者后记 1374

大东亚战争重要史实一览表 1376

第九篇
日本本土决战

第59章

南北两国防圈地区被切断与"日满华"孤立化

昭和20年（1945年）初的战争指导

日本根据昭和19年（1944年）8月19日御前会议决定的《今后应采取的战争指导大纲》，的确是拼着国家命运孤注一掷地投入了莱特决战。日本期望，这次决战如能取胜，或有可能在军事上挽回过去的颓势，在外交上取得打破僵局的余地，从而在更有利的条件下，抓住得以结束战争的时机。

然而日本命途多舛。昭和19年（1944年）12月8日，大本营打算结束莱特决战，然后将菲律宾方面的作战指导转变为持久战。昭和20年（1945年）初，战线已经扩大到吕宋岛，日军虽仍继续顽强作战，但战局的大势已定，已经没有挫敌制胜的希望了。

〔**结束莱特决战的影响**〕由于在莱特决战中未能达到预期目的，对日本来说，其必然结果是，陆海空军战斗力的主力受到沉重打击，海军的水面舰艇实际上丧失了作战机能。空军战斗力虽然还有恢复到某种程度的可能性，但海军水面舰艇在战争期间已没有重建的希望了。诚然，在整个作战过程中，曾给予敌陆海空军战斗力以沉重打击，莱特战场上的主动权有时似乎还掌握在我方手中，敌我双方都曾拼死命争夺胜利，这些都是事实。然而最后的结果是，我方的牺牲远远超过了敌方的损失。

这样，随着时间的推移，我方残存在菲律宾的战斗力，逐渐趋于软弱无力；以菲律宾为中心的制海权和制空权，完全落入敌人手中；日本想夺回太平洋方面作战主动权的希望完全破灭了。敌方试图以莱特决战为一个转折点，进入追击扩大战果的阶段；而日本方面则与此相反，继续进行现代战争的支柱——南北两个国防圈地区的联系，却将被切断。敌方由于将海、空军基地推进到了菲律宾的周围，赢得了此后可以任意调动兵力的机动能力；而日本方面则与此相反，在尚未做好充分准备的情况下，"日满华"国防核心区域就将受到日益加重的直接威胁。

〔大本营关于局势演变的看法〕 昭和20年（1945年）初，大本营关于莱特决战失败后局势的发展对今后战争指导上的影响，抱有大致如下的看法：

一、敌方今后将迅速地直接加重对"日满华"核心地区的军事压力，南方各地区及太平洋上残存的据点将完全陷于孤立。

二、估计日本能够有组织地进行战争的时间，即便竭尽所有努力，大概也只能以昭和20年（1945年）年中期为限，此后作战方式及战争指导恐将不得不迅速转为游击战。国内形势只要仍按现状发展下去，必将暴露出战争指导上的各种缺陷。

三、从日本方面看来，估计德国能继续维持的时间，即便在最有利的情况下，大概也只能以昭和20年（1945年）中期为限。

但是，即使德国崩溃，敌方投入东亚的兵力，恐怕也不会很快有重大的变化。

四、估计苏联肯定将废除日苏中立条约，但在对德作战结束（1945年中期左右）之前，绝不至于参加对日作战或向美国提供基地。

五、日本指望美、英、苏、重庆在目前的战争合作中发生裂痕，这在当前看来是不可能的。

六、为了保证使大东亚各国、各民族协助日本作战，归终将需要用武力加以控制。

综合上述看法，得出的结论是：日本现在想用外交手段来扭转世界形势，已经是非常困难了。

〔从根本上研究基本国策的转折点——但未讨论〕 上述情况的演变，实质上已形成一个转折点，即必须从根本上研究1944年8月19日御前会议决定的基本国策。也就是说，日本在战争指导上已经面临一个重要关头：是应当抓住机会媾和，还是继续坚持战斗到底？二者必择其一。但是，在当时的大本营与政府的主要负责人之间，并没有就战争指导转移到媾和方面的问题进行过讨论。因为当时占统治地位的想法是：在此阶段媾和，结局必然等于无条件投降，进而导致国体的变革。

另一方面，政府领导人即使是在得知大本营关于结束莱特决战的措施以后，对认识到局势发展的严重性，还需要相当长的时间。当时在整个菲律宾地区的作战中，还没有放弃"捷号作战"，因而政府和大本营之间出现认识上的分歧，是在所难免的。所以，政府认为，当前的局面仍然可以在前一年御前会议决定的基本国策的范围内来加以处理。

〔**大本营关于战争指导的草案**〕 大本营陆、海军部就新形势下的战争指导的根本方针，进行了研究，讨论了如下两个不同的方案：

第一方案：仍继续进行决战的努力，争取歼灭来犯之敌，同时使"日满华"的重要地区要塞化，使战争长期化，以待敌方自行放弃战斗意志。

第二方案：放弃目前决战的努力，立即固守"日满华"的重要地区，专心做长期持久战的打算。

上述两个方案，归根结底，在企图在"日满华"重要地区确立长期持久战态势这一点上是一致的，但其实行的途径却有不同。即，第二个方案主张对"日满华"核心区域的前方要地，仍维持在以前的准备程度；其着眼点是从国力的现状考虑，集中兵力于其中的一个方面。与此相反，第一个方案则认为，菲律宾战役之后，面对敌方预料中的对我前方要地的冲击，如果不继续努力进行决战，就不可能达到持久战的目的；即使想保存国力，以之投入"日满华"方面，也将在其努力尚未取得效果之前，就要受到敌方的直接威胁。再者从统帅的连续性来考虑，实行这样前后截然不同的转变，也是不可能的。

经过上述讨论，结果决定实行第一方案，即在昭和20年（1945年）中期以前，集中国家经济力量和军事力量，继续致力于决战，把战局的崩溃抑制在最小限度；同时在可能范围内做好充分准备，以应付昭和20年中期以后可能发生的最坏事态。最后拟定了如下的《以昭和20年中期为目标的战争指导方案》：

第一，方　针

一、帝国仍继续进行决战的努力，以谋求战局的好转；并迅速完成以"日满华"为基地的积极防御部署，以期将长期持久的战争进行到底。

二、帝国应迅速将国内一切力量，包括物质和精神两方面，统归国家掌握，以便收到国家总动员的实效；同时努力加强和促进"日满华"自力更生和独立作战的态势，为进行长期战争确立牢不可破的态势。

三、采取一切措施，不拘形势有所变化，尽力使帝国处于有利地位。

第二，要　领

一、仍须倾注全力进行决战，粉碎敌方的企图。为此，大致须按下述各点进行作战：

1. 对来自太平洋方面的敌军攻势，应尽力摧毁其来犯的兵力。
2. 在中国方面，除坚决执行既定方针外，并做好东部作战的准备。

3．在南方各地区，应使其完全各自独立作战。

4．尽一切可能，争取维护南北交通。

5．袭击并摧毁敌人后方补给线，以削弱其战斗意志。

二、为了更好地进行顽强的长期作战，按照下述内容，充实陆、海、空一体的军备；特别要以昭和20年（1945年）中期为目标，基本上完成"日满华"重要区域的积极的防御态势：

1．排除万难，利用"日满华"资源充实空军战斗力。

2．坚决实行新的地面兵力的大动员，以加强绝对牢固的防务。

3．为确保海上交通和切断敌人后方，充实必要的舰艇。

4．迅速动员整个科学界，为了摧毁敌人后方补给线，优先研制攻击性的奇袭武器。

三、为了奠定进行长期战争的基础，立即坚决采取下列措施：

1．修改大本营令，使之成为帝国作战与战争指导的中枢；同时修改内阁官制，使之利于顺利执行以内阁总理大臣为核心的强有力的政治。

2．为了体现维护国体的本色，发挥举国一致的实效：

甲、使政治力量彻底渗透到基层，同时改组国民组织，断然实行全民武装，以使国土防卫万无一失。

乙、坚决实行由国家管理重要生产和交通运输，将其改编为军事性组织。

丙、撤销一切政治、经济、文化、军事等各个方面可有可无的部门，从物质和精神两方面彻底挖掘国家经济力量和军事力量的潜力。

丁、采取措施，使地方行政紧密配合军队的防御作战。

3．为了维持与增强国力和战力，务期实行下列既定方针政策：

甲、彻底实现"日满华"燃料完全自给；并尽可能加速运回南方燃料。

乙、彻底实行国内防空，特别是要把重要生产部门和资源转入地下。

丙、确保"日满华"海陆交通的运输量。

丁、国内各个地区粮食的增产与自给。

四、继续维持同德国的合作，同时对东亚问题以促进和加强日、苏、中的联合为主要目标，不管形势如何变化，也要使帝国处于有利地位。为此，应采取以下对外措施：

1．对德、苏虽力求贯彻既定方针，但应坚持毅然决然的态度，不搞小动作。

2．对重庆，采取一切手段，推行既定方针。

3．对大东亚各国、各民族，尽力以强有力的手段掌握之。

为此，尤其是对法属印度支那，预定在作战准备就绪之后行使武力；在处理上，按将来使安南独立的方针采取措施。

帝国派驻在大东亚各地的军、政机关，应谋求一元化。①

五、舆论指导及对敌宣传策略问题，即使形势变得再坏，也须彻底贯彻既定方针。

〔本土决战思想的冒头〕 上述战争指导方案，在主要问题上，大本营陆海军部取得了一致意见，因此，按着这个精神，采取了下文叙述的各项措施。

但是这些措施，归根结底是为了应付预料将在昭和20年（1945年）中期以后出现的最坏情况——敌人进攻日本本土。就是说，从这里可以看出本土决战思想的冒头。

〔南北海上运输的断绝〕 自昭和20年（1945年）1月敌军进攻吕宋岛以后，南北海上运输很快陷入困境。具体情况是：1月12日，9艘向北航行的油船船队及其护航舰队，在法属印支东海岸的基洛海面，受到美国第三舰队的空袭，全部覆灭。另外，1月15日另一向南航行的油船队，也在香港附近受到敌同一舰队的攻击。

后来，改变了历来的大船队集中护航方式，采取以小船队分散护航方式，实行突破运输作战；但随着敌方在吕宋岛海空军基地的整备，情况日益恶化。进入3月后，由日本驶往南方的船队被迫停航；向北航行的船队也几乎有70%—80%被击沉。这样，到3月下旬，运输已完全停顿，往日本运回南方物资遂告终止。

"日满华"态势的强化

日本只有加强并保持以"日满华"为基地的综合态势，才能勉强寻求维护日本本土的可能性。这就是说，通过把满、华的资源同日本本土的生产力结合起来，才能取得虽不充裕但还能应付显著缩小了的战局所需现代战争的活动力量。如果大陆和本土之间的交通被切断，日本就将失去进行现代战争的希望，陷于无法继续进行战争的命运。

〔"日满华"态势的现状和加强措施〕 以"日满华"为基地的自给自足的战备体制，存在许多缺陷，其中最大的弱点是液体燃料问题。因此，如前所

---

① 作为驻外军政机关实行一元化的先驱，第10方面军司令官安藤利吉大将于昭和19年12月31日被任命兼任台湾总督。

述,大本营与政府制订了一个昭和20年度在"日满华"地区生产液体燃料约200万千升的大量增产计划,并采取了强有力的措施。实现这个计划虽然困难极大,但并非不可能,无论如何也要完成。

本来,建立以"日、满"为主要基地的高度国防体制,正是"满洲事变"(指"九·一八"事变——译者)以来日本的国策和愿望。然而,在实现这一理想的过程中,不幸遇到了"中国事变"(指"七·七"卢沟桥事变——译者),进而又进入了大东亚战争,这就使满、华主要承担向日本提供原料的任务,"日满华"的综合态势,一直无可奈何地听任其处于不健全的状态。

现在由于情况紧迫,虽不可能指望采取彻底的措施来提高"日满华"的国力和战力,但也必须将三国的力量紧密地结合起来,尽力增强能立即奏效的进行战争的能力。为此,确保大陆内部以及大陆同日本本土之间的交通运输是前提条件。接着则是,虽为时已晚,还须在可能范围内,将"日满华"的产业布局做部分调整。

回顾"满洲国"自建国以来,建设不断取得成果,对进行战争起着重大作用,在现阶段仍然保持着稳固的局面。与此相反,在国民政府(指汪伪政权——译者)统治下的中国,由于战争压力的加重,疲惫逐渐达于极点,为了维持其支援战争的态势,必须采取必要的措施。

为了适应这种要求,于昭和20年(1945年)初,采取了下述一系列措施。

〔中国经济体制的确立和物资调拨的统一〕 当时在国民政府统治下的中国,由于在激烈战局中支援战争的要求,以及随着战争局势恶化而来的民众的动摇,经济形势一直日趋恶化。针对这种局面,最高战争指导会议于1月11日审议并通过了《建立中国战时经济的对策》与《中国物资统一调拨要领》。

《建立中国战时经济的对策》的目标是,以保证军队自给自足、独立作战,以及对日本、"满洲国"提供援助为首要任务;为了防止中国经济的破产,保证支援战争,尽力维持和扶植当地的经济力量,维护目前的货币制度。

在实行此项对策时,为了使日华双方的军、官、民真正结成一体,特别是在军方的强力推动下,尊重当地人士的创见,以迅速取得各项施策的综合成果,采取了下列措施:

一、强有力地、全面地推行各项措施

当地陆军、海军与大东亚省结成一体,设置强有力的统一领导机构,以此为核心,集中日本、中国的全部力量,果敢地实行各项措施,并贯彻到底。

二、军队自给和支援"日、满"工作的调整

关于军队的自给问题,设法做到计划的统一和提高调拨的综合效率。

关于支援"日、满"的问题,应使海、陆运输能力与当地的供应能力相适应,并统一这方面的要求和指令。

三、当地经济力量的维持和扶植

为了长期确保军队自给和对"日、满"的支援,以及防止中国经济的崩溃,要采纳中国方面的建议,并力求维持民众的生活。

特别要重视增产粮食、生活必需品和煤炭,发展轻工业,动员并有效地利用所有运输力量,使物资流通更加顺畅。

四、维护现行币制

坚决维护现行币制,为了防止其崩溃,要大力采取各项措施,如:调整货币的发行;积极加强货币回笼;加强和革新发券银行,坚守帝国信义等。

再者,结合大力加强货币回笼,对军用资金的筹措,应采取特别措施。

五、改进日本人的经济活动

打破日本人经济活动及日本国营公司的现状,进一步动员他们为战争做出贡献,同时要求在经济活动中贯彻睦邻友好的经营原则。

《中国物资统一调拨要领》是实行上述措施的重要环节,其重点是将驻华军队的自给物资和运往日本的物资,实行统一调拨,以提高调拨效率,同时制止由于重叠引起的物价上涨,以期迅速收到实效。

为此采取如下措施:

一、统一中央指令

要在陆军、海军、大东亚省的紧密联系下,确定对华调拨的要求,以统一中央的指令;同时将军队调拨运往日本的物资,实行统一的预算开支。

二、统一当地的调拨工作

设置陆军、海军、大东亚省统一的物资调拨管理机关,根据统一调拨计划,分担任务,划分区域,搭配品种,有效地运用资金和预算,合理地筹集和运用对华补偿物资,指定得力商社经办等,统一执行,以彻底消除积弊。

〔确保大陆重要运输的措施——运输一元化〕 为了确立"日满华"自给自足和互相支援作战的态势,如前所述,设法确保大陆同日本内地的重要运输线是前提条件。在1月11日的最高战争指导会议上提出了这一问题,结果认为当前应把总动员物资的运输按军事运输处理作为中心课题,决定了包括与此有关措施在内的如下事项:

一、为了提高大陆运输效率,凡属日本总动员物资(对大陆的总动员物资)的运输,由大陆港口出发前(及到达后),一律作为准军需物资,按军事运输①的办法处理。

二、为了适应上述要求，应加强现有的大陆铁路运输协议会事务局，使之同军事铁路机关②保持密切联系，同时采取措施，积极地调整大陆运输，努力提高效率。

三、尽快开设博多、釜山之间的货车轮渡，同时加强日本海航线，并加强大陆铁路干线的运输能力。

四、加强大陆铁路干线和海上航线，特别是朝鲜海峡和主要港口的防卫。

五、以将来对大陆上各条铁路实行统一经营为目标，首先就将朝鲜铁路委托给满铁经营的问题进行研究。

在上述会议上，关于将朝鲜铁路委托给满铁经营的问题，大达内相与梅津总参谋长持反对意见，石渡藏相表示赞成，双方曾展开争论，结果做出了上述以实行委托经营为目标进行研究的决定。

根据上述最高战争指导会议的决定，在1月30日的内阁会议上，通过了《关于确保华北与蒙疆铁路运输能力的紧急对策》的决定，采取了特别拨出资材；加强京山、津浦两条干线；补充和增强车辆以及其他铁路附属设施等措施。

此外，在3月10日的最高战争指导会议上，决定把华北和华中两地的铁路，交由中国派遣军总司令官管理，从4月1日起实行军事管理。这样，就完善了大陆重要物资实行军事运输的一元化运输体制。

〔"日满华"产业布局的调整〕 为了节约海、陆运输能力，有效地利用大陆资源，以促进就地生产成品，1月11日内阁会议决定首先将国内有关炼铁的部分设备迁往满洲（350吨高炉两座），并进一步对"日满华"的产业布局，做必要的调整。

在1月19日的内阁会议上通过的《关于结合战局的变化调整产业布局》一案，是根据"满洲国"总务长官武部六藏的提案经过研究决定下来的，其内容如下：

一、为了适应战局的变化，确保和增强帝国的战斗力，考虑到原料、动力、燃料、运输、防务等各项条件，对目前"日满华"整个军事基础产业的布局，迅速通盘进行必要的调整。

---

① 对满铁和朝鲜铁路实行军管的敕令于3月8日发布实行。
② 昭和19年（1944年）12月11日，大本营下令组织大陆铁道队，掌管朝鲜、满洲（地区）、中国一元化的军事运输。

二、当采取上述措施时，应力求防止降低现有生产水平，同时应考虑保障和协调日本国内的自给态势。

还有，当新建或转移生产设备时，应一开始就特别注意采取防空措施，以期万全。

三、关于本件的实施，当前应就向满洲迁移钢铁、轻金属、无水酒精工业等事宜，由有关当局讨论决定。

再者，具体计划，应考虑大陆上施工期间的季节性制约，至迟要在2月末以前做出决定。

国内防卫本土的措施

如上所述，大本营陆、海军部根据新形势下战争指导方案的方针，希望政府方面采取强有力的措施。这时通过了《紧急措施处理纲要》和《决胜非常措施纲要》，于是在大本营与政府见解一致的情况下实行了预料中的本土决战的正式防卫措施。

〔紧急措施处理纲要〕 在1月11日的最高战争指导会议上，决定了《紧急措施处理纲要》。本纲要的重点是谋求本土的防卫与一般行政工作密切结合，并使措施的执行迅速果敢和切实贯彻，以竭尽国内全部力量全面加强生产与防卫。这较之历来以防空为主体的措施是更进了一步。在这个纲要里，作为紧急措施实行的有如下各项：

一、对地方行政协议会的区域和军管区以及镇守府管区之间的所辖地区，加以必要的调整。[①]

二、地方行政协议会会长和军队司令官与镇守府司令长官之间密切联系；为了实现防卫的完备和增强战斗力，设法促进必要的军事同一般行政之间的协调。

三、进一步扩大陆、海军及政府各省下放给地方的权限。

四、加强与扩大地方行政协议会会长对所辖区域内的地方长官及各特殊地方行政机关首长的权限，以及军队司令官及镇守府司令长官等对管区内的军事机关的权限。

五、整顿地方行政协议会会长的辅助机关。

---

① 1月31日撤销北陆地方行政协议会，该协议会所辖的新潟县与长野县并入关东；石川县与富山县并入东海；福井县并入近畿等地方行政协议会。

六、对民间机构，也采用上述相应的体制。

七、根据上述体制，按照中央的方针，当前应实行的重点措施如下：

1．加强防空态势：

适应敌人的空袭日益加剧的形势，迅速加强各个地区的防空态势，特别应谋求军队、政府、民众在防空方面的一体化。

2．军需工厂等企业的进一步调整和疏散。

为了加强防卫，并使劳动力、物资器材等完全转化为战斗力，军需工厂等企业应彻底进行进一步调整和疏散（包括转移到地下），并尽力提高这些工业的地区性、综合性的自立能力。

3．大力加速增产粮食和加强自给态势。[①]

大力加速增产粮食，加强国内自给体制。

4．增强劳动组织和动员全民劳动。

关于劳动力的动员和管理，应加强全面调整，同时各区域内所需劳动力，首先应对本地区内的人力实行总动员来满足需要；特别是地方长官应对劳动力的机动使用和官、民的有组织的献身劳动进行强有力的指导。

还有，军队也应考虑积极地出动部队参加劳动。

5．当地物资等的彻底军事化。

准确地掌握各个地区所有物资的现状，采取保护、利用这些物资的万全措施；对于急需物资，应采取措施，使军队、政府、民众相互之间随时彼此机动地通融使用。

八、本件应加紧准备，自2月1日起开始贯彻执行。

再者，作为上述紧急措施的一环，政府在1月19日的内阁会议上，通过了《强化空袭紧急对策纲要》，决定大力采取措施，加紧城市的疏散工作（人员、衣服粮食、建筑物）；确保战时必要人员的留守；利用与统一管理坚固的建筑物；加强消防力量（确实保证消防机构必需的人员，配备消防器材）；整备防空土木设施（增设消防道路和贮水槽，增设横穴式和掩蔽式的防空壕）；加强救护受难者的措施等。

〔**决胜非常措施纲要**〕 1月25日的最高战争指导会议通过了《决胜非常措施纲要》。这个《纲要》是前述大本营关于指导战争方案宗旨的具体化，是为了应付莱特决战结束后的局势，在国内实行的综合性措施。

[①] 国内各军管区的粮食自给率，北部区为90%，东北为130%，东部为80%，东海为85%，中部为75%，西部为90%，朝鲜160%（普通年成）。

由于本《纲要》的通过，表明大本营与政府决心全力以赴地维持与扶植以"日满华"为基地的进行战争的能力，确立起适应本土决战的态势。其内容如下：

第一，方　针

第一条　帝国今后的国内施策，在于迅速集中一切物质力量与精神力量，取得国家总动员的实效，以确立为争取必胜、坚决战斗到底的、牢不可破的态势。

为此，应进一步加强和落实具体的措施，尽力维持和增强进行现代战争所必需的国力与战斗力。今后应采取的各项非常措施，应立即开始执行，以昭和19年（1944年）度末为目标，力求实现。

第二，培养国力、战斗力纲要

第二条　鉴于当前的形势，培养国力与战斗力的基本方针如下：

①作战方面的核心战斗力，仍然应优先整备飞机和限定的特攻制敌的战斗力。

②培养国力应以"日满华"的资源为基础，并补充不能自给的南方资源，以在统一管理之下确立进行现代战争的能力为重点，同时加强各个地区的政略和战略态势。

为此，最重要的是迅速增产液体燃料；保持和增强海、陆运输力量；大力加强生产、防空的体制；增产粮食，特别是迅速增强国内的自给能力。

然而，鉴于当前的情况，应采取特别措施，将航空挥发油和不能自给的南方资源设法迅速运回日本。

第三条　昭和20年（1945年）度战斗力和国力的培养目标，以及为达到此目标应遵循的事项如下：

一、陆、海军的军需配备：

1. 战斗力的增强首先应当是保持和增强空军兵力，以及迅速地大量组织特攻制敌的战斗力；其次是尽可能多地配备对潜艇和对空的武器等。

2. 飞机的生产，应进一步重视重点机种的配备，以及机种的整顿和统一。上半年的奋斗目标为2万架，完成指标为1.6万架；下半年的生产任务，奋斗目标暂定为2.4万架，按此目标采取各项措施。关于其完成指标，视本年三月时的形势酌定。

为达到这一目标，解决重要物资供给力的降低问题，应提高原材料利用率；提高钢制与木制飞机的产量；坚决实行增强铝供给力的措施；并采取强有力的措施，做到修理及时化、审查规格战时化和补充配件彻底合理化。此外，陆、海军应特别努力合作，相互支援。

3. 军事力量的运用及战备的建设，陆、海军应真正形成一体，以便充分发挥综合运用的最高效能。

二、物质方面的国力（液体燃料除外）确保的范围：

1. 为了充分保持和运用进行现代战争的能力，应想尽一切办法，确保昭和20年（1945年）生产270万吨普通钢钢材绝对最低限度的目标，以及与此相适应的有关重要物资的供给力；争取实现作为基本国力的3百万吨普通钢钢材的指标。

鉴于目前运输力量的窘迫情况，特别是在钢铁生产方面，应断然采取各种非常措施，开发国内的所有铁矿资源，最大限度地利用内地的铁矿石，合理地减少海运的强黏结性煤炭的配合比率，促进利用剩余电力的电击冶炼，加强满洲、中国的炼铁业，奖励农村山区的木炭生铁生产等。

2. 国内的煤炭生产，昭和20年（1945年）度争取达到的指标为5500万吨，保证实现的指标为5200万吨；为实现这一指标，应采取特别措施，确保所需的物资和劳动力。

3. 昭和20年（1945年）度必须保证的铝的生产指标为15万吨，为此，应采取特别措施，迅速有力地促进生产设备的扩充，并确保生产用原材料的供应。

在改由国内提供原料的转变时期，作为过渡性办法，在昭和19年（1944年）第四季度和昭和20年（1945年）度初，尽可能将铁钒土提前运回国内。

4. 生橡胶、锡等实在无法摆脱依赖南方的南方特产物资，陆、海军应设法保证将其运回国内。

三、液体燃料

1. 昭和20年（1945年）度要想尽一切办法保证绝对最低限度生产液体燃料200万千升（制成品），争取达到250万千升。采取各项措施，以克服昭和20年度第一季度的危机为重点，根据昭和19年（1944年）10月28日最高战争指导会议的决定，坚决为达到"日满华"液体燃料生产的奋斗目标而迈进。同时关于运回南方燃料，上半年以确保50万千升为目标；至于下半年，则作为"日满华"自给对策的补充措施运回，其运回量根据当时的形势再行决定。

2. "日满华"的增产，应以昭和20年度初以后，不能指望运来台湾砂糖为前提而采取对策。

为此，应尽可能确保所需物资的供应，同时全面开发"日满华"的油田，坚决进行甘薯、马铃薯等的大量增产，并有效地利用煤炭干馏设备的剩余能力，以取得中国的油脂等。

但为了克服上半年的危机，与实行上述措施的同时，尽力将台湾砂糖运回日本。

3．结合现行政策，应进一步限制军队、政府系统和民众的高度消费，促进液体燃料的代用品化；特别是陆、海军应采取划时代的措施，促进以酒精来代替航空挥发油的办法。

四、船只建造

1．甲类造船

甲、昭和20年（1945年）度的建造指标约为159万总吨。货船和油船的建造比率主要是，以优先满足为确保上述物质国力的最低水平所需的货船来进行安排，同时，争取上半年提前建造。具体指标定为：建造货船约170万总吨；油船约38万总吨；杂船约14万总吨。

另外，造船量的减少，基本上以调整油船为原则。

乙、改变过去生产数量第一的做法，转向注意质量，特别是要求做到质量好速度快，确保完工船只的质量，同时加强对潜艇与对空的防卫；从提高装卸能力的观点出发，转向大量生产尽量小型并适于短程装卸的船只，并为了减轻燃料供应的压力，尽量将烧柴油的货船改为烧煤炭。

丙、新造油船全部定为航空挥发油油船，并且在设计上，使之能根据情况的变化，可以将部分油船改造为货船。

丁、进一步重视加快修理受损伤和有故障的船只。

2．乙类造船

昭和20年（1945年）度的建造指标为45万总吨以上（包括上一年结余的），应设法迅速完成；并特别重视拖船与被拖船。对目前正在建造中的船只和已发出订单预定建造的船只，应尽量改为代燃装置，并使现有船只尽快大量改用代用燃料。

鉴于昭和20年（1945年）度国力的基础在很大程度上要依靠乙类造船，因此，要特别努力完成这项计划，尤其是使计划物资化为实物。

3．随着形势的变化，预计上述甲、乙两类的造船量将统一进行调整。

五、车辆建造

1．铁路车辆

昭和20年（1945年）度的建造指标为：机车207辆、货车7500辆，力求早日完成。

2．小型运输车辆

昭和20年（1945年）度的建造指标为：载货汽车5500辆、轻型车辆14.9万辆，特别要增产载货马车。

应采取特别措施，修理现有载货汽车，迅速增产代燃机。

六、生产方面防空态势的加强

1．对于敌人正式的、大规模的空袭，应以充分保证生产的持续进行为重点；关于重要企业的防空、企业组织、劳动体制等问题，应采取有机的、而且是彻底的措施。作为培养国力的基础，对于"日满华"海、陆交通的安全运行，应采取特别措施。

2．为了迅速、积极地促进生产的防空态势，首先要尽速基本上疏散完毕；特别重要的要向地下转移设备。

为此，目前首要的是航空武器、甲类造船以及其他有关特定重要工厂的疏散问题，这项工作最迟必须在本年底以前基本完成。

与此相关联，应尽力按地区分别确立生产态势。

3．为了在空袭等非常事态下、特别是在交通断绝等情况下，确保必要的通讯（包括广播）联系的畅通，应加强通讯非常体制。

七、粮食

要大力提高本土粮食的自给水平，并坚持现行的粮食配给标准，为此采取下列措施：

1．全面加强内地粮食的增产与管理，为此，

甲、当前除米、麦外，还应大力增产用作补充粮食和酒精原料的薯类。

乙、采取特别措施，确保麦类和薯类的收购和处理加工。

丙、加强和绝对保证政府摊派的粮食征购量，同时修改现行配给办法。

丁、全面开辟和培植国内补充粮食的来源，特别是应确保作为蛋白质补给来源的水产粮食。

戊、为了满足粮食增产所需的肥料与农业机械、工具等的最低需要量，应努力保证所需资材。

2．昭和20年（1945年）粮食年度的粮食需要量，必须依靠外地与满洲的杂粮，其所需数量靠进口予以补充。

3．从确立坚韧、牢固的粮食自给体制的观点出发，应加紧疏散城市闲散人口。

八、劳动力

1．为了综合运用国家的人力资源，应制订军事动员与劳动力动员的适当

的综合调配计划，并加强管理。

2. 为了加紧劳动力的总动员，和为将来实行军事动员保持机动的余地，对劳动力的安排与调转、全面的机动部署、实行工作人员指定制等国民动员的措施，加以适当的改革。同时加强学生参加劳动的动员，并断然征用妇女，作为替换劳动力，积极、有效地加以利用。

第四条　鉴于运输力量是培植战斗力和国力的基础，应予增强。昭和20年（1945年）度的海上运输保证指标约为3200万吨；陆上运输保证指标约为8.5亿吨（海上运输的争取指标为3500万吨）。为加强海、陆运输的综合管理，应采取各项对策，特别是以下措施：

1. 加强海上运输力量

甲、防止船只的损耗，特别要加强海上的护航，为此，应采取特别措施，使陆军、海军、民间形成一体；

乙、彻底革新海运行政和实现港口行政的一元化；

丙、大力促进船只的修理；

丁、提高航运率；

戊、提高南方航线各种船只的综合运输力；

己、加强船员的配备；

庚、加强和革新木船建造业与航运体制，有计划地利用内地的帆船。

2. 加强陆上运输力

甲、最大限度地压缩旅客列车，以此加强货物运输；并通过使职工移迁到工作场所附近的办法，最大限度地压缩通勤职工的运输；

乙、提高货车利用率；

丙、加强隘路线、区的运输设备；

丁、确保必要的工作人员，并提高其劳动效能；

戊、大力加强陆上小型运输。

3. 加强海、陆运输的综合管理

甲、大陆的运输实行一元化管理；

乙、加强中转运输力。

第五条　今后制订国家各项计划，应以强有力地贯彻实施本纲要为准则。

第三，加强、革新国内态势纲要

第六条　继续重视加强思想动员，强化和革新国内态势，以确立起全国总体战的态势。

第七条　对于国政的管理和国内的一般形势，应尽快断然实施下列方策：

①采取必要措施，密切国政与作战的关系，实现一体化。

②采取必要措施，对日、满，华的生产和运输计划进行综合管理。

③确立牢固的国内防卫态势。

④关于生产、交通、粮食、劳动力等，按照中央的计划，将国内各个地区的战斗力组织起来，同时与防卫工作紧密结成一体。为此，应加强和革新地方行政机关，使之同陆、海军有关机构建立起紧密的谐调一致的关系。

⑤谋求军需生产、行政工作的一元化，以及有关劳动力、资金的行政工作的一元化。

⑥为应付激烈化的战局，对重要军需企业、交通运输机关、金融机关坚决进行整顿，以保持继续生产和工作。

⑦关于各部门的统制机构及现行的各项统制法规，应断然进行必要的改革、废除和整备，使之完全利于提高生产。

⑧通过取缔黑市交易、配给制度合理化等，谋求国民生活的明朗化。

⑨坚决执行对行政工作、特别是对生产运输部门的监察和生产技术的指导。

昭和20年（1945年）2月对世界形势的判断

〔形势的恶化——日、德面临最后关头〕 从昭和19年（1944年）12月至昭和20年（1945年）2月之间，日、德两国都处于决定战争命运的最后关头。

当日本在莱特决战中赌以国家命运的时候，德国也从1944年12月16日起，在西方战场上从亚琛到卢森堡约100公里的正面，展开了强大攻势。在这次攻势中，德军使用了最后的战略预备力量，最初突破了盟军战线约30公里，但后来精疲力竭，攻势终于停顿，德国挽回战局的努力化为泡影。

以这次攻势为结局，德国在东西两条战线同时继续后退；1945年2月3日，在东线战场上，苏联的朱可夫军逼近柏林东面60公里的奥得河一线；另一方面，西线战场的盟军于2月23日开始从科隆对齐格弗里德线的正面发动了攻势。

随着德国战局的如此恶化，罗马尼亚、保加利亚、匈牙利等德国控制下的国家也相继摆脱了德国的控制，这就不仅可以看到德国的命运已定，就是日本也像已经叙述过的那样，自从昭和19年（1944年）12月18日，大本营决定结束莱特决战以后，菲律宾方面的作战逐步转变为持久战；日本试图打开菲律宾方面战局的希望，也将化为泡影。

〔雅尔塔会议——苏联决定对日参战〕 当日本、德国处于这样糟糕的逆境时，从2月4日起，盟国方面的罗斯福、丘吉尔、斯大林三巨头，在苏联克里米亚的雅尔塔举行了会谈。当时日本对这次会谈的看法是，主要讨论关于德国投降后结束欧洲战争的问题，并不含有苏联对日态度表示变化的内容，还抱有一线希望。然而事实上，在这次会谈中，不仅决定了苏联对日参战，而且还就如何处理日本、满洲的问题，订立了协定。①

同盟国竟然不得不提供这样的条件来要求苏联对日参战了吗？这里只简单提出问题。

〔对世界形势的判断〕 如前所述，在这之前，大本营陆、海军部随着莱特决战意志的改变，对整个形势的发展进行了研究；认为后来事态的演变，对前一年8月御前会议所作的关于世界形势的判断，有必要加以改变。

于是，大本营与政府以大本营陆、海军部方案为基础进行了研究，经2月15日最高战争指导会议讨论，于2月22日作出了如下的、以昭和20年（1945年）中期为目标的世界形势的判断：

---

① 雅尔塔协定（1946年2月11日美国国务院发表）

苏联、美利坚合众国及大不列颠三大国领导人同意，在德国投降及欧洲战争结束二至三个月后，苏联将参加盟国方面对日作战，其条件是：

1. 维持外蒙古（蒙古人民共和国）现状。
2. 恢复1904年日本背信弃义的进攻所破坏的原属俄国的各项权利，即

甲、将库页岛南部及全部毗连各岛归还苏联；

乙、大连商港国际化，并保证苏联在这个港口的优惠权，恢复租借旅顺港为苏联海军基地；

丙、设立中苏合营公司，对通往大连的中东铁路及南满铁路进行共管，并保证苏联的优惠权益，而中国保持在满洲的全部主权。

3. 千岛群岛交给苏联。

经谅解，有关外蒙古及上述港口与铁路的协议尚需征得蒋介石委员长的同意，根据斯大林元帅的建议，总统将采取步骤以取得该项同意。

三大国政府首脑同意，苏联的这些要求应在战败日本后毫无条件地予以满足。

苏联表示准备和中国国民政府签订一项苏中友好同盟协定，以期用武力帮助中国达到从日本枷锁下获得解放的目的。

约·斯大林
富兰克林·罗斯福
温斯顿·丘吉尔
1945年2月11日

② 雅尔塔协定译文，根据三联书店1978年出版《德黑兰、雅尔塔、波茨坦会议文件集》258页。——译者

第一，东亚的形势

美国将其兵力的重点指向东亚，以其优越的物质力量谋求早日结束战争；在继续利用重庆的同时同英国一起，不断对东亚发动猛烈、果敢的攻势，并将极力拉拢苏联参加对日战争。

另外，还将同时对帝国和大东亚各国不断施展政治阴谋，企图瓦解其战斗意志。

然而，美国对东亚战线的补给线的延长，今后对它将是一个弱点；同时由于我方浴血奋战，其人力资源的消耗，也将是美国最头痛的事情。

一、太平洋方面

美国将不太拘泥欧洲战况的发展，进一步加剧对日攻势，放手指挥作战。

这就是说，美军将集中全力尽快结束菲律宾作战，随着该项作战的进展，再以马里亚纳和菲律宾作为发动对日攻势的基地，向中国大陆沿岸和日本本土近海诸岛推进基地，以便大致在8、9月时确立对帝国本土的包围，进攻态势，加紧进行空袭；极力使日本本土瘫痪；同时企图切断大陆与本土的联系，摧毁国民的战斗意志，并在帝国本土的重要地区实行登陆。根据帝国国力和战斗力的变化情况，可能企图6、7月在本土的重要地区进行登陆。

还有，敌人很可能从3、4月起，使其机动舰队至本土的近海作战，企图进行空袭与骚扰。

此外，敌人还可能较早地对法属印度支那方面进行登陆作战。

二、缅甸及印度洋方面

敌人对缅甸方面将继续加重压力。

与太平洋方面的攻势相结合，敌人将试图从印度洋的正面，向安达曼、尼科巴尔、北苏门答腊等处推进基地，接着可能在本年春夏之交，在马来半岛登陆。

此外，敌人将继续对苏门答腊油田地带等进行大规模的空袭。

三、中国方面

重庆方面将致力于打开和保持印度、中国的陆上交通，随着其战斗力的恢复和增强、特别是其军队装备的美式化，将策应美国的作战，实行对日反攻。美、中空军仍将继续增强。同太平洋方面相呼应，切断陆、海交通，对日本、满洲、中国重要地区的轰炸将日益加剧。

敌方，特别是延安方面对我占领地区的活动将越来越加剧。

四、大东亚各国的动向

大东亚各国除"满洲国"外，随着大东亚战争局势的变化和敌方政治攻势的加剧，对日本采取不合作的态度将日趋表面化，有的甚至将转为敌对态度。

此外，有的还可能建立伪政权。

第二，苏联的对日动向

苏联很有可能于今春宣布废除中立条约，但仍将维持对日中立关系；不过，当它判断帝国的国力，特别是对苏反击力显著削弱时，有可能不拘欧洲形势如何，为了确保对东亚未来的发言权，对日本发动军事进攻。

第三，欧洲的形势

东部战线苏联的攻势极为激烈，由于双方战斗力的对比，特别是德国很难增强决胜战斗力量，大局将朝着不利于德国的方向发展下去；必须预料到本年中期以前，将出现对德国最坏的事态。

在此期间，欧洲政局战局的转变必须予以注意。

然而，欧洲战场人力资源的损耗相当大，同时在欧洲战局即将结束时，美、英、苏之间有些问题难以取得一致，这是美、英头疼的地方。

第四，综合判断

目前的战局对日本、德国很紧迫，但敌国也各自怀有深刻的苦恼，的确是到了彼此比赛毅力的阶段。

因而可以说，对今后日益加重的任何困难都能忍受，毅然坚持必胜的斗争信心，坚决战斗到底者将取得最后胜利。

第60章

大本营的新作战方针以及按此方针所做的作战准备

形势判断

〔**敌情判断——美军的战略**〕 大本营自昭和19年（1944年）末起，对这一重大战局的演变形势，连日进行了研究，就美军对日的意图做出了判断。这一判断概括如下：

美军的作战意图，总的方针是早日结束对日战争，推进包括整个太平洋地区的全面的空战与海战，使日本本土陷于瘫痪，然后相机在日本本土登陆。为此，当前的基本战略是：

一、完全切断日本本土同大陆和南方地区的联系（其目的已大半达到）；

二、使日本本土的生产来源陷于枯竭，摧毁国民的士气（通过空袭本土，已开始执行这一战略）；

三、摧毁日本的空、海、陆军的骨干兵力（由于莱特作战，已成功地摧毁了空军和海军的骨干兵力）；

四、将日本本土的核心部分纳入美军基地战斗机的威力圈内。

特别是为了达到第四项目的，可能试图向前推进其空军基地。作为空军基地，美方窥伺的主要目标是小笠原群岛、台湾（地区）、西南诸岛，其次可能是长江下游地区。还有，在千岛方面，也可能企图进行部分作战，并获得基地，进行牵制等。总之，作战的主线将以菲律宾为基地，指向东中国海方面。可以预计：2月将进攻小笠原群岛，特别是硫黄岛；3、4月将进攻台湾北部的重要地区；5、6月将进攻西南诸岛、特别是冲绳。但是，估计敌军越过台湾，于3、4月直接进攻西南诸岛的可能性也很大（海军和空军方面偏重于这种判断）。此外，还估计到敌军也有可能从马里亚纳方面直接进攻西南诸岛。

再者，敌军还有可能于2、3月前后，首先向华南沿岸及海南岛进行推进基地的作战。这样，在强行推进基地的同时，将迅速巩固菲律宾和马里亚纳等基地，进行大规模进攻本土的准备；大致到8、9月以前，完成包围和进攻本土的态势，摧毁日本本土上的日本陆军骨干力量，断然攻占本土。此外，当它判断我国国力大大降低时，在攻占小笠原群岛之后，紧接着在6、7月就一举进攻本土，这种情况也并不是绝对不可能的。

〔**苏联和重庆的动向**〕 同太平洋方面美军的这种强大的压力相策应，在大陆方面，苏联与重庆怎样行动，是大本营极为关心的问题。苏联很有可能将在美军完成其进攻日本本土的准备工作时，即本年秋季以后，参加对日作战。对此深感忧虑。据判断，那时苏联远东军将以优势的空军和装甲兵力为主的部队，突然袭击，侵略满洲、朝鲜、华北和库页岛的重要地区。

另一方面，重庆将策应美军对中国沿岸的作战（称为大陆靠岸作战），在湖南省、广西省方面，于本年7、8月发动攻势。其兵力可能是以美式装备改编的约9个精锐军为骨干的部队，达24至25个师。

本土防卫态势的概观

同四面逼近的这种敌人的重大压力相比，昭和20年（1945年）初我国的国土〔包括本土和朝鲜、西南诸岛、台湾（地区）、小笠原群岛等在内的地区〕，特别是本州、四国、九州及朝鲜方面的防卫态势，确是处于令人寒心的状态。如前所述，塞班岛失守以后，虽已认真地提出了加强本土防卫问题，但由于我国军队在菲律宾方面的决战过程中，投入了全部力量，以及本土内部复杂情况的阻碍（例如国民的权利同义务的关系；与生产粮食问题相关联的大军的动员、集结困难；或者随着一般行政组织和军事组织的并存而来的复杂的法规、手续等），进展得很迟缓。

当时防卫国土的任务，分别由陆、海军按如下分工承担。

〔**陆军的防卫态势**〕 担任陆上（镇守府、警备府所在地除外）防卫的陆军，在大本营直接管辖之下，由防卫总司令官东久迩宫稔彦大将担任本州、四国、九州、伊豆诸岛的防卫；由第5方面军司令官樋口季一郎中将担任北海道、千岛、库页岛的防卫；由小笠原兵团长栗林忠道中将担任小笠原群岛的防卫；由第32军（属第10方面军）司令官牛岛满中将担任冲绳诸岛的防卫；由第10方面军司令官安藤利吉大将、朝鲜军司令官板垣征四郎大将分别担任台湾（地区）、朝鲜的防卫。

防卫总司令官驻在东京，统率东部军（关东以北的本州、伊豆诸岛）、中部军（本州中部、四国）、西部军（本州西部、九州）和第36军（由3个师团组成，作为大本营的总预备队，配置在关东方面）等四个地面军，和第1（负责整个本州）、第6（主要是关东地区）两个航空军，以及第10（本州东部）、第11（本州中部）、第12（本州西部）等3个飞行师团（均为防空师团）。但是，地面师团数仅8个（九州1、近畿2、关东5）；高射炮师团4个（关东、东海、近畿、九州各1个）和留守师团14个。另外，在伊豆诸岛配备了3个独立混成旅团。还有，第6航空军的可出动兵力只有飞机50架左右，第1航空军是教育部队，因而在作战上指望不上。

海岸防备地区的重点放在九州南部和关东、丰桥、八户平原。不过，海岸阵地的构筑迟迟不进，就连重点地区，也只是大致完成了部分主要阵地，其他地区只是停留在计划阶段。

朝鲜军的兵力，由于昭和18年（1943年）以后调出四个师团转用于南方，仅有三个留守师团，南朝鲜、济州岛方面海岸，近于毫无防备的状态。昭和19年（1944年）以后，以济州岛、木浦、群山附近为重点，着手设置沿岸防御工事和沿岸舟艇基地，但仍停留在计划阶段。

第5方面军的主要兵力，由四个地面师团、六个各种旅团和1个航空师团组成。地面兵力的主力配备在千岛，北海道有两个师团担任守备。但航空实际兵力，即便加上当时由第5方面军司令官指挥的第12航空舰队（司令官为宇垣莞尔中将），实际可以出动的飞机也只有36架。

还有，第10方面军由八个地面师团、七个独立混成旅团和一个航空师团组成。其中三个地面师团和五个独立混成旅团，均配置在西南诸岛。

小笠原兵团由一个半师团组成，其主力配备在硫黄岛。

〔海军的防卫态势〕 在海军方面，由联合舰队司令长官丰田副武大将统率第2舰队（司令长官为伊藤整一中将）、第6舰队（司令长官为三轮茂义中将）、第3航空舰队（司令长官为寺冈谨平中将）、第1航空舰队（司令长官为大西泷次郎中将）和第11航空战斗队；另外，从昭和20年（1945年）1月1日以后，又授予联合舰队司令长官在有关本土防卫作战方面指挥各镇守府、警备府长官的权限。因此，本土方面的海、空两军的作战，就具备了均可在联合舰队司令长官统一指挥下来进行的态势。可是，在过去的菲律宾决战中，丧失了海、空军的精锐兵力，结果使第2舰队（战舰3艘、改装的航空母舰4艘、巡洋舰1艘、驱逐舰10艘）与第6舰队（潜艇52艘）都被迫停泊在濑户内海，进行修理、整备和训练。而且舰队远远缺乏均衡，再加上燃料的缺乏，实际上只不过是一支半身不遂的残存部队。

由于这种状态，在摧毁登陆部队方面，指望航空战斗力之处是非常大的。然而，可以胜任进攻作战的陆、海军航空兵力，能够出动的飞机仅626架。即台湾方面第1航空舰队的50架和第8飞行师团的126架；日本西部与琉球方面第3航空舰队的200架；九州南部第11航空战斗队的200架（其中54架为陆军飞机）以及上述陆军第6航空军的50架，这就是可以指望的全部兵力。

〔防空态势〕 更为紧迫的防空态势，也同样处于令人寒心的状态。除北海道外，本土方面的防空战斗力，约有防空战斗机870架，高射炮约1200门。然而实际情况是，由于武器的性能不好、兵员的素质和训练低劣以及弹药不足等，不可能充分发挥其战斗力。当时本土（北海道以北除外）的防空作战任务，由防卫总司令官担任，东部、中部、西部各军司令官分别担任其防卫地区的防空任务。防空飞行师团和海军防空战斗队，在有关防空作战方面，各自受该地区的军司令官的指挥。高射炮师团也在其隶属之下。但镇守府、警备府地区的局部地区防空工作，则与地面、海上的防卫工作一起，都是该地海军司令官的任务。

上述的地面防卫工作，在外围地区还是比较强的，但本土与朝鲜则非常薄弱。而对防御登陆作战不可缺少的海上和航空兵力以及防空兵力，实际状况都实在令人寒心。与此相对照，太平洋方面美军的兵力，据推测是：航空母舰15艘至20艘，辅助航空母舰40艘，战舰19艘至22艘，驱逐舰300艘，飞机约5450架。

新的作战方针

〔制定新的作战方针的经过——最初的共同计划〕 为了应付紧迫的战局和薄弱的本土防卫态势问题，大本营陆、海军当局从年初起，连日反复讨论了新的作战方针。在昭和20年（1945年）初秋以前，必须在本土动员多达240万名的庞大的陆、海军各种部队；还必须从大陆方面抽调大量的兵力和军需品转用于本土，为前所未有的大决战做好准备。然而在当时空袭日趋激烈，海空势力已经丧失，国力也迅速衰微的情况下，要完成这项任务的确极为困难。

为此，首先要使美军延缓对本土的进攻，以便赢得完成这次作战准备必需的时间，乃是日军战略上的最重要的要求。其次的要求是，利用外围现有的战略态势，在海上痛击来攻的美军，阻止它向前推进基地，消耗其战斗力，削弱其进攻本土的力量。可是，从日本空、海战斗力的现状来看，关于这样的作战能否成功以及得失问题，陆、海军之间有着微妙的意见分歧。陆军方面主张，趁美军进攻东中国海周围重要地区的机会，以空军对来攻的美军船队进行大规模的作战。对此，海军方面表示有难色。海军方面虽也同意这种战略上的要求，但感到在菲律宾决战中，精锐的航空兵力已丧失大半，要几个月才能重建起来，在5月以前无法进行大规模的航空作战。因此希望避免逐渐使用正在重建过程中的航空兵力，主张由陆军单独来搞。经过多次谈判，海军方面才采纳了陆军的意见，商定了《帝国陆、海军作战计划大纲》，1月19日，由梅津、及川两位总长一起向天皇上奏了这一方案，第二天，即20日，决定了新的作战计划。日本的陆、海军制定共同的作战计划，这实际是第一次。可以说是战局的严重性，才使这种共同行动有了可能。

这样，日军的战略，作为通向本土决战（决号）的过程，从菲律宾决战（捷号）转到了东中国海周围的航空作战（天号）。

〔**帝国陆、海军作战计划大纲**〕 新的作战计划的基本设想是，通过本土外围地区的纵深作战，对来攻的美军进行殊死的持久战；在此期间做好本土的作战准备，在本土进行最后决战。而东中国海周围的作战，则把重点放在冲绳诸岛。换句话说，美军在进攻本土之前，试图将其进攻基地推进到冲绳诸岛，日军就是要抓住这个美军来犯的战机，集结陆、海、空的全部力量，在海上攻击其运输船队，并结合同这些基地上的地面部队进行勇敢战斗，给美军的战斗力，尤其是人员战斗力以沉重的打击，阻止美军推进和利用基地，同时火速完成本土决战的准备工作。这就是日军新的作战计划的设想。

作战计划大纲的要点如下：

一、方　针

帝国陆、海军以粉碎主敌美军的进攻为重点，击溃敌军战斗力，确保战争进行中吃紧的重要地区，以此挫伤敌人战斗意志，以期达到战争的目的。

二、大　纲

1. 有效地利用现有的战略态势，击退敌军的进攻，迅速确立自主的态势。

所谓自主的态势，是指洞察今后作战的变化，首先迅速在国土以及对保卫国土至关紧要的大陆重要地区，确立坚定的迎击态势。

2. 在菲律宾方面，对来犯途中之美军主力进行顽强的战斗，尽力牵制美军兵力。

3. 重视东中国海周围的作战，在2、3月以前，完成作战准备。并加强包括硫黄岛在内的小笠原群岛的防务。还要考虑到美军直接来进攻本土的情况，并为此做好准备。

4. 对来犯的美军，统一发挥陆海军、特别是其航空兵的战斗力，击溃敌军战斗力，粉碎其进攻企图。

对于来攻美军的作战要领，首先是以空军兵力尽力在海上消灭之；然后对登陆的美军，切断其供应线，同时以地面部队消灭之。

5. 中国大陆上的作战改为以美军为主敌的作战。

以上海、中国南部重要地区作为作战准备重点。

6. 防空以对帝国首都和本土的重要生产部门、交通港湾设施的防备为重点。

7. 突破敌军封锁，运输南方燃料。确保大陆和本土之间的海上交通。

8. 以奇袭、"特攻"的战法为主。

三、指导国土重要地区作战的准则

1. 在国土上进行作战的目的，以击退美军的进攻、确保国土，特别是确保本土为重点。

2. 为保卫本土进行纵深作战的前缘为南千岛、小笠原群岛、冲绳本岛以南的西南诸岛、台湾（地区）与上海附近，应确实防守之。

即使美军在此前缘地带登陆，也要尽力消耗其有生力量，阻止其设置基地。

3. 当美军在本土、南朝鲜和上海附近登陆时，应充分发挥陆、海、空的战斗力消灭之。事先增加千岛、小笠原、西南诸岛及台湾（地区）所需的兵力，做好作战准备，并不失时机地集中和增加所需空军力量，采取消灭敌人的态势。

4. 本土及朝鲜的作战准备，要排除万难，火速认真地加强之，大致要在本年秋季以前基本完成。预料美军将进行激烈的空袭，应做好与此相适应的作战准备。

防御美军登陆的作战准备，应首先迅速完成关东地区、九州地区与南朝鲜方面的准备工作。

全面指导

大本营陆军部根据这一新的作战方针，向全军明确指出这一作战的目的是："击退进攻之敌、特别是击退主敌美军，确保以皇土为核心的国防重要地区，以摧毁敌人之战斗意志。"这就是说，始终以美军为主要敌人，同时把对美主要作战区大致定在太平洋与东中国海方面，决定火速加强以本土为中心的重要地区的战备，以此方策指导全军。为此，将过去一向担负对苏联、对重庆军队作战使命的朝鲜军与中国派遣军的主要敌人改为美军。还有，南方军的任务改变为控制进攻国土和中国大陆方面之敌、主要是控制美军的进攻，使全军的作战易于进行这一持久性的使命。

〔**大本营命令**〕关于大本营的这种意图和关于各军新任务的大本营陆军部命令，从1月22日至2月6日，相继向中国派遣军、南方军、第10方面军、内地防卫军和第17方面军等各军的司令官做了传达。这时，如后所述，下达了内地防卫军与第17方面军的战斗序列令。各军新任务的要点如下：

一、中国派遣军

击退进攻中国大陆的主敌美军，粉碎其企图，确保大陆的重要地区，同时促使重庆势力削弱以至消灭。为此，组成东西两条战线，特别是将加强战备的重点放在中国中南部，尤其是长江下游的重要地区。

二、南方军

确保南方重要地区，扼制敌人对本土和中国大陆方面的进攻，使全面作战易于进行。为此，应确保菲律宾方面的要冲吕宋岛，尽力击溃来犯之敌。在其他方面，应将印度支那、泰国、马来、苏门答腊作为南方的核心地区予以确保。

三、第10方面军

对进攻台湾（地区）、西南诸岛方面之敌，确保这些岛屿，以使以本土为中心的重要地区的全面作战易于进行。为此，以粉碎敌人向两岛推进其空、海基地的企图为指导作战的着重点。特别是要使台湾（地区）和冲绳本岛成为我国在东中国海周围的航空作战的据点。

四、第17方面军

把作战准备的重点改为南朝鲜方面（包括济州岛），消灭来攻之敌，确保朝鲜。关于对苏作战准备工作，受关东军总司令官的领导。

五、内地防卫军

消灭进攻之敌，确保本土，为此，作战准备的重点应放在关东、九州与东海三个地方。重视这些地区和大阪、神户地区的防空工作，当敌人来犯时，力求在海上消灭之。

另一方面，大本营海军部也于1月30日召集各舰队、镇守府、警备府的参谋长，宣布了新的作战计划大纲，并就作战问题进行了磋商。

第60章 大本营的新作战方针以及按此方针所做的作战准备

〔**前所未有的作战准备**〕 根据新的作战方针，本土、台湾（地区）、西南诸岛、大陆重要地区的作战准备，其规模及复杂性和困难程度，即便说是我国历史上前所未有的也不为过。例如，在这些地区，仅在几个月内计划新建的兵力就达56个师团、38个旅团，还有军团直属部队、兵站部队等不胜枚举。此外，还计划在这些地区相互之间和各个地区之内，大规模地调拨兵力与军需品；而且是在完全丧失了制海权和制空权的情况下，要在极短时间内确定作战计划，并按照这个计划完成展开兵力、集结军需品、构筑阵地和训练部队等任务。因而，这是一项在前所未有的困难局面下，被迫大胆制订的人力断难做到的计划。下面概述一下各个地区作战准备的情况。

本土方面的作战准备

〔**紧急军备——内地防卫军**〕 大本营陆军部在研究上述新的作战方针的同时，赶紧制订了关于本土与朝鲜方面防卫上必需的新的庞大军备计划，并于2月上、中旬之间首先实行了应急的军备计划。

即于2月6日，下达了内地防卫军和第17方面军的战斗序列命令，明确规定了作战军队的性质和组织。在本州、四国、九州，撤销东部、中部、西部军司令官，决定同时新设专任作战的五个方面军司令部和另外五个军管区司令部。朝鲜军司令部也撤销了，同时设置了第17方面军司令部和朝鲜军管区司令部。在北海道方面，也设置了与第5方面军司令部并立的军管区司令部。至此，改变了国土上的整个陆军领导组织，情况见表60-1。

还有，军管区和各个方面军的作战区是一致的，军管区司令官在有关军事行政工作上受陆军大臣指挥，关于作战事宜则受方面军司令官的指挥。但方面军司令官兼任军管区司令官，实质上是二位一体。

各军管区司令部之下有师管区司令部；师管区司令官通过组织补充队、警备队等，使军队、官方和民间协同一致地担任管区内的警备工作。

与改组这种指挥组织的同时，紧急动员了4个独立混成旅团和3个东京警备旅团。前者部署在八户平原、房总与知多半岛、有明湾沿岸；后者担负东京都的警备任务。在朝鲜，动员了第79、第96师团，分别部署在北朝鲜与南朝鲜。

另一方面，在海军方面，主要是为了准备后述的"天号"作战，分别于2月11日在九州方面新设了第5航空舰队；3月1日主要在本州全区新设了第10航空舰队。第3航空舰队的配置地区改为关东方面。这次新设和变更配置地区后，国土方面海军指挥组织的情况如表60-2。

表60-1

备考：——隶属
------防卫指导

- 天皇
  - 防卫总司令官 乐久迩宫稔彦王 大将（内地、本州、九州、四国）
    - 第十方面军 司令官 大将 安藤利吉 — 台湾（地区） ······ 台湾（地区）军管区 台北
    - 第十七方面军 司令官 大将 板垣征四郎 — 朝鲜 ······ 朝鲜军管区 京城
    - 第五方面军 司令官 中将 樋口季一郎 — 北海道、千页岛、库岛 ······ 北部军管区 札幌
    - 第十六方面军 司令官 中将 横山勇 — 九州 ······ 西部军管区 福冈
    - 第十五方面军 司令官 大将 河边正三 — 四国、中国、近畿 ······ 中部军管区 大阪
    - 第十三方面军 司令官 中将 冈田资 — 东海 ······ 东海军管区 名古屋
    - 第二方面军 司令官 大将 藤江惠辅 — 北关陆东 ······ 东部军管区 东京
    - 第十一方面军 司令官 中将 吉本贞一 — 东北 ······ 东北军管区 仙台
    - 第六航空军 司令官 中将 菅原道大 — 日本西部
    - 第一航空军 司令官 中将 安田武雄 — 日本东部

表60-2

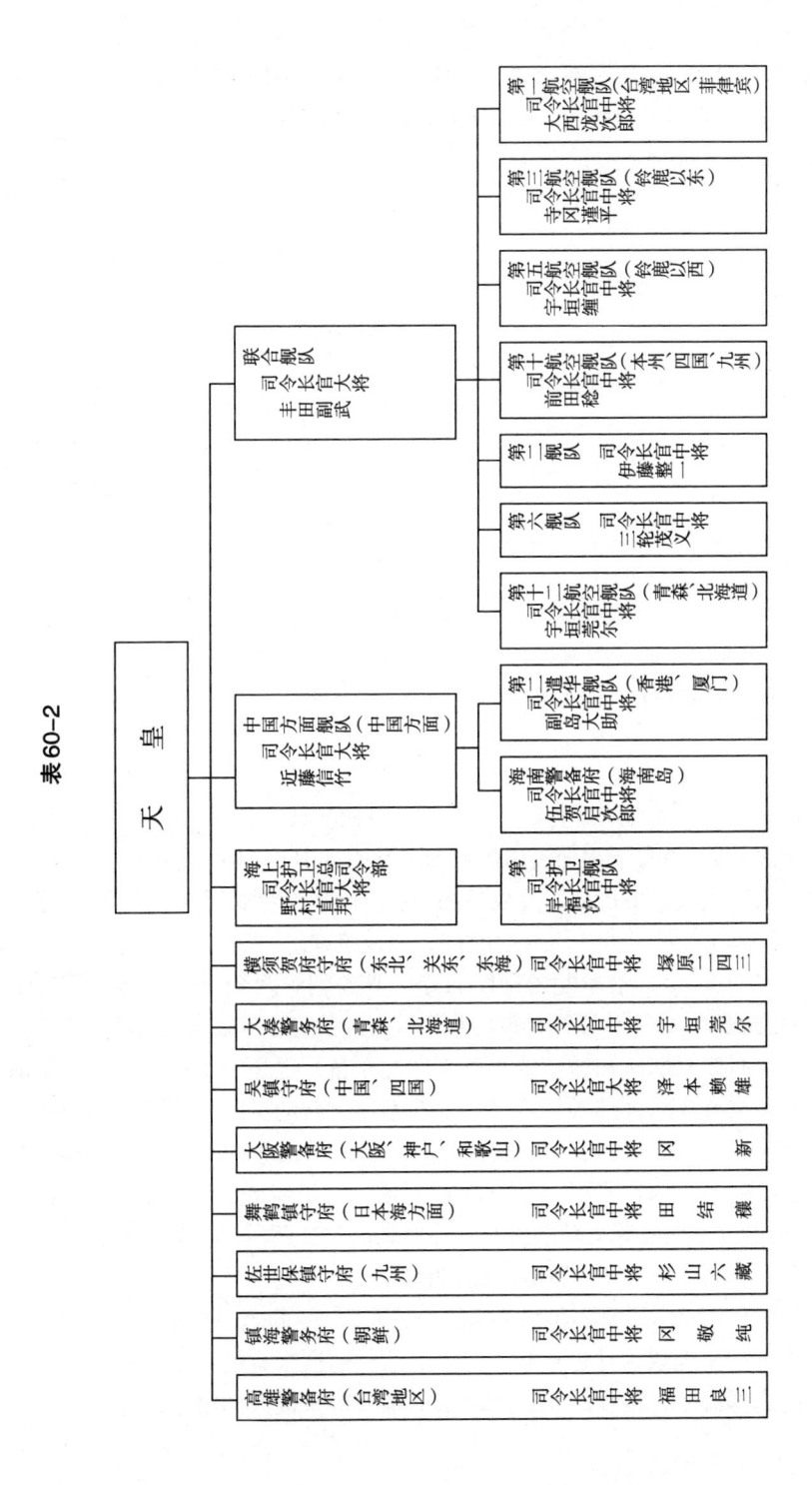

天皇
├─ 联合舰队 司令长官大将 丰田副武
│   ├─ 第一航空舰队（台湾地区、菲律宾） 司令长官中将 大西泷次郎
│   ├─ 第三航空舰队（铃鹿以东） 司令长官中将 寺冈谨平
│   ├─ 第五航空舰队（铃鹿以西） 司令长官中将 宇垣缠
│   ├─ 第十航空舰队（本州、四国、九州） 司令长官中将 前田稔
│   ├─ 第二舰队 司令长官中将 伊藤整一
│   ├─ 第六舰队 司令长官中将 三轮茂义
│   └─ 第十二航空舰队（青森、北海道） 司令长官中将 崇尔
├─ 中国方面舰队（中国方面） 司令长官大将 近藤信竹
│   ├─ 第二遣华舰队（香港、厦门） 司令长官中将 副岛大助
│   └─ 海南警备府（海南岛） 司令长官中将 伍贺启次郎
├─ 海上护卫总司令部 司令长官大将 野村直邦
│   └─ 第一护卫舰队 司令长官中将 岸福治
├─ 横须贺府守府（东北、关东、东海） 司令长官中将 塚原二四三
├─ 大凑警务府（青森、北海道） 司令长官中将 宇垣完尔
├─ 吴镇守府（中国、四国） 司令长官大将 泽本赖雄
├─ 大阪警备府（大阪、神户、和歌山） 司令长官中将 冈新
├─ 舞鹤镇守府（日本海方面） 司令长官中将 田结穣
├─ 佐世保镇守府（九州） 司令长官中将 杉山六藏
├─ 镇海警务府（朝鲜） 司令长官中将 冈敬纯
└─ 高雄警备府（台湾地区） 司令长官中将 福田良三

〔**新军备计划**〕 陆军要求重新召集150万人的新地面军备计划，在参谋本部与陆军省之间经过困难的反复磋商后，于2月下旬取得了一致意见。

其概要如表60-3：

表60-3

区别	新动员兵团数	从满洲抽调的兵团数	摘要
本土方面（朝鲜除外）	师团40（其中北海道3）独立混成旅团16（其中北海道1）坦克旅团6	精锐师团3 坦克师团1	新动员师团分为，配备海岸师团25 决战师团15
朝鲜	师团4 独立混成旅团1	低装备师团9	

备考：

1. 不包括2月上、中旬动员的应急军备的兵团。

2. 沿岸配备的师团，固定部署在海岸，主要负责牵制敌军登陆部队。缺乏机动能力，一般装备低劣。决战师团担任决战攻势。机动力强，装备较优良，也叫机动兵团。

3. 除本表所列外，还计划动员许多军直属部队。

这个庞大的作战部队军备计划，决定分三次实行，其划分如下：

第一次动员（2月下旬）沿岸配备师团18个（其中朝鲜2个）。

第二次动员（4月上旬）决战师团8个，独立坦克旅团6个。除此之外，还动员9个军司令部（其中1个在朝鲜），完成统帅组织。

第三次动员　1. 沿岸配备师团11个（其中朝鲜两个）2. 决战师团7个 3. 独立混成旅团，16个从满洲抽调的兵力，大致预定与第二次动员同时实行。

还有，与作战部队相适应的兵站部队的军备，也是个困难问题。兵站部队的军备，主要靠从大陆抽调和国民战斗组织，新动员的部队限于纯粹的作战兵站部队。即使这样，需要动员的兵站需要人员还达40万人以上。还需要汽车1.2万辆、马匹47万匹、辎重车辆7万辆。为了满足这种需要，汽车依靠民间所有的2.4万辆实际运转的汽车；马匹则决定征调国内适龄马七分之一。此外，辎重车辆计划从民间当地调配5万辆。

与陆军有关的作战部队和兵站部队动员人数，实际约达200万人；此外同海军有关的动员人数预计也达数十万人。这种前所未有的大规模动员，势必给最紧迫的军需品、粮食的生产和交通的确保带来极大的困难，并在政府与军部之间，在陆、海军之间引起了激烈的争论。

对新军备部队所需的武器、器材的补充，是更为重大的、令人担心的事情。以武器为例，当时拥有的数量同需要量比起来，步枪仅及所需的50%；轻机枪为23%，步兵用火炮为28%；反坦克炮为74%；野、山炮为75%。不足数量的相当部分，只能依靠从满洲抽调来的以及海军转让的武器；特别是有待此后至9月底以前国内预定生产的武器。指望到9月以前国内生产的武器有：步枪523200支，轻机枪9360挺，机枪1260挺；步兵炮2160门，高射炮606门等。而当估计今后不利条件将越来越多时，如资源的枯竭、由于空袭工厂所受的损害和疏散、工作人员被征入伍等，生产计划究竟可以实现多少，是难以预料的。至于最需要优先生产的特攻舟艇约9000艘、飞机1.6万架的生产计划，可以说就更难指望了。

此外，在从满洲抽调兵力的同时，还计划将关东军保存的军需品约三分之一（航空挥发油2万千升，普通挥发油3万千升，弹药13个师团会战份额）调来用于本土。可是，损耗船只不断增加，而且为了解决国内的粮食危机，运回大陆的杂粮更是燃眉之急。正当这时，如何分配这两个方面的运输船只，却成了统帅部和陆军省之间争论的重要问题。最后不得已双方让步，决定运回粮食215万吨；运回军需品则尽量靠运送军队时装在上面。

为了克服这些无数的困难和障碍，使本土的军备适应战局的发展，认为摆好时间的顺序和地区的重点，是一项重要的解决方法。

〔第一次军备和兵力的抽调〕 大本营按照预定，于2月28日进行了第一次动员，除动员18个沿岸配备师团（以留守师团为基干）外，还下令动员了一个独立混成旅团，和对朝鲜海峡与五岛列岛实施军备。不过，这种动员估计需要两个月以上才能结束，对新动员的兵团都授予了永久性番号。其中三个师团和一个旅团是在北海道与库页岛，两个师团是在朝鲜动员的。

接着于3月10日动员了两个独立混成旅团，分别配备在九州与朝鲜。另一方面，在进行这些动员的同时，开始抽调了重要的兵力。即于3月15日与31日，下令从满洲抽调第57师团配属于关东地方的第36军（中途改配属于九州）和第1坦克师团；调第11与第25师团至四国与九州。这些师团从4月至5月，分别在目的地集结完毕。在此之前，还把近畿地区的第44与第84师团调到关东地方。

在调动地面兵团之前，从1月至2月，还从南方调动了若干航空部队到本土方面。还有，在2月24日，把以前从菲律宾调回来的第30战斗飞行集团重新改编（两个战斗机队、一个重轰炸机队）后，编入第6航空军属下，准备主要用以打击前来进攻本土周围的敌机动舰队。

到了3月，敌机对本土的空袭迅速加剧；而且开始用烧夷弹攻击，所受损害日益加重。特别是3月9日[①]夜，东京下町地区遭受110架B29的轰炸，烧毁房屋约25万户，死者约8.3万人，遇难者约达百万人，受害之惨，目不忍睹。还有，3月中、下旬时，同敌人企图进攻冲绳相关联，敌人用机动舰队与B29袭击九州、四国以及近畿地区的港湾、机场，这次袭击持续很久，使人感到西南诸岛方面的战机很快就要成熟了。

台湾（地区）与西南诸岛方面

〔全面指导要领〕 大本营鉴于菲律宾方面的战况，在做出上述形势判断和研究新作战方针的同时，自昭和19年（1944年）末起，努力增强这个方面的战备。特别是为了解决菲律宾决战问题，10月23日从台湾（地区）将第68旅团、11月4日将第23师团、11月20日又将第10师团相继调到吕宋方面。因此，填补台湾（地区）防御的空隙，已迫在眉睫。为此，于12月从中国调来一个师团；1月在台湾（地区）新设一个军司令部和五个独立混成旅团；并从中国、西南诸岛和满洲分别增派一个师团至台湾（地区）。在西南诸岛方面，还改编了驻冲绳本岛的第24师团；补充了第62师团的缺员等，为从实质上加强战斗力付出了努力。

另一方面，在加强地面防御的同时，还尽力加速促进台湾的空战准备工作。这就是，海军于1月7日将在菲律宾的第1、第2航空舰队的残余兵力并入第1航空舰队，并如前述，将它调至台湾进行重建。陆军也从西南方面调来部分航空兵力到台湾。此外，陆、海军都加速培养了航空特攻兵力和增强航空基地。

如上所述，大本营于1月30日以大本营海军部命令向联合舰队司令长官及全体海军司令官，下达了《帝国陆、海军新作战计划大纲》；接着于2月3日以大本营陆军部命令授予第10方面军司令官上述任务。同一天还指示，关于该方面的作战，决定了陆、海军中央协定。即该方面的陆上防卫，原则上由陆军担任，海上防卫原则上由海军担任。还商定由第10方面军司令官指挥驻在台湾（地区）和西南诸岛方面所在海军部队中需要参加地面作战的兵力。

---

① 根据战后美军的资料，3月9日夜投下烧夷弹的数量多达1667吨。从投下的炸弹数量判断，前来空袭的飞机实数，认为比上述的还要多。

接着于2月6日写成了一个"昭和20年上半年陆、海军航空作战中央协定草案",制订了有关东中国海方面的航空作战计划（其详细情况容后另述）。

〔台湾的地面作战准备——征集台湾人〕 增加台湾的地面兵力,首先于12月22日,下令由满洲调来第12师团;以此为开端,1月以后,又相继调来或新建了部分部队。情况如下:

1月4日　新设第75、第76独立混成旅团,分别加强澎湖岛与基隆要塞的防御;同时以独立混成第30联队加强了高雄要塞防务。

1月10日　将驻冲绳本岛的第9师团调来台湾北部的新竹地区,受第40军司令官指挥。

1月16日　在嘉义新设第40军司令部（军司令官为中泽三夫中将）,担任台湾南部的防务。

1月23日　从满洲调来第71师团到台湾南部的嘉义地区,由第40军司令官指挥。

2月17日　新设第100独立混成旅团,加强高雄的防务;同时新设第102、第103独立混成旅团,前者驻花莲港,后者驻台东地区,受第40军司令官指挥。

这些新设部队所需人员、武器、器材等,由调往南方而中途留在台湾的部队、兵员、军需品和住在台湾的内地人来补充,还进一步征集了台湾人。新设部队里的台湾人达20%至40%。

这样,台湾的地面总兵力,3月时有5个师团和6个独立混成旅团。其中第40军（4个师团和2个独立混成旅团）担任新竹以南的台湾西部的防务。此外,在台北、基隆地区配备了一个师团和一个旅团;在东海岸的宜兰和台东地区,各配备了一个旅团。其态势如附图第十。

〔冲绳的地面作战准备〕 联结日本列岛和台湾（地区）、形成大陆防波堤的西南诸岛的核心冲绳本岛（以那霸为起点）,距鹿儿岛、台北、上海分别为440、430、530英里。本岛北半部系森林覆盖的山岳地带,南半部系开阔的丘陵地带,中部地势平坦,最适于修建机场。而且那霸等地,是良好的舰船基地。与本岛相连的宫古岛、石垣岛、德之岛、伊江岛等冲绳列岛,也都是良好的空军基地和适于修建空军基地的地点。这些空军基地和九州、台湾（地区）、华中沿岸的空军基地相结合,对从太平洋方面前来进攻东中国海和日本西部的敌人展开航空作战,在海上予以捕捉和消灭,形成坚强的阵势。当敌人群集来攻此小岛时,可以从这些基地出发给敌人以集中打击。但是,这些地区一旦落入敌手,则本土、朝鲜、中国沿岸都将置于美国海、空军的威力之下，成为进攻这些地区的强大基地。因此，这里和小笠原群岛一起，在围绕本土的攻防战中，都具有最重要的战略意义。菲律宾战局决定之后，冲绳的这种战略地位就越来越重要了。

如前所述，西南诸岛的地面防御，在昭和19年（1944年）7月塞班岛失守后迅速加强，同年秋，第32军（军司令官为牛岛满中将）的总兵力达4个师团和5个旅团。其主力配置在冲绳本岛（三个师团和一个旅团），在宫古岛配备了一个师团（稍弱）和两个旅团，在石垣岛、大东岛、奄美大岛各配备了约一个旅团。

冲绳本岛防御方面最大的问题是，确保设在本岛中部的两个机场（称为北部机场与中部机场）。因为大本营在这里的作战设想的重点是：把前来进攻本岛的敌人吸引固定在周围海上，然后从空中给以集中性打击，把敌人同其运输船队一并消灭在海上。

昭和19年（1944年）底以前，第32军司令官按照大本营的这种意图，制订了确保本岛的中部（包括北部、中部机场）与南部，将登陆美军迅速歼灭在海岸地带的方针；在机场地区配备了一个师团，在南部地区配备了两个师团，进行了海岸决战的作战准备。

〔抽调第9师团的问题——留下祸根〕 可是到了昭和19年（1944年）末，出现了动摇这个作战计划基础的问题，这就是前面提到的抽调精锐第9师团的问题。昭和19年11月初，当大本营在内部提出这一意图时，军司令官牛岛说："如果调走第9师团，本岛的防务就无法完成。要抽调的话，索性希望将全军都调去转用于决战方面。"想促使大本营改变主意。

大本营因急需加强台湾的防务，没有采纳这个意见，准备让在姬路待命的第84师团增援冲绳，取代第9师团。12月下旬，第9师团丢下进行了半年的冲绳作战准备，转去台湾。

当已经可以不断看到敌人海、空军蠢蠢欲动时，从海上运输第84师团是令人担心的。但是，大本营就运输问题做了多方面的准备，并于1月22日上奏天皇，然后电告第32军，说明决定增派84师之意。这个电报使32军空欢喜了一个晚上。第二天，即23日，大本营突然中止了这项增派兵力的计划。这样做是根据新作战部长宫崎中将的看法而突然采取的措施。宫崎认为：正当加强本土防务的重要时刻，要尽可能避免向海上运输不安全的远海孤岛投入兵力。这项措施，加上抽调第9师团的问题，引起了第32军首脑们的严重不满。另外，如前所述，当制定帝国陆、海军新的作战计划大纲时，大本营陆军部是极力主张在东中国海进行航空作战的，因此，陆军部采取的这项措施，招致了海军方面的极大不满。这样，冲绳本岛的地面兵力就减少到如下列以两个半师团为基干的兵力；并为第32军同上级司令部之间在感情、意志上造成隔阂的祸根。

第24师团（师团长雨宫巽中将）

第62师团（师团长本乡义夫中将，3月，由藤冈武雄中将接任）

第44独立混成旅团（旅团长铃木繁二少将）

野战重炮兵第1（缺一个大队）、第23联队

独立重炮兵第100大队

重炮兵第7联队

独立臼炮第1联队

轻迫击炮第3—第10中队

坦克第27联队（缺一个中队）

其他各种军直属部队

在此之前，军司令官牛岛为了适应调走第9师团后的新的情况，于11月对作战计划进行了根本性的修改。即将向来在海岸地带进行决战的方针，改为战略持久作战，放弃了视为问题的北部、中部两个机场，决定采取在南部地区进行持久战的作战方法。其理由是兵力不足。大本营、第10方面军、陆、海军航空部队的领导都对第32军的这个新作战方针表示不满，第10方面军还曾严厉要求确保北部、中部机场，但第32军没有同意。由于这一争论，冲绳战役在其开始前就已笼罩了阴影。

第32军变动后的新的配置情况如附图第十。各个部队放弃了经过半年之久忙忙碌碌、孜孜不倦地构筑起来、作为决死之处的各个阵地，而又手忙脚乱地重新构筑新的阵地。为改变大量军需品的集聚地点和构筑新阵地所需器材的取得和搬运工作是最困难的。当敌人前来进攻的时机逐渐成熟之际，冲绳的地面防务，却面临有形、无形的混乱局面，真是不幸。

〔"天号"航空作战计划——海军的热情高涨〕 根据上述1月20日的作战计划大纲，就本年前半年陆、海军航空作战的具体作战计划，经过陆、海军之间的协商，于2月初制订了陆、海军中央协定草案。可是一方面由于海军预定使用的飞机数量比陆军方面期待的数量少，另一方面，由于海军重视攻击机动舰队的传统，与陆军重视攻击运输船队的特攻思想未能取得一致，所以海军方面没有签字。

陆军因急于准备该方面的航空作战，不待海军方面签字，就于2月6日以"大陆指"的名义，将协定草案〔关于昭和20年（1945年）上半年航空作战

的陆、海军中央协定〕和根据这个协定制定的陆军航空部队的《东中国海周围的航空作战指导要领》,[①]下达给了各有关军司令官。

在这个中央协定草案里,海军对东中国海周围地区的作战仍然是消极的,依旧坚持重视攻击敌机动舰队的思想。这就是说,在方针上仍强调:"统一发挥陆海军的航空战斗力,首先打击敌人的机动部队,其次则是打击前来进攻东中国海周围地区的敌人,同时加强本土的直接防卫工作。"作战指导大纲还规定:

一、歼灭敌机动部队的作战

2月初以后,主要以海军航空兵的兵力,歼灭敌机动部队,封住敌人进行跃进作战的途径。

二、东中国海周围地区〔台湾(地区)、西南诸岛、中国东南部、九州、朝鲜方面〕。

陆军航空部队以3月末为目标,完成在东中国海周围地区的作战准备,消灭敌人来攻部队,攻击目标主要是运输船队。

海军航空部队以其一部分力量协助之。

另外,海军预定使用的飞机数,与陆军的1390架相比为数较少,只有525架乃至755架。

可是,由于预计此后使用的飞机数将可能增加,于是海军对东中国海周围地区,特别是对西南诸岛方面进行航空作战的热情便迅速提高。3月1日正式达成了陆、海军中央协定。在此期间,如上所述,海军新设了第5航空舰队,并将练习航空部队改编为作战部队(第10航空舰队),强行组编了大量的特攻兵力。即陆军预定使用的飞机数量与协定草案规定的数量相同,但到4月末为止,包括预定设置的第10航空舰队的2000架特攻飞机,预定使用的飞机达3175架。

协定的要点如下:

一、方　针

统一发挥陆、海军的航空战斗力,以此歼灭预料中前来进攻东中国海周围地区之敌,同时加强本土的直接防御态势。

二、各方面的航空作战指导要领

1. 东中国海周围地区的航空作战,应迅速在该地区展开陆、海军的兵

[①] 大本营陆军部在上述"作战指导要领"里,决定将此次航空作战称为"天号作战"。海军在后述3月20日的"大海指"第5013号里,也采用了此称呼。

力，以便消灭敌军进攻兵力。陆、海军航空部队的主要攻击目标，海军为敌之机动部队，陆军为敌之运输船队。

2．以下作者省略。

三、使用兵力的概要如下：

陆军

1．基本兵力　1175架

本土——第6航空军　735架……推进到西南方面展开。台湾——第8飞行师团　440架。

2．增援兵力　215架。

中国——第5航空军175架 ⎫
海南岛⎱第3航空军40架　⎬增援台湾（地区）
越　南⎰　　　　　　　　⎭

海军

1．基本兵力　3175架。

本土⎧第3航空舰队　570架⎫
　　⎨第5航空舰队　520架⎬推进到西南诸岛方面展开
　　⎩第10航空舰队　2000架⎭

台湾——第1航空舰队　85架

2．增援兵力　80架　西南方面——第13航空舰队80架。

这样，陆、海军在"天号航空作战"问题上，行动逐渐一致起来。

〔计划的不合理和海军甘冒风险的"丹作战"〕 但是，这个计划根本不是建立在可靠基础上的，而是迫于绝对必需不得已而制订的。陆军为了在3月中旬以前准备好1400架飞机（其中特攻机850架），它的前提是，正如2月6日"大陆指"《特号（指特攻——作者注）所需人员学术教育课程表》所反映的那样，必须以大约一个月的时间（操纵10天，射击4天，轰炸10天，航行方法2天）来训练参加特攻的人员。

海军的情况也大同小异。因此，如按原计划要在3月底以前，完成展开兵力的工作，是大有疑问的。果然，在美军前来进攻冲绳的半个月前，即3月中旬，陆军航空部队还在向九州推进的途中；海军也是在3月1日当时，可出动的2100架飞机的一大半，都还在训练过程中。

为了缓和这种计划的不合理性，海军不得不实行甘冒风险的作战，这就是"丹作战"。所谓"丹作战"，就是想抓住美国机动舰队返航乌利西基地的好机会，再发动一次奇袭夏威夷式的战斗，以便延缓美军对冲绳的进攻。这次作战决定于3月11日用24架飞机进行。可是由于计划的差错和受到恶劣天气的阻碍，攻击部队在日落后才到达乌利西的上空，结果白去了一趟。第二天确认这次作战完全失败，寄托希望的唯一办法也落空了。

这样，3月中旬，在我方的地面、航空的作战准备工作都还处于半途之中，敌军进攻冲绳前锋的机动部队，很快就于3月14日从乌利西出发，向着九州海面开始了北上。

中国方面的新的作战准备

〔冈村总司令官的意见——进攻四川作战〕 昭和19年（1944年）末，莱特战败后，有关中国方面此后的作战指导问题，大本营根据上述的敌情判断，非常重视盟军，尤其是美军对中国东南部（广东省东部和福建省南部）和长江下游地区的靠岸作战，指示中国派遣军，在作战指导上应改为以准备对美作战为重点。特别是判断盟军很有可能在四五月首先向中国东南沿海进行反攻。因此，在昭和19年（1944年）12月上旬，就加强中国东南方面战备的问题，曾派出幕僚进行联系。同年11月，由第6方面军司令官新任中国派遣军总司令官的冈村宁次大将，鉴于战争的前途和中国派遣军的地位，就完成重任的方法做了深刻的考虑。结果根据一号（湘桂）作战的成果和与此相关联的重庆政权的困窘情况来判断，决心排除万难，要在明春长驱进攻四川省，给重庆嫡系部队以决定性打击；在同年中期以后，在预料中的敌人从东西两面反攻之前，予以各个击破，扼制敌空军的蠢蠢欲动，进而创造同重庆政权单独议和或使之脱离战争的良好时机。为此以异乎寻常的决心，派松井总参谋长到大本营，向大本营建议，于1月5日发动进攻四川的作战。

这次作战的设想是：从3月下旬起，由衡阳和柳州西面展开正面攻势，在攻占芷江和贵阳附近以后，长驱向重庆、成都方面做战略挺进，以便占领四川省的重要地区。这的确是一个大胆的、甘冒艰险的作战设想。可是，大本营判断，在欧洲战局已近尾声，盟军在东亚的优势日益增长的现阶段，重庆政权继续战斗的意志还是坚定的。而且从当时可以使用的兵力和物资器材来看，对实行进攻四川作战的可能性，不无担心。加之，由于这次作战，还有很大可能使加强以日本本土为核心的重要地区的防务向后推迟。因此，大本营没有采纳冈村总司令官的意见；只允许在不影响这个根本方针的范围内，由小部队挺进腹地的作战。

上述中国派遣军的新使命，经历这样一段过程后，于1月22日下达了命令。为了明确大本营的这种意图，在这个命令里，明确指出了用大部队进行地面进攻战的地区界线，并在根据这项命令下达的"大陆指"中指示："为了促使重庆势力衰亡，扼制敌驻华空军势力的活动，可对中国腹地，使用多数小部队进行有组织的长期的挺进奇袭作战。"

〔**陆、海军中央协定**〕 根据这个中国大陆方面的新作战方针，商定了如下的陆、海军中央协定，指示有关陆、海军部队执行。

一、迅速加强中国东南沿海的战备，当敌人美军进攻时，随时集中必要的兵力击破之，尽力粉碎其企图。

战斗力指向的重点为广东周围地区。

二、以本年夏初为目标，加强长江下游地区、特别是上海周围地区的战备；当敌人美军进攻时，发动最大战斗力，指挥决战，歼灭敌人。

三、在海南岛方面，对于敌人的进攻，大致以所在的陆、海军部队，尽力确保该岛的主要港湾和机场，尽可能长期地阻止敌人利用。

中国派遣军总司令官根据上述大本营的命令和指示，于1月29日下达中国派遣军命令，转入新的作战准备。即，令第23军在3月末以前，大致完成中国东南沿岸的对美作战准备；令第13军在夏初大致完成长江下游地区的对美战备；令华北方面军在夏初大致完成青岛方面的对美战备，同时确保其占领地区。并令第5航空军以其主力加强海岸方面的对美作战准备，同时用部分力量担任内陆方面的作战。此外，还命令第6方面军确保目前占领地区，担任对重庆作战的主角。与此相关联，预先通告第23军直属中国派遣军总司令部。

〔**兵力的运用和军备**〕 中国派遣军为了完成这个作战计划，制订了如下运用兵力的计划：即给第23军增加两个师团，同时从该军抽调一个独立混成旅团，派至海南岛，受海军警备府司令长官的指挥；并计划为第13军从华北方面抽调7个师团和一个坦克师团、从武汉地区抽调军直属部队和1个师团，转用于上海方面；还命令从南京调一个师团进驻上海。另外，根据大本营的命令，决定继第37师团之后，再从第6方面军抽调第22师团，派往越南。

除上述兵力调动之外，还命令用改编驻华补充部队和增补逗留人马等办法，组编4个师团、12个混成旅团、13个独立警备队。这些部队大部分在1月下旬至3月之间、一部分在4月下旬逐步编成。三个新建的师团担任加强沿岸战备的任务，其余的主要用于内陆的警备。

在此之前，1月26日，为了加强长江下游方面的统帅组织，从海拉尔调来第6军司令部（军司令官为十川次郎中将），置于第13军司令官指挥之下，负责指挥驻杭州湾方面的第70师团等部队。

顺便说一下，当大本营指挥中国大陆方面的作战时，最初很重视华南沿海方面的作战准备，将相当有力的兵力部署在这方面；因此，后来当战况发生变化时，在兵力调动上发生了一些困难。

在增强地面军备的同时，对空军兵力也进行了改编。即新设第13飞行师团，使之隶属于第5航空军；并把从满洲调来、原属中国派遣军总司令官指挥的飞行团司令部和三个飞行战斗队编入第5航空军的战斗序列。

中国派遣军在进行上述的对美作战准备和相应地加强军备的同时，从1月下旬至2月上旬，进行了打通粤汉路的作战；3月9日，与南方军解决法属印支的问题相呼应，一下子解决了在中国的法国势力。

"富号作战"——气球炸弹攻击

〔攻击美国本土的愿望——从"富岳"飞机到"富号"作战〕 1942年4月，杜立特已开始对我本土进行空袭，而且自此以后空袭日益加剧。在这种情况下，我方也出现了用航空或其他手段攻击美国本土的想法，至少想达到从精神上进行扰乱的目的。这种念头不断萦回在大本营领导们的头脑中。因此，曾试图与部分民间当事者的热情努力相结合，制作一种单程飞行的横越太平洋的轰炸机（富岳飞机），重点攻击美国北部重工业地带的要害部门。不过，一方面，当时迫在眉睫的问题是急需第一线飞机，特别是战斗机。另一方面，为了生产几架这种富岳飞机，就要在技术、物资、劳动力和其他方面，牺牲大批目前使用的飞机的生产。因此，经过反复的种种讨论，终于不得不忍痛中止这项计划。在这种形势下，至少总算在精神方面取得了一定的成果，是用下述气球炸弹攻击美国本土的作战（即所谓"富号"作战）。

〔气球炸弹的设想、研究及其完成〕 在此以前，陆军曾经设想，当满、苏国境方面一旦有事时，就在很多小型气球上装上炸弹，利用风力，对敌人阵地的后方进行攻击。在这种设想下，已秘密地进行了技术上的研究。昭和18年（1943年），经更进一步设想和研究，要把担任挺进攻击部队的各武装士兵，利用个人用的气球，一举空投到敌人阵地的后方进行奇袭。

到昭和18年（1943年）中期，想要利用上述的气球炸弹对美国本土进行攻击，陆军技术研究所以草叶大佐为首的主要负责人员对此大力进行了研究。

可是，已在满洲研究的气球可达距离，充其量只是100公里左右，而要越过太平洋到达美国本土，必须有10000公里的飞翔能力。为此，这种气球必须有庞大的容积和必要的抗耐力。再者，还要进行气象调查，究竟在一万公里范围内，在亚同温层是否确实有西风。在陆军中央气象部的合作下，制成的气球高10米，直径5米，是用雁皮纸和以鬼芋作原料的糨糊结合起来的。在气象方面判断，如果利用从11月到3月的冬季恒风，可以达到目的。于是树立了利用从昭和19年（1944年）到昭和20年（1945年）的冬季进行攻击的目标。

〔**攻击准备——动员鬼芋、大剧场**〕 在气球上装有高度调节装置和炸弹或烧夷弹，并每隔若干个夹杂一个装有无线电探空仪的气球，接收由此发出的电波，以测定气球的航行踪迹，尽力确认其到达情况。

当时最担心的是，这些气球能否由于气象关系危害我国的国土，以及能否落在对整个战局关系最敏感的苏联领土上，为此要求采取万全之策。

所需原料数量很大，因此尽力在整个大东亚地区收集。为了制作气球，利用了东京都内的国技馆、日本剧场、东宝剧场、国际剧场等大建筑物，并动员了从裱糊匠、女学生直到妓女等许多人参加工作。

昭和19年（1944年）9月25日，大本营下令，临时组建放气球的气球联队，由参谋总长直接领导；目的在于扰乱美国内部；主力部署在大津、勿来附近，另一部分在一宫、岩治、茂原、古间木附近的太平洋沿岸展开；须在10月底以前完成对美国本土进行攻击的准备；同时命令陆军中央气象部与之密切配合。

〔**参谋总长的攻击命令**〕 10月25日，参谋总长向气球联队长下达了要旨如下的进攻命令。

①进行攻击的时间预定从11月初到明年春天3月时为止；根据情况，也可进一步延长结束的时间。攻击开始的时间预定为11月1日。

但在11月以前，也可以气象观测为目的进行试放；试放时可装备实弹。

②投下的爆炸物为炸弹与烧夷弹，其大致数量如下：

15千克炸弹　约7500个

5千克烧夷弹　约3万个

12千克烧夷弹　约7500个

③放出气球数约为1.5万个，每月放球标准大致如下：

11月　约为500个，5日以前的放球数应尽可能多一些

12月　约3500个

1月　约4500个

2月　约4500个

3月　约2000个

放球数也可再增加约1000个

④放出气球时，应正确判断气象，防止气球落在帝国领土与苏联领土上，并尽力提高到达美国本土的比率。

⑤关于保密问题，须特别注意下列事项：

　　1. 保密的重点是，有关特殊攻击的意图，对军内外均须保密；

　　2. 阵地上的各项设施，对空、对海均须尽力掩蔽；

　　3. 放球应在气象情况许可范围内，尽可能在黎明、黄昏或夜间进行。

⑥这次特殊攻击称作"富号试验"。

〔气球炸弹飞到美国本土〕　证实战果是最重要并且是最困难的工作。大本营陆军部用尽了通过无线谍报和其他一切可以探知战果的手段。结果，根据12月上旬收到的一、两份情报判断，部分气球确实到达了美国本土，但后来却杳无反响，其战果不得而知。

但据战后美国方面的文件来看，当时到达美国本土的气球相当多，曾经伤害了森林和人畜，美军当局担心对国内外产生不良影响，特别是担心日本方面利用此后的战果，因而采取措施，严禁发表或传播有关的一切情报。

第61章

中国与南方方面的作战情况

湘桂战役的结束

〔**新设第6方面军**〕 在发动湘桂战役之前，中国派遣军总司令官前驻汉口，亲自指挥第11军的作战。然而这时太平洋方面的战火已将波及中国大陆，而我方的防务尚未就绪，非常需要广泛地衡量一下派遣军的全面作战部署。因而大本营于8月下旬下令，新设第6方面军司令部，归中国派遣军领导；任命现任华北方面军司令官、指挥京汉路方面作战的统帅、在昭和13年（1938年）攻占武汉时曾任第11军司令官的冈村宁次大将为司令官，宫崎周一少将为参谋长。

第6方面军司令官将其司令部设在衡阳北侧的南岳，9月10日行使新统帅权（参照附图第七）。

当时第6方面军的战斗序列概况如下：

第11军（以第3、第13、第34、第40、第58、第116师团为基干）

第23军（以第22、第104师团为基干）

第34军（武汉周围防卫军）

方面军直属部队（第27、第64、第68师团等）

〔**增调第20军等部队**〕 9月下旬，大本营将驻满洲的第20军司令部（军司令官为阪西一良中将）调到华中方面，归第6方面军司令官领导，令其统率从长沙附近到衡阳附近的兵团，指挥第11军向前推进和打通粤汉路的作战。该司令部于10月中旬到达驻地行使统帅权，统率以第27、第64、第68、第116师团等为基干的各个部队。

接着，大本营于10月将当时驻在内地弘前附近的第47师团、11月又将香港占领地总督部分别编入第6方面军的战斗序列。但是，第47师团由于运输距离远、运输机构梗塞不通，直到第二年，即昭和20年（1945年）4月芷江战役开始时，其先头梯队才勉强参加了战斗。

〔浙东战役（所谓节号作战）〕 昭和18年（1943年）夏季以来，零散地见到一些情报说，东中国海福建省沿岸有敌人的潜艇基地，当时还难以置信；但同年11月，来自中国大陆的飞机首次对台湾新竹进行了空袭。由于这些情况，曾多次考虑关于攻占福州作战的设想。然而随着昭和19年（1944年）6月塞班岛的失守，甚至担心部分美军或将奇袭登陆；因此，大本营痛感有必要采取措施，对付敌人切断我国本土与南方圈之间联系的企图。为了加强与南方之间的联系，讨论了由中国沿海用小船进行所谓"蚂蚁运输"等方案。根据这些想法，大本营于7月18日命令确保浙东沿岸基地，事前扼制美军在这一带登陆的企图，同时谋求沿岸、海上交通的安全，作为船艇的中继站，为此，令中国派遣军攻占浙东沿岸重要地区。

派遣军与海军配合进行这次作战，第13军的一部——黎冈支队于9月9日占领温州；以第62独立混成旅团为基干的部队，于10月4日占领福州；另外还派遣一支以大约一个大队步兵为基干的部队至厦门，在海军指挥下，担任金门岛的守备。

〔攻占桂林、柳州的准备〕 进行一号作战计划之初，中国派遣军曾经打算攻占衡阳后，令第11军停止在祁阳、耒阳附近，以此作为对付敌人的第一线，并进行对桂林方向的作战准备。

然而，从过去的作战经过来看，敌我空军势力相差分外悬殊，敌人空军在战场上、特别是对我后方补给线的袭击甚为猖獗，因而我水路补给极感困难，铁路的修复也很迟缓，汽车路的改修也不能顺利进行，以致不得不推迟进攻衡阳。

因而试图命第11军在衡阳附近做好一切准备，迅速向前推进其后勤部队，恢复各兵团的战斗力，然后尽快于9月下旬开始第二期作战；途中争取只在全县附近做短暂停留，尽可能一举攻占桂林附近。另外，还将新从华北方面军抽调逐步到达战场的第37师团划归第11军指挥。

可是攻占衡阳后，第11军企图在洪桥周围捕捉和歼灭在衡阳西南转入守势的约七八个师的敌军，然后攻占宝庆、零陵。为此于8月20日，在从永丰附近到耒阳以西的地区中间，自北而南，将第37、第116、第40、第58、第13、第3等师团顺序摆开，并从31日起开始进攻。敌人从9月1日起开始任意退却，因而第11军向零陵南北一线追击，于9月8日占领该县；接着又乘势继续向全县东侧隘路南北一线追击。于是第一线部队就乘追击之势于9月14日攻占了全县。至此，中国派遣军与第6方面军都同意第11军大体在全县附近进行此后向桂林方面展开攻势的准备；同时决定令第11军在此期间攻占宝庆，特别是令其整顿和向前推进后勤部队。

第23军在6月以后，为了策应第11军的作战，在广东北部地区进行了小规模的牵制性作战；之后，将其主力第22、第104师团与第22独立混成旅团，逐步集中于广东西部的三水南北一线。在9月10日前后，令其主力从三水附近出发，所部第23独立混成旅团从雷州半岛出发，分别向梧州、丹竹展开攻势，一路连续驱逐弱小之敌，顺利前进，于9月下旬到达平南附近。

〔当前敌人地面势力的概况〕 8月上旬以来集聚在衡阳周围的敌军，在我第11军的攻势下逐步后退。其主力似曾负责守卫桂林、柳州地区，但看来还未做好防御准备。另外，其第一线兵力，在桂林周围有10个军、约25—26个师；在柳州周围有4个军、约12—13个师，但其主力因几经打击，战斗力低；精锐兵团不过主要是在柳州附近的大约四五个师。另外还必须考虑，在大陆内地，有在四川的后备军和从华北抽调的汤恩伯指挥的部队，正在逐渐南下到贵州方面；还有抽调缅甸远征军中美式装备部队的问题。因此判断需要尽早展开攻势。敌人虽然高喊死守桂林、柳州两个地区，但从美国空军和居民撤离桂林的情况来推测，敌人也许已经决定放弃该地。还有，第23军正面的敌人十分微弱。

〔准备工作的困难——空军陷于劣势〕 与上述敌人地面部队的情况相比，9月时，驻华美国空军的实力则在不断地增强。它以柳州、芷江、遂川、赣州、南宁等地作为第一线基地；在重庆、成都之间，B29等大型飞机的基地在不断加强；敌空军在战场上的活动十分活跃。与此相比，我空军兵力不足，加之补充不易，推进基地困难；敌我双方实力，在数量上大约是750对150。第5航空军保持原来的展开配置（在汉口新设了第8飞行团），为第1飞行团把衡阳、为第2飞行团把梧州与丹竹分别作为机动机场；并将直接支援部队的主力推进到衡阳和零陵，以配合此次作战。但在这次作战期间，对衡阳以南的制空力量却是很微弱的。这是因为：在此期间，作战的重点放在掩护长江与长沙以北的船只运输上；还夹杂有迎击B29的作战任务；还因衡阳机场设备很差，屡遭突然袭击，使战斗队的使用受到限制。因此，直接支援部队的战斗行动受到限制，大都只好在坏天气或拂晓、黄昏前后活动。

在此期间，各个地面、航空部队的物资补给，当然都极感困难。还有不可忽略的一点是：昭和19年（1944年）8月以后，因预料将来运输困难，一下子补充了大批的人马。因此，大都未经训练的十万多补充兵员和四万匹马，从这时迄至年末，陆续到达武汉地区，沿着兵站线前进，但粮秣并未输送上来，过往部队须在行军中自筹粮秣；加上在炎热气候下长期的夜行军，损失很大，特别是马匹伤耗了很多。

当将士们这样饱尝辛苦时，到了9月，在战场上空突然出现了未曾见过的我军新型精锐战斗机，甚至压倒了敌人，将士们无不仰天欢呼。

这是一种四式战斗机，是日本陆军从昭和16年（1941年）开战之后不久就开始积极努力制造的。这就是从内地增派来的第22飞行战队。昭和19年（1944年）上半年，人们一直渴望的这种新式飞机，终于出现了一部分。这个部队当时担任最重要的守卫帝国首都的任务，因不忍坐视一号作战方面的战况，经几番周折之后，才限定一个月的期限，配属于这一方面。

虽说仅仅是一个战斗队，其效果却很大，它给予敌人以极大的威胁，敌机在我基地附近制空权内的活动骤然减少。因此，长沙、湘潭附近的后方地区，由于强有力的掩护，湘江水路运输开始活跃起来，为第11军的向前推进作出了很大贡献，以致感到前途有了光明。但是，由于其他关系，这种状况并没能长久持续下去。

〔**发动攻势的命令——捕捉敌人主力的企图**〕 正当第6方面军埋头于准备此后的攻势之际，中国派遣军总司令官鉴于9月下旬铁路不易修复的情况，估计岳州、长沙间重列车将推迟到十月底以后通车。但还估计，如果多方设法，不仅有可能大体在10月底以前集结桂林、柳州作战所需的军用品，而且即便是在11月上旬开始作战，以后的补给也会不致中断。在这种估计下，便于9月29日，向第6方面军下达了于11月初发动攻势、攻占桂林、柳州的命令。

然而9月下旬以后，大雨一直延续到10月，道路泥泞，衡阳以北的陆路交通几乎断绝。而湘江水路由于大雨，敌机干扰不见了，加上涨水，运输反而活跃起来；中型轮船得以溯江上驶，作战准备进行得很顺利。

至10月末，面前的敌人比以前不仅没有增加的征兆，反而比预料有所减少；桂林、柳州的两个机场也已撤销；汤恩伯军还远离战场；也没有从缅甸抽调兵力的征兆，因而认为今后会战败敌人，并不需要多大的担心。

在第23军的正面，从10月24日起，来自柳州方面的五六个师的敌人前来反击，并有约150架美机配合，连日发动攻势，由于我军的反击，敌人终于在月末放弃了攻势，退向柳州方面。当时认为，敌人对这里的积极攻势，结合我第11军此后的作战看来，倒是为歼灭敌人提供了个好机会。

总之，对第6方面军来说，问题与其说是在于攻占桂林、柳州两个城市，莫若说是在于捕捉面前的敌军主力，以及攻占柳州附近后敌人的反击。10月下旬，下达了发动攻势的命令，要点如下：

一、第11军于11月3日自全县、道县一线出发，攻占桂林，然后策应第23军攻占柳州。当进攻柳州时，不必计较城镇的攻占，而应将军队主力由柳州北部地区向柳州西部地区的背后深入突进，结合第23军的进攻，捕捉、歼灭敌军主力；

二、第23军于11月3日以后，从三江墟、桂平一线出发，以一部攻占柳州，以主力突进至柳州西北地区，与第11军相策应，捕捉、歼灭该地区的敌军主力。

在此期间，以一部兵力准备攻占南宁。

可是，第6方面军估计，当攻占柳州后追击逃走敌军主力时，在当时的情况下突进到贵阳附近是不可能的，因此预定大致以贵州省境一线为目标。

当时的后方补给虽属困难，但还能勉强不至于妨碍发起攻势。但由于太平洋方面的战局、特别是由于敌人在菲律宾的莱特登陆，预定由南方补给中国派遣军的约四万千升的液体燃料，几乎无法取得了；而且以后的补给大都必须依靠汽车运输，预料前途将有困难，因而进一步督促和鼓励在当地生产代用燃料。

〔攻占桂林、柳州——改变计划，放走敌人〕 这样，第11军从10月28日起，同时向两地发动攻势。

原先第11军在制订进攻桂林、柳州的作战计划时，是按分别进攻两地的计划进行准备的，但鉴于面前的敌人，特别是柳州的守备力量薄弱和我军的实际状况，乃于11月3日改变计划，决定在进攻桂林的同时进攻柳州。具体部署是：令第34师团确保全县附近；令第58师团从桂林北面、第40师团从桂林东面、第37师团从桂林南面、步兵第218联队从桂林西南进攻桂林。同时令第13师团由湘桂铁路北侧、第3师团由该路南侧进攻柳州。11月4日将此部署情况报告了方面军。

这次改变作战计划是第11军自行决定的，是在11月3日夜第11军举行的作战会议上，经过慎重热烈的讨论后，根据军司令官的决心定下来的。第11军这时同第23军失掉了联系，断定第23军方面的情况，特别是在敌军攻势下，处于不利的情况。

上述改变计划，与第6方面军以捕捉面前之敌为主的意图不相吻合，因此，方面军再三指示第11军，不要计较攻占柳州，而要以该军全部兵力深入突进到柳州西面敌军的背后。然而当时的情况是，各司令部之间已难取得联系，无法及时沟通这种微细的意图。而且第23军已开始前进，尤其是该军司令部已自丹竹出发，正通过原始森林地带前进中，此后大约十天之内无法取得联系。第11军终于在9日开始进攻桂林；而第3、第13师团仍然向柳州挺进。

因此，方面军不得已于9日命令第11军尽可能将更多的兵力向宜山方面突进，并将直接进攻柳州的第3、第13师团各一部，暂时划归第23军司令官指挥。这样，第11军于10日占领桂林；通过困难地形向柳州与柳州西北地区前进的第23军的一部分，于9日占领了柳州机场；接着第13师团的一部也于10日突入柳州，至此，两军才在柳州取得地面联系，接着完全攻占了柳州。可是，面前的敌人已向西北方面逃走，于是命令第3、第13、第104师团等向桂林、柳州西部地区急追敌人。

〔追击与此后兵团的部署——到达贵州〕 第6方面军于11月10日命令第11军以强有力的兵团向独山方面的贵州省境追击，以下余兵力在柳州以西地区扫荡残敌，并将第40师团拨归第20军司令官指挥；另据大本营先前的命令，令第37师团集结待命，准备调往法属印支方面。

面前敌军出现了大混乱，特别是由于我军夺取了柳州，重庆政权大为动摇；而当第11军果敢地向贵州省追击时，甚至传说敌方重庆有迁都之说。战场附近的残敌惶惶不安，广西省内的敌军组织一时陷入完全溃乱的状态。不过，由于我军的兵力和后方补给问题，不得不以黔桂铁路的终点独作为追击的终点。

接着，方面军于11月24日，命令第23军以其一部攻占南宁，与南方军的部队相呼应，以打通与法属印支之间的公路，并为此后预定由中国派遣军抽调两个师团至法属印支开辟道路。

其后，方面军又命令第23军的主力回到广东，加强对美军的战备；命令第11军的主力返回广西省，确保该省各重要地点；另外命第22师团确保南宁。

当时敌人在内地增加的兵团，是由第1、第8战区南下的汤恩伯兵团，正在逐渐向贵阳东进中，但在我攻占柳州之前，尚未到达战场；来自缅甸方面的增援部队，似乎也是在我攻克柳州后的12月初，才开始调动新编第6军。

10月末天气转好以后，美国空军又开始活跃起来。以前临时增派的我四式战斗机部队，已于10月上旬返回国内，战场附近的制空权又完全转入敌手。至11月前后，美国空军对我后方交通干线的袭击激烈起来，特别是九江以西的长江和建设中的京汉铁路南部，成为美空军袭击的最好目标。这样一来，向武汉地区的运输量急剧下降，甚至下降到几个月以前的五分之一以下。然而另一方面，由于我地面部队的迅猛前进，以及第6飞行战队池田中队超过行动半径的限度轰炸敌人列车、切断铁路等，成功地缴获了存放在桂林、柳州以西地区的大量弹药、被服、航空燃料、铁路器材、机器等军需品，为后来第11军的自战自存活动带来了很大好处，甚至出现奇异的现象——日军制式武器的弹药显著不足，前线部队几乎均以缴获的机枪等作为主要装备。

12月2日，第3师团远进到贵州省境内的八寨；第13师团进到独山，击溃汤恩伯军之一部，缴获大量军需品；后来按照军的命令开始返回。直到12月末，第11军、第23军都大体完成了命令规定的部署。

在此期间，从6月16日轰炸北九州开始，B29以成都附近为基地，到11月21日为止，连续对日本本土和满洲进行了轰炸。在此期间，第5航空军利用重庆在津浦沿线所设监视网不够充分的空隙，以及用侦察机侦察成都附近所得的情报，每次都加以截击，并于9月8日夜，用轻重轰炸机18架开始首次进攻成都；其后，依靠训练和钻研，设法超出飞机性能的界限，果敢地对成都一带的敌空军基地连续进行了夜袭。

〔打通粤汉线作战——完整无缺地占领工程设施〕 大本营鉴于菲律宾方面的战况，为了加强对美战备，于11月中旬与中国派遣军进行内部联系，令从湖南、广西方面抽调必要的兵力增援广东地区。第6方面军按照这个意图，重新修订作战计划，确定了后述的打通粤汉线和摧毁遂川、南雄、赣州等敌人机场的作战方针。

当时，在湘桂战役中被击败的敌第9战区部队主力约40个师，正在来阳东南部地区以其主力谋求恢复战斗力，警戒来自耒阳方面的我军的攻势。据判断，其阵地虽很脆弱，但山地险峻，不便行动；此外，吉安方面还有敌军数个师；但广东省内第7战区的部队，战斗意志并不旺盛。

对击败面前的敌人虽然无须更多的考虑，但这次作战的主要着眼点是，完整无损地占领粤汉铁路的许多桥梁、隧道等重要建筑工程，因为这些工程设施一旦破坏就很难恢复。方面军决定于昭和20年（1945年）1月中旬左右，令第20军与第23军奇袭占领粤汉铁路南部，并固守之；同时以一个强有力的兵团摧毁遂川、赣州地区的美空军基地。如前所述，此次作战是以完好地占领重要工程设施为主，以消灭敌人野战部队为次。各军根据上述方针，尽力进行准备，大致于1月上旬准备就绪。

一月上旬将过，第20军的四个挺进队，秘密地从零陵和道县附近出发，途中虽曾与一部敌军发生冲突，但因此行出乎敌人意料，幸而没有暴露全面的作战意图，于1月19日至22日之间，得以完好地占领了从郴县南部至韶州北部一段工程设施最多的铁路线，并在敌人包围中间确保了这些设施。1月19日，第20军、第23军的作战部队主力一齐开始前进；第40师团的主力从道县、零陵附近出发，于1月24日到达上述铁路沿线，加固了铁路的占领；接着从韶州向南雄方面前进。另外，与从茶陵方面向遂川前进的第27师团相呼应，摧毁遂川、赣州、南雄等地敌人机场。另一方面，与第23军的北上部队配合，于1月24日打通了粤汉线，并于10月29日占领遂川；2月3日占领南雄；6日占领赣州，完全消灭了粤汉铁路东侧的美空军基地。

可是，后来美国空军又加强了芷江、恩施、老河口、西安等地的机场，愈益继续加紧了活动。

〔第23军针对美国的东面战备〕 在此之前，中国派遣军总司令官根据大本营的意图，为了防备菲律宾决战后美军的进攻，将第6方面军的第27与第40师团加派到第23军，并于3月1日以后将第23军改由中国派遣军直辖；并于3月13日亲赴广东，就有关美军前来进攻华南沿岸时的作战问题，对第23军等有关部队面授机宜。于是，中国派遣军便令第11军与第23军专门从事东面的对美战备，而命其他各军担任西面的作战。

〔老河口和芷江战役——敌军面目一新〕 由于一号作战的完成，消灭了粤汉、湘桂沿线的敌军机场；但以老河口和芷江为前进机场的敌战斗机的活动，从昭和19年（1944年）秋季起，又十分活跃起来，对京汉、津浦、粤汉、湘桂各铁路和长江航运的干扰日趋严重。为此，中国派遣军决定以消灭上述两地机场为目的，由华北方面军与第6方面军发动进攻老河口与芷江的战斗，并于1月29日下达了有关命令。

华北方面军命令第12军担任进攻老河口的作战任务。第12军令其第11师团、第115师团、第3坦克师团、第4骑兵旅团等，从3月中旬末起开始行动，以其主力急袭、突破鲁山、舞阳、沙河镇附近的敌军阵地，迅速进到西陕口至老河口一线，按照这一作战设想进行准备。

3月22日，第12军开始攻击，突破前面的敌军阵地；各兵团按照命令规定的方向继续前进。特别是第4骑兵旅团，以其果敢的闪电战行动，于3月27日占领了老河口机场。接着对老河口的市街阵地发动进攻，但没有成功；其他兵团继续攻击各自正面之敌。4月2日，除老河口外，进到了西陕口、李官桥一线。由于老河口防御工事坚固，第12军又调来了重炮，从4月7日起开始进攻，第二天、8日占领了老河口。第12军的另一部占领了长水镇。

在此期间，负责配合进攻老河口作战的第6方面军，令第34军（军司令官为佐野忠义中将）发动了襄阳方面的作战。以第34军的第39师团与混成的七个步兵大队为基干的各部队，于3月21日从荆门附近沿汉水北进，击溃面前之敌，占领了襄阳；接着，其一部占领了毅城。由于达到了作战目的，于4

月上旬返回了原驻地。

　　进攻芷江的作战，中国派遣宰过去曾作为与挺进四川作战有关的问题，进行过研究；但如前所述，这次暂以消灭芷江的敌人前进机场为目的，于1月29日命令第6方面军来实行这次作战。第6方面军决定让第20军完成此项作战任务，并开始进行准备。第20军以其所属第116师团和新划入的、由国内陆续到达的第47师团的一个步兵联队、第68师团的一部以及第11军所属的第34师团的一个步兵联队，共计一个师团和约三个步兵联队，从4月中旬起开始发动进攻，以其一部兵力从新化和新宁方面、以其主力从宝庆—洞口—安江道以北地区进攻。但因敌人在优势的美国空军配合下，不断空运地面部队增援战场，顽强抵抗，我军损伤续增，总司令官终于5月9日下令停止进攻。

菲律宾方面的持久战

　　我军在莱特周围的作战中费尽了心血，但终归失败；如前所述，空、海军的主要战斗力已经丧失；此后只好主要依靠地面兵力进行战斗了。

　　大本营为了应付莱特战败后我军战略态势的恶化，以及军队战斗力组成的重大转变这一困难局面，做出如下判断："如今战局未必像预期那样进展，在其演变过程中，确保南北交通也将愈益困难；但是敌人在人力物力方面的消耗也很大，它在菲律宾中部的地位还不能认为是稳固的。敌人要完全攻占菲律宾，还将遇到许多难关，其间我方还大有可乘的战机，"决定把过去仅以莱特为重点的"捷一号"作战，扩大到整个菲律宾；坚决以顽强的决战意志，指挥浴血奋战，以抑制敌人的进攻企图，同时为作战的全局争取时间。这是在莱特决战后，整个战局对菲律宾作战所寄予的期望。

　　当时，敌人的下一步攻势将指向吕宋岛，这已是无可争辩的事实。为了攻占吕宋岛，敌人继莱特作战之后的第二个布局，就是昭和19年（1944年）12月15日在民都洛岛登陆。

　　〔敌人在民都洛岛登陆——冲进圣约瑟〕　12月13日，由大约80只船组成的敌人运输船队，通过苏里高海峡，由棉兰老海西进。14日近中午时，这个船队由班乃岛西侧海面北上，15日开始在民都洛岛西南端海岸登陆。

　　我陆、海军航空部队从14日凌晨起，试图攻击敌人船队。陆军航空队以大约50架飞机捕捉该船队，进行了有效的袭击。特别是第5飞行团（重型轰炸机团，团长为小川小二郎大佐）所属的莱特决战的残存部队，决心以此次出击为最后献身的时刻，全体人员都志愿实行"特攻"，称为菊水队，全部飞机一齐冲进了敌船队。海军航空部队这一天由于天气不好，未能发现敌人。

守卫民都洛岛的两个步兵中队，由于分散在广阔的地区，在敌人登陆地点几乎毫未抵抗，被迫退到山地。

南方军企图在敌人登陆后立即在民都洛岛进行反登陆，以歼灭敌人；海军与第4航空军从延缓敌人进攻吕宋的准备活动的观点出发，也强烈希望这样做。但第14方面军以"迅速加强吕宋的作战准备为当务之急，现在将大量兵力派赴民都洛岛不是上策"为理由，只派了约一百名敢死队至民都洛岛，阻碍敌人建设空军基地。

这个敢死队在12月下旬出发，但在到达机场之前，受到敌军和游击队的攻击，未能达到目的。

第4航空军按照该军司令官所谓"与其打屋顶上的鸽子，不如打手中的麻雀"的意图，放弃对敌机动部队的进攻，以至少使敌人推迟一个月在吕宋登陆为目的，攻击了民都洛岛的运输船队。攻击部队的战斗力都较小，第30战斗飞行集团当时战斗力稍有恢复，一时得以集结了飞机40架以上的兵力，进攻了民都洛岛上空；但干练的战士已在莱特作战中丧失掉，新到战场的年轻战士，用精神力量来弥补战斗技术的不足，战斗得很好。当时的情况是：战果与损失各半。

据报告，陆、海军航空部队至12月22日为止，击沉巡洋舰等敌舰12艘，击毁战舰等敌舰11艘。

另一方面，我海军企图冲进民都洛岛的敌停泊地，指令第2水雷战队（"足柄"号、"大淀"号和驱逐舰6艘，司令官为木村昌福少将）冲进去。该战队于12月24日从法属印支的金兰湾出发，冒着暴风雨，经南中国海东进。中途曾遭到敌机的攻击，但仍继续前进，于26日午后11时，冲入圣约瑟停泊地。部队对在该地停泊的敌舰船进行炮轰和鱼雷攻击约一个小时，然后于28日回到金兰湾。这次作战的战果无法确认，但这是我海军最后一次冲进敌停泊地的作战。

我军的这种阻碍和扰乱敌人的活动，并未能给敌人以决定性打击；12月末，敌人已在圣约瑟建成两个机场，做好了随时可以开始进攻吕宋岛的准备。

〔由决战走向持久战——三位幕僚首脑会谈〕 如上所述，大本营在莱特战役失败后，企图命令第14方面军达到两个作战目的，即抑制敌军进攻企图，并为作战的全局争取时间。换句话说，大本营是期待第14方面军通过决战达到其作战目的。南方军也大体上与大本营持有同样的见解。

如上所述，第14方面军也曾考虑过在菲律宾吕宋岛指挥地面军决战，在莱特决战过程中的11月14日制订的吕宋作战计划里，也曾规定"将重点放在吕宋中部，击败来攻之敌，摧毁其继续作战的意志"，以便从海岸地区直到内陆进行决战。可是另一方面，从11月9日方面军向南方军提出停止莱特决战的意见时起，就已秘密地开始研究由决战转向持久战的问题；南方军寺内总司令官11月13日从马尼拉出发后，曾对按照持久战设想的三大据点进行了实地调查。

方面军判断，从吕宋岛抽调兵力和军需品转用于莱特决战，这对决战来说，战斗力仍然不足；同时还考虑到航空兵力和海军日趋削弱，便确立了这样的持久作战方针，从根本上改变了过去的决战思想。12月中旬，大本营作战部长宫崎周一中将和南方军总参谋长饭村穰中将在马尼拉听取了方面军参谋长武藤章中将关于这一持久战方针的说明，对此有所谅解。

第4航空军从航空作战的观点出发，曾反对这一方针，但未能使方面军改变决心。

〔**敌情判断——美军企图在吕宋登陆**〕 虽然如此，昭和19年（1944年）12月中旬，由于敌人在民都洛岛登陆，不得不加紧进行吕宋作战准备，于是第14方面军对面前的敌情做了如下的判断：敌人在民都洛岛建成空军基地后，将对吕宋岛开始发动正式进攻；其发动时间估计为1月中旬，其登陆地点，可能性最大的是八打雁方面，其次是仁牙因湾方面；另外，敌主力之一部将和主力同时或稍迟一些在阿帕里登陆；敌人使用兵力估计约为十个师，根据作战的进展情况，很可能在吕宋中部、特别是在马尼拉周围投下空降部队。

〔**盘踞三大据点的持久战计划**〕 根据上述情况和敌情判断，第14方面军司令官山下大将决定按照持久战的设想来实现其作战目的，于12月19日制订了作战计划。要点如下：

一、方面军以其主力确保吕宋北部的重要地区，以其一部分别确保马尼拉东面之山地与克拉克西面之山地；各自确立自战自存的长期抗战态势，同时互相策应，将敌军主力牵制在吕宋岛，以便消灭和消耗敌人之战斗力。

二、要求第4航空军与海军航空部队消灭进攻吕宋的敌船队，并侦察敌人之登陆企图，同时在卡加延河谷构筑航空基地。

三、振武集团（以第8、第105师团、河岛兵团为基干）应坚守马尼拉东面之山岳地带，建立长期持久的作战根据地。

当敌军进攻时，先以海岸部队尽力摧毁敌军登陆企图，然后据守原有的内陆阵地，阻止敌军前进，并削弱其战斗力。

马尼拉市附近的军需品、医院、兵站设施等，应尽量移到各个据点，特别是移到吕宋岛北部，然后放弃马尼拉市，把它置于战场之外。

四、建武集团（以第1挺进集团长指挥的航空地勤部队为基干）应以其主力牢固占领克拉克西面山地，击溃自仁牙因湾方面突进之敌，并阻止敌人使用克拉克机场。

巴丹地区的第10师团的一部，可根据情况编入这个集团。

五、方面军的主力应确保从仁牙因湾东岸到巴勒湾北岸一线以北的广阔重要地区，特别是应在碧瑶地区建立大据点，奠定长期持久战的基础。

第23师团（辖第58独立混成旅团）应以主力占领仁牙因湾东岸，尽力粉碎登陆之敌。

第10师团占领圣约瑟以北地区，主要准备对付敌人向第23师团发动的正面攻势。

第103师团以主力占领阿帕里的正面，击败登陆之敌，不得已时，也应固守土格加劳附近，确保卡加延河谷。

六、第2坦克师团负责歼灭预计可能空投在吕宋中部平原的敌空降部队。

此外，还要做好敌人向仁牙因或马尼拉方面发动攻势的准备。

七、第19师团暂时集结于拉基良附近。

〔**各兵团的作战准备——放弃马尼拉**〕 方面军司令官为了迅速实施上述作战计划，从12月中旬起，将有关事项逐一通告了各个兵团。

方面军将其作战方针由决战改为持久战后，过去修建在海岸地带、用作决战的坚固阵地闲置起来，而在完全没有准备的内陆地区又要求有坚固的阵地和军需品。作战准备工作中最不好办的，就是这种转变。方面军司令部迅速制订了应付新情况的战备计划，各兵团根据这个计划，急忙转到新部署的防地，集中力量构筑阵地和集聚军需品等。

山下大将12月28日从马尼拉出发，于昭和20年（1945年）1月3日将其司令部移至碧瑶。西南方面舰队司令长官大河内中将，也在同一时间移到碧瑶。菲律宾政府自拉乌雷尔总统以下，也迁至该地；其后随着战争情况的变化，总统等数人迁到台湾。

在进行作战准备的过程中，马尼拉的放弃、军需品的向据点转运、马尼拉日本侨民的迁移等，都是方面军必须在敌人即将登陆之前，以其贫乏的运输力，在短时间内完成的重要课题。

武器、弹药等军需品，远远不能满足各部队的需要，但方面军最感头疼的问题，还是运输力量和粮食。当时方面军拥有的汽车只有约4500辆，粮食，特别是副食极其缺乏，自11月中旬以后，发给每个人的主食已不得不减

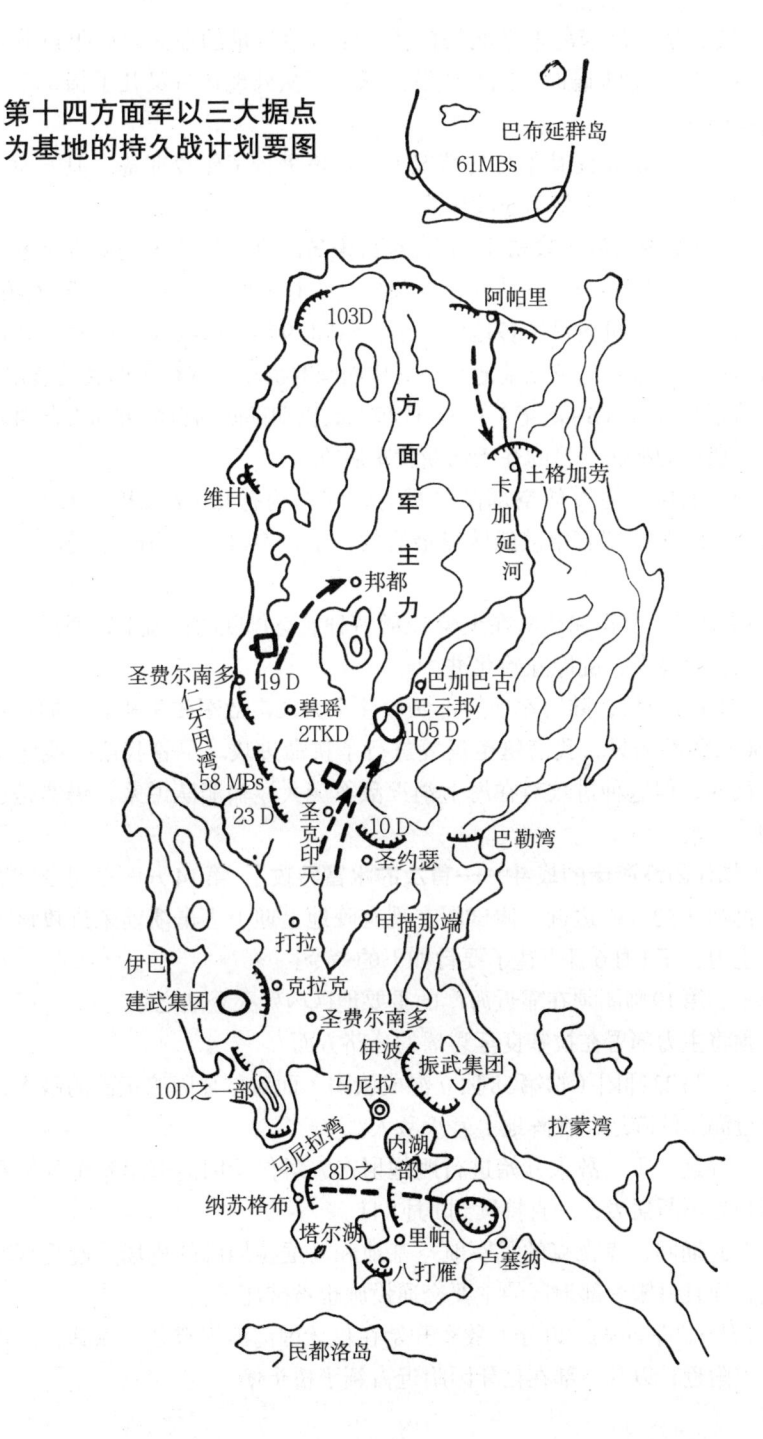

第61章　中国与南方方面的作战情况

第十四方面军以三大据点为基地的持久战计划要图

- 巴布延群岛　61MBs
- 103D
- 阿帕里
- 土格加劳
- 卡加延河
- 方面军主力
- 维甘
- 邦都力
- 圣费尔南多
- 19 D
- 碧瑶　2TKD
- 巴加巴古
- 巴云邦　105 D
- 仁牙因湾　58 MBs
- 23 D
- 圣克印天
- 10 D
- 圣约瑟
- 巴勒湾
- 甲描那端
- 打拉
- 伊巴　建武集团
- 克拉克
- 圣费尔南多
- 伊波
- 振武集团
- 10D之一部
- 马尼拉
- 马尼拉湾
- 内湖
- 拉蒙湾
- 纳苏格布
- 8D之一部
- 塔尔湖
- 里帕
- 八打雁
- 卢塞纳
- 民都洛岛

少到300克了。吕宋岛本来就是粮食不能自给自足的地区，如果过分强行征购粮食，那就意味逼迫居民变成游击队；而从外地运进又几乎指望不上，前途确实暗淡。

在物资不足就任其不足的情况下，迅速进行了作战准备；但方面军在阵地还没有构筑好就不得不迎敌作战了。

〔来自空中的敌人攻击〕 敌人对吕宋岛的进攻战首先是从空中开始的。敌人的基地空军兵力，据估计，在莱特大约有500架飞机，在莫罗太约有300架飞机。这些敌机对吕宋各地的袭击，昭和19年（1944年）12月下旬以后益趋激烈；特别是对克拉克基地和马尼拉周围的机场群进行了彻底的袭击。

从昭和20年（1945年）1月3日起，敌机动部队向台湾方面发起进攻。这是敌人惯用的战法，目的在于切断我军后方。

当时我陆、海军航空部队的兵力，陆军约有120架飞机，海军约有130架飞机，但为了留着给敌船队以最后的一击，不得不先暂时忍受敌人的空中攻击。

1月2日，敌运输船队在至少12艘特种航空母舰的护航下，通过苏里高海峡进入棉兰老海，旋即开始北进。

1月4日以后，陆海军航空部队倾注全力攻击敌军先头船队，据报曾击毁约100只各种船只，我潜艇也反复进行了拼命进攻。尽管我第一线将士这样英勇战斗，但这种进攻对在海上消灭敌军庞大运输船队说来，仍然是远远不够的。

〔仁牙因湾海岸的战斗——首次的水雷特攻〕 第14方面军司令官看到仁牙因湾海岸的战机迫近，便试图在现有阵地上迎上去击溃前来进攻该方面的敌军主力，于1月6日下达了要旨如下的命令：

一、第19师团须在靠近海岸的重要地区内歼灭登陆之敌。

须将主力部署在拉基良至碧瑶的公路方面。

二、第23师团（辖第58独立混成旅团）面对仁牙因湾正面的敌人，须坚守靠近海岸的阵地，在阵地上歼灭敌人。

正好这一天，敌人开始进行舰炮射击，对仁牙因湾海岸我军阵地和军需品堆集处不断猛轰，一直持续到1月8日。

在此期间，克拉克的我军航空基地和马尼拉周围的机场，遭受敌军连续压迫，而且吕宋中部地区的主要交通设施也被破坏了。

1月9日午前7点20分，敌军开始在仁牙因湾海岸登陆，以其主力占领圣伐比安附近，以其一部在仁牙因附近占领了桥头堡。

我陆军的海上挺进第12战队（联络艇约70只）于当日夜里，对敌运输船队断然实施我军首次的水雷肉弹攻击，据报击沉敌船20至30艘。我航空部队也自1月4日以后持续对停泊地的敌船队进行肉弹攻击。① 在这种肉弹攻击中，第30战斗飞行集团到1月9日竟一架飞机也没有了；第4飞行师团根据方面军的要求，仅仅留下四架联络飞机，可见战斗如何激烈。但怎么也没能阻止敌军登陆的奔腾洪流，敌军在当天已有两个步兵师、一个坦克师完成了登陆。

敌人仍然继续登陆，逐步扩大桥头堡；1月11日前后，竟进到第23师团（师团长为西山福太郎中将）阵地的正面开始攻击。其右翼已接近碧瑶至马尼拉的公路。

方面军司令官为了延缓敌军向内陆的进攻，命令第20师团和第58独立混成旅团的各一个精锐大队和第2坦克师团的重见部队于1月16日夜里深入敌军阵线，对其登陆据点进行挺进袭击。这次挺进攻击由于突击部队的英勇战斗，取得了相当的战果，但仍未能控制战局。

1月下旬，敌军的进攻愈益猛烈，第23师团的第一线阵地到处遭到分割包围，分别继续殊死的搏斗。因此，山下大将命令师团长将我第一线部队撤至东面山脚下的第二线阵地。

仁牙因湾海岸的防御战，就这样逐渐向内陆发展；方面军对作战的指导，终于进入了一面阻止敌军前进、一面迅速在吕宋北部建立长期抗战根据地的阶段。

〔**吕宋北部抗战根据地的建立**〕 卡加延河谷是外运粮食的富饶的产米地。方面军试图以卡加延河谷为内线根据地，与第103师团（师团长为村冈丰中将）守卫的阿帕里附近的北方阵地相联系，西面依靠一系列险峻的山脉，在这里配备第19师团（师团长为尾崎义春中将）与步兵第18旅团（属第103师团），以南面为防御的重点，占据从碧瑶西面到圣约瑟北面一带的山岳地带，在这里建立长期抗战的根据地。

在大致完成北面与西北面部署的1月中旬前后，敌人继续由仁牙因湾海岸向内陆突进。在当时的作战形势下，要建立上述的根据地，先决条件是迅速巩固南面的防御屏障。指导此次作战的焦点，是以碧瑶西南部地区为轴心，阻止敌人向圣约瑟方面突进，在此期间，令第10师团（师团长为冈本保之中将）坚守圣约瑟北面的巴列特山隘，在此建立南壁东面的据点，进而把尽可

---

① 据战后调查，敌军在仁牙因登陆时的实际损失是：1月4日，航空母舰1艘沉没；1月5日，航空母舰1艘、巡洋舰2艘、驱逐舰1艘受重伤；1月6日，舰艇10艘受重伤，6艘受轻伤。

吕宋北部作战地区概要图

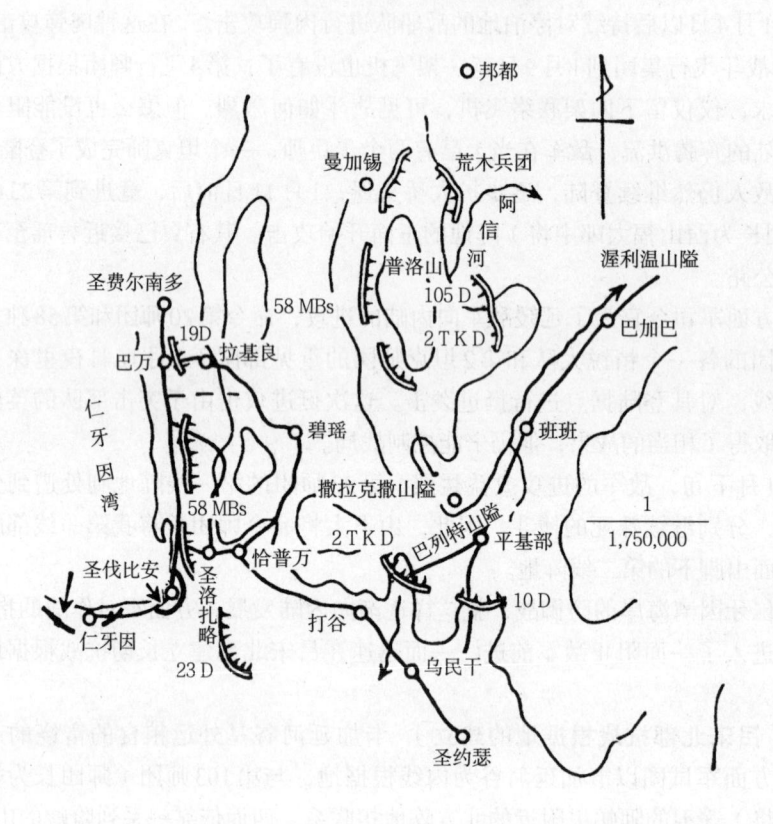

能多的兵力和从马尼拉附近运出的军需品，尽量越过第10师团的阵地线，运进卡加延河谷。

第23师团与第58独立混成旅团，作为碧瑶西面一带的核心兵团，担负阻击敌军的任务，但是优势之敌已从左侧涌出，其中一个兵团沿乌民干至圣约瑟的公路东进，进到巴勒湾，势将把我军南北切断。

另一方面，担任防御圣约瑟北面地区的第10师团，1月上旬才到达该地附近，刚开始构筑阵地，军需品还在向北运送途中。方面军要建立南壁东面的据点，首先必须阻止这股敌人前进，以便争取到充裕的时间。

因此，方面军命令第2坦克师团进行反击。

第2坦克师团（师团长为岩仲义治中将）于1月下旬，在打谷附近迎击这股敌人，战斗得很好，争取了时间，使第10师团得以占据阵地，和把运送中的大部分军需品运进卡加延河谷。可是，坦克师团本身却遭到占绝对优势的敌军和独霸空中舞台的敌飞机的攻击，损失惨重，丧失了大部分坦克，最后反而不得不由第10师团加以收容。

第105师团（师团长津田美武中将）先是奉命受振武集团长的指挥，但1月上旬决定向卡加延河谷转移。在以五个大队北进途中，碰上了坦克师团的战斗，便以其一部参加战斗，同时编入第10师团长指挥；三个主力大队到达了卡加延河谷。

部署在巴勒湾的津田支队（以第26师团的独立步兵第11联队为基干），于1月下旬转移到巴列特山隘东面地区，编入第10师团长的指挥。

在此期间，在碧瑶西南面的轴心方面，面前之敌愈益增强，攻击十分猛烈，加上敌人飞机对碧瑶的轰炸，除烧掉了军需品外，还给第一线的补给造成了困难。方面军考虑到建立东面据点的进度，2月上旬，命令第23师团和第58独立混成旅团修整战线，占据后面的山岭，将第19师团调至邦都地区。

这样，北方根据地终于建立起来了。

〔马尼拉周围的战斗——岩渊海军少将自杀〕 如上所述，在仁牙因湾登陆之敌，以其主力对我北方据点施加强大压力，另以估计约有两个师的精锐兵团向马尼拉方面南下。其先遣部队于1月30日分别到达加尔比特与卡班地区，2月3日进入马尼拉。

在此之前，一部分敌人在吕宋岛西海岸的圣安东尼奥登陆；另有约一个师的敌人，于1月31日，在马尼拉湾口南侧的纳苏格布登陆，突破我守军防线，开始向内陆进击。述有大约一个联队的敌伞兵部队，2月2日降落在塔盖泰（纳苏格布东面33公里）。

这些部队与从仁牙因湾方面南下的部队相呼应，向马尼拉前进。

当时，在马尼拉市及其附近，在第14方面军司令官的指挥下，第31海军特别根据地队司令官岩渊三次少将指挥的部队，正在往外搬运军需品和破坏军事设施等。这个部队最初以大约两个大队的陆战队为基干，后来因情况紧迫，把沉没舰船的船员和不能后送的兵员也合并了进去；并且在1月20日左右，驻在马尼拉的陆军部队（约4000人）也归入其指挥之下，总兵力号称约两万。

我驻马尼拉的这支部队，2月3日晚遭受敌人突然袭击，被迫应战。

方面军、西南方面舰队、振武集团之间，在统帅上有过种种问题；山下大将将马尼拉作为非战区的意图此时成为泡影，战斗波及到了马尼拉的市街。

敌人以大批游击部队和炮击为主，孤立市街地区的我军，进行了全面的包围攻击。

马尼拉东面据点的振武集团为了攻击这支敌军部队的背后，于2月14日，以大约六个步兵大队开始行动，进到马尼拉东北侧的高地一线，对敌军背后进行挺进攻击。这次攻击进行了约一个星期，取得了相当的战果，并从敌人包围中救出了部分驻马尼拉部队。

马尼拉部队的主力曾几度想突破敌人的包围圈，但没有达到目的；被分割包围在各处，继续进行战斗。这样逐渐消耗了战斗力，岩渊少将于2月26日自杀，马尼拉市街的战斗于2月末结束。

〔**哥黎希律的陷落**〕 哥黎希律要塞，自我军昭和17年（1942年）5月占领以来，一直放置未用，但从昭和19年（1944年）9月起，逐步配置了海军部队；同年末，编成了以板垣昂海军大佐为指挥官的马尼拉湾口部队。这支部队的兵力约有兵员5400人，"震洋队"舰艇约40只。

敌人企图迅速摧毁哥黎希律要塞的战斗力，完全控制马尼拉港；从1945年1月下旬以后，对哥黎希律岛进行了猛烈的轰炸，并于2月10日，开始以包括战舰在内的强大舰队的舰炮射击该岛。2月15日，敌人在巴丹半岛南端的马里菁莱斯登陆，接着于16日将伞兵部队空投至哥黎希律岛，同时派遣强大部队登陆。

我湾口部队断然用"震洋"特攻艇对敌舰艇实行海上特攻，与地面敢死队的战斗相结合，继续奋勇作战；但是到2月27、28日前后，全体人员几乎全部战死。敌人从3月上旬以后，开始使用马尼拉港。

自从昭和17年（1942年）1月2日由本间雅晴中将指挥的我第14军占领以来，马尼拉与西面的新加坡遥遥相对，是我军对南方地区、特别是对澳洲北部的根据地，而战局发展的结果，现在终于落入敌手。

〔**第4航空军司令官转移到台湾**〕 第4航空军于昭和20年（1945年）1月1日，将第2、第7飞行师团划归第3航空军指挥，从直属寺内元帅改由山下大将指挥；不久，由于整个战局关系，又奉命转进到卡加延河谷的埃恰圭。埃恰圭毫无基地设施，转进到这里，等于使航空军陷于瘫痪。由于转进，军司令官富永中将命令第1挺进集团长塚田理喜智中将担任克拉克的防务；另命第4飞行师团（师团长三上喜三中将）和第30战斗飞行集团（集团长青木武三少将），在克拉克战斗结束后，转到埃恰圭集结。采取这些措施后，军司令官从马尼拉出发，于1月10日到达埃恰圭。

第4飞行师团只有4架供方面军指挥联络用的飞机。第30战斗飞行集团一架飞机也没有，只有空勤人员，于1月15日到达埃恰圭。

当时由国内补给的飞机已到达台湾，因而军司令官认为，在台湾整顿、充实部队的战斗力，以台湾为基地，参加吕宋岛的作战，从战局看来是恰当的。于是把这个意见报告了第14方面军司令官与南方军总司令官。

1月15日，军司令官接到一封电报，据判断是方面军发给南方军和中央的关于使用第4航空军的电报，因而立即断定以前提出的意见已被采纳。便于16日不待第14方面军的命令，即由埃恰圭出发转进到台湾。

陆军中央部愤慨地指责这是一种紊乱军纪、违背高级指挥官品德的行为，立即把富永中将编入了预备役。

留在吕宋的没有飞机的航空部队，驻在马尼拉附近的划归振武集团长指挥、驻在克拉克附近的主力则投入了地面战斗。

〔克拉克西面据点建武集团的战斗〕 昭和20年（1945年）1月8日，抵达克拉克机场而就任的第1挺进集团长塚田理喜智中将奉命指挥所在的陆、海军部队，尽可能持久地确保机场群，控制和阻挠敌人使用机场。

集团长从多达60个以上单位的陆军部队的总兵力约1.5万人中挑选精锐编成3个支队，作为第一线部队，令其占据从斯特清巴格南侧高地、经克拉克机场、至班班西侧高地的阵地，并在其西侧高地一线构筑二道防线阵地，另以1.5万人作为据守复部（二道防线）阵地部队，配置在其西面。这些部队被称为建武集团。

从仁牙因湾方面前进之敌，于1月25日首先对马巴加特西面高地的我军阵地开始攻击；接着在28日，大约一个师的敌人，转为对整个正面的攻击。

敌人的进攻主要指向我左翼方面，我军极力进行防御，但因敌人巧妙施展飞机、炮兵、坦克的协同进攻战术，使这方面的阵地首先难以保持；而右翼方面虽用肉搏战等战法进行奋战，但也被迫步步后退，1月31日终于丧失了第一线的全部阵地。

在此之前，如上所述，敌之一部于1月30日在西海岸的圣安东尼奥登陆，建武集团腹背受敌，被完全包围，断绝了与其他方面的通信联系。

攻占我军第一线阵地的敌人，仍然将重点放在右翼，使用燃烧弹进行攻击，致使森林、草原等化为一片火海，并用推土机在山腰加速修筑汽车路，将大炮、坦克等推进到前线，加紧攻击。我军不顾重大伤亡，顽强死守阵地。2月9日，集团长考虑以后的战斗，命令后退。集团进而利用二道防线阵地进行抵抗，但各个方面逐步被敌侵占，至3月下旬，被压迫到克拉克西面约25公里的皮纳图博山的东麓，终于到了最后关头。

这时，军需品、特别是粮食，已完全用尽，将士的体力急剧下降。

位于巴丹半岛颈部的永吉支队（以第10师团的第39步兵联队为基干）被编入建武集团，但1月下旬以后，断绝了联系，独自继续同在苏比克湾登陆的敌人交战。

〔吕宋南部的持久战〕 如前所述，昭和19年（1944年）12月27日，振武集团（由集团长横山静雄中将指挥，约7.5万人）奉第14方面军司令官之命，坚守马尼拉东面山岳地带，策划长期持久抗战。当时确定了"竭尽奇正[①]攻防之手段，摧毁敌军战斗力，不得已时，则确保长期抗战所需的重要地区，以策应方面军主力"的方针，制订了如下的作战要领：

一、以下述集团的三个主力兵团，在绵亘于马尼拉以东地区、伊波（安加特水源地西侧）、瓦拉（伊波南面15公里）和安奇波罗（马尼拉东面20公里）一带的塔雅巴斯山脉西麓一线，分数线占领阵地，以牵制和束缚敌人，削弱其战斗力。

河岛兵团（以河岛修少将指挥下的第31步兵联队为基干）。

小林兵团（以小林少将指挥的马尼拉防卫队为基干）。

野口兵团（野口少将指挥的集成部队）。

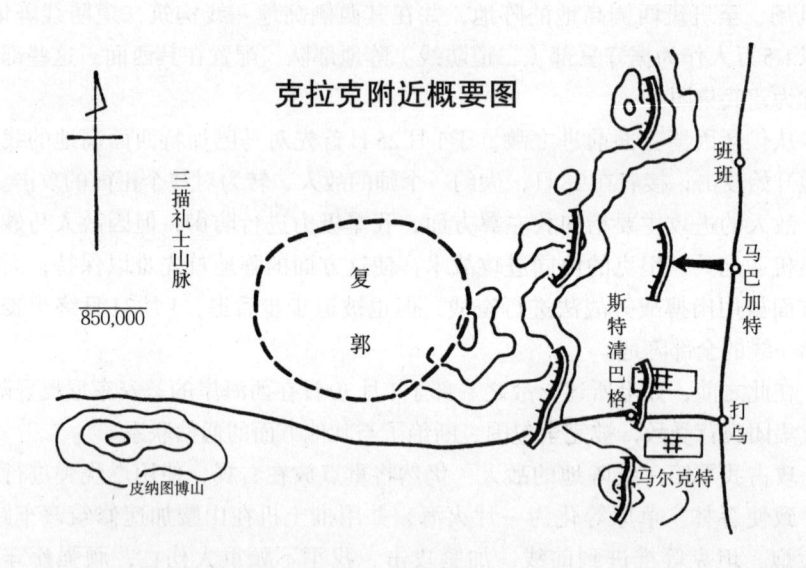

克拉克附近概要图

二、对内湖南面八打雁省方面，部署藤重支队（以藤重正从大佐指挥的

[①] 奇正：中国古代军事术语，指"奇兵"与"正兵"交互为用，见《孙子》："奇正相生，如循环之无端"。本书原文作"正奇"，显系"奇正"之反用。——译者

第17步兵联队为基干）、木暮支队（主要由木暮中佐指挥的船舶部队），阻碍敌军登陆与前进，如情况不得已，应占领内湖南岸的重要地区，以掩护集团主力部队的左侧背。

三、马尼拉市方面，起初以部分兵力进行警备，掩护军需品的运出。

四、比卡尔（吕宋东南部地区）方面的部队逐渐转用于集团主力方面。

五、爱惜、节约军需品，尤其应设法自给自存。

如上所述，昭和20年（1945年）1月31日，约一个师的敌人开始在纳苏格布附近登陆，占据了正面四公里、纵深五公里的桥头堡之后，开始向塔盖泰与八打雁方面前进。

藤重支队的先头部队对此进行顽强抵抗，就地阻止了敌人前进。但敌人逐渐增加兵力，3月上旬，纳苏格布至圣托马斯公路落入敌手；同月下旬，里帕机场也被敌人占领了。

后来，支队主力占据卡兰巴至圣托马斯一线的阵地，顶住了敌人的猛攻；待4月中旬，圣托马斯的主要阵地被敌人突破后，便后退到巴纳哈欧山，转入游击战。

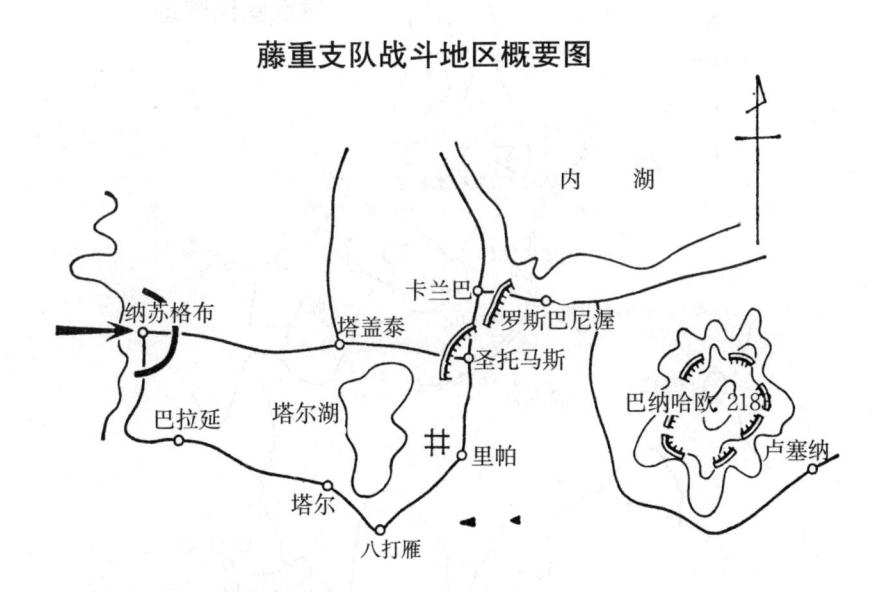

藤重支队战斗地区概要图

〔振武集团主力奇正的攻防战〕 如上所述，振武集团主力方面，曾于昭和20年（1945年）2月中旬，以强有力的部队攻击侵入马尼拉之敌的背后；但当这支攻击部队撤退时，敌人进行尾追，接近伊波、安蒂波洛我军的主要阵地线，从2月下旬开始正式进攻。

特别是在完全占领马尼拉市以后，敌军把进攻矛头指向我骑兵第1师团，第6、第37师团的主力；飞机、坦克、炮兵密切配合，逼近马里基那东面高地（称无穷山）；3月5日，终于突破了这一阵地。

在此之前，3月1日，将振武集团编为第41军的横山中将，兼任军司令官和第8师团长。突破我阵地、进入无穷山的敌人，向东南与东北扩大突破口，企图切断我主阵地；并在优势的炮火和飞机轰炸的支援下，继续进攻。

军司令官为了解决我主阵地濒于瓦解的危急局面，决定痛击这支敌人，在主阵地外击退的方案，3月15日，以约一个大队从南面、以四个大队从北面、以两个大队从马里基那方面向其左侧背发起进攻。

攻击部队奋起进攻，特别是向马里基那方面进攻的河岛兵团的两个大队，进到马里基那北侧，取得了巨大战果。但是，敌人的火力占压倒优势，相形之下，我军的支援火力处于极端劣势，因而后来战斗情况没有进展，未能达到预期的目的。

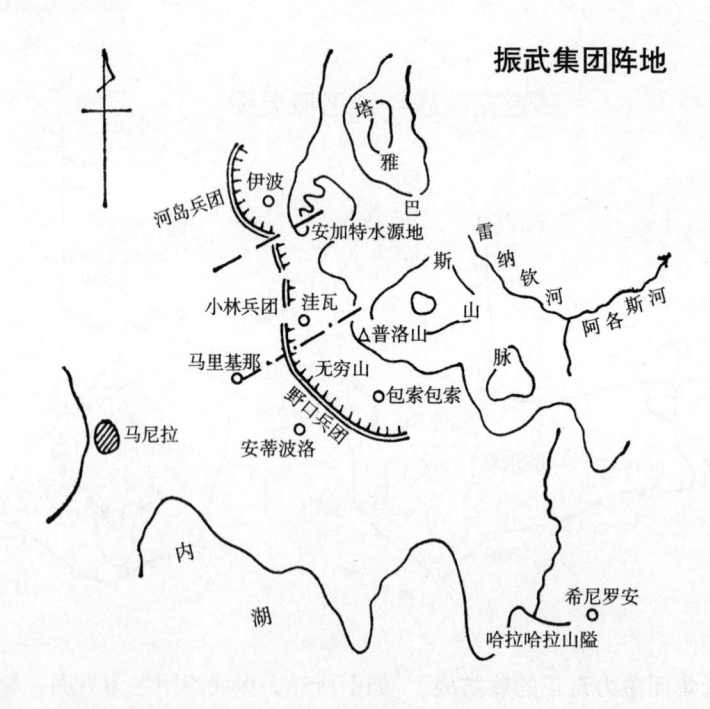

振武集团阵地

军主力被迫采取收缩主阵地进行整顿的态势，将洼瓦以南的阵地撤退到普洛山和其东南的山地一线。3月末，部队部署完毕。

英帕尔战役后的缅甸

〔缅甸方面作战计划的变更〕 昭和19年（1944年）9月，驻在马尼拉注视着缅甸战局的变化的南方军总司令官寺内，鉴于当时美军即将对菲律宾方面进行反攻的紧迫动向，便坚定了从根本上改变对缅甸方面的作战指导方针的决心。过去缅甸方面军最重要的任务是切断中印公路，现在改为减轻这一任务，准许放弃缅甸中部和北部；并把扶植缅甸政府、对印措施等政略上的要求放在第二位；而要求缅甸方面军从马来亚、泰国等南方圈的防卫方面考虑，确保缅甸南部重要地区，使之成为南方圈北翼的支撑点，把这种战略性的任务放在第一位。还有，要求把缅甸南部防卫的重点放在临海正面；北面的作战要具有持久战的性质。

这项决定是经过下述研究过程形成的。即南方军鉴于太平洋方面的战争局势，估计不仅不能增强缅甸方面的兵力，而且根据情况的变化，为了防卫法属印支、泰国、马来亚方面，甚至还可能需要从缅甸方面抽调兵力。另外，从缅甸方面军的现状出发，也曾一度考虑一举放弃缅甸，把战线收缩到泰、缅国境，未尝不是个好办法。不过，在当时泰国、马来亚方面的防务尚未完成的情况下，这么办有可能使整个南方地区的防卫陷入危险境地，而且有导致缅甸、安达曼、尼科巴、苏门答腊一连串的防卫线过早崩溃的危险，因此放弃了这个方案，决定确保缅甸南部重要地区。

9月末下达了根据这一决心的南方军的命令。这个作战计划以《缅甸方面作战指导纲要》的形式发表出来，其要点如下：[①]

第一，方　针

击败前来进攻之敌，主要是稳定和确保缅甸南部重要地区，以形成南方圈北翼之支撑点；同时在此期间，尽可能切断中印之间的联系，以易于全局作战。

第二，指导要领

一、大致以本年雨季终了为目标，结束当前的作战；同时恢复和充实空中与地面战斗力，为雨季后的作战做好准备。

二、雨季以后的作战，以确保缅甸南部重要地区为重点，应特别重视下述各点：

---

① 关于本节的问题，请参照附图第三。

1. 缅甸南部沿岸重要地区应经常予以确保，为此，对于海洋正面的敌军大规模反攻，应随时指挥主作战击溃之。

2. 在缅甸北部方面，继续现在的作战，在东北正面，切断和阻碍中印间的横断联系；在西北正面，尽力制止敌人突进，在不得已时，也应极力确保腊戍附近与曼德勒周围的各重要地区，制止敌人的进攻。

3. 航空军以随时策应海洋正面作战为主，以此安排其他各项作战，特别是应设法逐渐削弱敌空军。

〔**缅甸方面军司令官的新作战设想**〕 接到上述南方军命令的缅甸方面军司令官，把连接腊戍、曼德勒、仁安羌一线以南的重要地区定为应予以确保的缅甸南部重要地区。方面军所以挑选了这个地区，除和上述南方军总司令部有同样想法外，还出于对军队生存不可缺少的补给方面的要求。这就是说，当时海上运输紧迫，而泰缅铁路的运输也不畅通，从泰国或马来亚方面保证对缅甸的补给，海、陆两方面实际都有困难；特别是确保主食的大米和液体燃料的供给，是绝对必要的，所以才选中了这些可以自给自足的伊洛瓦底江以南的地区。然而，当时不仅是第33军、第15军，即第5飞行师团的战斗力也极为低下；在这种状况下，面对从广阔陆地正面前来追击的强大敌人和从海洋正面前来反攻的敌军，果真能否确保缅甸南部，是大有疑问的。面对这种困难局面的方面军司令部想期望通过断然进行积极的反击作战来完成它的任务，提出了一个内线作战的设想，即在曼德勒、仁安羌间的伊洛瓦底江正面和海洋正面指导主作战，在掸邦高原方面指导支作战。前项任务由第15、第28军担任，后项任务由第33军担任；把方面军的战略预备兵团部署在东瓜、漂贝地区，待主作战方面决定后使用。在此期间，即便在最坏的情况下，也应通过连续攻势坚持到下一个雨季到来之前，以期利用雨季，转入下一期新的作战。

方面军司令部根据这种作战设想，授予三军的任务大致如下：

一、第33军（第56、第18师团）应牢固占领从腊戍附近到勐农山脉的重要战线，击败来攻之敌，同时尽量切断和阻碍中印公路。

这次作战一如既往称为"断作战"。

二、第15军（第13、第31、第33、第53师团，但第53师团集结在敏铁拉附近，以便随时供方面军使用）应转进到马打牙北面高地之实皆桥头堡、帕克库附近的重要地区，牢固占领该重要战线，击败来攻之敌，确保伊洛瓦底江南岸重要地区。

第15军的正面反击战，称为"盘作战"。

三、第28军（第54、第55师团、第72独立混成旅团）应纵深地牢固占领仁安羌、若开至伊洛瓦底江口的重要地区，击败来攻之敌，确保连接仁安羌、伊洛瓦底江、仰光的重要地区。

第28军的正面反击战称为"完作战"。

四、各军之间的作战地界线

第33军
第15军 ⟩ 连接抹谷、斯马塞、葛鲁一线
第28军 ⟩ 连接蒲甘、皎勃东一线

五、方面军战略预备兵团（第2、第49师团）分别位于漂贝、东吁地区，做好随时可以参加"盘""完"两项作战的准备。

〔第15军向伊洛瓦底江转进的计划〕 10月下旬，第15军新任司令官片村接到了方面军交给的上述新任务。濒于崩溃的该军，要在此后两个月内，在目前的战线上重建军队，阻止敌人前进；然后再继续退却五百公里，在伊洛瓦底江畔采取迎击敌人的态势，这是很难办到的。

10月中旬，军司令官召集各师团参谋长和有关部队长，传达了上述的统帅方针和如下的作战计划大纲，要求认真执行。

第一，方　针

我军立即在目前的战线上阻止敌人，迅速准备向伊洛瓦底江作机动转移。

机动的准备和机动的时间，大致分别定为50天。意图应严加保密。

第二，指导要领

一、占领伊洛瓦底江畔阵地方案

1. 以第15、第31、第33师团为第1线兵团，以第53师团为第2线兵团。

2. 第15师团占领马打牙北面高地之皎渺桥头堡与新古附近。

3. 第31师团占领实皆桥头堡与敏务附近伊洛瓦底江南岸的高地。

4. 第33师团占领敏建、帕克库附近；另以强大的先遣队占领梦内瓦（望濑）、甘高。

5. 第53师团占领敏铁拉附近的二道防线阵地。

二、向伊洛瓦底江转进的要领

1. 12月上旬开始机动，大约以50天完成向伊洛瓦底江畔的转进。

2. 第53师团由伊洛瓦底江东岸经曼德勒转进至敏铁拉北面。

3. 第15师团经伊洛瓦底江西岸的瑞波东北侧转进至皎渺，并于该地附近渡过伊洛瓦底江，占领阵地。

4. 第33师团以其主力经瑞波、望濑，转进到帕克库。

5. 第31师团于科林之东西及瑞波周围占领收容阵地，待第53、第15、第33师团转进到此、做好收容工作后，再转进到实皆与敏务的桥头堡阵地。

在更换军司令部与师团司令部的首脑、精神面貌焕然一新的情况下，由于新任军司令官片村的严肃指挥以及补给措施的改善，各部队迅速恢复了军纪和士气，提高了战斗力。

〔第15军实行退却——英印军的总追击〕 第33师团一面在所到之处反击和阻止印度第5、第20、东亚第11等三个师的猛追包围，一面继续退却。11月下旬才得以到达加里瓦周围，收缩了战线。可是涌出的敌军早已抢先到了亲敦江东岸。

第53师团自10月中旬以后，受当面敌军第36师的攻击，至11月上旬，就很快开始诉苦战线难以维持。

第15师团自11月下旬以后，因受英印军第19师的攻击，左翼告急；11月末，该军全线濒于危殆。

转进到实皆地区的第31师团，在新任师团长河田的亲自指挥下，占领了预定的收容阵地，在逐步恢复士气。

此外，事先派到伊洛瓦底江畔预定阵地的各师团的构筑阵地部队，已着手驱使居民构筑阵地。还有，退却道路的修建，以及应付伊洛瓦底江会战所需各项兵站方面的准备工作，也在逐步进行。

于是，第15军认为开始机动的时机已经成熟，便首先命令第15、第53师团于12月1日撤退；然后命令第33师团于12月4日撤退。历时50天的退却准备工作，完全保住了秘密，各师团得以陆续按照计划顺利地撤退，各部队都是经过敌人空军、装甲部队难以活动的丘陵、密林地带撤退的。与第15军开始撤退的同时，敌人以全力开始冲进瑞波平原。其兵力约达六至七个师。第15师团和第33师团的一部，在瑞波东北面与西面，同追踪之敌发生混战。仅剩下20几架飞机的第5飞行师团，对这支敌人进行了拼命的攻击。在瑞波，第31师团的一部，以反击战增援第33师团，解救了第33师团的危急。甘巴罗、瑞波的第31师团收容阵地，于1月上旬反击和阻击拥来之敌，在其掩护下收容了第15、第33师团，完成了重大任务。这表明第31师团的士气已经得到了恢复。第31师团完成收容任务后，于8日夜转进到实皆、敏务的主阵地。第15与第33师团也于1月初完全转进到伊洛瓦底江的新阵地。

该军长达40天的撤退工作，按计划进行，没有付出重大牺牲，以成功告终。这次撤退类似龟兔赛跑，在撤退中没有一个小队被敌人抓住，取得了奇迹般的成功。

第15军判断，敌军在伊洛瓦底江一线，会相当慎重地做好渡江准备，预期到面临敌军正式发动渡江攻击，至少还有30天以上的时间。

〔"盘会战"指挥要领〕 在这以前，11月底，下达开始机动命令后，军司令官片村亲自侦察伊洛瓦底江的阵地，并在现场研究了会战指挥要领。12月初，按照上述占领伊洛瓦底江阵地的方案，制定了《伊洛瓦底江畔（盘）作战计划》。该计划中的会战指挥要领如下：

一、依靠新古附近的第15师团桥头堡、瑞波附近的第31师团的收容阵地以及望濑附近第33师团的前进阵地，掩护我主阵地，并延缓敌军进到伊洛瓦底江的行动。

二、利用各桥头堡，在伊洛瓦底江岸前展开大规模的挺进作战，以消耗敌军战斗力和干扰其渡江准备活动。

三、当敌军渡江时，依靠桥头堡河滩阵地，与主阵地相配合，使敌军陷入混乱，以便各个击破。师团和军的反击战，在河畔短促地反复进行。

四、除了全面情况特别有利时外，不以军之主力向江岸进行反击或追击。

五、预定的正面反击

一号攻势（乔克他隆正面）
二号攻势（敏务正面）

由军之主力（第31师团、第33师团的主力、第53师团，第14坦克联队、军炮兵队以及新增援的兵团等）担任。

三号攻势（新古正面）由军强有力的一部（第15、第53师团、第14坦克联队、军炮兵队之一部）担任。

四号攻势（帕克库正面）由军强有力的一部（第33、第53师团、第14坦克联队与军炮兵队之一部）担任。

六、在敏铁拉与眉苗周围的重要地区建立反击空降部队据点，准备以后方部队和决战兵团之一部进行反击。

这样，缅甸方面作战的重点，已移到伊洛瓦底江畔。当时第15军各部队的军纪、士气虽在恢复，但其战斗力已显著减弱。尽管方面军司令部尽力补充兵员、给养，但其兵力第15师团仅有约5500百名，第31师团仅有约6000名，第33师团仅有约4000名，军直属部队仅有约3万名，主要武器也只补充到30%至35%而已。以这样的兵力来担任正面约达200公里以上的广阔作战，完成会战任务，可以说是几乎没有什么希望的难事。

〔第55军的奋战——畹町、蒙米特的反击〕 当第15军方面忙于准备"盘作战"之际，为了切断中印公路，在第33军正面，正进行着最后的奋战。12月中旬，第33军成功地救出了巴莫守备队后，派第56师团占领新维周围；派山崎支队占领南坎周围，对芒市、新维正面的中国远征军和进到八莫的中美联军采取持久战的态势。第18师团的主力在西方蒙米特周围与敌对峙。第56师团正面的中国远征军包围畹町，进而涌至瑞丽江北岸，其重压日趋紧急。

方面军司令官木村鉴于此种形势和战斗力消耗惨重的第33军的现状，于12月末下令，将第2师团的一部（一刈联队）和第49师团的一部（吉田联队）仍划归第33军指挥。第33军将这两支部队作为第二线部队，使之占领新维附近及其西面的阵地。刚刚迎来昭和20年（1945年）的元旦，就探知中国远征军企图再次发动总攻，并在芒友方面准备渡过瑞丽江。为了把这支敌军消灭在半渡之中，命令吉田部队占领蒙米特；一刈部队占领南坎东南的南帕卡，以待战机的到来。很幸运，通过破译敌人的密码电报，完全弄清了敌人的意图和动向。第33军巧妙的内线作战，实际是根据此项情报的证实，以坚定的信心断然实行的。元旦，很快就有十数倍于我军的敌军猛攻畹町阵地。第33军将这支敌军诱入阵内，经过一番混战后加以歼灭，勉强保住了阵地。

在此期间，敌人于1月5日以约两个师从蒙米特正面开始渡江。早就预料到敌军行动、严阵以待的第18师团长中永太郎中将以其全部炮兵，集中火力加以炮击，然后以两个联队乘敌半渡展开攻击，给以重大伤亡，打回北岸。

〔中印公路终于重开〕 进到八莫的中美联军，在该地蹉跎度过两周，并没有策应上述中国远征军的进攻。至1月8日前后，终于开始南进，10日越过瑞丽江，进到南坎正面，开始准备进攻山崎支队。这样，敌方两军已进入相互呼应，断然进行打通中印公路作战的阶段。通过破译密码电报，得知蒋介石在督促发动这次攻势。鉴于新维、南坎两个地区现已形成一个战场，军司令官本多命令第56师团长松山统一指挥这方面的战斗。1月10日以后，山崎支队被三个师左右的中美联军包围，并逐渐紧缩其包围圈。于是军司令官本多命令该支队撤退至南帕卡东北面。1月18日夜，支队果敢地进行壮烈的夜袭，突破敌军重围，转移到新的阵地。这样，第33军就退缩到沿畹町到南帕卡间的公路、纵深约30公里地区之内。敌军进攻愈加紧急，至1月30日，第56师团已陷入最坏的情况。由于敌人侵入阵内，公路到处被切断。第56师团于2月上旬末，后退到新维南面的新阵地一线。

这样，中国远征军和中美联军携起手来，中印公路终于被完全打开了。自1942年5月以来，实际上已被切断两年零八个月之久的援蒋公路又重新开放，并与同盟军的大陆战线连接起来。

对成功地打通中印公路的中国远征军和中美联军此后的动向做出判断，是缅甸方面军在此后作战指导方面最重要的课题。问题在于：该军将继续策应英印军深入缅甸领土作战？还是撤回本国？根据各种情报分析，认为后者的可能性较大。当时正值伊洛瓦底江畔"盘作战"的战机日益成熟，而第15军的战斗力却反而下降了。现在正是方面军应收缩第33军方面的战线，倾注全力面对"盘作战"的时机。

〔**"盘决战"的序幕——第15军的三号攻势**〕 决定缅甸方面军命运的"盘作战"，出乎我军预料，很快就在1月上旬开始了。即追击第15师团的敌第19师的一部，冲击我第15师团的空隙，占领了新古东岸的桥头堡，揭开了会战的序幕。

第15军司令部推测，英印军为了开展伊洛瓦底江的渡江作战，至少还需要准备一个月左右。因此试图利用这段时间各个击破在伊洛瓦底江东岸孤军南下的敌第36师。第15师团抽调占领新古附近的大部分部队北进，准备进攻敌第36师；在新古江岸的阵地上，仅留下两个中队。敌第19师之一部乘虚突然袭击该地我军守备队。守备队败退，敌军在该地建立起了桥头堡。第15师团的反击，由于失掉时机和不够彻底，没能轻易奏效。正当第15师团急于扫荡此桥头堡时，砍军又在新古、皎渺正面开始了大规模的炮击，其一部已开始渡江。在这一方面也轻易地允许敌人取得了桥头堡，错过了反击的时机。由于匆忙转移，没有做好防御的态势，士气也没有充分恢复，再加上上述的作战指导方面的错误，竟造成了这种局面。现在很明显，敌人想以其第36师、第19师先攻下勐农山脉一带的重要地区，已开始正式的渡江攻击了。

在此之前，军司令官片村已接到敌人在新古渡江的情报，在取得方面军司令官的同意后，命令正向恰随南进的第53师团火速折回，在马打牙集结，担任皎渺以南的防御。军司令官片村认为当时的战况正是发动三号攻势的时机，便于1月20日下达了命令。这样，第15军就在无暇整顿其态势、继续退却的情况下，投入了"盘决战"。

三号攻势的部署如下：

一、第15师团以一部进攻新古桥头堡，以主力进攻皎渺（包括皎渺）以北的桥头堡。

二、第53师团攻击皎渺以南之敌。

三、以一个重炮兵联队协助两个师团对皎渺的进攻。

四、将第33师团的一个联队作为军的预备队，留在马打牙。

军司令官将战斗指挥部推进到马打牙，指挥战斗。激战直到1月30日，曾把敌人压迫在江岸，但功亏一篑，进攻受挫，未能完全肃清这个桥头堡。第15师团的损失达30%，开始现出疲惫的样子，痛感军的进攻能力削弱了。

〔转向准备一、二号攻势和提出意见〕 可是，在第31师团方面，从1月中旬以后，英国第2师反复猛攻实皆桥头堡。由于第31师团的英勇善战，保住了该桥头堡，并使敌人遭受了重大损失，但到1月末，乔克他隆对岸的我先头部队终于溃败。

在第33师团的正面，望濑的先头部队，经过两周奋战之后，于1月22日转移到南岸。当面之敌是敌第20师。在敏务正面，敌第20师也于1月下旬进到该处，强攻我前哨阵地等。看来很明显，敌军企图全面进到伊洛瓦底江北岸，以主力在乔克他隆、敏务正面强行渡江。另一方面，来自甘高方面，据判断是英印军第17师的一个兵团，正在接近帕克库方面等，形势愈益不容乐观。

第15军司令官鉴于上述情况，认为现在是中止三号攻势、转入准备一号、二号攻势的时机，便于1月30日采取了措施。即命令第15师团独自对皎渺正面继续进攻；命令第53师团在恰随附近、第33师团主力在敏务南面高地、第31师团强有力的一部在曼德勒附近分别集结，转入准备一号、二号攻势。为了加强敏铁拉周围的警备，将所在的兵站部队与伤病员编成临时混成大队，令兵站司令官粕谷负责守备。

军司令官片村认为敌主力渡江的时机已经迫近，而本军的战斗力低落不堪；因而坚信目前已面临须以方面军的全部力量投入"盘会战"的紧急情况，便派军参谋长吉田前往仰光的方面军司令部，就有关迅速发动"盘会战"，即倾注三军的力量进行会战以及派第2师团增援第15军等问题，提出了建议。

〔缅甸方面军对会战的指挥〕 如上所述，当时在菲律宾方面，敌军于昭和20年（1945年）1月9日，正大举在仁牙因湾登陆。

另外，在法属印支方面，这时已处于必须考虑美军登陆、火速搞好防务的情况。

南方军总司令官寺内于1月末接受了阻止主敌美军进攻日本本土和中国大陆的新任务。无论是从整个战局、还是从南方军的任务来看，缅甸战场都离战略重心越来越远了。寺内总司令官鉴于上述形势，虽然看到伊洛瓦底江会战已迫在眉睫，但还是在1月中旬决定将第2师团的主力由缅甸调去法属印支。这从大局看来固属不得已，而正当面临"盘决战"的时刻，竟将嘱望的骨干力量第2师团调走，这给方面军的计划造成了错乱。不仅如此，在有关"盘会战"的指导问题上，方面军司令部也没有立即同意第15军的意见，仅以

第2师团的一部分（以一个步兵联队、一个炮兵大队为基干，称之为青叶兵团）划归第15军领导。

英印军不出第15军所料，于2月13日，首先从敏务正面开始渡江，第15军立即按预定计划开始反击。原来，从伊洛瓦底江南岸至敏铁拉南面，是宽广的波状地带，属于沙漠性地质的开阔地区。这对饶有空军、火力、装甲部队的敌军说来，是发挥其优势的最有利的战场。第15军的攻势，尽管各个部队英勇善战，但靠夜间作战好不容易夺回的阵地，天亮后由于敌人的炮击、轰炸和坦克反击而不能固守，敌人的桥头堡日益扩大。至2月下旬，会战的前景已至堪忧了。

2月23日，方面军在敏铁拉召集三军幕僚，就在伊洛瓦底江正面指导方面军作战的问题进行了商讨。南方军总参谋长沼田也参加了这次会议。方面军指示的设想是大胆的岸前攻势。即以第18师团和第31师团两个师团从曼德勒以北地区、以第33师团为基干的部队从伊洛瓦底江、亲敦江的汇合地区，对北岸发动短促攻势，击败当面之敌后，再恢复原有态势。

2月25日，第18师团由第33军划归第15军指挥。第28军也决定以约四个步兵大队的兵力，沿伊洛瓦底江向帕克库方面采取攻势，以策应第15军。可是，伊洛瓦底江畔的战局已定，战机已过。

〔敏铁拉的危急〕 正当举行这种作战协商，并据此着手作战准备时，敏铁拉北面与西面的战局，却发生了与此相反的重大变化。即在北面，第15、第31、第33师团都因连日拼死搏斗，战斗力日益减弱；从所担当的广阔正面到处涌现了敌军，因此，不仅各师团之间的联系被敌人切断，甚至师团内各联队、大队也都陷入被敌人分割包围的状态。

另一方面，在西面战场上，2月21日，在沿第28军作战地区的帕克库南面，一支渡过伊洛瓦底江的情况不明的敌军，没想到却是一支强大的敌装甲兵团，穿过我兵力薄弱之点，直向敏铁拉冲来。第15军立即派第53师团主力至塔温他，试图阻止其前进，但失败了。这支敌军很快于2月26日逼近敏铁拉。当天，该地机场陷入敌手。当地的兵站部队和机场的地勤部队，或遭蹂躏，或竟溃散，不知所措。

敏铁拉位于伊洛瓦底江南岸扇形地带的要害，不仅是制第15军死命的交通要冲，而且是缅甸最大空军基地的所在地。腹背受敌、陷入绝境的第15军，认为首先消灭敏铁拉之敌是燃眉之急，便改变决心，停止伊洛瓦底江正面的攻势，指挥敏铁拉会战。计划以第18师团为骨干，从第15、第33师团抽出一个步兵联队和重炮兵的主力予以增援，令第18师团长向南进攻敏铁拉，预定3月10日开始进攻。因此，伊洛瓦底江的正面战场仅以最少限度的兵力阻止敌军南进；而在第15师团的正面，则把战线收缩到马打牙北面高地。第53师团仍然在塔温他附近阻止向敏铁拉前进的敌后续兵团。

〔伊洛瓦底战线的崩溃〕 另一方面，接到敌军侵入敏铁拉报告的方面军司令官仍然打算让第15军强行方面军所企图的"盘"主作战，便命留在央米丁的第49师迅速北上。认为敏铁拉的形势还不那么严重的方面军首脑，最初对第15军改变决心还心怀不满，但到2月28日逐渐认清形势后才认为这种改变是对的。进入3月后，形势绝对恶化了。

在伊洛瓦底江战线，3月中旬，第15师团为了对付拥到曼德勒的敌军坦克部队，折回曼德勒市区。可是为时已晚，仅勉强保住市街南半部，陷入混战之中。第31师团的正面也被敌军突破，敌军深深侵入到曼德勒的南面，因而第15师团在曼德勒陷入孤立。3月12日，眉苗也陷入敌手，同第33军之间的联系断了。第31、第33师团被敌军到处分割包围，但仍反复进行拼死战斗。这样，伊洛瓦底江的防线至3月中旬已陷入不可收拾的崩溃状态。

〔敏铁拉的失守〕 在敏铁拉战线，第18师团从3月6日起开始进攻，但占领该地已达十天的敌军，抵抗极为顽强，特别是敌军坦克的强大威力，给日军以严重打击。而且敌军每天都以200架次的运输机不断增援兵力和军需品，第15军奋力猛攻也毫无效果，作战的前途不容乐观。敏铁拉的失守将制缅甸方面军的死命；因此无论如何必须把它夺回来加以固守。可是，第15军在伊洛瓦底江、敏铁拉两条战线上，已陷入上述的困难境地，实际上已难以指望确切的指挥。因此，方面军司令官木村于3月16日，令第33军司令官退到敏铁拉，指挥该方面的会战。虽然方面军对第33军抱有很大的希望，但战局已如既倒之狂澜，无法挽回。3月20日，曼德勒失守，22日，敏建陷落，敏铁拉会战至此也只好放弃了。

当时，第15、第31师团被压缩在恰随东面山地；在敏铁拉西面，第33、第53师团陷入敌军包围之中；第18、第49师团在敏铁拉周围均遭受重大损失，战斗力极度低落。第15军司令部在恰随东南面，第33军司令部在敏铁拉东南面，指挥十分困难。

腊戍方面的第56师团由于第33军司令部转移至敏铁拉，改由方面军直辖，曾与重庆军之一部对峙；但幸亏重庆军的主力撤回本国，没有受到敌军强大的压力。

〔"完作战"——第54师团的奋战〕 当第15军进行"盘作战"时，第28军方面也在阿拉干山脉东西两侧地区，在海、陆两个正面战场上展开了悲壮的激战。

在阿拉干山脉西面的海岸地带，第54师团（师团长为宫崎繁三郎中将）独自承受敌军第15军团的四个师（第25、第26、西阿第81、西阿第82师）的反攻，一步也不让敌人侵入阿拉干山脉以西，用尽奇正攻防战法，顽强地进行战斗。该师团长宫崎中将制订的方针是："无论在什么情况下，也要决心确保安、洞鸽地区，把敌人阻止在阿拉干山脉以西；首先利用约马丹、梅蓬以远的地区以及沿岸岛屿设法持久，然后在此以南的纵深地区，阻挡和打击敌人。"以此迎击敌军的反攻。

昭和20年（1945年）1月3日，敌军第25师在阿恰布岛登陆，揭开了"完作战"的序幕。

在此之前，在上述梅宇半岛作战的樱支队，从12月26日起开始转进，一个月后集结于布罗姆。接着，为了掩护樱支队转进，而在阿恰布岛与卡拉丹河谷正面作战的松支队，也由于上述敌军在阿恰布登陆，逐步缩小战线，2月下旬，在梅蓬周围的阵地与樱支队会合。

于是战线于1月12日移至梅蓬半岛，21日移至拉姆勒岛，25日前后移至甘高、塔马顿；3月下旬，又扩大到安、洞鸽的反击阵地一带，发展成为犬牙交错的激战。在这个地区的第54师团的反击战最为果敢，极其顽强。

〔**仁安羌正面的激战**〕 在阿拉干山脉东面地带，同从伊洛瓦底江西岸地区渗入的敌军东阿第11师的作战，从2月末起也进入了困难阶段。即第72独立混成旅团（旅团长为山本募少将，由第55师团与印度国民军各一部组成），以仁安羌油田地带为根据地，在从波巴山附近至色漂的伊洛瓦底江两岸地区的重要战线上，迎击这支敌军。

军司令官樱井原来鉴于第15军方面的战局日趋严重，而且第15军的战斗力降低，以及伊洛瓦底江畔的地势，重视该方面的防卫，正在把作战指导的重点移到这方面来。为此决定派第54师团的一部（由卡拉丹河谷转移来的木庭部队）和第55师团的一部（搜索联队、步兵一个大队、山炮一个中队）增援第72独立混成旅团，从3月10日起，以其主力首先对伊洛瓦底江西岸之敌采取攻势，以策应第15军发动的"盘作战"。此次攻势在遭到敌军反击没有达到预期目的时，敏铁拉、波巴山方面的战局就恶化了，因此该方面作战指导的重点又移到伊洛瓦底江东岸。随着敏铁拉战线的崩溃，敌军的重大压力也扩大到了波巴山方面，使第28军面临敌第33军团的猛攻。为了掩护沿仰光—曼德勒公路败退下来的方面军主力的侧背，第28军坚决死守波巴山战线，直到4月初。

西南方面的防卫

〔**莱特决战后防卫态势的整顿**〕 昭和19年（1944年）4月，南方军行使其新统帅权力后，确定了如下方针：即在西南方面，以缅甸与孟加拉湾正面为主作战的正面，将巴邻旁地区定为绝对防卫区。

根据上述方针，南方军于5月命令第7方面军击败前来进攻之敌，稳定并确保南方核心地区；同时统一管理军政，作为南方圈的总兵站基地，负责开发重要国防资源，并将其运回日本国内以及供应邻近其他部队的兵站任务。

另外，命令第3航空军充实和增强战斗力，为随时向太平洋正面、孟加拉湾、缅甸等地进行反击决战，做好机动和集结运用的准备。为了防卫巴邻旁地区，应经常布置部分兵力，以便随时集结所需兵力。

〔**第7方面军——第37军的设置**〕 4月前后第7方面军防卫态势的概况如下：

马来地区——第29军（军司令官为石黑贞藏中将）第35乃至第37独立混成旅团 第12、第18独立守备队

苏门答腊地区——第25军（军司令官为田边盛武中将）近卫第2师团（师团长武藤章中将，1944年8月以后为久野村桃代中将）第4师团（师团长为马场正郎中将，1944年12月以后为木村松治郎中将）第25、第26独立混成旅团

爪哇地区——第16军（司令官为原田熊吉中将）第27、第28独立混成旅团

婆罗洲——婆罗洲守备军（军司令官为山胁正隆中将）两个独立守备步兵大队

当时方面军判断，敌人同缅甸方面的作战相配合，主要将以英印军首先攻占安达曼群岛，接着向北苏门答腊推进空军基地，然后在马来的颈部登陆，以便切断我南方圈。很可能企图用类似开战初期日军攻占马来的做法，夺回新加坡，根据情况，也可能企图一举攻占新加坡。

方面军根据上述判断，同海军与第3航空军紧密配合，在"迅速加强战备，击败前来进攻之敌，以连接安达曼、尼科巴群岛、苏门答腊、爪哇的重要战线为根本防卫线，绝对加以确保"的方针下，制订作战计划，指导各军加强战备。各方面的大致情况如下：

在马来方面，第29军重视加强安达曼、尼科巴群岛的战备，方面军也最优先地推动此项工作。因为这些岛屿既是连接缅甸和北苏门答腊的基地，又

是马来半岛的前线据点，其战略意义极大；如果容许敌军占据这些岛屿，其结果就将使重要资源地区苏门答腊和新加坡完全暴露在敌空军攻击圈内。由于精心努力的结果，这些岛屿的战备，大致得到了预期那样的加强。

其后，由于缅甸战况恶化，加强马来颈部的防卫顿时显得重要起来。因此，10月以第12、第18独立守备队为基干编成第94师团（师团长为四手井纲正中将），以加强该地区的防卫。

第25军努力加强北苏门答腊的防御工事，但海岸线太长，兵力不足，在防卫上很伤脑筋。巴邻旁和槟港的炼油设施的防卫是绝对性要求，第3航空军所属的第9飞行师团主要担当这一任务。

在爪哇，除了敌机从澳洲方面来袭以外，估计目前敌人还不会突然前来进攻。因此，第16军在加强各地区防卫的同时，还要贯彻对行政的军事管制；致力于总兵站基地的、生产补给和开发重要国防资源的工作，做出了很大的贡献。

对于婆罗洲，本来在作战上几乎没有考虑过，但到昭和19年（1944年）初夏时，敌军从新几内亚方面的进攻进展迅速，并与菲律宾方面的"捷"号作战相关联，婆罗洲在作战上的地位顿时提高了。特别是针对敌军企图从苏禄海方面突破，而加强北婆罗洲的战备和整备为菲律宾方面航空作战服务的基地，就成了当务之急。

为此，在7月，急忙派第56独立混成旅团增援守备军，9月10日，将该守备队从第7方面军的战斗序列中解除，改由南方军直辖。接着又于9月22日改婆罗洲守备军的称号为第37军，于是名副其实地成了作战军；直到同年年末，兵力不断得到增强。在菲律宾决战中，散军虽未进攻婆罗洲地区，但在这里建立的11个航空基地却为航空作战起到有利作用。

〔**第3航空军的整编**〕 关于第3航空军（军司令官为木下敏中将）在缅甸方面英帕尔战役中的作战情况，已如上述。

第9飞行师团（师团长为鸟田隆一中将，10月2日以后为桥本秀信中将）是专门负责重要资源地区苏门答腊防空的部队，其兵力在昭和19年（1944年）2月时增强到基干部队有4个战斗队、4个高射炮联队（约200门炮）。但在菲律宾决战中，其兵力被逐步抽出，战斗力又削弱了。

6月下旬，敌军对槟港进行首次空袭，8月10日夜，敌B29飞机又对巴邻旁进行了空袭；幸而损失轻微。

随着菲律宾决战逐渐不利，要求迅速加强法属印支与泰国地区的战备。缅甸方面的第5飞行师团（师团长为田副登中将，12月20日以后为服部武士中将）将其根据地移至金边、卡哥地区，做好了随时可以向各个方面集结和发挥战斗力的准备。

12月末，新设第55飞行师团司令部（师团长为木下勇中将），统率教育飞行团。

昭和20年（1945年）1月，随着第7飞行师团编入第3航空军，以及第4航空军划归第14方面军司令官指挥，作战上得以指挥第2飞行师团。于是第3航空军的作战区域几乎扩大到整个东方[①]地区。

当时，航空军的重要任务之一，是掩护海上运输。如向日本国内运送物资、对各军的后勤支援以及南方圈内的兵力调动等，都绝对需要空中掩护。该军为此做出异常的努力，对作战准备工作产生了极大影响。

〔寺内元帅从菲律宾转到西贡〕 昭和19年（1944年）7月，英帕尔战役失败，西南方面，特别是缅甸和马来方面的形势，看来将发生很大的变化。

南方军总司令官寺内元帅对缅甸方面战局所产生的巨大影响甚为忧虑，从作战指导的全局看来，认为应当相机将战斗指挥所移到新加坡或西贡，并就此数次向大本营提出建议。至11月，这个建议得到批准，并指示以移到西贡为宜。

当时在菲律宾方面，莱特决战仍在继续进行，鉴于各方面的形势，总司令官于11月中旬将其战斗指挥所移到西贡，以便促进和加强印度洋方面的对英战备。

〔南方军转入持久战、陆海军的指挥统一〕 再看西南方面的形势。随着赌以我军命运的菲律宾决战的失败，南方圈的政略战略地位发生了根本性变化。南方军已孤立于日本本土之外，再也不能指望战斗力的补给和增援。而且在吕宋岛登陆的美军，在本年春季以后，还不无可能在法属印支东海岸登陆。此外，蜂拥来到伊洛瓦底江的英印军，势必企图继续从缅甸南部向泰国与马来方面进攻。

如上所述，这时正在法国国内出现了戴高乐政权，因而法属印支总督的对日态度日趋不合作，拒绝实行共同防御，并具有敌对性。如果美军在法属印支或海南岛一登陆，法属印支军队甚至有以武力反抗日军的危险。

这时西南方面的形势是：春季以后，印度支那半岛的东西两面，都必将面临美军和英印军两支军队的大反攻，而且必须预料到法属印支军队与之策应进行反抗。因此，加强印度支那半岛和马来半岛北部的战备，以及建立对

[①] 此处东方可能系南方之误。——译者

法属印支的军事统治，就成了西南方面作战指导上的紧迫的重要课题。

为了应付这种严重局势，大本营与南方军分别就西南方面新的作战指导问题，进行了紧急的研究。大本营将沼田总参谋长（自从饭村总参谋长于前一年末转任第2方面军司令官后，即由沼田多稼藏中将继任）召至东京，于1月27日，下达了大本营关于这个问题的命令。

其要点如下：

南方军总司令官应击退前来进攻之敌，确保重要地区；以此牵制敌军向日本国内或中国大陆方面进攻，使全军作战易于进行。

尤其应根据下述纲要执行：

一、在菲律宾方面，应努力确保吕宋要冲，击退前来进攻之敌。

二、印度支那、泰国、马来亚与苏门答腊为南方中心地区，应确保其重要地区。

三、在上述两项以外的其他方面，对敌人企图攻占夺取的政略上的要冲、特别是重要资源与重要基地，应作为重点尽力确保之。

四、应到处扩及纵深，尽力设法积极摧毁敌军的战斗力。

南方军按照大本营的这项命令，在"迅速加强印度支那半岛东边正面的战备，同时在西边正面迅速加强马来亚颈部的战备，击退来攻之敌，牵制敌人向日本国内与中国的进攻，以有助于全军的作战"方针下，制定了作战大纲。在这个作战计划里特别重视确保联结河内、西贡、曼谷和新加坡的纽带，进行有机的作战。2月中旬，南方军在西贡举行参谋长会议，宣布了作战计划大纲，同时下达了必要的命令。

2月7日，海军第10方面舰队（司令长官为福留繁中将）和第4南遣舰队划归南方军总司令官指挥。多年来成为悬案的陆海军的统一指挥问题，至此终于实现。

〔**向法属印支与泰国集中战斗力**〕 在此之前，鉴于上述菲律宾和缅甸方面的战局恶化，大本营与南方军总司令部迅速向印度支那半岛，特别是向法属印支集结了兵力。昭和19年（1944年）12月，将印度支那驻屯军和泰国驻屯军，分别改编为第38军（军司令官为土桥勇逸中将）与39军（军司令官为中村明人中将）。在这次改编中，将驻中国的第37师团（师团长为佐藤贤了中将）编入第38军的战斗序列。接着于1月中旬采取断然措施，从华南和缅甸抽调第22师团（师团长为平田正判中将）和第2师团（师团长为冈崎清三郎中将），分别划归第38军司令官隶属或指挥之下；另外从苏门答腊将第4师团调来划归第39军司令官指挥，但第22、第2、第4师团的转移，花了二至四个月的时间。驻泰国、法属印支的海军部队分别划归当地的陆军军司令官指挥，陆海军在统一指挥下担任防卫任务。

第39军将第4师团部署在南邦、清迈地区；将第29独立混成旅团部署在南部丹那沙林地区，以防备来自缅甸和印度方面的英印军；同时命令曼谷防卫队担任曼谷的警备，严防泰国军队和警察的反叛。

第38军将第21师团（师团长为三国直福中将）、第22师团与第37师团部署在越南北部；将第34独立混成旅团（昭和18年〈1943年〉10月由国内分批开达）部署在越南中部；将第70独立混成旅团（昭和19年〈1944年〉由西贡防卫队改编而成）和第2师团的主力部署在法属印支南部；将海军第11特别根据地队部署在西贡与岘港；担任法属印支的防卫，并为以武力解决法属印支问题做准备。

〔"马号"作战——武力解决法属印支和越南等的独立〕 在加紧进行作战准备的过程中，不出日军所料，法属印支的敌对性越来越露骨，因此，政府与大本营于3月9日决心以武力解决这个问题。当日午后6时，松本俊一大使向法属印支总督多克提出了包括两项主要内容的强硬要求："将法属印支军队与武装警察部队置于日军统一指挥之下，同时把铁路、海运、通信等作战上必需的机构置于日军管理之下，并发布指令，要求整个法属印支的整个机构全面而忠实地顺应和协助执行日本的要求。"并附带声明：对这一要求，须在两小时内做出全面接受的答复，否则将采取自由行动。

法属印支总督至午后10点15分才做出答复，但其内容是要求延长答复期限和日军停止行使武力。于是第38军司令官土桥中将于10日午前2时17分，向全体部队下令行使武力。日军在整个法属印支开始了军事行动。这次军事行动称为"马号"作战。

这次武力行动在法属印支南部进展比较顺利；但在中部与北部却遭到法属印支军意外的顽强抵抗，进展迟缓。河内、永亚的法属印支军于10日傍晚投降；谅山的法属印支军于14日投降。我军的武力解决取得成功后，首先是越南很快宣布独立，接着柬埔寨发表了独立声明。长期来，对日本对法属印支的民族运动采取例外态度感到不满的当地居民高兴起来，欢迎我军行使武力。

当时，多达9.5万人的法属印支军的主力，被解除了武装；重要设施和机构均由日军接收管理。但仍有数万法属印支军逃往山地，继续进行抗战。另外，在法属印支北部地区，还有越盟军的活动，对这些军队的讨伐作战，一直继续到5月中旬。因此，第38军的对美作战准备工作，受到了很大限制。

〔加强新加坡周围的战备〕 如上所述，由于菲律宾决战的失败和缅甸战线的崩溃，敌军已经有可能以澳洲与英印军东西相互呼应，发动夺回新加坡的作战。但据观察，英印军从印度洋方面进攻新加坡，很可能不去攻占安达曼群岛和北苏门答腊，而是一举在马来半岛登陆。

3月9日，第7方面军根据确保以新加坡为中心的马来半岛重要地区、同时尽力确保苏门答腊和爪哇重要资源、军需品供给要地的方针，部署了各个部队。即命令第29军以确保纵贯马来半岛的铁路为主，不得已时则确保半岛的重要区域，使新加坡的外围防卫无懈可击；令第25军和第16军分别确保苏门答腊与爪哇地区的重要资源和军需品供给要地；另以昭南防卫队加强新加坡本岛的防卫。

南方军为了加强马来半岛防卫，于1月下旬从澳洲北部调来第46师团（师团长为国分新七郎中将），划归第7方面军指挥。方面军将该师团编入第29军，加强马来南部的防卫。

原来加强马来半岛颈部防卫的工作，是从昭和19年（1944年）10月新设第94师团后，才逐渐走上轨道的；但由于历来以安达曼、尼科巴群岛的防卫为主的关系，真正投入力量还是在昭和20年（1945年）初以后。方面军试图以新加坡为中心，将第29军尽量集结在马来南部；而南方军与第29军则打算直接确保马来颈部。由于三者在思想上难以统一，使第46师团的配置也成了问题。

如上所述，苏门答腊自从第4师团调去泰国后，丧失了机动兵力，致使防卫出现很大缺陷。近卫第2师团大力加强北苏门答腊的防卫设施，5月时建立了相当强固的设施。

1月24日，巴邻旁受到敌军舰载机约150架的攻击；接着29日又遭到架数大致相同的敌机的攻击，使各项设施遭受相当大的损失，一时被迫停止生产活动。后来经过恢复，3月末生产能力达到三分之一，5月约恢复到二分之一。

在爪哇方面，历来把防御设施的重点放在沿南海岸的东爪哇；但菲律宾失守后，需要更多地重视敌军从爪哇海方面前来进攻的可能性，因此采取措施，改变沿北海岸的西爪哇的兵力部署，加强了这一方面。

〔婆罗洲地区——山打根的死亡行军〕 据判断，澳洲军从东方策应英印军攻占新加坡计划的作战，可能首先从攻占婆罗洲西海岸的文莱附近重要地区开始。

南方军根据上述判断，决定将过去配置在北海岸与东海岸的重点，移到西海岸。1月，就此做了部署。

东海岸部队于1月末开始机动，横跨婆罗洲中部的脊梁山脉，踏破了远达300至600公里艰险的密林山地，途中因气候恶劣和饥饿，遭到重大牺牲。2月末，先头部队逐渐到达阿皮附近。但后来兵力的集结并不顺利，直至6月，当敌军在文莱湾周围登陆时，到达的不过半数。这次行军被称为山打根死亡行军。

第62章

战争指导上的各种问题

在世界形势判断中已有所叙述，现在日本已面临最坏的局势，即将在日本本土进行总体战。在战争指导上有两个问题，过去曾一再讨论过；尽管当此国家危急关头，无论如何必须解决，但还是很难解决而留了下来。

问题之一是战争指导机构问题；另一个是陆海军的联合问题。这两个问题在本质上，本应从表里一体的关系来加以考虑，是当时战争指导上一切措施的基础。

战争指导机构问题

〔**战争指导机构的致命缺陷**〕 日本对第一次世界大战中产生的所谓总体战并没有深刻体验，在战争指导方面，竟原封不动地保持着以武力战为主体的国家机构，投入了大东亚战争。换句话说，在日本并没有能够渡过比第一次世界大战情况有了飞跃发展的、第二次世界大战这一总体战的战争指导机构，因而如果说没有真正意义上的战争指导，也并不为过。

在现代高度的总体战时代，战争指导必须根据政略、战略浑然一体的最高方略——经过分析、综合纷繁复杂而广泛的战争因素而确立起来的战争方略来进行；因而必须完备适合制定和运用这种方略的国家机构。这种机构应该是使政略（国务）与战略（统帅）都在上述战争方略的范围内来计划和实行。

为了适应上述战争指导上的要求，世界列强都程度不同地完备了强有力的机构。德国、意大利、苏联自不必说，像英国的战时内阁制度和首相的权限、美国的总统权限以及与此相应的机构等都是这种性质的。但在日本，如前所述，国务和统帅是并立的，最后统一于天皇，但并没有为取得实效而将两者充分综合、统一起来的辅佐天皇的机构。不仅如此，在国务部门、军事统帅部门各个方面，也都是各自分立，缺乏综合性。

这就是说，在国务部门，由于各省大臣都分别负有直接辅佐天皇之责，内阁总理大臣的统制力量很弱，在制定和运用强有力的综合性战争计划与措施上漏洞甚多。在军事统帅方面,大本营内陆军部与海军部并立,两统帅部长分别站在各自的立场负辅佐之责,而没有将两者统一起来的辅佐机构。因此,在本来应当形成一体的统帅部门,每当遇到困难局面,就暴露出陆、海军对立的祸根。而在陆、海军内部,省与部也都各自拥有独立的权限,相互对峙。

国务部门与军事统帅部门的对立、内阁的软弱以及陆海军的对立等,在这种机构上有致命缺陷的情况下实行的日本对战争的指导,其必然结果是,无论大本营和政府如何努力,仍然有它一定的限度。如前所述,开战以后日本对战争的指导,仍然沿用了中国事变开始时规定的大本营与政府之间的联席会议形式,其目的在于通过大本营与政府之间协商讨论,谋求政略、战略上的意见一致和调整。因此,它和适应上述总体战的真正意义上的战争指导,是有相当距离的。不仅如此,关于联席会议所做决定的权威性也不是明确的。大本营和政府都站在各自的立场上尊重联席会议的决定,并努力实行。但归根结底仍然归为各国务大臣和两个统帅部长的辅弼、辅佐之责,根本不存在法律上综合性的连带责任。当然,在重要的转折关头,也曾通过御前会议做出决定,但这实际上只不过是从形式上提高联席会议的权威而已。

为了克服这种战争指导上国家机构的弱点,如上所述,曾由天皇颁发特旨,钦定东条首相兼陆相兼参谋总长,岛田海相兼军令部总长,采取这种兼任不同于本职性格的措施,仍未能从根本上解决问题。小矶内阁时,撤销大本营与政府的联席会议,设置了最高战争指导会议,但这也仅仅是名称的改变。解决这个问题的关键在于认清总体战的指导思想,彻底改革国家机构,即修改宪法。尽管如此,仍然未能扬弃70年的传统,看来这就是在大东亚战争中造成日本悲剧的根源。

〔小矶首相对统帅的不满〕 当小矶首相组阁时,曾向陆、海军提出有关战争指导的三项条件,遭到拒绝,最后落得设置了最高战争指导会议,前面已经讲述过。但小矶首相的真实目的在于,及时而确切地掌握大本营统帅部的机要情况;可能的话,想参与作战的指导。因而如前详述,他这样做,并不是想直接触动战争指导的本质,而是认为通过内阁总理列席大本营会议,或兼任陆军大臣,即可达到目的。

果真是这样的话,通过最高战争指导会议或者大本营、政府之间准确地交换情报的办法,或者通过阁僚陆、海军大臣,就能够解决了。

莱特决战刚发动时,小矶总理大臣就强调"莱特是决定胜负的关键",对此次战局的发展极为关心。统帅部也倾注最大努力,为取得胜利而奋斗,但很遗憾，并未能达到预期的目的。小矶总理正因为对此次决战抱有万不得已的一线希望，所以非常失望，对于大本营在决心结束莱特决战后对菲律宾的全面作战指导，十分不满。小矶首相认为，既然前一年8月19日的御前会议决定了菲律宾决战的根本方针，那就应当无论如何把决战继续进行到底，而大本营则是根据现实估计能否实行此项决定进行了布置。

上述小矶总理的不满，从小矶总理战后在巢鸭监狱①的如下追述中，也可以看出来：

（昭和19年）1944年8月19日，在御前召开的最高战争指导会议上，决定了战争指导方针。当时陆、海两个统帅部判断，下一个战场是菲律宾。……此次会战一起来，把一切力量投入进去，一下子打个胜仗不好吗？打赢了之后再举手投降吧！……我曾经问统帅部，是否决心为取得最后胜利而进行战斗？回答说：不，是决心要和敌人拼个你死我活……除了决心这么干，没有别的办法。总之是说要为取得胜利而战，所以我说，那么，好吧！希望全力以赴地在那里进行决战，争取胜利。……

可是，一直没有进展，怎么搞的！说是要进行莱特决战，可是……不记得是哪一天了，在最高战争指导会议开会之前，当我准备谒见陛下时，在场的杉山陆相说："总理，统帅部好像已经停止了莱特决战。"岂有此理！……谒见上奏结束，准备退出时，陛下对我说："小矶，统帅部决定停止莱特决战，改在吕宋进行决战了。"……当场我只是说："我想会有什么报告。但竟在总理不知道的情况下发生这样的事情，实在很难做下去。"我想在此之前不久，陆相已经知道了，为什么没有说呢？

我原来在想，既然在战争指导上已经决定莱特是决战战场、要摊出最后一张王牌进行决战，战场上的统帅就应当按照这个要求，尽一切可能去干……然而，在我不知道的情况下，就把已经决定下来的事情给推翻了，其实那时辞职也就好了。可是，不管怎样，说是要在吕宋进行决战……还说什么浴血奋战，但却不进攻。于是，我对参谋总长说："怎么搞的？退了一百步，从莱特转到吕宋，根本没有进行决战嘛！再猛干一下不好吗！"他回答说："我只不过是陛下的幕僚长，战场指挥是由当地驻军来搞，我也没有办法。"我认为无论如何这是不行的。……关于我要辞职的问题，想已听到种种传闻，不过可以说从那时就已经开始了。这话稍微有点扯远了，正因为这样，如果不掌握统帅的机要情况，是不行的。如果兼任陆军大臣，就可以掌握统帅的

---

① 指拘押战犯的巢鸭监狱。——译者

机要情况。最后还是觉得不这样不行，因而我对杉山说要兼任陆军大臣，遭到了拒绝。……

〔小矶总理根据特旨列席大本营会议〕 就像上述小矶总理回忆录中所表明的那样，他确实认为，通过总理兼任陆相，可以接触统帅的实际情况，由此可使战争指导有所好转。随着战局的全面恶化，他的这种想法也越来越强烈了。

因此，在昭和20年（1945年）3月8日夜，小矶总理单独访问了参谋总长梅津，向梅津提出具体实现"让总理列席大本营会议以及战争指导由大本营执行"的要求。对此梅津参谋总长表示原则上没有异议，便为实现这种要求，令人首先研究一下是否需要修订大本营令。

但是，要使大本营由过去纯属统帅府的性质，一下子变成战争指挥机构的性质，仅仅修改大本营令是不行的，这是关系到修改宪法的重大问题。经陆、海军首脑协商的结果，一致认为这可以作为战争期间的特殊事例来处理。

3月16日，总理与两位总长一起上奏："为加强对战争的指导，乞以特旨准许小矶内阁总理大臣在大本营熟悉作战情况。"结果得到钦准。

这样，小矶总理的建议看来姑且实现了，但实际上总理大臣只能在大本营接触到某种程度的实际作战情况，并未能实现由大本营指导战争的所谓"大本营内阁"。为什么呢？因为在战争指导方面，仍然有最高战争指导会议存在；由大本营和政府协商做出决定的方式并没有改变；不仅如此，也没有从根本上抓住宪法问题来采取修改大本营令与内阁官制的法制措施。

陆、海军统一问题

〔命中注定的陆、海军对立——国力分成两半〕 命中注定的陆海军对立，起因于上述国家机构的缺陷，加上陆战和海战的本质差别、陆海军的历史、传统与思想的不同、进而和感情问题、有时还和国内的一些政治问题纠缠一起，使这种对立更加根深蒂固。

上述陆海军对立的情况，在美国以及其他列强也如出一辙。在日本，由于战局恶化，对立日益加剧，而且又没有可以迅速、恰当地调整、处理上述国家机构缺陷的机构，因而给战争指导和统帅方面带来致命的影响。而且，这种对立在国内各个部门，在进行战争上包括物质、精神两个方面，都造成了极坏的结果。这样的具体事例，比比皆是，不胜枚举。

试想在总体战的时代，陆、海军的统帅仍然分立并存，这里就种下了祸根。对于在陆、海、空统一战略下前来进攻的敌人，我方竟试图以动辄游离的陆、海军协同作战方式来对付，这显然是不妥的；而必须克服陆、海军的对立观念，以统一的战略来应战。当然，陆、海军之间，也采取了订立作战协定、相互取得联系、交换情报、参谋人员相互兼职等交流思想、感情的各种措施，但这些做法都没有超出协商和认识的范围。

陆、海军统帅之间的这种分立并存，其结果必然造成军政间的对立，发展成为对船只、人力、物资、资金的争夺，在国内各个领域造成对立和混乱，造成严重影响战斗力使之不能充分发挥的原因。因此，大本营、政府的联席会议和最高战争指导会议的召开，不仅企图借以沟通大本营与政府之间的意志，而且在很多方面起到了协调陆、海军行动的作用。

〔努力消除对立——停留在议论上〕 对于消除这种对立，陆、海军都曾做了努力。但是说起来陆军是比较积极的，而海军是较消极的。关于消除这种对立的办法，陆军主张从根本上来解决，而海军则倾向于只在现状下进行一些修正。还有，陆、海军的领导们都比较被动，而事务当局由于亲身痛感到陆、海军对立造成的弊害，因而分外焦虑，渴望得到解决。

开战以来，每当重要转折关头，陆、海军的问题照例要引起反复议论。回顾起来主要有如下述各节：

如上所述，昭和18年（1943年）11月1日军需省成立以后，有关陆、海军主要军需生产的业务管理中的必要部分，都移交给军需省管理；关于飞机生产的业务管理移交给航空武器总局，建立了陆、海军一体的生产体制。但由于站在要求飞机立场的统帅部有陆、海两个并存，所以未能充分发挥它的机能。

昭和19年（1944年）初，围绕着决定陆、海军飞机架数所需铝的分配问题，促进陆、海军统一的空气很浓厚。当时，分配问题在负责具体事务一级没有办法解决，因此举行了数次陆、海军的四巨头——两位总长和两位大臣（陆海两次长列席）——会议，试图以此解决这个问题，但仍未能顺利达成协议。在前一年9月召开的御前会议上通过的大量增产飞机的问题，也由于未能调整陆、海军所要求的飞机架数问题，一直没能实现。

秦参谋次长看到这种僵持状态，认为是从政治上解决陆、海军统一问题的绝好机会，便于2月10日召开的四巨头会议上提出了下述爆炸性的动议。从这里可以看出当时的政治空气。

"毋庸赘言，在帝国，平时陆、海军之间相互对立；通过统帅与军政各方面的协议，然后一致努力进行周密的出师准备；这从陆、海军的建军宗旨和帝国国情来看，是适当的；但在战时情况下，而且在国家面临重大危机的今天，仍然以协商为事，各种问题的解决，都需要陆、海军之间做出很大的努力，实不胜遗憾。这种情况不仅对战争的进行，而且对整个国家的战斗力的影响都非常大；上对天皇不胜惶恐，下对国民也有负信托。

当前，如能革新机构，不再将陆、海军双方协商的力量浪费在国内，而统一陆、海军的战斗力，把它倾注于国外，毫无疑问，必将对帝国进行战争上产生极大的效果。希望趁此机会，根据下述原则，达成协议：

一、合并陆、海军，编成国防军，这是最理想的；但在宪法上很难立即实现，因此希望努力将陆、海军统一成为一体。

如果马上实现有困难，则希望以某年某月为目标，争取实现。

二、希望就陆、海军两个大臣、两个总长分别统一为一个人的问题进行研究。

另外，有关因陆、海军对立而妨碍统一发挥国家战斗力的其他重要事项，也希望借此机会进行彻底的革新。"

上述秦次长的动议，由于在当天的会议上，陆军方面在铝的分配量问题上向海军方面做了让步，问题姑且得到解决，终于没有作为议案提出来。但是秦次长的这种心情，事实上对于后来酝酿调整陆海军关系的气氛，起到促进作用。

接着，由于2月17日特鲁克的空袭，这个问题又提了出来。3月12日，陆军省军务局向海军提出了一个谋求陆海军统一调整的方案，即大本营总幕僚制。其目的在于首先将大本营陆、海军部参谋机构，合并成一个机构。

对此，海军方面的意见是：临时设置少数的大本营总参谋，直属于两位总长，负责陆、海军的协同以及有关战争指导事项的规划。可是，这一点也没有得到具体化。

其后，至昭和20年（1945年）初，菲律宾的情况彻底恶化后，陆、海军问题和上述战争指导机构问题，已不再是理论问题，而成了必须解决的现实问题。这就是说，这时作战、军备、运输等方面，已经远远超过了陆、海军并立分别运用的范围。尤其是为了在本土决战中认真地同敌人较量，无论如何也必须首先解决陆、海军的调整问题。

为了适应上述事态的发展，陆军方面在2月26日召开的陆军省和大本营陆军部的首脑会议上，制订了《完成本土决战基本纲要》，其主要着眼点就是希望迅速实现陆、海军的统一。可是，这时、大本营海军部内的气氛是：在海军战斗力大为减弱的现在实行陆、海军统一，其结果只能是意味着陆军吞并海军,因此无论如何也不能答应;当前莫若首先解决陆海军指挥的统一化和军需整备的一体化。这种意见占了上风。

然而,陆军坚决为使这个问题具体化,把它提到3月3日举行的陆、海两军的首脑会谈上。陆军的主张是,尽快实现陆、海军的统一;为此即使把陆军的航空兵力全部并入海军也可以;在当前的战争形势下,如果不实现陆、海军的统一,就不可能把官民团结起来。而海军的意见则是:首先必须实现大本营陆军部与海军部的统一,为此可以先从陆海军在同一场所联合办公开始实行。

〔天皇对有关陆、海军统一问题的垂询和回答〕 天皇得知陆、海军之间的这种议论,甚为忧虑;于3月3日分别召见陆、海军大臣,询问有关陆、海军可否统一的问题。

与天皇的垂询相关联,3月5日,军事参议官朝香宫大将殿下非正式地向陆、海军大臣提出了《大本营总长方案》,但米内海军大臣当即表示拒绝。

3月6日,秦参谋次长就此问题同军令部次长举行会谈。军令部次长表示:"陆、海军可在宫中一起办公,以举天皇亲政之实。"

3月19日夜,杉山陆相在议院内同米内海相就此问题举行了两个小时的会谈,但是米内海相没有答应的意思,也没有得出任何结论。

为了打开这种僵局,3月20日,小矶首相也参加了陆军三长官的会谈,结论是"敦促海军提出一个方案"。可是,在此之后,海军的拒绝态度也没有改变。

因此,3月26日,陆军大臣杉山抛开海相向陛下作了如下的答复:

前几天,承陛下垂询有关陆、海军统一问题,后来为符圣意,与海军大臣等进行了诚恳坦率的会谈,但仍未取得完全一致的意见,进展不快实属惶恐之至。然就最终目标而言,陆海军是一致的;因此,为了做到不偏重于理想,不拘泥于形式,很好地从现实出发,逐步应付目前战局,实质上达到目的,将以至诚继续不断努力,一定上符圣心。谨此奉答。

这样,陆、海军统一的努力,终于化为泡影,陆、海军在命中注定的依然对立中消灭下去。

第63章

硫黄岛战役

敌我情况

〔硫黄岛的价值和敌人的动向〕 昭和20年（1945年）2月中旬，当本土防卫的新作战方针最后决定下来、但其具体准备尚未就绪之际，围绕硫黄岛展开了残酷、激烈的攻防战。

硫黄岛距东景和塞班岛，大约各为1200公里，是小笠原群岛的核心岛屿。东西仅8公里，南北仅4公里；是一个喷出硫黄瓦斯、地热很高（洞窟温度达48度），而且缺水的窄小孤岛。但岛的中部与南部有机场，是连接已落入敌手的马里亚纳基地和帝国首都的唯一战略中继基地。换句话说，这个岛一旦落入敌手，帝国首都以及日本东部的重要地区就将暴露在敌战斗机、轰炸机联合机群的奇袭攻击面前。

大本营鉴于该岛的这种战略性地位，预料敌军即便在其推进基地的主作战线指向东中国海的情况下，也将首先进攻此岛。尤其从敌军对该岛的袭击日益激化的动向来看，估计早则2月就将在此迎击敌人。因为从塞班岛失守，到同年1月间，敌机动部队对本岛进行过12次袭击，敌机出动了1269架次，敌基地空军曾空袭该岛69次，出动飞机1479架次；水上舰艇攻击该岛8次，出动舰艇64艘次。从1月份起，敌军的活动特别频繁。

〔我方防务——孤立无援〕 当昭和19年（1944年）夏天制订"捷号作战"计划时，大本营曾经确定确保硫黄岛作为本土防卫线的一环，美军前来进攻时，则集中航空兵力加以歼灭；并根据这种方针进行了作战准备。

为此，计划让配备在日本东部的陆军教导航空军和海军的第3航空舰队担任硫黄岛的航空作战。还命令担任地面防御的小笠原兵团击溃来犯的美军，死守小笠原群岛，尽量拖长钳制敌军利用机场，以利于我军的航空作战。

然而由于菲律宾方面的战败，丧失了空军的精锐兵力，在预计3、4月份进行的东中国海周围的作战之前，能否重建起来，还是个疑问；而我军航空基地的配置情况，对硫黄岛进行空战不利。鉴于这些情况，便决定放弃过去的积极作战计划。

于是，硫黄岛方面几乎没有我军空、海方面的支援，而只有小笠原兵团孤立无援地独自担任守备。

关于硫黄岛守备部队的作战问题，有后退配备与岸边直接配备两个作战方案，成了陆、海军之间争论的焦点。但随着上述作战方针的改变，守备部队指挥官栗林中将选择了利用纵深构筑的坑道阵地、进行持久的浴血奋战的作战方法。

硫黄岛守备部队的编组和战斗力的概况如下：

①编组的主要部队：第109师团主力，第2混成旅团，第145步兵联队，第17独立混成联队，第3大队，第26坦克联队，第1、第2独立机枪大队，第8、第12独立速射炮大队，第2、第3中型迫击炮大队，第20独立臼炮大队，其他，海军部队约7500人。

②战斗力：1. 人员：约2.3万名；2. 武器（见下表）；3. 粮秣：两个半月。

硫黄岛的防御工事以元山为中心，计划构筑28公里的坑道阵地；但当敌人前来进攻时，大概只完成了70%，其长度约为18公里。另外，摺钵山与元山之间的坑道还没有连接起来。由于含有一氧化碳和硫黄的热气的影响，坑道作业时必须戴防毒面具，对作业妨碍很大。

名称	火炮(75毫米以上)	对空火器(35毫米以上)	步枪与其他小火器	迫击炮(8厘米与10厘米)	臼炮	火箭炮	反坦克炮(47毫米)	反坦克炮(37毫米)	坦克
数量	120	300	20000	130	20	70	40	20	23
弹药	10万发	每门500发	2200万发	每门炮90发	每门炮40发	每门炮50发	每门炮500发	每门炮500发	

关于硫黄岛的兵力配备与攻防战的经过，见附图第八。

硫黄岛的攻防战

〔美军登陆——滩头的反击战〕 1月下旬，我海军无线电谍报报称：马里亚纳、乌利西方面美军船队的活动极为频繁。接着于2月5日，中部太平洋方面美军飞机的呼号一齐改变，并掌握了表明敌军对小笠原群岛方面具有新的企图的通信状况的变化。正当我军警戒敌军进攻企图时，2月13日，海军侦察机来电报告：由170艘舰船组成的美军大船队正在从塞班岛西方80海里的洋面向北北西方向驶进。小笠原兵团立即下令准备作战。16日，美军机动舰队以千余架次的飞机袭击关东地方；另一方面，从这一天凌晨起，开始对硫黄岛进行猛烈的舰炮射击。敌军在硫黄岛登陆的时刻终于到来了。18日，为了破坏沿岸阵地和机场，敌军进行了大规模的舰炮射击。从前一年6月24日起，到这一天为止，前来袭击的敌军飞机达3371架次。从19日午前8点起，敌军在3艘战舰、9艘巡洋舰、30艘驱逐舰的舰炮射击和5艘航空母舰舰载机的轰炸掩护下，用约130只登陆艇开始登陆。敌人为了准备登陆，用舰炮对沿岸阵地发射了约8000发巨型炮弹。午前11点左右，登陆兵力达1万，坦克达200辆以上。我守备队冒着这批敌人的猛烈炮击与轰炸，以岸边阵地的部队和炮兵火力，果敢地加以反击。其中特别是第8独立速射炮大队小队长中村少尉与第12独立速射炮大队长早内大尉奋勇亲自操炮射击；中村少尉击毁敌坦克20余辆，早内大尉击毁敌坦克数辆。早内大尉还抱着炸药逼近坦克进行肉搏战，最后都壮烈牺牲。2月22日截获敌人电报诉称：损失很大，正在进行苦战。但是这样的英勇战斗并没有效果，被占绝对优势的敌军的火力压倒了。据推测，登陆的敌军是，美国海军第4师和第5师。由于这一天的炮击与轰炸，我军海岸的混凝土堡垒全部被破坏，火炮阵地减少了一半。敌军登陆后，仍有大约60艘军舰继续进行炮击；同时6艘航空母舰搭载的飞机，每天对硫黄岛进行扫射和轰炸约达1600架次。20日，千鸟机场早已失守，南北地区被切断。21日，美军以30艘大型运输船运送的后续新兵团开始登陆。

22日傍晚，美军第一线部队到达南部码头、元山机场北侧、千鸟部落一线，深入达两公里，建立了桥头堡。这一天的炮击量实际上达3万发。

第6航空军以其一部果敢地进攻敌舰船与登陆地点，击沉敌舰数艘。第3航空舰队也同样以其一部勇敢地攻击美国舰艇，击沉美国航空母舰1艘。但这并未能左右大局，23日，元山第二机场也被敌军夺去。

〔主阵地一带的激战——敌军犁翻全岛〕从2月23日至3月3日，在中央地区的主阵地一带，日美两军反复进行了寸土必争的殊死攻防战。

26日前后，由于主阵地一带被美军蚕食，田原坂、城山等阵地失守，在元山炮台、屏风山反复进行了拼死的争夺战。在此之前，死守该岛东南端最重要据点摺钵山的、厚地海军大佐指挥的海军守备队，由于19日敌军的舰炮射击，全部火炮被毁，大多数人战死；摺钵山的面目完全改变。这种炮击一直继续到21日，并遭受飞机与坦克的猛攻。围绕这个高地的战斗继续进行到23日，最后终于全部覆灭。

美国登陆部队在包围孤岛的美国舰队的炮击和早已同时使用陆上基地的美国空军部队的支援下，以其优势的炮兵、坦克，像碾滚一样来回反复进攻。那种像翻耕土地似的破坏，把我军阵地毁得荡然无存，把拼死战斗的我军英勇将士的血肉扬得比比皆是。在这种绝望的艰苦战斗中，我军将士绝不屈服，上下一体，勇敢奋斗，死守孤岛。下述数字足以表明当时激战的情况。

据推测，敌我双方截至26日的损失情况如下：

我方损失：兵员第一线部队平均50%　重武器大半破坏　火炮60%

美军损失：兵员1.3万名　坦克破坏或搁浅210辆　击落飞机60架

船只 { 击沉：战舰或巡洋舰2艘、巡洋舰4艘、驱逐舰9艘、登陆艇3只
烧毁：登陆艇等31只 }

2月27日，守备队收缩阵地，退到玉名山、东山地区、北部落、漂流木附近的独立据点，采取持久战的方针。美军派出海军陆战队第3师和第4师为第一线，把陆战队第5师留在第二线；继续猛攻，这些据点处于孤立状态。3月2日，经过三天的激战之后，我军大部分火炮和坦克均被破坏，指挥官死伤达65%，兵员减为3500人，已经很难进行有组织的战斗了。

〔最后的全军牺牲之战——呛人的硫磺瓦斯〕3月5日，栗林中将把残存兵力之主力集结于北面的二道防线阵地，准备进行最后的战斗。13日，美军一部侵入这一阵地，我方部队于午前9点烧毁了军旗。

在这种艰苦的激烈战斗中，兵团长始终沉着、冷静指挥作战，而且每天尽力将宝贵的战讯电告大本营，但一句也不提战斗的艰苦和渴望增援等。全体将士都信赖这个兵团长，上下一体，战斗到最后。据推测，美军所受的损失是：兵员3.3万名，坦克270辆。这时可据守的最后的二道防线阵地已被破坏得荡然无存，大部分将士战死，火炮全被破坏。贯彻执行任务的兵团长，于3月17日打电报给大本营，发出诀别之辞与辞世之歌，当天晚上率领残存将士800人同时出击，决心做最后的战斗和光荣牺牲。其奋战情况，报告到22日为止。

历经一个月的硫黄岛战斗终于结束了。此后对小笠原群岛的守备，由父岛守备队长立花芳夫中将负责指挥。

3月22日，进到这个岛上机场的美军大、小型飞机，已达10架。

由此可以断定，美军下一步的进攻阶段将把矛头指向台湾或者冲绳方面。

〔**栗林兵团长的诀别电报**〕 战局终于面临最后关头。卑职定于17日午夜，亲赴前线，祈求皇国必胜与安泰，率全军断然进行悲壮的总攻。敌军进攻以来，以其难以想象的物质优势，由空、海、陆向我军进攻，对此，我军不断进行拼死战斗，这是卑职聊堪自慰的，部下将士的奋战足以感天地而泣鬼神。然而，在顽敌猛攻面前，将士相继战死，卒至辜负对我的期望，把这些重要地区被迫委诸敌手，实不胜惶恐之至，深致谢罪之忱。尤思不夺还本岛，则皇土永无宁日；为此，纵化为鬼魂，亦誓率皇军卷土重来。当此弹尽粮绝，生存的全部将士拟作最后的战斗时，痛感皇恩浩荡，虽粉身碎骨，亦在所不悔。兹告永别。

最后，以下述拙作聊供一哂：

①为国肩重任，今朝终得完，
　弹尽粮亦绝，饮恨在九泉。

②敌仇终未报，此身弃野原，
　但愿生七度，执戈再当先。

③犹念一芥草，蓬生岛上时，
　皇国将何在，此心不胜思。

第64章

冲绳战役

九州海面空战

〔美国机动舰队进攻九州海面和我军出击〕 在"丹"作战失败、硫黄岛战局接近尾声的3月17日,据联合舰队的通信谍报报道,美国机动舰队于3月14日左右,从乌利西出发,有向九州方面进攻之势。

关于对这个机动舰队的作战方针问题,联合舰队和第5航空舰队之间发生了意见分歧。3月17日,大敌当前,双方还在激烈争论。按"天"号作战计划的基本方针是,如敌军机动部队没有带来登陆部队时,则不向敌进攻,以保存兵力。联合舰队司令长官丰田大将于3月17日晨,重新电令执行此项方针。但是第5航空舰队司令长官宇垣缠中将根据下述两条理由,向联合舰队司令长官提出强硬意见,认为应当攻击这支美国机动舰队。

一、美国机动部队是否带有登陆部队,很难及时确认,等到可以确认时,就会遭受敌军机动舰队的攻击,我航空部队就将被消灭在地面上。

二、即使敌军确实没有带来登陆部队,在消极等待中,将遭受美国机动舰队的攻击,那样就将不经战斗而在基地上蒙受重大损失。如向朝鲜、本州方面撤退,因基地准备不足,也很困难。

联合舰队和大本营海军部终于迁就第5航空舰队司令官这种意见,任凭第5航空舰队司令官就此做出决定。

第5航空舰队司令官立即下令准备战斗。这是海军重视攻击机动舰队的传统作战方法所导致的。3月17日午后11点,确认有四群敌军机动舰队,便决定立即全力进攻,并下达了攻击令。

〔第5航空舰队的攻击——误认战果〕 3月18日午前3点30分,第5航空舰队开始了第一次出击。美国机动舰队的舰载飞机这时正好与第5航空舰队的出击相交错,从午前5点40分起,开始对南九州与四国方面连续进攻。在这一天的攻击中取得的战果,据判断,击沉敌航空母舰两艘、战舰两艘、巡洋舰一艘、驱逐舰两艘，另有两艘航空母舰燃起大火。

3月19日，美国机动舰队仍继续对西日本一带进行攻击。第5航空舰队也继续对此进行反击。20日，又对正从都井岬东面120海里处南下的美国机动部队，继续进行攻击，使敌埃塞克斯号和萨拉托加号航空母舰各一艘发生大火。当天晚上，又继续进行攻击，并判断，美国机动部队因遭受重大损失，正向南方撤退。21日，又进行追击性攻击，但没料到，我航空部队遭到敌军舰载飞机的反击，竟全军覆没。至此，才对过去确认的战果发生了怀疑。

在这次战斗中，第5航空舰队使用了包括69架特攻机在内共193架飞机，损失了80%，即161架精锐飞机。另外毁于地面的还有50架。而另一方面，据第5航空舰队关于击沉敌舰的综合战报是，共击沉敌航空母舰5艘、战舰2艘、大型巡洋舰1艘、中型巡洋舰2艘、种类不明的舰艇1艘。由此判断，美军对东中国海周围地区下一步的进攻计划受到了挫折，其进攻时机恐将推迟，并断定美国机动部队为了恢复战斗力，将返回乌利西。[①]

〔敌军进攻冲绳——再次错误判断其真实意图〕可是，从3月23日凌晨起，没想到美国机动部队对冲绳群岛发动了突然袭击。

大本营对第5航空舰队在九州海面取得的战果，曾怀有若干疑问，但仍确信它取得了相当的战果，因而做出轻率判断，认为美国机动舰队的这次攻击，只是在返回乌利西的途中，对在九州海面空战中遭受的重大损失来一次泄愤而已。这种情况正像昭和19年（1944年）秋，由于过分相信台湾海面航空作战的战果，而错误判断美军并非真想入侵莱特湾一样，重复了同样的错误。

美军在冲绳登陆

〔指挥关系的改变——陆、海、空统一指挥〕在"天号"作战计划里，陆、海军航空部队的指挥关系，是相互协同关系，但在3月19日，决定划归联合舰队司令长官统一指挥，因而第6航空军有关"天号"作战，要受联合舰队司令长官的指挥。

参加"天号"作战的主要部队的指挥关系如下：

---

① 据3月21日美军尼米兹司令部报告，美军的损失是：舰船1艘（航空母舰富兰克林号）受重伤，数艘受轻伤，但仍能开动。

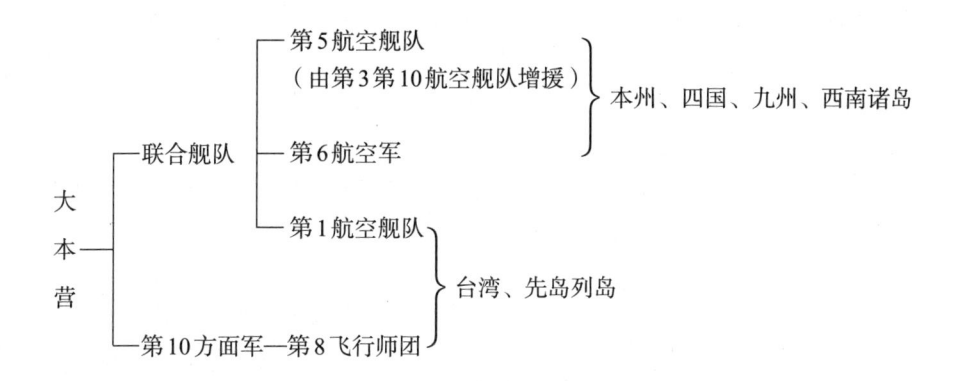

```
                    ┌─ 第5航空舰队
                    │   （由第3第10航空舰队增援）┐
          ┌─联合舰队─┤                          ├─ 本州、四国、九州、西南诸岛
          │         ├─ 第6航空军                 ┘
大        │         │
本    ────┤         └─ 第1航空舰队  ┐
营        │                         ├─ 台湾、先岛列岛
          │                         ┘
          └─第10方面军─第8飞行师团
```

〔第513号大海令——"天号作战"的主体思想〕 进入3月后，海军对于"天号"作战的热情迅速提高，终于发展为决战的思想，变成以"决号"（本土）作战为从、以"天号"作战为主的设想。3月20日，海军以大海令第513号，下达了《当前的作战计划大纲》，明确了这种思想。这个命令的内容是："以冲绳航空作战为当前作战的重点"，"应彻底地集中航空兵力，消灭前来进攻之美军主力（此次作战称为'天号'作战）。在此期间，尽力加强本土防卫"。在这项命令里，还表明了如下的战略思想："将前来进攻冲绳之美军大部消灭在海上，冲绳本岛地面防卫军阻止下余登陆成功之敌获得基地，以使'天号'作战易于进行。"这种战略思想与上述第32军关于放弃北、中机场的持久战思想，根本不同。

〔发动"天号"作战——没有完成准备、初动失机〕 3月25日，在冲绳本岛东南70—170海里的海域，发现有三群机动部队，冲绳本岛周围的美国舰船已达70艘。从24日起，就在担心美军登陆，而这种担心却变成了现实。25日，当地驻军报告，美军在庆良间列岛登陆（实际是26日）。

现在美军在冲绳登陆的企图已经明确了。可是，日本航空部队还处于无法投入这次重要作战的状态。即海军方面，应当担任此次作战主角的第5航空舰队，已在九州海面的空战中消耗了战斗力；第3航空舰队、第10航空舰队大都训练还没有结束，而且还没有调到九州。另一方面，陆军第6航空军还未能将其特攻飞机顺利地向九州推进；不仅如此，作为进攻前驱的第12飞行团司令部，由于未能补充其在菲律宾的损耗，还处于无法开始指挥活动的状态；况且预定向西南诸岛展开的12队特攻队的行动，仍未就绪。

联合舰队司令长官于3月25日午后八点，下达"天号"作战命令，并于26日发动了这次作战。第3航空舰队、第10航空舰队被划归第5航空舰队司令官指挥，奉命向九州推进。这两个航空舰队的可出动兵力，到了3月31日，才在九州展开完毕。

3月28日，第6航空军司令官菅原道大中将在率其一部向德之岛推进的途中，接到发现敌船队的报告，便下令攻击。可是，在这次攻击战中，可以使用的飞机，仅有重型轰炸机10架，攻击机约15架。而台湾的第8飞行师团从3月26日起，对庆良间周围的敌军舰船开始发动进攻，到31日为止，使用了特攻机45架，轰炸机17架，据报道，其战果是击沉击伤敌舰船31艘。

这样，"天号"作战发动初期的宝贵战机，由于我方的作战准备不足而丧失了。"天号"作战计划本身就有些勉强，而第5航空舰队的战斗力在九州海面空战中的消耗和对敌情判断的错误，则是失掉战机的主要原因。

3月28、29日，美国机动部队再次前来进攻九州方面，但第5航空舰队已经没有对此进行有效反击的战斗力。

〔美军在冲绳本岛登陆〕 美军在成功地攻占庆良间列岛后，4月1日，以大型船艇150只、小型船艇60只，开始在北机场、中机场正面的嘉手纳海岸登陆。有数百艘美军舰船遍布在较远海面上。我方部署在这个地区的临时编成的前线部队溃败了，傍晚美军很快就占领了北机场与中机场。这个消息给大本营与陆、海军航空部队以极大的冲击。[①]

4月3日，美军第一线部队进到第32军主阵地的前沿——普天间东西一线，冲绳本岛的中部地区已完全被美军占领。

从4月1日到3日，第8飞行师团用特攻机40架、轰炸机19架、诱导机20架，对嘉手纳海面的敌舰船果敢地进行攻击。据报道，击沉、击伤敌舰船20余艘，但已无法左右大局。

〔第32军决定出击〕 4月4日早晨，第32军决定从4月7日起发动进攻，向各方面发出电令；但在5日又发出了中止的电令。接着，又接到第10方面军司令官的电令："第32军应向北、中机场发起进攻，[②] 开始进攻的时间为4月8日。"因而定于4月8日发起总攻，夺回北、中机场，并于4月6日下午两点，下达了有关此项决定的命令。这种决心是违背第32军的持久战战略思想的，但由于上级的要求，只好不得已而为之。

---

① 根据战后美方资料，参加冲绳作战的美军舰船达1457艘（其中运输船430艘）。登陆的陆军和海军陆战队的总兵力达18.3万人。

② 根据战后美军资料，到登陆后的第六天为止，美军已有约200架战斗机进到北、中两个机场。

航空总攻击和第32军的战斗

〔"菊水一号"作战〕 联合舰队认为，在美军开始使用北、中机场之前，必须给美军以沉重打击，以利于战局的展开，乃于4月5日决定，与第32军的地面总反攻相呼应，发起空中总攻。这次作战称为"菊水一号"。

联合舰队司令长官进而决心将残存的海上部队主力——第2舰队（拥有战舰"大和"号、巡洋舰"矢矧"号和8艘驱逐舰），编成海上特攻队，冲进冲绳美军的停泊地。4月6日，在冲绳本岛周围海域的敌军舰船，计有战舰9艘、巡洋舰15艘、驱逐舰32艘、运输船64艘、其他舰船58艘。

"菊水一号"作战决定在4月6日、7日两天内实施。台湾的第1航空舰队、第8飞行师团也决定和这次总攻相呼应，以699架飞机参加这次总攻。其中特攻机达355架。据报，这次进攻，奇袭获得巨大成功，取得击沉敌战舰2艘、巡洋舰3艘、驱逐舰8艘、运输船21艘、扫雷艇3艘、其他舰船27艘，此外还击伤61艘的战果。

〔海上特攻队的悲剧——帝国舰队的挽歌〕 4月6日傍晚，海上特攻队在伊藤整一中将统率下，由内海出航，经丰后水道南下；4月7日晨，由大隅海峡西进。但不幸在丰后水道被敌潜艇发现，接着又被一架美军马丁巡逻机发现。我特攻队既无基地航空部队的掩护，又没一架搭载机，继续以猛牛之势冲向冲绳敌军停泊地，午后零点40分和1点33分，两次遭到约300架美国舰载机的攻击，以战舰"大和"号为首的主力舰均沉没了。号称不沉的6.4万吨的战舰"大和"号，是在午后2点23分沉没的。巨舰"大和"号激战两个多小时，身中鱼雷10发、大型炸弹5发、小型炸弹无数，终于在九州西南海面约50海里处沉入海底；伊藤中将以下约3000名将士，均与军舰共命运。至此，炫耀传统的帝国海军的海上势力完全崩溃了。

〔第32军在临近发动总攻前又中止〕 当第32军把第62、第24师团、第44独立混成旅团、海军陆战队分四线重叠展开、准备发起总攻时，偶然于4月7日午后3点左右，发现有一支由110只船组成的美国船队出现在牧港海面，因担心敌军从侧背登陆，按照曾经强烈坚持持久战略的作战主任参谋八原的意见，在发动之前又中止了总攻。于是最重要的地面总反攻的战机终于丧失。后来得知第32军改变决心的大本营与陆、海军航空部队都感到痛惜，但已无可奈何。

美军登陆部队总指挥官巴克纳陆军中将正以海军陆战队第3军团扫荡国

头地区，并一步步地准备以第24军团逼近第32军主力阵地。

〔"菊水二一五号"作战——在地面逐渐转入攻势〕 相信"菊水一号"作战的战果和第32军实行总反攻、并确信美军已有动摇迹象的联合舰队，于4月9日发布电令，继续发动总攻，全歼美国舰船。电令的要点如下：

一、综合各项情报，敌军有动摇迹象，战机十有七八即将成熟；

二、联合舰队决心乘此机会，投入指挥下的全部空军兵力，进行总追击，坚决完成"天号"作战。

第二次总攻预定于4月10日发动，但到4月12、13日才发动。在这次进攻中，使用了392架飞机（其中包括特攻机202架），据报道，其战果是击沉各种舰船47艘。据外电报道，进攻冲绳的美军损失很大；这就更加激发了大本营海军部和联合舰队首脑进行决战的思想。舆论界一齐高喊冲绳决战，在国民中间，期望通过此次作战挽回战局的气氛也越来越高涨。

第32军司令官本着前述第10方面军司令官的意图，决定再次出击，从12日傍晚开始发动攻势。不过，由于部署和决心不够彻底，反而遭受重大损失，不得不中止。

陆、海军全力以赴的航空总攻击，相继进行了第3次（4月16日）、第4次（4月21日、22日）、第5次（5月4日），而且在几次总攻之间，还连日不断顽强地进行了小规模的攻击。从4月6日至5月4日之间，使用的飞机总数，包括特攻机1711架次在内，共达5068架次，其中损失了1611架飞机。据报道，其战果是击沉美国舰船161艘，击伤141艘[1]。

〔陆、海军作战设想的分歧〕 海军越来越确信这次作战会取得成功，并决心夺回冲绳岛；同时对于陆军对"天号"作战不够积极开始感到不满。4月21日，联合舰队发出指令，制定了下述作战方针，从中可以看出个中情况。

联合舰队为了更加强有力地进行航空作战，相机在冲绳进行反登陆，以

---

[1] 据美军资料，在此期间沉没的美国舰船仅17艘左右，但许多舰船都受了伤，使美军受到很大威胁和痛苦。这从下述资料中可以看出。

1. 昭和20年（1945年）4月17日，美国第5舰队司令长官斯普尔昂斯大将，曾向太平洋舰队司令长官尼米兹元帅建议说：

"鉴于敌军特攻攻击的伎俩和效果，以及我舰队因此遭受的损失，为了煞住这种攻击，我认为已经到了必须采取一切能够采取的方法的阶段。建议以可以使用的全部飞机袭击九州和台湾的机场。"

2.《纽约时报》在冲绳作战中的随军记者汉逊·鲍德温有下列记述：

"敌机的攻击昼夜不断，庆良间的停泊地摆满了受伤的舰船，在太平洋到处可以看到摇摇晃晃的残破舰船行列，一直向东驶去。"

打开战局。

一、尽量从第3、第10航空舰队抽出航空力量,加强第5航空舰队的战斗力,倾注全部航空兵力强行"天号"航空作战;

二、督促陆军补充第6航空军的战斗力,鞭策第6航空军专心致力于"天号"作战;

三、采取措施,加强台湾的第1航空舰队、第8飞行师团配合作战的力量。

当海军热衷于冲绳决战时,如后所述,陆军从4月上旬以后,正在倾注全力拼命地进行本土决战的准备。虽然将第6航空军交由联合舰队指挥,并把可动用的航空战斗力投入进去;但为了应付当时日益加剧的B29飞机对本土的空袭,当然不能把防空兵力也都投入到"天号"航空作战中去。因为负责本土防空的陆军,在作战上,不能不重视防空工作。海军方面甚至怀疑陆军是否因为重视本土决战,舍不得抽出航空战斗力投入"天号"航空作战。

其实,陆军对冲绳作战的想法是,为了准备本土决战,进行浴血的持久战。正在为本土准备约60个师团战斗力的陆军,是无法增援冲绳的,而且根本就没有设想过,在仅有两个多师团兵力的孤岛冲绳进行决战。另一方面,海军的海上部队已经完全被消灭,唯一的战斗力只是残存的航空部队。加之,海军过于相信航空作战的战果,再和海军的战略特点结合起来,希望进行冲绳决战并不无理由。

〔第32军的英勇战斗〕 当航空部队以誓死的信念倾注全力于冲绳决战,并过分相信其战果时,冲绳战局却与其判断相反,在逐步走向恶化。

美国第24军团自4月19日以后,即在全线开始了总攻。尽管联合舰队报告大量击沉、击伤美国舰船,而冲绳方面的美国舰船仍不见减少,围绕全岛、史无前例的舰炮发射的炮弹,倾泻在第32军头上。第32军西海岸正面的主阵地逐渐遭到蚕食,4月22、23日前后,尽管第62师团连日进行拼死战斗,但其战线已日渐面临危殆。第32军只好抽调驻在南部的第24师团和第44独立混成旅团来加强第一线。

据判断,面前的美军除了第24军团的三个师和国头方面的海军陆战队第3军团的两个师以外,在中间地区还有备用一至两个师。把登陆的敌军消灭在海面上,是"天号"航空作战的最大目的,但这已完全失败;第32军迎击的乃是完整无缺地登陆的六至七个师的敌军。

现在,第32军已孤立在五六倍于自己的美国地面军队的攻击和全岛漫天盖地的美军舰炮射击之中,处于寸土必争的拼死战斗的境地。4月下旬,第32军阵地的左翼开始崩溃。

〔最后的地面进攻〕 第32军的消极态度，进一步加深了大本营、海军和航空部队的焦虑和不满。

4月29日，第32军司令官根据全面的战况和我方的战斗力做出判断，决心发动最后攻势，并下达了命令。预定5月4日发动攻势，计划使用第32军的全部兵力。5月4日，第32军的最后攻势，按预定计划发动。但因没有充分掌握战况，并因被美军的炮击、轰炸所阻，5月5日，第32军感到攻势已经失败，便中止进攻，重新转入据守阵地，进行持久抵抗。

由于这次攻势，第24师团损失了二分之一战斗力。其他部队也受到很大损失。消耗了很多宝贵的弹药，后来竟不得不限制每门炮每天只准发射十发。最后一次攻势的失败，导致首里战线崩溃的开端，造成冲绳战局急遽恶化的转折点。尽管战局已根本如此恶化，而海军夺回冲绳的愿望和热情，却越来越强烈。

5月上旬，随着第32军的攻势失败和战况的急剧恶化，陆、海军之间作战设想的分歧，就越来越明显了。这就是说，陆军逐渐对"天号"作战的前途感到绝望，显示出准备完全致力于本土决战的倾向。而海军则与此相反，却极想继续坚持进行"天号"航空作战。

继续进行"天号"作战

〔美国空军的反击——冲绳基地的活动〕 对我空军特攻感到伤脑筋的敌军，从5月份起突然活跃起来，开始以空军进行反击。其一是B29飞机和机动部队对九州空军基地的袭击。B29飞机的袭击反复多次，出动约达300架次。另外，舰载机曾于5月中旬，两次袭击南九州的基地，出动约达1650架次。其二是4月下旬以后开始使用冲绳基地的美国战斗机，对我特攻机的迎击作战。前者虽相当扼制了我空军的活动，但因掩护设施非常完善，飞机直接所受损害却比较少。后者则由于美军优良的雷达装备和密码解读能力相结合，使我特攻作战受到致命性的打击。本来，特攻机中包括许多改装的教练机，器材不完备；驾驶员虽然满怀为国牺牲的壮烈精神，但遗憾的是，技术不够熟练，而且航路只限于沿西南诸岛一线，进攻海域受到限制，因而竟遭到准备周密的敌机的迎击。

而且，美军由于已能使用冲绳基地，其航空母舰舰队处于我空军"特攻"攻击的威力圈外；加上还有新占据的基地的空军部队，这就加倍了对我特攻机的威胁。本岛的北、中机场过早地丢给美军，给我军的"天号"航空作战造成了困难。航空总攻击每发动一次，损失就增大一次，而战果却减少一次。

〔菊水六至八号作战〕 5月11日，发动第六次航空总攻击；使用了飞机217架（其中包括特攻机104架），损失了109架。但取得的战果，据报道仅击沉击伤运输船1艘、种类不明的舰船7艘。第七次、第八次总攻分别于5月24、25日与5月27、28日发动；使用飞机737架（其中包括特攻机208架），损失了168架，而报告取得的战果，仅击沉敌舰船10艘，击伤8艘。

〔"义号"作战——义烈伞兵队的闯入〕 这样，冲绳基地美国空军的反击日益加剧，而我特攻机所受损失与所获战果的比率越来越恶化了。因此，大本营企图对冲绳美军基地使用敢死挺进队，使美军基地一时陷于不能使用，然后利用这一机会，断然发动航空总攻。这个计划预定于5月中旬实行，但延至5月23日晚才实施。这个挺进队被命名为义烈伞兵队，此次作战称为"义号"作战。

这个挺进队在奥山道郎大尉指挥下由陆军挺进部队的120人（分为五个小队和一个指挥班）组成，分乘12架轰炸机，装备有用于破坏的炸药和轻武器。作战的方法是，在北、中机场强行夜间着陆，破坏美军的飞机、机场设施等，使基地一时陷于不能使用，即所谓"闯入战法"。

5月23日夜，终于发动了这次作战。但联合舰队却与这个计划相反，由于24日午后发现了美军机动部队，便把战斗力用在对美军机动部队的攻击方面，因而竟让第6航空军单独进行"义号"作战和利用这个机会进行特攻攻击。挺进队中，有4架飞机因故障被迫降落或返航，有8架飞机在北机场和中机场着陆，继续奋斗到5月27日；5月25日曾完全压制住了敌军基地。可是5月25日、26日，由于天气不好，未能进行特攻攻击，可惜未能利用义烈伞兵队的战果。

〔陆军放弃"天号"作战〕 陆军鉴于上述作战的变化以及已经将大部分可动用的空军兵力投入此次作战的情状，5月下旬，对"天号"航空作战的前途已经感到绝望。

5月下旬，联合舰队司令长官丰田大将转任军令部总长，由小泽中将继任联合舰队司令长官。恰好因小泽中将比联合舰队指挥下的陆军第6航空军司令官菅原中将资历低，第6航空军便于5月26日脱离联合舰队的指挥，重归航空军总司令官指挥。

5月26日，大本营陆军部向航空军总司令官下达命令，令其以九州与朝鲜海峡方面为重点，进行本土航空作战准备，并令以其部分兵力进行压制美军冲绳基地的作战。这样，陆军就放弃了"天号"作战，转入"决号"作战。

〔海军继续进行"天号"作战〕 海军仍然热衷于继续进行"天号"作战。6月1日,海军军令部在其形势判断中,还是相当确信"天号"航空作战所取得的战果。在这个判断中说:"敌人海上兵力遭到了重大损失(击沉和重创的有:航空母舰10至11艘,护卫航空母舰13至14艘,战舰5艘,巡洋舰29艘,驱逐舰92艘,运输船75艘,扫雷艇32只,种类不详舰艇102只;中等程度创伤和轻伤的有211艘),已使美军机动部队无法实行飞跃性的进攻。"在谈到我方应采取的作战方针、策略时还指出:"应顽强地继续进行对冲绳周围敌军舰船和航空基地的航空作战,逐渐削减敌军舰船,并切断其增援与补给,同时阻止敌军整备基地和增加基地空军兵力……当战局有利地展开、击溃冲绳周围的敌军舰船时,应及时集结全部力量,转入航空歼灭战。与此同时,准备增援冲绳方面的作战。"另外还明确指出:关于"决号"作战的准备,应在不影响"天号"航空作战的范围内,首先以四国、南九州为重点,加以实施。因此,陆、海两军关于航空作战的指导方针愈益对立起来。但是,正如上述作战方案内容所表明那样,海军关于"天号"作战的想法,这时也已由决战思想逐渐变成浴血的持久战了。

〔地面部队退至喜屋武半岛的二道防线阵地〕 在此之前,第32军由于顶不住敌军的重大压力,5月24日决定放弃首里,将战线收缩到首里的后方。5月20日前后,全军的战斗力减少到3万名左右,火炮减少到60%,机关枪减少到30%;而敌军的攻击却越来越猛烈了。

第32军首先整顿后方,主力从5月29日起开始向冲绳本岛南端的喜屋武半岛的新阵地作最后的退却,已面临仅能维持一二十天的命运。

冲绳的失陷

〔最后的航空总攻和第32军的覆灭〕 6月上旬和下旬,我军断然发动了两次航空总攻击。在这两次总攻中,使用了502架次飞机(其中包括特攻机104架),损失了113架。而取得的战果,据报道仅击沉击伤敌舰船7—8艘。

6月3日前后,第32军基本上完成了在新阵地的部署;从6月11日起,开始在新阵地进行最后的拼死搏斗。17日,战局进入绝望阶段,已无法进行有组织的战斗。19日,军司令官向有关方面拍出诀别电报,第32军在喜屋武半岛二道防线阵地的抵抗,至6月22日终于结束。

〔牛岛军司令官、长勇参谋长的剖腹自杀〕 6月23日午前4点30分,军司令官牛岛满中将和参谋长长勇中将一起,在面对海岸的坑道阵地的入口处,一面唱着下述的辞世歌，一面按照日本古代武士的仪式切腹自杀。

  未及秋风度，岛上青草枯；

  皇国春天里，犹望再复苏。

  弹尽弓矢绝，鲜血天地涂；

  魂其归来兮，守护皇国土。

  太田少将在小禄地区所指挥的海军地面部队，也于6月13、14日，断然全体出击；太田实少将及其幕僚于13日午前1点从容自杀。

  自从敌军在冲绳本岛登陆以来，整整经历了连续83天的拼死战斗。至此，冲绳完全陷入敌手；这个基地的美国空军从而压制了日本西部一带，并成了进攻我本土的敌军大基地。

  6月25日，大本营宣布冲绳作战结束。

  〔海军停止"天号"作战〕 冲绳失陷后，海军仍然热衷于压制美军舰船和冲绳基地；6月23日以后，还动用599架次飞机（其中包括特攻机62架）进行这一作战。

  6月27日，陆军将两个长期以来由联合舰队指挥的鱼雷攻击战队，交还给航空军总司令官指挥。至7月上旬，海军也基本上放弃了"天号"作战，逐渐全力以赴地准备"决号"航空作战。

  〔这次作战的特点和敌我双方的损失〕 这次作战的特点是，进行了史无前例的大规模航空特攻作战和一般国民参加了战斗。数千名青年共赴国难，驾驶着装备不全的改装教练机，冲破防空炮火和敌机截击网，以一架飞机消灭一艘敌舰的决心，毅然决然冲撞敌舰船。另外，由17岁至45岁的男子，还有一些可爱的男女中学生组成义勇队，参加了战斗以及通讯、卫生、后勤等各项工作，确是军民打成一片进行了战斗。数万名老幼妇女也被卷入了这场决死战斗的漩涡，与将士们共命运。

  在这次作战中，包括由岛上居民组成的义勇军在内，日军约牺牲了9万人；另外，牺牲的非战斗人员实达10万以上。士兵的幸存者约7800余人，但其中一半是伤员，另一半大都在冲绳作战结束后，仍固守坑道阵地，继续抗战，其中有的人竟坚持到那年的秋天。另一方面，美军的损失也达4.9万人（其中战死者1.14万人），美军司令官巴克纳中将也于6月18日在前线指挥中阵亡。

  日军为攻击美国舰船而使用的飞机，包括2393架（其中陆军飞机954架）特攻机在内，共达7852架次（其中陆军飞机为2220架次）。据报道，被击沉击伤的敌军舰船约为404艘。在这次作战期间，实行航空攻击的经过情况如下表：

表64-1 冲绳航空作战中陆、海军航空部队投入与损失的飞机数目表
（自5月25日—6月22日）

次	时间	第5航空舰队 投入机数（特攻数）	第5航空舰队 损失机数	第6航空军 投入机数（特攻数）	第6航空军 损失机数	第1航空舰队 投入机数（特攻数）	第1航空舰队 损失机数	第8飞行师团 投入机数（特攻数）	第8飞行师团 损失机数	合计 投入机数（包括特攻机）	合计 投入特攻机数	合计 损失机数
第一次总攻	4月6、7日	443(201)	162	209(118)	138	19(8)	9	28(28)	26	699	355	335
第二次总攻	4月12、13日	179(92)	101	173(90)	97	21(12)	1	19(8)	6	392	202	205
第三次总攻	4月16日	375(132)	110	105(50)	63	16(13)	1	2(1)	2	498	196	182
第四次总攻	4月21、22日	111(49)	35	111(36)	52	42(20)	5	53(26)	29	317	131	121
第五次总攻	5月4日	195(75)	49	95(50)	61	37(37)	11	54(34)	38	381	196	159
小规模攻击	4月6日—5月4日	1963(373)	308	325(91)	144	289(89)	53	203(108)	104	2781	631	609
合计		3267(922)	771	1018(435)	555	424(149)	80	359(205)	205	5068	1711	1611
第六次总攻	5月11日	137(64)	61	79(40)	48					217	104	109
第七次总攻	5月24、25日	334(98)	45	106(20)	38			5(5)	5	445	123	88
第八次总攻	5月27、28日	221(46)	34	71(39)	46					292	85	80
第九次总攻	6月3、7日	161(6)	20	71(31)	36	13(9)	3			245	46	59
第十次总攻	6月21、22日	234(45)	54			23(23)				257	68	54
小规模攻击	5月11—6月22日	772(34)	70	292(96)	102	81(43)	26	183(83)	59	1328	256	257
合计		1860(293)	284	619(226)	270	117(75)	29	188(88)	64	2784	682	647
总计		5127(1215)	1055	1673(661)	825	541(224)	109	547(293)	269	7852	2393	2258

〔**误认战果的教训和冲绳战役的意义**〕 附带说明一下，据战后资料，美军舰船的实际损失是：沉没36艘，损伤368艘；但美军的航空母舰、战舰、巡洋舰，一艘也没有被击沉。

这样夸大战果，做出错误判断的原因，据当时考察有如下几点：

一、航空特攻作战的特点是没有活着回来的，因此确认战果很困难；而确认战果的飞机又被优势的敌空军所阻拦。

二、由于被轰炸所引起的水柱、烟火所迷惑而造成观察错误；尤其因为攻击大都是在黄昏和夜间进行的，更容易误认。

三、对于同一战果，参加作战的各个部队容易两次、三次地重复报告。

四、出于将士们在战场上的共同心理，每多夸大战果（包括舰种）。

还有，战果中没有击沉航空母舰、战舰、巡洋舰等的事实表明，以由教练机改装的特攻机很难冲进大型舰船或取得致命性效果。对战果的这种错误判断，自从台湾海面作战以来，造成了作战指导上的错误，对作战的成败影响很大。

在台风季节前进行的冲绳作战，历经三个月的勇敢战斗，达到了超出上述数字战果之外的重要作战目的。即通过这次英勇战斗，赢得了宝贵的时间，得以大致完成了下述的本土决战的作战准备工作，推迟了敌军对本土的进攻。还有，吓得敌人胆战心惊的冲绳岛军民一体的这次英勇战斗，使得敌军对进攻本土不得不持更为慎重的态度。

第65章

大本营的本土决战准备

"决号"作战准备纲要

〔制定的经过〕 如前所述，大本营陆军部在昭和20年（1945年）初已预见到，在这年9月以后，盟军必将进攻日本本土；因此按照新的作战方针，着手进行本土的战备工作，同时为制定本土决战的计划而煞费苦心。

这个作战计划以1月20日商定的《帝国陆、海军作战计划大纲》为基础，于3月中旬制定完毕，被称为"'决号'作战准备纲要"。3月20日，召集驻在本土的各个方面军的参谋长和有关参谋人员，把此计划做了内部传达，并采取了促进本土作战准备的措施。

恰在这一天，大本营海军部以"帝国海军当前作战计划纲要"，明确表示全力以赴地进行冲绳决战的决心；同时发布了在此期间尽力加强国土防卫态势的作战计划。如上所述，陆、海军作战准备的重点，在本土和冲绳之间的关系上，形成了鲜明的对照。

4月8日，当设立后述的总军司令部时，把"'决号'作战准备纲要"正式向有关总军司令官和方面军司令官做了传达。

这个计划的基本思想，在下文将详细叙述，总之是灵活运用日本本土的特点，在奋起的一亿国民配合下，首先令残存的全部海、空军担任特攻攻击，争取将登陆敌军消灭在海上；然后把本土上的全部地面战斗力集中在决战的重要地区，以纵深部署向登陆敌军断然发起决战攻势，以便一举决定战争的胜负。

不过，在海上战斗力已经丧失、而空军兵力又极缺乏的本土决战中，决定胜败势必要在地面决战中；实际上，重担不得不落在陆军肩上。

这个"'决号'作战准备纲要"由作战、兵力运用、国内抗战、国内警备、交通、通讯、兵站等各项计划组成，另外附有"关于本土作战的陆、海军中央协定"。其要点如下：

〔作战纲要〕

一、作战的名称与区划

本土方面的作战称为"决号"作战，划分如下：

决一号　北海道、库页岛与千岛群岛方面

决二号　东北方面

决三号　关东方面

决四号　东海方面

决五号　近畿、中国与四国方面

决六号　九州方面

决七号　朝鲜方面

二、作战准备的预定进度

作战准备和指导，分为以下三个时期：

第一期　4月至7月之间

第二期　8月至9月之间

第三期　10月以后

在第一期，整顿应急态势的军备；在第二期予以加强；在第三期之初完备。

但在九州、四国，应于6月上旬整顿好应急的态势。

三、作战

1. 帝国陆军应迅速加强战备，确立必灭敌军的战略态势，在本土重要地区迎击主敌美军的入侵。

为此，以太平洋与中国海正面为主战方面，将战备的重点置于关东地方和九州地方。

2. 努力挫败敌军的空袭，制止敌机的猖狂活动，掩护帝国首都和本土的枢纽部分，特别是掩护生产、交通和战备。

3. 对于敌军攻占我本土重要地区的企图，应尽力在海上击溃之；同时对登陆之敌，展开果敢的地面攻势，力求速战速胜。

甲、把指导航空作战的重点放在摧毁敌军的登陆企图，其主攻目标为敌军运输船队。为此，航空歼灭战（指对敌基地空军和不带登陆部队的敌机动部队的攻击）、防空作战及与地面作战的配合等，应从达到前项宗旨的角度出发，适当地控制其限度，以便更好地维持和培养对付敌军登陆作战的战斗力。

乙、地面作战的主要目标在于，把登陆敌军压制在沿岸重要地区，加以歼灭，求得最后解决。即便没有航空部队等配合，地面部队也要独自作战，以期达到预期的目的。

4. 协助海军保护海上交通，进行水面、水中特攻作战与防守海峡。

5. 灵活运用国土的特点，尤其是应发扬全国皆兵的传统精神，以期实现作战目的。为了应付部分敌人侵袭内陆和其他形势变化，要在整个国土内准备国内抗战，并期国内警备的万全。

四、航空作战——对登陆敌军作战

1. 同通讯谍报等联系起来，努力对太平洋上的敌空军和海军基地进行战略性的搜索，作为判断全面形势的依据。

2. 对敌军尤其是对其运输船队的动静进行严密监视，争取及时地侦悉其活动企图；同时当敌军入侵本土重要地区、特别是入侵关东地方和九州地方时，应极力在海上歼灭之。

必要时，以部分兵力压制敌军掩护上述登陆行动的主要空军基地。

3. 在敌军登陆后，尽力压制敌军协助设置、确保桥头阵地的掩护舰艇，以使地面部队易于作战。另外，应继续尽力切断敌军的补给线。

4. 对地面作战的配合，主要是在紧要时机，对必要的方面进行指挥联络工作；届时如果我战斗力允许，应努力取得局部的制空权，使地面作战易于进行。

五、地面作战

1. 地面军应迅速判断敌军主力的进攻方向，抢先以尽可能多的兵力向该方面机动集中，乘敌军向纵的方面或横的方面分散兵力时，力求神速地进行决战。

2. 当敌军同时从几个方面进攻时，针对敌军主力指挥主作战；当敌军主力方位不明时，则对我主要战斗力容易指向的方面，寻求决战。

在次要作战方面，以部分兵力谋求必要时间的持久战，以使主力作战易于进行。

3. 当敌军的进攻逐步达到几个方面时，亦准照前项办法处理。但在敌军主力到达之前，先以部分部队进攻时，在全面形势容许的情况下，以所需兵力指向该敌，各个击破之。

4. 地面作战部队的作战指导，应在敌军占据稳固的登陆态势之前，尽力在沿岸重要地区击溃敌人。

5. 地面兵力应按照预定计划，从其他方面集中于作战的重点地区；此外，还应从非敌军登陆方面抽调兵力，作为作战预备力量，根据需要，将其增援于主决战的正面，或应付战局的变动。

6. 未受敌军进攻方面的军队，应采取各种措施，使全局的作战易于进行。

该方面的最高指挥官，除了按照预定计划或根据临时指示外，还应做好可以随时将所需兵力、军需品等迅速转调到其他方面的准备，并应在抽调后，完满地完成负责地区的作战准备与指导。

7. 本土沿岸的岛屿，应坚守之，以妨碍敌军取得、修建和运用空、海基地；根据需要，协同航空、水上和水中的特攻，配合作战，争取尽量消耗敌军战斗力。

关于交通不便的本土边远地区的防卫工作，也准照上项处理。这时，结合敌军在本土登陆的整个企图所做的判断，应详细了解有被敌军利用之虞的、适于修建机场的地区和舰船停泊地的情况，并做好周密的准备，以便应付敌军对这些地区的企图。

8. 对于敌军结合登陆计划进行的空投作战，主要以地面部队迅速击溃之。除上项外，应严行重要航空基地、作战道路和交通重要地点的反空降防卫工作。并应充分做好准备，对付敌军对我内陆后方的扰乱性空投的企图。

〔兵力运用计划（集中计划）〕 关于兵力的运用，以关东或九州地方为主，制订了集中地面战斗力运用于决战方面的计划，即当发动"决号"作战或可予先察知美军发动进攻时运用的计划。按照这个计划，为了适应九州方面的决战需要，向这一方面集中的兵力，是从东海、近畿、中国或四国抽调四个师团。另由关东和东北抽调三至四个师团，进驻近畿地区，以准备作第二次集中。

另方面，为了适应关东方面的决战需要而集中的兵力，计划有从东北地区抽调的3个师团，从近畿地区抽调的3个师团，从九州地区抽调的2个师团，共计8个师团；分别转用于宇都宫、长野、松本地区。如果情况允许，还想从东海地区再集中2个师团。还打算从北海道抽调2个师团到东北地区；从九州、四国抽调5个师团到近畿地方，以准备作第二次集中。

这次调动兵力的准备工作，预定于9月末完成。第二次以后的兵力集中，则根据形势的变化临时决定。

在集中兵力时，预料美军将破坏交通，因此做计划时是以徒步行军为前提的；但如果情况允许，当然要利用铁路、船舶。这次集中的主要线路，预定是青森—盛冈—仙台—郡山—宇都宫—东京—甲府—诹访—名古屋—京都—大阪—冈山—下关一线；计划把纵贯本土的各条道路也用作集中兵力的干线。另外，为了进行兵力集中，还决定在本州与北海道之间、本州与四国之间、本州与九州之间的各个海峡,分别设置日运量为两万吨、三至五万吨、六万吨的船艇航路地带。

不过,在这个计划里,也预料到实行时将有相当困难。这个计划预计当关东决战时,从九州方面抽调至松本、长野地区的师团,途中所需时间约为65天。再从这个集中地区到达决战场,如在炮击与轰炸之下,恐怕还需要10天以上的时间。考虑到上述美军破坏交通的情况,就是在九州或关东地方内部进行调动,估计也将非常困难。何况这个计划还是远途兵力调动,究竟能否按照计划进行,投合战机,深感不安。

〔国内抗战与国内警备〕 国内抗战是想以军队为核心,官、民打成一片,实行国家总武装,以军、官、民的全部力量来对付入侵的美军。

计划在作战部队配备薄弱的正面或次要作战方面转入内陆作战时,以及在预料战局形成胶着状态的战场上,实行国内抗战,以师管区部队、警备队(由在乡军人组编)与官、民义勇军组织等,进行游击、侦察、诱骗、妨碍宿营等游击活动。其组织在全国各府县或支厅以联队区司令官为警备司令官。另外在横滨、名古屋、神户、京都、大阪等城市,另设警备司令官,由该地区的师管区司令官统一指挥,再由军管区司令官统辖该管区内的师管区司令官。一个师管区部队的兵力,以步兵二至四个大队、炮兵一个大队为骨干。

国内警备是用以对付国内的骚乱和不轨行动,保护军事行动、重要设施和交通以及维持治安为重点。使用兵力与国内抗战的情况相同,不过还计划运用宪兵。

〔交通与通讯〕 关于进行本土决战时的交通,目的在于确保军队、军需品的集中与补给,以及维持国民生活所需的最低限度的运输力量。为此,在船舶运输方面,应确保内海、日本海、青森函馆和下关门司海峡等航路地带。

铁路方面,关于决战时的军事运输,计划在大本营统辖下由内地铁路队实行军事铁路运输。这时铁路的经营管理,计划仍由运输通信省担任,而由军队予以支援。但还有一种方案,即在作战发动后,根据情况,将经营管理部门全面改为军事机构。

通讯方面,在猛烈的炮击、轰炸下,以航空作战的指挥、情报的迅速传达等作战通讯为首要任务,因而对重要通讯设施,计划设法加以防护与运用。

〔兵站〕 兵站方面的方针是,迅速将国土转化成战场态势,将一切物资化为战斗力;预定于昭和20年(1945年)6月末大致完成后方准备,10月末全部完成;特别是以关东及九州、四国地方为重点,争取在这一年的中期以前完成。另外,航空兵站的准备工作,预定于6月末完成,将其生产态势改为战时生产态势。这个计划的要点如下：

一、纲要

1．最大限度地坚持实行本年上半年战斗力的整备计划，尽量将中国大陆的战斗力转用于国内。

2．军队应尽力支援粮食和燃料的生产，并自行生产一部分。

3．考虑到陆、海运输的紧迫状况，各军管区都应培植自给自存的作战能力。重点是粮食的自给、武器器材的修理、部分武器器材与燃料的生产等。

4．为把轰炸造成的损失降至最低限度，在布局上应进行彻底的分散，并予以掩蔽。

二、物资、器材的配备

1．优先充实部队的装备，其次是作战物资的集聚；部队装备以配置在沿岸的兵团为优先供应对象，在地区方面，优先供应关东、九州地方。

2．补充飞机的优先次序是：直接掩护特攻部队的战斗队、防空飞行部队和其他部队。特攻队的补充另订计划。

3．调来国内的驻满洲部队，为了节省船只，应留下马匹与不急需的物资、器材，尽量携带一次会战用的弹药、两周用的燃料和一个月用的粮秣以及构筑工事用的物资器材（一次会战用的弹药约为2000吨。——作者）。

4．为了缓和民需，在预计发动决战的时机以前，避免征用汽车；在七月份以前，避免征用马匹。

三、基本配置

1．重要方面的基本配置和决战时的兵员数额如下表：

区别		人员（万）	马匹（万）	汽车（千）
基本配置	兵员总额	315	33.1	30
	关东方面	95	10	9.5
	九州方面	90	9	8
	朝鲜方面	24.7	3.9	2.5
决战时的配置	关东方面	128	14.4	16
	九州方面	99	10.2	9.8

备考：在本表所列数额外，另有海军部队的给养兵员约150万名。

2．作战物资器材除装备部队外，应给国内全部兵力准备弹药一次会战份；粮秣、燃料与经常补给用物资器材各一个半月份；按沿岸配备兵团用和预备用分别集结。

3. 配备沿岸兵团的物资器材，在关东、九州地方与近海岛屿，集结弹药一次会战份；在其他地区集结半次会战份。但燃料的集积，近海岛屿为三个月份，其他为一个月份。后备物资器材应在整个本土内适当集结，使方面军运用后备物资器材，易于投入决战方面。其集结划分如下：

区别	沿岸配备兵团用集结数			备用集结数		
	弹药（师团会战用份）	燃料（千升）	粮秣（一万人一个月份）	弹药	燃料	粮秣
北东方面	1	400	6.0 1.5	2	2100	44.0 4.1
东北方面	1	300	6.0 1.5	1	3100	37.0 3.3
关东方面	8	1200	24.0 6.4	14	11100	164.0 11.2
东海方面	2	600	12.0 2.0	1	4100	600 8.2
近畿、中国四国方面	3	500	10.0 1.5	2	5000	142.0 13.5
九州方面	8	1100	24.0 6.0	4	7000	128.0 11.6
朝鲜方面	2	700	13.0 2.3	2	2800	50.0 3.9

备考：粮秣栏内前项为人员用，后项为马匹用。

4. 运用

当发动决战时，应从国内各个方面向主作战方面集中包括第三项配置物资在内的物资器材，以适应主作战方面兵力（包括增援兵力）需要的弹药两次会战份，燃料、粮秣、经常补给用物资器材约四个月份。

〔陆、海军之间的作战指挥协定〕 关于陆、海军之间的作战指挥问题，于昭和20年（1945年）4月达成了新的中央协定，并下达了这项协定。这是一项适应本土决战形势需要的、有关本土与近海作战中陆海军作战分工与指挥关系的协定。其特点是，陆地的作战，镇守府、警备府区域都置于第一、第二两个总军司令官的统一指挥之下；水上与水中作战，则由联合舰队司令长官统一指挥。其他防空部队与主要航空、海上特攻基地部队，当敌军前来进攻时，分别接受该方面的陆军或海军的最高指挥官的统一指挥。

从进行作战准备的期间起，陆军方面曾强烈希望对陆上作战进行全面统一指挥，但因海军方面表示有难色，未能实现。结果只落实为，在作战准备期间，关于陆上的防御计划和必要的教育、训练，由第一、第二两总军司令官指挥。

〔海军的本土决战计划——"天号"作战期间〕 如前所述，海军于3月20日颁布了"帝国海军当前作战计划大纲"，这个计划表明了海军企图在进行冲绳决战期间，加强本土防卫的态势，而这个本土防卫计划的要点是以用空军和舟艇进行的特别攻击为主体的。这个大纲中关于本土防卫事项的概要如下：

一、在进行"天号"作战的同时，尽力加强本土防卫的态势；当敌军直接前来进攻本土重要地区时，应及时调动、集中机动兵力，特别是空军和特攻兵力进行反击，并歼灭之。

二、在加强国土防卫态势时，首先应将其重点集中放在关东方面和南九州方面，做好准备；同时设法加强主要海峡、湾口的防御，确保日本海的海上交通。

三、根据战局的演变，应及时进一步加强和促进保卫国土的作战准备，力求展开国家总体的战斗力，把它集中、统一于重点地区，歼灭前来进攻的登陆敌军（此次作战称为"决号"作战）。

四、在"决号"作战中，注重以各种"特攻"攻击，将敌军船队消灭在海上与岸边。

五、预料敌军的空袭将益趋加剧，应尽量保持和提高战斗力，同时努力确保生产、交通、通讯的安全和维护治安。

本土决战的统帅组织

〔陆军的新统帅组织——第二次军备〕 如上所述，随着本土军备的迅速增强，由防卫总司令部来统一指挥整个国内各军就困难了。而由大本营除统率国外远征军之外，再来亲自直接强行统辖和指挥国内为数众多的方面军就更困难了。特别是由于当时人力、物力资源缺乏、交通紧迫，作战和行政难以协调等原因，作战准备迟迟不得进展。加上，在进行本土决战时，估计将在关东与九州进行重要决战；而由于美军猛烈的破坏性攻击，本土的各个地区将陷于孤立，担心大本营或防卫总司令部的恰当指挥将很困难。因此，在

3月时，曾有需要在本土设置航空总军的提议。继硫黄岛失守后，冲绳战局日益恶化，因而感到加强本土的统帅组织，有力地促进作战准备，已是燃眉之急。

于是，大本营下令新设第1、第2总军司令部和航空总军司令部，并根据以前的计划，作为第二次军备，下令动员七个（其中朝鲜一个）军司令部、八个决战师团、六个独立坦克旅团，以便彻底加强本土的统帅组织和战备。对这些新设的决战师团授予从200起的番号。

这样，撤销了防卫总司令部，在大本营直接管辖下，新设了第1总军司令部、第2总军司令部和航空总军司令部，并于4月8日下达了这些机构的战斗序列令。

昭和20年（1945年）4月8日、9日两天，大本营召集总军司令官及其参谋人员，以第1297号至第1299号大陆命①下达了战斗序列令，并交代了任务。各总军司令部于4月15日完成组编，第1总军司令部和航空总军司令部设于东京都市谷，第2总军司令部设于广岛市的骑兵营旧址，分别行使统帅权。

总军司令官统率所属各军，但军管区的业务不受其管辖；军管区司令官（由方面军司令官兼任）直属天皇，在陆军大臣的直接管辖下处理业务。不过关于防卫方面，总军司令官有权指挥军管区司令官。这次改编后，陆军本土防卫方面的指挥情况如下：

第一总军司令官杉山元元帅统率第11(东北)、第12(关东)和第13(东海)方面军，担任日本东部的作战任务。第2总军司令官畑俊六元帅统率第15(近畿、中国、四国)、第16方面军(九州)，担任日本西部的作战任务。第5、第17方面军司令官与过去一样，分别担任北东和朝鲜方面的作战任务。航空总军司令官河边正三大将，统率第1(日本东部)、第6(日本西部)航空军和第51、第52、第53航空师团，担任本土陆军的航空作战。

第1299号"大陆命"授予各总军司令官消灭入侵本土重要地区敌军的任务。执行这一任务的准则，概括如下：

一、第1总军司令官和第2总军司令官执行任务的准则：

分别以关东地方和九州地方为重点，迅速加强战备，对入侵本土重要地区的主敌美军指挥决战，并歼灭之。

对美国空军的袭击，掩护本土中枢地区和重要设施，并协同海军确保海

---

① 系大本营陆军部命令缩称。——译者

上交通和守卫海峡。

至于作战地区的划分则是，第1总军与第5方面军以津轻海峡为界；第1总军和第2总军以铃鹿山脉为界；第2总军和第10方面军以北纬三十度十分为界；第2总军与第17方面军以朝鲜海峡为界。

二、航空总军司令官执行任务的准则：

把入侵本土重要地区、特别是入侵关东地方和九州地方的敌军，消灭在海上。

努力侦悉美军的动向和企图，乘机迎击前来袭击本土的美国飞机，并袭击美国空军基地，压制美国机动部队。

关于各总军司令官上述作战准备的准则，是通过上述"'决号'作战准备纲要"和"陆、海军中央协定"指示的。

〔海军的新统帅组织——总司令部设于日吉〕 另一方面，如上所述，海军方面也于昭和20年（1945年）1月决定，有关"捷号"作战的问题，由联合舰队司令长官指挥本土方面的各舰队、各镇守府、各警备府的司令长官；但后来又更彻底地改编了指挥机构。

即4月25日，新设了海军总司令部，除东南方面舰队和西南方面舰队外，所有海军部队在名义和实际上统由新任海军总司令长官丰田副武大将统一指挥；并于同日以第39号大海令授予新的任务。海军总司令部设于横滨市日吉高地。在这个新的统帅组织内，海军总司令长官兼任联合舰队司令长官和海上护卫总司令长官。

〔冲绳决战末期的本土作战准备概况〕 5月初，冲绳第32军的攻势终于失败，冲绳战局的结局已定。因此，美军可能会逞其余威，趁我本土作战准备尚未完善之机，较早地直接前来进攻九州方面的危险增大了。为了应付这种局面，相继采取措施，进一步加快本土的作战准备，并优先进行九州、四国方面的作战准备。

当时九州的战备工作，停滞不前，情况令人十分寒心。即配备在海岸的兵力，仅有四个半师团，而且素质不好，特别是指挥能力低，装备也不充足。此外，担任宫崎平原防务的第154师团，还在运输途中。从满洲调回的第25师团，也在向南九州的运输途中。另外，第57师团正在博多登陆集结。担任南九州作战任务的第57军司令部（军司令官为西原贯治中将）刚刚在都城设立司令部；担任北九州作战任务的第56军司令部（军司令官为七田一郎中将），还没有组编完毕。

阵地的构筑，有明湾正面的进度，仅达到百分之五十左右；其他地区的正面阵地仅达百分之二十左右，而且大都不符合作战方针。军需品的集结，刚刚着手进行。四国的情况也大同小异。

另外，在关东方面，也只有七个半师团（伊豆诸岛除外）开始构筑部署在海岸的阵地；而且除相模湾正面外，还处于阵地侦察或计划的阶段。这些师团的素质、装备和军需品集结的情况，大致和九州相同。只有集结于关东地区中部的第36军（由两个坦克师团和两个一般师团组成），作为机动决战能力，在素质、训练方面都处于较为良好的状态。

〔优先进行九州的作战准备——"决号"运输〕 大本营鉴于东中国海方面敌军的进攻态势，认为敌军从阿留申群岛方面进攻我东北方面的可能性更加小了。因此，决心在该方面改为实行持久战略方案，彻底抽调该方面的兵力，转用于关东、九州方面。从4月中旬至5月末，逐步将第77师团和海上机动第4旅团调到九州方面；将第147师团和海上机动第3旅团调到关东。随着这次调动，于5月9日，改变了第5方面军司令官的任务，即使之担负持久作战的任务，在千岛、库页岛，仅限于确保其重要地区；在北海道，则击退前来进攻的敌军，破坏敌军推进其基地；以利于本州和九州方面的作战。从而实际上取消了"决一号"作战。

另一方面，为了在航空总军司令官的统一指挥下，集结"日满华"的全部航空战斗力，用于本土的决战，于5月8日断然修改了作战计划和进行了改编。即以"适应'决号'作战的航空作战指导纲要"，指出陆军关于指导"决号"航空作战的轮廓，其要点如下：

一、方　针

在进行"天号"航空作战的同时，在6月末以前，大致完成"决号"航空作战的准备工作。当发动"决号"作战时，除本土外，把中国、满洲、朝鲜、北海道方面的全部航空兵力集结起来。

二、要　领

1. 当发动决号作战时，把中国和满洲方面的航空部队主力，转用于本土方面。

当发动"决号"作战的时机迫近时，北海道方面的航空部队主力也转用于主作战方面。

2. 当发动"决号"作战之前，敌军前来进攻东中国海沿岸时，从第5航空军司令部和朝鲜、满洲方面抽调所需部队，转用于敌军登陆方面，打击敌军。

这次航空作战，由中国派遣军总司令官担任之。

根据这个作战指导纲要，满洲的第2航空军（军司令官为原田宇一郎中将）、中国的第5航空军（军司令官为下山琢磨中将）、东北方面的第1飞行师团，分别划归航空总军司令官领导。第5航空军留下所属第13飞行师团，交给中国派遣军总司令官指挥，其主力转进到朝鲜。但是，第2航空军和第1飞行师团仍留归关东军总司令官和第5方面军司令官指挥，待发动本土决战时再行调来。5月26日，划归联合舰队司令长官指挥、参加"天号"作战的第6航空军，也脱离其领导，回到航空总军令司官指挥下。同时命令航空总军司令官以九州和朝鲜海峡方面为重点，进行本土决战准备。

在此之前，于5月10日，将在第二次军备计划中组建的四个师团和三个独立坦克旅团，分配给九州方面；将三个师团和三个独立坦克旅团分配给关东方面，并给东海方面分配了一个师团。但是，第2总军司令官将其所属一个师团分配给驻在四国（高知平原）的第55军（军司令官为原田熊吉中将）指挥。此外，将应隶属于关东第36军的、由满洲调回的第57师团，也转划给第16方面军。5月14日，又从台湾将第40军司令部调到南九州，以加强该方面的指挥机构。6月上旬，第40军司令部移到伊集院。

另一方面，为了加强朝鲜海峡的防御，特设了第7舰队（司令长官为岸福治中将）。

5月下旬，为了在敌空军破坏铁路之前，优先解决九州方面的军需品集结、补充新设兵团的人马和装备，决定采取暂时牺牲关东方面作战准备的方针，坚决实行紧急铁路运输，于6月中大致完成。这次运输称为"决号"运输，断然将西日本的铁路运输材料，全部突击运到南九州。

〔第三次军备计划实施前的各个方面军〕 本土方面在第一、第二次军备计划中新设的兵团和转调的兵团，其隶属的方面军的区划如下：

注：〇号是在第一次军备计划中，或者是按照第一次军备计划的要求组建的。

*号是从其他方面调来的，其余是在第二次军备计划中组建的。

第1总军

第11方面军：〇第142师团　〇第157师团。

第12方面军：第51、第52、第53军司令部　〇第140师团　〇*第147师团、〇第151师团、〇第152师团、第201师团、第202师团、第214师团。*第1坦克师团、坦克第2、第3、第7独立旅团。

第13方面军：〇第143师团、〇第153师团、〇第209师团。

第2总军

第15方面军：*第55军司令部　*第11师团、第144师团、第155师团。

第16方面军：*第40、第56、第57军司令部　*第25、*第57师团、*第77师团、○第145师团、○第146师团、○第154师团、○第156师团、第205师团（隶属于四国的第55军）、第206师团、第212师团、第216师团、○第107独立混成旅团、第109旅团、第4独立坦克旅团、第5独立坦克旅团、第6独立坦克旅团。

第5方面军：○方面军第88师团、○第89师团、第101独立混成旅团。

〔**第三次军备计划的提前实施**〕 为了提前实施第三次军备计划，5月23日下令动员军司令部2个、师团19个（其中一个在朝鲜）、独立混成旅团15个（其中一个在朝鲜）。随着这些兵团组编工作的进展，6月中旬就其隶属关系下达了如下命令（从200号起的番号为决战师团，300号起的番号为沿岸配备师团）：

第11方面军

第50军司令部（军司令官为星野利元中将）

第222师团、第308师团、第113独立混成旅团

第12方面军

第221师团、第234师团、第316师团、第321师团、第354师团

第114独立混成旅团、第115独立混成旅团、第116独立混成旅团、第117独立混成旅团

第13方面军

第54军司令部（军司令官为小林信男中将）

第224师团、第229师团、第355师团

第119独立混成旅团、第120独立混成旅团

第15方面军

第225师团、第230师团、第231师团、第344师团、第121独立混成旅团、第123独立混成旅团、第124独立混成旅团

第16方面军

第303师团、第312师团、第351师团

第118独立混成旅团、第122独立混成旅团、第125独立混成旅团、第126独立混成旅团

在这次动员中，召集了本土的大部分退伍军人，其中有许多未受过教育的兵和老兵，而且各个兵团不得不在装备不足的情况下接受部属。如果美军在6、7月间大举进攻南九州，那就将造成不堪设想的事态。幸而没有这种迹

象,7月份时,估计敌军的进攻将延至10月以后,于是日军不再焦虑了。这确是我将士在冲绳作战中英勇战斗的结果。于是,九州方面的作战准备逐渐有了明朗的前景。大本营鉴于战局紧迫,于6月15日,将广岛师管区司令部升格、改编为第59军司令部和中国军管区司令部,并将善通寺师管区司令部升格、改编为四国军管区司令部。6月23日,为了做好固守帝国首都的态势,新设了东京防卫军,隶属于第12方面军司令官。

〔防卫本土的总兵力和陆海军的指挥机构〕 昭和20年(1945年)2月预定动员四十个师团(朝鲜、东北除外)的计划至此已经实现。在本州,四国和九州,在计划之外还动员了两个师团和两个独立混成旅团。7月末时,这些部队的配置情况,如附图第十。动员的这些兵力,陆、海军合计约达240万(其中40万为特别警备,其他为特别召集)。还有,如后所述,除了上述的野战军外,为了贯彻实行国民抗战,还实行或计划组建国民义勇战斗队。

本土方面陆、海军指挥机构的设置情况如附表。另外,本州、四国,九州和附近岛屿在停战前后,可以作战的总兵力如下(笔者注:东北、朝鲜方面,后面另述):

一、地面兵力:53个师团、22个独立混成旅团、3个警备旅团、2个坦克师团、7个独立坦克旅团、4个高射炮师团

二、航空战斗力:约有10000架飞机(其中约75%为教练机改装的特攻机)

三、海上特攻战斗力:约有3300只舟艇

四、其他用于决战的海上战斗力:驱逐舰19艘、潜艇38艘

五、陆军方面有关的军人军属总数约225万

六、海军方面有关的军人军属总数约130万

七、特设警备队的兵力约25万

八、国民义勇战斗队的组成人员2800万

航空部队和海上部队的作战计划

〔航空部队的攻击目标——陆、海军的调整〕 航空与海上部队由于把精锐力量都投入了冲绳作战,因而作战准备比地面部队更为迟缓。尤其是海军,如上所述,宁愿牺牲本土作战的准备,也想要完成"天号"作战,为此投入了全部力量,因而作战准备更为迟缓。陆军从4月以后,在进行"天号"作战的同时就进行了本土方面的航空作战准备。5月初,冲绳第32军的最后攻势

失败；以此为转折点，陆军开始转入以本土为航空作战的重点，进行了准备；接着于5月下旬完全投入了本土决战准备。而海军直到7月上旬，才放弃"天号"作战，全力以赴地进行本土航空作战的准备。

即至7月13日，陆、海军共同的本土航空作战计划"关于'决号'航空作战的陆海军中央协定"才制订出来。这个计划的宗旨是，将登陆美军在登陆前连同其运输船一起予以歼灭。为此，航空作战应彻底攻击登陆美军的运输船队；全部飞机都采取特攻战法，在其驶进停泊地前后，予以雷霆万钧的沉重打击。作战准备的重点，首先放在九州与朝鲜海峡方面。

关于航空部队的攻击目标问题，陆、海军之间曾经进行种种争论。陆军重视攻击敌军运输船，海军按照传统重视攻击敌军航空母舰。在"捷号"作战中，海军攻击了敌机动部队，陆军攻击了敌军运输船队。在"天号"作战中也达成了同样的协定，但在作战开始后，海军航空部队也改为重视对敌船队的攻击了。在关于本土作战的协定里，采纳了陆军方面的主张，规定竭尽陆、海军航空部队的主力，完全打击美军运输船队。

〔关于航空攻击的中央协定〕 大本营当天分别命令航空总军司令官和海军总司令长官，根据此项协定进行作战。协定的主要内容如下：

一、方　针

统一发挥陆、海军全部航空战斗力，在美军进攻本土的伊始，尽量在最短时间内，在海上捕捉并消灭敌军，并加强本土的防空和反潜艇作战。

二、作战指导大纲

1. 反击登陆敌军的作战指导

主要以特攻战法，消灭美军登陆的船队。

为此，将作战准备的重点首先放在九州、四国、南朝鲜，并完成之。然后在加强这些地区的战备的同时，进行其他地区，特别是关东地方的作战准备。

为了尽早察知敌军的登陆企图，应对美军的进攻基地及其作战的基本路线，进行周密的搜索。

对登陆敌军船队的攻击，大致以十天左右为限；特别是在敌船队驶进停泊地前后，应投入最大的战斗力，昼夜反复进行果敢、顽强的奇袭和强攻，努力将其歼灭之。

抓住有利时机，攻击敌军机动部队，阻止其对登陆敌军船队的有效支援。

配合地面作战放在次要地位，如果当时的战斗力允许，可以部分兵力，对以炮击支援登陆敌军的美军舰艇进行攻击。

2. 在发动"决号"作战前的防空和反潜艇的作战要领

陆军应集合其航空战斗力，对进攻本土的美国空军、特别是对其大型飞机，进行迎击作战。

海军对此予以配合。

陆、海军航空部队配合行动，对美国空军大型飞机的重要基地、特别是对马里亚纳、硫黄岛与冲绳方面的基地进行奇袭。

海军应加强日本海方面反美军潜艇的作战，阻止和扫荡美军潜艇的入侵。

陆、海军配合，努力压制美国空军对本土主要港湾实行机械水雷封锁的企图。

三、兵力配备及运用计划大纲

基于上述计划的兵力配备及其运用的大纲，如表65-1：

表65-1　陆军航空兵力配置与运用计划

航空总军	特攻机 2100架 一般飞机 1100架	第1航空军（本州铃鹿山脉以东）	特攻机 600架	①在九州与四国作战时，为第6航空军的后备兵力。
			一般飞机 500架	②在关东地方作战时，为基干兵力。
		第6航空军（本州铃鹿山脉以西及四国、九州）	一般飞机 400架	在发动本土决战之前，尽量从这批兵力中抽调战斗机兵力，对前来袭击本土的大型美机进行迎击。在九州、四国方面作战时为基干兵力。
			特攻机 1000架	
		第5航空军（主力在朝鲜部分在满洲、华北）	一般飞机 200架	①在九州与四国作战时，协助第6航空军进攻或集结兵力。
			特攻机 500架	②在南朝鲜方面作战时为基干兵力。

备考：

1. 除本表所列兵力外，还预定7、8月间，配备特攻机500架至1000架。

2. 除本表所列兵力外，还预定增援北海道第1飞行师团（约65架飞机）。另外还决定令驻台湾的第8飞行师团（约有600架飞机）进攻西南诸岛方面的美军基地，以策应九州方面的作战。

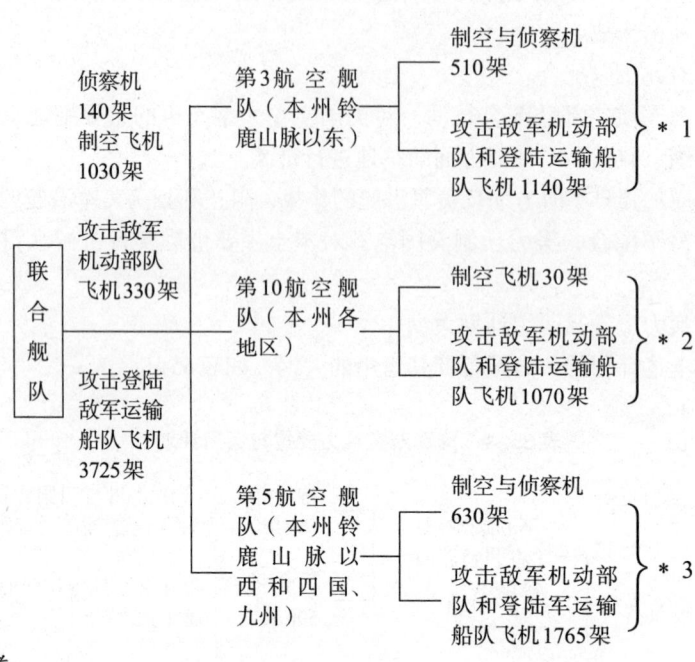

表65-2　海军航空兵力配置与运用计划

联合舰队		第3航空舰队（本州铃鹿山脉以东）	制空与侦察机 510架 攻击敌军机动部队和登陆运输船队飞机 1140架	*1
	侦察机 140架 制空飞机 1030架 攻击敌军机动部队飞机 330架 攻击登陆敌军运输船队飞机 3725架	第10航空舰队（本州各地区）	制空飞机 30架 攻击敌军机动部队和登陆运输船队飞机 1070架	*2
		第5航空舰队（本州铃鹿山脉以西和四国、九州）	制空与侦察机 630架 攻击敌军机动部队和登陆军运输船队飞机 1765架	*3

备考：

*1：为关东方面决战开始时的基干兵力；另外，第5、第10航空舰队也参加这方面的作战。

*2：增援第5或第3航空舰队，参加该方面的决战。

*3：为九州、四国方面决战初期的基干兵力，第3、第10航空舰队受其指挥。

决战时，预定由第5航空舰队司令长官指挥决战方面的全部航空部队。

四、指挥关系：

以陆、海军协同作战为前提。为了紧密协同起见，在作战期间，陆海军航空部队的指挥官，应位于同一场所或者最近距离。

当九州方面作战时，航空总军司令部设在大阪近郊的大正机场附近；海军总司令部设在奈良县大和机场。

另外，第6航空军司令部暂时迁到第5航空舰队所在的大分。

随着上述作战准备重点的改变，关东方面暂时牺牲了部分的作战准备工作；结果必须到昭和20年（1945年）末才能大致完成。而且继九州作战之后，发生关东作战时，由于我军大部分空军和海军兵力投入了九州作战，消耗殆尽，结果在关东方面将有无法进行立体作战的危险。另外，如果敌军直接前来进攻关东方面，则关东决战在作战准备方面含有颇大的弱点。

〔**本土的航空军备——全部航空特攻和要塞化**〕 攻击计划和根据计划的作战准备工作，虽然着手晚了，但在武器、物资器材的配备和机场的修筑、附属设施，尤其是飞机掩体的构筑和训练等方面，陆海军都付出了很大的努力。情况如下：

一、飞机的配备

这年春季以后，贯彻全部实行航空特攻的思想，将驻扎在国内的全部飞机，不论是作战飞机，还是教练机，都火速改装或配备为特攻机。计划配备的飞机数如表65-3：

表65-3

种别	陆军	海军	合计
战斗机	1880	1350	10440
侦察机			
轰炸机	720	1090	
教练机	2800	2600	

备考：

①此外，海军还计划在9月底以前配备大约1000架特殊机（注）。

②7月末时，这项计划已实现了约80%，估计在9月末以前，大致可望完成。

注：特殊机的制造、操纵都很容易，而且简单，是迫于当时尽少使用燃料的绝对要求而生产的。有"樱花""橘花""藤花"三种。

"樱花"由母机运至目标附近，然后在空中脱离母机，自飞冲向敌舰，即所谓"肉弹"。在战争结束时，已出现了从地面发射的特殊机。载弹量为1200公斤。

"橘花"是由地面发射的肉弹，备有两个喷射推进器，最高速度在海面时为335海里，续航距离在高度6000米时为300海里，载有500至800公斤的炸弹一个。

"藤花"是容易大量生产的低翼、单叶、单发动机、单座的飞机，最高速度，在高度4230米时，为280海里，续航距离为600海里，载有500公斤的炸弹一个。

另外，从冲绳作战时起，陆军就开始制造和使用威力很大的"樱弹"。这种炸弹是把炸药装在重型轰炸机的前半部机身里面，相当于炸弹部分的整个重量为3吨。

二、修建机场，构筑飞机掩体

修建新的飞机场和构筑飞机的掩体，是为了进行全面航空特攻作战，和基于以航空作战彻底消灭美国空、海军的设想而进行的。估计由于敌军事前破坏，现有机场将无法使用。因此想利用本土内的牧场、演习场等，修建简易的、秘密的机场。同时为了防止特攻机和炸弹事前遭受损失，注意利用机场周围的山林，构筑分散的洞穴机库和掩体（用土堤围成的机库）；此外还重视伪装的假飞机的布置。7月末，本土的机场总数，包括建设中的机场在内，共达325处，其中秘密机场为95处。

三、训练

为了进行全面的航空特攻，陆军从4月起，将许多实验学校改编为七个教导师团，分别授予作战任务。海军也将负责教育的海军练习联合航空总队改为第10航空舰队，编入联合舰队，改成作战就是训练的态势。于是停止了以培养未来的航空战斗力为目的的空勤人员培养教育，而把重点放在单纯教授操纵特攻机的技能方面。这种教育比冲绳作战时更简单，教育时间往往只有20至30个小时。

四、燃料

本土航空作战中最大的障碍是燃料奇缺。7月份的燃料保存量，陆、海军加在一起，也只有约79800千升（其中海军约20800千升）；而当时每月的消费量，即使限制训练和航空战斗，也需要约24600千升；但每月的生产量还不满10000千升。为了进行"决号"作战，陆军打算从中控制约40000千升，海军打算从中控制13000千升，作为最低限度的需要量。海军的控制量，还不够其计划拥有飞机出击一次的用量。在后来的几个月内，预料松根油等的生产将有所提高，但考虑到轰炸的损害和紧急需要的消耗等情况，究竟能否按预定计划进行航空作战，还是个非常令人担心的问题。况且再考虑到如果敌军在我预料以外的正面登陆、因而我空军兵力必须调动时以及敌军因忙于对我本土实行封锁、焚烧轰炸而推迟前来进攻的时间等情况，我方的航空作战，在燃料方面将面临重大的危机。顺便说一下，冲绳作战高潮时期的4月份，每月的燃料消费量约为56000千升。

〔海上特攻作战计划〕 已丧失了海上部队的海军，制定了一个在本土进行最后反击战的计划。即：以用各种特攻舟艇进行特攻作战为作战的主体，再辅之以残存的少数驱逐舰与潜艇。海上特攻有"海龙""蛟龙""回天""震洋""伏龙"五种。

注："蛟龙"：是在进攻珍珠港、悉尼等地时驰名世界的袖珍潜艇的别名，其秘密名称为"甲标的"。战争结束时的"蛟龙"，全长26.15米，直径2.04米，排水量60.2吨，速度是水面8海里，水中16海里，续航力在航速8海里的情况下，可达125小时。

"海龙"：是一种带翼的小型袖珍潜艇（全长7.28米，直径1.3米，排水量19.2吨），在舰身的下部两侧装有鱼雷发射管两个，并在头部装有炸药。当逼近敌舰时，即发射鱼雷，并撞击敌舰。最大速度为6.5海里，在特别全速7.5海里的情况下，可续航12小时，行动的可能天数是三天。

"伏龙"：是最原始的"肉机雷"。戴上简易潜水器的特攻兵带着棒状地雷，潜伏在敌军登陆地点的海中，当敌军登陆船艇通过其头上时，即用棒状地雷冲击船艇，爆炸后与敌军船艇同归于尽。

关于"回天"、"震洋"的情况，前已讲述过。

另外，陆军也配备有少数与"震洋"同类的特攻艇，称为联络艇，或称⑧。如前所述，不仅拟有海上特攻计划，而且已经付诸实施。

至7月末，特攻舟艇的配备数大致如下，由于生产停滞不前，仅达到预定9月末配备数的41%至21%。

① 蛟龙　73只 ⎫
② 海龙　252只 ⎬ 41%
③ 回天　119只 ⎭
④ 震洋　2850只
（其中700只为陆军联络艇）21%

海军从昭和20年（1945年）3月前后起，对这些海上特攻部队逐步进行了扩编和改编；7月末达到了8个战队；各个战队由几个突击队组成，突击队总数达32个。另外突击队还可以根据需要，以各种特攻舟艇，混合编成。6月，"伏龙"的两个大队，首先配置在横须贺；计划在10月末以前，编成10个大队。另一方面，陆军也打算再组编30个海上挺进战队（各个战队大致有联络艇100只），7月末已编成7个战队。

其配置计划是，首先优先配置在九州、四国方面，其次是关东方面，然后再逐次配置其他地区。7月末当时的编组及其兵力分配情况如下表。

〔残存海上部队的攻击计划〕 可以用于本土反击作战的残存水上部队的兵力，仅有驱逐舰19艘，各种潜艇38艘（另有补给用舰3艘），而且燃料奇缺，驱逐舰拥有的燃料，仅够在沿岸出击一次半，即只有3500吨。战舰"长门"号、"榛名"号等虽然留下来了，但因燃料不足和需要修理等，停在吴军港，除了用作吴军港的防空火力外，别无他用，只好暴露在敌机攻击之下。

在上述水上反击部队中，准备把第31水雷战队配备在内海西部的伊予滩以北，使其在一夜可达的区域内，即以祝岛为中心的半径180海里的范围内，主要向九州东海岸和四国海面出击，搜寻和进攻敌军运输船队。

潜艇部队计划以4艘特大型舰艇远攻敌军舰队的停泊地（例如乌利西等）；以13艘大型舰艇攻击敌军海上补给线与舰队；以13艘中小型舰艇攻击敌军登陆正面海域的舰艇，而以其他的8只小型舰艇，担任本土近海的巡逻。

〔期待特攻作战取得战果〕 对航空和海上特攻作战抱着很大希望，把它看作是取得本土决战胜利的一个关键，这一点在上述各项计划中也很明确；而在昭和20年（1945年）6月8日的御前会议上，两个统帅部下述的发言，更明显地说明了这种期待的殷切程度。

海上特攻部队的编制与兵力一览表

区别	镇守府警备府区别	战队区别	突击队区别		兵力（只数）				备考
			突击队番号	所在地	蛟龙	海龙	回天	震洋	
联合舰队	横须贺镇守府	第7特攻战队	第14突击队 第12突击队 第17突击队	野野浦 胜浦 小名滨	180	36		775	陆军的海上挺进队三个配备在九州的东海岸、3个配备在西南海岸、3个配备在北海岸。
		第1特攻战队	第18突击队 第11突击队 第16突击队 第15突击队 横须贺突击队 第71突击队	胜山 油壶 下田 江之浦 野比					
			八丈岛警备队						
		第4特攻战队	第13突击队 第19突击队	鸟羽 的矢					
	大阪警备府	第6特攻战队	第22突击队	小松岛	24	4		50	
	吴镇守府	第2特攻战队	光突击队 平生突击队 大神突击队 笠户突击队 第81突击队	吴	48	24	32	225	
		第8特攻战队	第23突击队 第21突击队 第24突击队	须崎 宿毛 佐伯					

续表

区别	镇守府警备府区别	战队区别	突击队区别 突击队番号	突击队区别 所在地	兵力（只数）蛟龙	兵力（只数）海龙	兵力（只数）回天	兵力（只数）震洋	备考
联合舰队	佐世保镇守府	第5特攻战队	第35突击队 第33突击队 第32突击队	细岛 油津 鹿儿岛	4	24	46	1000	陆军的海上挺进队三个配备在九州的东海岸、3个配备在西南海岸、3个配备在北海岸。
联合舰队	佐世保镇守府	第3特攻战队	川棚突击队 第31突击队 第34突击队	矢岳 唐津	4	24	46	1000	陆军的海上挺进队三个配备在九州的东海岸、3个配备在西南海岸、3个配备在北海岸。
联合舰队	佐世保镇守府	第7舰队	第36突击队	对马	4	24	46	1000	陆军的海上挺进队三个配备在九州的东海岸、3个配备在西南海岸、3个配备在北海岸。
联合舰队	舞鹤镇守府		舞鹤突击队		3			100	陆军的海上挺进队三个配备在九州的东海岸、3个配备在西南海岸、3个配备在北海岸。
联合舰队	镇海警备府		第42突击队		3			100	陆军的海上挺进队三个配备在九州的东海岸、3个配备在西南海岸、3个配备在北海岸。
联合舰队	大凑警备府		大凑防备队						陆军的海上挺进队三个配备在九州的东海岸、3个配备在西南海岸、3个配备在北海岸。
联合舰队	第10特攻战队		第101突击队 第102突击队 大浦突击队 小豆岛突击队		18				陆军的海上挺进队三个配备在九州的东海岸、3个配备在西南海岸、3个配备在北海岸。

军令部总长丰田副武的发言中提到："美军如果提前来进攻本土，虽然不可能全部消灭它，但确信可以在它到达海岸之前，消灭其近半数。"

参谋次长河边虎四郎说："我国独特的空中和水上特攻攻击，……在本土决战中，预期可获巨大成果。"

6月21日，在军令部的形势判断中的"对策"一项中，也证明这一点。其中说："尽力将前来进攻的敌军部队消灭在海上；当敌军提前（夏季）来攻时，全军以特攻进行反击。尽管如此，这时预计仍会有约半数的敌军地面兵力登陆……如敌军推迟进攻，则作战更为有利，将增大在海上消灭敌军的可能性。"

还有，昭和20年（1945年）7月4、5日两天，在航空总军、联合舰队的共同主持下，在福冈的第6航空军司令部召集本土各航空军和航空舰队的参谋人员，就"决号"航空作战问题、特别是就有关航空特攻的图上模拟演习，以及预期的战果等问题，进行了具体的讨论。

在这次演习中，假定美军约16个师于昭和20年（1945年）10月的某一天前来进攻南九州；就这个设想进行了研究和指导。研究的结论是：以航空特攻可击沉约五百艘敌军运输船。再加上用海上特攻预计可击沉125艘敌舰船，即可消灭登陆敌军的34%。如果把这换算成兵力，则可把敌军的5个师又1/3师消灭在海上。

此次研究得出的结论是，特攻作战的战果可能要看敌军的登陆部署、船队的构成、敌军空袭消灭战的情况、气候等各种因素如何而定，但满可以消灭敌军30%至50%。这同御前会议发言中所抱的希望，没有多大出入。

〔推算战果的基础和部分担心〕 在这次演习中作为计算基础的数字如下：

一、使用的特攻兵力：

1. 航空特攻：特攻飞机4300架　通用飞机700架
2. 舟艇特攻："震洋"1125只　"回天"
　　　　　　　　　　　　　　　"海龙"｝70只
　　　　　　　　　　　　　　　"蛟龙"

以上数目均比预定配置在九州、四国方面的数目少10%，留有余地。

二、实际出动率和命中率

1. 航空特攻：实际出动率60%（机动期间和基地损耗等为40%）。命中率：1/6（按照菲律宾、冲绳的战例，曾估计约为1/3）。
2. 海上特攻：基地损耗：10%　命中率："震洋"1/10 "回天"、"海龙"1/3 "蛟龙"2/3。

三、敌军的登陆部署

1. 第一次登陆　X日—7日，以6个师团在萨摩半岛登陆。
2. 第二次登陆于X日以主力10个师，在宫崎海岸登陆。

四、敌军运输船只数

1. 第一次登陆的部队，以大型登陆用舟艇LSI（300吨左右）与LST（3500吨）为主，一个师约需舟艇120只。
2. 第二次登陆部队的第一批四个登陆师，与上述情况相同，其他部队，一个师约需大型运输船50只。

五、攻击要领

1. 对第一次登陆部队的战斗力：飞机4000架　"震洋"700只　"海龙"12只
2. 对第二次登陆部队的战斗力　飞机1000架　"震洋"425只　"回天"、"海龙"58只

上述计算的各项因素，当时是按相当保守的数字估计的；但考虑到美国

海、空军激烈攻击和破坏的情况，以及我特攻部队飞机、器材质量低、训练差的实际状况，对于究竟能否按照计划将特攻战斗力及时地集中到决战场，是否能像预期那样出动和实现命中率，再加上燃料奇缺的情况，部分有关人员是很担心的。尤其是命中率的推算，是以在当时信以为真的菲律宾和冲绳作战的战果报告为基础的，并且是立足于一架飞机或一只舟艇即可炸毁一艘运输船这样一个前提来推算的，这一点是个问题。在地面作战部队的有关人员之间，虽然希望取得这样的战果，但认为恐怕只能取得15%至20%的战果。

敌情判断

〔**情报的搜集越来越困难**〕 到了5月，当本土的防卫逐渐走上轨道时，如前所述，冲绳的战局已经恶化了；敌军对本土的空袭也日益加剧；本土交通阻塞，产业瘫痪，通货膨胀加剧，人心焦虑不安等情况，日趋严重。而且以5月8日德军投降为转折点，同盟军、特别是美苏两军从欧洲战场向太平洋和西伯利亚调动兵力的活动逐渐形成高潮。据6月2日同盟社里斯本电讯报道，杜鲁门总统公布如下的对日战略，表明了进攻日本的强烈的意志与周密的准备。

据华盛顿电，杜鲁门总统于2日综述了如下的对日战略：

一、采取将日军固定在各个地区、加以孤立、各个击破的战略。

二、针对攻击目标，集中占压倒优势的兵力。

三、大量集中所有的武器，尽量减少生命损失，确保胜利。

四、最大限度地动员陆、海军兵力，毫不留情地不断加重对敌军的压迫，不给敌军以喘息之机。

于是6月份，美军从太平洋方面对日本本土的强大压力日益逼近。而在北面，苏满国境方面的苏军，也在显著增强。现在，有着漫长海岸线的日本列岛，已不得不考虑来自四面八方的敌军的进攻了。

大本营为了应付这种战局的变化情况，对围绕着同盟军进攻本土的战略、战术的判断问题，煞费了苦心。日军已陷于被动的防御地位，并已丧失战斗力的机动性，敌情判断的正确与否，成了决定胜败的关键，具有十分重要意义。然而，当时日军已丧失了制海权和制空权，国外的谍报网也被压缩，因而搜集情报越发困难，只能以各中立国内残存的少数国外谍报、远远不够的通信谍报、作战部队的报告，以及敌空、海军对本土的进攻情况等作为主要资料来进行判断。

〔**7月初的敌情判断——美军的对日战略**〕 4月以后，我方对于敌情的判断逐步具体化。下述的敌情判断，是7月初所作判断的概要。

同盟军尤其是美军，将企图趁战局的有利形势，进一步加紧空、海作战，促使日本本土陷于瘫痪；一举对日本本土进行短期决战。因此，预料美军很可能在西南诸岛，尤其是在奄美大岛、鬼界岛，进一步推进、扩充基地，在9月末（台风季节结束后）以后，直接向九州、四国方面强行登陆作战，在该地区获得大型空、海基地后，于明年春季在关东地方登陆，进行最后决战。

附带说一下，如后文所述，在昭和20年（1945年）6月8日御前会议上所做的"世界形势判断"中，曾经判断美军将于6月以后在九州、四国方面登陆，初秋以后在关东登陆。从冲绳战局恶化的4月末至6月，在这个期间，确曾一度做过此种判断。但这里未尝没有大本营出于谨慎，防止备一，为了督促作战部队与政府赶紧做好准备的用意。

从7月份起，终于归结为上述的判断。

除上述判断外，还做了如下的种种判断：

通过美国空、海军的提前作战，当判断日本国内形势，特别是本土的空军已经消灭无存时，将向伊豆诸岛推进其基地，可能在晚秋前后，一举在关东地区登陆。

还有，敌军为使上述对九州或关东地区的主作战容易进行，估计也可能对北海道或东北方面，以部分兵力进行牵制性的或佯动作战。

另外还考虑到，在大致做好了对九州和关东方面的作战准备后，敌军有可能企图切断我本土，从伊势湾方面向名古屋、京都、大阪、神户进攻。还担心敌军也可能以其一部突破朝鲜海峡，在山阴沿岸登陆。这是因为敌军绝对地掌握了制海权和制空权，以6月10日"第二大源号"在小樽海面沉没为转折点，连日本海也成了敌潜艇活动的地区的缘故。

敌军也不无有可能避开上述直接进攻本土的战略，首先向华中或华北重要地区或南朝鲜重要地区进一步推进战略基地，待充分发挥其优势的空、海军的威力后，再来进攻我本土。这时，既可完全切断我本土同大陆的联系，还可达到其对苏联和中国的重要政治目的。

此外，还担心美军也有可能企图攻占我本土周围的重要地区，以其空、海军的威力，对我本土进行相当长时期、彻底的焚烧和轰炸，促使日本屈服；而当日本不屈服时，再一举同时向本土各重要地区进攻。

〔**对指向日本的美军兵力的判断**〕 美军进攻我本土可使用的兵力，估计地面兵力总数不会超过50个师。根据美军在登陆作战时可使用的船只吨位和从欧洲调动的速度计算，推断其能用于进攻我本土的兵力，在昭和20年（1945年）8月以后，可能有15个师，到秋末可能有约30个师、昭和21年（1946年）春可能有约50个师。但如在昭和20年（1945年）秋首先进行九州作战时，将使用15至20个师的兵力。

美军可用于直接进攻本土的空军兵力，估计约有基地飞机6000架，航空母舰搭载机2600架，海上兵力估计有各种军舰424艘。

注：关于敌军使用兵力的判断，是经过如下的研究讨论后得出的结论：

①欧洲战争结束时，美军的地面兵力总数，估计约为130个师。根据情报，美军将在昭和21年（1946年）3月以前，缩编为105个师，其中还将配置在欧洲和本国各10个师，因此估计可以投入太平洋方面的兵力约为85个师。再从中减去担任南方战场和中国大陆作战的兵力，则不会超过60个师。

还有，从太平洋的基地进攻我本土所需船只的吨位，据推算30个师需525万吨，50个师则需875万吨。如能得到220万吨英国船的支援，判断这次作战是可能的。

②美军的基地空军总兵力，推测约为19700架飞机；但除掉留在欧洲、美国国内和太平洋后方地区的兵力后，则如本文结论所述的数目。6000架飞机中，包括超重型轰炸机1500架，重型轰炸机1400架，中型轰炸机1100架，战斗机2000架。

此外，航空母舰搭载机，到昭和21年（1946年）春时，估计将增为3100架。

③关于海上兵力，系据昭和20年（1945年）8月前后的估计，其舰种包括航空母舰26艘、特别航空母舰74艘、战舰24艘、巡洋舰36艘、驱逐舰254艘。另外，预料还将有英国舰队（以12艘航空母舰、6艘战舰为基干）参加对日作战。

我方关于美军战略的这种判断，基本上是准确的，战后美军的各项资料证实了这一点。

注：太平洋方面陆军总司令麦克阿瑟上将，曾与太平洋方面海军部队总司令尼米兹共同制订了一个计划，预定于昭和20年（1945年）11月1日，以第6军的约14个师（其中海军陆战队3个师、1个伞兵师），进攻九州南部（宫崎和鹿儿岛县）；在该地区取得大型空、海基地后，于第二年春天，以第1、第8和第10军等三个军的25个师（其中机械化师2个、海军陆战队师3个、伞兵师1个），进攻关东地方，以同日军进行最后决战，攻占关东平原，特别是攻占帝国首都。前者称为奥林匹克作战，后者称为科罗涅特作战。

参加这次本世纪未曾有的渡洋大作战的海、空军战斗力，估计是史无前例的强大力量。即，海上部队由第3和第5舰队组成，其兵力为战舰23艘、航空母舰26艘、特别航空母舰64艘、巡洋舰52艘、驱逐舰323艘、护航舰队298个、大型登陆艇2783

只。航空兵力除了陆军航空部队、格尼上将指挥的远东美国航空队（由第5、第7和第13空军组成）和海军航空部队（有战斗用飞机14847架）外，斯帕兹上将指挥下的战略航空部队（B29部队）的第8、第20航空队也准备参加作战。

〔对重庆军和苏军的战略性判断〕 关于对重庆政权和苏联的政治策略判断问题，后面再行叙述。估计重庆军为了策应美军对中国大陆以及日本本土的进攻作战，可能将对驻在大陆的日军发动进攻。其对日作战使用的兵力，8月末可能达到30个师（其中10个师完全是美式装备，其余是半美式装备），年末可能达到90个师（其中30个师完全是美式装备，其余是半美式装备）。

另外，当苏联决心参加对日作战时，可能将以其绝对优势的兵力，在极短时期内，贯彻实现其政略和战略目的。

这就是说，即便在本年8、9月份开战时，也可能使用40至50个狙击师、6000至7000架飞机、4000辆坦克的基干兵力。很可能在下决心开战的同时，先以空军对满洲、朝鲜、蒙古、华北的我军开始实行航空歼灭战；在反复破坏交通网和进攻重要地区后，再开始地面部队的全面进攻。这时，将以地面部队的主力进攻满洲，以其一部进攻北朝鲜、内蒙的重要地区。其主攻力量，估计将指向满洲西部的正面。

〔美军进攻日本本土的要领及其形式〕 估计美军将于昭和20年（1945年）秋进攻九州，接着于第二年春进攻关东的可能性最大。这一点以及其作战目的和使用的兵力，已见前述。关于其作战要领，曾作如下判断：

美军对本土的进攻，在任何情况下，都必将以其海、空军的全部力量进行事前攻击来开始。即加强现在正进行的燃烧弹轰炸和封锁作战；在登陆前的一、二个月内，实行以歼灭我本土航空战斗力和破坏本土内重要交通网为主要目的的战略轰炸。然后，在登陆之前，仍以其部分兵力继续进行这种战略轰炸；同时以其主力转入战术轰炸，针对登陆方面广阔区域内的我方军事设施、交通和通信网进行彻底破坏。

由于这种战略战术轰炸，我方的空军基地，除巧妙隐蔽者外，将被破坏无遗。我本土的九州、四国、本州、北海道，不仅将分别被孤立起来，而且这些岛屿内部也将被隔断；战场方面的铁路将不通，明显的道路白天将难以通行。

随着这种海、空军事前攻击的进展，美军登陆船队将在海军掩护下，向日本本土进发。

从开始登陆的两、三天前起，美国海、空军将进行大规模的炮击与轰炸；

其攻击的重点将是压制我方的空、海军特攻基地，破坏其登陆地区正面的日军阵地，破坏交通，以封锁日军在战场上的兵力调动。紧接着将对登陆的正面战场组成炮击、轰炸的弹幕；在这种弹幕掩护下开始登陆。

由于美军的这种炮击、轰炸，战场上的部队白天几乎不可能行动，即便在月明的夜间，预料车辆、部队的行动也将很困难。阵地等一切暴露的军事设施，均将难免遭受破坏。

美军登陆部队的第一批的登陆兵力，将比过去的岛屿登陆作战的兵力更加强大；从第一天起，就将以炮兵、坦克为主的强大部队登陆，并将迅速巩固桥头堡阵地，稳步地进行扩展；待足够的兵力登陆后，再转入向前进攻。在此期间，海、空军将主要强有力地直接支援登陆部队。

敌军在进行这种登陆作战的同时，还很有可能空投伞兵部队，从空中进行降落攻击。这种空投攻击为了直接策应登陆部队的战斗，除了在其登陆正面的海岸附近地区降落外，还将企图占领登陆正面后方地区的日军航空基地和战略上的重要地点。由于美军以冲绳为基地，因而向九州方面空投的可能性最大。

据判断，为了进攻日本本土，美军可能使用下列基地：
①海军基地　主力在乌利西或莱特，一部分兵力在马尼拉与冲绳。
②空军基地　在马里亚纳、冲绳、硫黄岛，以及以后可能获得和推进的基地。[①]
③登陆部队出发基地　冲绳、菲律宾、太平洋中部基地。

本土决战的思想和战法

〔**基本思想**〕　根据以上的敌情判断，本土决战计划所确信的胜利基础何在？用什么样的作战方法去获取胜利？这个问题在昭和20年（1945年）6月8日御前会议上参谋次长河边所做的发言，以及第1、第2总军的决战纲领中，都做了最好的说明，其思想概要如下：

美军依靠漫长的海上补给线，率领大军指向日本本土堡垒，有其根本性弱点。与此相反，日军是在父祖承袭的本土上，拥有完美无缺的陆军骨干武

---

① 预料美军为了减少日军航空特攻队对运输船队所造成的损失，将夺取奄美大岛、种子岛、小笠原群岛等作为中继基地，利用这些基地，使登陆部队在这里改乘大量的登陆艇，然后向本土进攻。

装力量，可以在敌军的登陆地点集中全部力量，以强大的纵深战斗力，对敌军展开连续不断的攻势，而且可以倾注航空与海上特攻部队的全部力量，在本土的沿岸海上迎击敌军。更兼本土的特点是，除了具有一心保卫皇国的忠贞精神和战无不胜的大和魂的一亿国民，配合军队，和军队共同作战外，地利也是绝对的。过去在远海岛屿和远洋作战时，曾在孤立无援、补给断绝的情况下，以少量的战斗力抗击美国大军的集中攻击。与这种情况相比，现在敌我双方的战略处境反过来了。

认识本土的这种特性是胜利的基础，首先迅速确立足以发挥这种特性的战略态势，将国土内的森罗万象均化为战斗力。当敌军前来进攻时，发扬一亿国民特攻的进攻精神加以歼灭；要以不让敌军一兵一卒生还的决心，贯彻不胜则死的信念，以拼刺刀的白刃战法进行战斗。即当敌军登陆部队接近我本土近海时，首先出动全部海、空战斗力，以我国特有的空中和水上进攻战，击沉美军运输船队，争取在海上消灭敌军。而对仍然登陆的敌军，则把本土的全部陆军兵力集中在敌军的登陆地点，展开连续不断的猛烈进攻，将敌军迅速歼灭在沿岸地区。地面作战也应贯彻特攻战法。另一方面，国民应全力以赴地协助做好军队的各项后勤、防空、构筑工事等工作，并直接配合战斗。

〔沿岸决战思想的动摇〕 但是，在制订和下达"'决号'作战准备纲要"的3、4月间，本土的军备刚刚就绪，作战准备还很远远不够。因此，以大本营为首的作战部队指挥官，对敌军登陆部队立即在海岸发动攻势予以消灭，还缺乏信心。加上根据过去在试图进行海岸决战的塞班岛以及其他岛屿防御战中，对敌军的舰炮射击和轰炸以及火焰坦克的威力的深刻体验，强调纵深攻击防御方式，因而这一基本思想，在"'决号'作战准备纲要"和4月20日大本营陆军部下达的"国土决战教令"中，并不是很明确的。尤其是后者，甚至有以"在不得已时允许敌军登陆部队获得桥头堡"为前提，强调对此经过周密准备、统一进攻的思想。

另外，在作战部队中，有的由于过分考虑敌军炮击和轰炸造成的损失，主张由海岸后退，在高地构筑洞窟阵地；因而没有充分做好在敌军刚登陆时，就断然发动海岸攻势的准备。例如，关东的第12方面军的作战设想就是：对从九十九里滨或相模湾方面登陆的敌军，将预定投入决战的兵团保持在利根川上游地区，待断定敌军主力的主攻方向之后，再向该方面求得决战。

因此，其会战战场，预定在筑波山、千叶一线以东或八王子南方山脉以南地区。其他方面也大同小异有这种倾向。

〔决战思想的固定和普遍贯彻〕 昭和20年（1945年）5月前后，当本土的军备逐渐进展、大本营和新设总军司令部的首脑认识到这种情况后，严厉要求改变这种消极倾向，贯彻上述的基本思想。6月上旬，参谋总长指示本土的全部陆军："本土作战采取进攻战，决战地区需选在沿岸，尤其是在海滨地区。其作战指导，须在登陆敌军尚未建立桥头堡之前，以纵深部署猛攻登陆未完的敌军弱点。"6月6日，大本营陆军部颁发了《国土决战战法手册》，[①]将其主旨向官兵进行了通俗的解说。第1、第2两总军司令官也按照大本营的这种意图，分别修订了各自的作战计划；为了贯彻这种意图，特地制定了决战纲领。

经过这一番曲折，本土作战在指导上贯彻了沿岸决战的思想。因为本土决战是日军最后的决战；日本陆军把建军80年来的光荣传统赌以这次最后一战，在本土决战中只能也必须取得最后胜利。然而认为，胜利的关键在于登陆敌军的战线未稳时，倾注全军力量，拼死猛击敌军；除此之外，别无他法。而且，沿岸地区不仅是住有众多国民的政治、经济、交通要地，而且由于本土的地势关系，许多重要的航空基地都设置在这些地区。加之，从冲绳和其他战役的教训来看，一旦将这些地区交给敌人手里、使敌军巩固了桥头堡，再想以我方的火力和突击装备拔掉它，极为困难，对我方作战十分不利。

对于敌军舰炮射击和飞机轰炸所造成的损害本应予以重视，但却特别强调，只要巧妙地利用沿岸防御工事，依靠沿岸配备进行积极果敢的防御战，分散敌军火力，并使敌我双方战线混淆交错，就能使敌军炮兵的射击和飞机的轰炸，难以发挥威力。

〔作战方法——迎击决战的一般要领〕 我陆、海、空各部队为具体体现上述基本思想而准备采取的战法，原则上可归纳如下：

[①] 《国土决战战法手册》特别强调下列各项：
一、国土决战是通过进攻的歼灭战。
二、不可依赖防御和阵地工事，沿岸防御也应按决战方式进行。
三、阵地的构筑应选在敌军必攻之地，要重视平地的作战工事。
四、要重视确保机场。
五、作战工事、训练和战斗均应以反坦克战为主。
六、要注重突击肉搏战法。
另外，在此之前，大本营陆军部于4月25日发布了"国民抗战必携"，要求国民以参加决战的决心，即以一亿人奋起特攻的精神为保卫国土而战斗；并组成国民义勇战斗队，进行战斗训练和构筑阵地；各自保卫乡土，以突击肉搏战法，协助军队作战。

我方的进攻，首先以海军航空兵的精锐部队和潜艇攻击为准备登陆进行轰炸而接近本土的敌军机动部队开始。

在此前后，从敌军登陆部队的船队接近本土海岸300公里左右时起，以陆、海军的全部航空部队和配备在这些海域的中、小型潜艇对该运输船队猛然发动特攻作战。与这一进攻相呼应，集中埋伏在沿岸的特攻舟艇也在敌军运输船队驶进停泊地前后，以主力展开进攻。隐蔽在沿岸洞窟阵地的长射程炮也对停泊地的敌军运输船队进行炮击。

对敌军运输船队的进攻，在其驶进停泊地前后达到最高潮。在进攻期间，以航空部队和部分潜艇对敌军机动部队和担任支援炮击的舰艇以及担任补给的运输船队发动进攻；并让特攻舟艇中的部分"蛟龙"和"肉雷"参加此种作战。

当敌军登陆部队到达海岸开始进攻时，即将我全部武器的火力集中于登陆点。部署在沿岸阵地的各部队应顽强地、神出鬼没地反复进行反击，阻止美军建立桥头堡，并将敌我战线引入交错混战状态，使美军难以进行轰炸和舰炮射击。另外，当决战兵团认准敌军的登陆方面时，应立即利用几条准备好的道路，迅速向预定的主要决战方面前进和集中，并在主攻正面的攻击阵地展开兵力。

为了迅速发动攻势，应预先把主要决战方面以及主攻正面大致确定下来，并预先部署坦克、重炮、决战兵团的炮兵等，展开完毕；不待决战兵团全部集中，即可开始发动进攻。主力部队应趁沿岸配备的兵团和敌军登陆部队在海岸混战的机会，果敢地发动攻势。这个进攻兵团应以纵深的大规模部署，沿着预先准备好的进攻工事逼近海岸，发动进攻。后到达的第二线兵团，应用作主攻正面的第二线兵团，或者用于其他方面。

〔反坦克肉搏战〕 在同登陆本土的敌军进行地面战斗中，日军最感头疼的问题之一，就是反坦克战。因为过去在各个战场上，日军最感棘手的就是美军坦克，特别是火焰坦克。而且预料在未来的本土决战中，美军登陆部队将作为主要战斗力，大量使用坦克。在决战攻势的本土战斗中，同敌军坦克群的战斗能否取得成功，肯定是决定胜败的关键。

可是，我方的坦克，无论在数量、装甲方面，还是在火力、装备方面，都远不及敌军坦克。不仅如此，我方的反坦克炮在数量和装甲穿透力方面都很差，急待增产的自动炮也因遭受空袭，根本满足不了要求。

补救这种反坦克现代装备劣势的方法,只有采取特攻战法,[①]即同以一架飞机摧毁一艘军舰的航空特攻一样,以一兵击毁一辆坦克的肉搏进攻战法。过去在南方各战场和硫黄岛、冲绳等战场上,日军曾以此种战法,屡建奇功。根据这种战斗经验,于7月16日向驻本土全军发布了"反坦克战斗纲要",要求各项作战准备工作,尤其是作战工事、炮兵、坦克的运用等,都必须以反坦克战斗为主;同时,反坦克战必须以一死必毁坦克的特攻,即与坦克进行肉搏战为主,要求把这种作战法作为反坦克的决战手段;并要求全体将士,不分兵种队别,都须贯彻此种战法。但在训练很差、素质也不高的新动员部队里,究竟能否达到预期目的,还是很令人担心的。

〔**战争结束时的作战准备进展情况**〕 这样,预先确定的本土军备计划终于完成,兵团的配备也大体就绪。不过,由于敌军空袭加剧,军需品生产降低,交通阻塞和燃料、粮食不足等,战备工作的实质性内容,尤其是部队的装备和训练以及后方的准备,除九州、四国方面外,进展都十分迟缓。

即作战部队的装备,第一次军备计划中组建的兵团,还缺少部分火炮与重武器,特别是马匹、汽车缺欠很多。至于第二次军备计划中组建的兵团的装备补充,即使是在九州、四国方面,也仅达70%程度;关东方面的装备程度也大致相同,而速射炮和迫击炮则几乎完全没有。其他方面的装备程度,竟不到50%。至于第三次军备计划中组建的兵团的装备,就连优先予以装备的九州方面,也仅补充50%左右;而轻武器、速射炮、迫击炮、自动炮等,则缺欠甚多。其他地区则仅装备了一部分。

对这些兵团的装备进行补充,预计九州、四国方面,大致在这一年的10月可以完成;但关东方面,估计要在下一年春季才能完成;而其他地区,则更要推迟。

关于阵地的构筑,在九州、四国、关东地方沿岸的重要正面战场,仅完成计划的60%至80%,而其他的正面战场则大都仅完成50%左右。

[①] 肉搏进攻手段列举如下:

一、手投炸雷——是一种圆锥形有孔的炸弹,装有600克黄色炸药。逼近十米以内,投向敌坦克。穿甲力为50至70毫米。

二、穿刺炸雷——是一种为了保证准确命中而带有长柄的手投炸雷。

三、火焰瓶——空瓶里装上汽油,逼近敌军坦克,投入坦克机舱,以使起火。

四、坐垫式炸雷——将小包炸药装入坐垫似的袋中,并装上缓燃的雷管。逼近敌军坦克,扔在坦克正面或突起部上,使之爆炸。

五、赶制的炸雷——将约十公斤的黄色炸药捆成一包,装上雷管,进攻士兵背着冲入敌军坦克轨内,与炸药包同归于尽。

训练问题，除了在后方集结的决战兵团外，都忙于构筑大规模的阵地，几乎没有时间进行训练。

关于最重要的后勤方面的准备问题，根据上述基本配置计划来看，九州、四国方面，弹药的集结完成100%，燃料的集结完成94%，粮秣的集结完成16%；但决战时集中兵力所需的物资集结，则十分令人担心。关东方面，粮秣集结了50%，但是弹药、物资器材的集结，由于优先供应九州，仅集结了一部分。其他地区，除北东方面外，后勤准备工作更为迟缓。

第66章

主要方面的作战计划[1]

对美军向九州和关东地方进攻要领的判断

〔**美军进攻九州的要领**〕 美军进攻南九州的目的，如前所述，是为了取得进攻关东地方的大型空军和海军基地。南北九州都富于空、海基地，但南九州位于本土的末端，从地势上看，日军在这里难以集中和发挥战斗力。反之，美军则可利用冲绳基地，在战斗机的有效支援下，向这里进攻。而且，鹿儿岛湾、有明湾的舰船基地和鹿屋、知览、都城、新田原的航空基地群以及宫崎、国分、鹿儿岛、出水等许多优良机场，均可成为美军进攻关东地方的强大基地。

北九州在产业、交通方面处于关系西部日本存亡的重要地位；但要进攻这里，首先必须攻占济州岛、五岛、对马、壹岐等地，进攻作战比较复杂、困难。因此，估计敌人进攻北九州的可能性较小。顺便提一下，4、5月份时，第16方面军也曾经考虑，美军是否会占据济州岛、五岛列岛作为立足点，前来进攻北九州，但后来似乎更加重视南九州了。

据判断，敌军对南九州的登陆正面，估计很可能是宫崎海岸、有明湾和萨摩半岛的西侧与南侧海岸等三个方面，从中选择二至三处作为正面战场，并将主攻力量指向有明湾方面。另外在各正面战场，估计敌军的主要登陆地点，将是住吉海岸、志布志西南海岸、吹上滨和枕崎海岸。

在此次登陆作战的同时，估计敌军必将向鹿屋和都城航空基地群投下空降兵团。[2]

估计在这三个正面登陆的美军，将分别击退对面日军的反攻，相互策应，占领和确保肥萨边界以南的九州南部，特别是该地的海、空基地。

---

[1] 参照附图第十。
[2] 据战后所见资料，美军曾经计划越过种子岛，首先以第6军直属的第40师攻占甑岛。

另外，估计敌军在登陆南九州之前，还很有可能先占领种子岛，以便向前推进战斗机和舟艇的基地。据判断，敌军攻占吹上滨西北的甑岛的可能性比较小。①

据判断，敌军在进攻南九州的同时，可能还将以部分兵力在四国，特别是在土佐平原登陆；根据情况，还可能在四国西南角的宿毛湾登陆。不过，如前所述，美军在该地只是企图进行佯动作战。

当美军进攻北九州时，可能怀有强烈的决战企图；估计将以主力在博多东面的福间海岸登陆，以其一部在博多湾与关门海峡正面登陆，消灭来自九州和本州方面的反攻的日军，占领广阔的关门、博多、久留米平原，以使日军屈服。还有，为了进攻北九州，敌军可能在此之前，先行占领济州岛、五岛，并企图攻占或压制对马、壹岐。因此，估计敌军进攻北九州的时间，将更推迟，所使用的兵力预计将比进攻南九州更为强大。

〔美军进攻关东地方的要领〕 据判断，当美军终于寻求在关东进行最后决战时，估计其登陆的正面战场，将是相模湾、九十九里滨和鹿岛滩三个方面。其中将尤其重视相模湾和九十九里滨，在这两个正面战场同时登陆。估计上述三个正面战场中的具体登陆地区，将分别是相模川左岸地区、东金地区、久慈川右岸或诹访地区。

美军主力究竟是指向相模湾，还是指向九十九里滨，在判断上有过争论，但从易于登陆的观点来看，预料可能指向九十九里滨的意见占上风。因为这种意见认为：相模湾正面虽然距东京近，但由于有包括大岛在内的东京湾的各个要塞，和适于防御登陆的良好地形，看来对敌人登陆是不利的。②

估计各个正面战场的敌军登陆部队，将在分别歼灭面对的日军之后，接着相互呼应，攻占帝国首都；同时扩大占领关东地方，并以其一部攻占和打开三浦和房总两个半岛的东京湾要塞。预料在此之前，敌军也可能企图攻占大岛、御前崎或馆山附近，以便向前推进它的战斗机基地。

我方的判断如附图第十。

---

① 昭和20年（1945年）5月以前，判断敌军的主攻方向将是宫崎平原，并根据这种判断制定了作战计划并进行了作战准备，但后来又改为有明湾方面。

据战后公布的美军资料，美军曾经计划以第1、第11军团和第5海军陆战队师团等十个师的兵力在上述三个正面战场同时登陆，而且还计划在萨摩半岛尖端的开闻岳正面登陆。另外，还预定第9军团（三个师）在四国进行佯动作战后，再与第11空降师团一起改为预备兵团。

② 据战后美军资料，美军曾经计划派第8、第10军分别在相模湾和九十九里滨同时登陆，第1军作为预备兵团继后，其主攻方向预定在相模湾。至于登陆后的作战，大致与我方的判断相符。

日本西部的作战准备

九州与四国方面的作战准备

〔以九州为重点的思想萌芽——九州决战的意义〕 如上所述,5月以后,断然采取措施,优先地进行了九州方面的作战准备;而且随着战局的进展,判断敌军首先进攻九州的可能性增大了,于是决心将本土决战的命运赌在九州决战上,将主要决战战场大致确定在九州方面,将作战准备的重点也确定在九州方面的思想开始抬头,但尚未做出决断,战争就结束了。

据判断,美军进攻九州的目的,在于取得空军基地,在地区上也是有一定限度的作战。但日军的作战目的则是,集结本土的全部战斗力要求进行一次决战,击退美军登陆部队,以挫败其攻占日本本土的企图。

当时由于日益加剧的空袭所造成的损失和敌军的封锁,本土的所有生产都下降了,除九州、四国方面外,各方面新建兵团的装备情况,看样子,即使到昭和21年(1946年)春,也难以齐备。特别是燃料和粮食奇缺,局势十分严重,已失去了在1946年春以后进行决战的信心。

而且如前所述,优先在九州方面进行作战准备的结果,更加推迟了其他方面的作战准备工作,如果一旦进行九州决战,将本土的全部战斗力都投进去的话,很显然,再想在本土的其他方面进行第二次决战,就根本不可能了。

另一方面,随着冲绳作战的进展,敌机对九州方面的骚扰加剧,侦察活动十分频繁,而敌军对小笠原群岛的动向却比较平静,等等。从这些方面的迹象来看,估计美军可能首先进攻九州的气氛越来越浓了。

大本营的首脑认为,在这即将到来的九州决战中,如能使前来进攻的美军遭受巨大损失,至少给第一次登陆的美军以决定性的打击,使美军体会到日本军民的强烈抗战意志和远征日本本土的艰巨性,那么也许可以避免了敌军对关东地方的进攻;即使不能这样,也可延缓美军对关东的进攻,或许可以找到在比较有利的情况下来结束战争的机会。因而认为应当排除万难,努力促其实现。就是说,九州决战是寻求一个体面地结束战争时机的最后一次努力,在战争指导上具有决定性的意义。

因此,首脑意见倾向于应当进一步优先加强九州方面的作战准备,迅速将主要决战方面确定在九州,立即采取倾注国军全力的孤注一掷的决战态势。

〔第56军向九州推进的问题〕 海军和航空总军早已做好了这样作战准备

的态势，问题在于如何运用第36军（以两个坦克师团和六个一般决战师团为骨干）。该军部署在关东地方，是日本本土地面部队中最精锐的部队，可以说是大本营的总预备队。

5月末以后，第2总军曾经数次向大本营建议：不应该等到美军直接进攻关东的担心完全消除以后，而需要在本土的交通、特别是铁路被破坏以前做出决断，将第36军的主力推进至九州，至少也应推进至近畿、中国地区。[①]从7月份起，大本营有关作战负责人之间也对这个问题进行了研究，但因担心美军万一直接进攻关东时的情况，打算进一步准确弄清敌情变化之后再做决定，直到战争结束，既未就此做出决断，也未进行准备。这是因为，从来就重视帝国首都所在的关东地区的防卫工作，要想摆脱这种传统思想，很不容易，必须下重大的决心。

于是，日本西部的决战，遂以九州和四国，特别是以雾岛山为核心的南九州为舞台，进行了作战准备，史无前例的日本本土决战的战机已经趋于成熟。

〔指挥机构和作战任务的分担——陆海军形成一体〕 九州方面的地面作战是，由第40军和第57军担负南九州的作战任务，由第56军担负北九州的作战任务，第16方面军司令官横山统率这三个军，在地面作战中，还统一指挥佐世保镇守府部队（司令长官为杉山六藏中将），担负整个九州的地面作战。

四国方面：由第15方面军司令官内山统率下的第55军，担当整个四国的作战任务。第2总军司令官烟俊六驻在广岛，统率第15、第16两个方面军司令官，统一指挥两个方面军的作战。空军作战则是，陆军的第6航空军在航空总军司令官河边的统率下；海军的第5航空舰队在联合舰队司令长官小泽的统率下，相互协同担任作战。

海上作战则是由佐世保镇守府司令长官担当九州方面大部分地区的作战任务；由吴镇守府司令长官担任四国方面和濒临丰后水道的九州方面的作战任务。

在这方面，陆、海军之间进行了紧密的配合。例如，为了弥补陆军兵力的不足，海军扩大了在佐世保地区所承担的地面作战区域；并向海军分工以

---

① 第36军本来是作为大本营总预备队而编组的，但隶属于负责防卫关东地方的第12方面军，专门作为关东方面的决战部队投入了作战准备。此外，据战后美军的资料，美国空、海军曾经企图从9月份起对日本本土的铁路进行彻底的袭击。

外的地区，派出了海军陆战队；还调用舰炮，用于陆军担任作战的重要正面战场；以及调拨镇守府地区的对空武器，掩护陆军防卫区的交通等，所有这些陆海军协定都得到了完满的执行。

在这样的组织和分工下，陆、海、空军的战斗力浑然结成一体，进而集结全体国民的力量；在九州方面，预定将九州南部和九州北部作为以主力进行决战的地区，尤其侧重在九州南部进行决战。在四国方面，则预定将土佐平原作为该方面作战部队主力进行决战的战场。

之后，精心地制订了计划，准备当决战时，航空与海上部队全力以赴地争取在海上消灭敌军运输船只；地面部队则争取在美国登陆部队登陆未完时，迅速攻击、歼灭敌军。另外还计划，政府官员和民众除了协助军队，担任后勤工作和构筑阵地外，还以其一部协助战斗部队，从事情报工作和参加游击战。

〔**航空与海上作战要领**〕 航空和海上作战，计划以九州和四国为重点。关于其兵力配备，已如前述，其作战要领如下：

一、侦　察

以侦察飞行队和潜艇侦察、巡逻敌军从菲律宾、冲绳、马里亚纳等进攻基地向九州、四国进攻的海面。远程和夜间侦察由海军部队担任，近程搜索则由海军侦察飞行队的140架飞机和陆军的侦察队共同负责，在距离本土海岸600海里的范围内昼夜搜索。另外，责令配置在距九州海岸200至300海里的潜艇加强警戒，至迟应在美国登陆部队的运输船队驶进停泊地的前一天，捕捉歼灭之。

二、展　开

担任首攻的第5航空舰队和第6航空军，应将其特攻队主力在九州、四国、本州西部的进攻出发基地纵深地秘密展开，其他部队则在九州中、北部和本州西部、朝鲜展开。

第3、第10航空舰队和第1航空军等增援兵力，在发动决战的同时，应逐次向九州、四国、中国方面的进攻基地机动展开。

三、对美国机动舰队的进攻

对美军机动舰队的进攻，只限于在判明敌军的登陆企图，敌军带有运输船队时进行。使用兵力只限于海军的330架精锐飞机和陆军航空部队的部分力量。

四、对美军运输船队的进攻

美军运输船队一进入我方攻击圈内，就开始昼夜不断的航空特攻。在敌船队侵入停泊地之前，以比较精锐的部队担任进攻，在敌军驶进停泊地前后，则投入最大的战斗力，实行总攻。大致在十天内动用全部空军力量。以两千架战斗机掩护这次特攻，另一方面，以第31水雷战队搭载"回天"，当宫崎海面或有明湾方面的敌军船队驶进停泊地时，利用黑夜进行肉搏战；先以"回天"进攻，然后第31水雷战队再亲自冲入敌军船队停泊地，进行袭击。

另外，各海上特攻部队也在附近的敌军登陆地区断然实行特攻。即在敌军船队驶进停泊地以前或者正在驶进停泊地时，分别以"蛟龙"和"海龙"进攻；当敌军船队驶进停泊地后，则以"震洋"攻击，"回天"负责攻击支援登陆的敌舰队和停泊地的敌军船队。

五、对美军基地的进攻

除了事前以部分潜艇攻击乌利西外，特别要趁敌军登陆时，以1200名的空降部队在冲绳美军基地强行着陆，进行攻击。

〔地面部队的兵力和配置〕 九州的地面兵力，主要有14个师团，6个独立混成旅团、3个独立坦克旅团、1个高射炮师团，以及军直属部队、熊本和久留米两个师管区的部队、对马和壹岐守备队（计15个大队）、下关要塞部队、佐世保地区陆战队（10个大队）等。四国的地面兵力，除了4个师团、1个独立混成旅团和善通寺师管区部队外，还有海军陆战队的几个大队。其配置情况如附图第十。

另外还计划：当进行九州决战时，先使用中国、近畿地区的3个师团，根据情况，再使用四国的1个师团，接着再从东海、关东方面抽调2个至4个师团进行增援。但如前所述，为了贯彻在九州决战的方针，当时的趋势还想将关东的第36军主力事先调到九州，如能及时实现，九州决战的兵力，估计将达二十几个师团。问题是这些增援兵力，能否抢在敌军严重破坏交通之前，或者在敌军进攻下及时地到达决战战场，这是大本营和第2总军司令官作战指挥上最重要的课题。

四国方面是，当敌军登陆时，预定以驻该岛的兵力进行决战，不另派兵力增援。如前所述，当敌军不来进攻时，计划抽调一个师团转用于九州方面。

〔地面部队的决战要领〕 应在敌军主力登陆的正面战场进行决战。但当敌军主力的情况难以判明时，可自行选定决战的正面战场，抓住战机断然发动攻势。在南九州方面，预定有明湾、宫崎海岸和萨摩西岸等三处为正面战场；当敌军主力情况不明时，则以有明湾正面为决战的正面战场；在北九州则以福间正面为决战的正面战场。在四国方面，预料敌军的主攻方向，将从土佐平原的物部川河口到浦户湾东侧一带地区，应在这一正面战场指挥主要作战。

南九州方面，第16方面军司令官应在判明敌军登陆企图的同时，立即将九州地区的决战兵团集中于雾岛山周围。另一方面，第2总军与大本营则应将本州方面的各决战兵团推进到九州。担任指挥正面战场决战的军司令官应不等这些决战兵团全部集结完毕，即将该决战兵团推进到决战战场，至迟要在敌军开始登陆后的一周内，开始发动决战攻势。在此期间陆续到达的兵团，作为第二、第三线兵团投入决战战场。在其他正面战场，则指导进行持久战，以使决战正面的作战得以顺利进行。还有，关东的第36军如果事前到达九州，还打算令其对另外一个正面战场，同时发动决战。

在北九州方面，将决战兵团的主力集结在饭冢周围，部分兵力集结在博多平原南部，采取攻势，夹击福间正面的美国登陆部队。主力开始发动攻势的时间，预定在美军开始登陆后14天之内。九州方面的决战要领如附图第十。

另外，在四国方面，计划以浦户湾东侧的钵伏山和物部川左岸的金刚山为据点，结合海岸的洞窟阵地，从中央进行反击，贯彻海岸歼灭战的方针，将敌军消灭在岸边。

〔九州决战获胜的希望——官民的勇敢战斗精神〕 九州，尤其是九州南部的决战准备，是在牺牲其他方面的情况下优先充实起来的；而且由于最令人担心的敌军夏季入侵的可能性消除了，使这里的作战准备得到了天赐的时机，因此，大本营与作战部队的首脑对于九州决战胸有成竹，认为至少可以击败敌军第一次的登陆部队。

其根据之一是，通过我方的海、空特攻作战，至少可以在海上消灭敌军登陆部队的20%；敌军登陆部队的兵力如果是15个师，则可使它减少到12个师。特别是对第一批登陆部队（10个师左右）进行集中攻击，更有可能使敌军遭受重大损失。

根据之二是，以沿岸炮台和海岸阵地以及主阵地的炮火网攻击美军登陆舟艇，预期可消灭敌军20%左右。九州方面的海岸适于有效地配置这些火炮。这些火炮和重武器，据有完全隐蔽的洞窟阵地，敌军看不见，炮弹也打不到；这些火炮和重武器可以交叉炮火组成火网，最有效地狙击敌军登陆用舟艇和蝟集、混杂在岸边的敌军。① 这次进攻如能像我方盘算那样获得成功，

---

① 以有明湾正面炮台为例，有24厘米和28厘米榴弹炮各4门，15厘米加农炮7门，10厘米加农炮8门，其他炮约40门。

则我地面部队迎击的敌军登陆部队，将减到十个师以下；特别是第一批敌军登陆部队，可能使之损失近半数。

为反击这方面的敌人，九州南部在一周内可以集结的地面部队，加上配备在沿岸的师团，计划可达11至12个师团。因而对敌军第一批登陆部队的决战，尤其是主攻正面战场的作战，确信仅以九州的兵力即可获胜。但对击败敌军的第二批、第三批登陆还没有把握。

至于地面部队的沿岸配备情况和决战的要领，以有明湾为例，可见附图第十。

如果能在事前及时地识破敌军的登陆企图，将能适应战机将中国、近畿方面的三个师团集中于决战战场。如前所述，大本营如能作出决断，事先将关东的第36军主力推进到九州，那么决战战场上的敌我力量对比，我方可望占有绝对优势；那时，也将可以完成对敌方第二批、第三批登陆部队的决战任务。

此外，1000多万九州国民的旺盛的勇敢战斗精神，已成为提高作战部队士气的强大动力，其诚挚的合作，对促进战备工作，作出了重大贡献。当进行决战时，通过官民的这种合作，可以显著地减轻军队的后勤负担，使全军几乎都可以参加决战场的战斗，这也是个有利因素。

〔进行决战方面的担心〕 但是，在这种盘算的反面，如前所述，还潜伏着特攻作战上不可靠的因素，以及对能否按照计划及时地将全部战斗力集中用于决战战场的深切担心。

再者，如果敌军的进攻推迟到明年春天以后，我方阵地构筑和训练等战备工作固可进一步加强，但随着燃料和粮食的缺乏，以及战争灾害的加重，必将影响国民的士气，从这个角度看，也不能不令人忧虑，势将面临难以发挥，或者根本不可能发挥决战部队战斗力的严重局面。

此外，在进行沿岸决战时，该地区的居民，尤其是老幼、妇女、病残等人员的撤退隐蔽，是个实际的困难课题。在南九州地区，已确定让这些居民事先撤退隐蔽到雾岛山周围的方针，可是，要向既无居住和卫生设施、又无粮食储备的山岳地带，疏散并收容几十万需要照料的非战斗人员，几乎是不可能的事情。而且这些居民还担负着生产任务，实际上难以让他们早期撤退，这就进一步加重了处理这个问题的困难。结果只能在判明敌军登陆企图时，立即把这些居民疏散到附近比较安全的战线后方；作战部队只好一面掩护这些居民，一面进行决战。这不仅是九州特有的问题，而是伴随本土决战的全国各个地区共同的难题。

再者，联系到当时最严重的粮食问题，还令人忧虑，敌军是否会在收割之前，对稻田实行大规模的焚烧作战，以引起饥馑情况。

近畿、山阴方面的战备

〔近畿方面〕 如上所述，日本西部的作战准备，是以九州和四国为重点进行的，但对于美军沿纪伊水道进攻大阪、神户地区的企图，也认真地严加警戒，做了作战准备。敌军的这一进攻，估计可能结合攻占四国或进攻伊势湾同时进行。

对此，如附图那样，在纪伊半岛的和歌山地区和田边地区，配备了第15方面军直属的一个师团和一个独立混成旅团；另外在淡路岛与潮之岬分别增设或新设了一个独立联队。还有，在四国方面，在德岛地区配备了第55军所属的一个独立混成旅团。当决战时，预定在集中该方面空军和海军的特攻力量的同时，首先抽调近畿、中国地区的三个师团进行增援。航空作战由第5航空舰队和第6航空军担任；海上的特攻作战，主要由吴镇守府部队担任。

〔山阴方面〕 如上所述，从5月起，也努力加强了山阴方面沿岸的防务。最初，阵地的构筑，主要由师管区部队及舞鹤镇守府部队承担，国民予以协助；以山口县的西海岸和北海岸、鸟取县的美保海岸、京都府的峰山、舞鹤、小滨海岸以及福井县的敦贺地区为重点，开始构筑坑道阵地。接着于6月，在广岛新设第59军，担任中国地区的防卫；同时将第三次军备中编成的三个师团，如附图那样，配置在山口、冈山、姬路；另以其一部加强山阴方面的战备；同时将一个独立混成旅团配备在山口县西海岸的小串。

另外，在舞鹤镇守府地区，编组了六个海军陆战队大队。

日本东部的作战准备

关东方面的作战准备

日本东部的作战，计划以帝国首都为核心的关东地方为重点，进行了准备。

〔指挥机构和作战任务的分工〕 地面作战，由第51军担任鹿岛滩正面的防御；由第52军担任九十九里滨正面的防御；由第53军担任相模湾正面的防御；在东京湾正面，由东京湾兵团担任房总半岛南部的防御，由横须贺镇守府部队担任三浦半岛的防御；在其外围的伊豆诸岛的大岛、新岛、八丈岛，分别部署一个兵团担任防卫工作；帝国首都则由东京防卫军担任防卫。另外，第36军作为决战部队，驻在关东地区中部一带。

第12方面军司令官田中驻在东京，统率上述五个军以及其他兵团；并在有关地面作战方面指挥横须贺镇守府司令长官，担任整个关东和甲信越地区的作战任务，隶属于第1总军司令官杉山。

东京湾兵团和横须贺镇守府兵团的使命是，阻止美军突破东京湾口，以及支撑九十九里滨、相模湾方面的攻势。

为了统一东京湾正面的作战，第1总军司令官曾经建议，在横须贺镇守府司令长官的统辖下，将房总、三浦两个半岛的地面作战，交由东京湾兵团长统一指挥，但没有得到镇守府司令长官的同意。结果决定调来第114独立混成旅团，用以增强三浦半岛的战斗力，归镇守府司令长官指挥。

陆军的第1航空军在航空总军司令官的统率下，海军的第3航空舰队在联合舰队司令长官的统率下，相互协同担任航空作战任务。海上特攻作战由横须贺镇守府司令长官担任。航空兵力问题，如前述"关于'决号'航空作战的中央协定"的附表那样，陆、海军加在一起，预计约有8000架飞机（其中特攻机6000架）；但如果在九州作战中使用这些飞机，则很难指望补充。另外由于把重点放在九州方面，实际上准备是不够的。海上特攻舟艇仅准备了约800只（参照海上特攻部队的反击计划），预定在满足九州方面的需要后，再加以增强。

关于航空和海上特攻作战计划，和九州方面的设想一样，但如果敌军直接进攻关东，由于作战准备和兵力的关系，估计很难取得九州那样的战果。

〔地面部队的兵力和作战要领〕 关东方面的地面兵力，加上伊豆诸岛，共有18个一般师团（其中2个师团配置在新潟，此外还有1个守卫皇宫的近卫第1师团）、2个坦克师团、7个独立混成旅团（其中1个在沼津方面）、3个独立坦克旅团、2个独立步兵联队（其中1个在下田方面）、1个高射炮师团、军直属部队、3个警备旅团、宇都宫、东京、长野各师管区部队等；此外，还有横须贺海军特别联合陆战队（有18个大队），其配备情况如附图。

当关东决战时，如上所述，还计划从东北和近畿方面各抽调3个师团，从九州方面抽调两个师团，如情况容许，还要从东海地区抽调两个师团。但究竟有几个师团能不失战机地参加决战，还是一个很大的疑问。

第1总军司令官首先命令第12方面军司令官沿袭过去的作战计划，继续进行作战准备，同时加紧讨论了总军的作战计划；到7月份，如附图那样，对作战计划做了根本性的修改，放弃了过去的中央准备阵地的设想，自主地确定大致以九十九里滨方面为决战的正面战场；为适应这一设想，令第36军推进到利根川的下游地区，并严令贯彻沿岸决战的方针。在决战正面的战斗指挥上，计划在美军开始登陆的第二天，令该正面战场的军队首先转入攻势，接着令第36军主力趁混战状态，断然发动攻势。开始进攻的时间，预定为美军开始登陆后的第三天至第四天。万一美军登陆部队的主力从其他的正面（相模湾或鹿岛滩正面）登陆时，也应先完成该正面预定的决战任务后，再转向其他正面进行决战。

第二次决战预定在相模湾正面。敌军如果不在九十九里滨正面登陆，当然要谋求在相模湾正面进行第一次决战。

第1总军的这个新计划于7月17日传达给方面军。此时，特别以"第1总军作战纲领"的形式下达，明确指示出沿岸决战的思想。可是，各军还没来得及根据这个设想确定会战计划，战争就结束了。

顺便说一下，这个关东决战计划是设想在美军直接进攻关东的情况下拟订的。如果美军像我方估计那样，先在九州登陆，然后进攻关东，估计我方只能以残存的战斗力进行抗战，将不可能进行有组织的决战。

〔帝国首都的防卫——多半是空谈〕 这样，以把来攻的美军消灭在沿海重要地区的强烈决心，进行了作战准备，另一方面，为了防备出现最坏事态，从6月下旬起，采取了新的防卫东京的措施。

6月23日，大本营下达了负责固守帝国首都的东京防卫军的战斗序列令，将其编入第12方面军；同时传达了"帝国首都防卫作战纲要"，以此作为帝都重要地区作战的准则。

东京防卫军由该军司令部和第1至第3警备旅团以及第83、第116独立工兵大队组成。在发起关东决战的同时，预定从关东以外的地区集中二至三个师团、一个独立坦克旅团、两个野战重炮兵联队、一个山炮兵联队和约两个高射炮联队，予以加强。

东京防卫军按照大本营的指示，制订了作战计划纲要，其要点如下：

一、方　针

以坚持一年为目标，确保以皇宫为核心的首都中枢部分，护卫皇宫，防卫重点放在首都西部。

二、修建工事要领

以皇宫为中心，经浅草附近至品川——大体上沿山手线的地区以及品川、隅田川两河口间的海岸附近，定为主要抵抗地区的前沿，构筑三个师团用的主阵地。另在皇宫周围的麴町、神田附近地区构筑二道防线阵地。阵地要筑成足以抗得住坦克和轰炸的坑道网。此外，还要在飞鸟山、驹场、南品川修建前进阵地，在江户川右岸和栗原、川口市、赤羽、天沼、下高井户、田园调布、六乡村、羽田町、多摩川一线修建警戒阵地。

三、作战指导要领

在主阵地带的前方指导进行游击战，在主阵地带进行顽强的抵抗，情况实在万不得已时也要死守二道防线阵地。

根据上述计划制定了构筑阵地的计划，但除了近卫师团构筑的皇宫防卫设施外，直到战争结束为止也没有着手执行。

这样庞大的构筑工事计划，仅以三个警备旅团的力量加上市民的协助，而且是在建筑材料和器材奇缺的情况下，究竟能够实现到何种程度？再加上首都内部的特殊情况，实在令人担心，不过，这种工事的构筑，本来就在很大程度上意味着一种政策性的姿态。

〔**大本营、政府的转移问题——松代大本营**〕 同本土的防卫，尤其是同关东的防卫相关的，还有政府和大本营的转移问题。为了应付本土决战的非常事态，陆军省从昭和19年（1944年）春起，就秘密地在长野县的松代开始了大本营的修建工程。为了能经受强烈的轰炸，该项工程是用混凝土加固的坑道设施；昭和20年（1945年）7月，已大致完成。

虽然准备好了这样的设施，但在6月6日的最高战争指导会议上讨论转移问题的结果是，一致同意固守帝国首都。在7日的内阁会议上，铃木首相向阁僚们传达了此项决定，明确表示了固守首都的决心。不过，陆、海军作战当局为将大本营的作战室向前推进，曾经设想先将指挥大旗推进到日本西部，接着再推进到中枢地区松代，并根据这种设想，事前进行了侦察和准备工作。

东海和东北的战备

〔东海方面〕 美军对东海方面的进攻，预料主要将有下述两种情况：

一、为了使上述关东决战易于进行，先向静冈、滨松的正面进攻，特别是向御前崎地区进攻，以取得进攻关东的基地，尤其是取得空军基地。

二、为了占领名古屋、京都、大阪地区，切断我本土，同由纪伊水道方面进攻大阪、神户相呼应，企图从伊势湾及其两侧地区、特别是从渥美半岛的正面登陆，攻占名古屋地区。

针对敌军的这种企图，第13方面军司令官命令第54军担任包括最重要的渥美半岛在内的东部的防卫任务，同时由方面军直接管辖爱知县的大部分地区以及岐阜、三重、富山、石川县的防卫工作。

第54军以从渥美半岛至滨松一带地区和御前崎的正面为重点，以三个独立混成旅团占据从御前崎至静冈一带地区；各以一个师团分别占据滨松、渥美半岛和丰桥地区沿岸，将一个决战师团配置在饭田，将一个独立坦克旅团配置在滨名湖北侧和东北侧地区，以便可以向御前崎、知多半岛的任何一个正面灵活调动。其中防御知多半岛沿岸的第72师团和第8独立坦克旅团是方面军的直属兵团，但因军队的划分，隶属第54军指挥。

在方面军直接管辖的地区里，以一个师团占据志摩半岛的伊势湾沿岸地区，同时将高射炮师团的主力配置在名古屋地区，方面军司令部驻在名古屋。特别注意伊势湾的封闭和湾口岛屿的守备问题。另外，在第三次军备中编组的第229师团，驻扎在编组地点金泽市东北至高同的地区；在姬路追加编组的第305师团由于编组未完，其配备问题还没有决定下来。但是研究了两种使用法：或是接管渥美半岛的第72师团的沿岸防务，使第72师团作为决战兵团开到后方集结；或是用以加强御前崎正面沿岸的防御力量。此外，还计划让名古屋和金泽师管区部队担任后方的警备。

这些地面部队的配备情况如附图所列。当敌军登陆时，计划在大井川右岸地区，或者在丰桥、滨松平原进行主要决战。

〔东北方面〕 估计美军对东北方面的进攻，较之本州其他方面以及四国、九州方面可能性最小。但预料敌军可能向下述地区进攻，据此进行了作战准备。

1. 为了便于进行关东决战，敌军可能企图以其强有力的一部，在仙台平原登陆，南下关东地方。

2. 为了推进其空军基地，或便于进行突破津轻海峡的作战，敌军可能企图以其强有力的一部，占领八户平原、大凑地区。

针对敌军的这种企图，如附图第十所列，第11方面军命令第50军的两个师团和一个独立混成旅团担任从八户市至小川原沼北侧的八户平原的防卫；并令方面军直属兵团的两个师团占据仙台平原，令一个独立混成旅团占据小名滨地区；在福岛与黑泽尻地区分别配置一个决战师团。此外，计划在大凑警备府地区的下北半岛，配备六个海军陆战队大队。

方面军在作战指导上最初的设想是，避免沿岸决战，但后来接受第1总军的强烈要求，改变了作战计划，即把可出动的全部战斗力集中在八户或仙台平原，进行沿岸决战。

第11、第13方面军虽然进行了上述的作战准备，但因不是重点方面，部队的装备、军需品的补给、集结，都比关东方面更为迟缓，直到战争结束时，还处于远远不够的状态。

再者，如果结合关东或近畿地方的决战，一旦发生航空作战时，则很难对它抱什么希望。至于海上特攻作战，也只是在鸟羽与小名滨配备了少数兵力，战斗力是微不足道的。

在第2总军负责的日本西部方面，如上所述，对山阴方面的沿岸防务做了部署；但在日本东部方面，估计敌人进攻的可能性很小，因而几乎没有做什么防备。

北东和朝鲜的作战准备

北东和朝鲜方面的作战准备，也是以美军为主敌，以太平洋或东中国海正面为重点而进行的；但这些方面都必须把对苏军的作战准备同时考虑在内，因而有着特殊性和复杂性。

北东方面

如上所述，为了便于本土方面的作战，大本营于5月9日将驻在北东方面的第5方面军原来的决战任务，改为持久战，从这里抽出了兵力，因而该方面的战备工作，有必要做根本性的改变。

〔敌情判断——美苏两军〕 虽然确信美军几乎没有大举进攻北东方面的可能性，但估计它为了便于进行本土方面的主要作战，有可能派出部分兵力，为推进基地或进行牵制而发动作战。另外，当苏联参战时，预料不仅必将以强有力的兵团从海、陆两方面进攻南库页岛，而且必将进攻北千岛。

据判断，美军的进攻主要有下述三种情况：

1. 为了推进空军基地，将攻占择捉岛或北海道东部的计根别一带。使用兵力为三至四个师；如进攻择捉岛，将在单冠湾登陆；如进攻计根别一带，将在标津或钏路正面登陆。

2. 如敌军想制我北东方面的要害，或有效地牵制本土方面的主要作战时，则将以更强有力的兵力攻击苫小牧、札幌以南的北海道西南部。那时，敌军将在苫小牧海岸登陆，进攻札幌平原。为了使此次作战顺利进行，估计美军有可能从海、陆两方面同时突破津轻海峡。

3. 此外，美军可能占领宗谷海峡两岸重要地区，以便从日本海方面威胁日本本土，或攻占库页岛南部重要地区。

其可能性的大小，估计将如上述1、2、3的顺序。

还有，据判断，苏军对库页岛南部的攻击，将以其主力突破国境南下，以其一部在丰原北面、大泊与真冈附近登陆。

〔作战设想和兵力部署〕 方面军防卫千岛、库贞岛、北海道等广阔而又互相隔绝的地区的兵力，除五个师团、两个独立混成旅团、两个独立混成联队外，只有津轻、宗谷要塞部队，室兰、根室防卫队和旭川师管区部队。第1飞行师团的兵力仅有83架飞机，海军部队则微不足道。方面军基干这样的兵力情况和敌情判断，为了完成任务，于6月30日制定了"方面军作战准备纲要"。

其兵力部署如下：

在北千岛配备一个师团；中千岛配备一个独立混成旅团和一个独立联队；南千岛配备一个师团；库页岛配备一个师团。配备在南千岛和库页岛的师团，根据情况，准备将前者的一部分精锐和后者的主力可随时抽出转用于北海道。

库页岛师团（第88师团）以其一部（三个步兵大队、两个炮兵中队）要求死守敷香、惠须取一线以北，特别是国境阵地，以师团的主力确保丰原西南面的留多加河谷，同时以一个步兵大队、一个炮兵中队固守西能登吕附近地带。

北海道本岛的作战方针是，对敌军登陆部队应谋求在计根别平原或苫小牧平原进行决战。敌军如从两个方面同时登陆，则在东部依靠国民的抗战等谋求持久作战，而以军队的全部力量在苫小牧平原进行决战。

兵力的配备是，在北海道东部的计根别平原和宗谷海峡正面各配备一个师团；在苫小牧平原配备一个独立混成旅团；同时令津轻、宗谷要塞部队和室兰、根室两个防卫队，分别固守各该地区。

当计根别平原决战时，计划集中27至28个步兵大队、30个炮兵中队；当苫小牧平原决战时，计划集中32至33个步兵大队、37至38个炮兵中队。其集中所需时间，预定约为四个星期，加上交通网不完备，预料将是一次极其困难的作战。

如前所述，仅有83架飞机的航空兵力，计划完全用于攻击敌军的运输船队。但是，这些兵力还要抽调出去转用于本州方面的决战，因而并不是可以确有把握的。

朝鲜方面

〔6月的形势——趋于腹背受敌的严重局面〕 在朝鲜方面，5月下旬，随着冲绳战局日趋严重，敌军进攻九州方面的可能性越来越大了。估计如果敌军进攻北九州，事先必然企图攻占济州岛；再者，如果敌军企图切断本土同大陆的联系，则必将进攻南朝鲜，特别是群山方面；因此，南朝鲜与济州岛的战备越来越紧迫了。另一方面，越来越担心苏联有可能在美军进攻本土或朝鲜的同时，或者在这以前参战。估计那时苏军必将进攻北朝鲜，从而朝鲜的防卫将趋于腹背受敌的严重局面。

〔南朝鲜的作战准备情况——北朝鲜分离〕 大本营为了应付这种形势，于5月30日命令第17方面军司令官（1945年4月7日以后为上月良夫中将），专门负责朝鲜中部与南部的防卫；北朝鲜的对苏防卫战备，交由关东军总司令官山田负责。同一天，还将配置在北朝鲜的第17方面军所属的作战部队，划归关东军总司令官指挥。[①]

关于北朝鲜的对苏防卫，后面再讲。南朝鲜的防卫工作，这一年的春天才着手进行，和北东方面的情况有显著的不同。

即济州岛的地面防卫，如下所述，从4月上旬开始，才有两个半师团先后进驻该岛，而且由于编组时间尚浅，战斗力不够。

一、第58军司令部（军司令官为永津佐比重中将），4月15日编成，4月下旬进驻。

二、第96师团，3月10日编成，4月上旬进驻。

三、第111师团，从满洲调来，5月上旬进驻。

四、第108独立混成旅团，由内地调来，4月中旬进驻。

南朝鲜方面有四个半师团正在配备和集结，情况如下，但装备欠缺很多，素质也不好。

一、第150、第160师团5月下旬完成编组；前者分批进驻木浦、法圣浦地区，后者分批进驻扶安、群山地区，着手构筑阵地。

二、第120、第121师团由满洲调来，前者主力于5月下旬集结于大邱，以部分兵力加强釜山要塞，配备在三千浦、固城地区与蔚山、浦项地区，后者作为机动兵团，6月上旬在太田附近集结。

[①] 改变隶属关系的部队是第79师团、第101混成联队和罗津、永兴湾要塞部队。

三、第14坦克联队从驻蒙部队抽调，尚在转移途中。

四、镇海警备府地区，正在组编海军陆战队三个大队。

此外，5月25日下令组编的属于第三次军备计划中的第320师团、第127独立混成旅团以及两个独立混成联队和其他许多战斗部队、兵站部队，还需要两、三个月才能完成组编。而且这些部队大部分都是召集残存在朝鲜的退伍军人和许多朝鲜壮丁组成的，一般素质低劣，而且装备也很差，几乎没有火炮，重武器也只能配备编制定额的20%至25%。但不管怎样，第三次军备计划如果完成，朝鲜中部、南部的总兵力，预计总会有以七个师团、两个独立混成旅团、两个独立联队和一个坦克联队为基干的部队。

另一方面，关于航空作战的准备工作，由中国派遣军调来的第5航空军的主力，正在陆续抵达；第5航空军司令官下山于5月21日，由南京到达京城（即汉城），统一指挥驻朝鲜的第53航空师团，这时，刚刚着手进行以朝鲜海峡方面为重点的作战准备工作。

〔作战计划的修改——对美、终于还是对苏〕 第17方面军司令官鉴于上述形势和作战准备的实际情况，于6月上旬决定修改作战计划，赶紧加强济州岛的防御，同时决定将战斗力集中于南朝鲜的西南正面，做了决战部署。

即将第121师团派去加强济州岛，同时将第120师团和第320师团分别集结于太田和全州；采取能够适应群山、木浦、三千浦正面决战的态势。因此，釜山方面的防御工作交由第127独立混成旅团担任。这次部署变更，是在7月至8月间进行的。

7月末，南朝鲜地面兵力的配备，大致如附图那样，已基本完成。

于是，济州岛的兵力已达三个半师团。7月末，大致完成了主干阵地的构筑，作战准备工作逐渐走上了轨道。这时，大本营要求第17方面军再派一个师团加强济州岛，但鉴于朝鲜本土方面的兵力过少，结果采纳了第17方面军的意见，即："在南朝鲜准备好以一个师团为基干的兵力，当敌军进攻济州岛的可能性增大时，随时将此兵力投入济州岛，以增强第58军的战斗力。"

7月下旬，第17方面军司令官对形势进行研究，结果决定将第120师团推进到济州岛，并令其作好从8月中旬起进驻该岛的准备。

然而，8月9日，突然发生了苏联参战的重大事态。为了应付这种局面，大本营发动了全面的对苏作战；并以8月10日午前6点为期，命令第17方面军加入关东军的战斗序列。第17方面军立即部署，令第120师团的一部向新高山北进，令其主力向龙山北进，并研究让第320师团也做出动的准备。根据8月10日大本营的命令，第17方面军加入了关东军的战斗序列；接着又奉关东军之命,将驻北朝鲜的第34军划归第17方面军指挥,第120师团则由关东军直辖,受命在平壤附近集结。于是,第17方面军不得不急剧地由对美决战态势,改为面向北方进行对苏作战。

第67章

对苏作战准备

对于苏联对日企图的判断

〔对苏联的形势判断——参战只是时机问题〕 自昭和19年（1944年）11月6日斯大林发表演说指责日本是侵略国以来，苏联的动向就成了人们注视之的。果然不出所料，一到昭和20年（1945年）2月下旬，苏联就开始将其欧洲方面的兵力经西伯利亚铁路向东运输。5月前后，由于苏军的东运，西伯利亚铁路运输量，已达到平时运输量的最大限度。

在此期间，于4月6日，苏联单方面通告废除日苏中立条约。5月8日，德国终于无条件投降，要发生的事情终于发生了。这时，一般认为苏联参加对日作战是势在必然的。

针对上述情况，大本营陆军部于5月上旬做了对苏形势的判断，其要点如下：

一、判　断

苏联将趁有利时机行使武力，以企图扩张其在东亚的势力，现已开始向东亚运送兵力，夏季以后，可能随时发动对日攻势，须严加警戒。

二、苏联对东亚的企图

作为其世界政策的一环，苏联将企图乘此次世界大战之机，在东亚培植和扩张其势力，这是不容置疑的。然而，它最渴望的是在东亚大陆，尤其是在满洲、中国扶植它的势力，进而同从西亚、中亚方面进到印度洋相结合，向我南方资源圈扩张势力。

因此，苏联必将随着大东亚战局变化的情况，伺机介入，以扩张其在大陆的地盘。

三、苏联的对日动向

苏联最近的对日动向，从它的论调和远东苏军的动向等方面看来，敌视我帝国的态度逐渐露骨。从2月下旬以来，远东苏军确已真的按计划加强了军备，其对日动态，比过去更趋于积极。而不久以前通告废除日苏中立条约的态度十分露骨，且积极主动，可以认为，同去年秋天斯大林演说中的论点一样，其意图在于随着战局的发展，为其介入战争制造口实，以及为其发动全面的对日政治攻势创造前提条件。中立条约虽然今后还有一年的有效时间，但不得不承认实际上已经失效了。

四、对日本发动战争的时机

苏联对日本发动战争的时机问题，如考虑下列条件，则判断至迟将在本年夏秋之交，须特别警戒。

1. 同美军进攻我本土或南朝鲜、华中、华北的时机关系。

2. 对满洲的进攻，考虑冬季对作战的制约，需要在最冷时期到来之前达到其作战目的。

3. 作战准备所需时间。

如果苏军将使用以约40个狙击师为基干的兵力，则运送其增加兵力（包括装甲和空军兵力）和军需品，需要约四至五个月的时间。由于从2月下旬到3月中旬已开始运输，如按目前状况继续下去，可在6月底到7月底前后，将其所需兵力和军需品集中到远东重要地区。如果把集中后的作战准备时间估计在内，则在8、9月之交，便可以动用上述兵力发动作战。

上述形势判断中提到远东苏军的动向趋于积极，作为这种动向的一个方面可以举出的是，昭和19年（1944年）10月，苏军非法占领了黑龙江上的"满洲国"领土光风岛（该岛位于哈巴罗夫斯克上游约30公里外），事实上是阻止我方的航行。同年12月，在东满国境的虎头附近，苏方先后五次进行非法射击；同年12月4日，苏军的滨海省沿岸奥利加警备队长在其拍发的电文中，使用了"敌国日本"的词句，等等。在观察苏军的动向上，这些都是值得注意的事件。

7月，美、英、苏三国举行了波茨坦会谈；当时，大本营陆军部所做的对苏形势判断，要点如下：

一、苏联的对日作战准备，进展之快出乎预料，8月末，大致可完成发动战争的准备；从军事上看，本年初秋向日本发动武装进攻的可能性很大。

二、波茨坦三首脑会谈，至迟将在8月上旬结束，接着举行的中苏会谈，预料至迟到8月末，也将达成某种协议。那时，苏联将就其对日态度做出最后决定。

三、冲绳失陷后，苏联的对日论调逐渐趋于恶化，由此可以预料，苏联是如何观察战局的变化和日本的作战能力的，需要注意。

〔苏军的增强及其变化〕 自从苏联开始向东方运送兵力以来，关东军在满、苏国境方面的监视部队就不分昼夜、高度紧张地持续盯着苏联的铁路运输情况和苏军的动向。到6月以后，铁路运输的物品中，汽车之类显著增加。这表明已经转为运送后方部队。另外，在其他各个方面还看到，苏军在将兵力和军需品向国境方面推进；特别是在东部国境绥芬河的正面，还可看到苏军在做战术展开之类的行动，因而更增加了形势的紧迫感。

据大本营判断，到6月末为止，苏联远东兵力的增长变化情况如表67-1：

表67-1 苏联远东兵力增长变化情况判断表

区别 时间	人员数	飞机数	坦克数
1944年末	70万	1500架	1000辆
1945年1月末	75万	1700架	1000辆
1945年4月末	85万	3500架	1200辆
1945年5月末	105万	4500架	2000辆
1945年6月末	130万	5600架	3000辆

附带说一下，据判断，昭和19年（1944年）末远东苏军的兵力概况如下：

人　员　　700000人
陆　军　　550000人
海　军　　50000人
内务人民委员部军队　　100000人
飞　机　　约1500架
坦　克　　约1000辆
狙击师　　19个
狙击旅　　10—20个
骑兵师　　1个
空军师　　约24个
坦克旅　　10个
装甲车旅　　3个

从以上情况看来，苏军兵力集中进展之快，出乎预料；如以40个狙击师为基干，可于8月末做好发起作战的准备；如以50个狙击师为基干，则可于9月末做好发起作战的准备。

对苏作战方针的修改

〔**东面攻势的方针——黄金时代**〕 满洲事变以后的日本对苏作战方针，始终是放在消灭沿海省的苏军空军基地方面上。即当万一发生日苏战争时，防卫苏军空袭日本本土，是国防上最重要的问题。因此，我方用兵的基本方针是，空军固不待言，地面部队也从满洲东面采取攻势，消灭滨海省方面的苏军空军基地。

驻满日军的编制装备、部队配置、阵地设施、兵站方面的各项准备和机场、铁路、公路、通讯网的建设整备、教育训练等，都是从这一用兵方针的要求出发的；为了防备万一，关东军历年在这些方面进行了坚持不懈的努力。

在同美、英、荷兰开战后，这一方针也没有任何变化；大本营只是指示关东军尽力防止同苏联发生战争，希望保持北边的平静。

开战时的关东军司令官梅津美治郎大将秉承中央意旨，训诫全军万无一失地保卫北面边界。关东军将士一面关注着友军在南方战线英勇战斗的消息，一面不声不响、专心致志地努力充实战备，加紧训练。昭和17年（1942年）昭和18年（1943年）时的关东军各兵团确实达到了人所公认的精锐程度，成为保卫北面边界的磐石。

〔**全面持久作战的设想——不胜今昔之慨**〕 可是，关东军的这个黄金时代，也以昭和18年（1943年）后期为顶峰，迅速消失了。由于太平洋东南方面战局的紧迫，接着又由于太平洋中部方面战局的紧迫，大本营不得不将防卫满洲的骨干兵力，相继调往太平洋战线。到昭和19年（1944年）夏季为止，从满洲抽调的兵力，达到关东军的二分之一；而补充的除了未经训练的人员外微乎其微。而且从此后的战局前景来看，预计还将从关东军抽出、调用更多的兵力和军需品。

关东军一方面欣然为太平洋的正面战场决战献出自己的兵力，但另一方面为其本身兵力锐减、无法实现对苏作战设想而增加了苦恼。即，消灭东面苏军空军基地的作战计划，由于我军战斗力的锐减，已无法实现。另一方面，要靠少量兵力让关东军继续健存下去，干脆说来会有种种办法；但如果那样一来，事实上就得放弃过去13年来和日本形同一体走过来的"满洲国"，抛弃多年来根据用兵的基本设想、孜孜不倦积累起来的战斗准备而再仓促地去搞新的战备工作，这是可以轻易办到的吗？还有，又怎么能只顾关东军本身的安全和继续生存下去，而不顾日本本土遭受敌军的蹂躏和空袭呢！

从昭和18年（1943年）末至昭和19年（1944年）夏，关东军总司令部的首脑曾经认真地就此问题反复同中央部门进行了多次协商。大本营也有不次于关东军的苦心。关东军的苦衷完全理解，但能否设法采取一种作战方策，确保住满洲的大部分地区呢？有无什么办法能使"日满华"一体的作战体制不致崩溃呢？大本营为此煞费苦心，不断地研究了各种方案。

但是，为了准备"捷号"作战，大批抽调了驻满部队的骨干兵力，大本营终于决心放弃过去一些考虑，采取了所谓全面持久作战的方案。

这种方案就是，在"满洲国"方面的前线重要地区击破苏军，同时利用满洲的广阔地区，阻击和骚扰苏军的入侵，谋求持久作战。在迫不得已时，也要确保从满洲东南部到北朝鲜的地区，以图进行长期、持久的作战。

于是，大本营于昭和19年（1944年）9月18日，向关东军下达了命令，其要点如下：

一、大本营的意图在于，为完成大东亚战争，在确保帝国国防圈的同时，摧毁敌军继续作战的意志。为此，计划在本年下半年以后，粉碎美军主力的进攻。

对苏联应极力防止发生战争。

二、关东军司令官在负责防卫"满洲国"和关东州的同时，为使目前的战争顺利进行，并根据北面形势的变化，对苏联要进行必要的作战准备。

关于执行此项任务，应遵循另册"帝国陆军对苏作战计划要领"。

三、关东军总司令官在有关对苏战备工作上，必要时可指挥朝鲜军司令官。

上述命令中提到的"帝国陆军对苏作战计划要领"，是根据新的持久作战的设想制订的，是关东军作战要领的基础。大本营在下达上述命令的同时，还撤销了过去下达给关东军的有关训令，这些训令曾经是基于旧设想的作战准备的依据。

关东军的对苏作战准备

〔**关东军的新作战计划**〕 根据大本营的决心，关东军着手研究持久作战计划，这个计划将是按照新设想进行战备工作的依据。新的作战设想，对过去的设想来了个一百八十度的大转变。因此，关东军将有关高级司令部的参谋人员召集在一起，就持久战的各方面要领，通过图上作战演习，进行具体研究，以便制定计划，并使所属兵团的首脑了解新的设想，转变认识。这样，到昭和20年（1945年）1月上旬，关东军新的作战计划基本完成。

关东军的这个新的作战计划，主要内容如下：

根本方针是，利用地形和设施，尽力将入侵之敌消灭于国境地带（指从北朝鲜东部山脉—牡丹江西侧山脉—小兴安岭—大兴安岭—齐齐哈尔、四平铁路线外侧的广阔地带）；然后利用满洲、朝鲜的广阔地区和地形，击退、阻止或妨碍敌军的入侵，作持久打算；至不得已时，也应牢固地确保自南满至北朝鲜的山岳地带，抗战到底，以利于全面战争的指导。

为此，应预先将兵力、物资器材配置在整个满洲和北朝鲜，并在所有的作战地区设置必要的设施；但兵力的重点应放在国境地带，以在国境地带进行强有力的持久战。各军应在其作战地区内作战到底；鉴于我方空军力量处于劣势等情况，应避免双重使用兵力和指望补送补给品；各部队应在其负责地区内最大限度地发挥其全部能力，以达持久作战的目的。此外，应特别注重挺进作战和游击战。

〔态势的大转变——二道防线中心在通化〕 关东军根据完全新的设想进行了作战准备，但这是一件极不容易的大举动。这就是说，满洲的中部、南部和西南部，在苏军入侵面前，可以说都完全处于赤手空拳的状态，一切都必须重新做起，加上物资器材又很不足；而从苏联的动向来看，又必须尽快地做好准备。另一方面，我方的意图还需要保密。这样一些困难条件，真是多得很。

因此，关东军为了转变原来把重点置于国境方面的整个态势，决定首先将实行作战准备的智囊——高级司令部转移至后方，并将所需兵力部署在后方地区，从正东面着手进行。

在正东面，到3月末为止，第3军司令部从掖河（牡丹江市东侧）转移到延吉（间岛）；第5军司令部从东安移驻掖河。同时，第3军和第5军的防卫分工地区界线向南方移动。还有，牡丹江市的第1方面军司令部决定战时转移到敦化，已在秘密进行准备。

在此之前，关东军感到有必要设置负责满洲正西面防务的军司令部和负责满洲内部和二道防线地区防务的军司令部，于是要求大本营增设两个新的军司令部。但还没来得及实现，就发生了苏联通告废除日苏中立条约的重大事态。因此，关东军决定依靠自己的力量尽快做好准备，便采取措施，于5月中旬将第3方面军司令部从齐齐哈尔移到奉天，将关东防卫军司令部从奉天移到辽源（郑家屯），将第4军司令部从孙吴移到齐齐哈尔，并将第125师团从黑河附近移至通化附近。

将关东防卫军司令部移到辽源,是为了令其担当正西面的防务。该方面尽管最令人担心,却至今仍然完全开放着,历来担当满洲中部、南部的治安警备任务的该军司令部,变成了作战部队司令部。5月末,关东防卫军司令部改称第44军司令部。再者,第125师团的移动,是为了在担当二道防线地区防务的军司令部设置之前,令其承担该司令部的任务。为了统一管辖并加强满洲中部以南的防务、进行新的作战准备和设置二道防线阵地等项工作,以及为了强有力地推进这些工作,将第3方面军司令部移到奉天。另外,为了接替第3方面军司令部的任务,担当北面与西北正面的防务,将第4军司令部移到齐齐哈尔。随着上述转移,指挥关系和担任防卫的地区也做了相应的改动。

从全面的形势考虑,关东军总司令部的位置移到后方也是应该的。但是,这种移动,从政治上考虑,需要保守机密,而新设各种设施,特别是通讯中心等关系,并不是简单办得到的。因此,决定总司令部仍驻在新京(长春——译者),准备在开战之后,根据战况的变化,再向后方转移;当前只是秘密地在二道防线中心地区的通化,为设置战斗指挥所做准备。

这样,到5月末为止,关东军大大改变了原来的态势,随着春天的到来,逐步开展了新的战备工作。除第125师团外,其他兵团的配置没有多大变化。

〔大连会谈——三大将会商作战问题〕 冲绳的激战至5月下旬,大局已定;美军对日本本土或朝鲜、华中方面的进攻,已经只是时间问题。另一方面,苏军增强远东兵力已达最高潮。战局时刻在迫近最后阶段。于是,大本营决定实行防备对苏作战的第一阶段的重要措施。

1945年5月30日,大本营下达了关东军的战斗序列令,同时向关东军下达了包括如下要点的命令:

一、大本营试图加强朝鲜、满洲对美作战和对苏作战的准备工作。

二、关东军总司令官除了完成目前的任务外,应在消灭来犯美军的同时,在北朝鲜进行对苏作战准备。

为此,应配置必要的部队于北朝鲜;并在有关北朝鲜的对苏作战准备和对美作战准备方面,有权指挥朝鲜军管区司令官。

大本营于同一天还命令关东军总司令官根据"满洲、朝鲜方面对苏作战计划"进行对苏作战准备;命令第17方面军司令官将驻北朝鲜的第79师团、第101混成联队、罗津与永兴湾两个要塞守备队,划给关东军指挥;命令中国派遣军总司令官抽出四个师团以及其他部队,转用于满洲。另外,还命令中国派遣军总司令官尽快从湖南、广西、江西省方面的湘桂、粤汉铁路沿线的占领区撤退,将兵力调往华中、华北方面,加强该方面的战略态势,并准备

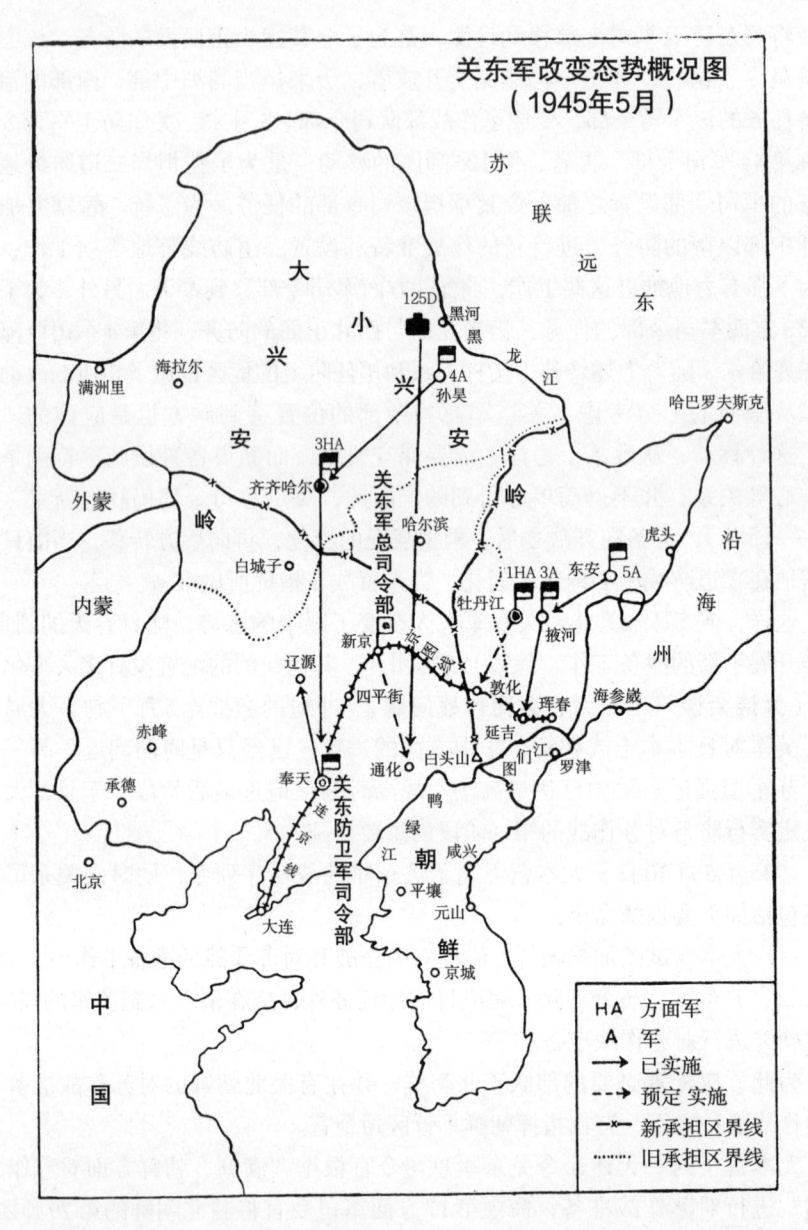

关东军改变态势概况图
(1945年5月)

译者注：①此图系作者按日本帝国主义制造的"满洲国"的疆域绘制，只能示意当时关东军的部署情况。

②图中的"新京"即今长春，"奉天"即今沈阳。

尽快抽调一个军司令部到满洲；以及进行必要的对苏作战准备。

以上的措施是我军从日俄战争之后42年以来，又一次在大陆上采取的对俄全面战争的姿态，具有重大的意义。而且不难想象，不久之后，日本本土和大陆之间的交通可能断绝。因此，参谋总长梅津大将奉敕命亲赴大陆，部署这一重大措施，并听取关东军和中国派遣军两位最高指挥官的军情报告。

这样，参谋总长于6月4日飞抵大连，在大连郊外星浦的满铁总裁公馆，向关东军总司令官山田乙三大将和中国派遣军总司令官冈村宁次大将传达了上述各项命令，同时听取了两军情况的汇报。然后，三巨头就重大的时局问题，坦率地进行了商谈。

5月30日大本营下达的"朝鲜方面对苏作战计划要领"，其作战目的是"击败入侵满洲之敌，大体上确保京图线（新京至图门铁路）以南、连京线（大连至新京铁路）以东的重要地区，谋求持久作战，以利于全面作战"，根据对苏作战兵力规模的变化和其后满洲、朝鲜的战备情况，对前一年9月下达的"帝国陆军对苏作战计划要领"进行必要的修改，使满洲和朝鲜形成一体，这是一项全面、持久的作战计划。

〔作战准备的实际情况〕 关东军根据中央新的作战计划，补充、修改了原定计划，6月14日，将这个计划传达给所属方面军，规定9月下旬基本上完成作战准备工作，专心致志地努力按照新计划进行准备。

关东军总司令部以下应当进行的主要作战准备工作有：根据新计划的部队配置的改变；从国境方面到满洲内地的各项防御设施、二道防线工事和其他设施的修建；后方地区机场的加强；交通、通讯网的增补，作战物资器材的纵深配置；整个满洲的动员工作以及战斗教育令的制定等，涉及的范围十分广泛。各兵团从冬末就开始进行认真的作战准备，但因部队的调转、改编，变动频繁，以及物资器材不足等原因，进展非常迟缓，关东军首脑越来越为此感到焦虑和不安。

从重要的作战准备事项——阵地工事的构筑来看，增强了关东军"筑城部"（领导构筑阵地工事的组织）的关东军建设团等，以全部兵力担负起这一任务，此外，从7月份起，又增调约3万名"满洲国"军，以及"满洲国""勤劳奉公队"等各种劳动力，企图大力促进这项工作。但在7月末时，国境方面的后方工事，仅仅完成了主要火力的阵地，而连接各火力点的阵地体系还没有建成。满洲内地的工事构筑，预定在9月末完成，但各方面的工作，大都还在计划之中，至于二道防线地区的工事构筑，除了一部分前进阵地已开始构筑外，大部分都还在计划之中。

关东军增加的形势

〔**羸弱了的关东军——原有师团全部调转**〕 随着太平洋战局的进展，从昭和19年（1944年）起，关东军的大部分精锐常备师团陆续被调往太平洋战线的决战场。其中配置在关岛、帛琉、莱特、吕宋、冲绳的一些兵团，承受了敌方大军的重压，英勇战斗，充分发挥了它们真正的本领。

为弥补被调走的驻满常备师团的空缺而新建的6个师团中，有2个师团和剩下来的全部原有常备师团，于昭和20年（1945年）3月，又被调到日本本土等方面。上述兵团的调转情况如表67–2：

表67–2 关东军兵团调转情况

下令调动时日		兵团	调往地点
昭和19年 （1944年）	2月	第29师团 第14师团	关岛 帕劳
	6月	第9师团 第28师团 第68旅团	冲绳（后转台湾） 宫古岛 台湾（地区）（后转莱特）
	7月	第1师团 第8师团 第10师团 第24师团 第2坦克师团	吕宋岛（后转莱特） 吕宋岛 台湾（地区）（后转吕宋岛） 冲绳 吕宋岛
	10月	第23师团	吕宋岛
	12月	第12师团	台湾（地区）
昭和20年 （1945年）	1月	第71师团	台湾（地区）
	3月	第11师团 第25师团 第57师团 第1坦克师团 第111师团 第120师团 第121师团 (1945年2月新设)	本土 本土 本土 本土 南朝鲜 南朝鲜 南朝鲜
摘要		除上述部队外，为了进行打通中国大陆的作战，第27师团于1944年1月调往华北。	

除上述调动外,还有第2方面军司令部与第2军司令部于昭和18年(1943年)10月调往澳洲北部;第20军司令部于昭和19年(1944年)9月调往华中;第6军司令部于昭和20年(1945年)1月调往华中。昭和18年(1943年)以后,从关东军抽调的独立部队,超过200个以上。

关东军的空军兵力也陆续被调往太平洋战线,特别是为了准备菲律宾决战,几乎抽走了全部力量。昭和20年(1945年)7月末,第2航空军拥有的飞机,包括旧式飞机在内,仅有155架战斗机、40架歼击机与轻轰炸机、20架重轰炸机、15架侦察机,共230架,而航空作战部队只有南满要地防空用的一个战斗飞行战队,以及两个独立战斗飞行中队,其他均为教练飞行部队。

关东军多年积累起来的大批作战物资,由于累次调往太平洋战线,特别是为了准备日本本土的决战而被调往日本,数量大减,到7月末时,拥有的作战物资如下:

  弹药   13.5师团会战用量(包括部队装备)
  航空燃料 16000千升
  汽车燃料
   汽油 20819千升
   轻油 2736千升
  (以上为15000辆汽车的半个月用油量)
  粮秣
   主食 13000日份(师团)
   副食 8300日份(师团)
   马粮 12100日份(师团)

〔浮肿的关东军——全部彻底的总动员〕 昭和20年(1945年)5月30日以后,作战舞台开始转向北方。如上所述,大本营决定从中国派遣军抽调4个师团到满洲,这些兵力由铁路运到满洲和北朝鲜。情况如表67-3:

表67-3 中国派遣军4个师团调转情况

兵团	通过满华国境日期	新隶属关系	到达地
第63师团	6月19日	第44军	通辽附近
第117师团	6月25日	第44军	白城子、洮南
第59师团	7月19日	关东军直属	咸兴附近
第39师团	7月21日	第3方面军	梅河口、清源附近

还有，驻在北朝鲜的第79师团等，于5月30日被编入第3军。接着，大本营于6月17日下令，将驻汉口的第34军司令部（军司令官为栉渊鉴一中将）调往北朝鲜；同时于18日下达了第34军的战斗序列令，并将该军编入关东军的战斗序列。第34军原来以第59师团为基干，其基本作战任务是：在咸镜南道平原的重要地区，粉碎苏军的进攻；不得已时，也应以主力阻挡住向平壤方向突进的敌军，并以部分兵力阻挡住向汉城方向突进的敌军。后来在7月30日下令，将新设的第137师团和第133独立混成旅团增派给该军。

在此之前，作为向日本本土方面抽调兵力的前提，昭和20年（1945年）2月在满洲组编了8个师团（其中1个师团于3月调往南朝鲜）；加上1944年新建、没有调走的4个师团和北朝鲜的一个师团，以及从中国派遣军抽调的4个师团，到7月，关东军的兵力逐渐达到了16个师团，但战斗力很低，仅以这些兵力进行对苏全面战争，仍然令人极为不安。

因此，关东军决定从满洲动员可能动员的约25万人和国境守备队的装备，以及其他可以利用的一切武器物资，依靠自己的力量，断然实施最后的军备计划，以增强兵力。这就是所谓彻底的满洲总动员。通过这次动员编成了第30军司令部、8个师团、7个独立混成旅团、1个坦克旅团、5个炮兵联队和若干其他部队。此外，如果发生对苏战争，还计划召集最后的10万人，编成一个师团，并增设各师团的后方部队、缺额中队，以及兵站部队等。

上述动员，于7月上旬先编成司令部，然后编成师、旅团内的各个部队，随着此项工作的进展，大本营于7月20日，发布了有关新设兵团和部队的隶属令，同时下达了第30军的战斗序列令，将该军编入第3方面军。

第30军（军司令官为饭田祥二郎中将）以4个师团为基干，军司令部设在梅河口，担任二道防线地区及其外围的战备工作。

于是关东军的兵员又膨胀起来，拥有以24个师团、9个独立混成旅团为基干的约75万人的兵力。可是，这些部队的实际战斗力怎样呢？即便是最老的师团，也只有昭和19年（1944年）5月编成的第107师团。其他都是在那以后新建的兵团，编制、素质、装备都很差，训练也不够。在7月份的彻底总动员中，人员勉强补充够了，但武器很缺，计缺：野炮400门、机枪236挺、掷弹筒4900个、刺刀约10万支。另外，从中国派遣军抽调来的兵团，除第39师团外，都是没有联队编制的所谓警备师团，不仅不能开展灵活的作战行动，而且战斗力也很难说是充分的。关于对苏作战方法的教育训练，都还没有进行。

如果把拥有24个师团、9个混成旅团的关东军的实际战斗力，换算成过去的驻满常备师团，实际上仅为八个半师团。所以，关东军的增强，可以说是一种表面膨胀而内容空虚的浮肿。

可是，在向太平洋战线和母国日本运出了可以运出的一切之后，仍然准备果敢地挥起它的螳螂之臂来面对最后的血战，关东军的这种姿态，对于了解它当年的威容和实力的人来说，实在不无悲怆之感。

〔增强的第二手——从中国战线抽调〕 大本营于5日末采取了准备对苏作战的第一个措施，但必须说，这样满洲朝鲜的战备还是极不完备的。因此，大本营连续研究大陆正面的战略方针，到7月末，做出了如下的结论：

一、在满洲进行持久战，在朝鲜进行决战；即便在作战不利的情况下，也应尽力确保南满与南朝鲜的重要地区。

二、为了充实满洲方面所需的兵力，从中国大陆抽调可以调动的最大限度的兵力。

三、关于中国方面的作战指导，以昭和20年（1945年）末为目标，先收缩湖南、广西方面的战线，在此期间，将尽可能多的兵力（以约10个师团和10个旅团为基干）抽调到满洲、朝鲜；同时抗击前来进攻的美、苏军，确保华北的重要地区，以使全局作战易于进行。

根据以上结论，大本营准备对大陆方面采取第二次措施，但还未及实行，就遭受到了苏军的进攻。

北东方面等地的对苏作战准备

〔库页岛和千岛的战备〕 北东方面的战略态势，是以应付来自千岛方面的美军进攻为重点的，根据这一目标，一步步地进行了作战准备。及至昭和20年（1945年）4月下旬，预料到苏联必将参加对日战争时，大本营才企图加强北东方面的对苏作战准备，于5月9日向第5方面军下达了应"实施对苏作战准备"的命令。

作为第5方面军实行对苏作战准备之依据的大本营的计划，内容如下：
对美作战期间，苏联参战时，北东方面的对苏作战计划要领：
第一，作战方针
击溃来攻之敌，确保北东方面国土的重要地区。
第二，作战指导要领
1. 在库页岛，作战重点为对苏作战，击溃来攻之敌，确保库页岛南部的重要地区。

2. 千岛群岛和宗谷海峡，仍然确保其重要区域，努力切断美、苏之间的联系。

3. 当苏军进攻北海道时，根据情况，争取随时随地击败敌军，确保北海道本岛的重要地区。

根据以上计划，第5方面军于6月末制定了方面军的作战准备纲要，促进了对美、对苏的战备工作。方面军在库页岛、千岛方面的作战设想是：在库页岛方面，以第88师团之一部固守敷香、惠须取一线以北、特别是国境阵地，以该师团的主力确保丰原以南的重要地区。在千岛方面，以第91师团的主力确保幌筵海峡，以第129独立混成旅团的主力确保得抚岛北部。以第89师团的主力确保择捉岛西部的天宁地区，并以该师团之一部确保色丹岛。千岛方面的部署，以确保我方主要机场为重点。

〔**蒙疆方面的战备**〕 关于蒙疆方面的对苏战备工作，大本营于昭和18年（1943年）夏季制定了"蒙疆方面作战准备纲要"，其战备要求是：对外蒙苏军应确保阿巴嘎、西薛尼特、百灵庙一线以南的重要地区，同时根据需要，牵制外蒙方面的敌军，以使关东军的作战易于进行。使用兵力为两个师团，并制订了适应这些师团的工事构筑和其他准备工作的计划。不过，这项战备计划，由于受战局的影响，未能如期完成；仅在张家口北面、大同及其北面的丰镇附近修建了阵地设施。昭和20年（1945年）7月，驻蒙部队将第2独立混成旅团配备在张家口地区，将第4独立警备队配备在大同地区。

第68章

本土的防空作战

本土防空的基本观念及其应用

〔防空的基本观念——积极防空〕 我国对苏防卫的第一线已推进到东亚大陆；而另一方面，苏军以乌苏里州方面为基地，已经形成可以空袭我国的态势，因此，陆军部关于本土防空的基本观念，以积极防卫为主旨，即想把开战后可能成为空袭我国土的基地地区，迅速夺到自己手中。军队的编制、装备、作战、教育、训练、技术、研究等，都是根据这个基本观念进行的。过去几乎把全部力量用来加强远征军了，因而有关国土直接防空的切实的准备工作，即使在大东亚战争期间，一直到真正感到迫切需要之前，许多方面还未能具体化。以有限的国力，同时组建和装备庞大的野战军和防空军，事实上也许是不可能的，但是这种观念是深深扎根于国军的传统思想，即重视"以进攻为最好的防御"和"守不足恃"等军事学上的铁的原则。这就是说，我军企图尽力加强远征军，想通过远征军的神速作战来解决困难的国土防空问题。

海军部大致也和陆军一样，认为"最重要的是不让敌机靠近本土，其次才是迎击前来袭击的敌机"。

这种观点，在大东亚战争中也没有任何变化。在昭和16年（1941年）11月4日召开的军事参议官会议上，东条陆相对百武海军大将提出的有关国土防空问题的质询，做了如下的答辩：

"必须认识到，防空应以陆、海军，特别是航空部队的积极进攻作战为基础。就是说，国土防空应当在不妨碍部队积极作战的前提下进行准备。

"我国的防空兵力有：陆军飞机约100架，海军飞机约200架；重要地区直接防空用的高射炮，陆军约有500门，海军约有200门。力量虽很薄弱，但最近已配备完毕，正在训练中。

"敌军的空袭不会在开战之后立即发生，会有若干余地。可能只是偶尔遭受空袭吧。首先将开来航空母舰以舰载飞机进行空袭。敌军如果将以苏联为基地进行空袭，那当然相当危险，不过在开战初期不会出现这种情况。"

这一答辩明确地说明了有关防空的传统基本观念。

自从开战以来，我军占领了南方和西太平洋的重要地区，敌军第一线已被我方击退到远离日本本土的地方；因此，在开战初期，由于敌机的性能关系，我国本土根本无须担心遭受敌军大规模空袭。因此，本土自身的空防力量是极其薄弱的。危险就潜伏在这里。即，远征军一旦崩溃，就有可能立即出现任凭敌机在本土上空横行的危险。这种积极防空的观点，也反映在防空部队的武器和组建上面。这就是说，开战时的防空用飞机，并不是为了防空而特别研制的，只是将野战用飞机原封不动地拿来使用，因此，其性能不能满足防空战斗的特殊要求，防空部队的素质也比野战部队差。

〔战线后退后防空态势的加强〕 昭和17年（1942年）4月18日，本土遭受了敌机的突然袭击。这次空袭并不是由于我军战线崩溃的结果，因此并不可怕；但也痛感我国本土防空设施过于薄弱。以此为转折点，在条件容许的范围内，迅速加强了本土的空防态势。陆军方面，昭和17年（1942年）5月，编成了专职的防空飞行部队，计有第17（东京）、第18（大阪）、第19（小月）各飞行团；另外还加强了京滨、中部、小仓各防空队，分别改编为东部、中部和西部防空旅团；并试图整备和加强航空情报网。在海军方面，昭和18年（1943年）3月1日，将防空战斗队——第302航空队编入横须贺镇守府；接着将第332航空队编入吴镇守府，将第352航空队编入佐世保镇守府。不过，防空武器性能的提高，和国力、特别是与科学、技术、工业能力有直接关系，而加强防空兵力还需同时兼顾加强远征军的战斗力，因而并不是容易实现的。

到昭和19年（1944年）春前后，在东南方面和太平洋中部方面，我第一线部队受敌军压制，估计上述的基本观念不久也许就不适用了。到了这时，整顿和加强防空态势的工作，虽然还不够完善，才逐渐走上了轨道。

防空组织

〔防空组织大纲〕 关于本土的防空任务，根据陆、海军中央协定，全由陆军担任，海军只担任军港、重要港口地区及其附近的防空任务。

日本本土在最初遭受从中国大陆基地起飞的B29飞机空袭之前，即昭和19年（1944年）6月初的防空组织概况如下：

这个组织的着重点是，在本土的周围与内陆，广泛配置情报网，迅速、准确地探知前来袭击的敌机情况,据此及时派出防空飞行队,在敌机进入重要地区之前进行迎击;然后开始高射炮队的战斗,集中空中与地面的战斗力,挫败敌军的企图。因此,组织工作方面最重要的一点是,要使侦察敌机来袭的情报机关,同与此相应出动的飞行部队两者建立起真正一体不可分割的关系,而且要把两者在组织方面的距离缩短到最小限度。换句话说,为了弥补我国国土纵深较浅的弱点,必须设法尽早得到情报,能够毫不迟延地出动飞

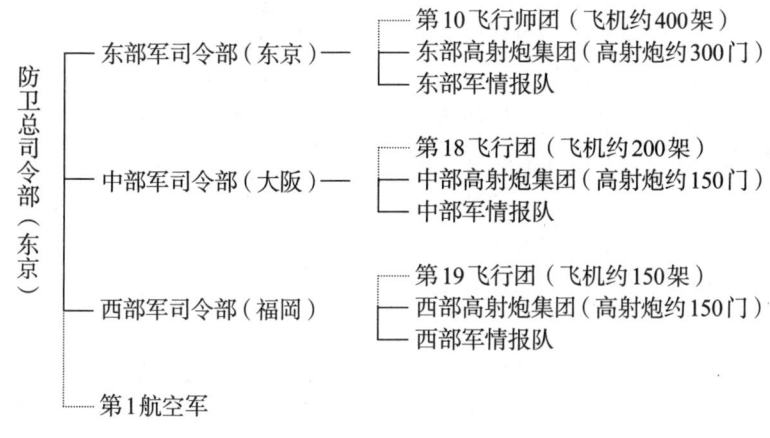

```
                    ┌─ 东部军司令部（东京）──┬┈ 第10飞行师团（飞机约400架）
                    │                        ├─ 东部高射炮集团（高射炮约300门）
                    │                        └─ 东部军情报队
防
卫                  │                        ┌┈ 第18飞行团（飞机约200架）
总 ─(东京)──────────┼─ 中部军司令部（大阪）──┼─ 中部高射炮集团（高射炮约150门）
司                  │                        └─ 中部军情报队
令
部                  │                        ┌┈ 第19飞行团（飞机约150架）
                    ├─ 西部军司令部（福冈）──┼─ 西部高射炮集团（高射炮约150门）
                    │                        └─ 西部军情报队
                    │
                    └─ 第1航空军
```

备考:

一、──表示隶属系统,┈┈表示指挥系统。

二、海军的第302、第332、第352航空队,于昭和19年(1944年)7月11日划归防卫总司令官指挥。

三、第18、第19飞行团,于昭和19年(1944年)7月改编,加强为第11、第12飞行师团。

四、东部高射炮集团于昭和19年(1944年)12月改编为第1高射师团,中部(西部)高射炮集团,于昭和20年(1945年)4月改编,加强为第3高射师团(第4高射师团与第4高射炮队)。

昭和19年(1944年)9月,在名古屋设立名古屋防空队司令部。该司令部于第二年5月改编,加强为第2高射师团司令部。

五、陆军航空总监(陆军航空本部长)所属的机关、学校,拥有优秀的飞机和驾驶员;因此,根据形势需要,可临时将其划归防卫总司令官指挥,称之为东二号部队。

本表所列的兵力,包括东二号部队。

六、除本表所列部队外,还有配置在全国各地的民间防空监视哨,负责监视敌机,收集情报。

行部队，这是确定防空组织的着重点。可是，从上述组织情况看来，收集到的敌情先集中到军司令部，然后再传达给飞行师团司令部和高射炮集团司令部。在这里，组织方面存在着缺陷，浪费了宝贵的时间。原因是，这种情报机关是在地面部队中发展起来的，而且民间防空机关的培育、训练等，在很大程度上都必须有赖于地面部队的组织和努力。这与防空战斗的特殊性质是不相适应的。为了适应这种要求，东部军采取了应急对策，于昭和20年（1945年）春，将其情报队划归第10飞行师团团长指挥。

其次一个问题是该组织的工作内容，即构成适应日本本土地理特点的情报网，以及改进防空战斗机和高射炮性能的问题。

〔情报网的构成——电波警戒网〕 我国本土防空作战方面的地理特点是，广阔的正面面临太平洋而纵深较浅，最深的地区也不过300公里左右，几乎谈不到什么纵深。而且，日本的心脏部位都在太平洋沿岸。这就会使敌机对我心脏地区进行突然袭击。为了防御敌机从太平洋方面对我国土的袭击，先决条件是要最迅速地取得敌机来袭的情报。与在重要地区周围等待敌机的高射炮部队相比，对在敌机进入重要地区之前就要进行迎击的飞行部队来说，这种要求更为迫切；得到情报的快慢，决定着迎击作战的成败。为了满足这一迫切要求，西南各地、小笠原、伊豆群岛和千岛群岛等，具有重要的地位。

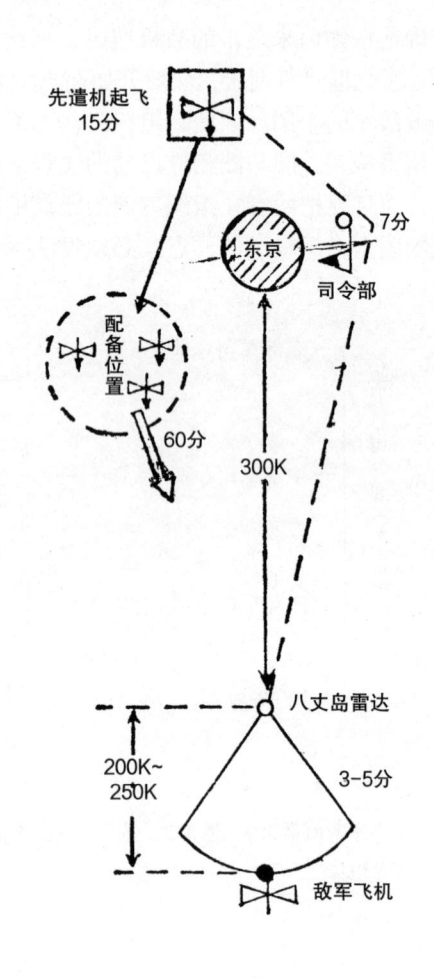

根据第10飞行团的战斗统计，有关东京防空的情报搜集、传达和防空战斗的关系，图示如下：

备考一：

行动	所需时间	合计
在八丈岛南面200至250公里处发现飞机，向各部队下达警戒备战命令，在八丈岛上空查明确实是敌机	3—5分	85—87分
报告到师团，下令出动	7分	
战斗队先遣机起飞	15分	
战斗队根据师团的部署，抵达配备位置在此期间保持必要的高度——约10000米	60分	

备考二：

八丈岛距东京约300公里，以B29飞机的巡航速度计算约需60分钟。

这个图意味着，当敌军利用我军弱点来袭时，如果我军不能及早得到情报，或者不能尽量缩短所需的时间，特别是飞行战队到达配备位置的时间，那么在我战斗机进攻敌机之前，东京就已被轰炸了。

关于从中国大陆出发来袭敌机的情报，因已部署事前先从中国派遣军与第5航空军那里接收通报，然后通过本土周围的情报网进行侦察、确认。这样得到情报既容易又准确。

情报网由电波警戒器（即雷达）甲、乙、目测监视哨、监视艇、特种无线电队（通信谍报），以及联结它们和司令部之间的通讯网所组成。其中最重要的是警戒器乙，其配置概况如日本本土雷达乙配备要图：

雷达甲　是一种两点之间直线放射电波的装置，可以侦察到横越该电波网的飞机。配置数量很少。

雷达乙　具有方向性，有效距离约为250公里，其数量，陆海军合计约100台。本来可以毫无遗漏地捕捉敌机，但由于性能上有缺陷，最初还不够完善。

目测监视哨　用肉眼或望远镜监视敌机；有的是军队组织，有的是民间组织，都和电气监视机并用，为数甚多，遍及全国。

监视艇　是一种载有电波警戒器的100吨至300吨的舟艇。将此种舟艇开到太平洋上，尽早侦悉敌机来袭的情况。这是一种想及早获得情报的最后手段。海军配置在小笠原群岛东西一线附近的监视艇，约有50艘。

特种无线电队　是一种截收敌军基地或敌机通讯的组织，以资对敌军的企图做出判断。配属于司令部。

1162　大东亚战争全史

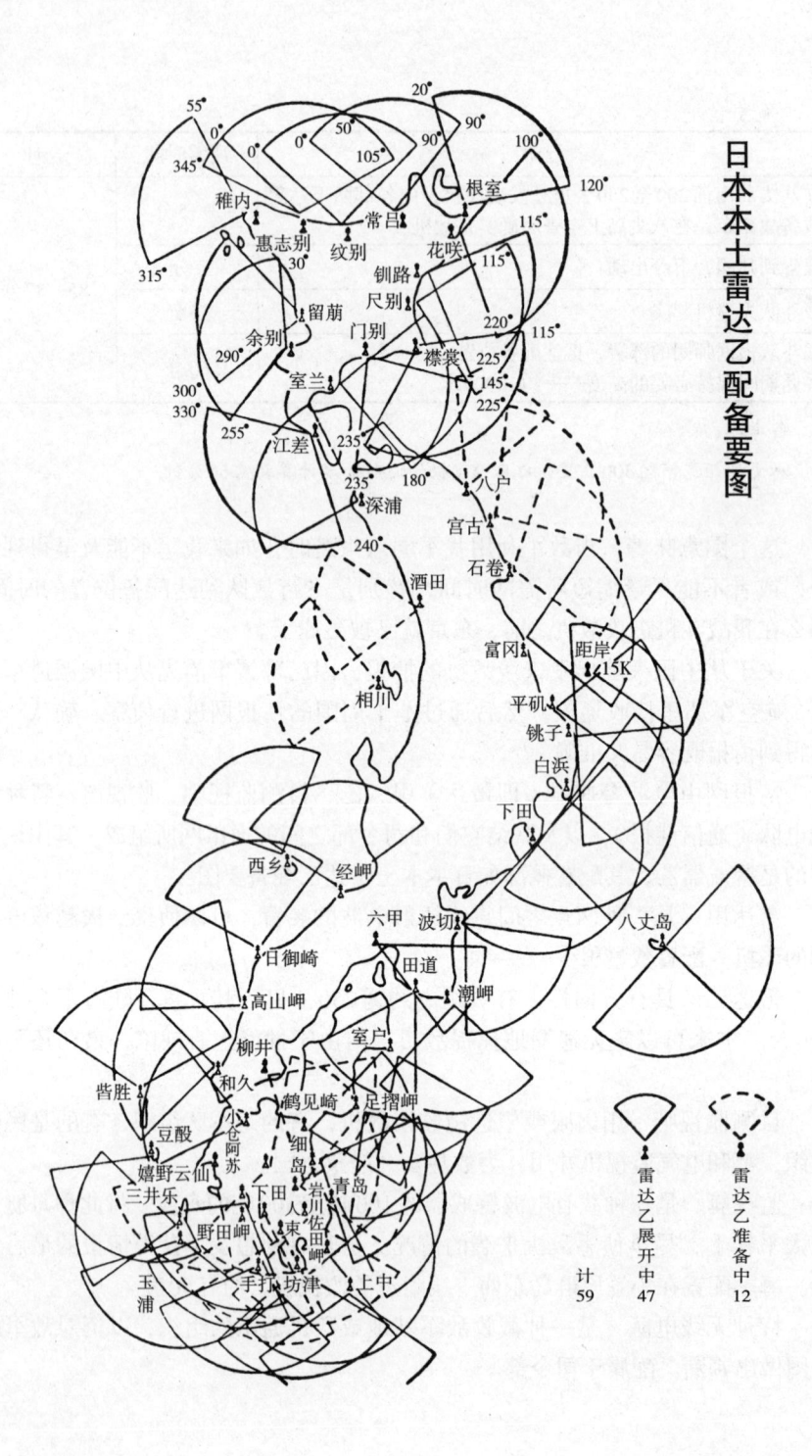

日本本土雷达乙配备要图

情报网的构成情况，大致如上述，利用这种组织的机能和侦察飞行队的直接搜索，就能在进行战斗之前大致可以获知防空作战方面最需要的敌情，但对敌军的单机，事前捕捉是困难的。另外，对敌机高度的测定，还没有达到实用上可靠的程度。

〔防空战斗机和高射炮的适应性〕 防空战斗机性能上最重要的是其上升限度和上升速度。如上所述，我国的战斗机是以野战中的进攻战为重点而制作的；是按在5000米左右高度的空域能发挥最大能力设计的。因此，把这种战斗机用于防空作战，在当时的技术水平条件下，还不能达到防空作战所要求的上升高度和上升速度。

当时用于防空的战斗机的上升高度和上升速度如下：

机种	区分	上升高度（米）	上升速度（时间/高度米）
陆军飞机	三式战斗机	10000	6分25秒/6000
	二式单战机	10820	5分54秒/5000
	一式战斗机	10500	6分20秒/5000
	二式复战机	10500	7分00秒/5000
海军飞机	紫电	10760	7分22秒/6000
	月光	9320	9分35秒/5000

关于高射炮的情况，也大致相同，其最大射高如下表。实际威力圈约为最大射高的80%。

7厘米高射炮	9100米
8厘米高射炮	10000米
10厘米高射炮	10500米
12厘米高射炮	14000米
15厘米高射炮	20000米

上述防空武器的性能表明，对在1万米以上高空来袭的敌机，不得不进行相当艰苦的战斗。

防空作战准备

〔防卫总司令部的防空作战要领〕 如上所述，防卫总司令部于昭和19年

（1944年）5月接到大本营有关本土防卫的命令："以粉碎敌之空袭为首要任务，将重点置于航空作战，迅速做好防空作战准备。"据此制定了防空作战要领，概要如下：

一、彻底集中航空、地面的战斗力，击落来袭的敌机，掩护有关加强国力的重要设施。为此，航空部队和高射炮部队无须划分战斗空域；在同一空域里也可以根据各自的特点进行战斗。

航空部队以必要的兵力直接掩护重要地区，并以其余的兵力，尽量远程捕捉敌机，争取将其击落。

追击时，不分作战地区，果敢顽强地进行追击，击毁残存的敌机。

二、东部军主要掩护皇宫以及京滨地区的军事、政治和生产中枢。另以部分兵力配置在立川、太田、常陆、釜石等地，掩护其生产设施。

为了掩护京滨地区，应准备可供20个战斗队使用的机场。

为了把雷达网推向前进，并与八丈岛的雷达相连接，应准备两只装载雷达的船只，配置在距岸300公里左近的海上。

三、中部军主要掩护名古屋和阪神地区的重要生产设施，另在广岛、滨松、清水、广烟、京都等地配置部分兵力，掩护其生产设施。

为了掩护名古屋地区与阪神地区，应各准备可供5个战斗队使用的机场。

为了把雷达网推向前进，与八丈岛雷达相连接，应准备一只装载雷达器的船只，配置在距海岸300公里左近的海上。

四、西部军主要掩护仓幡地区（包括下关、门司）的重要生产设施。另在长崎、福冈、大牟田等地配置部分兵力，掩护其生产设施。

为了掩护仓幡地区，应准备可供十个战斗队使用的机场。

五、当敌军机动部队来袭时，第1航空军可同时指挥第5飞行团，与海军密切配合，搜寻敌军航空母舰，予以消灭之。

防卫总司令官东久迩宫稔彦王大将根据这个防空作战要领，将必要事项向各部队做了传达，作为战备和作战的依据。

〔关于敌机空袭本土的判断〕 昭和19年（1944年）初，关于敌机空袭本土的判断大致如下：

从昭和18年（1943年）4月起，作为空袭日本的武器而开始制造的B29飞机，经由印度推进到了中国大陆，至本年5月，其数量约达50架；到本年初夏时，敌机可能将以中国大陆为基地，开始空袭我本土。

从B29飞机的性能看来，估计其进攻距离（续航半径）约为2800公里，常用高度约为9000米。因此，敌机的空袭将仅限于本土西部，并将选用最大高度或在夜间行动，其攻击目标最初可能指向重工业设施。

敌军的小型飞机，由于基地关系，目前还处于战斗圈之外；另外，利用机动部队的攻击，从目前的战局来看，暂时还无须过多的担心。

〔**防空部队的作战准备**〕根据防空作战要领和对敌人空袭活动的判断，各防空部队加速进行了作战准备；但当时在中央和各部队驻地都为缺乏威力大、超高度的战斗机而十分苦恼。因为当时的战斗机，高空性能不好，而要达到本土防空的目的，绝对需要能在预料的敌机活动空域里发挥威力的战斗机。

高空性能最好的是100式司令部侦察机，其次是三式战斗机、二式单战机、一式战斗机、二式复战机。在一万米的高度时，这些机种的飞机充其量只能保持正常姿势，机体一倾斜，就会立即下滑，降低高度。因此只能进攻一次，不能对同一目标反复进行攻击。

于是，把高空性能良好的100式司令部侦察机，改造作战斗机使用。另外，给四式重轰炸机装上中口径炮，使之担负攻击来袭敌机的任务。

部队为了使现有飞机发挥最大效能，加紧进行了超高度的训练，在昭和19年（1944年）夏季时，已经可以在9000米左右的高空进行编队战斗了。不过，渴望的超高度战斗机，还停留在试制范围，直到最后也未能供实战使用。陆、海军联合试制的喷气式飞机"秋水"，还在试验飞行阶段战争就结束了。

提高夜战能力也是主要的作战准备工作，但其战斗力，最大限度也只能击落被探照灯照出的敌机；要想在夜间或天气恶劣时随时都能发挥威力，绝对需要有雷达装备，而这种装备还没有完成。

当时的高射炮部队，主要是用7厘米高射炮装备的，其威力圈和破坏力都达不到要求的水平；因此，从昭和19年（1944年）初起，逐步改用8厘米高射炮，接着又改用12厘米高射炮重新装备。其作战准备的重点是，要对高度大、航速快的目标以及对在云层上或在夜间行动的敌机；都能充分发挥威力；但由于电波标定机还没有制成以及其他原因，对付云层上的敌机还远未收到实效。

除此之外，还修整了机场，集结了燃料、弹药，修筑了高射炮台，准备了服装、粮食、薪炭等，进行了战备工作；在此期间，本土西部已遭受了敌机的空袭。

空袭的加剧和我方的防空作战

〔**B29飞机以中国大陆为基地空袭九州**〕昭和19年（1944年）6月15日

夜，从中国成都基地起飞的约20架B29飞机，前来袭击仓幡地区，我方进行迎击，本土正式的防空作战从此开始。陈纳德指挥下的驻中国大陆的美国空军，以北九州，特别是以八幡制铁所和长崎造船厂为目标，在直到昭和20年（1945年）1月6日为止的期间内，前后10次、以40架，甚至七八十架飞机的大编队前来袭击。

这时敌机来袭的行动，每次都由于中国派遣军和济州岛、对马岛的警戒部队事前及时提供了准确情报，我第19飞行团（9月15日前，团长为古屋健三少将，以后为三好康之少将）和西部高射炮集团（集团长为井原茂次郎少将），经常做好万全的迎击准备，进行了有效的、准确的作战，不仅保卫了重要地区，而且给予敌机以沉重打击，迫使溃逃。特别是在6月16日的第一次空袭中，获得了击落敌机7架（不确者3架）、击伤3架的战果。另在11月21日的迎击作战中，据报击落敌机26架、击伤24架；而我方的损失经常是轻微的。敌机由于遭到我方迎击，只能盲目轰炸，或者进行一些零散的、不准确的袭击，也有时从九州海面匆匆返回。

通过这个期间的作战，痛感在防空作战中，情报工作是极端重要的。

〔以马里亚纳为基地的B29飞机袭击我本土〕 昭和19年（1944年）11月1日，有两架飞机飞来关东方面进行侦察。从此，以马里亚纳为基地的B29飞机开始了对本土的空袭。11月24日，约有70架飞机空袭帝国首都，进入了正式的空袭。在11月、12月，主要是袭击帝国首都附近的工厂地带；另以部分兵力袭击东海地区，组成强有力的编队前来袭击的次数共达7次。1月份主要袭击东海地方5次，2月份袭击关东地方2次；到2月为止，B29飞机前来袭击的次数，约达1100架次。

从1月起，驻中国大陆的B29飞机逐渐转移到马里亚纳基地。随着这种转移活动的进展，至3月份，以马里亚纳为基地的B29飞机对本土的袭击，其机数与次数都突然增加。空袭次数达9次，飞机数则相当于2月以前来袭飞机的总数。另外，来袭敌机的编队，过去都在100架以下，但3月份最高曾达170架；而且以3月9日夜对东京的空袭为转折点，转向以大编队进行夜间袭击，开始对城市用燃烧弹进行狂轰滥炸。这种袭击，上旬指向关东地方，中旬是指向东海地方，下旬时，也许是为了策应冲绳作战，改为袭击北九州的机场与城市。并于3月28日开始在下关、门司地区空投机械水雷。

我防空部队以上述那样的组织迎击敌机，但由于兵力不足，加之武器、物资器材的性能不适于同超高度和在夜间或在云层上飞行的敌机进行战斗，因而未能获得预期的战果。

大本营计划以硫黄岛为中继站，对马里亚纳基地进行积极的攻击；从11月3日开始，至昭和20年（1945年）1月3日止，曾经先后8次，以陆、海军飞机56架次进行袭击，使敌军受到相当损失；但由于兵力微弱，未能压住敌军增长的势头。此外，陆军于昭和19年（1944年）末虽然准备对马里亚纳基地进行空降袭击，但未能实施。当时准备的空降部队，就是前述后来在冲绳作战中果敢进行空降袭击的义烈空挺队。

〔机动部队——舰载飞机对本土的初次袭击〕 2月16日，正当以马里亚纳为基地的B29飞机对本土的空袭逐渐激化之际，关东地方突然遭到大约1200架次的敌军舰载飞机的奇袭。由于事前没有得到任何情报，而且是从低空侵入，警戒器乙也没有捕捉到目标，只是由于沿岸监视哨的报告，才知道敌机来袭的。

这支机动部队是米洽中将指挥下的第58特别任务部队；来袭的目的是为了配合硫黄岛的登陆作战，消灭我关东方面的空军力量。

敌机分为七批袭击关东一带的机场；第二天，即17日，又冒着坏天气，以600架飞机反复进行同样的攻击。幸而由于陆军部队隐蔽得当，在地面上受损害的飞机只有两架，但海军部队在地面受损害的飞机达58架。

我第10飞行师团于16日对敌机的奇袭进行了迎击，但由于历来的战斗训练，都按防空战斗的需要，以反轰炸机作战为主而进行的，因而损失了37架飞机；而且因丧失了优秀驾驶员，师团的战斗力显著下降。因此，在第二天、即17日的迎击战中，没有做出精彩的战斗。第1高射炮师团报告，由于勇敢战斗，结果获得了击落敌机14架的战果。在这两天的防空作战中，据报告，陆军部队的战果是共击落敌机92架。海军航空部队也倾注全力进行迎击，据报告，战果是：击落、击伤敌机163架；我方损失是，没有返航的飞机57架。① 不过，由于地面监视哨不善于识别敌我双方的飞机等原因，这个战果被认为是有疑问的。

继这次空袭之后，冲绳作战之前，即3月18、19日和3月28、29日，敌军舰载飞机曾经分别袭击了南九州。这在冲绳作战部分已经讲过。

〔空袭的加剧——盲目的战略、战术轰炸〕 4月以后，本土决战的准备工作正式开始，官民正在拼命努力工作；与此同时，敌机的空袭也一次比一次加剧起来，特别是7月以后更加激烈，我方损失激增。

---

① 据美军长官金的正式报告，美军损失飞机49架；其战果是击落击伤日机499架，击沉日本舰船11艘。

自从上述3月9日夜东京的大规模空袭以后，在4、5、6三个月内，敌机反复进行空袭，其重点是对大城市实行燃烧战术，压制我方指向冲绳的特攻基地；对我方的重要港湾、海峡空投机械水雷等。从6月起，对中、小城市也开始用燃烧弹轰炸。在此期间，4月7日，伊势神宫地区被炸；同月13日，部分皇城和宫殿起火，明治神宫化为乌有。全体国民无比悲愤。

6月末，可直接威胁我本土的敌基地空军兵力，据推测，冲绳方面约有飞机700架，硫黄岛约有300架，马里亚纳方面约有1000架（以B29为主），共计约达2000架，以后的增长情况，判断如下：

时间	合计	机种区别				
		飞艇	战斗机	轻轰炸机	B24	B29
昭和20年(1940年)9月	3900	120	1500	480	650	1150
1945年12月	5500	120	1775	830	1200	1500
昭和21年(1946年)3月	6100	120	1932	1090	1400	1500

备考：飞艇部署在各个基地，战斗机部署在冲绳、硫黄岛两个基地，轻轰炸机和B24部署在冲绳基地，B29部署在马里亚纳基地。估计冲绳基地的航空兵力将迅速增加。

至7月，敌机对我中、小城市的狂轰滥炸更加残酷、激烈。对濑户内海、日本海的港湾和海峡的水雷攻击也日益加剧，内海的交通几乎濒于断绝。而且以硫黄、冲绳两岛为基地的敌空军部队的正式攻击，和机动部队大规模的连续性攻击接踵而来，这种攻击竟然类似是为登陆做准备的战略轰炸。另外，以冲绳为基地的战斗机对九州南部的袭击，则带有战术性攻击的色彩。

7月24日，前来袭击的B29飞机达700架。硫黄岛基地的敌军战斗机以关东、东海、近畿一带的空军基地和铁路、船舶、工厂等为攻击目标；前来袭击的飞机，7月28日达280架次。冲绳基地的敌军战略轰炸部队主要是对九州，特别是对九州中、南部的空军基地、铁路、海岸阵地以及沿岸村落，反复进行扫射和轰炸，其部分兵力的威力竟达到朝鲜海峡和南朝鲜。

比这种基地空军部队的活动更加猖狂的是，敌机动部队自7月10日起从关东方面开始攻击。第一天前来袭击的飞机达1220架。另外，硫黄岛基地的约150架P51飞机，袭击了大阪、神户地区。我方完全干挨轰炸，当时根本没能力进行反击。这次空袭延续到7月30日，由于我海、空反击战斗力的消耗和采取了为"决号"作战保存航空兵力的方针，敌机肆无忌惮地轰炸了整个本土。特别是7月13、14日两天对北海道、东北地方的袭击极为激烈，来袭飞机竟达1820架次，同时还进行了舰炮射击。

昭和20年（1945年）1月以后，每月来袭的敌机数和被炸城市数以及投弹量的情况如下表。从这里可以看出空袭逐月加剧的情况。

表68-1　昭和20年（1945年）1月至8月来袭敌机数月别一览表

月别 \ 项目	来袭敌机架次 B29 马里亚纳基地	B24 B25 P38 冲绳基地	P51 硫黄岛基地	舰载飞机	合计
1	490				490
2	460			1000	1460
3	1295			2250	3545
4	1930		230		2160
5	2907		303	1645	4855
6	3270	777	265		4312
7	3666	3193	1787	12213	20859
8(到13日为止)	1490	1041	444	4550	7535

备考：

①本表系根据大本营陆军部作战科战况手册制成。不包括袭击岛屿、朝鲜半岛的敌机数以及侦察机和少数零散来袭的飞机在内。

②1月份的B29飞机数，包括从中国大陆来袭的飞机数。

③6月以后的硫黄岛和冲绳基地的飞机数，是作者根据机种和行动区域的情况估算和划分的。

注：这里所列的来袭飞机数是当时大本营的报告记录数字，实际数还要多。例如B29飞机的出击数，从美方的记录来看，是33041架次，达到本表数字两倍以上。其原因是：日军的报告记录遗漏，夜间的飞机数判断错误，没有把袭击本土以外的敌机数和少数零散来袭的飞机以及昭和19年（1944年）度来袭的飞机数包括在内。此外，估计还有在到达本土之前中途返回基地的。

〔"决号"防空作战计划〕　当昭和20年（1945年）4月8日设置总军司令部时，大本营曾经就本土的防空作战问题，向各总军司令官指示完成上述任务的准则；同时在"'决号'作战准备纲要"中，规定了下述的反空袭作战纲要，明确提示了与本土决战准备工作相适应的防空作战方针。

一、航空作战

1. 针对敌机空袭本土重要地区的情况，应利用有利时机迎击敌机，并及

表68-2　昭和20年（1945年）1月至7月投弹百吨以上的
被炸城市数和投弹吨数月份统计表

月份	投弹百吨以上的被炸城市数	投弹吨数	月份	投弹百吨以上的被炸城市数	投弹吨数
1月	1	152	5月	7	20680
2月	2	631	6月	14	18029
3月	4	9368	7月	35	32670
4月	5	2916			

备考：
①本表的数字系根据美军轰炸调查团的资料。
②从昭和19年（1944年）到战争结束，敌机投弹总数为16.08万吨

时地压制敌军的空军基地。还应利用有利时机扼制敌军机动部队的活动。

2．加强航空基地，修筑隐蔽机场，用以保存和积蓄战斗力，万无一失地进行顽强的航空作战。

二、地面防空作战

1．地面防空部队对敌机的空袭，力求节省兵力，逐渐减少、削弱敌机。防空的重点如下：

甲、帝国首都，尤其是皇宫的防卫

乙、交通干线的重要地点

丙、重要生产设施

丁、重要机场

戊、主要军需品集结地。

2．地面防空部队和情报部队的配置，应根据敌军航空基地的加强、推进和我防空战斗队的战斗力，以及需要掩护地区的情况，做适当的有重点的部署。为此，除了依靠增加兵力外，应事先准备好必要的预备阵地，以便可以随时改变部队的配置。

3．针对敌基地空军势力增长的形势，更应重视消极防空。

4．当我地面作战部队针对敌人登陆企图，开始作战行动时，应掩护部队在重要地点的机动和集中。为此，应准备及时调动必要的防空兵力。

另外同一天，在有关"决号"航空作战的陆、海军中央协定中，就陆、海军的本土防空作战问题，达成了如下协定：

一、陆军应尽量统一调用兵力，进行短暂而机动灵活的迎击作战，争取挫败敌军大型飞机对我本土的空袭。

海军应协同上述作战。

二、陆、海军配合，对敌军大型飞机所在的重要空军基地、特别是对马里亚纳、硫黄岛和冲绳方面进行奇袭，以压制敌机的活动。

三、陆、海军配合行动，努力扼制敌军用机雷封锁我本土主要港湾的企图。

这就是说，双方协定，由陆军负责本土的全面防空工作，特别是承担以迎击敌军大型飞机为重点的防空作战任务，并由陆、海军配合，进攻敌军大型飞机的基地，以及进行主要港湾的防空作战。此外，陆军还采取保存航空兵力的方针，以便为本土决战，特别是为迎击敌陆军登陆部队做好准备。

〔指挥组织与兵力——陆、海军的调整〕 昭和20年（1945年）5月的陆军防空组织如下表。即由第1、第2两总军司令官分别指挥所属高射炮部队和

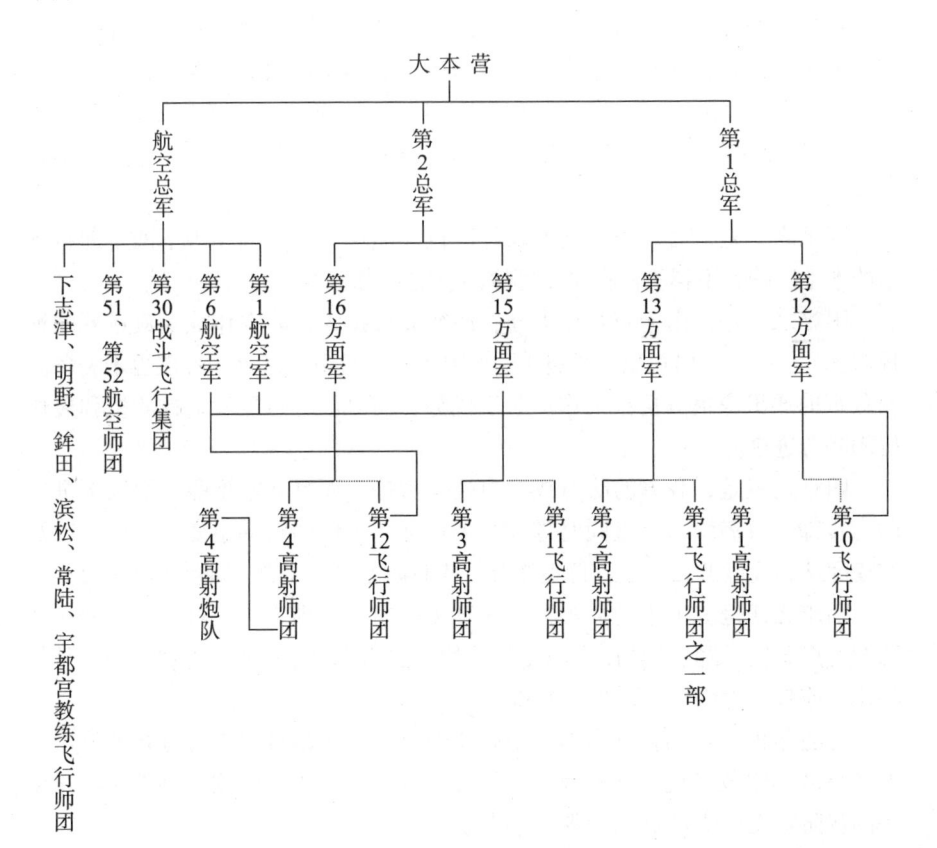

```
                           大本营
          ┌─────────────────┼─────────────────┐
         航空总军          第2总军           第1总军
   ┌──┬──┬──┬──┐      ┌─────┴─────┐      ┌─────┴─────┐
  下 第 第 第 第    第16方面军  第15方面军  第13方面军  第12方面军
  志 51 30 6 1
  津 、 战 航 航
  、 第 斗 空 空
  明 52 飞 军 军
  野 航 行
  、 空 师
  鉾 师 团
  田 团
  、
  滨
  松
  、
  常
  陆
  、
  宇
  都
  宫
  教
  练
  飞
  行
  师
  团
            第4  第4  第12  第3  第11  第2  第11  第1  第10
            高射 高射 飞行  高射 飞行 高射 飞行  高射 飞行
            炮队 师团 师团  师团 师团 师团 师团  师团 师团
                                              之一
                                              部
```

作战地区内的防空部队，担任本土的防空任务；航空总军司令官则以其机动航空部队协助第1、第2两总军司令官进行防空作战。上述原划归方面军司令官指挥的镇守府、警备府的海军防空专职飞行部队，于2月19日仍恢复原建制，因此，在防空作战中，又恢复了陆、海军之间完全合作的关系。

海军方面，各镇守府、警备府司令长官指挥其所属高射炮部队负责各自防地的地面防空；由航空部队负责的防空作战，则改由联合舰队司令长官统一指挥。亦即随着敌军机动部队对本土袭击的加剧，防空作战和对敌军机动部队的反击战，已无法加以区分，因此，将上述镇守府、警备府的专职防空部队，划归联合舰队司令长官指挥。从5月5日至6月5日，将这些部队编为第53、第71、第72航空战队，分别编入第3、第5航空舰队，把本土的全部战斗机战斗力都置于联合舰队司令长官的统一指挥之下。

6月时，本土的防空兵力，计有飞机约970架（其中海军飞机510架，包括迎击敌军机动部队的兵力在内），高射炮约2590门（其中海军935门）。但是，可出动的飞机还没有这么多。此外，镇守府、警备府和海军基地防空专用的海军高射炮，比负责整个本土地面防空的陆军高射炮还要多，陆军方面曾一再要求海军拨给陆军防空地区使用；但除了一部分外，难以做到。

〔困难重重的防空作战〕 随着敌军空袭的加剧，我方的防空作战，困难越来越多了。

困难之一是，海军正在全力以赴进行冲绳作战，而陆军为了准备即将到来的本土决战，不得不保存少得可怜的航空兵力。

困难之二是，由于硫黄岛失守，冲绳战火扩大，防空作战上最重要的远程监视（包括海上监视艇的配备）更加困难，而且电波武器的性能也不完备。而敌军的通讯谍报等情报工作却居于优势，而且已有可能发动战斗机和轰炸机的联合进攻。

困难之三是，我方的防空战斗力处于劣势，而且无法增强；而敌军进攻的力量却逐日激增，并且同时进攻几个目标，入侵的行动也变得巧妙，以及在夜间从超高度的云层上进行轰炸等，使我防空部队的战斗越来越困难了。

困难之四是，由于受敌机轰炸的直接或间接的损害，飞机、高射炮和弹药的生产急剧下降。例如，陆军5月份的高射炮和高射炮弹的生产，同4月份相比，前者减为60%，后者减为53%。

上述各种因素加上日本本土固有的弱点，越来越难以进行有效的反击。尤其是敌军舰载飞机和基地战斗机的大批进攻，对于一向侧重反轰炸战斗训练的我防空飞行队来说，是难以对付的。

我方出动迎击敌机的飞机，各个战场通常都是20至50架，达到100架的很少。这是由于上述日本本土的特点，难以及时将航空兵力集中于敌机来袭的空域。因此，当敌机张着银翼悠然自得地在本土上空任意活动时，我方几乎只能听之任之；国民甚至怀疑我方的航空部队是否还健在，对军部抱有不信任感。

从5月份起，由于敌机投掷机雷，我军痛感港湾的防空以及对地面战备进行直接掩护的重要性。再者，估计敌军的轰炸将逐渐转向中小城市，为了适应这种局势的要求，决定改变防空部队，尤其是高射炮部队历来以大城市和重要产业地区为重点的配置状况。这种部署的改变，九州进行得最彻底，即把以仓幡地区为重点配置的第4高射炮师团的主力，推进到九州南部；并在各铁路要冲分别配置部分兵力，改成适应决战的态势。

〔**"制号"作战**〕 这时，如前所述，从6月份起，敌机的轰炸扩大到本土的广阔范围，发展到袭击中、小城市、阻止交通；空袭造成的损害日加严重。如果任凭这样发展下去，则将危及我方指导战争的根基，并将给战备工作造成严重障碍。大本营陆军部重视这一事态发展，改变了历来保存航空兵力的方针，决定统一运用本土的航空兵力，对敌军大型飞机进行果敢的迎击战。7月1日以后，将过去在第1、第2总军司令官指挥下进行防空作战的第10至第12飞行师团重又划归航空总军司令官指挥；命令航空总军司令官今后以航空部队担任本土的防空作战。其指示要点如下：

一、航空总军司令官应与海军密切协同，指导防空作战，以击落敌机为主。应遵循的纲要如下：

1. 以足够的兵力作为防空专职部队，配备于各个地区，同时尽量掌握强有力的机动兵力，抓住有利时机，在必要方面尽量集中兵力，务期击落敌军大型飞机。防空兵力配置标准如下。此项兵力为防空需要可适当向其他地区调动。

东部　　四个战斗队

东海
中部 } 四个战斗队

西部　　一至三个战斗队

2. 对于敌军的单架或数架大型飞机，也应以必要的兵力，抓住有利时机予以攻击，力求将其击落。

二、对于单独前来进攻的敌军战斗机部队，除非情况特别有利，或者特别需要，原则上不进行迎击。

航空总军根据上述大本营陆军部的指示，制订了"'制号'作战"计划，企图通过统一运用本土的战斗机，达到击落敌机的目的。不过，由于兵力很少（可出动的兵力为固定防空战斗队飞机219架，机动战斗兵力153架），加上当敌机前来袭击时，航空兵力难以适当地集中，因而没能收到预期的实效。[①]

在此之前，大本营海军部曾经企图对马里亚纳的B29飞机基地，以空降部队进行肉搏战，以此作为压制敌大型飞机的一个手段。即计划以300名海军特别陆战队队员，乘30架中型攻击机，于7月下旬月明时发动作战。正当在三泽基地进行准备时，7月14日遭到了敌军机动部队的袭击，使此项计划未待实行就破灭了。于是，我防空作战，困难越来越多，而敌机的活动则进一步加剧。

敌机空袭造成的损失

〔人员的损失〕 至战争结束时为止，日本本土人员的受害情况如下表，受害计达69万人，其中京滨、名古屋、阪神三大城市区的损失是：死亡125396人，伤181283人，受灾者达1421290人，受灾率平均达43%。

表68-3 敌机空袭本土造成人员受害情况一览表

区别	死亡	受伤	失踪
一般轰炸受害人数	198961	271617	8064
（　）内数字为7月末数字	(188310)	(256966)	(7976)
原子弹轰炸的受害人数	109328	78488	15917
舰炮射击的受害人数	1739	1497	29
总　计	310028	351602	24010

备考：本表数字系根据1949年经济安定本部调查写出的"太平洋战争中我国受害情况综合报告书"和轰炸调查团的资料计算的。

〔城市的烧毁〕 由于狂轰滥炸而受害的城市达98个，其中72个是没有什么重要军事设施的一般城市。几乎所有的城市都未能免于轰炸。京都、奈良、热海市等著名文化、游览城市免于受害，实属奇迹。

大城市的烧毁率（房屋的烧毁率）是，京滨地区达56%，名古屋市达

[①] 据战后美方记录，前来袭击日本本土的美军B29飞机的损失是：丧失485架，损坏2707架，驾驶员死亡3041名。

52%，阪神地区达57%；烧毁的房屋总数约为143万栋。

中、小城市的烧毁率，以福井市最为严重，达96%；其次是甲府、滨松市，达72%；日立市也达71%。其他被炸城市也大部分有40%以上化为焦土。

而且城市的受害地区，多属该地的重要地区，所以，实质上的受害率要更高些。

这种损害大部分是由燃烧弹造成的。据从情报获悉：敌人利用日本城市建筑耐火性差的弱点，预先制造高性能的燃烧弹，并模仿建造日本式的村落进行了实验，其威力之大，出乎意料。甚至只通过十几架飞机的攻击，即可烧毁一个城市。

〔疏散——市民疏散的实际效果〕 大城市市民和工厂的疏散是最困难的问题。昭和19年（1944年）秋以后，政府和大本营试图有计划地疏散工厂、官厅和学校等，至昭和20年（1645年）夏季时，此项工作有了相当进展；但市民的疏散，为种种复杂情况所阻，没有什么进展。对大城市的轰炸加剧后，市民也急于要疏散；但由于交通阻塞和疏散设施不足等原因，很多处于进退两难的境地。

战争结束时，市民疏散的实际情况是：京滨地区为54%；名古屋地区为54%，阪神地区为63%左右。

〔交通阻塞——海上交通濒于断绝〕 日本本土的铁路还没有遭到正式的攻击，得以维持连续不断的运输；但海上交通，不仅是大陆和本土之间断绝了，就连本土各岛屿之间的交通也濒临断绝的状态。

海上交通紧张的主要原因是，由于损失了大量船只以及港湾、海峡被机械水雷封锁；而陆地运输能力小和港湾搬运力不足等，更加剧了这种紧张情况。特别是6月以后，进入日本海的敌军潜艇的到处活动，以及7月中旬以后敌军机动部队对本土的进攻，使情况进一步恶化了。

船舶的损失（7月末拥有的吨位数对开战时拥有的吨位数和开战后建造及俘获的船舶合计吨位数的比率），7月末时达83%，拥有的吨位数减到约180万吨，而其中能航行的，不过50%到60%。而且由于上述的各种恶劣条件，其开动率显著降低，该月的实际运输量仅为77万吨，预计8月份将一下子减少到约30万吨。

濑户内海的运输，由于机雷封锁，已陷入停顿状态，正当日本西部将要断绝九州煤炭供应之际，由于上述敌军机动舰队的攻击，一下子丧失了28艘青森、函馆联络船，因此，日本东部也处于北海道煤炭断绝供应的境地。再者，在这次攻击中，石卷、釜石、轮西、室兰的炼铁厂和设施，均遭到敌军舰炮射击，受到相当的损失。在7月17日的最高战争指导会议上，军需大臣的发言表明了这种损失的严重性。其发言如下：

"此次青森、函馆联络船的丧失，釜石、轮西炼铁厂等的受害，以及两三个中、小城市的烧毁，有本质的不同，可能招致有关增强战斗力的各项措施，从根本上陷于崩溃的严重后果。就是说，15万吨青、函海运煤炭的丧失，将使关东、信越地区的煤炭消费量减少一半，这不仅将给特定武器的生产以严重影响，而且10万多吨北海道其他物资的缺如，因为它是为确保军需生产和粮食生产特别严格选定的物资，难以找到其他的代替办法。"

铁路交通方面，7月以后，九州南部地区的白天运行逐渐困难起来。除了青森、函馆之间的联络被切断，以及由于中、小城市被炸而造成一时的障碍外，日本本土的连贯运输还可以维持。美国空军推迟对铁路的大规模攻击，对日本来说是十分侥幸的。庞大的本土决战兵力和军需品之所以能够展开，战时的工业生产和国民生活之所以能够勉强维持，完全是由于维持了铁路运输的结果。战后美国轰炸调查团曾经尖锐地指出美国空军的这个战略性错误。但是，由于美国空军轰炸城市造成的损失（国有、私有加在一起，车辆器材为15917辆，轨道为1838公里）和车辆器材及设施的老朽等，再加上短途运输能力不足，运输的实际效果，大约降低到战前的1/2左右。7月份的运输总量为1135.4万吨，预计8月份将仅为800万吨。

〔**食粮和生活必需品的奇缺**〕 主要由于敌空、海军的攻击和封锁，以及劳动力、物资器材的不足等，食粮和生活必需品的缺乏情况极为严重，加剧了人心的不安。

包括17.8%的杂谷、薯类等代用品在内的食粮，每日定量为312克，但仍然难以维持，昭和20年（1945年）7月以后，不得不再削减10%。而且当时快到青黄不接季节，连这点供应也难维持；甚至担心当年下半年会发生局部性的饥馑。昭和16年（1941年）和昭和20年（1945年）粮食年度的粮食总供

年度 种类（公斤）	昭和16年(1941年)度	昭和20年（1945年）度
稻米	11748848	9410749
代用品（麦，杂谷，薯类）		1990024
合计	11748848	11400773

备考：昭和20年（1945年）度的数量包括提前供应的下一年度的321750公斤，动用防空用储备米205088公斤。还有，这个数量中还包括军需用米563335公斤在内。

应量的比较情况如上表。以后随着被炸损失的加重和交通的断绝，运输困难，昭和20年（1945年）度的供给情况恐将进一步恶化。

另外，副食品、调味品的供给量，与昭和16年（1941年）度相比，肉类减为约20%；鱼类减为约30%；调味品减为50%以下。而且由于配给不规律、保存设备不足等原因，实际情况更坏。食油、砂糖等的供应几乎没有。

其他生活必需品的供应量同昭和12年（1937年）相比，棉织品减为2%；毛织品减为1%；胶鞋减为10%；皮鞋减为零；肥皂减为4%；纸类减为8%。粮食和生活必需品的奇缺，势必加剧通货膨胀，引起黑市交易的泛滥，腐蚀着国民的道德观念和进行战争的决心。

〔**重要产业的瘫痪**〕 除了因空袭造成生产能力的直接受害外，还由于封锁带来的资源枯竭和劳动力不足、运输阻塞以及疏散等，使生产能力间接受害，因而生产效果急剧下降。兹将昭和20年（1945年）度第一季度的生产量同战争期间的最高生产期加以比较，举例说明如下：

一、基础工业

煤炭为71%，钢铁（铣铁、普通钢、特殊钢）平均为35%；有色金属（铝、镁、镍、铅、锌）平均为35%（铝为16%）；水泥为46%；化学工业（氨、硝酸、烧碱、苯、拖网）平均为48%（同1944年同期比较），液体燃料约为24%。

二、重要工业

飞机为64%（但因以战斗机等小型飞机为重点，所以实际要更低），造船为27%。武器方面，陆军为50%，海军为55%。

严重受害的不断增大和日益加剧，逐渐给我国进行战争的能力和组织带来十分严重的威胁。

第十篇
结束战争的经过

第69章

铃木内阁的成立

天皇的忧虑

昭和20年（1945年）8月初，日本全国军民为做好击退敌人侵犯本土的准备，倾注了巨大的最后努力。但正当准备本土决战的时候，恰如晴天霹雳一样，敌人在广岛投下了原子弹，苏联参加了对日作战。以此为转机，围绕应否接受波茨坦公告来结束战争的问题，在日本最高领导阶层内部，展开了激烈的争论。日本现已面临最后关头，应即刻决定是否接受敌方的片面条件来结束战争。

〔时局和结束战争设想的转变〕 回忆自从开战以来，当时的政府以及大本营关于结束战争的问题，曾做过很多考虑，但是制定其具体设想极为困难。正如第一篇所述，开战当时关于结束战争的设想，既缺乏具体性，又含有很多自我本位希望的因素。即企图在远东大陆、南方要地及中部太平洋各岛等地区，建立军事、政治、经济各方面长期不败的态势，在此期间谋求英国本土的崩溃和蒋介石政权脱离战线，以使美国放弃继续作战的意志。

但是，后来由于轴心国在欧洲作战不振，特别是德国业已丧失进攻英国本土的能力，日本在中途岛战败以及在东南太平洋方面作战不利等原因，早在昭和18年（1943年）初，已经显露出这种自我本位希望的结束战争设想的破产。政府及大本营于同年9月30日，决定在通过确保长期不败的态势来谋求扭转局面这一根本方针下，划定应予绝对确保的国防圈，采取继续大力推行战争的方针，同时谋求日苏邦交的好转，相机斡旋德苏讲和。这一决定的真意在于：使与日本保持中立关系的苏联同轴心国采取同一步调，从而寻求结束战争的机会。这种设想，早自昭和17年（1942年）以来就在政府和大本营中间酝酿起来，为后来小矶内阁及铃木内阁所继承，成为日本结束战争方案中的主流。

不过，上述关于结束战争的两种设想，作为结束战争的条件，都是以对日本有利、至少以对等情况为基础的。而且，其条件必须是以通过强有力的进行作战同巧妙的外交相配合来主动争取为前提，这里绝不允许投降或被迫的讲和。因此，在战争指导上仍然是继续作战到底；外交工作只是用来配合全面的战争指导。

〔不安的增大和小矶内阁——企图媾和的暗流〕 由于塞班岛悲剧性的败战，造成东条内阁的下台。后任的小矶内阁比东条内阁更加深刻而认真地苦心寻找全面媾和的机会。事实上，接受协助小矶首相组阁的天皇命令的米内海相，似乎早已看出战争形势对日不利，私自判断应当及早寻求结束战争的机会。正因为这个原因，他才被近卫公及冈田大将等重臣塞进了内阁。小矶首相的意见也是，坦率地承认战局对日不利，原则上若能取得有利条件，即应早日结束战争。但是，为了获得有利条件，先决问题仍然是强有力地推行目前的战争，以图扭转战局。因此，小矶内阁在昭和19年（1944年）8月19日的御前会议上所决定的战争指导大纲，仍然同前任内阁的决定大致相同，两者稍微不同的只是，措施稍微具体化了些，以及由于重光外相的建议而追加了一项："万一德国崩溃或单独媾和时，则应不失时机地设法利用苏联来扭转局势。"看来，重光外相企图在德国战败时，利用苏联来开展全面的媾和工作。

但是，战局在小矶内阁时期仍然一直迅速恶化。小矶首相曾把扭转战局的希望寄托在菲律宾决战上，但在昭和19年（1944年）末，将以失败告终的形势已经明显。第二年，即昭和20年（1945年）1月6日据报，敌方大批运输船队已驶向吕宋岛的仁牙因湾，接着美机动部队开始进攻法属印度支那。

这样，昭和20年（1945年）初的战局极其黯淡。上年8月19日的战争指导大纲规定，即使战局不按预计发展，仍应坚决把战争进行到底，并为应付"捷号"作战一旦失败姑且作好精神准备。不过，当时日本本土的决战计划，当然还未具体化。

〔天皇轸念，征询重臣意见〕 这种形势必然加深了天皇对于战局前途的忧虑。于是，天皇亲自提议要征询直接担负辅弼责任的政府及大本营首脑以外的重臣们的意见。1月6日，天皇垂问内大臣木户幸一侯：有无必要就战况的进展问题征询重臣的意见。当时，木户内大臣答说：应先同陆海军统帅部长商谈，然后征询有关的阁僚，如果认为有必要决定最高方针时，则可召集重臣及阁僚，举行御前会议。

但是，1月13日，天皇又说要同重臣商谈，而重臣也显然正忧虑战局。特别是以近卫公为中心的主和派显然有所指责，说木户内府竟敢阻止重臣向天皇奏陈意见而不采取措施。于是，木户内大臣决定于2月1日让重臣分别谒见天皇，奏陈他们对目前困难局面的意见。但是，考虑到此种奏陈意见对军部的影响及其反应，避免采取重臣全体一起正式谒见的方式，（如同开战前所做的那样），而采取表面上是通常冬季叩问圣安，分别秘密接见的形式。

当时近卫公、平沼男爵、若槻男爵及冈田大将四重臣，每月都聚会一次，商讨有关战局的各种问题，商讨的结果主要通过冈田大将及内大臣秘书官长松平康昌，有时则由近卫公亲自通知木户内大臣。

〔重臣奉答——个别地、秘密地〕经木户内大臣及松平恒雄宫内大臣的安排，平沼男爵于2月7日，广田氏于9日，近卫公于14日，若槻男爵于19日，冈田大将于23日，东条大将于26日，分别进宫，奏陈有关战局的意见。另外，19日，牧野伸显伯爵也特意进宫上奏。阿部大将因在朝鲜任总督，没有谒见。

重臣六人及牧野伯爵对天皇的忧虑，都深表惶恐。除近卫公外，其他重臣都回答有必要加强指导当前的战争以取得战果。关于这一点，平沼男爵、若槻男爵及冈田大将等奏陈有必要更加有重点地集中国家力量和采取相应的对策。广田氏强调对重庆已无进行和平工作的余地，以及有必要维持并增进同苏联的中立关系，牧野伯爵强调对于罗斯福总统亲自赶赴克里米亚同斯大林会谈一事应予足够的重视。东条大将首先奏陈对敌情的判断，认为同盟国预定4月25日在旧金山举行会议，讨论对日政略和战略问题，将用一切手段，策划迫使日本屈服或瘫痪；接着奏陈对战局的判断，说目前的战况大体上势均力敌，虽不容乐观但也无须悲观，最后奏陈有必要竭尽一切办法来完成战争任务。

若槻男爵和冈田大将答说，除了应大力推行战争外，还有必要创造并寻求对我有利的时机来探讨媾和的办法。

近卫公的奏陈同东条大将的意见形成了鲜明的对照。近卫公首先奏陈战局的前景很遗憾眼看面临最严重的局势，有必要尽快考虑结束战争的方策。

〔近卫的陆军共产主义革命论和早期媾和论〕近卫公强调说，如果日本立即结束战争，根据国外的论调来判断，保住国体尚有可能，如果继续战争，将会发生共产主义革命，致使保持国体也不可能。近卫公指出，苏联的共产主义革命之手已伸到东亚，并已逐渐具体化，在延安，以从莫斯科派来的冈野（即野坂参三）为中心，组成了日本解放联盟，它同朝鲜独立同盟、朝鲜义勇军及台湾先遣队等取得联系，在向日本发出呼吁；并强调指出，在日本内部爆发共产主义革命的一切条件正在与日具备，并列举生活的贫困，工人发言权的增大，亲苏气氛的抬头，利用军部内部革新运动派的所谓新官僚运动，以及背后操纵这一运动的右翼分子的暗中活跃等。而且，近卫公还详细陈述了他自己一向强调的陆军共产主义革命论。

据近卫公说，多数少壮军人似乎认为我国国体同共产主义可以并存，军部内部革新论的基本论点也就在这里。而且大部分职业军人出身于中等以下的家庭，大都处在容易接受共产主义主张的境遇，只是因为他们通过军事教育的熏陶，彻底灌输了国体观念，共产主义分子才以国体与共产主义并存论来诱惑他们。近卫公还进一步指出，现在看来很明显，发动满洲事变及中国事变，并加以扩大，终于导致大东亚战争，这实际是军部内部一伙人的有意识的计划行动。据近卫公判断，这些军部内部一伙人的革新论，其目标虽并不一定是共产主义革命，但他们周围的一部分官僚和民间"有志之士"（据近卫注：把他们叫做右翼也好，左翼也好，所谓右翼就是披着维护国体外衣的共产主义者），都是包藏着有意识地导致共产主义革命的意图的。近卫公进一步奏称：据判断，在目前战局危急之际，高唱"一亿玉碎"的声势日渐增强，在这种动向的背后，有着他们的目标，即想借此使国内陷于混乱，最后实现共产主义革命。近卫公还根据自己所获情报奏称，在陆军内部，竟有一部分人主张不惜任何牺牲，同苏联携手，还有人想同延安合作。

近卫公继续指出：在结束战争工作上，最大的障碍是军部内部的这一伙人，并提议应肃清这一伙人。对天皇垂问其具体方案时，近卫公答称，以起用宇垣、香月、真崎、小畑、石原等人为最理想，如不得已，希望起用阿南、山下两大将。

最后，天皇提出："如不再一次取得战果，结束战争也很困难。"对此，近卫公答说："若能取得那样的战果，实在再好不过，但在最近的将来会有那种机会吗？如再等上半年或一年以后，那就没有用处了。"

〔媾和论的对立的演变〕 这样，关于战局的前景，天皇自开战以来头一次同重臣坦率地交换了意见，这就成了走向结束战争的漫长道路上很有意义的一个里程碑。尤其值得重视的是近卫公奏陈的内容。就是说，其他重臣对战局的判断，虽说是悲观的，但还附有前提，只是说"如果照此下去，或将战败"；而近卫公则断定必败，并建议采取断然措施，走向和平。近卫公所说的陆军共产主义革命论，是一种极其可怕的主观臆断，并无任何具体事实，应该看作是近卫公自己在惩羹吹齑，即鉴于尾崎秀实[①]的教训而提出的

---

① 尾崎秀实，日共党员，曾被指控向苏联泄漏日本国家机密。——译者

论调。但从善意来理解时，则近卫公的本意里含着这样的判断，即主要要早日媾和，媾和日期愈迟，日本的地位愈恶化，最后连国体也保持不住了。

这种判断同历来主张以有利条件或体面的条件为基础来求和的想法，是完全对立的。这种认识最后发展成为使日本接受波茨坦公告，终于战胜了追求有利条件的想法，但直到结束战争为止的各种对立和争论，都是围绕这两种设想展开的。

当然，在力图使日本处于比较有利地位的愿望上，两者之间并无不同，而且昭和19年（1944年）下半年以来，都指望在取得一次作战成功后再谈判媾和。但是，随着战局的演变，凡是可资考虑的条件幅度逐渐缩小，终于导致两派之间注定的对立。即早期和平论主张，干脆承认最后战败，趁着损失轻微之际寻求和平。这种主张除了米内大将及东乡外相外，大都是历来不直接担负战争领导责任者所倡导。反之，军部尤其是统帅部则坚持其一贯立场，即虽然承认战局不利，但仍然主张应在某个战场上给予敌人以一次沉痛的打击，以取得稍微有利的条件或体面的条件来结束战争，而且认为还不能断定这是不可能的。

小矶内阁的崩溃

〔**通过缪斌的和平工作企图的失败**〕尽管天皇在忧虑，小矶内阁实行了各种对策，自昭和20年（1945年）1月以来，日本的政略战略形势仍在急剧恶化。2月，敌人进攻硫黄岛，4月，敌人进逼冲绳。同盟军对日本本土的重压日益加重。同苏联的关系不仅没有改善，反而愈趋恶化。大本营正在认真研究并准备苏联一旦对日参战时的对策。另一方面，通过汪政权对蒋介石政权进行的和平工作，也长期处于停顿状态。

于是，小矶首相于3月决心促进对重庆的和平工作，企图借其成功以缓和战局。工作的途径选定了一个中国人缪斌，据说此人同重庆政权国防部长何应钦似有密切关系，企图通过他直接同蒋介石进行谈判。

重光外相、杉山陆相、米内海相及梅津参谋总长等鉴于以前几次工作的先例，怀疑缪斌是否是可以信赖的中介人，因而对小矶首相的提议并不热心，但也没有反对，结果还是同意了。于是小矶首相召请缪斌前来东京会商。

会谈后，小矶首相于4月2日就同重庆政权之间的和平谈判设想，单独上奏天皇。天皇垂问陆、海、外三相，结果判明时机尚未成熟，于是天皇也不太感兴趣。显然，重庆方面也熟悉日本战局非常不利。根据当时常识判断，在这种情况下，完全依存英美的重庆，如不同英美方面谈妥，绝不会单独同日本建立和平关系。

〔兼任陆相的意图受挫〕　总之，通过缪斌的和平工作企图，未能得到天皇完全同意，小矶首相未免大失所望。小矶首相面前剩下的办法，除了在将来最后的本土决战中，给予敌人打击，利用其机会求得和平外，别无他法。为此，小矶首相认为必须进一步加强统帅同政务之间的密切联系。

自组阁以来，小矶首相就抱有这种想法。如前所述，作为其具体化的手段之一，设置了最高战争指导会议；另外，昭和20年（1945年）3月16日以后，首相以特旨被准许列席大本营会议，处于可对作战发表意见、并可获悉作战计划及机密的地位。结果，还能出席当时每周举行两次的大本营作战汇报会议。

但是，只是这样的地位，还远未能满足小矶首相的要求。小矶首相在组阁开始时，曾期望大力干预统帅方面的工作，但仅靠"列席大本营会议"是不可能实现这种愿望的。因为这种职位事实上不仅没有决定权，甚至连一票的权利也没有，只不过是一个较高级的旁听者而已。

这样，小矶首相为了密切政务和统帅的联系起见，认为有必要兼任陆军大臣。因为陆海军大臣根据它的本来的权限，比以首相资格列席大本营会议，更能有力地参与大本营的决议。

时值4月初旬，陆军方面由于杉山陆相亲自出马担任防卫本土的第1总军司令官，离开了陆相的职位，向首相推荐阿南惟几大将为后任陆相。小矶首相4月3日向杉山陆相提议希望这时亲自兼任陆相。但是，陆军以军部大臣必须由现役武官担任为理由，拒绝了小矶的提议。

〔总辞职和苏联废除中立条约〕　小矶内阁的战争指导工作，现已完全陷于僵局。4月4日，小矶首相决心总辞职，于第二天上午10时，提出辞呈。当辞职时，小矶首相特意上奏后继内阁必须是大本营内阁。如前所述，其意义在于，首相必须是大本营的成员，这样来大力参与统帅工作，战争指导也有必要由大本营来进行。

小矶内阁总辞职的第二天，好像对小矶内阁的下台来个追击一样，苏联片面废除了日苏中立条约。即在这一天下午2时，苏联政府通告日本驻苏大使佐藤尚武："日苏中立条约业已失去其意义，苏联政府拟予废除。"这一条约的有效期原为五年，在昭和21年（1946年）4月12日以前，应属有效。

铃木贯太郎大将的上台

〔"大本营内阁"方案的结束〕 小矶内阁的总辞职，至少表面看来是很突然的。而且，当下台时所提大本营内阁的设想，对木户内大臣来说，因与推荐后任内阁有关，是一个需要迅速加以解决的问题。木户内大臣立即分别会见陆海军大臣及各总长，征询他们的意见，他们都表示反对，主要理由是认为将政务与统帅合并起来，在宪法上有困难。

这对木户内大臣来说，从另一个角度也赞成军部方面的反对意见。即木户内大臣认为若采纳小矶首相的见解，危险性很大。这是因为即使采纳小矶首相的主张成立这种新内阁，究竟能否扭转战局颇有疑问，而且据内府看来，从国内实际情况——国民的厌战情绪、缺乏气魄以及粮食供应紧张等情况来看，已无实行这类尝试的余地。即木户内大臣当时已经迫切感到，在敌人确立在日本本土登陆的态势之前，必须研究媾和的方策。

〔经过准备的重臣会议〕 事实上，木户内大臣同近卫、冈田、平沼、若槻等重臣之间，在小矶内阁总辞职的几个星期以前，已预料到这个内阁的垮台，因而就下届内阁的性质及首脑的人选，业已达成某种程度的事前谅解。其内容是：新内阁必须是采取早期媾和方针的内阁，下届首相以当时的枢密院议长铃木贯太郎海军大将为适宜。

关于推荐铃木大将为下届内阁首脑问题，这些重臣曾经作过种种考虑。首先，担任下届首相的必须是接受他们所主张的早期媾和的人，但是为了避免刺激军方、特别是陆军起见，绝不能从自己阵营提出人选；而且为完成即将到来的和平大业起见，必须是深得天皇和国民信任的人。经过这些考虑之后，才选定了铃木大将。

还有，他们之间还达成默契，在将来的重臣会议上，不得公开提出媾和问题。关于后任首相的人选，表面上希望具备这样的条件：（一）必须是坚持抗战到底的军人，这个军人不论是陆军或海军都可以；退役军人也可以。（二）政治上一向没有什么瓜葛，得到国民信任的人。

〔重臣会议的召开和答辩——不知道？〕 为推荐后继内阁的首相而召开的重臣会议，于4月5日下午5时在宫中谒见厅举行。除上述木户内大臣、近卫公、平沼男爵、若槻男爵及冈田大将外，还有广田前任首相，东条大将及铃木枢密院议长等出席会议。后三个参加会议的人，对上述事前谅解，毫不知情。

会议一开始，由木户内大臣说明政府变动经过，宣读并传阅了小矶首相的辞呈，关于建立大本营内阁的提议，并没有引起特别议论，便从会议的议程中抽掉。

接着，由东条大将提议，现在的先决问题是首先讨论下届内阁的根本性质。据木户日记所载，当时的发言情况大致如下：

东条：在战争期间，一再更换内阁是不适宜的。尤其是在同盟国预定于4月25日举行旧金山会议，这是一个重要时期。下届内阁必须是最后一届内阁。可是，现在国内有抗战到底以开辟国家前途的主张和甘愿接受无条件投降以早日实现媾和的主张。现在必须首先确定这个问题。

冈田：下届组成的内阁必须考虑各种情况。必须是把国家命运担负到底的内阁，必须是集结全国力量的内阁。至于和战问题，非稍事等待，实难判定。此类问题，我想应经过充分研究之后再行决定。

平沼：与两位阁下意见相同，在战局紧迫的今天，国内议论不一，有必要加以统一。我认为问题很简单，除了抗战到底以外，没有其他途径。

广田：无论如何必须战胜。虽然有悲观论者，但在这次战争中，各国都不是从一开战就连战连捷的，都是经过一次势将战败而又挽回颓势的。下届内阁必须是战到最后胜利的内阁。内大臣同军部首脑会谈确是很适宜的措施，但现在是否有必要再征询一下军部的确切意见呢？

木户：征询了多次，但并没有什么特殊的意见。

近卫：由于事情过于突然，也想不起什么来。东条阁下所提的意见，在统帅部不在场的此地，难以确定。这里，如同上次一样，应先确定是否必须由军人出马，然后由陆军还是由海军出任，这样，逐渐缩小范围来考虑如何？

东条：我并不是主张要在此地立即决定，只是提出来供陛下参考的资料。

若槻：天皇召集这次会议的意图，是让我们来选定后继内阁的首相，讨论东条氏所提的意见，我认为违背了陛下的意旨。讨论抗战到底还是中途求和，我认为超出了问题的范围，过分了。

铃木：刚才若槻氏固然那么说了，但现在无论如何必须抗战到底，这是先决问题。后继内阁的首相，如果没有这种意志，是不适宜的。

木户：日本国内即将变成战场，在今天这种形势下，国内的实际情况很令人忧虑。国民并不一定热心赞助政府的施策，大有扭过脸去不加理睬的倾向。以粮食问题、加强生产问题和治安问题而言，下届必须组成深得国民信任的内阁。最近业已大量出现反军部的动向，对此必须加以深切注意。

平沼：关于结束战争，国内有两种想法。现在需要坚持抗战到底的人，绝不能推荐半途的主和派。

在上述议论里，在重臣之间有因小矶内阁总辞职过于突然及其原因不详有迷惑不解的，还有，同往常一样，重臣只推荐后继内阁的首相，而不能参与组阁后的政务执行，对此深表不满的。不过，会议的气氛，至少在表面上最后确定新内阁必须是抗战到底的内阁。接着转入了讨论人选问题。

近卫：上次讨论也是以国务和统帅为中心，考虑是否以军人为宜，逐渐缩小范围进行研究。这次也照这样进行如何？

广田：应该由陆海军大臣中的一个人出任首相比较适合。

木户：必须保持让老百姓都积极支持的态势。

平沼：你是说从国务和统帅的关系来看，必须是现役军人的意思吗？

广田：还是现役军人为宜，否则困难情况必多。不过，如能被允许列席大本营，并不一定必须是现役。

平沼：至少必须是预备役。

铃木：甲午战争时期，伊藤首相曾参与大本营，也不一定必须是军人。

平沼：事实上如此，如果至少不是个预备役，就不懂得战争。即使如此，仍需以坚持抗战到底为前提。

冈田：根据到现在为止的讨论情况来看，首相的资格，似乎已经明确了。

近卫：就是说，必须是贯彻抗战的军人，预备役也可以。

平沼：在这种时候，希望诸位不要像若槻氏那样，说什么本人不能胜任等。

若槻：事实上本人是不胜任的，生怕说出不够谨慎的话来。必须是能够坚持抗战到底的人，这点是不成问题的。现在如果提议媾和，显然会弄成无条件投降。根本原则业已大体明确，现在是如何适用的问题。

平沼：近卫公的意见如何？

近卫：似乎政治上一向没有什么瓜葛的人为宜。

平沼：要紧的是，从一般国民看来，没有什么瓜葛的人，而且是值得信任的人。

若槻：上次曾说从陆军选任，并推荐了某人，结果没有采纳。这次陆海军随便哪方面都可以。冈田先生的意见如何？

冈田：我的眼界也很狭小，这里各方面的人物都在场，可以提出合适的人选。

若槻：内大臣是否同意这个方针？

木户：同意。

若槻：尊意如何？

木户：今天我的职责是首先征求诸位的意见，希望坦率地发表意见。

铃木：由历来的重臣亲自出马如何？以殉国的决心出马，也有这种责任。这需要一种在阵前奋战而死的决心。作首相的要劳身劳神，所以请最年青的近卫公出马，大家来做后援。四位重臣都来参加怎样？以前原议长也有过这种提议，本人聆听以后很钦佩，务请出马，各位意见如何？

近卫：这同方才决定的原则不合。

平沼：近卫公是毫无瓜葛的人，这是不用说的。但须军人才行，这种时候，从维护国民信任的意义上说，希望铃木大将出马。

近卫：同意。

若槻：如果能这样，毫无问题，再好没有了。

铃木：我曾向冈田阁下谈过，军人干预政治，是亡国的根源。罗马的灭亡就是如此，恺撒的末路、罗曼诺夫王朝的灭亡也是如此。因此，从我自己的信仰来说，本人出任政界有困难。况且，我的耳朵已经不灵，但愿辞谢。

平沼：这从原议长那里已经了解到了，但今天已经不能顾虑这些。仍以没有瓜葛的人为宜。铃木氏虽是海军军人，但作为文官是最受陛下信任的人。国民也深信你是没有瓜葛而忠诚无比的人。

东条：铃木大将的胸襟诚属伟大。但考虑到战争演变时，前途叵测。敌人在急于求成，作战势将出人意料，敌人将于日本本土的一角登陆。现在要以国内防卫为重点，因而必须采用国务和统帅合为一体的形式。这就必须以陆军为主体加以考虑。从这个意义上说，必须是现役军人。方才提到的历史上的故事，虽然很有道理，但这一点日本和欧洲情况不同。他们的统帅从属于国务，而在我国统帅的原则大不一样。从这个观点看，我认为畑元帅是合适的人选。

木户：广田先生的意见如何？

广田：本人最希望的是由军部的中心人物来担当为宜。我不能指出具体的人选，但能统率陆海军两方面的人物即可。

木户：冈田先生的意见如何？

冈田：因对人不了解，很难提出意见。

木户：我也想发表点意见。像方才说过的，我认为在国内即将变成战场的今天，有必要进一步加强政治，必须组成深得国民信任的稳固的内阁。在这种意义上，虽然东条阁下的尊见也有道理，但我想此时仍请铃木阁下出任为宜。

东条：在国内即将变成战场的今天，如果不特别慎重，陆军就有扭头不加理睬的危险。如果陆军不加理睬，内阁就要垮台。

木户：陆军将不加理睬，这倒是个严重问题，是否有什么征兆或者预感？

东条：并不是没有。

木户：我刚才说过，现在反军部的气氛也相当强烈。国民也有扭头不加理睬的可能。

冈田：当此时局严重、困难重重的时候，对接受天皇命令组阁的人采取不加理睬的态度，那成什么话！防卫国土是谁的责任？不是陆海军吗？

东条：正是由于有这种顾虑，我才提请诸位注意。

若槻：现在还有这种顾虑那还了得！我相信凡是日本国民，绝不会有这种事。

会议结束前，虽曾有过一些争论，但重臣会议大体上得出结论，还是推荐铃木贯太郎大将为后继内阁的首相，于午后8时散会。

〔天皇命令铃木大将组阁〕 重臣会议最后大致决定推荐铃木大将，这个结论也是木户内大臣原来的方案，但铃木大将却执意拒绝。于是，木户内大臣同重臣一起拜领天皇赐宴之后，又把铃木大将请到谒见厅，再次讲清当前时局的实际情况，恳请铃木大将在这重大时期以时局为重，不要拘泥于既往的旧账，接受天皇的命令，并委婉暗示必须转变战局。铃木大将最后答应，如果陛下下令就接受任命。

于是5日晚10时，天皇下令铃木大将组阁。当时，天皇曾强调对于战争现状严重关切，但避免提到新内阁应采取的基本政策。

铃木大将从天皇的意旨中理解到，天皇的意图在于尽一切努力迅速结束战争。但并没有正式受到一定政策的束缚，就开始了组阁工作。

组阁中同陆海军的商榷

〔陆军的动向〕 4月初，陆军正在动员全军上下埋头于进行冲绳作战及本土决战的准备工作。陆军期待在即将到来的本土决战中，给予敌军一大打击，借以造成有利的媾和机会。因此，对于这次的政府改组并没有表示特别关心。他们相信，当前战争的命运完全落在陆军肩上。

在小矶内阁辞职后不久，陆军省及参谋本部一部分青年军官，从推行本土决战的角度考虑，期待出现以现役陆军将领为首相的后任内阁。在他们议论的候选人中有预定就任陆相的阿南大将、参谋总长梅津大将及畑元帅等，其中以阿南大将的呼声最高。但是，从上述木户内大臣同杉山陆相、梅津参谋总长会谈情况中便可以了解，这些只不过是期望，并不是公开的和有力的。

另外，在一部分军官中，有的人马上感到由铃木大将组织的新内阁势将倾向和平。事实上，4月6日夜晚有这么一回事，即宪兵司令官大城户三治中将曾拜会吉积军务局长，提议由于铃木大将有在日本建立巴多利奥式政权的企图，因而必须阻止其组阁。但是，吉积中将和从他那里接到此项报告的杉山陆相均把它当作街谈巷议的谣言而未加理睬。当时陆军的多数人认为，即使出现策划和平的内阁，也不至于立即走向无条件投降，当前新内阁除了大力推行战争外，别无其他途径。

〔阿南陆相的选定——深孚众望的登台〕 4月6日，铃木大将首先前往陆军省拜会杉山陆相，请求陆军对新内阁予以协助，并请推荐后任陆相。杉山陆相按照当时惯例，提出陆军的要求如下：

一、将大东亚战争坚持进行到底；
二、尽量组织能够实现陆海军形成一体的内阁；
三、为本土决战必胜起见，务须具体地果断地实行陆军所计划的措施。

上述希望，除第二项外，在当时情况下，已经是常识，双方并没有什么争论，铃木大将立即表示赞同。于是，杉山陆相推荐业经陆军三长官协商选定的阿南惟几大将为新陆相。

阿南大将当时担任陆军航空总监，深得陆军内部上下的信任和尊敬，视为最合适的陆相候补人。而且，在铃木大将任侍从长时期，曾任侍从武官，两人彼此也很熟悉。因此，选定阿南大将担任陆相，也是铃木大将所希望的。

这样，铃木大将同陆军之间并没有产生任何意见分歧而确定了陆相候补人，便顺利地开始了组阁工作。

〔米内海相的留任〕 其次的问题是海相的人选。铃木大将热烈希望米内大将留任海相。

在海军内部一般也认为除米内大将外，没有其他胜任者。但是，米内大将认为他在前任内阁是副总理级，理应对小矶内阁失败负有责任，因而执意拒绝留任。米内大将希望当时的海军次官井上大将，其次则是长谷川大将出任海相，但两人都没有首肯。

另外，在陆军内部有一种空气，由于希望新内阁首先应当是迅速实现陆海军形成一体的内阁，因而反对米内大将留任。这是因为米内大将历来站在反对陆海军合并的立场。但是，这种反对的空气并不是公开的和强有力的。当预定出任内阁书记官长的迫水久常就米内大将的留任问题征询陆军的意见时，吉积军务局长只是完全作为个人的意见表示过反对。

铃木大将看到陆军的反对并不激烈，终于成功地说服了米内大将留任海相。

组阁的完成和外相问题

还有，重要的阁僚是外相。关于后任外相问题，早在4月5日晚，木户内大臣就曾向铃木大将推荐重光外相留任。木户内大臣推荐重光的实际原因是，由于他已获悉重光外相的看法，他的留任将有利于早日实现媾和。

经木户内大臣的推荐，铃木大将本已表示同意，但因接受已辞职的小矶首相的反对意见，所以决定请开战当时的外相东乡茂德出任外相。

另外，关于其他阁僚，尤其是内阁书记官长的人选，由于近卫公、平沼男爵、冈田大将等，分别推荐各自阵营的人物，竟致引起感情问题，打乱了重臣的步调，最后冈田大将坚持让他的女婿迫水久常出任。这样，铃木新首相主要在冈田大将及木户内大臣的协助下，于7日傍晚以前，完成了除外相以外的阁僚的人选。

〔组阁，新内阁的阵容〕 当时，东乡氏住在轻井泽，尚需一两天才能得到他是否同意的答复，于是铃木大将暂兼外相，完成了组阁工作，于4月7日夜晚，在皇宫举行了亲任仪式。新内阁的阵容如下：

总理大臣兼外务大臣兼大东亚大臣　铃木贯太郎（男爵、海军大将、前侍从长、前枢密院议长）

陆军大臣　阿南惟几（陆军大将、前航空总监）

海军大臣　米内光政（留任，海军大将、前总理大臣）

内务大臣　安倍源基（前警视总监）

大藏大臣　广濑丰作（前大藏次官）

军需大臣　丰田贞次郎（海军大将、前商工、外务、拓务大臣）

农商大臣　石黑忠笃（前农林大臣）

运输通信大臣　小日山直登（前满铁总裁，4月11日就任）

文部大臣　太田耕造（前内阁书记官长）

司法大臣　松坂广政（留任，前检事总长）

厚生大臣　冈田忠彦（前众议院议长）

国务大臣　　左近司政三（海军中将、前商工大臣）
　　国务大臣　　安井藤治（陆军中将，4月11日就任）
　　国务大臣　　樱井兵五郎（众议院议员）
　　国务大臣兼情报局总裁　　下村宏（前日本广播协会会长）
　　综合计划局长官　　秋永月三（陆军中将）
　　内阁书记官长　　迫水久常（前大藏省局长）
　　法制局长官　　村濑直养（前法制局长官）

一部分国民虽然直觉地感到新内阁是结束战争的内阁，但各报刊都把新内阁看作是大力推行战争的内阁而表示欢迎。铃木首相于8日晚向国民广播，宣称"如果我殉国而死，国民各位要跨过我的尸首前进！"以这种有力的语言鼓励了国民。据战后出版的铃木首相著《结束战争的表情》所谈，铃木首相这项声明的真意在于"即令本人被凶汉刺倒，也决心在最近的时机结束战争"。但是，当时国民一般却理解为内阁的政策是要抗战到底的。

〔东乡出任外相——排除重臣及首相的干扰〕　铃木首相于4月8日会见从轻井泽回到东京的东乡，请他出任外相。但是，东乡的意见是要迅速结束战争，因而要求铃木首相关于媾和做出明确的许诺，以此作为入阁条件。

铃木首相对于这个要求提出自己的看法说：我认为日本还可以继续再战上两三年，只是关于如何谋求媾和一事，自己还没有下定决心。但事实上铃木首相相信，根本必须结束战争，而且体会天皇也希望如此，但在当时口吻还相当强硬。尽管上述《结束战争的表情》一书里是那样讲的，但当时还认为无须早日媾和，心想要经过一次作战来取得显赫的胜利，然后在一般能够接受的条件下来媾和。

然而，铃木首相的这种回答，是不能使东乡满意的。会谈没有取得一致意见而告结束，东乡决定在铃木首相的态度没有明确以前，暂时对出任外相持保留态度。

这一预想不到的障碍刺激了早日媾和论者。迫水内阁书记官长立即走访东乡，明确说出铃木首相的目的也是早日媾和。木户内大臣及冈田大将等也敦促东乡出任。他们强调说，铃木首相的乐观看法也不是固定不变的，对东乡来说，莫若进入内阁来影响首相。松平宫相和广田也怂恿东乡出任外相。由于这些人的劝说，东乡于4月9日再次会见铃木首相，同意入阁。

由于东乡出任外相入阁，在铃木内阁中，坚决支持早日媾和的主要阁僚，包括留任的米内海相已有两人。

〔铃木内阁的战争指导机构〕　铃木新内阁关于战争指导会议的运用仍沿

袭前内阁时期的办法。但是，会议讨论事项仅限于战争指导的根本事项。关于政略战略的配合和调整问题，则特别明确主要由陆海军大臣周旋于政府和大本营之间。采取这种运用办法的意图之一，就是因为过去连一些并不重要的问题也要在最高战争指导会议上进行讨论，而今后则应重视阁议去做。结果，阁议和大本营之间的协调就比以前更重要了，这一点当然应由陆海军大臣负责，因此特以明文规定下来。

4月19日，铃木首相援用小矶首相的先例，根据特旨，被准许列席大本营会议。

第70章

开展对苏工作

开始对苏工作的讨论

〔苏联的威胁——企图阻止苏联参战〕 小矶内阁总辞职后,接到了苏联关于废除日苏中立条约的通知,日本政府立即向驻莫斯科的佐藤大使发出训令,让他为使苏联保持中立取得联系。对此,苏联政府于4月7日以逃避的口吻答复说:态度无任何变化。在此以前,根据关东军情报已经判明,苏联军队正从欧洲源源不断地向西伯利亚方面调动。

苏联的这种动向,对全面战局具有重大影响,特别是对本土决战影响极大。因此,大本营为阻止苏联对日参战,痛感有必要采取果断的外交对策。当时的参谋次长河边虎四郎中将在4月22日拜会东乡外相时,提出了上述希望,并以参谋次长名义,表示全面支持这一对策。梅津参谋总长后来也曾再次向东乡外相提出同样要求。同样的希望在海军部里也有,并已由小泽军令部次长转达给了外相。海军方面甚至还希望向苏联求得燃料的补充。

东乡外相对大本营这种希望认为,除非在当时正在进行的冲绳战役中取得胜利,从而使日本的外交地位有所改善,否则要得到苏联方面的明确诺言是极为困难的。换言之,他认为日本当时必须竭尽全力,争取冲绳战役的胜利,因而并未立即采取行动。

〔冲绳战役没有指望〕 当铃木内阁组成时,冲绳战役正进入高潮。大本营希望,冲绳战役纵然不能取得完全胜利,也要给敌人以沉重打击,为此,做了艰苦卓绝的努力。新内阁也在密切注视冲绳战况,并集中力量增加战时生产,缓和日益加剧的粮食和交通危机。

一些积极倾向早日媾和的阁员也认为,为了使日本在和平谈判中取得有利地位,就必须打好冲绳战役,并大力进行本土决战的准备工作。换言之,加强当时的作战努力,是政府和大本营一致的奋斗目标。

但至5月上旬,和政府及大本营的期望相反,冲绳最后的地面攻势终归失败，战局几乎毫无指望。

〔**德国投降——5月8日**〕另一方面，在国外，日本从战争一开始就寄以不败希望的盟邦德国的投降，终于在5月8日成为事实。

在这以前，日本政府和大本营已经预料到德国可能屈服。小矶内阁早在昭和19年（1944年）9月，就已制定"德国屈服时的措施纲要"和"德国急变时的对外措施草案"，这些前面已经谈到。刚一进入昭和20年（1945年），同盟军就以在4月25日的旧金山会议前迫使德国投降为目标，发起了强大攻势。据报，在西部战线，3月下旬，美、英军队扩大了莱茵河雷马根桥头堡，占领了从波恩到科布伦次，横宽约50公里、纵深约15公里的地区，然后，继续向柏林推进。在东部战线，苏军于2月上旬渡过奥得河后，向柏林挺进，到4月25日，开始从南北包围柏林。

最高战争指导会议断定，德国崩溃已经迫在眉睫，4月20日制定了包括下列要点的"德国屈服时的措施纲要"。

一、方　针

一旦德国屈服，必须采取措施抑制国内动摇情绪，同时，应进一步重下决心，在一亿国民坚如磐石的团结下，树立必胜信心，卫护国土，以期将战争进行到底。

二、对外措施

1. 关于防共协定、三国条约及三国协定等日德间一切协约，均应作适当处理。关于在东亚居住的德国官民及其权益应作宽大处理。细节另作规定。

2. 加速促进对苏措施。

3. 对大东亚各国采取一切手段，防止动摇，确保其对日的军事合作。

4. 力图巧妙运用宣传策略，加剧美、英、苏的分化，涣散美、英的战斗意志。

三、对内措施

1. 贯彻一亿国民的敢死决战，力图加速实现必胜决策。

2. 阐明帝国一定根据大东亚战争的本来目的，团结大东亚各国，把战争进行到底。

3. 在舆论指导上，应说明由于德国屈服，敌人的反攻将更加激烈，因此，必须进一步坚定决心。

有关苏联的报道，指导上须与外交策略吻合。

4. 鉴于反战与和平情绪可能滋长，现时应加强对言论和阴谋活动的取缔。对来自国外的各种阴谋策动，亦须严加戒备和取缔。

在上述最高战争指导会议的第二天即5月1日，传来纳粹德国的象征、希特勒自杀的消息。2日柏林沦陷。5月8日，邓尼兹新总统终于无条件地向同盟军屈膝投降。于是，政府在5月15日，宣布废除包括防共协定以及三国条约在内的日德间一切协约。

〔东乡外相的腹稿——导向早日结束战争〕 同时，在日本本土，敌人的空袭愈加激烈，损害逐日增大。这种局势，促使东乡外相决意不失时机地开展媾和工作。外相认为，德国投降的主要原因，在于同盟军空袭的结果。如再拖延媾和工作，日本的国力将急剧消耗，这只能削弱自己的国际地位，以至会丧失较无条件投降稍有利些的谈判议和的最后机会。

东乡外相根据这种判断，在向天皇上奏关于德国投降问题时，同时奏陈：日本现在也有必要考虑结束战争问题。天皇避免明确表示早日求和的意图，但他表示了希望和平早日到来的一般性愿望。

当时，美、英和重庆政权已经敦促日本无条件投降。所以，东乡外相认为，通过同这三国的直接谈判来实现有条件媾和是困难的。另外，关于通过中立国或罗马教廷进行和平谈判以实现有条件媾和，经研究后也认为几乎是不可能的。至于重光前外相在小矶内阁末期，曾与瑞典驻日公使威达·巴格氏进行过私下的商谈，探讨有无代为斡旋和平的可能性。这一情况，东乡外相在就任当时毫无所知。4月11日巴格氏回国前，询问东乡外相有无同样意图，这时，东乡外相才知道过去的原委。但是由于时间仓促，新外相对此并没有认真加以考虑。

最后，外相认为，进行媾和工作的有效路线，只剩下通过苏联进行谈判这一条路。于是，外相终于形成以苏联为居间人导致早日结束战争的基本设想。使苏联与日本协同步调，也是东条内阁成立以来的设想。实际上，当时日本的所谓外交途径，把推动苏联当作了唯一的出路。东乡外相对苏联态度虽抱有很大怀疑，但为达成有条件的媾和，认为毕竟除通过苏联居间调停以外，没有其他渠道。

但是，由于当时时机尚未成熟，不能把议和问题坦率地提交最高战争指导会议进行讨论。于是，东乡外相重新提起过去的悬案——陆、海军部关于对苏谈判的要求，提交最高战争指导会议进行讨论，企图以此做引子，把讨论范围引向到结束战争的根本问题。陆、海军方面所期望的是通过对苏谈判，防止苏联参战以及加强同苏联的友好关系；而东乡外相的真正意图却是，以苏联为媒介导致早日结束战争。

5月中旬对苏工作的机密会议

〔仅限六巨头参加的会议——外相提议〕 东乡外相根据前述腹稿,为广泛讨论对苏政策,提议召开最高战争指导会议。同时,外相认为,如让干事参加会议,讨论很难涉及结束战争的根本问题。因此,要求参加人员仅以首相,外相,陆、海军大臣以及两位统帅部长等六名成员为限。由于在小矶内阁时期,也曾经梅津参谋总长提议,开过这种限定成员的会议,因此,铃木首相等所有会议成员,都毫无异议地同意了。

当时最高战争指导会议的成员是铃木首相、东乡外相、阿南陆相、米内海相、梅津参谋总长和及川军令部总长。这种仅限六名成员的最高战争指导会议的方式,后来除了6月6日的最高战争指导会议和6月8日的御前会议以外,一直持续到决定结束战争。

〔一致同意对苏谈判——具体目标同床异梦〕 首次会议在5月11日举行,接着12日和14日继续讨论。

在首次会议上,梅津参谋总长说明了驻欧苏军东运的情况,强调以外交手段防止苏联对日参战的重要性。对于这个提案,所有成员一致通过。

接着讨论海军方面的提案,即主张与苏联的谈判,还应包括要求苏联积极支援战争物资,特别是提供燃料油。海军方面虽然承认实现这一目标的困难性,但主张并非没有争取的余地。不过,东乡外相表示反对,认为在今天——一般军事形势以及经过雅尔塔会议,同盟国与苏联之间的联合显然已经增强之际,拉拢苏联倒向日本,几乎是不可能的。外相还补充说,日本目前的处境,已经到了不得不认真考虑有关结束战争的手段的地步。

铃木首相参加这一争论指出,想取得苏联积极友好,为时已晚,东乡外相的这种看法,可能是正确的。但是,不去探求在某些对日本有利的方法上来利用苏联,也是不明智的。另外,他还提出一个重要提案,即对苏谈判还应该包括,与同盟国缔结一般媾和时,能取得苏联斡旋这一目的。这一提案,竟和东乡外相的真实目的不期而合,而军部成员对这一提案,也并没有表示特别反对。

接着,转入讨论究应提供哪些权益来作为改善对苏友好关系的代价,结果达成一般性协议:应作相当大幅度的让步。

最后,东乡外相想就请苏联斡旋的条件,取得更具体的谅解。外相说,假如日本能就准备接受的一般议和条件,得出一个结论,谈判很快就能开始。对这一点，阿南陆相立即说，议和条件应根据现在的战况来决定。即日本尚未战败，而且日本占据着的敌国领土，远较敌军占据的日本领土为大。外相对此主张说，那种条件根本谈不到议和条件。不仅要考虑现在的战况，还应考虑将来预见到的战况，从中作出决定。

由于看到很难在议和条件上得出结论，同时还设想到，现在若把这一问题的对立绝对化起来，势必影响将来的讨论，所以，米内海相提议，延期讨论斡旋问题，于是会议宣告结束。

〔**外相起草的对苏谈判决议文件**〕5月14日会议结束后，据东乡外相亲自起草并取得另外五人同意的文件，最高战争指导会议达成了下列各项协议：

经昭和20年（1945年）5月11日、12日及14日三天举行的最高战争指导会议限定成员的会议，取得下列一致意见：

日、苏两国的协商，不仅要受战局进展的极大影响，而且，其成败如何，也在很大程度上以战局为转移。目前，日本与英、美之间，正在倾注国力进行交战，在这种情况下，如果苏联参战，必将制帝国于死命。因此，对英、美的战局，不论如何演变，帝国都要竭力防止苏联参战。再者，就我方而言，不仅要防止苏联参战，并应进一步取得苏联的友好中立；更进而争取苏联对结束战争、为我方做出有利的斡旋较为有利。为达到这些目的，应从速开始日、苏两国间的协商。

就我方而言，应使苏联了解，其所以取得此次对德战争的胜利，是由于帝国保持中立所致。同时应说服苏联，将来苏联必然同美国形成对抗，在这种关系上，使日本保持一定的国际地位是对它有利的。还应阐明日、苏、中三国团结一致对付英、美的必要性。以此种种努力诱导苏联，以期实现上述各项目的。但不难想象，由于对德战争结束后，苏联认识到自己国际地位的提高，并判断帝国实力已显著降低，因此，有必要在思想上有所准备，对方可能提出苛刻的要求。

估计苏联的要求，必然以废除朴茨茅斯条约为主，帝国自当力争条件有所放宽，但为使这次谈判能够成功，可以废除朴茨茅斯条约以及日、苏基本条约。总之不外：（一）归还南库页岛；（二）取消渔业权；（三）开放津轻海峡；（四）转让北满各铁路；（五）承认苏联在内蒙的势力范围；（六）要准备它要租借旅顺、大连。不得已时，还应割让千岛列岛北半部。但是，朝鲜须由我方保留，南满洲尽可划为中立地带，等等，以尽可能维持"满洲帝国"的独立。另外，关于中国，我方希望确立日、苏、中三国共同体制。

〔**请求斡旋议和，但未决定条件**〕如上所述，对于议和虽已做出请求苏联斡旋的原则性决定，但对媾和条件，并未做出任何决定。并且，当时也没有下定立即请求苏联斡旋议和的决心。谈判首先围绕防止苏联参战和取得其友好中立来进行。至于斡旋问题，只有根据谈判的结果，才能提出具体纲领。

不过，由于这次会议的结果具有重大意义，首相理应奏闻天皇，但被首相遗忘了。随着形势发展，到了6月15日，才由外相对木户内大臣谈了事情的梗概。这一事实，加上6月8日战争指导基本大纲的决定，更加刺激宫廷方面，使它为迅速开展求和工作而苦心焦虑。

对苏预备谈判开始

〔广田、马立克会谈的开始〕 在讨论对苏问题的六巨头会议结束的第二天，5月15日，政府宣布废除包括昭和12年（1937年）防共协定在内的日、德、意三国间所有一切条约。这种宣布废除业已有名无实的条约，主要不过是一种事务上的手续，但借助这些历来曾被苏联视为反苏的条约的废除，也含有希望多少可以改善对苏关系的意味。

接着，东乡外相为打开对苏谈判的途径，决定首先通过非正式的预备会谈，试探一下苏联的态度，特别是试探为达到我方目的，苏联在多大程度上可资利用，同时探求引导苏联实现我方意图的途径，这些是首要目的。于是在5月下旬将这次预备会谈的使命，委托给前首相、外相及驻苏大使、经验丰富的广田弘毅。

当时因为外国使节已由东京疏散到外地，广田好容易在6月3日才在箱根的强罗，得以会见苏联大使雅可夫·埃·马立克。会谈历经3日及4日两天，在友好的气氛中进行。广田表达了日本政府为加强日、苏两国间的友好关系，希望与苏联缔结长期协定的意图。就这一问题能否成功征求大使意见。据广田的观察，认为苏联方面接受提议的态度良好，交涉前途有希望。但是马立克大使提出，希望给他一些时间来研究日本提案。因此会谈暂时中断。

〔驻外机关的求和活动〕 5月10日，上述前瑞典公使巴格回国以后，拜会日本公使冈本，进行调处和平问题会谈。后来，由冈本季正公使向东京请示，东乡外相命其暂候。由于当时已经原则上决定请求苏联斡旋的方针，而且据冈本公使的电报判明，瑞典对于日本提出的议和倡议，仅能起到传达作用，所以东乡外相断定，这类接触除无条件投降以外，得不到任何东西，遂决意放弃除通过苏联以外的其他途径。

还有，这一时期，我国驻外机关对战争形势不利感到焦虑，也曾试图进行各种寻求和平的工作，但都没有多大成效。包括驻瑞典陆军武官小野寺信少将为了通过英国谋求和平，企图接近瑞典国王的弟弟，我参谋本部得知后加以制止。还有，曾经通过两条渠道试图与当时美国驻欧特使艾伦·欧·杜勒斯进行接触。一个是驻瑞士海军驻在员藤村义朗中佐等海军方面的渠道，主要因军令部领导人反对，未准深入，后将问题移交外务省。另一个就是以驻瑞士的陆军武官冈本清福中将及驻瑞士国际清算银行的北村理事、吉村汇兑部长等为中心的一些人物。加濑俊一公使也曾对这一渠道给予谅解，后来热心予以支持，并曾向东京外务省请示。但是，外务省及参谋本部对此都不太感兴趣，仅为掌握情报加以利用。

〔下村国务相的斡旋——六相恳谈会〕 还有，在内阁本身内部也有谋求促进收拾战局的活动。5月下旬，下村国务相前趋首相私邸拜会铃木首相，关于和平问题提议有必要与美、英直接进行谈判以及由天皇一声令下结束战争等。另外，5月31日，经该国务相的斡旋，主要为谋求陆海两相密切合作收拾战局，召开了由首相、陆海两相、安井、左近司及下村国务相参加的六相恳谈会。在这次会议上，陆相的本土决战论和海相的早日媾和论展开了争论，这是自从铃木内阁成立以来的第一次，结果仅限于互相交换意见，当然没有做出结论。还有，下村国务相提议，关于求和工作不能单依靠苏联一个大门口，也有必要与美、英直接进行谈判。其他阁员虽然没有表示特别反对，但后来也一直未采取实际步骤。

第71章

调整国内体制，适应本土决战

前面谈到，小矶内阁为适应军方进行的本土决战准备，由2月到3月，就已致力于"决战非常措施纲要"规定各项措施的具体化——增强国家的经济力量和军事力量以及刷新和强化国内战备体制。凡是原有法律和习惯允许的范围内能办的事情，大致全都办了但仅仅这些，还不足以适应以本土为战场进行激烈作战的要求。

〔整顿决战体制的重点〕 对于日本来说，明治以来只有远征国外经验，并没有经受过真正意义的总体战的考验，因此，要应付在国内进行的大规模战争，当然要遇到很多困难。不消说，本土上的一切作战准备工作，都和受到宪法保障的国民的权利、义务之间，有着密切的关系，说得极端一点，即便一草一木，不按法律规定也无法触动。而且，本土上的军事和行政的界线，前线和后方的划分，战斗行动和国民生活的关系，战斗力和生产的关系等，已经不可能逐一加以区别考虑了。因此，为了准备并实行本土决战，不论军队、政府和国民，都必须明确本土决战的真正意义，并且有必要相应地调整体制和环境，以适应形势的需要。"军事特别措置法""义勇兵役法"和"战时紧急措置法"，就是根据这种要求产生的。

"军事特别措置法案"

〔目的在于本土的战地化〕 在具体进行上述军方决战准备工作过程中，首先遇到的问题是如何调整构筑阵地等军事上的需要与国民权利之间的矛盾。在现有法律范围内，不论作战如何需要，在法律上也不准在民有地上挖坑、砍树、搬动石头。但在实际上，军方借助国民的合作，已在迅速地进行着这些准备工作，不过仍希望及时制定法律根据。

小矶内阁为谋求解决这一问题，3月19日在内阁会议上议定了"军事特别措置法案"。本法案经过第86届议会通过，于3月28日制定公布，到5月5日，铃木内阁时期开始实施。

本法以处理大东亚战争期间构筑阵地工事、设置经营以及其他敕令规定的军事上重要事项为目的。本法适用区域，原规定以敕令规定，但后来随着战局的发展，从6月23日起，已普遍适用于全国了。

〔**本法的内容**〕 本法为达到上述目的，规定政府在必要时可以根据敕令处理下列事项：

一、管理、使用或征用土地、房屋及其他建筑物或构造物；

二、对于房屋及其他构造物，得命其迁移、拆除及其他处理办法；禁止或限制其新建、改建、增建、迁移、拆除及其他处理办法；关于石、竹、木及其他物件，得命其迁移、拆除及其他处理办法；或对此种处理办法加以禁止或限制；

三、可以命令迁居，或禁止、限制迁居；可以指定居住地点；可以命令人员的移动，或禁止、限制移动；

四、可命帝国臣民从事要求的业务，也可命令帝国法人及其他团体予以协助；

五、在上列各种情况下，可依据命令规定，征取汇报；或令主管官吏出入必要场所，实行检查；

六、补偿因上述规定的命令和处分所造成的损失。

船只、港口的统一管理

如上所述，以莱特岛决战为转折点，日本的船只保有量急剧减少，从数量来看，业已达到按陆、海、民分别管理的最低限度。加上受敌机和潜艇的干扰，不仅我方船只的通航海域和航运时间受到严重限制，而且港口装卸作业的困难程度也有所增加。

虽然陷入这样困境，但为推行上述本土决战方案，无论如何必须彻底确保本土和大陆之间的纽带，这是一个重要前提。特别在陆军的作战准备中，对驻满兵团及武器、器材寄以很大希望，期待及早调运到内地。但据昭和20年（1945年）3月间的判断，大陆与本土间的运输，估计仅能勉强维持到6、7月份，其后将极为困难。因此，必须趁此期间，尽最大努力，将急需物资赶运完毕。为此目的，必须确定需要运输物件的顺序，统一调用国家全部船只的运载能力。同时还应提高各港口的行政效率，装卸作业也要从所谓的装卸观念摆脱出来，以作战行动来要求。

为适应这种要求，提出了国家船只及港口的统一管理问题。在3月15日的最高战争指导会议上，决定实行这一措施的根本方针，并进行了具体准备。铃木内阁成立后，在4月19日的最高战争指导会议上，终于通过"国家船只及港口统一管理实施纲要"。但这是作为大东亚战争期间的临时措施来处理的。其内容大致如下。

〔大本营附设战力会议〕 大本营附设战力会议，作为制订作战、军需品、属于征用物资范围内的物资的运输总量，种类及顺序等海上运输计划的根本决策机关。

战力会议的成员包括内阁综合计划局长官、陆军兵站总监部参谋长、海军战力补给部长、陆海军军务局长、陆军整备局长、海军军务局次长、海上护卫参谋长、海运总监部参谋长、军需省总动员局长和运通省海运总局长官，必要时，可使其他有关人员列席。

〔大本营设置海运总监部〕 根据上述战力会议决定，为统一管理国家船只（100总吨以上汽轮），大本营设置海运总监部。

在国家船只的统一管理方面，海运总监受陆海军统率部长指挥，海运总监部由陆海军、军需省、运输通信省、海运总局、船舶运营会等有关人员组成。

再者，在国家船只的统一管理方面，海运总监对船舶司令官，镇守府司令长官，警备府司令长官，海运总局长官及铁道总局长官具有指示权，同时，总管国家船只的船员，并有赏罚权。

在船只统一管理现场具体执行任务的上级机关，由船舶司令部担当，主要由陆海军海上运输有关人员组成。船舶司令官按照海运总监的指示，在执行运输任务上，指挥海运的地方执行机关。

〔在运输通信大臣指挥下，对港口实行统一管理〕 港口的统一管理，当前以统一发挥装卸能力的综合效率为重点，为此目的，在运输通信大臣指挥下，港口行政迅速划归地方长官统一掌管。

为实现装卸战斗化，各港口常设统一的军方装卸指挥官，特殊需要紧急装卸时，军管区（方面军）司令官及镇守府（警备府）司令长官，可以动员（必要时指挥）各该管区所辖地区的军、官、民机构，强行装卸。

〔陆海军中枢协定〕 为期上述船只及港口统一管理的顺利进行，4月19日陆海军之间，达成大致如下的中枢协定：

一、船舶司令官依据海运总监的规定，指挥海运地方执行机关进行运输；

二、海军在力图缩短船只修理期限的同时，指派武官担任船舶司令部修理部长。另外，陆海军相互对必要的机关指派常务参谋；

三、重叠的陆海军运输机关，逐步并入一个机关，部员、部副由陆、海兼职；

海运总监由海军大（中）将担任，参谋长由陆军中（少）将担任，副参谋长由海军少将担任。船舶司令部采用副长、参谋等必要的海军军人担任职员。

地方行政组织的战时化

〔军事组织和地方行政组织的配合〕 在推行本土决战方案时，产生了以什么样的政权体制来应付局势的问题：持续中央集权体制，还是改行地方分权体制（也就是同军管区一致的道、州制）。换言之，以始终保持全国性系统为主体，还是以各地区各自自战自活的体制为主体。这一问题，无论对于军方或是政府，都是重要课题。

从有组织地进行战争的能力来考虑，最好是把全部力量集中到中央加以统一管理。特别是从本土的资源、人口的分布、工业布局等实际情况，尤其是粮食的供求关系等方面来看，保持全国的集中统一，是绝对必要的。但在另一方面，从空袭的激化，敌军的登陆这种战争形势来考虑，加强地区的独立性就成为必要的了。这就是说，前者是国家希望尽一切努力加以保持的，而后者则是不管你愿意与否，势所必至的现实趋向。

为应付这种局面，如前所述，军方在各个地区设置军管区（分为师管区及地方军区，相当于各府县的单位则为地区司令部），确立了适应作战的军事行政基础。军管区组织扎根在各自的土地上，同地方行政组织紧密配合，担负着军事行政管理，并支援各野战军，起着基层组织的作用。

另一方面，如前所述，政府于战局逐渐严重化的昭和18年（1943年）6月30日，以敕令公布实施"地方行政协议会令"，设置地方行政协议会，加强了原有的联络协议会，以统一联络和调整地方上的一切行政。后来又在昭和20年（1945年）1月31日，修改上述地方行政协议会令的部分内容，将原来"统一联络与调整"的任务，增强为"统一并推进"。还将地区的划分修改为与军方的军管区相一致。到了昭和20年（1945年）4月，为加强同设在善通寺[①]的四国军管区司令部之间的联系，将四国地方协议会的会址，由爱媛县松山市移到香川县高松市。

---

① 地名，在四国香川县。——译者

由于本土决战的准备工作日益进展，又在5月29日决定创立地方总监府。

〔**设置地方总监府**〕于是，到昭和20年（1945年）6月10日，以第350号敕令，公布实施地方总监府官制，摆脱原来的地方协议会的性质，采取了加强各地区的行政的措施。

设置地方总监府的目的在于：应付战局的非常情况，与陆海军紧密配合，统一指挥管辖下的各机关，对地方一切行政执行统一的强有力的掌握与管理，并适应形势的演变，根据地方实际情况，采取迅速果断的应变措施，用以加强地方的统一行政能力，整顿并确立巩固的国内局势。

因此，地方总监府的工作，除致力于发挥所属各机关有机的、整体的机能外，同时必须考虑适应军方作战，采取确切果断的行动，处理全局问题。

据该官制的规定，地方总监与各大臣及地方长官等的关系如下：

一、地方总监在总的行政方面受内阁总理大臣或各省（部）大臣指挥监督；

二、关于内阁以及各省（部）的主管业务方面，受内阁总理大臣或各省（部）大臣指挥监督；

三、地方总监府的事务，由内务大臣统管；

四、地方总监指挥地方长官及各省（部）驻在地方的官署首长。

军方与地方总监府之间的关系，应特别注意同军管区司令部和镇守府之间的合作，由三者组成地方联席会议，协商有关各地区作战和行政间配合合作方面的重要事项。另外，根据局势的发展，估计有必要在各地区发布戒严令，对于那时应如何处理军管区司令官和地方总监的关系问题，也做过研究，但未及形成方案，战争就结束了。

各地方总监府的名称、位置、管辖区域如下：

名　称	位　置	管辖区域
北海道地方总监府	札幌市	库页岛、北海道
东北地方总监府	仙台市	东北地方六县
关东信越地方总监府	东京都	关东地方七都、县及甲信越三县
东海北陆地方总监府	名古屋市	东海四县及北陆三县
近畿地方总监府	大阪市	近畿六县及福井县
中国地方总监府	广岛市	中国地方五县
四国地方总监府	高松市	四国地方四县
九州地方总监府	福冈市	九州七县及冲绳县

国民战斗组织

为完成本土的防卫工作，除上述各项措施外，还有必要建立国民战斗组织。首先以加强防卫和生产的全面跃进为主要目标，组织国民义勇队。接着，为使全体国民在紧急情况下，都能奋起拿起武器，按照义勇兵役法规定，又发展为组成国民义勇战斗队。

〔**国民义勇队的组织和运用**〕 在小矶内阁末期即已决定组织国民义勇队，但直到铃木内阁时期才逐步付诸实施。

国民义勇队的目的在于，发扬队员保卫本土的旺盛精神，在完成各自的本职任务的同时，根据战局需要，踊跃执行下列任务：

一、有关防空及防卫、空袭破坏的修复、城市及工厂的疏散、重要物资的运输以及粮食增产等工程或劳动中的临时紧急任务；

二、构筑阵地以及武器、弹药、粮秣的运输等对陆海军部队作战行动的支援；

三、对于防空、消防以及其他警戒防卫活动的支援。

关于国民义勇队的组织和运用作了如下研究：

1. 设置以内阁总理大臣为总司令的中央机构，同时，灵活运用大政翼赞会、翼赞壮年团的机构进行组织，随着义勇队组织的建立，上述两团体即行解散；

2. 每个都、道、府、县设置以地方长官为首长的义勇奉公队本部，统辖各该区域内的义勇队。市、区、町、村义勇队的队长由市、区、町、村长担任；

3. 政府机关在组织国民义勇队时，凡是公司、工厂、企业等人员众多之处，以各该部门为单位，其他以一定地区为单位进行组织；

4. 参加国民义勇队的人员，除老幼、病弱、孕妇、产妇以外，应尽量广泛吸收；

5. 国民义勇队在各个工作单位、地区，都分别按照一定标准，分男、女进行编制；

6. 在国民义勇队的组织和运用上，应照顾到不要使在乡军人会同警防团等互相冲突。另外，在农村、山村、渔村中，应注意不致妨碍粮食增产活动。

〔**义勇兵役法——国民皆兵**〕 由于上述国民义勇队的组织和运用，影响国民的权利和义务之处很多；并为贯彻国民皆兵的宗旨，经第87届临时议会批准，于6月22日公布了"义勇兵役法"。义勇兵役法的内容大致如下：

一、在大东亚战争期间，日本国民除按照兵役法规定外，并按本法规定服兵役，称为义勇兵役。

二、义勇兵役，男子由年满15周岁的该年1月1日起，到年满60周岁的该年12月31日为止的人员（敕令规定者除外）；女子由年满17周岁的该年1月1日起，到年满40周岁的该年12月31日为止的人员均须服役。

上述服役期限，必要时可依敕令规定予以变更。

三、除上述外，可吸收志愿人员为义勇兵。

四、义勇兵，必要时可按敕令规定进行召集，编入国民义勇战斗队。这种召集称为义勇召集。

〔国民义勇战斗队统率令——军令〕 在公布上述义勇兵役法的同时，6月23日，以军令形式制定实施"国民义勇战斗队统率令"。其内容大致如下：

一、由适用义勇兵役法的人员编成的部队，称为国民义勇战斗队；

二、由适用义勇兵役法的人员在各个地区编成联合义勇战斗队；

联合义勇战斗队由本部及若干义勇战斗队编成；义勇战斗队由若干义勇战斗区队编成，义勇战斗区队由若干义勇战斗分队编成；

三、除上述外，各铁路局（各邮电局）及准此的机关，特别是规模较大的军需品生产企业，以及其他陆海军大臣指定的工作单位，也编成国民义勇战斗队；

在运输省铁路总局（邮电院）编成铁路（通信）义勇战斗司令部；

四、国民义勇战斗队按各划分单位，冠以所在地名或工作单位名称，得设置必要的职员；

五、国民义勇战斗队的编组，原则上以国民义勇队的组织来充当。其要领由军管区司令官、船舶司令官、镇守（警备）府司令长官规定；

六、铁路（通信）义勇战斗司令隶属于参谋总长；

七、联合义勇战斗队队长隶属于各该地的地区司令官；

八、一般军队和国民义勇战斗队的指挥隶属划分，根据作战需要，得由所属长官以命令适当规定。

"战时紧急措置法"

〔应付非常事态的措施〕 通过上述各项措施，基本上达到了调整国内决战体制的目的。但考虑到国内终将成为战场的前景时，预料会发生各种预想不到的情况，在这种特殊情况下面的行政工作，要逐一按照法律规定来办，终归是不可能的。

于是，对这种情况应行使宪法第31条规定的天皇非常人权，还是应该适用戒严令，进行了探讨，结论是两者对于处理当时广泛复杂的事态，都不合适。于是产生了"战时紧急措置法"这一非常立法。

〔**战时紧急措置法的目的**〕"战时紧急措置法"可以说是对非常事态的全权委任法，经第87届临时议会批准，于6月21日公布。

本法的目的在于：在大东亚战争时期，为挽救国家危亡，在有紧急需要时，政府为了对下列事项采取应变措施，可以不受其他法令限制，发布必要的命令或进行处置。

一、维持并增强军需生产；

二、保障粮食及其他生活必需物资；

三、维持并加强运输通信；

四、加强防卫及维持秩序；

五、调整税制；

六、战灾的善后处理；

七、其他以敕令指定的、为集中发挥战斗力所需的事项。

本法还规定了有关政府对损失的补偿，以及上述措施中的重要问题应向战时紧急措置委员会咨询的事项。同时还规定关于本法的实施日期另由敕令规定。

再者，与本法有关的实施细则，由同时以敕令形式公布的"战时紧急措置法施行令"加以规定。

第72章

6月8日的基本政策

本土决战政策的确定

由于5月上旬冲绳战役陷于绝望以及德国投降，除上述5月中旬举行六巨头关于对苏外交的会谈之外，还进行了两项重要工作：一个是召开第87届临时议会；另一个是6月8日通过"战争指导基本大纲"。

〔**临时议会的召开——米内海相表示反对**〕 5月上旬以来，议会首脑及日本政治会等，为明确新政府的政策，督促政府召开临时议会。另一方面，政府也为准备本土决战，也认为有必要召开议会，用以振作国民的士气，并通过前述战时紧急措置法、义勇兵役法等重要法案。

对于召开这次临时议会，米内海相表示反对。他认为：政府即使不采取立法手段，仅以敕令行事，也能达到目的，再者，一经召开议会，政府势必陷于必须表明强硬态度的困难境地。但铃木首相仍遵照多数阁员意见，决定在6月9日召开议会。

〔**基本大纲的审议工作开始**〕 同时，为适应即将到来的本土决战，制定领导战争的基本政策的工作正在加紧进行。这一基本政策对于决定政府应付临时议会的基本态度，也是必要的。

5月下旬，迫水内阁书记官长召集最高战争指导会议助理干事毛里英于兔（内阁）、种村佐孝大佐（陆军省、参谋本部）、末泽庆政大佐（海军省）、柴胜男大佐（军令部）以及曾弥益（外务省）等，提出"今后应执行的战争指导基本大纲"一案，要求讨论。

在此之前，陆军方面认为，在今后战争指导上，有必要制定大本营和政府间统一的基本政策，为此曾在铃木内阁成立后着手进行起草工作。4月15日左右，内定了经参谋总长及陆军大臣同意签署的陆军方案，并交付迫水书记官长。5月下旬，迫水书记官长向五名助理干事提出的草案，同这一陆军方案，主旨是完全一致的。

于是，最高战争指导会议事务当局对内阁提案展开讨论。对制定基本政策的基础——世界形势分析以及国力现状报告书也提交会议讨论。审议工作是在上述五人的辅佐下，以四名干事即内阁书记官长迫水久常、陆军省军务局长吉积正雄中将、海军省军务局长保科善四郎中将及综合计划局长官秋永月三陆军中将为中心进行的。

讨论中没有特别意见分歧，进行顺利。到6月5日，仅对内阁所提原案作了部分修改，作出了准备提交最高战争指导会议的基本大纲草案及两份报告书草案。这一基本大纲草案预定在临时议会召开之前，由6月6日的最高战争指导会议及6月8日的御前会议正式做出决定。

国力的现状

构成基本政策基础之一是国力的现状。在6月6日最高战争指导会议上报告的国力的现状，内容如下：

一、要旨

由于战局紧迫，海陆交通以及重要生产，愈益遭到阻碍，粮食恐慌愈益严重，综合发挥现代的物质力量的战争能力，将极端困难；对民心的动向也须特别注意。

因此，从目前形势看，采取应付此种情况的各项措施，实属刻不容缓。

二、民心的动向

国民胸怀忠诚，对敌军入侵具有抵抗决心，但在另一方面也有希望转换局面的情绪。

对军部及政府的责难之声日渐高涨，对领导阶层的信任，动辄产生动摇的倾向，而且国民道义也有颓废的征兆。

保存个人的观念增强，勇敢战斗和克己奉公精神不足，在平民阶层中，农民表现有听天由命的倾向；居于社会指导地位的知识阶层中存在一股急于祈求和平的暗流。一部分野心家有乘机蠢动图谋变革的迹象。在冲绳战局极端恶化的情况下，对民心的动向，尤应予以充分注意并进行正确指导。而且，必须预料，敌人今后的思想扰乱活动将愈加激烈。

三、国家的人力

（甲）人力在战争中消耗不大，较之物力尚有余裕。但在使用上效率不高，动员和配备不适应生产的发展；人员配备不均，有窝工现象。如能积极彻底改进配备，提高效率，在人力方面，对完成战争当无大影响，视其运用程度如何，尚可有筹出战争能力的余地。但今后要进行较大规模的兵力动员，并不容乐观。

（乙）由于战争出现了增殖率降低趋势，特别是体力的降低，尤应予以注意。

四、运输力及通信

（甲）关于轮船的运输力，船只运载量急剧降低，现虽尚有100万总吨左右，但因燃料不足，敌军骚扰加剧以及装卸能力降低，使航运遭到严重阻碍。如按最近实际损耗情况推算，到本年年末，可用船只运载量将降到接近于零。而且，能否确保同大陆间的交通，与冲绳战役的结果关系极大。如果出现最坏的情况，则6月以后，将无法指望有计划的交通运输。机帆船的运输力也因燃料不足及敌军骚扰，大有急剧降低之虞。

（乙）铁路运输力，由于最近车辆、设施等的使用过于频繁，加上空袭危害而逐步下降。今后，敌人势将加紧破坏交通的空袭，铁路运输力即使尽种种努力，也将降为上年度的二分之一左右。尤其是中期以后，运输的连贯性将遭到破坏，很有可能陷于局部运输。

（丙）陆上小型运输力和港口装卸力，由于器材、燃料、劳动管理情况以及经营体制不够健全等原因，不仅对基层运输和海陆运输的衔接，而且对铁路及海上运输本身，也将造成严重障碍。另外，今后由于敌机空袭，港口很有可能陷于瘫痪状态。

（丁）通信机能，由于器材、人员状况以及空袭为害等原因，受到很大阻碍。今后，随着空袭加剧，本年中期以后，各种通讯联络工作将发生巨大困难。

五、国家的物力

（甲）钢铁生产，主要由于煤炭及矿石的运进困难，现在与上年同期比较，已经降到四分之一左右。钢船的新造及补充，今年中期以后将完全无望。再有，对现有器材的利用和军事化，在实行上，也须克服极大困难。

（乙）对东部及西部地区的煤炭供应，随着生产和运输的减少，也显著下降。由于空袭损失的增大，中枢地带的工业生产正在全面下降。中期以后，由于煤炭供应断绝，中枢地带的工业相当一部分有停产的可能。

（丙）由于大陆工业用盐的运进减少，以苏达为基础的化学工业生产正在加速下降。尤其中期以后，将面临原料盐进货危机。其结果，不仅轻金属及人造石油的生产，即火药，炸药也将难以保证。

（丁）液体燃料的供应，今后只能依靠"日满华"的自给。由于储油告罄及增产计划进度迟缓，航空燃料的恐慌，将对中期以后的作战发生重大影响。

（戊）以飞机为中心的现代武器生产，由于空袭加剧造成交通和生产的破坏，以及由于上述原材料、燃料的恐慌，要想按照原来的方式完成产量计划，不久将陷入极端困难。

六、国民生活

（甲）粮食恐慌渐趋严重，这次青黄不接时期，却是开战以来最大的危机。即使能保证大陆粮谷和食盐有计划的进口，也必须有足够的思想准备，今后国民的食物，只能得到严格限制的标准口粮和生理上所必需的最低限度盐分。

如再将由于国外进口、运输的阻碍，国内运输的切断，以及因气候及敌机入侵等造成的减产等情况合在一起来考虑，局部地区可能出现饥馑现象，治安上也不容乐观。

不难想象，下年度的粮食情况与本年度相比，将会更加严重。

（乙）物价高涨趋势严重，由于黑市泛滥、经济道德败坏引起的经济秩序混乱倾向愈益严重。今后发展下去，"通货膨胀"加剧的结果，恐怕将使战时经济难以进行有组织的管理。

世界形势演变的分析

和"国力的现状"的情况一样，在6月6日最高战争指导会议上，传达了"世界形势演变的分析"，内容如下：

对以昭和20年（1945年）年末为止的世界形势发展进行了分析，以利于今后的战争指导。

第一，敌方的形势

主要敌人美国虽然存在伤亡累增，罗斯福病死以及欧战结束引起的厌战情绪等战争指导上的不利因素，但仍将以其丰富的物力，单独迅速结束对日战争，战意旺盛，势必坚持对日作战。英国在欧战结束后，虽然希望早日结束战争，但因美国处于领导对日作战的主导地位，不能左右大局。英国毕竟将由于在全世界必须与美国保持协调，以及为确保本国在战后处理东亚问题上的发言权，仍将继续参加对日作战，并将增强东亚兵力。重庆虽在与延安对抗、争斗以及对苏联的动向感到忧虑，但仍企图利用美国完成对日战争，并提高其国际地位，将与美国对中国大陆以及日本本土的作战相呼应，展开积极反攻。

主要趋势虽如上述，但在欧洲方面，美英与苏联的角逐逐渐表面化，而且美英、重庆相互之间，作战目的也不一致，反轴心国的联合有减弱的倾向。然而，它们必然力求妥协以应付当前局面，对方阵营的联合不会迅速瓦解。

但帝国方面，如果毅然进行长期战争，迫使敌人付出重大流血代价，到本年后期，在相当程度上动摇敌方继续战争的意志，也不是不可能的。

第二，苏联的动向

苏联随着欧战的进展，将致力于欧洲方面的战后处理和本国的恢复工作。同时，对大东亚战争一面保持自主立场，一面企图伺机向东亚特别是向满洲、中国方面扩张势力。

苏联一再对帝国采取的各项措施，主要是保持可以随时转为敌对关系的外交态势，同时逐步加强苏联远东兵力，加强政治压力。当其判断大东亚战局不利于帝国而自己牺牲较小时，就很有可能发动对日战争，实现它的野心。但为牵制美国向东亚扩张，也不无较早行使武力的可能。这一时机，可能在敌人向（日本）本土或中国中北部登陆之时；从北满作战的气候条件及远东苏军兵力集结等情况判断，本年夏、秋以后，特别需要戒备。

还有一种可能，苏联不愿帮助美国实现其愿望，而为达到自己的目的，迫使我与美媾和。

第三，东亚的形势

一、太平洋方面

美英两国有可能乘有利战局，尽快切断帝国本土同大陆的联系，并企图通过猛烈的空袭使帝国丧失抵抗能力，对帝国本土一举进行速决战。为此目的，在西南诸岛如果不能进一步取得彻底的战果，很可能在攻占这些岛屿之后，扩大附近的基地，6月下旬以后，直接向九州四国方面，或者根据情况对朝鲜海峡方面强行登陆作战，初秋以后，再将决战战场指向关东地方。

为取得对日作战基地，以及出于对苏、中的策略上目的，有可能进行中国中、北部要地的作战。另外，为收复失地和对中国进行补给，可能企图与（日本）本土及其他作战同时进行中南沿海作战。

由于欧战结束，应当料到，夏季以后，将有相当数量的敌人，特别是大型飞机前来进攻。

二、中国方面

重庆靠美国的援助，在加强基干兵力美式化的同时，空军力量也有所增强，在这种情况下，为策应美国作战，入秋以后，对日进行全面反攻的可能性很大。随着美国的活动趋向积极，预计大陆战线也将出现真正的严重局面。

敌方特别是延安方面对我方占据地区的游击反攻将更加激烈。鉴于重庆与美国的关系，当前要实现日、中间全面和平是极困难的。但对中国将重新沦为战场，和美国将乘全胜之势称霸东亚的前景，重庆方面也感到有些不安。另一方面，对于延安势力不断渗透扩大，特别是苏联增加压力的可能性，也深感忧虑。

三、南方方面

缅甸方面，由于敌陆海空的压力不断加强，我方战略、政略态势将被迫收缩。还有，与太平洋攻势相联系，敌人将加强婆罗洲登陆作战，还将加紧策划对近处的马来半岛、苏门答腊及其他要地的登陆，逐步蚕食其他各地，企图夺回该方面的重要地区。

四、大东亚各国的动向

大东亚各国，随着大东亚战局的发展，及敌方政治策划的加紧，对日不合作态度将逐渐表面化，有的终将转化为敌对态度。

战争指导的基本大纲

另外，同时向最高战争指导会议提出的"今后应实行的战争指导基本大纲"，内容如下：

方　针

以誓死尽忠的信念为动力，借助地利和人和，坚决把战争进行到底，以维护国体，保卫皇土，确保民族将来发展的根基。

要　领

一、集中皇军的主要兵力，迅速加强皇土战场化的态势。

对其他地区的兵力部署，应斟酌我方实力，以对主要敌人美国的战争为重点，同时考虑北方局势的突变。

二、适应世界形势转变的微妙关系，灵活有力地执行各种对外政策，特别是对苏、中的政策，以利于完成战争。

三、国内方面，为适应举国一致的皇土决战，应健全贯彻国民战争精神的各种体制。其中，尤应以组织国民义勇队为核心，以便更加巩固全体国民的团结，更加昂扬战斗意志，充实国家物质力量，特别是确保粮食及特种武器的生产，以此作为国家各项政策的重点。

四、根据本大纲的执行办法，按照各自的分工，加以具体规划，以期尽速实现。

〔**和平的暗示与实际问题**〕 上述基本大纲的重点在于：将战争目的仅限于维护国体及保卫皇土两项。为达到这一目的，决定了把战争进行到底的强硬态度。而在其要领中，强调对苏对华实行机动灵活的有力策略，这也只是为了利于完成这次战争，至少在字面上和小矶内阁时期有着同样的意义。

关于这点，据起草人迫水书记官长及种村大佐在战争结束后追忆说，将战争目的限于上述两点上，含有某种程度的结束战争思想。换言之，这两点意味着停战条件。种村大佐还说，所谓大力执行对苏外交，具有最终导致和平谈判的意思。但不拘草人有哪些言外之意，事实正如后述6月6日最高战争指导会议的气氛所证明，这一基本大纲实际上一般却理解为彻底继续战争的强硬态度，并不包含通过苏联进行和平谈判的问题。

参与这一基本大纲起草工作的事务负责人员以及陆海军的次官、次长们认为六巨头5月中旬以来密商的事项，可能是有关对苏外交的重要问题，这从当时的形势判断是容易想象的。但他们并没有想到讨论已发展到以苏联为居间人开展媾和工作的程度。

就是说，以苏联为和平的居间人开展外交工作，当时还笼罩着一些不确定的因素，而这只是密藏在六名最高战争指导会议成员的内心里。假如对进行这一工作，以充分自信做出明确决定的话，那么无论如何也不会发生上面所说铃木首相因为年迈就忘记了奏闻天皇那种事情。

6月6日的最高战争指导会议

自5月下旬以来，上述议案经过事务当局审定，于6月6日提交最高战争指导会议。当天还有军需大臣丰田贞次郎海军大将也列席了。其他成员在出席会议时对议案当然早有所知，唯独东乡外相由于外务省内部事务上的差错，直到当天，才知道这一议案，在这种毫无准备的情况下参加了会议。

会议一开始，铃木首相指名先由秋永综合计划局长官报告"国力的现状"，由迫水书记官长宣读"世界形势分析"。接着，转入会议成员的发言。

〔**代理参谋总长发言**〕 如前所述，梅津参谋总长为传达有关满洲及中国方面的对苏作战准备的重要命令和进行联系，当时正公出去大连，因此由河边参谋次长代理，作了"关于帝国陆军今后作战意见"的如下发言：

冲绳战役自从敌人登陆以来，两个月当中，在陆海空几方面与绝对优势之敌进行殊死战斗，取得历史上罕见的巨大战果。统帅部今后仍将继续压制敌人，向该方面推进空、海军基地，力图消耗敌方力量，阻止敌军今后的进攻。

但是，不论效果如何，敌方正大力向东亚调运驻欧兵力，现已不得不预料敌军近日将对我本土发动进攻了。

关于帝国本土及其周围的作战，陆军自当与海军共同合作，力求在海上击溃敌人的进攻，同时，当其登陆之际，自当运用自瓜岛作战以来因种种条件未能充分发挥力量的帝国陆军主力，求得与敌军决战。因此，陆军正怀着必胜信心，与全体国民通力合作，进行决战的准备。

本土作战与冲绳、硫黄、塞班等孤岛作战根本不同，特别是能对敌军的登陆地点，机动地集中全部兵力，以巨大的纵深兵力进行持续强攻。而且能够得到地利和全国国民无比忠诚的协助，这是本土决战必胜的基础。

也就是说，过去在孤岛及远洋作战，我军孤立无援，只能以当地兵力独自承当全部敌军的集中攻击。而在本土作战，敌我处境恰好相反，特别是不得不依靠漫长的后方补给线来进行大兵团的进攻，是敌军的弱点。因此不能和过去的作战情况相提并论。

而且，我军对敌登陆部队一旦发起攻势，则将贯彻不成功即成仁的信念，全军以拼刺刀的战术，坚持不将敌人赶进大海歼灭掉决不停止攻击的牢固信念，发挥帝国陆军的传统精华，我们确信是必胜的。而且，我国独特的空中及水上特攻战术，自莱特岛战役以来，曾予敌人以沉重打击，积累了丰富的经验和体会，用于本土决战，必将取得更大成果。还有，对付今后日益加剧的敌机空袭，自应加强空、地两方面的防空态势，以期完满维持最低限度的国力，特别是要很好地掩护广义上的作战准备的基础。

如上所述，现在全军正贯彻特攻精神，在捍卫皇国的壮烈气魄下，进行周密切实的作战准备，加紧防御工事的构筑，提高训练水平，采用新的战术等，正在一天天完成"严阵以待""有恃无恐"的必胜态势。

对作战方面的意见概如上述，还有一点需要补充的是，为完成对美作战的目的，同苏联的关系必须保持绝对稳定，不消说，这是战争指导上必须坚决遵守的重要问题。

军方在迅速进行对苏作战准备时，特别对这一点予以充分注意。但我们深信，只有完成对美作战，当它进攻本土时给以重大打击，才能使苏联觊觎北方的野心无隙可乘，这才是积极的对策。

〔军令部总长发言〕接着，丰田军令部总长陈述了如下意见：

我认为，冲绳之战，由于海、陆军航空兵累次的大规模攻击，使敌人海上兵力受到极大消耗，结合地面部队的勇敢战斗，给敌人造成惨重伤亡，不仅推迟了敌人的进攻，并使敌人在机动部队重新整编完成以前，不能进行跃进性进攻。

现在，在冲绳岛周围，对敌人舰船尚可进行有利的空袭。因而准备继续加强空战，以便再进一步推迟敌人的进攻。

其次，谈谈对于敌人下次进攻意图的判断。主要敌人美国期望迅速结束对日战争，采取速战速决方针，很可能集中优势兵力对我本土要地大举进攻，现正一步步地进行这种准备。

敌军进攻路线，根据上述方针估计，可能企图直接从以东京为中心的关东方面的要害地区登陆，但因其在冲绳战场受创，尤其是因整编机动兵力不得不拖延时间，所以，更大的可能是，首先夺取九州南部和四国方面，整备那里的海空基地，然后利用这些基地，再向关东方面进攻。

其进攻时机：估计对九州、四国方面可能在7、8月份，对关东方面可能在初秋以后。

现将预料敌人的企图，详细分析如下：

（甲）敌军在冲绳作战基本完成后，很有可能立即对德之岛、喜界岛、奄美大岛等进行渗透作战。

（乙）由于敌军在冲绳方面、硫黄岛、马里亚纳方面空军兵力的显著加强，将策划对我本土实行全面攻击，以削弱我国家力量，挫伤我方士气，同时力求消灭我方空军兵力。在此期间，将结合潜舰的活动，加紧切断我方海陆交通。因此，预计除北日本海部分海域外，海上交通将陷入极端困难的境地。

（丙）敌军对济州岛方面的进攻，是以完全切断日本和朝鲜间的交通为目的，而且从推进对日进攻基地的观点来看，敌人很有可能这样蛮干。

（丁）敌方对华北、华中方面的作战，主要是为展开从欧洲调来的庞大空军兵力，寻找基地，因此，有可能早日实现。预计时间当在6、7月份。如果推迟实现这一计划的时间，则可以认为是出于美国对华政略上的考虑，其作战规模和设想有所改变。

（戊）敌方很可能在华南、法属印度支那方面，以英国军队为主体，与主攻作战同时，另开辟一个战场。

（己）估计敌方对千岛和北海道方面，大概不会超出牵制作战的程度。但是，从对苏关系来看，特别是当苏联对日开战时，美国将在情况允许的范围内，企图进行这种作战，因此需要戒备。

对敌军上述企图，海军自当与陆军密切配合，争取将敌人进攻部队捕捉歼灭在海上。但敌人如果提前进攻本土，则我方很难调集充分兵力，所以估计很有可能约百分之六七十的敌军兵力能够登陆，必须作地面作战的思想准备。

当实行作战时，全军将贯彻特攻精神，捍卫皇国，现正为此积极进行作战准备。因此，敌方进攻时间越晚，作战对我越有利，将敌人歼灭在海上的可能性越大。但在另一方面，在猛烈的空袭下维持生产，特别是完成航空燃料的增产，是绝对必要的。

〔会议组成人员的讨论——外相的不满和疑虑〕 继上述陆海军两统帅部长发言之后，对基本大纲草案本身展开了讨论。

刚刚看到这一基本大纲草案的东乡外相，认为这种强硬政策的决定，堵死了实现他所设想的结束战争的道路，因而感到十分不满。于是外相对这一草案提出了以下两点疑问：

其一是关于对苏外交所能期待的成果。外相首先说明了战时外交在很大程度上以战争形势为转移的道理，并强调指出，以现在日本的战争形势而论，实行防止苏联对日参战的对苏外交工作是相当困难的。当然，外相也并未否认实现防止苏联对日参战尚有几分可能性；

其二是关于维持军需生产的前景。外相说，当敌机空袭愈益激烈的时候，生产下降的危险性很大。外相并提到代理参谋总长的发言说，那种认为战争离本土越近，对我越有利的说法，只有当我方空军处于优势情况下，才会是这样。

丰田军需相谈到他对敌情的判断时说，敌人是否有可能不立即登陆，而是想在通过空袭使我生产逐渐下降之后，再轻而易举地登陆。关于维持军需生产问题，他说，这一问题的关键在于运输能力。所以，如能对陆海交通采取有力措施，防卫敌机侵袭，再结合提高生产热情和同有关政府机关密切配合，并不是不能把军需生产维持在必要的水平上。他支持采纳基本大纲。

米内海相虽然一向强烈倾向于议和，但认为在现阶段作出这种程度的决定也是不得已的。他在会上几乎没有发言，只在临近闭会时，陈述这样意见："与其说是能否的问题，莫如说是必须这么做。"表示支持采纳大纲草案。

其他军部方面成员当然全无异议。铃木首相在讨论中始终表示强硬态度，强调当前形势要求采纳本案。这是因为，预定6月9日召开的临时议会在即，铃木首相需要确立一个举国一致、军政一体的强硬态度。

〔基本大纲的采纳——经过部分修改补充〕 这样，会议在对"国力的现状"及"世界形势分析"两个报告和基本大纲草案，作了部分修改补充之后，通过了基本大纲。

关于"国力的现状"的报告被批判为过于悲观，看不到前途的展望，等于否定了继续战争的可能性。全体与会人员一致认为，并非没有打开困境的道路，而且必须为此奋斗。在报告的末尾补充了下列按语：

国力的现状已如上述，而且随着敌机空袭的加剧，充实国家物资力量极为困难。但最大障碍仍在于生产热情和战斗精神的不足，以及有关国力军事化的具体措施不够彻底。因此，必须充分发挥国民的斗志，特别是发挥皇国传统的忠诚精神。同时，需要采取各种强有力的具体措施，做到能够维持完成战争所必需的最低限度的军事力量，于8、9月份以前实现这一目标。关于"世界形势分析"部分，也以同样意思，补充了下列按语：

当前战局，对帝国来说，实属极端紧迫，欧洲盟邦既已崩溃，苏联的对日动向尤须严加戒备，帝国已处在存亡的关头，但敌人也自有其苦恼，在急于为速战速决而加紧部署。

因此，帝国必须以牢固的决心，坚持必胜的斗志，充分发挥皇国传统的忠诚精神，断然实行政略战略措施，以很好地掌握战胜的时机。

会议最后将"基本大纲草案"方针中的"确保民族发展之基础"字样，改为"务期达成战争的目的"而通过。

〔固守帝都——首相提议〕 当审议基本大纲时，铃木首相提议必须明确固守帝都的方针，即不迁移帝都的宗旨，但言明并非一定要列入大纲之中。其理由是，如果迁都，必将涣散民心。对于总理提出的意旨，全体与会人员均无不同意见，但决定这一问题不列入大纲，必要时可以作适当的答辩。

〔6月7日的内阁会议——殉职自杀的决心〕 最高战争指导会议的次日，召开内阁会议，决定通过前一天由政府、大本营采纳的"基本大纲"。

在这次内阁会议作出决议以后，铃木首相宣布，在6日最高战争指导会议上已经明确，不管冲绳战局如何，陆海两统帅部都表示有决心要战到最后，也有信心一定能够战到敌人丧失战斗意志为止；并要求阁员以"事不成则剖腹的高度责任感"切实实行各种方策，以实现这一"基本大纲"。

铃木首相还表明了"固守帝都"的决心，征求阁员们同意。

6月8日的御前会议

6月8日召开最后通过"基本大纲"的御前会议。这次御前会议除六名成员及干事外，还有平沼枢密院议长，丰田军需相以及石黑农相临时参加。

与6日的最高战争指导会议一样，御前会议首先开始宣读关于"国力的现状"及"世界形势分析"的报告。报告内容与最高战争指导会议所定相同。

〔军令部总长发言的重要修改〕 接着，统率部代表作了说明。代理参谋总长河边中将的发言，与6日最高战争指导会议上所讲完全相同。而丰田军令部总长对其讲话中一个重要部分作了修改。即在6日那天，关于敌人登陆时，海军所能获得的战果，曾说，"估计很有可能约百分之六七十的兵力能够登陆"。现在将这一讲得消极的部分，自行改为"相信即使不能全部消灭敌人，预料在敌军抵达海滨之前，也能击溃其将近半数的兵力"。

〔丰田军需大臣的说明〕 接着，经首相指名，丰田军需大臣作了如下说明：

关于军需生产以及国家物力的一般现状，正如综合计划局长官说明的那样。试看第一季度的实施情况，关于海上运输能力方面，预计在总量上大体能够保证最低目标，但由于港口装卸能力不足，以及敌人敷设水雷等原因，大陆粮谷和盐类的运输情况相当不好，第一季度计划量，仅在上半期尚有可能实现，而第二季度计划量恐将陷于几乎没有指望的状态。煤炭也大致由于同样的原因，铁路和机帆船的运输力不足，因此，重要物资的生产也陷于达不到计划的状态。

关于第二季度的军需生产，受海陆运输力变化的影响极大，轮船运输力主要由于空袭加剧，较上季度将有更显著的降低，如将大陆粮谷及盐类的运输作为重点，则军需生产方面，仅能运输极少量的煤炭。关于机帆船运输力和铁路运输力，也因空袭关系，估计将较上季度相当降低。由于上述海陆运输力的降低，估计军需生产基地的本州中枢部分的煤炭分配量，将较上季度大幅度降低，工业生产将降为去年同期的30%左右，特别是重要军需器材的生产，预料将降为上季度的60%或70%左右。

关于航空武器，如果情况没有显著变化，预料上半年大体可以完成原计划的60%，即每月生产飞机2000架左右。由于处在需要疏散的情况，以及根据航空工业属于综合工业的特点，如果其他有关工业的生产降低，则难免要受到影响。

而且，设想如果冲绳战局陷于最坏情况，则军需生产将有更加恶化的危险。

情况如上，维持今后的军需生产，主要要看确保海陆运输力的程度如何，因此，深望两统帅部采取有力措施，加强海陆运输机关对空袭的防卫工作。

如上所述，由于形势的发展，综合计划局长官所谈的生产前景，有更加急剧恶化的可能，而为了完成上述前景那种程度的生产，也要下非同小可的决心。就从事军需生产的单位而言，一方面须与军部及各有关单位保持密切联系，发扬生产热情和战斗精神，对国家力量的迅速军事化，采取一切手段。另一方面，应采取紧急必要措施，明确规定与军需行政有关的关系单位的职责范围，务使在其职责范围内，勇于负责，坚决完成任务。

〔东乡外务大臣的说明〕 接着，石黑农商大臣就粮食情况进行说明，然后，东乡外务大臣兼大东亚大臣作了如下说明：

关于美、英、苏及重庆的动向，大致如"世界形势分析"所述。关于这一问题，想提出几点看法：

第一，关于对付主要敌人美国的战争指导方针。事实上可以断定，美国在国内外都遇到某种程度的困难，但看来它在坚信，能够在较短期间内迫使帝国屈服，意欲迫使帝国无条件投降，因而不能指望它在短期内会丧失对日本的战斗意志。而英国，总之不外追随美国，二者之间，暂时无隙可乘。

第二，关于美、英同苏联争执的推测。不能否认，对德战争的结束是促使美、英、苏之间的合作走向松弛的一个因素。不难预料，今后美、英及苏联之间，关于德国以及其他欧洲各国的战后处理、近东问题以及世界和平机构等，将发生许多争执。但在另一方面，不论美、英，还是苏联，都认识到，关于战后能否保持和平，从而确保胜利成果的问题，完全系于三国间能否继续保持从大局着眼的合作。由于这种原因，在大东亚战争进行中间，很难指望看到这一合作陷于破裂。

第三，关于苏联的对日动向。自去年11月，斯大林称日本为侵略国，到今年4月5日通告废除中立条约以来，事实上，苏联已对帝国保持随时均可进入敌对关系的态势。本来，在战时，外交是同军事表里一体的。战局的发展，不仅对外交有极大影响，而且可以决定外交交涉的成败。所以，能否使苏联始终保持中立，在很大程度上要以战局的演变为转移。由于近来苏联看到，日本很可能终将被美国的军事力量所压倒，所以不能不说外交上要使苏联维持中立是非常困难的。在帝国与美、英正拼死作战的今天，苏联如果参战，则将置我于死地。所以，外交当局为促使苏联维持中立，正在做各种努力。但根据上述情况，除非战局进展得对帝国特别有利，否则要想使其采取较之严守中立对我更为友好的态度，几乎是不可能的。因此，以此种推想的友好态度为前提来决定指导方针，是值得慎重考虑的。

最后，想简单谈谈对重庆的看法。过去进行了几次所谓重庆工作，但从现阶段的国际政局及战局来看，当然很难单独在日、中之间实现全面和平。这种工作恰恰给重庆的对日策略以可乘之机，至少，造成了增强重庆战斗意志的结果。至于把美、中关系考虑在内来谈日、中全面和平的可能性，这是属于日、美之间的和平问题，现在看来，显然不可能实现。但对重庆表示我方的公正态度，采取政治攻势，这是正规做法，今后仍有继续努力的必要和价值。

〔**平沼枢密院议长发表意见**〕 接着，铃木首相邀请枢密院议长及陆、海军大臣发表意见，仅平沼枢密院议长就上述"战争指导大纲"发言如下：

一、通过刚才的说明，对战争指导方针以及作战计划有了充分理解，但痛感在今后进行战争上存在着很多困难。同一个科学先进、物力雄厚的敌人周旋，我方是有很大困难的。

二、克服战争上的困难的对策，已如"今后的战争指导方针大纲"中所列，相信这些都是可以期待做到的。

（甲）"维护国体"是不用说的事。不论平时和战时，均须努力。征诸以往历史，我国也有过因内乱势将污损国体的事，但都仰仗皇威得以肃清。

在这次大战中间，由于敌国美、英的宣传，说是要给国体造成污点等。对此必须注意对内采取措施，以免受到蛊惑。

相信敌军的进攻决不至于给我国体造成污点。但须采取周密的指导措施，勿使国民产生疑虑。

（乙）"保卫皇土"也是理所当然的。丧失国土是国家的耻辱。关于这一点，无论发生什么情况，也要排除万难，将战争进行到底。

三、关于战争指导的要领，我认为按照原案即可。

（甲）为实现这一要领，自然必须增加生产，充实粮食，以及其他必要措施。请当局对此特别努力。

（乙）目前至关重要的是关于国民思想的指导措施。"国力的现状"我想就像按语中所分析的那样。最重要的是，当战局演变，特别是战况对我不利时，民心最易涣散。所以，这一点需要慎重对待。民心涣散，虽然不能指望绝对没有，但须充分采取压制的措施，重要的是用权力来对待。不过，用权力进行压制，也只能防止不良思想暴露出来，为从根本上匡正国民的思想，必须同时依靠教化的力量。

我国历代都用这一方针治理天下。如垂仁天皇在其诏书中就以教化为第一，今天也应如此。当局应体念这种精神，处理国务。

（丙）今天人心的涣散，是不能否认的，固然并未丧失传统的忠诚精神，也未改变显扬祖先遗风的意志。不过，一时产生暗影也是难免的。当今切望政府当局注意采取振奋人心的措施。

（丁）"战斗意志的昂扬"全靠国民发挥忠诚精神；谈论和平必然松懈斗志。目前要把战争进行到底，就应切戒妄谈和平。

纵有为个人的安逸而希望议和的人，但在必须彻底进行战争的情况下，亟须警惕在国民当中散布和平空气。这就需要对国民进行教育，同时用权力进行压制。这是对各位大臣特别是对陆海军当局的最大希望。

〔**御前会议通过——总理表示决心**〕 平沼枢密院议长的讲话结束后，铃木首相首先谈到今后应该实行的战争指导大纲，基本上按照昨天最高战争指导会议所审议的宗旨。然后将"今后应实行的战争指导基本大纲"作为议案提出，征求各位会议成员的意见。由于无人发言，铃木首相宣布没有反对意见，一致通过。最后，总理表示本人决心如下：

遵照"今后应实行的战争指导基本大纲"这一文件，今后，政府和统帅部当切实团结一致，竭力使其实现。从今天的讨论中已经明显看到，政府和统帅部必须作出异乎寻常的努力，这是实现这一文件必不可少的前提条件。

希望统帅部真正发挥陆、海军一体、综合作战的效能。同时，在政府方面，全体阁员当下定必死的决心，为本大纲特别是其中的第二项和第三项的实现而努力，誓为贯彻本大纲所定方针向前迈进。

当前，帝国的形势确实是危急的，也可以说是处在死里求生的境地。这已经不是单靠聪明、才智能够办到的。只有直截了当，不左顾右盼，勇往直前地奔向既定目标。谨在这里表明我等政府人员的决心。

会议中间，一如既往，天皇始终保持沉默。在铃木首相表明自己决心以后，启奏回宫，才安详地退出会议室。会议到此结束。

第73章

天皇结束战争的意图

临时议会与内阁的混乱

〔天佑、天谴事件——议会会场陷于混乱〕 第87届临时议会于6月9日召开，会上铃木首相发表的施政方针演说引起一场混乱，致使会期不得不延长两天。

问题起因于演说中这样一句话："……曾提出警告：如将太平洋用于输送军队，则两国必将共遭天谴。"这句话是铃木首相引用他在大正7年（1918年）担任练习舰队司令长官驶抵旧金山港口时，在欢迎宴会上的演说。据说，在内阁会议审议施政方针演说时，曾将上记着重点部分文字改为"天谴必至"。但铃木首相在这次演说时仍旧使用了上述原句。他的意图是一方面要通过这次临时议会对美国显示我方举国抗战的态势，另一方面想用这种演说词句来向美国进行呼吁。

11日在众议院特别委员会上，针对小山亮委员关于这句话的质问，首相作了答辩。又因答辩中的另一句话，爆发出了问题。那句话是："……关于'保有天佑'这句圣谕的意义，学者之间也有很大争论。"会场立即陷入混乱。

众议院一名议员及护国同志会等认为这一答辩是不了解我国国体的言论，他们抓住这一机会，企图推翻内阁。为此目的，他们期望得到陆军支持，而在事实上，陆军中确有极少数人在言论和行动上支持了他们的反政府活动。但是，及至判明阿南陆相并无支持这种反政府活动的意图时，议会内外的倒阁活动失去支柱，事态才渐趋平息。

〔米内海相表明辞意〕 另一方面，这次临时议会议程中最重要的法案，即前述"战时紧急措置法"，本来是一种总括性委任立法，因而迟迟不能通过。众议院的委员会对政府的委任事项提出了带有很大限制成分的报告。贵族院的公正会建议，没有通过这种法案的必要，政府应根据宪法第31条行使天皇的非常大权，果断地执行政策。当时，正是众议院内上述倒阁活动表面化的时期，护国同志会在议院内散发了攻击铃木首相的檄文。

针对这种局势，左近司国务相主张："完全不能同意众议院委员会的报告，像这种毫无用处的国会还不如休会了好。"米内海相也支持这种意见。但是，包括铃木首相在内的大多数阁员，认为可以接受众议院委员会的一部分修改意见，结果全体阁员表示赞成。但是，米内海相表示，自己的意见既未被采纳，就要自己决定进退，但决不影响内阁，表明要单独辞职。

米内海相这时突然表明辞意，其中也有着对首相的政策和手腕的失望。海相通过至今为止的多次会谈，怀疑首相是否真正有结束战争的意图。即使说有，也认为按照现实这样操持国政的航向，是否果真能够导致停战，殊属可疑。

〔海相的转念和促进停战的决心〕 但是，海相这时辞职，将使时局陷于混乱，因此由阁内劝告挽留。特别是阿南陆相通过左近司国务相提出热情的挽留，终于动摇了海相的辞意。接着，米内海相于6月13日议会行将结束时，同东乡外相进行密谈，就5月中旬六巨头会议协议事项第三条，即通过苏联推动议和工作，取得一致意见，受到鼓舞。随后，在当天下午，又接到木户内大臣提示的"收拾时局对策草案"，便完全打消辞意，决心在阁内为实现停战而奋斗。

另外，在议会方面，经过反复争论之后，通过了"战时紧急措置法"及"义勇兵役法"。于13日宣告闭会。

木户内府关于收拾时局的对策草案

〔时局对策草案的内容——奉天皇亲笔信进行谈判〕 正当议会和内阁发生上述混乱之际，6月8日通过的基本政策，在宫中引起强烈反应。

在6月8日御前会议召开之前，木户内大臣阅读了会议有关文件，认为这一基本大纲显然是继续战争路线的反复。同时木户内大臣也见到陛下忧虑的神态，认为采取这种政策，结果不过是蹉跎岁月，无济于事。于是决心此时必须使政府和大本营转向停战路线，办法是仰体陛下意图，自己首当其冲，先取得政府的赞同，此外别无他途。在这种意图之下，木户内大臣以媾和措施为中心，起草了如下"收拾时局对策草案"：

一、冲绳战局的前途，很遗憾，必将以不幸的结局而告终，而且这种结局最近即可显露出来。这一点大致可以肯定。

二、试看御前会议议案的参考附件"我国国家力量的分析"，从各方面都可以看出，今年下半年以后，事实上将完全丧失进行战争的能力。

三、关于敌军今后将采用的作战方式，当然不是我这个外行人所能正确判断的，但从现在敌空军大量使用燃烧弹进行轰炸的威力来看，不仅我全国城市，就连我全国乡村也难免普遍被烧得片瓦无存，而且并不需要多久。即当敌人施展破坏住房战术时，我储藏的衣物和粮食将同时遭到毁坏。特别在农村，由于过去未经历过空袭，一旦遭受这种意外攻击，贮藏物品绝难事先进行疏散，势必几乎全部化为乌有。

何况我全国村镇可以说没有防空设备，地面的防空设施也是少得可怜的。

四、上述设想如无太大差错，则今年下半年以后，全国范围的粮食、衣物等的极端缺乏，加上天气日渐寒冷的季节关系，将引起人心的严重不安，事态将立即发展成不可收拾。

五、根据以上看法，为了收拾战局，必须采取果断措施，相信这是今天我国最高的要求。

那么，应以什么方法和手段达到这一目的呢？这是需要特别加以慎重考虑的。

六、从敌方的所谓和平攻势所发表的各种文章来看，其主要目的是要打倒我国的所谓军阀，这大致是确实的。

七、因此，相信由军部倡议和平，由政府定出方案，着手进行谈判，乃是正确的道路。但从我国的现状来看，这在现阶段几乎是不可能的，但如等待这种条件成熟，恐将丧失时机，重蹈德国命运的覆辙，难免陷入连皇室安泰、保持国体这一最高目的也难以达到的悲惨境地。

八、因此，虽然违反历来的惯例，只有诚惶诚恐，伏请天皇陛下下为万民，作出英勇决断，并按照下列方针，积极收拾战局。除此之外，别无良策。

九、奉天皇陛下的亲笔信同斡旋国进行谈判。如能与敌对国家美、英直接谈判，固然也是一个办法，但为争取谈判上能有旋回余地，请求现尚处于中立关系的苏联代效调停之劳是否较为妥当？

十、天皇亲笔信的主要内容，援用宣战诏书的宗旨，中心就是：陛下常以和平为念，鉴于迄今为止的战争惨祸，愿为世界和平忍受万难，决心以极宽大的条件结束战争。

从宣战目的进行考虑，关于条件的限度，体面的媾和（只能保持最低限度），如能保障太平洋成为如同字义一样的太平洋，则对我方占领地区的处理，只要能实现各国及各地区的国家、民族的独立就满足了，我国可以放弃占领地区的领导地位。驻扎在占领地区的我陆海军将士，由我国主动撤走。

（这时可能遇到被迫必须在当地放下武器的情况，这也应等待谈判的结果）。

十一、关于缩减军备，对方可能提出相当强烈要求，必须作好思想准备，我们只有满足于维护国防的最低限度的需要。

以上是我个人意见，原为我个人心情的坦率表露，只不过提出了带根本性的重要问题。至于谈判条件等，当然尚有待于各方面专家来研究拟定。

〔**天皇深表嘉许——具体着手进行初步工作**〕 6月9日，木户内大臣将亲自起草的草案，经同松平秘书官长协商之后，又通过松平秘书官长向曾保持秘密联系的外务省加濑俊一事务官及总理秘书官松谷诚陆军大佐征求意见。

一切准备工作业已就绪。9日下午，木户侯爵进见陛下，上奏了草案，并请准许就这一问题，同首相及陆、海、外三相进行协商。陛下早对战局的演变深感忧虑。尤其对于一些中小城市遭受空袭化为灰烬，许多无辜国民被剥夺了衣食住，在穷困中呻吟的情景，极为关切。而且对前一天（8日）在御前决定的基本政策，抱有很大怀疑，因此，对于木户草案表示非常满意，谕令从速着手执行这一方策。这样，日本关于停战的具体的第一步便首先从宫廷开始迈出了。

当时适值议会开会期间，阁员忙碌异常。在木户侯爵等待闭会期间，由于听取了梅津参谋总长由大连归来的报告以及海军特命检阅使长谷川清大将关于海军特攻战备的报告，愈益加深了天皇对早日讲和的关怀。梅津参谋总长在报告中奏称，关东军当时的兵力，加上新编的，虽有24个师团，但其实力，如折合成过去的精锐师团，不过相当于8个师团左右，而后方补给准备不过只能完成一次会战的程度。另外，长谷川大将上奏说，海军的水上特攻部队的士气是高昂的，但实际的战备因受生产影响，进展较预定迟延许多。

上述两项报告，使陛下感到很悲观。陛下将此意传谕木户侯爵，促其迅速着手执行对策草案。

〔**首相及陆、海、外三相的赞同**〕 木户内大臣自议会闭会那天起，立即开始行动。6月13日，分别与铃木首相和米内海相进行会谈，说明了他的计划。海相立即表示赞成，但作为条件，需铃木首相也采取同一步调。首相要求给些研究时间，这也就是表示基本上同意。他有力地回答说："务必照此办理！"

6月15日木户内大臣同东乡外相会谈时，特别委托其抓紧制订具体方案。外相当然没有异议。惟当说明5月中旬六巨头的协议事项时，才惊讶地得知铃木首相关于此事迄未上奏陛下。

由于阿南陆相到信州的松代及新潟方面公出，直到18日才与陆相会谈。

对于战局的估计，陆相与木户侯爵的看法基本相同，但仍认为应在敌人强行本土作战时，给予敌人一次打击之后，再行结束战争为宜。不过，最后陆相还是赞同木户的草案。再有，在会谈时陆相还善意地提请内大臣注意，陆军里面有一部分人，觉察到木户侯爵的议和活动，正在策划撤换内大臣。

至此，在陛下的授意下，木户内大臣成功地达到了征求首相及陆、海、外三相同意的第一个目的。

天皇亲自召集六巨头会议

〔六巨头决定邀请苏联斡旋媾和〕 如上所述，在以木户内大臣为中心进行会谈期间，铃木首相决定将这一问题提交最高战争指导会议进行讨论。实际上，13日以后的活动，木户内大臣俨然代替了首相，不仅政府和大本营之间，即政府内部首相及陆、海、外相之间，也都没有充分商讨的机会。

会议于18日夜间举行。在这次会议上，陆相及两统帅部长都把希望寄托在本土决战上，主张趁此机会，在取得战果的基础上，再去进行和平谈判为宜。但是，会议最后认为，就日本而言，只要美、英坚持绝对的无条件投降的要求，就有必要继续战争，但当我方尚拥有相当军事力量期间，通过第三国、特别是通过苏联倡议媾和，使美、英至少承认包括维护国体条件在内的和平，较为适宜；再有，在9月份以前，能够实现停战最为理想，因此，要求在7月上旬以前，把苏联的态度侦察清楚，以便尽快寻求结束战争的途径。在这方面，基本上取得了一致意见。

20日由铃木首相，将上述结论通知木户侯爵。东乡外相又在同一天进宫，上奏了广田同马立克会谈的经过。

〔天皇直接下令〕 木户内大臣得知上述动向以后，为了更加明确地朝着媾和方向改变政策，认为只有将六名最高战争指导会议成员召至御前，由陛下直接下令进行外交媾和工作最为有效。于是在20日下午，木户侯爵将此意见奏明陛下，在两天后的下午3时，召集了这次聚会。

在这次聚会上，首先由陛下讲了下列意见："关于战争指导，前在御前会议虽已做出决定，但另一方面，关于结束战争问题，此时也希望不拘泥于历来的想法，从速进行具体研究，力求促其实现。"接着，垂询各人对此有何意见。所有人员由于事出突然，没有一个人能够立时作出回答。于是，首先指名询问铃木首相，首相答称，自当秉承御旨，努力求其实现。接着，指名询问米内海相。海相首先提出，关于这个问题，应由外相回答较为合适。日前在最高战争指导会议上,已经作为第三项内容有了初步意见,现在已经是实行它的时候,应迅速着手进行。并特别强调谈判的途径应以通过苏联为宜。东乡外相对米内海相的意见做了补充。

接着,向梅津参谋总长垂询军部方面意见如何。梅津大将对此答说,没有不同意见,但在实施时需要慎重。陛下再次追问:当然需要慎重,但会不会因此失掉时机呢?于是又明确答称:需要从速进行。阿南陆相奏称:另外没有什么话要说。对丰田军令部长因没有垂询,所以也就没有奏陈。

陛下再次问明有无意见,然后回宫。

〔铃木首相开始具有信心〕 在这天的聚会上,陛下明确表示意见,这意味着日本向和平道路迈出了决定性的一步。以前政府关于结束战争的态度,处在暗中摸索之中,到现在才明确地决定下来。铃木首相回到官邸之后,对迫水书记官长说:"陛下今天把我们想说而不敢说的话坦率地说了出来,真是惶恐之至。"首相这句话表明:前在接受组阁命令时,就认为由陛下在默默中暗示给他的任务,亦即结束战争的使命,现在可以着手进行了。铃木首相本人直到这时才具有了这一信心。

对苏工作的具体化

〔继续试探苏联意向〕 6月22日陛下面谕的结果,使得6月上旬以来已告中断的广田、马立克会谈立即恢复。

6月24日,广田同马立克大使举行会谈,并执拗地询问苏联方面对上次请求的意向。但是,马立克大使改变了上次会谈时的态度,仅反复强调:广田提案过于抽象,必须在弄清日本方面关于这一问题的具体意见以后,才能向本国政府报告。

现在,为了继续会谈,日本政府方面必须提出具体方案。6月28日,东乡外相草拟一个提案亲手交给了广田。其主旨是:提议日苏两国间缔结关于在维护东亚和平中相互支持,以及确定两国间互不侵犯关系的协定。具体的让步条件包括:(一)"满洲国"的中立化;(二)以供给石油作为交换条件,放弃渔业权;(三)考虑苏联希望的其他各项条件等。

6月29日,广田氏走访马立克大使,面交该文件,并表示希望尽快得到答复。马立克大使当即答允转达给本国政府,但对后来广田再三请求会谈,假托有病,迄未答应。

另一方面,东乡外相企图直接与莫斯科联系,6月28日,训令驻苏大使佐藤尚武，重新告以6月3日以来，广田、马立克会谈的经过，要他敦促苏联方面迅速答复，并令他探听当时在苏逗留的宋子文同苏联方面的关系。这样，谈判已进入政府对政府的阶段，但尚未正式提出通过苏联的居间调停实现结束战争这一本质问题。

〔**天皇的督促及建议派遣特使**〕 其后一周白白度过，没有接到苏联方面对日本提案的任何答复。陛下对这种耽搁，非常忧虑，7月7日在宫中召见铃木首相，督促他加快关于居中调停的谈判。当时，陛下面谕：虽说需要试探苏联态度，但因而坐失时机是不妥当的。目前干脆提出恳请调停，或派遣携带天皇亲笔信的特使如何？铃木首相惶恐地回答，关于特使问题，现正由东乡外相赶赴轻井泽同近卫公洽商中。

实际上，东乡外相从7月初以来，就决心在美、英、苏三国首脑的波茨坦会谈之前，通过苏联进行停战谈判，并考虑了派遣赴苏特使问题。外相认为近卫公是担任特使的最恰当的人选，把上述意见一并报告铃木首相，在征得同意之后，于7月7日赶赴轻井泽同近卫公进行洽商。

次日（8日），东乡外相在轻井泽同近卫公进行商谈，讲明事情的缘由。谈话最后落到条件问题上。双方一致认为，无条件投降固属难堪，但结果也只能落到接近无条件投降。但是，近卫公深知问题的艰巨性，表示宁愿不带任何条件前往。

等到东乡外相回京，10日夜间召开最高战争指导会议，研究遵奉天皇旨意派遣赴苏特使问题。在这次会议上，没有多大争论。由首相传达陛下旨意后，六巨头一致同意从速准备派遣特使，并向苏联发出关于陛下结束战争意旨的通电。

〔**日本的和平意图开始通往莫斯科**〕 另一方面，6月28日，佐藤大使在莫斯科接到日本关于互不侵犯条约提案的通报。因为不知这一提案是以试探苏联意图为目的的，从当时形势判断，肯定会遭到拒绝，所以他避免强烈要求对这一问题的答复。实际上，佐藤大使早就认为应在维护国体条件下进行无条件投降，并曾向外务省提过这种建议。

但是，由于受到东乡外相积极督促，佐藤大使也开始行动起来。因莫洛托夫外长正与当时访苏的中国宋子文举行会谈，所以佐藤大使直到7月11日，才能与莫洛托夫会见。在那次会谈中，佐藤大使曾再三要求苏联对日本提案表明态度，但莫洛托夫只是回答，在未深入研究之前，不能给予答复。

在东京方面，东乡外相为试探苏联意向，认为有必要将我方结束战争的基本态度通知苏联，11日夜，给佐藤大使发出下列要点的紧急电报：

我方认为维护东亚和平是维护世界和平的一环。帝国对于结束战争的想法是希望树立并维护持久和平，毫无凭战争吞并或占有占领地区之意，望与另一电文之宗旨，合并说明。望将莫洛托夫对此问题的态度，火速电复。再者，同莫洛托夫的会谈，希望在一、二日内举行。

另一电文中说明，当时对苏谈判的目的，不仅以密切日苏关系为目标，更要试探苏联在停战工作中，能够利用的程度。并在电文末尾附注注意事项：不要使苏联得到日本想要利用它来结束战争的印象。这一电文虽只微有透露，却是首次向苏联暗示了日本结束战争的意图。

〔天皇要求停战的通电〕 另外，遣苏特使工作，后来也在开始顺利进行。近卫公为参加重臣恳谈会回京。7月12日奉召进宫，直接听取并接受陛下的意旨。

于是当天夜间，东乡外相发出紧急电报，指令佐藤大使向苏联交涉，请求发给近卫公及其随员的入境护照并准备由满、苏国境到莫斯科的客机，以便赶在即将召开的波茨坦会议之前，转达天皇关于结束战争的意图。

电文如下：

未接到同莫洛托夫会谈的电报。虽有未经侦查即行进兵之嫌，但认为此时采取步骤，在三国会谈开始之前，对苏联阐明关于结束战争的天皇意旨是适当的。尚望将下列意旨向莫洛托夫直接说明为要。

"天皇陛下对此次战争给所有交战各国国民造成的灾难和牺牲与日俱增，感到痛心，希望迅速结束战争。但在大东亚战争中，只要美、英坚持无条件投降，帝国为祖国的荣誉与生存计，只好举国一致，战斗到底。由此，增大彼此交战国国民的牺牲，实非所愿。兹为人类幸福计，切望迅速恢复和平。"

上述天皇旨意，不仅是对百姓的仁慈，也是对所有人类幸福的关怀。因此，天皇特派近卫文磨公爵为特使，携带天皇亲笔信，前往贵地。……（下略——作者）

〔派遣近卫特使的准备工作——条件未定〕 到14日，六巨头就特派使节的随员及和平条件问题，举行会议。当即一致通过应派外务次官及代表统帅部的陆、海军将官各一名，作为随行人员。但在和平条件问题上面，又遇到阻碍。阿南陆相仍坚持日本决未战败的观点，主张应提出一些条件。对此，东乡外相及米内海相则强调，必须考虑到最坏的情况，以及应当采取能屈能伸的态度。因此，未能取得一致意见。会议最后决定，关于和平条件，只好等到近卫公到达莫斯科，实际开始商谈居中调停时再说。[①]

〔斯大林赴波茨坦〕 在莫斯科，佐藤大使在13日接到有关天皇停战意旨的外务省电报，立即要求会见莫洛托夫外长。但是，莫洛托夫以赴波茨坦行期仓促为理由，拒绝会见。佐藤大使于当天傍晚，会见洛佐夫斯基副外长，面交关于天皇结束战争意图的文件以及关于派遣近卫使节征求苏联政府同意的文件，请求转达莫洛托夫。洛佐夫斯基同意转达，但是他说，实际上，已来不及在莫洛托夫启程前作出答复。

7月14日傍晚，为参加波茨坦会议，斯大林和莫洛托夫由莫斯科启程。这是在佐藤、洛佐夫斯基会见后约24小时，所以东京方面认为，苏联领导人在启程前，业已知道了天皇的停战意图及派遣近卫特使一事。

〔苏联的拒绝——7月20日晨〕 苏联对于佐藤大使的上述请求，到18日夜间，才由洛佐夫斯基副外长以下列内容的亲启复函形式作了答复，送交佐藤大使。

谨致函，敬启者：本官确已收到7月13日之尊函及日本皇帝之通电。

兹奉苏联政府之命，本官荣幸地提请贵大使注意，关于日本皇帝通电中所述，仅具一般形式，而无任何具体提议。苏联政府对于特派使节近卫公爵之使命何在，亦不明了。根据上述理由，苏联政府对于日本皇帝之通电以及关于7月13日尊函所称特派使节近卫公爵一事，不能作出任何确定答复。谨向贵大使表示敬意。

20日早晨，东京收到关于上项复函的佐藤大使的电报报告。另外，佐藤大使又以另一电文提出自己意见，即关于对苏外交只能以具体方案进行，抽象议论是不能达到目的的。同时，该大使还在报告中提到，18日夜间的苏方答复，也许是在波茨坦经英、美、苏三国首脑研究的结论，纵然不是，也会在会议中向美、英转达了日本方面向苏联提出的请求。

〔谈判的最后努力——一线希望〕 21日夜间，东乡外相给佐藤大使发出

[①] 7月15日，东乡外相派松本俊一次官前往住在箱根樱井别墅的近卫公处，告知对佐藤大使发出的训令，并就给近卫公的训令及使团的人选等问题，征求近卫公的意见。近卫公对于携带训令表示强硬态度。他说："不需要什么训令。自己不准备带任何条件去。现在，除无条件投降以外，没有其他结束战争的途径。有人还在想光荣的和平、谈判媾和等，已经晚了。这种意思也奏明陛下了。而且，我到莫斯科以后，准备将斯大林的意见，直接向陛下转达。"关于随员则希望包括外务省的松本次官、陆军的松谷诚大佐、海军的高木惣吉少将以及富田健治、松本重治和另外二三名秘书。次日（16日），东乡外相听取了回京的松本次官的上述报告。外相始终面部表情阴沉，听完后说："近卫这个人到底不好办，我本不大赞成派近卫去的。"——作者

转致洛佐夫斯基的下列复电：

近卫特派使者的使命，是奉天皇意旨，请求苏联政府尽力斡旋和平，以结束战争，面陈有关这一问题的具体意图，同时商谈关于建立包括战时及战后作为帝国外交基础的日苏合作关系事宜。

希将上述内容向苏联政府说明，努力争取苏联政府同意特派使节。

关于上述电报，东乡外相又给佐藤发出基本要点如下的电文，阐述了我方立场。

一、我方在任何情况下，都不能接受无条件投降。显然，如果战争拖延下去，敌我双方都要流血更多。如果敌人一定要求无条件投降，则我方只有全国一致，共同对敌。但为仰体圣意，避免发生上述情况，故请苏联斡旋，以寻求并非敌人所谓无条件投降的和平。必须积极努力，使美、英方面彻底了解这种意图。因此，当前无条件地请求苏联斡旋和平，固不可能，同时，如果立即提出具体条件，无论在对内关系和对外关系上，均不可能而且也不利。鉴于这种微妙关系，才想由近卫公将我方根据陛下意旨的具体意图，转达给苏联，并针对苏联对东亚的要求，经彼此协商后再同美、英周旋。

二、此次派遣特使，政府固有辅弼之责，但是特别根据以仁慈为怀的陛下特旨所派遣的特别使者，这点必须向对方说明。另外，近卫公不仅深得宫廷信任，即在我国政界亦素有卓越地位。这点也望注意，给对方以深刻印象。

三、关于上述开头部分（关于近卫特使使命的电文——作者）的转告，如非绝对必要，应避免采用书面形式。

佐藤大使于25日，根据上述批复，转达给洛佐夫斯基。对于这一请求，洛佐夫斯基充分理解该文件内容的极端重要及其机密程度，约定将这一请求报告给政府，如果政府有所指示，当立即告知。

还有，根据洛佐夫斯基的提议，有关近卫使节使命的事宜，限由佐藤大使经手处理，决定以书面形式提出。

当佐藤大使向东京报告这次会见情况时，以下列会见印象结束了电文。

本大使曾再三解释近卫特使的使命，感到已给洛佐夫斯基很深的印象。尤其关于帝国政府请求苏联政府斡旋一节，似已唤起他的深刻注意。洛佐夫斯基始终以热情而郑重的态度，倾听了我方的请求，并约定等待政府的答复。

第74章

波茨坦公告

美、英、中三国公告公布

〔三国公告——7月26日〕上述佐藤、洛佐夫斯基会谈的报告到达东京外务省不久,发生了一个值得重视的事件。那就是,7月26日,由斯大林及莫洛托夫与美、英政府首脑进行会谈,由波茨坦发出的美、英、中三国公告。

第二天(27日)上午6时,东京的"海外放送受信局"收听到这一三国公告。其内容如下:

1. 余等:美国总统、中华民国国民政府主席和英国首相,代表余等亿万国民,业经会商,并同意对日本应予以一机会,以结束此次战争。

2. 美国、英帝国及中国之庞大的陆海空部队,经由西方调来的军队和空军的增援,业已增强多倍。即将予日本以最后之打击。彼等军事力量受所有盟国之决心之支持及鼓励,对日作战,直至其停止抵抗为止。

3. 德国无效果及无意识抵抗全世界激起之自由人之力量,所得之结果,彰彰在前,可为日本人民之殷鉴。

此种力量当其对付抵抗之纳粹时,不得不将德国人民全体之土地、工业及其生活方式摧残殆尽。但现在集中对付日本之力量则较之更为庞大,不可衡量。吾等之军力,加以吾人之坚决意志为后盾,若予以全部实施,必将使日本军队完全毁灭,无可逃避,而日本之本土也必终归全部摧毁。

4. 现时业已到来,日本必须决定一途,其将继续受其一意孤行计算错误,使日本帝国已陷于完全毁灭境地之军人之统制,抑或走向理智之路。

5. 以下为吾人之条件。吾人决不更改。也无其他另一方式。犹豫迁延,更为吾人所不容许。

6. 欺骗及错误领导日本人民使其妄欲征服世界之威权及势力,必须永久剔除。盖吾人坚持非将不负责任之穷兵黩武主义驱出世界,则和平安全及正义之新秩序势不可能。

7. 直至如此之新秩序成立时，及直至日本制造战争之力量业已毁灭有确实可信之证据时，日本领土上经盟国指定之地点，必须占领，俾吾人在此陈述之基本目的得以完成。

8. 开罗宣言之条件必将实施，而且日本之主权必将限于本州、北海道、九州、四国及吾人所决定其他小岛之内。

9. 日本军队在完全解除武装以后，将被允许返其家乡，得有和平及生产生活之机会。

10. 吾人无意奴役日本民族或消灭其国家，但对于战罪人犯，包括虐待吾人俘虏者在内，将处以法律之严厉裁判。日本政府必须将阻止日本人民民主趋势之复兴及增强之所有障碍予以消除。言论、宗教及思想自由以及对于基本人权之重视，必须建立。

11. 日本将被允许维持其经济所必需及可以偿付实物赔偿之工业，但可以使其重新武装作战之工业不在其内。

为此目的，可准其获得原料，以别于统制原料。日本最后参加国际贸易关系当被允许。

12. 上述目的达到及依据日本人民自由表示之意志成立一倾向和平及负责的政府以后，盟国占领军队当即撤退。

13. 吾人通告日本政府立即宣布所有日本武装部队无条件投降，并对此种行动诚意实行予以适当及充分之保证。除此一途，日本即将迅速完全毁灭。[①]

〔**外务省研究公告内容及其要点**〕 外务省在接到三国公告后，立即开始这一公告的翻译和研究工作。事务当局在7月末整理出研究结果，其要点如下：

前文（第一项至第五项）

开头的五项应看作是构成公告的前文。这些前文意在劝告迅速并全面接受第六项以下的各条款，总之不外罗列一些威吓性言词，未必带有法律上的重要性。

唯在前文第一项中"……对日本应予以一机会，以结束此次战争。"未说劝告其"投降"或"无条件投降"，再有第五项中"以下为吾人之条件"，只使用"条件"一词，值得注意。

上面所提各点可以理解为敌方政治上的暗示，同时不免令人对这一公告

[①] 波茨坦公告译文，系根据〔英〕温斯顿·丘吉尔著《第二次世界大战回忆录》第六卷，第936—938页，商务印书馆，1975年版。——译者

的法律性质产生疑问。即可以认为，这一公告并未提出无条件投降的条款，这和对德克里米亚声明迥异其趣，实际上应看作是预先提出条件的和平劝告书。

只是，就敌方而言，既要挽救所谓日本的面子，同时也要对自己国内有所考虑，所以才在第五项中提出，"吾人决不更改，也无其他另一方式，犹豫迁延，更为吾人所不容许"。这虽然好像附加了无条件条款，或带有最后通牒的色彩，但可以认为，并未因此改变了这一公告的性质。

第六项（军国主义的消除）

在克里米亚声明中，曾详尽拟定了如何摧毁德国军国主义以及纳粹主义的具体措施，而在这次公告中，并无与上述措施相对应的详细规定，仅仅作为需要消除的对象，用了"威权及势力"这种含混的表现。本项中的"威权"是否包括天皇在内，还是仅指政府或军事当局，再有，"势力"是否还包括政党和其他政治团体、思想团体或军需企业家及财阀等在内，其范围完全不明确。

但从所谓"欺骗及错误领导日本人民使其妄欲征服世界"这些字句来判断，本项可以解释为，以惩处担负战争责任意义的战争罪犯为目的，而据敌方看法，战争责任者系指军阀而言，因此，所谓"威权及势力"也不是不可以狭义地解释为"军事的威权"及"军国主义的势力"。但从敌方内部对我国国体的争论，以及对战争责任者的争论，尚无定论的现实情况看来，敌方或许为了避免将来的立场受到束缚，而有意识地采取了像本项这样含混其词的表现。这样解释，比较适当。

第七项（帝国领土的保障占领）

占领的范围虽无明文规定，但既说"日本领土上经盟国指定之地点"，可以认为，敌方并没有广泛占领帝国领土的企图，而仅想占领军事上、政治上或者经济上的重要地点。即可以这样理解：在克里米亚声明中规定："……三国部队将各自占领德国的一个区域。"而在德国战败后，实际上已实行全面占领。但对帝国似想采取与此不同的处理办法。

占领目的，可以认为是指本公告的主要条款，即消除军国主义、变更领土、解除军队的武装、惩处战争罪犯、改组工业等。

关于占领期限，应与后述第十二项（成立一倾向和平及负责的政府）一并考虑。

第八项（领土条款）

根据开罗宣言：

（甲）剥夺日本自1914年第一次世界大战开始以后，在太平洋所夺得或占领的一切岛屿；

（乙）日本从中国窃取的领土，例如：满洲、台湾、澎湖列岛等，归还中国；

（丙）将日本从被其以武力或贪欲所攫取的一切土地（意指占领地区）上驱逐出去；

（丁）使朝鲜自由独立。

上述内容未明确关于库页岛南半部的归属问题，既未规定剥夺，也未规定包括在日本领土之内。虽然如此，将库页岛解释为包括在各小岛之内，也很牵强。所以只能认为，对库页岛南半部的处理，故意回避了规定。（注：日本当时还不知道雅尔塔协定的内容。——作者）

第九项（解除日本军队的武装）

同对德国的克里米亚声明不同，内容极为简单而不明确，只提到解除军队的武装，并未明确提出解除武装的具体方法。

战争结束后，不论任何军队都要返回家园，从事日常生产，这是理所当然的。尽管这样，却特别提到这一点，这除以此对我官兵施加精神影响的政治企图外，在法律上可以这样理解：由此表明，对待帝国与对待德国不同，没有以提供劳动力为目的，强制拉去士兵补充敌方国内劳动力，用来代替赔偿的意图。

第十项（日本臣民的处理）

前半段是照录杜鲁门总统上任后对日本臣民的声明，仅以但书规定了对战争罪犯的惩处。在这里，举出虐待俘虏者作为战争罪犯的一个例子。根据这种情况分析，可以认为，本项规定不仅要追诉前述"承担战争责任者"的威权及势力，而且为追诉即使不属于"承担战争责任者"而具有违反国际法行为的"战争罪犯"的个人，开辟了途径。

再者，在克里米亚声明中，对于德国的战争罪犯，曾经明确规定由同盟国方面进行审判和惩处；但在本公告中，关于审判的当事人和方法等问题，没有明文规定。

另外，在克里米亚声明中，规定由同盟国方面来实行有关德国民主化的措施；反之，在本公告中，关于日本民主主义的恢复和加强以及尊重自由和人权的义务，规定由日本政府自己来履行。还有，其中用了"民主趋势之复兴及增强"这样的字句，似乎由此证明，敌人方面抱有日本国民原来就具有民主主义倾向的见解。

第十一项（日本工业的处理）

分析前半段规定的背后含义，终归意味着征收赔款及禁止军需工业问题，但与对德国的克里米亚声明有所不同，避免了直接表现，作出似对日本国民施予恩惠的规定，适足以说明敌方在政治上有所考虑。

后半段提到原料资源的统制，由此可以推测敌方的意图是，不仅帝国在这次战争爆发后，在大陆和占领地区新着手开发的事业，而且包括满铁以及帝国过去在满洲、中国所拥有的企业，连同其庞大的投资和设备，所有这一切都将予以剥夺。不过此时，关于上述投资及设备的估价是否包括到实物赔偿之内，这一点正如在德国已经成为问题一样，在日本也将同样成为问题。还提到参加世界贸易的问题，实际上并非什么恩惠的规定，不过，在克里米亚声明中丝毫没有谈到这个问题，相形之下，不能不说还是有区别的。

第十二项（同盟国占领军的撤离）

在克里米亚声明中，关于德国领土的占领及管理有详细规定，但丝毫没有提到占领军的撤离问题。这一点有所不同。

再者，将"成立一倾向和平及负责的政府"作为撤离条件这一点，值得注意。应该这样理解：在第五项及第八项中，虽然暂时承认现在的日本政府是行政的主体，但就敌方而言，对现在的政府决不满意，他们认为为了撤离占领军，必须建立他们认为是具有和平倾向的另一个政府。

第十三项（日本军队的无条件投降）

公告最后又以威吓性言词作结束。实际上应理解为这是对停战条件的规定。即上述各条款均应看作是结束战争时构成媾和条件的基础，与此相反，本项则可看作是构成结束战斗的直接前提。

还有，关于用了"日本武装部队无条件投降"一词，在开罗宣言中曾明确使用"日本国无条件投降"一词，而在这次公告中，特将无条件投降的主体限定于军队，是值得注意的。

所谓"通告日本政府……并对此种行动诚意实行予以适当及充分之保证"这一表现含义抽象。应该注意，也有可能出现纵然日本方面认为确切适当，而敌人方面却感到不够满意的情形。①

---

① 上述外务省的解释，从战后同盟国实际执行的占领政策来看，证明在某些问题上，想得未免有些天真了。

日本的态度

〔**东乡外相的意见和态度**〕 东乡外相在研究公告文字以后，注意到下面两个重要问题：

第一，尽管几乎可以确切肯定苏联领导人在波茨坦参加了这一公告的发布，而在公告中并未列名，看来似乎苏联现仍维持对于日本的法律上的中立。①

第二，发出这一公告的美、英、中三国，已放弃以前的绝对无条件投降的主张，代之提出了同日本建立和平的八个项目的特定条件。无条件投降一词，在这个公告中，只用过一次，而且明确规定只适用于日本武装部队。

东乡外相的领会是，三国从苏联方面听到了日本要结束战争的愿望，便一改向来要求日本无条件投降的态度，代之提出了和平条件。②

外相判断，条件无疑是苛刻的，特别关于削减日本领土方面更是如此；但鉴于目前战局的极端恶化，这已是日本所能希望得到的最大限度的条件。但在另一方面，外相还认为：三国公告中，虽然提到这些条件不能让步，但是，如果苏联政府接受日本关于居间调处的委托，那么，有可能通过苏联谈判，放宽波茨坦公告的条件，对日本多少有利些。于是，外相得出这样结论：首先，为给今后和平谈判留下后步，对三国公告不予拒绝是必要的，其次，应俟苏联对于派遣近卫使节作出最后答复后，再决定日本的态度。27日晨，外相亲自将这一结论报告给天皇、铃木首相以及木户内大臣。

〔**最高战争指导会议及内阁会议**〕 为决定对三国公告的基本方针，27日上午10时半开始，召开最高战争指导会议。东乡外相陈述了上述意见，铃木首相表示支持。

---

① 实际上，美英事前并未和苏联商谈。

② 根据战后调查：美、英领导人固然已经知道日本正在通过苏联进行停战工作，但并非因此而额外开恩发出波茨坦公告。据7月2日起草这一公告草案的史汀生陆军部长的回忆录载，本公告的宗旨如下：

"虽然美国军队对日本本土登陆作战的准备工作正在积极进行，但实行这一作战，日本必将疯狂地进行最后的抵抗。设若不经登陆作战，而有能带来与日军无条件投降和永远破坏日本作战能力同样结果的其他方法，则颇值一试。……与报纸等所说的不同，确信日本已经认识到继续战争的愚蠢，并已具有接受无条件投降的聪明，可以确认，现在其国内尚残存着一部分值得信任的自由主义分子，可依靠他们把日本重建为和平国际社会的一员。这一点，较德国略胜一筹。……"

再者，根据当时美国国内的某些分析，如果强行对日作战，可能还需要一两年的时间，而美方也将多死伤几十万人，参照考虑，颇有兴趣。

对此丰田军令部总长主张，这一公告迟早将为世人所周知，现在需要立即采取措施，发布最高命令，宣布这一公告不能接受。最后，会议基本上一致认为，应视苏联的态度如何，再行处理。

内阁在当天下午召开例行内阁会议，讨论了对内如何处理三国公告的问题。

当时，除首相及陆、海、外三相外，对其他阁员还未正式通知日本正在进行对苏谈判一事。因此，东乡外相先就广田、马立克会谈以及对外关系的全面经过，在无大妨碍的范围内，加以说明后，对波茨坦公告做了解释。外相接着说明，根据最高战争指导会议的基本决定，应在判定苏联态度之后，再决定相应的态度较为妥当。

〔关于发表公告问题的争论〕 对于上述基本方针，没有什么不同意见。但关于是否应在国内发表该公告，争论相当激烈，东乡外相主张应暂缓发表这一公告。对此，下村国务相（兼任情报局总裁）及冈田厚相等表示反对，说这一公告既已向全世界广播，很快就会传播到日本国民中间，不发表是不妥当的。还有，阿南陆相主张，如由政府发表出去，则应附上坚决反对的声明，以示民意所归。

争论结果，内阁会议终于决定发表这一公告，但一致认为，其中可能挫伤国民战斗意志的词句，应暂时不予发表，还有，政府应坚决不发表任何正式意见。并决定指导各报对该公告的处理方针，应尽量用小字，降低它的调子。

根据这一方针，内阁情报局对各报社作了如下指示：对这一公告，应以摘要形式发表，并指示删除"吾人无意奴役日本民族或消灭其国家"以及"日本军队在完全解除武装以后，将被允许返其家乡，得有和平及生产生活之机会。"等类词句。情报局还禁止各报发表任何官方解释，但又顾虑，丝毫不提政府的态度，会被认为是已经动摇的证据；所以又允许报社在不注明出自官方意图的前提下，可以附记：政府似对同盟国的公告不加理睬之类的话。

〔铃木首相发表"置之不理"的谈话〕 各报遵照这一方针在次日（28日）的晨报上发表了，避免登载社论。但从影响军队士气的立场来看，这种藏头露尾的处理办法，对军部特别是对军令部的刺激很大。7月28日上午在宫中举行例行的政府及统帅部的情报交换会议时，陆、海军大臣与两统帅部长，在另外房间和首相会谈，主张既已发表，就应表明政府反对波茨坦公告的立场。因此，铃木首相乃同意在当天下午例行的记者招待会上，发表简单谈话，使报上已经报道的"政府似对公告采取不理睬态度"这一消息更加明确起来。

铃木首相在记者招待会上发表的谈话如下：

我认为那份公告不过是开罗宣言的翻版。政府认为并无任何主要价值。只有对它置之不理。我们只能为战争到底向前迈进。

对首相这一声明，曾经关照各方不要过于渲染，而次日各报却对首相谈话大肆渲染：政府对波茨坦公告置之不理。而且，这一谈话还通过对外广播网传播到全世界。东乡外相对此提出抗议，认为首相的谈话违反了27日内阁会议的决定，但已无法收回了。

〔后来的对苏谈判——陷于停顿〕 另一方面，同莫斯科的交涉，自从7月25日的佐藤、洛佐夫斯基会见以来，已陷入停顿状态。斯大林还留在波茨坦，关于日本方面派遣近卫特使的提案，仍未寄来任何答复。7月30日，佐藤大使再次敦促洛佐夫斯基答复，并根据外务省训令，表示日本希望：如能避免无条件投降的方式，只要其名誉和生存得到保证，宁愿在广泛的妥协条件下结束战争。佐藤大使还恳求将这一情报转达给逗留在波茨坦的苏联领导人，并请求苏联政府在为恢复和平尽力时，考虑设法消除横在它前面的美、英、中三国公告这一障碍。洛佐夫斯基答允将此意转达给苏联领导人。

〔公告发表的反应——内阁参议建议接受〕 另外，当7月28日波茨坦公告的消息发表以后，在东京开始出现反应。总的来说，军部方面是采取反对接受的态度，但是，政界、实业界以及言论界等有力人物，多以个人名义向木户内大臣及阁员们建议，为了早日结束战争，有必要利用三国公告。特别突出的是，8月3日召开的内阁参议会议全体一致认为，接受波茨坦公告是日本目前所应采取的唯一办法，要求下村国务相将这一意见转达给准备当天召开的内阁例会。

下村国务相把它转达给了内阁会议，但铃木首相表示不满。即如前所述，最高战争指导会议通过的关于波茨坦公告的基本精神，是必须等待苏联答复才能决定态度。其原因之一是，日本对于通过苏联进行调停，还寄予一线希望。而且，同时也根据这样一种判断：即波茨坦公告虽以"迅速完全的毁灭"等言词相威胁，但并不能理解为最后通牒。而且，即使日本不予接受，最坏的情况也不过是敌人对日本本土的活动更加激烈，以致最后登陆而已。从时机方面来看，并不那么紧迫。

第75章

原子弹轰炸与苏联参战

原子弹轰炸

〔广岛遭受新型炸弹惨祸〕 在波茨坦公告中,曾提出警告,如果日本不接受这一公告,即将给予更加可怕的报复。8月6日,这一警告变成了事实。这就是对广岛投掷了原子弹。

广岛当时的人口共34.3万人。其南面最近的宇品,长期用作陆军的海运基地,在市东南部有很多后勤工厂仓库。从昭和20年(1945年)4月起,在这里设置了第2总军司令部,是一个同陆军有深厚渊源的城市。或许由于军需工厂较少,尚处于燃烧弹盲目轰炸目标之外。[①]

8月6日早晨,天气虽然闷热,却非常晴朗。上午7时零9分,雷达捕捉到少数敌机,当即发出警戒警报。但敌机并未进行轰炸,在广岛上空盘旋数周以后飞走。7时30分解除警戒警报,人们开始了当天的工作。

8时,又测定有B29两架飞来,以无线电广播发出警戒警报,说敌机像是执行侦察任务的。人们以为可能没有多大关系,便照常继续工作和进行活动。这时两架B29飞机以超高度飞进市区上空,由于没有料到会进行轰炸,许多人都未进入防空壕,看着敌机。突然从一架敌机上面投下一个降落伞,立即发出炫目的强烈白色闪光,同时在市中心上空发生大爆炸,时间大约是上午8时15分。

顷刻之间,全市卷起一片巨大的烟尘云雾,广岛全市被漆黑的可怕烟幕笼罩起来,接着升起几百根火柱,于是,广岛市变成了灼热的地狱。

到日落以前,广岛市街完全变成了余烬烟熏的废墟,呈现出人类史上无人想象得到的惨绝人寰的情景。在接近爆炸中心地区的人们大部分炸死了;幸而逃脱性命的也呻吟于烧伤之中。全部人口中约有78150人丧失了生命,

---

① 根据战后美方记录,实际上是留作原子弹轰炸目标的。

51408人负伤或去向不明。军方损失未包括在这些数字之内，但比较轻微。建筑物总数76327幢中约有48000幢全毁，22178幢半毁。罹灾人数达176987人。

〔第一颗原子弹——敌我双方均已确认〕 由于广岛市的通信网完全被破坏，直到6日下午，东京方面才收到惨祸的第一次报告。这一报告是第2总军司令部通过吴镇守府转发的，内容很简单，但已明确敌人使用了具有空前破坏力的高性能炸弹。

次日（8月7日）凌晨，从美国广播收听到杜鲁门的声明。[①] 声明说："6日投在广岛的原子弹，将对战争起到革命性变化。假如日本仍不接受投降的话，还将往其他的地方投掷。"在这以后，陆、海军中央部始从广岛及吴两地接到了有关新型炸弹惨祸的稍为详细的报告。

当时，日本当局虽有很多人都知道同盟国和德国正在研究把原子能用于武器方面，但对其进展情况并无从确切得知。日本也在大东亚战争期间，曾由陆、海军在极密中进行过这一研究，但因了解到完成这一工作，需要庞大的经费和时间，便在停战以前停止了实验。

情况就是这样。虽然认为投在广岛的炸弹有可能是原子弹，但在技术院部分科学工作者中间，还有人表示坚决怀疑，有的人则认为这也许是同盟国方面的宣传。关于如何对国民发表这一消息的问题，情报局、技术院以及陆军有关人员中间曾发生激烈争论，最后决定，在未经正式调查确定事实以前，暂不使用"原子弹"一词。在8月8日的报纸上登载大本营7日的通告说："广岛由于遭受新型炸弹轰炸，损失相当惨重。"

另外，8月7日，参谋本部以第二部长有末精三中将为委员长，由原子能的最高权威仁科芳雄博士、航空本部及陆军军医学校有关人员数名组成调查委员会，派赴广岛。该委员会一行在中途因飞机故障耽搁，于次日（8日）下午才到达广岛，立即确认，新型炸弹就是原子弹，向东京做了报告。

〔天皇决心立即结束战争〕 在上述调查委员的调查报告送到东京以前，经东乡外相和铃木首相商讨后，决定就迅速接受波茨坦公告问题，上奏天皇。

东乡外相于8日下午，在皇宫地下室谒见天皇，奏陈敌方关于原子弹问题的报道以及有关事项。陛下面谕：敌方既然已经使用这种武器，继续进行战争越发不可能了。为争取有利条件，不可错过结束战争的时机。条件经过协商不会谈不拢的。总之，应该争取尽快结束战争，并令将这一意见也转告给铃木首相。

[①] 当时制成的原子弹只有两颗，美国对日本使用它，是出于心理战的目的。

据此，铃木首相准备立即召开最高战争指导会议，但因部分成员因故不能参加，便推迟了。

苏联的参战

〔啼笑皆非，令人震惊的答复〕 另外，日本的战争指挥领导人都在翘首等待预定于8月8日子夜（莫斯科时间8日下午5时）佐藤大使同莫洛托夫外长的会谈结果。斯大林和莫洛托夫比日本政府估计的晚得多，8月5日才回到莫斯科，佐藤大使立即请求会见，莫托洛夫指定了上述时间。

苏联方面的答复是：宣战！真是啼笑皆非，令人震惊。过去历时约两个月，拼死拼活进行的外交努力，结果不仅全成泡影，而且得到的是以铁锤代替了答复。①

当佐藤大使从莫洛托夫那里接到宣战通告时，远东苏军已经突破满洲各处国境，对我关东军开始进攻。南库页岛也同时受到红军入侵。9日拂晓，苏联飞机对满洲、北朝鲜各城市以及日本海上的日本船只进行了攻击。但是东京的政府及大本营在收到8月9日上午4时同盟通讯社发出的塔斯社下述消息，才知道苏联的行动。

在希特勒德国战败投降以后，只有日本是继续战争的唯一大国。美、英、中三国本年7月26日对日本武装部队无条件投降的要求已遭到日本拒绝，因此，日本政府要求苏联调停远东战争的提案已完全失去了基础。鉴于日本拒绝投降，同盟国向苏联政府建议，要求苏联政府参加反对日本的侵略战争，借以促进战争的结束，以资减少牺牲，迅速恢复全面和平。苏联政府遵照其对同盟国的义务，接受同盟国的提议，并参加同盟国本年7月26日的公告。苏联政府认为，苏联政府的政策，是促进和平、拯救各国人民免于更大的牺牲和苦难，使日本人得以避免德国在其拒绝无条件投降后所遭受的那些危险与破坏的唯一手段。从上述观点出发，苏联政府宣布：从明日即8月9日起，苏联政府将与日本政府进入战争状态。

日本政府从马立克大使正式收到苏联的宣战布告文件，已是次日（10日）上午11时15分，事态已经完全明确。本来，政府及大本营中大多数人都判

---

① 苏联的参战在雅尔塔协定时就决定了。时机本来定为德国投降后约三个月。已见前述，在波茨坦会议时，斯大林声言在8月下旬参战。但是后来判明日本因遭到原子弹轰炸急于投降，所以才提前参战。还有，在波茨坦会议时，美国本来对于苏联参战，不大表示欢迎。斯大林请美国提出要求参战的信件，用接受要求的形式参战的。

断，苏联迟早将要参战，这种可能性很大。如此突然参战所带来的只有失望和愤慨。东乡外相在听到塔斯社的通讯报告后，甚至怀疑是否是真的。现在，日本想以苏联为居间人结束战争的最后一线希望，终于彻底破灭了。

〔摧毁其狂妄野心——发动对苏战争〕 接到苏联参战报告以后，大本营为准备发动全面的对苏防御作战，8月9日临时发布了包括下列要点的命令：

一、苏联公布对日宣战，于9日零时以后，已在日苏、满苏国境方面多处开始战斗行动，但其规模尚不太大。

二、大本营正以驻在国境方面的兵力，摧毁敌人的进攻，同时准备迅速发动全面的对苏作战。

三、第17方面军需立即编入关东军的战斗序列；调动隶属的时间定为8月10日6时。

四、关东军总司令官应暂以驻在国境方面的兵力，摧毁敌军的进攻，并需迅速准备发动全面的对苏作战。

为进行上述作战，所应遵循的纲要如下：

关东军应将主要作战指向对苏作战方面，为保卫本土和朝鲜而战。在此期间，在南朝鲜方面，以最少限度的兵力，防备美军的进攻。

五、中国派遣军总司令官需迅速抽调一部兵力和军需品，准备转用于南满方面；同时，当苏军进攻时，需即以当地的兵力予以摧毁。

六、关东军和中国派遣军之间的作战分界如下：山海关—大城子—达里诺尔湖东端—戎克裘庙（线上归中国派遣军负责）。

七、第5方面军司令官在完成当前任务的同时，暂以驻在国境方面的现有兵力，摧毁敌军的进攻，并需迅速准备发动全面的对苏作战。

接着，8月10日，虽然政府的对苏态度尚未确定，但大本营决定为摧毁苏联的狂妄野心，开始全面作战，并下达下列要点的命令：

一、大本营的企图在于，在完成对美主要作战的同时，为摧毁苏联的狂妄野心，开始新的全面作战，击败苏军，以维护国体，保卫皇土。

二、关东军总司令官须将主要作战指向对苏作战，就地击溃进攻之敌，以保卫朝鲜。

对第5方面军也发出了同样的命令。另外，令中国派遣军积极支援关东军在南满、北朝鲜的作战，并迅速抽调一部分兵力（约6个师团及6个旅团）和军需用品（6个师团会战需用的），转用于满洲和朝鲜方面。

第76章

天皇对停战的决断
——8月10日的御前会议

8月9日的最高战争指导会议

〔**天皇及停战派要人决心接受波茨坦公告**〕 由于敌人在广岛投下原子弹后，紧接着苏联又参战了，致使天皇以及木户内大臣、铃木首相、东乡外相、米内海相、近卫公、重光前外相和其他历来支持早日停战的要人更加坚定了决心，认为除迅速接受波茨坦公告以结束战争外，别无他法。

在前一天（8月8日），东乡外相由于广岛投下了原子弹，即决意接受波茨坦公告，准备征得铃木首相同意后，召开最高战争指导会议，但因有的成员因故不能参加，会议只好延期。这一情况，已如前述。现又遇到苏联参战，便愈加坚定了接受波茨坦公告的决心，于9日上午8时左右，首先到小石川私邸走访铃木首相。

铃木首相在外相来访之前，已从同盟通讯社打来的电话中得知苏联参战的消息，考虑关东军中的精锐部队已被抽调到内地和南方，估计可能支持不到两个月，便对旁边的迫水书记官长冷然地说："要来的终于到来啦。"之后，首相听到来访的东乡外相急于结束战争的决心，立即表示赞同，并对外相和书记官长表示决心说："由本届内阁来结束吧。"按一般政治常识来说；若从以苏联为居间人进行停战工作的彻底失败看来，铃木内阁现在就应当总辞职。但鉴于必须迅速收拾局面，铃木首相避免了总辞职。东乡外相接着又到海军省拜会米内海相，取得他的同意。

另外，在当天上午10时稍早一点，木户内大臣回答陛下的垂询说：有必要迅速停战。陛下面谕内府：为迅速决定收拾战局，应与首相充分进行商讨。10时刚过，铃木首相进宫，当由木户内大臣听到圣谕，便立即准备召开最高战争指导会议以及办理其他各种手续。

于是，停战派要人在迅速停战的态度上取得了一致。但是究竟应该无条件接受波茨坦公告，还是附加条件，以及附加条件的话，附加哪些条件等一系列微妙而又重要的问题，并未确定，就这样开起了最高战争指导会议。

〔**围绕接受条件意见对立的争论**〕 9日上午10时30分许，在宫中召开最高战争指导会议。这次会议是以8月14日的御前会议而告终的多次停战会议的开始。

会议开头首先由铃木首相发言。他说，从周围的形势来看，不得不接受波茨坦公告，并征求与会者发表意见。对首相这一突然提案，一时无人吭声，沉默了好几分钟。阿南陆相和梅津参谋总长则在考虑应当首先讨论是否继续作战这一根本问题。

这时，米内海相发言。他提出：总是沉默也不是办法。若是接受波茨坦公告，是全部无条件接受，还是由我方提出一些希望条件，二者必居其一。如果提出附加希望条件，讨论的对象，第一是维护国体；第二是惩处战犯、解除武装的办法以及占领军的进驻等问题，究应如何处理。他似乎希望把这些问题全提出来。

对于这一提案，东乡外相表示强烈反对，他说，关于国体问题却当别论，如果另外再附加一些条件，就会把局面又拉回到波茨坦公告发布前的情况，将不可能顺利地实现停战。

其他会议成员也认为维护国体问题是必需的，而且至为重要，一致表示赞同。但是，阿南陆相和梅津参谋总长对东乡外相的单一条件方案，表示反对，主张应该附加另外三个条件。丰田军令部总长基本同意这个意见，并特别强调自主地解除武装的问题。

这三名军部方面成员主张，关于惩处战犯，波茨坦公告并无明文规定由哪一方面来处理，因而要由日本方面来处理。即令退一步由同盟国方面来处理，也应在审判方法上，取得不至造成不公正的保证。关于第二个解除武装问题，对于解除武装本身并无异议，不过，鉴于日本军队历来的教育和传统，为了避免纠纷，应协商规定由日本自主地解除武装的办法。关于最后一个保障占领问题，最好不让占领日本本土。即令万不得已也应将东京除外，而且应当尽量限制在较小范围、较少兵力和较短的时间，即应当取得对方谅解，仅限于象征性的驻兵。阿南陆相及梅津参谋总长特别强调了这一点。

东乡外相对此表示反对，他说，固然不妨将此作为希望通告对方，但要作为条件提出来，就会导致谈判决裂，结果，同盟国军就会在本土登陆，最后，日本不得不在较现在更恶劣的条件下结束战争。因此，就日本而言，应只提出必不可少的条件,以求实现和平,这才是目前所应采取的方法。

陆相及参谋总长主张,关于本土决战的前景,纵无最后取胜的把握,但尚可一战,果幸而顺利,还能击退登陆敌军。就是说,日本还未到几乎无条件地接受波茨坦公告那种地步。与其无条件接受,莫如尝试一下仅有的最后一个机会。这样,讨论很难得出结论。

会议中间,铃木首相和米内海相发言不多,态度也不够明确。米内海相似乎期望至少包括四个条件。

这样,会议在原则上接受波茨坦公告这一点上取得了一致,但对其附加条件,则完全对立,意见分歧。到下午1时,首相提议在原定下午召开的内阁会议结束以后,再召开六巨头会议,会议暂告休会。

〔第二颗原子弹投在长崎〕 正当上述最高战争指导会议热烈争论之际,9日上午11时30分,长崎投下了第二颗原子弹。

长崎也和广岛一样,早被指定为原子弹轰炸目标,列在中小城市燃烧弹轰炸目标之外。这次轰炸伤亡很大,在总人口27万人中,计死者23753人,负伤者43020人。

关于求和的首次内阁会议

〔第一次临时内阁会议〕 9日下午2时半开始,召开第一次临时内阁会议,研究关于究应立即求和,还是继续抗战的问题。

铃木首相讲话后,东乡外相首次向内阁会议报告过去通过苏联进行停战工作的经过,并说明了苏联参战及原子弹轰炸后同盟国方面的情报。

接着,首相征求各人意见。阿南陆相发表继续抗战的主张说:从现状来看,敌人方面纵然开口提出保证皇室安泰等优越条件,但我方绝不能忍受无条件投降。意大利已有先例,不要在解除武装之后,蹈其覆辙。当然,在原子弹轰炸和苏联参战的情况下,对比起来,我方难操胜算,但在为大和民族的荣誉继续进行战斗中,总会有机会的。解除武装办不到,外地尤其如此。实际上,只有继续进行战争一条路。如能施展死里求生的战术,就不会彻底失败,反而会有扭转战局的可能。应该承认,现在的国民士气是不高,但如果真的到了本土决战的时候,则国民将一亿一心、奋起抵抗。

对这一问题,米内海相一变他在最高战争指导会议上的态度,他坚决主张说,我认为:我方对美英没有取胜的希望,对苏联也是如此。如陆相所谈,予敌以最后一击,取得胜利的机会,只能有一次。第二次、第三次就没有把握了。从物质和精神两方面来看，我认为没有取胜的可能。此时此刻，是投降以挽救日本，还是孤注一掷，硬是继续打下去，应该冷静地作出合理的判断。必须放下那套死不服输和一厢情愿，按照实际情况，光明正大地坚持需要坚持的意见，去进行谈判。

接着陆相介绍从战俘口中了解到的有关原子弹的性能及美国现存数量的情报。据说：下一目标是东京，现尚有100颗原子弹，每月能造出3颗等。①然后，米内海相又提出，既然是总体战，就必须从军需生产、粮食、运输以及思想各方面进行充分的讨论，并在内阁会议上作出结论。敦促有关各相就5、6、7月份的实际情况，进行发言。

针对海相提出的咨询，丰田军需相、石黑农相以及小日山运输相分别就有关事项作了悲观的发言。丰田军需相特别强调指出，从6月中旬以后，受到空袭加剧以及7月份青森函馆联络遭受损失的影响，军需生产的不利情况。石黑农相提到东北地方的霜害，并说明依靠再削减一成主食供应的办法，可勉强度过本年青黄不接时期，但明年各地将不可避免地发生饥馑现象。另外，小日山运输相详细说明了不仅通往朝鲜、满洲，就连通往北海道的交通，也日感困难，下关门司海底隧道也并不一定能保证安全，本州孤立的可能性很大。

除上述意见外，还提出了各种质询。直到下午5时半，连在原则上究竟是否接受，也未得出结论，内阁会议暂告休会。

〔临时内阁会议继续开会——海相态度突然转变〕 内阁会议休息一小时后继续开会。铃木首相在会议开头首先阐明，现在已经到了接受或者不接受三国公告，二者必择其一的关头。在今天的最高战争指导会议上，大家认为只有接受，别无良策，已经基本上取得意见一致。然后指示外相报告会议经过。

东乡外相介绍了最高战争指导会议上关于四项条件的争论，然后先说意见并非完全一致，但提出自己的主张说：既然已经不能继续战争，就应当接受公告；而鉴于公告的性质和对方的态度，不可能通过谈判取得条件的放宽。因此，我们提出的条件，应该只限极其必要的问题上。并且强调指出，对于皇室问题，在大义名分上必须一步不让；日本民族由于处在皇室之下，永远不会灭亡。只要能够保持国体，就将忍受任何痛苦，为将来的复兴，忍

---

① 根据战后的调查，当时实际完成的原子弹，仅有两颗，已投在广岛及长崎，制造效率也极其迟缓。

耐一时,这是拯救日本的途径。

对于外相上述说明,阿南陆相提出反驳意见。他说,如果认为外相方才的说明,是最高战争指导会议的基本意见,那是错误的。过半数的意见是:通过瑞典和瑞士向英美提出四项条件,如能接受就准备媾和,否则就继续进行战争。接着,阿南陆相再次提出四项条件的主张说,意大利已有先例,如只提出皇室这一个条件,当保障占领以后,我方就将一筹莫展,任凭对方摆布了。意见的分歧就产生在这里。统帅部的空气此时尤为强硬,还不认为战争已经失败。

接着,米内海相对于战局的判断提出不同看法。对此,阿南陆相再次强调指出,这不是用算盘能够判断出来的。总之,这种做法,对维护国体是有危险的。只有附带提出四项条件得到保证,才能维护国体。如果手脚已被捆住了,又怎能维护国体呢?

内阁会议反复争论不已,似乎始终也得不出结论,于是铃木首相征询各大臣对东乡外相的意见是否赞成。阿南陆相表示反对,松阪法相和安井国务相也赞同陆相的意见。特别是安井国务相主张,如果把天皇也指定为战争罪犯,也算是一个条件的话,那么能成呢!米内海相表示,撤回自己在最高战争指导会议上的意见,改为赞同外相的意见。石黑农相、丰田军需相、小日山运输相、太田文相以及左近司国务相等也赞同外相的意见。其余五人未明确表示态度,下村国务相提出妥协性意见,认为另外三项条件,也可作为希望向对方提出,将双方意见加以调和。在发言当中,太田文相提出,鉴于通过苏联进行调停的外交工作已告失败,内阁似应总辞职。首相以果断的态度强调指出,我们今天应该集中审议当前的问题,驳斥了他的意见。

内阁会议一直进行到晚10时半以后,仍未能做出决定。铃木首相表示,只靠阁员是决定不了问题的,当即进宫上奏。于是,内阁会议再次休会。

8月10日的御前会议

〔破例奏请召开御前会议〕 在临时内阁会议上,前后争论达七小时之久。在这以后,铃木首相和东乡外相一起,于9日晚11时左右进谒天皇,由外相奏明内阁会议的进行情况。接着,首相奏请在御前召开最高战争指导会议,并请准许平沼枢相参加。于是讨论接受波茨坦公告的第一次御前会议,于晚11时50分许,在皇宫防空洞内一个会议室召开。历来的御前会议照例是先在联席会议或者最高战争指导会议上提前议决提案以后,再举行御前会议。但这次御前会议并无预先决定的议案，完全属于破例。与会人员除最高战争指导会议6名成员之外，还有平沼枢相和迫水内阁书记官长、吉积陆军省军务局长、保科海军省军务局长以及内阁综合计划局长官池田纯久陆军中将等。

〔铃木首相的提案——亲自宣读〕 铃木首相受命主持会议，首先让迫水书记官长宣读波茨坦公告，然后，亲自宣读提出的议案，全文如下：

在上月26日发布的三国公告所列举的条件中，不包括要求变更天皇在国法上的地位的谅解下，日本政府予以接受。

接着，首相说明提案的理由，他说，在今天的最高战争指导会议上，意见虽未取得一致，但占优势的意见是附加下列四项条件：（一）绝对保证皇室的地位与安全；（二）驻外军队的自主的撤兵和复员；（三）战犯由日本政府处理；（四）保障占领问题的保留。但因外相坚持今天的原案意见，又召开了内阁会议，审议结果，赞成外相提案的6名，赞成最高战争指导会议案（四条件案）的3名，未置可否的5名。因此，将代表多数意见的外相提案作为原案提出如上。

〔外相说明提案理由〕 实际上，铃木首相宣读的议案原稿，就是由东乡外相起草的。外相说明其提案理由大致如下：

通过内阁会议得出这样结论是，对于日本来说，这种不体面的公告碍难接受；但在今天的局势下，又不得不予接受。而原子弹的出现，和与此相关的苏联的对日参战，使时局进一步急剧变化，对方态度愈加强硬。因此，已经失去通过谈判解决问题的余地。特别是苏联参战后，更是如此。所以从这种情况来看，提出过多条件，将被全盘否定。应当只提一条，那就是皇室的维护和安泰。解除武装问题可以在停战协定时加以考虑。保障占领是不得已的。战犯问题也不是绝对的条件。只要皇室能够存在，日本民族就能隐忍持重，以图他日之复兴。所以，一切都应当集中到皇室这个问题上来。

接着，米内海相回答铃木首相的指名询问，表示完全赞同外务大臣的意见。

〔陆相及参谋总长表示反对〕 阿南陆相及梅津参谋总长对这次会议完全是以内阁意见为主；而且事先也未就议案进行商讨；对御前会议上这种完全以单方面的高压手段进行讨论的情况，内心颇为不满，但对此并未有所发泄，而仅提出反对意见，陈述其继续抗战的主张如下：

阿南陆相：我完全反对外务大臣的意见。开罗宣言中包括取消"满洲国"的存在，这就将使日本丧失作为道义国家的生命。我们应该为坚决战斗到底向前迈进。即使接受公告，至少也要具备四项条件。这些条件作为维护皇室的手段是绝对必要的。如果对方不予采纳，一亿人民就应誓死战斗，死里求生。关于本土决战，也有一定的信心。

梅津参谋总长：完全同意陆相的意见。确信本土决战现已准备就绪。由于苏联的参战，使情况陷于不利，但并不应该就此放弃给予美英以最后一击的机会。如果无条件投降，就对不住阵亡的英灵。四项条件已经是最低限度的让步。

〔平沼枢相的看法——军令部总长轮到后面发言〕 铃木首相在丰田军令部总长发言之前，先请平沼枢相发表看法。枢相在对6名最高战争指导会议成员分别进行有关质询之后，发表了大致如下意见：

由于仓促列席，未经充分研究。但因情况紧急，只好谈点意见。

首先我赞同外务大臣的主要观点，但我认为维护国体是绝对的。对此纵有丝毫动摇，也应坚决抵御，一直战到国民最后一人为止。原案字句欠妥。所谓"国法上地位"是不应该这样说的，从大义名分上说不妥当。天皇的统治权是开国以来具有的，而宪法只不过是公开表示的形式而已。改为"天皇的国家统治权"如何？

其次是四项条件，说是对于敌国已无交涉之余地，是否果真如此？陆相及参谋总长的主张也合乎情理，尚望外务大臣努力交涉。但如交涉过迟，将给全面的结束工作带来困难。恐怕反而引起国体的动摇，令人忧虑。望做好充分的估计。

在今天的局势下，这样做是否妥当，尚需充分探讨。这一问题，不能单靠武力解决。再有，离开国民也不能战斗。如上所述，只要信心十足，就硬干下去，如果没有自信，无论陆、海兵力如何强大，也不可能继续进行战争。

事体极为严重。应取决于圣上裁断。陛下秉承皇祖皇宗的遗训，对维护国体负有重大责任。

〔军令部总长的反对意见〕 最后，丰田军令部总长回答首相的指名询问，发表了如下的反对意见：

就海军统帅部而言，我赞同陆军大臣和参谋总长的意见。要说有无胜算，纵无绝对取胜把握，也不认为必定失败。下步作战，既有准备，又有机会，不能认为不能予敌以打击。如仅以维护国体一个条件进行交涉，统帅部对此深感忧虑。国民中间具有战斗精神；前线将士方在努力，并具有敢死精神。即或国民战意有所消沉，如果领导有方，士气会昂扬起来。

〔铃木首相恳请天皇决断〕 会议已经进行两个多小时，时间已是10日上午2时许,仍然议而未决。于是铃木首相起立发言说,事已至此,诚属惶恐之至,我将亲自到御前恭候圣意,以天皇的裁断作为本次会议的决定。遂前趋上奏。

〔**天皇决断的事前准备工作和参与人员**〕 在这以前,9日白天的最高战争指导会议的气氛,对一部分重臣和外务省的领导人,刺激很大。

当天下午1时半,铃木首相在举行临时内阁会议以前,趋访木户内大臣,汇报最高战争指导会议的情况。内大臣将这一汇报当作"已经决定附加四项条件接受波茨坦公告",[①]事实上并未"决定",可是和内大臣所理解的同样消息,却不断地通过外务省的渠道,传到近卫公和其他一些人耳中。

近卫公颇感忧虑,乃向高松宫做了汇报。另外,又和重光葵前外相谈及此事,委托他转请木户内府下决心奏请天皇亲自决断。近卫公本人也在下午1时往访内府进行商谈。下午2时40分,高松宫用电话通知木户内府说,提出四项条件有困难,望妥善处理。下午4时,重光前外相晋访内府时说,附加四项条件必定导致决裂,强烈要求由天皇决断迅速收拾时局。对于重光的意见,木户内府最初不大高兴。因为他认为,关于决定停战问题已经烦扰陛下裁决,而现在当实行时,还要再次烦扰圣躬,对此有些踌躇,但最后还是赞同了重光的意见。

上述原委,经过木户内府下午3时10分及4时30分两次进见,似已奏闻陛下。另外,当天还有松平内府秘书官长、高木海军少将、加濑外务事务官及松谷陆军大佐等人,似亦分别磋商,进行工作,推动内府将问题奏请天皇决断。

另外,在内阁方面,在这次御前会议召开之前,米内海相和迫水书记官长曾做了一些努力,促使这一问题不要以多数通过的形式做出决定,而要恭请天皇决断。他们还分别向铃木首相提出这一建议。

木户内府在晚10时半临时内阁会议休会后,到御前会议开始前,进见天皇两次(第一次是10时50分起,约20分钟,第二次是11时25分起,约15分钟),最后恭请天皇决断的程序,业已准备就绪。

〔**天皇做出决断**〕 陛下先命铃木首相就座,然后谕示同意采纳外务大臣的提案,并补充说明理由,大致如下:

陆、海军统帅部的计划常有错误,失掉时机。说是进行本土决战,

[①] 究竟是铃木首相果真这样汇报的,还是仅汇报会议大体的气氛有这种倾向,而内大臣误解了的,不能明确肯定。

九十九里滨的防御工事已经迟误，说是不到8月底不能完成。关于增编部队也说装备尚未齐备。似此情形，怎能迎击敌军！

空袭日益加剧，若使国民再进一步陷于涂炭之苦，文化遭到破坏，导致人类的不幸，实非朕所心愿。

此时此际应忍受难以忍受者。解除忠诚的军队的武装，将昨天效忠于朕的人定为战犯，于情实有不忍，但为国家前途计，亦属事不得已。今天应以明治天皇遭受三国干涉时的心境为怀。

陛下谕示之后，铃木首相奏称，当以天皇决断作为这次会议的结论。上午2时30分，紧张而又重大的御前会议宣告闭会。

〔临时内阁会议第三次复会——上午4时闭会〕 上午3时左右，暂时休会的临时内阁会议再次复会。会上，东乡外相报告，外相提案经平沼枢相修正后通过，并与铃木首相共同强调指出，这一决定系根据天皇决断而定。全体阁员再无异议，签署必要文件之后，于上午4时左右闭会。

根据天皇决断采取的对内对外措施

〔接受公告的电报和广播〕 关于通告根据天皇决断接受波茨坦公告的外交措施，现已交由外务省办理。外务省按照事前准备，在10日上午6时前，完成电文的起草。自6时45分至10时15分之间，将包含下述文本的电报，拍发给加濑驻瑞士公使及冈本驻瑞典公使，令其转达给美、英、苏、中四国，同时要求尽快得到对方答复。

略第648号（加急）

（上午7时15分拍发）

关于接受美、英、中三国共同公告的照会

日本天皇希望促进世界和平，早日停止战争，以使天下生灵得免持续战争而陷于浩劫。日本政府遵从天皇意旨，已于数星期前请当时居中立地位的苏联政府出面斡旋，以便同诸敌对国恢复和平，而此促进和平之努力，不幸归于失败。日本政府为遵从天皇恢复全面和平的意旨，希望尽快结束战争造成之惨祸，做出下列决定：

日本政府准备接受中美英三国政府首脑于1945年7月26日在波茨坦发表、后经苏联政府赞同的联合公告所列条款，而附以一项谅解，即上项公告并不包括任何有损天皇为最高统治者权利的要求。日本政府竭诚希望这一谅解获得保证，且切望迅速得到关于对此的明确表示。

帝国政府请求瑞士及瑞典政府将上述情形转达给美国、中国、英国及苏联政府，不胜荣幸。①

另外，在发出上述正式照会的同时，松本外务次官认为有必要将日本接受公告的意图，迅速通知国外，特别是通知敌方官兵，经征得同盟通讯社及日本放送协会（即广播协会）领导人的同意，于10日夜，秘密对国外广播。后经确认，这些对外广播已于发出2小时后，首先引起美国的反应，数小时后，已传播到全世界。②

〔**情报局总裁的谈话**〕 10日下午2时举行内阁会议，反复讨论了应在何时并如何向国内公布接受三国公告的问题。

如果提前发表，既可及早决定民心的方向，又可多少减轻损害，这是有利的一面；反之，也考虑到，当一向的紧张情绪一旦松弛之后，万一谈判不妥，就很难重新恢复士气。再者，虽能因此多少阻止军部及其他国内的主战活动，但在大诏颁布之前发表，又恐招来物议，引起不测的事变。不过，还认为在发表停战这种意外消息之前，需要事前做些准备工作。

最后决定：通过大诏来向国民公布，在此以前暂不发表；其他问题，不待经过内阁会议，可由兼情报局总裁的下村国务相同陆、海、外三相磋商后，临时采取措施；在最后确定停战以前可采取渐进方式，使国内空气逐渐转变到停战的方向。据此，10日下午4时30分发表情报局总裁谈话，10日下午7时广播这项谈话，并刊载于11日的晨报上。其内容如下：

敌人美、英最近对我骤然加紧空袭，另外，又积极准备对我本土进行登陆作战。对此，我陆、海、空精锐部队，已做好迎击准备。现在，全军正以敢死的旺盛斗志，为一举击溃骄敌，严阵以待。在此期间，全体国民均能克服残暴的敌机轰炸，正以义勇奉公精神，向前迈进，实在令人感动。但是，敌人美、英最近竟使用新发明的新型炸弹，对无辜的老弱妇孺给以人类史上前所未有的凶残暴虐的残害。加上昨天（9日）与我处于中立关系的苏联，竟参加敌方阵营，在发表片面宣言之后，开始向我进攻。我军自然立即迎击，阻止敌人进攻。但必须承认，现在已经真正临到最坏的状态。为了确实捍卫最后一线，以维护国体，保持民族荣誉起见，政府正在进行最大努力，同时也期望一亿国民克服一切困难，共同为维护国体而努力！

---

① "关于接受美、英、中三国共同公告的照会"译文，系录自世界知识出版社《反法西斯战争文献》1955年版，第317页，个别字句略加修改。——译者

② 这些广播，实际上已较官方电报更早地传至美国总统杜鲁门。

〔陆军大臣的训示与公布经过〕 10日下午4时半,和上述情报局总裁发表谈话的同时,为促成全军誓死战斗的强烈决心,陆军省将陆军大臣的训示,即所谓通告,分发给各报社,要求登载。内容如下:

告全军将士:苏联终于入侵皇国,不拘表面文章如何粉饰,其侵略与称霸大东亚的野心昭然若揭。事已至此,夫复何言!只有将维护神州的圣战,坚决进行到底。

纵令啮草嚼土,伏尸荒野,亦须断然奋战,相信死里自能求生。此即所谓七生报国,"战到最后一个人……"那种楠公[①]救国精神,同时也是时宗[②]所谓"专心一致""勇往直前"那种消灭丑敌的斗志。全军将士俱应体现楠公精神,并为再现时宗之斗志勇往直前!

在这以前,阿南陆相曾于10日上午9时,召集陆军省内的主要将校,传达前夜御前会议的决定,并提出必须注意的事项。当时陆相指出,这一决定系根据天皇意旨,并附有关于维护国体的条件。我们目前至关重要的是维持陆军部内的秩序。但是,另一方面,关于维护国体这一条件,同盟国方面是否承认还不明确。所以,不能认为战争已经结束。陆军方面,必须做好和战两种准备。在他讲话之后,吉积军务局长详细传达了天皇陛下的圣谕,要求全军保持一丝不紊的秩序。

陆相和军务局长的讲话结束后,军务局科员稻叶正夫中佐立即感到为了进行和战两手准备,应该坚决表示决不后退的决心,以维持全军的士气,因而有必要由陆军大臣发布训示。于是,当场与荒尾军事科长一起共同向大臣提出建议。当时大臣正与吉积军务局长站在一起,对此立即表示同意,并命起草这一训示。

于是,"训示"草稿很快拟妥,科长审阅后,亲自拿去请求上级批准。适值大臣、次官以及军务局长太忙来获批准。这时内阁情报局部员亲泊朝省陆军大佐得知情报局总裁谈话已经发表,极力主张赶快利用广播传达,在征得稻叶中佐同意后,便将"训示"的草稿分送给了广播局和各报社。

这一陆军大臣通告,在当晚7时的新闻节目时间内,和情报局总裁谈话同时广播。这时,报社立即将此事向情报局及迫水书记官长报告,并传达到外务省。东乡外相并没有采取行动,但情报局员和迫水书记官长却再三向下

---

① 楠公报楠木正成(1294—1336年),曾于1331年奉后醍醐天皇命举兵抗击镰仓幕府军。——译者
② 指镰仓幕府执权北条时宗(1251—1284年),1274年在镇西击溃入侵元军,翌年手斩元使,1281年,再次击退入侵元军。——译者

村情报局总裁建议，请求阻止在报纸上发表通告。经下村总裁在电话中同阿南陆相交涉，阿南陆相答称，不拘怎样，"陆相训示"仍请照登。结果耽误了时间，吉积军务局长阻止登载的措施没有来得及。

于是，同10日晚上的无线电广播一样，在8月11日报纸上，真意难以捉摸的总裁谈话和意义非常鲜明的陆相通告，并排登出，形成奇妙的对照。

本来，这个大臣训示是直接针对陆军将士的，这与以一般国民为对象的总裁谈话，性质完全不同。虽然发表的是形式，结果使得对立表面化了，但却达到迅速通报全军的目的。再者，关于这一训示的公布，还有一则内幕消息，陆相曾经谈过，他虽受到天皇叱责，但当他奏陈"对于军队，应该如此"时，终于取得了天皇的谅解。

第77章

天皇决定停战
——8月14日的御前会议

接到四国复文

〔**四国复文及其译文**〕 8月12日上午零时45分左右,外务省、同盟通讯社及陆海军的海外放送受信所,大致在同一时间,收听到美国如下的广播:

关于日本政府来电接受波茨坦公告条款,然有"附以一项谅解,即上项公告并不包括任何有损日本天皇为最高统治者权利的要求"一点,吾人的立场如下:

自投降时起,日本天皇及日本政府统治国家的权力,即须听从盟国最高统帅的命令。最高统帅将行使认为适当的权力,实施投降条款。日本天皇必须授权并保证日本政府及日本帝国大本营在必要的投降条款上签字,俾波茨坦公告条款得以实施,并须命令日本全部陆海空军及他们控制下的所有部队(不论其在何处)停止积极行动,交出武器,发布盟国最高统帅实施投降条款所需的其他命令。投降后日本政府应立即将战俘及所扣侨民运至指定安全地点,俾能迅速登上盟国运输船只。按照波茨坦公告,日本政府的最终形式将由日本人民自由表达的意愿来确定。盟国武装部队将留驻日本,直到实现波茨坦公告规定的目的为止。①②

〔**外务省的态度——慎重决定全盘接受**〕 外务省慌忙开始研究。最初的反应是,任何人都不满意,这一点,迫水内阁书记官长也是一样。同盟国方

---

① 四国复文的译文,系根据世界现代史史料选辑第一辑,个别字句略加修改。——译者
② 前面的着重点部分,外务省原译为"置于……限制之下",是"subject to"——"从属"一词的译语;后面的着重点部分,外务省原译为"日本国之最终政府形态"或"统治组织",是"ultimate form of government of Japan"——"日本政府的最终形式"的译语,皆系意图减轻对军部的刺激而进行曲译的。但陆海军方面也直接收听了广播,外务省这一工作,没有任何意义。

面的答复显然避免了明确表示，任凭解释和推测的地方很多。[①]

接到这一同盟国答复，势将出现要求重新照会的意见，这是容易设想得到的。因此，东乡外相也未轻易决定态度。但由于松本次官等人建议：现在无论如何必须结束战争；如再反复交涉，只能导致决裂，毫无用处；同盟国的答复虽然不能令人满意，但也不会有什么妨碍等。东乡外相采纳了这一主张，终于12日上午8时左右，决定全面接受复文的方针。在这以前，迫水书记官长曾将铃木首相同意同盟国答复的意思告知外相，这对东乡外相决定态度，也有了一定影响。

〔**两统帅部长上奏——提出反对**〕另外，陆海空两统帅部在研究美国广播以后，立即决定反对接受的态度，梅津参谋总长及丰田军令部总长早在12日上午8时20分，就一起上奏如下：（着重点系作者所加）

据旧金山广播，已经获悉贝尔纳斯国务卿代表美国、英国、苏联以及中国四国经由瑞士政府通告帝国政府的备忘录内容，在这里谨奏陈统帅部的意见。

统帅部认为，如备忘录所提的和平条件，应该断然严词拒绝。按备忘录第一项内称："自投降时起，日本天皇及日本政府统治国家的权力，即须听从同盟国最高统帅的命令。最高统帅将行使其认为适当之权力，实施投降条款。"这类规定，说起来令人不胜惶恐，这等于把帝国变成了附属国，断难接受。再如备忘录第二项的解除全部陆海军武装，以及第四项的根据国民的自由意志确立政体，第五项的同盟军进驻日本国内等，全都难以接受，正如适才参谋总长所奏陈的那样。

通读这份备忘录，可知敌国的意图显然在于名副其实地要求无条件投降，特别是在冒渎我国体基本的天皇的尊严。如果在这种条件下媾和，内则作为忠诚的国民臣下来看，实难忍受，终将引起一发而不可收的事态；外则将使以决死战斗、身殉大义为无上光荣的出征的数百万将士，迷失前进方向，从

---

① 关于天皇制问题，在战争期间，美国方面争论得很厉害，到这时为止，尚未得出结论。在10日晚日本广播之后，杜鲁门总统曾立即同贝尔纳斯国务卿、史汀生陆军部长以及李海军上将进行协商，当时，史汀生部长及李上将表示可以同意日方要求，但是贝尔纳斯国务卿不愿采取接受日方所提条件这种形式，主张复文应当采取由同盟国方面提出新的条件的形式。即席执笔草拟了这一复文。对于这一答复，杜鲁门总统也表示赞同，经取得英、中、苏三国同意后，始以广播及官方途径通告日本。

这一答复，乍一看来似乎是日本的国体问题，可以听任日本人的自由意志来决定，实际并非一定如此。此一点从停战后推行的占领政策来看，已很明显。

总之，在当时，对天皇制问题，实际上还在权衡之中。

而不仅将听任外敌的进攻,而且将导致国家内部的崩溃,终将带来我国体的破坏和皇国的灭亡。确信这并非过甚其词。

以上所述,想政府也具有同样意见,自当与政府之间取得完全一致意见之后,再奏请圣断。

〔大臣总长联名发电——明确表示继续战争的意志〕 再者,陆军方面鉴于同盟通讯社及放送协会于10日晚广播上述日本接受波茨坦公告的电报后,我驻外军队对此表现的反应情形,深恐这次收到的贝尔纳斯国务卿的答复,迟早将传遍驻外军队,引起不良影响,乃于12日由陆军大臣及参谋总长联署,对大本营直辖的军司令官,发出下列电报,表明了态度:

关于帝国政府为结束大东亚战争致敌方的照会,今天(12日)凌晨,已收到美国对此答复的广播。但陆军方面认为,上述广播违反维护国体的本意,决定断然予以拒绝,仍坚持坚决继续战斗的态度,现正在推行此项国策之中。因此,要求各军仍须坚决为完成作战任务而奋斗。

〔政界要人围绕复文的动向〕 东乡外相于12日上午10时半趋访铃木首相,说明对方答复内容之后,于11时进谒天皇,奏明对方答复的主要内容和对此将采取的措施。对此,陛下面谕:我认为可以按照对方答复那样接受,并采取相应的措施;同时指示应将此意转告总理大臣。上述旨意,已于12时半转告给铃木首相。

另外,阿南陆相于上午11时半左右,通告铃木首相,表示反对接受同盟国的答复。12时50分,平沼枢相也往访铃木首相,从国体论的观点出发,主张不能接受,并要求再次进行照会。

平沼枢相又在下午1时40分拜访木户内府,表示反对接受。在这以前,木户内府曾在外相上奏后同他进行会谈,表示决心说,有关对方复文的解释,只有凭信主管当局外务省来做,对此答说应按接受的方针来进行。

在海军省,上午11时半左右,米内海相正在就事先未同自己商量,径自上奏反对接受一事,质问并责备丰田军令部总长及大西军令部次长。米内海相的真意本来是接受同盟国的答复。

内阁会议及最高战争指导会议的再次分裂

〔12日的内阁会议〕 在下午3时召开的内阁会议上,东乡外相首先说明对方的复文以后,先说这一复文整个来看,不能说是满意的,然后指出不得不接受的理由。其理由主要是:关于第一项,在保障占领之下,仅在实施投

降条件的范围内统治权受到限制；而在原则上天皇的地位仍旧俨然存在；关于第四项，应该理解为不受外部干涉之意。再者，即令对方企图通过人民投票方式来决定，但征诸我日本人的忠诚精神，相信大多数国民是不会持有改变我国国体根本那种思想的。另外，外相还谈到，关于这一点，即使要求做字句上的修改，那也将和往年的非战公约问题的情况一样，结果不仅有可能贯彻不了我方的宗旨，而且如果固执这一点，争持交涉，就可能给对方各国强硬派以口实，从而必须在思想上有最后决裂的准备。所以，既然已不可能继续进行战争，就有必要在这种地步就结束交涉。

针对东乡外相这一提案，阿南陆相主张，照这样做，国体问题还是没有保障，应该再发照会；同时还应附带提出关于解除武装和保障占领的问题。安倍内相、松阪法相等也主张再发照会。

〔**首相主张再发照会——外相的困境**〕 在这次内阁会议的最后，铃木首相发言指出，这种复文，不能确认维护了国体。例如，所谓政府的形式应由国民意志来决定，云云，以及所谓天皇置于联军司令官指挥之下等，从国体上看，颇有疑问。还有，解除武装也完全任凭对方来处理，作为一个军人是难以忍受的，要再提出照会看一看。并且说，如果对方不采纳，也只好继续战争。

首相这一发言，使东乡外相陷于困难境地。外相觉得形势不利，便提议等收到正式答复后，再行讨论，内阁会议因而散会，时间是下午5时半左右。

散会后，东乡外相对首相暗示自己单独上奏的主张，对首相的发言表示了不满，另外似乎还表示要辞职。但在松本次官及松平内府秘书官长的劝告之下，打消了辞意。于下午6时半左右趋访木户内府，委托他劝导首相。

〔**皇族会议**〕 在上述内阁会议开会的同时，在皇宫召开了皇族会议。

在这次会议上，陛下亲自说明情况，并指示：当此国难，望各皇族协力合作。在天皇说明之后，由梨本宫代表全体皇族回答说，我等自应团结一致，协助陛下。在这次会议上，似曾自由地谈论了各种问题，下午6时20分左右才散会。

12日晚8时许，阿南陆相趋访三笠宫邸，恳请殿下尽力奏请天皇改变主意，却反而受到三笠宫殿下的痛斥，指责陆军自满洲事变以来的行径。

〔**铃木首相的转变——天皇的旨意**〕 另外，外务省为挽回不利形势，正在进行争取时间的工作。下午6时10分到40分之间收到加濑驻瑞士公使发来的同盟国答复的正式电报，接着又收到冈本驻瑞典公使的电报，这些电报，根据松本次官的命令，按13日晨收到处理。当晚未通知有关方面。

在这中间，12日晚9时半左右，木户内府在宫中曾同铃木首相进行会谈。这时，内府告知天皇的意图，并劝首相下决心接受同盟国答复。首相了解陛下心意以后，立即表示同意接受。

13日上午2时10分，又由冈本驻瑞典公使拍来电报，更加使外务相处于有利地位。该报告是关于美国代表四国政府答复日本的内幕新闻报道。报告中谈到了美、英、苏之间关于天皇制问题进行商讨的经过，这一复文可以说是美国外交排除苏联反对的胜利，实质上等于承认了日方所提的条件。这封电报立即呈递铃木首相和木户内府。

〔13日的最高战争指导会议〕 12日傍晚接到的同盟国正式答复，记上13日上午7时40分的收件日期后，送交有关方面，内容和广播一样。

为了讨论同盟国复文，从上午9时起，在首相官邸地下防空洞中举行了由六人参加的最高战争指导会议。这次会议是最高战争指导会议为研究对盟国复文的态度而举行的首次会议。会上，陆相及两统帅部长坚决主张：第二项及第四项不能令人满意，因而有要求修改的必要；关于保障占领和解除武装两个问题，应重新提出补充条件。

对这一点，东乡外相提出反对意见。他指出：如果没有决裂的思想准备，就应避免要求修改。还有，提出补充条件，不仅不符合形势的发展，同时也违背10日御前会议所做的决议，不值得考虑。

陆相及两统帅部长主要顾虑的是所谓由自由表明的国民意志，有可能因占领后的强制和压力遭到歪曲。针对这一点，外相引用"萨尔"公民投票的例子，申明这一问题的前途，完全系于日本国民本身的信念。他特别强调指出：再次照会就意味着谈判的决裂。铃木首相和米内海相发言不多，但显然支持外相的意见。

〔会议中间外相进宫上奏〕 会议继续到下午3时，显然不能得出结论，铃木首相乃宣告暂时休会。东乡外相在会议进行中间，从下午2时起，入宫进见，奏陈关于接到同盟国正式复文，以及12日以来的讨论情况。当时，陛下面谕：可按照外相的主张办理，并令将此意转告铃木首相。

〔重新提交内阁会议——决定可否〕 关于讨论同盟国复文的第二次内阁会议，由下午4时左右开始。在这次会议上，铃木首相积极征求各阁员赞成与否的意见。多数阁员虽对同盟国复文有所不满，但却赞同了外相的意见。安倍内相虽曾一度主张再次照会，最后也表示任凭首相处理。松阪法相虽也支持再发照会的提案，但表示遵从天皇决定。

阿南陆相对于天皇决定自然没有异词，但从辅弼立场提出下列强硬的反对意见：

　　正如上次谈过的，归根到底是国体问题，令人不安。有关当局也都怀有疑虑。尽管有作为臣子应弄清国体问题的意见，却说是这有困难，便立即奏请天皇决定，这种做法非常恶劣。说是如果附加条件就会使交涉陷于决裂，但像这种程度的事是应当提出的。如有疑问，就应当正正堂堂地提出来，为什么那么不争气，殊属费解。只有一面具有背水一战的决心，一面进行交涉，才能有光明前途。相信也只有这样做，才能不经诉诸本土决战，而在某种程度上有所反映。希望应该采取的手段要坚决采取。

　　铃木首相在各位阁员发表意见之后，主要谈了如下意见：

　　我到今天为止，始终抱着继续作战的决心。但如大家所知，形势已发生极大变化，所以，不得不改变想法。

　　开始我也认为对方的答复确实包括碍难接受的条款，也曾下过背水一战的决心。但在再三反复体会来文中间，深感美国草拟这一文件并非出于恶意。表达方式虽有不同，实质上并无改变天皇地位的意图。因而我想不应再在文字上面有所挑剔。……当然不能令人完全满意，但现在是否还要继续战争到底呢？惶恐得很，天皇的意旨是现在就要媾和停战。如果照旧战斗下去，纵设背水之阵，在已出现原子弹的今天，为时未免太晚。那样将不能维护国体。当然，也许会有一线希望，还不能算完全绝望，但毕竟过于冒险。我们必须仰体陛下为万民着想、爱民如赤子的伟大襟怀。

　　就臣下克尽忠诚的角度来看，也可能想要作战到底，但是，即使能满足自己个人的心愿，而日本国家将会如何呢？实在危险万分。陛下深知这种危险，才作出了这一决定，相信为臣子者，除遵旨奉行以外别无他途。因此，在这种意义上，我想把今天的情况如实地再次奏明天皇，请求裁断。

　　正如铃木首相的发言所证明，内阁会议又以意见不一致而告终。另外，在首相发言之后，阿南陆相再次提出解除武装及保障占领的问题，提议应要求同盟国同意我方自主地解除武装，以及尽量减少占领兵力，这样对双方都有好处，应该作为附带的希望条件提出来。首相和海相反对这个意见，认为它违反10日的天皇决定。外相还提到，这一问题可在另外机会作为我方的意见，向同盟国提出请求。多数阁员支持作为希望条件提出来。内阁会议在下午7时左右闭会。

　　〔陆军与海军军令部的反对行动〕　上述最高战争指导会议及内阁会议的气氛，刺激了陆军及海军军令部。13日下午，参谋本部第二科长、军令部第一科长以及陆军省军事科长等会同商定，尽量推迟召开下次御前会议，以便在这中间对主和派进行说服工作。

商谈结果,军令部次长大西中将于当天夜间亲自恳请高松宫殿下劝导米内海相及永野元帅,各作战部员等分别走访永野元帅、及川大将、近藤大将以及野村(直)大将等,恳求协助,但未见效果。

另外,梅津参谋总长及丰田军令部总长从13日晚9时起,在总理官邸同东乡外相会谈约两小时,主张再次照会,终未得到外相同意。

在这期间,陆军省军务局及参谋本部第二科的将校中,因不满同盟国的答复,计划动用兵力,弹压主和派,以彻底保证维护国体。

在这以前,12日晨,军务局的将校们曾对阿南陆相口头表示,必要时应采取非常手段,但鉴于13日的形势,为了取得陆相批准,当天夜间草成陆军大臣兵力使用计划。概要如下:

一、使用兵力:东部军及近卫师团;

二、使用方针:切断皇宫和主和派要人之间的联络;

另以兵力隔断木户、铃木、东乡及米内等主和派要人,接着转入戒严;

三、目的:在取得我方关于维护国体的附带条件的确实保证以前,决不投降,继续交涉;

四、方法:以陆军大臣在警备上行使的局部地区应急出兵权发动之;

五、条件:须经陆军大臣、参谋总长、东部军管区司令官及近卫师团长等四方面一致同意后实施之。

上述兵力使用计划,于当天夜间9时左右,在三宅坂的陆相官邸,报告给了阿南陆相。参加报告的计有荒尾军事科长、竹下中佐、稻叶中佐、井田中佐、椎崎中佐及畑中少佐等,这些将校都是深得阿南陆相信任的。

关于报告及关于它的研究工作,一直进行到晚10时半左右。报告人希望在14日上午断然实行这一计划。陆相没有轻易答应,表示待明晨同参谋总长商量后再作明确答复。最后,荒尾大佐以下的人员经仔细考虑后,于晚12时,在陆军省要求荒尾大佐代表他们表示决心以后,陆续散去。

半夜12时左右,陆相来到陆军省,向荒尾大佐只说本土决战如何困难,关于兵力使用计划,则未作明确指示。

次日(14日)上午7时,阿南陆相偕同荒尾科长,往访梅津参谋总长,征求关于兵力使用计划的意见,梅津大将没有表示赞同。于是,放弃了非常手段的使用兵力计划。

8月14日天皇最后做出决定

〔**再次破例召开御前会议——意外的旨意**〕 13日下午,海外放送受信局收听到美国广播,指责日本故意拖迟答复。

美国的母舰飞机似在逼迫日本作出投降决定,大力轰炸关东及东北地区。自13日下午5时左右起至14日凌晨止,美机向东京及其他各城市散发日文传单,上边写着日本8月10日接受波茨坦公告的照会以及同盟国方面的复文。政府一直回避公开发表的秘密谈判,现已由敌方暴露无遗。同时,12日以来军部内的不稳空气,也在触动主和派要人。由于这些原因,促使他们奏请破例召开御前会议以决定日本结束战争的问题。

14日上午8时30分,木户内府携带敌方散发的一张传单,晋谒天皇,奏请从速下命办理停战手续,得到批准。当时,内府曾经奏称:这种传单估计将会刺激国内的主战分子和军队,结果可能造成混乱局面;若再迟迟不停战,则每时每刻都将发生危险。

内府在晋谒后,接待铃木首相的来访。铃木首相在这以前曾就召开御前会议的办法苦思焦虑,由于两统帅部长坚决反对事前不经商讨就召开御前会议,形势已不可能按照通常程序召开,因此决定只有按陛下降旨的方式来召开御前会议。为了商讨这一问题,特来拜会内府。

内府与首相的意见不谋而合。于是决定奏请陛下召集最高战争指导会议成员及内阁成员会同举行御前会议,借以一举解决问题。这是自从昭和16年(1941年)12月1日决定开战的御前会议以来,从未采取过的方式。9时稍前,二人一起晋谒天皇,立即得到陛下爽朗的应允。

这样,在上午10时前,为参加例行的内阁会议,已集聚在首相官邸的全体阁员以及梅津、丰田两总长、平沼枢相、迫水书记官长、池田综合计划局长官、吉积陆军、保科海军两军务局长等,突然奉命于10时半进宫。这些人员未及更衣便慌忙入宫晋见。

〔**三元帅应召晋见**〕 另外,陛下在上午10时,在皇宫召见杉山、畑、永野三元帅,面谕停战决心之后,要求军队服从这一决定。畑元帅当时任第2总军司令官,驻在广岛,阿南陆相为得到他的协助,于前一天(13日)催促他从速进京。14日晨他刚刚到达东京。

〔**天皇挥泪做出决定**〕 10时50分许,在皇宫防空洞内,召开最后一次御前会议。会议一开始,铃木首相奏陈前一天最高战争指导会议以及内阁会议的情况，他说：在内阁会议上，赞成原案的约占八成，但未得到全体一致通过。现在，诚惶诚恐，仍需重烦陛下考虑，伏请亲自听取反对意见，重新做出决定。

首相上奏刚一结束，两总长及陆相相继起立，声泪俱下地恳请准予再次照会，同盟国如不同意，则莫若继续战争，以期死里求生。

在上述三人奏陈反对意见之后，天皇陛下打破暂时沉闷的寂静，发表圣谕，大意如下：

如果另外没有别的意见，我谈一点自己的看法。

反对意见都分别仔细听过了，我的看法仍和上次谈过的一样，没有改变。

当我充分研究了世界的现状和国内的局势以后，认为再继续战争下去不妥当。

关于国体问题，听说有各种疑虑，但据我理解，通过这一复文的文意来看，对方抱有相当的好意。对于对方的态度感到少许不安，也是理所当然，不过，我不愿那么怀疑。我认为主要问题在于我国全体国民的信念和觉悟。所以，我认为此时可以接受对方的要求，希望大家也这样考虑。

还有，对于陆海军将士来说，像解除武装或保障占领这样的事，实在是难以忍受的。我很理解这种心情。

不过，不管我本人如何，也要营救国民的生命。如果再继续战争下去，最后将使我国完全变成一片焦土，使万民遭受更大的苦难，我实在于心不忍，无以对祖宗在天之灵。当然，采取媾和手段，对于对方的做法，难以完全置信，但我想较之日本完全灭亡的结果还略胜一筹，只要还留下一点种子，今后还有复兴的希望。

回想明治大帝忍气吞声，断然决定接受三国干涉的苦衷，但愿此时此刻，忍所难忍，耐所难耐，团结一致，以求将来的复兴。想到过去在战场上阵亡的，或殉职死于非命的，以及他们的家属，实不胜悲叹。至于身负战伤、遭受战灾、丧失家业的人们的生活，也是我深为忧虑的。此时此刻，如果有我应做的事，我在所不辞。如果需要我向国民呼吁，我随时准备站在麦克风前面。由于对一般国民从来什么也没告诉，现在突然听到这一决定，震动一定很大，陆、海将士的震动将会更大。抚慰这种情绪，可能相当困难，希望很好地体会我的心意，陆、海军大臣共同努力，妥善予以处置。必要时，由我亲自晓谕也行。现在当然要颁发一份诏书，希望政府迅速起草。这些就是我的想法。

在天皇讲话当中，各处不由得发出呜咽的声音。天皇本人也一再挥泪，戴着洁白的手套拂拭两颊的泪水。讲话也时断时续。声音悲恻、痛人心腹。当天皇谈道："不管我本人如何，也要营救国民的生命，以对祖宗在天之灵"时，在场人都不禁流下激动的泪水。还有，当听天皇讲道，"如果有我应做的事，我在所不辞；如有必要，我随时准备站在麦克风前面"时，全体不禁放声痛哭。

圣谕刚一结束，首相不慌不忙地站起来，接受天皇草拟紧急诏敕的旨意，并重新谢过有烦天皇裁断之罪，然后，惶恐退下。于是，会议在全体涕泣声中结束。时间正好是中午。

停战诏书的颁布

〔**停战诏书**〕为起草停战诏书，由下午1时起，召开内阁会议。迫水书记官长遵奉10日御前会议的上谕，业经准备一份草稿。因为需要补充14日上午会议上天皇讲话的内容，初稿于下午4时左右才发给阁员。

连夜进行讨论。到晚10时前才确定准备提出的诏书文稿。铃木首相立即进宫，请签盖御名御玺，经阁员副署后，于晚11时颁布。诏书全文如下：

诏　书

朕深鉴于世界之大势与帝国之现状，欲以非常之措置，收拾时局，兹告尔忠良之臣民。朕已命帝国政府通告美、英、中、苏四国，接受其联合公告。盖谋求帝国臣民之康宁，同享万邦共荣之乐，乃皇祖皇宗之遗范，亦为朕所眷眷不忘者。曩者帝国所以对美、英两国宣战，实亦出于庶几帝国之自存与东亚之安定。至若排斥他国之主权，侵犯他国之领土，固非朕之本志。然交战已阅四载，纵有陆、海将士之奋战，百官有司之奋勉，一亿众庶之奉公、各自克尽最大努力，战局并未好转，世界大势亦不利于我。加之，敌新使用残虐炸弹，频杀无辜，残害所及，实难预料。若仍继续交战，不仅终将导致我民族之灭亡，亦将破坏人类之文明。如斯，朕何以保亿兆之赤子，谢皇祖皇宗之神灵乎！此朕之所以卒至饬帝国政府接受联合公告也。

朕对于始终与帝国共同为东亚解放合作之各盟邦，不得不表遗憾之意。念及帝国臣民之死于战阵，殉于职守，毙于非命者及其遗族，五内为裂。而负战伤、蒙灾祸、失家业者之生计、亦朕所深为轸念者也。唯今后帝国将受之苦难，固非寻常，朕亦深知尔等臣民之衷情。然时运之所趋，朕欲耐其难耐，忍其难忍，以为万世开太平之基。

朕于兹得以护持国体，信倚尔等忠良臣民之赤诚，常与尔等臣民共在。若夫为感情所激，妄滋事端，或同胞互相排挤，扰乱时局，因而迷误前途，失信义于世界，朕最戒之。宜念举国一家，子孙相传，确信神州之不灭，任重而道远，倾全力于将来之建设，笃守道义，坚定志操，誓期发扬国体之精华，勿后于世界之潮流。望尔等臣民善体朕意。

　　　　御名御玺
　　　　昭和20年8月14日
　　　　各国务大臣副署

〔阿南陆相的态度〕 阿南陆相在内阁会议进行中间，曾一度返回陆军省，传达天皇决定的主要精神，并训示必须严格遵行诏示，然后，重又积极参加内阁会议关于诏书文稿的审议工作。

在其他阁员中，有人忧虑，陆相这时或将辞职，做出使天皇决定的事务手续陷于无法进行的举动。事实上，在前一天，曾有部分陆军将校向陆相建议采取这种行动，但阿南大将并未赞同。天皇的圣旨对阿南大将来说，乃是绝对必须遵守的。

〔向同盟国拍发通告全文〕 就在颁布诏书的同时，于晚11时，外务大臣通过加濑驻瑞士公使，拍发了致同盟国的通告电报如下：

略第354号（加急）

致美、英、苏、中四国

8月14日帝国政府通告关于8月10日帝国政府接受波茨坦公告的照会，以及8月11日由贝尔纳斯美国国务卿发出的美、英、苏、中四国政府的复文，帝国政府对上面四国政府，荣幸地通报如下：

一、天皇陛下已经颁布关于接受波茨坦公告条款的诏书。

二、天皇陛下授予其政府及大本营签署为实施波茨坦公告各项规定必要条款的权限，并有保障这种权限的准备。再者，陛下准备命令所有日本国陆海空军官宪指挥下的所有军队，停止战斗行为，交出武器，准备发出为实施上述条款盟国最高司令官所要求的命令。[①]

〔委托转达陆军的希望条件〕 另外，外务省应陆军省14日的请求，于15日下午3时，电告加濑公使下列事项，请委托瑞士政府转告美、英、中、苏四国政府：

帝国政府为期顺利实施波茨坦公告的若干条款，怀有迫切希望，欲在签

---

① 关于8月14日帝国政府公告的译文，参照世界现代史史料选辑第一辑所载译文。——译者

署上述公告实施条款之际，或在其他适当机会进行陈述，但又恐没有这种机会，因此，希望通过瑞士政府斡旋，把它转达给美、英、中、苏四国政府。

一、鉴于波茨坦公告规定的占领目的，专为保障达成波茨坦公告中所列的基本目的，恳请四国政府相信帝国政府具有实行该条款的诚意，为使帝国政府顺利地履行义务，且避免不必要的纠纷，希望给予考虑，为此：

（1）同盟国方面舰队或军队进入日本本土时，因日本方面需要有所准备，希望预先将其计划通知我方。

（2）同盟国指定的日本领域内的占领地点，希望将其数字限于最低限度，选择地点时希望切实考虑，例如将东京除外；派驻各地的兵力，也希望限于象征性的程度。

二、解除武装问题牵涉到驻在海外的300余万军队，同时也直接涉及日本官兵的名誉，是个极为困难、微妙的问题，固不待言；对其实施，帝国政府也在苦思焦虑，而最有实效、最妥善的方法是根据天皇的命令，由帝国军队自己进行，希望同盟国在其顺利解除武装之后，接收武器。关于大陆方面帝国军队的解除武装问题，希望由前线逐步向后方分阶段地进行。

关于解除武装，希望援用海牙陆战法规第35条规定，尊重军人的名誉，准许其佩剑。据我们体会，同盟国没有把已经解除武装的日本军人用于强制劳役的意图。如把已经解除武装的日本军人原封不动长期留在国外，恐将发生对彼此双方都不愉快的各种复杂困难问题，切望同盟国方面为将其尽快撤回本国提供必要的舰船及运输上的方便。

三、关于停战问题，因为需要将天皇的命令，向驻在远离本土的军队传达贯彻，所以关于停战的实施日期，希望多少留有余裕。

四、为给驻在太平洋各零星岛屿上的军队，输送必要的最低限度的粮食和医药物资，以及为从这些远海岛屿向本土运送伤病兵员，希望尽速由同盟国方面研究必要措施，或对我方提供方便。

机密战争日记

开战以来，由参谋本部战争指导班持续填写的机密战争日记，由于停战那一年的4月改变编制，改由同参谋本部第十二科合并的陆军省军务科，接着记到停战，即昭和20年（1945年）8月15日为止。特别是对于8月9日苏联参战以来的部内情况，以至阿南大臣的个人情形均有详细记载，几乎无所遗漏。但因历时尚浅，不够成熟，如照原样转载，不仅未必妥当，且恐有片面偏颇之虞。故汇同各方面资料加以整理，简洁地概括史实。

因此，关于反映部内微妙动向的部分，这里姑且从略，仅将一向闷在葫芦里的陆军迎来完全没料到的停战会议的第一天即8月9日以及万事休矣的8月15日的记录，载录于下：

昭和20年8月9日　星期五

一、7时10分于涩井别馆接到军务科岩佐曹长让赶紧来厅的通知，同时又接到次官秘书官广濑中佐的电话，通知："苏联宣战，急速来厅。"8时以前到厅。

二、经与山田大佐研究后决定：针对苏联宣战采取的措施——决定陆军态度。

大臣、总长

局部长会议　9时

最高战争指导会议　11时

内阁会议　13时

御前会议　15时

阐明决心　17时

制订上述计划呈报。

三、针对苏联发表宣战布告，制订帝国应采取的态度方案如另纸（另纸从略。——作者）。

四、由10时30分起，召开最高战争指导会议。

参加人员仅限会议成员（总理、陆海军大臣、参谋总长、军令部总长、外务大臣共六名）

13时半闭会（较预定时间延长1小时半）。未讨论完，亦未作出决定，似已转由内阁会议讨论。

五、综合计划局参事官白井中佐，奉长官之命，来访军务局长，告以总理、陆海军、外务大臣等（出席最高战争指导会议）不在时，阁员、书记官长等人的情绪。主要是：（一）应负对苏估计错误之责，进行总辞职；（二）战争无取胜希望；（三）将向军方询问统帅部关于作战前景的估计。竹下中佐奉局长之命，前往宫内省最高战争指导会议会议室，向大臣、总长转达上述情绪，供内阁会议参考。

六、继续在总理官邸举行内阁会议。17时半，暂时休会。18时半复会。22时20分闭会。前后实达9小时之久，似终未作出决定。尤其在第一次会议上，阁员们似对国力的现状及粮食的前景等接连提出质询。陆军大臣似在发言中提到：到现在还不晓得这些事情，真不好办。所谓议而不决的会议，殆此之谓也。

七、由23时起举行御前会议。参加人员为最高战争指导会议成员（包括干事在内）。

八、上午的最高战争指导会议的内容虽属极密，但据在军事参议官会议中，听到参谋总长发言的军事科高山大佐透露，陆军提案的四项媾和条件是：（一）不许变革国体；（二）对外地日本军队的解除武装，不在外地进行，而在内地由日本自行处理；（三）不许保障占领；（四）不许惩处战争责任者。关于上述条件，意见似未一致（据闻外相的意见是只按第一条进行）。

关于上述问题，饭尾、畑中等人对于陆军提出媾和条件一事深表不满，说除彻底抗战外，别无他途。

九、由18时30分起，召开军事参议官会议，东久迩、朝香、杉山、土肥原、梅津等将军参加。

十、从略——作者。

十一、加藤大佐下午向东条大将报告情况。

小矶大将行踪不明。

昭和20年8月15日　星期四

一、向次官阁下以下人员报告（陆军大臣自杀经过。——作者）。

二、11时20分，椎崎、畑中二人在皇宫前（在二重桥与板下门中间草地上）自杀。下午前往收尸。

三、大臣、椎崎、畑中三遗体的火葬，守夜。我亲爱祖国的投降经过，写到此暂时搁笔。

第十一篇
结束战争

第78章

停 战

承诺必谨

〔驻外地军队得知和平谈判〕 如前所述，8月10日夜，关于日本准备接受波茨坦公告的对外广播，在外地的陆海军高级司令部自然也都收听到了。到11日，得到这个消息的外国电台，也开始播送日本提出全面投降的消息，这就给驻外地各军的领导机关带来了严重的不安。

南方军马上给大本营拍来电报："11日零时，从东京英语广播中收听到日本政府准备接受波茨坦最后通牒的消息，希速告知真相。"中国派遣军当即向所属各军发出警告："外电盛传日本接受波茨坦公告，此系敌方的宣传策略，宜严加注意，勿为所惑。"

因此，参谋总长8月11日以参电第487号电告大本营直辖各军："开始和平谈判是事实，但为维护国体，保卫皇土，即使全军覆没，决不收兵。"继而由陆军大臣、参谋总长联名发出了下面的"陆机密电第61号"。

苏联参战后，帝国在进行强有力的作战同时，正根据下列条件同苏、美、英、中四国进行谈判。

一、在最近有苏联参加的波茨坦公告的条件中，帝国将以不要求变更天皇统治国家的大权为条件，准备接受该公告。

二、对上述条件的保证即使稍有异议，帝国也当然要为实现战争的目的而努力。望注意。

〔驻外地军队的强硬意见〕 中国派遣军总司令官冈村和南方军总司令官寺内得知政府和大本营准备接受波茨坦公告，便向大臣、总长提出了继续作战的强硬意见。驻外地部队原来并不知道前述接受波茨坦公告的原委。其全文如下：

紧急机密亲展电报

12日午后2时25分收到

致大臣总长

中国派遣军总司令官发

陆机密电第61号、参电第487号敬悉。

阁下为维护国体，保卫皇土，费尽心血，不胜感佩。苏联参战本在意料之中，而约700万皇军仍于本土和大陆健在；派遣军的百万精锐日益振奋斗志，正在踊跃歼灭顽敌。

而今陆军实为帝国的核心，他们决不会为敌方的和平攻势和国内的消极论所迷惑，坚信目前正是不惜全军覆没为实现战争目的而迈进之时。

当此皇国兴亡之秋，忧国之情难以抑制。敢陈愚见，切望阁下坚定决心。

紧急机密亲展电报

12日午后8时10分收到

致大臣总长

南方军总司令官发

皇国实处于非常之秋，敢陈愚见如下：

回想开战初期，对今日之形势，思想上已有所准备。如果现在完成圣战的意志受挫，甘心屈从敌方提出的条件，则在失掉战斗力之后，维护国体，保卫皇土由谁保证！因此，仍应善于引导国民之舆论，坚决为完成圣战而迈进。对于陆机密电第61号中根据谈判的敌方答复，我南方军绝对不能接受。不管局势如何发展，南方军均将贯彻"楠公精神"，直到一官一兵，为消灭宿敌，誓死前进，以显示皇军之本色，决心维护国体，而绝不甘受旷古未有的耻辱以求瓦全，此系全军尤为第一线皇军之共同心愿。

南方军直属各方面军司令官也向总司令官提出了同样内容的意见，并直接电呈大本营。而驻地军首脑共同担心的就在于接受波茨坦公告到底能否维护国体这一点。不言而喻，波茨坦公告要求军队无条件投降，从而在国外的约360万陆海军官兵势将面临变成敌军俘虏的命运。"生不受虏囚之辱"，这是在日本官兵，不，在日本民族的血液里环流着的传统精神。对于投降可能给驻外军带来的命运，自然难于掩饰忧虑之色，但当时驻国外的军队首脑至为关心的大事乃是维护国体的问题。

〔驻外军队对贝尔纳斯答复的激愤〕 8月12日，美国贝尔纳斯国务卿的答复立即引起了陆海军中枢的激愤。如前所述，陆军部已电告驻外军，采取坚决拒绝的方针。驻外军事首脑通过收听美国广播，已经知道了贝尔纳斯答复的内容。

南方军总司令官寺内于上述电报中，已经强调对贝尔纳斯的答复绝对不予承认的精神，并对上述中央指挥部的电报，立即拍发回电，强调"不能设想靠一时的屈辱能够保证维护尊严的国体；坚信只有一亿军民坚持战斗直到最后一人才有可能"。还有，中国派遣军总司令官冈村也来电力陈如下意见："陆军几百万大军未经决战即行投降，如此奇耻大辱在世界战争史上也很少见。派遣军整八年间连战连捷，即使一个小分队在全军牺牲之际，也要把武器完全毁掉，不使落入敌手。而今百万精锐健在，竟向重庆的残兵败将投降，这是在任何情况下都不能听命的。我国有三千年悠久历史的尊严的国体，全体国民应誓死维护，绝不能靠乞求敌国来达到目的。我坚信，屈服足以亡国，继续战斗，全体国民武装起来，团结一致，进行殊死战斗，必能死里求生。"

〔**万丈狂澜瞬间平息**〕然而，8月14日，天皇终于下达了停战决定。以天皇的决定为转机，万丈狂澜瞬间平息。

14日午后，陆军方面有陆军大臣阿南、总参谋长梅津以及教育总监土肥原即所谓三长官和杉山、畑两位元帅（如前所述，畑元帅当时正在东京）于陆军省重新在《陆军坚决遵照天皇的决定行动》的文件上签字，就陆军以后的态度和行动达成了协议。这个协议后来转送给航空总军司令部，航空总军司令官河边也签了字。

接着，陆军大臣和参谋总长联名对大本营直属各军发出了如下电文，通报了天皇颁发决定的消息，时间是8月14日午后6时。这份提出迫切要求的公文是三长官、两元帅在聚会席上共同审议批准的。

一、帝国以能维护国体和保卫皇土为条件，在同敌方谈判中。但敌方提出的条件有的地方难以达到上述目的。为此，卑职等强烈主张并想尽办法表示万难接受敌方条款，并屡经上奏；但接受四国公告的条款是由天皇陛下亲自决定的，拜闻其理由如下：

鉴于内外的形势特别是战局的演变，现在如不收拾战局，就会导致破坏国体与灭绝民族。敌方所提关于帝国最后的政体可由日本国民的自由意志来确立的条款，不能认为是毁坏帝国的国体。此刻，要忍受难以忍受的痛苦，接受这一条款，以期把国家作为国家保存下来。也希望借以缓和臣民的艰苦。

二、天皇的决定已经下达。全军要遵从天皇的心愿，到最后的一瞬也不要玷污光辉的传统和赫赫的武功。重要的是，我们的行动必须使我民族的子孙后代深为感佩。切望全军直至一兵一卒切莫轻举妄动，向中外表明皇军一贯的名誉和光荣。

三、遵照天皇的决定，政府和大本营将逐步进行具体的安排。为了慎重，在天皇颁发停战命令以前，仍要继续执行原来的任务。

再者，关于在交出武器上要尊重军人荣誉的问题，正全面、努力争取中。

四、卑职等忍泪吞声传达此事。上述诏书预定明15日即将颁发，正午将由天皇陛下亲自通过无线电广播，甚望体察天皇的心情。

又于当天午后，陆军大臣和参谋总长各自召集属下职员，说明天皇下达停战决定一事，并指示：如今陆军前进的唯一道路只有遵从和执行天皇的决定。当时陆军大臣阿南还谈到在御前会议上天皇特向陆军大臣宣谕："陆军要起草敕语，把朕的心情传达给军队。"最后，大臣还特意披沥了如下的信念："我想今后皇国的苦难会日益加重。诸位将领应当想到，过早的牺牲，并非解决任务的办法。为了维护皇国，即使食泥卧野，也要奋斗到底。"

在海军方面，海军大臣米内也在8月15日对全体海军训示：不要摆错臣道的顺逆位置，要做到善始善终，以顺应天皇的心意。19日，又在海军省召集包括朝鲜在内的本土全部舰队、镇守府和警备府的司令官，传达了关于天皇停战决定的原委，并对停战的处理有所指示。

〔**天皇亲自播送停战诏书——8月15日正午**〕 从8月14日晚，东京中央广播电台就反复播送：15日正午有重要广播，全体国民务期普遍收听。除极少数人，大部分国民当然不能判断那意味着什么。大部分国民当时面对苏联参战这一严重局面，感到极大不安，但也坚定了对在军方指导下即将到来的本土决战的决心。

8月15日正午，在奏国歌之后的广播是根本没有前例的天皇的声音，播送的就是上述接受波茨坦公告以开万世太平之基的停战诏书。

这次广播是天皇亲自广播，而且是突然宣布了国家投降这一悲惨命运的广播，这在大部分国民当中是根本没有料到的。在没有听清广播的地方，有人甚至贸然以为那是天皇鼓励要彻底进行战争的语言。

自从中国事变以来，连续经过了八年之久，在战场上失掉亲人，家产被空袭烧毁，克服了所有的艰难困苦，但仍寄希望于最后胜利，并战斗到最后的国民，一听到投降二字，真是懊悔万分。除了将战败看作"天的启示"采取欢迎态度的人以外，全体国民男女老幼无不为战败的悲惨命运而放声痛哭。这是在我民族悠久的历史上第一次而且是最大的考验。

然而，在诏书里昭示的天皇极尽情理的意图，结合天皇亲自广播这一前所未有的措施，使处于这种严重局势下的国民不致弄错应该遵循的大道，这才真正是"天的启示"。

〔**驻外军承诏必谨**〕 在天皇亲自播送停战诏书以后，于16日很快就对全体陆海军部队发布了停战敕令。如前所述，强硬主张打到底的中国派遣军总司令官于15日午后，向派遣军全体官兵表示了"承诏必谨，以安圣怀"的决心，并训示："必须在严肃的军纪下，更加坚持磐石般的团结，按照统一方针，各为完成新任务而奋斗。"

南方军总司令官于8月16日夜，对直属部队发出了"接受天皇命令必谨，遵奉诏书"的命令；同时，对南方军全体官兵发出了如下的指示：

大诏严然颁布，远在他乡万里，拜聆天皇的声音，远征官兵谁不为之感激涕零！

天皇的决定既已颁发，本官要绝对顺从天皇的心愿。属下全体官兵必须更加严整军纪，直至最后一瞬也要遵守本官的命令，要充分显示出天皇亲自统帅的军队的本色。这里再次要求，根据天皇的决定，今后当采取各项措施时，无论面临何种事态，决不要轻举妄动。要忍受各种艰难困苦，不要有丝毫紊乱。皇国的前途虽多事多难到了极点，但全体官兵要铭记：神州是绝对不灭的。

特此训示。

其他的陆海军部队也同样，的确是天皇亲自统帅的军队的本色。就这样，陆海军"承诏必谨"，肃然走向停战的道路。

〔内阁更换——成立皇族内阁〕 处理了停战问题的铃木内阁于8月15日总辞职。铃木首相作为辞职的理由，陈述了痛感处理这次停战责任之重大，声明"如今正当帝国新建之秋，有待于少壮有为之士者极多。臣已老迈，不堪其任"。

17日成立了以陆军大臣东久迩宫稔彦王为首席的新内阁。皇族参加内阁，是明治制定宪法以来没有前例的。战前就有期待皇族内阁的部分呼声，在这非常之秋才见实现。东久迩宫首相暂兼陆相，至8月23日，才由华北方面军司令官下村定陆军大将就任陆相，米内海相留任。外务大臣兼大东亚大臣为重光葵。近卫公和绪方竹虎两人作为不管部大臣入阁。

〔铃木首相的广播〕 辞职的铃木首相于15日夜，从东京中央广播电台就国民处于前所未有战败时期应持的态度有所号召。

首相在这次广播中明确指出："把帝国存在的根基天皇陛下统治大权不变作为条件"，并确信其无误，才接受了波茨坦公告，为此，特告诫军人说："在各位官兵的心中都熟知我也是一名老兵。然而，臣子的本分无论是生或死，在任何情况下都在于辅佐天壤无穷的皇运。只有这样绝对的忠心才能维护国体。即使我们被夺去枪，丢弃剑，死而尚存的就是这颗无限忠诚的心。我坚信，只要圣天子在，宝祚永续，必定有开拓国运的途径。"对一般国民则告诫说:"不能认为战争一结束就会轻易减轻国民的负担和艰苦;相反,为了战后的赔偿和复兴,需要进一步忍受苦难和努力。帝国已失掉了很多领土,光荣的皇军也已消失了它的雄姿。皇军官兵和国民对这种不名誉的局面想已极为悲叹。在这未曾经历过的激变的环境中,可能还不能决定自己的归宿。然而,权作壮烈死去,而又从人们一夜的号泣中苏醒过来,从这一瞬间起要超脱过去一切的恩怨,打消一切利己的打算,在本土上保持和发展民族永远的生命。"

〔对陆海军人颁布敕语〕 继停战诏书之后,天皇于8月17日,对陆海军人特别颁布了如下的敕语,命陆海军大臣立即向全军传达。

曩者,朕对美英宣战,已阅三年又八个月。其间,朕亲爱之陆海军人,或挺身于瘴疠不毛之野,或效命于炎热狂涛之海,英勇奋战,朕深嘉许。

而今,苏联新近参战,俯察内外各方面形势,今后如继续战争,只能徒增祸端,并终不无丧失帝国存立根基之虞。虽然帝国陆海军犹存壮烈的斗志,但为维护我光荣的国体,爱欲与美、英、苏及重庆媾和。若夫对于毙于锋镝、死于疠疫之几多忠勇将士,衷心为之哀悼。并确信尔等军人之忠诚遗烈,必为国民万世之精华。

尔等军人,其克体朕意,坚持巩固团结,严明去就进退,克服千辛万苦,忍其难忍,以期保存国家永远之基础。

〔天皇的代表亲王殿下的派遣〕 天皇对驻外地军队还做了特殊的考虑。派出亲王殿下作为天皇的代表,以期充分贯彻圣旨。即派陆军少将闲院宫春仁亲王到南方(西贡和新加坡);派陆军大将朝香鸠彦亲王到中国(南京和北京);派陆军中佐竹田宫恒德亲王到满洲(新京)。这时,关于飞机的使用和行动的安全,特由同盟国最高司令部提供了方便。代表天皇的各亲王殿下于8月17日从东京启程,在18日至20日之间,分别对当地陆海军最高司令官严肃地传达了圣旨。从此,驻外地陆海军部队官兵越发坚定了承诏必谨的意志。

〔宫城事件——森师团长被击毙〕 这样,陆海军已从全军特攻的决战态势一举转向投降。这时,发生一些骚乱事件也在所难免。如前所述,以陆军省军务局科员为中心策划的为了继续战争,准备由陆军大臣使用兵力的计划,到8月14日午前7时许,没有得到参谋总长梅津的同意,不得已决定停止此举。阿南陆相对预先召集到陆军省的东部军管区司令官田中,也只是要求严加警备,妥善地维持治安。这样,想使用兵力与得到维护国体的保证以前继续战争的策划完全破产。

然而,参与制订上述计划的军务局科员椎崎二郎中佐和畑中健二少佐不肯改变初衷，会同预先联系的近卫第一师团的参谋石原贞吉和古贺秀正两少佐，于14日午夜，使用近卫第一师团的兵力起事。这完全是椎崎中佐和畑中少佐的独断专行。两人的想法是出自这样一种信念：没有维护国体的确实保证而停战，在臣子分内看来，毕竟是难以忍受的；他们认为除了继续打下去，便没有维护国体的希望。因此，作为实现这一目的的最后手段，他们估计，如能使近卫第一师团起事，以此为契机，按照上述使用兵力计划的设想，使东部军管区进而使全军响应这一行动，也可能把朝议诱导到继续战争的方向也未可知。然而其使用兵力的直接目的，在于巩固宫城的守卫和切断主和派的出入。还有，没收准备在第二天、15日广播用的陛下停战诏书的录音盘，也是其目的之一。

椎崎中佐和畑中少佐等于14日午夜到近卫第一师团司令部极力向森师团长恳请近卫第一师团起事。但是，师团长主张在天皇已做出决定的今天，断然不可轻举妄动，予以拒绝。在这以前，森师团长曾不同意接受波茨坦公告而停战，但对天皇的决定抱着绝对服从的态度。

畑中少佐等发觉森师团长的决心牢不可破，终究没有改变主意的希望，心情激昂，便用手枪打死了师团长，终于起事。这时，跟随畑元帅晋京、访问师团长并恰在同室的白石通教参谋也同时殉难。这样，他们立即以森师团长的名义下达了石原、古贺两位参谋起草的师团命令，并对当时担任守备皇宫的近卫步兵第2联队长芳贺平次郎大佐下达了"严密守卫皇宫内部，切断同外部的联系"的任务。芳贺联队长根据这项命令作了必要的部署。而畑中少佐想没收天皇的诏书录音盘，并想软禁木户内大臣和石渡宫相，但都没有成功。

其间，局势日益朝着同主谋者的愿望相反的方向发展。不久，芳贺联队长就得知森师团长之死和这次行动不过是出自畑中少佐等一部分人的策划，从而拒绝了畑中少佐等人的指挥。

东部军管区司令部根据师团参谋长水谷一生大佐的报告得悉事件的情况，但也完全没有与此相呼应的迹象；军管区司令官还采取了直接指挥近卫师团属下各部队的措施。于是首谋者等人觉察到难以达到预期的目的，便决心光明磊落地自杀。15日凌晨，军管区司令官田中进入皇宫，亲自指挥，撤出了部队的配备。上午8时许，局势趋于平静。田中大将不失时机地到天皇的书房，通过侍从奏明"现在军司令官已经进宫，陛下不必忧虑"。

椎崎中佐和畑中少佐在宪兵队经过一般的审讯之后，15日午后在皇宫前广场自杀。古贺少佐也在同一天，在森中将的葬礼完毕后，在第一师团司令部自杀。再者，石原少佐也在劝说簇拥在上野公园的、他曾经教过的水户航空通信学校学生解散时殉职。

〔**厚木海军航空队事件**〕 在皇宫内这个骚乱事件之外，还有两三所学校和部队发生了不肯停战、不服从上级指挥的类似事件。其中，在神奈川县厚木机场发生的海军第302航空队事件，因同盟国最高司令官本人将在此着陆的指示下达以后还未及收场，使海军当局大伤脑筋。

第302航空队是以防卫东京地区的海军战斗机队为主体，以司令小园安名大佐为中心，充满着旺盛的斗志。战斗到最后一个人是全体人员的共同决心。小园大佐认为停战诏书是君侧重臣蒙蔽圣明发出的伪诏，不久就会颁发继续作战的诏书，因而小园大佐认为如果率先主张此事，就会统一全军意志，一齐奋起。队员就在这种信念之下团结起来，并同其他部队进行联系，或开动飞机广泛散布檄文，并且继续拒绝上级指挥官的一切指示。然而，不久小园大佐发生精神异常，队员旋即判明了一般形势，遂逐渐冷静下来，并于8月21日以后解除了武装。到8月26日，没有酿成流血事件即行平息。这一事件发生在派遣军先遣部队在厚木机场着陆的前两天。

〔**阿南大将等的自杀**〕 因战败而接受波茨坦公告，就从根本上结束了满洲事变甚至甲午、日俄两次战争以来日本兴盛的历史。约260万日本人在战争中丧失了宝贵的生命。这是日本历史上空前的败北。然而，满洲事变以来，军部，尤其陆军已成为日本的中心势力，而最后一任的陆军大臣就是阿南维几大将其人。

关于停战诏书的内阁会议开到8月14日午后10时。阿南陆相签署完毕，回到三宅坂官邸立即进行了自杀的准备。其内弟陆军省军务局科员竹下正彦中佐于15日午前1点30分左右访问官邸时，阿南陆相已经写完了遗书。遗书正面写着：

      以一死奉谢大罪
     陆军大臣 阿南维几
     昭和20年8月14日夜

在背面加写："坚信神州不灭"。

另外，还写下了以下辞世的遗句：
    身沐主隆恩，终生未得报，
    今日辞帝阙，无言可奉告。

          8月14日夜
        陆军大将 阿南维几

这是阿南大将历来临阵时经常怀有的心境。就这样，阿南大将一边同竹下中佐对酌，一边彻夜絮语，于15日拂晓，结束了60年的生涯。草席上不该是武人的死处；在外面又可能受到值勤人员的阻拦，便在檐下走廊，面对皇宫剖腹自杀。当时特意穿上了任侍从武官时期天皇赐给的衬衣。①

阿南大将自杀前，经竹下中佐得悉前述皇宫骚乱事件的报告后说，决不能成大事，并附带说，也要对今晚事一并谢罪。

军令部次长大西泷次郎中将在16日黎明也继阿南之后自尽了。已如前述，在莱特岛决战时，大西中将作为第一航空舰队司令长官，曾任航空特攻作战的阵前指挥。停战时作为军令部次长，在海军部内是主张继续作战最强硬的一员。大西中将的遗书如下：

告特攻队的英灵：尔等善战，深为感谢。在深信我军定能获得最后胜利的同时，作为肉弹而战死，但其信念终未实现。我将以一死酬谢旧部下的英灵及其家属。

其次，告一般青壮年：我想轻死是对敌有利的行为。然如能成为遵奉圣旨、自重忍辱之戒，实属幸甚。即使隐忍持重，切勿丧失日本人的自尊心。诸君是国家之宝。虽处于平时，仍望坚持特攻精神，为日本民族的福利和人类的和平竭尽全力。

还有，任九州方面海军航空作战第5航空舰队司令长官宇垣缠中将于8月15日午后5时许，从大分航空基地出发，向冲绳进行了特攻攻击，同在冲绳作战的部下众多特攻战士一道阵亡，命运与共。海军第701航空队大分分遣队伊藤大尉以下9架飞机不肯让司令长官单独行动，随之壮烈同归于尽。这是停战诏书颁发之前的事。

〔第18军安达司令官的遗书〕还有，在新几内亚历经多次艰苦战斗的第18军司令官安达二十三中将在停战前就下定决心，即使由战场上凯旋，也要同十万阵亡的部下官兵共命运，在处理完关于所属部队的一切战争审判之后，于昭和22年（1947年）9月10日，在腊包尔自杀。其遗书全文如下：

今村大将阁下：

上月中将（当时的复员局长）阁下：

鄙职于昭和17年11月，担任第18军司令官的重任。在敌我胜负即将决定的重要时机，身居挽回、确保战局的要冲，实乃男子汉一生的荣誉，深为感

---

① 8月15日晨，东乡外相听到阿南陆相自杀的消息，感慨无量地说："是呀？一日夜，阿南说，作为陆军大臣，同你争论了好久，蒙你关照了。还好，总算平安度过了。当时他还面泛着微笑啦。是呀？剖腹了吗？阿南是个好汉子。"

谢。然而，尽管部下官兵克服万难，异常勇敢战斗；上级亦尽全力支援，但因鄙职无能，未能很好地完成使命，以致酿成皇国今天的事态，死有余辜，不胜惶恐之至。

复念作战三年间，丧失十万陛下的青春有为的赤子——其中大部分是因营养失调战病而死，对陛下实无任何谢罪的言辞。卑职深信，在皇国兴亡的关头，为了有助于皇国全面作战，付出任何牺牲也在所不惜，是为常理。对连续作战以至疲惫已极的官兵，还要求他们远远超越人类所能忍受的限度去克服困难、果敢战斗；对此，官兵们只是默默地去执行。眼望精疲力竭、像飞雪和落花一般地飘散的青年官兵，虽说这是为了君国，但这种令人断肠的感情只有神明才能知晓。当时，鄙职已在心中坚决发誓，一定要同这些青年官兵共命运，葬身南海；纵令战胜凯旋，也将不渝此志。

前年晚夏，继停战诏书之后又拜读了停战的敕令。在此大转变时期，心想需要准确无误地贯彻圣旨，并想看到与残存的战犯有关的官兵的结局，忍辱至今。而今各种未了事务已逐渐告一段落，卑职的职责已大部完成，因而在此时机，决心完成夙志。卑职这样自尽，对天皇恐不足以谢罪于万一；只不过是出于对纯真殉国的将士以及"光部队"（注：在腊包尔把全体战犯嫌疑者称为"光部队"）残部的全体官兵的信义和爱敬的殉死而已。我深信，这一处理，必然给阁下以及有关各位造成很多烦扰，唯请谅解晚生的微衷，并敬希海涵。

晚生还有以下两项未了事宜：

一、工作报告

关于军情上奏，烦请两位阁下代劳，材料已由田中兼五郎中佐准备在案（因为听说只有直属军司令官才能用文书上奏。）

二、救济阵亡殉国官兵家属事宜

关于这一点确实怀着无限的忧虑，因为卑职虽已竭尽全部努力，也没能获得解决。烦请继续妥善处理为盼。

以上二事，不揣冒昧，请予处理，不胜恳切期待之至。

生于明治圣世，乘国家兴盛的潮流，度过了壮年，深切感到皇国的恩惠。衷心希望尽快恢复皇国原来的面貌，重新实现这次遭到挫折的伟大的治国大计。

以上

安达二十三

昭和22年9月10日

〔战败引咎殉职的人们〕 此外，在结束战争时，还可以列出很多因战败引咎殉职的陆海军人。兹举其主要者如下：

第1总军司令官	元帅	杉山元
第12方面军司令官		
兼东部军管区司令官	陆军大将	田中静壹
前第13方面军司令官		
兼东北军管区司令官	陆军大将	吉本贞一
第10方面军司令官兼台湾总督	陆军大将	安藤利吉
原关东军司令官	陆军大将	本庄繁
原军事参议官	陆军中将	篠缘义男
陆军航空本部长	陆军中将	寺本熊市
第112师团长	陆军中将	中村次喜藏
第5师团长	陆军中将	山田清一
第12师团长	陆军中将	人见秀三
大坂海军监督部长	海军中将	森住松男

在国民中间，不肯投降，以投降为可耻而宁肯一死的也不乏其人。他们是属于所谓爱国团体的成员。计有："尊攘同志会"的谷川仁等十名会员簇拥在东京爱宕山主张抗战到底，于8月22日互相拥抱着，抱着手榴弹一起自杀，"明朗会"会长日比和一和包括一名妇女在内共11名会员于8月23日，在皇宫前自杀；"大东私塾"影山庄平等13名学员于8月24日，在东京代代木练兵场剖腹自杀。还有，杉山元帅的夫人为元帅殉死。曾任第4航空军参谋长的隈部正美少将全家一起于停战的第二天16日自杀。参与发表前述陆军大臣训示的亲泊陆军大佐自杀时，他的全家连同夫人和小孩也全都死了。

大本营的停战指导

〔命令停止积极进攻作战〕 天皇的停战决定已经颁发，天皇又亲自播送了诏书，陆海军的行动当然应严格受统帅命令的约束。于是大本营发出了关于当前停止积极进攻作战的命令。

即大本营海军部于8月14日对海军总司令长官小泽发出命令："在另有命令以前，对美、英、苏、中积极进攻作战暂停。"还有，大本营陆军部于次日（15日），以大本营陆军部第1381号命令，对直辖各军发出了如下的命令：

一、大本营的企图在于彻底执行8月14日诏书的主旨。

二、各军在接到另外命令以前，各自继续执行现在的任务。

但须停止积极进攻作战。另外，要严整军纪，巩固团结，一致行动，并且要努力防止国内、朝鲜、库页岛和台湾治安的动荡。

〔停战的敕令——8月16日午后4时〕 8月15日，旧金山广播电台报道了麦克阿瑟元帅被任命为接受日本投降的同盟国最高司令官。次日（16日）午前很快就接到了美国政府命令日本军队停止战斗行动的通告（经由瑞士政府）和同盟国最高司令官发来的电报。16日以后，在马尼拉的麦克阿瑟司令部和东京的政府以及大本营之间直接用英语开始了无线电通讯。

于是，大本营对全体陆海军部队发出了如下的停战命令。时间是8月16日下午4时整。

大本营陆军部命令（第1382号）

一、第1总军司令官、第2总军司令官、关东军总司令官、中国派遣军总司令官、南方军总司令官、航空总军司令官、第5方面军司令官、第8方面军司令官、第10方面军司令官、第31军司令官、小笠原兵团长及总参谋长（注：总参谋长当时是大本营陆军部的幕僚长，同时又是有关铁道、船舶的最高指挥官。——作者）要立即停止战斗行动。

但不妨碍在停战谈判达成协议之前，当敌方进攻时为了自卫不得已而采取的战斗行动。

各部队要考虑宿营、给养等条件，集结在适当的地点，准备以后的行动。

二、上列各军司令官如停止战斗行动，须迅速报告其日期和时间。

三、关于细节责成参谋总长予以指示。

大本营海军部命令（第48号）

一、东南方面舰队司令长官、西南方面舰队司令长官以及海军总司令长官须命令属下全体陆海军立即停止战斗行动。

但不妨碍在停战谈判达成协议之前，当敌军进攻时为了自卫而采取的战斗行动。

二、上列各司令长官如停止战斗行动，要立即报告其日期和时间。

三、关于细节责成军令部总长予以指示。

在发出上项命令的同时，政府对海外进行了广播："本月16日午后4时，天皇陛下命令帝国陆海军立即停止战斗行动。"这样，自昭和16年（1941年）12月2日午后2时发布开始进攻作战的命令以来，历经三年九个月的艰苦战斗，至此闭幕。

〔帕劳地区集团长的心境〕 接到停战的敕令，各驻地部队指挥官的心境至为悲痛。这时，南方军属下的帕劳地区集团长第14师团长井上贞卫中将特意给陆军中央指挥部等处拍发电报，读起来使人肃然起敬，它表达了全军所有驻地指挥官的心境。其要点如下：

前者，颁发了紧急的诏书，现又拜读了停战的敕令，痛恨断肠之情笼罩着整个帕劳地区。但仔细想来，这都起因于一亿军民除恶未尽；同时也是我们战斗力未能充分发挥所致。帛琉、昂格尔的官兵虽然勇敢善战，但终于落入敌手。我等死有余辜，不胜惶恐之至。想起皇国三千年的历史，面对殉国战友的忠贞，反躬自省，深感痛心。

在战争中途自行放下武器，是皇国军人的最大耻辱。面对殉国的英灵，有何面目苟延余生！虽然如此，皇军无敌的战斗力及其威望，敌方也充分肯定和深为敬畏，即使遭到这次形势剧变，也没有丝毫减色。我们要坚持这种自尊心和信念，誓斩丑类，万死不辞，以永保旺盛的斗志。因此，武人的去就自有其道，要以从容自若、凛然就义为准则；必须消除私心己见，避免感情用事。一心顺从和遵奉天皇陛下的命令。除此之外，便无大义名分，更没有臣道实践。

暗云覆后光明至，逆贼出现显忠臣。这是皇国一贯的真实历史。全国一亿国民要坚持这一坚定的信念，更要一新身心；若能拂去封闭神国的妖云，打开矗立在皇威四周的天的岩户，① 即使在祖国不幸的黑暗之中，也能看到熠熠的光明。如今更要坚信神州不灭，不能有丝毫的动摇。

现在，须承诏必谨。在命令直属部下立即停战的同时，必须遵奉敕命。即使内心充满血泪，含怨饮恨，也要不遗一兵一卒地使全体官兵重新回到陛下指挥之下。这是首先必须尽到的真正的忠节，也是我等已经下定的决心。

上述停战命令贯彻到第一线各部队需要相当的时间。大本营预定所需要的时间：国内部队2天，国外部队6天，但布干威尔岛部队为8天，新几内亚和菲律宾的各重要司令官为12天。并将此向麦克阿瑟司令部做了报告。

〔关于局部地区开始停战谈判的指令〕 同盟国方面发出的关于日本军队停止战斗的上述命令明确提出：依据日本向同盟国最高司令官通知其停止战斗行动的时间，同盟国各部队亦应停止战斗。现以8月15日前后为期，美英军队已经停止战斗，并且一齐停止炮击。大本营希望一俟敌我双方停止战斗行动，就和同盟国最高司令官之间达成停战协定，并据此具体处理驻地各军

---

① 据日本神话传说，天照大神曾因素盏鸣尊暴乱，一怒隐于天之岩洞，于是天地立即黑暗起来。——译者

的局部停战和解除武装等事宜。

然而，苏军在满洲及蒙疆方面仍然继续进攻，在满洲国境阵地还在进行激烈的战斗。8月18日苏军之一部进攻北千岛之占守岛引起了战斗。在中国方面，围绕着国共双方的矛盾，重庆方面和延安方面（中共）的军、政、宪随意竞相进入日本军占领地区，各自要求解除武装。在苏军和中国军队方面，麦克阿瑟司令部的命令根本没有执行。

为了停止战斗行动，势必需要进行局部停战谈判。于是，大本营于8月16日对关东军、19日对第5方面军分别指示"为了停止战斗行动，可进行局部地区停战谈判和交出武器"，对中国派遣军只允许在18日进行局部地区停战谈判。

还有，在南方及东南方面，英澳军也要求在当地迅速进行停战谈判。大本营于8月21日对该方面的驻军指挥官也发出了指示："根据情况可进行局部地区停战谈判。"接着，于24日也允许向上述中国及英澳有关部队交出武器。

〔苏军的残暴和大本营的措施〕 这样，各方面都由驻地指挥官进行了局部地区停战谈判。在南方和东南方面基本上在平稳中进行了谈判；但苏军不管日本军队业已停止战斗行动这一事实，却似乎采取了不达到预定的前进目标不停此进攻的方针，直到8月20日左右，仍在库页岛和蒙疆方面继续进攻。在库页岛方面的苏军指挥官中还有人公开向我军方代表扬言："因没有接到上级关于停止向预定目标前进的命令，故不管日本军队的行动如何也要断然实行进攻。"真冈正面的苏军竟干出这样一些残暴事件：20日击毙打着白旗的我军方代表；苏军的飞机并到处射击我方难民。22日竟射击和轰炸集聚在丰原车站的5000至6000的难民，造成大批伤亡。不过，到8月22日，在库页岛方面总算达成了局部地区停战协定。

在满洲方面，8月19日在关东军秦参谋总长和远东苏军最高司令官华西列夫斯基元帅之间达成了停战协定。但苏军第一线军队在随意解除武装的同时，还在各地闹出了一些不法行为。8月23日关东军给大本营发出如下的电报，使中央指挥部深感苦恼。

苏军指挥部虽训示其军队对日本军队及日本人不得采取暴力行动，但事实上在全满各地仍频频发生目不忍睹的粗暴的开枪、掠夺、强奸、抢劫行驶中的汽车等行为。

如今，日本军队完全没有武装，再加上"满洲国"军和满洲人、朝鲜人的反日侮日行动等事态的发展，决不允许乐观。官兵忍受的痛苦可谓达到了见者无不流泪的程度。

关东军总司令部于22日将房舍让给外贝加尔方面军司令部，迁到旧海军武官府。但愿今日官兵忍受的痛苦不至化为泡影，切望中央指挥部对国家的将来好自为之。

大本营于8月23日对麦克阿瑟司令部通报了满洲、蒙疆以及北朝鲜方面这些实际情况，要求"在治安不良地区，在日本人退避到安全地区以前，容许保留所需要的武器"。但这个希望根本没有实现。

〔对中国方面解除武装的忧虑〕 上述苏军的暴行是我方没有预料到的情况；在停战当时，大本营最担心的是日本军队投降后中国方面治安情况的混乱和随之而来的日侨、军人和家属的生命危险。果然，在停战的同时，中国各地的治安情况急剧恶化。8月21日，中国派遣军在报告治安恶化的实际情况时，倾诉苦衷说："派遣军日夜最感焦虑的是在华军队的解除武装问题。关于中国范围内解除武装一事，已不仅是当地军队的感情、面子问题，而是关系到保护在华200万官兵和侨民生命的问题。把陛下的赤子不得不置于这样危险的处境，实堪痛心。"

于是，大本营、政府于8月24日在停战处理会议（8月22日，以原来的最高战争指导会议的成员，为审议关于停战的重要事项而设置的）上，决定了如下对策，采取了必要的措施。

鉴于停战后大陆形势的恶化，帝国将采取如下的措施。

一、向同盟国通报：帝国在大陆的军队根本不可能一举解除武装；使之了解实际情况；同意我方适应当地实际情况而采取的解除武装的手段，并望考虑美英军队进驻中国大陆，以指导维持治安。

二、向世界广为报道大陆方面的情况，诉之于正义和人道，使之理解帝国的正当要求。

在上述措施无效时，帝国将适时采取必要措施，自行保护侨民和解除武装后的军队，同时组织撤退。

还有，除满洲外，中国方面接受日本军队投降的对方，定为蒋介石大元帅。但已如前述，延安军队到处走在蒋介石军队前面就地要求交出武器，预想如果拒绝势必引起战斗。因此，在停战处理会议上决定："战况如不得已，可分别向当地同盟军交出武器，并可就各地具体情况进行谈判。"大本营于8月25日向麦克阿瑟司令部通告：上述决定，当前只限于大陆方面的军队，将付诸实施。

〔命令停止行使一切武力〕 上述停战命令允许在不得已情况下，为自卫，采取战斗行动，但不久就发布了停止行使一切武力的命令。即，大本营海军部于8月17日、陆军部于第二天（18日）分别命令："在另定的指示时间以后，解除各部队的作战任务，并且在这个时间以后，须停止行使一切武力。"关于这个时间，事后逐次下达如下：海军总司令长官指挥下的部队及国内的陆军部队为8月22日午前零时；东南方面、西南方面及中国方面各舰队司令长官指挥下的部队为22日以后尽速实施，外地的陆军部队为8月25日午前零时。

这样，陆海军在8月22日至25日以后已经停止行使一切武力。但如前所述，鉴于当时中国的形势，确定中国派遣军即使在8月25日以后"对重庆军队和延安军队的无秩序的行动，在万不得已时也可以采取局部地区的自卫措施"。

〔诏书颁发以后不作俘虏看待〕 停止行使一切武力的陆海军，不久即被解除了武装，驻外部队官兵随即处于或将成为敌军俘虏的命运。对那些认为当俘虏是最大耻辱的陆海军官兵，大本营作了特殊的考虑。

即大本营陆军部在前述停止行使一切武力的命令之中加上一条："诏书颁发以后，进入敌军势力下的帝国陆海军军人和军属不作俘虏看待。因此，宜戒轻率行动，要思念皇国将来的兴隆，隐忍持重。这种精神，要尽快地贯彻到所属基层。"海军部也发出了同样内容的命令。不过，这只是日本内部的问题，后来的实际情况是在国际法上作为俘虏进行了管理，这是不待言的。

复员的开始

〔复员方针的决定〕 停战时陆海军的总人数除朝鲜人、台湾人以外，国内（北海道、本州、四国、九州）陆军约为240万，海军约为130万；驻外陆军约310万，海军约为40万，总计为720万。这样庞大的队伍在未曾有的战败这种最坏的局面下，复员起来是很不容易的一件大事。

随着战败而来的军队精神的颓废，随着指挥权的混乱而来的军队统帅力的削弱，国民对军队感情的恶化；物资尤其是粮食的缺乏；运输力尤其是船只的不足等，使得复员前途一片暗淡。

一部分军队在天皇亲自播送诏书以后，擅自解散乃至集体逃亡等现象已有所发生。另一方面，同盟军进驻本土的时间一直到8月21日派往马尼拉的特使回来为止，还完全不清楚。当时，在8月14、15日左右还流传着敌方的大运输船队正在东京湾正面近海处待机登陆的传言。根据波茨坦公告第九项规定："日本军队在完全解除武装以后，将被允许重返家园，得有和平及生产生活的机会。"但停战后同盟军的企图如何，还有难以预测之处。

然而，在此期间，大本营不管同盟军的企图如何，便自主地进行了复员，期望通过迅速、有秩序的复员，收到日本军队善始善终的结果，从而稳步而顺利地进行了工作。大本营在刚停战后制定的复员方针的要点如下：

一、立即从国内部队开始着手复员。在人力、物力方面，首先谋求充实民力；其次在斟酌各种主要问题后复员主力部队。主力部队的复员，只要情况允许，尽可能自主地有计划地进行。要防止因复员在社会上造成动荡和混乱。

然而，军队的复员作为国家总复员的一环，本应考虑和产业复员联系起来进行，但鉴于战败这样一种特殊局面，应首先考虑要求军队本身迅速解散。

二、为充实民力，除武器以外的军需品原则上迅速移交民间接管，并且要优先考虑补充铁路、通讯以及重要工业部门所需人员的复员。

三、鉴于目前掌握军队实况较为困难，中央规定的关于复员的事项只是一个大纲，以放宽驻地部队指挥官和复员管理官酌情处理的余地。

四、国外部队以回到本国后复员为原则。尽管实现这一原则会有实际困难，仍需注意争取更多的人员在当地临时侨居（在驻地解除征集）。根据情况预料将有不得不在驻地复员的情形发生。

五、着手实施复员的时间预定在停战协定成立以后。

〔帝国陆军复员要领的发布〕 这样，陆军根据上述方针，便在8月18日以军令制定并实施了"帝国陆军复员要领"；实施复员的细则委托给陆军大臣、参谋总长来协商决定。据此，陆军大臣便于同一天制定了国内部队"复员要领细则"，并于23日下达给有关部队。这个细则要求日本本土的各方面军各自保留一个精锐的兵团，到另外指定的时间为止，用作治安警备的后盾。

〔对驻外部队复员的焦虑〕 停战时驻在国外的陆海军人、军属，如前述约为350万。此外，日侨估计可多达310万。从广大的西太平洋各地和亚洲大陆遣返这么多的人员，需要巨大的船只运输力量。

然而，在停战当时能够立即航行的船只总吨数：远洋为28万吨，近海为14万吨。即使迅速修理残破的船只，到同年10月左右，也只能增加远洋10万总吨；近海5万总吨。从这里还必须扣除维持国民生活必不可少的运输力量，这样，在复员运输方面，最多也只能指望占用总吨数的一半左右。

在当时残存的海军舰艇中适于遣返用的有一艘航空母舰，连同特型驱逐舰、潜艇大小合起来也只有101艘，每次运输人员约为2.2万人。

如以上述运输力量进行遣返，预计全部人员遣返完毕，将需要四年多之久。这对大本营和政府实在是痛心的问题。在战后还不得不把这些同胞放在海外四年之久，当然是情理难容的，但当时的紧急任务是保证中南部太平洋和新几内亚方面的官兵所需粮食的问题。当时从内地运粮几乎是不可能的。只要得不到同盟军的援助，像梅莱温岛那样因在当地自己无法谋生而陆续出现饿殍的地区的部队，必须尽早地优先遣返。

这样，8月23日，在下达国内部队"复员要领细则"的同时，陆军省对驻外部队有关指挥官发出了如下要点的电文，指示驻外部队复员的准则。

关于驻外部队的复员问题最感焦虑。中央指挥部已就下列基本事项向对方提出了殷切的希望。今后也准备努力促其实现。希望各地区注意考虑当地对方的情况，以收到实际的效果。

一、军队以回到本国后复原为原则，但也要注意争取更多的人暂时侨居在当地（在当地解除征集）。

二、解除武装应适应当地的实际情况，争取自主地进行。

三、解除武装后的生命安全、给养和医疗的保证、武装警察或宪兵的设置。

四、由于运输或其他原因，归还迟延或困难时：

1. 得在当地复员；
2. 提供安全并能自行谋生的地区；
3. 给养、医疗等的保证。

鉴于这次停战的实际情况，以上各项几乎不可能实现，但想尽可能争取做到。

〔一部分特别复员的实施〕 如前所述，复员原则上计划在停战协定签字后着手，但一部分部队在签字前已经开始复原。为了充实民力，在8月22日就对国内的铁路及船舶部队等发出了迅速完成复员的命令。还规定农业工作者中有特殊需要的、有关交通通信的人员、矿山（特别是煤炭）工作人员以及其他从官厅等处从军的文官等，要先于所在部队的复员即行退伍或解除征集。还有化学战、谍报等特殊勤务部队包括驻在外地的，也要先于一般部队开始复员。

8月21日派往马尼拉的使节回来后，明确了关于同盟军进驻本土的大致部署。据此，在东京湾地区（神奈川县南部地区和千叶县西南部地区，并包括横须贺军港）的部队在8月27日午后6时前、鹿屋地区（鹿儿岛县东南部地区）的部队在8月31日午后6时前，应各自从其驻地撤退，并严格要求保证同盟军进驻的安全。于是这些地区的部队在暂时移驻到其他地区的同时，按预定日程提前开始了复员。

再者，关于同盟军进驻的安全保证问题，陆海军特别焦虑的当然是全军志愿特攻的空军部队的处理问题。关于海军厚木航空队的骚乱前文已有所述，但还担心其他空军部队多少也会出现不测事件。于是，陆军改变了原定计划，下令要尽快完成空军部队的复员。即于8月24日下令开始复员，至同月30日复员完毕。海军航空部队也大体相同。

〔日本陆军的象征——军旗的烧毁〕 在这之前，日本陆军最为沉痛的是军旗的烧毁。从明治7年（1874年）1月23日由明治天皇亲自授予近卫步兵第1、第2联队军旗各一面以后，对新编步兵和骑兵联队一定要亲自授予军旗，作为部队团结的核心。官兵对军旗的敬仰精神，在世界上是无与伦比的。即使无条件投降，也决不允许让军旗落在敌人手里。

陆军大臣于8月24日，特命全军在8月31日——预定投降签字日——以前烧毁军旗。但近卫第1师团的军旗竟保留到8月31日。这样，堪称日本陆军象征的军旗，到投降签字以前业已烧毁。其数量在国内为179面，在国外为265面，共444面。

〔对陆海军人颁布告别诏敕〕 8月25日，当复员开始时，天皇特向陆海军人颁布了如下的诏敕。

朕当帝国陆海军复员之际，告朕之股肱陆海军人：

朕深稽时运，欲戢干戈而撤兵备。念皇祖考之遗训，顾尔等军人多年之忠诚，痛彻胸际。对战致病死之众多将士，尤不胜忡怛。

当兹解兵之际，务期在一丝不紊领导下，迅速整齐进行复员，以全皇军善始善终之美，乃朕所深望者。

尔等军人其善体朕意，做忠良臣民，各就其业，忍耐艰苦，披荆斩棘，以期致力于战后复兴。

〔军用物资的紧急处理和烧毁文件〕 与进行上述复员的同时，对陆海军在国内保存的物资应如何处理，成了很大问题。这些物资按理应由接受投降的占领军当局接管，但是，日本政府为了充实民力，热切希望能够得到灵活运用。8月14日天皇停战的决定下达以后，政府的内阁会议马上做出了如下的决定。

关于紧急处理军队和军外保存的军用物资问题

为了有助于迅速安定国民生活，掌握民心，以积极防止造成离间军民的隔阂，对陆海军保存的资材和物资等采取秘密紧急处理的措施。

关于陆海军以外的政府所管物资也按此办法处理。

示　例

一、立即解除军管工厂的军管。这时成品、半成品以及原材料的保管，暂时完全交由生产者负责；

二、军队保管的武器以外的军装、食品及其材料、医疗用品及其材料、木材、通讯设施及材料、汽车（包括部件）、船舶及燃料等尽可能移交给有关民间团体；

三、能够用作民需生产设备的军工厂应适当地改装成同运输省有关的机械工厂及其他民间工厂；

四、立即停止以粮食（包括砂糖）为原材料的燃料生产；

五、军需生产立即停止，工厂所有的原材料用于民需物资的生产。

上述内阁会议的决议，是由内阁综合计划局第一部长毛利英於兔草拟的。在执行这项内阁会议的决议的同时，在陆军中央指挥部所在地市谷高地上开始焚烧机密文件。在天皇的停战决定颁发以后，马上由参谋本部总务科长和陆军省高级副官向全体陆军部队发下了奉谕焚烧机密文件的通知。在市谷高地上焚烧文件的黑烟从8月14日午后一直持续到16日。

〔紧急处理的停止和收回〕　陆海军根据内阁会议的决定，分别采取了必要的措施。陆军于8月17日以陆机密第363号下达了"关于处理军需品、军需工业的问题"，其要点如下：

一、禁止军需品、军需工厂的散失、隐匿和破坏；

二、对运输及国民生活不可缺少的一部分军需品，可卖给有关的官厅或民间团体；

三、土地建筑物中借用的要恢复原状，尽快地归还给本主；国有的要移交给大藏省；

四、军需工业要立即停止生产，并解除尚未履行的合同；

五、处理以有偿为原则，但可无偿地转交给地方官厅等保管。因解除合同而造成的损失，应在对官方提供的预算、资材进行评价之后予以赔偿；

六、处理（移交保管）的对象，原则上是地方官厅、供应机关及其他民间团体，特别要把有利于确保运输和国民生活的单位放在优先地位，不允许个人垄断利益。

上述指示中，对军需品的处理、转移保管，当前只是准备；责令在8月23日发布上述复员命令的同时开始实施，并规定在8月31日以前完成这项工作。然而，派往马尼拉的使节带回的同盟国方面的陆海军一般命令第1号，要求军需品不得损毁，要妥善地保管起来。于是，政府在8月27日的内阁会议上决定，撤销上述14日的内阁会议的决议。据此，陆海军随即采取措施，中止了一切处理和转移保管，并对已经处理完毕而可能收回的要尽量收回。

上述军需品及军需工业的处理，尽管政府和陆海军是一番好意，想不把这些东西交给敌军，以利于充实民力，但由于刚刚停战以后的混乱和执行上的困难，加上一部分军人、官吏和民间一些人的暗中活动，仍使一部分人获得一些不正当的利益。于是，围绕着对国民血汗的结晶——军需品的处理问题，愈益激发了国民的反军情绪。

第79章

投 降

同盟军的进驻

〔河边全权派赴马尼拉〕 如前所述，美国政府在发出要求日军立即停止战斗的指令的同时，并通告："立即派遣授予充分权限能就同盟国最高司令官所发指令进行磋商的使者到该司令官处。"同盟国最高司令官还命令："将具有以天皇、日本政府、大本营的名义实行投降条件所必需的各种要求的权限的代表，派遣到马尼拉。"这些通告和命令都是在16日午前发给政府和大本营的。

参谋次长河边虎四郎中将被任命为代表，外务省调查局长冈崎胜男、海军少将横山一郎、陆军少将天野正一等被任命为随员。于8月18日接受了全权委任状的河边中将一行16名，第二天（19日）从千叶县木更津机场启程，在冲绳的伊江岛，由海军飞机换乘美国飞机，当晚到达马尼拉。一行曾担心途中也许会受到不肯投降的日军特攻飞机的截击，但结果完全成了杞人之忧。

全权一行当即受到萨扎兰德参谋长的召见，被要求提供关于同盟军最初要进驻的东京湾和鹿屋两地区的军事设施以及各俘房收容所等地点的情报；同时，主要就同盟军进驻日本本土的日程进行了一些讨论。第二天（20日）领到最高司令官有关进驻的要求文件、投降签字后应予公布的天皇的诏敕、投降文件和盟军最高司令官陆海军一般命令第1号。这个投降文件和陆海军一般命令第1号也要求在投降签字后公布。

〔河边全权的交涉——进驻推迟三日〕 河边全权的任务，在启程前根据天皇的命令定为："以向同盟军最高司令官提供关于帝国陆海军部署的情报，并接受对帝国陆海军的正式要求为目的，前往同盟军最高司令官指定的地点。"换言之，河边全权本来不过是战败者对战胜者的单纯的接受命令者。然而，河边中将在和同盟国举行的会议上表示，我方准备忠实地履行一切要求，并渴望同盟军能顺利进驻不致发生任何事故，但强调希望给予适当的准备时间。我方提出的准备时间为十天左右。

根据我方要求,对方将原定空军部队和海军部队开始进驻的日期8月25日改为8月28日,同时将先遣队进驻厚木的时间指定为8月26日,即答应延期三天。并将投降签字的日期指定为8月31日。

全权一行领到上述文件。即于8月20日,从马尼拉动身,21日回京述职。他们搭乘的飞机于20日夜因燃料耗尽,被迫在滨松附近海峡降落,但一行安然无事。由于一行回京,明确了同盟国最高司令官的意图,大本营和政府得以据此加紧进行准备工作。

〔做好接纳进驻的准备——具有讽刺意味的台风〕 上述最高司令官的要求文件中,关于进驻后的安全保障问题,做了详细的规定;同时还包括提供设施、宿舍、汽车、翻译等广泛的要求。其中,必须首先实行的是日军要从同盟军进驻的地区撤退。

大本营于8月21日命令陆海军战斗兵力迅速调离同盟军最初进驻的地区即东京湾地区和鹿屋地区。为了维持部队调离后的治安并监视、保管武器、军需品以及军事设施等,留下了解除武装只准佩带刀剑的最小限度的兵力。在这项命令中,大本营明确指示:"大本营的意图在于谋求贯彻8月14日诏书的精神,绝对防止与同盟军发生纷争,并向中外阐明帝国的信义。"

在上述的兵力调动之外,为了接纳进驻,采取了各种措施,即撤去危险物品,处理武器和爆炸物,限制飞机和潜艇的航行,整备航路及停泊地点,整备厚木和鹿屋两机场,分派汽车和准备宿舍等。

8月22日,政府也设置了前述的停战处理会议及其附属机构停战事务联络委员会。接着,于8月26日,设置了附属于外务省的停战联络事务局。停战联络事务局是负责就有关停战的各种事务与盟军进行联络的机关,在东京设中央事务局,并为适应进驻的需要,分别在厚木和立川设立了办事处,在横滨和京都设立了事务局等首批的地方机构。

由于部分军队秩序的破坏、民心的动荡不安、物资的难以取得、政令不能贯彻、交通通讯不能畅通等恶劣条件,完成上述接纳进驻的准备工作极感困难。偏巧8月22日夜关东地方、25日本州西部、26日九州南部海面连续有台风侵袭,于是麦克阿瑟司令部便指令将8月26日以后的进驻计划,分别推迟48小时。这次延期对防止混乱起了很大作用,对日本方面确是个幸事。有人曾慨叹说:本应在决战的高潮中刮来的神风,却在战败后的今天刮来,真够讽刺的啊。

在同盟军即将进驻日本本土之前,新任陆相下村于8月26日通过无线电广播，专就陆军军人、军属应持的态度作了训示。陆相在广播中谈到维护国体时，强调"要克服任何艰苦，只要还有微小的出路，就要坚守到底，这是臣子唯一的道路"。并且告诫"轻率的行动"，"其结果连以前守住的最后一线生机，也有失掉的危险"。

〔麦克阿瑟元帅进驻——从墨尔本到东京〕 同盟军的进驻从美国海军进入相模湾开始。8月27日午前10时30分，美国海军第3舰队之一部进泊相模湾。这使人联想到100年前令人不快的"黑船"①又一次来航。

陆军部队的进驻，以其先遣队田奇上校以下约150名乘飞机从28日上午8时20分到11时之间在厚木机场着陆开始。

最高司令官麦克阿瑟元帅于8月30日下午2时5分在厚木机场着陆，并与同日先到的埃克尔巴克中将等一同转去横滨。他一下飞机就说："从墨尔本到东京路途遥远，但我们终于来到了这里。我认为日本方面以诚意解除了武装，其他商定的事项也在顺利地进行。我相信按照这样继续下去的话，即将到来的签字仪式也会圆满进行，再不会看到那种不幸的流血。"

投降签字

〔密苏里舰上的投降签字——9月2日〕 昭和20年（1945年）9月2日是日本投降签字的日子。正好那一天是"第二百一十天"，②是个平静无风的星期天。

代表政府的重光外务大臣和代表大本营的梅津参谋总长两全权代表同9名随员（外务省、陆军和海军各3名）一起于上午6时在神奈川县县厅集合，由美国驱逐舰送到在东京湾中停泊的美国战舰密苏里号上。在密苏里号的甲板上的同盟国最高司令官面前，战败国的代表默然无声地伫立着，并未准许佩刀。

签字仪式于上午9时在麦克阿瑟元帅主持下，以发表元帅声明开始。上午9时4分，全权重光和梅津先后在"投降文件"上签字。重光全权代表"遵照天皇和政府的命令并以天皇和政府的名义"签了字；梅津全权代表"遵照大本营的命令并以大本营的名义"签了字。在这以前，日本方面希望依据宪法精神，改成两全权代表都"遵照天皇的命令并以其名义"联名签署，但没

---

① 1853年美东印度舰队司令培里率舰队到日本，因船体黑色，日人称为黑船。——译者
② 即从立春算起的第二百一十天，在9月1日左右，正是水稻的开花期。这时常有台风袭来，故农民把这一天视为忌日。——译者

有得到同盟国方面的准许。

接着，上午9时8分，同盟军最高司令官进行了接受投降的签字。这样，经过六年之久的第二次世界大战到此闭幕。

在签字仪式开始时，麦克阿瑟元帅发表的声明中的一节如下：

无论是战胜国或战败国，都应向我们共同为之献身的神圣目的、唯一的更高的威严前进，这才是我们的意图。以今天这个严肃的仪式为转机，从过去的流血和蛮行中，奠定更美好的世界——建筑在信赖和谅解之上的、能为人类的尊严和人类最理想的愿望即自由宽容和正义的实现作出贡献的世界——才是我最大的希望，也才是人类真正的希望。作为同盟国的最高司令官在此声明，我将在我所代表的各国的传统之下，以正义和宽容来完成我的职责；同时，为了彻底、迅速而且忠实地遵守投降条件，将采取一切必要的措施。这是我坚定不移的决心。

上述声明，令人联想到一个贯穿着自由、宽容和正义的和平世界即将到来。

〔关于投降的诏书——天皇的布告文件〕 完成签字任务的全权代表一行，同去时一样，由驱逐舰送回横滨。两全权代表回到东京后于下午1时15分向天皇复奏，立即公布了如下的关于投降的诏书。这是对前述同盟国要求公布的天皇布告文件做了若干修改，作为诏书颁布的。

诏　书

朕接受昭和20年7月26日美、英、中各国政府首脑于波茨坦发表后由苏联参加之公告所列各条款，命令帝国政府及大本营代朕签署同盟国最高司令官提示之投降文件，并根据同盟国最高司令官之指示，对陆海军发出一般命令。朕命令朕之臣民立即停止敌对行动，放下武器，并诚实履行投降文件之一切条款以及帝国政府及大本营所发之一般命令。

御名御玺

昭和20年9月2日

〔投降文件和一般命令第1号〕 "投降文件"和"一般命令第1号（陆海军）"作为政府和大本营的布告予以公布。"投降文件"的全文如下：

投降文件

我等兹遵照日本天皇、日本政府和日本帝国大本营的命令，并代为接受美利坚合众国、中华民国和大不列颠国政府首脑于1945年7月26日在波茨坦

发表、后由苏维埃社会主义共和国联盟参加的公告条款。（上述四国以下简称同盟国）

我等兹宣布日本帝国大本营和不论在任何地方的一切日本国军队以及在日本国控制下的一切军队向同盟国无条件投降。

我等兹命令不论在任何地方的一切日本国军队和日本国臣民立即停止敌对行动；保存一切船舶、飞机以及军用和非军用财产，防止损毁；日本国政府各机关接受同盟国最高司令官或根据其指示提出的一切要求。

我等兹命令日本帝国大本营对不论在任何地方的一切日本国军队和在日本国控制下的一切军队的指挥官，对其指挥下的一切军队应立即发布无条件投降的命令。

我等兹命令一切官厅、陆军和海军的职员要遵守并且实行同盟国最高司令官为履行投降文件认为适当而自行发布的和根据其委任发布的一切布告、命令和指示；命令上述职员在经同盟国最高司令官或根据其委任尚未解除职务之前，各自留在其岗位，继续执行其非战斗性任务。

我等兹代表天皇、日本政府及其继任者约定：诚实地履行波茨坦公告的条款，并发布同盟国最高司令官和其他特定的同盟国代表为履行上述公告所要求的一切命令，并采取一切有关措施。

我等兹命令日本国政府及日本帝国大本营立即释放正在日本国控制下的同盟国的一切俘虏和被拘留者，并就其保护、治疗、给养和及时运往指定地点，采取措施。

天皇及日本国政府统治国家的权限，被置于为实现本投降条款采取适当措施的同盟国最高司令官的限制之下。

接受上述"投降文件"而签名的除同盟国最高司令官外，还有美国、中华民国、英国、苏联、澳大利亚、加拿大、法国、荷兰以及新西兰各国的代表。

"一般命令第1号（陆海军）"是同盟国最高司令部关于日本陆海军的投降以及与此有关的情报的提供、武器和军事设施等的处理的命令，其中规定了每个地区军队投降的对方。

〔陆海军的投降命令——大陆命特第1号〕 如前所述，局部停战、解除武装、复员等有关投降的各项措施，由于同盟国的强制和我方的自主意志，已经逐步付诸实施。正式投降签字后，陆海军于9月2日，根据"投降文件"和"一般命令第1号"对全军发布了投降命令。大本营陆军部发布的投降命令全文如下：

大陆命特第1号命令

一、大本营企图迅速全面地实行昭和20年9月2日政府、大本营布告"一般命令"中有关陆军的事项。

二、第1总军司令官、第2总军司令官、航空总军司令官、关东军总司令官、中国派遣军总司令官、南方军总司令官、第5方面军司令官、第8方面军司令官、第14方面军司令官、第17方面军司令官、第31军司令官、小笠原兵团长、陆军大臣、参谋总长（以下简称各地最高指挥官），除已实行者外，须依据下列各条，分别实行一般命令中与其有关的事项。

1. 立即停止敌对行动，解除武器，并停止改变目前态势；
2. 在同盟国有关指挥官指定的时间和地点，将武器和装备保持现状不动，安全完好地交给该指挥官或其指定人员；
3. 撤除对陆上、海上和空中行动的障碍物；
4. 下列各项设施和物资不得损坏、烧毁，保持现有的完好状态，切实妥善地加以看守保管；

甲、军需品（根据"2"交给同盟国方面的除外）；

乙、陆上、海上以及空中运输设备、通讯设备；

丙、军事设施（机场、防空设施、港湾基地、物资仓库、常设和临时的陆上及沿岸防备设施、要塞及其他防备地区等）及其附设的建筑物；

关于以上的设计及图纸；

丁、工厂、制造厂、加工厂、研究所、实验所、试验所、技术上的重要项目（资料）、专利、设计、图纸、发明（以上是为制造战争用具以及军事机关或准军事机关现在使用或即将使用的其他资料和资产，或为便于这类制造和使用而计划的或充作此用的为范围）；

5. 立即停止一切武器、弹药及战争用具的制造和分配；
6. 援助同盟国军队的占领或进驻；
7. 在帝国陆军军事管制地区，关于一般命令中有关陆军事项以外的事项，如属过去掌管范围，应予处理之。

为实行本项命令，各地最高指挥官所辖地区、所辖部队及同盟国有关指挥官如表79–1所定。各地最高指挥官可根据需要，将细节向同盟国有关指挥官汇报。

三、关于实行第二项命令，中国派遣军总司令官指挥第38军司令官；陆军大臣指挥北部、东北、东部、东海、中部、中国、四国、西部各军管区司

表79-1　所辖地区、所辖部队及有关同盟国指挥官表

各地最高指挥官		所辖地区	所辖部队	有关同盟国指挥官
第5方面军司令官		北海道（千岛除外）	在上列地区内所有的陆军部队	美国陆军部队最高指挥官
		库页岛、千岛		苏联远东军最高指挥官
第17方面军司令官		北纬38°以北的朝鲜		苏联远东军最高指挥官
		北纬38°以南的朝鲜		美国陆军部队最高指挥官
关东军总司令官		满洲（包括关东州，热河省除外）		苏联远东军最高指挥官
中国派遣军总司令官		中国（包括热河省）、台湾（地区）、北纬16°以北的法属印支		蒋介石
		香港（地区）		英海军哈科特少将
第16方面军司令官		舆论岛（不包括）以南的冲绳群岛、先岛群岛		美国太平洋舰队最高指挥官
南方军总司令官		安达曼群岛、尼科巴群岛，缅甸、泰国、北纬16'以南的法属印支，马来、婆罗洲、荷印、东经141°以西的新几内亚		东南亚司令部最高指挥官
第14方面军司令官		菲律宾岛		美国陆军部队最高指挥官
第8方面军司令官		东经141°以东的新几内亚。卑斯麦群岛、所罗门群岛		澳洲军司令官
第31军司令官		日本委任统治群岛、威克岛		美国太平洋舰队最高指挥官
小笠原兵团长		小笠原群岛（包括南鸟岛）		
大本营	参谋总长	包括本州，四国，九州、舆论岛（包括）以北的西南群岛，其他栏内所载的地区除外。	在上列地区内的第1、第2航空总军司令官、参谋总长所属和指挥下的部队	
	陆军大臣		在上列地区内的东北东部、东海、中部、中国、四国、西部军管区司令官、陆军大臣及教育总监所属和指挥下部队	美国陆军部队最高指挥官

备考：

一、本表中所列"有关同盟国指挥官"，包括该指挥官所指定的代表；

二、"各地最高指挥官"，除本命令第三项所列之外，对本表"所辖部队"中不属于其隶属和指挥的部队，为实行本命令，可进行指挥；

根据本项规定，受指挥的部队的原属长官，关于有关该部队的事项，得分别协助各地最高指挥官；

三、本表中所列"所辖部队"中的部队，包括未编入部队的人员以及在实行军事管制地区的非军人的日本臣民；

四、本表中所列"所属部队"系将现在他部指挥下的部队除外。再有，所有"指挥下部队"包括根据以前的命令曾在其作战指挥下的部队。

令官；教育总监、参谋总长指挥第1、第2总军、航空总军、第5方面军、第10方面军各司令官。

四、关于实行第二项命令，各地最高指挥官可根据需要，将其权限委托给所属和指挥下所辖部队的长官。

五、为实行前述各项命令，各地最高指挥官应同海军指挥官密切合作。

关于同陆海军都有关联的事项，各地最高指挥官（陆军大臣、总参谋长、第31军司令官、小笠原兵团长除外）根据需要，对海军部队负责事务管理。

第31军司令官、小笠原兵团长对于同陆海军两者都有关联的事项，根据需要，得接受联合舰队司令长官的事务管理。

六、关于细则和在实行本命令中因不得已需做部分改动时，责由陆军大臣和参谋总长指示。

正式复员的开始

如前所述，陆海军主力复员的时间预定在停战协定签字以后。现在，9月2日的投降签字已成为既定事实，各部队的复员准备也在顺利进行，因此，陆海军决定开始进行主力复员。陆军在8月30日命令：从9月1日起，撤销关于实施主力复员的限制，海军也大体相同。

这样，从9月5、6日左右开始了陆海军的正式复员。9月10日，海军病院船"高砂丸"从舞鹤启航，急速驶往梅莱温岛，第一次开始了驻外地部队的复员运输。

〔日本陆海军的寿终正寝——11月30日〕 9月10日，同盟国最高司令官发出了废除大本营的指令。这样，经过七年零十个月之久，担负最高统帅的重任，初战的赫赫胜利也落得一场空，却遭到前所未有的战败的大本营，终于在9月13日销声匿迹。

后来国内、国外的陆海军武装的解除大体上都在顺利进行。除中国这一特殊地区以外，在停战两个月以后，便看不到携带武器的一兵一卒和一只武装的军舰了。10月15日，参谋本部、军令部及教育总监部被废除了。16日，麦克阿瑟元帅就日军解除武装完毕一事，向全世界发表了演说，他在演说中指出："如此迅速、如此没有摩擦地解除武装，是史无前例的。"

陆海军省因担负复员、处理物资和盟军指令的调查工作而被暂时保留下来，到昭和20年（1945年）11月30日同其一切附属机关一起被撤销。至此，素以80年传统而自豪的陆海军完全解体。

〔从外地返回祖国和复员〕 输送驻外地军队和侨民回国，由于得到美国借给的约200艘船只，进行得格外迅速。即：南朝鲜方面到昭和20年（1945年）末；中部太平洋方面到昭和21年（1946年）初；包括新几内亚的东南方面和澳北方面到昭和21年6月左右；中国、台湾（地区）、西南诸岛以及菲律宾方面到昭和21年末；东南亚方面到昭和22年（1947年）10月左右，除极少数外，大部分军人、军属和侨民均已回国完毕，只剩下了苏联地区没有完成。

第80章

对苏方面部队的停战

关于苏联参战致使日本决定迅速停战的经过，已见前述。苏联的参战确是大东亚战争最后阶段的决定因素。

然而，对苏作战的高潮只不过一个星期；但对苏联部队的战斗、停战和停战后的情况，却同其他地区有所不同，有许多地方在停战史上是值得大书特书的。

对苏作战的开始

〔苏军进攻前的状态〕 昭和20年（1945年）8月初关东军的状况如下。

根据所谓"满洲全部彻底动员"新编的部队，到7月末，主要部队的人员基本上已经补齐，但装备不整的部队居多，其战斗力较为薄弱。此外，原有兵团把教育未受训练的新兵所必需的人员及火炮等留在原来的驻地，其余全部开赴新的主阵地，埋头于修筑堡垒工事。再有，第5军将所属全体兵团长、参谋长调集到掖河的军司令部，正在实施从8月7日开始的高级司令部演习。

8月初关东军的全面态势和关东军战斗序列的概要如附图第十一。

8月5日，在虎头（距兴凯湖东北120公里，乌苏里江江畔）的南方地区，发生了约有100名苏军越境、边向我监视哨射击边逼近的事件。在第一线有着按过去的事例同样看待的倾向，即认为只要我方隐忍持重，对方就会自行撤退。

另一方面，库页岛、千岛方面的我军，以前述的态势，积极进行作战准备。

〔苏军的急袭——9日上午零时〕 8月8日夜，满洲淫雨连绵，天地暗淡。9日上午零时左右，各地都发现苏联军用飞机越境，上午零时许，虎头和五家子（珲春东南约30公里）的我军阵地同时报告正在受到苏军炮击，接着，正东面的国境监视部队，均在报告遭到敌军袭击以后，断绝了联系。

第1方面军司令官喜多诚一大将立即向所属全军命令："根据方面军作战

计划，迅速整备态势，摧毁入侵之敌。"

关东军总司令官接到以上情报后，于下午2时，发布了下列要点的关东军命令。

一、正东面的敌人已开始进攻；

二、各方面军、各军以及关东军直属部队要分别击退敌军进攻，同时要迅速准备全面开战。

接着，根据来自各方面的报告，弄清苏军已开始全面攻势。因此，关东军在上午6时以前，命令"各方面军和各军应根据关东军作战计划，各自击溃入侵之敌"；同时撤销了《国境警备纲要》，解除了行动的束缚。另外，采取措施，实行《战时防卫规定》和《"满洲国"防卫法》，转入日满一体的战争态势。

就这样，关东军受到苏军的突然袭击而行动起来。然而，对苏作战是在我方物资和精神两方面的准备尚不充分的时期勉为其难开始的〔关东军对苏作战经过，请参照附图第十一（其一）〕。

在库页岛方面，8月9日上午6时以后，我国境监视哨遭到了苏军的炮击，并且通讯线路被切断了。驻在库页岛南部丰原的第88师团长峰木十一郎中将，通过8月9日上午5时美方广播得知苏联对日宣战，立即首先命令国境方面的部队按预定计划迅速整备防御态势。

〔**大本营的措施**〕 如前所述，大本营得悉苏军参战和入侵满洲后，即于8月9日命令准备对苏发动全面作战；同时指示中国派遣军向南满方面调拨预备兵力等。接着于第二天（10日）命令开始对苏全面作战。再有，在对关东军发出10日的命令的同时，并指示"随着作战的进展，可随时将总司令部转移到作战地区内的其他方面"。

大本营便于8月14日命令中国派遣军"要以使关东军易于作战为着重点来安排作战部署"。同时发出指示："先将一个军司令部和至少两个师团的基干兵力以及所需的军需品迅速调拨到满鲜方面。"

关东军的对苏作战

〔**穆棱、掖河的激战——第5军主力**〕 满洲正东面的苏军先以主力进攻我第5军正面。

即在8月9日黎明，从绥芬河、观月台（绥芬河北约20公里）正面突破国境入侵的一个装甲军团以上的苏军，早在11日进到穆棱附近。接着对该地西面高地一带第124师团阵地，重点指向牡丹江市区开始猛攻，该师团的中间地区的部队同敌军展开了激战，特别是由于该师团属下十五榴大队的奋战，击毁了敌坦克多辆，但由于受到敌军的反复攻击，至12日正午左右，终于被敌人突破阵地，敌军冲进了牡丹江市区。

敌方于13日在突破口北侧增加了一个狙击师团，用火箭炮反复集中射击，同时又增加了步兵和坦克的攻击，随即彻底摧毁了我军阵地。这样，第5军主要防御战线的穆棱阵地，于13日晚终于落入敌手。在这次激战中，野战重炮兵第20联队长松村精大佐和牡丹江重炮兵联队长缬缬哲三大佐以下炮兵的大部分官兵与火炮同归于尽。

在这以前，根据既定计划，第126师团主力到达了八面通西方高地的阵地。还有，第135师团正将驻扎在东安和虎头的兵力向七星（牡丹江东北50公里）附近的预定阵地集结。第5军司令官清水规矩中将鉴于正面的苏军正以主力突入牡丹江市区的状况，决定将第126、135两师团主力撤至掖河附近，以阻止苏军，10日夜，为此采取了措施。

突破穆棱阵地的敌装甲兵团主力，排除了途中我方一部分兵力的誓死抵抗，14日，进到掖河东侧地区的第126师团阵地前沿，同日午后攻占沿主要道路的主阵地突出部（四道岭），第二天（15日）以数十门大炮进行了连续八小时的炮击，在全歼我火炮之后，又以坦克群前来进攻。该师团包括辎重队在内一起果敢地进行肉搏战，到黄昏勉强击退了这次进攻。该师团在两天的战斗中，以炮击和肉搏战摧毁的敌坦克达60辆之多。

另一方面，第135师团以集结的四个步兵大队、一个炮兵大队占领了掖河北面地区，顶住了13日以来进攻的一个基干坦克连之敌。至15日午后，主阵地受到了敌方步兵、坦克、炮兵、飞机的联合进攻，几乎被突破，战况凄惨；入夜，战场趋于沉寂。

第一方面军司令部于10日夜转移到敦化，但因以后电话不通，第5军的战况不明。14日夜，在修复电话线的同时，得知第5军的战况意外紧迫。当天午夜，第1方面军司令官便向第5军发出了训令："如到万不得已时，应尽量将所有兵力撤退到敦化附近和横道河子附近。"

在牡丹江以东的指定作战地区内准备决一死战的第5军司令官，经过充分考虑之后，决定撤至横道河子，在15日正午下达命令。当天日落时，撤退后勤部队，并令第一线两个师团在当天午夜撤离阵地，转移到牡丹江西岸地区。后来，第5军主力没有受到敌军的追击，于17日傍晚，到达横道河子，立即着手占据阵地。

〔**国境阵地的鏖战——虎头、东宁**〕 远离第5军主力、孤立于虎头国境阵地的第15国境守备队（一个步兵大队、两个炮兵基干中队）于9日以后，遭到苏军约两个师的猛攻，在代理队长大木正大尉[①]指挥下，据守地下要塞，即使阵地被逐步蚕食也不屈服。到8月26日始终坚持壮烈的殊死搏斗，几乎全体官兵同阵地共命运，牺牲在东部国境。这个守备队的勇敢善战，战后受到了苏军的赞赏。

与虎头要塞同为东部国境要冲的东宁阵地，由开战时从第132独立混成旅团留下的东宁支队（两个步兵大队、两个重炮兵基干中队）担任守备。

苏军于8月10日强袭我胜闵山阵地，我方给予其巨大伤亡后将其击退。该阵地的守军意气轩昂，隐蔽在坚固的地下要塞中果敢战斗，不让敌军进入阵地一步。敌军进行激烈的炮击并劝告投降，但我孤军毅然继续顽强战斗，直至8月26日，因第3军派来了特使，方才停战。东宁支队约有一半官兵在胜闵山北方的郭亮船口山阵地，直至8月19日，同优势的敌军进行了殊死的搏斗，大部分战死。

〔**罗子沟和大喊厂方面**〕 在第5军和第3军的中间地带，敌军的入侵开始时较为缓慢，但到8月14日，苏军的坦克、狙击各一个师向罗子沟附近的第128师团地区部队的阵地进攻。在当天直到黄昏以前的激战中，步炮兵两联队长全都战死，大炮全部被破坏，阵地难以保持。当天夜里，该师团摆脱敌军，转移到罗子沟西方高地的第二线阵地后，与敌军对峙。

第132独立混成旅团留下了前述的东宁支队，改为大喊厂支队。9日夜，冒着弹雨从东宁地区出发，途中遭到了敌装甲部队和敌机的袭击，主要靠夜间机动，于14日方到达大喊厂，随即会同第128师团的一部，占据了该地附近的阵地。该支队于15日击退了从穆棱方面南下的敌坦克部队；以后一直到8月22日接到停战命令为止，坚守了这一阵地。

〔**图门、佳木斯方面**〕 在第3军的正面，8月11日入侵到珲春附近的敌军一个狙击师，从15日企图突破珲春西南高地一带第122师团阵地的南翼，但该师团英勇善战，到17日午后接到停战命令为止，一直很好地保持了方面军的"旋转轴"的地位。

第3军的主力据守图门、会宁间图们江左岸阵地，仅训戒西南方的第79师团的一部与敌交了战，不久即告停战。

[①] 开战时，守备队长为参加第5军司令部演习，正在掖河，不能返回阵地，炮兵队长大木正大尉担任了指挥。

在佳木斯方面，溯松花江而上之敌于10日夜在富锦登陆。在该地南侧阵地的第134师团约一个大队一直战斗到13日夜，然后向方正方面撤退。该师团主力开战时正在方正东部地区构筑阵地，但没有同敌人交战，即已停战。

〔北面——黑龙江方面〕 瑷珲正面之敌，9日夜，开始横渡黑龙江，其兵力估计为一个坦克旅、一个狙击师。据守瑷珲阵地的第135独立混成旅团，11日以后，连日炮击阵地四周之敌；同时，及时击退了主要从阵地后面进攻的一部分敌军，坚守阵地。8月20日派来了特使，才停战了。

黑龙江正面的敌军主力，于8月10日从胜武屯（孙吴东北30公里）和奇克特方面开始渡河，判断其兵力约为两个狙击师和一个坦克旅。守卫胜武屯阵地的第123师团的一个大队，14日晚受到优势敌军的攻击。当天午夜，阵地终于被突破。15日，敌军主力进入孙吴东侧地区。第123师团在孙吴北侧高地一带阵地，在炮击入侵之敌的同时，正准备当天夜间以约一个联队的兵力进行夜袭时停战了。

〔西北正面——海拉尔第4军主力〕 苏军于8月9日上午3时急袭满洲里正面的各国境监视哨；同时以强有力的机械化兵团从北、西、南三个方面向海拉尔扑来。从北面南下的苏军坦克兵团9日晚很快地就出现在海拉尔北侧，10日开始攻击海拉尔北部阵地。呼伦贝尔平原的要冲海拉尔的周围有坚固的永久性的防御工事，第80独立混成旅团的主力在此坚守。苏军从11日起以主力强袭海拉尔北部及西部正面各阵地的背后，但该旅团英勇善战，坚守主阵地，顶住敌军的进攻，直至17日停战。

驻扎在海拉尔的第119师团正在大兴安岭顶上一带修筑工事时遇到开战，于是就地进入了该阵地。苏军以精锐的坦克部队做前锋，沿着满洲里——齐齐哈尔铁路进攻，15日以后攻到了第119师团的阵地。该师团果敢战斗，阻止了敌军突破大兴安岭的攻势，迎来了17日的停战。

第4军司令部于10日夜接到关东军向哈尔滨转移的命令。12日，从齐齐哈尔向哈尔滨方面移动。接着，关东军总司令官鉴于正西面之敌入侵迅速，必须确立满洲东南部特别是二道防线地带的作战态势，于10日又命令第4军司令部向梅河口撤退。第4军司令官上村干男中将命令驻齐齐哈尔第149师团向哈尔滨撤退；命令驻嫩江第136独立混成旅团向齐齐哈尔撤退；军司令部于16日从哈尔滨出发，向梅河口转移，但由于停战又接到回师哈尔滨的命令，17日重又回到哈尔滨。

〔第3方面军改变计划——西、中部作战〕 外蒙方面的苏军和外蒙军于8月8日突破国境，开始进攻满洲。即于当天约有一个狙击师进到阿尔山正面，并正逐步增加兵力；在五叉沟南侧地区一个强劲的坦克部队也正在入侵。在内蒙古东部，敌机械化大部队也来进攻。

原来，关东军在满洲正面和中部方面的作战方针是，利用广阔的满洲平原的纵深阻止苏军进攻，然后确保满洲东南部的山岳地带，以图持久。

可是，驻在奉天（今沈阳——译者）的第3方面军司令官后宫淳大将认为，在前方后方作战准备都极不充分的状态下，关东军原来计划的作战方案不可能实现，不如倾注第3方面军的主力，在连京线[①]沿线同敌军进行决战。

于是，在8月10日晨，分别命令部署在前方地区的第44军全部向新京（今长春——译者注）、奉天地区撤退；在后方地区的第30军主力转调至新京、四平地区；后方地区的方面军直辖兵团向奉天地区集中。据此，梅河口的第30军司令部进驻了新京。

第3方面军这一作战计划的改变，使关东军的全面作战指导发生了困难。经关东军幕僚一再要求第3方面军撤回它的这一新的决定，结果，13日中午，后宫大将才放弃了在连京线沿线决战的企图，改为以方面军主力确保桓仁和凤凰城方面。

〔西面和满洲中部的状况〕据8月10日飞机的侦察，判明从东乌珠穆沁方面东进中的苏军精锐机械化部队已到达醴泉（突泉）西70公里处。另外，还判明有一个摩托化师的敌军从东乌珠穆沁向东南方向开鲁前进。还有一个外蒙骑兵师从西乌珠穆沁通往林西道上南下中。

正西面敌军的前进速度一天达100公里，预计14、15日左右将到达新京附近。于是关东军总司令部决定按既定方针向通化撤退，12日开始移动。

在五叉沟阵地的第107师团于8月11日接到第44军命令："向新京转移，转入第30军司令官的指挥下。"12日夜将主力分做三个梯队，沿白阿线（白城子——阿尔山铁路）开始转移，13日在西口（五叉沟东40公里）附近同敌装甲部队遭遇，交战达两天。因敌军于12日已占领了索伦方面白阿线沿线各地，该师团主力于15日摆脱正面的敌军，远向北方迂回，向音德尔（王爷庙东北100公里）转移。但途中又与一个旅左右之敌遭遇，交战后，摆脱敌军，8月28日才到达了音德尔。该师团因无线电发报机的故障完全断绝了联系，至29日，始由第30军参谋从空中搜索发现，这才听到了停战命令的传达。

在白城子、洮南、开通地区的第117师团于10日下午接到第44军关于向新京转移的命令，12日夜从洮南和白城子出发开始东进。该师团于15日在

[①] 连京线指大连到新京（长春）间的铁路。——译者

大赉附近得到停战通知，后来通过铁路运输，将主力集结于公主岭。

根据第3方面军发布的在奉天地区集结兵力的命令，第44军司令部和通辽、开鲁地区的第63师团以及在吉林、朝阳镇之间刚补充完兵员的第138师团、在本溪湖地区刚编成的136师团都在13日左右到达奉天附近。

另方面，讨伐热河省南境长城线共军的第108师团，根据方面军命令，将一个联队留在承德地区，置于华北方面军的指挥下。师团主力于12日集结于锦县阜新地区，迎来了停战。后来该师团根据方面军的命令，于17日将兵力集结于辽阳。

第30军正在以西安地区的第39师团确保四平附近，以第148师团、第133独立混成旅团一个坦克联队和从白阿线方面后撤的第107、117师团死守新京的方针下，进行准备期间，便停战了。

〔第2航空军的战斗〕 在关东军指挥下的第2航空军（司令官为原田宇一郎中将）于开战后，在侦察各方面苏军进攻情况的同时，令前方地区的部队后退至中南满地区，还准备以主力攻击从外蒙方面入侵之敌。

第2航空军于12日开始了第一次攻击，共以56架飞机从齐齐哈尔基地起飞攻击醴泉方面之敌，从锦县基地起飞攻击林西方面之敌，共击毁敌火炮27门、车辆42辆。13、14日两天，冒着恶劣的天气，以一部分经过挑选的兵力反复攻击，击毁敌装甲车43辆。15日上午，从新京以39架飞机攻击洮南方面之敌，击毁车辆135辆。当天午后，正准备再次出击，得知停战消息，便停止了进攻。

此外，第2航空军还以飞行训练部队编成了"特攻队"，准备彻底打击敌装甲部队，但没有实现。

〔北朝鲜方面——罗津、罗南附近〕 苏军于8月9日黎明，从水流峰方面突破了图们江庆兴桥，入侵北朝鲜。又于10日在基隆和罗津登陆。在图们江下游方面的第101混成联队于9日夜，根据第3军命令向会宁后撤。再有，罗津要塞守备队正以一部分兵力阻击苏军前进的同时，在18日向古茂山后撤，当即接到了停战命令。

到13日正午左右，约一个大队的苏军在清津港登陆。罗南师管区罗南地区司令官佗美浩少将指挥的佗美支队（两个大队）和榆城西南地区的罗南师管区第1步兵补充队立即转入攻势，突破了敌军的第一线。但因敌军占据了清津市街，后来的战斗没有进展。敌军于14日夜又派一个师在清津登陆，因此，罗南师管区司令官又使攻击部队再次回到旧阵地。另方面，从庆兴方面南下之敌约一个装甲旅，于15日进到罗南北部地区，欲同清津登陆之敌共同南下，但罗南师管区部队据守阵地予以狙击。师管区司令官于18日晨决定经西部山脉向吉州（罗南南90公里）转移，并逐步开始行动，但晚间接到由汉城派来的参谋带来的停战命令。

咸兴平原的第34军以第59、137两个师团占领了定平（咸兴西南20公里）西部高地一带，准备迎击南下之敌，但尚未同敌军交战就停战了。

关东军的停战

〔最后的幕僚会议——决定遵奉圣旨〕 8月12日迁到通化的关东军司令官，14日下午，经"满洲通讯社"的联系，得知可能停战的消息和15日正午将有重要广播，便于当日傍晚赶紧回到新京。总司令部的人员也于15日由通化经空运和铁路开始重返新京。

关东军总司令部于15日正午聆听了天皇亲自广播的停战诏书，但从大本营方面还没接到任何命令；同时局势又不允许有片刻的犹豫，便于16日召开了决定关东军命运的幕僚会议。而这次会议也就成了结束关东军历史的最后一次幕僚会议。

会议席上多数人赞成不论胜败如何也要抗战到最后的一兵一卒，借以在国民心中播下重建国家的火种的主张，然而作战主任参谋草地贞吾大佐等一部分幕僚则主张，天皇既然已经颁发了停战命令，只有服从，别无他途，至于日本的重建等则有待于今后的决策。

这两种主张争论激烈。最后总参谋长秦彦三郎中将流着热泪说："我们作为军人，除了服从天皇的命令以外，不能设想还有什么尽忠之道。不遵奉诏书的永远是乱臣贼子。主张抗战到底的人最好先把我们的头颅砍掉，然后再去！"于是总司令官山田大将做出遵奉圣旨、为停战竭尽全力的决定，于是关东军的方针便确定了。

〔关东军的最后——苏军的漫无秩序〕 8月17日，竹田亲王作为天皇的代表到达新京，在总司令部传达了圣旨。到汉城担任护卫竹田亲王座机的是镰田正邦大尉指挥下的第2航空军四架飞机。他们在完成任务返航时，苏联飞机已排列在机场上，看到这种情况的镰田大尉等便毅然决然冲向机场，壮烈地进行了自我炸毁。

在这期间，关东军于16日接到了大本营发来的"要立即停止战斗行动"的命令和"为停止战斗行动，得同苏军进行局部停战谈判和移交武器等"的指示。

18日，关东军总司令官把第1、第3方面军、第4军、第2航空军各参谋长召集到新京，传达圣旨，并下达了关东军关于停战和解除武装的命令。

关东军的停战提议是通过哈尔滨苏联总领事联系的，结果总参谋长秦中将于19日乘苏军飞机前往在察里科夫的苏联远东军总司令部，会见总司令官华西列夫斯基元帅，就解除武装的要领、治安的确保、日侨的保护等问题进行了谈判，原则上达成了完全的谅解。

关东军关于停战和解除武装的命令，用一切方法和手段作了传达，但因第一线处于混乱状态，一时难以传达到的部队相当多。如前所述，有的部队直至8月下旬才通过特使听到传达。

苏军则同最高指挥官的保证相反，在实行解除武装时，各方面漫无秩序。尤其因为交通、通讯断绝，我军各司令部的机能早已被完全剥夺，所以，不仅关东军预想的有秩序的解除武装不可能实现，即部队的集结和掌握也难以做到。此外，苏军坚决不准日军整理战场地区，因而对死伤者和失踪者的收容、搜索也完全不可能做到。

8月19日，苏军使节（外贝加尔方面军司令部的上校等）到达新京机场，指令驻新京的部队在新京南郊集结和解除武装，并禁止一切通讯联系。因此，关东军总司令部的机能即陷于停止。22日，总司令部的厅舍被苏军接收，总司令部的职员移到日本海军武官府，只允许用无线电同东京进行联系。

日本军队自建军以来初次遭到的投降，给官兵以巨大的打击。"如今到此为止。"就这样选择自杀道路的人们，有第112师团长中村次喜藏中将、该师团参谋长安木龟二大佐、东宁重炮兵联队长渡边馨大佐、机动第三联队长若松满则中佐等，为数众多。不肯投降、采取自由行动的官兵似乎也相当多。

〔日侨的悲惨命运〕 在国境方面的日侨随着苏军的入侵，开始利用铁路、汽车转向后方城市避难。由于苏军出乎意外的提前入侵和迅速进击，铁路不通的地区和腹地开拓团的日本人，只能徒步后退。这些人在途中受到苏军的攻击，苦于饥饿和疾病，死亡者不计其数，惨状目不忍睹。退入国境阵地，同守备队共同战死的也大有人在。

关东军在10日采取了使主要城市的日本人向后方避难的措施，并要求"满洲国"政府使在新京地区的日本人按一般市民、国营公司、官厅、军队的顺序避难。同时准备十列火车，其第一列火车准备在10日晚能从新京车站出发。可是关东军被告知：那些长年落户的日本人，实际上无论如何也不能迅速行动起来。据此，关东军不得已便从容易行动的军人家属开始输送。因事出仓促，仅穿着随身一套衣服强令出发。军人家属一动，"满铁"①的家属也开始行动，接着就是一般日本人。于是新京车站一片混乱。然而，就是这些首先避难的人们，后来在平壤地区也陷入了悲惨的命运。

由于停战陷入无警察状态的满洲和38°线以北的北朝鲜地区的日本人，到处遭到了满人、朝鲜人的掠夺。尤其在苏军占领各地以后，苏军士兵对妇女的暴行或对财物的抢夺真是肆无忌惮。如有拒绝这类事情的人，立即会遭到枪杀。即使幸存下来，从腹地逃到后方地区避难的，也因饥饿和疾病，相继死亡，呈现出不堪名状的地狱般的惨状。

到9月初，在新京处于软禁状态而留下来的关东军幕僚，认为抢救日本人是燃眉之急，再三请求同东京直接联系；中央指挥部也要解决这一问题，但由于苏军当局的拒绝竟不可能实现。当时，关东军幕僚满怀悲痛和焦虑，写成了如下的电文，寄给了中央指挥部。

8月29日："面临两个月后的寒季和紧迫的粮食问题，实不胜忧虑。我等认为国家需要付出全副努力，对此妥善处理。"

8月30日："新京的难民仅只随身携带的物品也被夺走，甚或有绝食数日者……关于取暖用煤，即使有劳力也不准运输，而且衣着、粮食、被褥、住宅等又遭到征用或掠夺。担心一入冬季，饿死冻死者将不断发生……询问当地苏军首脑的本意，则云应由东京解决，而不采取任何措施。我们完全无能为力……烦请急速给予帮助，使之得以迅速送回国内，至盼。"

9月2日："……眼看冬季将临，约40万难民（加上原有30余万侨民，约为80万）拥挤在南满一带，无食、无住处、无钱，陷于绝境。至迟要到11月初旬以前……（以下电文未到）。"

到昭和21年（1946年）初，国民政府方面代替苏军接收满洲，对日本人的管理虽不自由，却上了轨道。这是蒋介石主席"勿以暴报恨"这种精神所赐。

〔"满洲国"的末路——溥仪皇帝的悲剧〕"满洲国"的国防是根据"日满议定书"规定的日满共同防卫的原则制定的，其主体是关东军。由于停战，关东军的战斗力消失了，同时"满洲国"的国家机构便立即趋于崩溃。

"满洲国"皇帝溥仪于8月10日夜偕同各大臣从新京迁至临江（通化东80公里），但"满洲国"政府各部次长以下仍留在新京，决心同关东军结成一体进行抗战。另外，各地方行政机关、运输通讯机关都能很好地配合军队的作

---

① "满铁"是当时"南满洲铁道株式会社"的简称。——译者

战行动，尤其日本人职员积极活动，奋不顾身。

在停战的同时，"满洲国"皇帝决定乘飞机经由奉天前往日本。估计这样做将来在对外交涉上会发生困难的事态，但这也是我国皇室的希望，梅津参谋总长体察天皇的意图，力图促其实现。可是，当皇帝一行于16日在奉天机场休息时，偏巧被降到该机场的苏军发现，便就给带到苏联去了。

关东军一被解除武装，苏军就逮捕了"满洲国"总务长官武部六藏以下的日本要人，押解到苏联去了。满洲人当中，有的为了避免国民政府方面的追究，躲藏起来，但也有不少人对困窘的日本人悄悄伸出了援助之手。

鉴于"满洲国"军队的素质，原来只指望它能起一个日本军队的辅助部队的作用，可是，当苏军入侵后，大部分背叛逃散，或者变成了土匪。但也有在热河省对抗中共军队的第5军管区司令官赫慕侠中将那样杰出的指挥官，他率领手下的军队隐藏在山里，想力图挽回颓势，终因力莫能及而自杀。

这样，昭和7年（1932年）建国以来，国运蒸蒸日上的"满洲国"，终于在混乱中拉下了历经13年历史的最后的帷幕。

库页岛、千岛方面的对苏作战和停战。

〔**库页岛方面——我军勇敢作战和苏军的暴行**〕 如前所述，根据8月9日黎明第88师团长的命令，驻在气屯的步兵第125联队长令古屯一个大队立即进入八方山阵地（国境南10公里），并命驻上敷香和内路的该联队主力迅速北上。到10日晨，将八方山阵地部署完毕。

苏军于9日、10日进攻国境方面我监视部队，并进行侦察飞行。11日晨开始南下，在半田附近同我前进部队交战后，13日攻下八方山东北侧前沿阵地。在14日到17日之间反复进攻我主阵地，经我联队奋战，均被击退。

在这期间，苏军主力经幌内川左岸进到古屯附近，同掩护主阵地侧背的我部队展开了激战。

联队长17日接到师团关于停止战斗行动的命令。当天下午，派出军使，同当地的苏军师长进行了局部停战谈判。

另方面，在库页岛西海岸方面，8月12日，苏军之一部在接近国境的安别登陆。13日，又以4艘登陆艇想在惠须取登陆，但被该地约一个中队的警备部队击退。后来，苏军在连日舰炮射击和轰炸之后，于16日晨，在惠须取北部地区登陆。第88师团长以约三个中队增援惠须取方面，但惠须取方面指挥官因18日当地停战谈判决裂，便于当天夜里集结兵力向内路转移。8月24

日在内路附近又接到师团的解除武装的命令，便把全部队的武器收拾好以后，摆放在马路的一侧，移交给从惠须取前来的苏军。

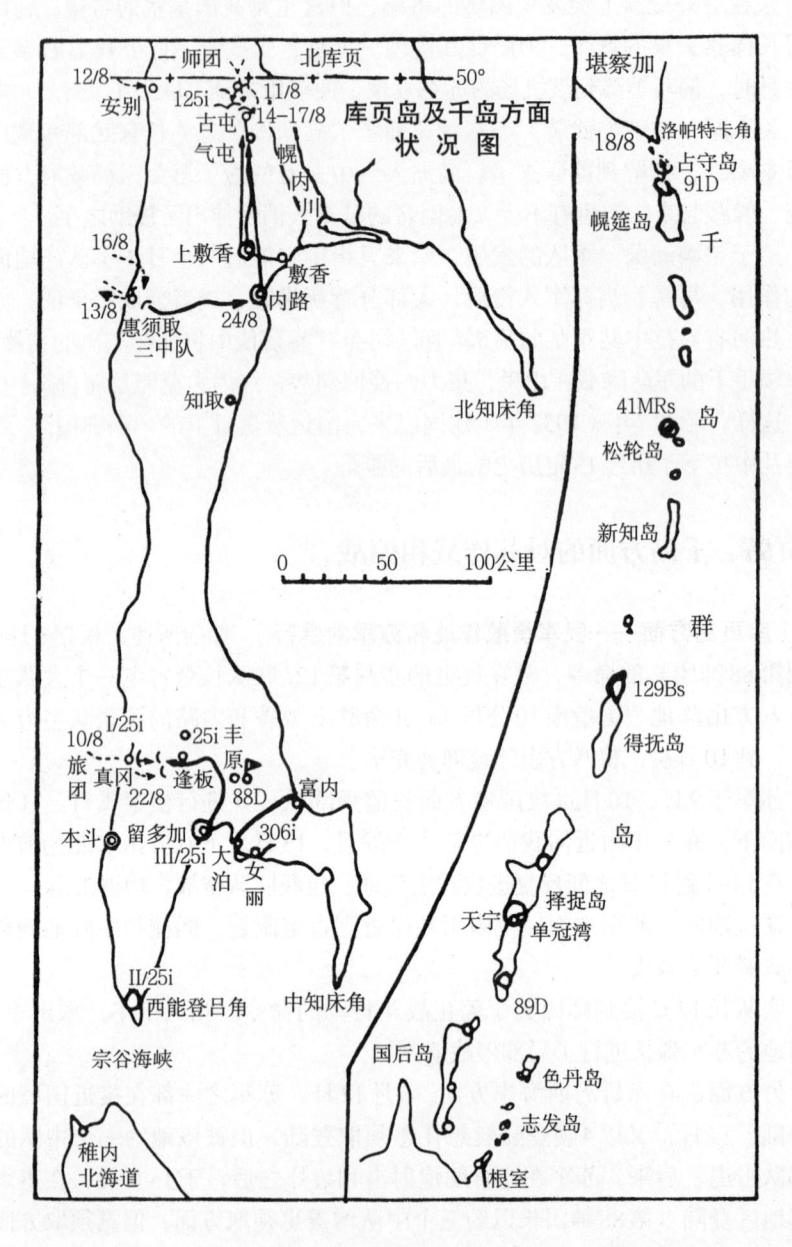

库页岛及千岛方面状况图

在真冈方面，8月20日晨，苏军在舰炮射击之后开始登陆。在该地附近的步兵第25联队第1大队长根据联队长的命令派遣了军使，但这一行却被苏军枪杀。随着苏军登陆，居民开始避难，但苏军竟对这些难民用机枪扫射，顿时现出一片号泣惨叫声。各部队看到眼前无辜的同胞遭到杀戮的惨状，不期而然地对面前的苏军开始了猛烈的射击，顷刻间进入了正式的战斗。

在逢坂的步兵第25联队长得知情况急剧变化，忙命留多加的约一个大队迅速向逢坂前进。在真冈方面登陆的约一个混成旅的苏军于21日晨突破了真冈东侧高地一端的我军第一线，进而向其东侧的熊笹岭逼近。22日，敌我整天激战。当日晚联队长接到了师团的"当俘虏也要停战"的命令。23日派遣了军使，但在途中被枪杀，联队长便亲自出面进行停战谈判。当天，在当地解除了武装。

在这以前，第88师团长接到方面军的停战命令后，根据派到上敷香的参谋同苏军的联系，于19日派师团参谋长去参加停战谈判，但会谈没有成功，又派了丰原特务机关长，结果，于22日在知取的停战谈判获得成功。师团长鉴于真冈方面的情况，于23日派遣特使，与苏军将校一道前往，但到达时，当地部队已在解除武装。

第5方面军司令官为了策应第88师团的战况进展，于8月13日决定从北海道向南库页岛紧急增派第7师团的三个步兵大队和一个山炮大队，但在动员中间，即行停战。方面军司令官于8月17日接到大本营的停战命令，便立即向第一线传达。20日得知真冈方面爆发了新的战斗，于是当天再一次命令要立即停止战斗行动，移交武器。

这样，在南库页岛的战斗便告结束。至8月28日，在库页岛的整个部队的武装已完全解除。9月3日以后，库页岛同本国的一切通讯联系被苏军完全截断。

库页岛的我军从9月20日左右被编成下述的作业大队，并逐步押送到苏联。

〔**千岛方面——占守岛的战斗和官兵的命运**〕 堪察加半岛南端洛帕特卡角的苏军于8月14日炮击千岛群岛最北端的占守岛。守卫该岛和幌筵岛的第91师团，一方面注视着满洲和库页岛方面对苏作战的趋势；一方面进行严格的战备，做了充分准备。

8月15日，该师团得悉预想不到的停战诏书，官兵极为惊讶和悲愤。师团长于17日向全部队传达了方面军司令官的训示和"立即停止战斗行动，但不妨碍不得已而进行的自卫行动"的命令。

第二天（18日）上午1时半，苏军先以洛帕特卡角的远射程炮进行炮击，之后从占守岛北端开始登陆作战。我驻守该阵地的部队为了自卫随即应战。但到拂晓时，苏军已逐渐地扩大了地盘。师团长根据这种战况，先令占守岛南端部队中一个步兵大队、一个坦克中队迎击正面之敌，接着以一个坦克联队、一个步兵大队和一个工兵大队进行了反击。

第11坦克联队长池田末男大佐勇敢地率先突进，从拂晓起坦克联队陆续加入了战斗。先遣步兵大队在其右翼展开，开始攻击。这时，浓雾弥漫，咫尺莫辨，到处混战，坦克联队长以下官兵终于战死。当后续部队到达战场时，企图一举在滩头歼灭苏军。在战斗方酣时，重又接到方面军关于"立即停止战斗行动"的命令，于是在当天下午4点，师团长下令停战。

师团长19日来到占守岛，并派参谋长为军使，于20日停战谈判达成协议。接着，23日，敌我两军最高指挥官在苏联军舰上会见，签订了局部停战协定。到25日，结束了移交武器的工作。该师团同北海道之间的通讯从9月3日以后，完全断绝。

松轮岛上的第41独立混成联队和得抚岛上的第129独立混成旅团都没有受到苏军的进攻，便迎来了停战。松轮岛上的守军于8月26日、得抚岛上的守军于8月31日分别将武器移交给进驻的苏军。

守卫南千岛的择捉、国后、色丹、志发各岛的第89师团（师团长为小川权之助中将）于8月29日结束了向苏军移交武器的工作。

这样，我在千岛方面的部队于9月中旬以后陆续被编成作业大队，被送到库页岛和沿海洲方面，遭到了和关东军官兵同样的命运。

被扣留在西伯利亚和遣返

〔押赴西伯利亚的悲惨命运〕 解除武装后集结、收容于各地的满洲和38°线以北的北朝鲜地区的官兵，谁也没想到后来还有比死还惨的苦难的命运在等待着他们。

苏军早把各地的将官押解到哈巴罗夫斯克，而关东军总司令部的职员于9月5日被解除武装，总司令官山田大将以下将官和数名幕僚被用飞机送到哈巴罗夫斯克，其他人员被送到南岭（新京南郊）的收容所。

各地被解除了武装的部队在途中被抢走随身携带的物品，徒步行军向主要城市集结。从9月前后开始，苏军将每1000名左右的日军官兵逐步编成作业大队，开始用铁路输送。苏军干部曾经说过，日军官兵中这时也有人内心里抱着一线希望：这回也许能回到日本。

然而，苏联的意图却完全不同。各地的作业大队在留下的日本人洒泪送行中，被塞进铁路货车，相继送往冰雪覆盖、狂风怒吼的西伯利亚各地收容所去了。后来就开始了日本民族史无前例的苦难的收容所生活和强制劳动。在此期间，由于粗劣的给养、繁重的劳动和有名无实的医疗等原因，在思念祖国、梦会亲人中死于异乡的大有人在；有的收容所死亡率竟高达60%。

〔作业大队和收容所——异国的坟墓〕 各方面作业大队的主要编成地及其输送地区如表80-1。收容所的分布如插图，西自莫斯科东至鄂霍次克海沿岸，约70个地区。

表80-1　各方面作业大队主要编成地及其输送地表

方面	作业大队主要编成地	作业大队数	主要输送地区
东满	掖河、牡丹江、梅林、拉古、东京城、敦化、金苍、兰岗、延吉（间岛）、佳木斯	约215	阿尔乔姆、乌苏里斯克、伯力、霍尔、共青城、穆利、霍尔莫林、伊兹韦斯特科威、比罗比詹、泰谢特、巴尔瑙尔、罗斯托夫卡、莫斯科
北满	海拉尔、博克图、齐齐哈尔、嫩江、绥化、哈尔滨、北安、孙吴	约65	伊兹韦斯特科威、莱齐哈、布拉戈维申斯克、卢夫罗沃、赤塔、克拉斯诺亚尔斯克、阿巴根
中南满	新京、吉林、公主岭、四平、奉天、鞍山、海城、锦州、承德	约150	布拉戈维申斯克、布卡恰恰、斯列谦斯克、赤塔、卡塔拉、乌兰乌德、恰克图、乌兰巴特、伊尔库茨克、切烈姆霍派、克拉斯诺亚尔斯克、克麦罗沃、阿拉木图、乌斯季卡缅诺哥尔斯克、卡拉干达、塔什干、安格连、贝古瓦德、莫斯科
北朝鲜	兴南、富坪、古茂山、秋乙、三合里（平壤东南方）	约65	斯奇扬、阿尔乔姆、海参崴、乌苏里斯克、谢苗诺夫卡、索夫戈瓦尼、阿拉木图、乌克兰、喀山、莫斯科、高加索
库页岛千岛	上敷香、丰原、大泊、色丹、择捉、得抚、松轮、占守、幌筵	约75	纳霍德卡、阿尔乔姆、海参崴、乌苏里斯克、穆利、尼古拉耶夫斯克、马加丹、库页岛
		合计约570	

〔遣返工作——宣告"结束"？〕 苏联管理地区扣留的日本人的遣返，战后引起严重的政治问题和社会问题。国内家属纷纷向国会、向占领军总司令部、向各国代表机构请愿，请求从速遣返，并在全国各地举行促进遣返大会。

苏军撤退后，昭和21年（1946年）5月，在国民政府的管理下，开始从满洲遣返。被遣返的日本人主要集结在新京、奉天，在葫芦岛乘船。第一期从同年5月到12月，特别得到了美军的大力支援；第二期从昭和22年（1947年）6月到10月；第三期从昭和23年（1948年）6月到8月间。由于中共军和国民政府军之间争夺满洲的战斗进入了最后阶段，新京留下的日本人陷于孤立，奉天、锦州间的交通完全被中共军切断，因而只好依靠美军支援的大型飞机实行空运。到昭和23年（1948年）8月15日，以葫芦岛启航的最后一艘船为止，结束了国民政府管理下的满洲遣返工作。在上述期间，遣返人员达到104.5万人左右，但仍有数万日本人留在中共控制的地区。

苏联地区收容所分布图

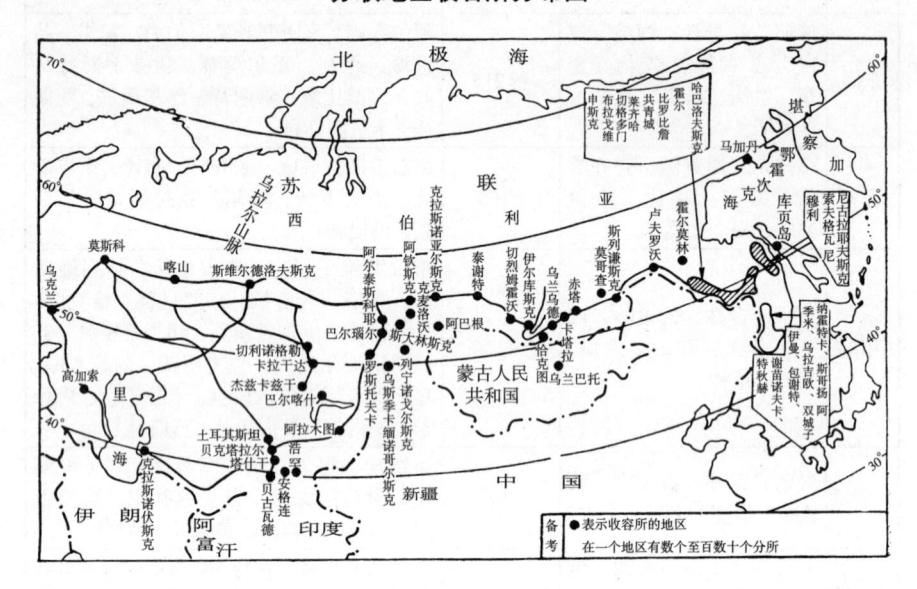

关于从苏联地区的遣返工作，日本政府曾屡次恳求占领当局给予理解和援助。结果，在昭和21年（1946年）12月19日，对日理事会苏联代表和同盟国最高司令官代表之间，关于遣返问题达成了协议。全体国民衷心盼望的苏联地区的遣返，于同年12月5日，由从纳霍德卡到午鹤的"明优号"轮船开始了。

以后，到昭和25年（1950年）5月为止，从苏联地区遣返的人员数目如表80-2。

表80-2　从苏联、北朝鲜和中国大连遣返的人员数目表

地区	陆军	海军	民间	合计
西伯利亚	448135	4237	17984	470356
北朝鲜	25151	236	297159	322546
库页岛、千岛	15958	26	276606	292590
大连	10449	468	215037	225954
合计	499693	4967	806786	1311446

上列北朝鲜地区遣返人员中有293968名是在苏联遣返以前，经重重困难，突破陆路38°线进入南朝鲜地区的。

西伯利亚地区的遣返人员的特点是，昭和23年（1948年）以后苏联思想教育的影响表现得极为明显。被所谓"坚定分子"领导的遣返人员一到午鹤就喊："敌前登陆啦！"阻碍和拒绝遣返救护机关的工作，在日本共产党声援之下，摆出了一套旁若无人的反抗行动。其中还有一些人走访苏联代表部，对扣留期间的"温情的对待"表示感谢之意。政府于昭和24年（1949年）8月11日公布了"关于维持遣返人员秩序的政令"，以期防止混乱。

昭和25年（1950年）4月，苏联的塔斯社发表："日本俘虏已经遣送完毕。因战争犯罪或其他理由而留下的有2467名。"宣布从苏联地区的遣返已经结束。然而，在苏联地区未调查完的生死不明者还有不少，这个问题，尽管国内的家属怎样忧虑，仍然遗留下来没有解决。

第81章

驻外地部队的停战

昭和20年（1945年）8月15日，天皇亲自播送停战大诏时，除对苏方面以外，我驻外的很多部队还在迎击来攻之敌，继续奋战。

这些部队较早的有从昭和19年（1944年）春季以来，随着同盟国军战线的推进被残留在主战场前方的；有的随着菲律宾的被削弱和冲绳的失陷，降到作战的次要地位的；但都希望对全面作战有所贡献，并尽量做了力所能及的战斗努力。

〔脱离主战场的驻外部队的各方面情况〕 在中国方面，已如前述，为了准备对美、对苏作战，命令中国派遣军从广西战线撤回，把兵力大体转用在长江流域以北的地区，因而正处于大调动中。特别是临到8月9日苏联的参战，正在迅速转入与之相适应的作战部署。

在菲律宾，当地的第14方面军和南西方面舰队，面对从昭和20年春以来开始的美军对菲律宾全境的扫荡战，正在克服一切困难继续抗战，其大部分则处于最后关头，或者已经转入游击战。

在南西方面的缅甸，随着昭和20年（1945年）3月末伊洛瓦底会战的失利，战线崩溃急剧加快。早在5月上旬，仰光失陷，缅甸方面军正在向泰缅国境地带实行总退却。南方军适应上述形势，为了加强泰国和新加坡的防务，正在付出巨大的努力。

昭和19年（1944年）秋以后，同盟军对澳北地区没有发动新攻势，但同美军换防的澳军于昭和20年5月以后向婆罗洲进攻，第37军和当地海军部队正在对此进行迎击。澳军进攻婆罗洲可以看做是英澳军对新加坡东西夹攻的预备战役。

〔不屈的斗志和承诏必谨〕 敌军在昭和19年（1944年）9月进攻帕琉以后，在中部太平洋方面没有进行新的登陆。然而在东南方面，从昭和19年末前后，强大的澳军开始了夺回东新几内亚和布干维尔岛的作战；对此，当地的第18军和第17军的部队断然进行了非常激烈的迎击战，当时两军特别是第18军正处于最后的关头。

菲律宾、缅甸、新几内亚以及布干维尔岛方面的部队随着战况的激烈和补给的断绝而尝到的辛酸，的确可以说是日本军队军事上败战的缩影，其程度远远超过人类能够忍受的限度。假若这是一支世界上普通的部队，可能远在停战以前，就会出现大量的投降和丧失斗志的情况，然而，祈求祖国战胜的不屈精神始终在鼓舞着这些部队的斗志，使之一直继续战斗到最后。

然而，停战的决定一经下达，这些部队便吞咽着大量的泪水，遵奉天皇的命令，一变而为"承诏必谨"的态度，丝毫不乱、井然有序地去迎接停战。他们的心情就是行动要审慎，不要由于行动越轨而使祖国的不幸更加扩大；虽然战败了，但要通过严明的进退来保持日本军队最后的名誉。

中国方面部队

〔**苏联的参战**〕 8月9日苏联参战当时，如前所述，中国派遣军根据5月28日大本营陆军部命令，为加强华中、华北方面的作战准备，正从华南方面大规模调动兵力。

中国派遣军总司令官接到苏联参战的通报后，鉴于蒙疆方面兵力有限，首先命令第118师团从上海方面转移至张家口，接着命令第13军立即准备将约三个师团的基干兵力和第6军司令部转移到南满。

接着，9日夜，接到大本营关于准备发动全面的对苏作战的命令，立即将新纳入派遣军指挥下的关东军承德支队置于华北方面军（方面军司令官为下村定大将）的指挥下，并命令该方面军：当外蒙方面的苏军进攻时，必须用当地现有的兵力予以击溃。另外，命令第6方面军准备调动部分兵力到南满，同时指示各方面军、军和飞行师团要严加戒备美军的进攻和重庆军的反攻。

根据上述命令，华北方面军于12日下令撤出河南和山西南部的战线，以一部分兵力加强蒙疆和山东方面，并在北京地区配备两个师团，准备随时调用。另外，第6方面军为促进北进行动，也做了适当部署。

另方面，13日的情况是：从外蒙方面进攻的苏蒙军约一个师从张库公路南下，已进入德化，估计14日可到达张北。于是，中国派遣军将第13师团的主力调到华北方面，使之协助华北方面军的作战。

14日正午左右，先后收到了大本营命令和指示，内容要点如下：

大陆命第1380号要旨

一、大本营的意图是，在完成重点对美作战的同时，为粉碎苏联的野心，开始新的全面作战，打败苏军，以维护国体，保卫皇土。

二、中国派遣军总司令官必须就地歼灭入侵之敌，力图同苏、美长期对峙，以配合帝国本土的全军作战。

根据上述命令，大本营陆军部指示的要点是：

一、为适应关东军作战指挥的随时需要，先将一个军司令部和至少两个师团的基干兵力及其所需之军需品迅速调用于满鲜方面。

二、大陆铁路要彻底完成作战运输，对日运输即行停止。

〔停战——重庆同延安的矛盾〕如前所述，总司令官冈村于8月15日正午聆听了天皇的广播后，立即决定了承诏必谨的态度，根据大本营命令，16日停止了积极的进攻作战，接着便采取了关于立即停止战斗行动的措施。

然而，重庆和延安两方面知道日本停战后，双方矛盾急剧恶化，都想尽快夺取派遣军占领地区的要地。16日晨以来，不时发生占领交通干线和要求解除我零星部队武装的现象，形势顿时骚乱起来。于是，冈村总司令官一面通告中国方面：日军认为那些不法扰乱治安者不在蒋介石总统的管辖之下，因而有时不得不采取坚决的自卫行动；一面命令所属部队：除根据统帅系统的命令以外，不管敌方提出什么要求，不仅绝对不予接受，而且根据需要应毫不犹豫地坚决行使武装自卫。

〔蒙疆、热河方面——同苏军的局部停战〕蒙疆方面的苏军同延安军互通声息，想抢在重庆方面的傅作义军的前面占领张家口，直到19日仍未停止战斗，并射击我方军使，以配备坦克的部队继续进攻。然而，派遣军已同意同苏军进行局部停战谈判，因而当天下午1点30分命令华北方面军："停止战斗行动，适当地进行局部停战谈判和移交武器等，如果情况还允许，尽可能撤退到京津地区。"

苏军于第二天（20日）上午11时30分才响应我方根据上述命令提出的停战谈判，但要求在当天下午5时以前，完全解除我方在张家口部队的全部武装。当时，在该地区约有4万日侨，从20日晨开始向京津地区撤退，即使输送顺利，也得在22日夜最后一个梯队才能离开张家口。如果再考虑往后方撤退部队，则至少也需要一周的时间。因此，驻蒙军司令官根本博中将决心："我军至少需要两三天的时间，可能的话争取一周时间的机动余地，应以此为目的，进一步进行交涉，如果对方不予接受，为了赢得最低限度的时间，坚决在长城外线要地阻止敌军前进。"然而，华北方面军司令官和中国派遣军司令官未予批准，要求严格执行上述命令。驻蒙军迫不得已在20日午夜，使日侨或徒步，或搭汽车和火车向京津地区撤退，当确认已全部撤离以后，21日，军队主力才撤到京津地区，一部分则撤到大同地区。

第81章 駐外地部隊的停戰

中国方面部队停战时态势要图

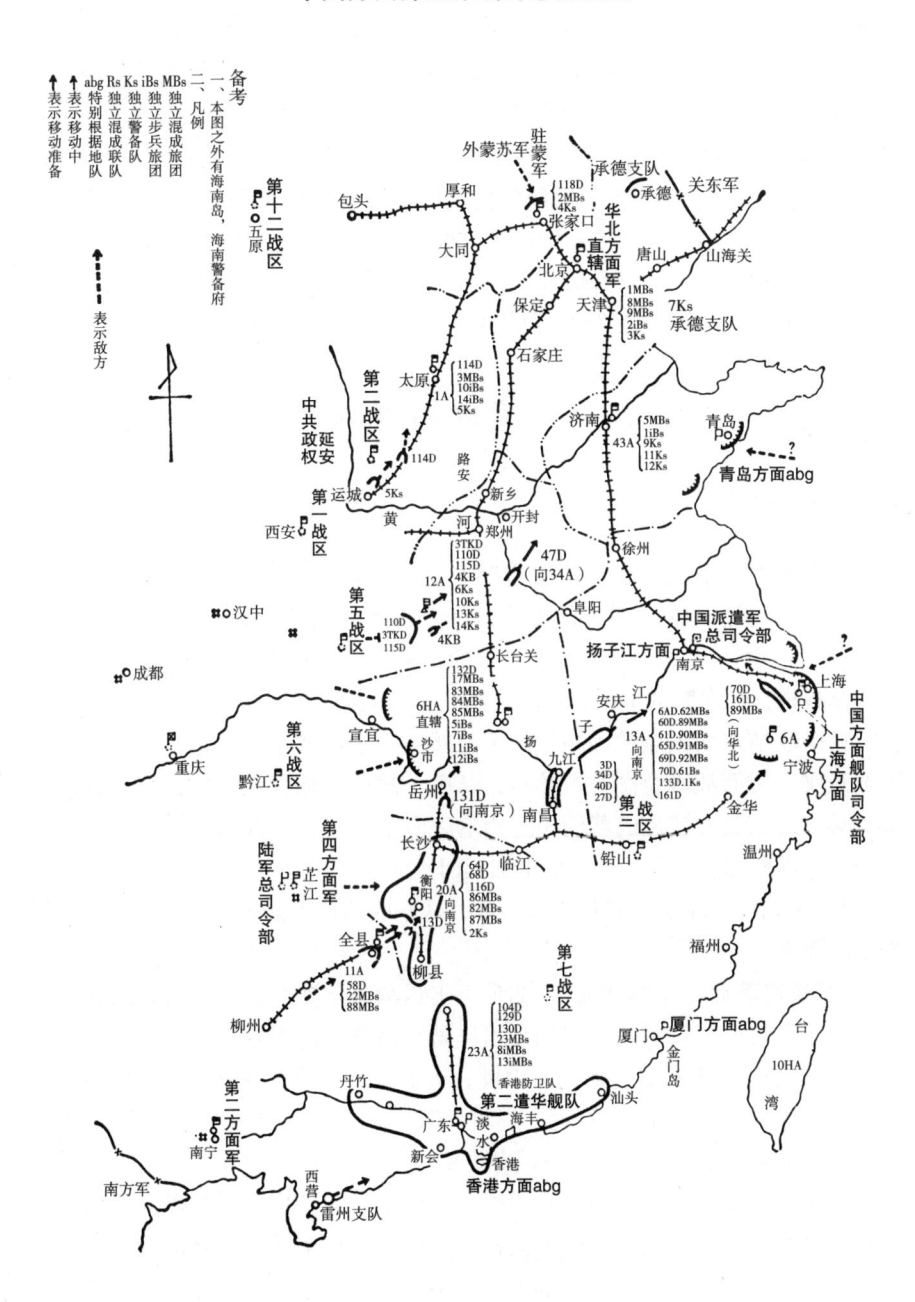

入侵热河方面的苏军竟非法越过古北口，侵占石匣附近。派遣军根据华北方面军的建议，21日指示行使自卫，但因后来苏军停止南下，终未酿成重大冲突。

〔在南京的投降签字——连续作战满八年〕　中国派遣军总司令官冈村宁次大将根据大本营特字第一号命令，率所属全体官兵和新纳入指挥下的台湾第10方面军及北纬16°以北的法属印度支那的第38军主力，并统辖中国方面舰队，于9月9日在南京向蒋总统的代表中国陆军总司令何应钦上将投降，并在规定的文件上签字，然后立即向各方面军、各军下达了有关的命令。这样，从昭和12年（1937年）7月爆发中国事变以来，整整八年，在连战连捷的辉煌历史上大放光彩的我派遣军，终于自行站在战败者的地位上，放下了武器。

菲律宾方面部队

吕宋岛的持久作战

如前所述，第14方面军主力自昭和20年（1945年）1月中旬以后，在敌军的强力压迫下，继续艰苦的作战，将其西部据点设在碧瑶西部山岳地带，将东部据点设在巴雷特山隘附近一带的山地，这样在2月上旬，基本上已经构成抗战根据地南侧的屏障，做好了长期抗战的态势。

这个联结东西据点的山地战线，直接威胁中部吕宋平原，具有战略上的重要意义，因而敌军企图夺取该线，从整个战线正面发动全线猛攻，并以一部分兵力进到北方较远的苏约（圣费尔南多东北偏北约50公里）附近，威胁我西北方据点邦都，并加强了对卡加延河谷的轰炸。

3月上旬，敌军进一步加强了轰炸，从东西两据点间的间隙，开始向我根据地内部突进。

〔萨拉克萨克山隘的激战〕　如果不击退敌人这次突进，碧瑶正面和巴雷特山隘正面就可能被截断，卡加延河谷就会被置于敌军蹂躏之下，方面军的抗战根据地就会从根本上崩溃。因此，方面军将正在恢复战斗力的坦克第2师团迅速派往萨拉克萨克附近，进攻此敌。战斗起初进行得似乎还比较顺利。但敌军得到了增援，战线呈现出胶着状态。

这样，被突破的危机一时有所缓和，但敌军的进攻并未稍懈，而我军已没有与之对抗的战斗兵力。山下大将把副参谋长小沼治夫少将派到那里，让他来处理这个困难局面。该少将在妥善指挥第一线作战的同时，调整航空、船舶部队等各部分队伍，新编一个步兵大队，防止了前线发生破绽。

由于第一线官兵勇敢奋战和小沼副参谋长积极的作战指挥，在这个正面战线收到了良好的效果，直到6月上旬一直抵住了敌军的猛攻。

在这以前即4月下旬，方面军鉴于敌军已经攻到冲绳的情况，为对巴雷特山隘方面加强部署，决定将第103师团转移到卡加延河上游地区，在阿帕里附近留下大约两个大队，并将主力集结于埃恰圭北部地区。

〔碧瑶的放弃〕 敌军对西部据点碧瑶的进攻日益猛烈。山下大将预见到粮食的不足和战况的变化，于4月上旬将非战斗员、日侨转移到班班地区。

第23师团和第58独立混成旅团先在3月下旬痛击并击退了罗札里欧——碧瑶公路方面进攻的敌军。在4月上旬，敌军用推土祝掘开险峻地段，以坦克和重炮向前推进。我军忍着饥饿，英勇战斗，再次将此顽强逼近之敌击退。

4月17日黎明，配备坦克的敌军，终于突破纳基良——碧瑶公路上的我军阵地，进到碧瑶以西10公里附近。驻碧瑶的我军奋勇战斗，包括司令部机关、报道班都参加迎击敌人，我轻型坦克甚至用尽最后一滴油与突击的敌军大型坦克冲撞，但拥有无限物力的敌军仍然没有停止前进。

方面军司令官于是决定放弃碧瑶，同左翼的支撑点巴雷特山隘方面联系，将右翼的支撑点向宾羌西北部一带的高地收缩，于4月24日，命令第23师团撤退。敌军于第二天（25日）进入碧瑶市内，但由于地形险峻和调整兵力等原因，后来的进攻就比较缓慢了。

〔巴雷特山隘战线的崩溃〕 碧瑶失陷后，敌军对巴雷特山隘的进攻骤然加剧起来。我第10师团和第2坦克师团多次进行了有力的反击，成功地夺回了一部分阵地，但由于军需品特别是粮食的不足，战斗力逐渐下降，5月中旬，敌军发挥了推土机的威力，从巴雷特山隘东南面高地逐渐向我阵地渗透。

5月下旬，战况日趋紧迫。6月1日，我军终于失去了山隘。

方面军判断，在这个狭长地带的战斗中，凭恃当地部队的防御和道路的障碍等，在一定期间内能阻止敌军。其间，赢得时间，计划将第103、第105师团等集结于巴加巴古附近，在这里占据阵地，反击来犯之敌，将其击溃。

敌军突破巴雷特山隘以后，首先轰炸、炮击卡加延河上游的狭长地带，然后用水陆两用坦克突进。我军没有机械力量，粮食不足，体力下降，而且是徒步应战。由于这些原因，第105师团尚未完成兵力的集结。另外，6月8日，从阿帕里转进的第103师团的先头部队正在接近奥里翁岭附近，即在我方面军采取反击态势之前，敌军已经进入了巴加巴古。

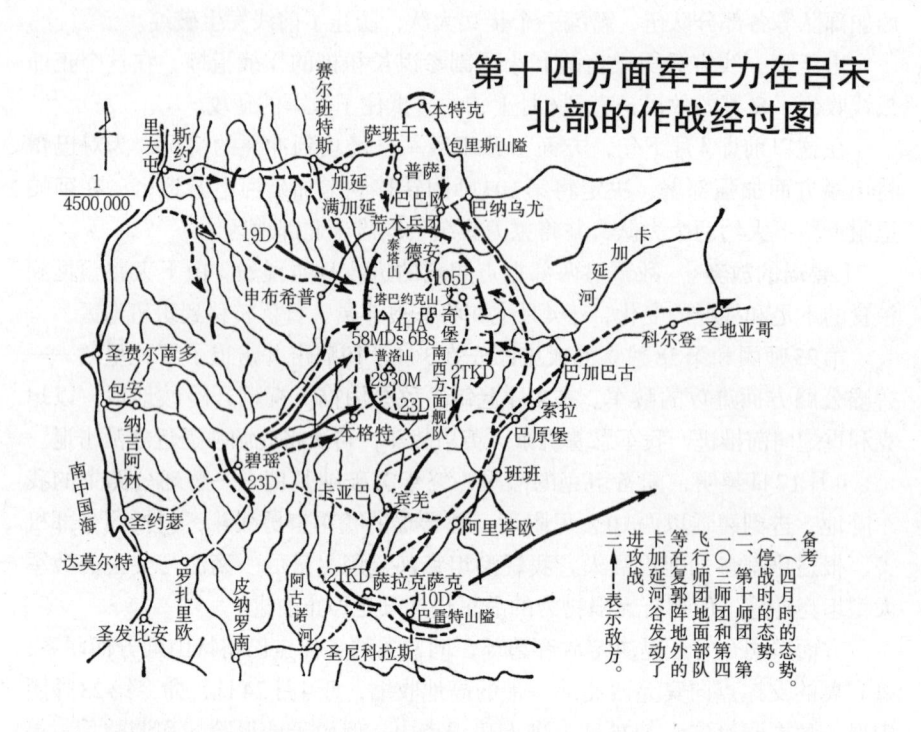

第十四方面军主力在吕宋北部的作战经过图

〔**方面军主力最后的二道防线阵地**〕 巴加巴古附近的反击计划由于敌军迅速突进而化为泡影，因此，方面军着手构筑最后的二道防线阵地。

在这里成问题的是粮食和持久战的矛盾。如果停留在卡加延河谷，即使有粮食也没有可以据守的地形；而如果进入山岳地区的腹地，则虽然利于持久作战，却不得不苦于缺粮。

方面军决定采取后者，即在阿信河上游地区和普洛古山周围地区占据二道防线阵地，策划持久抵抗。这个地区是东西约50公里长、南北约80公里的盆地，普洛古山标高为2900米，是菲律宾的最高峰，附近是仅有少数伊俫裸特族常住的偏僻地区。

方面军为在此二道防线阵地进行最后抵抗，所能掌握的兵力有第19、第23、第105师团、坦克第2师团和第58独立混成旅团。这些兵团由于连续激战，战斗力低。各师团兵员约为5000至6000名，旅团则约为2000名，而且病号很多。装备也大部丧失，拥有大炮的只有第19师团。

敌军从东、北、西三面进攻这个二道防线阵地，该阵地各兵团用满加延矿山的炸药制成手榴弹，嚼着山芋和野草坚持战斗。

在二道防线阵地以外的地区，与方面军主力失掉联系的第10、第103师团、第4飞行师团在卡加延河上游地带各自独立地同敌军和游击队作战，忍受饥饿，辗转奋斗。

〔**振武、建武两集团的抵抗**〕 如前所述，3月末，马尼拉东面的振武集团（以第41军为基干）向普洛山和其东南面山地战线撤退，转入了最后的抵抗。

敌军后来进入了包索包索平原，并越过哈拉哈拉山隘推进到希尼罗安附近。我主阵地附近的地形甚为复杂，东面是密林地带，不利于发挥炮火的威力和坦克的行动，因而敌军的进攻大为减慢。从4月到5月，敌军一直也未进攻。

集团长横山中将判断，敌军可能以一部分兵力将我军封锁在密林地带，而以主力转进到吕宋北部或菲律宾以外的地区。为了拖住当前的敌军，5月7日，根据统一计划，以约9个大队对安蒂波洛、马里基纳方面进行了反击。反击部队利用夜间，潜入敌阵深处，以白刃战给予敌军很大威胁。然而，伊波附近之敌恰巧与我出击部队同时开始进攻，因而不期在这里展开了遭遇战。结果，我军受到敌军坦克的压迫，战况逆转，伊波附近的阵地终于被敌军突破。由于这一战局的影响，安加特水源地东侧阵地被包围，5月下旬，普洛山又被夺去。

敌军与北方战线的进展相呼应，在南翼摆出欲截断我军左翼侧背的态势。因此，我军在敌人进行截断之前，及时整顿战线，从普洛山方面向雷纳钦河东方高地一线后退，在这里构成了每个兵团最后的抵抗据点。因6月中旬以后，敌军的进攻再度趋于缓和，所以，把有力的部队移向粮食丰富的内湖东侧地区，转入各自为战和各自求存的态势，约在6月底结束了有组织地防御战斗。另方面，克拉克原野西部地区的建武集团4月上旬以后基本上分散在三描礼士山脉，就地自给，但因粮食不足、损失巨大，1月份时尚拥有3万兵力，至停战时仅剩下1500人左右了。再有，巴坦半岛方面的第10师团的步兵第39联队虽然受到敌军的顽强进攻，但仍继续抵抗到最后，坚持了英勇的战斗。

〔**停战——山下大将下山投降**〕 第14方面军依据吕宋的三个据点，大体上进行了上述的持久战。然而这场战斗一直存在的问题是粮食的不足和武器特别是弹药的不足。并且，第14方面军的三个据点的部队，自昭和20年（1945年）4月以来，同外部的联系几乎全被切断，各自独立，幸存的官兵在营养不良的肉体中沸腾着不屈的热血，一直继续着最后的殊死战斗。停战后由于恢复了无线电联系，8月21日接到了南方军关于停战的命令，方面军司

第41军马尼拉东方据点作战经过要图
（1945年4月至8月）

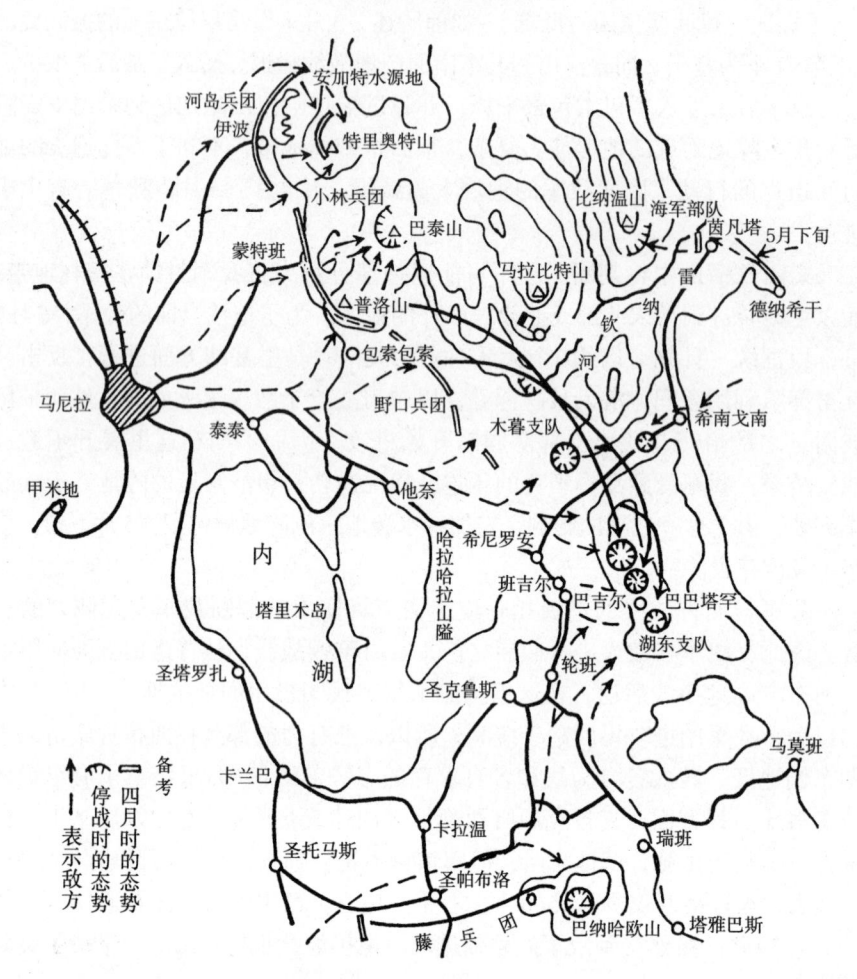

令官山下奉文大将携同参谋长武藤章中将和西南方面舰队司令长官大川内传七中将下山，9月3日到达碧瑶，向美军投降。除方面军主力驻高山省二道防线阵地一带的部队之外，全都没有通讯联系的手段，再加上连各集团内部都处于无法传达命令的状态，所以，主要靠美军从中联系，各兵团部队才陆续下山向美军投降。

莱特战败后的菲律宾中南部部队

〔**后来的莱特岛——军司令官战死**〕 如前所述，昭和19年（1944年）12月中旬，第14方面军司令官对第35军司令官发布命令："第35军今后应独立作战，自战自给，继续持久抵抗，将莱特岛的兵力向其他方面转移；军司令部应转移到便于指挥全军的位置。"

第35军司令官铃木中将于是采取了以下的措施：将以第16师团和第68旅团为基干的部队留在莱特岛；使现有的其他各队转进到米沙鄢地区；自己则转移至棉兰老岛，指挥该岛上尚健在的第30、第100师团（师团长原田次郎中将）和第54独立混成旅团，继续作战。第1师团和第102师团司令部于1月中旬，在敌军掌握绝对制空权的情况下，穿过严密的海上封锁网，利用暗夜，靠舟艇脱离了莱特岛，好不容易才到达了宿务岛。其所有人员第1师团约800名，第102师团司令部只有35名。

铃木中将把后事托付给第16师团长，3月24日夜离开莱特岛，第二天清晨到达宿务岛。

3月26日，据判断约有一个师之敌在宿务市西南侧地区开始登陆。军司令官令第1师团守备宿务岛北部，令第102师团守备宿务岛南部。4月10日夜分乘煤船五只，向棉兰老岛前进。4月19日，铃木中将在棉兰老海遭到敌机袭击阵亡，参谋长友近少将一行于4月20日奇迹般地到达了卡加延海岸。

留在莱特岛的第16和第26师团以及第68旅团等于3月中旬左右集结于坎基包特附近，转入独立作战、自战自给的态势。由于敌军的进攻特别是猛烈的轰炸和粮食的奇缺，兵员损伤严重，4月份死伤达4000名。残存部队抱着空腹进行游击战，到停战时，兵力约为200名。

〔**棉兰老岛的作战**〕 昭和20年（1945年）4月中旬，在棉兰老岛上第100师团（4月下旬以后，指挥海军第32特别根据地部队）部署在达沃平原，第30师团部署在中部地区，第54独立混成旅团部署在西部地区。

敌军于4月14日在哥达巴都附近登陆，压迫我海岸守备队，开始向内陆进攻。这时到达棉兰老岛的军参谋长友近少将提出"争取击退入侵之敌，不得已时可在达沃西部地区构筑二道防线阵地，谋求逐渐削弱敌军战斗力"的方针，以军司令官的名义担任了作战指挥。

第100师团依据达沃西部高地的原有阵地，进行了历时约两个月的顽强的保卫战斗，在6月份以后簇拥着约1.5万名日侨进入了阿波山北部的二道防线阵地。另方面，第30师团在马来巴来东部阵地进行抵抗之后，为转向自战自存态势，通过大原始森林地带，于8月中旬开始向瓦洛埃附近移动。第54独立混成旅团3月10日同在三宝颜附近登陆之敌进行激战，我方伤亡约达2000名，根据军部命令转入了游击战。

菲律宾岛中南部方面作战概况图
（1945年3月至8月）

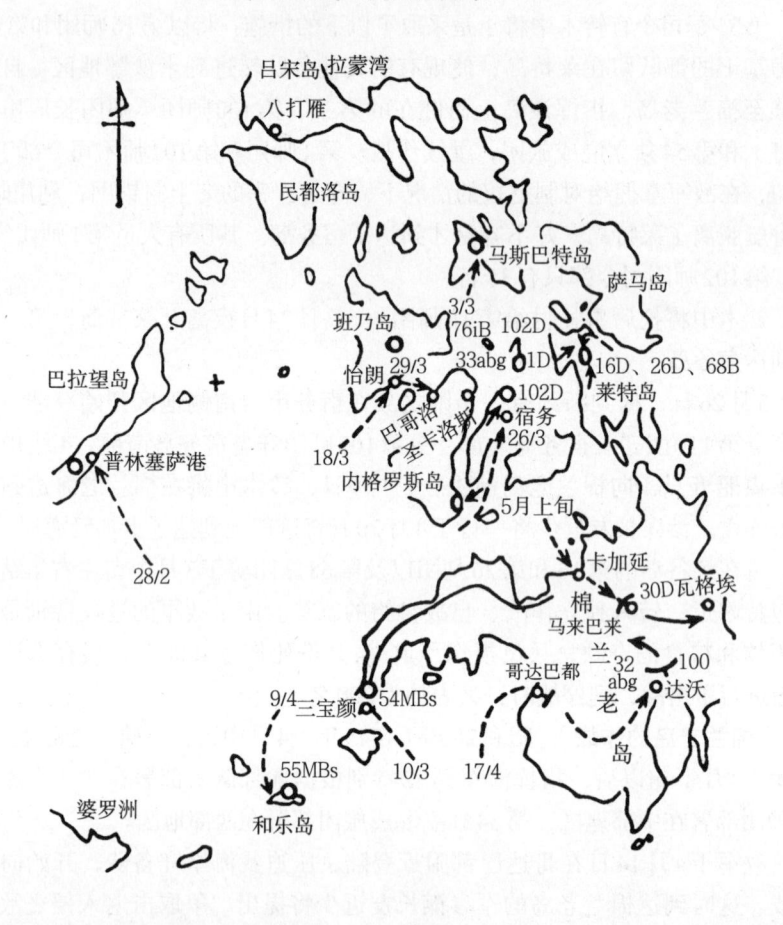

从巴哥洛转移到棉兰老岛的第2飞行师团司令部，转归第3空军司令官指挥，5月1日，受命向新加坡转进。

〔**其他各岛的作战**〕 在莱特和棉兰老岛以外的菲律宾中南部各岛，也在同入侵美军之间进行战斗。

2月28日，占优势的美军在步兵2中队和空军地勤部队守备的巴拉望岛登陆，守备部队寡不敌众，不久即转入了游击战。

内格罗斯岛和班乃岛由第102师团的步兵第76旅团担任守备，美军于3月18日进攻班乃岛，3月29日进攻内格罗斯岛。在内格罗斯岛的巴哥洛有我军第2飞行师团、船舶部队、补给工厂和海军的一部等，兵力计约1.5万名，这些部队在海岸迎击敌人之后，进入了二道防线阵地，继续抵抗，迎来了停战。

3月26日，美军在宿务岛登陆一事已如前述，第102师团于敌登陆后约一个月期间，同敌军进行了积极战斗，后来由于战斗力急剧降低，转移到宿务北部，与第1师团一起，进行游击战，直到停战。

由第55混成旅团守备的和乐岛，4月9日遭到美军进攻。5月中旬，美军换成黑人部队，从此攻势缓慢，直到停战。

〔停战——各个投降〕 原来在莱特作战中已竭尽全力的第35军，在莱特以外菲律宾中南部诸岛作战，准备不够，在所难免。而且大小岛屿星罗棋布，势必造成兵力配备的分散。结果如前所述，遭到强大美军的各个击破。加之，因当地居民的反日态度造成了粮食不足，也使作战日益困难。这样，菲律宾中南部部队也陷于悲惨的结局，遭到了与战斗相比显得过重的损失。在停战时，和乐岛上的兵力约为100名、内格罗斯岛上的兵力约为1200名，这个数字，已足够说明个中的情况。

在棉兰老岛上，第35军参谋长友近少将于9月7日接受当地美军的投降劝告，在投降文件上签了字。其他多数散在部队还都无法直接接到上级指挥官的命令，就根据自己大致的判断，向当地的美军投降了。

缅甸方面部队

敏铁拉会战的失败构成了缅甸战线全面崩溃的直接原因。3月下旬，这次会战结束以后仅一个月，仰光就失陷了，日军不得不向锡唐河东岸撤退。在这期间，3月27日，缅甸防卫军8千名背叛了日军，缅甸国民也与日军为敌，拥有十个师团的缅甸方面军受到英印军从北方潮涌般的进攻和从正面海上登陆进攻的夹攻，犹如大厦倾颓一般瞬息崩溃。雨季更加速了战线的崩溃，使损失更加严重。

〔漂贝战线的崩溃〕 3月下旬，缅甸方面军在放弃"盘作战"以后，还企图整顿敏铁拉南部战线濒于崩溃的三军的态势，以阻止已经逼近的敌军的攻势。为此，以第56师团防守掸邦高地，以第33军固守漂贝东西一线，将第15军集结于央米丁、彬文那附近，作为第二线的兵团加以掌握。命令第28军确保泡贝山附近的重要战线，阻止和反击敌军，同时从该军抽出第55师团主力，转用于曼德勒公路方面。

第33军司令官本多于28日夜，为完成新任务，命第18、第49师团分别固守萨吉、莱茵德和漂贝北部的战线，此间，还命令第53师团摆脱敌军的包围，占领漂贝西部的延昂。在第33军拼死掩护下，第15军的第15、第31、第33师团沿着东部山地继续向南撤退。

占领了敏铁拉的敌军，乘其余威，以优势的坦克部队为先导，一举沿东吁——仰光公路，开始向仰光推进，4月1日，向第49师团大举猛攻。

军司令官本多命第18师团迅速向漂贝转进，占领该地，并命令第49师团向央米丁撤退。当时第33军的兵力，三个师团加在一起实力也不过半个师团。4月5日，蹂躏了第49师团的敌军，继续南下，7日，很快就来猛攻漂贝的第18师团。其一部轻易打败了西部延昂的第53师团（该师团一门火炮也没有）后，便向漂贝南部迂回，形成了对漂贝的南北夹击，方面军固守漂贝东西一线的企图，很快就瓦解了。

〔全线崩溃——仰光失陷〕 接到缅甸方面这个战况报告的南方军总司令官寺内下定决心，命令将缅甸战线收缩到乐可、东瓜至仰光一线，确保缅甸南部的重要地区，在此期间迅速加强印度支那半岛和马来方面的战备；并命令正向法属印度支那地区转进中的第2师团的一个联队折回，重归缅甸方面军。方面军司令官仍然企图尽量将敌军阻止在北方，使重新回到方面军的第2师团的一部和从第28军调来的第55师团主力不去占领东瓜附近重要战线，而继续北上，并将这部分兵力置于第33军司令官的指挥下。对第33军则命令其坚持在彬文那以远地区；第28军与之策应，尽力在北方阻止并击溃敌军；又令第72独立混成旅团拨出三个步兵大队向彬文那转进。还要求当时正从葛鲁北方南下的第15军在东瓜以北停止前进，以协助第33军作战。

4月7日，由于漂贝战线的崩溃，第33军欲在彬文那北方信德河一线重整旗鼓，但很快就被跟踪南下之敌所突破，4月16日又向彬文那撤退。原受命北进的第55师团的一部也卷入了这场战斗，一起后退了。

第33军于4月18日，已大体占领了二道防线彬文那，而在19日拂晓，很快就遭到了占绝对优势的敌坦克群和空军的猛攻。第55、53师团占领了彬文那；第18师团占领了彬文那东方的桥梁。第49师团在漂贝败退以后，一直处于情况不明的状态。4月19日，当方面军还在要求第33军在彬文那以北坚持

缅甸方面军作战经过要图
（1945年4月—5月）

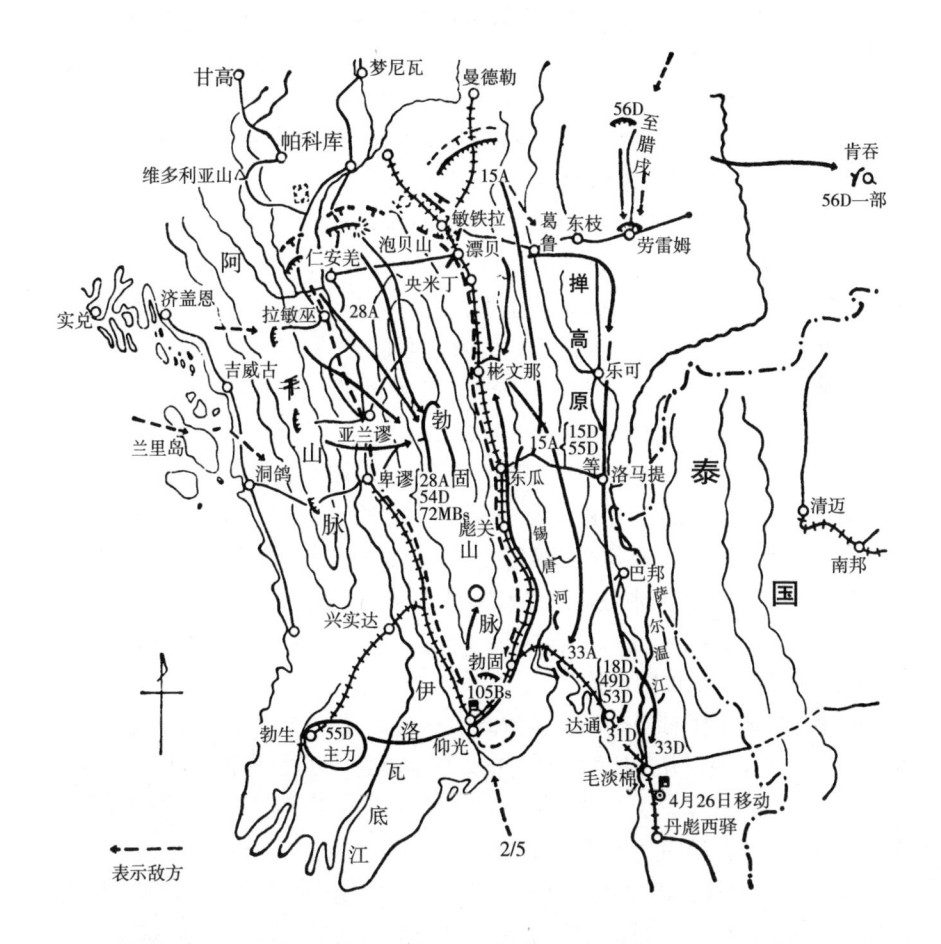

时，该战线已经崩溃，敌坦克群赶过了日军，长驱南下，22日夺取了东瓜之后，继续向仰光推进。第33军的各师团均退避到锡唐河左岸，企图向南方撤退。尽管有南方军的命令，东瓜也只是由兵站部队守卫着。

方面军司令部于4月23日撤出仰光，向毛淡棉转移。在撤退前，方面军司令官命令仰光防守部队第105独立混成旅团在勃固北方帕亚枝阻止敌军装甲部队前进，但对来势凶猛之敌已经是无可奈何了。

敌坦克群于5月4日突破了勃固，并向仰光挺进。在这之前，实兑（阿恰布）方面的敌第14军团之一部，同伞兵部队配合，5月2日，由海路在仰光港登陆，几乎未受到日军抵抗就占领了仰光。该处只有印度国民军还在驻守。从仰光到毛淡棉公路上，因败退的部队、急于撤退的日侨以及一部分缅甸政府官吏等形成一片混乱。这样，从昭和17年（1942年）3月占领以来，历时三年有余，仰光又从我军手中失掉。

〔第28军的孤立——宫崎兵团的行动〕 如前所述，为了稳住缅甸方面军主力在伊洛瓦底会战中的西翼，第28军在仁安羌周围地区和阿拉干山脉前线，从2月以来即同敌军不断激战，直到4月初。

然而，第28军的作战形势从这时起急剧恶化。即如前述，从4月上旬以后，兵力逐渐被抽出，其实战斗力降至一个师团左右。而且如前所述，3月27日，在我军的作战地区内，缅甸防卫军在首领他金·温山的领导下掀起叛乱，打乱了我军的补给和通讯，致使作战愈加困难起来。

军司令官樱井为了策应方面军在彬文那附近阻止并击溃敌军的意图，想以军的主力据守亚兰谬附近的原有阵地，阻止并击溃南下之敌。为此，4月15日，命令第54师团的一部向亚兰谬附近集结，以阻止阿拉干山脉以西之敌，并布置第72独立混成旅团在掩护第54师团转移之后，在卑谬附近集结。

然而，在此期间，曼德勒公路方面的战况急转直下，4月22日，东瓜陷落，第28军在敌军包围中处于完全孤立状态。敌军的压力还逼近亚兰谬，卑谬——仰光公路也处于敌军控制之下。于是，樱井司令官于4月27日决定将兵力集结于勃固山脉以图后策。

仁安羌从4月20日受到敌军的进攻，被迫放弃。第72独立混成旅团从伊洛瓦底江南岸撤退，从5月2日左右起，断绝消息。第54师团主力于5月1日到达了亚兰谬西部伊洛瓦底江西岸，但东岸已在敌军的控制下，渡河面临困难。军司令部同各兵团之间的通讯联系业已断绝。

5月3日，木村方面军司令官电令樱井司令官统一指挥仰光防守部队，固守仰光。然而，由于当时第28军的情况和当前的敌情，这一命令实际上已无法执行。第28军眼下的当务之急是尽全力掌握各兵团，并将其集结于勃固山脉。这个艰巨任务从5月末到6月下旬才勉强完成。其中，宫崎繁三郎中将指挥的第54师团主力在敌军包围中横渡伊洛瓦底江，向勃固山脉集结的作战行动极为困难悲壮，只是由于该师团长的卓越指挥才能，才得以完成。

〔锡唐战线的构成——马来防守〕 在这以前，南方军总司令官寺内接到仰光失陷报告后，交给方面军司令官木村一项新任务，命其固守锡唐河东岸，防止敌军对马来方面的进攻准备。

方面军司令官木村根据上述命令，做了如下部署：使第33军向锡唐河河口急进，令第15军在掩护第33军南进之后，从东部山地向毛淡棉撤退，在锡唐河东岸构筑防线。

这时，缅甸方面军在作战指导上面临两大危机。其一是：是否能够抢在敌人前面占领锡唐河，如果这一行动失败，不仅不能占领该防线，而且还会使第15、第33军陷于被捕捉歼灭的命运。其结果，还会使未完成设防的马来半岛的防守陷于崩溃。其二是：必须从敌军中间，而且要在雨季，跨过曼德勒公路和锡唐河，把在勃固山脉陷于孤立的第28军和仰光守卫部队救到该河的东岸。

第一个危机由于第33军的果断行动已克服了。第33军为了营救缅甸方面军的危急，排除万难，抢在敌人前头成功地占领了锡唐河河口，对岸的优势敌军已经摆开了很多的火炮、坦克，正在准备渡河攻势，真可谓千钧一发。

〔**第28军脱出包围**〕 第二个危机由于第28军司令官周到细致的计划、准备和卓越的转进指挥，也克服了。第33军为了支援第28军的转移，对锡唐河前沿采取攻势，加以配合。

木村方面军司令官为救出第28军，做了如下的部署。

一、第33军从锡唐河口和秀埃金方面采取攻势，横渡锡唐河，牵制敌人，使第28军易于突破。预定在6月15日左右开始攻势。

二、以第56师团长指挥的部队向东瓜方面采取攻势，牵制敌军。

三、第38军利用上述攻势的牵制效果，在东瓜、锡唐中间地带和彪关附近渡过锡唐河，摆脱敌军包围到达东岸，随后向丹那沙林地区转移。

6月下旬，第28军的大部分已经在勃固山脉集结完毕。敌军在帕亚枝、勃固、东瓜地区集结了强有力的装甲部队，又在公路要冲配置了一部分部队，严加监视。在锡唐河的西岸配备优势兵力，正在进行渡河准备。

樱井司令官做出计划，并逐步进行准备。即在严密隐蔽企图，进行周密准备的基础上，一齐开始行动，穿过曼德勒公路，在东瓜、新安彬中间跨越锡唐平原，先到达掸邦高地的西麓。当初预定在6月初旬开始突围，但因兵力掌握和准备的关系，推迟到7月20日左右。另方面，第33军以7月1日为期，以第18师团从锡唐河口正面、以第53师团从昆泽特、秀埃金河口正面渡河，开始牵制性进攻。但因第28军推迟转移时间的关系，未能百分之百地利用牵制效果。

第28军于7月20日夜，准备一齐横穿曼德勒公路，编成三个纵队开始行动。其总兵力约为2.5万人，其中有百分之十是病号。横穿曼德勒公路的行

缅甸方面军作战经过要图
（1945年6月至停战）

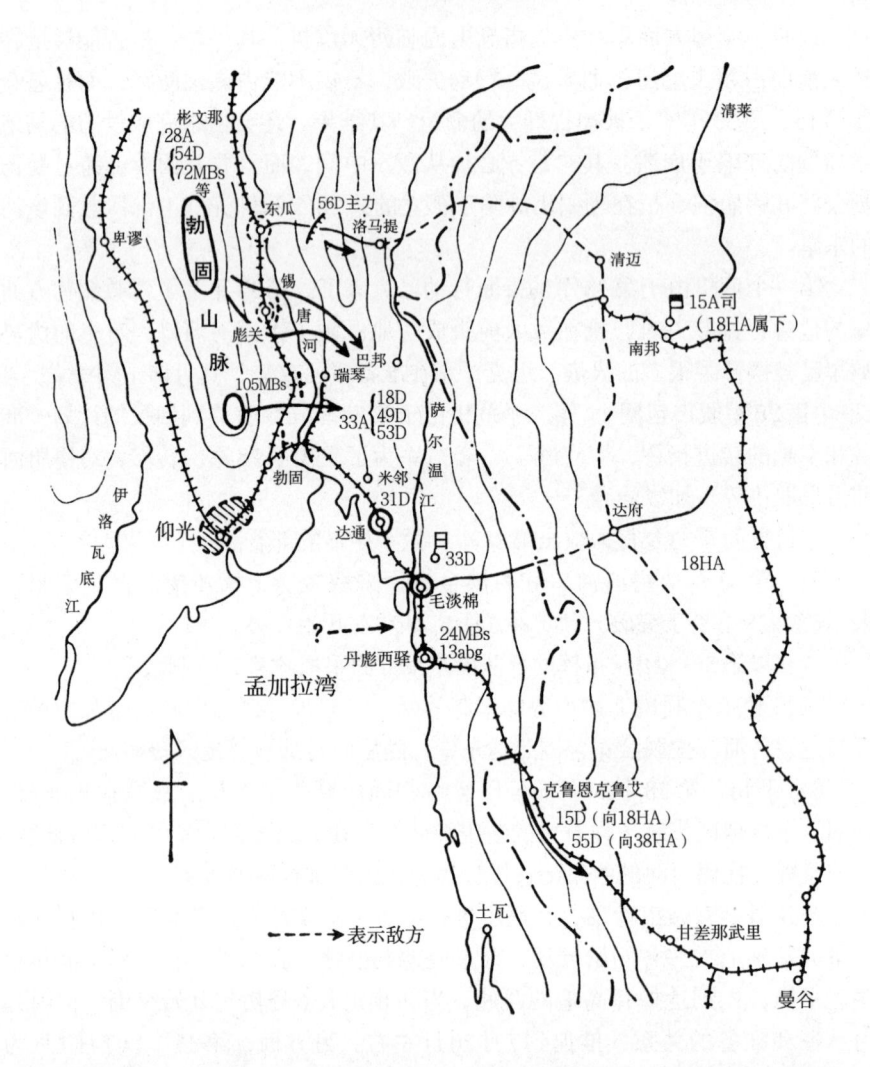

动，因昆河泛滥而耽搁，这时已经到了24日。我军的一部分被敌军截断了，加上锡唐平原因雨季变成了一片水湿地带，渡河工具又被敌军事前截走，敌军的妨碍，使渡河极为困难。然而，由于军指挥官的坚强指挥，7月28日，其大部分已转移到锡唐河东岸。特别是第54师团由于敌军的顽强阻拦，经过激战，才完成了渡河任务。这样，缅甸方面军到7月末总算将全部兵力转移到锡唐河东岸，但在兵力掌握上，直到停战终未达到完满的程度。

〔停战时的状况——弹尽粮绝〕 在这以前，南方军认为仰光失陷后，可将缅甸南部变成固守印度支那半岛的前卫，6月以后，相继采取了一些相应的措施。即将开战以来充任缅甸作战核心的第15军司令部和第15、第53以及第56师团等调到泰国地区，将第55师团调到法属印度支那；将第31师团调到马来。与此同时，准备撤销缅甸方面军司令部，以后缅甸南部的作战由第28军或第33军负责，并把它置于预定由泰国的第39军改编的新的方面军的隶属之下。

这样，第15军司令部、第15师团和第55师团实际上已开始移动，缅甸方面军司令部也逐渐缩小，即将解体。这时，其他预定调动的部队多数还在缅甸境内，就迎来了停战。停战当时，缅甸方面部队的作战计划是想以毛淡棉地区为主要阵地，并在锡唐河一线构成前沿地带，以对付敌军从海陆两方面的进攻，完成防守印度支那半岛的前卫任务。

回想自从英帕尔作战的企图受挫以来已经一年左右，终至丧失了缅甸的大部分，退回到昭和17年（1942年）初的状态。缅甸作战的这一悲剧，使英帕尔作战开始时30万左右的兵力丧失了约三分之二，而且残存的兵力已经弹尽粮绝。

西南方面的其他部队

南方军的作战指导和停战

〔南方军作战计划的变更〕 在太平洋方面，4月美军在冲绳登陆；在印度洋方面，5月终于不得不放弃仰光。此后南方军应如何配合国军的全面作战就成了极难解决的问题。

南方军研究了各方面的情况，也研究了迅速加强印度支那半岛的战备，并与中国派遣军合作设想打开同本土的陆上联系，但终于没有得出确切的结论。结果，在确保以泰国为中心的印度支那半岛和新加坡周围的重地，采取独立作战长期抵抗的态势，歼灭来犯之敌，以配合国军全局作战的方针下，改变了原来的作战计划，于5月下旬，召集各方面军和军参谋长在西贡会合，宣布了作战计划，作据此下达了必要的命令。

在上述会议席上，总司令官寺内表示：在国家非常时期，南方军配合国军全局作战之途径，只有全军特攻、以一当十的战法。同时，下达了"对绝对制空权下占优势的装甲部队的作战(战斗)教令",作为各部队训练的准绳。

〔泰国、法属印支方面作战准备的加强〕 印度洋方面的形势是,随着缅甸的丧失和德国的垮台,英印军对印度洋方面的压力正在日甚一日地增强。南方军总司令官判断:英澳军对新加坡的夹攻、夺取和英印军对泰国、马来半岛颈部的进攻势所难免。因此,与在新加坡周围采取措施的同时,对加强以泰国为中心的重要地区的防守,倾注全部努力,转入了独立作战长期抵抗的态势。

原来,泰国的战备,与昭和20年(1945年)3月法属印度支那的兵力部署相关联,处于刚刚就绪的状态,但后来仅仅几个月就得到加强,面貌为之一新。

在这种情况下,南方军把缅甸南部变成了防守印度支那半岛的前卫。据此,认为改变缅甸、泰国的指挥系统是适当的。即撤销缅甸方面军,该方面只以一个军担当印度支那半岛前卫的任务,将泰国的第39军改编成方面军,于是将有关意见向大本营做了汇报。

大本营采纳这一意见,7月7日,首先把第39军改编成第18方面军(方面军司令官为中村明人中将,参谋长为花谷正中将)。

还有,如上所述,6月以后,将缅甸方面军所属的师团转用于法属印度支那、泰国和马来,予以重建,并相继采取了加强这些地区防务的一些措施。

〔加强新加坡周围的战备〕 第7方面军根据南方军的意图,决定了确保以新加坡为中心的马来、苏门答腊、爪哇和婆罗洲各要地的方针,并据此部署了各军。特别是改变了过去以第29军确保马来纵贯铁路和马来颈部为首要任务的主意,使该军主要确保马来的古龙以南地区。而作战的指导方针以各地区各自树立持久之策为宗旨,鉴于不能对空军和海军抱有多大指望这一实际情况,地面部队要独自完成作战。

第7方面军为加强新加坡周围防务,5月初旬曾企图从安达曼、尼科巴群岛抽出三个步兵基干大队。这一计划虽于6月上旬由海军舰艇执行,但因我舰艇被英舰击沉,不得不中途停止了。另外,5月末,为了加强新加坡的直接防守,部署把驻在苏门答腊的第26独立混成旅团调来新加坡。

南方军为了加强马来地区的防守,采取了如下措施:

一、为了加强新加坡周围的防守,5月制定了"抽调澳北兵力要领",决定到昭和20年(1945年)年末抽调澳北陆海空总兵力的半数约5.5万名。为了调运这些兵力,不但要动用南方海军舰艇,而且还要动员全部运输力量。

二、6月初将原第19军所属的第48师团(师团长山田国太郎中将)拨归

泰国、法属印度支那方面停战时形势要图
（1945年8月）

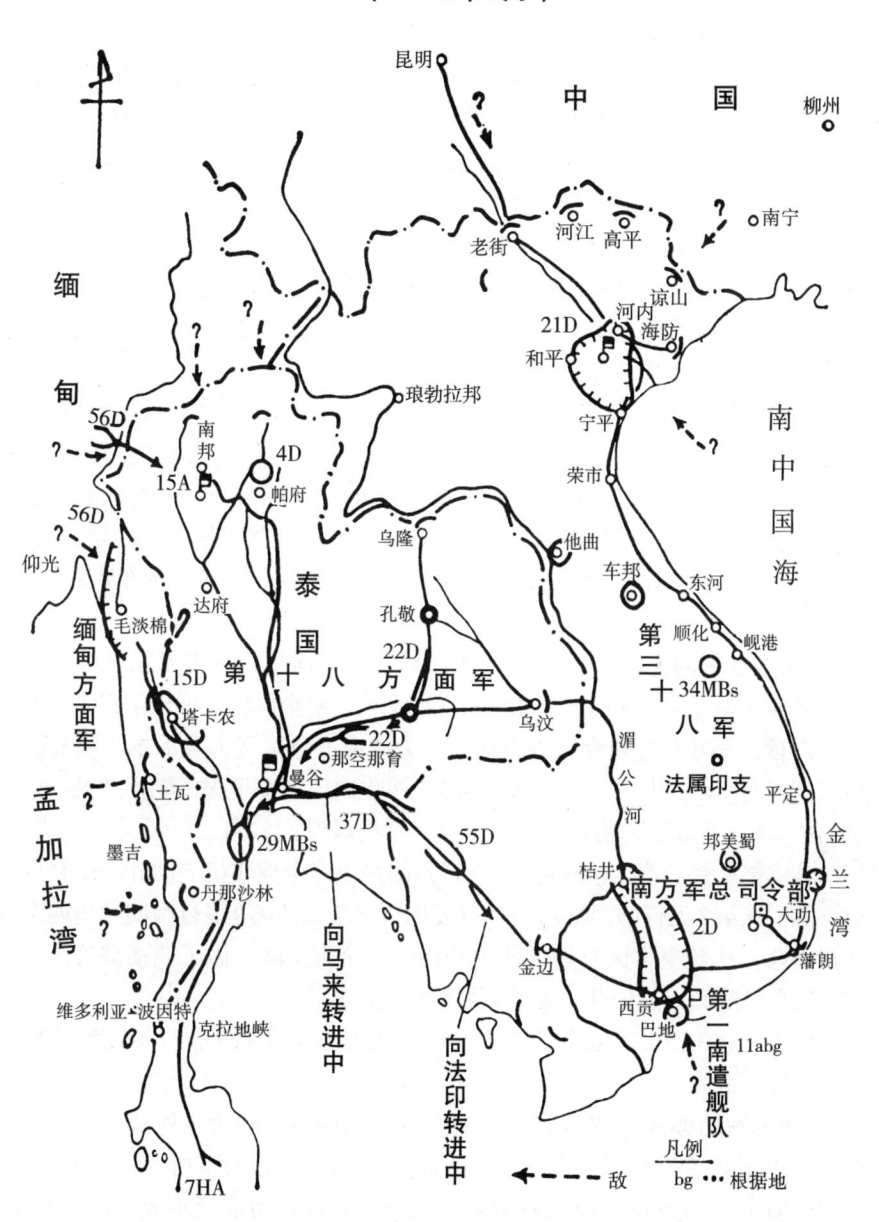

第7方面军（第16军）指挥，并尽量将此师团集中到爪哇方面。

三、将当时从法属印度支那调到泰国、在第39军指挥下担任构筑曼谷附近防御工事的第37师团，于7月调到马来亚，置于第7方面军司令官指挥下，以加强马来亚北部的战备。

在这以前，南方军基于今后婆罗洲的地位可作为确保新加坡的前方防线的设想，5月20日将第37军从南方军直辖再度拨归第7方面军的指挥下。

第7方面军企图以第37军加强古晋附近，做了从各方面向该地调用兵力的部署，但担心最终能否获得战机。

〔澳北方面态势的整顿〕 在澳北方面，昭和19年（1944年）12月末，更换了方面军首脑。第2方面军司令官阿南大将转任航空总监，后任由南方军总参谋长饭村穰中将担任，又，方面军参谋长沼田多稼藏中将转任南方军总参谋长，其后任由佐久间为人中将补缺。

到昭和20年（1945年），如前所述，南方军从全局作战的观点出发，逐步从澳北方面抽调部队和兵力到新加坡周围，同时，对这方面的指挥系统进行了相应的改组。5月，先将第19军司令部撤销，将第5师团（师团长山本务中将）编入第2军，将第48师团编入第7方面军（直辖）的战斗序列。接着，5月29日，又下令撤销第2方面军司令部，6月21日，将其所属部队划归第2军属下。

〔南方空军的主力转向台湾〕 第3航空军一面执行各种繁忙任务，一面努力培养空军人员，这些人员相继被送回国内，对全局作战做出了很大贡献。

再有，南方军总司令官寺内认为，为使南方空军兵力参加本土决战，应当向该方面调动，并已呈报上级。第3空军也向南方军呈报了同样意见。6月，第3航空军飞行部队主力调到台湾，这个意见得到了实现。

具体情况是：第3空军从第5飞行师团抽出三个战斗机支队和一个轻轰炸机支队，从第7飞行师团抽出一个重轰炸机支队，从第9飞行师团抽出两个战斗机支队，从航空军区直辖部队中抽出一个鱼雷支队，做了调动部署。调动进行得异常顺利，途中几未受到任何损失。

后来，第3航空军以全部教练飞行部队充当作战部队，全员以特攻精神进行决死的锻炼。

〔南方军的停战〕 8月15日，总司令官寺内寿一聆听了停战的诏书，立即决定承诏必谨的态度。第二天（16日），便将第7方面军司令官、第3航空军司令官和直辖各军参谋长召集到大叻总司令部，明确提示要"承诏必谨，誓安圣虑"，停止积极进攻作战，接着采取了有关停战的必要措施。

然而，当时处于交战中的各个方面一时难以结束，有必要在局部地区进行停战谈判。因而于8月22日，根据大本营的指示精神，命令各地区分别同当地的同盟军进行必要的谈判。

24日，关于停战处理问题，根据大本营的命令，将北纬16°以北的第38军和第14方面军分别移交中国派遣军总司令官和大本营直接指挥；及至30日，将第18军置于第8方面军司令官的属下。

〔板垣大将代表向蒙巴顿元帅签订投降〕 8月21日，东南亚军最高司令官要求迅速办理投降手续，并于23日要求双方全权代表在仰光会见，于是沼田总参谋长于26日前往仰光，与同盟军总参谋长普劳宁会见，进行了必要的交涉，并领得应该签署的投降文件的抄本返回。

9月5日，英军开始在新加坡登陆。9月12日，南方军的代表板垣大将（第7方面军司令官）携同缅甸方面军司令官木村、第3航空军司令官木下、第18方面军司令官中村、南方军总参谋长沼田、第10方面舰队司令长官福留以及第2南遣舰队司令长官柴田，在新加坡特别市政厅向东南亚军最高司令官蒙巴顿元帅投降并在文件上签字。当时南方军总司令官寺内元帅正卧病在床。

各地部队的作战和停战

〔泰国和法属印支地区〕 在法属印支方面，在停战时，从缅甸调来的第55师团的先头部队刚刚到达金边。第38军部署第2和第21师团以及第34独立混成旅团将西贡和河内地区作为南北的支撑点，正在积极进行作战准备，打算进行一场强韧的防卫战。

另方面，在泰国的第18方面军，其大部分作战兵力还在从缅甸和法属印支方面转移途中，作战准备实际上也极为困难。就是说，当前第18方面军指挥的应该有：第4、第15、第22、第53和第56师团以及第29独立混成旅团，但在停战时马上能够使用的只有第4和第22师团的主力以及第29独立混成旅团。尽管在这样困难的情况下，方面军仍然能够很好地得到泰国的协助，大力加强作战准备。

〔马来、爪哇、苏门答腊地区〕 第7方面军根据南方军5月的新计划，以确保新加坡为重点，进行着作战准备。

在马来，第29军指挥第94师团和第70独立混成旅团，构成新加坡的外围防线，准备迎击登陆进攻之敌。新加坡岛及其直接外围的柔佛州，第46师团、第26独立混成旅团、昭南防卫队、空军有关部队和海军部队正在方面军司令官直接指挥下加强守备。

在苏门答腊，第25军司令官正在以第2近卫师团、第25独立混成旅团和巴邻旁防卫队防备着敌军的登陆进攻。

在爪哇，第16军司令官正在以第27、第28独立混成旅团构筑最后的二道防线阵地。在帝汶的第48师团正沿着小巽他群岛一线向爪哇移动。

还有，第7方面军正在尽最大的努力往西运送从原第2方面军地区调来的兵力。

〔婆罗洲地区〕 如前所述，婆罗洲作为马来地区前方防线，其防守也在加强。那里配备了陆军的第37军（军司令官马场正郎中将）和海军的第22特别根据地部队。

婆罗洲的防守重点是西海岸。第37军主力正在巩固以文莱为中心的、包括拉布安岛和米里地区以及古晋地区的防守。东海岸方面，由第22特别根据地部队同陆军部队的一部分共同担当着打拉根、巴里巴板和马辰等要地的防守。前述由东海岸调用的陆军部队，因长途跋涉，毫无准备，结果战斗力几乎丧失殆尽。2月末，到达西海岸的不过半数左右。加之，因经几次改变部署，已处于难以进行作战准备，特别是西海岸的作战准备的状态。

在这种情况下，5月1日，澳军对打拉根发动了第一次攻势。当地的第2警备队等约2000名官兵英勇抗击无效，兵力逐渐消耗。到6月11日，终于结束了有组织的抵抗。接着，澳军自6月中旬以来，从海、空两方面对巴里巴板进行炮击和轰炸，7月1日终于开始在该地登陆。第22特别根据地部队主力等约1万名兵力，或用海上特攻，或用地面冲杀等战法尽力进行抵抗，但逐渐被压迫到三马林达方面，迎来了停战。

另方面，在西海岸，如前所述，第37军从5月20日以后划归第7方面军指挥，正在根据该方面军的命令，为加强古晋地区转移兵力之中，6月8日在拉布安、接着又在文莱、米里等地受到了澳军的攻击。拉布安守备队约500名全军覆没；文莱方面部队的努力也没有收效，在向军司令部预先准备的萨奔地区二道防线阵地转移中即行停战。这方面部队的作战时间虽短，但因年初以来不断改变部署，不得不进行一些远距离而且极其艰苦的机动，受到了很大的损失。

〔悲惨的澳北地区——向伊德莱的转移〕 在澳北地区，自从昭和19年（1944年）9月，敌军对摩罗泰进攻以后，没有发动新的进攻。第2方面军司令部9月下旬向苏拉威西南部的辛康附近转移，指挥全面的作战，而在菲律宾决战开始以后，便指挥各处的接敌部队积极作战，与之配合。

第81章 驻外地部队的停战

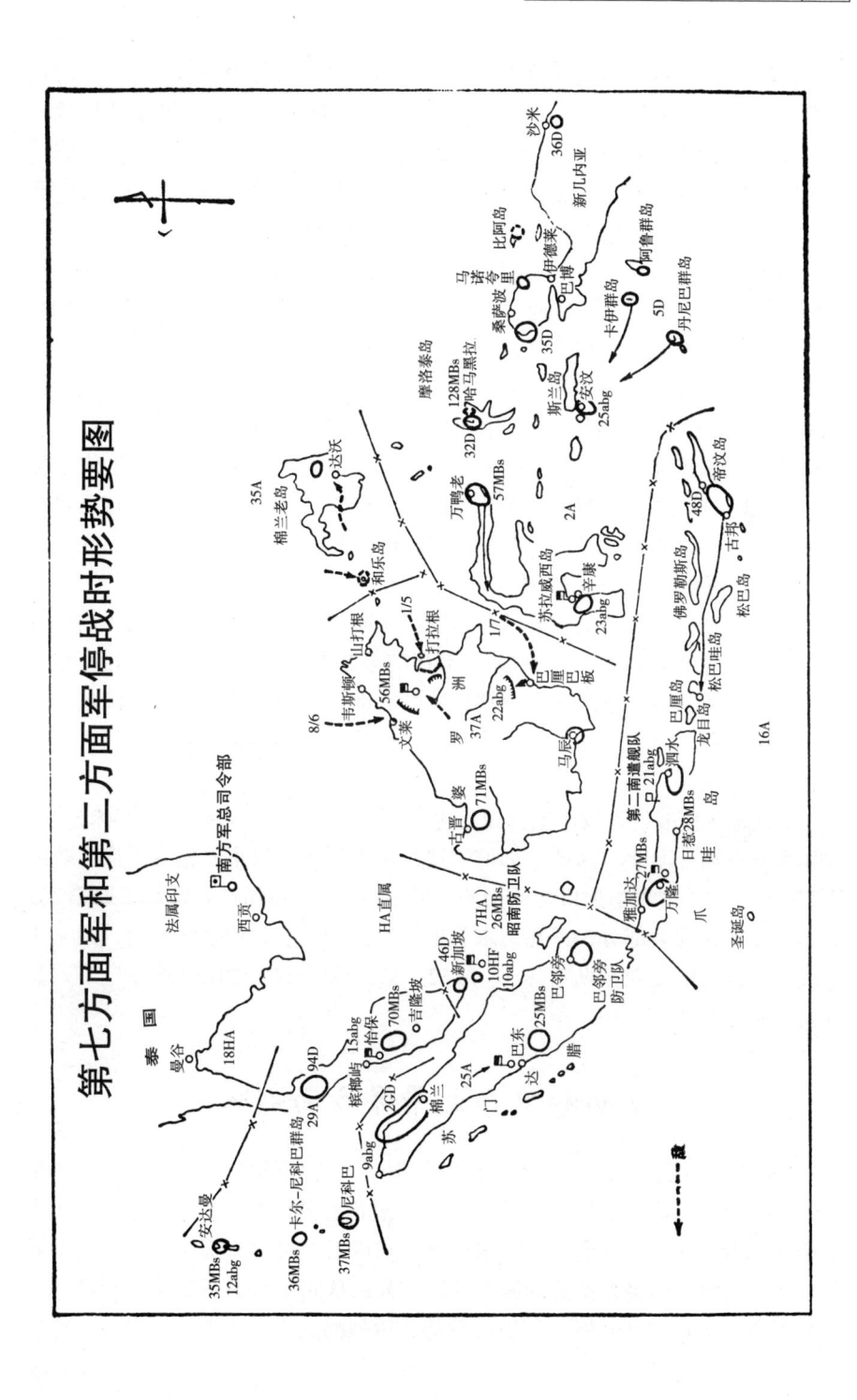

这样，第32师团对美军摩罗泰基地的游击战一直继续到停战。在11月，将第211联队长指挥的部队从哈马黑拉本岛调来增援，接着，该联队长战死后，于昭和20年（1945年），派遣第210步兵联队长，突破敌阵，继续进行游击战。3月以后，敌鱼雷艇的骚扰活动加紧，切断了同哈马黑拉岛之间的联系。当驻摩罗泰部队正继续进行战斗时，迎来了停战。

在索龙的第35师团，以柏德少将指挥的部队，于昭和19年（1944年）10月中旬进攻桑萨波的美军基地，取得了相当的战果，接着于昭和20年（1945年）3月至5月间再次进攻该基地，迫使敌军破坏机场后撤退。

在沙米方面，昭和19年（1944年）8月以后，美军的进攻不甚活跃，特别是在昭和20年（1945年）2月中旬，同少数的荷印军换防撤退，所以，第36师团将控制范围扩大到图尔河一线。正在就地力求独立作战时，迎来了停战。停战时的兵力约4700名，不过是作战开始时兵力的27%左右，这已足以表明该师团所尝到的辛酸。特别是从查亚普拉地区转进的约7000兵力在停战时只剩下了600名，真是悲惨极了。

在澳北另一场悲剧是驻马诺夸里的部队向伊德莱地区转进时发生的。即在昭和19年（1944年）7月，驻马诺夸里的第2军司令官为了缩小马诺夸里地区的给养兵额，将该地区的军直辖部队的大部分向盛产沙谷椰子的汶典、伊德莱地区转移，结果遭受了极大损失，在转移沿途和到达目的地以后，发生了悲惨的情景。

澳北地区作战的大致情况已如前述，自从昭和19年（1944年）年末以来，战局大势已离开澳北。因此，如前所述，从同年年末以来，相继采取了收缩第2方面军的兵力和指挥机构的措施，后来就由第2军司令官继承了原第2方面军作战地区的大部分，正在力求就地自给独立作战和加强防务时，迎来了停战。停战时的主要部队有第5、第32、第35和第36师团以及第57、第128独立混成旅团等。

东南和中部太平洋方面部队

〔同澳军的残酷战斗〕 东南和中部太平洋方面部队，早的从昭和19年（1944年）3月，晚的从同年10月份以后，就已经残留在主战场的前方。美军于昭和19年9月，在帛琉、昂格尔两岛登陆以后，对这些部队再没有发动新的攻势。然而，同美军换防的澳军部队，大约从同年11月份以来，对新几内亚东部和布干威尔岛开展了积极的攻势，激烈的战斗一直继续到停战。这些部队的共同苦难（除腊包尔地区的部队）都是来自补给的长期断绝，真是凄惨已极。其程度以新几内亚东部为尤甚。

新几内亚东部方面

〔澳军的进攻〕 已如前述，昭和19年（1944年）8月，新几内亚东部的第18军饮恨停止了对艾塔佩的进攻，转入了以威瓦克、帕吉地区为中心的迎击态势。

然而，在停止艾塔佩反击时，剩余粮食每人只有四升米，还要以自己衰弱已极的体力拉着有病的战友，向迎击阵地转移，其情景实在悲惨极了。各部队移动的距离大约为100公里至150公里左右，但当地粮食奇缺，道路很坏且多险阻，经过了9月和10月，不仅态势的转移无何进展，而且力量耗尽的官兵不断在沿途死去。

到12月，各部队才好不容易地按军部所计划的态势初步就绪。正当主要靠当地居民的协助，开始实行就地独立自给的措施，前途开始有了一线希望时，同艾塔佩方面美军换防的澳军部队于同月中旬，对第18军的西翼青津支队（第41步兵团长青津喜久太郎少将指挥的第41师团之一部）的正面发动了进攻。同时，优势的澳军部队还袭击了刚刚进到特里塞里山脉南侧的第41师团主力。当时由第18军隶属、指挥的部队的兵力约有2.7万名左右，但半数左右是病号，即使是健康者，体力也下降到一半以下。重武器、火炮大部分已经在先前的艾塔佩作战中损失殆尽，实际战斗力远远不及一个师团。

〔第18军的奋战——当地居民的协助〕 第18军的实际情况虽然如此，但全体官兵在司令官的坚强统率下，还是勇敢地迎击了敌人。在"一人敌三、病号敌一、不能动者就地战斗"的口号下，为了有助于全局作战，坚持了艾塔佩作战的精神，一直到停战之日，继续了约8个月的迎击战。面对着澳军的百数十门火炮和优势的空军，我军的战法是固守"蛸壶"阵地[①]和挺进潜入攻击。我出击部队抱着赶制的炸药每天夜里袭击敌军的后方，使敌军夜间忙于防守，大大降低了进攻的速度。

为了供应代食品和搬运军需品，主要动员了当地居民。在大酋长的号令下，当地居民对日本军队不惜给以真诚的协助。在第18军长期备战的背后，蕴藏着当地居民协助的力量，他们省减自己的口粮，送给日本军队，甚至因

---

① 蛸壶是捕章鱼的罐子，蛸壶阵地意指蛸壶形的阵地。——译者

此丧失了生命。

青津支队勇敢战斗，直到昭和20年（1945年）2月下旬，将敌军阻止在索纳姆地区。到了3月中旬，战斗移到第20师团主力所在地区帕吉和达瓜。敌军利用坦克和舰艇从水陆两方面进行作战，逐渐突破海岸地带，于5月初逼近威瓦克。尽管第51师团部队英勇备战，威瓦克海岸地带终于在5月中旬落入敌手。

另方面，在特里塞里山脉南侧地区，约有一个旅的敌军主要靠空中补给，正逐渐压迫我军第41师团主力，3月，逼近三宅部队（第20步兵旅团长三宅贞彦少将指挥的第20师团之一部）守卫的马布里克地区。马布里克是第18军山南二道防线阵地的西翼。军司令官为了急救山南地区，将海岸地带的第20师团主力也调到山南，并将第20师团和第41师团并列部署于西方战线，在这里转入了齐整的二道防线地带的战斗。

在此期间，在威瓦克地区，约有两个旅的敌军对威瓦克南侧亚历山大山脉一线的我第51师团主阵地开始了猛烈的攻击。这个阵地是第18军二道防线阵地的东翼。

〔第18军的结局逼近〕 在整个5月、6月、7月期间，在第18军二道防线阵地的东西两翼，激烈的攻防战一天也没有停止过。战线并没有偶尔被突破，但因我阵地守军相继战死，战线不得不逐渐后退。二道防线阵地的面积逐渐缩小。与此同时，到7月中旬，已经可以预见大约9月中旬就会出现致命的粮食奇缺问题，手中的弹药和其他军需物资估计到那时也要消耗殆尽。因此，军司令官安达作出从7月下旬到8月上旬的最后部署，即把军的主力配备在现在进行战斗的二道防线地带，把一部分兵力（称作塞皮克兵团，由军参谋长吉田矩中将指挥）配置在塞皮克河流域，各部坚决死战，直到全军覆没。

然而，第18军的结局于8月8日左右已经是确定的了。在这一天，敌军一支有力的部队在空军掩护下，从南方草原地带迂回，推进到我军主力二道防线阵地中央的恰里普附近，并加以占据。与此相呼应，东西两翼的攻击愈益炽烈。第18军投入所有的预备队，包围恰里普附近之敌，并进行穿插进攻，以制止其行动，企图坚决完成战斗计划，但估计可能不用等到9月就会发生全军覆没的情况。

〔停战——从14万到1.3万〕 在上述情况下接到了停战诏书的第18军司令官立即决定"承诏必谨"，8月30日，按根据大本营陆军部命令重新隶属于第8方面军司令官的命令，于9月13日向当地的澳军指挥官罗伯逊少将（后为占领日本的英联邦军最高指挥官）投降。

第81章 驻外地部队的停战

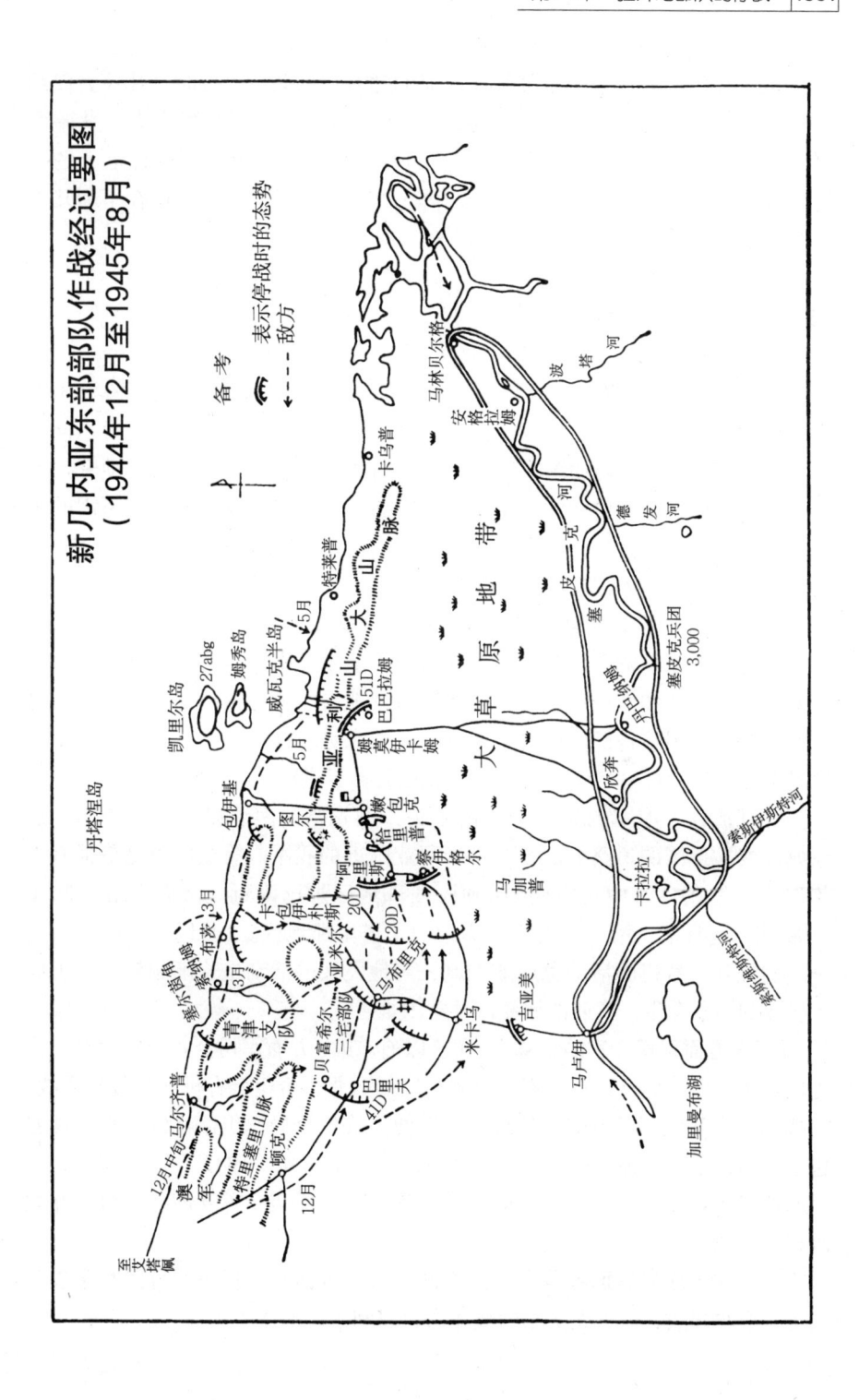

曾经拥有14万之众的东部新几内亚的陆海军部队，停战时，其兵力仅约有1.3万左右，主要武器步枪约9500支，子弹每支枪只剩30发左右。从昭和17年（1942年）7月以来，经过约三年间的连续激战，遭到了这样巨大的损失。第18军司令官安达中将以自杀同阵亡官兵共命运，把魂魄留在了新几内亚的大地上。

腊包尔和布干威尔岛方面

〔**澳军的进攻**〕 昭和19年（1944年）3月以来，孤立的第8方面军和东南方面舰队为防备即将来攻之敌，积极努力加强战备。果然，同年10月，同塔洛基纳附近的美军换防的澳军部队，自11月以来，对布干威尔岛各地开始了进攻。对腊包尔方面也有约一个旅的敌军前来与我军接触，但对我坚固的堡垒未敢积极行动。然而，敌方军团长指挥的精锐部队对布干威尔岛继续顽强而且全面的进攻，该岛部队一直激战到停战。

在这以前，如前所述，第17军和第8舰队于昭和19年（1944年）3月，中止了对塔罗基纳的攻势，以主力固守布干威尔岛南部，又以一部分兵力固守奴马奴马地区和塔里那地区，正在准备就地自给的迎击战。经半年左右努力的结果，刚刚整备好就地自给独立作战的态势，11月上旬，从塔罗基纳基地出击的澳军就对第17军防线的三个正面开始了进攻。

11月上旬，澳军的第一个攻击矛头，首先指向南北横断岛的中部、通往奴马奴马地区的道路上的要冲肖米拜亚附近的我军。第二次也是最强有力的进攻，是在11月中旬指向第6师团西部地区加巴附近。然而，昭和20年（1945年）1月末，第三个进攻矛头指向了塔里那地区。1月以后，随着敌军进攻的加强，敌机的活动也逐渐加剧，当地民兵的活动也逐渐频繁，土著居民投敌的不断发生，我迎击战变得日益困难。

〔**第8方面军司令官的精神**〕 在这以前，第8方面军司令官今村大将，作为留在战线后方的远征军，不忍坐视祖国的败北，希望能有机会与敌军交战，把战场当作死地，进行殊死的战斗，以便为战争全局作出微小的贡献。从腊包尔开始，就以这种精神指导部下官兵，到昭和20年（1945年）2月7日，亲自起草了下述要点的命令，下达给第17军，令该军进行殊死战斗，对所在之敌积极作战。

一、如今战局正面临着皇国兴亡的关头，方面军的任务和意图在于以一当十，全军死战，以摧毁敌军的战斗力，以利于全局作战。

布干威尔岛部队作战经过要图
（1944年11月至1945年8月）

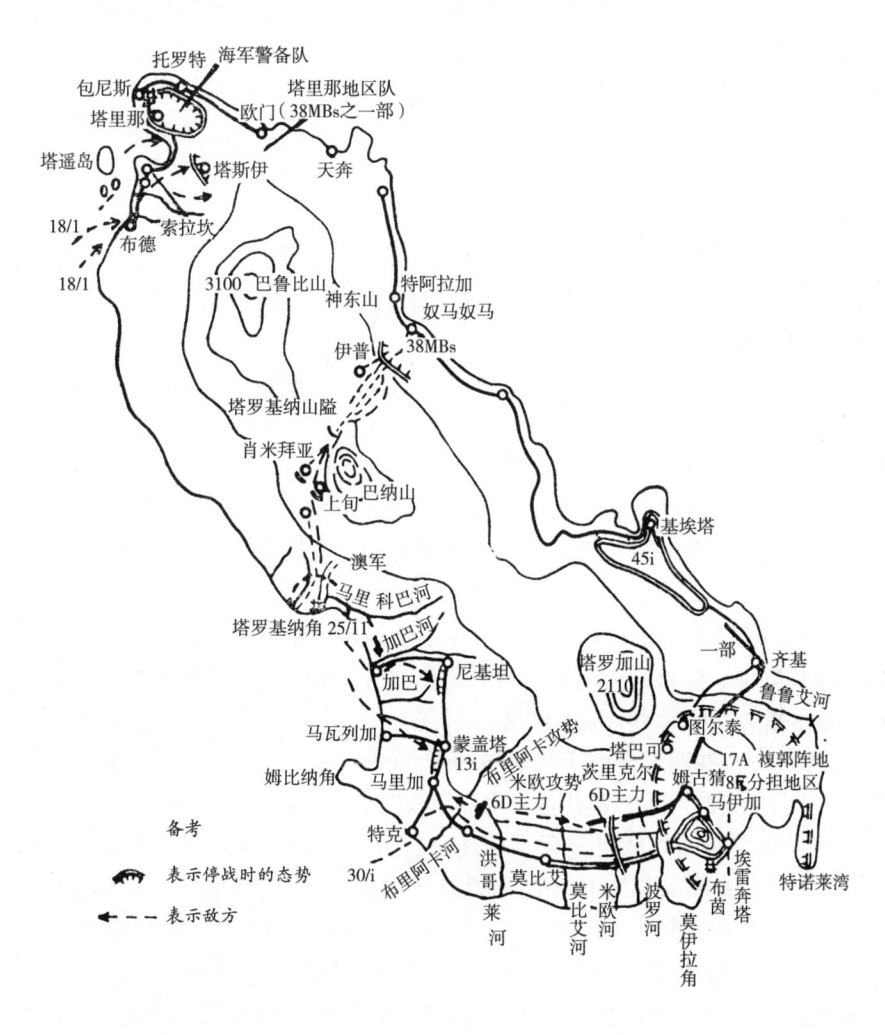

　　二、第17军司令官应按照下列纲要，谋求确立就地自战自存的态势和增强战斗力，在可能补给的限度内，积极作战，为皇国全局作战作出贡献。

　　1. 方面军官兵共同、一贯的根本任务在于以一杀十，摧毁敌军的战斗力。

　　2. 当敌军来攻之际，要果敢地进行反击，将其击溃。第17军没有固守重要地区的任务。

3. 侦察兵、传令兵和完成任务的挺进攻击部队以及转入游击队以外的战斗行动的部队官兵，绝对不许后退，要把战场当作死地，舍生取义。

4. 伤员要由卫生员赶到第一线来进行治疗，不允许对负伤战友进行陪护；伤员从第一线后退，要按军法问罪。

〔第17军的奋战〕 第17军（4月以后，军司令官由神田正种中将代替百武晴吉中将）根据上述命令，在困难的情况下，始终以全员决死的精神进行了奋战。在布干威尔岛南部，3月下旬，第6师团主力（师团长4月以后为秋永力中将）约3.3万名的兵力，在布里阿卡河迎敌并进行了反击；又于6月以后，该师团以残存兵力2500名，在米欧河畔进行了反击战，先袭击、击毁敌军的坦克群，接着深入挺进敌军的后方，攻击敌军的补给线；加上正值雨季，使敌军的进攻明显地消沉下来。

奴马奴马方面的第38独立混成旅团主力（以原第17师团的部队编成，旅团长为木岛袈裟雄少将）也以少数兵力有效地阻止敌军的前进，直到8月份，塔里那地区的部队因为4月末就被压制到塔里那附近，所以，第38独立混成旅团长曾一度将这个部队调到奴马奴马方面，但由于第8方面军和第17军的领导，再次突破敌阵，使之重新回到塔里那附近，同守卫该地附近的海军部队保持协作。

4月，第17军司令官对全面形势做了估计，决定在埃雷奔塔地区构筑最后的决战阵地，除该地附近的后方各部队之外，还集结了法乌罗岛，肖特兰岛和基埃塔方面的兵力，动工修筑。

〔停战——在澳巡洋舰上投降签字〕 在布干威尔岛上，如前所述，大约经过9个月的苦战之后，终将进入最后阶段时，停战到来了。

腊包尔方面的部队也贯彻了前述今村方面军司令官对第17军的命令精神，做好作战准备，以第17师团和第38师团为基干，坚定信心，确信在腊包尔周围将再次出现第二筥崎的战况，[①]但这时却实现了停战。附带说明一下，在腊包尔地区构筑的洞窟阵地延长约300公里，配备轻炮500门、重炮76门，还有当地自制的"开花炮"200门、臼炮400门和火焰发射器200组。方面军司令官以下全体人员每人装备了当地自制反坦克炸雷一个。由于作战准备的周到和就地自给的完善，官兵的士气颇为旺盛。腊包尔本地区的兵力，陆海

---

① 文永、弘安之役：元军曾于1274年（日本文永11年）、1281年（弘安4年）两次远征日本，均遇暴风而失败。——译者

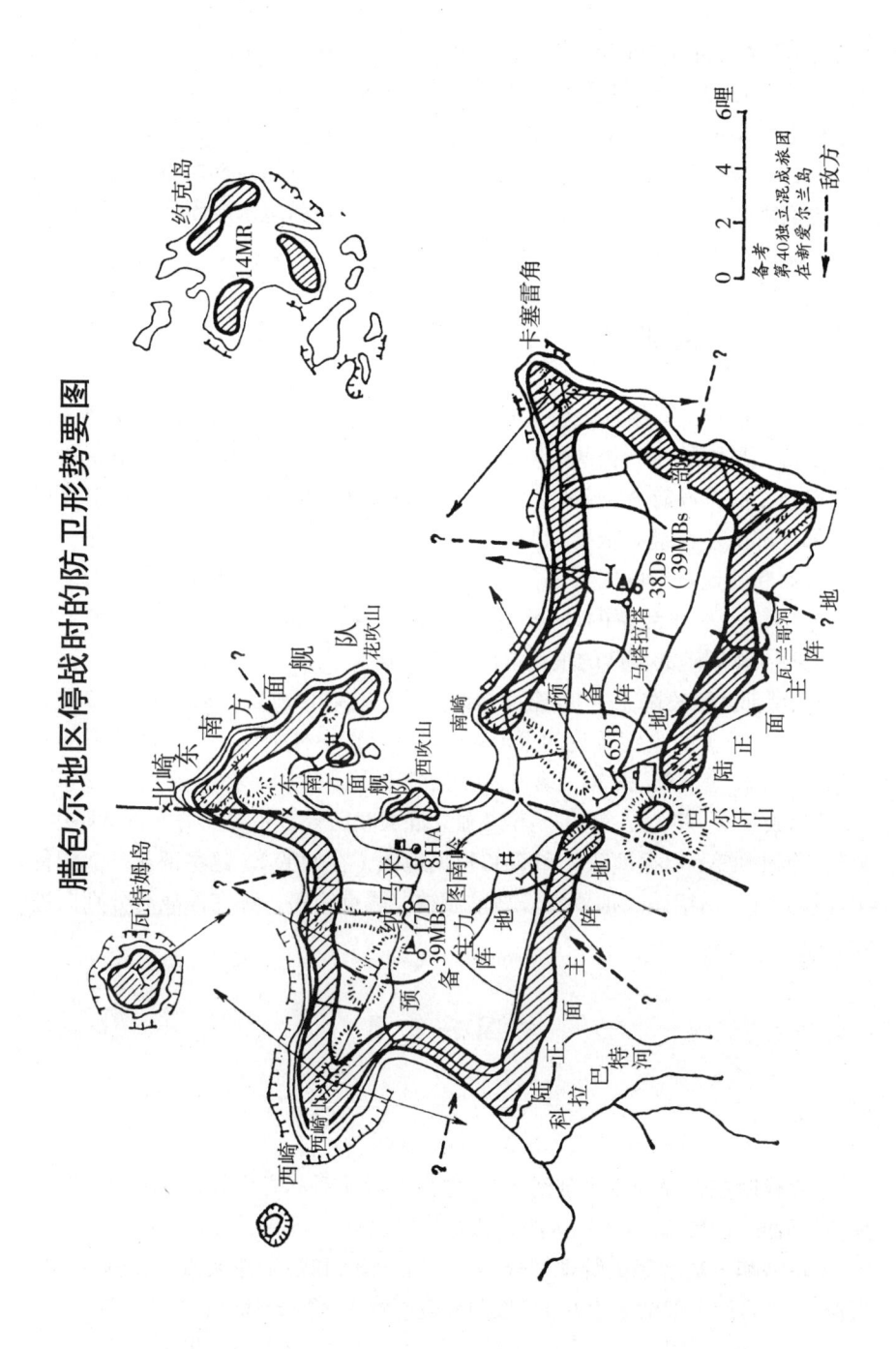

腊包尔地区停战时的防卫形势要图

军合计9万人（陆军57000、海军34000）。此外，在其外围防线的新爱尔兰岛上总计约有13000名（陆军约7700、海军约5000）。

根据天皇命令，第8方面军司令官今村大将立即决定了"承诏必谨"的方针，代表属下陆军部队（包括第17军和8月30日重新隶属的第18军），和东南方面舰队司令长官草鹿中将一起，于9月6日在腊包尔海面澳海军巡洋舰上，向澳大利亚第一军司令官斯塔迪中将投降。

中部太平洋方面部队

继吉尔伯特、马绍尔之后，昭和19年（1944年）塞班岛、提尼安岛、关岛、帛硫、昂格尔等岛相继失陷后，在中部太平洋地区，除零星的空袭和扫荡战以外，敌军没有发动新的攻势。我军在关岛、帛硫、昂格尔等岛上残存的一部分部队还在继续抵抗，但从大局看，我方已没有再行反攻的余地。各部队一面和就地自给的困难条件作斗争，一面巩固阵地，防备敌军袭击；同时侦察中部太平洋敌军的动静，供给全局作战的情报。就这样，迎来了停战。配备在珊瑚礁的部队的粮食情况特别悲惨。

〔残留部队的投降〕 担任全面指挥（帕劳的第14师团、第49、第53独立混成旅团除外）的是特鲁克的第4舰队司令长官小林中将。主要的陆军部队有第52师团、第48、第50、第51、第52独立混成旅团、南洋第1、第2和第4支队以及第9、第10、第11、第13独立混成联队等。主要的海军部队是第4舰队（第4和第6根据地队）和第30根据地队（在帕劳）。这些部队分散配备在吉尔伯特、马绍尔、加罗林、马里亚纳、威克等岛，都在停战时分别向进驻的美军投降。

回国和复员

概　况

〔停战时在外地的日本陆海军〕 停战时，除对苏方面外，在外地军队的配备如附图第11，而各个地区的兵力概数如表81–1。

〔军队和一般侨民的管理划分〕 上述的军队和各个地区的一般侨民，均根据9月2日的一般命令第1号，按照同盟军管辖区划分如下：

一、中国军管区：中国（不包括满洲）、台湾（地区）、北纬16°以北的法属印度支那——概数为3116000名（包括在国民政府管理下从满洲回国的）。

表81-1　停战时各地区（除对苏方面）外地部队人员一览表

地区	主要部队名			陆军	海军	小计
朝鲜	第17方面军、镇海警备府部队			290000	29431	319431
中国	中国派遣军、中国方面舰队			1049700	63755	1113455
台湾（地区）	第10方面军			128080	46713	174793
西南诸岛	高雄警备府部队			40882	9776	50658
菲律宾	西南方面舰队			97300	36151	133451
	第14方面军					
法属印支	第38军第11特根	第1南遣舰队	南方军	90370	8914	99284
泰国	第18方面军			106000	3051	109051
缅甸	缅甸方面军、第13特根			70350	1372	71722
马来 安达曼 尼科巴	第29军、第10、12、15特根		第10方面舰队	95581	36473	132054
苏门答腊	第25军、第9根	第7方面军		59480	4984	64464
瓜哇 小巽他	第16军、第21特根			57860	19418	77278
婆罗洲	第37军、第22特根	第2南遣舰队		24580	10879	35459
澳北 西部新几内亚	第2军、第23、25特根			87700	31077	118777
东部新几内亚	第18军、第27特根			12100	1200	13300
俾斯麦	第8方面军、东南方面舰队			57530	30854	88384
所罗门	第17军、第8舰队			12330	16729	29059
中部太平洋（包括帕劳）	第31军、第14师团、第四舰队、第30根			48644	44178	92722
小笠原群岛	小笠原兵团			14996	7735	22731
合计				2343483	402690	2746073

备考

1. 本表的数字系根据昭和25年（1950年）6月的复员调查。

2. 本表不包括第三国人。

3. 帕劳的陆军部队是在南方军的指挥下；海军部队是在西南方面舰队的指挥下。

4. 朝鲜的人员数也包括北朝鲜。

二、东南亚军管区：缅甸、安达曼、尼科巴群岛、泰国、北纬16°以南的法属印度支那、马来、苏门答腊、爪哇、小巽他群岛、斯兰群岛、安汶、阿鲁、卡伊、丹尼巴群岛、苏拉威西、哈马黑拉、荷属新几内亚、香港（地区）——概数为745000名。

三、澳军管区婆罗洲、英属新几内亚、俾斯麦群岛、所罗门群岛——概数为139000名。

四、美军管区：原日本委任统治诸岛、小笠原群岛、菲律宾、其他太平洋诸岛、南朝鲜——概数为991000名。

〔解除武装和集体回国的状况〕 上述军队一般都整齐顺利地解除了武装。然而，在中国和荷印方面分别因国共的矛盾和印度尼西亚的独立运动等

表81-2 停战时各地（除对苏方面）外地部队人员集体回国情况

时期\地区	昭和21年 9 11	3 5 7 9 11	昭和22年 3 5 7 9 11
南朝鲜	▓▓▓		
冲绳	▓▓▓	▓▓	
中部太平洋			
菲律宾	▓▓▓▓		
中国		▓▓▓▓	由满洲经葫芦岛回国 ▓▓ ▓▓
台湾（地区）	▓▓		
马来、泰国、缅甸、苏门答腊		▓▓▓▓	（南方作业队）▓▓▓
爪哇			▓▓▓
婆罗洲		▓▓	
法属印支		▓▓	
澳北	▓▓		
新几内亚、俾斯麦、所罗门		▓▓▓	

外部影响而有所推迟；也有少数部队直到昭和21年（1946年）4月仍然拿着武器或维持治安或从事战斗。

投降的军队和日侨大多数在回国前的期间，程度虽有不同，都在所在国军队监督下被迫参加劳动，恢复战争创伤。其中最显著的是东南亚军管理下的部队，被留下的作业队人员达10万名。

除上述外，投降的军队在回国前的期间都不得不饱尝供应不足、生活环境恶化、部队移动困难和审判战犯的威胁等败军的辛酸。但已如前述，由于美军借给了一些归国用船只，到昭和22年（1947年）末，包括一般侨民在内，大部分都已回到国内，这同对苏方面部队比较起来，总算是幸事。各地区集体回国情况如表81–2。

中国军管区

在中国军管理下的部队和侨民根据蒋总统的"勿以暴报恨"的方针，总的看来，比较顺利地回到了国内。从昭和20年（1945年）10月开始遣返，到昭和21年（1946年）大部分遣返完毕。

〔**因国共矛盾带来的苦难**〕 中国方面停战处理的特征之一，已如前述，是来自国共矛盾。停战后，国共两派军队的对立逐日表面化起来。例如，就连中国派遣军总司令部所在地的南京周围，也有包括中共系统的各种杂牌军无领导地竞相要求解除我军武装。就是说，接收当时散在中国各地的日军，特别是接收日军的武器装备成了国共两军激烈争夺的焦点：其中，扬子江以北的江苏、山东方面，由于历来就是中共系统新四军的势力范围，中共军队坚持要求我军投降，如不答应，则随时随地都可发生用优势兵力对我进行围攻的情况。然而，中国派遣军和中国方面舰队首先以一般命令第1号向蒋总统投降，并根据何应钦陆军总司令的指示，处理停战事宜。何应钦总司令一再发出指令说，应把中共军看成土匪，如把武器交给他们，应看作是日军的严重不信行为，其态度极为严峻。然而，重庆军当时因交通网不良和其他原因向江北进驻极为缓慢，因此，例如扬州以北地区的我部分守备队直到昭和21年（1946年）初还在中共军的重围下，处于不得不拿着武器继续进行抵抗的困境。

在天皇已经颁布了停战命令之后，使官兵仍处于兵燹之下，这实在是难以忍受的事情。但中国派遣军担心如果违反蒋总统的命令，会给全体官兵和侨民带来很大的不良影响，便一心遵照诏书，服从国民政府方面的指示。当时，一般还估计，如果向中共军投降，在最近的将来，将没有让其官兵平安返回国内的办法。

上述中国派遣军的困境，由于后来国共两军战斗的焦点逐渐移向满洲而得到缓和，各部队逐步同国民政府军取得了联系，接受了解除武装。

〔向山西阎锡山投降的第1军〕 在中国的日军，在停战后的环境中还有一个特殊的例子，就是第1军向山西阎锡山的投降。阎锡山为了防备中共等原因，不但想利用日军的武器，而且还想利用日本军民的技术，因而希望留用日本人。结果第1军复员回国开始得很迟缓，这一事态引起很大忧虑，但后来由于中国派遣军的督促，大部分兵员得以经京津地区回到了国内。

此外，北纬16°以北的北部法属印度支那地区，当初划入中国军管区，但昭和20年（1945年）12月26日，经英、法、华间协议，中国军队撤出，和南部法属印度支那一起，归由法军负责管理了。

东南亚军管区——英军管区

这个地区除原来属于英国的势力范围外，还包括属于法国和荷兰势力范围的地区。最初我军向主要由英军组成的东南亚投降，但实际上英军轻易腾不出手来，仅派遣部队接收了缅甸、泰国、南部法属印度支那、马来亚和苏门答腊的一部分我军武装，而在小巽他、苏拉威西、哈马黑拉、荷属新几内亚等地则由澳军担任了接收。法军于昭和20年（1945年）末进驻法属印度支那代替了英军，而荷兰军队进驻更晚，在印度尼西亚较长时间继续着混沌状态。

〔总司令部移至新加坡——寺内元帅病故〕 南方军总司令官寺内元帅停战以来仍然担任全面指挥，但考虑到对英联系的需要，乃于昭和21年（1946年）3月15日将司令部从南部印度支那的大叻迁到新加坡附近。同年6月12日，寺内元帅病故，后由第3航空军司令官木下中将代理，在南方军总参谋长沼田中将辅佐下负责处理停战事宜。

这个管区的我军部队和一般侨民的回国，于昭和22年（1947年）11月，以南方作业队的回国宣告完毕，但在那以前尝到的辛酸是不寻常的。

〔关于越南暴动和印尼独立运动的纷争〕 首先出现的事件是由于南部法属印度支那越南发生的"越盟团"的暴动。这次暴动的背景是独立运动，镇压和扫荡这次暴动的主要是英法军，而我军的一部分也被利用了，虽然是停战以后，还发生了部分伤亡。

其次，发生的问题是与印尼独立运动相关联的纷争。原来我军就指导和援助印尼的独立运动，而正当其独立准备达到高潮时停战了，所以，后来印尼人就想凭自己的力量继续实现独立。为此，他们乘英、荷军队进驻迟缓之机，先要求移交政权，接着又要求我军移交武器。从过去的情况看来，移交政权应该说是正当的要求，因此，我军实际上不得不把当地的军政移交给了印尼人，但武器的移交，关系到停战处理的大局，是不可能的。然而，印尼方面对此心怀不满，便在爪哇各地发动了袭击我小部队，或强夺武器、弹药等情况。

接着，在11月以后，他们同进驻的英军之间开始了武装斗争，在三宝垅地区，日军也不得不站在英军一边，同印尼军作战。为此，我军也牺牲了约600名。情况既然如此，全爪哇的我军和日侨大部分遭受到印尼人的反感，甚至连集结的时间都没有，就被印尼方面扣留起来，陷于孤立状态。这种状态尤以爪哇中部和东部为甚，不久就波及苏门答腊和小巽他群岛方面，形势发展殊难预料。

同盟军也重视这一事态，企图营救爪哇地区的日本人，于昭和21年（1946年）3月，命令南方军去执行。于是，南方军总参谋长沼田中将和在爪哇的第27独立混成旅团长马渊少将等从4月初开始在当地进行交涉，结果，在6月中旬，将大部分日本人成功地送出岛外，问题获得了解决。

〔留下的作业队问题〕还有一个问题是昭和21年（1946年）大部分日本人回国以后，还有约10万人的作业队被留在东南亚地区。据传，同盟军这一要求的目的在于协助战争创伤的恢复和粮食的增产。这样，按照下面的安排，留下了作业队：

缅　甸	35000名
泰　国	9000名
马来亚	22000名
新加坡	24200名
荷属印度支那	14367名

这些作业队员从事强制劳动，由于不知何时能够回国，惴惴不安，焦虑万分，直到第二年11月全部回国，事态才告结束。

澳军管区和美军管区

澳军管区因包括布干威尔岛、东部新几内亚和加里曼丹等粮食情况极其紧张的地区，因而提前了回国时间，到昭和21年（1946年）6月，大部分已复员完毕。其中东部新几内亚部队于昭和21年1月复员完毕。但由于长期作战，疲惫已极，加上划归澳军管理以后，给养仍然不足，致使在停战后仅五个月内，停战时残存的少数兵力又丧失了15%。

腊包尔地区部队在回国以前，一面独自谋生，一面受命为澳军从事不少体力劳动。但由于第8方面军司令官今村的正确领导，大体上整齐顺利地回了国。

美军管区和澳军管区一样，粮食情况也很紧张，所以，遣返回国比其他地区提前着手，大部分在昭和21年（1946年）初遣返完毕。在这期间，关岛、菲律宾等地尚不知停战，对于营救正在进行游击战的日本官兵，有赖于美军尽力之处很多。

第82章

占领下的日本

根据昭和20年（1945年）9月2日在密苏里舰上的投降签字，日本与同盟军各国间的战斗行动已正式停止，但这并不意味着战争的终结。其后，就日本来说，还留下一个在联合国军事占领下忠实地遵守和履行投降条款的长达七年之久的考验时期。

日本期待的独立和主权的恢复随着昭和27年（1952年）4月28日同美国为首的西方各国——部分国家除外——之间媾和条约的生效，才得以实现。至此，大东亚战争基本上宣告结束。然而，同未在旧金山和约上签字的苏联势力范围各国和部分亚洲国家之间，这时在法律上仍持续着战争状态。

占领下的日本在绝望和混乱中，有了许多变革。现将其原委概述于下。

占领统治的机构

〔占领统治的主导权〕 日本的占领，是包括苏联在内的同盟国的占领，但美国在对日战争中付出了最大的牺牲，而且为了占领又派出了最多的军队，因而自然掌握了占领统治的主导权利。即，麦克阿瑟元帅"以接受日本投降，并将此付诸实行为目的"被任命为同盟国最高司令官，在9月2日的投降文件上，也不是作为美国的代表，而是作为代表所有同盟国的司令官签字的。因此，麦克阿瑟司令部也就成了占领日本的独一无二的执行机关。

同盟国的对日占领政策，当然以"波茨坦公告"为基础，但其基本方针的具体标准，则是按照昭和20年（1945年）8月29日美国政府发出的"美国的对日管理政策纲要"的原则实行的。这样，虽说是同盟国的占领，但事实上则是按照美国政策的意图，通过麦克阿瑟元帅来实行其占领下的统治的。

这样的程序，是在占领当初急急忙忙定下来的，后来作了若干调整。即昭和20年（1945年）12月，根据莫斯科美、英、苏三国外长会议，决定设立远东委员会和对日理事会，作为对日占领的管理机构，从昭和21年（1946年）初开始活动。远东委员会是立法机关，设在华盛顿，有11个成员国，后来由于缅甸和巴基斯坦加入，变成了13国。这个委员会可对同盟国最高司令官发出关于同盟国对日占领政策的基本原则的指令，并且对最高司令官作出的决定有复审的权限。对日理事会则是美、英、苏、中四国参加的咨询机关，设在东京。其职能是就远东委员会做出的决定，在当地同最高司令官进行协商，并提出建议。

这样，关于同盟国对日本的管理——占领统治——的系统已经完备（如表82-1）。但以美国为中心的一些做法实际并未改变，加上由于后来世界形势的变化——美苏两阵营的对立斗争——作为国际对日管理机构的职能的价值大为减少了。

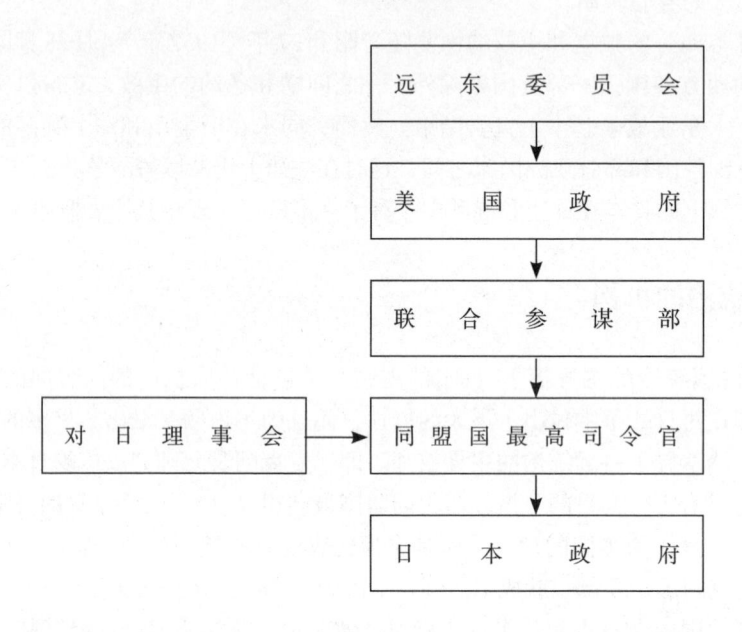

表82-1 对日管理的系统

```
          ┌─────────────┐
          │ 远 东 委 员 会 │
          └──────┬──────┘
                 ▼
          ┌─────────────┐
          │ 美 国 政 府  │
          └──────┬──────┘
                 ▼
          ┌─────────────┐
          │ 联 合 参 谋 部 │
          └──────┬──────┘
                 ▼
┌───────────┐  ┌─────────────────┐
│ 对 日 理事会 │─▶│ 同盟国最高司令官 │
└───────────┘  └────────┬────────┘
                        ▼
                ┌─────────────┐
                │ 日 本 政 府  │
                └─────────────┘
```

〔**军事管制的形态、方式**〕 同盟国对日本的统治完全是战胜者把自己的意志强加给战败者的行为，实质不外是以武力的威压为背景来施行所谓军事管制。然而，根据占领当时日本的特殊环境——日本本土未被攻占；军事力量和政府机能没有崩溃；同盟国没有实行分割进驻等——其统治的形态不是通过直接的军事管制方式，而是实行间接的统治——通过日本政府机构的统治，即由被占领下的日本政府机关在各个领域行使其权力，而实际上的统治者，当然是同盟国最高司令官。

已如前述，麦克阿瑟元帅作为同盟国最高司令官，代表有关盟国，被授予了占领和统治日本的广泛的权限和权力。美国政府在昭和20年（1945年）9月6日，发给该司令官的信件中说："阁下为完成阁下的使命，可以行使您认为适当的任何权限。我们同日本之间的关系并不是根据相互的协议，而是依据无条件投降的关系。阁下的权限是至上的。因此，在日本方面，就此权限的范围，无须有任何疑义。"最高司令官在统治日本时，对天皇或其他日本政府机关，不过是作为方便的手段在可能范围内予以利用而已。

同盟国最高司令部的机构，采取了适应上述间接统治的编制。即总司令部在纯军事部门之外，设立了担任各领域占领行政的十几个部门——由民政局、经济科学局、民间谍报局、民间情报教育局、天然资源局、民间运输局、化学局、会计局、公众保健福利局、民间财产管理局、统计报告局、物资供应所等组成。这些部门分别掌管支配日本政府的各该机关，执行业务。关于地方行政，则由第8军民政部和在全国设置的府县民政班子管理粮食征购、税收、教育、宗教、选举、审判以及一般地方行政等。

这些占领统治机构在整个占领期间，大体上没什么变化，各机构人员随着占领业务告一段落，从昭和24年（1949年）起逐渐减少。特别是第8军民政部和府县民政班于昭和24年7月撤销，其业务和责任移交给了八个地方民政班。同时，这个地方民政班由总司令部民政局管辖，解除了第8军司令官所担任的民政业务。这样，同盟国的对日占领管理主要集中在对中央政府的施政纲领上，而且逐渐趋向尊重日本政府的责任和创造性，迎来占领的终结。

占领政策

同盟国对日本的占领，对日本来说是没有前例的，而且是划时代的急剧的"变革"。一个民族不经过流血而且如此彻底地实现了根本制度和生活方式的变革，这在历史上是没有前例的。

同盟国的对日占领政策，经历了两个阶段。其一是占领初期两年左右。这一时期的基本任务是破坏旧日本和消除战争能力——消除日本的战争体制和战争能力，进行政治、社会、经济结构的民主改革。其二是为应付后来美苏两大阵营对立斗争的新形势，采取了把日本作为西方阵营的一环、扶植和加强新日本的政策。然而，这两种倾向本质上包含着互相矛盾的因素，因而结果给被占领的日本带来了迷惘。

对同盟国所采取的占领政策，没有篇幅详述其全貌，这里只叙述其概貌如下。

〔占领政策的基本原则〕 同盟国对日占领政策的原则，在波茨坦公告里已经阐明，其基本方针的具体标准已由上述的昭和20年（1945年）6月29日美国政府发出的"美国的对日管理政策纲要"做出规定。

上述纲要的内容大致如下：

一、最终的目标 建立一个遵守联合国宪章的理想和原则、尊重其他各国的权利、支持美国完成各项目的和平而负责的政府。

二、盟军的机能 军事占领——为了使之履行投降条件，对日本本土实行军事占领，占领军置于由美国任命的总司令官的统率下。

同日本政府的关系——天皇和日本政府的职权从属于总司令官，总司令官握有为执行投降条件、执行为实行占领而制定的政策以及对日本登陆所必需的一切权力。

政策的公布——对日本国民和世界各国不断提供关于占领的目的及其进展情况的详细情报。

三、政治 解除武装和铲除军国主义——这是占领的主要任务，必须立即坚决执行。禁止日本拥有陆、海、空军、秘密警察组织以及任何民间航空设施。拘留陆海军高级官吏、国家主义者、军国主义组织的领导者，以待将来处分，并把他们从公共的、以至重要私人的负责岗位上清除出去。

战争罪犯——虐待盟国俘虏，包括对其他国民施加残暴行为的人物，被最高司令官或有关的盟国机构指名为战犯的人，要加以逮捕和审讯，判刑时要处刑。

促进要求个人自由和民主主义过程的发展——占领后立即宣布信教的自由，但明确指出，不准在宗教的背后隐藏国家主义的、军国主义的各种团体及其活动。

拥有集会和言论权利的民主主义各政党，在保证占领军安全的限度内，予以鼓励；由于政治原因被日本当局非法关押的人要释放；司法、法律和警察组织要改组，为保护个人自由和民权加以渐进的引导。

四、经济 经济上的非军事化——破坏日本军事力量的现存经济基础，不准其复兴。为此，要采取必要的措施，但对日本国内现存生产设施的最后处理，要在编成目录后再行决定。但马上能转变用于民主制度的设施，除特殊情况外，不得破坏。

民主主义制度的促进——在民主主义基础上组织起来的劳动、工业和农业的各种组织，予以鼓励和支持；同时解散大工业康采恩和金融康采恩。

和平经济的重建——日本国民着手物质生活的重建，应该找出彻底改革其经济活动和各种制度的途径，允许政府在有关的职权范围内，管理包括必需的公共事业、财政金融、重要物资的生产、分配等经济活动。

赔偿、归还——赔偿以在日本领土以外的日本财产的转让，以及对日本和平经济和对占领军的补给不必要的物资、设施的转让来进行；同时，凡是能辨识的一切掠夺来的资产，要求立即完全归还。

财政、货币和银行政策——日本当局在总司令官的允许和监督之下，仍然对有关国内的财政、货币和信用的政策负有管理和指导的责任。

国际贸易和金融关系——日本终将被允许同世界其他国家重新建立正常的贸易关系，但在占领期间则将在适当控制之下，被允许为和平目的进口必要的原料和其他商品，并相应地出口一些物资。

日本在外资产——国外资产及投降后脱离日本的地区的日本资产，包括皇室和政府所有的（全部或一部）资产，按照占领军当局指示，听任盟军当局的决定处理。

对日本国内的外国企业实行机会均等——日本当局对任何外国企业，不得给予独占的或优先的机会和条件；也不得转让经济活动的任何重要部门的控制权。

皇室的财产——为了实现占领的目的，不得排除任何必要的措施。

〔取消日本军备的政策〕 麦克阿瑟元帅统率下的同盟国陆、海、空部队在极稳定的气氛中进驻日本，完成了对日本本土的军事占领。在军事占领后，最先采取的措施，不言而喻，就是取消日本军备的政策——复员和完全彻底地解除武装和铲除所谓军国主义。

复员和解除武装的工作取得了顺利的进展。11月30日，陆军省和海军省及其一切附属机关同时撤销，其业务立即由当天新设的第一、第二两个复员省接办，这两个省于昭和21年（1946年）6月14日也被撤销。后来这些业务由复员厅第一、第二复员局移交给厚生省，最后，至昭和23年（1948年）5月31日，由"厚生省回国援护厅复员局"来完成复员任务，直至今日。

与这项解散陆海军和解除武装同时进行的铲除所谓军国主义的措施，在日本民主化的名义下被严格执行，即根据昭和21年（1946年）1月4日的所谓"清洗指令"，约22万人——其中约18万人为旧军人——被清洗，同时，日本的超国家主义的而且是军国主义的各团体、各组织也被解散了。与这些措施相关联的是作为对全体旧军人的惩罚，停止了享受抚恤金的权利，因此，连忠实地服从国家意志而战死的人们的多达数百万遗属的生活权利也被剥夺了。反之，释放了战时的政治犯，不仅如此，还发出了恢复这些政治犯的选举权和保持公职权的指令。这样，摧毁日本军备的政策迅速地执行下去了。

〔以文明之名进行的战争审判〕 战胜者的同盟国加给战败者的还有战争审判。那是以文明之名进行的报复性惩罚。

对日本的国际战犯起诉书于昭和21年（1946年）4月29日递交给远东国际军事法庭，被起诉的所谓甲级被告人以东条英机原大将为首，包括从满洲事变前后参与领导日本战争的重臣、军人、外交官等共28名。其起诉理由主要有对和平的罪行、违反战争法规的罪行、违反人道的罪行三点。这次审判到昭和23年（1948年）4月结束，至同年11月12日宣判：7名绞刑、16名无期徒刑、1名20年监禁、1名7年监禁。另外，被告人大川周明因精神失常、松冈洋右和永野修身病死，后来分别撤销了起诉书。

后来又有若干的周折。对原陆军大将东条英机、松井石根、土肥原贤二、板垣征四郎、木村兵太郎、原陆军中将武藤章、原首相广田弘毅7名的绞刑，终于在昭和23年（1948年）12月23日黎明，在对日理事会四国代表莅场之下，在巢鸭监狱执行。这7个人祈祷着祖国的繁荣，死在绞刑架上。

同甲级被告人的审判同时进行的还有对违反战争法规和习惯（乙级起诉原因）以及违反人道的犯罪嫌疑（丙级起诉原因）也分别在美国、澳洲、英国、中国、荷兰、法国等各国的军事法庭进行了审判。在苏联和中共地区还有相当多的军人、军属也被提交战争审判，但其状况不详。这些不幸被作为战犯审判的人们的状况（苏联和中共地区除外）如表82–2，在判处近千名死刑犯的同时，在恢复和平后的今天，还有数十名被盖上了死亡的戳记，关押在异国的监狱里。

战争审判是这次战争的特殊产物。在昭和21年（1946年）5月3日，甲级战犯审判刚开庭的时候，代表日本辩护团的清渊一郎博士在提出"关于管辖权的异议"时指出："如果最高司令官后来才制定了一条新的罚则的立法，那就是无视了文明国家认为最高法的不咎既往的原则。"在同盟国审判团之中也有像印度代表拉达·彼得·巴尔审判官那样一直对这次审判持否定态度的人。尤其在乙、丙级战犯审判中，由于拷问、辩护的不完备、恶意的伪证等原因被迫不适当地服罪的被告人似乎也有很多。想到这样审判的实际情况时，不禁对文明社会人类理性和善意的界限，感到一点悲哀。

表82-2 战犯受刑者一览表

地区别	区分	陆军	海军	民间	计
巢鸭	判决处刑总人数	1958	511	169	2678
	死刑执行者	378(6)	118	5(1)	501
	死刑拘留者	5 法1 澳1	1	0	8
英国	判决处刑总人数	726	81	11	818
	死刑执行者	205	35	0	240
	死刑拘留者	0	0	0	0
菲律宾	判决处刑总人数	177	17	3	197
	死刑执行者	79	1	0	80
	死刑拘留者	44	15	0	60
澳洲	判决处刑总人数	340	193	0	533
	死刑执行者	80	40	0	120
	死刑拘留者	1	10	0	11
总计	判决处刑总人数	3241	802	183	4.226
	死刑执行者	742(6)	194	5(1)	941
	死刑拘留者	50 法1 澳1	26	26	79

备考：

一、第一复员局昭和26年（1951年）3月15日调查。

二、巢鸭栏中括号内数字表示甲级，包括在上面数字以内。

三、死刑执行者和死刑拘留者都包括在判决处刑总人数之内。

四、巢鸭栏包括美国、中国、荷印、法属印度支那在内。

〔**日本在占领下的变革**〕 麦克阿瑟元帅按照上述的"美国的对日管理政策纲要"的原则大力强制推行了破坏旧日本、非军事化、扶植和建设的政策。在破坏旧日本和非军事化方面，以解散所谓军阀、官僚、财阀为中心进行工作；在扶植、建设方面以所谓民主化为中心课题进行了工作。这两方面，表里一体，最终就是要把日本"变革"成同盟国特别是美国所喜欢的形态。

这样，继对日本的基本体制——军事、政治、经济的旧制度、机构采取破坏性的激烈改革手段之后，在日本民主化的名义下，制定新宪法，修改选举法，实行土地改革，改革警察和教育制度，确立劳动制度，封锁和解散财阀，解散各种统制团体，以及国家同神道的分离等一系列政策一个接一个地具体化了。特别是新宪法明确规定"天皇的象征化""确立主权在民的思想""非武装，放弃战争"等，所有这些对日本来说都意味着划时代的"变革"。

这些政策，对日本来说，有的是可喜的，有的是不可喜的，但无论哪一项都与日本的意志无关，是由战胜者单方面强加的意志，没有选择的自由。不仅如此，正像麦克阿瑟元帅声明中所表明的那样，这些政策不过是作为一种手段通过日本政府的手来推行的，而且不得不采取仿佛自觉自愿的态度。这种态度不知不觉地陷入一种错觉：把"强加的东西"当作"自己赢得的东西"，这的确是战败者日本的悲惨命运。

〔占领政策，拯救混乱和饥饿〕 然而，另一方面，同盟国占领政策的坚决贯彻执行，对停战后陷于虚脱状态的日本政府，给予了权威和活力，把即将陷于混乱的国内秩序和统治恢复起来；对濒临饥饿和穷困的日本国民给予了粮食和经济的援助。其结果，不拘怎样，总算是使日本走上了重建的道路。

战祸——失掉的东西

〔国土的丧失〕 由于战败，日本的宗主权被局限于本州、北海道、九州、四国和包括对马群岛在内的周围约1000个小岛，结果，战前约68万平方公里的国土约减少了一半，在这块狭小的国土内，要收容约700万海外归来的复员兵和回国者，还要加上每年自然增加的百万以上的人口。

还有，小笠原、冲绳、鹿儿岛县的一部分（奄美大岛）和千岛的一部分，现仍在外国军队占领之下，正在渴望早日归还日本。

此外，同朝鲜、"满洲"、中国等亚洲大陆各国之间政治、经济、文化的合作交流的途径也堵塞了，不能不说给日本重建的前途，投下一个巨大的阴影。

〔**人员的损失**〕 在这次大战中，估计各交战国的兵员和一般市民的死亡总数为2200万人，负伤者约3400万人，而由于大东亚战争，日本人的总伤亡数，军人、军属、官民合起来，约达260万人。其具体情况如表82-3。

表82-3　日本人员损失情况表

区分 伤亡	陆军	海军	官民	计
死亡，失踪	1439101	419710	658595	2517406
残废，疾病	85620	8895	不详	94515
计	1524721	428605	658605	2611921

备考：

一、本表数字是以复员局和经济安定本部的报告为基础累计的最新数字。

二、陆海军的数字包括各自的军属。

三、官民的死亡数包括停战后在满、华死亡的170100名、冲绳市民165000名和国内失踪的24010名。

四、陆军的残废和疾病数为概数。在残废和疾病者94515名之中，估计已有20000名在停战后死亡。

在这样的损失之外，还有因战祸的受灾者约达875万人。

从伤亡细目一看便知，官民即后方人口的比率较大，这是这次战争的特点。另外，还应该注意到，在后方人口伤亡总数约66万人中，约半数即30万人死亡，其中几乎大部分死于盲目轰炸和原子弹的伤害。

〔**物资的损失**〕 根据安定本部的调查，一般资产损失，按昭和20年（1945年）8月15日当时的价格计算，总额为652亿日元。其中直接损失为497亿日元，间接损失为156亿日元。

还有，军事资产的损失，不算战斗用武器，仅就舰艇和飞机而言（停战时残存的亦当做损失来计算），总额为404亿日元，其中，直接损失为339亿日元，间接损失为65亿日元。

这些一般资产和军事资产的损失总数，实为1057亿日元，如果换算成昭和23年（1948年）末的价格（65倍），则为6.8694兆日元的巨额。

表82-4　工业部门生产设备能力最高最低损失率（安定本部调查）

被害部门	最高损失率	最低损失率	其他主要业种损失率
动力工业	58.0%（石油精炼）	0（水力发电）	32.2%(火力发电)
钢铁工业	24.5%（生铁）	14.4%(普通钢)	—
有色金属工业	23.9%(铝)	0（铅外二种）	22.1%（电解铜）
机械工业	55.7%（真空管）	9.0%（电力机车）	25.0%（工作母机）
化学工业	54.1%（硫安）	0（玻璃砖）	27.0%（水泥）
纤维工业	42.4%（梳毛）	0.7%（人造纤维）	10.4%（纸浆）

上述物资损失还不包括难以调查的无形资产的损失，舰艇和飞机以外的军事资产的损失，或因赔偿拆除设备带来的生产能力的丧失等极大的损失，如果把所有这些都综合起来，则日本在战争中的全部损失将是难以想象的庞大数字。可以设想，在战后日本贫弱的经济条件下，做到复原将需要很长的时间。

表82-5　大东亚战争期间日本临时军事费用表（单位：百万日元）

年度	临时军事费用	临时军费占岁出的%
昭和16年（1941）年	11673	61
昭和17年	18000	66
昭和18年	27000	73
昭和19年	38000	75
昭和20年	85000	85

表82-6　第二次世界大战各主要交战国直接军费概数（单位：百万美元）

同盟国	美国	317600	轴心国	德国	272900
	苏联	192000		意大利	94000
	英国	120000		日本	56000
	其他	55461		其他	46039
	计	685061		计	468939
总计			1154000		

表82-7　日本海军舰艇丧失只数表

海军舰艇丧失只数表（第二复员局调查）	种类	战舰	航空母舰	巡洋舰	水上飞机母舰潜水母舰和敷设舰	驱逐舰	潜水艇	海防舰	小计	其他小舰艇	合计
	丧失	8	19	36	11	133	131	72	410	272	682
	停战时残存	1	6	11	6	41	59	100	227	308	535

一般船舶的丧失总数，估计约达600万总吨，其中1万总吨以上的大型船舶的丧失数〔昭和23年（1948年）11月船舶管理会调查〕为79只，约90万总吨。

〔**暴风雨中的日本**〕　不言而喻，战争是人类社会的一大悲剧。历时四年之久的世界规模的战争的结果，人类到底得到了什么？无论是战胜者还是战败者，都程度不同地蒙受了有形无形的严重的战争惨祸，其创伤至今犹历历在目。尽管如此，举世渴望的持久和平的理想，在这次战争的产物——美苏两大阵营对立这一现实的暴风雨面前，势将要像泡沫一般地消失了。

接受了波茨坦公告的日本，吃了有史以来未曾有过的败仗，物质和精神两方面的战祸极为深刻、痛切，在重建的前途上摆着重重的障碍。就是说，日本由于战败而带来的精神上的打击和经济上的穷困，还有在外国军队占领统治下变态的政治环境，致使道义颓废，放纵安逸之风弥漫，因而似乎已经丧失了重建国家的方向和途径。

建国以来，以不败的信仰培育起来的大和民族，一旦面临战败的冲击，马上就被战败者的自卑感和悲观失望的心理所驱使，举国陷入丧失信心和疑惑的旋涡中，这是无可争辩的事实。当时多数国民并不是要克服战败的苦难为重建祖国而团结起来，而是推诿责任，互相责难，用来寻求自我安慰。不是冷静地分析战败的根源，以资将来的发展，而是否定过去的一切传统，用来对战败的现实加以合理化。同时，由于破坏日本固有的东西和实现非军事化的占领政策，更助长了这种精神空虚和思想混乱的倾向。这样，虽是过渡的现象，但从根本上动摇了日本的精神支柱，对自己的国家和民族丧失了自信心和自豪感。

经过这样苦难的路程，昭和26年（1951年）9月8日，签订了旧金山和约，接着，于昭和27年（1952年）4月28日，媾和条约生效，迎来了渴望的独立。

作者后记

自从面对窗外荒凉寂寥的严冬景色，为了出版这部书执笔以来，业已半载。时至熏风新绿的初夏，总算写完了这部书。实在不胜感慨。有一种好像卸下长时间压在肩上的重担一样的轻松心情。这也许是尽到了一部分责任以后的微小的自我满足，但也是我在停战八年以后，重新回顾和反省战争全貌的一点感怀。

我想，当初设想的"政略战略综合史"这一体裁，大体上算完成了。像这种形式的综合战争史，历来在整个东西方还不曾见过，尤其是公开发行更是无法企及的，这恐怕是实际情况吧。因为政府、陆军、海军各有各的说法，综合这些说法是极其困难的。也许是一种谬论，但我可以说，由于前所未有的败战，使陆海军解体了这一冷酷事实，才使我有可能完成了这个工作。

然而，这部小著仅仅是个粗略的提纲，关于战争指导的根本和战略方面，只不过是个概述，不过我想大体上叙述了从头到尾的发展过程；而在政略方面，由于属我能力限度之外，还有篇幅的限制，对各种政策的实施贯彻的实际情况，可以说几乎完全没有叙述。特别是同战略一体不可分割的军事行政，尤其是军事动员和军需动员以及其他的国民动员的内容，都没有详细地涉及，这是个明显的缺陷。所以，我希望在我主持的这个小小的史实研究所，在充实内容上还要做些努力。今后仍请各方人士予以不客气的斧正和指教。

在执笔这部战争史的时候，力图坚决排除诸如歪曲事实来辩护日本的立场和军事行动的正确性之类的做法，而只限于不夹带主观成分来对史实进行客观的叙述。然而回顾起来，还难免有些根据自己某种主观的评论部分。不过，究其根源不外是想使实际情况更加明确，此外并无任何别的意图。

日本有史以来首次体验的这次惨痛的大东亚战争，当然要留下深刻的反省和教训。就是说，对于战争的本质、国防应有的状况、近代战争的面貌、战争和战略的指导机构、近代国防军的编制制度以及其他战略战术等各种不计其数的问题,朝野上下都应该认真地加以探讨,以不致贻误日本重建的方向和前途,我想这也是对战争牺牲者的一种悼念。

然而,迄今为止的倾向是,把战争视为罪恶之尤,不仅连史实也不敢弄清,甚至避免对战争、国防本身进行探讨,一直推移到现在。这样难道能够期望今后的日本避免战争的惨祸吗?希望和平,和闭上眼睛不去看战争这个现实,根本是两码事。我坚决相信,抓住战争这个现实,研究它,对付它,才是在决定新日本将来的命运上不容忽视的工作。拙著如果能成为这个工作的一个基石,不,成为一个开端,却是望外的幸事。

最后是停战记的问题。停战时我没在东京,我不是所谓"漩涡"中的人。但幸而在复员后七年间,得以从当时的负责人和熟知情况的人们了解到当时的真相,加上还有一部直到8月15日为止的机密战争日记。我靠这些整理出了我认为最正确的史实,在此连同开战的经过一起,供各位读者明察。

不拘怎说,我在我的各位同事的支持下,总算写完了大东亚战争全史。特别是为了明确史实,原海军大佐大前敏一一再给予了善意的帮助,在此表示衷心感谢。当然,在记述上如有错误,那完全是笔者的责任。

服部卓四郎
昭和28年(1953年)6月
于市谷砂土原　史实研究所

大东亚战争重要史实一览表

自昭和15年（1940年）7月至昭和20年（1945年）11月
（注：各史实上边的数字表示该项史实发生的日期）

年	月	国际形势	作战形势 欧洲战场	作战形势 东亚战场	国内形势
昭和十五年（一九四〇年）	7	5 法维西政府同英国断交 8 英答复拒绝封锁缅甸公路 11 贝当元帅就任法总统兼总理 15 英宣布缅甸公路有期限的封锁 21 波罗的海沿岸三国并入苏联领土	10 英海军部发表意、英地中海海战结果	13 设置陆军四军管区制 16 海军开始对浙江、福建两省沿岸封锁作战 24 陆军初次空袭成都 29 海军连续轰炸贵阳	7 近卫公的新政治体制声明 22 第二届近卫内阁组成 26 阁议决定"基本国策纲要" 27 联席会议决定"结合世界形势演变、处理时局纲要"
	8	5 英波军事协定签字 10 "法印监视团"团长西原同德库总督会谈 17 德宣布对英完全封锁 24 英同意美租借百慕大岛	12 德机空袭多佛尔、朴资茅斯 13 英水雷舰队和德舰艇在英法海峡海战 16 德机空袭伦敦 24 德机空袭伦敦	10 海军扩大中国沿岸封锁线 13 驻北京的英军撤退	28 新体制准备会召开第一次全体会议 30 派赴荷印特使小林商相出发

续表

年	月	国际形势	作战形势 欧洲战场	作战形势 东亚战场	国内形势
昭和十五年（一九四〇年）	8	30 松冈、安里协定签订	26 英机空袭柏林 29 伦敦大空袭		
	9	11 英首相丘吉尔对国民广播，要求提高警惕 16 美总统罗斯福发表国防宣言 19 英首相丘吉尔在众议院说明美英联合谈判的准备 26 美发表对日禁运废铁 27 日、德、意三国条约签字	2 意英海军在东地中海海战 7 德机大肆空袭伦敦 12 意军开始进攻埃及 23 英舰队进攻达喀尔 24 德军开始进驻挪威北部	5 发布进驻法印北部的敕令 5 扫荡江北新四军的作战开始 22 进驻法印北部的当地细节协定签字 23 进驻法印北部	3 及川海相就任 19 御前会议关于缔结日、德、意三国条约的决定
	10	3 英改组战时内阁 4 德总统希特勒同意总理墨索里尼在勃伦纳山口会谈 8 英再次开放缅甸公路 12 美总统罗斯福发表对抗日、德、意三国条约的宣言 28 希腊对意大利宣战 31 土耳其声明不参战	5 德军进驻罗马尼亚 19 意机空袭波斯湾巴林岛 21 英、意海军在红海海战 22 英机空袭德各地 26 意、希腊两军在国境冲突 28 英军在希腊登陆	13 海军轰炸昆明 16 江南第三战区歼灭战结束 23 从南宁撤退	3 杉山就任总参谋长 12 大政翼赞会成立 25 阁议决定"为发展荷印经济的措施"

续表

年	月	国际形势	作战形势 欧洲战场	作战形势 东亚战场	国内形势
昭和十五年（一九四〇年）	11	7 美总统罗斯福第三次当选 12 苏联外长莫洛托夫同德总统希特勒外长里宾特洛甫会谈 18 泰、法印发生边境纠纷 20 匈牙利加入日、德、意三国条约 23 罗马尼亚加入日、德、意三国条约 24 南斯拉夫加入日、德、意三国条约 30 日本承认中国国民政府 30 日华基本条约签字 30 日、满、华发表共同宣言 30 美发表提供一亿美元的援蒋贷款	4 英军公布在克里特岛登陆 8 戴高乐派法军在非洲登陆 13 英机进攻塔兰托湾 22 意军从阿尔巴尼亚的克鲁亚撤退	13 英在新加坡新设远东军总司令部 17 钦县撤退完毕 25 对湖北第五战区总攻开始	1 荷印特使小林商相回国 10 举行纪元2600年纪念仪式 13 御前会议决定"中国事变处理纲要" 30 特派芳泽大使去荷印
	12	2 英、西班牙签订金融协定 20 泰、法两国拒绝日本的调停纷争的提议 21 德要求驻巴黎的美大使馆馆员撤离	2 希腊战线转入对意军反击 8 德机夜袭伦敦 13 希腊军占领德比 18 德总统希特勒密令准备对苏作战	25 开始加强对华中、华南沿岸封锁 27 德舰炮击瑙鲁岛	6 平沼国务相入阁 8 阁议决定"经济新体制纲要" 14 大政翼赞会发表实践纲要

续表

年	月	国际形势	作战形势 欧洲战场	作战形势 东亚战场	国内形势
昭和十五年（一九四〇年）	12				27 联席会议决定"帝国对泰、法印应采取的措施" 27 特任野村为驻美大使
昭和十六年（一九四一年）	1	2 芳泽大使开始同荷印谈判 7 美设置国防生产管理局 30 泰、法印达成停战协定	4 北非巴尔迪亚陷落，意军司令官以下被俘 13 德军进驻保加利亚 20 英军进入北非托卜鲁克 30 英军占领北非德尔纳	3 开始对湖北第九战区进攻 17 重庆命令四军新解散 20 开始对太湖南岸新编20师的包围战 22 蒙疆鄂尔多斯方面作战开始	19 联席恳谈会决定"关于调停泰、法印纷争的紧急处理纲要" 30 联席恳谈会决定"对法印、泰施策纲要"
	2	6 野村大使到达美国 7 调停泰、法印纷争的东京会谈开始 10 英国与罗马尼亚断交 14 野村大使同美总统罗斯福初次会见 15 美、英、澳、荷举行关于太平洋防务的华盛顿会谈 24 法组成达尔兰内阁 27 英、土关于地中海问题意见一致	9 英地中海舰队攻击热内亚 11 德机攻击苏伊士运河 18 意军从东非基斯马尤撤退 24 德装甲部队在北非利比亚登陆	4 华南军和海军配合在惠州南部登陆 8 河南作战结束 25 击溃苏北新四军	3 联席恳谈会决定"对德、意、苏谈判纲要"

续表

年	月	国际形势	作战形势 欧洲战场	作战形势 东亚战场	国内形势
昭和十六年（一九四一年）	3	1 保加利亚加入日、德、意三国条约 5 英、保加利亚断绝外交关系 11 调停法印、泰纠纷达成协议 11 美制定武器租借法 24 松冈外相同苏联斯大林总书记会谈 25 南斯拉夫加入日、德、意三国条约 27 南爆发反轴心军事政变 27 松冈外相同德总统希特勒会见 31 南封锁对德国境	2 德军公布进驻保加利亚 13 英机突袭柏林 25 德军夺回北非阿尔及尔 28 意军放弃厄立特里亚的克伦地区	3 陆海军协同在华南沿海奇袭登陆 10 在山西南部开始包围战 24 在华南红海湾奇袭登陆 28 在华南碣石湾奇袭登陆	12 松冈外相出发访欧
	4	1 松冈外相同意总理墨索里尼会谈 2 苏、南订立互不侵犯条约 7 英、匈断绝外交关系 9 捷、南断绝外交关系 10 克罗地亚宣布独立	3 英军放弃北非班加西 6 德、意军开始对南、希作战 6 罗马尼亚下总动员令 10 德军突入贝尔哥来德 11 匈牙利军队进攻南斯拉夫	2 江西的新作战结束 9 大洪山包围战开始 19 在浙江省沿岸和福建奇袭登陆 25 攻进福州	9 永野就任军令部总长 17 大本营陆海军部大体上决定"对南方施策纲要" 22 松冈外相国

续表

年	月	国际形势	作战形势 欧洲战场	作战形势 东亚战场	国内形势
昭和十六年（一九四一年）	4	13 日、苏中立条约签字 16 拟就日美谅解方案，日美间开始谈判 18 南对德无条件投降 25 美英对中国贷款协定签字 25 美声明在全海洋实行巡逻制	13 德、意军进驻埃及 23 希腊军对德、意投降		
	5	1 英内阁改组 4 美总统罗斯福表明参战决心 6 日、法印经济协定签字 9 日、泰和平条约签字 10 德副总统赫斯逃入英国 16 英决定对日禁运马来橡胶 27 美总统罗斯福宣布国家进入无限期的非常时期 31 美提出日美谈判折中方案	17 英军从北非塞卢姆撤退 19 意军在埃塞俄比亚投降 20 德伞兵进攻克里特岛 24 英、德在格陵兰海上大海战 30 英军从希腊撤退	7 中原第五战区进攻战开始 18 第五战区李宗仁军覆没，中原作战结束	12 松冈外相训示野村大使，可根据我方对日美谅解案的修正案开始谈判 30 松冈外相强调轴心外交不变
	6	2 德总统希特勒、意总理墨索里尼在勃伦纳山隘会谈	1 德军占领克里特岛	6 海军夜间轰炸重庆	6 大本营陆海军部决定"对南方施策纲要"

续表

年	月	国际形势	作战形势 欧洲战场	作战形势 东亚战场	国内形势
昭和十六年（一九四一年）	6	11 日、苏达成通商贸易协定 14 美冻结德、意资金 17 日荷会谈决裂 21 美对日美谈判的日本修正案提出反建议 22 德苏开战 22 罗马尼亚开始对苏作战 22 瑞典宣布中立 22 捷克对苏断交	18 德、意军在塞卢姆全胜 21 德机轰炸乌克兰、克里米亚 22 芬兰开始对苏军事行动 25 德军占领比萨拉比亚首府基什尼奥夫 30 德军占领伦贝格	14 第六次加强华南沿岸封锁 18 海军飞机轰炸兰州、西安	25 联席恳谈会决定"关于促进南方施策方案" 28 联席恳谈会决定"结合形势演变的帝国国策纲要方案"
	7	12 英苏签订军事协定 14 为进驻法印南部，开始同维西政府谈判 15 苏联决定将政府移至喀山 26 美、英冻结日本资产 28 香港、荷印冻结日本资金 29 日、法印共同防卫议定书签字	5 德军到达第聂伯河 6 德军突破斯大林战线 11 苏军任命三总司令官（伏罗希洛夫、齐莫申克、布琼尼） 14 芬兰军在拉多湖附近进攻苏军 16 德军占领诺夫哥罗德、斯莫棱斯克 21 德机空袭莫斯科 23 英、意在地中海海战	1 中国国府开始清乡工作 2 大本营陆军部决定举行"关特演" 5 大本营海军部编成第五舰队 12 新设防卫总司令部 21 达成进驻法印南部的细节协定 26 美在马尼拉设置远东陆军司令部 28 进驻法印南部	2 御前会议决定"结合形势演变的帝国国策纲要" 15 我方在日美谈判中提出第二次修正案 18 第三届近卫内阁组成

续表

年	月	国际形势	作战形势 欧洲战场	作战形势 东亚战场	国内形势
昭和十六年（一九四一年）	8	4 美保证对苏援助 11 丰田、克莱琪会谈 14 美总统罗斯福和英首相丘吉尔在海上会谈，发表大西洋宪章 27 伊朗对英苏提议停战 29 德、意发表共同声明	9 苏机空袭柏林20公里处 12 德军包围奥德萨 21 德军进到距列宁格勒 25 英苏军进驻伊朗 25 德军占领第涅伯罗彼得罗夫斯克	9 大本营陆军部决定"帝国陆军作战纲要" 25 对江南第三战区开始反击战 28 华北"剿共"第三期作战开始	4 联席会议决定"对苏外交谈判纲要" 6 联席会议决定"关于对日苏间目前形势帝国应采取的措施" 15 联席会议决定"关于泰国问题对英谈判纲要" 26 近卫发出给美总统罗斯福的信件
	9	1 美发表海军两洋舰队建造计划 3 美总统罗斯福给近卫回信并提示美国政府备忘录 9 日本宣布在英领的日本人回国 25 向美提示日方9月20日决定的关于谈判的第二次修正案 29 举行三国援苏会谈	2 德军完成对列宁格勒的半包围 7 英机对柏林大空袭 8 英、加拿大、挪威军队在斯匹次卑尔根登陆 20 德军占领乌克兰的基辅 24 德军到达列宁格勒郊外	1 颁布全海军战时编制 11 发表新设防卫总司令部 18 大本营发布适应形势发展的对南方作战准备 18 湖南作战开始 25 英允许美国使用新加坡 28 占领长沙	4 我方提出日美谈判新提案 6 御前会议决定不惜对美英荷一战的"完成帝国国策要领" 20 联席会议决定我方对美方6月21日反建议的修正案
	10	2 美交来对过去日本方面各种提案的备忘录 13 美荷举行军事会谈	6 德军开始总攻莫斯科 16 奥德萨陷落 19 莫斯科发布戒严令 19 苏军夺回加里宁 24 德军占领乌克兰的哈里科夫	2 开始进攻河南的战役 5 美英东亚军事首脑在马尼拉会谈 31 开始从郑州撤退	12 在荻外庄举行五相会议 18 东条内阁组成 29 联席会议开始重新讨论国策

续表

年	月	国际形势	作战形势		国内形势
			欧洲战场	东亚战场	
昭和十六年（一九四一年）	11	7 野村大使向美赫尔国务卿提出日美谈判甲案 10 英首相丘吉尔演说，如日美开战，英马上参战 11 美总统罗斯福声明不辞参战 17 来栖大使参加日美谈判 19 日美谈判甲案决裂 20 野村、来栖两大使向美赫尔国务卿提出日美谈判乙案 25 扩大防共协定签字 26 美赫尔国务卿向野村、来栖两大使提示所谓"赫尔照会"	8 美在冰岛建设海军基地 16 德军开始第二次总攻莫斯科 22 新西兰军突入北非卡普措堡 22 德军占领罗斯托夫	5 大本营海军部命令联合舰队要进行必要的对美、英、荷作战的准备 5 开始山东南部战役 6 大本营陆军部发布南方军和南海支队的战斗序列，并作好攻占南方重要地区和香港的准备 15 授予南方军及南海支队攻占南方重要地区的任务。 21 大本营海军部指示作战部队待命进入海面作战 26 美军部向夏威夷当地军发出警告 26 夏威夷作战机动部队由择捉岛单冠湾启航 27 驻上海的美海军回国	5 御前会议决定决心对美、英、荷开战的"完成帝国国策要领"。 6 来栖大使赴美 10 联席会议决定"战争经济基本方策" 13 联席会议决定"与完成帝国国策的要领相关联的对外措施" 15 联席会议决定"关于促进结束对美、英、荷、蒋战争的草案" 17 召开第77届临时议会 20 联席会议决定"南方占领地区行政实施纲要" 23 联席会议决定"对泰措施要领"
	12	1 宣布全马来处于非常状态	1 德军从罗斯托夫撤退	1 大本营发布实行作战命令	1 御前会议决定"对美、英、荷开战"

续表

年	月	国际形势	作战形势		国内形势
			欧洲战场	东亚战场	
昭和十六年（一九四一年）	12	6 英对芬兰、匈牙利、罗马尼亚宣战 7 美总统罗斯福发出亲电 8 日、美、英开战 8 野村大使把日美谈判结束通告交给美赫尔国务卿 8 日本接收美英在中国的权益 8 日、法印签订军协协定 9 智利、南非对日宣战 11 日、德、意三国协定签字 11 德、意公布对美宣战 21 日、泰攻守同盟签字 22 英首相丘吉尔赴美 23 美英华盛顿军事会谈开始 26 美、英、蒋缔结军事同盟	8 德军发表东部战线停战 17 莫斯科、列宁格勒间的联系重开 19 德总统希特勒就任陆军总司令官 24 英军占领北非班加西	1 荷印陆空军动员 1 全菲律宾发布紧急警戒令 2 大本营发布8日开始进攻命令 4 马来作战部队从海南岛三亚湾出发 8 奇袭夏威夷 8 在马来登陆 8 开始进攻菲律宾 8 开始进驻泰国 8 海军封锁香港，命令友邦和中立国船舶撤退 9 进驻曼谷 10 马来海上海战 10 在关岛和菲律宾北部登陆 11 完全占领关岛 12 占领九龙市区 13 劝告香港杨古总督投降	4 联席会议决定"关于处理荷兰问题" 4 联席会议决定"开战时应使'满洲国'采取的措施" 6 联席会议决定"开战时应使中国采取的措施" 8 东乡外相公布日美会谈的经过 8 颁发对美英宣战的诏书，对陆海军颁发敕语 8 发布防空实施令 9 天皇临时在宫中三殿亲祭，报告宣战并祈祷 10 联席会议决定大东亚战争的称呼和以开战时作为平时和战时的分界问题 10 向联合舰队司令长官颁发敕语 11 八田铁道相入阁 12 向联合舰队司令长官再次颁发敕语 13 召开奉戴大诏国民大会

续表

年	月	国际形势	作战形势		国内形势
			欧洲战场	东亚战场	
昭和十六年（一九四一年）	12	27 南京召开大东亚解放大会 27 英对保加利亚宣战 28 同盟国召开针对轴心国的华盛顿圆桌会议		14 香港总攻开始 16 在英领婆罗洲登陆 17 荷、澳军进驻帝汶岛 17 美罢免夏威夷陆海军长官 18 在香港登陆 19 占领槟榔屿岛 20 在棉兰老岛登陆 21 攻陷棉兰老岛的达沃 22 攻占菲律宾的部队主力在仁牙因湾登陆 23 占领威克岛 24 占领婆罗洲的古晋 24 开始第二次长沙战役 25 攻陷香港 28 香港入城式 28 占领马来的怡保 31 占领马来的关丹	13 联席会议决定"结合战争的演变对荷印战争指导纲要" 16 召开第78届临时议会 16 加强国民征用令 17 第78届临时议会闭会 19 特任重光为驻华大使 23 公布敌产管理令 24 联席会议决定"关于结合形势演变使重庆屈服的工作事宜" 24 召开第79届议会 29 设置俘虏情报局

续表

年	月	国际形势	作战形势 欧洲战场	作战形势 东亚战场	国内形势
昭和十七年（一九四二年）	1	1 美实施汽车轮胎分配制 2 智利宣布中立 2 反轴心同盟条约签字 7 澳、荷印协议共同防卫同盟 7 阿根廷宣布中立 7 芬兰声明脱离对苏战争 15 在里约热内卢召开泛美外长会议 17 英首相丘吉尔返英 17 巴西声明放弃中立 18 日、德、意军事同盟签字 23 泛美反轴心国断交案修改后通过 23 菲律宾新政府成立行政机构 25 泰国对美英宣战 27 美英发表战时经济三协定	3 英军占领北非马尔季 17 英军占领哈勒法亚要塞 23 德、意军夺回北非阿杰达比亚 26 美英军在北爱尔兰登陆 29 德、意军夺回北非班加西 30 德总统希特勒声明东部战线转入越冬阵地	2 占领马尼拉 2 美英设置太平洋防卫最高司令官（威贝尔大将） 2 进攻马来的丹绒马林 4 完全占领长沙 11 攻陷马来的瓜拉伦布尔 11 海军伞兵部队在万鸭老降下 11 攻陷打拉根岛 14 突入马来柔佛州 15 攻下马六甲 15 第二次长沙战役结束 19 占领缅甸的土瓦 23 在新布列颠岛和新爱尔兰岛登陆 23 在腊包尔和卡维恩登陆 24 在巴厘巴板登陆 26 完全占领肯达里	2 阁议决定每月8日为大诏奉戴日 10 联席会议决定"关于结合形势演变当前施策事宜" 14 在善通寺设置俘虏收容所 16 "大日本翼赞壮年团"举行成立仪式 19 在香港占领地设置总督府 19 召开第一次重臣会议 20 联席会议决定"结合占领地军政的实施对第三国权益的处理纲要" 20 联席会议决定"关于接收敌方在华权益和同国民政府之间进行调整事宜" 21 东条首相宣布经营大东亚的方针 23 东条首相阐明统治占领地四原则 23 铃木计划院总裁阐明经营南方的方针

续表

年	月	国际形势	作战形势 欧洲战场	作战形势 东亚战场	国内形势
昭和十七年（一九四二年）	1	27 艾尔首相抗议美军登陆 28 巴西同轴心国断交 29 英首相丘吉尔在议会通过信任案 29 英、苏、伊朗同盟签字		31 占领柔佛、巴鲁 31 在安汶岛登陆 31 占领毛淡棉	
	2	4 英内阁改组 5 美议会通过援蒋贷款案 5 菲律宾临时政府开始办公 6 结成美英联合参谋本部团 7 美英新设共同军需品配给局 9 召开泰、法印划定国境会议 9 蒋介石访问印度 14 美英召开华盛顿军事会议 18 天津、广东两租界移交给国府管理 19 英内阁改组克里普斯卿入阁 21 上海工部局英国人全部解职	1 德、意军占领北非马尔季 5 德、意军占领北非德尔纳 12 德英在多佛尔海上大海战	4 爪哇海上海战 5 山东开始鲁南战役 9 在新加坡登陆 9 占领望加锡和加斯马塔 10 占领马辰和马达班 11 突入新加坡市区 14 陆军伞兵部队在巴邻旁降落 15 攻陷新加坡英军无条件投降 17 占领巴邻旁 19 空袭达尔文岛 20 占领帝汶岛	2 联席会议决定"对荷领帝汶作战后对荷兰的措施事宜" 3 德川、村田、砂田，永田四人就任陆军司政长官 14 联席会议决定"华侨对策纲要" 16 对陆海军颁发敕语 16 东条首相宣称解放东亚 17 汤泽内相入阁 18 田边中将就任参谋次长 19 举行第一次祝捷仪式 21 公布"大东亚建设审议会"官制

续表

年	月	国际形势	作战形势 欧洲战场	作战形势 东亚战场	国内形势
昭和十七年（一九四二年）	2	22 英内阁第二次改组 22 钱德拉·鲍斯声明日印合作独立 26 泰国改组内阁		20 巴厘岛海上海战 22 占领苏门答腊的拉哈特 23 潜艇炮击洛杉矶海岸 24 占领明古鲁 26 在民都洛岛登陆 27 泗水海上海战	23 联席会议决定"对南方各地通货金融制度的基本方策" 23 联席会议决定"帝国的资源圈应如何确定问题" 26 召开第二次重臣会议 28 联席会议决定"在帝国领导下建设新秩序的大东亚地区" 28 任命佐藤为新任驻苏大使
	3	5 日美外交官交换谅解 9 扬格提督就任美海军作战部长 10 泰国组成新内阁 10 印度独立联盟在新加坡开始活动 11 英派克里普斯卿去印度 14 德、意签订经济协定 18 土耳其总统声明中立	3 德机轰炸苏伊士 4 美军增援部队在爱尔兰登陆 5 德机轰炸莫斯科 6 英法军在索马里兰发生冲突 8 英机轰炸巴黎 11 苏军进入伊朗北部 14 德、英在多佛尔海峡海战	1 巴达维亚海上海战 1 在爪哇登陆 2 罢免西南太平洋同盟总司令官威贝尔 4 山西共军歼灭战结束 5 占领雅加达 7 在荷印公布军事管制 8 占领仰光 8 在莱城、萨拉莫阿登陆	2 联席会议决定"保证国民生活的具体办法" 7 联席会议决定"今后应执行的战争指导大纲" 9 联席会议决定"船舶的现状及其对策" 9 联席会议决定"世界形势判断" 11 联席会议决定"结合时局发展的犹太人对策"

续表

年	月	国际形势	作战形势 欧洲战场	作战形势 东亚战场	国内形势
昭和十七年（一九四二年）	3	21 日苏渔业暂行条约签字 21 通过五亿美元援蒋贷款 25 举行广东沙面的行政移交式 27 甘地、克里普斯会谈开始 27 钱德拉·鲍斯从德公开广播反英 28 举行天津英租界行政移交仪式 29 英印举行第二次会谈 31 印度国大党拒绝英提案 31 甘地表示反英意志	24 苏军进入德黑兰 27 土耳其军在伊朗国境集结 27 英国实行在法国本土登陆作战 29 德英在北海海战	9 荷印无条件投降 13 占领棉兰 14 占领泗水 15 雷顿就任锡兰防卫司令 16 空袭达尔文岛 17 麦克阿瑟从菲律宾逃出 18 在澳洲新设同盟军司令部 23 在安达曼岛登陆 26 实行第三次印度洋方面机动作战 27 布雷米中将就任澳洲陆军司令官 31 占领圣诞岛	12 举行第二次祝捷仪式 16 "满洲国"特派大使张景惠来京 18 联席会议决定"关于南方开发金库事宜" 25 第79届议会闭会 27 向罗马教皇厅派特派公使
	4	1 美、英、加拿大、重庆等于华盛顿召开太平洋军事会议 8 美参谋总长马歇尔和英首相丘吉尔在伦敦会谈 8 全印度回教徒会议，反对英提案 9 克里普斯卿提出妥协方案	2 意空袭直布罗陀 17 苏联、土耳其两军在亚美尼亚国境冲突 19 德潜艇攻击腊索岛	3 巴丹半岛总攻击开始 5 海军飞机空袭科伦坡 9 海军强袭亭可马里 9 击沉美航空母舰哈米斯号	6 东条首相发表对印度声明 8 日苏渔业议定书公布 11 联席会议决定"对印度、阿拉伯的三国共同声明草案"

续表

年	月	国际形势	作战形势 欧洲战场	作战形势 东亚战场	国内形势
昭和十七年（一九四二年）	4	10 英印会谈决裂 11 印度国大党及回教徒联盟决议拒绝英提案 11 克里普斯卿声明返英 12 美特使路易斯·约翰逊同尼赫鲁会谈 13 尼赫鲁拒绝美国干预 14 伊朗与日本断交 18 法成立赖伐尔内阁 21 日泰达成经济合作谅解 22 重庆方面孙良诚参加和平阵营 26 南非与法国断交 23 德总统希特勒完全掌握独裁权 29 澳设置战时会议 29 德总统希特勒和意总理墨索里尼在萨尔斯堡会谈		10 在宿务岛登陆 11 攻下巴丹半岛 11 新设北婆罗洲守备司令部 16 在班乃岛登陆 18 美机初次空袭日本本土 18 占领吉马拉斯岛 19 麦克阿瑟就任西南太平洋反轴心同盟军司令官 19 在沙米、查亚普拉登陆 25 班乃岛战斗结束 29 占领缅甸的腊戌 30 新几内亚方面实行航空歼灭战	11 陆军省军务局发表"南方占领地区的建设方针" 15 实行飞行师团司令部令 22 泰彼雅·巴洪庆祝使节一行来日 24 联席会议决定"关于当前对法施策事宜" 30 举行第二十一次大选
	5	7 国府汪主席访问"满洲国"	7 英军占领迪戈苏瓦雷斯	1 占领曼德勒	6 联席会议决定"对印度和阿拉伯的三国共同声明暂不发表"

续表

年	月	国际形势	作战形势 欧洲战场	作战形势 东亚战场	国内形势
昭和十七年（一九四二年）	5	8 美、巴西签订通商协定 8 土耳其、保加利亚签订通商协定 11 德、保加利亚签订通商协定 13 美命令西部沿岸的日本人离境 15 确认划定满蒙国境的文件 16 美、秘鲁签订通商协定 18 同盟国空军会议在渥太华召开 18 意大利与保加利亚签订通商协定 23 高松亲王访满 25 英格罗斯塔公爵访印 27 取消旧法币的货币合法性	8 德军开始进攻刻赤半岛 14 德在北冰洋进攻美舰队 15 德军公布占领刻赤 21 英机空袭科隆 25 德苏军在哈里科夫地方激战 26 英、德、意军在北非开始激战 29 德、意军包围北非托卜鲁克 29 德苏军结束哈里科夫地方战斗	3 在棉兰老岛卡加延登陆 3 占领缅甸的八莫 4 占领阿恰布机场 5 占领中缅国境龙陵 7 占领密支那 7 哥黎希律陷落 7 珊瑚海海战 10 戡定棉兰老岛 10 占领腾越 13 歼灭加里瓦的英军 15 在佛罗勒斯岛登陆 15 浙东方面开始新战役 24 开始河北、山西、河南"剿共"战 25 戡定小巽他群岛 28 罢免缅甸英军司令官亚历山大 31 华南新战役开始 31 特殊潜艇进攻马达加斯加和悉尼	9 公布召集临时议会的诏书 9 决定在朝鲜实行征兵制 9 联席会议决定"关于泰军进攻缅甸后的对泰措施" 14 天皇决定派遣高松亲王去"满洲国" 15 翼赞政治会成立仪式，阿部大将就任总裁 16 公布佐尔格事件 20 联席会议决定"关于南方燃料运输事宜" 27 召开第八十届临时议会 29 小矶大将就任朝鲜总督 30 国府特派大使褚民谊到京 31 建成关门隧道

续表

年	月	国际形势	作战形势 欧洲战场	作战形势 东亚战场	国内形势
昭和十七年（一九四二年）	6	2 墨西哥向轴心国宣战 2 美对保加利亚、匈牙利、罗马尼亚宣战 10 印度西北信德地方爆发反英暴动 11 英苏声明签订军事协定 15 在曼谷召开印度独立大会 17 甘地声明准备领导独立政府 18 日本在对泰二亿日元贷款合同上签字 19 英首相丘吉尔访问华盛顿，同美首脑会谈 21 印度的回教徒联盟发表宣言，主张大同、团结 23 阿根廷总统辞职 25 在华盛顿召开太平洋军事会议	7 英德在利比亚展开坦克战 9 德苏在密瓦斯托波尔激战 13 哈尔科夫地方的德苏战斗扩大 13 英、意在地中海海战 20 德军占领托卜鲁克 22 德军公布占领塞瓦斯托波尔 24 德、意军占领北非塞卢姆 28 苏伊士的英军陷入危机 29 德、意军占领马尔萨马特和夫加	1 华南军占领徒化、凤院 4 海军奇袭荷兰港 4 华南军在北江对岸登陆 5 华北军开始鄂尔多斯作战 5 中途岛海战 7 大本营停止中途岛作战 7 在基斯卡登陆 8 在阿图登陆 10 大本营推迟FS作战 13 占领尼科巴群岛 14 海军轰炸达尔文和莫尔兹比 15 占领上饶城 18 华南军开始第二次作战 20 潜艇炮击温哥华和俄勒冈州西岸 21 开始浙江新战役 22 戡定婆罗洲的纳土纳岛 24 占领丽水	1 国府褚大使晋谒天皇 9 安藤纪三郎任国务相入阁 19 决定简化行政的方针 25 日美交换船"浅间丸"从横滨启航 30 遣泰特使广田出发

续表

年	月	国际形势	作战形势 欧洲战场	作战形势 东亚战场	国内形势
昭和十七年（一九四二年）	6			25 占领山西陵川 26 美机袭击威克岛	
	7	2 美、秘鲁签订新通商条约 3 德意声明保证埃及中立 7 泰国承认国民政府 8 召开太平洋军事会议 10 广田特使到达曼谷 15 埃及爆发反英运动 16 苏联、荷兰签订建立外交关系协定 20 德要求日本进攻苏联 21 美李提督就任总统的总参谋长 21 保加利亚、瑞典签订通商协定 21 野村大使到达洛伦索——马贵斯 22 日美交换船"浅间丸"到达洛伦索——马贵斯	1 德、意军突入北非阿拉曼 1 德军占领塞瓦斯托波尔 7 德军占领沃罗涅什 17 德军占领伏罗希洛格勒 18 德苏在北冰洋空战 22 德军渡过顿河 24 罗斯托夫陷落 30 德军在他曼半岛登陆 30 加拿大增援部队到英 31 苏德军在顿河弯曲部激战	1 打通浙赣全线成功 12 占领浙东温州城 18 美机袭击基斯加 21 日满军开始察哈尔作战 25 海军空袭澳洲敦斯维尔 30 攻占阿鲁、卡伊、丹尼巴	1 大东亚建设审议会制定二个建设方案（农林、水产及交通） 1 联席会议决定"关于计划造船事宜"和"关于昭和十七年征用船只事宜" 8 苏联马立克大使呈递国书 14 周佛海一行到京 25 联席会议决定"关于答复德国事宜" 27 东条首相阐明作战必胜，建设必成 29 广田遣泰特使回京

续表

年	月	国际形势	作战形势 欧洲战场	作战形势 东亚战场	国内形势
昭和十七年（一九四二年）	7	22 阿根廷宣布同泛美集团断绝关系 28 智利声明中立 31 日英签订外交官协定			
	8	9 甘地、尼赫鲁等被捕 12 美、英、苏召开三国会议 13 美声明不干涉印度 20 国民政府改革机构 22 巴西、乌拉圭对德意宣战 24 中共泰东政府秘书长以下三千名参加和平阵营 27 日英交换船"龙田号"到达洛伦索——马贵斯	9 德军占领克拉斯诺达尔和迈科普油田 10 德军占领皮亚季可尔斯克 15 德军占领乔杰夫斯克 19 英军实行北法登陆作战 31 德军突入斯大林格勒	1 占领浙江遂昌 4 海军飞机空袭澳洲黑德兰港 7 图拉吉和瓜达尔卡那尔遭到反攻 8 第一次所罗门海战 8 美舰炮击基斯卡 17 同盟军袭击马金 18 戡定帝汶岛 18 一木支队先遣队在瓜达尔卡那尔岛泰保海角登陆 24 第二次所罗门海战 25 占领瑙鲁岛 25 陆战队在新几内亚的拉比登陆	1 通口中将、笠原中将分别就任北部军司令官和关东军参谋长 14 田中（静）中将就任菲律宾方面最高司令官 17 河边（正）中将和后官大将分别就任中国派遣军总参谋长和中部军司令官 19 日美交换船"浅间号"和"昆德菲尔德号"驶进横滨港 20 联席会议决定"关于德国船舶及供给重要器材事宜" 22 在朝鲜、台湾（地区）、泰国、马来、菲律宾、爪哇、婆罗洲新设俘房收容所

续表

年	月	国际形势	作战形势 欧洲战场	作战形势 东亚战场	国内形势
昭和十七年（一九四二年）	8			26 占领大洋岛 29 川口支队和其他部队开始增援瓜达尔卡纳尔岛	28 决定平沼、有田、永井三人为对国民政府答礼的特使
	9	4 美澳签订协定 7 美总统特使威尔基出使土耳其 7 意对巴西宣战 15 "满洲国"建国十周年纪念典礼在新京举行 16 巴西下总动员令 17 美总统特使威尔基出使苏联 23 对国民政府答礼的使节谒见汪主席，发表特派声明 27 日、德、意纪念缔结三国同盟二周年 27 苏联承认戴高乐政权 29 美总统特使威尔基抵重庆 29 满洲国任命王允卿为驻日大使	1 罗马尼亚军占领阿巴那港 6 德军占领诺沃罗西斯克军港 10 英军在马达加斯加登陆 21 德军占领捷列克和符拉基米罗夫斯克 22 伊朗军袭击苏军 24 英军占领马达斯加的首府塔那那利佛 26 美军进驻南非	2 占领阿巴玛玛 3 在塔腊瓦登陆 3 对关东军和中国派遣军秘密指示"准备5号作战" 5 南海支队进到奥茵斯坦莱山脉顶峰一线 5 拉比方面的陆战队撤退 9 海军飞机初次空袭美俄勒冈州 12 瓜达尔卡纳尔岛川口支队开始进攻 14 川口支队的进攻没有成功 15 在瓜达尔卡纳尔岛东方击沉美航空母舰黄蜂号 15 一千一百名士兵在瓜达尔卡纳尔岛卡明堡登陆	1 阁议决定设大东亚省 1 东乡外相辞职，东条首相兼外相 15 后藤、河濑中将分别就任镇海、大凑镇守府司令长官 17 谷外相、青木国务相入阁 18 赴国民政府的答礼使节出发 19 联席会议决定"关于对泰施策事宜" 23 联席会议决定"关于处理和经营敌国和敌国人在帝国作战区域内的财产事宜" 26 制订防卫召集规则 26 召开第三次"中央协力会议" 27 日英交换船"龙田丸"驶入横滨港

续表

年	月	国际形势	作战形势		国内形势
			欧洲战场	东亚战场	
昭和十七年（一九四二年）	9			25 海军发表在大西洋同轴心国海军协同作战，日本潜艇在德基地停泊 26 南海支队开始后退	
	10	2 美承认戴高乐政权 6 美英签订援苏议定书 7 山东的1万5千名重庆军参加和平阵营 8 国民政府建立军事机构 9 美英声明废除在中国的治外法权 10 菲律宾"官民联络所"开始办公 22 利比里亚同轴心国断交 28 日泰签订文化协定 28 在重庆召开美、英、苏、蒋东亚作战会议	4 英军占领马达加斯加的安齐腊贝 17 美军进驻利比里亚 22 北非的英军转入攻势 23 英军在北非登陆作战	3—17 第二师团主力进入瓜达尔卡那尔岛 11 萨保岛海上海战 20 在山西开始"扫共"作战 24 在瓜达尔卡那尔岛开始总攻 25 瓜达尔卡那尔总攻失败 25 同盟军飞机袭击香港 26 南太平洋海战	3 联席会议决定"关于派遣德、意联络使事宜" 6 阁议决定"对战时非常事态的陆路运输要求" 7 决定赠给"满洲国"高级官吏勋章 9 日英交换船"镰仓丸"由香港驶入横滨 13 在大东亚会馆召开日、满、华兴亚团体的首次会议 15 "武器行政本部"开始工作 19 发表对空袭我国国土的美机驾驶员的处罚 23 小矶朝鲜总督赴任 28 前田大将阵亡，山胁中将就任婆罗洲方面最高指挥官

续表

年	月	国际形势	作战形势		国内形势
			欧洲战场	东亚战场	
昭和十七年（一九四二年）	10				29 联席会议决定"关于国民政府参战和随之而来的对华措施事宜"
	11	7 法与美断交 7 苏联纪念革命二十五周年 9 德、意、法三巨头在慕尼黑会谈 9 法主席贝当就任三军总司令官 10 美冻结法国资金 13 重庆召开十中全会 30 纪念日、满、华共同宣言发表二周年	6 法声明马达加斯加停战 8 美军进入法属非洲，阿尔及尔的法军投降 9 英法在卡萨布兰卡海上海战 12 美军宣布进攻突尼斯 13 德、意军从北非托卜鲁克撤退 19 德、意军从北非班加西撤退 22 苏军在斯大林格勒转入反攻 27 德军进驻土伦港，在法舰队自沉 28 英军在法属莱·尤尼温岛登陆 30 英军进驻法属索马里兰	1 对布纳运输成功 2 空袭桂林 2 向瓜达尔卡那尔岛塔萨法伦、哥里角运输成功 4 在山西太行山脉展开"剿共"战 5 同盟军在瓜达尔卡那尔增强力量 10 我增援部队在瓜达尔卡那尔岛登陆 10 新设第8方面军 14 第三次所罗门海战 16 同盟军在布纳东南登陆 17 增援部队在布纳方面登陆	1 大东亚省开始工作，青木大东亚相就任 7 召集第81届议会 7 联席会议决定"世界形势判断" 7 下村中将就任上海方面陆军最高指挥官 10 吉田大将就任中国方面舰队司令长官；古贺大将就任横须贺镇守府长官；高桥中将就任吴镇守府长官；丰田大将、平田中将就任军事参议官 11 南云中将就任佐世保镇守府长官 12 召开大东亚建设审议会 16 联席会议决定"在华敌产的处理经营纲要"

续表

年	月	国际形势	作战形势 欧洲战场	作战形势 东亚战场	国内形势
昭和十七年（一九四二年）	11			28 同盟军飞机大举空袭布茵 30 隆加海上夜战	21 联席会议决定"目前形势下的对法政策"及"增征船舶29万5千吨" 21 高木中将就任马公警备府司令官 26 来栖大使发表日美谈判的经过 27 联席会议决定"关于国民政府准备参战" 28 举行兴亚国民大会
	12	1 美国和加拿大签订经济基本协定 1 德、保加利亚通商协定签字 3 美、葡宣布签订通商协定 14 芳泽、多克会谈 16 德、意通商协定签字 17 重庆发表物价统制法 18 德、意、法三巨头举行会谈	3 德军占领北非他布尔巴 4 美英军进驻西非象牙海岸 10 德军占领北非塔巴尔卡 25 美军在非洲的达喀尔登陆 28 英、戴高乐军进入索马里	1 在巴扎布亚西北库姆希河口登陆成功 4 空袭布纳方面 8 巴扎布亚守备队全军战死 14 第三次鲁东战役开始 18 占领威瓦克、马丹、图尔布 23 B17十数架空袭威克岛 25 陆战队在查亚普拉登陆	1 片桐中将、塚原中将分别就任军事参议官和海军航空本部长 4 决定缩短学制 10 御前会议决定："关于当前战争指导上，作战和国家物资力量的调整以及维持、增进国力事宜" 12 天皇亲拜伊势神宫 18 联席会议决定："为完成大东亚战争根据对华处理根本方针的具体方策"

续表

年	月	国际形势	作战形势 欧洲战场	作战形势 东亚战场	国内形势
昭和十七年（一九四二年）	12	19 德国和瑞典签订通商协定 24 法国达尔兰提督被暗杀 27 发表达尔兰的继任者为基洛 31 美、巴西成立联合军事委员会		30 大别山作战开始 31 同盟军飞机空袭蒙达和莱城 31 大本营决定瓜达尔卡那尔撤退作战	20 国府汪主席来日 21 御前会议决定"为完成大东亚战争的对华处理根本方针" 22 汪主席晋谒天皇 26 召开第81届议会
昭和十八年（一九四三年）	1	3 德任命斯塔玛为驻日大使 3 美发行《战争与和平》 3 美英首脑在直布罗陀会谈 6 美召开太平洋军事会议 9 国民政府对美英宣战 9 日华签订新协定（交还租界、废除治外法权） 11 重庆与美英缔结新条约 13 墨西哥扣留日本人	4 苏军宣布夺回莫兹多克 9 英军占领德黑兰 17 德军从维利基卢基撤退 21 苏军夺回伏罗希洛夫斯克 22 苏军夺回萨里斯克 22 德军从的黎波里撤退 24 英军实行挪威南部作战 25 德军从沃罗涅什撤退	2 布纳守备队全军战死 4 蒙达遭受炮击和轰炸 16 同盟军飞机空袭腊包尔 18 击溃第五战区的残敌，军长吴化文归顺 20 古尔瓦地区部队开始撤退 23 夜间轰炸瓜达尔卡那尔岛机场 25 同盟军炮击蒙达、科隆班加拉岛 28 进攻拉塞尔的部队登陆成功	6 发表塚田中将战死 14 联席会议决定"关于为完成大东亚战争对缅甸独立的施策"、"关于当前对法措施"以及"占领地区归属草案" 20 联席会议决定"关于在南方甲地区发行货币机构和财政合作事宜" 23 联席会议决定"关于增加船舶建造量(18年度追加25万吨)" 27 公布海军联合航空总队编制 29 东条首相在第81届议会发表施政方针演说

续表

年	月	国际形势	作战形势 欧洲战场	作战形势 东亚战场	国内形势
昭和十八年（一九四三年）	1	16 伊拉克对日、德、意宣战 20 智利同轴心国断交 20 日、法印签订经济协定 20 日德、日意签订经济协定 26 公布美英首脑的卡萨布兰卡会谈 27 智利扣留日本人 30 德纪念纳粹党执政十周年		29 伦内尔岛海上海战 31 同盟军飞机袭击古邦 31 同盟军炮击坎登岛	30 联席会议决定"关于对法措施"和"关于新中国的国旗问题"
	2	3 英首相丘吉尔访问埃及 5 意大利内阁改组 6 法基洛将军任主席 6 巴西参加大西洋宪章	2 斯大林格勒的德军战败 3 德宣布斯大林格勒的战斗结束 4 突尼斯地区南北的轴心军联系成功 14 德军从罗斯托夫和伏罗希洛夫格勒撤退	1 瓜达尔卡那尔撤退开始 1 伊萨贝尔岛海上海战 7 从瓜达尔卡纳尔撤退完毕 13 苏汇地区开始新作战	4 德斯洛玛大使递交国书 17 联席会议决定"收回北京公使馆区域的措施要领"和"归还帝国专管租界的实施措施要领" 20 联席会议决定"给派到德意的联络使的训令" 24 联席会议决定"收回上海公共租界实施措施要领"和"调整国民政府和厦门特别市之间的关系要领"

续表

年	月	国际形势	作战形势 欧洲战场	作战形势 东亚战场	国内形势
昭和十八年（一九四三年）	2	11 美、英、蒋在重庆举行军事会谈 13 保加利亚陆军大臣被暗杀 21 法国宣布废除德占领地的边界线 23 法废除在华治外法权并交还租界 24 英拒绝释放甘地	16 德军从哈里科夫撤退	14 同盟军飞机空袭基斯卡 17 在雷州半岛登陆 17 海军进攻圣克罗斯托巴尔岛 19 同盟军炮击阿图岛 21 进驻广州湾法租界地 21 海军夜袭圣埃斯皮里图岛 26 湖北战役结束 27 缅甸派遣军开始云南新作战	27 联席会议决定"世界形势判断"
	3	6 苏联斯大林总书记就任元帅 10 印度召开各派领袖会议 13 艾登访美，同总统罗斯福会见 13 东条首相访问南京 14 归还在华专管租界签字 17 美公布诽谤日本的有关中国外交文件 18 艾登在美议会演说	2 德英隔多佛尔进行炮击战 7 轴心军占领突尼斯北部塞拉角 9 德空军宣布夜袭英国 14 德军占领哈里科夫 19 德军宣布夺回皮尔哥罗德 21 德、意同英开始交换战俘 28 德军公布占领东部战线的谢夫斯克	1 颜惠庆等投降 1 莱城增援部队在丹比尔海峡覆灭 2 王劲哉军参谋长以下投降 8 开始江南进攻作战 9 扫荡苏禄群岛残敌 11 同盟军飞机袭击基斯卡 13 汉萨湾登陆成功	6 "大日本言论报国会"成立 10 派往德、意的联络使出发 10 联席会议决定"缅甸独立指导纲要" 18 巴莫长官一行来日 26 召开第81届议会 28 修改并施行战时刑事特别法

续表

年	月	国际形势	作战形势 欧洲战场	作战形势 东亚战场	国内形势
昭和十八年（一九四三年）	3	22 归还北京公使馆区行政权签字 23 法声明废除在华的共同和专管租界 25 日苏渔业暂行协定签字 27 归还厦门、鼓浪屿共同租界行政权签字 29 意归还北京公使馆区行政权签字 31 德总统希特勒会见保加利亚国王	29 英机空袭柏林	13 轰炸坎登岛 16 同盟军飞机袭击基斯卡 22 第二次轰炸坎登岛 23 洞庭湖北方和江苏地区作战结束 27 编成缅甸方面军 27 阿图海上海战 28 进攻乌娄湾	29 联席会议决定"关于调整苏汇特别区的实施措施要领" 31 公布改革情报局机构官制
	4	1 东条首相访满 4 德宣布软禁法要人达拉第等 5 保加利亚、阿尔巴尼亚划定国境协定签字 8 国府周佛海特派大使访满 8 法通知国府放弃鼓浪屿共同租界行政权 8 意、土签订经济协定	1 意军公布从突尼斯南部加贝斯和埃尔·阿马撤退 12 德军再次进攻列宁格勒 18 英军在突尼斯南部开始进攻	1 海军飞机袭击拉塞尔岛 7 佛罗里达海上海战 8 歼灭梅宇河畔茵殿附近的英印军 14 进攻米尔恩湾 18 山本大将在布茵方面战死 20 美发表空袭东京的真相 23 海军飞机攻击富纳富提	7 联席会议决定"调整合办公司的措施要领" 7 国府特派大使陈公博抵东京 12 召开地方长官会议 12 国府褚驻日大使抵京 20 内阁改组，重光外相、安藤内相、东条文相、山崎农相、大麻国务相各自就任 23 冈部文相入阁

续表

年	月	国际形势	作战形势 欧洲战场	作战形势 东亚战场	国内形势
昭和十八年（一九四三年）	4	9 美、伊朗签订通商协定 10 巴西加入反轴心同盟 11 德、意两巨头会谈，发表公报 12 英军事使节会见苏联总书记斯大林 18 德、土签订通商协定 26 苏联、波兰断绝外交关系 29 德、法、意(希特勒、赖伐尔、巴斯察尼)会谈		24 重庆军孙殿英投降 25 海军飞机攻击所罗门群岛、卡茨艾岛 26 陆军飞机攻击南机场 27 同盟军炮击阿图岛 27 发布加强日本本土东方巡逻命令	28 联席会议决定"关于今后轴心国方面战争指导问题"
	5	5 东条首相访菲律宾 11 英首相访美，同罗斯福总统会谈 18 智利同菲律宾、罗马尼亚、匈牙利、保加利亚断交 20 美遣苏特使戴维斯会见苏联总书记斯大林 21 苏联解散第三国际 21 苏联声明严守中立条约	8 德、意军宣布从突尼斯的比塞大撤退 13 德、意军宣布停止突尼斯南部的战斗 16 罗马首次被空袭 31 同盟军接收亚历山大的法舰队	6 重庆军的宠炳勋投降 8 占领布帝洞 8 占领华中安多 9 美潜艇炮击北海道幌别 12 美军在阿图登陆 14 占领孟都 20 穆包附近战斗	1 土肥原大将就任东部军司令官 17 联席会议决定"关于大东亚战争开始后从敌国转移的苏联船舶的管理（临检调查）事宜"和"关于扣留的苏联船舶的管理事宜" 21 决定战时粮食自给对策 26 后藤国务相入阁

续表

年	月	国际形势	作战形势		国内形势
			欧洲战场	东亚战场	
昭和十八年（一九四三年）	5	26 法戴高乐同英艾登会见 30 法戴高乐同基洛会见 31 埃及同苏联恢复邦交		27 夏威夷美陆军司令官换人 29 阿图岛部队全军战死	31 御前会议决定"大东亚政略指导大纲"
	6	4 佐藤大使会见苏联莫洛托夫外长 4 阿根廷爆发革命 7 阿根廷声明中立 10 德、意承认阿根廷 12 日本承认阿根廷 15 佐藤、莫洛托夫会谈 20 拉乌雷尔就任菲律宾独立准备委员长 30 归还上海共同租界协定签字 30 苏联同埃塞俄比亚建交	4 德机大肆轰炸高尔基城 7 法组成正规军 11 苏军制定新红旗 11 守备班黎雷利亚岛的意军投降 13 守备兰贝托萨意军宣布停止抗战 22 德军向意增援	6 重庆军的荣子恒投降 7 进攻拉塞尔岛 8 美机轰炸河内 16 隆加海上空战 18 欧辛雷克就任英印军总司令官 30 同盟军开始在罗图马岛登陆 30 同盟军在纳索湾开始登陆	5 山本元帅国葬 9 联席会议决定"关于征用船舶暂行措施" 16 召开第82届临时议会 19 鲍斯在东京发表声明 19 联席会议决定"关于当前对苏施策" 19 第82届临时议会闭幕 26 联席会议决定"关于根据大东亚政略指导大纲对泰、对缅方策的实行事宜"、"关于原住民参与政治问题"和"菲律宾独立指导纲要"

续表

年	月	国际形势	作战形势 欧洲战场	作战形势 东亚战场	国内形势
昭和十八年（一九四三年）	6				29 联席会议决定"关于征用船舶及填补事宜"和"关于预计减产量及其处理问题" 30 日德联络机(七号机)从立川出发
	7	1 钱德拉·鲍斯在新加坡组织印度临时政府 1 泰国获得新领土 3 保加利亚、比利时签订通商协定 3 佐藤、莫洛托夫会谈 3 东条首相访泰 4 王克敏就任华北政务委员长 19 德、意两巨头在北意费尔特雷会谈 21 罗马教皇对美英空袭发表抗议 22 归还上海法租界签字 23 意在归还上海共同租界协定上签字 25 意墨索里尼辞职	5 德军在东部战线发动攻势 10 同盟军开始进攻西西里岛 20 德军在挪威北部同苏军战斗 23 同盟军发表占领西西里岛巴勒莫 29 德军从西西里岛尼科查市撤退	1 海军飞机攻击罗图马岛 3—4 同盟军在赖斯湾和新乔治亚岛登陆 4—6 克拉湾夜战 11 放弃穆包 12 轰炸埃开 13 科隆班加拉岛海上夜战 17 空袭布干威尔 25 盟军飞机袭击威克岛 27 在莱加答登陆成功 29 克号作战收容部队突入基斯卡，基斯卡完全撤退 30 华北军开始十八夏太行作战	1 实行东京都制 14 联席会议决定"对华紧急经济措施" 19 联席会议决定"日本国、缅甸国同盟条约案" 28 联席会议决定"帝国政府关于缅甸独立的声明" 31 联席会议决定"关于油轮的征用和南方石油运输事宜"、"关于在马来和掸邦地方的泰国领土问题的日泰条约"和"日泰间关于领土问题的换文"

续表

年	月	国际形势	作战形势 欧洲战场	作战形势 东亚战场	国内形势
昭和十八年（一九四三年）	7	26 意成立巴多利奥内阁 28 意法西斯党解体 29 苏联宣布驻苏外交使团返回莫斯科			
	8	1 缅甸独立宣言，对美英宣战 1 日缅同盟条约签字 1 爪哇原住民参与政治 1 归还上海共同租界 2 美对阿根廷禁运 5 德承认缅甸 6 意宣布全国处于战争状态 17 英首相丘吉尔、美总统罗斯福在魁北克会谈 24 魁北克会谈结束 24 德希姆拉就任内务部长	5 德军从奥里奥洛市撤退 5 德军从西西里岛卡塔尼亚市撤退 9 苏军开始夹攻哈里科夫市作战 13 同盟军飞机空袭罗马 14 意发表罗马为非武装城市 15 苏军突入哈里科夫市 17 德、意军从西西里岛撤退 22 德军从哈里科夫市撤退	4 蒙达的我军向科隆班加拉岛转移 9 同盟军飞机空袭莱城、萨拉莫阿和芬什哈芬 12 布干威尔岛海上空战 12 美机袭击千岛 3 蒙达、贝拉拉贝拉海上空战 14 美机袭击巴厘巴板 18 同盟军飞机袭击望加锡 21 空袭邦加岛比罗阿 21 邦加岛部队开始向安迪尔岛转移 25 英设置东南亚军司令部，蒙巴顿中将就任司令官	11 联席会议决定"关于补充ABC船舶的损耗事宜" 16 联席会议决定"关于大东亚战争开战后从敌国转移船籍的苏联船舶的处理（不进行检查）事宜"

续表

年	月	国际形势	作战形势 欧洲战场	作战形势 东亚战场	国内形势
	8			30 美机空袭威克岛	
昭和十八年（一九四三年）	9	8 意大利无条件投降 9 意法西斯共和政府在北意成立 12 莫索里尼被救出 15 日德共同声明 23 意成立法西斯内阁 25 日缅领土条约签字 27 日本承认意大利法西斯政府	3 英、加拿大军在意本土登陆 10 德军占领罗马 16 德军解除巴尔干的意军武装 24 苏军到达第聂伯河	1 美机动部队袭击南鸟岛 4 同盟军在莱城东方登陆 5 同盟军炮击科隆班加拉 10 进驻天津意租界 12 同盟军飞机袭击千岛 14 解除意军的武装 15 莱城、萨拉莫阿部队撤退 18 美机动部队袭击吉尔伯特群岛 22 同盟军在芬什哈芬北方的安特角登陆 27 初次空袭澳大利亚德莱斯奇尔	4 联席合议决定"关于补充AB船舶损耗问题" 9 联席会议决定"对意大利处置问题" 13 第二次交换船"帝亚丸"从横滨启航 15 联席会议决定"关于昭和18年度甲造船计划" 18 联席会议决定"掸邦卡雷宁地区归属的指示"、"改订和缔结日华基本条约"以及"对重庆政治工作" 23 国府汪主席来日 27 联席会议决定"关于承认法西斯共和政府问题" 28 决定设立军需省 30 御前会议决定"今后应执行的战争指导大纲"以及"关于根据上述大纲的当前紧急措施"

续表

年	月	国际形势	作战形势 欧洲战场	作战形势 东亚战场	国内形势
昭和十八年（一九四三年）	10	12 英宣布借用葡萄牙领亚速尔群岛 13 意巴多利奥政府对德宣战 14 日菲同盟条约签字 14 菲律宾共和国独立宣言 19 美、英、苏外长在莫斯科会谈 21 自由印度临时政府成立 24 自由印度临时政府对美英宣战 30 日华同盟条约签字	3 德军在多德卡尼斯群岛登陆 5 德军决定撤退东部战线，停止作战 7 苏军渡过第聂伯河 9 德军从塔曼半岛撤退 14 德军从扎波罗热撤退 21 德军从美利托波尔撤退	2 科隆班加拉岛部队向班干威尔岛撤退完毕 6 从贝拉贝拉岛撤退 6 贝拉贝拉岛海上夜战 7 同盟军飞机袭击威克岛 12 同盟军飞机袭击腊包尔 14 海军飞机急袭阿图岛 16 开始反攻芬什哈芬 17 飞行侦察珍珠港 18 包围怒江西岸的蒋军 27 盟军在莫诺岛登陆 28 "吕号"作战发令	2 联席会议决定"关于大东亚会议事宜" 5 联席会议决定"调整对意国处理问题"以及"日本国菲律宾国间同盟条约案" 9 联席会议决定"承认印度临时政府"和"关于日华同盟条约缔结时机问题" 13 联席会议决定"解散遣德意联络使团"和"关于处理意国潜艇问题" 15 联席会议决定"关于美英进驻亚速尔后对葡萄牙的措施" 23 联席会议决定"大东亚共同宣言"
	11	11 黎巴嫩发生骚乱 16 拉脱维亚对苏宣战	1 苏军在科赤半岛登陆 1 德军从意南部弗罗齐诺内撤退	1 盟军在克罗基那登陆 2 布干威尔岛海上海战	1 军需省、农商务省、运输通信省开始工作，东条军需相、山崎农商相、八田运通相就任 5 召开大东亚会议

续表

年	月	国际形势	作战形势		国内形势
			欧洲战场	东亚战场	
昭和十八年（一九四三年）	11	23 美、英、蒋在开罗会谈 26 哥伦比亚对德宣战 27 美、英、苏在德黑兰会谈	6 德军从基辅市撤退 15 德军从意南部阿特萨撤退 22 英机对柏林大空袭 26 德军宣布从戈梅利撤退 30 德军从科罗斯钦撤退	2 洞庭湖西面作战开始 5 第一次布干威尔岛海上空战 7 在布干威尔岛反登陆 8 第二次布干威尔岛海上空战 11 第三次布干威尔岛海上空战 13 第四次布干威尔岛海上空战 17 第五次布干威尔岛海上空战 19 蒙巴顿就任东南亚反轴心军司令官 21 同盟军开始在马金、塔拉瓦登陆 22 第一次吉尔伯特群岛海上空战 25 马金、塔腊瓦两岛守备队全军战死 26 第二次吉尔伯特群岛海上空战	6 发表大东亚共同宣言 6 联席会议决定"关于安达曼、尼科巴群岛归属问题" 10 联席会议决定"关于变更苏汇特别区通货调整实施时机问题" 12 华北政务委员长王克敏来日 13 爪哇参议院议员苏加诺来日 14 第二次交换船"帝亚丸"驶入横滨港 24 联席会议决定"关于补充征用油轮损耗问题"

续表

年	月	国际形势	作战形势 欧洲战场	作战形势 东亚战场	国内形势
昭和十八年（一九四三年）	11			27 第三次吉尔伯特群岛海上空战 28 空袭马金的同盟军 29 第四次吉尔伯特群岛海上空战	
	12	1 美、英、蒋公布开罗会谈 4 美、英、土三首脑会谈 4 玻利维亚对轴心国战 6 公布德黑兰会谈 11 日、德、意军事协定二周年纪念	14 德军从切尔卡塞撤退 20 德军从赫尔松撤退 28 德军从意南部瓦斯托撤退	3 第六次布干威尔岛海上空战 3 占领常德 5 马绍尔群岛海上空战 5 进攻加尔各答 15 同盟军在马加斯角登陆 19 放弃芬什哈芬地区 19 陆军在马加斯角反登陆 24 进攻马金、塔腊瓦 26 同盟军在格罗斯特角（图尔布）登陆 29 常德作战结束	1 学生兵入伍 21 发表城市疏散实施要领 24 实行征兵年龄降低一年 26 召开第八十四届议会

续表

年	月	国际形势	作战形势 欧洲战场	作战形势 东亚战场	国内形势
昭和十九年（一九四四年）	1	2 玻利维亚退出泛美防卫委员 4 美苏签订贸易协定 7 自由印度临时政府进驻缅甸 11 意大利齐亚诺伯爵等被处死 26 阿根廷同轴心国断交 27 利比里亚对日宣战	1 德军发表从吉米多尔撤退 6 德军宣布从别尔季切夫撤退 10 德军宣布从圣·维特莱撤退 12 德军宣布从切尔巴洛撤退 20 德军宣布从米伦茨诺撤退 20 德军从诺夫哥罗德撤退 21 同盟军在尼斯附近登陆 25 德军宣布从克拉斯诺古塞杰伊斯克撤退 30 德军宣布从楚多沃撤退 31 罗马攻防战展开	2 同盟军在贡比角上陆 5 公布从芬什哈芬撤退 7 批准乌号作战（缅甸、英帕尔） 10 同盟军飞机袭击圣诞岛 11 同盟军飞机袭击台湾 24 下达一号（打通京汉、粤汉）作战令 29 乔伊塞尔湾部队撤出，在布茵集结 30 美机动部队袭击马绍尔群岛 31 同盟军在格林岛登陆	8 实行新防空法 11 联席会议决定"昭和19年度甲造船计划" 18 发表紧急勤劳动员方策纲要和学生勤劳动员方策纲要 24 联席会议决定"适应形势变化的对法措施草案"
	2	1 苏联决定地方分权制度 16 阿根廷爆发军事政变 27 瑞典抗议苏联侵犯领空	2 苏军到达爱沙尼亚国境 2 德军宣布从洛夫诺和卢茨克撤退 6 苏联飞机轰炸赫尔辛基	1 同盟军在夸贾林和卢奥特登陆 1 同盟军炮击马洛埃拉普和沃特杰 3 在格林岛反登陆	2 联席会议决定"关于当前对苏施策" 5 联席会议决定"关于处理帝汶岛派遣视察员事宜" 9 联席会议决定"关于征用机帆船问题"

续表

年	月	国际形势	作战形势 欧洲战场	作战形势 东亚战场	国内形势
昭和十九年（一九四四年）	2		9 德军宣布从尼科波尔撤退 23 德军宣布从克里沃罗格撤退 23 德军从罗加切夫撤退	4 夸贾林和卢奥特两岛守备队全军战死 5 占领缅甸国境通巴扎 16 同盟军在格林岛再次登陆 17 特鲁克遭受大空袭 19 同盟军在布拉温环礁内登陆 22 同盟军炮击沃特杰 23 美机动部队空袭马里亚纳 29 同盟军在阿德米勒尔提群岛罗斯内古罗斯岛登陆	19 东条内阁改组，石渡藏相、内田农商相、五岛运通相入阁 21 东条、岛田两大将分别就任陆、海两统帅部部长 21 联席会议决定"关于船舶征用事宜" 25 决定"决战非常措施纲要"
	3	1 瑞典抗议英侵犯领空 4 美同阿根廷断交 13 苏联承认意巴多利奥政权 14 意巴多利奥政权同芬兰停止外交	1 同盟军飞机轰炸罗马、梵蒂冈 14 德军宣布从赫尔松撤退 18 德军从尚贝里撤退 19 苏军横渡过德涅斯特河	1 撤销广州湾的军事管制 2 同盟军伞兵部队入侵北缅 6 同盟军在塔拉塞亚半岛登陆 8 "乌号"作战开始 8 塔罗基那进攻战开始	2 联席会议决定"关于船舶的征用补充事宜" 7 决定学生动员实施纲要 25 第八十四届议会闭会

续表

年	月	国际形势	作战形势 欧洲战场	作战形势 东亚战场	国内形势
昭和十九年（一九四四年）	3	22 德对匈牙利实行保护性进驻 30 日苏协定签字 30 英首相丘吉尔在议会通过信任案	20 德军宣布从文尼察撤退 26 德军宣布从普罗斯库罗夫和巴尔齐撤退 29 德军宣布从尼古拉耶夫撤退 30 德军宣布从切尔诺夫策撤退	15 同盟军在洛伦高和埃米尔岛登陆 15 印度洋东南海面交通破坏终止 20 占领缅甸国境通赞附近 22 同盟军在贝特尔岛登陆 23 突破印度国境，向曼尼普尔邦突入 24 同盟军在乌汶岛登陆，驻军全员战死 31 美机动部队袭击帕劳和雅浦岛 31 古贺联合舰队司令长官在达沃方面殉职	25 联席会议决定"关于昭和19年度物资动员计划运用问题" 30 联席会议决定"昭和19年1月和2月主要交战国经济战斗力的变化"和"关于昭和19年度甲造船计划"
	4	3 萨尔瓦多爆发革命 3 瑞士抗议美国轰炸 11 美英外长在伦敦会议 12 英、叙利亚开始建交	1 美机轰炸瑞士 3 苏军侵入罗马尼亚领土 10 德军从奥德萨撤退 12 德军宣布从科尔赤撤退	1 美机动部队攻击特鲁克岛和帕劳 6 攻占印度科希马 17 打通京汉路作战开始	8 向苏联提议，从中斡旋德苏和平 17 菲律宾特派大使阿基诺到京

续表

年	月	国际形势	作战形势		国内形势
			欧洲战场	东亚战场	
昭和十九年（一九四四年）	4	12 苏联外长莫洛托夫拒绝日本的和平斡旋 22 希特勒、墨索里尼会见 28 美海军部长诺克斯骤亡	13 德军从辛菲罗波尔撤退 19 匈牙利军宣布占领纳多奥尔那 19 德英在圣马洛海上海战	19 占领郑州 22 同盟军在查亚普拉和艾塔佩附近登陆	
	5	6 甘地被释放 20 美国共产党解散 22 苏联向保加利亚发出最后通牒 27 重庆召开十二中全会 30 厄瓜多尔革命成功	9 德军从塞瓦斯托波尔撤退 18 德军从加希诺撤退 25 德军宣布从里特里亚撤退 29 德军宣布从阿布里里亚撤退 30 德军从巴尔蒙特内和维雷特里撤退	1 占领许昌 8 授予国内军队作战任务 9 京汉路打通，汤恩伯军主力溃败 9 令固守西新几内亚阵线向后撤退 17 同盟军机动部队袭击爪哇，同盟军在瓦克德和沙尔米登陆 18 美机动部队袭击南鸟岛 24 美机动部队袭击关岛 25 占领洛阳 27 同盟军在皮亚克岛登陆 27 打通粤汉路作战开始	6 联席会议决定"关于油轮征用事宜" 29 联合会议决定"关于日苏间物资交换事宜"
	6	5 意国王退位	5 德军从罗马撤退	8 "浑"作战开始	3 畑大将列为元帅

续表

年	月	国际形势	作战形势 欧洲战场	作战形势 东亚战场	国内形势
昭和十九年（一九四四年）	6	10 意波诺米内阁上台 17 美副总统华莱士到达重庆 17 冰岛独立 30 美同芬兰断交	6 盟军在法北登陆，开辟第二战场 8 德军从贝尤撤退 10 德军发表从伊吉尼撤退 15 德军宣布从科门撤退 16 德V1号出现 16 德军宣布从基内威尔撤退 17 德军宣布从圣索维尔撤退 17 同盟军在厄尔巴岛登陆 18 苏军突破曼内尔海姆战线 27 德军从维切布斯克撤退 30 瑟堡陷落	10 下达"阿号"作战决战准备令 11 美机动部队袭击马里亚纳群岛 13 下达"阿号"作战决战准备令 13 "浑"作战暂时停止 15 同盟军在塞班岛登陆 15 发动"阿号"作战决战 15 美机空袭硫黄岛和父岛 16 B29轰炸北九州 18 占领长沙 20 "阿号"作战失败 24 在小笠原群岛南方强袭美机动部队 26 占领衡阳机场 27 美宣布建立远东空军部队 27 进攻重庆第七战区作战开始	10 任命大麻、铃木、大河内三人为行政检察使 21 制订大东亚战争从军纪念章

续表

年	月	国际形势	作战形势 欧洲战场	作战形势 东亚战场	国内形势
昭和十九年（一九四四年）	7	4 钱德拉·鲍斯给甘地拍电 14 归还天津意租界签字 20 发生暗杀希特勒未遂事件 20 泰銮披文内阁总辞职 22 布雷顿森林会议结事 25 苏联、波兰签订协定	3 苏军夺回明斯克 5 德军宣布从科威利撤退 6 伦德谢特元帅就任德军西部司令官 13 德军宣布从维尔纳撤退 15 德军从格洛德诺撤退 17 德军从里窝那撤退 19 德军从圣洛撤退 23 德军宣布从雅罗斯拉夫撤退 23 德军从普斯科夫和奥斯特洛夫撤退 27 德军宣布从纳尔瓦撤退	2 同盟军在农霍尔岛登陆 4 下令终止"乌号"作战 7 塞班岛守备部队全军战死 8 B29空袭九州西北部 10 艾塔佩作战开始 10 同盟军宣布完全占领塞班岛 18 公布塞班岛失陷 21 同盟军在关岛登陆 23 同盟军在提尼安岛登陆 29 B29空袭大连、鞍山、奉天 30 同盟军在新几内亚双子岛登陆	3 联席会议决定"对华作战的宣传要领" 5 发表帝国政府关于大陆作战的声明 8 联席会议决定"关于促进作战准备和提前运输事宜" 11 联席会议决定"确保燃料的对策" 17 发表在学儿童集体疏散纲要 17 野村海相入阁 18 东条内阁总辞职 18 梅津大将、山田大将、杉山元帅分别就任参谋总长、关东军司令官和教育总监 22 小矶、米内内阁上台
	8	2 泰国成立新内阁 2 曼内尔海姆就任芬兰总统	5 德军从佛罗伦萨撤退 7 德军在西部战线反攻	1 同盟军在新几内亚米欧斯岛登陆 4 密支那守备队长等全军战死	1 联席会议决定"关于对土耳其的措施" 2 及川大将就任军令总部长

续表

年	月	国际形势	作战形势 欧洲战场	作战形势 东亚战场	国内形势
昭和十九年（一九四四年）	8	3 土耳其同德断交 20 法维西政府向贝尔福转移 23 罗马尼亚接受对苏停战 28 保加利亚对美英提出停战 29 戴高乐就任法临时政府主席	15 圣马洛陷落 15 同盟军在坎诺登陆 17 美军到达奥尔良和圣阿尔奴尔 19 德军发表从圣多尔米埃尔茨撤退 22 美军在圣江·德吕兹登陆 23 德军宣布从利济厄和埃当普撤退 26 苏军占领德尔巴特 27 苏军到达加拉茨 28 马赛和土伦陷落 29 巴黎陷落 29 美军渡过马尔奴河 30 德军从兰斯撤退 31 德军从亚眠和凡尔登撤退	4 B29袭击鞍山、大连、本溪湖 8 攻陷衡阳 10 关岛断绝联系 11 B29空袭朝鲜南部、九州、山阴地方 12 B24空袭父岛 20 B29空袭九州、中国地方 21 B29空袭九州、中国地方 22 金华南部新战役开始 27 B29空袭鞍山 27 攻占丽水 31 同盟军飞机空袭小笠原，硫黄岛 31 美机空袭台湾	3 联席会议决定"关于C船的转用和补充陆海征用船的损耗事宜" 4 联席会议决定"关于大本营、政府交换情报问题"和"关于最高战争指导会议问题" 8 关门第二隧道建成 19 御前的最高战争指导会议决定"世界形势判断"和"今后应采取的战争指导大纲" 28 向德大使斯塔玛提议斡旋德苏媾和 30 最高战争指导会议决定"对重庆的政治工作实施纲要"
	9	2 芬兰接受对苏停战，对德断交 5 苏联对保加利亚宣战	3 美军进入里昂 8 华沙叛军对德屈服	8 攻占零陵 8 B29空袭鞍山、本溪湖	1 台湾实行征兵制 4 最高战争指导会议决定"对苏派遣特使"

续表

年	月	国际形势	作战形势 欧洲战场	作战形势 东亚战场	国内形势
昭和十九年（一九四四年）	9	8 保加利亚对德宣战 9 阿根廷退出美洲委员会 10 玻利维亚宣布开始同苏建交 12 美英巨头举行魁北克会谈 14 德拒绝日本斡旋德苏媾和 14 山本驻泰大使呈递国书 16 苏外长莫洛托夫拒绝日派遣苏特使 23 菲律宾对美英宣战 23 芬兰对日断交 28 英首相丘吉尔声明推进对日作战	5 美军到达斯特拉斯堡 7 同盟军占领贝藏松 9 德军从利济厄撤退 11 德军从卢森堡撤退 12 勒阿弗尔陷落 13 德军宣布从沃姆扎撤退 16 苏军进入索非亚 17 同盟军伞兵在荷兰降落 18 英军渡过荷领莱茵河 20 德军发表从南锡撤退 25 布伦陷落 27 同盟军在阿尔巴尼亚北部登陆	8 腾越守备队全军战死 9 攻占温州 9 美机轰炸达沃 10 拉孟守备队全军战死 15 同盟军在帛硫和摩罗泰登陆 17 同盟军在昂格尔岛登陆 21 美机空袭马尼拉 22 全菲律宾实行戒严令 22 攻占梧州 26 D29空袭鞍山、大连 27 在福州东北奇袭登陆 27 关岛和提尼安部队全军战死 28 攻占丹竹	5 最高战争指导会议决定"关于对重庆实行政治工作问题"和"关于对泰施策事宜" 6 向苏联马立克大使提议派遣苏特使 7 召开第85届临时议会 11 最高战争指导会议决定开始"对重庆的政治工作" 12 第85届临时议会闭会 14 最高战争指导会议决定"关于适应形势变化对法措施事宜" 19 最高战争指导会议决定"关于根据今后应采取的战争指导大纲，国家管理物资的基本事项" 21 最高战争指导会议决定"德投降时国内的措施要领"

续表

年	月	国际形势	作战形势 欧洲战场	作战形势 东亚战场	国内形势
昭和十九年（一九四四年）	9		28 苏军突破捷克斯洛伐克国境		23 最高战争指导会议定"德骤变时的对外措施草案"
					28 最高战争指导会议决定"关于对苏施策"
	10	4 贝当元帅发表法国国民委员会在南德组成 9 英苏举行莫斯科会谈 15 德宣布隆美尔元帅死亡 15 匈牙利提出对苏停战 28 苏、保加利亚停战 31 西班牙承认法戴高乐政权	3 加来陷落 3 同盟军在希腊本土登陆 10 英军突入科林思市 10 苏军到达波罗的海 13 苏军占领里加 13 同盟军突入亚琛 14 英军占领雅典 19 德军宣布从特贝斯撤退 19 德军从德布勒森撤退 20 德军放弃贝尔哥莱德 23 德军宣布从哥尔达普撤退 25 苏军进入挪威 26 德军宣布从恩贝洛德撤退	3 同盟军开始使用摩罗泰机场 4 占领福州 10 美机动部队袭击冲绳方面 10 海军下令"捷1号"和"捷2号"战役处于警戒状态 12 美机动部队袭击台湾，台湾海上开始空战 17 美军在莱特湾锡朗登陆 18 发动捷1号作战 20 美军在莱特岛登陆 25 菲律宾海上海战 25 海军神风特攻队首次攻击美舰	1 帝都防空本部开始工作 5 最高战争指导会议决定"决战舆论指导方策纲要" 18 满18岁以上的男子编入兵役 21 最高战争指导会议决定"关于油轮使用问题" 28 最高战争指导会议决定"关于确保液体燃料的对策" 28 任命内阁顾问12名

续表

年	月	国际形势	作战形势 欧洲战场	作战形势 东亚战场	国内形势
昭和十九年（一九四四年）	10		31 希腊军占领萨洛尼卡	25 B29100架轰炸九州西部	
	11	2 罗马尼亚对日断交 7 苏联主席斯大林在革命纪念日演说中说日本是侵略国 7 保加利亚对日断交 9 美总统罗斯福第四次当选 10 汪精卫死去	1 同盟军在巴尔里林岛登陆 1 德军宣布从科斯梅特撤退 6 布达佩斯市展开巷战 8 德V2出现 10 德军从佛洛里撤退 18 美军突入梅斯 19 美军占领格尔森基尔欣 20 美军突入萨尔茨堡 24 德军宣布从斯窝尔贝半岛撤退 25 德军宣布放弃斯特拉斯堡	1 马里亚纳基地B29初次侦察东京 3 空袭塞班和提尼安 4 占领桂林第一机场 5 美舰载机袭击马尼拉、八打雁 6 美舰载机袭击吕宋全地区 10 攻占桂林和柳州 11 B2980架空袭九州西部 21 B29空袭九州西部 22 同盟军炮击千岛松轮岛 24 马里亚纳基地B29100架初次空袭东京 26 薰伞兵部队突入莱特岛德拉古和普劳恩 27 B2940架空袭关东、东海 29 B29夜间空袭东京	1 钱德拉·鲍斯来日 6 帝国政府发表关于完成战争的声明 7 尾崎、佐尔格被处死 8 最高战争指导会议决定"关于船舶使用事宜" 15 巴莫到京 21 最高战争指导会议决定"关于征用护卫潜艇用机帆船"和"关于指导印度临时政府事宜" 22 畑元帅、冈村大将分别就任教育总监和中国派遣军总司令官 25 最高战争指导会议决定"关于征用机帆船事宜"

续表

年	月	国际形势	作战形势 欧洲战场	作战形势 东亚战场	国内形势
昭和十九年（一九四四年）	12	3 希腊爆发内乱 10 法（戴高乐）苏签订同盟 17 墨西哥同萨尔瓦多断交 21 卢森堡放弃中立 29 巴拿马建立革命政权	12 德军放弃他恩 16 德军开始进攻西方 16 苏军渡过伊波里河 18 德军突入比利时和卢森堡 24 德军占领圣维特 26 德军占领罗什福尔 29 苏军突入布达佩斯	3 B29 70架空袭东京 7 B29 70架空袭奉天、大连 7 美军一个师在乌目登陆 8 美舰炮击硫黄岛 13 B2980架空袭名古屋方面 15 同盟军在民都洛岛登陆 18 B29 70架空袭名古屋 19 放弃莱特岛地面决战方针 19 B29 30架空袭九州西部 22 B29 110架空袭名古屋 24 美舰炮击硫黄岛 26 美军宣布莱特和萨马两岛战斗结束 27 B29 50架空袭东京 27 美舰炮击硫黄岛	7 东海、南海大地震 13 最高战争指导会议决定"关于在当地指导对重庆工作问题" 19 小矶内阁改组吉田军需相、小林国务相入阁 20 决定台湾军司令官和台湾总督二位一体制 21 最高战争指导会议决定"关于补充征用船舶的损耗事宜" 26 召开第86届议会

续表

年	月	国际形势	作战形势 欧洲战场	作战形势 东亚战场	国内形势
昭和二十年（一九四五年）	1	5 土耳其对日断交 19 意博诺米政权废除对日同盟关系 20 苏联、匈牙利订立停战条约	14 苏军在华沙东方开始新攻势 16 英军在希塔尔特地区开始进攻 17 华沙陷落 23 苏军到达奥德河 28 苏军占领梅梅尔	2 英军占领阿恰布 3 美机动部队进攻台湾、冲绳 3 B29 80架空袭名古屋 5 中国派遣军提议攻占重庆 5 美舰炮击小笠原和硫黄岛 6 美军舰船驶进仁牙因湾 6 B29 70架空袭九州西部 9 B29 60架空袭东京、名古屋 9 美军在仁牙因湾登陆 14 B29 100架空袭台湾，60架空袭名古屋 16 美机袭击华南沿岸 19 B29 80架空袭大阪、神户 20 伊洛瓦底河畔会战开始 21 美机空袭西南群岛和台湾（地区）	11 最高战争指导会议决定"确立中国战时经济对策"、"在中国物资统一调配要领"和"确保大陆重要运输施策" 15 最高战争指导会议决定"紧急施策措施要领" 25 最高战争指导会议决定"决胜非常措施纲要"

续表

年	月	国际形势	作战形势 欧洲战场	作战形势 东亚战场	国内形势
昭和二十年（一九四五年）	1			23 B29 70架空袭名古屋 24 美军宣布占领克拉克机场 24 美舰炮击硫黄岛 24 粤汉线打通 25 B29 10架在新加坡投下磁雷 27 B29 80架空袭东京 30 美军在圣·安东尼奥登陆 31 美军在马尼拉湾口纳苏格布登陆	
	2	4 美总统罗斯福、英首相丘吉尔、苏联主席斯大林在雅尔塔会谈 11 签订雅尔塔协定，苏联决心对日参战 21 在墨西哥召开泛美会议 23 土耳其参加同盟国方面	4 苏军渡过奥德河 15 苏军占领布达佩斯 20 同盟军开始总攻齐格弗里德线 22 苏军到达尼斯河 28 苏军突入但泽	1 B29 100架轰炸新加坡 3 美军进入马尼拉 3 美伞兵部队在堪塔盖泰降落 4 B29 90架空袭大阪、神户 6 对国内各军司令官授予本土防卫任务 10 B29 100架空袭关东北部	1 最高战争指导会议决定"关于适应形势变化处理法印事宜" 10 小矶内阁改组，儿玉文相、广濑国务相、相川厚生相分别就任 21 小矶内阁改组，石渡国务相兼书记官长就任，津岛藏相入阁

续表

年	月	国际形势	作战形势		国内形势
			欧洲战场	东亚战场	
昭和二十年（一九四五年）	2			10 从黎牙实比撤退 15 B29 60架空袭名古屋 16 美军在哥黎希律登陆 17 美舰载机空袭关东地方 19 B29 120架空袭东京 19 美军在硫黄岛登陆 25 B29 30架空袭东京 26 同盟军突入马尼拉旧城内 28 美军在巴拉望岛登陆	22 最高战争指导会议决定"世界形势判断" 27 最高战争指导会议决定"关于对法印发动武力"和"印度支那政务处理纲要"
	3	1 印度、沙特阿拉伯对日宣战 2 罗马尼亚对日宣战 7 南斯拉夫的铁托政权成立 11 安南宣布独立	5 同盟军占领科隆 7 同盟军渡过莱茵河 15 同盟军进入莱因南部 17 同盟军进入科布伦次 27 同盟军占领法兰克福	1 美机空袭西南群岛 4 B29 150架空袭东京 5 马尼拉方面的战斗停止 8 同盟军进入曼德勒 9 对法印开始发动武力	1 最高战争指导会议决定"解决法印后的声明"和"关于结合处理法印问题处理广州湾租界地事宜" 3 天皇垂问陆海军合并问题 6 制定国民劳动动员令

续表

年	月	国际形势	作战形势 欧洲战场	作战形势 东亚战场	国内形势
昭和二十年（一九四五年）	3	13 柬埔寨宣布独立 27 阿根廷参加同盟国方面	30 苏军占领但泽和科马尔诺 30 苏军进入奥地利	9 同盟军在三宝颜登陆 10 B29 130架空袭东京 11 对乌利西进行特攻 11 B29 130驾空袭名古屋 13 B29 90架空袭大阪 16 美舰炮击千岛松轮岛 17 硫黄岛守备队全军战死 18 曼德勒陷落 18 美机动部队进攻九州南部和四国 19 美机动部队进攻阪、神、吴方面 22 老河口作战开始 23 美机动部队袭击冲绳，冲绳遭舰炮射击 25 B29 130架空袭名古屋	10 最高战争指导会议决定"关于中国铁路经营的军管事宜" 15 最高战争指导会议决定"为准备本土决战征用八万总吨的船舶" 16 小矶首相根据天皇特旨，列席大本营会议 17 最高战争指导会议决定"召开第二次大东亚会议" 19 阁议决定军事特别措施法案 26 答复天皇关于陆海军合并的垂问 26 第86届议会闭会 29 最高战争指导会议决定"延期召开第二次大东亚会议" 30 大日本政治会组成

续表

年	月	国际形势	作战形势 欧洲战场	作战形势 东亚战场	国内形势
昭和二十年（一九四五年）	3			26 美军在庆良间群岛登陆 26 美军在宿务岛登陆 26 发布"天号"作战令 27 B29 150架空袭九州 28 B29 50架在关门投下机雷 28 B29美机动部队袭击九州南部 30 美机动部队袭击西南群岛 31 B29 170架袭击九州各地 31 美军在神山岛和前岛登陆	
	4	5 苏联通告日苏中立条约不再延期 11 西班牙对日断交 12 美总统罗斯福逝世，杜鲁门就任总统 13 智利对日宣战 21 苏、波订立互助条约	1 鲁尔形成双重包围 10 同盟军占领汉诺威 11 同盟军到达易北河 13 苏军占领维也纳 17 同盟军占领纽伦堡	1 美军在冲绳本岛登陆 4 B29 240架空袭横滨 6 我空军部队开始第一次总攻冲绳 7 B29 90架、P51 30架空袭关东 7 B29 150架空袭名古屋	1 小矶内阁总辞职 7 铃木内阁上台 9 东乡外相入阁 13 决定编成国民义勇队 16 最高战争指导会议决定"关于今后最高战争指导会议的运用事宜"

续表

年	月	国际形势	作战形势 欧洲战场	作战形势 东亚战场	国内形势
昭和二十年（一九四五年）	4	25 制定联合国宪章会议在旧金山召开 28 墨索里尼被处决	18 守备鲁尔的德军投降 19 莱比锡陷落 21 苏军突入柏林地区 21 波伦纳陷落 26 不来梅陷落 29 米兰陷落 29 北意的德军溃灭 30 同盟军占领慕尼黑	8 发布第一、第二总军和空军总军的战斗序列令 9 同盟军在和乐登陆 12 冲绳部队开始反攻 12 B29、P51 计100架空袭关东 13 B29 170架空袭东京 15 B29 200架空袭东京、横滨 15 芷江作战开始 18 B29 100架空袭南九州 20 美军在棉兰老岛哥达巴都登陆 21 美舰炮击南、北大东岛 21 B29 280架空袭九州各机场 26 美军进入碧瑶 27 B29 150架空袭南九州 28 B29 130架空袭南九州 30 同盟军在打拉根岛登陆	19 最高战争指导会议决定"国家船舶和港湾经营一元化实施纲要" 19 铃木首相依特旨列席大本营会议 25 设置海军总司令部 30 指导会议决定"德投降时的措施纲要"

续表

年	月	国际形势	作战形势 欧洲战场	作战形势 东亚战场	国内形势
昭和二十年（一九四五年）	4			30 B29、P51计200架空袭关东	
	5	1 希特勒自杀，德尼茨就任总统	2 柏林陷落，该市的德军投降	2 仰光陷落	3 铃木首相表明继续战争的意图
		2 戈倍尔自杀	2 北意的德军投降	10 B29 350架空袭岩国、德山	5 实行军事特别措施法
		8 德国无条件投降	4 西北德的德军投降	11 美机空袭北千岛	11 最高战争指导会议研讨对苏工作
		13 中共绝拒中国美式化	5 南德的德军投降	13 美机动部队袭击南九州	12 组成大本营报道部（陆、海军合一）
		14 苏、芬订立通商协定	5 德海军投降	14 B29 400架空袭名古屋	
		15 日本宣布日、德、意各条约失效		16 美机空袭北千岛	12 宣布情报局改组
		17 丹麦对日断交		16 同盟军飞机袭击北苏门答腊	14 最高战争指导会议决定对苏谈判方针
		19 重庆六中全会结束		17 B29 100架袭击名古屋	17 大政翼赞会解散
		23 希特莱自杀		24 义烈伞兵部队挺身进攻冲绳基地	18 新设运输省
		24 克莱姆自杀			20 闲院亲王薨
		28 美斯特奇尼亚斯阐明外交五原则		24 美小型飞机180架空袭南九州	29 丰田大将就任军令部总长
				24 B29 250架空袭东京	29 决定创立地方总监府
				25 在摩泰反登陆	
				29 B29等600架空袭横滨	
				31 发布关东军战斗序列令	

续表

年	月	国际形势	作战形势 欧洲战场	作战形势 东亚战场	国内形势
昭和二十年（一九四五年）	6	2 希腊对日宣战 2 美总统杜鲁门声明对日四战略 3 苏联召回旧金山会议代表 5 订立德意志管理协定 6 巴西对日宣战 9 美海军副部长更迭 13 意首相博诺米递出辞呈 14 德李宾特洛甫被捕 17 召开莫斯科会议 21 意巴里内阁上台 25 召开西姆拉会议 26 联合国宪章通过 26 美国务卿辞职		1 B29 400架空袭大阪 2 美小型飞机200架空袭南九州 3 B29等300架空袭南九州 5 B29 350架空袭大阪、神户 7 B29 250架空袭大阪 8 美机动部队飞机200架空袭南九州 10 B29 300架、P51 70架空袭关东 11 松轮岛遭受炮击 13 冲绳海军部队全军战死 15 B29 300架空袭大阪 17 B29 100架空袭九州 18 美军决定在日本登陆的作战方针 20 美机空袭威克岛	3 广田、马立克开始会谈 5 军需省改革机构 8 御前会议决定"今后指导战争的基本大纲" 9 召开第87届临时议会 10 创立地方总监府 12 制定战时紧急措施法和国民义务兵役法 13 第87届临时议会闭会 21 制定战时紧急措施法实行令 22 天皇向最高战争指导会议成员吐露终战意图 23 全国适用军事特别措施法 23 实行国民义务战斗队统率令 26 广田、马立克会谈 26 发表内阁告示 28 宣布设置东京防卫军司令部

续表

年	月	国际形势	作战形势 欧洲战场	作战形势 东亚战场	国内形势
昭和二十年（一九四五年）	6			21 美伞兵部队在吕宋岛阿帕里降落 22 冲绳部队通信断绝 24 同盟军在哈马黑拉岛和德那第岛登陆 29 B29 70架空袭门司、冈山、佐世保	
	7	6 挪威对日宣战 13 佐藤大使向苏联提出派近卫使苏一事 14 意对日宣战 17 美、英、苏三巨头在波茨坦开始会谈 18 苏联拒绝派近卫使节访苏 20 归还广州湾 26 美、英、中发表"波茨坦公告" 26 英丘吉尔内阁总辞职 27 英工党内阁上台		1 同盟军在巴厘巴板登陆 2 B29 160架空袭九州 3 B29 250架空袭四国 4 P51 100架空袭大阪，120架空袭关东 5 美军公布菲律宾作战结束 8 P51 150架空袭关东 10 美机动部队飞机800架空袭关东 10 P51 100架空袭四国 11 同盟军进攻塞班岛	1 菲总统劳雷尔晋谒天皇 10 最高战争指导会议决定"派遣遣苏使节一事" 12 任命近卫公为遣苏使节 17 最高战争指导会议决定"关于东印度独立措施"和"关于对泰国措施事宜" 23 下令编成铁道义勇战斗队 27 最高战争指导会议决定对待"波茨坦公告"的方针 28 铃木首相声明不理睬"波茨坦公告"

续表

年	月	国际形势	作战形势 欧洲战场	作战形势 东亚战场	国内形势
昭和二十年（一九四五年）	7			14 美舰炮击釜石 14 美机动部队袭击东北、北海道 15 美舰炮击室兰 15 美机动部队袭击关东 17 美舰炮击日立、多贺 18 美机动部队袭击关东和威克岛 18 美舰炮击布良 20 美舰炮击幌筵 22 美大型机100架空袭上海 22 美舰炮击幌筵 23 美舰炮击父岛 24 美机动部队袭击西日本 24 B29 400架空袭大阪、神户 24 美机250架空袭上海 25 美机动部队袭击西日本 25 美舰炮击日本	

续表

年	月	国际形势	作战形势 欧洲战场	作战形势 东亚战场	国内形势
昭和二十年（一九四五年）	7			28 美机动部队袭击西日本 29 美舰炮击野岛崎、新宫 30 美机动部队袭击关东、东海、近畿 30 美舰炮击滨松 31 美舰炮击清水	
	8	2 波茨坦会议结束 6 美发表对德管理方计 7 罗马教皇责难使用原子弹 9 苏联对日宣战 10 日本接受"波茨坦公告" 11 美总统杜鲁门将盟国方面对日本提议的回答面交瑞士驻美公使 14 日本无条件投降 14 中苏友好同盟互助条约签字 16 印度尼西亚共和国宣布 17 法贝当元帅被判无期徒刑		1 美机动部队袭击威克岛 6 美向广岛投下原子弹 6 B29 160架空袭西宫 8 美舰炮击威克岛 8 B29 100架空袭东京西部 9 向长崎投下原子弹 9 苏军向满洲、北朝鲜、库页岛进攻 9 美机动部队飞机1600架空袭东北 9 美机动部队飞机300架空袭九州 9 美舰炮击釜石	5 下令编成船舶义勇战斗队 10 天皇在御前会议上决定接受"波茨坦公告" 10 向同盟国方面提出有条件地接受"波茨坦公告" 10 阿南陆相训示，完成战争 10 情报局总裁发表谈话 12 收到贝尔纳斯的答复 14 天皇在御前会议上做出停战的决定 14 颁发停战诏书 15 天皇亲自广播停战诏书

续表

年	月	国际形势	作战形势 欧洲战场	作战形势 东亚战场	国内形势
昭和二十年（一九四五年）	8	17 苏、波斯订立新条约 17 菲律宾共和国解散 18 法向中国归还广州湾 19 国共发生内战 19 钱德拉·鲍斯死去 28 毛泽东和蒋介石会见 29 对德意志战犯起诉		10 苏军在罗津登陆 12 美舰炮击松岛 12 苏联在南库页岛安别登陆 13 苏军在清津登陆 13 美机动部队飞机760架袭击关东 13 发出三、四、五、六、七号作战警戒令 14 B29 800架空袭高崎、熊谷、福山等 16 苏军在惠须取登陆 16 颁发停战诏书 18 苏军在占守岛登陆 19 关东军投降 19 停战委员在马尼拉谈判 20 苏军在真冈登陆 22 库页岛方面达成停战协议 23 陆海军开始复员	15 铃木内阁总辞职 15 阿南陆相自杀 16 大西军令部次长自杀 17 东久迩内阁组成 17 向陆海军人颁发敕诏 17 向外地军派遣三殿下传达圣旨 22 撤销最高战争指导会议 23 设置停战处理会议 23 下村陆相入阁 25 撤销大东亚省，恢复商工，农林两省 26 设置停战联络事务局 31 解散"在乡军人会"

续表

年	月	国际形势	作战形势 欧洲战场	作战形势 东亚战场	国内形势
	8			25 库页岛方面投降 28 美军进驻日本土，美舰队驶进横须贺港	
昭和二十年（一九四五年）	9	2 日本在投降文件上签字 5 苏联取消国家防卫委员会 22 美发表对日管理政策		1 苏军占领千岛 1 美第8军开始在横滨登陆 2 美军向日本陆海军发布一般命令第1号 3 菲律宾方面投降 5 荷印方面投降 6 腊包尔方面投降 8 美骑兵第1师进驻东京 9 中国派遣军投降 9 婆罗洲方面投降 12 南方军投降 13 缅甸方面投降 13 新几内亚方面投降 16 香港方面投降 27 美第6军进驻大阪	1 设置内阁调查局 1 撤销综合计划局和防空总部 4 召开第88届临时议会 4 天皇亲自访问麦克阿瑟元帅 6 第88届临时议会闭会 9 麦克阿瑟发表日本管理方式 11 盟国总司令部开始指名逮捕战犯嫌疑者 13 废除大本营 17 西日本风灾和水灾
	10	9 美发表战后两洋舰队计划 10 英制定战时权利延长五年法		10 海军总队、联合舰队和第5舰队解散	4 盟军总司令部指令废除政治警察、释放政治犯 9 币原内阁上台

续表

年	月	国际形势	作战形势 欧洲战场	作战形势 东亚战场	国内形势
昭和二十年（一九四五年）	10	10 法达尔兰被处决 13 印度尼西亚共和国对荷兰宣战 15 法赖伐尔被处决 21 法举行大选		15 国内陆海军部队复员完毕	15 废除参谋本部和军令部 11 大赦百万人 29 审判山下大将，在马尼拉开庭
	11	3 美撤销战时生产局 5 国府向中共提议避免内战 6 法国宪法会议开会，戴高乐辞去临时政府主席 7 美英发表对意停战条约 15 美、加拿大发表共同管理原子能公报 19 法戴高乐再次当选 20 德纽伦堡国际法庭开庭 25 意巴里内阁总辞职			1 实行人口调查 5 盟军总司令部指令解散财阀 15 美波利赔偿委员长发表关于日本赔偿政策原则 17 废除兵役法 20 公布大东亚战争调查会编制 20 盟军总司令部命令封锁皇室财产 24 撤销内大臣府 24 盟军总司令部准许输入粮食等 25 盟军总司令部命令停止军人的抚恤金和养老金 27 召开第89届临时议会 30 废除陆海军两省

表内个别地名，有的无从查考，只好根据日文发音译出，恐多不符本来译名，特乞谅察。——译者